인간의 권리

인간의 권리

인권사상 · 국내인권법 · 국제인권법

김 철 수

산지니

머리말

오늘날 국가는 기본권 보장기구로서 인정되고 있다. 우리 헌법도 「국가는 개인이 가지는 불가침의 기본적 인권을 확인하고 보장할 의무를 진다」고 명시하고 있다. 그러나 이러한 기본권관이 처음부터 성문화된 것은 아니고 오랫동안의 인류의 부단한 투쟁의 결과 쟁취된 것이다.

아직도 일부 국가에서는 기본권을 국가가 국민에게 인정해 주는 혜택이요, 법률에 의해서 부여되는 것으로 규정한 헌법이 있다. 우리나라 헌법에서도 일시 기본권은 법률의 유보 하에서 법률로 인정한 것이라는 규정이 있었다. 유신헌법 등의 규정이 그것이었다.

그리하여 학자들 중에도 기본권은 법률에서 보장되는 법익으로 보는 실정권설이 유행하였다.

오늘날에도 현행 헌법 제10조의 국민의 천부인권, 자연권을 국가가 확인하고 보장해야 한다는 의무규정을 무시하고 이를 국가가 국민에게 부여하는 권리로 인정하는 경향이 있다. 특히 입법에 종사하거나 행정에 종사하는 사람은 기본권에 대한 국가우월을 주장하고 법률이나 명령으로 국민의 기본권을 제한하려는 경향이 있다.

이러한 기본권의 실정권론을 반박하고 기본권의 자연권론, 천부인권론을 강조하기 위하여 그동안 연구하고 강의해 왔다.

이 책에서는 기본권의 자연권성을 담보하기 위하여 만들어진 헌법을 이해하고 이를 실천하게 하기 위하여 철학자들의 인권에 관한 사상을 살펴보았고, 헌법발전사의 비교적 고찰을 하였고, 현대 각국 헌법상의 기본권 해석과 실천에 대하여 검토하였다. 한국 헌법이 고립된 것이 아니고 세계화 조류 속에 살아 있음을 보기 위하여 외국의 기본권이론과 적용을 상론하였다. 다만, 각 기본권의 구체적 내용에 대해서는 다른 저서에서 다루고 있기 때문에 여기서는 기본권의 체계이론만을 중점적으로 다루었다.

아직도 국부인권론이 지배하고 법률우위적인 실정권론이 불식되지 못하고 있는 우리나

vi

라에서 실정권설을 비판하고 자연권성을 주장한 이 책이 입법·행정·사법에 종사하는
독자들에게 기본권의 중요성을 인식시키고 기본권의 국가권력에 대한 우월성을 이해하게
하는데 일조가 될 것으로 기대한다.

이 연구의 대부분은 대한민국학술원의 지원을 받아 작성된 것이다. 이 책은 대한민국학
술원 재임 25년을 기념하기 위한 것이기도 하다. 그동안 연구비를 지원해 준 대한민국학술
원의 역할에 감사한다.

이 책의 편집과 교정은 김효전 대한민국학술원 회원이 맡아서 해 주었다. 특히 제1편의
주에 있는 일본과 한국 문헌의 수집은 그의 노작이라고 하겠다. 연구에 바쁜 중에도
편집과 교정을 맡아 준 김 명예교수에게 감사한다.

또 학문 발전에 공헌하기 위하여 희생적으로 출판해 준 산지니사의 강수걸 대표에게
심사하며 출판사 직원의 노고에도 고마움을 표하고자 한다.

이 연구서에도 미비한 점이 없지 않으나 앞으로 수정 보완하기를 약속하고 우선 출판하
기로 하였다. 독자들의 많은 질정을 바란다.

2020년 12월 10일 세계인권기념일에
김 철 수 씀

차 례

제1편 인권 사상

제2편 국내인권법 서설

제4편 국제인권법

제1장 국제인권헌장의 발전 ···························· 631

*   *   *

제1편
인권 사상

제1장 고대와 중세의 인권사상

제1절 서구적 인권사상의 시작

서 설

인권에 관한 사상도 아테네 철학에서 기원한 것이 많다. 아테네 철학은 일반적으로 소크라테스와 플라톤, 아리스토텔레스에 의하여 발전되었으며 이는 후세까지 많은 영향을 끼치고 있다.[1]

인간학적 철학은 아테네의 소크라테스에서 시작되었다고 하겠다. 소크라테스는 인간의 본성이 무엇인가를 연구하였으며 인간의 본성과 윤리 · 도덕, 인간이 추구하는 이를 실현하기 위한 국가들에 관해서 연구하였다.

인간의 본질은 이성적 동물이라고 본 것이 소크라테스의 이론이라고 추정된다. 소크라테스의 이론은 플라톤과 아리스토텔레스에 계승되어 보다 정치화되었다.

이 시대는 인간의 권리에 대해서도 많은 논의가 있었으며 인권은 자연법에 근거한다고 보기도 하고, 인권은 인간의 존엄과 인간의 행복추구에 근거하고 있다고 보기도 하였다.

이하에서는 이들 아테네 철학자들의 인권사상 중에서도 가장 근본적인 평등과 자유, 인간의 존엄과 인간의 행복추구에 관해서 보기로 한다. 이 당시에는 현대적 의미로서의 인간의 존엄에 관한 논의는 별로 없었다. 이들 인권을 보장하기 위한 국가형태와 사회형태에 관해서 간단히 살펴보기로 한다.[2]

---

1) 그리스의 철학에 관해서는 많은 논문들이 있다. Alfarabi, *Philosophy of Plato and Aristoteles*, trans. by M. Mahdi, Cornell University Press, 2001; G. Vlastos, *Studies in Greek Philosophy* Ⅰ · Ⅱ, Princeton U. P., 1995; George Boeree, *The Ancient Greeks*, 2013; E. Baker, *The Political Thought of Plato and Aristotle*, 1959.

2) Mensal, "From eudaimonia to happiness, Overview on the Concept of happiness in the ancient Greek culture with a new glimpses on modern time," *Revista Espaço Acadêmico* No. 59, April 2006.

1. 소크라테스

1) 德論

소크라테스(Socrates, 469-399 B. C.)는 저서를 남기지 않았고 플라톤의 대화록에서 그의 사상이 소개되고 있다. 그는 덕은 지식이다(virtue is identical with knowledge)고 하여 덕과 지식의 자동성(自同性)을 주장하였다.3) 덕을 추구하는데 행복이 있다고 생각하였다. "자기 자신을 알아라"라는 명제를 내세웠다.

2) 법률론

소크라테스 시대의 국가는 polis를 말하며 민주정치가 지배했다. 국가는 그 자체가 객관적인 규범적 질서로 여겨졌다.4) 소크라테스도 법을 중시하였다. 소크라테스는 법을 3개로 나누었다.

법
- 자연법 : 초성문법, 초국가법으로 최상의 법규범이었다.
- 성문법 : 국가법, 한시적이며 국지적인 구속력을 가진다.
- 불문법 : 신의 법, 선택적 복종의무를 가졌으며 자연법에 위배되면 복종하지 않아도 된다는 주장이 있었으나 아테네의 애국심에서 성문법에의 복종을 인정하였다.

모든 시민은 공동체의 구성원이었고 참정권과 시민권을 가지고 있었다. 개인은 국가에 복종할 의무를 진다. 소크라테스는 인간이 본성에 있어서 선·악을 구별할 수 있다고 보고 지식을 쌓지 않는 사람이 악을 행하기 때문에 처벌될 수 있다고 생각하였다. 그는 자기의 처벌에 저항하지 않는 것은 자기의 시민에 대한 교육적 견지에서 모범을 보여야 하고 국가를 사랑하는 애국심의 결과라고 하였다.

---

3) 소크라테스의 철학사상에 대해서는 "Socrates," Stanford Encyclopedia of Philosophy, 2005, revision 2014; "Socrates," Routledge Encyclopedia of Philosophy; G. Cooper, Socrates, Copyright 1998; G. Vlastos, "Happiness and Virtue in Socrates' moral theory," Topoi Vol. 4, Issue 1, March 1985, pp. 3-22; M. Maxwell, "A Socratic Perspective on The Nature of Human Evil," 2008.
4) D. Dobbs, "The Justice of Socrates Philosopher Kings," *Journals of Political Science* Vol. 29, No. 4 (1985), pp. 809-826. 소크라테스의 정치사상에 대해서는 정인흥, 『서구 정치사상사』, 1991, 34-36면.

3) 인간의 존엄성

이 당시의 시민은 인간의 존엄성에 관해서 별반 논의하지 않았다. 다만, 시민으로서의 존엄성을 가지고 있었는데 이들은 귀족적 시민의 존엄이라고도 하며, 시민적 존엄성 (civil dignity)이라고도 할 수 있었다.[5] 아테네 시민 간에는 빈부의 격차도 많고 교양의 차이도 많았으나 모든 시민은 정치적 존엄성이 인정된다고 보고 귀족국가로의 전환의 방패 무기가 될 권리와 의무를 가졌다고 하겠다. 자유와 평등권에 대해서는 크게 논급하지 않았다.

4) 행복(주관적 eudaimonia : Happiness or Human Flourishing)

행복(eudaimonia)이라는 용어는 행복한 상태·사회를 말하는데 영어로는 행복이라고 하다가 근자에는 인간 본성이라고도 한다.[6] 그는 서양사상가로서는 처음으로 행복은 인간의 노력으로 얻을 수 있는 것으로 생각하였다. 당시 그리스 사람들은 생에 대해서 비관적이었다. 당시 그리스인은 자기 자신을 위하여 행복을 추구하는 것은 자만(hubris)으로 인정하였으며 이는 극단적인 교만행위로 처벌까지도 면하기 어려운 것으로 생각되었다.

그러나 그는 행복은 신체에서 심령으로 주의를 변환시키기 위한 열쇠로 보고 있다. 그는 우리들의 욕망을 조화함으로써 우리의 마음을 평정할 수 있는 것이며 이로써 정온의 신적 상태에 도달할 수 있다고 하였다. 도덕적 생활이 비도덕적 생활보다는 좋은 것은 오로지 행복한 생활로 이끌어 주기 때문이라고 한다.[7]

소크라테스는 저작을 남기지 않았기에 그의 제자 플라톤의 대화록에서 소개되어 있을 뿐이기에 상세한 것은 잘 알 수 없다.

5) 행복사회론(객관적 eudaimonia)

소크라테스는 『메논』에서 지식에 관하여 말하면서 「지식의 지도하에서 영혼을 키워 나간다면 행복으로 끝날 것」이라 하였다. 그러나 그는 아테네인이 좋은 생활을 하고

---

5) Josiah Ober, "Three Kinds of Dignity," Yale Law Workshop, December 10, 2009, p. 13 ff.
6) Eudaimonia에 관해서는 번역상 많은 논란이 있어 왔다. 여기서는 주관적 형태로는 행복이라고 하고 객관적 상태로는 이상적 시민상태를 생각하고 있었다. 이 외에서도 Eudaimonia: Personal Happiness와 Eudaimonia: Well-Being으로 구분해서 쓰고 있다.
7) Socrates, Pursuit-of-Happiness, http://www.pursuit-of-happiness.org/history-of-happiness/ socrates; G. Vlastos, "Happiness and Virtue in Socrates' moral theory," *Topoi* Vol. 4, Issue 1, March 1985, pp. 3-22; N. Reshotko, *Socratic Virtue: Making the Best of the Neither-Good-nor-Bad*, Cambridge University Press, 2006; Wikiversity, "Happiness/Philosophy of Happiness"; Cahn/ Vitrano, *Happiness: Classic and Contemporary readings in philosophy*, Oxford University Press, 2007.

있다고 하여 행복한 생활을 하는 것이라고는 하지 않고 영혼의 가장 좋은 상태와 진리의 지식을 얻거나 주거나 해야만 행복한 상태에서 생활할 수 있다고 하였다. 이 행복사회는 그리스인에게 있어서는 이상상태이며 이상국가의 형태로 발전하는 것이었다.

소크라테스는 명예나 부를 추구하는 것만이 행복상태에 이르는 것이 아니고 정신의 덕이나 최상상태에 있어야만 행복하다고 하였다. 여기서 그는 덕을 중시했는데 이는 영혼의 평온상태라고 하였다. 그는 크리톤(Crito)과의 대화에서 부패한 생활이나 부정한 생활이 이익을 가져온다고 하여도 행복한 생활이 아니라고 강조하고 있다. 소크라테스는 불법행위에 의하여 영혼이 파괴된 경우에는 생은 가치가 없는 것이라고 하고 있다. 그는 eudaimonia에 도달하기 위해서는 물질적인 부만 아니라 정신적인 덕이 필요하고도 충분하다고 주장한다.[8] 소크라테스는 행복사회의 달성을 무엇보다도 중요하다고 하였다.

소크라테스는 행복을 추구하는 경우에도 적법성의 한계, 도덕성의 한계, 청렴성의 한계 등이 있다는 것을 지시하면서 인간의 행복도 타인과의 정당한 사회생활에 근거함을 중시하고 있다.

6) 시민정부론(Polis, Utopia, 이상사회론)

소크라테스는 이상국가(유토피아)의 기능에 대하여 상세히 설명하고 있다. 그는 이상국가 형성에 대하여 완전한 폴리스를 만들기 위하여서 시민은 4가지 덕을 가져야 한다고 하였는데 지혜, 용기, 중용과 정의의 덕을 가져야 한다고 하였다. 이와 함께 폴리스도 이러한 덕을 가져야 한다고 하였다.

어떤 특정계급의 특정그룹에 대해서만 행복을 누리게 하는 것이 아니고 가능한 모든 시민에게 행복한 사회를 향유하도록 하여야 한다고 하였다. 이 덕에 따라서 시민은 행복의 창조에 대하여 많이 기여하여야 한다고 하였다. 시민의 수호자(Guardian)는 지혜를 가진 사람으로 지식을 가져야 하고, 그 외의 시민들은 좋은 판단능력이 없기 때문에 그들만이 유식자로서 수호자의 역할을 해야 한다고 하였다. 완전한 사회의 제2의 덕은 용기라고 하였으며 이들은 용기를 가져야 하며 전쟁에서 도시를 방어해야 한다고 했다. 중용은 개인의 책임성에서 볼 수 있으며 쾌락이나 불법행위에 젖지 않고 자기가 하는 일에 대하여 자율적 통제를 하는 책임을 지고 있다고 했다. 최후의 중요한 덕은 정의로 소크라테스에 있어서 이는 가장 중요한 것으로 인식되었다. 정의에는 개인의 정의와 전시(全市)의 정의가 있다고 하고 시(市)는 개인보다도 더 크기 때문에 큰 도시에 더

---

8) Wikipedia, Eudaimonia, 8. May 2016; Eudaimonia, Aristotle's Definition of Happiness; Positive Psychology Program, "Eudaimonia: Personal Happiness According to the Greeks"; "Socrates on Happiness," The Pursuit of Happiness; R. Jones, "Wisdom and Happiness in Euthydemus 278-282," Philosophers' Imprint 13 (14), 1-21; Boniwell, "The Concept of Eudaimonic Well-being," PPUK=PPTheory; G. Vlastos, "Happiness and Virtue in Socrates' moral theory," Springer 34, 05. 1985. 소크라테스 행복에 관해서 세 곳에서 언급하고 있다(① Euthydemus, ② Symposium, ③ Republic). "Republic"에서 정직한 사람은 부정한 사람보다도 행복하다고 하고 있다.

많은 정당성이 있다고 보고 개인 시민은 부분적으로 정당해야 할 책임을 진다고 하였다.9)
폴리스(Polis)는 적은 규모의 이상사회로 직급이 다른 계층으로 구성되어 있다고 보았
다. 그에게는 완전한 정치적 평등은 덕으로 인정되지 않았고 노예사회를 인정하였다.10)

2. 플라톤

1) 이성론

플라톤(Platon, 427-347 B. C.)은 모든 저작에서 인간윤리를 중시하였다. 플라톤은
덕(areté)11)을 중시하였다. 인간에게는 이성, 의지, 욕구12)라는 본성이 있는데 이에
따른 덕을 지식, 용기, 절제로 생각했다. 그는 이러한 덕성은 인간으로서 행복한 생활을
누리기 위하여 필요한 것으로 인정하였다.

2) 인권론

플라톤은 시민국가에 반대하는 인권은 인정하지 않았다. 그 이유는 시민국가를 선으로
보았기 때문이다. 플라톤 시대의 그리스에서는 현대와 같은 인권사상이 발달하지 않았다.
인간은 불평등하고 평민과 귀족의 계급이 있었다. 플라톤은 인간의 평등을 믿지 않았다.13)
인간은 영혼에 철, 동, 은, 금을 가진 사람이 따로 있기에 모두가 평등하지는 않다고
생각했다. 인간을 좋은 사람을 만들 수 있는 것은 교육이며, 지식의 함양에 따라 인간의
현실은 달라진다고 생각하였다.14) 그는 정의를 도시와 사회를 접합케 하는 덕이라고
했다. 선은 지식의 목적으로 이루어진다고 보고 철인만이 이를 파악할 수 있다. 덕과
부는 반비례하는 것으로 보고 불법적인 부의 축적이 아닌 덕의 함양을 중시했다. 플라톤은

---

9) 유토피아에 관해서는 "Utopia" Wikipedia, the free Encyclopedia; "Utopia" Simple Definition of
Utopia, Merriam Dictionary; "Plato on Utopia" Stanford Encyclopedia of philosophy, 2002, 2013;
K. Mannheim, *Ideology and Utopia*, 1955; "Dummies Guide: Plato' Utopia," 2013. Plato's Ideal
State.
10) 시민사회에 대해서는 O'Brain, Philosophical History of the Idea of Civil Society, Feb. 1999; Wikipe-
dia, Eudaimonia.
11) 플라톤의 덕에 관해서는 렘프레이트, 김태길·윤명로·최명관역, 『서양철학사』, 을유문화사, 1999;
Plato: The State and Soul, Britannica Internet Guide Editor's note 참조.
12) P. Hayden, *The Philosophy of Human Rights*, Paragon, 2001, pp. 13-23.
13) 플라톤의 인권사상에 관해서는 Luis Kutner, "Legal Philosophers: A Trilogy on Great Philosophers
and the Law: Plato and Aristoteles: Precursors of the Human Rights of World Habeas Corpus,"
Marquette Law Review Vol. 55, Issue 2, Spring 1972; Philosophy forums: Plato & Human Rights,
2004. 그들에 의하면 인권개념은 이 당시에는 발달하지 않았고 후세에 와서 발달하였다고 본다.
14) Afifeh Hamedi, "The Concept of Justice in Greek Philosophy (Plato and Aristotle)," *Mediterranean
Journal of Social Sciences* Vol. 5, No. 27, December 2014; Western Theories of Justice, Internet.

인간의 욕망의 자유는 제한하는 것이 필요하다고 하였다. 화폐적 부도 배격하였다. 유산의 도시와 무산의 도시를 분열하는 당파주의를 치료하기 위해서는 무산주의, 사유재산제의 폐지를 요구하기도 하였다.15)

플라톤은 자유방임주의를 부정하고 불가침의 권리도 인정하지 않았다. 그는 만약에 인간이 본성에서 선하다고 한다면 법은 불필요하고 만약에 본성이 선하지 않으면 법도 소용이 없다고 하였다. 그래서 그는 교육의 중요성을 강조하였고 국가는 질서를 유지하여 어떤 특정한 계급만이 교육에 의하여 다른 계급으로 변할 수 있다고 하였다.

플라톤도 당시 사회에 따라 계급제도를 인정하였다. 인간은 평등하나 여성의 불평등을 인정하였다. 인간의 불평등은 iron, bronze, silver, or gold라는 출생 시의 성격에 따라 천성이 불평등하다고 보았다. 그는 가족 간의 동거(cohabitation)의 중요성을 강조하였다.

인간의 자유는 많이 강조하지 않았다. 인간의 자유에 대한 욕망을 제한하는 것이 사회공동체를 위하여 필요하다고 보고 법에 의한 제한을 인정하였다. 자연법을 인정하고 인성에 반하는 실정법을 부정하였다.

경제생활, 사생활, 문화는 정부의 법에 의하여 영향을 받으며 법에도 영향을 준다. 플라톤은 특정한 polis의 완전한 법을 희망했으나 아리스토텔레스는 이에 반대하였다. 플라톤은 행복을 독점해서는 안 되고 행복을 온 천하의 시민에게 퍼지게 해야 한다고 이야기하였다.

플라톤은 자유와 평등도 말하고 있기는 하나 특히 자유에 관해서 경시하고 있다는 비판을 받아 왔다. 그러나 그는 이상사회(eudaimonia)에서는 자유를 중시하였다.16)

3) 인간의 존엄성

플라톤도 인간의 존엄성에 관해서 논하고 있다.17) 『알키비아데스』(Alcibiades)에서 소크라테스는 인간은 육체와 동시에 정신의 결합체의 하나로 보았다.

플라톤은 오늘날의 의미에서 인간의 존엄성에 대한 언급은 많이 하지 않았다. 그는 인간이 신체의 상부에 있는 머리에 정신·영혼이 존재한다고 보고 『티마이오스』(Timaios)에서 머리가 하늘에 있는 신과 가까운 위치에 있으며 이 때문에 인간이 동물이나 다른 자연에 비하여 중요하다고 보았다.

인간은 지상의 산물이 아니고 하늘이 창조한 것으로 보고 중요한 권리를 주장할 수

---

15) 이 점에서 그를 공산주의로 보는 사람도 있다. R. Heinaman, "Social Justice in Plato's Republic," *POLIS*, Vol. 15, Issue 1 and 2, 1998.

16) Paxson, Freedom and Happiness in Plato, http://www.siue.edu/EASTASIA/Paxson_0603.htm; Conceptions of Equality: Plato, Aristotle and additions. Encyclopedia of Philosophy.

17) 플라톤의 인간의 존엄론에 관해서는 Antonio Pele, Human Dignity, Section 1, Human Dignity by Plato; F. Wetz, *Texte zur Menschenwürde*, 2011.

있는 주체로 보았다. 인간은 자기에게 내재하는 명예의 보호이익을 인식하고 이를 보호하려고 한다고 보았다.

4) 행복(Happiness or Human Flourishing)

플라톤은 소크라테스의 이름으로 행복에 관하여 결론짓고 있다. 「모든 인간은 물론 행복을 바라고 있다. 행복은 인간의 노력으로 얻을 수도 있으며 교육을 할 수도 있다. 행복은 부가적(additive)이 아니고 지배적(directive)이다. 행복은 외부적 재물에 의존하는 것이 아니고 이러한 외부적 재물을 어떻게 이용하는가에 있다(현명하게 사용하거나 우둔하게 사용함으로써). 행복은 「욕망의 교육」에 의존하며 영혼은 이들 욕망을 조화하며 육체적 쾌락의 황홀함(gaze way)에서 지식과 덕을 사랑하게 한다. 덕과 행복은 밀접하게 (inextricably) 연결되어 있으며 다른 사람이 없이는 획득하기가 불가능한 것이다.[18]

덕과 지식을 추구하는 쾌락은 동물적 욕망을 충족시키는 것에서 훨씬 고급의 쾌락인 것이다. 쾌락(pleasure)은 존재의 목적이 아니고 인간생활에 있어 덕의 행사와 결합되어 있다.

플라톤은 『공화국』(Republic)[19]에서 정의를 행복의 욕구에 기여하는 것으로 정의하고 있었고, 플라톤은 행복을 인간생활의 최종적 목적으로 생각하고 있었다.[20]

그의 제자인 아리스토텔레스는 『니코마코스 윤리학』에서 인간 존재에 있어서 가장 중요한 목적이 행복이라고 하였다.

5) 이상사회론(eudaimonia)

플라톤은 소크라테스와 달리 모든 사람이 덕을 실천하지 못한다고 보았다. 덕은 선악을 구별하는 지식의 형태로 최고의 선인 eudaimonia(최고선)을 달성하는데 필요하다고 보았으나 인간에는 악인도 있어 잘못을 저지르고 있다고 보았다. 그런 행위에 대해서 처벌을 받지 않는다고 하더라도 항상 죄책감을 가진다고 보았다. 악을 행하는 사람은 자기 자신을 불행한 사람으로 본다고 하였다. 플라톤은 오이다이모니아를 달성하기

---

18) 플라톤의 행복론에 관해서는 Wikipedia, Philosophy of Happiness; "Happiness," Stanford Encyclopedia of Philosophy, 2011; Daniel C. Russell, *Plato on Pleasure and Good Life*, Oxford University Press, 2005, 340 pp.; Brain Pickings, "7 Essential Books on the Art and Science of Happiness,"; Review Essays, Socrates, Plato and Aristotle's View On Happiness, November 14, 2010; S. Haslanger, "Plato on Happiness: The Republic's answer to Thrasymachus" October 25, 2004; N. Tajik, "Happiness in Plato's Theory of Philosopher-King," *International Journal of Political Sciences*, Vol. 1, No. 1, Winter and Spring 2011; Cahn/Vitrano, *Happiness*, 2007, pp. 3-18. 플라톤과 아리스토텔레스의 기본권관은 현대와 다르다. 그들은 개인의 폴리스에 대하여 영향을 미칠 수 있는 것으로 보았지, 정부가 개인을 처벌하는 것으로 생각지 않았다.

19) 천병희 옮김, 『국가』, 숲, 2013; 박종현 옮김, 『국가/정체』, 서광사, 1997.

20) M. Jensen, "Happiness and Justice in Plato's Republic," Dissertation, University of California, 1997.

위하여 개인은 모든 욕망과 행위에 대하여 지도받아야 한다고 보았다. 그는 사고와 영혼의 이성적인 부분에 있어서 감정적, 탐욕적, 정신적 부분에 있어서 절제를 하여야 한다고 보았다. 플라톤은 polis 내에서 인간은 덕을 쌓고 행복을 누릴 수 있다고 보고 polis 외에 있는 인간은 최악의 동물이라고까지 말하였다.

이 덕(areté)이 있어야만 eudaimonia를 달성할 수 있다고 하고 덕은 eudaimonia를 달성하는데 필요하다고 보았다. 그는 물질적인 부나 많은 욕망을 충족한다고 하더라도 그 내면적으로 조화와 통일을 방해하기 때문에 행복상태에는 도달할 수 없다고 보았다.[21]

플라톤은 철학에 있어서도 이상주의자였고 아리스토텔레스는 현실주의자라고 할 수 있다.

6) 법의 정립과 이성의 지배

플라톤은 대화체로 책을 쓰고 본인의 이론은 직설적으로 발표하는 것을 안 했기 때문에 플라톤의 이론을 소개하기도 힘들다. 플라톤은 법을 하느님이나 군왕의 지시에 의하여 만들어지기보다는 인간의 이성에 근거하여 법을 제정해야 한다고 했다. 『법률편』[22]에서는 주로 입법자의 입법방향에 대하여 논하고 있다. 그는 인간의 이성, 덕성에 맞는 법률의 제정을 강조했기 때문에 법실증주의자는 아니고 이성적 자연법론자라고 할 수 있다.[23]

자연적인 것을 그대로 적용해야 한다는 입법론을 펴는 사람이 있었으나 그는 자연법칙적 법률이 아니고 인간의 덕과 이성에 적합한 입법을 해야 한다고 주장하였다. 이 점에서 그는 종교적 자연법론자도 아니고 자연주의 자연법론자도 아니고 합리적 자연법론자라고 할 수 있을 것이다. 그는 법률은 부분적으로는 좋은 사람을 위하여 만들어진다. 다른 사람과의 관계에서 어떻게 우호적으로 생활할 수 있는가, 타인과의 조화로운 생활, 행복한 생활을 위하여 입법할 수 있다고 했다.[24]

플라톤의 이상국가는 덕성이 지배하는 국가여야 하며 권력의 2-3분, 심령과 국가의 분리, 이성과 정신, 식욕 분리, 특수성의 필요, 조화의 요소가 중시되어야 하며 지적 귀족국가성을 가지는 것으로 보았다.

플라톤은 법률편에서 물자의 배분의 경우에 있어서는 배분적 정의를 주장하였다. 「폴리스의 구성원은 폴리스의 성원으로서 기능한 중요성에 따라서 얻어진 이익에 대하여

---

21) "Eudaimonism," New World Encyclopedia; "Plato on utopia," Stanford Encyclopedia of Philosophy.
22) 김남두외역, 『법률』, 나남, 2018; 천병희 옮김, 숲, 2016; 박종현 역주, 서광사, 2009.
23) Morrow, "Plato and the Law of Nature," *Essay in Political Theory*, Cornell U. P., 1948, pp. 17-44; 로마의 법철학자 키케로는 플라톤의 법률론에 따라 그의 책 『법률론』(De Legibus)을 저술하였는 데 많은 시사를 받았다고 했다. J. Annas, *Plato's Law and Cicero's De Legibus*, Cambridge University Press, 2010, pp. 206-224.
24) L. Kutner, "Legal Philosophers: A Trilogy on Great Philosophers and the Law: Plato and Aristoteles: Precursors of the Human Rights of World Habeas Corpus," *Marquette Law Review* Vol. 55, Issue 2, Spring 1972, pp. 255-263.

또 그에 대하여만 평등한 배분 권리를 가진다」.[25]

플라톤의 이상국가론에서는 현재와 달리 3계급의 존재를 인정하고 있었다. 생산자, 군인, 호법관의 3계급의 존재를 인정하고 있었으며 폴리스의 복리를 위하여 각기 다른 직책을 가지고 있다고 하였다. 블라스토스(Vlastos)는 이들은 그 직책에 따라서 배분을 받았으나 완전한 배분적 평등은 아니라고 보았다.[26]

플라톤은 민주정치에 대해서도 반대하였는데 그 이유는 정치권의 평등이 같은 것은 같게라는 평등의 원칙에 반하기 때문이라고 하고 있다.[27] 플라톤은 정의론도 국가론에서 자주 언급하고 있다.[28] 트라시마코스(Thrasymachus)에서 플라톤은 정의란 강자의 이익에 불과하다고 한다. 강자는 지배자이며 그는 자기에게 이익이 되는 법률만을 만든다고 하였다. 그러나 칼리클레스(Kallikles)에서는 정의는 강자의 권리를 강화하려는 법률제정을 막기 위한 대중의 수단이라고 하였다. 그러나 결론적으로 정의는 진정한 존재이며 순수한 정의의 이념이 중시되었다. 결론적으로 플라톤은 정의는 강자에게 약자의 것을 주는 정당한 국가의 존재를 전제로 하고 있었다.

7) 이상국가론(Republic Utopia : Magnesia)

플라톤은 정치가에서 철학자로 옮겨간 학자이다. 그는 정치현실에 참여하지 않고 이상국가에 관한 Republic과 Law(Nomoi)에서 이상국가의 제도를 설명하고 있다. 그는 Republic에서 국가형태론을 전개하고 법률편에서 법치주의의 중요성을 강조해 왔다. 정치학에서는 그는 현실정치의 형태에 관해서 연구하여 국가형태론을 전개하고 있다. 그에 의하면 최고권력집행자의 수에 따라서 국체를 구분하고 있다. 일인이 통치하는 국가를 군주정치라고 하고, 소수에 의하여 지배하는 국가를 귀족정치라고 하고, 다수에 지배되는 국가를 민주정치라고 하였다. 이들 국가 중 군주국가가 법을 지키지 않으면 참주정(僭主政)으로 변하고, 귀족국가가 법을 지키지 않으면 과두정(寡頭政)으로 되고, 민주정치가 법을 지키지 않으면 폭민정치(暴民政治)가 된다고 하였다.[29]

그는 법률을 지키는 국가는 민주법치국가라고 하여 좋은 국가로 보았다. 그러나 법률을 지키지 않아 폭군정치, 과두정치, 폭민정치가 일어날 가능성이 많기에 법률을 지키도록 호법관(護法官) 제도를 두도록 하였다. 이상적으로는 철학자 군주가 국가권력을 독점하고 밤 12시 심야에 철인회의(哲人會議)를 열어 국정을 처리하는 것이 가장 좋은 것으로 정의하였다.[30]

---

25) R. Heinaman, "Social Justice in Plato's Republic," *POLIS* Vol. 15, Issue 1 and 2, 1998.
26) Vlastos, Social Justice.
27) G. Cantu, "Individual and Polis in Plato's Republic," *Polis: The Journal of The Society for Greek Political Thought* Vol. 28, number 1. 2011. pp. 90-107.
28) Platon und die Idee der Gerechtigkeit, http//:www.thepersonalist.de.
29) Utopia, Stanford Encyclopedia of Philosophy; C. Bobinich, *Plato's Utopia Recast*, 2002.
30) 간단한 것으로는 정인흥, 『서구 정치사상사』, 36-62면 참조.

그는 Republic에서는 철인정치를 주장하였으나 현실정치에 자문을 하고 난 뒤에는 군주 철인정치에도 실망하여 법률편에서는 차선의 정치제도를 창안하고 있다. 플라톤이 위탁을 받아 건설하기로 한 신도시 마그네시아(Magnesia)는 크레테(Crete)에서 버려진 황무지에 건설하기로 예정하고 있었는데, 이 도시는 많은 인구를 가질 것이 예상되고 있었다. 가구 수는 5,040가구로 항구적으로 한정되기로 했다. 여기에는 시민뿐만 아니라 노예도 포함되어 있었다.

마그네시아 헌법의 정치적 체계(politeia)는 많은 종류의 관료가 있었는데 그중 가장 중요한 부분은 의회(ekklesia)이며, 시의원과 법률보호관(호법관, nomophalakes)과 법원이 있었다. 이 외에 야간회의(nukterinos sullagos)를 두었다. 의회는 군무에 종사하거나 군무를 필한 모든 시민으로 구성된 시민의 대표기관이다. 의회는 시 공무원의 대부분과 구청장을 선거하는 권한을 가졌다. 이 밖에도 공공범죄에 대한 처벌권과 포상을 할 권한, 외국인의 체류기간 연장과 법률의 개정권을 가지는 것으로 하였다.[31]

법률보호관은 37명의 시민으로 구성되어 있으며 50세 이상의 시민이 선출되며 70세까지 재선될 수 있었다. 법률보호관은 공무에 대한 감독권과 공무원에 대한 경고권, 시민에 대한 감독권을 행사하고, 사법권을 보유하고 있었다.

이 밖에도 법원이 있었는데 플라톤은 항소심의 역할을 강화하였다. 법원에서는 시민의 덕을 함양하여 시민사회의 질을 유지하는 것이었다.

Politeia(Republic)에서는 강조되지 않았으나 Nomoi(Laws)에서 강조된 것은 모든 공사법을 시민에 공개하는 제도이다. 이것은 시민에게 명령·강제하는 것이 아니고 시민을 설득하기 위한 목적을 가졌다. 그리고 하층 두 계급의 교육을 강조하였다.

다음에는 야간회의를 규정했는데 여기서는 교육적 기능도 가지고 있었다. 10명의 최고령 법률보호관으로 구성되며 교육감독관과 전임감독관, 고시전형관과 감사관, 명예훈장 수상자, 해외여행을 많이 하여 외국 관계에 밝은 사람과 젊은 보좌관으로 구성되게 하였다. 이것은 Republic에서 논의된 9인 철인회의와 같은 기능을 하는 것으로 보인다.

플라톤은 정치편에서 이상국가로 철학자 군주론을 설파하였다. 그는 지식을 가진 철학자가 지식을 가진 관료와 함께 통치하는 polis를 이상국가로 생각했으며 polis의 개인에 대한 우월성을 인정하고 있었다. 그러나 시칠리아에서의 현실정치에 실패한 다음 차선의 polis를 구상했었다.

정의에 관해서 상론하였다. 그는 그리스어 Dikasyne를 정의로 보고 어떤 때는 도덕성, 어떤 때는 정당성으로 사용하였다. 그는 정의를 인간적 덕이며 정의는 인간을 선하게 만들며 친화성·사회성을 가지게 한다고 했다. 아테네의 빈부격차를 공격하고 정의에

---

31) "Plato on Utopia," Stanford Encyclopedia of Philosophy; UK Essays, "Does plato's republic still stand in today's Society?," 23. March 2015; Hayden, op. cit., pp. 24-33; Y. Kurihara, "Plato on the Ideal of Justice and Human Happiness: Return to the Cave (Republic 519e-521b)" *Socratic and Aristotelian Studies: Essays in Honour of Gerasimos Santas* Vol. 117, Philosophical Studies, 2001.

근거한 이상사회를 구축하자고 했다.[32]

　플라톤은 이상국가의 실현에 있어서는 정의가 필요하다고 보고 사회적 정의도 필요한 것으로 보았으나 이는 배분적 정의라고는 하지 않았다. 그는 자기의 직분에 따라 활동하는 것이 정의에 적합한 것으로 보았으나 그에 따라 균등한 배분을 요구하는 것은 아니라고 하였다.[33]

　플라톤의 이러한 이상국가의 구상은 현대적 광역국가에서는 실현하기 어려우나 철인정치나 야간회의를 통하여 시민을 행복한 인간으로 교육하고, 법률로 교육을 하고, 부정행위를 감독하고자 한 면에서 오늘날까지도 많은 찬사를 받고 있다.

　이상국가의 이념은 그의 제자 아리스토텔레스를 거쳐 중세에서도 유토피아로 계승되고 있다. 현재는 플라톤이 꿈꾸었던 소도시가 아니기 때문에 외국의 영향도 많이 받게 되었으나 아직도 학문적으로는 많은 연구를 거듭해야 하겠다.

3. 아리스토텔레스

1) 정의론

아리스토텔레스(Aristoteles, 384-322 B. C.)는 인권으로서 고전적 자연권을 인정하였다. 그중에서도 평등을 정의와 동시하여 중시하였다.[34]

　그는 플라톤과 달리 정의를 평등으로 보고 이를 두 가지로 구분하고 있다.

　　정의 = 평등 = 절대적 평등 = 산술적 평등
　　　　　　　　　상대적 평등 = 기하학적 평등 = 비례적 평등으로 나누었다.

　이를 정의 측면에서 보면
　일반적 정의 = 합법적 정의
　특수적 정의 = 배분적 정의 = 교정적 정의로 나누었다.

　교정적 정의는 배분 시에 인정되는 것으로 완전한 평등을 요구하는 것은 아니다.[35] 그러나 계급은 인정하였고 노예제도도 인정하였다. 이러한 시민이 아닌 노예는 천성이

32) Bhandari, "Plato's Concept of Justice: An Analysis," Ancient Philosophy.
33) R. Kamtekar, "Social justice and happiness in the Republic: Plato's two principle," *History of Political Thought,* Vol. 22, No 2, 1. February 2001, pp. 189-220.
34) 아리스토텔레스의 인권론에 대해서는 Comment, "Legal Philosophers: Aristoteles, Aquinas and Kant on Human Rights," *Marquette Law Review* Vol. 55, Issue 2, Spring 1972 등 참조. 아리스토텔레스의 정치사상에 대해서는 정인흥, 『서구정치사상사』, 52-64면 참조.
35) 상세한 것은 김철수, 『법과 정의·복지』, 진원사, 2012.

덕성의 교육에 적합하지 않고 평등한 참정권도 가지지 않는다고 하였다. 그러나 그는 노예제도를 칭찬하지는 않고 사후에 자기 노예는 해방하였다. 그는 모든 노예는 상으로 해방시키는 것이 현명할 것이라고 기술하고 있다.

2) 행복론

아리스토텔레스는 『니코마코스 윤리학』 제1권에서 행복추구는 덕에 적합한 행위라고 하였다.[36] 인간은 행복으로의 진입을 할 수 있다. 그러나 행복의 완전충족은 결코 달성할 수 없다. 행복은 인생의 의의이며 목적이다. 인간존재의 완전한 목적이며 결과라고 하고 있다. 아리스토텔레스는 행복은 덕에 의한 생활의 결과라고 보았기 때문이다. 덕에 의한 생활은 쾌락을 가져다주며 외부적으로는 부를 얻을 수 있다고 보았다. 아리스토텔레스는 실천적 행동을 중시하였다. 그는 그 무엇으로도 대체할 수 없는 최고의 가치 있는 고귀한 행복으로 가는 길은 윤리적 실천강령인 중용이라고 하였다.[37]

중용이란 무엇인가? 사람이 마땅히 실천해야 할 덕이 있는데 이에는 조화와 균형이 필요하고 지나치지는 않고 모자라지도 않는 것이 요구된다. 이 말은 중용은 우리나라의 배움과 앎과 생각과 말과 행동 모두에 있어서 조화와 균형을 이루어져야 한다. 중용은 용기, 절제, 품위, 포부가 커야 하며 조화되어야 한다. 인간은 사회적 동물이기 때문에 다른 사람과 함께 행복하도록 노력하여야 한다. 상생과 공동생활에서만 진정한 행복한 삶을 누릴 수 있을 것이다.

아리스토텔레스는 개인적 행복론에서 단체적 행복론으로 발전시켜 나갔다. 이 행복은 심리적 행복이 아니고 Eudaimonia를 뜻하는 것으로 많은 사람이 잘 살고 행복한 상태를 말한다고 하겠다. 그는 polis의 목적은 사회제도를 통하여 좋은 생활을 영위하게 하여야 하며 좋은 사람은 좋은 시민과 동의어라고 보았다. 이상적인 polis를 초월하여 이에 반항하는 인권은 인정할 수 없다고 보았다.[38]

3) 인간의 존엄론

아리스토텔레스는 오늘날의 의미에서의 존엄론은 아니나 『니코마코스 윤리학』에서 인간의 명예, 자만 등에 관해서는 자주 언급하고 있다. 자만한 사람은 명예 감정을 가지고

---

36) 천병희 옮김, 『니코마코스 윤리학』, 2013; 최명관역, 을유문화사, 1965/2007. Florian Franken, "Kant und Aristoteles über Glückseligkeit," Deutscher Kongress für Philosophie, 11. - 15. September 2011, Ludwig-Maximilians-Universität München.

37) "Philosophy of Happiness," Wikipedia; "Happiness," Stanford Encyclopedia of Philosophy, 2011; D. Bok, *The Politics of Happiness*, 2010; S. Fleck, "Aristotle on Ultimate Happiness," 1992; Aristoteles, *Nicomachean Ethics*, Book 1. 6-8. 중용은 공자(孔子)의 논어의 중심사상이기도 하다. 주희(朱熹)가 편집한 중용과 아리스토텔레스를 비교해 볼 수도 있다.

38) H. Rommen, *The Natural Law*, 1959, at 18-19.

있는데 명예나 불명예에 대한 평가는 인간이 하는 것이며 이에 대해 인간은 기뻐하고 있다. 고귀한 사람과 재산 많은 사람과의 교제에 있어서는 우월성을 발휘하려고 하나 자기보다 적게 가진 사람과의 교제에 있어서는 별로 신경을 쓰지 않는다. 인간이 진정 고귀한 존재로 정신적인 존재로 존경받기 위해서는 신성과 결부해야 한다고 했다.[39]

4) 자유론

아리스토텔레스는 인간의 선의 완수는 polis의 시민으로서 생활할 때만 달성될 수 있는 것으로 보고 개인의 polis에 대한 권리를 인정하지 않았다. 폴리스가 없으면 인간의 본성은 나쁜 짐승보다도 못하다고 보고 자유에 대한 국가의 간섭, 국가의 지도를 인정하였다. 아리스토텔레스는 모든 권리는 인격에 근거한다고 보았다. 그는 사회적 인격만이 자유를 요구할 수 있고 사회를 구성하는 사람만이 권리를 누릴 수 있다고 보았다.

5) 자연법론, 자연권론

아리스토텔레스는 플라톤의 제자로서 법의 중요성을 인정하고 있었다. 아리스토텔레스는 고대 그리스의 황금기(480-431 B. C.)를 경험하였기 때문에 많은 영향을 받았다. 당시 아테네는 그리스 polis들의 맹주였었다. 아테네는 민주정치를 채택했으나 언론의 자유와 선거권은 제한되어 있었다.

아리스토텔레스는 『니코마코스 윤리학』과 『정치학』에서 법철학과 정치철학의 긴밀한 연결성을 인정하고 있었다. 니코마코스 윤리학에서 아리스토텔레스는 법이 도덕에 근거한 현실을 지원하며 개인의 생활을 진보시키며 완전한 사회의 성립을 가능하게 하는 것이라고 하였다. 『니코마코스 윤리학』에서는 정의를 이야기하고 있는데 정치적 정의와 자연적 정의, 관습적 정의를 구분하고 있다.[40] 자연적 정의(범세계적 법)는 자연에서 오는 법이며 모든 사회에서 유효한 것으로 보았다. 이에 대하여 관습적 정의는 특정사회에서 특정이익에 봉사하기 위하여 만들어진 정의로 보았다.

정치학에서 아리스토텔레스는 법을 「완전 사회」로의 증진을 하는 기능을 가진 것으로 보았다. 아리스토텔레스는 인간은 정치적 동물로 보아 어떤 도시국가에서도 살 수 있으나 이상적 polis는 폭군과 민주정치의 균형에 의해서 통치되어야 한다고 보았다. 폭군정치와 민주정치의 혼합체가 안정된 사회를 형성한다고 하였다. 이 polis를 위하여 입법을 하는데 이를 실정법이라고 하였다. 아리스토텔레스는 많은 polis의 헌법을 연구하여 발표하고 있다.

---

39) A. Pele, Human Dignity, Aristoteles; F. Wetz, *Texte zur Menschenwürde*, 2011.
40) F. D. Warmuth, "Aristotle on Law," *Essays to Sebine*, 1948, p. 53 ff.; S. Vieru, "Aristotle influence on the natural Law Theory of St. Thomas Aquinas," *The Western Australian Jurist* Vol. 1, 2010, pp. 115-122.

6) 이상국가

아리스토텔레스도 스승인 플라톤에 따라 이상국가를 꿈꾸고 있었다. 플라톤의 이상국가는 이상주의적인 철학적인 것이었으나 아리스토텔레스는 현실에 가까운 이상국가를 주장하고 있었다.[41] 그는 목적론적 방법론(teleological approach)을 발전시켰는데 이상국가의 목적이 무엇이어야 하는가를 검토하였다. 아리스토텔레스는 이에 따라 인간의 본성은 선이기에 어떻게 하면 완전한(perfect) 사회를 달성할 수 있는가를 연구하였다. 그의 이론은 후세에 많은 영향을 끼쳤다.

아리스토텔레스는 polis를 이상적으로 구성하기 위한 여러 원칙을 이야기하고 있는데 이는 시민을 위한 완전한 사회국가를 만들기 위한 것이었다.[42]

그의 주장도

① 정부는 인간의 선(good)을 위하여 통치하여야 하며 권력을 가진 자의 선을 위하여 통치되어서는 안 된다.

② 자연적 귀족도시가 좋을 수도 있다. 여기에는 통치기술을 가진 전문가들이 권위를 가지고 사물을 정리할 수 있으며 이의 파괴를 가져올 민주주의나 과두국가로의 사회적 역행을 어느 정도 억제할 수 있다.

③ 순수한 정부형태보다는 혼합적 정부형태가 더 안정적이기 때문에 더 좋다.

④ 거의 모든 상황에서 가장 좋은 정부형태는 세 개의 순수정부형태(군주제, 귀족제, 폭민제)의 균형을 도출할 수 있다.

⑤ 순수민주정치는 폭군제나 다수폭민제로 쉽게 변할 수 있다.[43]

아리스토텔레스는 법의 지배를 강조하고 있었다. 아리스토텔레스는 polis를 시민 전체의 좋은 생활, 행복한 상태를 달성하기 위한 정부제도로 보았다. 그래서 지배 권력의 남용에 의한 시민의 권리행복을 침해하지 않기 위하여 제한정체(limited state)를 채택할 것을 건의하였다.

그는 이때에 이미 권력분립을 주장했다. ① 입법부 ② 행정부 ③ 사법부를 구분하고 그 담당자를 분리할 것을 주장하였다. 입법부의 경우 보통선거와 특수선거를 병용할 것을 주장했다. 집행부도 일부는 선거로 일부는 추첨으로 임명하기를 원했다. 법원도 일부는 모든 계급에서 일부는 특수계급에서 선임할 것을 주장하였다. 그는 이상국가에 필요한 조건도 제시하고 있다. 인구는 너무 많아도 안 되고 너무 적어도 안 된다고

---

41) P. Mondal, "Aristotle Theory of Origin of State: Concept, Elements and Necessary Conditions".

42) Clifford Bates, *Aristotle's Best Regime*, Louisiana State University Press, 2003; F. Miller, "Aristotle on the Ideal Constitution," *A Companion to Aristotle*, Wiley-Blackwell, 2009, pp. 540-54; V. Waerdt, "Kingship and Philosophy in Aristotle's Best Regime," *Pronesis* 30(1985), pp. 249-73.

43) M. Pakaluk, "Aristotle, Natural Law and the Founders," *Natural Law, Natural Rights, and American Constitutionalism*, 2011; E. Younkins, "Aristotle, Human Flourishing, and the Limited State," Qeubecquebecoislibre.org; 정인흥, 『서구 정치사상사』, 55면 이하 참조.

했다. 영토도 그리 크지 않아야 되고 해변에 위치해야 한다고 보았다. 그는 인구의 팽창을 억제하는 정책을 펴기를 주장했다.

인간이 능력을 최대한으로 발휘하는 경우 본인은 최대한의 명예와 부와 재산을 획득할 수 있지만 다른 친구, 동료들에게는 완전한 행복을 줄 수 없기 때문에 중용의 덕을 발휘하여 모든 사람이 행복하게 살 수 있는 중용의 국가가 필요하다고 본 것이다.

7) 현실 정치 체제

아리스토텔레스는 이상국가에 관해서 기술하고 있으나 이상정치를 현실에서 실현하기는 어렵다고 보았다. 시민이 참정권을 갖는 민주정치에 있어서도 통치자격 없는 사람들이 통치권을 행사하는 경우 선의 정치가 아닌 악의 정치가 나타난다고 했다. 그는 통치능력을 가진 고귀한 사람만이 주권자로서 국민의 구체적 통치를 해야 하며 정치 통치자들에게 과거에 얽매어 있는 사람에게는 통치권을 배제해야 한다고 했다.

현실의 정치형태는 일인지배와 소수지배, 다수지배가 있는데 순수형과 타락형으로 구분한다.

최고권자	순수형	타락형
일인	군주정치(Royal Monarchy)	폭군정치(Tyranny)
소수	귀족정치(Aristocracy)	금권적 과두정치 (Timocracy, Oligarchy, Plutocracy)
다수	법치적 민주정치(Politeia)	폭민정치(Democracy, mob democracy)

그는 이 중에서 이상적인 것은 Politeia(법치적 민주정치)라고 보고 일반적으로 Democracy는 폭민정치라고 보고 시민의 자격이 없는, 덕이 없는 대중이 다수의 힘으로 하는 폭력정치를 비법률적 통치로 보고 배격하였다. 법치주의적 군주정치라든가 귀족정치에는 나름대로 시민의 행복(flourishing), 복지를 보장하는데 메리트가 있을 수 있는데 비법적 통치를 하는 타락형인 폭군정치, 금권정치, 과두정치는 배격해야 한다고 보았다. 이러한 과도한 권력추구나 명예추구, 재산추구는 군주나 통치자 본인의 행복도 달성할 수 없기 때문에 법이 지배하고 본인이 행복한 생활을 누릴 수 있으며 사회가 행복할 수 있는 polis polity가 필요하다고 본 것이다.

제2절 고대 철학에서의 인권론과 국가론

1. 서 설

고대 로마의 철학과 학문은 아테네 학파의 영향을 받아 발전해 왔다. 정치철학에서는 헬레니즘(Hellenism)이 발전하였다. 새로운 학파로서는 에피쿠로스학파(Epicureans)와 스토아학파(Stoic)가 대립하기도 했다.[44]

법철학자로서 플라톤을 계승한 사람은 키케로(Cicero)이며 그 뒤 로마에서는 많은 좋은 법학자가 나와 로마법학의 전성시대를 열었으나 실용학문에 편중되어 법철학의 후계자는 별로 없었다. 그래서 법학자인 세네카(Seneca)의 인권론을 보는 것도 필요하다고 생각하여 두 사람에 관하여 알아보기로 했다.

그리스의 행복은 윤리적인 절제를 통한 정치적 동물로서 행복한 시민사회를 상징하였으나, 에피쿠로스학파는 행복을 쾌락(pleasure)에 있다고 보고 개인적인 쾌락과 동일시하였다. 스토아학파는 행복을 개인의 쾌락에서 구하지 않고 금욕으로 행복한 세상을 만들 수 있다고 보았다. 스토아학파는 세계(cosmos)에 학문이 공통적으로 적용된다는 점에서 세계주의(cosmopolitan)적이라고 하겠다.

정치세계는 도시국가의 파괴로 헬레니즘이 전파되었고 로마제국이 나타나 세계적인 학문이 발달할 수 있었다.

---

44) Ancient Political Philosophy, Stanford Encyclopedia of Philosophy; Hayden, *op. cit.*, 34-42; E. Gibbon, "The Idea of Roman Jurisprudence," *The Decline and Fall of the Roman Empire* chap. 44; F. Wieacker, "The Importance of Roman Law for Western Civilization and Western Legal Thought," *Boston College International and Comparative Law Review*, Volume 4, Issue 2, 1981.
키케로의 자연법 정의
「True law is right reason in agreement with nature; it is of universal application, unchanging and everlasting; it summons to duty by its commands, and averts from wrong-doing by its prohibitions. And it does not lay its commands or prohibitions upon good men in vain, although neither have any effect on the wicked. It is a sin to try to alter this law, nor is it allowable to attempt to repeal a part of it, and it is impossible to abolish it entirely. We cannot be freed from its obligations by Senate or People, and we need not look outside ourselves for an expounder or interpreter of it. And there will not be different laws at Rome and at Athens, or different laws now and in the future, but one eternal and unchangeable law will be valid for all nations and all times, and there will be one master and ruler, that is, God, over us all, for He is the author of this law, its promulgator, and its enforcing judge. Whoever is disobedient is fleeing from himself and denying his human nature, and by reason of this very fact he will suffer the worst penalties, even if he escapes what is commonly called punishment...」 (Cicero, De Legibus)

2. 키케로

1) 자연법론

키케로(Marcus Tullius Cicero, 106-43 B. C.)는 유명한 법률가요 정치가이며 로마제국의 중심적인 인물이었다. 그는 로마법의 제정에 관여했지만 자연법을 중시하였다.[45] 그의 법론은 플라톤과 아리스토텔레스와 스토아학파의 영향을 받아 자연법론에 대하여 익히 알고 있었다. 그는 이들 선배들의 이론을 많이 인용하지 않고 자연법을 이야기하고 있기 때문에 자연법에 관한 로마 이론의 원천으로 칭송되고 있다.

키케로는 법은 최고의 이성에 근거하고 있으며 이는 자연적으로 어떤 것을 행하고 어떤 것을 금지하는가를 명령하고 있다고 하였다. 법의 원천이나 근거는 자연에서부터 나오고 선에게서 나온다고 하였다. 자연법을 창조하고 해석하고 적용하는 것은 신이라고 하였다. 자연법은 최고의 법이며 오직 하나의 진정한 법이고 일반적 정의라고 보았다. 자연법의 본질은 긴급한 침해에 대해서는 자구행위도 할 수 있고 타인의 권리침해를 예방할 수 있다고 생각했다.

이에 반하여 인간이 만든 인정법은 자연법보다도 열등이라고 보고 그것은 인간의 의견에 의하여 근거된 것이기 때문에 인류의 권익옹호에 필요하다고 보았다.

2) 기본권론 = 평등권과 자유권

헬레니즘 사회를 거치면서 소피스트는 신이 인간을 자유롭게 했으며 원래부터의 노예제도는 부정하였다. 스토아학파도 인간의 평등을 주장하였다. 로마법 중에서 민법의 규정은 자유와 평등을 중시하였다.

키케로는 자연법과 함께 자연권(natural right)을 중시하였다. 계약법의 경우 예를 들어 노예를 양도하기로 하였으나 노예가 사망한 경우 계약을 이행할 수 없는 것은 당연한 것이며 이것은 자연의 이성(natural reason)에 근거한 것으로 보았다. 가족법상 부모는 자식에게 소송을 제기할 수 없는데 이것도 자연과 이성에 따른 것이라고 보았다. 로마법에 따라 정복지를 불태우거나 파괴하는 것은 허용되었는데 이것은 자연적 정의에 반한다는 주장이 있었으나 키케로는 이에 반대하였다.

로마의 경우 사회생활에 있어서 인간성(humanitas)이 더욱 중시되었다. 로마인은 자연법에 위반하는 실정법도 인정하고 있었다. 시민법(ius civile)에 의하면 노예는 인격자로 인정되지 않는다. 그러나 이는 자연법 하에서는 옳지 않다. 왜냐하면 자연법상은 모든

45) W. Nicgorski, "Cicero and the Natural Law," Natural Law, Natural Rights and American Constitutionalism, 2011; E. Levi, "Natural Law in the Roman Period," Natural law Institut Proceedings; A. A. Long, *From Epicurus to Epictetus: Studies in Hellenistic and Roman Philosophy*, Clarendon Press, 2011. 김용민, 『키케로의 철학』, 한울, 2018.

인간은 평등하기 때문이다. 울피아누스(Ulpianus)는 노예해방(Manumission)의 근원은 만민법(ius gentium)을 들고 있다. 자연법상 모든 인간은 자유롭게 탄생하였고 노예해방은 알려지지 않았다. 왜냐하면 노예제도는 인정되지 않았기 때문이다. 그러나 만민법이 도입된 후에 노예제도가 인정되었고 노예해방의 이익도 도입되었다.46) 그는 의무론에서 재산권을 인정하였고 절도의 범죄도 인정하였으나 기본권으로서는 연구하지 않았다.

프로렌티누스는 자유(Freedom)는 인간이 법의 강제에 의하여 제한되지 않는 한 자기가 원하는 바를 자유롭게 행할 수 있는 인간의 자연적 능력이다. 노예제도는 만민법의 제도로 인간이 자연법에 반하여 인간을 재산으로 만든 것이라고 하였다.

관행으로 행하였던 고문에 대해서 이는 진실획득의 수단으로 부적법하다고 하였으나 대국가적 기본권으로서는 인정하지 않고 있었다.

3) 인간의 존엄과 행복론

자연법상 인간은 존엄한 존재이며 행복을 추구할 권리를 가졌다. 키케로(Cicero)는 인간의 존엄에 관해서는 가장 먼저 강조한 사람이다. 키케로는 인간성을 인간의 존엄과 결부시켜 인간의 지위를 설명하였다. 그는 인간은 동물과 달리 존엄을 가진다고 보고 존엄과 존중을 역설하고 있다. 그는 법률에서는 인간의 존엄은 언급하지 않았으나 도덕론에서 인간의 존엄(dignity)에 대하여 논하고 있다. 그는 인간의 존엄을 명예, 은총, 영광 등과 결부되어 있다고 보았으나 권력자와의 관계는 별로 언급하지 않았다. 키케로는 인간의 존엄을 개인과 국가의 복지와 결부시켰다.47) 로마법상 dignitas는 존중받는 계층을 말하는 것으로 오늘날의 개인의 존엄으로는 생각되지 않았다. 이에 반하여 행복론은 그리스와 비슷하였다. 그는 플라톤에 따라 도시국가는 행복을 가져다주는 기구로 보고 사회생활 공동생활을 중시하였다. 그러나 그는 플라톤학파의 영향을 받아 행복을 덕이라고 보아 개인적인 덕이라고 생각했으나 스토아학파에 따라 행복은 풍부한 생활, 명예, 고위직 위에서 나오는 것이 아니고 심성에서 나오는 것이라고 보았다. 그는 스토아학파에 따라 금욕적인 행복관을 주장했었다.48) 그의 행복론은 행복한 생활(well-being)의 객관적 달성을 중시한 것으로 보인다.

4) 국가론(de republic)

---

46) W. Atkins, "Rights in Cicero's Political Philosophy," 2010; Why the Stoics did not and Could Not have Originated Human right, June 2007; R. Bauman, *Human Rights in Ancient Rome*, Routledge, 2012; Ulpianus D. 50. 17. 32; Wurlitzer, The Doubtful Descent of Human Rights from Stoicism, 2007.

47) H. Sandkühler, *Menschenwürde und Menschenrechte*, SS. 53-58.

48) A. A. Long, *From Epicurus to Epictetus: Studies in Hellenistic and Roman Philosophy*, Clarendon Press, 2011.

키케로는 플라톤에 따라 『국가론』49)을 저술하였다. 이 저술은 「스키피오(Scipio)의 꿈」이 중요하다. 이 부분은 스키피오와의 대화로서 기술되어 있는데 당시의 정치상황도 반영한 것이었다. 『국가론』제1권과 제2권에서는 공적인 것, 즉 국가의 최상의 조건에 관해서 이야기하고 있는데 국민에게 행복을 주는 목적이 강조되었다. 책 제3권과 제4권에서는 정의와 인간성에 관해서 기술하고 있는데 가장 좋은 도시국가와 가장 좋은 시민에 관해 논하고 있다. 제5권과 제6권에서는 정치가의 자질과 관련하여 최상의 시민에 관해서 설명하고, 스키피오의 꿈을 실었다.50)

그는 그리스 학자와 같이 공동체생활의 가장 중요한 유대로 보았다. res publica는 공동체(commonwealth)라고 보았고 res pópuli는 개인의 재산물건으로 보았다.

키케로는 res publica(공동체)는 공동체를 이용하는 인간의 재산이라고 하였다. 그는 국민의 복지를 최고의 법(salus populi suprema lex)이라고 하였다. 그는 시민이 조화되지 않는 상태의 공동체, 부패된 공동체는 엄격히 말하여 res public이라고 할 수 없다고 하였다.

스키피오는 공동체는 정의 없이는 성립할 수 없다고 하였다. 키케로는 정의를 각자에게 각자의 몫을 주는 것(ius summ cuique tribuere)이라고 하였다.

5) 법규론(de legibus)

키케로는 플라톤에 따라서 『법규론』51)을 저술하고 있다. 이것은 키케로의 말년의 저작으로 대화로 구성되어 있다. 『법규론』제1권과 제2권은 자연법과 ius naturae에 관해서 토론하고 있다. 키케로는 법은 최상의 이성이며 자연에 근거하고 있다고 했다. 제2권과 제3권에서는 법령의 이상적 형태를 다루고 있다. 여기서는 현실의 로마법의 개선을 논하고 있다.

국가론에 있어서와 달리 법규론에서는 시민은 요람에서 무덤까지 법률에 의해서 규율되며 시민은 이에 복종하여야 한다고 보았다. 플라톤의 마그네시아와 마찬가지로 키케로의 국가에서도 선하게 행복하게 살 것의 중요성이 강조되고 있다. 플라톤은 마그네시아의 시민생활이 선하고 행복한 것은 자명의 이치로 보았으나, 키케로는 자명한 것이 아니고 입법자의 입법에 따라 행동이 규제되어야 한다고 보았다.

키케로는 정치가는 시민의 선과 행복을 달성하도록 노력하여야 한다고 하고 있다. 법률은 인간 존재의 평화적 행복의 확보를 위하여 입법하고 개정하여야 한다고 보았다.

---

49) 김창성 옮김, 『국가론』, 한길사, 2007.
50) W. Altman, *The Revival of Platonism in Cicero's Late Philosophy*, Lexington Books, 2016; Y. Baraz, *A Written Republic: Cicero's Philosophical Politics*, Princeton University Press, 2012; J. Annas, *Plato's Law and Cicero's De Legibus*; R. Radford, *Cicero: A study in the Origins of Republican Philosophy*, Rodopi Bv Editions, 2002.
51) 성염 옮김, 『법률론』, 한길사, 2007.

키케로는 법의 효과의 개시를 위하여 법을 제정해야 하는데 법은 최고의 선이며 자연에서 나오며 개정할 것인지 여부는 법률에 근거해야 한다고 보았다.

키케로의 법률론이나 국가론은 후세에 많은 영향을 끼쳤는데 미국헌법의 기초자들의 법의견을 형성하는데 중요한 역할을 했다.[52]

3. 세네카

1) 세네카의 자연철학

세네카(Seneca, 3 B. C. - 65 A. D.)는 유년 시대부터 로마에서 유행했던 스토아학파에 따라 자연을 중시하였다. 그의 자연은 자연법칙(Lex naturalis)에 의해 지배되는 것으로 생각하였다. 세네카의 최고의 선(summun bonum)도 생의 목적도 자연과 연관해서 고찰하였다. 인간은 자연의 본성, 우주의 본성과 연관되어 있었다. 그는 덕(virtue)이나 지식(sapientice)도 자연과의 조화에서 찾았다. 세네카도 스토아학파에 따라서 군주의 절대성을 인정했고 그의 인정법을 인정했다. 그는 로마인의 정치적 평등을 인정했으나 노예제도를 인정했고 노예해방이나 노예제도의 폐지에는 반대하였다. 세네카는 스토아학파의 신봉자 중에서 폭군 네로의 총애를 받아 행복한 생활을 했으나 그 이외의 석학들은 정권의 희생자로서 생활하여 추방을 당했다. 물론 세네카도 네로왕의 암살에 가담했다고 하여 자살을 강요당하기는 하였지만 외국 출생자로서 정치적 명성을 얻었다고 하겠다.[53]

세네카는 노예도 일반상태에서는 자유라고 보았다. 그러나 그것은 주인인 소유자의 뜻에 따른 것이며 그 자유도 소유자의 소유권에 의해서 제한되기 때문에 완전한 자유라고 할 수 없다고 하겠다.[54] 그는 스토아학파의 인간이 아닌 동물에게도 자연법이 있다는 이론에 대해서는 찬성하지 않았다.

2) 행복론

세네카는 인간의 심령을 출생 전에 이미 신체에 합일하며 사후에도 심령은 살아있는 것으로 보았다. 그는 심령과 덕성에 대하여 중요성을 강조하였다. 그의 심령은 그의

---

52) J. Annas, *Plato's Law and Cicero's De Legibus*; Ancient Political Philosophy, Stanford Encyclopedia of Philosophy. 세네카 저서의 번역은 김남우 외 옮김, 『설득의 정치』, 민음사, 2015.

53) G. Connery, "Analysis of the Philosophy of Lucius Annaeus Seneca," Diss. Loyola University College, 1941; Seneca, Stanford Encyclopedia of Philosophy, 2015; Ker/Fantham/Hine/William, *Seneca: Hardship and Happiness*, University of Chicago Press, 2014; K. M. Vogt, *Law Reason, and Cosmic City: Political Philosophy in the Early Stoa*, Oxford University Press, 2008.

54) C. Edwards, "Free Yourself Slavery, Freedom and Self in Seneca's Letters" in Bartsch/Wray (eds.), *Seneca and the Self*, Cambridge U. P., 2009.

재산이며 자유를 가진다고 하였다.55)

　행복에 대하여 세네카는 그의 동료들과는 달리 덕에 의한 행복을 강조했다. 그는 행복은 쾌락에 의해서 도달되는 것이 아니고 덕을 통해서 얻어지는 것이라 하였다. 세네카는 악인과 선인의 구별은 그의 심성에 의하여 결정된다고 하였다. 그는 진정으로 행복한 사람은 정당한 판단력을 가진 것이라고 하였다. 다른 사람에 따라 하는 것이 아니고 덕과 쾌락을 비교하여 쾌락을 구하여서는 안 된다고 하였다. 세네카는 덕과 쾌락은 같은 것이 아니고 쾌락은 덕에 의하여 통제되고 있다고 하였다. 쾌락은 결코 종속적이 아니며 부패행위에 의하여 행복해지는 것은 아니라고 하였다. 진정한 행복은 쾌락에서가 아니고 덕에 의해서 도달하는 것이라고 했다. 세네카는 행복을 발견하는 10개의 기본원칙을 설명하고 있다.56) 행복하기 위해서는 분노를 만들지 말며 다른 사람과 싸우지 말아야 할 것도 강조하고 있다(A quarrel is quickly settled when deserted by one party there is no battle unless there be too).57)

3) 기본권론

　세네카는 노예제도에 관해서 많이 언급하였으나 그것이 평등권 침해라고는 생각하지 않았다. 노예에 대하여 아이들처럼 대우하는데 대해서는 반대를 표시했으나 노예제도나 노예매매제도 등에 대해서는 반대하지 않았다. 세네카는 이득론(On Benefits)에서 인문주의(Humanitas)를 덕으로서 길게 논하였다. 그러나 이는 사법의 영역이며 친권성으로서 논의한 점은 없었다. 그는 노예의 매매금지 등은 주장하지 않았다. (도적적) 자유는 매매의 대상이 아니었다.

　기본적 인권에 대한 경시는 당시 스토아학파가 기본권에 관해서 잘 인식하지 못했기

---

55) WikiHow, How to Do the Philosophy of Happiness of Diogenes and Epicuros; Wikiversity, Philosophy of Happiness; E. Levy, "Natural Law in the Roman Period," *Natural Law Institute Proceedings*.

56) H. Edberg, "Seneca's Top 10 Fundamentals for Finding Happiness," The Positivity Blog; Ker/Fantham/Hine/William, *Seneca: Hardship and Happiness*, University of Chicago Press, 2014.

57) 세네카의 행복에 관한 이론 ① "True happiness is to enjoy the present, without anxious dependence upon the future, not to amuse ourselves with either hopes or fears but to rest satisfied with what we have, which is sufficient, for he that is so wants nothing. The greatest blessings of mankind are within us and within our reach. A wise man is content with his lot, whatever it may be, without wishing for what he has not." ② 중노동과 가난을 탓하지 말라. There is no reason, however, why you should think that you are doing anything great; for you will merely be doing what many thousands of slaves and many thousands of poor men are doing every day. But you may credit yourself with this item, – that you will not be doing it under compulsion, and that it will be as easy for you to endure it permanently as to make the experiment from time to time. Let us practise our strokes on the "dummy"; let us become intimate with poverty, so that Fortune may not catch us off our guard. We shall be rich with all the more comfort, if we once learn how far poverty is from being a burden. 천병희 옮김, 『세네카의 행복론』, 숲, 2015.

때문이라고 하겠다. 또 보통법(Civil Law)이 발전했기 때문에 민사적 해결이 가능한 것도 그 원인이라고 하겠다.[58] 인간의 자연적 평등권은 법률(Corpus Iuris Civilis, 민사법전)에 의하여 보호되었다.

중세에 들어와서야 인간의 존엄이 인정되고 주장되었다. 세네카는 언론은 진실에 근거해야 하며 선진적이고 명확해야 한다고 하고 있다.

세네카는 자유론에 관해서도 언급하고 있다.[59]

4) 국가론

세네카는「여가에 관하여」(De Otio)를 유토피아의 구상으로 썼으나 미완성에 그쳤다. 그는 이상국이란 미완성이라고 보고 있다. 이것은 후세에 모어(More)의 유토피아 (Utopia)의 한 원전이 되었다고 한다.[60]

제3절 종교적 인권론의 발달

1. 그리스도교적 인권론의 시작

로마 후기에는 그리스와 초기 로마의 법사상, 법철학이 계승되었다. 후기 헬레니즘시대 와 로마시대에는 철학보다는 정치학, 권력학이 지배하였다고 하겠다. 그리스도교와 함께 점차 기독교신학이 지배하게 되었으나 기독교의 기본권사상은 크게 발달하지 않았다. 기독교사상을 전파한 제자나 순교자들이 1세기와 2세기에 나왔으나 아우구스티누스 (Augustinus, 430년 졸)에 의하여 기독교적 세계관이 확립되었다고 하겠다.[61]

성서에서는 인권사상보다는 생활수칙적인 요소가 많이 강조되었다. 초기의 성서에서

---

58) Why the Stoics Did Not and Could Not Have Originated Human Rights, 2007.

59) Colish/Wildberger, "Freedom in Seneca: some reflections between philosophy and politics, public and private".

60) E. Wilson, *The Greatest Empire: A Life of Seneca*, Oxford University Press, 2014.
"Man's ideal state is realized when he has fulfilled the purpose for which he is born. And what is it that reason demands of him? Something very easy—that he live in accordance with his own nature." Seneca from Letters from a Stoic.

61) What is a biblical view of human rights?; J. Witte, *Religion and Human Rights: An Introduction*, Oxford University Press, 2011; S. Moyn, *Christian Human Rights*, University of Pennsylvania Press, 2015, 264 pages; R. Traer, "Christian Support for Human Rights," *Religion and Human Rights*; R. Traer, "Catholics and Human Rights," *Religion and Human Rights*; Stackhouse, "Sources of Basic Human Rights Ideas: A Christian Perspective,"; F. Cranmer, "Are human Rights 'Christian'? - a reflection," *Law & Religion UK*.

는 ① 살인하지 말라 ② 도둑질 하지 말라 ③ 모욕을 하지 말라 ④ 외국인 노예를 두지 말라 ⑤ 자기 결혼생활에 이익을 건지기 위하여 거짓말을 하지 말라 ⑥ 다른 사람의 생명을 위협하지 말라 ⑦ 강간을 하지 말라 ⑧ 어디서든지 자기생활을 할 때 방비를 철저히 하라 ⑨ 범죄를 저지르지 말라 ⑩ 어떤 범죄에서도 자기의 죄를 참회한 후에는 사과하고 조정에 응하라 ⑪ 타인의 토지에 출입할 때에는 타인의 토지 등을 침해하지 말라 ⑫ 하느님을 공경하라 등 일상생활의 세계 공통적인 10계명을 지키라고 하였다.

초기 기독교는 그리스 철학의 전통도 많이 흡수하였으며 바울과 세네카의 교신도 위조되기도 하였다. 기독교철학은 아우구스티누스와 성 토마스 아퀴나스에 의해 비롯되었다.

1) 아우구스티누스

(1) 아우구스티누스의 하느님의 지배

아우구스티누스(St. Augustine, Augustinus, 354-430 A. D.)는 북아프리카 Hippo의 주교였다. 그는 30년간에 100권의 저술을 했다. 그는 로마제국의 멸망 전의 로마를 연구하고 중세에의 길을 열어준 신학자 겸 철학자였다. 아우구스티누스는 그의 저술이 단권화, 전문화 되지 않고 여러 형식의 책에서 논술되어 있기에 이를 종합 논평한다는 것은 매우 어렵다.[62]

그는 기독교 주교였기 때문에 인간은 신의 창조로 보고 인간의 행위가 신의 뜻에 위배되는 경우 처벌해야 한다고 보았다. 그는 인간은 아담의 타락 이후 하느님이 창조한 좋은 완전한 질서가 파괴되었다고 보았다. 인간은 하느님의 뜻에 따라 미리 결정된다고 보았으나 정당한 결과로서 용서를 빌고 승복하여야 한다고 하였다. 여기서 그리스학파에서 본 인간의 의사결정의 자유, 행복추구의 권리 등이 부정된 것은 아니라고 하겠다.

(2) 신앙과 행복 간의 관계

아우구스티누스는 3년 동안에 행복과 신앙에 관한 300면 분량의 책 3권을 썼다.[63] 이 3부작은 ① 행복한 생활 ② 신앙의 장점 ③ 보이지 않는 신앙이다. 여기에서 아우구스티누스는 기독교신앙과 행복에 대한 인간욕구를 연결시키려고 노력하였다. 이 책은 아우구스티누스의 기독교신앙과 이해의 필요성, 아우구스티누스의 신비성의 이해에 많은 도움을 주고 있다.

「행복에의 욕구는 인간에게 필수적이다. 그것은 모든 인간행동의 동기이다. 가장 명확

62) Augustine: Political and Social Philosophy, Internet Encyclopedia of Philosophy; St. Augustine, Stanford Encyclopedia of Philosophy 2010; Wikiquote, Augustine of Hippo.
63) Part Ⅰ: The Life, Faith, and Thought of St. Augustine, *Trilogy on Faith and Happiness*, New City Press, 2010; D. Naugle, "Paradigms of Happiness in the Confessions of Jean-Jacques Rousseau and Saint Augustine".

히 이해해야 하며, 계몽되고, 항상 신뢰할 세상에서 가장 중요한 것은 행복의 욕망뿐만
아니라는 것이다. 그런데도 왜 그렇게만 할까. 우리의 특수한 자연이 우리에게 그것을
요구하는 것이다」.[64]

그는 이러한 욕망은 하느님에의 신앙에서 벗어나게 할 수 없다고 보고 기독교의 신앙을
중시하고 심령의 평온을 찾을 것을 권고하고 있다. 이 이론은 그의 참회록에서도 나타나고
있다.

「행복은 정확히 우리 모두가 추구하는 것은 아닐지라도 그것을 욕망하지 않는 사람도
없을 것이다」.[65]

그는 이 행복을 신에의 신앙으로 바꾸고 신앙생활의 중요성을 강조하였다. 신에의
귀의로 플라톤 사상과는 헤어졌다고 하겠다.

(3) 신의 도시와 지상의 도시

아우구스티누스는 말년(5세기)에 와서 『신의 도시』(De Civitate Dei contra Pagonos,
The City of God Against the Pagan)를 저술하였다.[66] 신의 도시는 신의 국가로 잘못
번역되고 있다.[67] 아우구스티누스는 로마의 몰락이 기독교의 신앙 때문이라는 비난에
대하여 로마제국의 잘못 때문에 로마가 멸망한 것이라고 하여 로마의 멸망은 부득이하다
고 보고 신의 도시의 건설을 주장하였다. 신의 도시에 대하여 전부 소개하기는 이 책의
성격상 불필요하기 때문에 주요 사상에 관해서만 언급하기로 한다.[68] 이 책은 물론
정치학 논문이 아니라 신학 논문이다. 그러나 여기에 그의 신학과 정치사상이 다 포함되어
있다. 그러나 이것은 대용량의 팸플릿이며 필요에 따라 사과의 뜻으로 쓰여진 책이다.

아우구스티누스는 두 개의 도시의 차이점을 강조했다. 지상의 도시는 인간의 도시이고
천상의 도시는 하느님의 도시이다. 그 구분은 두 가지 사람에 의하여 하나는 신의 사랑에,
하나는 자신에의 사랑에 근거한다. 인간의 도시와 신의 도시가 모두 하느님에 의해서
미리 결정된다. 인간의 도시는 망하도록 결정되어 있으며, 하느님은 새로운 도시(교회)를
폐허로부터 창조하고 옛 도시의 보존을 위하여 새 도시(교회)를 창조한다. 신은 이 양자에
대한 공통의 은혜를 완전한 평화와 정의가 달성되는 그리스도의 재림 때까지 인정한다.
각 도시는 독자적인 정책으로 독특한 방법에 의하여 독자적인 목적을 가지고 존재한다.

---

64) Saint Augustine, de Beata Vita, the happy life, 1944.
65) St. Augustine, Confessions, 2003. 고백에서 그의 젊은 시대의 행복 극복을 쓰고 있다.
66) St. Augustine, *City of God*; N. Baynes, "The Political Ideas of St. Augustine's De Civitate Dei,"
    Historial Association pamphlet No. 104, 1936; J. Figgis, The Political Aspects of St. Augustine's
    de City of God - the State, Sacred Texts, Christianity Index, 1921; "Medieval Political Philosophy,"
    Stanford Encyclopedia of Philosophy.
67) 신의 도시는 22권으로 이루어지고 있으며 우리나라에서도 여러 번역판이 나와 있다(최초 번역, 2013).
    번역서 본문은 1182면에 달하고 부록도 70면에 달하고 있다. 윤성범역, 『신국』, 을유문화사, 1966;
    성염 옮김, 『신국론』, 분도출판사, 2004; 조호연·김종흡 옮김, 『하나님의 도성: 신국론』, 2016.
68) J. Figgis, *The Political Aspects of St. Augustine's 'City of God'*, 1921; N. Baynes, *The Political
    Ideas of St. Augustine's De Civitate Dei*, 1936; Carlyle, *Political Theory in the West*.

신의 왕국은 복음(Gospel)에 의하여 다가오며, 국가의 강제력에 의하여 오지는 않으며 지상의 도시는 교회에 의하여 상대적 평화를 얻을 수 있다. 지상의 도시는 신의 도시로 전환될 수는 없으며 신의 영광에 의하여 신의 도시로 복귀할 수 있다.

(4) 정의, 인간의 권리, 국가

로마에서는 그리스에서와 같이 두 가지 정의를 인정하고 있었다. 하나는 교환적 정의이고 하나는 배분적 정의이다. 로마법학은 정의의 개념과 법의 지배, 개인의 권리의 보호에 중점을 두었다. 교환적 정의는 개인 간의 권리의 보존을 하는 목적을 가지고 있었다. 각자가 그의 사업에 있어서 개인 간의 권리의 평등을 보장하는 이상은 자유롭게 활동하고 그 책임을 지는 역할을 하게 하였다.

아우구스티누스는 신학자이기 때문에 영구법을 신의 이성과 의지라고 보았으며 신이 사물의 자연질서에 대한 준수를 신이 명령하였다고 보았다.[69] 그는 우주의 원리를 자연법으로 보아 인간이 정당하게 이해할 것을 요청하였다. 아우구스티누스에 따르면 정의는 국가에 선존하는 것이며 영원하다고 인정하였다. 법이 정당하지 않으면 법이 아니라고 하고 법의 도덕적 힘은 정의 내용에 따른다고 보았다. 자연적 정의는 법에 선행하며 법의 근원이 된다고 하였다. 아우구스티누스에 있어서는 앞서 말한 바와 같이 정의의 두 면 같은 인간과 신과의 관계라고 보았다.

아우구스티누스는 인정법(civil law)의 외부적 효력을 인정하고 있었다. 인정법은 합법적인 것도 있고 나중에 불법적으로 되는 경우도 있다. 이것은 그 시기에 따른 것이다. 인정법은 외부적 행위를 규제한 것이며 법은 신의 도시를 창설할 수 없다. 특정한 목적을 가진 법이며 그 목적은 질서의 증진에 있다. 시민법의 목적은 평화를 유지하는 것이라고 하였다.

아우구스티누스는 인정법은 통치자에 의하여 제정된다고 보았다. 법은 강제력을 가져야 하는데 주로 통치자가 강제하는 것으로 보았다. 시민법이 강제력을 가지기 위하여서는 이를 집행하는 힘이 있어야 한다고 보았다.

그러나 국가권력이 강해지면 인정법이 자연법에 위반될 수 있기 때문에 국가는 적은 국가가 좋고 정체는 제한정체를 채택해야 한다. 시민의 만인에 의한 투쟁을 막고 질서를 유지하기 위해서는 국가가 필요한데 국가는 개인의 권리를 침해하지 않기 위하여 많은 연구를 해야 한다. 통치자는 신의 법에 위반하는 법을 만들어서는 안 된다.

국가의 목적은 인간의 존재를 유지하고 인류의 복지를 돕는 것이기는 하나 국가가 지나치게 강력해져서는 안 된다. 또 민족 간에는 전쟁이 일어나기 쉽다. 정당한 생활의 수행을 위하여 타인의 이익을 위하여 군주는 노력해야 한다. 군주는 전쟁을 하되 정당한 전쟁을 해야 한다. 부정의한 전쟁은 금지된다.

---

69) Figgis, a. a. O.; J. Thayne, "Augustine's View on Law," Dec. 5. 2008; L. Raeder, "Augustine and the Cases for Limited Government," *Humanitas*, Vol. XⅣ, No. 2, 2003. pp. 94-105.

(5) 교회와 신의 도시, 교회법과 인정법의 관계

아우구스티누스는 신의 도시는 교회라고 단정하지는 않았다. 왜냐하면 교회의 구성원
도 예수의 재림 시에 모두가 구원되는 것은 아니기 때문이다. 지상의 도시는 어느 특정한
국가와는 달랐다. 이 두 도시의 시민은 일부가 겹칠 수도 있었다. 비록 두 도시의 시민은
다른 궁극적인 목적을 가졌을지라도 일시적인 목적은 같을 수 있기 때문이다. 그는
절대적 악 개념을 믿었으나 플라톤에 따라 절대적 선악의 구별을 인정하지 않고 일정한
악도 선을 추구할 수 있고 악이 없을 수도 있다고 생각하였다.

아우구스티누스는 키케로에 따라 로마인은 한 번도 공화국을 가진 것이 아니라고
하였다. 로마인은 진정한 신을 존중하지 않았기 때문에 commonwealth를 구성한 적이
없다고 하였다. 아우구스티누스는 좋은 기독교인만이 통치자가 되는 것은 아니라고
하였다. 그러나 그는 기독교인이 보다 좋은 정부를 가진다고 하였다.

아우구스티누스는 교회와 국가의 관계에 대해서 발전시키려고 하였으나 사실에 있어서
는 중세의 산업적 · 경제적 프로그램을 논했을 뿐이라고 하고 있다.[70] 이 당시 교회는
제국과의 평화를 즐겼을 뿐만 아니라 제국의 비호를 받고 있었다. 가톨릭교의 제국에
있어서 승리를 거두었고 그것은 제국의 유일교였다. 아우구스티누스는 제국주의를 비판
하고 있으나 이것은 대제국이고 지상의 공동체(commonwealth)는 인정하고 있었다.

아우구스티누스는 교회를 지상의 하느님의 왕국으로 생각하고 있었다. 여기서는 전투
적인 교회가 아니고 평화적인 교회를 말한 것이었다. 그는 이것을 단순한 희망으로
생각하지 않고 이를 인간에 의하여 조직할 수 있는 제도로 보았다. 그는 교회를 여러
신자와 성사를 하고 승려에 의하여 지배되는 하느님의 진정한 가정이라고 생각하였다.

로마시대에는 정교분리가 행해졌고 교회법과 국가법이 병존하였다. 교회법은 종교법
에 따라 교회에서 집행되었고 국가법은 국가에 의해 집행되었다. 자연법은 신의 의사에
근거한 것으로 보았고 영구법도 신이 준 법으로 생각하였으나 시민법과 만민법과 같은
인정법(人定法)이 지상국에서는 중요하게 적용되었다.[71]

2) 토마스 아퀴나스

(1) 토마스 아퀴나스의 저작과 학문세계

토마스 아퀴나스(Tomas Aquinas, 1225-1274 A. D.)는 중세기의 신학자이고 신학 교수
였다. 그는 수도원에서 공부한 적이 있으나 승려는 아니었고 당시 이탈리아에서 출생하여
파리, 쾰른 등에서 학습 연구하고 파리와 이탈리아에서 신학 교수를 하였다. 이때는

---

70) Reuter, *Augustinische Studien*, 1887; H. Deane, *The Political and Social Ideas of St. Augustine*,
Columbia University Press, 1963.
71) R. Gröschner, "Die Römer und der Kunst der Jurisprudence" in *Rechts-und Staatsphilosophie*,
Springer Lehrbuch, 2000, SS. 57-80.

기독교가 정치적으로 군주의 권한과 병존하거나 대립한 시기로 그는 신학에 관해 많은 저술을 하였으나 일반적으로 많이 알려진 것은 『신학대전』(Summa Theologiae)이다.72) 이 밖에도 아리스토텔레스, 니코마코스 윤리학 코멘트라든가 도덕에 관한 저술도 썼고, 이교도에 대한 반론서도 썼으나 여기서는 신학대전에 근거하여 그의 정치사상, 법사상을 중심으로 보기로 한다.73)

(2) 행복론

토마스 아퀴나스의 도덕철학, 정치철학에 있어서는 아리스토텔레스의 행복한 사회론과 기독교신학이 접목되어 있었다. 아퀴나스는 아리스토텔레스에 따라 인간의 본성은 선하다 악하다의 구분은 그것이 인간행동의 목적(telos)에 공헌하느냐 여부였다. 궁극적 목적은 완성 또는 잘 사는 것이라고 생각된 행복(eudamonia)의 추구였다. 행복한 생활의 달성을 위해서는 행복의 본성과 그를 추구하기 위한 지적, 도덕적 덕에 관한 지식이 필요하다고 하였다. 타면에 있어 아퀴나스는 이생에 있어서는 완전하고 궁극적인 행복의 달성은 불가능한 것으로 보았다. 그는 궁극적인 행복은 하느님과의 초자연적인 결합에서 얻을 수 있다고 보았다. 인간은 아담의 원죄에 의하여 완전하지 못하기 때문에 하느님의 은총을 얻어야만 행복으로 도달할 수 있다고 하였다.74)

그는 신학대전의 제2부 첫머리에서 행복의 구성요소에 대하여 설명하고 있다.75) 그는 행복이라는 것이 ① 무엇으로 구성되어 있는가? ② 무엇인가? ③ 어떻게 획득할 수 있는가?를 문답식으로 설명하고 있다. 그는 행복의 구성요소로서 8개 조문을 들고 그 답의 정확성 여부를 상세히 논증하고 있다. ① 행복은 부로 구성되는가? ② 명예로 구성되는가? ③ 영광으로 구성되는가? ④ 권력으로 구성되는가? ⑤ 신체의 좋음에 의해 구성되는가? ⑥ 쾌락으로 구성되는가? ⑦ 영혼의 선에 의해서 구성되는가? ⑧ 특정선의 창조에 의하여 구성되는가?를 묻고 있다.76)

그는 친절하게도 각 물음에 대하여 반대론과 찬성론을 설명하고 있다. 여기에는 많은 학자들(Aristoteles 등)의 견해가 소개되어 있고 아퀴나스의 답변이 상세히 설명되고 있다. 그는 부나 명예나 영광과 권력과 같은 외부적인 요소가 행복을 충족시키는 것이

72) Thomas Aquinas, *Summa Theologiae*, 1974, 1981; 토마스 아퀴나스, 『신학대전』, 정의채 역, 바오로딸, 1985; Tomas Aquinas, *Commentary on Aristotle's Nicomachean Ethics*, 1993; Thomas Aquinas, *Summa Contra Gentiles*, Vol. 1-3. 1975(신창석·박승찬·김율 옮김, 『대이교도대전』, 분도, 2015, 2019); 이재룡, "토마스 아퀴나스의 신학대전," 『철학과 신학』 Vol. 1, No. 1, 1997.
73) "Aquinas' Moral, Political and Legal Philosophy," Stanford Encyclopedia of Philosophy, 2011; "Thomas Aquinas: Moral Philosophy," Internet Encyclopedia; Thomas Aquinas, Wikipedia the free Encyclopedia; Thomas Aquinas, pursuit of happiness.org; J. Finnis, *Aquinas, Moral, Political, and Legal Theory*, 1998; Bloomburg Studies on Thomas Aquinas, 12 vols.; 박경숙, 『토마스 아퀴나스의 신학대전』, 서울대철학사상연구소, 2004.
74) Thomas Aquinas, Moral Philosophy, Internet Encyclopedia, 서두.
75) Thomas Aquinas, *the Summa Theologica*, First Part of the Second Part, History of Happiness.org.
76) 정원례, "토마스 아퀴나스의 행복론," Humboldt Unversität Berlin 박사학위논문, 2012.

아니라는 것을 설명하고 있다. 그는 신체가 건강하고 아름다움이나 쾌락이나 영혼의 선만이 행복을 구성하는 것이 아니고 궁극적으로는 하느님만이 인간의 행복을 결정한다고 했다.

(3) 인간의 존엄(Human Dignity)

토마스 아퀴나스는 『신학대전』 제2부에서 인간의 존엄성에 관해서 설명하고 있다. 그는 인간을 타 생물보다는 고귀한 것으로 보고 있다. 인간은 다른 생물과 달리 생활에 필요한 식품 등만 요구하지 않고 인식을 위해 활동하기 때문이라고 보았다. 인간은 정신의 본질이 신의 모습에 따라 형성된 것으로 보기 때문에 신을 모방할 수 있으며 신을 따라서 지각을 할 수 있고 스스로를 사랑할 수 있다고 보았다.

인간은 존엄을 스스로 지니고 있다(Summa Theologiae, Ⅱ-Ⅱ, Frage 32 Art. 5).

인간은 원래 원죄(Original Sin) 때문에 신과 같을 수는 없었으나 신앙에 의하여 원죄에서 해방되어 존엄한 인간으로서 생활하고 활동할 수 있게 되었다고 본다. 인간은 명예와 명성을 얻었다. 그런데 인간은 수치스러운 일을 하여 인간의 존엄을 해치고 있다고 본다. 첫째는 동물과 마찬가지로 욕망에 따른 행동을 하고 있다. 둘째로는 욕망충족에 있어 이성의 빛을 잃어 도덕의 완전성과 완전한 미를 상실하고 있다고 했다.

인간은 범죄를 함으로써 이성의 질서를 떠나게 되고 인간의 존엄을 잃게 된다. 그는 인간의 원죄를 용서받음으로써 다시 인간의 존엄을 가지게 되고 자유의사를 가지게 되어 행동의 자유를 가지게 된다고 보고 있다.[77]

Saint Thomas Aquinas(1225-1274) in drawing on the Genesis account further refined the understanding of the human person being created in God's image by interpreting Genesis to teach that the human person is an "intelligent being endower with will and self-movement." The human person has a soul which endows him/her with the ability to know and love God Freely, thereby having a privileged place in the order of creation.

(4) 정의론(Justice)

토마스 아퀴나스는 그의 『신학대전』의 질문 58개 중에서 정의를 이야기하고 있다. 정의에 관한 질문은 12개 조항으로 되어 있다.[78] ① 정의란 무엇이냐? ② 정의는 항상 타인과 관계되는가? ③ 그것은 덕인가? ④ 그것은 주체의 의지 내에 있는가? ⑤ 그것은 일반적 덕인가? ⑥ 일반적 덕으로서 본질적으로 다른 덕과 같은 것인가? ⑦ 특수한 정의가 있는가? ⑧ 특수한 정의는 자기 자신의 사항인가? ⑨ 그것은 감정인가, 기능작용만인가? ⑩ 정의의 수단이란 진정한 질문인가? ⑪ 정의의 행위는 모든 사람에게 각자의

---

77) B. Walker, "Aquinas on Original Sin and Human Freedom," August 25. 2011.
78) 신학대전 제58문 12개 조항.

것을 주는가? ⑫ 정의는 도덕적 덕의 으뜸인가?

이 12가지 질문에 대하여 찬반을 이야기하고 자기 견해를 펼치고 있는데 여기서는 중요한 몇 가지만 보기로 한다. 그는 정의를 각자에게 각자의 것을 주는 영구적이고 항상적인 의지로 보느냐에 대해서 제1문에서 대답하고 있다. 여기서는 플라톤이나 아리스토텔레스의 견해에 따라 영원하고 항구적인 의지라고 보았다. 제2문은 상호간의 평등을 의미한다고 보고 있다. 제3문은 어떤 사람이 이득을 보지 않고 지불할 의무가 있는 경우에는 지불해야 하나 의무가 없는 경우에는 해만 안 끼치면 된다고 한다. 제4문은 정의는 다른 사람에게 명령하는 것이 아니기에 덕의 주체가 아니라고 한다. 제5문은 정의는 일반적 정의도 있고 특수적 정의도 있다고 한다. 제6문은 합법적 정의(legal justice)는 모든 사람의 덕이나, 특수적 정의는 특수인의 덕이라고 한다. 제7문은 특수적 정의 외에도 일반적 정의가 있다고 한다. 제8문은 특수적 정의는 외부적으로 특별한 사건에 관련된다고 한다. 제9문은 정의는 감정이 아니라고 한다. 제10문은 개인과 개인과의 외부적 관계는 비례적으로 배분될 수 있기에 중용이라고도 할 수 있다고 한다. 제11문은 정의의 행위는 각자에게 각자의 몫을 주는 것이라고 했다. 제12문은 최고의 덕은 아니고 전쟁 시에는 용기가 가장 중요하고 평화 시에는 정의가 중요하다고 답하였다.

이 정의 개념은 그의 스승인 아리스토텔레스의 정의론에 근거한 것이다. 답변에서 철학자가 그렇게 말했다고 하는데 이는 아리스토텔레스가 말했다는 뜻이다. 그는 아리스토텔레스에 따라 일반적 정의와 특수적 정의를 나누고 있다. 일반적 정의는 합법적 정의라고 보며 모든 사람에게 평등하게 적용된다. 특수적 정의는 교환적 정의와 배분적 정의로 나누어 일반상품의 교환 시에는 평등한 교환이 정의이고 명예나 임금의 지급 시에는 그의 공로·업적에 따라 비례적으로 배분해야 한다고 보았다. 이 배분적 정의는 사회적 정의(social justice)로 변천되어 가난한 사람에게는 생존을 위한 물질배분이 필요하다고 하고 있다.[79]

(5) 권리(Right)

토마스 아퀴나스는 『신학대전』에서 정의를 이야기하면서 권리에 대해서도 묻고 있다. 그는 정의에 관해서 논하기 위하여 4가지 점에 대해서 지적하지 않을 수 없다고 하면서 ① 권리 ② 정의 자체 ③ 부정 ④ 판단을 들고 있다. 권리에 관해서도 4가지 질문을 하고 있다.[80]

---

79) Thomas Aquinas: Moral Philosophy, Internet Encyclopedia of Philosophy; St. Thomas Aquinas Justice; T. Bushlack, "Justice in the Theology of Thomas Aquinas Recovering Civic Virtue," Dissertation, 2011, University of Notre Dame; D. Miller, "Reflections on Social Justice -Where did the term social justice come from?", 2012; Thomistic Philosophy Page, The Metaphysical Foundation of Justice; Western Theory of Justice; S. Vieru, "Aristotle's Influence on the Natural Law, Theory of St. Thomas Aquinas," *The Western Australian Jurist*, Vol. 1, 2010.

80) Thomas Aquinas, Summa Theologica, Ⅱ-Ⅱ(57); "Saint Thomas Aquinas on Rights," Thomistic Philosophy Page, http://www.aquinasonline.com; S. Casselli, "The Threefold Division of the

① 권리는 정의의 객체인가? ② 권리는 자연권과 실정권으로 정확하게 분리되는가? ③ 국민의 권리는 자연권인가? ④ 영주의 권리와 부의 권리는 다른 영역에 속하는가?

제1문에 대하여 정의는 다른 덕의 객체가 될 수 있다고 하며, 권리(ius)도 정의의 객체가 될 수 있다고 하였다. 제2문에 대해서는 아리스토텔레스는 정치적 정의도 부분적으로는 자연적이고 부분적으로 법에 의하여 만들어진 합법적 정의라고 하고 있다. 아퀴나스는 자연권과 실정권의 구분을 인정하고 사람이 다른 사람과 행위할 때에는 평등에 의존한다고 하였으며, 본성적으로 행해지는 것은 자연권(자연적 정의)이며 다른 사람과의 합의에 의하여 조정할 때 사적 합의나 공적 합의에 의해서 조정하는 경우에는 군주에 의해서 조정되기 때문에 국가법에 의한 실정권이라고 한다. 제3문에서 국민의 권리는 자연권이 아니라고 한다. 국민은 현자에 의해서 통치되기 때문에 실정한 법에 의해 지배되기 때문에 실정권이라고 한다. 제4문에 대해서는 영주의 권리와 부의 권리는 다르며 민사적 권리와도 다르다고 했다.

여기에서 주로 논의된 것은 자연권과 실정권의 구분이라고 하겠다. 자연권은 그 성격이 불변이고 항상 어디에도 존재하는 것이다. 만약에 인간성이 언제나 자연적 평등에 의하여 조정된다면 그것은 자연권이라고 하고 그렇지 않는 경우에는 부정이 개재하고 분쟁이 행해지기 때문에 이는 실정권이다. 신성권(Divine Right)은 하느님에 의하여 공포된 것이다. 이는 부분적으로는 자연이나 인간이 이를 다 터득할 수 없기 때문에 인정법이 대체될 수 있다. 따라서 신성법은 자연법일 수도 있고 실정법으로 될 수 있다. 국민의 권리는 자연적인 권리가 아니다. 왜냐하면 모든 사람이 이에 동의할 수 없다고 동의하지도 않았기 때문에 이것은 국가가 만든 실정법이다.

토마스 아퀴나스는 자연법을 이야기하고 이에 따른 권리를 자연권으로 인정했으나 구체적인 언급은 별로 없다. 신앙의 자유는 인정하였다. 그는 로마 제국의 학자였기에 자연권보다는 실정권을 인정하는 경향이 농후하였다. 그는 우리는 법의 노예다. 그러므로 우리는 자유다고 하여 법치주의에 따라 자유가 보장된다고 보았다. 아퀴나스는 권리나 정당성은 다른 사람과 비교되어 정비되어지는 작업이며 다른 사람은 일종의 교환의 종류에 따라 평등하여야 한다. 어떤 사람이 무엇을 준다고 한다면 그는 반대급부로 같은 가치를 받을 수 있을 것이다. 이를 자연법이라고 한다. 다른 방법은 합의에 의하여 또는 공적 합의에 의하여 체결된 계약이다. 이 자유위임은 다른 사람과의 관계에서 볼 때 소유자 주인 또는 소유자이다. 이를 주관적으로 보면 권리이다. 이 권리는 실정법적 권리이다.

권리의 근거에 관하여 토마스 아퀴나스는 자연법과 로마법에서의 시민법(실정법)을 구별한다. 로마에서는 로마법에서 시민법 중에서도 사권(私權)이 발전하였다. 이 사권이 로마법에서는 국내법과 국제법을 구분하였다. 기본권은 실정법에 근거하여 그 수가

Law in the Thought of Aquinas," *Westminster Theological Journal* 61:2 (Fall 1999), 175-207; K. Sweeney, "Dose Morality Inhibit Freedom?," *Homiletic & Pastoral Review*, 2011; P. Sigmund (ed.), *St. Thomas Aquinas on Politics and Ethics*, Princeton Univ. Press, 1988.

늘어났다. 로마법에서는 사권을 존중하였고 재산권을 중시하였다.[81] 재산에는 노예도 포함되어 있었으나 이때까지는 노예제도의 폐지는 언급되지 않았다.

토마스 아퀴나스는 인간의 생존을 위한 권리를 인정하였는데 이를 극궁권(極窮權, ius extrema nessecitatis)이라고 하였다. 이 권리는 생명유지를 위하여 필요한 응급물자의 조달을 원하는 권리로 인정되었다.[82] 그리하여 생명보존을 위한 절도 등은 범죄가 아니라고 하였다. 기독교에서는 또 생명의 권리를 중시하고 있다.[83]

인간의 존엄성에 대해서는 『신학대전』 제1부 제2에서 5개 질문으로 다루어지고 있다. 5개 질문은 여러 개 조항으로 나뉘어 있고 인간존엄권이 중요한 권리로 인정되어 있음을 보여 준다. 토마스 아퀴나스의 이 존엄론은 오늘날 가톨릭교회의 교리로도 이해되고 있다. 지면관계상 상세한 것은 생략한다(Catechism of Catholic Church).

(6) 법론(Law)

토마스 아퀴나스는 『신학대전』의 제2부의 제2부에서 법에 관해서 질문하고 답하고 있다. 이 내용은 방대하여 이들 질문을 일일이 언급할 수 없기에 그가 말한 법론을 요약하기로 한다. 그의 질문은 90부터 114까지 나와 있는데 각 문항마다 많은 조항(Article)이 있다.[84]

토마스 아퀴나스의 법론은 Ⓐ 법일반 Ⓑ 법의 종류 Ⓒ 영원법 Ⓓ 신성법 Ⓔ 자연법으로 나누어져 있다.

① 영원법(Eternal Law)은 하느님이 자신의 형상으로 본 것으로 신의 생각과 같다. 신이 통치하는 공동체의 통치자를 위해서 신이 창조한 것이기 때문에 하느님 자신이라고 말할 수 있고 영구적이다. 이것은 최고의 법규범이다.

② 신성법(Divine Law)은 영원법에서 유래한 것이며 이것은 신의 인간에 대한 것으로 신성한 명령이라고도 하겠다. 그는 신성법을 구법과 신법으로 나누고 있다. 토마스 아퀴나스는 구법은 10계명으로, 신법은 예수의 가르침으로 생각하고 있다.

---

81) 윤철홍, 「토마스 아퀴나스의 소유권사상」, 『법철학연구』 제10권 2호, 2007, 241-269면.

82) P. Hayden, *Philosophy of Human Rights*, pp. 43-47; 김철수, 「생존권적 기본권의 법적 성격과 체계」, 『학술원논문집』 제40집(2001), 347-392면.

83) 이진남, 「자연법과 생명윤리: 토마스주의 자연법윤리의 체계와 원리를 중심으로」, 『범한철학』 제57집(2010 여름), 범한철학회, 163-188면.

84) Thomas Aquinas, *Summa Theologica*, First Part of the Second Part(FS)(QQ[1]-114; St. Thomas Aquinas, *On Law, Morality and Politics*, Hackett Publishing Co., 2003; E. Hersberger, "St. Thomas Aquinas's Treatise on Law,"; J. de Torre, "Human Rights, National Law, and Thomas Aquinas," *Catholic Social Science Review*, The Roots of Society, 1977; S. Vieru, "Aristotle's Influence on the Eternal Law, Theory of St. Thomas Aquinas," *The Western Australian Jurist* Vol. 1, 2010, pp. 115-122; Thomas Aquinas: Moral Philosophy 4 Natural Law, A. Lissaka, Aquinas's Theory of Natural Law, 1998; S. Gomes, Ius Naturale: Natural Legalism of Thomas Aquinas; S. Thomae Aquinatis, Summs Theologiae, Prima Secundae. QQ. 90-105. 稲垣良典譯, 『神學大典』, 創文社, 1977; 이진남 옮김, 『법』(신학대전 28) 바오로딸, 2020; 최이권 역주, 『신학대전(법신학의 정초: 법률편)』, 법경출판사, 1993.

③ 자연법(Natural Law, ius naturale)은 신성법보다는 하위이나 인간뿐만 아니라 자연 동물에까지 적용되는 것으로 보았다. 자연법은 이성적인 창조물에 영원법에 자연히 참여하는 것이기 때문에 자연법이라고 한다. 인간은 이성적인 동물이기 때문에 인간의 자연에 심어진 일반원칙을 인지할 능력을 가지고 있다. 자연법의 제1원칙은 「선은 행해야 하며 추구해야 한다. 악은 피해야 한다」는 것이다. 아퀴나스는 자연법의 개념이 다의적이기 때문에 그에 대한 특별화가 필요하다고 한다. 인간의 생명을 보호하고 그에 대한 장애를 제거하는 것은 자연법에 속한다고 하였다. 이 사실에서 모든 생물은 생존의 본능을 가지고 있다고 보았다.[85] 그는 모든 인간은 양심(synderesis)이라는 능력을 가지고 있다고 했다. 그러나 이 용어는 그리스 용어이며 외형적으로도 그리스어로 통한다.

④ 인정법(Human Law) 아퀴나스는 인정법을 인간이 만든 법으로 오늘날 의미로는 실정법(positive law)으로 보고 있었다. 다시 말하면 인정법은 현실적으로 제정된 법이며 인간 공동체를 위하여 강제 적용되는 것으로 보았다. 토마스 아퀴나스에 의하면 무엇을 해야 하는지 모르는 소위 법은 진정한 법이 아니라고 하였다.

그는 법은 공동선(common good)을 지향하는 것이며 인정법도 예외는 아니라고 하였다. 비록 법은 일반적이라고 하더라도 인정법은 국가에 따라서 사회를 구성하는 개인들의 계급에 따라서 다 같은 것이 아니고 달라질 수 있다고 보았다. 아퀴나스는 인정법이 모든 악을 보복할 의무를 지닌 것은 아니라고 하였다. 법은 완전한 덕을 가진 것과는 먼 대부분의 사람의 악을 제거하려고 제정된 것이다. 법을 완전하게 만들려고 한다면 많은 사람을 적대시하게 되고 법의 목적도 상실하게 될 것이라 말했다.

모든 사람은 인정법에 복종해야 하며 인정법을 존중할 의무를 진다. 인정법은 변경이 가능하다. 왜냐하면 실제 사건에서의 경험은 법의 개선에 기여할 수 있다. 그러나 법은 너무 쉽게 고쳐져서도 안 된다. 그 이유는 법은 대부분이 관습과 관례에 따르기 때문이다.

(7) 정치공동체 국가론

토마스 아퀴나스는 아리스토텔레스에 따라 시민의 행복을 위하여 정치공동체가 필요하다고 생각하였다. 이 정치공동체가 공동선(common good)을 달성하기 위하여 정치적 제도를 가지고 있고 법을 가지고 있는데 이것을 국가라고 하였다. 그는 소규모 정치적 단체로서 civitas (polis)를 말하였고 여기서 모든 인간의 완성과 공동체가 완성된다고 보았다. 보다 큰 단위로 정치적 공동체는 국가인데 국가의 형태는 혼합정치여야 하며 제한정체여야 한다고 주장하였다.[86] ① 국가정부와 법은 도덕규범 · 정의규범에 구속되

85) J. de Torre, "Human Rights, National Law, and Thomas Aquinas," *Catholic Social Science Review*, The Roots of Society, 1977; 이진남, 「토마스주의 유신론적 자연법 윤리에 대한 변호」, 『가톨릭철학』 8권, 228-259면.

86) "Aquinas' Moral, Political, and Legal Philosophy," Stanford Encyclopedia of Philosophy; Sabine/Thorson, *A History of Political Theory*, Dryden Press, 1973; Rolf Schönberger (Hrsg.), Die Bestimmung des Menschen und die Bedeutung des Staates. Beiträge zum Staatsverständnis des Thomas von Aquin, Baden-Baden: Nomos 2017. 248 S.; 정인흥, 『서구정치사상사』, 1971,

어야 하고 ② 국가정부는 선거나 다른 절차에 의하여 임명된 공무원에 의하여 지배되어야 하고 ③ 국가정부와 법은 최고의 복지(common good)를 위하여 활동하여야 하고 ④ 도덕적 권위를 가진 국가정부는 궁극적으로는 교회의 권리를 존중하고 국가권력이 교회와 충돌하는 경우 궁극적으로는 승려나 교황에 복종하여야 한다고 아퀴나스는 말하였다.

정부는 국민정부와의 관계에서 최고권력자의 명령에 복종하는 제한정부여야 하며 국가기관들이 제정한 법에 따라야 한다고 하였다. 그는 법의 지배, 법치주의를 주장했었다. 국가정부 간에도 평등과 독립이 지배해야 하며 평화가 유지되어야 한다고 주장하였다. 세계평화의 유지는 신의 의지, 국민의 의지로 보았다.

3) 가톨릭교회의 인권론의 발전

(1) 토미즘신학의 발전: 자연법에서 자연권으로

중세 가톨릭교회는 토마스 아퀴나스가 만든『신학대전』의 원리에 따라 구성되고 운영되었다고 해도 과언이 아니다. 그의 이론은 모든 자연과학과 신학의 근거가 되는 것이었다. 그리하여 1914년 7월 27일 피우스 10세는 토미즘의 24 테제를 가톨릭의 공식 성명이라고 지정하고 있다.

토미즘에 있어서는 법은 4개의 종류로 구성되어 있었는데 누가 이 법을 만들었는가에 따라 구분한 것이다. ① 영구법(eternal law) ② 자연법(natural law) ③ 인정법(human or temporal law) ④ 신성법(divine law)

이 중에서도 자연법의 발전은 토마스파 철학의 가장 영향력 있는 부분이다.[87]

토마스는「자연법은 하느님에 의해서 우리들에게 심어진 이성의 빛이며 하느님에 따라 우리는 무슨 일은 행하고 무슨 일은 피해야 하는가를 알고 있다. 하느님은 이 빛을 창조 시에 인간에게 부여한 것이다」고 말하고 있다.[88] 그의 이론은 도미니카파에 의해서 계승되었다.

중세의 정치사상가인 옥캄(William of Ockham, 1285-1347)은 많은 저술을 썼는데 이 논문들은 교황에 대한 논쟁문으로 알려졌다. 그는 프란치스코파에 속했다.[89]

그는 자연법을 3가지 종류로 구분하고 있었다. 그에 의하면 어떤 자연법은 어디에서나 항상 누구에게나 적용되는 것이고, 다른 하나는 어떤 특정한 사람의 의사(예를 들면

114-122면; 채이병, "토마스 아퀴나스의 평화론," Universität zu Köln 박사학위논문, 2001; 박은구,「토마스 아퀴나스의 정치사상」(1)(2),『숭실사학』제28집 (2012), 391-428면; 제31집 (2013), 415-452면.

87) Thomism, Wikipedia; Medieval Political Philosophy, Stanford Encyclopedia of Philosophy; R. Traer, Catholic and Human Rights, Religion and Human Rights. 자연법과 자연권의 관계에 대해서는 전게 Medieval Political Philosophy 및 서병창, 토마스 아퀴나스 자연법의 객관성에 대한 몇 가지 고찰,『중세철학』제25호 (2019) 참조.
88) J. Atkins, Rights in Cicero's Political Philosophy, APSA, 2010.
89) William of Ockham, *Opera Politica*, Oxford University Press for the British Academy 4 vols., 1974; William of Ockham, Wikipedia.

협약이나 입법자의 의사)에 의하여 만들어진 것이 적용되는 것이고, 이는 모든 물건에 대한 공유, 모든 사람에 같은 자유 등이 이에 속한다고 했다. 셋째는 아담의 원죄 이후 재산권의 분할, 타인 재산의 존중 등이 요구되는데 이는 국민의 법으로 자연법이라고 인정하였다.

스콜라 철학자들은 자연법과 함께 자연권에 대하여 논의하였다. 자연권 사상은 교회법 학자들의 주장을 받아들인 것이다. 자연권은 자연법이 요구하거나 허용하는 것을 말했다. 일정한 자유에 대한 자연권은 자연법이 긍정적으로 인정하는 것이며 이는 시민의 편의를 위한 것이기 때문에 폐기할 수 없는 것으로 보았다. 물론 선의, 좋은 이유에 의해서는 제한될 수 있다고 하였다.90) 옥캄은 자연법 외에도 교회법에 따라 시민법(ius civile)을 인정하였다. 그는 자유로운 공동체를 형성하는 것을 자연권으로 인정하였다. 자연법은 인간에게 재산권 형성과 정부구성의 권리를 부여했다고 보았다. 그는 교회 내에서의 언론의 자유도 주장하였다. 그는 서양 입헌주의 사상가로도 유명하며 제한적인 책임을 지는 정부형성을 강조하였다. 그는 정교의 분리를 주장하였고 교황의 권리제약도 인정하였다.

16세기에 들어서는 도미니카파인 비토리아(Francisco de Vitoria)에 의하여 계승되어 자연법이론이 흥성해졌다. 조금 후에는 새로이 형성된 예수교파의 수아레즈(Francisco Suárez)와 몰리나(Luis de Molina)에게로 영향을 끼쳤다.

토마스학파는 그 뒤에 많은 분파를 보였으나 종교개혁이나 프랑스혁명 후에도 살아남아 아직도 영향을 주고 있다.

(2) 국가법과 교회법에서 인권

기독교가 처음 로마에서 포교될 때에는 많은 박해를 받았다. 그 이유는 로마인은 다신교를 믿었는데 기독교는 유일신을 믿었기 때문이다. 콘스탄티누스 왕에 의하여 기독교가 국교로 인정된 후 교회는 면세권 등 특권을 받아 발전하였다. 서로마제국이 멸망한 후 유럽에서는 바티칸(Holy See)제국과 세속적 제국이 있어 교황과 세속왕 간의 쟁송이 잦았다. 그러다가 국가권력과 교회권력과의 독립이 인정되어 교회는 교회법(canon law)을 제정하였다. 이 교회법은 교인에 대해 효력을 가지는 것이며, 국가에는 국가법이 있어 국가가 이를 제정 관리하고 있었다.

교회법은 당시의 로마법과 그리스법 등 여러 법률을 종합해서 만든 것이기 때문에 체계적이었다.91)

토마스 아퀴나스도 교회법과 국가법을 다 인정하고 있었는데 그는 법이 행복과 관련하여야 한다고 했다. 그는 국가에게 실정법을 제정할 수 있는 근거를 인정하고 있었다.

---

90) 간단한 것은 Catholic Encyclopedia, Thomism; Wikipedia, Thomism; Phillips, *Modern Thomistic Philosophy*, London, 1934.
91) Wikipedia, Canon Law (Catholic Church); Sacred-text-com, Chapt. Ⅲ, Canon Law와 Civil Law의 관계에 대해서는 Medieval Political Philosophy 참조.

법이란 행복을 생산하고 행복을 보존하는 것이며 이는 정치의 본체에 속하는 것으로 국가는 완전한 사회 그것이기 때문이라고 했다. 성서는 하느님이 법을 파괴하려고 온 것이 아니고 완성하기 위해서 온 것이라고 하였다. 인간법은 자연법에 유래한 것이나 인간법의 필요성을 인정한 것이다. 인권에 관해서는 영국에서 이미 1215년에 대헌장 (Magna Carta)이 왕과 귀족 간에 서명되고 있었다. 그는 인간의 본성에서 자연법이, 인간의 제정법(human law)에서 실정권이 나온다고 하였다.

12세기는 법학의 르네상스라고도 불리었다. 로마법은 법전화 되었고 유스티니아누스에 의하여 편찬되었고 이 Corpus iuris civilis는 공식법전으로 기능하였다. 그리하여 시민법 연구가 활발하였다. 교회도 이에 자극받아 교회규칙이나 교회법(canon)을 제정하였는데 이것이 Corpus iuris canonici로 집대성되었다.

국가법과 교회법과의 관계에 대해서는 다음과 같이 간단히 요약할 수 있다.

① 법학 교과서는 아마도 자연법의 이상의 원천이라고 생각되었으며 나중에는 중세 정치사상의 원리라고 생각되었다.

② 권리의 개념, 자연권은 개인이 주체로 인정되었다. 자연권의 개념은 정치철학에서가 아니고 법학에서 발전한 것이다.

③ 모든 사람에게 자유(the one liberty of all men)를 보장하는 인권의 이념은 자유와 함께 인간의 평등을 요구했으며 노예제도는 자연법에 위배된다고 생각하였다. 그러나 노예제도는 만민법(law of nation)에 의하여 인정되었다.

④ 로마법 교과서에 의한다면 재산권은 자연법에서 근거했다. 그러나 일부는 재산권은 만민법에 근거한다고 보았다. 교회법은 재산권을 처음에는 황제의 법에 의해서 주어진다고 하였으나 만민법과 시민법을 포함한 인정법에 의해서 인정된다고 했다.

⑤ 교회법의 원리는 자연법에 근원을 둔 인정법은 폐지할 수 없다고 하였다.

⑥ 정치적 권위의 원천은 인민이나 그 권력은 황제나 다른 지배자에게 위임되어 있다고 보았다.

⑦ 자연법의 원리는 폭군에 대해서는 저항할 수 있는 권리를 인정했다.

⑧ 교회와 국가 즉 승려와 황제의 권한은 상호 독립이며 각자의 규율영역을 달리한다. 교회법은 상호 독립과 상호 제한을 인정하고 있었다.

중세는 자연법이 지배하였으나 점차 실정법이 많이 필요하게 되었다. 이리하여 실정법 실정권의 시대가 도래하였다. 옥캄(Ockham)의 의사주의, 마르실리우스(Marsilius of Padua)에 이르러 법실증주의가 개화하게 되었다.[92] 실정법을 자연법에서 이끌어낸 사람으로는 프란치스코 비토리아(Francisco de Vitoria)가 있었다.

중세에는 오늘날의 의미에서의 인권은 없었다고 하겠다. 그러나 교회법에서 인권에

---

92) 박은구, 『서양 중세 정치사상 연구: 마르실리우스와 오캄을 중심으로』, 혜안, 2001; de Torre, "Human Rights, Natural Law, and Thomas Aquinas," *Catholics Social Science Review*, pp. 187-205; M. Stackhouse, "Sources of Basic Human Rights Ideas: A Christian Protective," Chicago Law School, January 27, 2003.

관해서 보장하고 있었다.

헬름홀츠(Helmholz)는 이 당시의 기본권을 교회법에서 보장하고 있는 것으로 ① 복지권 ② 투표권 ③ 종교의 자유 ④ 적법절차의 권리 등을 들고 있다.[93] 바우만(Baumann)은 오늘날의 인권사상은 키케로와 세네카에 의해서 발전되었다고 하면서 그 당시의 인권사상과 현대 사상을 비교하기도 했다.

중세의 실정법의 연원은 수없이 많다. 교회법에는 Code of Canon Law가 있는데 여기에도 전기 교회법과 후기 교회법이 있으며 현행법도 있다.[94] 실정법으로는 로마법과 독일법, 영국법, 유럽법이 있다. 로마법에서는 재산권 등 취득권이 보장되어 있었고 결혼권, 가장권 등이 보장되어 있었다.[95] 비이아커(Wieacker)는 이러한 로마법이 서양 각국에서 계수되어 오늘의 세계 법학을 이루었다고 극찬하고 있다. 나아가 로마법은 세계 각국에 계수되었고 오늘날에도 로마의 법학은 세계에서 연구되고 있다.[96]

(3) 인간의 존엄론(Human Dignity)

중세에서도 인간의 존엄에 관한 논의도 있었다.[97] 중세에 있어서의 인간은 하느님의 모습으로 탄생했기에 인간도 존엄을 가진다고 생각하였다. 그런데 이는 두 가지 의미로 해석되었다. 하나는 인간은 하느님의 모습이라는 한계를 초월하여 그 모습이나 원형과의 완전한 동화에로 나아가는 것에 의하여 궁극적으로 하느님으로 화하는 운명에 있다는 「초월적 의미」이며, 또 하나는 인간은 하느님에 닮은 방법으로 생각하고 느끼고 행동하면서 인간보다도 아래인 자연계를 지배하고 이용하고 지휘하고 재편성한다는 「내재적 의미」라고 했다.[98]

마네티(Giannozzo Manetti)는 인간의 존엄을 저술하기도 하고 그 전제로 인간의 비참을 저술하였으나 인간의 존엄은 끝내 출판하지 못했다. 이 「인간의 비참」 때문에 그는 현세멸시론의 대표적 인물이 되었다.[99] 그는 인간의 탁월성을 인정하고 이것이 현실로서

---

93) R. Helmholz, "Fundamental Human Rights in Medieval Law," University of Chicago School, Fulton Lectures, 2001; A. Brett, *Liberty, Right and Nature: Individual Rights in Later Scholastic Thought*, Cambridge U. P., 1997.

94) Medieval Legal Philosophy Source Book, Fordam University; T. Honoré, *Emperors and Lawyers*, Palgrave Macmillan, 1982.

95) Roman Law, SOS Encyclopedia 2: Roman Law.

96) M. Hoeflich, "Roman Law in American Legal Culture," *Tulane Law Review* 66, Jan. 1999; H. Hanke, "Menschenrechte, Pflicht der Politik," 10. Dez. 2009; P. Blaho, "Europa und das römische Recht," *Usus Antiquus Juris Romani*, pp. 12-26; A. Watson, "Roman Law and English Law: Two Patterns of Legal Development," *Georgia Law*, 1990; F. Wieacker, "The Importance of Roman Law for Western Civilization and Western Legal Thought," *Boston College International and Comparative Law Review* Vol. 4, Issue 2, pp. 257-281.

97) T. Lanigan, Catholic Social Teaching: Human Dignity, イタリア ルネサンにおける人間の尊厳, 有信堂, 1981.

98) C. Trinkaus, "Renaissance Idea of Dignity of Man," in *Dictionary of the History of Idea*, 1973.

99) C. Dröge, *Giannozzo Manetti als Denker und Hebralist*, 1987; Manetti, On the Dignity and Excellence of Man, 1974; Manetti, "On the Misery of human Condition"; Manetti, "Über die

인간의 존엄이 실현될 것을 강조하였다.

인간의 존엄에 관해서 논문을 발표한 사람으로는 기오바니 피코(Giovanni Pico della Mirandora, 1467-1494)가 있다. 피코는 18세의 나이로 파리 대학에서 나중에 유명해진 900테제를 쓰기 시작하였고 1492년에 이를 발표하게 되었다. 1486년에는 인간존엄에의 Oration(Oratio de hominis dignitate)을 발표하였다.[100] 피코는 이 연설에서 인간이 하느님의 창조물이고 하느님이 생물로서의 씨와 종자를 나누어 주었기에 동물로도 될 수 있고 천사로도 될 수 있고 하느님과도 직결할 수 있다고 보았다. 피코에게 있어 하느님은 초월적인 존재이기 때문에 인간이 노력하더라도 하느님이 될 수는 없고 천사로는 될 수 있다고 보았다. 인간의 존엄은 하느님에게 도달하는 그 자체에게 있는 것이 아니고 하느님에게 도달하려는 인간의 노력이라고 보았다. 인간이 하느님에게 도달하려고 하면 사전에 하느님의 은총이 필요하다고 보았다.

그는 900테제를 썼는데 이것은 일종의 사전적 의미를 갖는 것으로 그동안 여러 철학자 신학자들의 사상을 집대성한 것이라고 하겠다.

2. 종교개혁 시의 인권론

1) 종교개혁의 기원

종교개혁(Reformation)은 후스(Jan Hus), 왈도(Peter Waldo), 위클리프(John Wycliffe)에 의하여 시작되었으며 루터(Martin Luther)가 전파에 크게 기여하였다. 루터는 95개조의 테제에서 가톨릭교회와 교황을 비난하였으며 개혁운동이 빨리 확산되었다.

종교개혁은 신학적 개혁을 의도하였으나 그 외에도 철학적인 국수주의적이고 교황청에 대한 반대 등에 기인한 것이다. 특히 르네상스에 의한 새로운 학문이 전통사상에 대하여 의심을 가지기 시작하였다.

처음에는 독일에서 로마교회에 대한 반대운동이 일어났으나 그 뒤 유럽의 여러 곳에서 종교개혁운동이 일어났고 유럽 각지에 전파되었다.[101] 루터는 주로 독일교회에 많은 영향을 주었고, 칼뱅은 스위스, 헝가리, 프랑스, 네덜란드, 스코틀랜드에서 많은 추종자를 냈다. 1547년에는 가톨릭교회와 영국교회가 분리되게 되었다.

Würde und Erhabenheit des Menschen," Text zur Menschenwürde, Reclam, S. 76-82.

100) Pico della Mirandola, *Oration on the Dignity of Man*, Chicago, 1956; P. Blun, Renaissance Philosophy, Pico della Mirandola, 2014. Blog; ピーコ・デッラ・ミランドラにおける「人間の尊厳」の問題について, Hosei University Repository.

101) 상세한 것은 Protestant Reformation, Wikipedia; Martin Luther, Catholic Encyclopedia; Germany During the Reformation Luther's Cause The Reformation, Catholic Encyclopedia. 여기서는 종교개혁의 원인에 대하여 상세히 설명하고 있다.

2) 루터의 종교개혁

(1) 종교개혁의 내용

루터(Martin Luther, 1483-1546)는 당시의 교황이 결혼하여 아이를 7명이나 두었으며 면죄부를 팔았기 때문에 1517년에 95개조의 테제를 발표하여 종교개혁을 요구하였다. 이때를 기하여 루터는 1517년 종교개혁을 단행하였으며, 1555년에서 1618년까지 성행해졌으며 끝으로 30년 전쟁이 1618년에서 1648년까지 행해졌다. 이 3시기의 개혁의 성격이 다 달랐다.

루터는 종교개혁을 시작하였는데 구텐베르크의 인쇄술의 발전에 따라 그 저술이 빨리 전파되었다. 루터의 개혁사상은 1517년에서 1521년까지 교황의 면죄부 발매와 교황의 권한에 대하여 항의하였다. 루터는 첫째로 예수의 발견과 신앙에 의한 구제만이 가능하다고 주장하였고, 둘째로는 교황제도를 반기독교적이라고 반발하였다. 고등교육을 받은 종교개혁의 지도자들은 성경의 예언을 무기로 삼아 교회에서의 탈퇴를 단행하였다. 루터는 1591년까지 가톨릭교회와 교황에 대한 많은 비판서를 썼고 이것이 많은 개혁자들의 동의를 얻게 되었다.

루터는 민족주의적인 감정에 호소하여 독일인 교황청에 반발할 것을 요청하였다. 1522년에는 라인란트의 기사들이 반란을 일으켰다. 이들 기사들의 반란은 곧 진압되었으나 남부 독일에서는 반란이 계속되었다. 그들은 대개가 루터의 사상에 동조하였다. 1525년에는 반란이 완전히 진압되었다. 그러나 그 뒤에는 영주들이 신교를 믿게 되어 평화적으로 종교개혁이 확산되었다.[102]

루터는 종교개혁에 사용하기 위하여 두 개의 카테키즘을 만들었는데, 이것은 일반인 교육용으로 만든 소 카테키즘과 목사용으로 만든 대 카테키즘이 있다.[103] 루터는 이 대 카테키즘에서 교리에 관한 주석을 하고 있는데 이는 성서(Bible)를 비롯한 많은 문서의 집대성이라고 하겠다. 이 대 카테키즘은 그의 필생의 저서라고 하겠다.

(2) 루터의 기본권론

루터는 많은 책을 썼다.[104] 일시 법률을 공부했으나 기본권에 관한 논문이나 책은 따로 없다. 그의 기본권에 관한 것은 대 카테키즘의 10계명 등의 해석에서 발견할 수 있다. 제8명제는 「너희는 너의 이웃에 대하여 거짓 증언을 하지 말지어다」의 해석에서 사법제도 전반에 대해서 이야기하고 있다. 그는 이 위증금지조항에서 사법행위에 있어 위증행위가 다른 사람의 인간의 권위를 침해하는 것을 지적하고 있으며, 특히 득을 보기 위하여 돈이나 호의나 우의 때문에 가난한 사람 등을 위증하는 경우 유죄를 선고받을

---

102) 루터의 종교개혁이 성공한 이유에 대해서는 Protestant Reformation 참조.
103) Luther's Small Catechism, Luther's Large Catechism; *Luther's Works*, Fortress Press, 1955-1986. 55 vols.
104) 『루터 선집』 전 12권, 컨콜디아사, 1986.

사람은 인간의 존엄성을 잃게 되고 재산권을 찾지 못하게 되는 경우도 있기 때문에 절대로 금지되어야 한다고 보고 있다.

이 제8명제에서 이웃 사람의 권리를 확보하기 위하여 어떤 사람도 왜곡해서는 안되고, 인간의 권리보장을 위하여 증인이나 판결을 정당히 해야 한다는 것을 강요해서는 안 된다. 판사나 증인도 이러한 증언에 현혹되어 불법적인 재판을 하는 것을 금지하고 있다.[105]

루터는 소 카테키즘에서 가난한 사람에게 일용할 빵을 주도록 하고 있는데 이를 확장하여 일용할 빵은 돈, 토지 등 생산재, 가족 외의 이웃, 다른 인간 등으로 확장하여 경제적 생존권의 토대를 마련해 줄 것을 요구하고 있다.

그는 가톨릭교회와 군주의 밀착을 규탄하면서 종교의 자유, 양심의 자유를 강조했다. 이는 30년 전쟁 후에 달성되었다. 그는 국가법과 결합되어 있던 교회법을 부인하였다. 그는 가톨릭교회의 타율성에 반대하고 주관적 자유, 신앙과 양심의 자유 등 인간의 자율성을 강조하였다. 나중에 교회와 국가의 분리를 이루었고 헌법에도 이를 규정하게 되었다. 그 결과 교회무정부주의에 도달하였다.[106]

(3) 루터의 두 개의 왕국론

루터는 하느님은 전 세계의 지배자이며 두 가지 방법으로 통치한다고 보고 있다. 왼손으로는 종교적 정부를 법의 이름으로 지배하고, 오른손은 왕국(신앙적 왕국)으로 신의 명령이나 은총에 의하여 통치한다고 보았다. 이 두 왕국론은 루터교파의 원리와 법과 신의 명령의 교육에서 사용되고 있다. 이는 루터가 1528년에 설교한 것이며 1580년의 Book of Concord에 명시되어 있다. 루터는 보통 '두 왕국'이라고 하지 않고 '두 정부'라는 말을 쓰고 있다. 이는 아우구스티누스의 '신의 도시'에서 나온 사상으로 루터도 이에 따르고 있다.

루터는 두 세계는 기독교인의 세계와 비기독교인의 세계로 나누어진다고 보고 기독교인의 세계는 신의 명령이나 법에 의해서 통치되나 이교도의 세계는 필요에 따라서는 칼에 의해서도 다스릴 수 있다고 보았다. 그는 이 원리를 교회와 국가와의 관계에서도 사용하고 있다.

「우리는 우리의 양심을 구속하지 않는 한 정부의 권력과 외부를 구속하는 법률에는 구속된다. 그러나 하느님만이 사(赦)하고 지배하는 양심의 영역, 정신적 종교적 영역을 침해하는 경우에는 우리는 목이 잘리는 한에 있어서도 이에는 복종할 수 없다. 임시적 권위와 외부적·신체적 영역 이외는 그 권력을 확대해서는 안 된다」.[107]

---

105) D. Hansen, "Luther: 16th Century Advocate for Human Rights," *Stewardship of Life*, 2011; R. Duty, "The Right to Property and Daily Bread: Thinking with Luther about Human Economic Rights," *Journal of Lutheran Ethics*, 2009

106) H. Scholler, "Martin Luther on Jurisprudence: Freedom, Conscience, Law," *Val. U. L. Rev.* Vol. 15, No. 2 (1981), pp. 265-282.

16세기 유럽에 있어서는 최고권위가 교황이며 교회였고 다음이 국가였고 마지막이 가정이었다. 루터는 종교개혁에 이 지위를 가정 · 국가 · 교회 · 교황으로 변경시켰다. 가정은 성사인 혼사에서 시작하며 가장이 통솔한다.[108]

국가는 루터에 의하면 왕에 의하여 통치되는데 이는 왕권신수설에 입각한 것이 아닌가 한다. 그는 제국의 제왕과 지방의 영주와 많은 갈등을 빚었으나 왕에 대한 반란은 인정하지 않아 왕이 반란하는 농민을 처형하는 것도 묵인하였다. 루터는 1520년에 교황이 국왕에 대한 교황의 성직자에 대한 임명권 등이 효력이 없다는 명령에 반대하였다. 이리하여 국가와 교회의 분리를 주장하였다.

루터의 이 두 왕국론은 종교개혁 당시에는 큰 영향을 주지 않았다. 그때까지 국가는 교회에 대하여 많은 권한과 광범한 영향력을 가졌기 때문에 큰 영향은 없었다고 하겠다. 루터는 교황청에 의하여 파문되기도 했다.

3) 칼뱅의 종교개혁

(1) 종교개혁의 내용

칼뱅(John Cavin, 1509-1564)은 프랑스에서 탄생하여 파리 대학에서 공부하여 1528년에 신학학위를 받았다. 그리고 오를레앙 대학에서 법학을 공부하여 1531년에 법학학위를 받았다. 그는 파리에서 과격한 종교인과 교제하다가 압박을 받자 이탈리아로 망명하였다. 그는 바젤에서 『기독교 강요』(Institute of Christian Religion)라는 책을 출판하였는데 법학자로서의 냄새가 짙었다.[109]

그는 제네바에 와서 정착하게 되었다. 처음에는 프랑스인이라 하여 협력이 잘 되지 않았으나 제네바시 의회가 그를 중시하여 연설을 많이 하게 되었다.

1536년 11월에는 목사로 임명되었다. 그는 목사로서 일을 하면서 많은 글을 썼고 교회의 조직에 관한 규약도 시의회에서 채택하게 하였다. 그는 제네바에서 스트라스부르로 옮겨 종교개혁에 관한 설교와 서적을 출판하였다. 1541년에 그는 제네바시의 초청으로 다시 제네바에서 살게 되었다. 그는 시의회를 위하여 많은 조례를 만들었으며 여기에서는 일반 민간인과 교회권력의 권력분립을 이루어냈으며 당시 유럽의 모범이 되었다.

칼뱅의 정확하고 법률적인 심정은 교회행정이나 도시행정에서도 명확하게 드러났다. 루터는 교회행정에서도 명확성을 드러내지 못했었다. 그는 시정에서도 조례를 제정하여

---

107) The Rise of Martin Luther, the German Reformations and the Alliances of Church and State, stopthereligiousright.org; Two Kingdoms doctrine, Wikipedia; Cascione, Luther on Family, State and Church, Luthquest.org.

108) M. Warren, Calvinism and Lutheranism on Church and State, 2016; D. VanDrunen, The Two Kingdoms Doctrine and the Relationship of Church and State in the Early Reformed Tradition, *Journal of Church and State* Vol. 49, No. 4 (2007), pp. 743-763; Lutheran Church, The Two Kingdoms(PDF), 2001.

109) 칼뱅의 생애와 저작에 대해서는 박건택 편역, 『칼뱅 작품 선집』 I~VII, 총신대 출판부, 2009 ff.; Reformers Calvin, Boise State University 참조.

시민의 모든 행동을 법률적으로 규율하여 이상도시로 만들려고 노력하였다.

그는 교육을 해 본 사람이기에 제네바의 대학을 개혁하고 1559년에는 종교교육을 위하여 아카데미를 창설하였다. 제네바 아카데미는 첫해에는 학생수가 162명이었으나 6년 후에는 1,600명이 수학하였다. 칼뱅교를 믿는 사람만이 입학할 수 있었다. 이 아카데미는 유럽의 개신교 교육의 유명한 가장 중요한 교육기관이 되었다. 여기에서 수학한 사람들이 유럽 각 도시로 퍼져 칼뱅교회를 만들고 칼뱅교를 강의하였다.

그가 평생에 걸쳐 수정을 거듭한『강요』(Institute)는 교재로 사용되었으며, 그의 교회는 유럽 남부에서뿐만 아니라 스코틀랜드와 콘스탄티노플까지 전파되었다.[110]

(2) 칼뱅의 기본권관

루터는 법철학이나 기본권에 관해서 별로 언급하지 않는 것 같다. 이에 반하여 칼뱅은 인간의 존엄, 기본권, 국가의 목적 등에 관하여 많은 논문을 남겼다. 칼뱅은 인간의 존엄에 관하여 논문을 썼는데 그는 인간이 신의 모습으로(Imago Dei) 창조되었다는 것을 강조하고 있다. 그는 인간은 신이 준 내재적인 존엄을 근거로 가지고 있기 때문에 존엄하다고 한다. 그러나 이것은 현대적 의미에서의 존엄권이라고는 하기 힘들다.[111]

윗테(Witte)는 개인적 권리에 관한 칼뱅의 연구에서 칼뱅이 생각하고 있는 개별적 기본권의 리스트를 만들어 놓았다.[112] 그는 칼뱅의 여러 저서에서 개인의 권리(iuria, droits)와 자유(Libertates)와 행동자유(Libertés)를 구분하고 있다. 또 인간의 공통적인 권리(iura commune hominium)라는 용어도 쓰고 있고, 개인의 자연권(ius naturali), 공통 성격의 권리(communes naturae iura)와 평등한 권리와 자유(pari iura er libertates) 등을 자주 사용하고 있다. 이 밖에도 기독교적 자유의 권리, 시민의 권리 등이 사용되고 있다. 배상청구권, 재산권, 토지재산권, 친권, 아동보육권 등이 논의되고 있다.

칼뱅이 주장한 중요한 인간의 권리로는 다음과 같은 것으로 정리할 수 있다.[113]

① 인간의 평등

모든 인간은 하느님 앞에서 평등하다. 그러므로 인간은 인간상호간 인간으로서 존중해야 한다. 그는 인간은 평등하게 대우되어야 하며 법 앞에서도 평등하다.

② 사적 소유권

그는 하느님의 은총에 따라 모든 사람이 사적 소유권을 얻고 어떤 사람은 상속으로

---

110) 개신교의 세계 각국에 대한 전파와 대표적 목사에 관해서는 Wikipedia, Protestant Reformation을 참조할 것. 칼뱅에 대해서는 Calvin, Calvinism, and the Institutes 참조.
111) J. M. Vorster, Calvin and Human Dignity in die Skriflig 44, Supplement 2, 2010, pp. 197-213.
112) J. Witte, *The Reformation of Rights: Law, Religion and Human Rights in Early Modern Calvinism*, Cambridge University Press, 2007.
113) J. Vorster, "Calvin and Human Rights," *The Economical Review* Vol. 51, Issue 12 (April 1999), p. 209. (Article 8 of 77)

얻는다. 또 선물로 얻을 수 있다. 그는 부자는 빈자의 구호를 위하여 자기 재산을 사용할 의무를 진다고 하였다.

사적 소유권은 소유에 대한 존중을 해서는 안 되고 가난한 사람의 착취에 사용되어서는 안 된다고 하였다.

③ 빈자의 권리

그는 시민정부나 교회가 빈자의 권리를 보장해 주어야 한다는 것을 강조하였다. 그는 우리가 가진 모든 것은 하느님이 주신 것이며 그 목적은 신성한 신탁으로 부여된 것이다. 그러므로 재산은 이웃을 위하여 분배해 주는 것이 신의 의지다. 그는 부자의 의무뿐만 아니라 빈자의 권리에 대해서 빈자의 권리도 인정하고 있다. 「빈자가 기아에서 구제되지 못하는 것은 굶는 사람의 정당한 권리를 침해한 것이며 이를 구호하는 것은 상식의 명령이다」고 하고 있다.

④ 자유권

그는 정신적 자유 또는 양심의 자유는 교회(천국)에서의 자유이고, 정치적 자유나 시민적 자유는 지상의 국가에서 인정되는 것이라 하였다. 그러나 현실적으로 종교개혁자들은 여러 종교의 병존을 인정하지 않았고 개신교만 인정한 것이다.

⑤ 저항권

칼뱅은 개인이 통치자의 명령을 존중할 책임을 강조하였다. 그러나 시민정부에 대한 저항의 자유와 권리는 인정하고 있었다. 그는 저항권과 함께 정치사회에 대한 참정권을 중시하고 있었다. 그는 투표권은 자유를 보장하기 위한 최선의 수단이라고도 했다. 그러나 하느님의 명령에 대한 불복종은 인정하지 않았다.

이러한 그의 기본권에 관한 이론은 한 곳에서 논문으로 작성된 것이 아니기 때문에 그의 인권론의 전모를 알기는 어렵다. 오늘날 칼뱅을 인권론의 창시자로 부르는 것은 잘못이다. 왜냐하면 당시와 현재의 기본권은 그 근거를 달리하기 때문이다.

(3) 칼뱅에 있어 국가와 교회: 두 왕국론

칼뱅은 루터가 종교개혁을 시작한 뒤 20년이 지나서야 활동을 했다. 칼뱅은 제네바에서 목사로 활동하면서 제네바시를 칼뱅교회의 모범적 모습으로 발전시켰고 시의회 외에 종교인들에 의한 기구(Geneuran Consistory)를 만들어 시행정을 감독하기도 했다.

칼뱅은 제네바시의 신정주의(Theocracy)를 지지했기 때문에 제네바의 독재자라고도 불렸다. 국가의 주권은 하느님에서 유래한다고 하였다. 그러나 국민은 선거에 의하여 국가에 참여할 수 있다고 보아 칼뱅을 민주정치의 창안자로 보는 사람도 있다. 그러나 그는 국민주권주의를 주장하지는 않았다. 칼뱅은 시민의 정부에 대한 불복종을 인정하였다. 다만, 그것은 법률이 범죄에 따라서 만들어진 경우에 한정하였다.

4) 종교개혁의 영향

종교개혁이 독일에서 시작된 뒤에 종교개혁이 완전히 끝난 것은 1750년경이라고 한다. 독일에서는 1618년 루터 사망 직후 전쟁이 일어나 30년이 지난 1648년에야 종전이 되었다. 사망자는 국민의 25%에서 30%에 달했다고 한다. 로마가톨릭인 합스부르크왕조가 신교도 봉건영주와 싸워 진 바람에 합스부르크왕조는 스페인, 오스트리아, 보헤미아, 헝가리, 슬로바키아, 스페인령 네덜란드와 독일과 이탈리아의 많은 부분을 포기해야 했다. 1648년에야 Westphalia조약이 체결되었다. 교황은 이 조약을 무효 부정이라고 하며 영원히 효력이 없다고 하여 칙령을 발하였으나 아무도 이에 따르지 않았다. 이 협약은 1555년의 아우그스부르크의 평화조약을 승인한 것이었으며 각 영주는 자기 영내에서 어떤 종교를 가질 것인지(로마가톨릭, 루터파, 칼뱅파) 자유롭게 결정할 수 있게 했다. 이 30년 전쟁의 결과 유럽에서는 그 뒤 60년간 전쟁이 일어나지 않았다.

이 종교개혁운동에 따라 문화적 발전, 경제적 발전, 통치가 발전하였고 사회면은 암흑이 었다고 한다.

(1) 인간 자원 형성

문맹률이 낮아졌고, 하류 계층의 학교진학률이 높아졌고, 초등학교 진학률이 높아졌고 학교와 군인의 교육에 공적 투자가 많아졌고, 인문학 수준이 높아졌다.

(2) 신교윤리

노동시간이 길어지고 신교도와 구교도 간에 작업태도가 달라졌으며, 여가생활이 줄어 들고 국가개입과 보상이 줄어들었으며 실업한 경우 생활만족도가 낮아졌고 시장친화적이 되었으며 신교도와 구교도 간에 수입 격차가 심해졌다.

(3) 경제발전

개인의 수입에 따라 소득세에 차이를 두었고 노동생산자와 서비스업, 남자초등학교 교원 간의 임금격차가 생겼다. 신교도 도시의 발전 속도가 빨라졌고 신교국가 내에서는 종교적 소수자의 기업자수가 많았고 사회윤리에 차이가 생겼다.

(4) 통치관계

종교개혁이 국가체제의 발전에 중요한 기여를 했다. 종교개혁이 국제간의 교류운동의 형성에 기여했다. 종교개혁은 서구 법률전통의 유지발전에 공헌했다. 국가교회의 창설이 행해졌고 빈민구제와 사회복지정부가 발전하였다.

(5) 단점

종교시장을 신교와 구교가 경쟁적으로 나눈 경우 마녀심판이 늘어났고 독일 신교도가 독일 구교도보다 나치스정당에 많은 투표를 했다. 자살률이 높아졌으며 자살을 받아들이는 경향이 높아졌다.114)

(6) 장점

이 결과 인쇄술의 발전을 가져왔고 많은 책이 인쇄되고 판매되어 문화혁명에 좋은 기여를 했고 프로테스탄트윤리에 익숙해진 많은 직업인이 나서 자본주의 발전에 기여했다고 하겠다.115)

3. 스페인의 중세 인권법사상

1) 프란치스코 데 비토리아

프란치스코 데 비토리아(Francisco de Vitoria, 1483-1546)는 스페인 르네상스 시대의 로마가톨릭 철학자이며 신학자이고 법률가였다.116) 그는 살라만카학파의 창시자이다.

법률편에서는 자연법의 합리성에 관해서 논하고 있다. 자연법은 시민법과 교회법에 선행하는 지위를 가지며 왕이라는 입법자도 이에 구속된다고 하였다.

그는 일반적으로 국제법의 발전에 큰 공헌을 한 사람으로 인정되며 그로티우스 등에도 많은 영향을 끼쳤다.117)

그는 대학에서 토마스 아퀴나스의 신학대전의 강의 등에서 만민법(ius gentium)에 관해서 말한 바 있다. 만민법은 실정법에 반하는 자연법이며 자연이성에 근거한다는

---

114) 이상의 결과분석은 주로 Wikipedia, Protestant Reformation의 기술에 의하였다. 이 글에는 많은 참조문헌이 기술되어 있기에 참조하기 바란다.

115) T. Schreiner, "Was Luther Right?", http://www.ligonier.org/learn/articles/was-luther-right. 그에 대한 비판적 저술은 The Catholic Encyclopedia, Martin Luther 참조.

116) A. Pagden, *Vitoria: Political Writings* (Cambridge Texts in History of Political Thought), UK, 1991; J. Stüben (Hrsg.), *De Vitoria, Francisco: De Lege, Über das Gesetz*, 2010; J. Stüben, Francisco de Vitoria, De iustitia- Über die Gerechtigkeit, Stuttgart, 2012; Vitoria et Suarez, Contribution des théologiens au droit international moderne, Paris, A. Padone 1939; Francisco de Vitoria, https://www.britannica.com/biography/Francisco-de-Vitoria; Works by Francisco de Vitoria, https://philpapers.org/s.

117) A. Nussbaum, *A Concise History of the Law of Nations* (McMillan Co. 1942; 김영석 편역, 『국제법의 역사: 전쟁과 평화의 국제법』, 박영사, 2019); A. Brett, "Ⅵ People in Portrait, 46 Francisco de Vitoria (1483-1546) and Francisco Suárez (1548-1617)," *Oxford Public International Law*, 2012; J. Scott, *The Catholic Concept of International Law: Francisco de Vitoria, Founder of the Modern Law of Nations*, 2007.

이론에 반대하였다. 그는 만민법은 실정법이며 인간 간의 합의에 의하여 제정된 것이라고 하였다. 그것이 보편성을 가지는 것은 자연법과 같이 자연적 이성에 근거한 것으로 그것은 자연법의 작용을 보장하는 기능을 가지고 있는 것으로 보았다. 그는 만민법을 시민법과 같이 자연법이 아닌 실정법으로 보았다.

그는 전 세계를 하나의 공동체로 보지 않고 프랑스와 스페인처럼 개별적 공동체로 보았다. 만약에 전 세계를 지배하는 황제(a dominus mundi)가 있으면 세계국가의 가능성도 있다고 보았다. 그는 나중에 이를 부정하고 세계적인 시민법에 대해서는 반대하였다. 그는 만민법은 개인을 규율하는 법이 아님을 강조하고 국가 간의 계약도 아니라고 주장하였다.

그는 스페인의 신대륙에 대한 정복은 정당한 것으로 보았다. 그는 인디언들이 만민법의 규칙을 지키지 않기 때문에 정복하는 것은 정당하다고 하였다.[118]

그는 노예제도는 본질적으로 자연법에서 나오는 것이 아니라고 하였다. 그는 노예도 재산권을 가지며 노예제도는 만민법의 문제라고 보고 미국 인디언의 보호를 역설했다. 노예도 인간의 존엄을 가지는데 스페인 국가정책이 신세계에서 이를 침범하고 있는 것은 잘못이라고 했다.[119]

그는 전쟁의 정당성을 강조하기 위하여 정당한 전쟁(de iure belli)을 옹호하였다. 그는 전쟁 개시 전에 인디언에게라는 문서를 읽는데 여기서 교황의 보편적 권위를 선언하고, 스페인 왕이 교황에서 받은 권위에 따라 미국의 신세계를 식민지화하고 복음화하는 것은 허용된다고 하였다. 인디언은 스페인왕의 주권을 수락하거나 폭력에 의하여 정복되리라고 하였다. 비토리아는 이에 반대하였다. 그는 미국에서 탄생한 노예는 미국의 국적을 가져야 한다고 주장하고 미국인에게 스페인 왕이 권력을 행사해서는 안 된다고 하였다.

2) 프란치스코 수아레즈

(1) 생애와 업적

수아레즈(Francisco Suárez, 1548-1617)는 스페인의 예수교파 신부였고 철학자이며 신학자이고 살라만카학파 운동의 중요한 인물이다. 그는 토마스 아퀴나스 이후 최고의 학자로서 인정되고 있으며 그의 노작은 르네상스에서 바로크시대로의 변환기에 나왔다. 그는 후세의 유명한 학자들에게 큰 영향을 끼쳤다.

그는 10세부터 학교에 다녔으며 1561년부터 살라만카 대학에서 법학을 공부하였다.

---

118) de Vitoria, *De Jure Belli Hispanorum in Barbaros*, 1532; de Vitoria, "The Law of War" in *War and Christian Ethics*, 1975.
119) Salas/Victor, "Francisco de Vitoria on the Jus Gentium and the American Indios," *Ave Maria Law Review*, 10, No. 2, 2012; M. Koskenniemi, "Colonization of the Indies: The Origin of International Law?," *La idea de América en el pensamiento ius internacionalista del siglo XXI*, 2009.

그 뒤 1566년부터 살라만카 대학에서 신학을 공부하였다. 그 뒤 그는 여러 대학에서 신학을 교수하였다. 그의 저서는 사후에 금서로 지정되어 교재로 사용할 수 없었다. 그의 저서는 26권에 달하였으며 후에 금서에서 해제되어 각 대학에서 교재로 사용되었다.

그의 주전공은 형이상학과 법철학이었다. 그는 법철학자로서도 중요한 역할을 감당하였다.[120]

그는 종교개혁 이후에도 로마가톨릭과 개신교 양쪽의 신학계에 중요한 영향을 끼쳤다. 그의 저술은 금서에서 해제되어 스페인, 포르투갈, 이탈리아의 가톨릭 학교에서 널리 교재로 사용되었다. 신교에서도 루터계 학교와 독일, 폴란드 등의 신교 학교에서 철학교재로 사용되었다. 그는 16세기 말에서 17세기 초까지 활동하였기 때문에 중세학자라고 하기 어려울지도 모른다. 르네상스와 종교개혁을 경험한 학자로 근세 초기의 학자라고도 할 수 있다. 이 점에서 근세 법철학자에게 많은 영향을 끼쳤다.[121]

(2) 수아레즈의 법철학
① 법론

그는 법에 관해서 De Legibus에서 상세히 설명하고 있다.[122] 법규론은 10권으로 구성되어 있다.

제1권 법일반, 그 원인과 효과
제2권 영원법, 자연법과 만민법(ius gentium)
제3권 실정법, 인정법, 시민법(civil law)
제4권 실정 교회법
제5권 인정법의 여러 종류, 특히 형법과 세법
제6권 실정 인정법의 해석, 변경과 폐지
제7권 불문법, 일반적으로 관습법이라고 불림
제8권 특권
제9권 구 신성법(구약성서)
제10권 신 신성법(신약성서)

---

120) R. Baxter, *Preface to Methodus Theologiae Christianae*, 1681; J. Jollian, *Francisco Suarez, The Man and History*, 2014; M. Hale, *Of the Law of Nature*, 2015; Francisco Suárez, Stanford Encyclopedia of Philosophy; Francisco Suarez, Catholic Encyclopedia; Francisco Suarez, Wikipedia; Francisco Suarez(1548-1617), Sydney Penner.

121) J. Jollian, "Francisco Suarez: The Man and History," *The Ecclesiastical Review* Vol. LVII, 1917; Hill/Lagerlund, "The Philosophy of Francisco Suárez," 2012. Oxford Scholarship Online.

122) Francisco Suárez, De Legibus, book 2, Chapt. 6; Francisco Suárez, De Legibus et de Deo Legislatore. 이 책에 대한 평가에 대해서는 H. Rommen, "De Legibus of Francisco Suárez," *Notre Dame Law Review* Vol. 24, Issue 1, pp. 70-81 참조.

이 주제마다 그동안의 학자들의 이론을 정리 소개하며 자신의 의견을 발표하고 있다. 이는 법학전서의 완전판이라고도 했다.

② 자연법론

그는 법규론 제2권에서 자연법과 영원법 등에 관해서 설명하고 있다. 첫 번째 질문은 자연법은 진정 신성법의 근원이냐는 것이다. 여기서 ① 문제의 질문내용 ② 자연법은 곧 신성법이라고 하기 어렵다. ③ 자연법은 성문법이 아니라는 이론에 대하여 논의하고 ④ 자연법은 정말 신성법인가에 대해서 논하고 ⑤ 자연법은 선·악의 정당한 기준이 되는 것이 아니라고 하고 ⑥ 자연법이 모든 신부들이 인정한 법이라는 것이 옳으냐 ⑦ 자연법은 엄격한 의미에서는 법이 아니라는 이론 ⑧ 자연법의 아프리오리의 문제 ⑨ 반대와 찬성의 논거 ⑩ 총괄로 구성되어 있다.

그는 이 총괄에 대해서도 질문을 계속하고 있다(11-16). 그는 제17문에서 자기의 이론을 답하고 있는데 여기에 대한 반론이 계속된다(18-25).

이와 같이 모든 법에 관해서 이제까지 논의된 이론을 총망라하여 회답을 하고 있는 점에서 중요한 가치를 가진다. 그는 결과적으로 성서와 신의 말씀에 따라 자연법은 신성법이라고 결론을 내리고 있다.[123]

③ 인간의 자유의지

수아레즈는 인간은 자유의지를 가지고 있는 존재로 보았다. 그는 인간은 무엇을 할 것인가 아닌가에 관하여 자유롭게 결정할 수 있다고 보았다. 인간은 자유권을 가진다고 보았다.[124] 그는 인간은 사회적 동물이기는 하나 개인이 존중되어야 한다고 하여 개인주의를 주장하였다. 개인화가 원칙이며 본성적으로 행위하는 것이 원칙이라고 보았다.

④ 국가론

그는 인간의 자연은 사회적이기에 공동체를 형성한다고 보았다. 공동체로는 가족, 도시, 국가를 생각하였다. 가정은 정치권력으로서 입법권을 가진 국가정부를 필요로 한다고 생각하였다. 정치권력은 도시와 국가에 있다고 보았다. 이러한 정치권력은 공동체 자체에 있는 것이다. 그는 통치자의 권력은 하느님에서 유래하기 때문에 존중되어야 한다고 했다. 그러나 군주가 독재자가 되는 경우에는 그에 반대하는 정당한 전쟁의

---

123) Suarez and Natural Law, Oxford Scholarship Online; Bach/Brieskom/Stiering (eds.), *Auctoritas omnium legum: Francisco Suárez, De legibus –zwischen Theologie, Philosophie und Jurispruden z*, 2013; C. Vogler, *Summa Fr. Suarez de Legibus*, 2012; Francisco Suárez, *Selections from Three Works of Francisco Suarez*, engl. translation, 1994.

124) A. Brett, *Liberty, Right and Nature: Individual Rights in Later Scholastic Thought*, Cambridge University Press, 1997; Suárez, *De Libertate Volultitas divianae*, 1590; A. Klug, *Die Rechts–und Staatslehre des Francisco Suárez*, 1958; H. Rommen, *Die Staatslehre des Francisco Suárez*, 1928; B. Laux (Hg.), *Heiligkeit und Menschenwürde*, Herder, 2013.

권리가 있다고 하였다.[125]

그는 영국 국왕의 종교변경에 대해서는 정당한 전쟁이 아니라고 하여 항의서를 제출하기도 했다.

⑤ 국제법론

그는 De Legibus 제2권에서 자연법에 이어 만민법(ius gentium)에 대해서 논하고 있다. 그는 ius gentium은 자연법이 아니고 실정법이라고 주장하였다. 이는 Vitoria에 의하여 논하였으며 많은 제자들이 이에 따르게 되었다. 그는 ius gentium은 전쟁선포 등의 권력적 결정에 의한 것이 아니고 관습에 의한 것이라는 것을 강조하였다. 그런데 어느 관습이 결정적이냐에 관해서 모든 국가의 관습이 그 근거가 된다고 하고 있다.[126]

그는 전쟁법에 관해서도 논하였다.[127] 그는 전쟁법도 관습법에 의거한다고 하여도 정당한 전쟁과 부당한 전쟁으로 나누어 정당한 전쟁만이 정당성이 있다고 하였다.

수아레즈는 국제법철학자로서 알려지고 있는데 비토리아는 창시자, 그로티우스는 조직자로 알려지고 있다.

---

125) 가톨릭사상에 있어서도 저항권은 인정되고 있었다. J. Sommerville, Catholic resistance theology: Francisco de Vitoria, Domingo de Soto, Luis de Molina, Francisco Suárez 등.

126) Kadens/Young, "How Customary is Customary International Law?," *William & Mary Law Review* Vol. 54, pp. 885-920; C. Focarelli, "Customary Foundations of ius gentium in Francisco Suarez Thought and the Concept of International Law," *The Italian Yearbook of International Law Online* vol. 16. Issue 1 (2006), pp. 41-56 ; J. Soder, *Francisco Suárez und das Völkerrecht: Grundgedanken zu Staat: Recht und internationalen Beziehungen*, 1973.

127) P. de Macedo, "The Law of War in Francisco Suárez: The Civilizing Project of Spanish Scotlastism," *Revista da Faculdade de Direito da UERJ*, V. 2, n. 22 (2012), pp. 1-25.

제2장 근대 인권사상의 전개

제1절 계몽주의 인권사상의 시초

중세는 교회가 지배하는 암흑시대라고 생각되었으나 앞서 본 바와 같이 그리스철학과 로마법학의 전성시대였다. 그러나 이 시대의 특징은 기독교적 자연법론이 지배한 시대였다.

근대는 종교개혁을 거쳐 신과 교회의 지배에서 인간의 이성이 지배하는 인권사상이 발전하였고, 계몽주의(Aufklärung)가 만개한 르네상스기를 거친 인간 이성의 지배시기라고 하겠다. 자연권이 신의 명령에서 인간의 이성의 산물로 전환하였고 그 뒤의 혁명기를 통하여 인권이 실정권으로 등장하였다.

시민법의 시대에서 만민법의 시대로 발전하였으며 국가 간의 전쟁이 잦아 정당한 전쟁의 이론이 등장하였으며 공해자유, 항행의 자유가 발전하였고 식민지 정복에 따라 자연관이 변천된 때였다.

이하에서는 계몽을 주동한 학자, 사상가, 외교관 등의 사상을 알아보기로 한다.

1. 그로티우스

1) 자연법론

그로티우스(Hugo Grotius, 1583-1645)는 중세기의 이론을 집대성하고 종교개혁과 영국의 권리청원 등을 보면서 인간주의적 자연권론을 발전시켰다. 그로티우스는 자연법의 아버지라고 불리운다.[128] 그는 자연법을 신의 명령이기는 하나 인간의 본성에서

---

128) 그로티우스에 대해서는 Grotius, *De jure belli ac pacis*, 1625. trans. by F. W. Kelsey, On the Law of War and Peace, Oxford 1925; *Mare liberum*, 1609 (김석현역, 『자유해론』, 1983); *Opera Omnia Theologica*, 1679; Hugo Grotius, Stanford Encyclopedia of Philosophy, 2011; Hugo Grotius, Internet Encyclopedia of Philosophy; Hugo Grotius, Wikipedia; Grotius, Liberty library of Constitutional Classics; Grotius, *international political theory*; van Holk/Roelofsen (eds.),

도출하려고 하였다. 그는 종교가 기독교인지 이교인지에 관계없이 자연법이 적용된다고
보았다. 그는 자연법을 올바른 이성(recta ratio)의 명령이라고 하였다. 「어떤 행위가
그것이 이성적이고 사회적인 인간의 본성에 일치하는가 여부에 따라 도덕적 저열성(低劣
性)을 가지는가 또는 도덕적 우월성을 가지는가, 따라서 이러한 행위가 인간의 본성의
창조자인 신에 의하여 금지되는가 명령되는가를 나타내는 것」이라고 정의하였다. 이러한
자연법의 존재는 선험적으로도 증명할 수 있으며 개연적이기는 하나 인간의 공통의
상식(sensus communis)으로서 모든 국민 내지는 문명적인 모든 국민 간에 경험적으로
증명할 수 있다고 하였다.[129]

그는 인간의 본성이 자연법의 어머니라고 한다. 인간은 그 본성에 의하여 사회적
상호관계에 있다. 자연법은 인간 이성에 일치하는 사회질서라고 보고 인간사회는 이성적
인 사회가 되어야 한다고 하였다. 그는 자연법은 인간 이성의 명령이며, 정당한 이성의
명령이라고 하였다. 그 내용은 도덕적 필요성에 따른 도덕적 명령이라고 보았다.

그로티우스는 자연법을 도덕과 사회정의의 이성적 원리이며 하느님에 의해서도 개정
할 수 없는 불변의 원칙이라고 하였다(전쟁과 평화). 이로써 자연법은 세속적인 것이
되었다. 그에 의하면 자연법의 최고의 이성적 원리는 우리들 이성의 본질에 있는 것이라
고 하고, 인간은 사회성을 가지고 있으므로 서로가 사랑하고 사회질서를 유지해야 한다
고 했다.

그는 이에서 자연법의 5개 원칙을 이야기하고 있다. ① 다른 사람에 속하는 물건을
취하지 말라 ② 다른 사람이 가지고 있다고 생각하는 것은 무엇이든지 원상복귀하라
③ 약속을 지키라 ④ 자기 책임에 의하여 일어난 결과에서의 손실을 보상해 줘라 ⑤
자기 책임에 따라 처벌해라. 이는 그의 도덕이론의 근본이었다. 그는 이것을 국제법에
서도 적용하였다.

그의 윤리학은 행복공동체주의(Eudaimonist)라고도 할 수 있다. 그는 법률가로서 법의
지배를 강조했을 뿐만 아니라 사랑, 덕, 행복의 이상을 강조했다. 그의 이 이론은 기독교적
행복의 조건을 강조한『기독교의 진리에 대해서』(De veritate religionis christianae, 1627)
에서 명확히 나타나고 있다. 그는 기독교 간의 반목을 없애야 하며 비교인에 대해서도
존중할 것을 요구하고 있다.[130] 그는 전쟁에서 적이나 포로에 대해서는 은총을 베풀도록

  Grotius Reader: A Reader for Students of International Law and Legal History, 1983; Hugo
  Grotius: Dutch Statesman and scholar, https://www.britannica.com/biography/Hugo-Grotius.
  柳原正治,『グロティウス』, 清水書院, 2000.

129) 그의 자연권론에 관해서는 A. H. Chroust, "Hugo Grotius and the Scholastic Natural Law Tradition,"
  The New Scholasticism Vol. 17(1943), pp. 101-133; A. Brett, "Natural Right and Civil Community:
  The Civil Philosophy of Hugo Grotius," *The Historical Journal* Vol. 45, Issue 1 (2002), pp.
  31-51; J. Powell, "Natural Law and Peace: A Biography of Hugo Grotius," July 4. 2000. Libertarianis
  m.org; K. Haakonssen, *Natural Law and Moral Philosophy: from Grotius to the Scottish Enlighten-
  ment*, Cambridge University Press, 1996; Hugo Grotius, Stanford Encyclopedia of Philosophy,
  2011. (Natural Law).

130) T. Schaffner, "The Eudaemonist Ethics of Hugo Grotius (1583-1645): Pre-Modern Moral

요구하였다.

2) 인권론

그로티우스는 자연법을 사회적 성향이라는 인간본성과의 관련에서 설명하고 있다. 그는 ius에는 객관적 질서와 주관적 권리개념이 같이 있다고 하였다. 자연법 자체인 자연권은 인간의 본성에서 나온다고 했다. 그는 권리를 「사람에 부여되어 있는 도덕적 능력, 그가 무엇을 정당하게 소유하거나 행위하는 것을 가능하게 하는 도덕적 능력」이라고 하였다. 그중에는 ① 자기 자신에 대한 자유 내지 타자에 대한 권력 ② 소유권 ③ 당연히 지급되어야 할 것을 요구할 수 있는 처리 능력이 포함되어 있다고 하였다.

그는 ius를 권리로 주관적 개념으로 본 것이 특색이다. 과거에는 iura라 불리며 객관적 의미로 사용되었다. 그런데 그로티우스는 어떠한 일을 할 수 있는 권력의 수단으로 권리를 보았다. 이 객관적 의미에서 주관적 의미로서 ius를 본 것은 그로티우스를 자연권의 주장자라고 보게 하는 것이다.

자연권은 정당한 이성의 명령이라고 보았다. 그런데 자연권은 인간의 의사와 독립하여 존재하는 것도 있으나, 많은 것은 그것이 필요하다고 생각하는 인간의 의사에 의하여 만들어졌다. 일단 권리가 형성되면 법에 의해서도 박탈하는 것은 금지된다고 보았다. 그는 이 권리를 상품처럼 인식하였다. 그는 다른 소유물과 마찬가지로 권리도 교환하거나 양도할 수 있는 것으로 보았다. 이 권리의 상품화는 17세기 정치발전에 있어 가장 중요한 것으로 보았다.

그로티우스는 이 논리에서 시민은 자기의 권리를 지배자에게 양도할 수 있으며 반대급부로 사회의 평화와 안전성을 얻게 된다고 했다. 그러면 이러한 권리를 이양받은 통치자에게는 권리의 제한이 없을 것인가가 문제되었다.

국민은 자기방위권과 자기보존권을 가지고 있는데 이를 지키기 위하여 개인은 생명의 권리, 신체의 권리, 재산권 등을 가진다. 전쟁은 종종 일어나는데 여기에는 정의의 자연법보다는 전쟁의 화를 없애기 위해서는 자기의 권리를 수호하는 것이 요청된다고 하겠다.

그로티우스는 원칙적으로 전쟁의 화를 면하기 위하여 국제법을 준수하는 것이 절실하다고 하였다.[131] 전쟁에 있어서도 인권이 존중되어야 하며 무고한 사람에 대한 살해는 피해야 한다고 하였다.

Philosophy for the Twenty-First Century?" in *Jurisprudence*, Routledge, 2015.

131) 그의 국제법 이론에 대해서는 J. Haskell, "Hugo Grotius in the Contemporary Memory of International Law: Secularism, Liberalism, and the Politics of Restatement and Denial," *Emory International Law Review* Vol. 25, Issue 1 (2011); H. Vreeland, *Hugo Grotius: The Father of the Modern Science of International Law*, 1917; Bull et al.(eds.), *Hugo Grotius and International Relations*, Clarendon Press, 1990; R. Tuck, *The Rights of War and Peace, Political Thought and the International Order from Grotius to Kant*, Oxford University Press, 1999; C. van Vollenhoven, *The Framework of Grotius' Book, De Jure Belli ac Pacis* (1625, 1932).

3) 국가론

그로티우스는 국가란 자유민의 완전한 통일체이며 공통적인 권리와 특권을 유지하기 위하여 결합한 것이라고 하였다. 국가는 주권을 가지고 있는데 이는 신에 의한 권리가 아니고 인간의 권력이라고 보았다. 국가는 사회의 구성원이 처음부터 가지고 있는 모든 권리 내지 자유를 한 사람의 통치자에 완전히 양도한다는 방법에 의하여 발생한다. 따라서 그 방기된 여러 권리 중에서 가장 중심적인 것이 자기방위권이라고 하면서 사람들은 주권자에 대해서는 자기방위권을 가지지 않는다고 하였다. 그는 이렇게 하여 군주의 절대권력을 인정하고 있다132)고 했다.

그는 우리들의 모든 권리는 방기될 수 있다고 하면서도 타면에 있어서 모든 권리가 방기된 것은 아니라고 한다. 인간은 자연적 형평(Equity)의 원리에 따라 권리를 보유한다고 하고 소유권 등을 인정하고 있었다. 그는 논리적으로는 자기의 모든 권리를 양도할 수 있으나 실제로는 그러한 합의를 한 적이 없다고 하여 재산의 소유권이나 극한상태에 있어서의 저항권을 인정하고 있었다.

그는 사적 전쟁은 불법이기 때문에 국가가 전쟁을 하기 위하여서는 각 국가가 주권을 가져야 한다고 하였다. 그는 국가주권자라고 할 수 있다. 그러나 이러한 주권은 절대적이 아니고 전쟁의 권한도 정당한 전쟁만 할 수 있다고 하였다.

그는 당시 정치적 자유주의자로 인정되고 있었다. 개인과 개인단체가 권리를 가지고 있는 것으로 보고, 개인의 소유권이라든가 저항권을 인정하면서 그로티우스는 권리의 절대성은 인정하지 않았다.133) 그는 노예소유제도도 소유권의 이전으로 인정하였다.

4) 만민법과 시민법, 국제법

그로티우스는 법을 자연법과 의사법으로 나누고 있다. 의사법(意思法)은 신의법(神意

---

132) K. Haakonssen, "Hugo Grotius and the History of Political Thought," *Political Theory* Vol. 13(1985), pp. 239-265; B. Straumann, *Hugo Grotius und die Antike*, 2007; Chr. Link, *Hugo Grotius als Staatsdenker*, 1983 (Recht und Staat 512); R. Tuck, *Philosophy and Government 1572-1651*, Cambridge Univ. Press, 1993. 그로티우스도 사회계약론을 주장하여 국가의 기원을 설명하고 있다.

133) 그로티우스의 권리론에 대해서는 B. Tierney, *The Idea of Natural Rights*, Erdmans, 1977; Boukeme, H, JM, "Grotius Concept of Law," ARSP, p. 69; Tuck, *Natural Rights Theories*, 1982; J. P. Sommerville, "Hugo Grotius and the History of Political Thought," in Haakonssen (ed.), *Grotius, Pufendorf and modern natural law*, 1988, pp. 5-62; Hayden, op. cit., pp. 48-54; Nicolas Troester, Rethinking International Law: Hugo Grotius, Human Rights and Humanitarian Intervention, Diss. Duke University, 2010; Bring, Hugo Grotius and Roots of Human Rights Law, (2006), pp. 129-148; Vetterli/Bryner, "Hugo Grotius and Natural Law: A Reinterpretation," *The Political Science Reviewer* Vol. 22, No. 1 (1993), pp. 370-402; 佐藤節子,「Suumの中核としての新しい諸權利」,『青山法學論集』21권 3·4호 (1980) 所收.

法)과 인의법(人意法)으로 나누었다. 또 인의법은 시민법(ius civile)과 만민법(ius gentium)으로 나누고 있다. 그는 의사법도 자연법에 근거하고 있다고 하였다. 그로티우스가 말하는 시민법은 자연법의 존재를 전제로 하여 성립한다고 한다. 「상호의 동의에서 생기는 의무가 시민법의 모(母)이다. 그런데 이 의무는 그 구속력을 자연법에서 얻은 것이기 때문에 자연법은 소위 시민법의 증조모라고 생각된다」. 만민법은 국가 간의 동의에 의하여 생기는 법이라고 하였다.

그는 만민법은 자연법과 다르다고 하였다. 자연법은 국제법으로서 국가 간의 관계에 관한 법이라고 생각하였다. 왕과 인민들은 국제법(Law of Nations)은 관습에 의해서 만들어진 것이며 특정한 합의에 의하여 만들어진 것이 아니라고 하였다. 자연법과 대조적으로 국제법은 모든 삶의 기본적 권리와 의무에 의해서 만들어지는 것이라고 보았다. 따라서 이 국제법은 국가행위, 예를 들면, 대사, 조약, 군주의 물리적 특권 등이 법에 선존한다고 보았다.[134]

그로티우스는 처음부터 전쟁문제에 관심이 많아서 많은 책을 썼다. 그는 자연법상의 전쟁, 만민법 또는 국제법상의 전쟁, 신정법상의 정의에 대해서 서술하고 있다. 그는 법적인 조정이 실패하는 경우 전쟁이 일어난다고 보았다. 그는 정당한 전쟁의 유형을 많이 나열하고 있다. 그는 전쟁의 원인이 무엇인가에 따라 정당한 전쟁을 구분하였다. 그는 권리의 보전을 하기 위한 전쟁은 정당하다고 보았다. 그러나 전쟁의 참혹성을 피하기 위하여 은총이 필요하다고 하였다.

5) 그로티우스의 역사적 의의와 영향

그의 이론은 국제법에서뿐만 아니라 국내법상에서도 중요한 역할을 하고 있다. 그는 권리는 주권자에게 완전히 이양할 수 있다고 하면서, 사실에 있어서는 이양하지 않았다는 이론을 전개하였다. 그로티우스는 유럽에 있어서 최초의 보수적인 권리이론가이며 어떤 의미에서는 급진적인 권리이론가이기도 하였다. 그의 권리론은 객관적인 권리론에서 주관적인 권리론으로 변경한 점에서 획기적이다. 그는 권리의 관점에서 전쟁의 정당성을 주장하였다. 그는 국제법의 창시자로서 숭앙받고 있다. 그는 보편적 자연법이 국제법의 근거라고 하였다. 그로티우스에 관해서는 찬반양론이 있다.[135] 그의 이론은 Grotian학파

---

134) 그로티우스의 국가론에 대해서는 Dunn/Harris (eds.), *Grotius*, Vol. 1-2, 1997; E. Dumbauld, *The Life and Legal Writings of Hugo Grotius*, University of Oklahoma Press, 1969; R. Tuck, *Introduction to the Rights of War and Peace*, Books Ⅰ-Ⅲ, 2005; Campbell, *Grotius, On the Law of War and Peace*, 2001.

135) 그로티우스는 최초의 자연권론자로서 인정되고 있다. G. Oestreich, *Geschichte der Menschenrechte und Grundfreiheiten in Umriß*, 1978; Stern, Die Idee der Menschen-und Grundrechte, in Merten/Papier, *Handbuch der Grundrechte*, Bd. Ⅰ, S. 11 ff.; "Hugo Grotius, 6 Originality and Influence," Stanford Encyclopedia of Philosophy, 2011; 佐伯宣親, 『近代自然法論の硏究』, 1988, 61-80면 참조.

를 형성하고 있다.

2. 푸펜도르프

1) 자연법론의 의의

사무엘 푸펜도르프(Samuel Pufendorf, 1632-1694)는 독일의 철학자이며 법학자이고
역사학자로서 유명한 학자이다.[136] 그는 신교도로서 이제까지의 철학 조류에 동조하지
않고 수아레즈, 비토리아, 라이프니츠, 볼프와 같은 경향에 있는 학자이다. 자연과학적
방법론에 근거하면서 그로티우스에 유래하는 근대 사회적 자연법론을 체계화한 사람이라
고 하겠다. 그는 도덕과학의 확실성을 논하면서 실증주의적 방법에 입각하고 있다고
한다. 그는 인간은 자기를 사랑하고 모든 수단을 행사하여 자기를 지키며 자기의 이익이
되는 것을 확보하고 유해한 것을 피하려고 하는 자기보존본능을 가진다고 보았다. 그는
개인주의적 자연법론에 입각하고 있었다.[137] 그는 인간의 존엄을 중시하고 인간은 사회
성을 가진다고 보았다.

그는 하이델베르크 대학에서 최초의 자연법과 국제법 교수가 되었다. 많은 저술을
하여 17세기의 유럽에서 매우 인기 있는 학자였으며 말년에는 남작(Freiherr, Baron)의
지위를 얻었다. 그의 학문방법론은 다른 사람과 달리 신학과 철학을 분리하여 신학이
아닌 이성철학에 근거하여 논문을 썼다.

그는 절대군주제 하에서의 고전적 대표적 학자로 알려져 있다. 그는 법학자였기에

---

136) 푸펜도르프의 대표적 저서는 *De Jus Naturae et, Gentium Libri Octo* (1672), *De Officio Hominis et Civilis Juxta Legem Naturallem Libri Duo* (1673)이 있다. 전집으로는 Böhling (Hrsg.), Samuel Pufendorf, *Gesammelte Werke*; Thomas Behme (ed.), *Samuel von Pufendorf, Two Books on the Elements of Universal Jurisprudence*, 1960, 1999; Pufendorf, *Of the Law of Nature and of Nations*, 1672; Pufendorf, *On the Duty of Man and Citizen According to Natural Law*, 1673; C. L. Carr, *Political Writings of Samuel Pufendorf*, Oxford University Press, 1994.

137) 푸펜도르프에 관해서는 Pufendorf's Moral and Political Philosophy, Stanford Encyclopedia of Philosophy, 2015; ADB: Pufendorf, Samuel Freiherr von, Wikisource; Lausberg, "Samuel Freiherr von Pufendorfs Politische Philosophie," *Tabula Rasa* Ausgabe 35. Jan. 2009; H. Denzer, *Moralphilosophie und Naturrecht bei Samuel Pufendorf*, Verlag C. H. Beck, 1972; H. Welzel, *Die Naturrechtslehre Samuel Pufendorfs*, De Gruyter, 1958; E. Wolf, *Grotius, Pufendorf, Thomasius*, 1927; G. Silvestrini, "Rousseau, Pufendorf and the eighteen century natural law tradition," *History of European Ideas* Vol. 36, Issue 3, September 2010, pp. 280–301; J. Weglarz, *Rothbard and the Natural Law Tradition in Works of Grotius, Carmichael, Pufendorf, and Hutcheson*, 2012; Garcia etc. (ed.), *Natural Law: Historical Systematic and Judicial Approaches*, Cambridge Scholars Publishing, 2008; Haines, *Revival of Natural Law Concepts*, Bibliographie; Kennett (trans.), *Of the Law of Nature and Nations*, Eight Books, 2005; F. Palladini, "Pufendorf disciple of Hobbes: The nature of man and the state of nature: The doctrine of socialitas," *History of European Ideas* Vol. 34, Issue 1, 2008; Hunter/Saunders (eds.), *Natural Law and Civil Sovereignty*, Palgrave MacMillan, 2002.

현실적응력을 발휘하여 유럽 각 국가의 법과 정치에 대해서도 관여하고 현실정치에서 그 나라의 이익을 대변해 주기도 했다.

푸펜도르프의 『인간과 시민의 의무』[138] 제2권 제3장에서는 자연법에 관해서 설명하고 있다. 그는 자연법을 인간이 공동체생활을 위한 규율이나 자신을 인간사회의 좋은 구성원이 되기 위한 행위를 가르치는 법이라고 정의하고 있다.

"The Laws then of this sociability or these which teach how a man should conduct himself, to become a good member of human society, are called natural laws."(The First Book on the Duty of Man and Citizen, Chapter 3)

이에 따라 다음과 같은 자연법의 근본원칙이 나온다고 하였다. 인간은 누구나 자기의 능력을 공동체의 보호와 이익증진을 위하여 활동해야 한다. 이에 따라 자연법의 명제는 인간의 공동생활에 필요하고 유용한 것은 모든 것을 할 수 있다. 그것이 공동체생활을 방해하고 있거나 해하는 것은 금지된다. 그 이외의 다른 규정은 인간에게 주어진 자연적 이성의 빛으로 보아 정당한 것이며, 이것은 이성의 빛이 직접적으로 지시하는 것으로 이 최고원칙의 결과규정이다. 인간은 이 법칙을 법의 효력을 가지는 것으로 인식해야 한다. 이 자연법이 사회생활 없이는 인간 종족을 보존할 수 없다는 것을 말한다. 인간은 그의 이성에 따라 이를 위한 명령을 인식할 수 있다고 했다.

2) 자연상태(Naturzustand, Natural State)

국가 이전의 자연상태에 대하여 푸펜도르프는 홉스와 달리 전쟁상태가 아니고 사회상태(socialitas)라고 생각하였다. 그는 그로티우스와 홉스의 자연상태론에 대하여 어느 정도 동감하면서 결론을 달리하고 있다. 그 이유는 인간의 본성이 동물과 다르기 때문이라고 했다.[139]

동물은 영양섭취와 교접의 욕망에 의해서만 활동하고 이 욕망의 충족은 쉽다. 동물은 이 욕망을 충족하고 나면 맹목적으로 자기분노를 표시하지 않으며 다른 동물이 찌르지 않는 한 해치지 않는다. 그러나 인간은 항상 욕망을 충족시키려고 하고, 그는 영양섭취를 위하여 필요한 것 이상을 충족시키려고 하는 생물이다. 인간은 공복을 채우는데 만족하지 않고 美食의 쾌락(Gaumenkitzel)까지 요구한다. 인간은 자연이 제공할 수 있는 이상을 요구한다. 자연은 동물에게는 의복을 필요로 하지 않게 하고 있다. 인간은 옷을 입어야 할 뿐만 아니라 이것을 자랑하기를 원한다.

인간이 동물에게는 인정되지 않는 과잉, 허영, 허명 등을 요구하고 있기 때문에 대부분의

---

138) De officio hominis et civis, 1673. trans. by M. Silverthorne, *On the Duty of Man and Citizens*, Cambridge U. P. 1991; Übersetzt von Klaus Luig, *Über die Pflichten des Menschen und Bürgers nach dem Gesetz der Natur*, Frankfurt a. M. 1994.

139) G. Silvestrini, "Rousseau, Pufendorf and the eighteenth century natural law tradition," *History of European Ideas* 36 (2010), pp. 280-301.

전쟁이 일어난다. 그러나 인간은 사회생활에 있어 공동생활을 하는 것이 자연의 위험에 대처하는 유일한 길이기 때문에 이를 자제한다.

3) 인간의 본성론(Human Nature)

푸펜도르프는 인간의 본성에 관해서는 『인간과 시민의 의무』 제1권 제3장에서 동물과 비교하여 상세히 설명하고 있다.

인간의 본성에는 자기보존본능과 무력(他者依存의 필요성), 무한의 욕망을 가진다고 보았다. 인간의 본성대로 산다면 자연상태는 「만인의 만인에 대한 늑대」(homo homini lupus est)로 될 것이라고 말한 홉스의 자연상태론을 반대하고 있다. 그는 자연상태에 있어서도 만인의 만인에 대한 전쟁관계로 되는 것은 아니라고 보았다. 인간은 사회성이 있기 때문에 인간이 자연적 재해에서 도피하고 인간성을 실현하기 위하여서는 사회에서의 인간의 공동생활이 필요하다고 하였다. 「만약 우리들이 자연상태를 정확히 이해하려고 한다면 인간의 이성의 올바른 능력과 사용을 제외해서는 안 된다」고 하여 무한한 욕망을 가진 인간이기는 하나, 이성에 따라서 자연상태에 있어서도 사회생활을 영위하는 것으로 보았다.[140] 그는 인간의 이성을 자연법 자체라고는 보지 않고 자연법을 논리적으로 실증할 수 있는 능력이라고 했다.

인간은 자연적 필요성 때문에 인간 상호간의 관계에 의존하게 되는 것이 인간의 본질이 라는 사상은 고대와 중세의 정치이론에도 있었다. 그러나 푸펜도르프는 인간의 공동생활 에서 사회적 · 정치적 명령과 법률의 존재 근거로 삼고 있는 것이 다른 특색이다.

인간은 사회성을 가지는데 그 이외에는 자기보존이라는 본성적 욕구를 충족할 수 있는 절대 불가결한 수단이라고 보았다. 인간은 이성적 능력을 가지고 있다고 본다. 이 이성적 능력에 따라 인간은 자연법을 인식할 수 있다고 한다.

이성은 인간에게 그 목적을 인식하는 것을 가능하게 했고 그를 달성할 수 있는 수단을 발견할 수 있게 했다. 인간은 자체가 목적이며 인간은 자기존중(Self-Esteem)을 해야 한다고 했다.

---

140) Pufendorf, *On the Natural State of Man*, 1678; H. Rinkens, *Die Ehe und die Auffassung von der Natur des Menschen im Naturrecht bei Hugo Grotius (1583-1648), Samuel Pufendorf (1632-1694) und Christian Thomasius (1655-1728)*, Inaugural-Dissertation, 1971; J. Tully (ed.), *Pufendorf: On the Duty of Man and Citizen according to Natural Law*, 1991; M. Lausberg, "Samuel von Pufendorfs Politische Philosophie," *Tabula Rasa*, Jenenser Zeitschrift für Kritisches Denken, Ausgabe 35, Januar 2009; K. Haakonssen, "Natural Law and Personhood: Samuel Pufendorf on Social Explanation," *Max Weber Lecture*, No. 2010/06; Samuel Pufendorf, *Le droit de la nature et des gens*, Basle: Emanuel Thourneisen, 1750; Samuel Pufendorf, *De offico hominis et civis*, Berlin: Akademie Verlag 1997; Samuel Pufendorf, Les devoirs de l'homme et du citoyen, Caen: Centre de philosophie politique et juridique de l'Université de Caen, 1984; Samuel Pufendorf, *Elementum jurisprudentiae universalis*, Oxford: The Clarendon Press, 1931; Samuel Pufendorf, *De habitu religionis christianae ad vitam civilem*, Bremen: Anthonii Guntherii Schwerdfegeri, 1687.

푸펜도르프에 의하면 자연법은 자연법칙에 속하는 것으로 보았다. 그는 인간성과 경험성을 결부하려고 하였다. 그는 인간의 공동생활을 충족시킬 명령과 법률은 인간존엄과 인간존재 자체에 적합한 것이며 인간은 여기서 큰 이익을 얻을 수 있다고 했다.

4) 인간의 존엄성과 인간의 의무

푸펜도르프는 인권으로서 인간의 존엄과 국가에 의하여 보장되는 자유권을 하나로 통합하려고 하였으며, 자연법에서 인간의 존엄과 자유가 보장되며 이를 확보하기 위하여 자연법적 의무를 우선 강조하고 있다.

그는 인간은 도덕인이며 도덕적 유대에 따라 제도를 형성한다고 본다. 그는 모든 사람이 '자연적으로' 같은 정도로 존경을 받는 존엄자로서 나쁜 짓을 하지 않는 한 존경을 받으며 인간의 존엄성을 가지고 있다고 하였다.

푸펜도르프는『의무론』에 있어서「자연법칙상의 의무」(Über die Pflicht des Menschen und des Bürgers nach dem Gesetz der Natur) 제1권에서 의무를 3종으로 나누고 있다. 첫째로는 신에 대한 의무이고, 둘째로는 자기 자신에 대한 의무이며, 셋째로는 타자에 대한 의무를 들고 있다.[141]

그는 자연법에서 인간의 자기보존의 의무가 나온다고 보았다. 이 공동생활의 규칙은 인간사회의 유용한 부분이 되기 위하여 공동생활에 기여할 의무를 진다(제3장 §8). 이에 따라 자연법의 근본원칙이 나온다(§9).

그는 인간이 자기보존을 하기 위하여서는 자기완성의 의무를 필요불가결한 것으로 보았다. 그 의무로서 ① 사회생활에 적합한 정신을 가지고 의무성과 명예에 대한 의식을 가짐과 동시에 생애에 걸치는 직무에 종사할 의무를 가지고 있다. ② 신체를 보양하고, 절제하며, 정념을 제어하고 위기에 있어서 용기로서 이에 대처할 것, ③ 자기의 수명을 다할 의무, ④ 타자의 자기보존과 대립하는 경우의 정당방위 및 긴급피난 등에 상당하는 행위의 한계를 알 의무 등을 들고 있다.

타자에 대한 의무로는 ① 타자를 해치지 말라, ② 타자를 존중하고, 生來同權 · 평등한 것으로서 즉 인간으로서 취급하지 않으면 안 된다. ③ 각자는 타인에 대하여 유용한 존재여야 한다. ④ 계약은 준수하여야 한다고 했다.

이 밖에도 푸펜도르프는 개별적 의무에 대해서 많이 설명하고 있다.[142] 예를 들면

---

141) Pufendorf, *The First Book on the Duty of Man and Citizen*, 1673; A. Randelzhofer, *Die Pflichtenlehre bei Samuel von Pufendorf*, 1983; Types of Duties, Pufendorf's Moral and Political Philosophy, Stanford Encyclopedia of Philosophy; Wagner/Hoefele/Nestor, *Das Naturrecht als Grundlage für ein friedliches und gerechtes Zusammenleben der Menschen*, 1997.

142) 푸펜도르프는 권리에 관해서도 적극적 권리와 수동적 권리를 이야기하였으며 ① 자기자신의 행위에 관한 권리(power)는 자유이고 ② 타인의 행위에 대한 권력은 지배권(imperium)이고 ③ 자기자신의 물건에 대한 권리는 소유권(domium)이고 ④ 타인의 물건에 대한 권리는 의무(servitus)라고 하고 있다. 상세한 것은 Mautner, "Pufendorf and the correlativity theory of Rights," in Haakonsson

계약의 체결에 있어서는 신의성실에 따라야 한다든가, 재산권의 취득 시에 따르는 의무,
인간의 자연적 평등존중 의무 등을 들고 있다.

5) 자연권론

이러한 것을 절대적 자연법이라고 하였는데 역으로 보면 자연법적 권리라고 할 수
있다. 인간의 존엄을 이루는 윤리적 자유에서 자연법적 평등이 나오고, 자연법적 평등에서
자연법적 자유가 따른다고 했다.

바꿔 말하면 여기서 생명권, 안전권, 평등권, 자유권, 명예와 도의(道義)권 등을 도출할
수 있다고 한다(제6장 §). 그는 소유권에 대해서도 논하고 있다. 그는 계약에 의해 얻어진
것에 대해서도 보호된다고 하였다. 재산권 취득에 있어서 특별한 계약관계 등을 이야기하
면서 혼인, 가족의 중요성을 강조하고 있다.

과거에는 인간의 권리는 신의 명령에 따라 자연법칙에 의하여 국민들에게 인식된다고
생각하였다. 그러나 그로티우스, 푸펜도르프, 토마지우스, 크리스티안 볼프 때부터 자연
법칙(Naturgesetz)이 아니고 자연권(Naturrecht)이라는 용어를 쓰게 되었다.[143]

푸펜도르프는 아직도 자연법을 신이 내린 명제라고 보고 있는 점에서 이성적 자연권론
자의 자연권론에는 도달하지 못하고 그의 신앙인 신교의 하느님을 포기하지 못한 것
같다. 앞서 본 바와 같이 그는 신적 자연법칙론과 이성적 자연권론자 간의 중간적 위치에
있으며 아직은 종교적 자연법론에서 완전히 벗어나지 못했다.

앞서 본 바와 같이, 그는 자연법에서 나오는 인간의 의무에서 기본권을 도출해 내고
있는데, 이는 현대 기본권론자들이 자연권에서 기본권을 도출해 낸 것과는 다르다. 그러면
서도 그는 인간의 본성에서 기본권이 인식되고 적용될 수 있게 된다고 보았다.

자연법에서 자연권이 나온다는 이론을 "Jusnaturalismus"라고 하는 사람도 있으며
이를 완성한 사람을 Kant로 보고 있다. 과연 푸펜도르프의 저술에서 자연권을 발견할
수 있을 것인가에 대해서는 푸펜도르프는 없다고 하고 다른 학자는 있다고 하고 있다.
기본권에 관한 체계적인 저술은 없으므로 여러 논문을 참조해서 살펴보기로 한다.[144]

(ed.), *op. cit.*, p. 168 ff. 참조.

143) Wagner/Hoefele/Nestor, "Das Naturrecht als Grundlage für ein Friedliches und Gerechtes
Zusammenleben der Menschen," MIT zur Ethik, Konferenz, 1997; N. Brieskorn, "Wofür benötigen
wir überhaupt ein Naturrecht? Sinn und Notwendigkeit des Naturrechts aus philosophischer
und theologischer Sicht"; Naturrecht, Wikipedia der freien Enzyklopädie; D. Klippel (hrsg.),
Naturrecht und Staat, Politische Funktionen des europäischen Naturrechts (17-19. Jahrhundert),
2006.

144) 푸펜도르프의 인권사상에 대해서는 Zippelius, *Geschichte der Staatsideen*, S. 132 f.; G. Oestreich,
Die Entwicklung der Menschenrechte und Grundfreiheiten, Eine historische Einführung, *Die
Grundrechte*, 1966, 1. Bd. 1. Halbb, S. 40 ff.; H. Welzel, *Die Naturerechtslehre Samuel Pufendorfs*,
1958; T. Mantner, Pufendorf and the correlativity theory of rights, in Haakonssen (ed.), *Grotius,
Pufendorf and modern natural law*, 1998, pp. 159-182; H. 벨첼 지음, 박은정역, 『자연법과 실질적
정의』, 삼영사, 2001, 189면 이하; 佐伯宣親, 전게서, 81-119면; K. Saastamoinen, "Pufendorf on

(1) 인간의 존엄권과 평등권(Natural Equality)

푸펜도르프는 인간의 존엄권도 의무에서 나온다고 보고 있다. 「인간은 자기보존권만을 생각하는 생물이 아니다. 그에게는 자기존중의 좋은 감정이 있으며 이의 침해는 신체나 재산에 대한 침해보다 더 깊이 느껴진다. 인간은 말로서 자기 자신에 대한 일정한 존엄을 표현할 수 있다. 그렇게 됨으로써 그에 대한 반격을 할 수 있으며 화해도 할 수 있다」.145) 그리하여 모든 인간에게는 본질적으로 같은 방법으로 존경받을 권리가 있다. 인간은 최소한 평등한 성격을 가지고 있다고 간주된다.

여기에서 모든 사람에 대한 두 번째 의무로서 다음의 명제가 나온다. 모든 사람은 다른 사람을 본질적으로 평등하고 똑같은 방식의 인간으로서 보고 대우하여야 한다.

이 권리는 이미 고대부터 나왔던 인간의 존엄권을 인정한 것이며 칸트에 앞서 인간을 평등하게 취급하라고 하고 있는 것이 특색이다. 그는 남녀평등권은 인정하지 않았다.

(2) 자기보존권과 행복추구권

푸펜도르프는 그의 『의무론』에서 자기보존권에 관하여 상세히 설명하고 있다. 그는 인간은 자기보존(Self-Preservation)에 대한 의무를 지고 있는데 이는 가장 민감한 본능과 이성에 따른 것이라고 본다. 여기에는 물론 생명에의 권리, 자기방어의 권리 등이 수반된다(Duty, 제1권 5장 §2-§6). 자기보전의 권리는 생명권과 밀접한 관련을 가지고 있으며 생명은 자기 생명도 중요하지만 다른 사람의 경우에도 자기보전의 권리를 인정해야 한다. 생명의 권리는 포기할 수 없으며 새로운 공무원들이 이를 법적으로 제한하기도 어렵다.146)

Natural Equality, Human Dignity, and Self-Esteem," *Journal of the History of Ideas* Vol. 71, No. 1, January 2010, pp. 39-62; D. Hüning, *Naturrecht und Staatstheorie bei Samuel Pufendorf*, Nomos Verlagsgesellschaft, 2009; N. Brieskorn, "Wofür benötigen wir überhaupt ein Naturrecht?" SS. 97-126; Krause, *Abriss Des Systemes Des Philosophie Des Rechtes, Oder Des Naturrechtes*, 1828; Baranowski/Schnabl, "Naturrecht in der Zeit der Frühaufklärung: Samuel Pufendorf," *Deutsches Recht zwischen Sachsenspiegel und Aufklärung Rolf Liebersirt zum 70. Geburtstag*, SS. 139-149; S. Müller, *Gibt es Menschenrechte bei Samuel Pufendorf?*, Lang Verlag, 2000; T. Böhme, *Samuel von Pufendorf, Naturrecht und Staat: Eine Analyse und Interpretation seiner Theorie, ihrer Grundlagen und Probleme*, Vandenhoeck & Ruprecht, 1995; Haakonssen (ed.), *Natural Law and Enlightenment Classics*, 1931; K. Saastamoinen, Pufendorf on Human Dignity, medienkompetency Bereich, Menschenwürde; Springer Link, Trans-formations in Medieval and Early Modern Rights Discourse, 2006; Müller, *Menschenwürde und Religion*: Die Sache nach der Springer Link Glück and Zufriedenheit; P. Kornmann, Life, Liberty, the pursuit of Happiness Series, *The New Synthese Historical Liberty Library* Vol. 59, pp. 257-283.
145) 푸펜도르프는 인간의 존엄(dignitas humanae naturalis)을 다른 사람의 존중이나 권리나 의무에의 구속보다도 더 중시하였다. 그는 인간의 존엄이 자연법의 근거라고 하기도 한다(Welzel).
146) S. Pufendorf, *Die Gemeinschaftspflichten des Naturrechts*, 1673; S. Müller, *Menschenwürde und Religion: Die Suche nach der wahren Freiheit*, 2012; Springer Link, *Glück und Zufriedenheit: Ein Symposium*, 1992; P. Korkmann, "Life, Liberty, and the Pursuit of Happiness," *The New*

생명권에 관해서는 의무론 제2권 13장에서 보다 상세히 설명하고 있다. 그의 이론은 ① 명예로운 생의 초대를 받을 수 있다고 본다. 중세 인권론에서 가장 중요시 되었던 개인의 존엄권은 생명권뿐만 아니라 사랑의 권리 등을 포함한다. 과거 중요시 되었던 행복추구권에 대해서는 많은 연구를 하지 않은 것 같다. 그 이유는 행복추구를 위하여 국가에 대하여 청구할 것은 아니라고 보았기 때문이다. 행복추구는 인간에 있어 기본적인 것이므로 본질적으로 존재한다고 보았다.

(3) 자기결정권과 자유권

푸펜도르프는 그의 여러 저술에서 인간의 자기결정권(Selbstbestimmungsrecht)과 평등한 자유(Recht auf Gleiche Freiheit)를 이야기하고 있다. 그러나 그의 자유권(Natural Liberty)은 현대 인권론이 이야기하는 것처럼 국가에 대한 절대적인 청구권이 아니고 국가가 국민의 자유영역에 대해서 간섭을 하지 않는 소극적 권리로 비춰지고 있다. 그는 평등한 자유를 요구한 바 이 자유는 자연상태에서의 권리이기는 하였으나 국가성립 후에는 국가에 의해서 보장되는 것으로 국가목적에 따라 제한이 가능하다고 보았다.[147]

푸펜도르프는 여러 가지 특별한 자유에 대해서도 언급하고 있다. 예를 들면 해외이주의 자유, 결사의 자유, 언론·출판의 자유 등이 있다고 하고 종교의 자유를 주장했다.[148] 그러나 이러한 자유는 국가의 입법에 의해서 국가의 목적에 따라 법률로 제한할 수 있는 것으로 보았다. 그는 자연법상 의무가 인간의 권리에 대한 제한이 된다는 것을 인정하되 실정법상의 제한을 더 중시하고 있다.

(4) 재산권(Eigentum)

푸펜도르프는 인간의 생존을 위하여 여러 가지가 필요하다고 생각하였다. 그는 이 재산권의 방어를 자연적 자유의 보장을 위한 중요한 요소로 생각하였다. 푸펜도르프의 이론은 칸트 이전까지는 지배적인 학설이었다.[149]

Synthese Historical Library, Vol. 59, pp. 257-283; G. Vowinckel, "Die Glückseligkeitslehre und die Entstehung der Staatsgesellschaften," *Glück und Zufriedenheit*, SS. 39-47; Cahn/Vitrano, *Happiness, Classic and Contemporary Readings in Philosophy*, 2005.

147) G. Scherger, *The Evolution of Modern Liberty*, 1904; U. Eisenhart, "Müller, Sibylle, Gibt es Menschenrechte bei Samuel Pufendorf?," ZRG 119 (2002), SS. 715-719.

148) Pufendorf, *On the Nature and Qualification of Religion in Reference to Civil Society*, 2002; H. Rabe, *Naturrecht und Kirche bei Samuel von Pufendorf*, 1958; S. Müller, *Menschenwürde und Religion: Die Suche nach der wahren Freiheit – metaphysische Wegweiser von Platon bis Hegel*, Utz, Herbert, 2012.

149) Pufendorf, *Le droit de la nature et des gens ou Système général des principes Les Plus Importans De La Morale, De La Jurisprudence, Et De La Politique*, Volume 1, 1734; J. Kilcullen, *The origin of property: Ockham, Grotius, Pufendorf, and some others*, 1995; K. Saastamoinen, "Pufendorf on Natural Equality, Human Dignity and Self-Esteem," *Journal of the History of Ideas* Vol. 71, No. 1, January 2010; N. Tideman, "Property in a Utopian State, Informed by Ideas of Pufendorf and Locke," *The State as Utopia* Vol. 9 of the series, The European Heritage

그는 계약의 자유를 인정하면서 자기가 취득한 재산에 관해서 절대적인 권리를 가진다고 생각하였다. 그런데 못 사는 사람의 재산을 취득하는 것을 막기 위하여 불공정행위를 하는 것은 인류의 사랑에 대한 침해로 보았다. 다른 사람의 재산권을 침해할 우려가 있는 경우에는 허가 없이도 자위권을 행사할 수 있다. 재산은 마음대로 파괴할 수 없다. 자기 것과 다른 사람 것을 포함하여 모든 재산은 폐기할 수 없다. 재산권은 공동체생활의 필요를 위하여 사용되어야 한다. 타인의 재산권은 자기 재산권을 보존하기 위하여 긴급한 필요가 있는 경우 예를 들어 화재의 연소를 막기 위하여 필요한 경우 옆집의 철거를 요구할 수 있다며 자구행위로 연소를 막을 수 있는 조치를 할 수 있다고 했다. 푸펜도르프는 그가 노동하여 얻은 재산은 자기의 소유이며 모든 사람은 자기가 노동하여 얻은 재산에 대한 소유권을 가진다고 하였다. 그는 인간을 재산으로 인정하는 것에 반대하였고 노예제도를 비판하였다. 그는 극빈자가 재산권을 침해하는 것을 인정하였다.[150]

(5) 기타의 개별적 기본권

그는 이 밖에도 개별적 기본권으로 여러 가지를 들고 있다. 예를 들면 (i) 공동체생활을 할 수 있는 권리 (ii) 결혼과 가족생활을 할 권리 (iii) 저항권(right to resist government) (iv) 정당한 전쟁을 할 권리 등을 이끌어 내고 있다. 이러한 권리는 자연권으로서 인정되었으나 자연법적 의무에서 나온 것이라고 보는 견해도 있다.

『인간과 시민의 의무』제2권에서는 생명권(12장), 명예권(14장), 재산권(15장), 시민의 의무(18장)에서 상세히 설명하고 있다.[151] 저항권의 인정여부에 대해서는 학계에서도 이론이 많았다. 많은 사람이 이 저항권을 인정했다는데 대하여 반대하였다.

(6) 개인주의적 자본주의사상의 근원

푸펜도르프의 이 자유론은 비록 반국가적인 권리는 아니었으며 국가권력에 의하여 제한될 수 있는 것으로 인정한 것은 개인주의, 산업혁명의 사상에 영향을 주었으며 영국혁명, 프랑스혁명 미국혁명에도 영향을 끼쳤다고 하겠다.

이 개인주의적 자연법에 근거하여 독일의 1848년 헌법초안도 만들어졌으며 후세의 기본권의 헌법화에도 중요한 기여를 했다.[152]

6) 국가론(Staatslehre)

in Economics and the Social Sciences, 2010. pp. 11-18.

150) Samuel Pufendorf, *On The Law of Nature and Nations*, "We conceive therefore that such a Person doth not contract the Guilt of Theft, who happening, Not through his own Fault, to be in extreme want, either of necessary Food, or of Cloaths to".

151) Wagner/Hoefele/Nestor, Das Naturrecht als Grundlage für ein friedliches und gerechtes Zusammenleben der Menschen, 1997, https://naturrecht.ch/das-naturrecht-als-grundlage-fuer-ein-friedliches-und-gerechtes-zusammenleben-der-menschen.

152) Pufendorf, *Über die Pflicht des Menschen und des Bürgers nach dem Gesetz der Natur*, 1994.

푸펜도르프는 국가에 관하여 여러 책에서 언급하고 있다.『인간과 시민의 의무』에서는 제2권에서 국가형성의 이유(제5장), 국가의 내부구조(제6장), 국가권력(제7장), 국가형태(제8장), 국가권력의 본질(제9장), 군주국에서의 국가권력의 취득방법(제10장), 최고권력자의 의무(제11장), 특수한 국가권력(제12장), 전쟁과 평화(제16장), 연합계약(조약)(제17장)에 관하여 상세히 설명하고 있다. 그의 주저인『자연법과 국제법』에서도 논의되고 있다.

그는『인간과 시민의 의무』에서 인간의 본성은 사회성이 있고 인간은 평화로운 시민사회의 구성의 필요성을 느끼게 되었다.[153] 그 이유는 시민사회에 가입함으로써 인간의 필요에 의한 충족을 줄 수 있기 때문이다. 시민은 자연상태에서 가지고 있던 자연적 자유를 상실했고 생명과 죽음의 권리를 보다 잘 보장하는 국가를 구성하게 되었다. 이것을 제2의 사회계약이라고 한다.

이 사회계약에 의하여 국가가 형성되면서 주권자가 요구하는 일을 순순히 하게 된다. 국가는 공권력을 가지게 되고 국민의 결합에 따라 정치적 동물인 인간이 행복한 생활을 추구하게 된다.[154]

주권자인 국왕은 국민에게서 선출되었기에 국민의 복리증진과 권리보호를 위하여 활동하여야 한다. 국민의 권리를 제한하기 위하여 잘못 법을 만들거나 압박하는 경우에는 이의 청구를 할 수 있다. 국가의 권력을 원칙적으로 제한할 수 없다. 무엇보다도 국가의 최고권력은 인간에 의하여 제정된 국가의 모든 법률에 대해서 직접적으로 구속된다. 이는 법치주의의 원칙을 말한 것이다. 인간의 판단은 오류일 수 있으며 지나친 자유와 악에 젖을 수도 있다. 이 때문에 어떤 민족에게는 국가권력의 행사에 있어서 일정한 제한을 두고 있다. 왕이 국정 운영에 있어서 국가 최고권력의 일부를 행사할 때 특정 원칙에 따를 의무를 진다. 남이 사전에 보고 예측하지 못했던 일 때문에 모든 관련 시민의 억지와 비애가 발생하는 경우, 왕은 시민의 동의를 얻거나 의회를 소집하여 국회의원에게 동의를 얻어 일을 집행할 수 있다. 그래야만 왕은 국가의 복지를 소홀히 하지 않을 의무를 소홀히 하지 않게 된다. 이것을 합의에 의한 통치라고 할 수 있다(rule by consent).

결론적으로 푸펜도르프의 국가관을 보면 다음과 같다.[155]

---

153) G. Vowinckel, "Die Glückseligkeitslehre und die Entstehung der Staatsgesellschaften," *Glück und Zufriedenheit*, SS. 39-47; M. Stolleis, *Staat und Staatsräson in der frühen Neuzeit*, Suhrkamp Verlag, 1990; D. Hüning, *Naturrecht und Staatstheorie bei Samuel Pufendorf*, Nomos Verlagsgesellschaft, 2009; L. Freire, "The Dawn of States-System as a Concept: Althusius, Pufendorf and Leibniz on the Holy Roman Empire," ISA International Conference, 2011; Carr/Seidler, "Pufendorf, Sociality and the Modern State," *History of Political Thought* Vol. 17, No. 3(1996), pp. 354-378; Pufendorf, *Elementum jurisprudentiae universalis libri duo*, 1672; J. Scott, *The Classics of International Law*, 1912.

154) Pufendorf, "On the impelling cause for the establishment of a State," *On the Duty of Man and Citizen According to the Natural Law* (1673) Book 2, Chapter 5.

① 그는 강력하고 안정된 국가와 강력한 군주를 원하고 있었다. 그리하여 국가권력에 대한 유효한, 사실적으로 구속적인 권력제한 장치를 설치하지 않았다.

② 그는 공공복지의 의의를 강조함으로써 개인이 공동체 전체에서 한 개인이 완전히 이탈하는 것을 인정하지 않았다.

③ 그는 자연상태에 있었던 자연적 자유와 평등을 강조함으로써 다른 기본권을 제한하는 역할을 했다.

이로써 푸펜도르프는 군주에 대한 저항권과 군주에 대한 시민의 권리를 제한적으로 인정함으로써 미국혁명 후의 대국가적 인권론으로는 발전하지 않았음을 알 수 있다.[156]

7) 국제법론(International Law = Völkerrecht)

푸펜도르프는 국제사회에 적용되는 자연법을 국제법이라고 명명하였다. 국제법은 일본의 명치유신 때는 중국의 용어에 따라 만국공법(萬國公法)이라고 하였다.

그는 이 국제법도 국가 간의 자연상태에서 나온 것으로 보았다. 그는 국제사회도 자연상태에서 법규범이 없었던 것이 아니며, 규범은 자연상태의 일부로서 원칙적으로 존재했고 개정할 수 없다고 보았다. 그는『자연법과 만민법』(De jure naturae et gentium libri octo, 1672)에서 국제법에 관한 논술을 하고 있다. 그를「국제법의 아버지」라고 부르는 사람도 있으나 아마 그로티우스가 진정한 국제법의 아버지이고 그는 국제법을 자연법과 연결시켜 발표한 중요한 국제법학자로 보는 것이 옳을 것이다.

8) 전쟁론

푸펜도르프는 전쟁에 대해서도 정당한 전쟁과 부정당한 전쟁으로 나누어 전쟁에 관해서 다음과 같이 논하고 있다. ① 평화를 지키라는 것이 자연법의 제1명제라고 하였고 ② 정당한 전쟁은 방위전쟁이며 부정한 전쟁은 침략전쟁이라고 하고 ③ 형식적 전쟁과 비형식적 전쟁으로 나누어 사적인 전쟁선언이 없는 시민전쟁 등을 비형식적 전쟁으로 들고 있다. ④ 양측은 전쟁법을 잘 준수해야 한다. ⑤ 전쟁의 종결은 형식적 선언이 있어야 한다. 정전상태는 가능한 한 빨리 종결하고 평화조약을 체결하여야 한다.[157]

정당한 전쟁으로 3가지 근거를 들고 있다. ① 생명과 재산의 방어(정당한 방어전쟁) ② 법의 실현(정당한 침입전쟁) ③ 장래의 침입에 대비한 대체보장과 안전보장(정당한

---

155) 이 서술은 Müller의 주장에 따른 것이다. S. Müller, *Gibt es Menschenrechte bei Samuel Pufendorf?*, Lang Verlag, 2000.

156) G. Scherger, *The Evolution on Modern Liberty*, Longmans, Green & Co., 1903; J. Donald, *National Law and National Rights*, jamesd@echegne.com.

157) L. Siep, Einführung in die Politische Philosophie Teil Ⅱ: *Gerechtigkeit in der politischen Philosophie*; Samuel Pufendorf, *Elementorum Jurisprudentiae Universalis Libri Duo*, 1995.

침입전쟁) ④ 1·2·3의 전제 하에 평화적 방법이 고갈되고 더 이상 위험을 감내할 수 없을 때의 전쟁이 정당전쟁이라고 했다. 전쟁에서의 권리 의무로는 ① 독극물을 사용하지 말 것 ② 4단계에 따른 전쟁의 종결권 ③ 침묵적인 정전상태, 전쟁기구를 폐지하고 장래의 평화조약의 체결 등이 준수되어야 한다고 주장했다.

9) 푸펜도르프의 공헌

푸펜도르프의 사상은 로크, 루소에게 영향을 미쳤는데 특히 미국의 인권선언에 많은 영향을 끼쳤다. 그의 자유와 평등사상은 매사추세츠의 와이즈(John Wise, 1683-1762) 목사에게 큰 영향을 주었고, 와이즈는 푸펜도르프의 이론에 따른 책을 저술하여 미국혁명에 큰 역할을 했다. 그의 저술을 번역한 뷔를라마키(J. J. Burlamaqui, 1694-1748)도 그의 학설에 따르고 있다.[158]

제2절 영국 계몽주의자의 인권사상

1. 토마스 홉스

1) 자연상태론

홉스(Thomas Hobbes, 1588-1679)는 영국에 있어서 수학자로 출발하여 사회사상가가 되었다.[159] 그는 자연법과 자연권을 주장한 사람이다.[160] 그는 『리바이어던』

---

158) Influence of Pufendorf's Moral and Political Philosophy, Stanford Encyclopedia of Philosophy, 2015. 누가 더 많은 영향을 끼쳤는가에 대해서는 논쟁이 있다. H. Eicholz, "Pufendorf, Grotius, and Locke: Who Is the Real Father of America's Founding Political Idea, *The Independent Review* Vol. 13 No. 3 (Winter 2009), pp. 447-454 참조. 푸펜도르프의 인간존엄·평등·자유의 사상은 미국의 인권선언에도 중요한 영향을 주었다고 한다(Welzel). 푸펜도르프의 책은 영역되어 미국의 뉴 잉글랜드 지방에서 많이 읽혔다고 한다(Oestreich). Denzer, "Pufendorf," *Klassiker der politischen Denkens II*, S. 27 ff. 독일에서는 고전적 복지국가 이론가로 알려지고 있다. 種谷春洋, 『近代自然法學と權利宣言の成立: ビュルラマキ自然法學とその影響に關する研究』, 有斐閣, 2014.

159) 홉스 전집으로 Molesworth (ed.), *The English Works of Thomas Hobbes*, 11 vols. 1839-45. 법서로서는 T. Hobbes, *The Elements of Law, Natural and Politic*, 1640(이경민 옮김, 『법의 원리』, 2021); T. Hobbes, De Cive, 1642(이준호 옮김, 『시민론』, 2013); T. Hobbes, Leviathan, 1651; T. Hobbes, *A Dialogue Between a Philosopher and a Student of the Common Laws of England*, 1681(田中浩 他譯, 『哲學者と法學徒との對話』, 岩波文庫, 2002); T. Hobbes, Behemoth, 1679 (山田園子譯, 『ビヒモス』, 岩波文庫, 2014); T. Hobbes, *The questions concerning liberty, necessity, and chance*, 1656; M. Dietz (ed.), *Thomas Hobbes and Political Theory*, 1990; Dyzenhaus/Poole

(Leviathan)[161]에서 자연상태의 인간은 본성이 악하기 때문에 아무런 구속이 없는 자연상태에서의 인간은 자유 방종했다고 하고 있다. 홉스는 인간의 자연상태는 만인의 만인에 대한 투쟁상태(bellum omnium omnes)였으며,[162] 모든 인간을 압박한 공통의 힘이 없는 공포상태에 있었다고 하였다. 자기의 행위를 공통의 이익 방향으로 향하게 할 수 있는 공통의 권력이 없었기 때문에 자연상태에 있어서는 다른 구제수단이 없었기 때문에 자기방어권인 자연권만이 있다고 하였다. 자연권이란 각자가 자기 자신의 자연, 즉 그들 자신의 생명을 유지하기 위하여 그들이 원하는 대로 자기 힘을 사용하는 권리를 말한다. 홉스에 있어서의 최고 가치는 자기보존이기 때문에 자기보존을 위해서는 인간의 본질적 평등·자유성도 제한할 수 있다고 보았다.

홉스는 자연상태를 전쟁상태라고 하면서 아무런 안전보장이나 방어책이 없었고 오직 하나의 기본권인 자기생존권(the right to self preservation; Leviathan Ⅰ, 14, 1, p. 79)만이 존재한다고 했다. 물론 이 자연생태에서 시민이 물건을 소유하고 일정한 안전을 가진다고 하더라도 이것은 강자에 의하여 당장에라도 박탈될 수 있는 것으로 보았다.

홉스는 각자의 생명을 보전하기 위하여서는 각인의 본성(인간의 자연)을 억압할 강권적 구조를 가지지 않으면 안 된다고 보았다. 그리하여 각자는 자연상태에 가지고 있는 권리(개인의 자연권)를 전면적으로 이양하여야 한다고 했다. 그러나 이 주권의 절대성은 자기목적을 위한 절대성이 아니고 자기보존을 위한 자연권을 지키기 위한 수단으로 인정되었다.

2) 사회계약론(Social Contract)

인간은 이러한 불안한 만인의 만인에 대한 전쟁상태를 벗어나야 했다. 감정적으로는 죽음의 두려움에서 벗어나야 하고 안락하고 편안한 생활을 하고 싶은 욕망에서 자연상태에서 탈출할 의욕이 생겨났다. 이러한 의욕은 자연법의 정당한 이성에서 나온 것으로

(eds.), *Hobbes and Law*, 2012; Rogers (ed.), *Leviathan: Contemporary Responses to Political Theory of Thomas Hobbes*, 1995 등이 있다.

160) 홉스에 관해서는 A. P. Martinich, *A Hobbes Dictionary*, 1995; S. A. State, *Thomas Hobbes and the Debate Over Natural Law and Religion*, 1991; H. Warrender, *The Political Philosophy of Hobbes*, 1957; M. Oakeschott, *Hobbes on Civil Association*, 1975; C. Schmitt, *Der Leviathan in der Staatslehre des Thomas Hobbes*, 1938 (김효전 옮김, 『홉스 국가론에서의 리바이어던』, 1992); D. Baumgold, *Hobbes's political Theory*, 1988; N. Bobbio, *Thomas Hobbes and the National Law*, 1993; R. E. Ewin, *Virtues and Rights: The Moral Philosophy of Thomas Hobbes*, 1991; Hobbes's Moral and Political Philosophy, Stanford Encyclopedia of Philosophy; Thomas Hobbes: Moral and Political Philosophy, Internet Encyclopedia of Philosophy. A. P. 마티니치, 진석용 옮김, 『홉스: 리바이어던의 탄생』, 2020.

161) 진석용 옮김, 『리바이어던』(1)(2), 나남, 2008; 이정식역, 『리바이어던』, 박영문고, 1984-1988.

162) 자연상태에 관해서는 홉스가 처음으로 주장한 뒤 많은 학자들이 이에 대해서 논쟁을 벌이고 있다. Wikipedia, State of Nature; D. Hume, *A Treatise of Human Nature*, Project Gutenberg Book Ⅰ-Ⅲ, 1973; Hobbes, *The Leviathan*, 1651; "The Idea of the State of Nature," Routledge.

보았다.

인간은 이성에 따라 다른 사람과 평화롭게 살아야 했는데 이것은 시민사회의 구성에 의한 방법밖에 없었다.[163] 그리하여 자기가 가지고 있는 권한을 다른 사람이 똑같이 한다는 전제로 이를 포기하는 것이다. 다만 자기 자신의 방어권만은 방기하지 않고 방어하게 하였다(Ⅰ 14, 8, p. 82). 그냥 포기하면 안 된다. 왜냐하면 한 사람이 포기한 것을 다른 사람이 가져가기 때문이다. 이에 자기의 권한을 다른 사람에게 양도해야 하며 모든 사람이 양도해야 한다. 만약에 모든 사람이 자기 권한을 이양한 경우에는 그 결과로 계약이 성립한다(Ⅰ 14, 9, p. 92). 이 계약이 단순한 신뢰에 의한다고 한다면 자연상태에서 기능할 수 없다. 따라서 계약은 강제력에 의해야 한다(Ⅰ 14, 18, p.84). 한 사람에게 모든 권력을 이양한다면 시민은 두려워하게 될 것이요 인간의 대의기구인 집회에 위임한다면 의사는 하나인데 목소리가 여러 개가 나올 수 있을 것이다. 보이는 권력의 필요성은 공포와 시민에 대한 테러를 가져오게 할 수도 있다. 이러한 절차가 끝나면 한 사람으로 통합되는데 이를 공동체(Commonwealth)라고 한다. 이것은 큰 공룡(Leviathan)이며 평화와 국방의 책임을 진다(Ⅱ 17, 13, p. 109). 공동체는 모든 사람에게 시민사회의 이득 — 국방, 상업과 산업, 예술의 진흥에 기여하게 된다.

이러한 상황에서 시민은 주권자인 지배자에 저항할 수 있을 것인가, 주권자가 시민의 생명권을 보장하지 못하는 경우에는 저항할 수 있다. 그 이유는 생명의 안전이 시민이 군주에게 권리를 위임한 유일한 이유이기 때문이다.

홉스의 자연상태는 최악의 상태이기 때문에 사회계약을 체결하여 공동체를 형성하게 되는데 그의 사회계약론은 강자에 의한 약자의 지배를 정당화한 것으로 인정되게 만들었다. 후세에 이는 스탈린이나 나치의 독재권력에 대한 옹호라는 오명을 쓰게 되었다.

3) 자연상태에서의 자연권

(1) 자연권의 성질

홉스에 의하면 인간은 자연상태에 있어서 권리를 가지고 있었다. 인간은 그래도 희망을 가지고 살고 있었는데 이것이 생존과 행복추구였다. 당시의 자연권이란 각인이 그 자연, 즉 자기의 생명을 유지하기 위하여 그가 원하는 대로 자기의 힘을 사용할 수 있는 자유이다. 따라서 각인은 자기의 판단과 이성에 따라서 그가 적당한 수단이라고 생각되는 무엇이든지 할 수 있다. 이러한 자유는 경쟁을 유발했고 폭력을 유발했다. 인간은 권력을 추구했고 권력은 권력을 추구하며 전쟁을 야기시켰다. 이것이 인간의 본성이었다.[164]

홉스는 인간의 존엄과 가치는 천부인권으로 보지 않고 권력자가 주는 권력이나 명예의

---

163) Social Contract Theory, Internet Encyclopedia of Philosophy, 2009; A. Sturgis, *The Rise Decline, and Reemergence of Classical Liberalism*, 2009; The Social Contract, Wikiquote.

164) R. Kraynak, "Thomas Hobbes: From Classical Natural Law to Modern Natural Rights; Natural Law, Natural Rights, and American Constitutionalism," http://www.nlnrac.org.

일종으로 가지는 것이라고 생각하고 있다.[165]

자연상태에 있어서의 권리는 과거 자연법상으로는 인간의 본성을 선한 것으로 보아 인간은 종국적으로 행복을 추구하고 행복한 삶을 영위했기에 행복추구권을 자연권으로 보았다. 그러나 홉스는 자연법을 부정하고 폭력적 현실에 입각하여 자기보존권과 평등권만이 인정된다고 하였다. 이 평등은 자연적 평등이고 누구에 의해서도 보장되어지지 않는 평등이었다.

홉스가 자연상태와 자연권의 신성성을 부정하고 인간의 자연적인 권력의지를 강조하며 자기보존권만을 강조한 것은 홉스의 정치경험에 의한 것도 많은 것 같다.[166]

인간의 존엄에의 추구는 권력의 추구에 불과하다고 했다. 홉스는 영국의 종교개혁의 영향을 받고 그동안 중세의 현실적인 정치철학자로 변신한 것이라고 하겠다. 종교개혁이 토마스주의에서 아우구스티누스주의로 복귀한 것이었던 것처럼, 그의 정치철학은 아리스토텔레스에서 중세의 군주론으로 변한 것이라고도 하겠다. 그는 수학의 천재로서 왕실 가문의 가정교사로 일했었는데 영국에서 종교혁명(1642-88)이 일어나 망명생활 등을 했으며, 자기의 정치이상을 실현할 수 없어서 이성이 지배하는 중세적 자연법론자에서 약육강식을 옹호하는 절대적 독재자로 되었다고도 볼 수 있다.

그는 기본권론에서도 혁명을 일으킨 학자다. 과거의 종교적·철학적 이론이 인간의 본성이 선하다고 본 것에서 인간의 본성이 악한 것으로 보고 이상적이라고 생각했던 자연상태가 만민의 만민에 대한 최악의 전쟁상태로 인식된 것이다. 이것은 그의 국제법 이론이 현실 전쟁을 막기 위한 노력으로 구성되어 있다는 점에서도 명백히 나타난다.

그의 현실이론은 오늘날의 국민주권주의, 제한정치, 민주정치의 정치이론에 반하는 것으로 같은 영국인 로크에 의하여 번복되고 있다.[167]

(2) 자연권의 내용

① 자기보존권

홉스는 자연상태에 있어서의 기본권은 자기보존권이 유일하다고 했다. 자연법은 모두에 「사람이 그 생명을 파괴하고 또는 그 유지하는 수단을 소멸하는 행위를 하는 것」을 금지하고, 나아가 「생명을 유지함에 있어서 최적의 수단이라고 생각하는 것을 피하는 것을 금지하고 인간의 생존을 위하여 필요한 모든 권리를 가지고 있다고 하여 자연상태에 있어서의 권리에는 제한이 없다」고 강조하였다.

홉스는 인간이 자연상태에 있어서는 자력구제에 의하여 각자의 자기보전을 할 수

165) Leviathan, Chap. 10. Of Power, Worth, Dignity, Honour and Worthiness.
166) 홉스와 로크는 영국혁명의 시대를 같이 경험했음에도 완전히 다른 결론에 도달했다. Locke and Hobbes, two contrasting view of the English Revolution, http://www.iun.edu/~hisdcl/h114_2002/LockeandHobbes.
167) "Hobbes and Locke on the Rights of Man," MIT OpenCourseWare, http://ocw.mit.edu. 홉스는 권리를 행동으로만 해석하고 있다. 그는 권리는 자격이 아니라고 생각했다. 홉스는 자연상태에 있어서는 자기보존을 위해서 무엇이든지 할 수 있는 권리가 있었다고 주장한다.

있었으며 이 자기보전행위를 정당화하는 권리를 자연권이라고 하였다.

② 생명권론

홉스는 자연상태에 있어서의 인권을 여러 가지 들고 있다. 그중에서도 자기보전권, 생명권, 자유권 등을 들고 있다.

홉스는 자연권을 자기의 생명보존을 위하여 모든 행위를 할 수 있는 권리라고 하였다. 그래서 그는 자연상태는 모든 사람에 대한 모든 사람의 전쟁이기 때문에 모든 사람은 불만과 위험에 싸여 있기 때문에 만약에 침략자가 침략을 강행하는 경우에는 그의 노동이 결과를 보존하기 위해서뿐만 아니라 생명과 자유를 보장하기 위하여 싸워야 한다고 했다.[168] 만약에 사회가 없다면 인간은 갑작스러운 폭력에 의한 공포와 위험에 놓일 것이고 인간의 생활은 외롭고 가난하고 동물적이고, 짧을 것이라고 하였다(no society continual fear and danger of violent death, and the life of man solitary, poor, nasty, brutish, and short). 그는 자기생명을 구하기 위한 자기방어권을 주장하고 전쟁 시 살인의 자유도 인정하였다.

③ 행복추구권(Felicity)

홉스는『리바이어던』제1권 제13장에서 행복과 불행한 인류의 최초의 조건에 관해서 설명하고 있다. 그는 자연상태의 인간은 모든 사람 간의 경쟁, 불안, 영광, 유한의 결과 서로가 서로를 두려워하고 서로가 서로를 의심하고 생활하고 있기 때문에 행복한 생활을 유지하기 힘들었고 자연상태의 인간은 비참한 생활을 하고 있었다고 설명하고 있다.[169] 전쟁에 있어서 모든 사람이 모든 사람에 하는 짓은 부정이라고는 할 수 없다. 정당하거나 부당하거나 정의롭거나 비정의로운 것은 이 전쟁상태에는 없다고 했다. 인간을 평화상태로 의욕하게 하는 것은 전쟁에 의한 사망 때문이고 인간이 좋은 생활(행복한 생활)을 하기 위한 필요한 것은 욕망이고 이는 강한 노동에 의하여 얻어지는 희망이 있는 것이다. 이것이 자연법칙이라고 했다.[170]

④ 권리보전을 위한 자연법칙

홉스는『리바이어던』제14장과 제15장에서 자연법칙을, 제1 자연법칙에서 제19 자연법칙으로 나누어 고찰하고 있다. 그는 제1의 자연법칙은 평화를 추구하고 이에 추종하라.[171] 제2의 자연법칙은 만약에 평화와 자위권이 요구되는 경우 자기의 모든 권리를

---

168) Hobbes, Leviathan, Chapter 13.
169) Hobbes Dictionary, Happiness, Blackwell Reference Online; J. Bennett, *Selections from Thomas Hobbes*, Leviathan Chapter 13.
170) Hobbes, Leviathan, Chapter 13.
171) 그의 이 법칙은 자연법칙이며 자연권이라고 할 수 없다. 이것은 사회형성 후 국가가 만들어야 하는 원칙을 나열한 것으로 보인다.

포기해야만 한다. 제3 자연법칙은 자기들이 만든 사회계약을 완성해야 한다. 제4 자연법칙은 상호협력을 하여야 한다. 제5 자연법칙은 모든 사람은 자기가 휴식할 수 있는 공간을 가져야 한다. 제6 자연법칙은 범죄를 한 사람은 용서를 빌어야 하고 그에 대해서는 사면해야 한다. 제7 자연법칙은 범죄자에 대한 사적 복수는 하지 않아야 한다. 제8 자연법칙은 다른 사람에 대하여 증오를 표시해서는 안 된다. 제9 자연법칙은 인간은 누구나 평등하다. 제10 자연법칙은 평화상태에 들어가는 경우에는 다른 사람에게 유보되지 않는 것을 보유해서는 안 된다. 제11 자연법칙은 어떤 사람이 사람 간의 사건을 심판할 때에는 공평하고 평등하게 대하여야 한다. 제12 자연법칙은 자재의 분배는 가능한 한 평등하게 하여야 한다. 제13 자연법칙은 평등한 배분을 원한다. 제14 자연법칙은 상상적 로토에 의한 분배는 가능하다. 제15 자연법칙은 분쟁이 있는 사람은 자기원리를 판사나 중재인에 위임해야 한다. 제17 자연법칙은 누구도 자기 사건에 대해서 조정인이 될 수 없다. 제18 자연법칙은 조정인은 어느 당사자로부터 특히 승소한 사람으로부터 물건이나 명예, 쾌락을 주면 안 된다. 이것은 매수행위가 될 수 있기 때문이다. 제19 자연법칙은 판사는 판결을 함에 있어서 많은 증인의 증언을 들어야 하며 재심, 삼심, 사심도 해야 한다.

최후의 격률은 「당신에게 행해지는 것을 원하지 않는 일은 무슨 일이든지 하지 말라」라는 격률이다.172) 이것은 칸트의 정언명제와 비슷하다.

⑤ 평등권

그는 자연권은 평등이라고 하였다. 자연은 인간을 육체적·정신적 능력에 있어 평등하게 만들었다. 그러나 종종 어떤 사람이 신체 조건에 있어 강할 수 있다. 인간은 자기가 가장 강한 사람이라도 죽일 수 있다고 생각하면 죽일 수 있다. 평등은 취득한 지위에 따라서 달라질 수 있다. 실제적으로 인간은 평등하지 않다. 인간의 능력의 평등은 희망에의 평등을 가져오고 정복자에 의하여 제한될 수 있다.173)

⑥ 재산권

그는 재산권에 관해서는 별로 언급하지 않은 것이 특색이다. 이것은 로크와 다른 점이기도 하다.174)

4) 사회계약에 따른 실정권

(1) 실정권의 의의

---

172) 이 부분은 그의 실정권론에서도 다룰 수 있을 것이다.
173) Hobbes, Leviathan, Chapter 13.
174) 홉스와 로크에 관한 법적 권리에 관해서는 전게 논문 "Hobbes and Locke on the Rights of Man," MIT OpenCourseWare 참조.

홉스는 실정권에 대해서 국가사회 형성 이후에 인정된 권리로 보고 자연권과 달리 국가권력에 의하여 보호되고 국가심판기관에 의하여 확보되는 권리라고 보았다.

홉스는 자연상태의 권리는 자구행위에 의하여서만 보장된다고 하였다. 그는 자연상태에 있어서는 자연권이 인간의 본성에서 나오는 것이 아니라 필요성에 따라서 생기는 것으로 보았다. 그는 자연상태에서는 정의와 부정의도 없고 자유방임상태이며 전쟁상태가 계속되었기에 이를 극복하기 위하여 군주가 법을 만들고 통치권을 강화하여 시민이 가지는 권리를 보장해주는 것이라고 하였다.

(2) 실정권의 종류

① 자유권

국민의 자유란 자연권 중에서 법에 의하여 용인되고 남겨진 부분이라고 보았다. 그에 있어서의 자유는 근대적인 인권개념과 같이 광범한 것은 아니었다. 「참다운 자유」 중에는 정신적인 자유나 경제적 자유는 포함하지 않고 자기의 생명과 수족을 방위하기 위한 자유로 인정되었다.

그는 국가설립 후에도 소극적인 자기보존의 권리는 여전히 국민에게 있다고 했다. 그의 자유론은 자기의 생명이나 수족을 방위하기 위한 자유에 한정하고 있다. 이 「참다운 자유」는 절대권력에 복종하지 않을 권리로 인정되고 있었다. 그는 자유의 예로서 상호 매매하거나 기타의 방법으로 계약하거나 하는 것이나 자기의 주거, 식물, 직업을 선택하고 그 아이들을 적당하다고 생각하는 교육을 시키는 자유 등을 들고 있다.

그는 생명의 유지라고 하는 주권자의 권력과 병행하여 또는 그에 대항하여 병용하는 전국가적인 참다운 자유와 생명의 유지 이외의 생활상의 만족을 보장하는 권리는 인정되었다.

홉스는 각자의 생명을 보전하기 위하여서는 각인의 본성을 억압할 강권적 구조를 가지지 않으면 안 된다고 보았다. 그리하여 각자는 자연상태에 가지고 있는 권리(개인의 자연권)를 전면적으로 이양하여야 한다고 했다. 그러나 이 주권의 절대성은 자기목적을 위한 절대성이 아니고 자기보존을 위한 자연권을 지키기 위한 수단으로 인정되었다.

② 자기방어권

그는 「개인의 자연권의 보장을 목적으로 하는 국가주권의 탄생은 역으로 개인의 자연권의 소멸이며 개인의 권리는 그 자체로서는 새로운 질서를 탄생할 수 없으며 오히려 일단 스스로를 부정하고 절대 권력을 매개로 하여 유지되는데 불과하다」고 했다.

그러나 「누구도 자기를 죽음이나 위해나 투옥에서 면해질 자기의 권리를 양도 또는 방기할 수 없다」고 하고, 「평화를 욕구하는 모든 사람에 있어 자연권 중 어떤 것을 방기하게 하는 것, 즉 자기들이 원하는 모든 것을 행하는 자유를 가지지 않는 것이 필요한 것과 마찬가지로 인간의 생존에 있어서는 자기 자신의 신체를 지배하는 권리,

공기, 물, 운동, 어떤 장소에서 다른 장소로 가는 길 및 그것이 없으면 생존할 수 없거나 만족하게 생존할 수 없는 모든 것을 향수할 수 있는 권리 등 약간의 권리를 유보할 것이 필요하다」고 한다.

③ 사적 자치권과 생존권

제2 자연권은 국가에 이양하고 실정법상의 권리가 된다. 자유는 국가의 설립 시에 국민에게 유보되는 제1 자연권과 국가의 설립 시에 주권자에게 양도된 제2 자연권 중에서 법에 의해서 규제를 면한 영역이다.

전국가적인 자연권은 국가의 설립과 동시에 일단 소멸하고 국가의 규제를 면한 영역만이 국민의 자유로서 부활한다. 국가권력에 대항하는 인권 개념은 희박했다. 그는 죄형법정주의와 정당방위 등을 인정하였다.

사법상의 자유(매매, 계약, 주거, 생업, 식량을 선택하고 아이들을 교육시키는 자유)는 법률의 범위 내 또는 법률이 정하는 경우를 제외한 권리를 가진다고 생각하였다.

개인의 자연권에 기초한 사회계약에 의하여 정부는 구성되고 정부에게는 국민의 생계에 대하여 배려할 의무를 부과하였다. 이것이 현대의 생존권의 원류로서 인정될 수 있다.

④ 대표자선거권과 정부구성청구권

이 자연권에 따라 각인에게서 선출된 대표자를 통하여 정부를 구성하게 하고 그 정부에 인간의 생명, 재산, 행복을 수호하도록 하였다고 하였다.

군주는 이에 따라 법률의 제정권을 가지는데 이 법률에 대해서 복종하여야 한다고 했다. 왜냐하면 법률을 지키지 않으면 전쟁상태의 계속인 자연상태로 돌아가기 때문이다.

국민은 모든 자연권을 포기하고 군주나 통치자에 대한 저항권도 인정하지 않았다. 군주는 사회계약에 구속되지 않는다고 보았다.

⑤ 신하의 권리

그는『리바이어던』제2권의 제21장에서 신하의 자유권에 관하여 논하고 있다. 자유(Liberty and Freedom)는 외부 반대의 부재라고 보았다. 그는 자유권이 하느님에서 유래한다는 것을 반대하고 만약에 신의 의지가 만사를 지배한다면 인간의 자유에 반한다고 하였다. 그는 시민공동체를 결성한 이상 시민법이 존재한다고 하였다. 시민공동체나 시민법은 가상적인 것이라고 하였다.[175] 신하의 자유를 보면 다음과 같다.

① 인간은 자신의 이익을 위하여 자기 이성에 따라 자유롭게 활동할 자유를 가진다.
② 주권자는 신하들에게 다음과 같은 자유가 있음을 결정한다.

---

175) Hobbes, Leviathan, Chapter 21; Eadarkoh, The Political Ideas of Thomas Hobbes, 2017; Enlightenment Philosophy: Thomas Hobbes on Liberty, Vol. 1 of Outline of Great Books.

매매, 다른 사람과의 계약의 체결, 자기 자신의 주거지(abode) 선택, 자기를 위한
식사 선택, 자기 자신의 생활 패턴의 선택권, 자기 자식에 대한 교육을 어떻게
할 것인가의 자유.

③ 주권자는 사형을 폐지하거나 제한되지 않는 한 모든 사람을 사형에 처할 권리를
가진다.

④ 진정한 자유는 권리로서는 다른 사람에게 더 이상 양도할 수 없다. 왜냐하면 헌장이
자기 자신의 신체를 방위하지 않겠다는 계약은 무효로 했기 때문이다.

⑤ 사람은 자기를 폭행하려고 하는 사람에 대하여 저항할 권리를 가진다.

⑥ 어느 누구도 사람으로 하여금 식사, 공기, 약 등 생존에 필요한 모든 물건의 사용을
금지할 강제권은 없다.

⑦ 사람은 자기에게 해를 끼치는 질서를 존중하지 아니할 자유가 있다.

⑧ 사람은 자기 자신의 죄책을 강제로 사죄하지 않을 자유를 가진다.

⑨ 기타의 실정권: 홉스는 『리바이어던』에서 군주에 의하여 주어진 실정권에 관해서는
별로 언급하지 않고 있다. 이것은 당시 영국에서는 대헌장을 비롯하여 권리장전에
규정되어 있었기 때문에 실정법 교과서에 위임한 것이 아닌지 모르겠다.[176]

⑩ 인간의 행복추구권: 홉스는 행복추구권에 대해서는 자연권으로 보는 데는 부정적이
었다. 그러나 인간은 권력의 추구에 의해서 인간의 존엄과 가치를 향상할 수 있다고
본 점에서 실정권에 의한 추완(追完)은 가능하다고 보았다. 인간의 존엄권에 관해서
는 특별한 논문이 있기에 이를 참조하기 바란다.[177][178]

5) 국가론, 정부론(Commonwealth, Government)

홉스는 『리바이어던』 제2권에서 국가(Commonwealth)에 관해서 설명하고 있다. 정의,
형평, 중용, 은총과 정언명제가 강제장치가 없는 경우에는 인간의 자연적 감정에 반한다.
자연상태에 있는 사람이 국가조직을 형성하는 것은, 인간의 자연적 감성인 자연법칙과
다르기 때문에 꼭 필요하다.

---

176) Leviathan Chapter 21, 국민의 자유에 대하여. Hobbes, *Leviathan* (1651), Chapter 12.

177) S. Kitanov, "Happiness in a Mechanistic Universe: Thomas Hobbes on the Nature and Attain-
ability of Happiness," *Hobbes Studies*, Vol. 24 Issue 2 (2011), pp. 117-136; Hoekstra, "Hobbes'
Concept of Felicity," August 6, 2012; "It is not wisdom but Authority that makes a law," (Thomas
Hobbes).

178) 기본권의 전반에 대해서는 R. Tuck, *Natural Rights Theories: The Origin and Development*,
Cambridge University Press, 1797; 차하순, 『형평의 연구』, 1983, 101-122면; 平田清明, 장하진역,
『사회사상사』, 1982, 58-64면; 박은정, 「방법사적 관점에서 본 홉스의 자연법사상」, 『서돈각교수
고희기념』, 1990; 심재우, 「Thomas Hobbes의 법사상」, 『법사상과 민사법』, 61-83면; 최종고, 『법사상
사』, 114-117면; Welzel, 박은정역, 『자연법과 실질적 정의』, 168-180면; 福田歡一, 『近代政治原理成立
史序說』, 1971; 安藤高行, 『近代イギリス憲法思想史研究』, 1983; 佐伯宣親, 『近代自然法論の研究』, 1988,
145-169면; 深田三德, 『現代人權論』, 1999 참조.

국가(commonwealth)는 모든 인민이 자기가 가지고 있는 모든 권리를 한 사람이나 그들을 대표하는 집단에게 이양하는 것을 동의하는 경우에 성립한다.

사회계약(covenant)에 가입하여 이를 존중하는 경우에 인간의 자연적 감성은 정의와 중용과 형평 등이 그 본성의 일부로서 순화된다. 인간의 안전을 보장하는 중앙권력이 없는 경우, 인간이 그의 권력에 합법적으로 의존하는 경우에도 인간은 상호간 극히 조심스럽게 행동한다. 우리들의 권력의 유일한 원천을 창조하기 위해서는 또 우리들의 공통의 안전보장을 확보하기 위하여서는 한 사람이나 한 집단에 권리를 이양하여 복수의 목소리를 한 의사로 통합하여야 한다.

사회는 공통적인 평화와 안전을 확보하기 위하여서는 한 사람이나 한 집단을 지정하는데 동의해야 한다. 자기의 의사와 다른 사람의 의사가 통합된 경우에는 국가(commonwealth)라고 불린다. 주권자는 죽을 수 있는 하느님(mortal god)이라고 할 수 있다.

commonwealth에는 두 종류가 있다. 하나는 취득에 의한 commonwealth이고, 다른 하나는 제도 설립에 의한 commonwealth by institutions이다.

(1) 주권자의 권리

계승적 정부는 그 전의 사회계약을 마음대로 유월할 수 없고 주권자(왕)는 그 이전의 정부형태를 변경할 수 없다. 주권자는 사회계약을 침해할 능력이 없다. 주권자는 자기 자신을 그 계약에서 탈퇴할 수 없다. 인간 다수가 동의하여 주권자를 선언한 경우에는 반대파도 주권자의 독재를 수락하여야 하며 다른 사람과 동의하여야 한다. 주권자의 행위는 어떠한 것이건 피치자에게 해로운 것으로 간주되어서는 안 된다. 새로 정부를 창설한 주권자는 선계약에 구속될 필요는 없다.

주권자는 나라의 평화를 보장하기 위해서는 검열권을 가진다. 주권자는 민법과 재산법을 제정하여야 한다. 그는 사법권을 가진다. 또 화폐주조권과 재산처분권을 가진다. 주권자는 국가의 모든 것에 관한 절대적 권력을 가진다. 그는 모든 심급에 있어서 최고의 재판관이다. 그는 선전포고권을 가지는 군통수권의 최고지휘자이다. 그는 훈장을 수여하고 처벌하는 권한을 가진다.

(2) 주권자의 의무

주권자는 인민을 방위하고 보호해야 한다. 평화와 안전을 보장해야 한다. 내부 분규와 외국에서의 적대행위를 예방해야 한다. 주권자는 신하를 정당하게 살해할 수는 없다. 칼을 손에 가지지 않는 사람이나 사형집행을 위한 것이 아닌 경우에는 형법으로써도 살인은 인정되지 않는다.

위에서 보아 온 바와 같이, 그는 절대주의적 국가관을 가지고 있었다. 그리하여 파시스트로 비난을 많이 받아 왔다.179) 그러나 그는 국가형태로서 군주제나 대표제를 인정하고

---

179) B. Lantz, "Thomas Hobbes: Fascist Exponent of Enlightenment Science?," The Schiller Institute,

있기 때문에 민주정치에 대해서도 절대 부정한 것은 아니라는 주장도 나온다. 그는 국가도 가상적인 움직이는 인간(mechanics, the motion of bodies)으로 보았다.

"For by art is created that great Leviathan called a Commonwealth or State (in Latin Civitas), which is but an artificial man, though of greater stature and strength than the natural, for whose protection and defence it was intended; and in which the sovereignty is an artificial soul, as giving life and motion to the whole body..." (Hobbes, Introduction to Leviathan).

그의 정치철학은 절대주의적이었으며 국민의 권리를 약화시키고 군주의 권력을 강화시키고 있는 점에서 후세의 비판을 받아 왔다. 많은 사람이 민주주의자인 로크와 비교하여 그를 비판하고 있다.[180]

	Hobbes	Locke
정부의 목적	법률을 제정하고 전쟁상태를 예방하기 위하여 질서를 유지함.	자연권을 보장하기 위하여 특히 인간의 재산과 자유를 확보함.
대 표	정부는 통제하기 위하여 있는 것이고 대표는 필요 없다.	대표는 정부의 인민에 대한 정부의 책임을 보장하는 것이고 대표는 박해에 대한 안전판이다.

6) 홉스의 인권사상과 정치사상의 의의와 영향

홉스의 인권론은 성악설적 자연상태론에서 출발하였다. 홉스의 인권론은 주권자에 의한 국민의 자유의 전면적 압살을 의도한 것은 아니고, 국가작용을 사람들의 생존을 보장하는 질서의 형성과 유지에 한정하고, 그에 저촉되지 않는 한 국민에게 광범한 자유를 용인한 것이었다. 홉스에 있어서의 일반적 자유는 「법률의 범위 내에서」 또는 「법률이 정한 경우를 제외한 권리」를 가진다는 법률유보형식에 유사하며 자연권이 실정권화 하는 것을 강조한 것이 특색이다.[181]

Fidelio Magazine, 1996 issue; Sommerville, "Hobbesian Politics," http://faculty.history.wisc.edu/sommerville.

180) Quora, What are the idea of Thomas Hobbes and John Locke?; Constitutional Rights Foundation, "Hobbes, Locke, Montesquieu, and Rousseau on Government," Spring 2004; Western civilization Ⅱ guides, "John Locke vs Thomas Hobbes: Founders of Modern Political Science".

181) Leviathan, 제21장 개인의 자유에 대하여.

이것은 그의 비종교적이고 물질적이며 현실적인 인간관과 국가관에 근거한 것이다. 국가의 경우 한 권력자나 집단에게 모든 권리를 이양했다는 이론은 절대주의적 국가관이며 오늘날에는 인정되기 어려운 것이나 물질적, 현실적, 자연과학적인 연구의 결과라고 하겠다. 그는 미국 식민지의 노예상태에 있는 주의 헌법도 입안하였기에 미국에서는 독립선언서에 선언된 국가계약의 창시자로 존경받고 있다. 현재는 홉스의 이론에 따라 정치가 행하여지고 있다고 주장한다. 그러나 현실은 권력주장적인 현상을 나타내고 있다.[182]

2. 존 로크

1) 생애와 저술

존 로크(John Locke, 1632-1704)는 1632년 8월 29일 영국의 서머세트(Somerset) 지방의 링턴(Wrington)에서 태어났다. 아버지는 지방의 변호사였고, 치안법정의 서기로 일했다. 영국의 시민혁명 초기에는 의회군의 대위로 근무하였었다. 어머니는 아그네스 카인이었다. 양친은 모두 청교도였다. 부모는 로크 생후 얼마 되지 않아 브리스톨에서 7마일 남쪽에 있는 펜스포드의 시장으로 이사하였다. 여기서 로크는 유년기를 보냈다. 1647년에는 그의 아버지의 지휘관이었던 포프함(Popham) 국회의원의 추천으로 유명한 런던의 웨스터민스터학교에 다니게 되었다. 여기서 수학을 끝낸 뒤 1652년 런던의 크리스트처치대학에 20세의 나이로 입학하게 되었다. 학부에서는 논리학과 형이상학과 고전어를 배웠다. 1656년 졸업 후 그는 크리스트처치대학에서 2년 만에 석사학위를 취득하였고 강사 자격을 얻었다. 그는 1668년 왕립학회의 회원으로 선임되었고 1674년에는 의학사의 학위를 받았다.

그는 의학부에서 외과치료를 연구하여 종양치료에도 관여하였다. 그는 당시의 초대 샤프츠버리 백작(Earl of Shaftsbury)이었던 쿠퍼(Cooper)와 만나게 되었다. 쿠퍼는 당시 간의 종양을 앓고 있었는데 로크가 이를 외과적으로 치료하여 성공하게 되었다. 이에 그는 로크를 신뢰하여 많은 관직을 제공하였다. 그는 로크에게 자기 집에 같이 있기를 요구하여 로크는 이에 응했다. 백작은 영국의 식민지였던 미국 캐롤라이나의 총독도 맡고 있었다. 그는 백작의 주치의로서 런던에 기거하게 되었다. 이 샤프츠버리 백작의 비서로서 로크는 캐롤라이나의 헌법초안(Fundamental Constitution Carolina)을 만들기도 하였다. 그는 무역위원회의 위원으로서 그의 초기 재정에 관한 지식을 펴기도 하였다.[183] 샤프츠버리 백작은 휘그당의 창당에 노력하였고 로크에게 정치적 이념 형성에

182) K. Wandrei, "Thomas Hobbes' Importance in American Government," The Class Room, Synonym.
183) 간단한 전기로는 John Locke, Biography, Treatises, Works & Facts, Britannica.com; Biography John Locke, thegreatthinkers.org; John Locke-Philosopher, Biography.com; John Locke,

큰 영향을 끼쳤다. 1673년 로크는 샤프츠버리 백작이 총리(Lord Chancellor)가 되자 그와 정치생활을 같이 하였고, 1675년 총리가 사임하자 영국을 떠나 파리 등을 여행하며 의학을 전파하기도 하였다.

그는 1679년 샤프츠버리 공이 정치적 부흥기를 맞자 영국으로 돌아와서『시민정부2론』(Two Treatises of Government)을 저술하였다.184) 이 책은 1688년의 명예혁명을 옹호하기 위하여 저작된 것으로 추측되었으나 그 이전에 이미 저술된 것으로 알려지고 있다.

이 작품은 절대적 군주제에 대한 반대로 정부는 개인의 동의에 의해서 정당성의 근거를 찾을 수 있다고 했다. 그는 영향력 있는 휘그당의 중요 당원이었으나 자연권에 관한 이상이나 민의에 의한 정부사상은 당시의 영국에서는 혁명적인 것으로 비치었다.

로크는 1683년에 네덜란드로 도망하였다. 그 이유는 그가 반란계획에 참여하였다는 이유였으나 구체적인 증거는 없었다. 네덜란드에서 로크는 저작생활로 돌아왔고 에세이와 관용에의 편지 등을 개편하기 위하여 노력하였다. 그는 명예혁명이 끝나기 전에는 영국에 돌아오지 않았으나 윌리엄 경의 부인과 함께 1688년 영국에 귀환하였다. 그는 귀국 후『인간오성에 관한 에세이』185)와『시민정부2론』과『관용에 관한 편지』186)를 발표하여 큰 성공을 거두었다.

그는 1691년에 마샬 경의 집에 초대되어 거기에서 토론회에 참가하였으나 건강이 나빠져서 활발한 활동을 할 수 없었다. 그는 1704년 10월 28일에 사망하여 에섹스의 하로 지방의 동쪽에 있는 하이 라버촌에 묻혔다. 그는 한 번도 결혼하지 않아 자식도 없었다.

2) 자연상태론

로크는 홉스와 정반대로 독재주의를 배격하고 민주주의를 주창한 학자로서 정치사에서 중요한 의의를 가지고 있다.187) 그는 철학과 의학을 공부하였었다. 이 점에서 자연과학자

Wikipedia.
184) 이극찬역,『시민정부론』, 1970; 강정인 · 문지영 옮김,『통치론: 시민정부의 참된 기원, 범위 및 그 목적에 관한 시론』, 1996; 加藤節譯,『完譯統治二論』(岩波文庫, 2010). 그의 저서와 논평에 관해서는 Karl Heussi, *Kompendium der Kirchengeschichte* (in German), Tübingen, DE, 11. Aufl., 1956, S. 398; Peter Laslett, *Introduction*, Cambridge: Cambridge University Press to Locke, John, Two Treatises of Government, 1988; Locke John, Grant, Ruth W.; Tarcov, Nathan (eds.), *Some Thoughts Concerning Education and of the Conduct of the Understanding*, Indianapolis: Hackett Publishing Co. p. 10 (1996); John Locke, Woolhouse, Roger, (eds.), *An Essay Concerning Human Understanding*, New York: Penguin Books, 1997; Clifton E. Olmstead, *History of Religion in the United States*, Englewood Cliffs, NJ: Prentice-Hall, 1960; Jeremy Waldron, *God, Locke, and Equality: Christian Foundations in Locke's Political Thought*, Cambridge, UK: Cambridge University Press, 2002; Q. Skinner, *Foundations of Modern Political Thought*, 1979(박동천 옮김,『근대 정치사상의 토대』, 2004).
185) Essay Concerning Human Understanding, 1690 (정병훈 외 옮김,『인간지성론』, 2014).
186) A Letter Concerning Toleration, 1689 (최유신역,『관용론』, 2009).
187) 로크의 저술에 관해서는 J. Locke, *Works*, 10 vols., 1823; J. Locke, *Two Treatises of Government*,

였던 홉스와 차이가 생겼다고도 보겠다.[188] 그는 유명한 『시민정부2론』(Two Treatises of Government) 제2장에서 「자연상태에 있어서의 인간은 자유이며, 평등하다」고 보았다.[189] 홉스와는 반대로 그는 자연상태에서의 인간은 자유롭고 평등하다고 하였다. 그는 자연상태에 있어서의 인간은 자연법에 대해서만 복종의무를 지고 신의(神意) 아닌 인간의 의지 하에 있지 않는 상태, 즉 타자의 지배에 복종할 의무가 없는 상태로 보았다.[190] 전국가적인 자연상태는 만인의 합의에 근거한다. 따라서 정당성을 갖는 지배권력이 아직 존재하지 않는 상태이며, 타자의 지배에 복종의무가 없는 상태라고 하였다. 다시 말하면 「인간의 자연적 자유는 지상의 모든 우월적 권력에서 해방되어 인간의 의지 또는 입법권 아래에 서는 일이 없이 다만 자연법에만 규율을 받는 사회」로 보았다.

홉스는 자연상태를 만인의 만인에 대한 투쟁관계로 보아 이 전쟁을 종결하는 인민은 없고 실정적인 국가권력이 없다고 하여 인간은 불안상태에 살고 있었다고 보았다. 이에 대하여 로크는 원시상태에 있어서의 인간은 모든 사물에 자유와 평등을 누리고 있어 영토 내에 있어서의 모든 사람에 대한 권리를 가지고 있었다고 보았다.

로크는 자연상태에서 인간은 그들의 약속과 책임을 명예롭게 지킨다고 했다. 자연상태

1689; Goldie (ed.), *Political Essays*, 1997; John Locke, *A Bibliography*, 1957 등이 있다.

188) 로크에 관한 참고 문헌으로는 John W. Yolton, *A Locke Dictionary*, 1993; J. von Leyden, *Locke Essays on the Law of Nature*, 1954; R. Aaron, *John Locke*, 3rd ed., 1971; H. Laski, *Political Thought from Locke to Bentham*, 1920; D. J. O'Connor, *John Locke*, 1952; MacPherson, *The political theory of Possessive Individualism, Hobbes to Locke*, 1962; J. Dunn, *The Political Thought of John Locke*, 1969; Lock's Political Philosophy, Stanford Encyclopedia of Philosophy, 2016; John Locke: Political Philosophy, Internet Encyclopedia of Philosophy; John Locke, Stanford Encyclopedia of Philosophy, 2012; John Locke, Internet Encyclopedia of Philosophy; M. Pakaluk, "From Natural Law to Natural Rights in John Locke," https://michaelpakaluk.files.wordpress.com; J. Powell, "John Locke: Natural Rights to Life, Liberty, and Property," *Foundation for Economic Education*, 1996; 種谷春洋, 『近代 寬容思想と信教自由の成立: ロック寬容論とその影響に關する研究』, 成文堂, 1986; 송규범, 『존 로크의 정치사상』, 2015.

189) State of Nature, Wikipedia, the free encyclopedia, 2016; Locke versus Hobbes, https://jim.com/hobbes.htm.
「To understand political power aright, and derive it from its original, we must consider, what state all men are naturally in, and that is, a state of perfect freedom to order their actions, and dispose of their possessions and persons, as they think fit, within the bounds of the law of nature, without asking leave, or depending upon the will of any other man.」 (John Locke)
「What is the state of nature? It is life without political institutions and the feelings that they engender: no national allegiances; no punishment; no institutions of property · What is the state of war? It is a state insecurity and uncertainty. It does not necessarily consist in actual fighting, but "a known disposition thereto, during which there is no assurance to the contrary"」 (ch. 13) (Thomas Hobbes). 오수웅, 홉스와 로크의 자연권, 자연법 개념 비교 연구, 『인권법평론』(전남대) 2007.

190) 그는 자연법은 「이성의 정당한 규범」 내지 「인간본성의 제원리」라고 보고 있다. 그의 자연법은 모든 사람은 평등하고 독립하고 있으므로 타인의 생명, 건강, 자유, 소유(possessions)를 침해해서는 안 된다고 하고 있다. 이 자연법에서 자연권이 추론되고 있는데 자연권이란 자연상태에 있어서 모든 개인이 평등하게 가지고 있는 권리이며, 자연법과 자연권은 신이 인간에게 부여한 이성에 의하여 알 수 있다고 하였다.

는 비록 불완전하지만 대부분이 평화롭고 선량하며 쾌적하다고 했다. 그는 미국 원주민을 예로 들면서 자연상태에 있어서 재산권을 가지며 평화상태에 있다고 하였다. 로마나 베니스는 공식적으로 창설되기 직전에도 자연상태에 있었다. 이 지역에서도 사람들은 사회적으로 화합할 수 있었고 자기에게 불법행위를 한 사람은 처벌되었다. 이러한 자연상태의 장소나 시간이 불안하기는 하나 폭력적인 분쟁에서는 부정을 한 사람은 강제력에 의해서 처벌되고 정당한 평화가 유지된다. 평화는 일상적이다. 로크는 강제력이 없는 자연상태에서는 인간은 평화로웠다고 보았다.

3) 자연법(Natural Law)

로크는 자연상태에서는 자연법이 지배한다고 보았다. 로크의 자연법이 무엇을 의미하는가에 대해서는 논쟁이 있다.[191] 가장 중요한 논점이 되는 것은 로크가 자연법을 신법(神法)과 어떻게 구분하는가이다. 어떤 사람은 로크는 기독교 신자였기 때문에 자연법은 신의 명령으로 이것은 변경할 수 없는 명령이라고 본다고 한다. 여기에 대해서 신법은 신정법으로 따로 있기 때문에 자연법은 신의 명령이 아니고 인간의 이성의 소산이라고 본다. 로크의 자연법에 관한 언급은 도처에 산재해 있기 때문에 이를 명확하게 확정하기는 어렵다. 로크는 이 문제에 대해서는 결론을 회피한 듯한 인상을 주고 있다.

자연법은 신정법과 다른 존재형식으로 보며 자연법이 신정법에 기인한 것도 있으나 신의 제정법인 신정법과 달리 인간의 이성에 의해서만 만들어질 수 있다는 것을 인정하는 것으로 보아야 할 것이다. 자연법은 인간의 이성에 의해서만 발견되고 세계 도처에 공통적으로 적용되며, 그것이 각 국가마다 다른 실정법과 다른 점이라고 하였다. 실정법은 각 국가의 주권자인 국민의 대표자가 만든 법으로 입법자에 의하여 제정되고 개정되는데 대하여 자연법은 개폐가 자유롭지 않는 것이라 하였다.

자연법의 내용에 대하여 로크는 명확한 답변을 하지 않고 있다. 그는 『자연법에 관한 에세이』(Essays on the Law of Nature)[192]와 『시민정부2론』(Two Treatise on Government)에서 달리 서술하고 있다. 로크는 『시민정부2론』에서 ① 인간 자신의 생존의무, ② 자기보존권이 충돌하지 않는 경우에는 타인의 생존을 보전할 의무, ③ 타인의 생명을 박탈하지 않을 의무, ④ 타인을 파괴하지 않는 방법으로 행동할 의무를 들고 있다.[193] 자연법을

---

191) F. Oakley, "Locke, Natural Law, and God," Notre Dame Law School, 1996; L. Strauss, *Natural Right and History* ch. 5, 1953; W. von Leyden, "John Locke: Essays on the Law of ature," *Philosophical Review* 64/3(1954), pp. 487-491.
"The State of Nature has a Law of Nature to govern it, which obliges every one: And Reason, which is that Law, teaches Mankind, who will but consult it, that being all equal and independent, no ought to harm another in his life, health, liberty or possessions." (John Locke)
192) 이문조·정달현 옮김, 『자연법론』, 1988.
193) Locke, *Two Treatises of Government, The Second Treatise*(1690 이하 TTG라고 略함), TTG 95.

권리측면에서가 아니고 의무의 측면에서 다루고 있다.

4) 인간의 본성론

그는 인간의 본성은 사회적 동물이라고 보았다. 따라서 국가나 정부가 없는 경우에도 인간은 만인에 대한 만인의 투쟁을 하는 것이 아니라 조화롭게 살고 있었다고 한다. 그는 「인간은 자연에 의하여(by nature) 모두 자유롭고 평등하고 독립되어 있기 때문에 누구나 그의 동의 없이는 이 상태에서 추방당하지 않으며 타자의 정치권력에 의하여, 복종되어질 수 없다」고 하고 있다.194) 그는 인간은 완전히 자유로운 상태에서 그의 행위를 명령할 수 있고 그의 소유를 처분할 수 있으며 자연법의 범위 내에서 자기가 좋다고 생각하는 인간으로서 행동할 수 있다고 보았다.195)

인간은 본성이 선량하기 때문에 서로가 평등하며 서로가 서로를 사랑하고 욕망을 충족시키고 있다고 보았다. 모든 사람은 규칙과 교회명령과 자연이성에 따라 우리들의 생을 유지하고 평등한 생활을 유지한다고 하였다.

제일 중요한 것은, 인간은 자연법을 인식할 수 있는 능력을 가지므로 국가나 정부가 강제력을 행사하지 않는 경우에도 평화롭고 자유로운 생활을 영위할 수 있다고 본 것이다.196) 이것이 홉스와 다른 점이다.

5) 자연권으로서의 기본권

그는 자연상태에서 가지고 있었던 권리를 자연권이라고 하고 있다. 이 권리는 전래의 인간성의 구성요소이며 인간의 행위에 의하여 결정되는 것은 아니라고 하겠다. 자연권은 구체적으로 생명, 자유, 재산 등에 대한 권리로 보고 있다. 그는 Property 대신에 행복추구를 말하기도 한다. 그는 이 포괄적 권리를 Life, Health, Liberty or Possession이라고도 하며, Life, Liberty, Health, Limb or Goods라고도 하고 있다.197) 이에 대해서는 미국의 독립선언과 헌법규범에 포함되어 있기에 유명하다. 이것은 인간의 권리를 총칭한 것으로 로크는 홉스와 같이 자기의 생명을 보존하는 권한이 기본적인 권리로 나타나며 이것이 제1 자연권이라고 했다. 로크는 모든 사람은 자기 자신을 보전하고 자기의 지위를 마음대로 포기할 수는 없다고 하고(TTG 2nd 6), 이에 따라 일단 출생하면 인간은 자기보존

---

194) TTG Chapter 2, 6.
195) TTG 4.
196) TTG Chapter 4; Locke versus Hobbes, https://jim.com/hobbes.htm. 홉스는 인간의 본성은 사회적 동물이 아니기 때문에 국가권력이 없는 경우는 사회가 존재할 수 없다고 하였다. 로크는 반대로 인간은 본성에 있어 사회적 동물이라고 하였다.
197) J. Powell, "John Locke: Natural Rights to Life, Liberty, and Property," *Foundation for Economic Education*. August 01, 1996; M. Hurtubise, "Philosophy of Natural Rights According to John Locke," *Master's Theses*. Paper 1057 (1952).

권을 가진다고 하였다(TTG 25). 생명의 기본권에는 자기의 적이나 적대적 권력에서 자기를 방어할 수 있는 권리가 필요하다고 하였다.

로크는 권리는 자연상태에서 형성되었으며 자연법이라고 불리는 무엇에 의하여 존립한다고 하였다.[198] 이하에서는 이 권리를 생명권, 자유권, 행복추구권, 재산권으로 나누어 보기로 한다.

(1) 생명권

로크는 생명에 관하여 인간은 신이 창조한 작품이며 신의 일을 하기 위하여 이 땅에 보내어진 사자로 보고 있다. 「인간은 자기 자신에 대한 생명에 대한 권력을 가지지 않으므로 계약 내지 자기 자신의 동의에 의하더라도 원하는데 따라 자기 자신이 가지지 않는 생명의 권리를 타인에게 양도할 수 없다. 인간은 자기 자신에 대한 생명을 포기하지 않는 한 타인의 생명을 침해할 수 없다(TTG, 23, of slavery). 각인은 자기 자신을 보전해야 하며 인류의 생명도 보전하여야 한다」(TTG 6, 11 of the state of nature).

생명권은 인간의 자기보존의 권리이기 때문에 자연상태에서도 인정되었다. 다만 생명권이 침해되는 경우에는 국가성립 이전에는 자기방어권 내지 자구적 방안이 모색되었다.

그는 인간의 권리가 자연법에 유래하는 바와 같이 자연법에 의한 의무도 지고 있다고 보았다. 그러한 원칙으로서는 인간은 타인의 생명, 건강, 자유와 소유를 침해해서는 안 된다(TTG 6). 로크는 홉스와 달리 인간성에서 기본권의 제한을 인정하고 있다. 로크는 기본권의 한계성을 인정하였으므로 자연법이 금지하는 것을 할 권리는 없다고 생각하였다. 로크는 권리의 존재와 한계를 자연법에서 찾고 있는 점에 장점이 있다.

(2) 자유권

로크는 자유를 가장 중시하였다. 그는 자유의 근거는 행복추구의 필요성이라고 강조하면서 자유의 필수적 근거는 조심스럽고 항상적이고 진정하고 견고한 행복의 추구에 있다고 갈파하였다.[199]

그는 자유에 대해서 자의적이고 절대적인 권력에서의 자유가 인간의 생명과 그 보존에 있어서 필요하다고 강조하고 있다. 그는 자유에 대해서 Liberty와 Freedom을 나누어

---

198) The State of Nature has a Law of Nature to govern it, which obliges every one: And Reason, which is that Law, teaches Mankind, who will but consult it, that being all equal and independent, no ought to harm another in his life, health, liberty or possessions(TTG 6).

199) J. Zvesper, Locke on Morality and Liberty, *Locke's education for Liberty*, by Nathan Tarcov, 2014. "The necessity of pursuing happiness [is] the foundation of liberty. As therefore the highest perfection of intellectual nature lies in a careful and constant pursuit of true and solid happiness; so the care of ourselves, that we mistake not imaginary for real happiness, is the necessary foundation of our liberty. The stronger ties we have to an unalterable pursuit of happiness in general, which is our greatest good, and which, as such, our desires always follow, the more are we free from any necessary determination of our will to any particular action…" (An Essay Concerning Human Understanding 1894, p. 348)

설명하고 있다. 그는 인간은 자연에 있어서의 자유와 사회에 있어서의 자유를 가진다고 하였다. The Natural Liberty of Man은 지상의 어떤 개인의 자유도 인간의 입법자의 의사 하에 있는 것이 아니고 입법권에 흡수되지 아니하며 자연상태에만 구속된다. Freedom of Nature는 자연법에 의해서만 제한될 수 있고 다른 제한을 받지 않는다고 한다(TTG 22 of Slavery).

자유는 로크에 따르면 행복추구에의 근본이다. 그는 행복추구의 자유를 누리는데 이 행복추구는 진정한 행복추구여야 한다. 그는 사회생활에 있어서의 행동의 자유를 가지는데 자연법칙에 위반하지 않는 한에서 자유를 가진다고 했다.

정치적 생활에서도 행복을 추구하기 위한 자유를 가진다. 현재적인 자기중심적인 자유인은 다음과 같은 자유를 원한다. ① 자기실현, ② 자기결정, ③ 자기반성, ④ 일반적 행동자유, ⑤ 경쟁적 자유.

(3) 행복추구권

로크는 행복추구는 자유의 근본이라고 말하면서 모든 사람이 자유롭기 위하여 행복한 생활을 추구해야 한다고 강조하고 있다. 모든 인간은 행복을 원한다. 인간의 지성적 본성의 최고의 완성은 조심스럽고 항상적이고 참답고 건전한 행복추구에 있다. 진정한 행복이 아닌 추상적인 행복에의 오류를 피하기 위하여 불가결의 행복추구 일반은 우리들의 최선의 것이며, 항상 추구하는 욕망과 밀접한 유대를 가지는 것은 특정한 행위를 하는 우리들의 어떤 필요한 결정에서도 자유로운 것이다. 그는 자유의 근원은 행복추구에의 필요성이라고 하고 있다.200)

그런데 행복의 관념은 다를 수 있고 행복은 자연 사실과 외적 관점이 있는 경우 정부는 우리들 사상의 자유를 인정하지 않는 경우가 있다. 우리들 감성의 순화를 위하여 자유를 제한할 수 있다고 했다.

로크의 행복추구의 권리를 요약하면 다음과 같다. ① 행복에의 추구에 대한 욕망은 자연법에 근거한 것이며 행복추구를 위하여 무엇이든 할 수 있는 동기가 된다. ② 행복은 쾌락과 같고, 불행은 고통이다. ③ 잘못된 쾌락과 진정한 쾌락은 구분되어야 한다. 잘못된 쾌락은 즉시적인 만족을 주나 장기적인 고통을 준다. 이에 대하여 진정한 쾌락은 길고 긴 행복을 준다. ④ 행복의 추구는 개인적 자유의 근거이다. ⑤ 행복의 달성 여부는 완전히 개인의 욕구에 의한 것이고 쾌락과 고통의 경험은 자기 스스로의 것이다. ⑥ 제일 중요한 것은 도덕적인 생활을 하는 것이고 그래야만 항구적인 행복을 얻게 될 것이다. 비이성적인 쾌락을 찾으면 기간이 없는 비참한 생활을 살게 될 것이다. ⑦ 정부는 자연권으로서의 행복추구권을 제한해서는 안 된다. 그것은 정치적 자유의 근거이기

---

200) Locke, *An essay concerning human understanding*, chap. XXI of Power, 52. The necessity of pursuing true happiness (is) the foundation of liberty, *Britannica Great Books*, vol. 35, p.191; Locke and Happiness, http://www.pursuit-of-happiness.org/history-of-happiness/john-locke.

때문이다.

인간이 행복하기 위하여서는 자기 자신에 대한 인간의 존엄권을 가져야 한다. 인간의 존엄권에 관하여는 많은 논의가 있다.[201] 로크는 인간의 존엄에 관해서는 물량화하기 어렵다고 생각했는지 크게 언급하지 않고 있다. 그 대신에 『인성론』의 제20장에서 쾌락과 고통에 대해서 논하고 제21장에서 권력에 관해서 논하고 있다.[202]

(4) 재산권

로크는 그의 『시민정부 2론』 제87장에서 인간의 본성에서 자기의 재산을 보전하는 권리를 가지는데 이는 그의 생명, 자유와 재산이라고 하였다(estate를 재산이라고 번역했는데 이는 정확하지 않다). 로크에 의하면 사람들이 사회를 형성하는 목적은 그들이 자연상태에 있어서 가지고 있던 권리를 보다 확실하게 하기 위한 것이며, 이러한 권리 중에 제일 중요한 것이 property라고 하였다. property를 옹호하는 것은 즉 생명이나 자유를 옹호하는 것이라 하여 property의 보전이야말로 자연권의 가장 중요한 것이라고 하였다.

광의에 있어서의 property는 재산권에 한하지 않고 생명이나 자유를 포함하는 넓은 의미로 사용되었다. 또 협의로는 토지, 자산 등과 같이 소유권을 의미하고 있었다. 그는 사유재산제도의 보호야말로 자연법이라고 했다. 재산은 인류 전체를 위하여 신이 준 것이다. 자연에 관해서 ① 자기 자신의 신체를 소유한다. ② 신체의 노동이나 손의 작업에 의하여 만들어진 것은 자기 소유라고 했다(TTG Chapt. 5, §27).

자연상태에서는 인간은 모두 독립·평등이며 일정한 인권(자연권)이 인정되고 있었다. 그중 기본적인 것은 생명(life), 자유(liberty), 재산(property)이다. 로크는 property란 모든 국민에 고유의 것이라는 의미로 사용한 것이다. 광의의 재산에는 생명, 자유, 재산이 다 포함되는 것으로 보았다. 광의로는 자연권을 의미한다고도 할 수 있다(TTG 123).

로크는 인권 중에서도 협의의 재산권을 중시하여 상세히 설명하고 있다. 인간의 소유능력은 가장 중요한 것으로 여기서 권리가 나온다고 보았다. 그에 따라 우리가 생래의 권리를 가지며 이를 보호하고 보전하기 위한 권리가 필연적으로 따른다고 보고 있다. 앞서도 말한 바와 같이 자연상태에 있는 인간은 자연법에 의하여 자연권이 보장된다. 이러한 자연권에는 자연법에 따른 의미가 있다. 로크는 재산권의 취득에 있어서 최대한 무한하게 취득할 수 있는가에 관해서 해석상의 차이를 두고 있다.

그는 『시민정부 2론』(1690)의 제2논문에서 특별히 제5장을 두어 재산권에 관하여 상세히 설명하고 있다.[203] 그에 의하면 자연상태에 있어서의 재산권도 자연법칙에 따라

---

201) J. Ober, "Three kinds of Dignity," Yale Law Workshop, Dec. 10. 2009; G. Kateb, *Human Dignity*, 2011.
202) John Locke, *An essay concerning human understanding*, chap. ⅩⅩ, ⅩⅩⅠ, 1689; K. Squadrito, "Descartes and Locke on Speciesism and the Value of Life," *Between the Species*, Summer 1992.
203) *TTG* chapt, 5, §27 of Property; Locke on Property Chapter 5, Second Treatise on Government Notes for Philosophy 166; G. Stephens, John Locke: His American and Carolinian Legacy, http://seattl

재산축적에 대한 제한을 받고 있다고 한다. 첫째로 그는 낭비하지 않도록 재산권의 축적을 제한하여야 하며, 둘째로 다른 사람을 위하여 충분하고도 좋게 재산축적을 제한해야 한다(enough and good; the sufficiency restriction). 셋째로 자기 노동에 의하여 적당한 재산만을 축적하여야 한다고 했다(TTG 2. 27).

이와 같이 로크는 노동과 노동의 산물로서의 재산권의 양도 가능성을 승인하였다. 이 점에서 노동에 의한 재산권론으로 소(小) 소유자적인 의견을 가지면서도 그 내실에 있어서는 전개되고 있던 자본주의와 모순하지 않는 부르주아(Bourgeoisie)의 재산권론을 전개한 것이다.

그러나 이 재산권의 제한에 대해서는 해석의 차이가 많아 불로소득에 의한 재산의 무한축적이 허용된다는 이론이 있다. 그러나 자연법의 원칙에 따라 절대적인 무한정의 재산축적은 제한되었어야 할 것이다.

(5) 평등권

로크는 『시민정부 2론』의 §5에서 인간은 평등하게 태어났기 때문에 자연권으로 평등권을 가지고 있다고 보았다. 그는 『시민정부 2론』에서 인간은 평등하고 독립된 존재로 탄생하였기 때문에 어느 누구도 그의 생명, 건강, 자유로운 소유권을 침해해서는 안 된다고 했다.[204] 이 권리는 자연권이나 많은 헌법에 의하여 실정권으로 진화하고 있다.[205]

(6) 저항권

입법권이 인민에 의하여 주어진 신탁에 위배하여 행사된다고 인민이 생각하는 경우에는, 입법권을 배제 또는 변경할 수 있는 최고의 권력은 의연히 인민의 손에 남아 있다고 했다.

신탁된 일체의 권력은 그 목적에 따라 제한되며 그 목적이 명백히 위반된 경우에는 그 신임을 박탈할 수 있다. 그러한 경우는 ① 군주와 입법부 어느 한 부가 신임이 문제되는 경우와 ② 시민에 대한 군주의 권한이 법적으로 명확하지 않는 경우, 저항권의 인정권은

---

ecentral.edu/faculty/jhubert/lockeanphil.html; G. Sreenivasan, *The Limits of Lockean Rights in Property*, Oxford University Press, 1995; J. Tully, *A Discourse on Property, John Locke and His Adversaries*, Cambridge University Press, 1982: J. Waldron, *The Right to Private Property*, Clarendon Press, 1998; Locke's Political Philosophy, Stanford Encyclopedia of Philosophy; T. Sandefur, *The Right to Earn a Living, Economic Freedom and Law*, Cato Institute, 2011; John Locke: The Justification of Private Property, https://www.libertarianism. org/columns/john-locke-justification-private-property; Locke on Property: A Bibliographical Essay by Karen Vaughn, http://oll.libertyfund.org/ pages/ locke-on-property-a-bibliographical-essay -by-karen-vaughn. 권경휘, 로크의 재산권 이론, 『법철학연구』 18권 3호 (2015).

204) "All mankind...being all equal and independent, no one ought to harm another in his life, health, liberty or possessions" John Locke, TTG §5.

205) D. Luminita, "Evolution of the Human Rights Issue," *International Journal of Academic Research in Economics and Management Sciences* Vol. 2, No. 6 (2013).

인민 단체에 있으며 그 정당성을 결정하는 것은 인간의 이성에 있다고 했다.[206] 각국 헌법에서 이를 실정권으로 규정한 나라는 별로 없다. 이것을 규정한 나라는 실정권으로 볼 것이나 이를 규정하지 않는 나라에서는 자연권으로 볼 수 있을 것이다.

(7) 무기를 소유할 수 있는 권리

원래 이 권리는 자연권으로 인정되어 있다. 미국인들은 무기를 소유할 권리도 자연상태에서 자기의 인명과 자유, 재산을 보호하기 위한 것이라고 보아 자연권이라고 보아 왔다. 미국헌법은 이를 헌법에 규정함으로 실정권으로 인정하고 있다.

(8) 청구권으로서의 실정권

로크는 이 자연권의 국가상태에 들어가면 실정권이 되며 그것은 청구권(claim right)으로서의 성격을 가지게 된다고 보았다. 그러한 것으로는 정치적 권리가 있는데 정치적 권리에는 투표권, 선거권, 피선거권이 있다고 보았다.[207]

6) 사회계약론

로크는 이 좋은 자연상태에서 시민사회로 이전하고 국가와 정부를 형성한데 대한 이유로 사회계약론을 제시하고 있다.[208] 그는 『시민정부 2론』에서 사회계약에 관해서 설명하고 있다. 그는 인간은 완전한 자유와 자연법에 따르는 권리와 특권을 다른 사람과 평등하게 소유할 권력을 소유하고 있었다. 이 권리는 그의 재산 즉 생명, 자유와 재산을 보장할 권력뿐만 아니라 타인이 이 권리를 침해하려고 할 때 이를 판단하고 법률의 침해를 이유로 처벌할 기구가 필요했다(TTG 2nd chapter Ⅶ section 87-89). 이러한 사회는 정치사회뿐이었다. 그리하여 그 구성원이 자연적 권력을 포기하고 공동체로 이양하기로 하였다. 이렇게 함으로써 정치사회에 의하여 제정된 법에 의하여 모든 사물에 대한 보호를 청구할 수 있게 되었다. 이리하여 시민사회는 공동사회(community)를 형성하게 된다.

이 기구는 입법권을 가지고 범죄자를 처벌하며 재산권을 보전하게 된다. 그는 전인민(성인 남자)이 집행부를 선거하게 되고, 그것이 개인이나 집단이나 의회일 수 있다고 했다. 정부의 목적은 생명, 자유, 재산에 대한 자연상태의 유지에 있었던 자연권을 보다 쉽게

---

206) Right of Revolution: John Locke, Second Treatise, §§ 149, 155, 168, 207-10, 220-31, 240-43, http://press-pubs.uchicago.edu/founders/documents/v1ch3s2.html.

207) The Perils of Positive Rights, https://fee.org/articles/the-perils-of-positive-rights.

208) J. Locke, Second Treatise on Government; Social Contract, Wikipedia, the free encyclopedia; Browne/Rusling, *Introduction to the social contract theory*, http://www2.econ.iastate.edu/classes/econ362/hallam/Readings/SocialContractHelium.pdf; Contemporary Approaches to the Social Contract, Stanford encyclopedia of Philosophy, 2011. 조긍호, 『사회계약론 연구: 홉스 로크 루소를 중심으로』, 2012; 문지영, 『홉스 & 로크: 국가를 계약하다』, 2007.

확보하기 위하여 정부를 구성하며 이에 동의한 사람만이 이 계약에 구속되며 반대하는 사람은 이탈할 수 있다고 하였다.

7) 정부의 구성과 책임

시민사회 공동체 국가는 인민의 동의(by consent)로 선출 또는 추대된 사람으로 자연상 태에서 가지고 있던 자연권을 누린다. 시민사회는 자연법을 집행하고 시민이 위임한 입법권을 행사하며 판사를 임명하고 판결을 집행한다. 공동체에서 시민은 원칙적으로 입법권과 집행권을 가진다. 또 필요한 경우에는 모든 공무원을 고용할 권리를 가진다. 만약에 법집행자가 불법행위를 한 경우에는 그가 가지는 권력에 의하여 지위는 유지된다. 그리고 법률에 의하여 정해진 경우에는 보상되어야 한다. 만약에 폭군이라도 그 행위에 대하여 저항할 권리는 없다. 사소한 일에도 갑자기 저항하는 경우에는 정부의 기능을 방해하기 때문이다.

만약에 사인(私人)의 경우에는 나아가 권력으로서 자신에게서 불법으로 빼앗아 간 권리를 방위할 권한이 있으며 이를 위해 저항하는 경우에는 추종자가 별로 없을 것이다 (chapter XVIII, Sec. 208-209).

절대권력자에 대하여 저항하려고 하면 생명 등을 보존하기 위하여 전쟁상태에 들어갈 것이다. 국가의 목적은 사법을 집행하는 것으로 보고 있었다.[209]

이러한 로크의 시민정부 2론의 견해는 정부가 독재를 행할 우려가 있는데도 시민이 이를 변경하고 폐지하는 권한이 없다면, 또 새로운 정부를 수립할 권한이 없다면 이는 진정한 대의민주정치에 합치되는 것은 아니라고 하겠다.

8) 국가 군주론

로크는 『시민정부 2론』의 제2권 제9장 정치적 사회와 정부의 종말에 관해서 설명하고 있다.

Sec. 123에서 자연상태는 그렇게 자유로웠는데 만약에 절대적 군주가 시민의 신체와 소유를 자유롭게 제한할 것인가, 바꿔 말하면 이왕 개인 자기가 가지고 있었던 자유를 침해하는 경우에 사람들은 국가를 포기하고 영주와 다른 권력의 지배에서 탈퇴할 것인가 가 문제가 된다. 그는 계약을 해제하고 싶으나 두렵고 계속적인 위험이 상존할 것이기에 이미 통합된 시민사회에 잔류하게 될 것이다. 국가를 조직하고 그들의 정부를 수립한 것은 그들의 재산권을 보장하기 위한 것이라고 했다.

---

209) A. Tuckness, *Locke and the Legislative Point of View: Toleration, Contested Principles, and the Law*, Princeton University Press, 2002; G. Dunn, *The Political Thought of John Locke*, Cambridge U. P., 1969; G. Forster, *John Locke's Politics of Moral Consensus*, Cambridge University Press, 2005.

입법권의 범위에 대하여 제11장 Sec. 138에서 설명하고 있다.

최고 권력이라고 하더라도 자기의 동의 없이는 사람으로부터 그의 소유물을 박탈할 수 없다. 재산권의 보장은 정부의 목적이며 그것 때문에 사회에 가입한 것이다. 어떠한 영주나 입법권이라고 하더라도 무엇이든지 할 수 있다고 생각하면 이는 잘못된 것이다.210)

로크는 이러한 인민의 수탁자에 대한 의무위반에 대한 책임추궁, 저항권 행사와 같은 것은 인정하지 않고 과거의 자연상태에 복귀할 수밖에 없다고 보았다. 이것은 현실적으로 불가능한 것이며 로크가 정부권력의 절대성을 인정한 것은 잘못이라고 하겠다.

그는 다수결의 원칙을 도입하여 입법권이나 집행권의 행사가 다수결에 의하도록 하고 동의에 의한 통치를 강조하여 조세법률주의 등을 현실화하였다. 로크는 정당한 정부로서 권력분립론의 이념에 근거하고 있다. 그는 입법권을 가장 중시하고 있다. 입법권은 공동체에서의 권력이 어떻게 행사될 것인가에 대한 최고 궁극의 권위를 가지고 있다(TTG 2. 143). 입법권은 자연법에 구속되어 있으며 법을 제정하고 자연법의 목적을 추구하며 특별한 경우에는 불법을 한 죄에 대한 처벌도 규정한다(TTG 2. 135).

집행권은 법률의 집행을 담당하며 특별한 사건에 적용한다. 로크는 제3의 권력으로서 연방권(federative power)을 들고 있다. 이 연방권은 자연법을 국제적으로 적용하는 권한이다.

로크는 사법권을 특별한 권력으로 보지 않고 사법제도에서 오는 권력으로 본 것이 특색이다. 권력은 기능과 관계된다. 권력을 가진다는 것은 권력을 정당하게 행사하는 것을 말한다. 로크는 많은 기관이 같은 권한을 행사하는 것도 인정하고 있었다. 왜냐하면 당시 입법권은 하원과 상원, 군왕에 의하여 행사되고 있었기 때문이다.

로크의 권력분립론에 있어서 문제가 되는 것은 통치자의 대권론(prerogative)이다. 대권은 집행권이기는 하나 사전에 법률에 의한 명확한 위임이 없는 행위나 법률에 반하는 것이 있는데, 이는 인간 생명의 보전을 위하여 법을 보다 좋게 집행하기 위한 수단이라고 했다. 이는 로크의 입법권 우월의 사상에 반하는 것이다.

그는 『시민정부 2론』의 2부 끝에서 부정한 시민정부의 성격과 반란이 행해지는 것이 정당하고 필요한 경우를 설명하고 있다. 이는 당시 왕의 퇴위가 논의될 때의 일을 기록한 것으로 영국의 왕과 그의 동생이 살해된 것을 감안한 것으로 보인다. 정당한 혁명의 이론에서 나아가 정당한 시민정부와 부당한 시민정부를 구분하고 있다.

정당한 시민정부는 신하들의 생명, 신체, 재산의 보전에 노력하는 정부이고, 부정당한 정부는 신하들의 이러한 자연법상의 권리를 계속 침해하는 것을 말한다. 정당한 시민정부에 대해서는 존중해야 한다. 그러나 부정당한 정부에 대해서는 *그가 시민들과의 전쟁을 하고 있는 상태에 있으므로 그러한 경우에는 반란이 정당시 되고 그러한 짐승은 죽여도

---

210) R. Ashcraft, *Revolutionary Politics and Locke's Two Treatises of Government*, Princeton University Press, 1987.

된다고 하였다(Legicide).211)

9) 로크의 인권사상과 정치사상의 의의와 영향

로크는 종교개혁과 영주의 명예혁명을 겪은 격동기의 정치가요 학자였다. 그가 30년 전쟁과 영국의 명예혁명 등을 경험하였고, 홉스와 같은 선구자가 있었기 때문에 파격적인 정치사상과 인권사상을 완성시킬 수 있었을 것이다.

그의 사상은 인간의 존엄을 중시하고 합리주의적이고 개인주의적인 인권관을 가졌다고 하겠다. 오늘날의 자유주의적 인권사상에 많은 영향을 주었다. 로크에게 있어 사회계약의 목적은 개인에게 보다 충실한 자유를 개시하는 것이다. 자연상태를 이탈하여 정치사회를 결성하는 것은 「각각 자기의 소유물을 완전하게 향유하고 사회 밖의 사람에 대하여 보다 큰 안전성을 유지하는 것을 통하여」 보다 큰 안전성을 가지게 되며, 상호 쾌적하고 안전하고 평화로운 생활을 보장하기 위한 것이다. 이 목적을 달성하기 위하여 각 개인은 서로 동의를 하여 공동체(community)를 만들고 이 공동체에 각자가 자연상태에서 가지고 있던 자연권의 일부를 양도하는 것이라고 하였다.

로크는 자연법에 있어서의 자연권은 그대로 국가에 이행하고, 실정법상의 권리로 된다고 보았다. 따라서 자연권은 국가 성립 후에는 국법상의 권리도 되나 그 본질은 어디까지나 전국가적이라고 하였다. 그에 따르면 생명과 자유에의 권리는 양도 불가능한 것이었다. 그러나 재산권은 양도 가능한 것으로 보았다.

그의 이론은 후세 기본권론에 중요한 영향을 미쳤다.212) 메이슨(Mason)은 버지니아 인권선언(1776. 6. 12)에서, 제퍼슨(Jefferson)은 미국의 독립선언(1776. 7. 4)에서 그의 이론에 따라 인간의 권리로 자유, 평등, 생명, 행복을 추구할 권리를 선언하였다.

그의 『시민정부 2론』은 생전에 출판되기는 하였으나 명예혁명 시대에는 영국에 별 영향을 끼치지 못했다. 미국 혁명에서는 그의 책이 많은 영향을 끼쳤으며 국민의 동의에 의한 국가구성, 대표제와 제한정부, 자유주의의 이념이 미국에서 개화하게 되었다. 그는 미국 캐롤라이나 헌법의 제정자로 알려지고 있다.

---

211) J. O'Toole, *The Rights of Revolution: An Analysis of John Locke and Thomas Hobbes*, *Social Contract Theories*, 2012.

212) T. Pangle, *The Spirit of Modern Republicanism: The Moral Vision of the American Founders and the Philosophy of Locke*, University of Chicago Press, 1988; G. Stephens, *John Locke: His American and Carolinian Legacy*, Locke Foundation; R. Arneson, "Locke and the Liberal Tradition," M. Stuart (ed.), *A Companion to Locke*, 2015; M. Hurtubise, *Philosophy of Natural Rights According to John Locke*, 1952; S. Dworetz, *The Unvanished Doctrines: Locke, Liberalism and American Revolutions*, Durham, N.C. 1990; C. Braman, The Political Philosophy of John Locke and Its Influence on the Founding Fathers and The Political Documents They Created, 1996.
http://www.chuckbraman.com/political-philosophy-of-john-locke.html; 大森雄太郎, 「アメリカ革命とジョン・ロック」, 『創文』 359호 (1994. 10. 所收).

그의 경험주의 철학은 많은 사람에 의해 지지받기도 하고 비판받기도 하였다. 그는 뉴톤(Newton)의 신과학과 당시의 계몽주의의 사상에 힘입어 독자적인 철학론을 발전시킬 수 있었다.

그의 정치사상은 오늘날 미국뿐만 아니라 남미의 여러 나라, 유럽의 여러 나라의 헌법 발전에 많은 기여를 하였다.

3. 에드먼드 버크

1) 생애

에드먼드 버크(Edmund Burke, 1730-1797)는 영국철학사에 남을 정치철학자이다.[213] 그는『프랑스혁명의 고찰』을 써서 유명해졌으며『철학연구』(A Philosophical Enquiry)를 저술하여 철학자로 유명해졌다. 버크는 아일랜드 더블린(Dublin)에서 탄생했으며 영연방에 속해 있었다. 버크는 트리니티 칼리지에서 대학 공부를 했고 변호사가 되기 위하여 London의 Middle Temple에 입소하였다. 그는 법조 실무에는 관심이 없었고 넓게 지식을 흡수하였다. 26세에 결혼하고 28세에 아들을 낳았다. 그는 그동안 많은 책을 썼다. 나중에는 재무부장관이 된 록킹함 경의 개인비서로 있다가 그 해에 영국 하원의원으로 선출되었다. 그는 29년간의 의원생활을 끝내고 1794년에 퇴임하였다. 그는 의회에서 명연설가로서 많은 책을 남겼다. 그는 미국 식민지에서의 조세문제도 영국 하원에서 연설하였고, 미국 식민지 사람과의 화해를 촉구하였다. 그는 1791년 5월에 혁명에 관한 논쟁으로 당원들과 싸웠으며 독립된 평론가로서 활동하였다. 그는 어느 정당에도 가담하지 않고 사상의 이데올로기 어느 쪽에도 가담하지 않았으나 영국의 보수주의의 아버지로 불린다. 1797년 7월 9일에 영국의 비콘스필드(Beaconsfield)에서 사망하였다.

2) 사상과 저술

그는 아일랜드인이었으며, 아일랜드는 소수의 부자와 많은 농민들이 공존하였는데 그는 교육받은 부자 계층에 속했다. 그러나 그는 아일랜드 농민들의 비참한 상황을 보면서 개혁적 사상을 가지고 있었다. 그는 아일랜드 계몽사상의 영향을 받았다. 그는 처음에는 버클리(Berkeley)의 영향을 받았다.[214] 그들은 과거에 만족하지 않고 장래의

---

213) 그의 생애에 대해서는 "Edmund Burke," Stanford Encyclopedia of Philosophy; "Edmund Burke," Gender, Genre and the Gothic; "Edmund Burke," Wikipedia; J. Prior, *Memoir of the Life and Character of Edmund Burke*, 1824; G. Croly, *Edmund Burke*, 2 vols., 1847; McKnight, *Edmund Burke*, 3 vols., 1898.
214) Berkeley, *Principles of Human Knowledge*, 1948-57.

개혁에 관심이 많았다. 나중에는 로크의 영향을 받았다.[215] 그는 개혁을 위해서는 기독교
와 이성이 필요하다고 생각하였다. 그는 아일랜드의 정치뿐만 아니라 경제, 문학에 이르기
까지 관심을 가지고 평론하였다. 그는 철학뿐만 아니라 심리학, 윤리학, 서한 등에 대해서
도 관심을 가졌다. 그는 1757년에『철학연구』를 출판하였고,[216] 이는 루소의『불평등론』
과도 관련이 있었다. 그는 역사에도 관심을 가졌고 1757년에『영국사 요약』을 출판하였
다. 여기서 그는 정치사에 관심을 가졌고 영국의 시민권을 찬양하였다.

그는 아일랜드 재무부장의 개인비서로 있으면서 재산권에 관한 저술을 하였는데[217]
이때부터 현실주의자로 되어 경험을 중시하게 되었다. 그는 1760년 중반 이후 하원의원으
로서 정치에 참여하였으며 그는 시민의 권리를 보장하기 위해서는 강력한 집행부가
필요하다고 하였다. 그는 1770년에『현재의 불만의 윤리에 대한 생각』을 발표하였고,
1775년에는『미국과의 화해』, 1790년에는『프랑스혁명에 대한 성찰』을 출판하였다.
이 프랑스혁명에 대한 성찰은 그의 책 중에서 가장 유명하며, 가장 많이 읽혔고 그
반향도 지대하였다. 그는 이 책에서 프랑스혁명의 급진성을 지적하였다.

버크는 영국의 보수주의자로 오늘날 인정되고 있으며 영국 보수주의의 시조로까지
추앙되고 있다.[218]

3) 인권론 = 실정권설

버크는 자연권론에 대해서 반대하고 실정권을 주장한 점에서 로크와 다르고 오히려
홉스에 가깝다고 하겠다. 그는 프랑스혁명의 성찰에서 인간의 자연권에 대하여 반대하고
인간의 권리는 자연상태에서는 하느님이 주신 것이고 진보된 시민사회에서는 국왕이나
국가가 국민에 부여한 것이라고 주장하였다. 그는 영국에 있어서의 명예혁명(Glorious
Revolution)은 시민과 국왕과의 계약에 의한 것이기 때문에 옳다고 보고 인간이 진보하지
않는 사회에서는 권리가 있을 수 없다고 주장하였다.

---

215) Locke, *Essay concerning Human Understanding*, 1690.
216) 그의 저술에 관해서는 *Philosophical Enquiry*, ed. J. Boulton, Routledge, 1958; F. Canavan, "Edmund
    Burke's College Study of Philosophy," *Notes and Queries* n. s. 4, pp. 538-543; R. Sewll,
    "Rousseau's Second Discourse in England from 1755 to 1762," *Philosophical Quarterly* 17(193
    8), pp. 97-114; D. Wecter, "Burke's Theory of Words, Images and Emotions," *Publications
    of Modern Language Association* 55 (1940), pp. 167-181; L. Kohl, Defining the Natural Rights
    of Man: An Analysis of Burke, Paine, and Wollstonecraft, 2016 참조.
217) Burke, *Tracts on the Property Laws*, 1766; "Edmund Burke's analysis of Law and Legitimacy
    in the 'Tract on the Property Law',"
    http://www.psai.ie/conferences/papers2006/moreira.pdf.
218) R. Harrington, *Burke and revolution: reform, revolution and constitutional conservatism in
    the thought of Edmund Burke*, artificialhorizon.org; J. Norman, *Edmund Burke: The First
    Conservative*, 2013; E. Feulner, "The Roots of Modern Conservative Thought From Burke
    to Kirk," *First Principle Series Report #19*; "Edmund Burke On Broken Government," *The
    British American Conservative*, http://www.thompsonpublications.com.

그의 이론은 그의 인간의 본성론과도 연결이 된다. 로크는 「인간은 완전한 자유상태에서 출생하였다. 인간은 평등하고 독립적이며 자기가 원하는 것은 행동할 수 있었다. 존 로크는 이 자연상태는 자연법에 의해서 지배되었다. 자연법은 누구나 다른 사람의 자연권, 생명권, 자유권, 소유권을 침해해서는 안 된다」고 말한다고 했는데 이에 대하여 버크는 인간은 경험에 의하여 본성이 변할 수 있다고 보고 신이 부여한 자연권은 같을지라도 실제 사회에 있어서는 전통과 습속, 법 등에 의하여 변한다고 보았다. 그래서 자연권을 부정하고 실정권을 주장하였다.[219]

그는 영국의 왕이 혈통이나 전통에 따라서 정당성을 가지고 시민과 계약을 체결하여 권리를 보장하고 있기 때문에 정당하고, 시민은 국왕에 대하여 저항하거나 혁명에 의하여 권리를 취득하거나 변경할 수 없다고 보았다. 이 점에서 페인의 『인간의 권리』와는 정반대되는 것이었다.

그는 권리란 너무 간단하여 상세한 내용을 알 수 없으며 권리란 추상적 원리에 근거하고 있기 때문에 국가가 이를 구체화해야 한다고 하고 권리는 양보합의가 아니기에 정부가 양보합의를 도출해야 한다고 했다.[220]

버크의 자연권부정론 또는 실정권론은 당시에 많은 비판을 받았다.[221] 그의 이론은 로크가 아니고 홉스에 가깝다고 하겠다. 그는 인간이 보다 행복한 생활을 하기 위해서 보다 문명한 사회에 진입하기 위하여 시민이 가지고 있던 권리를 정부에 이양했다고 생각했다. 그리하여 정부는 이 권리를 보호할 책임이 있다고 본 것이다. 그는 자연권이란 법적 가설에 불과한 것이라고 하였다. 그는 자연권을 입법에 의하여 전부 포섭하는 것은 불가능하다고 자연법의 정의 없이 자연권을 따른다고 믿는 것은 바보짓이라고 하였다. 그는 자연권은 제한할 수 없다는 이론은 잘못된 것이며 자기 마음대로 할 수

219) "The rights of men, that is to say, the natural rights of mankind, are indeed sacred things; and if any public measure is proved mischievously to affect them, the objection ought to be fatal to that measure, even if no charter at all could be set up against it. If these natural rights are further affirmed and declared by express covenants, if they are clearly defined and secured against chicane, against power, and authority, by written instruments and positive engagements, they are in a still better condition: they partake not only of the sanctity of the object so secured, but of that solemn public faith itself, which secures an object of such importance .... The things secured by these instruments may, without any deceitful ambiguity, be very fitly called the chartered rights of men." Works of Burke.

220) D. Alexander, "Burke's Reflections and the Natural Law: on Revolution,"; N. Mohongo, "Philosophical Critique of Human Rights,"; Y. Levin, *The Great Debate: Edmund Burke, Thomas Paine, and The Birth of Right and Left*, Basic Books, 2013 (조미현 옮김, 『에드먼드 버크와 토머스 페인의 위대한 논쟁』, 2016).

221) J. Dodsley, Edmund Burke on Government and Natural Rights, Reflections on the Revolution in France (1790) pp. 88-92; R. Kirk, Burke and Natural Rights, The Russell Kirk Center for Cultural Renewal; "Edmund Burke and Natural Rights," Wyoming Catholic College; G. Galles, "Burke on Liberty," Mises Daily Articles, 2002; L. Kohl, "Defining the Natural Rights of Men: An Analysis of Burke, Paine, and Wollstonecraft,"; Paine, *Rights of men*, 1st part 1791; M. Wollstonecraft, *A Vindication of The Rights of Woman*, 1792; R. Fennessy, *Burke, Paine, and The Rights of Man: A Difference of Political Opinion*, dissertation, Univ. Lovanii, 1963.

있는 자유는 없으며, 타인의 권리와의 충돌을 가져오지 않는 자유만 있다고 하였다.

4) 국가 의회, 정부, 법원론

그는 보수주의자였으며 휘그(Whig)당의 대변자격이었다. 버크사상의 근저에는 휘그당의 전통이 존재하고 있었다. 그는 영국의 전통군주제를 옹호했고 의회민주주의, 강력한 정부를 원했던 사람이다. 그는 영국인으로 영국의 왕실, 영국의 전통, 영국의 제도를 유지하기를 원했다. 그는 『영국사 요약』에서도 영국의 역사를 발전적인 것으로 보고 찬양하고 있다.

그는 대표제 민주정치의 신봉자로서 영국 하원의원으로서 오랫동안 근무하였다. 그는 브리스톨(Bristol)의 선거에서 브리스톨에서 선출된 의원은 브리스톨 선거구의 대표자가 아니고 전 영국인의 대표자라고 강조하고 있다.[222] 그는 의회주권을 믿었으며 의회의 권위를 지키는데 노력하였다. 그는 1774년 11월 3일의 선거종결 연설을 하였는데 의회의원은 선거구 구민의 의사에 따른다고 주장하였는데, 정부와 입법부는 이성에 따라 그 시비를 판정하여야 한다고 하였다. 의회의원은 시민의 소리를 듣고 이를 국정에 반영하여야 하는데 이것은 지상명령이다. 그러나 이를 집행하는 것은 정부라고 했다.

그는 군주의 권한이 절대적이어야 한다고 생각하였다. 그래서 군주의 독재를 인정한다는 비판을 받았다. 그는 영국의 전통을 중시하여 군주의 권력을 인정하였다. 국가는 시민의 행복을 위하여 시민들에 의하여 성립하였으며 ① 시민의 전통적인 이익을 충족하거나 확대하는 목적을 가지며, ② 법의 지배, 법률이 정한 시민의 권리의 존중과 정치적 자유의 팽창, ③ 귀족 통치 하에서의 토지귀족과 성직자 · 정치적 권력자의 힘의 균형, ④ 대표의회와 전통적 군주제도로써 구성된 혼합정부(Mixed Government)의 발전을 강조하였다. 그는 프랑스혁명에 대해서는 부정적이었다.[223] 이에 대해서는 영국에서 50여 편의 반박논문이 나왔다.

그는 미국과의 화해를 통한 대영제국을 꿈꾸었고 식민지 인도와 아일랜드의 비애를 극복하려고 노력하였다. 궁극적으로 그는 미국 독립에 도움이 되었다. 그가 영국의 식민지 지배에 반대한 것은 많은 사람이 권리를 침해당하고 있기 때문이라고 했다.

5) 미국 독립과 미국헌법 제정에의 영향

---

222) B. Hill (ed.), *Edmund Burke on Government, Politics, and Society*, International Publications Service, 1976; "Burke's Philosophy," *The Cambridge History of English and American Literature* in 18 Vols. Vol. XI. The Period of the French Revolution, (1907-21); S. Blakemore, *Burke and the French Revolution: Bicentennial Essays*, Univ. of Georgia Pr., 1992.

223) Burke, *Reflections on the Revolution in France*, 1790 (이태숙 옮김,『프랑스 혁명에 관한 성찰』, 2008); J. Frank, Delightful horror.

버크는 미국 독립운동에 동정적이었다고 한다. 그는 처음에는 미국 식민지를 포함한 대영제국을 구상하였으나 이것이 실현 불가능해지자 미국 식민지에 사실상의 입법권을 주고 사실상의 집행권을 보장해 주려고 했다. 그는 1775년의 연설인「미국과의 화해에 관하여」[224]에서 영국의 의회주권과 왕의 권한을 유지하면서 식민지를 통치하되 식민지에 대해서 특별한 권한을 주자는 것이다. 여기에 그의 연설은 서설 제1부 미국의 현상, 제2부 미국과 어떻게 협상할 것인가, 제3부 의결로 되어 있다. 그의 결론이 나와 있다. 그중 제2부에서 그는 세 가지 방안을 설명하고 있다. 첫째로는 식민지인의 도덕적 성격을 변화시키는 것, 둘째로는 그들을 범죄자로 소추하는 것, 셋째로는 그들에게 양보하는 것이라고 하면서 양보하는 경우의 문제를 상세히 다루고 있다.

그는 의결 제안에서 ① 미국의 식민지를 14개의 정부로 독립시키되 2백만 주민의 영국 의회에의 참가권을 부정하기로 한다. ② 그들은 자기들의 대표자로 의회를 만들고 의회는 세금을 징수하고 영국 의회에서 결의한 권한을 부여한다. ③ 이들 식민지에서는 영국 의회에 대표자를 파견하지 못한다. ④ 각 식민지는 자유민이나 자유시민에 의한 의회나 총회를 구성하여 세금을 징수할 수 있고 공공역무를 위한 부담금을 징수할 수 있다. ⑤ 식민지 의회나 총회는 영국왕의 요청으로 많은 보조금이나 공공보조를 제공해야 한다. ⑥ 의회는 매사추세츠 만에 있는 뉴햄프셔, 코네티컷과 로드아일랜드에게 그동안 영국 왕국 등에 제공한 비용을 보상해 주기로 한다. 이 안은 버크가 식민지와의 전쟁을 피하기 위하여 만들어 낸 안이나 의회에서 통과되지는 않았다.

미국의 건국에 대해서는 로크와 버크 중 누구의 영향이 더 컸던가가 논의되고 있다.[225] 로크는 17세기의 사상가였고 버크는 18세기의 정치가였다. 시대가 달랐기에 그 영향력도 달랐다. 많은 사람은 로크의 자연권사상이 미국헌법제정에 영향을 미쳤다고 하여 로크의 공헌이 더 크다고 한다. 이에 대하여 근자에 와서 버크가 미국헌법제정에 큰 역할을 했다는 이론이 나오고 있다.[226]

버크는 좋은 헌법은 ① 전통에 근거한 것으로 오랜 공통적인 경험에 근거하여야 하고 ② 헌법의 조직개념에 적합하도록 헌법질서에 대한 종교적 신념이 필요하다고 하고 ③ 자연적 귀족의 기능 위에 헌법이 근거해야 한다고 보고 ④ 헌법은 자유의 청구와

---

224) Edmund Burke, Speech on Moving Resolutions for Conciliation with the Colonies, 1775, in Selected Works of Edmund Burke vol. 1, 1999, pp. 221-289; B. Frohnen (ed.), Edmund Burke, Complete Writings on America, 1944; B. Frohnen, Edmund Burke & the American Revolution: The Whole Story, 2016/04.

225) "A Comparison of John Locke's and Edmund Burke's Influence in the Creation of America," http://homagetotacitus.blogspot.kr/2013/04/a-comparison-of-john-lockes-and-edmund. html; G. Stephens, "John Locke: His American Carolinian Legacy," John Locke Foundation; B. Frohnen, "Edmund Burke & the American Revolution: The Whole Story," Wyoming Catholic College, 2016/4.

226) R. Kirk, "Edmund Burke and the Constitution," The Russell Kirk Center for Cultural Renewal, 1985; R. Kirk, "Edmund Burke on Healthy & Unhealthy Constitutions," 2016/07. Wyoming Catholic College.

질서의 청구 간에 있는 균형이나 긴장해소제도가 필요하다고 한다. 커크(Kirk)는 미국의 헌법이 로크의 영향 하에 있었던 것이 아니고 버크의 영향이 더 컸다고 지적한다. 그는 미국에 와 본 적은 없었으나 영국 헌법의 실천자로서 영국 헌법의 모방을 강조했으며 미국의 대통령제나 미국의 상하 양원제도, 수정헌법의 인권조항 등이 영국 헌법의 현실과 비슷하기 때문에 그의 익명의 잡지투고 등이 미국헌법제정에 영향을 준 것이 아닌가 주장하고 있다.

6) 버크의 정치철학적 영향

버크는 영국의 현실정치가로서 정치사상의 발전에 기여했다. 영국의 헌법의 수정을 주장했고 식민지의 준독립을 주장했으며 실정권의 확충을 주장한 점에서 후세 정치가의 모범이 되었다. 그는 미국인과의 화해를 주장했고 미국헌법제도의 발전에도 기여했다. 그의 미국독립에 대한 공적을 기념하여 미국에 동상이 세워지기도 하였다. 그러나 프랑스혁명의 급진성을 비판하고 자유주의적 자연권을 부정한 점에서 보수주의라는 비판을 받고 있다.227)

4. 토마스 페인

1) 생애

토마스 페인(Thomas Paine, 1737-1809)은 영국의 가난한 퀘이커교도의 집에서 태어나 많은 교육을 받지 못했다. 그는 계층제도와 공무원제도가 싫어서 미국으로 이민 갔다. 그는 런던에서 벤저민 프랭클린을 만나 소개장을 받고 미국으로 왔는데 이때가 1774년 4월이었다. 그는 필라델피아에서 출판업자인 아이트킨(Aitkin)을 만나 펜실베이니아 잡지를 편집하였다. 그는 당대의 유명한 정치가들과 알게 되고 미국이 영국에서 독립해야 된다는 선전을 전개하였다. 1776년에 『상식』(Common Sense)을 출간하였는데,228) 여기

---

227) M. Freeman, "Edmund Burke," *Encyclopedia of Ethics*, 2 vols. 1992; "Edmund Burke," Encyclopedia; J. S. Mill, *On Liberty*, 1859; J. Morley, *Burke*, Harper, 1879; A. Osborn, *Rousseau and Burke: A Study of the Idea of Liberty in Eighteenth-century Political Thought*, Oxford Univ. Press, 1940; C. Parkin, *The Moral Basis of Burke's Political Thought*, Cambridge Univ. Press, 1956; P. Stanlis, *Edmund Burke and Natural Law*, Univ. of Michigan Press, 1958; L. Raeder, "The Liberalism/Conservatism of Edmund Burke and F. A. Hayek: A Critical Comparison," *Humanitas*, Vol. XI, Nov. 1. 1997.

228) Thomas Paine's Common Sense and Thomas Jefferson and the Declaration of Independence, CATO Institute; "Thomas Paine," Wikipedia free Encyclopedia; "Paine," Authors born between 1700 and 1800 CE; T. Paine, *Common Sense and other Writings*, 1953; Foner (ed.), *The Complete Writings of Thomas Paine*, 1945; Tocqueville, *A Democracy in America*, 2003; T.

서 불평등사회를 비난하고 평등사회의 건설을 주장하였다. 이 책은 당시에 가장 많이 읽힌 저술로 유명하다. 당시에는 영국과의 화해 분위기가 고양되었으나 페인의 이 책에 따라 영국과의 분리의 불가피성이 인식되었다.

페인은 이들 팸플릿에서 아메리카의 영국에서의 독립을 성취할 것을 선동하고 아메리카가 식민지 상태를 탈피한 후 세워야 할 정부형태에 관해서도 상세히 다루고 있다. 그는 1787년 프랑스로 가서는 프랑스 인권선언 초안 작성에도 참여했다. 그러나 루이 16세(Louis XVI)의 처형에 반대하다 프랑스 시민권을 박탈당하고 투옥되었다. 그 뒤 석방되어 미국에 돌아온 뒤에는 미국의 건국에 기여하였다. 그는 1791년 2월에『인간의 권리』를 출판했고, 1792년 3월에『인간의 권리』제2부를 출판했다.229) 이 책에서 민주주의와 평등론을 주장하였다. 1794년에는『이성론』을 출판하였다.

그는 미국의 독립선언을 기초한 제퍼슨과 프랑스에서 교신을 쌓고 독립선언에 자연권을 강조하는 문장을 쓰도록 도왔다. 어쨌든 페인의 상식은 당시의 대륙의회 의원들의 상식이었다고 하겠다.

그는 1792년 프랑스 혁명 시의 국민의회의 의원도 하였고 콩도르세(Condorcet), 시에예스(Sieyès)와 함께 공화정 헌법의 기초에도 참여하였다. 그는 1793년 12월 27일 체포영장이 발부되었으나 룩셈부르크로 도망하여 미국에의 귀환을 기다렸었다. 그는 1795년에 정부의 제1원칙에 관한 논문을 썼는데 이는 1795년 헌법에 대한 비판서였다. 그는 1803년에 미국에 귀환하였다. 그는 급진주의, 무신론 등으로 워싱턴의 비판을 받았다. 그는 1809년에 쓸쓸히 세상을 떠났다. 1819년 영국의 토리(Tory)당이 급진화된 뒤 다시 영국에 명예롭게 묻혔다. 그러나 토리는 곧 패배하였고 세계시민으로서 살기를 원했던 그는 어디에서도 만족할 수 없었다.230)

2) 자연권론

페인은 인간의 권리를 자연권으로 이해하고 있다. 그는 자연권이란 생존하고 있다는 이유로 인간에 속하는 권리를 말하는 것으로 이 자연권을 인간이 상속해가야만 보편적

Paine, *Rights of Man*, 1792; "Thomas Paine," Stanford Encyclopedia of Philosophy; R. Lamb, *Thomas Paine and Idea of Human Rights*, 2015; New Political Writings of Thomas Paine Burying Thomas Paine by Gary Berton Lewis Lapham Speech at the 2012, International Conference for Thomas Paine Studies at Iona College Brief History of the Remains of Thomas Paine; L. Kohl, "Defining the Natural Rights of Man: An Analysis of Burke, Paine, and Wollstonecraft," *Explorations Humanities*; 페인, 이가형 역,『상식, 인권론』, 1994 (루소,『사회계약론』과 합철); 佐伯宣親,『近代自然法論の研究』, 263-299, 300-358면; 정인흥,『서구정치사상사』, 276-284면; 安藤高行,『近代イギリス憲法思想史研究, ベーコンからロックへ』, 1983, 236-241면.

229) 페인의 저술은 여러 가지가 있다. 그중에서도 인권에 관한 것으로는『상식』(Common Sense)과『인간의 권리』(Rights of Man) 제1부와 제2부가 있다. 길현모역,『페인 정치논집』, 사상문고, 1963; 정귀영 옮김,『이성의 시대』, 2018.

230) 그의 연표는 Timeline, The Thomas Paine National Historical Association을 참조할 것.

문명사회로 된다. 이 종류의 권리로는 자기보존권이 있다. 이 밖에도 모든 지적 권리, 내지 정신이 가지는 권리를 들었다. 또 타인이 가지는 자연권을 침해하지 않고 자기 자신의 위로와 행복을 구하여 개인으로서 행동하는 모든 권리를 자연권으로 들 수 있다고 했다. 인간은 사회를 형성한 뒤에도 잃지 않고 가질 수 있는 종류의 자연권과, 사회의 일원으로서 공유재산 속에 투입될 자연권을 구분하기는 쉽다고 했다.

사회에 있어 이 인간의 권리는 분할될 수 없고 다른 사람에게 이양될 수 없으며 소멸시킬 수도 없다. 이 권리는 세습적이며 어떤 세대에서 이 권리가 부정되더라도 다음 세대에는 다시 부활하게 된다.231)

페인은 인권론 Ⅰ과 인권론 Ⅱ에서 인간의 권리에 관하여 상세히 설명하고 있다. 이 논문은 버크의 프랑스혁명론에 대한 반격용 논문이었다. 그는 영국에 새로운 공화국가를 건설해야 한다고 주장하였다. 그래야만 시민의 신성한 권리, 예를 들면 자유, 재산, 안전보장과 압제에 대한 저항권을 보장할 수 있다고 하였다.

그는 자연권과 평등권, 인간의 통일성은 창조주에 의하여 창조된 것으로 보고 이에 대한 제한을 가해서는 안 된다고 하였다.

그의 자연권론은 전통적인 자연권론으로 신의 존재를 인정하고 있는 점에서 이성에만 근거한 자연법론과 다르다. 그의 권리론은 진보적이었으며 버크의 보수주의적 인권론과 달랐다.232) 페인은 영국, 미국, 프랑스 등 유럽을 알고 세계사적인 자연권론을 주장하였는데, 버크는 영국 왕실을 대변하고 영국을 위한 보수적인 자연권론을 주장하였다.

3) 실정권 = 시민권

그는 프랑스 혁명 당시에 프랑스 국민의회 의원으로서 1792년에서 1795년까지 혁명입법에 참여하였다. 그는 콩도르세와 시에예스233)와 함께 공화정 헌법기초위원회에 참여하기도 하였다. 1793년 봄에 이 안은 완성되었으나 의회에 회부되지는 못하였다. 산악당(Montagnard)이 득세하자 그의 친구들은 처형되거나 자살하기도 하였다. 그는 미국 대사 먼로(Monroe)의 도움으로 처형을 면하고 석방되었으나 그는 워싱턴이 자기를 도와

---

231) Adapted from The Rights of Man, by Thomas Paine, 1791. In *The Rights of Man* by Thomas Paine, edited by M. D. Conway, New York: G. P. Putnam's Sons, 1984; Rights of Man is available on-line at From Revolution to Reconstruction at the *Alfa-informatica*, Department of the University of Groningen, Netherlands; *Selections from Paine's writings are contained in Common Sense, Rights of Man, and other Essential Writings of Thomas Paine*, with an Introduction by Sidney Hook, New York: Signet Classic, 2003; R. Fennessy, *Burke, Paine and the Rights of Man*, 1963; N. Elrod, "Robert Burns and Thomas Paine: Two Proponents of Human Rights." *Studies in Scottish Literature* Vol. 30, Iss. 1. (1998).

232) L. Kohl, "Defining the Natural Rights of Man: An Analysis of Burke, Paine, and Wollstonecraft," *Explorations Humanities*; T. Paine, *The Rights of Man*, 1792; 日譯, 『人間の權利』, 岩波文庫, 1971.

233) Emmanuel Joseph Sieyès, *Qu'est-ce que le tiers-état*, 1789 (박인수 옮김, 『제3신분이란 무엇인가』, 2003).

주지 않았다고 하여 불만이 많았다.

그는 프랑스 혁명 시인 1789년에 인간과 시민의 권리선언이 통과된[234] 것을 보고 실정법의 중요성을 강조하게 되었다. 그는 프랑스 인권선언에서 인간의 자연권과 불문의 인권의 보장을 위하여 정치적 결사를 형성했다고 하며, 그 권리는 자유, 재산, 안전과 압제에 대한 저항이라고 하였다. 인권선언도 많은 인권을 규정하고 있는데 이들 인권은 다른 사람이 가지는 인권을 존중하도록 의무화하고 있기 때문에 의무의 성격도 가진다는 점에 특색이 있다.

그는 이 실정권을 시민권이라고 했다. 시민권이란 사회의 일원이라는 이유로 인간에 속하고 있는 권리를 말한다. 이 시민권에는 안전과 보호에 관한 권리의 전부를 말한다. 자연권도 사회나 국가에 대한 청구권이 없는 대신에 시민권은 그 구제를 사회나 국가에 대하여 청구할 수 있다고 했다. 사회상태에서 잃어버리는 자연권은 권리 그 자체는 개인 중에 완비되어 있지만 이를 행사하는 힘이 불완전한 자연권의 전부를 말한다. 인간은 그 권리를 행사할 힘이 없는 경우 그 권리를 사회의 공유재산으로 기탁하고 자기 자신의 힘뿐만 아니라 자기도 그 일원인 사회의 힘에 의하여 그 권리를 행사한다. 따라서 시민권은 모두가 자연권에서 탄생한다. 시민권은 교환된 자연권이다. 이러한 시민권의 구제를 위하여 사법제도가 발전하였다. 그는 프랑스 혁명에 가담하였으며 프랑스 인권선언의 기초를 위하여 외국 자료를 많이 이용하게 했다. 그는 이 인권선언에서 많은 실정권을 규정했다. 나중에는 국민의회에서 헌법초안을 만들었을(Gironde당) 때에는 가난한 사람에 대한 복지권을 주장하기도 했으나 이는 헌법화 되지 못했다.

4) 생존권(Welfare)

그는 생존권의 창안자라고도 하겠다. 그는 『상식』과 『인권』에서 가난한 사람들의 생활을 보장해 주어야 한다고 주장해 왔다. 그는 「기본수입과 인권」이란 제목으로 가난한 사람들의 복지향상을 주장하였다. 그는 1795년 겨울에 『농업 정의』(Agrarian Justice)란 책을 출판하였는데, 여기서 가난한 사람이 소득을 보장받는 것은 시혜가 아니고 권리라고 강조하면서 정부는 국가재단을 만들어 21세 이상이면 15파운드를 주어 자연상속을 받지 못한 손실을 보상해 주어야 한다고 하고, 이로써 농지를 구입할 수 있도록 하고 50세 이상의 생존자에게는 생존 중 연 10파운드를 주도록 주장했다. 이것은 당시 영국으로서는 획기적인 제안이었고 영국 사회보장제도의 창안자로 숭상받고 있다.[235] 미국에서도 복지에 관한 권리는 20세기에 와서 논의되게 되었다. 독일에서는 피히테(Fichte)를 비롯한 여러 사람이 주장하였고 비스마르크에 의하여 도입되었다.[236]

---

234) French National Assembly, Declaration of the Rights of Man and Citizen, 1789.
235) Thomas Paine, *Agrarian Justice*, Social Insurance History; *Paine on Basic Income and Human Rights*, Thomas Paine Natural Historical Association.
236) Fichte, *Der geschlossene Handelsstaat*, 1800. 페인은 당시에 구빈세(救貧稅)가 시행되고 있었는데

5) 정부론

그는 프랑스 혁명 후에 『이성론』이란 책을 썼다. 정부는 이성의 산물로 성립하기도 한다고 했다. 개인적인 최고의 지혜를 가지는 개인이 다른 사람과 상호 계약을 체결하여 정부를 만들었다. 헌법이란 단순히 명목적인 것이 아니며 사실인 것이다. 이념적인 존재가 아니고 현실적인 존재이며 헌법은 정부에 선존하며 정부는 헌법에 의해서 만들어지는 것이라고 하여 실정헌법의 중요성을 강조하였다.

그는 정부의 목적은 시민의 행복의 보장에 있다고 하였다. 그는 현재보다도 더 싸고 더 생산적으로 시민의 보편적 행복을 추구하는 정부체계를 구성할 수 있다면 이 진보를 반대하는 어떤 시도도 결실을 맺지 못할 것이라고 했다. 이성과 시간이 이것을 뺏을 것이며 이에 반대하는 선입견은 이익과의 전투에서 패배할 것이라고 했다. 만약에 세계평화와 문명과 상업이 발달한다면 인간의 행복은 증진될 것이라고 했다. 국가의 목적을 시민의 행복에 둔 것은 고대부터 내려온 전통에 근거한 것이라고 하겠다.[237]

이것은 미국의 독립선언에서도 행복추구권으로 규정되었다.[238] 페인은 프랑스에서 제퍼슨 기초위원장에게 많은 조언을 한 것으로 알려져 있다.

페인은 국가형태로서는 공화국을 원하였다. 그는 버크의 프랑스 혁명에 대한 반론으로 『인간의 권리』를 썼는데 여기서도 영국의 세습제도를 폐지해야 할 대상으로 생각하였으며 국민이 선거권을 가진 대의제 공화국을 선호했다. 그는 프랑스정부는 시민의 선거와 대표자를 통해서 시민의 이성에 의하여 시민이 수락할 수 있는 정부형태인데 대하여 영국은 왕권이 계승된 정부형태로 이는 이성에 반한다고 하였다. 버크는 전래의 군주제를 지지하였으나 페인은 각 세대마다 산 사람 중에서 지도자를 선거하여 그들 자신의 정부를 구성할 권리를 가진다고 주장하였다. 그는 군주제는 타도되어야 한다고 하고 시민의 권리를 보장하기 위하여 정부형태로는 공화국가를 건설하여야 한다고 하였다.

그는 또 귀족에 의한 통치가 부적합함을 인정하였다. 그는 귀족정치가 가족의 전제를 가져온다고 하여 영국의 귀족원을 폐지하고 프랑스헌법과 같은 상원제도를 선호하였다. 그는 상속에 의한 귀족제도를 부정하고 특히 장자상속제도를 반대하였다. 귀족간의 혼인제도 등은 인류의 보건에도 좋지 않다고 하였다.

그는 평등한 정치참여를 주장하였다. 프랑스헌법은 선거인 인구에 따라 평등하게 의원을 선출하게 하고 있다. 그러나 영국과 같은 유럽에서는 선거권의 평등이 잘 보장되고

이를 개선해야 한다고 주장하고 있다(인간의 권리). 이 구빈세를 전폐하고 가난한 집안에는 노인과 아동에 대하여 일정한 수당을 주어야 한다고 주장하고 있다. 그는 이것은 자선의 문제가 아니고 권리의 문제라고 주장하고 있다. 김철수, 「생존권적 기본권의 법적 성격과 체계」, 『학술원논문집』 제40호(2001), 349-392면.

237) A. Torner, *Glück und Gelingendes Leben*, Zusammenfassung. 아리스토텔레스 이래로 국가는 국민의 행복을 보장하기 위한 목적으로 구성된 것으로 보고 있다.

238) J. Rogers, *First Things: The Meaning of the Pursuit of Happiness*.

있지 않기 때문에 프랑스처럼 개혁할 것을 요구하였다.

그는 전쟁을 각 국가가 돈을 벌기 위해서 하는 것으로 보고 조세를 적정히 사용하여 전쟁을 예방하는 것이 좋다고 생각하였다. 그는 영국 정부의 여러 전쟁과 재정낭비를 귀감으로 전쟁을 위하여 조세를 징수할 수 없도록 건의하였다. 영국에서는 이미 권리장전 등의 실정법에서 의회의 동의 없는 과세는 금지되고 있었다.

6) 사회개혁

그는 앞에서도 말한 바와 같이, 가난한 사람, 노인, 아동들에게 장려금을 주어 이들의 생활을 보장하고 가옥을 제공하고 수학비를 제공하도록 주장하였다. 그 재원은 전쟁을 없애어 전비를 절약하고 징세를 공정히 하여 얻는 돈으로 충분할 것이라고 했다.

다음으로는 정교를 분리하여 신앙의 자유를 보장하도록 요청했다. 그는 교회의 횡포를 지적하고 사제들의 부패를 막고 깨끗한 교회를 만들도록 요구하였다. 정교분리의 원칙은 미국 독립전쟁 후에 달성되었다.

그는 농지개혁도 주장하였다. 농민들의 상황을 고려하여 농지개혁을 할 것을 주장하였다. 원래 국토는 인류공동의 재산이었는데 이것이 개인재산이 되어 농토의 광협의 차이가 생겨났다. 농지는 경작함으로 소유권이 확립되었다. 그런데 이 경우 과대 재산의 경우 제한을 해야 하며 필요한 사람에 경작권을 인정해야 한다고 하였다. 그리고 50세 후에는 정년보상을 받도록 하고, 60세 이상은 사회보호를 받도록 하였다.[239] 경작권은 30년간 계속되는 것으로 하였다.

그는 노예제도에는 반대하고 노예해방을 주장하였으나 미국에서는 실패하였다. 그는 인디언 원주민도 인간의 존엄을 가진 평등인으로 보아 인간으로 대접할 것을 요청하였다. 그는 세계 각국 시민들이 공화국가를 만들어 서로 동맹하여 전쟁을 없애고 영구평화를 유지하기를 원했다. 이 점에서 그는 세계시민이었고 미래를 계획할 줄 아는 위대한 인물이었다.[240]

7) 의의와 후세에의 영향

어떤 역사가는 미국 독립전쟁에서 워싱턴이 칼이었다면 페인은 만년필이었다고 했다. 그만큼 그는 미국의 독립을 원했고 미국 시민의 권리신장을 원했다.

페인은 프랑스 인권선언의 기초에도 중요한 역할을 했으며 근세 자연권론의 주장자로

---

239) T. Paine, *The Rights of Man*, 2nd part, 1792.
240) Hitchens, *How Paine's Right changed the World*, 2007; Hitchens, *Thomas Paine's Rights of Man: A Biography*; Thomas Paine's achievement, history's heroes; Thomas Paine's achievement; *Thomas Paine's on Declaration of Rights, First Principles of Government, and the Constitution of 1795* (Illustrated).

서 중요시되었다. 그러나 그의 『인권론』이나 『상식』은 미국인을 위해서 쓴 것도 아니며 모국이었던 영국인이나 프랑스인을 위해서 쓴 것이 아니다. 그는 책에서 「자기 소속은 전 세계이며 어느 한 부분도 특정 국가를 위해 쓴 것이 아니고 어디에서 왔건 인간의 권리를 위하여 글을 쓴다」고 하고 있었다. 그는 세계시민(Weltbürger)이었으며 어느 한 나라를 위해서가 아니고 전 세계를 위하여 노력하였다. 그리고 미국의 독립혁명과 프랑스혁명에 참여하였으나 결국은 미국에서 쓸쓸히 사망하였다. 그는 당시에는 실패하였으나 세계시민에게 권리를 찾아준 학자라고 하겠다.

5. 제러미 벤담

1) 생애와 업적

제러미 벤담(Jeremy Bentham, 1748-1832)은 유복한 Tory 가정에서 태어나 웨스트민스터학교와 옥스퍼드대학의 퀸즈 칼리지에서 공부하였다. 그는 법률가 교육을 받아 1769년에 변호사 자격을 얻었다. 그는 부자였기에 런던에서 저술활동에만 종사할 수 있었다. 당시의 친구에 따르면 벤담은 40년을 웨스트민스터의 한 집에 살았으며 독방 감옥의 수도승처럼 살았고 법을 체계화하고 인간의 마음을 기계처럼 만들었다고 하고 있다.

그는 조지프 프리스틀리(Joseph Priestley)와 만나게 되어 정치에 관여하게 되고 흄, 헬베티우스, 벡카리아의 책을 읽게 되어 공리주의자로 성장해 나갔다. 그의 첫 저술은[241] 블랙스톤의 영국법 주석의 비판서였다. 그는 법의 지배를 강조하여 전통적인 법의 개정에 반대하였다. 그는 옛법이나 신법을 효용에 근거하여 새로이 평가해야 한다고 주장하였다. 법의 좋고 나쁨은 주민에게 일반적 행복을 증가시키는가의 여부에 따라서 판단되어야 한다고 하였다.

그는 러시아 여행에서 돌아와 1789년에 『도덕 원리 입문』[242]을 출판하여 유명해졌다. 이는 영국 공리주의의 창립 저서로 불린다.

벤담의 업적은 방대하여 아직도 그 전집이 완성하지 못할 정도이나[243] 법학과 법사상에

---

241) *A Fragment on Government*, 1776. Cambridge Texts, OUP. 1988.
242) *Introduction to Principles of Morals and Legislation*, 1789 (고정식 옮김, 『도덕과 입법의 원리 서설』, 2011).
243) 옛날에 발간된 전집으로는 다음 것이 있다. The Works of Jeremy Bentham, vol. 1 (Principles of Morals and Legislation, Fragment on Government, Civil Code Penal Law); vol. 2 (Judicial, Procedure, Anarchial Fallacies, Works on Taxation); vol. 3 (Usury, Political Economy, Equity, Parliamentary Reform); vol. 4 (Panopticon, Constitution, Colonies, Codification); vol. 5 (Scotch Reform, Real Property, Codification Petitions); vol. 6 (Rationale of Evidence, Rationale of Judicial Evidence); vol. 7 (Rationale of Judicial Evidence Part 2); vol. 8 (Chrestomathia, Essays on Logic and Grammar, Tracts on Poor Laws, Tracts on Spanish Affairs); vol. 9 (Constitutional

큰 영향을 준 것은 부인할 수 없을 것이다. 벤담은 영국의 전통법학에 반기를 들고 경험주의·공리주의사상을 전파한 사람이다.[244]

그는 이성인 자연법관에 대해서 이성이라는 개념이 지나치게 광의여서 자연법=이성법의 원칙에 동의할 수 없다고 보고 법실증주의를 주장하였다. 그는 전통적인 자연법과 자연권에 반대하고 국가에 의하여 강제될 수 있는 실정권을 강조하였다.

그의 자연권, 인권론에 반대되는 미국의 독립선언과 프랑스의 인권선언이 발표되었다. 그는 그럼에도 불구하고 미국혁명과 프랑스혁명에 찬동하였다. 그는 1792년에는 프랑스의 명예시민이 되었다.

그는 그 뒤에도 많은 책을 써서 공리주의철학과 법이론과 사회개혁에 관하여 발언을 그치지 않았다. 그는 이 시기에 유명한 정치인인 셸버언 백작과 나중에 수상을 한 피트와 경제학자인 리카르도와 친교를 맺게 되었다. 그의 책은 세계 각국어로 번역되었고 많은 독자를 가졌다. 러시아의 여제와 포템킨(Potemkin), 미국의 매디슨, 아론 버어, 제퍼슨과도 친교를 가졌다. 프랑스의 미라보(Mirabeau), 탈레랑(Talleyrand)과 친했으며 나폴레옹은 나폴레옹 법전을 제정하는데 영향을 받았다. 이 나폴레옹 법전은 유럽 법권(法圈)의 모범이 되었다. 그는 영국의 대개혁법이 왕의 재가를 받기 직전에 사망하였다. 그는 거의 모든 재산을 런던대학 본부 학부에 기증하였으며 이 학교는 종교과목을 필수로 교육하지 않는 최초의 대학이 되었다. 그래서 이 대학에서는 세리, 볼테르, 디드로 등이 강의할 수 있었다. 그래서 공리주의사상은 그의 대자(代子)인 존 스튜어트 밀과 나중에 밀의 대자(代子)인 버트란트 러셀에 의하여 계승되었다. 그는 공리주의의 창시자이며 법실증주의자로 법률개혁, 정치개혁, 사회개혁에 공헌한 철학자였다.

2) 실정권으로의 전환

벤담은 자연권론에 반대한 것으로 유명하다. 버크는『프랑스혁명에 대한 성찰』에서 1791년 프랑스헌법은 미국헌법의 영향으로 무정부상태의 요약이라고 비난하면서 자연권이란 추상적 권리로서 인정될 수 없다고 하였다. 벤담은 이에도 영향을 받았다.

Code); vol. 10 (Memoirs Part Ⅰ and Correspondence); vol. 11 (Memoirs of Bentham Part Ⅱ and Analytical Index). 새로 편집된 전집이 곧 나올 것이라 한다. Published Works of Jeremy Bentham.

244) M. Sicker, Jeremy Bentham on Law and Jurisprudence, *Modern Age* Vol. 22, No. 3, Sommer 1978, pp. 277-284; O. Ben-Dor, *Constitutional limits and the public sphere: a critical study of Bentham's constitutionalism*, 2000; G. Smith, Jeremy Bentham's Attack on Natural Rights, https://www.libertarianism.org; Guillaume Tusseau, Jeremy Bentham on Power-Conferring Laws, 2007; Bhadwaj/Raj, "Legal Positivism: An Analysis of Austin and Bentham," *International Journal of Law and Legal Jurisprudence Studies* Vol. 1, Issue 1; Jurisprudence and Philosophy of Law, "The Command Theory of Law: A Brief Summary, and Hart's Objections", http://legaltheo ryandjurisprudence.blogspot.kr/2008/05/command-theory-of-law-brief-summary-and.ht ml; H. Hart, *Essays on Bentham: Jurisprudence and Political Theory*, Oxford University Press, 1982.

  자연권론은 17세기와 18세기에 있어서 비정당한 법률과 폭력적 정부에 대한 정당한
저항 내지 혁명의 중요 근거로 인정되어 왔다. 벤담도 버크와 같이 1789년의 프랑스인
권선언을 비판하면서 「무정부적 결함」이라고 했다. 영국의 교역자인 턱커(Josiah
Tucker)는 로크의 자연권 체계는 모든 정부의 공통적인 파괴자이며 어떤 정부도 구성
할 수 없다고 미국혁명을 비판하였다. 자연권의 주장자들이 미국이나 프랑스처럼 영국
혁명을 기획할까봐 영국의 지배자는 겁을 먹었고 자연권자들을 억압하는 제도를 강구
하고 있었다. 그래서 자연권론자들은 지하에 숨지 않을 수 없었다. 영국은 프랑스와
긴 전쟁에서 그 위험성을 느끼고 있었다. 평화가 정착된 1815년에도 이 자연권에 대한
생각은[245] 보편화되어 있었다.

  벤담은 이 기류에 따라 자연권은 단순한 난센스라고 하면서 미리 예상된 권리가 아니므
로 언어적으로도 난센스이며 양날의 칼 위의 난센스라고 비난하였다. 18세기 초에는
허치슨, 헬베티우스, 베카리아 등이 효용설(utilian)을 썼으나 벤담이 이를 대표하고 있었
다. 그는 소위 도덕적 권리 또는 자연권은 불행한 가설일 뿐이고 무정부적인 오신(fallacy)
이라고 하였다. 이는 시민적 불안을 고무하고, 법에 대한 불복종과 저항을 가져오며
이미 성립된 정부에 대한 혁명을 부추긴다고 하였다. 정부에 의하여 제정되고 강행되는
정치적 권리, 즉 실정권만이 결정적이며 지성적인 의미를 가진다고 하였다. 「권리는
법의 과실(果實)이며 법만이 과목(果木)이다. 법이 없는 곳에는 권리도 없고 법에 위반되는
권리도 없으며 법에 선행하는 권리도 없다」고 하였다.[246]

  그는 입법의 근본문제는 사회적 효용성을 제고하는 입법을 만드는 것이며 다른 불명확
한 목적을 어떻게 달성할 수 있을 것인가? 입법자는 어떤 방식이 최대다수의 최대행복을
증진할 수 있을지 알 수 있을 것이다. 이 의문에 대하여 로크의 전통에 따른 고전적
자유주의자는 아마 개인이 가지는 자연권을 존중하면 된다고 할 것이다. 그러나 만약에
사회적 효용이 입법의 일반적 목적이라면 자연권은 표준 또는 규범으로서 이 목적을
달성하기 위하여 따라야만 하는 것이다. … 자연권은 근거 없는 가설일 뿐만 아니라
경험주의 방법론에 따라 완성이 불가능할 뿐만 아니라 그것은 정부의 권위를 실추시키기
위하여 전통적으로 사용된 것이기에 그것은 매우 위험한 가설이라고 하고 있다.[247]

---

245) Bentham on Rights and Liberty; G. Smith, Jeremy Bentham's attack on Natural Rights, https://ww
    w.libertarianism.org; A. Alexander, "Bentham, Rights and Humanity: A Fight in Three Rounds,"
    amanda.alexander@anu.edu.au; D. Habibi, "Human Rights and Politicized Human Rights: A
    Utilitarian Critique," *Journal of Human Rights* 6 (2007), 3-35; T. Hodgskin, *The Natural and
    Artificial Right of Property Contrasted*, 1832.

246) Only political rights, those positive rights established and enforced by government, have
    "any determinate and intelligible meaning." Rights are "the fruits of the law, and of the law
    alone. There are no rights without law—no rights contrary to the law—no rights anterior
    to the law."

247) G. Smith, Jeremy Bentham's attack on Natural Rights,
    https://www.libertarianism.org/publications/essays/excursions/jeremy-benthams-attack-
    natural-rights.

그는 권리도 적극적 권리(positive right)와 소극적 권리(negative right)로 나누었다. 그는 자유권은 정치세계에서는 하나의 괴물(chimera)에 불과하다고 하면서 그것은 정부에 의해서 입법에 의해서 결정되는 것이라고 보았다. 이 점에서 홉스의 이론과 비슷하다고 하겠다. 그에 따르면 법이 있는 곳에는 자유(freedom)가 없다고 했다. 벤담은 자유가 있는 곳에는 반드시 법이 오고 자유는 공동체의 행복과 안전을 보장하기 위한 목적의 하나에 불과하다고 한다. 벤담은 자유를 법적 영역에서 없어지게 한 혁명 후의 사상가 중에서 제일 먼저 법실증주의를 이야기한 사람이다. 그는 자유를 혼동을 회피하기 위하여 안전의 하부개념으로 생각하였다. 그의 자유에는 사생활의 비밀만 있다고 생각하였다. 벤담은 자유는 국가법이 이를 규율하거나 제한하지 않기 때문에 존재하는 소극적 권리라고 보았다. 자유는 국가가 법으로 간섭하지 않기 때문에 생기는 것이라고 보았다. 이에 대하여 국가의 법에 의하여 적극적으로 보장되는 청구권은 실정권으로 적극적 권리로 보았다.

이 자연권의 부정론에 대해서는 많은 비판이 있었다.[248]

3) 행복론(happiness)

벤담은 국가의 목적은 주민의 행복을 보장하는데 있다는 오랜 전통을 계승하여 행복을 인간의 권리의 중심개념으로 보고 있다.

벤담의 행복관은 개인주의적인 것이 아니고 모든 사회구성원의 행복을 말하는 것이다. 그는 인간은 쾌락과 고통 속에 살고 있는데 인간은 쾌락을 추구하고 고통을 회피하려는 동기를 가지고 있다. 이 이론은 토마스 아퀴나스와 아리스토텔레스의 좋은 인간론에 근거하고 있다. 그는 행복은 수학적으로 계산될 수 있다고 했다. 쾌락과 고통은 질적으로나 양적으로 계산할 수 있다고 보고 있다. 그는 인간의 모든 행동은 그러한 계산이 전제되어야 한다고 하고 있다(복지경제론). 행복은 이성적인 것이며 인간은 행복을 계산해야 한다고 했다.

벤담은 행복이란 어느 주체의 욕구에서 욕구가 지속적으로 충족된 상태라고 보고 있다. 주체의 의사 및 욕구에 따라서 행복추구의 방법은 생리적 차원의 것에서 정신적 차원의 것까지 다양하다고 한다. 그는 행복을 공리(효능: utility)와 동치하고 있다고 비난받고 있다.

그는 정부의 목적은 최대다수의 최대행복을 보장하는 것이라고 하고 있다. 이 표어는 아마 벡카리아의『범죄와 형벌』론의 번역판에서 유래한 것이 아닌가 생각되고 있다.

---

248) H. Bedau, Bentham's Attack on Human Rights, *Human Rights Quarterly* 22.1 (2000), pp. 261-279; J. H. Burns, "Bentham's Critique of Political Fallacies," in *Jeremy Bentham: Ten critical Essays*, ed. by Parekh, 1974; F. Halévy, *The Growth of Philosophical Radicalism*, 1972; A. Alexander, "Bentham, Rights and Humanity: A Fight in Three Rounds," *Journal of Bentham Studies* vol. 6 (2003).

그는 이 말을 1776년의 『정부론 단편』(A Fragment on Government)의 서문에서 언급한 뒤 40년 동안 이 말을 쓰지 않다가 1811년에 인쇄된 제임스 밀이 편집한 『증명으로서의 이성에 관한 서론적 견해』(An Introductory View of Rational of Evidence)에서 「어떤 공동체든 최대다수의 최대행복을 창조하거나 보존하기 위한 것이다」고 하고 있다.

벤담은 이미 1776년에 나온 『정부론 단편』에서 인간행위의 정사(正邪)의 척도는 최대다수의 최대행복에 있다(it is the greatest happiness of greatest number is the measure of right or wrong)고 했다. 그는 또 greatest happiness of greatest number is the foundation of morals and legislation이라고 하고 있어 도덕과 입법의 근거도 최대다수의 최대행복의 추구에 있다고 했다.[249]

벤담은 최대다수의 최대행복이라는 공리성의 원칙을 들었으나 그의 주장은 쾌(快)로서의 행복을 도덕적 선악의 기준으로 하는 쾌락주의였으나 과거의 개인주의적 내지 이기주의적인 행복 정의와는 달리 개인의 쾌의 추구와 함께 사회적인 행복의 추구를 일치시키려고 한 점이 특색이다. 이 정의는 복지(Welfare)와도 긴밀히 연결시키고 있었다.

그러나 공리주의자라고 똑같은 생각을 가진 것이 아니다. 밀(Mill)은 벤담의 행복론을 좀 순화시키고 있다. 그는 인간은 육체와 정신으로 구성된 존재로 보고 육체적 쾌락과 정신적 쾌락은 다르다고 하고 정신적 쾌락은 육체적 쾌락보다는 더 매력적이라고 하고 있다. 그는 행복의 추구에는 경험자가 필요하다고 보고 쾌락이 무엇인지 평가할 수 있는 사람이 필요하다고 했다. 인간은 행복하게 만드는 일을 해야 하고 교육을 받은 사람은 보다 높은 행복가능성을 가진다고 하였다. 이 점에서 벤담의 계산 가능성에 반대되는 것이다.

공리주의는 쾌락과 고통을 비교하여 쾌락이 많은 행동을 할 것을 요구하고 있다.[250] 벤담은 1828년에 나온 『헌법전의 지도원칙』에서 정부의 목적은 원래 모든 사람의 최대행복을 목적으로 해야 하나, 경쟁이 있는 경우에나 경쟁의 범위에 따라 최대다수의 최대행복을 추구할 수밖에 없다고 하면서 그는 이 원리를 모든 인간의 평화와 선의의 선언이라고 하고 있다. 그는 「인간은 환경의 산물이라고 보고 행복은 자기만의 것이 아니고 다른 사람과의 경쟁 하에 있다. 모든 사람의 최대행복은 아무런 제한 없는 모든 사람의 행복을 말할 것이다. 그러나 모든 개인의 행복은 다른 개인의 행복과 경쟁관계에 있기 때문에 다른 사람의 행복과 공존하기 위하여 제한될 수밖에 없다. 따라서 정부는 최대다수의

---

249) J. Burns, "Happiness and Utility: Jeremy Bentham's Equation," *Utilitas* Vol. 17, No. 1, March 2005, pp. 46-61; Jeremy Bentham, 'Happiness Is Greatest Good', http://philosophy. lander.edu/intro/articles/bentham-a.pdf; R. Layard, Happiness is Back, *Prospect*, March 2005; Seligman/Royzman, Happiness: The Three Traditional Theories, *Authentic Happiness*; Aaron Torner, Zusammenfassung, Glück und gelingendes Leben; Cahn/Vitrano, *Happiness, Classic and Contemporary Readings in Philosophy*, 2008; 石井幸三, ベンタム『統治論断片』の断片的注釋 (1)(2): ブラックストンの「主權」を巡って, 『龍谷』52권 1-2호(2020).

250) 공리주의에 관해서는 수많은 논문이 있다. 이종인 옮김, 『공리주의』, 2020; 서병훈 옮김, 2018. Utilitarianism, Philosophy Page Britannica; D. Taranovsky, Utilitarianism, Feb. 7. 2003, http://web.mit. edu/dmytro/www/Utilitarianism.htm.

최대행복을 추구하는 것이 필요하게 된다」고 하였다. 그는 결론적으로는 민주정치적
개혁을 주장하였다.

4) 법규 개정론

벤담은 Common Law의 해석방법이나 처리방법에 불만이었다. 그리하여 블랙스톤의
영국법해석에 반대하는 글을 쓰고 블랙스톤을 전통에 사로잡힌 보수주의자라고 공격하였
다. 그는 영국의 입법이나 법집행에 대하여 만족하지 않았으며 많은 입법론을 전개하였는
데 그는 입법자의 입법권에 대해서도 비판하고 있다. 그는 입법자가 행복(쾌락)의 최대화
인 공리만이 법률의 정당화 근거라고 하고 있다. 이러한 공리의 원칙 하에서만 법은
이성적이고 명확하며, 공적이고, 일반적이고, 또 체계적으로 정서된 규범이 되는 것이라고
하였다.

그는 최대다수의 최대행복론을 주장하였으나, 동성애자 등 소수자의 권리도 보호할
것을 요구하고 있다. 그는 여론의 중시를 반대하였다.[251]

그는 헌법을 비롯하여 민법, 형법, 사회복지법 등 모든 분야에 관하여 많은 개정을
요구하였다.[252] 형사정책에 있어서도 죄형법정주의와 범죄와 형벌의 균형적용, 교도소
건물의 인간화 등을 주장하였다. 이러한 그의 주장은 영국에서는 즉시 수용되지 않았으나
다른 나라에서는 수용되었다. 그는 원래 법률은 악이며 국민의 권리를 침해하는 것이라고
주장하였다.

그는 영국의 대의정치와 군주제에 대해서는 찬성이었으나 영국의회의 현실에 대해서는
부정적이었으며 영국의회제도의 개선에 관해서 제안을 하여 사후에 그것이 통과되었다.
국가의 권력남용에 대한 구제수단으로서는 저항권을 인정하지 않고 사법적 구제방법을
이용할 것을 권장하고 있다.

그는 당시로서는 특출한 법철학자였으며 헌법학자였고 모든 실정법에 정통해 있었다.
그의 입법론이나 해석론은 많은데 아직 정리가 잘 되지 않아 출판이 되지 않는 것도
많다고 한다. 그는 국제법에 관해서도 책을 썼고 만능 법학자로서 추앙되고 있다.[253]

5) 벤담 이론의 영향

1776년에 나온 벤담의 『정부론 단편』의 사상이 미국과 프랑스의 인권선언에 영향을
주었는지는 확실하지 않다. 그는 언어학적으로 보면 미국 독립선언의 규정과 프랑스

---

251) Zhai/Quinn, *Bentham's Theory of Law and Public Opinion*, Cambridge University Press, 2014.
252) Bentham, Constitutional Code, *The Collected Works of Jeremy Bentham*, Vol. 9 (1843).
253) M. Schwartzberg, *Infallibility in Bentham's Political and Legal Thought*, 2003; M. Sicker, "Jeremy
    Bentham on Law and Jurisprudence," *Modern Age* vol. 22, 1978, pp. 277-284; A. Sen, "Human
    Rights and the Limit of Law," *Cardozo Law Review* Vol. 27:6(2006), pp. 2913-2927.

인권선언이 서로 불합치한다고 비판한다. 그러나 행복추구권에 관한 언급은 후세학자에 의한 해석의 전거가 되었다.

그의 법률개혁, 사법개혁 등은 유럽 각국에 많은 영향을 끼쳤다.[254] 왜냐하면 나폴레옹이 그의 주장을 받아들여 나폴레옹법전을 제정하였기에 유럽에서 그의 법전의 계수가 이루어졌다. 그는 러시아에서도 동생이 카탈리나 여제의 지인이었기에 많은 영향을 끼쳤다.[255] 그의 두 번째 저서인『도덕과 입법의 원칙』[256]은 세계 각국어로 번역되었다. 심지어 미국 건국의 아버지들과 대통령들도 그의 저서를 인용하고 그와 교신하고 있었다.

그는 당대의 유명한 철학자로서 사회개혁, 법률개혁자로 알려져 있으며 공리주의의 창시자로서 오늘날에도 많은 영향을 끼치고 있다.[257]

제3절 프랑스 계몽주의자의 인권사상

1. 몽테스키외

1) 생애와 저술

몽테스키외(Charles de Secondat, Baron de Montesquieu, 1689-1755)는 프랑스 계몽기의 가장 위대한 사상가로서 철학, 법학, 사회학, 역사학 등의 원조라고 말하여진다.

그는 1689년 1월 19일 영세를 받았는데, 생지는 Château de la Brède 이었다. 그는 귀족 집안의 장남으로 태어났다. 소년기에는 7세에 어머니가 사망했고 1700년에서

---

254) 벤담의 업적에 대해서는 Barns/Hart (ed.), *An Introduction to the Principle of Morals and Legislation*, 1970; Hart (ed.), *Of Law in General*, 1970; J. S. Mill, *Essay on Bentham*, 1838; "Bentham's Theory of Legislation," *North American Review*, 1840; H. Sidgwick, "Bentham and Benthamism in Politics and Ethics," *The Fortnightly Review*, 1877; L. Stephen, *English Utilitarians: Vol. 1 - Jeremy Bentham*, MaMaster, 1900; "Jeremy Bentham," Encyclopedia of Philosophy; "Jeremy Bentham," Stanford Encyclopedia of Philosophy; "Bentham," Authors born between 1700 and 1800 CE; H. Hart, *Essays on Bentham: Jurisprudence and Political Theory*, Oxford University Press, 1982.
255) 그에 대한 평가에 대해서는 Postema (ed.), *Bentham: Moral, Political and Legal Philosophy* 2 vols., 2001; L. A. Hart, *Essays on Bentham: Studies in Jurisprudence and Political Theory*, 1982; Postema, "In Defence of French Nonsense Fundamental Rights in Constitutional Jurisprudence," in MacCormick/Bankowski (ed.), *op. cit.*, p. 107-133 참조.
256) 강준호 옮김,『도덕과 입법의 원칙에 대한 서론』, 2013; 고정식 옮김, 2011.
257) H. M. Jones, *The Pursuit of Happiness*, 1953; O. L. Perry, *The Concept of Pleasure*, 1967; R. Harrison, *The Greatest Happiness Problem Bentham*, London, 1983; L. W. Sumner, "Welfare, Happiness and Pleasure," Postema (ed.), *op. cit.*, I, pp. 103-129. 강준호,『제러미 벤담과 현대: 공리주의 설계자가 꿈꾼 자유와 정의 그리고 행복』, 2019.

1705년까지는 파리 근처의 쥴리 신학교(Oratorian College de Juilly)에서 기숙사 생활을 하면서 공부하였다. 1705년에서 1708년에는 보르도대학에서 법학을 공부하였다. 변호사 자격을 얻은 뒤 가정의 수장으로 남작의 직위를 가지게 되고 백부가 했던 법원장직을 상속받았다. 그는 파리에서 계속 공부를 하였다. 또 보르도 의회에서 사법위원(conseiller)의 직을 승계하였다.258)

몽테스키외는 판사를 하면서 여러 가지 공부를 하고 익명으로 저술을 발표하기도 하였다. 1716년 보르도학술원의 회원이 되었다. 그는 백부가 가지고 있던 법원장직을 상속받아 법원장으로서도 근무하였다. 당시의 법관직은 상속하거나 매관매직으로 취득할 수 있었다. 그는 1711년부터 1720년까지 세계 각국을 여행하고 당시의 유명한 학자들과 교신하였다. 1716년에는 『페르시아인의 편지』를 써서 프랑스의 사회생활을 풍자하였다. 그가 이 책으로 유명해지자 명사들의 살롱에 초대받아 명사들과 담론하여 지식을 넓혀나갔다. 1726년에는 법관직을 팔고 파리에 정착하였다. 1728년에는 아카데미 프랑세즈의 회원으로 선출되었다. 그때부터 다시 3년간 유럽의 많은 도시를 여행하였다. 그는 1730년에 왕립협회(Royal Society)의 회원(fellow)으로 선출되었다.

1731년부터 고향에 돌아와 집필에 전념하였다. 1734년에는 『로마의 위대성과 멸망의 원인에 대한 성찰』을 써서 프랑스 절대주의를 암으로 비판하였다. 1748년에는 20년간의 작업 끝에 『법의 정신』(De l'esprit des lois)259)을 출판하였다. 이 책에서 그는 개별적 국가의 내용을 규정하는 요소들(크기, 지리, 기후, 경제, 사회구조, 종교, 윤리, 관습)에 관해서 규명하고 있다. 이 책에 대해 많은 곳에서 공격을 하여 1751년에는 가톨릭교회의 금서로 지정되었다. 그는 이에 대한 방어(Défence de l'esprit des lois)를 썼으나 별 효과가 없었다.260) 그는 백과전서에도 글을 쓰기로 하여 이를 준비하고 있었으나 완성하지 못하였고 사후에야 이것이 발표되었다. 그는 1755년 2월 10일 파리에서 병사하였다.

2) 기본권관과 자유

몽테스키외는 『법의 정신』제1권에서 법의 종류를 네 가지로 나누고 있다. 첫째로는 창조주인 동시에 보존자인 신과 관계되는 법이다. 이 법은 모든 문제를 창조하고 보존하는

---

258) 그의 생애에 대해서는 Shackleton, *Montesquieu: A Critical Biography*, 1961; Kingston, *Montesquieu and the Parlement of Bordeaux*, 1996; D. Shklar, *Montesquieu*, 1989. 간단한 것으로는 Charles de Secondat, Baron de Montesquieu, Wikipedia; H. Bok, Baron de Montesquieu. Charles-Louis de Secondat, Stanford Encyclopedia of Philosophy, 2010; Montesquieu, Wikipedia.

259) 신상초역, 『법의 정신』, 1963. 野田良之他譯, 『法の精神』(岩波文庫, 2001).

260) 그의 저술은 Lettres persanes (Persian Letters, 1721; 이수지 옮김, 『페르시아인의 편지』, 2002); Considérations sur les causes de la grandeur des Romains et de leur décadence (Considerations on the Causes of the Greatness of the Romans and their Decline, 1734; 박광순 옮김, 『로마인의 흥망성쇠 원인론』, 2007); De l'esprit des lois (Spirit of the Laws, 1748). 그의 정치사상에 대해서는 G. Koch, *Montesquieus Verfassungstheorie*, 1998; L. Strauss, *Montesquieu*, 1965; Courtenay Ilbert, *The Romanes Lecture 1904, Montesquieu*.

신의 법이다. 이 법칙은 고정적이고 불변적인 것이다. 동물에게도 나름대로의 법칙이 있다. 이것도 신이 만든 것이다.

다음에는 자연법이 있다. 자연법은 자연상태에서 인간이 가졌던 법이다. 이것이 사회성립 이전의 법이다. 그러한 상태를 받은 법률은 자연의 법이다. 이 법은 창조자의 이념으로서 우리들 마음 속에 각인되어 있다. 이 법은 인간이 자기생존을 위한 법이며 이 상태에서의 인간은 평등에 방점을 두는 것이 아니라 서로가 서로를 동격으로 인정하고 상호간 다투지 않으려고 한다. 자연법의 제1 법칙은 평화보장에 있다. 둘째로는 생존을 위하여 영양분을 획득하는 것이다. 셋째로는 서로가 결합하여 사회를 형성하는 것이다. 인간은 성격 차이에 따라 쾌락을 추구하는 일이 있다. 넷째로는 사회생활에서 살려는 욕심이다. 이는 공동생활에의 욕구라고 하겠다.

다음에는 실정법이 있다. 인간이 사회상태에서는 특정한 사람들이 사회를 형성하여 강자라고 생각하여 약한 사회에 대해 전쟁을 일으키게 되어 전쟁상태로 된다. 이러한 전쟁상태를 종결하기 위한 법이 발생한다. 이 법이 국가 간의 법인 국제법이다. 다음에는 치자와 피치자의 관계를 규율하는 법이 생기는데 이 법이 정치법이다. 다음에는 시민과 시민의 관계를 규율하는 민사법이 발생한다. 국가와 국가 간에는 국제법이 나오고 전쟁 강화, 외교관계, 통상 등을 규율한다. 국민 간에 불법행위가 발생하는 경우, 규율하는 것이 형사법이다.

그는 권리에 대해서는 많이 언급하지 않고 있다. 자연상태에서 가졌던 ① 평화추구권, ② 식품영양추구권, ③ 사회구성권, ④ 공동사회구성권 등을 생각할 수는 있다. 그는 법은 인간의 이성이며 법은 지구상의 모든 국민을 규율한다고 했다. 그는 자유에 관해서도 많이 이야기하고 있다.『법의 정신』제2권에서 자유(liberty)에 관해서 쓰고 있다. 법에는 정치적 자유를 형성하는 것이 있고 시민 간의 관계를 규율하는 것이 있다고 하였다. 정치적 자유는 헌법과 관계되는 것이라고 하였다. 민주정치에 있어서는 인간은 자기가 원하는 것으로 보고 있는 것이 사실이다. 그러나 정치적 자유는 무한정한 자유로 구성된 것은 아니다. 민주국가나 귀족국가는 그 본질상 자유로운 것은 아니다. 정치적 자유는 온건한 정부에서만 발견할 수 있다고 하고 온건한 정부에서도 항상 발견되는 것은 아니라고 했다. 권력의 남용이 없는 경우에만 정치적 자유를 발견할 수 있다고 했다. 정치적 권력의 남용을 예방하기 위하여 권력의 권력에 의한 통제가 필요하다고 하였다.

그는 세계에서 헌법의 직접적 목적을 정치적 자유에 두고 있는 나라는 한 나라가 있다고 했다. 그는 나아가 각 국가의 정치적 자유의 실제에 대해서 비교 연구하고 있다. 시민 간의 자유는 시민적 자유라고 보고 있다.

그는 정치적 법이나 정부의 원칙이「각 국가의 기후, 토지의 질, 그 위치와 넓이, 원주민의 종교, 직업의 여하, 헌법이 인정하려는 자유의 정도」에 따라 다 다르다고 보고 있어 그는 풍토법론자, 법사회학자로도 인정되고 있다.[261]

---

261) L. Strauss, *Montesquieu*, Univ. of Chicago, 1965; "Which Justice? Which Rationality? Montesquieu

몽테스키외의 권리론에 대해서는 그가 자연권에 대해서 침묵하고 있다고 보아 자연권을 부정하고 있다고 보는 사람이 많다. 이에 대하여 그의 자연법은 법이 아니라 권리로 보아야 한다는 이론이 있다.262) 주커트(Zuckert)는 몽테스키외의 모호성이 자연권을 부정하는 것이 아니고 넓은 의미에서 자연권으로 해석할 수 있다고 한다. 그는 앞서 말한 바와 같이, 「세계에서 헌법이 정치적 자유를 직접적 목적으로 하는 나라는 한 나라밖에 없다」고 했는데 그 나라를 영국이라고 보았다. 일반적으로 몽테스키외는 영국을 잘 몰라서 3권분립이 되어 있는 나라로 오해하고 있다고 한다. 그러나 그는 2년이나 영국에서 연구를 했기 때문에 이것은 오해에 근거한 것이 아니고 프랑스제도와 비교하여 이상형으로 규정한 것이라고 하겠다.

그는 홉스를 비판하면서도 자연상태는 전쟁으로 나아간다고 보았다. 그는 홉스의 성악설에 대하여 성선설을 채택하고 있는 신정법을 인정하고 있는 점에서 보아 자연법 즉 자연권을 부정한 것이라고는 볼 수 없을 것이다. 인간의 이성적인 성격에서 사회계약 없이도 사회를 형성하는 성향을 가진다고 보아 자연권설을 인정하고 있다고 보아야 할 것이다. 몽테스키외는 로크의 인성론과 자연상태론을 지지하고 있는 것으로 보인다. 그는 재산권을 개인의 천부적 권리로 인정하고 있는데 이것도 자연권론에 근거한 것이라고 하겠다.

3) 국가, 정부, 3권분립

그는 정부의 목적을 헌법에 의하여 정치적 자유를 보장하는 것이라고 하였다. 이 정치적 자유를 보장하기 위해서는 국가권력이 분립되어야 한다고 하였다. 권력분립이론은 이미 로크에 의해서 주장된 바 있는데, 그가 영국의 사법권이 독립되어 있다고 한 것은 자기의 법원장 시대의 경험을 대입한 것으로 사법권이 독립되어야만 입법권이나 집행권의 부패나 폭정에서 정치적 자유권을 확보할 수 있는 것이라고 보았다(영국에서도 당시에는 의회에서 지정된 위원회가 최고사법권을 행사하고 있었다).

그는 국가형태를 3종으로 나누고 있는데 전통과 혈연에 의한 군주제와 소수인이 지배하는 귀족제와 국민대표가 지배하는 민주제를 구분하였다. 그는 이들 나라가 성공할 수 있는 것은 크기와 인구수, 지질의 좋고 나쁨, 전통과 관습 등에 의해서 결정된다고 보아

---

theory of right in the Sprit of the Laws," C. Volpilhac-Auger (ed.), *Montesquieu en 2005*, pp. 219-42; N. Hagemus, *Montesquieu und die Menschenrechte*, 2002; M. Zuckert, "Montesquieu, Natural Rights, and Classical Liberalism: On Montesquieu's Critique of Hobbes," *Social Philosophy and Policy* 18 (1), 227-251. Dec. 2001; N. Robertson, "Rousseau, Montesquieu and the Origins of Inequality,"
http://www2.swgc.mun.ca/animus/Articles/Volume%2012/Robertson12.pdf.

262) P. Rahe, *Montesquieu, Natural Law, and Natural Rights*; M. Waddicor, *Montesquieu and the Philosophy of Natural Law*, 1970; M. Zuckert, "Natural Rights and Modern Constitutionalism," *Northwestern Journal of International Human Rights*, Vol. 2, Issue 1, 2004.

각 계급마다 일정한 참정권이 평등하게 인정되는 것이 가장 좋은 방법이라고 보았다.263)

로마제국의 흥망에 관한 것도 프랑스의 독재제도의 몰락을 예언하는 것이었다. 그는 인민주권과 직접 자치제도를 인정하려고 하였으나 전통과 역사에 의해서 단절된 감이 없지 않다.264)

그는 정치적 자유주의의 선구자로 인정되어 있으며 헌법사회학자로, 비교헌법학자로, 역사가로서 큰 공헌을 했다.265) 그는 매디슨에 영향을 주어 미국에 3권분립제도를 도입하였다. 프랑스혁명에서도 동기를 부여했을 뿐만 아니라 프랑스공화국헌법 제정에 중요한 역할을 했다. 그의 3권분립론은 오늘날 세계 각국에서 채용하고 있다.

4) 몽테스키외의 영향

몽테스키외의 책은 프랑스에서는 금서로 되었으나 산업혁명과 결부된 인쇄술의 발달에 의하여 많은 논문을 쉽게 출판할 수 있었고 순식간에 몇 만부가 팔리어 그것이 유럽과 미국에 지대한 영향을 끼쳤다.266) 미국 독립전쟁의 결과 미국이 독립되었으며, 이 독립선언서나 헌법조문에 많은 영향을 끼쳤다.

2. 장 자크 루소

1) 생애와 저술

장 자크 루소(Jean-Jacques Rousseau, 1712-1778)는 18세기 유럽에서 계몽기간 중에 가장 영향력이 있는 사상가로 알려져 있다.267) 그는 17세기의 데카르트(Descartes)의 영향을 받은 것으로 알려져 있다.

그의 일생은 파란만장하여 소설적이다. 그는 자서전인 『참회록』(Les Confessions)과 『고독한 산책자의 망상』268)과 『루소가 장 자크를 심판하다』269) 등에서 그의 생애에

263) 송영진, 『혼합정체와 법의 정신』, 2016.
264) *Montesquieu: Selected Political Writings*, Hackett Publishing Company Inc., 1990; P. Manicas, *Montesquieu and the Eighteenth Century Vision of State, Introduction*; E. Durkheim, "Montesquieu and Rousseau, Forerunner of Sociology," 1960. p. 33 ff.
265) C. Spector, *Montesquieu's The Spirit of the Laws in the History of Liberalism, Demokratie und Sicherheit Creating*, Contributions to Liberal theory, Wiki Encyclopedia.
266) R. Wernick, *Montesquieu, Godfather of American Constitution*, http://robertwernick.com/articles/Montesquieu.htm, 1987. Smithsonian Magazine; A. Cohler, *Montesquieu's Comparative Politics and the Spirit of American Constitutionalism*, Univ. Press of Kansas, 1988; "Montesquieu and the Separation of Power," Online Library of Liberty, 1998; M. J. C. Vile, Chapter 4, in *Constitutionalism and the Separation of Power*, 1998.
267) 그의 철학에 관해서는 S. Ellenburg, *Rousseau's Political Philosophy*, 1976; J. Miller, *Rousseau: Dreamer of Democracy*, 1984; J. Shklar, *Men and Citizens: Rousseau's Social Theory*, 1969.

대하여 진솔하게 기술하고 세간의 오해에 대하여 변명하고 있다.

그는 1712년 당시 칼뱅파의 독립시였던 제네바에서 시계공의 아들로 탄생하였다. 어머니는 그의 생후 9일 만에 사망하였다. 아버지가 교육을 맡았는데 아버지는 제네바 시민으로서 소수파에 속하고 있었다. 그는 아버지에게서 독서를 배웠으며 플루타르코스의 영웅전에 심취했었다. 그의 아버지는 프랑스 대령과의 불화로 체포를 면하기 위하여 제네바를 떠나 망명하였다. 이에 아들 루소는 가까운 교회의 목사에게 위탁되어 그곳의 종교에 관해서 배웠다. 그는 16세에 가톨릭으로 개종하였기에 제네바 시민권을 포기해야만 했다. 그는 귀족들의 주선으로 이탈리아 투린의 집사로 일하였다.

그는 음악을 좋아하였고 평생 음악에 관심을 가져 악보를 필사하거나 음악 선생으로 종사하기도 하였다. 그는 1731년에는 바랑스 부인(Madame de Warens)의 집사로 있었으며 1740년까지 그 생활을 계속하였다. 1740년에 리용으로 옮겨 가정교사의 직을 계속하게 되었다. 여기서 그는 당시의 프랑스 계몽주의자를 만날 수 있었다. 1742년에는 파리를 여행하였으며 여기서 디드로(Denis Diderot)를 만났다. 그는 잠시 동안 베니스의 프랑스 대사 비서로 근무한 뒤 1744년에는 파리로 이주하여 백과전서(디드로와 달랑베르 편집)에 음악논문을 기고하기도 하였다. 루소는 디종(Dijon) 아카데미에서 공모한 논문에 응모하여 상을 받아 유명해졌다. 이 「과학과 예술에 관한 논문」[270]은 1750년에 공표되었다. 1752년에서 1753년까지는 주로 음악에 관해서 연구하였다. 그는 오페라 「시골 예언자」 (Le devin du village)를 상연하기도 하였다. 그는 1754년에 칼뱅교로 개종하여 제네바 시민이 되었다. 다음 해에는 『인간불평등기원론』[271]을 작성하여 디종 아카데미에 제출하였으나 수상하지 못했다. 1755년에 이 논문을 발표하였으며, 1761년에는 『사회계약론』 (Du Contrat social ou Principes du droit politique)[272]을 출판하였다. 이들 저서는 당시의 종교계에서 배척을 받아 금서로 되기도 했으며, 루소는 파리와 제네바에서 추방되어 영국 등지를 전전하였다. 영국에서의 여행은 흄(David Hume)이 주선하였었다.

그는 1751년에는 『줄리』(Julie), 1761년에는 『에밀』(Emile) 등 소설을 발표하여 많은 사람이 칭찬하고 베스트셀러가 되기도 하였다. 그는 1767년에 프랑스에 돌아와서 참회록 등 자서전을 썼으나 생전에는 출판되지 못하였다.[273] 그는 1778년에 사망하였다.[274]

---

268) *Les Rêveries du promeneur solitaire*, 1782.

269) *Rousseau juge de Jean-Jacque. Dialogues*, 1772.

270) *Discours sur les science et les arts*, 1750.

271) *Discours sur l'origine et les fondements de l'inégalité parmi les hommes*, 1755 (이충훈 옮김, 『인간 불평등 기원론』, 2020; 김중현 옮김, 2015).

272) 『사회계약론』의 번역은 수십 종이 나와 있다. 최근의 것은 김영욱, 2018; 박호성, 2015; 김중현, 2010 등. 이 중 김영욱의 옮긴이의 주가 상세하다.

273) 그의 저술로는 Rousseau, *De contrat social*, 1762; Rousseau, *Discours sur Origine et Fondaments de L'inégalité parmi les Hommes*, 1775; Rousseau, *Oeuvres complètes*, Paris, 1905이 있다.

274) 그의 생애에 대해서는 M. Cranston, *Jean-Jacques: The Early Life and Work of Jean-Jacques Rousseau, 1712-1754*, Allen Lane, 1982; M. Cranston, *The Noble Savage: Jean-Jacques Rousseau. 1754-1762*, Allen Lane, 1991; M. Cranston, *The Solitary Self: Jean-Jacques Rousseau in Exile and Adversity*, Allen Lane, 1997; L. Crocker, *Jean-Jacques Rousseau -the Quest 1712-1758*,

프랑스혁명 시에 파리의 판테온으로 이장되었으나 왕정복고 후 반도들이 판테온을 습격하여 그의 유해를 개천에 버렸기에 지금은 유해를 찾을 수 없다.

2) 자연상태와 인간의 상태

루소는 1753/4년에 쓴 『인간불평등기원론』에서 자연상태와 인간의 본성에 관해서 설명하고 있다. 그는 홉스(Hobbes)가 자연상태는 만인의 만인에 대한 전쟁이라고 본 것은 잘못이라고 한다. 또 로크(Locke)가 자연상태에 있어서의 인간은 이성적이라서 다수의 인정하고 있는 권리를 강제할 방법이 없다고 생각한 것은 잘못이라고 한다. 그는 1762년의 『사회계약론』에서 「인간은 자유로운 것으로 출생했다. 그러나 어디에서나 쇠사슬에 묶여 있다. 자기가 타인의 주인이라고 생각하는 사람도 사실에 있어서는 그 사람들 이상으로 노예상태에 있다」고 하면서 자유를 보유하기 위하여 사회계약을 맺어 자유를 수호해야 한다고 하고 있다. 루소는 「인간은 생활을 좋게 하고 간소화하기 위하여서는 자연에 돌아가야 한다. 그리하여 인간은 다시 자유롭고 평등하여야 한다. 이러한 주장은 현존상태 중에서 인민이 주권자이며 인민의 일반의사를 통하여 인민 자신에 바른 법률을 제공하고, 인민이 선택한 정부를 엄중히 감시하여, 인민이 원하는 경우에는 언제든지 그 정부의 권력을 제한하고 수정하고 박탈하는 국가에 있어서만 가능하다」고 하였다.

루소는 사회상태 이전의 인간은 두 가지 자연적인 감정을 가진다고 보았다. 그것은 amour de soi와 pitie이다. amour de soi는 자기보존을 위한 자기존경이라고 했다. petie는 동정(sympathy)이며 다른 사람을 침해하지 않을 욕망이라고 했다. 이 사람들이 인간의 시초단계에서부터 점차 발전하여 사회를 형성하게 되는 여러 단계로 발전하였다고 본다. 그리하여 진정한 사회상태에 들어가게 되면 인간은 평등하고 자유롭게 된다고 했다. 이것은 초기 교육의 결과이기도 하다.[275]

3) 자연법

루소의 『인간불평등기원론』은 디종 학술원의 현상논문 「인간간의 불평등의 원인은

Macmillan, 1974; L. Crocker, *Jean-Jacques Rousseau The Prophetic Voice 1758-1778*, Macmillan, 1974; L. Damrosch, *Jean-Jacques Rousseau: Restless Genius*, Hougton Mifflin, 2005. 간단한 것으로는 Rousseau, Stanford Encyclopedia of Philosophy; J. Delaney, Rousseau; *Jean-Jacques Rousseau*, Internet Encyclopedia of Philosophy.

275) E. Schwitzgebel, "Human Nature and Moral Education in Mencius, Xunzi, Hobbes and Rousseau," *History of Philosophy Quarterly*, 24 (2007), pp. 147-168; L. Cooper, *Rousseau and Nature: The Early Life and Work of Jean-Jacques*, Penn. State UP, 1999; M. Cranston, *Jean-Jacques: The Early Life and Work of Jean-Jacques Rousseau, 1712-1754*, Univ. of Chicago Press, 1991; M. Cranston, *The Noble Savage: Jean-Jacques Rousseau. 1754-1762*, Univ. of Chicago Press, 1991; Çağlar Yenihançer, *The State of Nature: Thomas Hobbes and Jean-Jacques Rousseau.*

무엇이며 그것은 자연법에 의하여 근거되어진 것인가」에 대한 대답을 위한 것이다. 그의 『인간불평등기원론』의 제1부에서는 순수한 인간의 자연상태에 관해서 기술하고 있다. 여기에서 그는 인간은 선한 존재이며 사회상태에 들어가기 전에는 순진했다고 했다. 제2부에서는 이 좋은 상태의 인간이 당시 사회에 이르기까지의 역사적 경위를 설명하고 있다. 이 첫 단계에서의 상태가 계속되었다면 인간은 행복했을 것이라고 한다. 그런데 이 단계를 지나 농업기술이 발달하고 금속공업이 발달함에 따라 분업이 발생하고 재산이 분배된다고 본다. 마지막 단계에서는 인간은 도처에서 쇠사슬에 얽매어 있다고 했다. 이 논문은 인간은 본질적으로 평화롭고 만족하고 평등했는데 사회화과정에서 불평등이 나온 것으로 보았다. 그는 자연법에서는 근거를 발견할 수 없다고 생각한 것 같다.

자연법은 이성의 법이라고 하여야 할 것이었다. 그러나 자연상태에서의 인간은 이성에 의해 지배되지 않았다고 하고 합리주의적 자연법에 대해서 반대하였다. 그는 인간의 이성에 선존하는 두 가지 원리가 있는데 하나는 우리들의 안녕과 자기보존에 관하여 열렬한 관심을 가지게 하는 것이며, 둘째로는 모든 감성적 존재 주로 다른 동포가 멸망하고 또는 고생하는 것을 보는데 대한 자연적으로 혐오를 일으키는 것이다. 그는 이성을 자기완성능력의 하나로 보았다. 그가 자연법을 인정하였는가에 관해서 논쟁이 있으나 자연상태의 법은 인정했다고 하겠다.[276]

4) 자연권

루소는 자기 신분의 보존이 가장 중요한 것으로 인간의 첫째 배려는 자기 자신에 대한 배려라고 하면서 생존보존의 권리를 중시했다.[277] 인간은 고립적 존재였기 때문에 타자의 구속을 받지 않는다는 의미에서 자유를 가지며, 부자유는 종속에 근거한 것이며 종속은 사회생활에 있어서의 인간의 상호의존에 근거한다고 하였다. 또 자연적 불평등

---

276) 루소가 자연법을 인정하고 있다는 주장과 부정하고 있다는 주장의 대립에 대해서는 佐伯宣親, 『近代自然法論の硏究』, 1988, 206-210면; 福田歡一, 『近代政治原理成立史序說』, 1971, 139-223면 참조.

277) 루소의 인권사상에 대해서는 E. Mensch, *J. J. Rousseau, Der Philosophie des Naturrechts*, 1907; I. Fetscher, *Rousseaus politische Philosophie*, 1960; A. Cobban, *Rousseau and modern state*, 1964; Vaugham, *The Political Writings of Jean Jacque Rousseau*, 1915; R. D. Masters, *The Political Philosophy of Rousseau*, 1976; E. H. Wright, *The meaning of Rousseau*, 1929; Manuel/ Manuel, *Utopian Thought in the Western World*, pp. 436-452; Boucher/Kelly (eds.), *The social contract from Hobbes to Rawls*, 1994(日譯, 飯島/佐藤, 『社會契約論』, 1997); R. Andelson, "Rousseau and the Rights of Man," *Modern Age*, Fall 1984, pp. 349-355; T. Brooks (ed.), *Rousseau and Law*, 2005; J. B. Noone, "Rousseau Theory of Natural Law," Brooks (ed.), *op. cit.*, pp. 195-214; 平田淸明, 정하진역, 『사회사상사』, 110-128면; 杉原泰雄編, 『講座・憲法學の基礎, 憲法思想』, 1989; 小笠原弘親, 『初期ルソーの政治思想』, 1979; 桑原武夫編, 『ルソー論集』, 1970; 樋口謹一, 『ルソーの政治思想』, 1978; 佐伯宣親, 『近代自然法論の硏究』, 1988; 福田歡一, 『近代政治原理成立史序說』, 1971; 정인흥, 『서구 정치사상사』, 1992; 벨첼, 박은정역, 『자연법과 실질적 정의』, 2001; 오수웅, 루소에 있어서 인권사상: 자연권과 자연법을 중심으로, 『한국정치학회보』 제41권 4호 (2007) 등 참조.

이외의 일체의 불평등은 사회상태에 있어서의 일종의 구속 또는 사람들의 합의에 의하여 생기는 것이므로, 타자와의 의존관계가 없는 자연상태에서는 이러한 불평등이 생길 여지가 없다고 한다. 그는 권리를 불가침한 것으로 주장하고 있는데 총의에 의해서는 권력자에게 위임할 수 있는 것으로 보고 있다.[278]

그는 인간이 갖는 연민의 정에 따라 다른 사람의 불행을 가능한 한 적게 하여 자기 자신의 행복을 추구할 것을 요구하고 있다.

그는 인류의 권리의 확보와 생명·재산의 보전은 자기애에서 생기는 행복추구에 연결된다고 했다. 그는 소유권은 시민의 모든 권리 중에서 가장 신성한 권리이며, 자유 그 자체보다도 중요하다고 하기도 한다(『정치경제론』).

그는 인권에 대한 체계적인 저술을 하고 있지 않으나 산발적으로 여러 권리를 언급하고 있다.

(1) 자유권

루소는 모두가 타고날 때부터 자유를 가진다고 보고 이를 가장 중요한 인권으로 보고 있다.[279] 그는 이러한 권리는 로크와 달리 모든 사람의 권리라고 보았다. 로크만 하더라도 자유의 주체는 재산이 있는 영국인 남자에게만 자유가 있다고 보았는데 그는 모든 사람, 재산이 없는 사람, 여자, 노예까지도 천부의 자유는 있다고 생각하였다. 로크는 노예제도에 대해서 찬성이었고 노예소유로 이득을 챙기기도 하였으나, 루소는 노예도 원래는 자유라고 생각하였다.[280] 루소는 노예로서 평화롭게 사는 것보다는 위험 속에서 자유롭게 사는 것이 낫다고 했다.

(2) 평등권

루소는 인간은 모두가 평등하게 태어났다고 하였다. 그는 『인간불평등기원론』에서 인간은 평등하였으나 사회의 발전에 따라서 부와 지위의 차이가 생겨서 불평등이 발생하였다고 보고 이것을 극복하기 위하여 무엇을 할 것인가를 묻고 있다. 그는 모든 인간이 덕을 배우고 이를 실천하여 통치자에게 이를 요구하여야 한다고 보고 있다. 사회계약설에 따라 새 사회계약이 더 평균적인 내용을 담을 것을 요구하고 있다고 본 것이다.[281] 그는 자연권으로서 평등권이 보장된다는 17세기 이론에 반대하고 그것은 부자가 특권을 유지하기 위한 것이라고 비난하고 있다.

---

278) J. Fudjack, *The Inalienable Rights of the Individual and the Sovereign Will of People*, http://quadrant4.org/rousseau.html.

279) Andelson, Rousseau and Theory of Rights. *op. cit.*

280) Rousseau, *Contrat social*, Book 1, 4 Slavery.

281) Rousseau, *Discours sur l' inégalité*, Part 1; N. Robertson, "Rousseau, Montesquieu and the Origins of Inequality," http://www2.swgc.mun.ca/animus/Articles/Volume%2012/Robert son 12.pdf; L. Hunt (ed.), *The French Revolution and Human Rights*, Bedford/St. Martin's, 1996.

(3) 행복추구권

그는 행복추구권을 중시하고 있다. 그는 가족의 사랑에 최고의 행복이 있다고 보고 최대다수의 최대행복설을 지지하고 있다. 루소는 가정 가족만이 자연상태 때부터 존재한 것이고, 가정은 자식들의 자기생존권을 보장하기 위하여 필요한 것으로 보았다. 아이들이 성장하면 관습에 의해서 유지되고 보호된다고 보았다. 그는 가장 행복한 사람은 가장 적은 고통을 받는 사람이고 가장 불행한 사람은 가장 적은 쾌락을 즐기는 사람이라고 하고 있다(Emile).

(4) 교육을 받을 권리

그는 「인간은 탄생한 순간부터 생을 유지하기 위하여 배우기 시작한다. 아버지가 아이들을 교육할 의무를 가지고 있으나 가족이 해체되는 경우 등 아이들을 교육하지 못할 경우가 있다. 국가는 아버지보다 더 많은 아동교육에 대한 책임을 저야 한다. 국가가 아동교육을 해야 하는 것은 자연의 이치이며 국가는 아동의 교육을 해야 할 의무를 지고 있다」(Emile, 1755)고 하고 있다. 따라서 아동은 국가에서 교육을 받을 권리를 가진다고 하겠다.[282]

(5) 생명과 죽음의 권리

그는 『사회계약론』 제2권 5장에서 생명과 죽음의 권리에 관해서 기술하고 있다. 그는 자기보전의 권리로서 생명권을 인정할 뿐만 아니라 정부가 사형을 집행함으로써 생명권을 박탈하는 것에 대해서도 반대하고 있다. 물론 자살을 방지해야 하는 것은 국가의 의무로 보고 있다.[283]

(6) 재산권

그는 『사회계약론』 제1권 제9장에서 재산에 관하여 설명하고 있다. 그는 「이미 얻어진 재산권은 진정한 권리로 보고 있다. 자연상태에서는 최초 점유자의 권리는 미약했으나 시민사회에서는 이 최초 점유자의 권리는 강해졌다. 또 개인 재산뿐 아니라 국민의 공유재산을 인정하고 있다.[284]

(7) 정치적 권리, 투표권

사회계약론의 부제는 정치적 권리의 원칙으로 이에 대하여 규정하고 있다. 또 그 내용으로서 투표권 등을 설명하고 있다.

---

282) J. Gianoustos, "Locke and Rousseau, Early Childhood Education," *The Pulse*, Vol. 4, No. 1 (2004), pp. 1-23.
283) Rousseau, *Contrat social*, Book 2, 5.
284) Rousseau, *Contrat social*, Book 1, 9.

5) 사회계약론

루소는 자연상태에서 시민사회, 국가로 이행할 때에는 사회계약을 맺어 국민의 총의에 따라 통치를 해야 한다고 주장하였다. 「루소는 자연상태에 있어서의 인간은 자유스러웠으나 크면서 모든 사람이 쇠사슬에 묶여 있다고 보았다. 왜냐하면 사람들이 가지고 있었던 자유를 그의 생명을 보존하기 위하여 통치자들에게 이양했기 때문이라고 했다. 이 원시적인 조건을 더 이상 계속해서는 안 된다. 이 문제는 각자의 생명과 소유를 방어하면서 피치자 각자에게는 이전과 같이 자유로울 수 있는 정부형태를 발견하는 것이라고 하였다. 이 기본적인 문제를 해결하기 위하여 사회계약이 요청된다. 대중은 함께 통합해야 한다. 모든 사람을 통합시키는 것을 일반의사(volonté général)라고 한다. 모든 사람은 그와 그의 모든 권리를 일반의사의 통제 하에 두어야 하며, 일반의사가 어떠하든 그 결정에 복종해야 한다. 각자는 같은 권력을 가지며 이는 일반의사의 평등한 중요 부분이다. 사회계약을 통하여 인간은 그가 자연에서 받은 자유를 가능한 한 많이 보유하여야 한다. 각인은 자유를 모든 사람에게 주어야 하며 그의 자유를 한 사람에게 주어서는 안 된다. 왜냐하면 각인은 그의 자유를 일반의사에게 부여하며 자기는 일반의사의 일부분이 되며 각인은 일반의사 내에서 동일한 권력을 가진다」.[285]

이 사회계약설은 플라톤의 크리톤에서 시작하여 홉스, 로크 등에 의하여 계승된 이론이다.[286] 이들은 전부가 자연상태에 있어서의 인간의 지위에 관해서 논의를 시작하고 있다. 홉스에 있어서는 자연상태는 전쟁상태이며 이는 도저히 감당할 수 없는 것이기에 현명한 인간은 이들 질곡에서 도피하기 위하여 절대적 권력자에게 그들을 위탁하려고 한 것으로 보고 군주제를 옹호하였다. 이에 대하여 로크는 인간의 자연상태는 완전한 상태이며 다른 사람의 간섭 없이 자유로우며 자기의 생명유지에 가장 적합하며 완전한 행동의 자유가 보장된다고 보았다. 그는 사회계약의 목적은 이 자연상태를 보다 잘 유지하기 위한 것이며, 특정한 나쁜 시민상태를 거부하며 보다 좋은 시민사회를 이루려고 한 것으로 보았다. 그는 사회계약은 인민과 왕과의 동의에 근거한 것이며 인민은 왕에 저항할 수 있는 자연권을 가진다고 하였다. 그는 대표제 정부를 선호하였다.[287]

루소의 사회계약론은 자연상태는 자유롭고 평등하고 평화적이고 행복했다는 전제에서 출발하고 있다. 그는 재산권의 소유가 불평등과 살인과 전쟁을 초래한다고 보았다. 그는

---

285) C. Bentram, *Rousseau and the Social Contract*, Routledge, 2004; Jean-Jacques Rousseau, *The Social Contract*, 1762; The Social Contract, Wikiquote; Constitution Society, The Social Contract, Wikipedia; J. Rawls, *Political Liberalism*, Columbia University Press, 1993 (장동진역, 『정치적 자유주의』, 1998); J. Rawls, *Theory of Justice*, Harvard University Press, 1971 (황경식역, 『정의론』, 1985) ; R. Yezzi, *Directing Human Actions: Perspectives on Basic Ethical Issue*, University Press of America, 1986, pp. 189-201.

286) 간단한 설명으로 C. Friend, *Social Contract Theory*, Internet Encyclopedia of Philosophy; Social Contract, New World Encyclopedia.

287) Locke, *Two Treatise on Government*; Locke and Rousseau on Social Contract, *Problem* 17.

사회계약은 인민이 원하는 합의가 아니고 땅을 훔친 부자들이 보통사람을 바보로 만들어 지배자를 받아들이게 한 것이라고 보았다. 그의 결론은 ① 정부는 인민의 종복이고 결코 주인이 아니다. ② 정당한 주권은 일반의사의 표현 속에 있다. ③ 이 일반의사의 표현은 모든 시민의 자유와 평등을 보장한다고 하였다. 그리하여 그는 일반의사에 따른 직접민주정치를 선호하였다. 왜냐하면 인민은 모든 정치적 의사를 가지고 있는데 인민에 의하여 선출된 대표자는 인민의 의사를 결정할 수 없기 때문이라고 한다. 이러한 직접민주 정치는 영토가 광대하고 인구가 많은 곳에서는 사실상 실현불가능한 것이다.[288]

루소의 사회계약론에 대해서는 많은 비판이 행해지고 있다. 왜냐하면 사회계약의 실체가 역사적으로 증명되지 않으며(흄), 인민의 동의의 개념이 불명확하며 이는 민법상의 계약개념과 다르다는 점 등을 들고 있다. 특히 루소의 사회계약설은 일반의사를 빙자한 통치자의 독재를 가져올 수 있으며, 프랑스혁명 말기에서 볼 수 있는 바와 같이 인민의 급진적인 혁명운동에 의하여 민주주의를 파괴한다는 주장이 있다.[289]

6) 국가와 헌법, 정부

루소는 국가나 헌법, 정부에 대해서 여러 곳에서 이야기하고 있다. 그는 코르시카 헌법 프로젝트에서 1765년에 초안을 작성하고 있다.[290] 그는 코르시카도 가난한 나라이기 때문에 스위스식인 행정제도를 가질 것을 권고하고 있다. 그는 조세징수를 위한 행정부 구성을 원하고 부서를 적게 하여 비용을 절감하기를 바라고 있다. 그는 민주정부를 구성할 것을 권고하고 있다. 또 정부 수장을 두되 통상 등을 원활하게 할 것을 권고하고 있다. 경제제도에 대해서도 언급하고 있다. 섬 정부는 다른 영토의 영주와는 독립되어 있어야 하며 행정을 위한 효율적인 제도를 만들 것을 권고하고 있다. 입법을 하는 경우에는 간결하게 하고 간결한 농업법을 제정하도록 권고하고 있다. 그는 권리장전에 관해서는 언급하지 않고 있다.

그는 사회계약론에서 일반의사에 의한 통치를 주장하고[291] 있다. 그는 일반의사에 따르지 않는 사람은 추방할 수 있다고 하고 인민집단에 의한 직접민주정치를 주장하였다.

---

288) 이에 대한 비판도 있다. "What Man Loses by the social contract is his natural liberty and an unlimited right to everything he tries to get and succeeds in getting: what he gains is civil liberty and the proprietorship of all the possesses." (Rousseau on Social Contract, Book 1, chapter 8).

289) *Contemporary Critiques of Social Contract-Theory*, Social Contract Theory of Internet Encyclo-pedia of Philosophy. 특히 4 ⅱ, The Nature of The Liberal Individual, Social Contract, New World Encyclopedia.

290) Jean-Jacques Rousseau, *Projet de Constitution pour la Corse*, 1765 (박호성 옮김, 「코르시카 헌법 구상」, 『사회계약론외』, 2015 (루소 전집 8), 165-228면); R. Kingston, *Rousseau's Plan for a Constitution for Corsica*, University of Toronto.

291) Jean-Jacques Rousseau, *Social Contract*; M. Bakunin, "Rousseau's Theory of State," S. Dolgoff (ed.), *Bakunin on Anarchism*, Knopf, 1972.

그는 시민은 법을 준수하여야 한다고 했다. 그는 시민사회는 안전과 정의, 자유와 재산이 보장되어야 하고 모든 사람이 이들 권리를 즐겨야 한다고 하였다. 그는 민주정치를 주장하였으나 상세한 방법은 논하지 않았다. 그는 법의 원천은 사회계약에 있다고 보고 있다. 그는 주권의 소재를 인민에게 있다고 보고 인민주권을 주장하고 있다.292) 이 인민주권설은 1789년 프랑스혁명의 이념으로서 잘못 이용되었기 때문에 이를 비판하는 학자가 많다. 그는 정부는 인민주권의 종복에 불과하고 국민의 대표자가 아닌 인민집회가 주권자라고 보고 있다. 그런데 그는 진정한 민주정치는 자연에 반한다고 한다. 왜냐하면 다수가 통치하고 소수가 통치당한다는 것은 자연질서에 위배되는 것이라고 한다.293) 그래서 그는 귀족국가가 정부의 가장 좋은 형태라고 하고 있다. 그는 현명한 사람이 다수를 통치하는 것이 자기들의 이익이 아니고, 다수의 공익을 위하여 통치하는 것이 확보되는 경우에는, 가장 좋으며 가장 자연적인 구조라고 하여 그들이 귀족에 의한 통치를 찬성하고 있다. 이것은 불평등을 가져오는 정부형태이기는 하나 가장 좋은 능력을 가진 사람이 모든 시간을 공무행정을 위하여 위임하는 것은 정당화될 수 없다고 보았다.294) 이것은 인민주권주의에 위반하는 것처럼 보이나 현실에서는 불가피한 것으로 볼 수 있다.

7) 루소의 의의와 영향

루소의 『인권론』, 『사회계약론』은 프랑스혁명의 이론으로서 중요한 역할을 하였다.295) 그러나 루소는 『에밀』에서는 법의 준수를 강조하였고 혁명을 반대하였다. 그러나 그의 「총의론」은 프랑스 혁명의 구호가 되었다.

프랑스 혁명의 초기에는 세계 각국에서 많은 지지를 받았는데 후기에 가서는 루소의 사상을 잘못 이용하여 급진적·독재적으로 되어 많은 비판을 받았다. 그는 국민의 총의는 정부에 의해서 대표되어지며 이는 오류일 수 없다고 하였다. 이 프랑스혁명의 이론은 급진민주주의 이론으로 이해되어 로베스피에르 등이 실천하여 공포정치를 가져왔다. 그럼에도 불구하고 세계 각국의 혁명이론으로서 많은 반향을 일으켰다.

---

292) D. Pavlovic, *Rousseau's Theory of Sovereignty*, Central European University, Diss. of MA, Budapest, 1997.
293) Jean-Jacques Rousseau, *The Social Contract*, Book 3, Section 4.
294) Jean-Jacques Rousseau, *The Social Contract*, Book 3, Section 5.
295) 프랑스혁명에 관해서는 버크의 반대론과 페인의 찬성론이 있었는데 이에 대해서는 본서 영국의 계몽주의 사상을 참조할 것. Stephen Hicks, *Rousseau and French Revolution*, http://www.stephenhicks. org/2010/01/07/rousseau-and-the-french-revolution; Lauritsen/Thorup, *Rousseau and Revolution*, 2011; Carl Najdek, "Revolutionizing Rousseau: An Analysis of the Political Thought of Jean-Paul Marat, Georges Jacques Danton, and Maximilien Robespierre," University of North Carolina, 2008; K. Holmes, *The Great Divide: The Ideological Legacies of the American and French Revolutions*, Heritage Foundation; M. Cranston, "The French Revolution Ideals and Ideologies," *History Today* Vol. 39, Issue 5 (May 1989).

루소는 혁명 직전에 사망하였으나 디드로는 혁명 와중에서 급진파에 의하여 체포되어 자살하였다. 미국 헌법의 제정 시에도 이러한 과오를 인정하여 직접민주정치를 반대하고 귀족정치를 도입해야 한다는 주장이 있었다.[296)

루소의 사회계약론은 정치학에서는 절대적 영향을 미쳤으며 국민총의론은 헌법발전에도 영향을 미쳤다. 윤리학에서나 교육학계에서도 많은 영향을 끼쳤다.[297)

제4절 미국 건국 시 계몽주의자의 인권사상

1. 벤저민 프랭클린

1) 생애와 사상

벤저민 프랭클린(Benjamin Franklin, 1706-1790)은 미국 계몽사상가의 한 사람으로서 미국의 독립과 건국에 공을 세운 외교관인 동시에 정치가였다. 미국의 계몽사상가로는 토마스 페인, 제임스 매디슨, 토마스 제퍼슨, 존 애덤스, 벤저민 프랭클린 등을 들 수 있다.[298)

미국 사상가들은 유럽의 계몽주의에 영향을 받은 것으로 주로 영국의 계몽주의와 독일의 계몽주의, 프랑스의 계몽주의에 영향을 받은 것이라고 하겠다.[299) 미국의 사상가들도 이러한 유럽의 계몽주의자에 따라 과학적 합리주의, 종교적 관용, 경험적 정치조직에 관한 사상을 계수하여 미국의 발전에 중요한 기여를 하였다. 그 결과 합리주의적 유신론(Deism), 자유주의론, 공화주의, 보수주의, 관용론, 과학적 진화론 등이 미국 식민지에서

296) M. Magnet, "James Madison and the Dilemma of Democracy." *City Journal*, 2011; P. Word, "Tyranny of Majority: A James View," Rense.com.
297) General Will, Philosophy of Rousseau, https://www.britannica.com/topic/general-will; Maurizio Viroli, *Jean-Jacques Rousseau and the 'Well-Ordered Society'*, Cambridge Univ. Press, 2003; Robert Wokler, *Rousseau, the Age of Enlightenment, and Their Legacies*, Princeton Univ. Press, 2012.
298) 미국의 계몽주의 사상에 대해서는 "American Enlightenment Thought," Internet Encyclopedia of Philosophy, http://www.iep.utm.edu/amer-enl.
299) 간단한 설명으로는 Age of Enlightenment, Wikipedia; Philosophy of Enlightenment, csudh.ed; Liberal (enlightenment) Political Philosophy and Philosophers, https://quizlet.com/37863909/liberal-enlightenment-political-philosophy-and-philosophers-flash-cards; The Saylor Foundation, "Political and Social Impact of the Enlightenment," library.saylor.org; England and the French Enlightenment, gettysburg edu; John Robertson, European Enlightenment, *Oxford Handbooks*; American History, Democratic Origins and Revolutionary Writers, 1776-1820.

도 꽃피게 되었다. 이들은 영국의 압정에 시달리던 식민지에 새로운 정부이론을 도입하여 독립을 쟁취하게 되었다.

프랭클린은 저자인 동시에 출판가였으며 과학자인 동시에 정치가였다. 그는 식민지 정치시대부터 혁명전쟁과 여러 분쟁의 시기를 슬기롭게 이끌어 미국을 국가로 형성한 사람이다. 그는 독학으로 84년의 생애 동안 수많은 저술과 발명을 하여 유명하다. 그는 천문학자로서, 전기학자로서 유명하다. 전기에 관한 그의 저서는 영어, 불어, 이탈리아어, 독일어로 번역되었으며 세계적인 명성을 얻었고 배터리를 만들기도 하였다. 그는 쌍안경을 발명하고 전선, 흔들의자 등도 발명하였다. 그는 유리하모니카(Armonia, 하이프의 일종) 악기도 만들었고, 스토브를 만들었고, 차의 속도계도 만들었다.

그는 세계를 여행한 여행가였다. 그는 대서양을 8번이나 건넜고 영국, 프랑스, 캐나다, 아일랜드, 벨기에, 독일, 네덜란드와 아프리카의 마데이라섬까지 여행하였다. 그는 북서부 전선에서 여행하였고 나중에는 외교관으로서 몬트리올까지 여행하였다. 그는 미국화재방지회사를 만들었고 미국 철학회를 만들었으며 야경꾼과 민병대, 경찰들을 조직하였고, 교육과 훈련을 위한 기관에 많은 기부를 하기도 하였다. 그는 미국의 통신체계를 구성했고 1만명의 독자적인 민병대를 조직하기도 했다.

그는 1년만 정규교육을 받았고 나머지는 독학으로 연구하였다. 그는 펜실베이니아대학을 창립하였고 예일대학의 문서 발간 사업을 도왔다. 프랭클린은 옥스퍼드대학과 하버드대학, 예일대학, 성 앤드류대학과 윌리엄 메리대학의 명예학위를 받았고, 1753년에는 영국의 왕립학회의 금메달을 받았고, 영국왕립학회, 프랑스 아카데미, 러시아제국 학사원의 회원이 되었다. 그는 군인으로서 상공인으로서 사회사업가로서 큰 성공을 거두었다. 그는 여러 면에서 완전한(perfect) 인간이었다.

그는 사상적으로는 합리주의적 일신론자이고 공화주의자이며 장로교회 신자이며 과학주의자이었다.[300] 그는 정치가로서도 성공하였다. 프랭클린은 식민지 의회에서도 서기(1736-51)를 거쳐 의원(1751-64)이 되었으며 전식민지의 우정차관(1753-74)을 지냈다. 1757-62년과 1764-75년간 그는 미국 식민지의 대리인으로서 영국에 주재하였고 많은 외교적 성과를 거두었다. 그중에서도 영국의회에서의 인지(Stamp)법에 대한 토론으로 유명하다. 그는 1775년 5월에 미국에 돌아와 대륙의회의 의원이 되었다. 13년 후에 그는 독립선언의 기초위원회 위원이 되었다. 그는 식민지의 우정장관으로서 펜실베이니아 제헌회의 의장 역할을 하였다. 1776-79년 그는 외교관으로서 최후의 임무를 마쳤다. 프랑스 대사(1779-85)로 있을 때 제이(John Jay)와 애덤스(John Adams)와 함께 독립전쟁을 종결하는 파리조약(1783)을 체결하였다. 미국에 귀국해서는 펜실베이니아의 최고집행의회의 의장으로서 역할을 하였다. 그는 그동안 미국 독립선언을 비롯하여 미국 헌법제

---

300) 그의 생애에 관해서는 Benjamin Franklin, Autobiography 1706-1757이라는 자서전이 있다. 그 밖에도 전기는 많이 있으나 여기서는 간단한 것만 보기로 한다. Benjamin Franklin, Conservapedia; Wikipedia, Benjamin Franklin; Constitutional Convention Benjamin Franklin, Virginia Univ. edu; Benjamin Franklin, Founding Father Quotes.

정까지 거의 모든 국가문서에 서명한 기록을 가졌다. 그는 1787년에 펜실베이니아 노예제도폐지회의의 초대회장이 되었으나 1790년에 84세의 고령으로 사망하였다.

2) 인권사상 = 행복추구와 노예해방, 평등권

프랭클린은 독립선언의 기초위원으로서 독립선언에 선언된 인권조항의 기초위원으로 알려져 있다. 그런데 독립선언은 1790년 제퍼슨이 기초한 것으로 간주되고 있으며 로크의 영향에 의한 것이라는 것이 정설이다. 그러나 1754년에 프랭클린은 알바니 계획(Albany Plan)을 만들어 식민지회의에 제출하였고 그는 또 1775년 7월 21일에 의회에 연합계획(Plan of Confederation)을 제출했다. 몇 개 조문은 최종안으로 채택된 것과 다르나 실제에서는 현행 헌법과 매우 유사하다. 실제로는 이 안의 일부분이 독립선언과 거의 같다.[301] 그는 이미 1년 전에 "virtual declaration of independence"를 썼으며 독립선언의 기초위원으로서 독립선언에 서명하였다.

그는 「제헌의회의 현자」(Sage)로 알려져 있으나 그는 이미 30년 전인 1754년에 헌법의 초안을 작성했던 사람이다. 그런데 제퍼슨은 1753년에 독립선언을 혼자 기초하였다고 주장하고 있다. 그러나 사실은 다르다고 한다. 또 독립선언의 이념은 로크에 의거한다고 하나 로크는 영국의 대변자로 캐롤라이나 주의 독재헌법의 기초자로 알려져 있고 영국왕실의 비호자로서 군주주의에 입각한 미국독립의 적이었기에[302] 그의 이론은 배척되었고 오히려 라이프니츠(Leibniz)의 영향이 컸다고 한다. 그 이유는 프랭클린이 유럽 체류 중에 라이프니츠의 제자들과 같이 토론하였고, 라이프니츠의 금서였던 책『인간 오성신론』(Nouveaux essais sur l'entendement humain, 1765)의 영역본 New Essays on Human Understanding을 기증받아 연구했다고 한다.[303] 그는 제퍼슨의 독립선언 초고에 대하여 수정을 했고 제헌의회에서도 많은 수정을 행했다. 로크는 기본권을 생명, 자유, 재산이라고 나열했는데, 이 재산(Property)을 행복추구(the pursuit of happiness)라고 한 사람이 라이프니츠였으며 이를 프랭클린이 받아서 생명, 자유, 행복추구라고 바꾼 것이라고 한다. 이 행복은 그리스 시대부터의 felicity를 말하는 것으로 유럽 인권론의 가장 중요한 부분이었다. 행복추구권은 앞서도 본 바와 같이, 인간의 생활의 최종목표이며 국가도 국민의 행복추구를 위한 도구에 불과한 것이었다.

로크는 물질로서의 재산의 중요성을 강조한데 대하여 프랭클린은 정신 진리를 중시하여 모든 사람의 교육을 받을 권리를 강조하였다. 그는 미국에서 교육개혁을 하고 대학과

301) Jared Sparks, *The Life of Benjamin Franklin*, 1844; EDSITEment, Jefferson vs. Franklin: Revolutionary Philosophers.
302) Locke's War Against America, http://members.tripod.com/~american-almanae/leihlok.htm.
303) David Shavin, "From Leibniz to Franklin on 'Happiness'," *Fidelio*, Spring 2003; Phil Valenti, Celebrate the 4th of July by Leading American History: Leibniz, not Locke, Inspired the Declaration of Independence, *The American Almanac*, July 7. 1997; Gottfried Wilhelm Leibniz, Stanford Encyclopedia of Philosophy, 2013.

학술원 등을 설립한 과학자였다. 로크는 인간의 존엄을 무시하고 이를 침해하는 노예제도를 옹호하였다. 이에 대하여 프랭클린은 노예해방운동을 하였다. 로크는 노예를 부자의 재산으로 생각하고 재산의 증식을 허용한 것과 같이 노예의 매매를 인정하였다. 또 소년노동을 강제하기 위한 「일하는 학교」(working school)를 도입하려고 하였다. 로크는 선악이란 쾌락과 고통에 관련된 것이다. 행복은 우리들이 누릴 수 있는 최고의 쾌락이고 비통은 최고의 고통이라고 하고 있다. 라이프니츠는 이 로크의 이론을 비판하였다.

프랭클린은 라이프니츠의 이론에 따라 로크를 반대하였다. 그는 『진정한 행복이란 무엇이냐』의 에세이에서 「인간의 행복에의 추구는 미국 헌법에서 그 본질을 발견할 수 있다」고 하고 있다. 그는 「덕은 마음에서의 진정한 행복만이며, 가장 좋은 수단은 신체의 건강을 보존하는 것이라고 하고 있다. 행복은 덕성과 자기만족의 행위 속에 있다. 우리들 행위가 우리들 판단과 그에서 나온 반성에 있다면 그것은 좋은 행위가 아니며, 따라서 이성적 존재로서의 행복이 아니다」[304]고 하였다. 그의 이러한 이성적 이론은 전통적 행복관에 근거한 것이라고 하겠다. 그는 노예해방에 노력하였으나 생전에 이를 달성하지는 못하였다. 헌법은 이 노예해방제도에 관해서 규정하지는 않았으나 그는 여론 통합을 위하여 이에 서명하였다.[305]

그는 펜실베이니아 공무원으로 있으면서 원주민인 미국 인디언 연구를 하였고, 그들과의 협력을 위하여 노력하였다. 그는 원주민의 보호를 위하여 노력하였다.[306] 그는 제헌의회에서 선거권의 평등을 주장하였다. 지주들은 토지소유자에 한해서 선거권을 주자고 하였으나 그는 모든 시민에게 재산과는 관계없이 선거권을 부여해야 한다고 주장하였다.

그는 펜실베이니아의 의회의원으로서 또 펜실베이니아 주의 대통령(President of Executive Council of Pennsylvania)으로서 교육사업에 큰 업적을 쌓았다. 1749년에 펜실베이니아 청년교육에 관한 제안(Proposals Relating to the Education of Youth in Pennsylvania)을 하였는데, 여기에는 많은 교육자들이 청소년교육의 진흥을 요구하고 있다. 이는 1749년 교육의 목적에 관한 팸플릿에 따른 것으로 이 제안에 따라 필라델피아 아카데미가 창립되었고, 이것이 1791년 펜실베이니아대학으로 되었다. 그러나 그는 학교교육 못지않게 가정에서 자습이 필요하다고 생각하였다.

그는 재산권의 보장에 있어서도 최소한의 재산의 보장은 절대적 요청이고 과잉재산에 대해서는 과세할 수 있다고 생각하였다.[307] 그는 펜실베이니아에서의 영국인의 개인

304) Franklin, On true happiness and other essays; M. Popova, Benjamin Franklin on True Happiness, Brain pickings. "Human felicity is produced not as much by great pieces of good fortune that the seldom happen as by little advantages that occur every day." (Benjamin Franklin).
305) A. Laccarino, The Founding Fathers and Slavery, Encyclopedia Britannica; A. Lopez, *Benjamin Franklin and His Fight to Abolish Slavery*, 2010, Everyday Citizen; Franklin, *Observation Concerning the Increase of Mankind, peopling of countries, & c*, 1755; Franklin, *The Sommersett Case and the Slave Trade*, 1772: F. Cronin, *Benjamin Franklin and Slavery: A Man Ahead of His Times*, Austin College.
306) B. Franklin, Narrative of the Late Massacres (1764) in Papers 11, 42 ff.; Chapter 5 Philosophers as Savage, Forgotten Founders, Benjamin Franklin.

가정에의 숙영을 금지하였고, 수정헌법에서 주거의 안전, 사생활의 비밀, 사교육의 자유
등을 보장하는 전례를 만들었다.

3) 헌법론(Constitution), 국가론

프랭클린은 가장 나이가 많은 제헌의회의 의원이었으며 제헌의회가 열렸던 필라델
피아가 있던 펜실베이니아 주 대통령으로서 미국 헌법의 제정에 큰 역할을 하였다.
그는 81세의 고령에도 불구하고 거의 모든 회의에 참석하여 헌법안의 작성에 노력하였
다. 그러나 이 헌법안에 대하여 많은 이의가 있었고 최종안이 성립될 때까지 몇 가지
중요 타협이 행해졌다. 그는 혼자 민주정치를 주장하였다. 그는 이 밖에도 헌법조문에
만족하지 못했다. 그러나 최종일에 최종 연설을 하여 자기도 이 헌법안에 대해서는
많은 이의가 있지만 이 헌법의 통과에 찬성한다고 했다. 그 이유는 이 헌법안이 정부형
태에 관한 규정이 없다고 하더라도, 이것이 잘만 집행된다면 몇 년이 경과하면 시민의
축복이 될 것으로 믿는다고 하고, 이로써 전제주의를 종결시킬 수 있다고 믿으며 현재
의 의회의원의 다양한 의견을 반영한 보다 나은 헌법안은 없을 것으로 믿어 이 헌법안
에 동의한다고 하였다.308) 이 연설은 명연설로서 미국 역사상 남아 있으며 이로써 반
대파들의 의견에도 불구하고 헌법이 서명되게 되었다. 「이 헌법은 이 세상에서 알려진
어느 단일 문서보다도 가장 중요한 문서」로 알려져 있다. 「독립선언은 약속이며, 헌법
은 그 완성」이라고 110대 의회에서 결의되기도 했다. 프랭클린은 제헌의회의 결론에서
당신이 무엇을 썼습니까? 라는 질문에 프랭클린은 「당신이 지킬 수만 있다면 공화국」
이라고 답변했다.

프랭클린은 헌법상의 권력분립에 반대하고 권력집중적인 정부를 원했다.309) 찬성파들
은 미국 정부가 잘 기능할 것으로 예측하고 있었다.310) 프랭클린은 국민의 선거권을
중시하고 국민에게서 선출된 의원으로 구성된 의회의 권한 강화를 원했다.

프랭클린은 미국 주의 영원한 동맹과 국가연합조항을 헌법의회에 제출하였으나 이는
통과되지 않았다. 프랭클린은 주가 독립성을 주장하는 경우, 주가 미국 연합에서 이탈할
우려가 있다고 생각하였으나 헌법의 연방제도에 의하여 각 주가 추가로 가입하여 13개의
주 연합에서 50개의 주 연합으로 발전하였다.

307) Benjamin Franklin to Robert Morris, 25. Dec. 1783, Writings 9, 138.
308) The Schiller Institute, *This Week in History: September 15-21, 1787, Benjamin Franklin Makes His Final Speech to the Constitutional Convention*, September 2013.
309) Sharp, "The Classical American Doctrine of 'The Separation of Powers'," *University of Chicago Law Review* Vol. 2 Issue 3 (1935), pp. 385-436.
310) Fisher, "The efficiency Side of Separated Powers," *Journal of American Studies* Vol. 5, Issue 02 (1971), pp. 113-131; C. Beckett, "Separation of Powers and Federalism: Their Impact on Individual Liberty and the Functioning of Our Government," *William & Mary Law Review*, Vol. 29, Issue 3 (1988), pp. 635-651.

그는 원칙적인 자유방임주의자(Laisse Faire)였다. 그는 개인의 활동 분야에 대한 개입을 원칙적으로 반대했으며 자본주의의 신봉자였다. 그는 『가난한 리처드의 월력』(Poor Richards Almanac)에서 부자에의 길을 연구하여 부를 쌓을 것을 충고했고, 재산권의 보장과 재산행위의 자유를 인정했다.311) 그는 영국계 이민과 독일계 이민의 통합과 화해를 위하여 이민정책을 썼다. 그는 원래 청교도 출신이었으나 나중에는 종교의 자유를 인정하였다.

4) 프랭클린의 영향

프랭클린은 미국 독립과 헌법제정에 있어 중요한 역할을 하여 미국 창립의 조부(grandfather)로 인정되고 있다. 그의 인권론은 그 뒤 미국의 수정헌법에 영향을 끼쳤으며 정부제도는 각종 민주주의적 요소를 내포하고 있으며, 역사적으로 공화제(republic) 형태를 거의 완벽하게 유지하였다. 그의 유럽 등의 석학들과의 교류에 의한 광범한 지적 보고는 나중에 유럽 전체에 중요한 제도 개선의 모티브가 되었다.

그러나 미국에서는 독립 후에 곧 사망하여 활동이 없었기에 잊혀진 건국 주역으로 인정되고 있다.312)

2. 알렉산더 해밀턴

1) 생애

알렉산더 해밀턴(Alexander Hamilton, 1757-1804)은 영국의 서인도제도의 한 섬에서 가난한 집안의 아들로 출생하였는데, 아버지는 가출하고 13세 되던 해에 어머니가 돌아가시어 고아가 되었다. 그는 곧 큰 무역회사에 취직하여 사장의 신임을 받았다. 1772년에 사장은 해밀턴을 더 공부하게 하기 위하여 미국에 보냈다. 그는 뉴욕 주에서 킹스대학(현재의 콜롬비아대학)에서 공부하였으나 혁명이 나서 공부를 중단하였다. 그는 이때 이미 휘그 정당을 지지하는 팸플릿을 많이 써서 유명해졌다. 그는 전쟁에 참여하였고 중령으로 승진하여 한때 워싱턴 장군의 비서로서 근무하여 그의 사랑을 받았다. 해밀턴은 1780년에 엘리자베스와 결혼하였으며 처가는 부유한 집안이었다. 그는 워싱턴과 사이가 나빠지자 군대를 그만두고 알바니에서 법률을 가르쳤고 변호사 생활을 했다. 그러나 그는 1782년-1783년의 대륙회의의 대의원으로 선출되었다. 그는 1786년에는 아나폴리스회의의 뉴욕 주 대표로서 활동하였다. 그 뒤 그는 헌법회의에서 활동하였다. 그는 곧 정치무대에

---

311) Lee Foreman, "The Dichotomy of Perception and Behavior in Franklin's 'The Way to Wealth':
      A Review of Critical Commentary," TeachingAmericanHistory.org.
312) Jefferson v. Franklin, EDSITEment.

등장하여 책략가가 되었으며 그는 정치적 천재로서의 명성을 얻었다.

그는 존 제이, 제임스 매디슨과 협력하여 1788년『페더랄리스트』[313]를 출판하였고, 다시 대륙회의 대표로 선출되었다. 1789년 정부가 수립되자 재무부장관이 되어 재정과 조세, 은행제도 등을 정비하여 미국의 경제를 발전시키는데 큰 공헌을 하였다. 해밀턴은 연방주의자와 함께 새로운 정당을 만들어 제퍼슨과 매디슨에 반대하였다. 그는 1796년에 대통령에 입후보하였으나 낙선하였다. 1800년에는 제퍼슨을 지지하고 부통령 에런 버(Aaron Burr)의 선거를 망치게 만들었다. 1804년 에런 버는 뉴욕 주지사에 입후보하였으나 해밀턴이 이를 배척하여 낙선하였다. 버(Burr)는 해밀턴에게 결투를 신청했고 해밀턴이 이를 받아들여 7월 11일 결투에서 부상하여 사망하였다.[314]

그는 법률가로서 정치가로서, 군인으로서 미국혁명에 참가하였다. 그는 뉴욕 주를 대표하여 대륙회의와 아나폴리스회의에 참여했을 뿐만 아니라 헌법제정회의의 대의원으로서 활약하였다. 그러나 그는 헌법제정안 작성에는 거의 참여하지 않았으나 헌법안을 제안했고, 나중에 뉴욕 주가 헌법을 비준하는데 많은 공헌을 했다. 그는 페더랄리스트 잡지의 주된 필자였으며 워싱턴 대통령 하에서는 재무부장관(1789-1796)으로서 미국 경제제도의 안착과 미국은행의 개설 등에 중요한 역할을 했다. 그는 재주꾼이었기에 요절한 것이 아쉽다는 평을 받았다. 물론 여자 문제로 논란이 있었으나 그의 부인은 혼자 50년을 더 살았다.

그는 1795년 관직에서 퇴임할 때까지 셋집에서 살았으나 퇴임 후에 현재의 하렘지구에 32에이커의 땅을 구입하여 집을 지었다. 그의 부인은 해밀턴 사후 97세에 사망하였는데 많은 자선사업을 하였다. 사후 그의 택지는 기증되어 뉴욕시의 중앙공원(Central Park)으로 되었다. 이 집은 뉴욕교회에 기증되고 이 집을 250피트 이전하기로 하였으나 1960년에야 공원으로 되어 그 집이 재건되고 2008년에야 이전되어 공개되고 있다. 그의 동상은 정부의 재무부청사 앞, 국회의사당 안, 국세청 앞, 중앙공원 등에 건립되어 있다.[315]

---

313) A. Hamilton, J. Madison and J. Jay, *The Federalist Papers*, 1788 (김동영 옮김,『페더랄리스트 페이퍼』, 한울, 1995; 박찬표 옮김, 2019).

314) 전기로는 R. Chernow, *Alexander Hamilton*, Penguin Books, 2005 (서종민·김지연 옮김,『알렉산더 해밀턴』, 2018); Ambrose/Martin (eds.), *The Many Faces of Alexander Hamilton*, NYU Press, 2006; J. Flexner, *The Young Hamilton*, Fordham University Press, 1907; M. Newton, Alexander Hamilton, *The Formative Years*, Eleftheria Publishing, 2015. 간단한 소개로는 "Alexander Hamilton," Wikipedia; Delegate to the Constitutional Convention: Alexander Hamilton; M. Magnet, Alexander Hamilton; Alexander Hamilton, Modern America's Founding Father, *City Journal*, Winter 2009; Army History, Alexander Hamilton; Bill of Rights Institute.org. Alexander Hamilton; Alexander Hamilton, from Conservapedia.

315) P. McNamara, "Alexander Hamilton: A Martyr for Liberty?," libertylawsiteorg, 2012; M. Federici, *The Political Philosophy of Alexander Hamilton*, Johns Hopkins University Press 2012.
"The sacred rights of mankind are not to be rummaged for among old parchments or musty records. They are written, as with a sunbeam, in the whole volume of human nature, by the hand of the divinity itself; and can never be erased or obscured by mortal power." (Alexander Hamilton).
Alexander Hamilton, The sacred and immutable nature of Human Rights.

2) 자연권론(Natural Right)

해밀턴은 뉴욕의 킹스 칼리지 학생 때에 애국클럽의 일원으로서 저술활동을 하였다. 그는 영국의 폭압을 반대하고 인권의 중요성을 강조하였다. 해밀턴은 인간의 본성이 악이라는 홉스의 이론을 반격하고 로크의 사회계약설에 따르고 있었다. 해밀턴은 제퍼슨과 같이 독립선언이 미국인의 독창이 아니고 아리스토텔레스나 아우구스티누스나 토마스 아퀴나스 등이 주장한 자연권을 확인한 것이라고 믿고 있었다.

그는 블랙스톤(Blackstone)에 따라서 「사회의 주목적은 자연법에 의해서 주어진 개인의 절대적인 권리를 즐기도록 인간에게 부여된 절대적 권리를 보장하는 것」이라고 하고 있다. 정부는 치자와 피치자의 합의계약에 의하여 이루어진 것이라고 하고 있다.

그는 미국의 독립선언에는 관여하지 않았다. 제퍼슨은 이를 자연권의 선언이라고 하였다. 해밀턴도 젊은 때에는 자연권을 주장하였다. 해밀턴은 자연권 혁명가였다. 해밀턴은 한 번도 로크와 자연권에 관해서 언급하지 않았고 혁명 후에는 자연권론이 사라졌다. 그러나 그는 로크의 영향을 받은 블랙스톤이나 몽테스키외에 대해서 언급하고 있다. 그가 자연권에 관해서 언급하지 않은 것은 당시 미국의 혁명적 상황 때문이라고 하겠다. 그러나 그는 자연권을 철학적 기초로 이용하는 것을 계속하여 주장하였다.

그는 헌법제정회의에서 헌법을 제정할 때 권리장전을 규정하지 않는 것 때문에 반대하는 사람에게 이 권리장전은 주헌법에 규정되어 있기 때문에 그 이유로 반대해서는 안 된다고 했다. 나중에 헌법을 수정하여 권리장전을 추가했을 때에는 이에 찬성하였다.[316]

그는 변호사로서도 명성을 날렸는데 특히 재산권 소송에서 재산권의 수용에 반대하는 판결을 얻어내어 유명했다. 뉴욕 주는 왕당파나 영국 시민의 재산권을 침해하는 법률을 만들었는데(몰수법, 인증법(Citation Act), 불법통행법 등), 이 법률이 헌법에 위반한다고 하여 승소하였다. 미국의 초대 대법원장이었던 마샬도 해밀턴의 법률지식을 높이 평가하여 유명한 마샬의 결정인 Marbury v. Madison (1803), Fletcher v. Peck (1810), MacCuloch v. Maryland (1819) 사건에서 해밀턴의 법률서적을 전거로 했다.[317] 그는 폭압적인 정부에 대한 사람들의 저항권을 자연권과 자연법에서 유래하는 것으로 보아 이를 인정하고 있었다.[318]

3) 헌법제정, 연방주의와 강한 정부

---

316) M. Alexander, The Bill of Rights, The Patriot Post; Alexander Hamilton, in Federalist No. 81; Alexander Hamilton, in Federalist No. 84.
317) S. Hanke, "Alexander Hamilton: Defender of Property Rights," Cato at Library, 2015.
318) Alexander Hamilton, The Farmer Refutes Papers, Right of Revolution; Alexander Hamilton, The Farmer Refuted, Feb. 25. 1775.

해밀턴은 헌법제정회의 의원으로 지명되었으나 심의에는 별로 관여하지 않았다. 그러나 그는『페더랄리스트 페이퍼』에서 매디슨, 제이와 함께 미국 식민지문제에 관한 많은 논설을 썼다. 여기에서 반 이상은 해밀턴의 글이며 매디슨이 쓴 것이 좀 있고 제이가 쓴 것은 거의 없었다. 이 잡지에서 그들은 미국 헌법에 대한 제안과 비판을 하였다. 특히 해밀턴은 의회의 선거에 관한 규제, 상원의 권한, 탄핵권, 집행부 대통령의 선거, 집행기관, 집행권의 권한, 거부권, 사면권, 조약체결권, 인사지명권, 사법권 등에 관하여 논평하였다. 이 잡지는 제헌의원에게도 많이 읽혔고 중대한 공헌을 했다.[319]

그는 회의에서 제안 연설을 하였고 미국 헌법의 채택에 찬성하였다.[320] 그는「헌법에 대한 일반적 또는 특정한 반대와 그에 대한 대답」에서 미국 헌법의 비준에 관해 설명하고 있다.[321]

해밀턴의 이 많은 논설을 언급하기는 지면관계상 불가능하므로 몇 개의 중요 문제점에 관해서 보기로 한다. 그는 원래 영국을 모방하여 왕정을 선호했다. 그와 친구들은 프로이센의 황태자를 미국의 왕으로 추대할 생각까지 하고 있었다. 그는 페더랄리스트 잡지에서 내부의 동란과 외부적 공격에 대하여 보호할 수 있는 충분한 권력을 가진 강력한 국민정부를 원했다. 그는 이 정부가 주내 통상과 주간 통상을 규율하고 외교문제를 수행할 수 있는 권력을 가져야 한다고 생각하였다. 그는 미국의 시민 개인의 권리를 확장하기 위하여 연방정부의 법률을 확정하여야 하며, 연방국가 정부가 주정부를 희생하여 최고의 지위를 가지게 해야 한다고 주장하였다.[322] 그는 부자계급을 귀족으로 하고 상원에서 종신의원이 되도록 해야 한다고 생각하였다.

그러나 만들어진 미국 헌법안은 이와 달랐다. 그럼에도 불구하고 그는 미국 헌법안에 일부 이견이 있지만 미국의 독립과 발전을 위해서는 이를 통과시켜야 한다고 역설하였다.[323] 그 결과 헌법은 제헌회의에서 통과되어 서명되었다. 그러나 그의 출신지인 뉴욕주에서는 헌법에 인권선언 규정이 없다고 하여 반대하는 기류가 많았다. 해밀턴은 여기서도 이 헌법안의 비준을 위한 노력을 하여 비준을 받게 되었다. 이에 뉴욕 시민들은 해밀턴에 감사하며 축하 행렬을 열기도 하였다.[324]

---

319) "The Federalist Papers," Constitution Facts; *Alexander Hamilton, Natural Rights and the Purposes of American Government*, September 12, 2013.
320) Alexander Hamilton On the Adoption of the Constitution, Delivered June 24. 1788.
321) Alexander Hamilton Certain General and Miscellaneous Objections to the Constitution Considered and Answered, *International Journal*, July 16, July 26. August 9. 1788. The Federalist Papers No. 84; C. Rossiter, *Alexander Hamilton and the Constitution*, Harcourt, Brace, World, 1964; Alexander Hamilton, Federal Convention, 18. June 1787. Federal v. Consolidated Government.
322) Alexander Hamilton, A Second Letter from Phocion, Apr. 1784. Papers 3, 548-51; Syrett et al (eds.), *The Papers of Alexander Hamilton*, 26 vols, Columbia University Press 1961-79.
323) Alexander Hamilton on the Adoption of the Constitution Delivered June 24. 1988.
324) Alexander Hamilton Certain General and Miscellaneous Objections to the Constitution Considered and Answered, *International Journal*, July 16, July 26. August 9. 1788. Alexander Hamilton, The Federalist Papers Essay 84.

그는 법률의 위헌심사제도의 도입을 주장하였다. 그러나 이는 입법화되지 않았다. 그러나 Marshall 대법원장은 Marbury v. Madison에서 이 위헌심사제도를 판결로서 도입하였다. 그는 이 헌법을 채택함으로써 미국은 두 진영의 주연합에서 하나의 국가가 된다고 역설하였다. 2대 재무부장관으로 재임하면서 헌법의 조문을 완화하여 해석하여 강한 연방정부를 만들려고 노력하였으며 농업국가에서 산업국가로 전환하였다. 이에 남부 주에서는 노예제도 폐지까지 하지 않을까 하여 반대도 심했다.

4) 해밀턴(공화당)과 제퍼슨(공화민주당)의 정책 차이

미국 독립의 아버지들 중에서 해밀턴과 제퍼슨은 그 출신과 경험이 달랐고 정책이 달라서 나중에는 따로 정당을 만들었다. 해밀턴은 페더럴리스트로 후의 정당은 연방주의 당이었는데 나중에 공화당으로 되었고, 제퍼슨은 반페더럴리스트(Anti Federalist)로 그의 정당은 공화민주당이었으나 나중에 민주당으로 되었다. 양당의 차이점을 간단히 보면 다음과 같다.325)

① 해밀턴은 인간의 본성은 기본적으로 이기적이며 자기중심적이라고 보았다. 그래서 그는 대중에게 너무 많은 권력을 주면 그 정부는 잘못과 혼란과 불안정으로만 이끌게 될 것이라고 했다.

이에 대하여 제퍼슨은 인간의 본성은 보다 희망적이라고 했다. 그래서 그는 시민은 그들과 그들 나라를 위하여 좋은 결정을 하게 될 것이며 프랑스혁명이 일어났을 때에도 그는 인간은 이성을 가졌기 때문에 폭력을 행사하는데도 자유영역을 남겨 둘 것이라고 했다.

② 좋은 정부형태에 대하여 페더럴리스트는 사람들은 최고의 인물, 교육받고, 부자이며 공적 관심을 가진 사람들에 의하여 통치되어야 한다고 생각하였다. 연방주의자들은 강력한 국민정부를 원하고 헌법의 조문을 해석하는데도 넓게 유연하게 해석해야 한다고 했다.

이에 대하여 반페더럴리스트의 제퍼슨은 연방당의 주장을 군주제나 왕정을 말한다고 비난하고, 가장 작은 정부가 가장 좋은 정부형태라고 하였다. 제한된 권력을 가진 작은 정부가 인간을 자유의 은총을 즐기도록 놓아둘 것이라고 하였다. 또 헌법은 엄격히 해석해야 하며 정확하게 다소의 해석 여유도 없이 해석되어야 한다고 했다.

---

325) N. Cunningham (ed.), *Jefferson versus Hamilton*, Bedford/St. Martin's, 2000; J. Read, *Power versus Liberty: Madison, Hamilton, Wilson, and Jefferson*, University of Virginia Press, 2000; The Policies of Alexander Hamilton and Thomas Jefferson, http://www.brtprojects.org/cyberschool/history/ch09/9answers.pdf; Jefferson versus Hamilton, teachinghistoryorg; Kash, *Alexander Hamilton and Thomas Jefferson, Background Information Reading*, mrkash.com; Hamilton vs. Jefferson, American History; *How did Thomas Jefferson and Alexander Hamilton differ on strict and loose construction in the U.S. Constitution?*, Federalist Party, Facts and Summary; Baergen, *Founding Fathers: Franklin, Jefferson, Hamilton, and Madison*, Gilder Lehrman Institute; *Thomas Jefferson vs. Alexander Hamilton*, shmoop.com; United States History, "Hamilton vs. Jefferson".

③ 이상적인 경제제도로 해밀턴은 미국 경제는 국민의 위대한 꿈을 실현하기 위한 강한 경제발전에 있다고 보았다. 그는 지폐제도를 도입하고 은행제도를 도입하고 재정운영의 건전성을 중시하였다.

이에 대하여 제퍼슨은 농촌지방 출신이다. 그는 미국 경제의 장래는 농업에 있다고 생각하였다. 그래서 기업과 제조업의 성장을 위한 정책에 반대하였다. 그는 농민처럼 착한 사람은 없다고 하였다. 제퍼슨은 프랑스에 가까웠는데 해밀턴이 영국의 영향을 많이 받을까 걱정하였다.

④ 정당의 창설에 대해서[326] 해밀턴은 1789년에 정당을 창설하였는데 이들은 부자 상공인에 의해서 만들어졌다. 연방주의란 명칭을 쓴 것은 연방주의 잡지(Federalist Paper)에서였다. 그들은 부자였기 때문에 정부를 통제할 수 있었다. 통화정책, 부채청산정책의 발표 등 그들의 노력으로 경제력은 많은 발전을 보았다. 해밀턴은 매디슨이 대통령 측근에서 제퍼슨을 지지하는데 대하여 불만이었다.

이에 대하여 공화민주당은 제퍼슨에 의하여 1792년에 만들어졌으며 미국의 일반시민에 의하여 조직되었다. 그들은 미국의 목적과 발전이 정당에 의하여 운영되는 것을 알았다. 그들은 해밀턴이 영국식 군주제도를 도입할까 걱정하였다. 남부 지방의 노예 보유자도 많았고 농민이었기 때문에 여자가 당수는 되지 않았다. 그들은 폐쇄적이었다.

⑤ 해밀턴은 1800년 대통령선거에서 정적인 제퍼슨의 재선을 도왔다. 그것은 부통령 버보다는 제퍼슨이 덜 전투적이라고 본 것이며, 해밀턴이 버를 대통령 선거와 주지사 선거에서 반대한 것이 원인이 되어 해밀턴이 요절한 결과를 가져왔다.

5) 해밀턴의 공헌

해밀턴은 앞서 본 바와 같이, 가난한 집안에서 거의 고아가 되었으며 13세 때에 미국 뉴욕 주에 정착하여 정치인이 되고 법률가로서도 활약하였다. 그는 헌법제정에 영향을 미쳤을 뿐만 아니라 초대 재무부장관으로서 미국의 부를 추구한 현실정치가이며 경제개혁자였다.[327]

그도 버(Burr)와의 결투에서 부상하여 49세의 젊은 나이로 요절하였고, 해밀턴의 맏아들도 결투에서 져서 일찍 생을 마쳐 가정적으로는 불행했으나 나중에 땅을 사서

---

326) B. Hendricks, Political Parties (Origins, 1790s) Encyclopedia of Greater Philadelphia, Federalist -Anti Federalist Debates, Teaching American History.org.

327) C. Holloway, "Alexander Hamilton and American Progressivism," April 2015; G. Stourzh, *Alexander Hamilton and the Idea of Republican Government*, 1970; R. Marnett, The *National Statesmanship of Alexander Hamilton*, Ph. D. diss. Fordham Univ; G. Koms, *The Hamilton Constitution*, Ph. D. diss. Indiana Univ. 1969; Alexander Hamilton, *Report on Manufactures*, 1791. 보다 상세한 것은 다음 전기 참조. J. Miller, *Alexander Hamilton: Portrait in Paradox*, Harper & Row, 1959; B. Mitchell, *Alexander Hamilton*, 2 vols, The Macmillan Co, 1962; J. Sharp, *American Politics in the Early Republic: The New Nation in Crisis*, Yale University Press, 1993.

그 땅이 뉴욕시에 편입되고 뉴욕시의 흑인 거주지인 하렘이 되었다. 그는 인종차별을 하지 않았고 재물도 많이 모으지 않았기 때문에 당시에는 인기가 높았다. 현재에 와서는 그의 여자관계와 결투행위 때문에 평가가 절하된 느낌도 있다.

3. 토마스 제퍼슨

1) 생애

토마스 제퍼슨(Thomas Jefferson, 1743-1826)은 미국 독립선언서의 기초자로서 미국 건국의 아버지의 한 사람이다. 1776년 7월 4일의 미국의 독립은 벤저민 프랭클린, 샘 애덤스(Sam Adams)나 토마스 페인의 영향 아래 있었다고 하겠다. 독립선언서의 기초는 토마스 제퍼슨이 주도하였고 존 애덤스(John Adams)와 벤저민 프랭클린이 약간 수정하였다고 한다. 이 선언은 민주주의적, 평등주의적, 자유주의적인 사상의 결정이라고 하겠다.[328] 그는 국회의원, 부통령, 3대 대통령으로 집권하여 미국 건국에 이바지한 사람이다. 그는 대통령 시대에 루이지애나(Louisiana)를 프랑스에서 매입하여 영토를 배로 늘렸으며, 미국의 정당을 창설하였다(민주당의 전신). 그는 미국의 철학회 회원으로 35년간 있었으며, 말년에는 회장으로서 18년간 근무하였다. 그는 대통령 공직 퇴직 후 버지니아대학을 창립하여 총장으로 활동하였다. 그는 이제까지의 미국 대통령 중 5위에 드는 사람으로 유명하다.[329]

---

328) 제퍼슨의 전기로 간단한 것으로는 Thomas Jefferson, Wikipedia; Jefferson, Authors born 1700 between 1800 CE. ⓒRexPay 2005; The Short Bibliography of Thomas Jefferson, Law; Thomas Jefferson: An Indispensible Leader Thomas Jefferson, Moral Heroes; J. Ellis, American Sphinx: The Contradictions of Thomas Jefferson; D. Wilson, "Thomas Jefferson and the Character Issue," *The Atlantic Monthly*, November 1992; Thomas Jefferson: America's Founding Sociopath, July 4. 2014 consortiumnews.com; Top Founding Fathers. ConstitutionFactCom; Jefferson and Enlightenment. C. Becker, *The Declaration of Independence A Study in the History of Political Ideas*, Vintage, 1992; D. Mayer, *The Constitutional Thought of Thomas Jefferson*, University of Virginia Press 1995; B. Balleck, "When the Ends Justify the Means: Thomas Jefferson and the Louisiana Purchase" *Presidential Studies Quarterly* Vol. 22, No. 4, America's Bill of Rights (Fall 1992), pp. 679-696; P. Leffler, "Mr. Jefferson's University: Women in the Village!," *Virginia Magazine of History and Biography* Vol. 115, No. 1(2007), pp. 56-107; Jon Meacham, *Thomas Jefferson: The Art of Power*, Random House, 2012; S. Wilentz, "Jeffersonian Democracy and the Origins of Political Antislavery in the United States: The Missouri Crisis Revisited" *General Journal of the Historical Society* Vol. 4, Issue 3(2004), pp. 375–401; Barefoots World, "Thomas Jefferson's Inaugural Addresses," Accessed on October 22. 2013, http://www.barefootsworld. net/tjletters.html; 名古忠行, 『アメリカンコンモンウェルス』, 法律文化社, 1992; 齊藤眞, 『アメリカ革命史研究―自由と統合』, 東大出版會, 1992; 種谷春洋, 『アメリカ人權宣言史論』, 有斐閣, 1971; 種谷春洋, 『近代自然法學と權利宣言の成立』, 有斐閣, 1980; 鈴木圭介, 「アメリカ獨立戰爭と人權宣言」, 『基本的人權 2 -歷史 1』, 東京大學出版會, 1968; 정경희, 『토마스 제퍼슨』, 2011; 올리버 드밀, 김성웅역, 『토마스 제퍼슨의 위대한 교육』(개정판), 2020.

그는 버지니아의 윌리엄 메리대학에서 공부하였는데 영국의 경험론자인 존 로크, 베이컨, 뉴턴 등의 책을 공부하였다. 그는 법학을 공부하여 변호사로서도 활동했으며 공직 근무의 공로로 많은 대학에서 명예법학박사의 학위를 받았다.

그는 1776년 7월 4일 독립선언서를 통과시켰으며 그전에 이미 버지니아 주헌법을 기초한 적이 있었다. 그는 버지니아의 의회의원으로 선출되어 새 헌법초안의 작성에 노력하였고, 버지니아의 종교자유법을 제정하는데 노력하였다. 1878년 그는 버지니아 주법의 개정을 위촉받고 3년 동안에 126개의 법률을 만들었고, 세금을 획일화하고 사법제도의 원활화에 기여하였다. 제퍼슨은 1779년과 1780년 1년 임기의 주지사를 연임하였다.

그는 버지니아의 대표로서 연합의회의원으로 되었다. 그는 1783-84년 회기에 새 공화국의 정부체제 창설위원회 위원장으로 활동하였다. 그는 노예제도폐지법률을 제안했으나 의회에서 부결되었다. 그는 연합정부의회의 대사로서 프랑스에서 근무하였다. 그는 프랑스에서 나중에 프랑스 인권선언의 기초자로 유명한 라파예트(LaFayette)와 친하게 지냈다. 1789년 9월 그는 최초의 국무장관이 되었다. 그러나 각료와 워싱턴 대통령과의 불화가 시작되었다. 1796년 제2대 대통령선거에서 애덤스가 대통령이 되고 그는 부통령이 되었다. 그는 제3대 대통령으로 당선된 뒤 1805년에는 제4대 대통령으로 당선이 되어 8년간 신생 미국을 통치하였다.

대통령 퇴임 후 그는 종교색이 없는 버지니아대학을 설립하여 초대총장이 되었다. 그는 사후 자기의 모든 도서를 버지니아대학에 기증하였다. 그는 비종교적 대학의 창시자로서 중요한 의의를 가진다. 그는 프랑스 계몽학파의 영향을 받은 정치인으로 인권에 관심이 많았다.

2) 독립선언

제퍼슨은 33세의 젊은 나이로 독립선언서의 초안 작성을 하였다. 이 초안은 의회에서 수정되어 통과되었다. 제퍼슨은 초안 작성 시에는 아무런 도서도 참고하지 않았다고 한다. 어쨌든 이 선언은 세계적인 모범이 되었다.[330] 독립선언서는 모든 사람이 평등하게

329) 제퍼슨의 저서로는 *Jefferson Writings*, The Library of America, 1984; *A Summary View of the Rights of British America* (1774); *Declaration of the Causes and Necessity of Taking Up Arms* (1775); *Declaration of Independence* (1776); *Memorandums taken on a journey from Paris into the southern parts of France and Northern Italy, in the year 1787; Notes on the State of Virginia* (1781; 中屋健一譯, 『ヴァジニア覺え書』, 岩波文庫, 1972); *Manual of Parliamentary Practice for the Use of the Senate of the United States* (1801); *Autobiography* (1821); *Jefferson Bible, or The Life and Morals of Jesus of Nazareth* (조성일 옮김, 『전기: 나사렛 예수의 삶과 도덕』, 2016); 이병규 편역, 『토마스 제퍼슨의 이해』, 2005.
330) The Monticello Classroom, *Jefferson and the Declaration of Independence*; Liberty The American Revolution Classroom Materials, The Declaration of Independence An Analytical View; Thomas Paine's Common Sense and Thomas Jefferson and Study Course Module 3; D. Mayer, *The Constitutional Thought of Thomas Jefferson*, University of Virginia Press 1995; C. Becker, *The Declaration of Independence: A Study in the History of Political Ideas*, Vintage, 1992.

피조되었음을 강조하고 창조주에 의하여 부여된 특정한 불가변의 권리가 있음을 강조하였는데, 그 권리는 생명, 자유와 행복추구권이라고 하였다. 이러한 권리를 확보하기 위하여 인간들은 정부를 구성하고, 피치자의 동의에 의하여 통치(정부)권한을 받았다고 하였다. 만약에 어떤 정부형태라도 이러한 목적을 위반하고 파괴하는 경우에는, 국민은 그 정부를 변경하거나 폐기할 권리를 가지며 새로운 정부를 구성할 권리를 가진다는 것을 확인하고 있다.

이 독립선언은 미국이 영국에서 독립을 선언한 문서이다. 이 문서는 영국 식민지였던 미국 식민지의 주 대표들이 모여 한 선언으로 비록 제퍼슨이 초안을 만들기는 하였으나 5명의 기초위원과 다수의 의원들의 견해를 담은 것이다. 이것은 당시의 영국왕의 비행을 나열하고 영국이 미국인의 동의 없는 조세를 할 뿐만 아니라 미국인의 동의 없는 폭압의 정부를 비판한 반역의 문서라고도 할 수 있다.

이 독립선언은 당시 영국에 대한 선전포고로 프랑스인이 읽기를 바란 것이라고 한다. 그러나 이 독립선언은 인류의 평등권, 생명, 자유, 행복추구의 권리를 모든 사람이 타고난 권리라고 선언한 점에서 중요한 의의를 가진다.[331] 이 독립선언은 한국의 독립선언뿐만 아니라 많은 나라의 독립선언의 모범이 되었다고 하겠다. 심지어 베트남의 호치민도 1945년에 이 독립선언을 인용하고 프랑스에서의 독립을 선언했었다. 이뿐만 아니라 공산국가에서도 인권의 장전으로서 인정되고 있는 중요문서이다.

3) 자연권

제퍼슨은 자연권은 자연법에 근거한 절대불가침의 권리로 인정하였다. 그는 인간은 이성적인 동물이기 때문에 자연상태에 있어서도 누구나 타인의 생명, 신체, 재산 또는 자유를 박탈할 도덕적 권리는 없었다는 것을 강조하였다. 그는 자연권으로서의 행복추구권, 자연권으로서의 이주권 등을 중시하였다. 「새로운 거주지를 구하고 그들에게 공공의 복지를 가장 잘 증진할 수 있는 것처럼 생각되는 규칙 하에서 그 땅에 새 사회를 건설하려고 하는 자연에 의하여 만인에게 주어져 있는 권리를 가진다」고 주장하였다.[332]

제퍼슨은 독립선언에서 생명, 자유 및 행복추구권을 선언하였는데 이들 권리는 불가양

마이클 하트편, 차태서 옮김, 『토머스 제퍼슨: 독립선언문』, 2010.

331) "We hold these truths to be self-evident, that all men are created equal; that they are endowed by their Creator with inherent and inalienable rights; that among these, are life, liberty, and the pursuit of happiness; that to secure these rights, governments are instituted among men, deriving their just powers from the consent of the governed; that whenever any form of government becomes destructive of these ends, it is the right of the people to alter or abolish it, and to institute new government, laying its foundation on such principles, and organizing its powers in such form, as to them shall seem most likely to effect their safety and happiness." --Declaration of Independence as originally written by Thomas Jefferson, 1776. ME 1:29, Papers 1:315.

332) Jefferson, *On Rights and Duties*, Wyoming Catholic College.

의 권리로 인정하였다. 그가 재산권을 강조하지 않는 이유는 이양할 수 있는 권리로 보았기 때문에 이양할 수 없는 권리만을 강조하기 위하여 재산권을 빼고 행복추구권을 넣은 것이라고 할 수 있다.[333] 그는 「자연법 하에서 모든 인간은 자유롭게 태어났고 모든 사람은 그 자신의 신체에 관한 권리를 가지고 이 세상에 태어났다.[334] 신체의 자유에는 자기 뜻대로 자기 몸을 이동하고 사용하는 자유를 포함하고 있다. 이것을 인신의 자유라고 한다」고 자유를 정의하고 있다. 「자유는 모든 사람에게 있는 것이며 몇 사람이나 부자에게만 있는 것이 아니다. 전인민의 의사에 근거한 정부는 모든 개인 시민의 생명과 자유가 모든 사람의 관심사가 된다」고 인간의 생명과 자유를 중시하고 있다.

그는 행복추구권에 대해서도 강조하고 있는데 그가 재산권보다도 행복추구권을 강조한 이유를 알 것 같다. 그는 「인간의 자유와 행복은 모든 정당한 정부의 유일한 목적이다. 산업과 교역과 안전은 모든 인간이 행복과 복지를 달성하는 가장 확실한 길이다. 정부제도의 유일한 정통적인 목적은 그 정부 하에 결합되어 있는 대중의 최대한도의 행복을 보장하는 것이다」고 하고 있다. 그는 정부의 목적을 인민의 행복추구에 있다고 본 점에서 아리스토텔레스나 토마스 아퀴나스 등과 같다고 하겠다.

제퍼슨은 평등에 대해서도 강조하고 있다. 「우리들의 원칙은 평등한 권리와 이성의 움직일 수 없는 기반이다. …인간의 어떤 경우에 있어서도 법의 평등한 적용은 기본원칙이다. 정부의 가장 신성한 의무는 모든 시민에 대한 사법의 평등과 불편부당성이다」고 하고 있다.

그는 권리의 제한에 대해서도 언급하고 있다. 그는 「정당한 자유는 다른 사람의 평등권에 의하여 구획되어 있는 한계 내에서 우리들 의사에 따른 방해받지 않는 행위」라고 하고 있어, 다른 사람의 평등권에 의하여 제한될 수 있음을 밝히고 있다. 또 「모든 자연권은 법에 의하여 그 행사가 제한될 수 있거나 수정될 수 있다」고 보고 있다. 자연권도 법률에 의한 제한이 가능하다고 본 점에서 법치주의에 의거하고 있다고 하겠다.[335]

그는 프랑스에 있으면서도 매디슨에게 편지하여 헌법에 인권장전이 포함되지 않는 것에 대하여 반대하였다. 그는 종교의 자유를 주장하고 정교의 분리를 주장하였다.

그는 버지니아에서는 종교의 자유에 관한 법규를 통과시켰었다.[336] 그는 언론의 자유에 관해서도 헌법에 규정되기를 원했었다. 이러한 인권은 1791년에 수정헌법의 인권장전 (Bill of Rights)에 추가되어 많은 자유권을 보장하게 되었다.[337]

미국 헌법은 국민의 개인적 자유의 보장을 위하여 권력분립제도와 연방제도를 도입하

---

333) T. Jefferson, *Draft of the Declaration of Independence*, 1776; C. Rossiter, *The Grand Convention, 1787*, 1966; C. Bowen, *Miracle at Philadelphia*, 1966.
334) Natural Right, The Jeffersonian Perspective Freedom, Liberty, Rights and Their Limitations. Jefferson, Define and Protect Human Rights.
335) Thomas Jefferson on Rights and Duties, 2012/07.
336) 52. Freedom of Religion, Thomas Jefferson on Politics & Government.
337) S. Daugherty, *Thomas Jefferson: Fighter for Freedom and Human Rights*, 1961.

였는데 이것은 기본권보장에 큰 기여를 했다고 하겠다.338)

4) 식민지 해방과 노예제도 옹호

그는 독립선언에서 영국의 왕이 이러한 국민의 권리를 침해하였다는 것을 열거하면서 권리의 구제를 요청했으나 이를 들어주지 않고 인간을 매매하고 평화를 파괴함으로써 가장 성스러운 권리인 생명과 자유를 침해한다고 하여 식민지의 해방과 독립을 선언하였다. 그중에서도 인간을 매매하고 노예제도를 도입하고 원격지에서 사람을 체포하여 노예로 하거나 선박에서 죽이고 있다고 통렬히 비판하고 있다.339)

이 밖에도 제퍼슨은 버지니아 주의 입법에 의하여 노예제도를 완화하고 노예의 권리를 보호하려는 노력을 하고 있었다. 그러나 본인은 농장에서 많은 노예를 소유하였고 죽음에 앞서도 빚을 갚기 위하여 노예를 방매하기도 하였다. 그는 인종차별적 측면에서도 노예제도에 찬성하였다. 독립선언에 따라 워싱턴 같은 사람은 노예를 자유인으로 방면하였으나 그는 끝까지 노예를 소유하고 있었다. 그는 방면된 노예의 신분을 미국인으로 인정하지 않으려고 했고, 선거권을 부여하는데도 반대하였다. 종교에 대해서는 무신교처럼 했으나 부통령 취임 후에는 종교집회에 자주 참여하였으며 정교분리원칙을 주장한 정치가였다.340)

5) 국가와 정부제도

그는 정치가로서 부통령, 대통령으로서 강력한 정부를 원하여 대통령의 집행권을 강화하였다. 그는 민주공화당의 당수로서 부자계급에 의한 통치를 좋아했고 강력한 주의 권한을 원했다. 그는 농업을 중시하였다. 헌법은 엄격하게 해석하여 헌법의 문언을 중시하였다. 이러한 정책은 민주공화당의 정책기조였는데 연방당의 당수인 해밀턴과 정반대였다.341) 그는 자기 당이 다수를 지배했던 주(state)의 주권을 강조하고 연방의 권한의 축소를 주장하였다. 그는 미국과 같이 큰 나라에서는 정부가 국정을 잘 알고 처리할 수 있다고 강조하였다.342)

---

338) C. Beckett, "Separation of Powers and Federalism: Their Impact on Individual Liberty and the Functioning of Our Government," *William & Mary Law Review* Vol. 29, Issue 3 (1988), pp. 635-651.
339) Declaration of Independence.
340) Thomas Jefferson on Rights and Liberty; P. Finkelman, *the Monster of Monticello*.
341) Alexander Hamilton and Thomas Jefferson Background Information Reading; G. Lower, "Jesus, Jefferson and American Human Rights," *Salvation Network*, 2007.
342) "Separation of Powers: Federal and State," Thomas Jefferson on Political & Government; NC Civic Education consortium, "Separation of Powers Checks and Balances in the US Government,"; M. Lloyd, *Polybius and the Founding Fathers: The Separation of Powers*, 1998.

6) 민주정치(Democracy)

제퍼슨은 민주정치를 사회의 표상이 될 것이라고 보고 국민적 자결권을 증진하고 문화적 단일성을 증진한다고 보고 공화국의 모든 남성의 교육을 강조하였다.[343]

그는 공화당의 기반을 지주 전체와 땅이 없는 노동자에 찾았다. 그는 부통령으로서 공화주의자를 결집하였으며 일반인에까지 선거권을 확대하였다. 그는 평등주의에 입각하여 선거운동을 하여 1800년 선거에서 대승을 거두어 1801년부터 8년간 대통령으로 재임할 수 있었다. 그는 선거권을 토지 귀족에게 뿐만 아니라 재산이 있는 남자와 납세를 하는 남자들까지 확대하였다. 그의 민주주의 사상은 당시 미국의 일반적인 정치사상이었다고 하겠다.[344]

그는 권력분립에 있어 사법권의 독립을 강조하였고 사법부가 부패방지자의 역할을 할 것을 기대하였다.

7) 제퍼슨의 정치 공헌

그는 미국 건국의 초창기에 워싱턴 초대 대통령과 함께 미국의 연방을 결속하고 집행권을 확립한 점에서 미국인의 찬사를 얻고 있다. 그는 미국 정치학자들이 뽑은 5인의 대통령의 한 사람으로 추앙을 받고 있다. 그러나 그는 정당을 조직하여 정당정치에 치우쳤다는 비난과 노예해방에 소극적이었다는 비판도 받고 있다.[345]

4. 제임스 윌슨

1) 생애

제임스 윌슨(James Wilson, 1742-1798)은 미국헌법 제정에서 가장 중요한 역할을 한 법학자인데 미국에서는 잊혀진 헌법의 아버지로 불릴 만큼 알려져 있지 않다. 그는 스코틀랜드의 카스커도(Carskerdo)에서 탄생하였다. 그의 부친은 그 지방에서는 존경받는 농민이었다. 그의 부모는 그를 장로교 목사로 되기를 원하여 성 메리대학의 신학교에

---

343) T. Jefferson, *Notes on the State of Virginia*, 1787; 日譯 中屋健一譯, 『ヴァジニア覺え書』(岩波文庫, 1972); G. Wills, *Inventing America: Jefferson Declaration of Independence*, 1978.

344) K. Dolleare, *American Political Thought*, 2nd ed. 1989; B. Bailyn, *The Ideological Origines of the American Revolution*, 1967; P. Sigmund, *Natural Law in Political Thought*, 1971; A. Koch, *Jefferson and Madison*, 1954; C. Rossiter, *Seed Time of the Republic*, 1953.

345) Thomas Jefferson, Wikipedia; Jefferson, Authors born between 1700 and 1800 CE; R. Parry, "Thomas Jefferson: America's Founding Sociopath," Consortiumnews.com, July 4. 2014; D. Wilson, "Thomas Jefferson and the Character Issue," *The Atlantic Monthly*, Nov. 1992.

입학시켰다. 부친의 사망으로 인한 경제적 어려움 때문에 신학교를 그만두었다.

그는 1757년에서 1765년까지는 글래스고 근처의 성 앤드류대학과 에든버러대학에서 공부하였으나 학위를 받지는 못하였다. 그는 1765년 미국 뉴욕에 이민하였고 1766년에 필라델피아로 옮겼다. 그는 필라델피아대학에서 처음에는 라틴어를, 나중에는 영국 문학을 강의하였다. 그의 요청에 따라 필라델피아대학에서 명예문학석사의 학위를 수여받았다.

그는 학교에서 법학교육을 받아 변호사 자격을 얻었다. 그는 성공적인 변호사로 활동하였다. 그는 카운티 의회에 근무하게 되었다. 그는 1774년『영국 의회의 입법권의 성질과 범위에 관한 고찰』(1774)을 저술하였는데,346) 이 책에서 모든 정치적 권력은 국민에게서 나오며 영국 의회는 식민지에 관한 법률을 제정할 수 없다고 하였다. 왜냐하면 영국 의회에는 식민지의 대표자가 없기 때문이라고 하였다. 이 책은 대륙회의 의원들에게 많은 감명을 주었고, 그는 1775년부터 1777년, 1783년과 1785년에서 1786년까지 대륙회의의 의원으로 선임되었다. 그는 힘 있는 연설가였으며 정열적으로 연설을 하였다. 그의 선거구민들이 영국에서의 독립을 원하지 않았기 때문에 그는 3주일간의 여가를 받아 그동안 유권자의 동의를 얻어내어 펜실베이니아 주를 대표해서 독립선언에 서명하였다.

그는 회의 해산 후에도 정치와 법조생활을 계속하였다. 그는 1776년의 펜실베이니아 의원에 선임되었다. 1776년 펜실베이니아는 처음으로 헌법을 제정하였는데 그는 이 헌법에는 반대하였다. 1777년에는 연방의회에 진출하였다. 그는 영국 왕정파인 토리당을 변호했던 것과 토지 투기 때문에 시민의 지지를 받지 못하였다. 그는 1778년에는 필라델피아로 이사하였는데 물품이 귀하던 때에 상품을 독점한다는 이유 때문에 폭도에 의하여 집이 공격당하기도 하였다. 1779년에는 프랑스의 주미변호장관으로 임명되기도 했다. 1781년에는 새로 설립된 북미은행의 이사도 하였다. 그는 1782년 다시 의회의원으로 선출되어 대륙회의에서 활동하였다. 그는 미국헌법 제정 시 제헌회의에서 매디슨에 이은 제2인자로서 열심히 활동하여 미국 헌법의 성립에 큰 공헌을 하였고, 펜실베이니아 주가 이를 비준하는데도 진력하였다.

그는 1789년 필라델피아대학의 첫 번째 법학교수가 되었으며, 1790년에는 펜실베이니아헌법 제정에서 가장 중요한 역할을 하였다. 그는 워싱턴이 대통령이 되자 대법원장이 되기를 원했으나 대법원장은 되지 못하고 대법원판사로 되었다. 그는 Hayburn's Case (1792) 사건에서 위헌법률심사제도의 도입에 찬성하였고 대법원의 헌법상 권한의 확대에 노력하였다. 그는 몇 번이나 빚을 갚지 못하여 기소되기도 하였다. 그는 1798년 8월 21일 에덴턴(Edenton)에서 사망하였다. 그의 유해는 1906년에야 필라델피아의 기독교 묘지에 안장되었다.347)

---

346) J. Wilson, *Considerations on the Nature and Extent of the Legislative Authority of the British Parliament*, 1774; McCloskey (ed.), *The Works of James Wilson*, V. Ⅱ, 1967. 기타의 저술은 Historical Society of Pennsylvania, *James Wilson Papers*(Collection 721); Hall/Hall (eds.), *Collected Works of James Wilson*, 2 vols. Liberty Fund Inc., 2009.

그는 미국 독립선언과 미국 헌법의 두 문서에 서명한 여섯 사람 중 한 사람이다(한 사람은 Franklin). 그는 1776년 펜실베이니아헌법이 급진적이라고 생각하여 이에 반대하였으며 이를 1790년에 개정하는데 성공하였다. 그는 미국헌법에 관해서 누구보다도 많은 연구를 하였고 미국헌법제정회의에서는 열심히 참석하고 찬반의견을 명확히 밝혀 미국헌법의 제정에 큰 역할을 하였다. 그는 미국헌법의 초안을 만들었고 1787년에는 그 수정안을 제안하기도 했다. 또 헌법제정회의에서의 토론과 의결을 모두 메모하여 헌법제정회의 연구에 크게 기여하였다.[348]

그는 펜실베이니아 주에서의 헌법 비준에도 큰 역할을 하였다. 그는 1789년-1790년에 펜실베이니아 의회에서 새 헌법안을 기초하고 이를 통과시켰다. 이는 그의 1776년 헌법에 대한 14년 전쟁의 결과라고 하겠다. 그는 대법원 재판관으로서 몇 개의 중요한 판결에 참여하였다. 그중 하나는 헤이번스 사건(Hayburn's Case, 1792)에서 의회의 법률을 대법원이 심사하여 무효로 할 수 있다는 판결을 한 것이고, 또 하나는 크리스홀름 사건(Chrisholm v. Georgia, 1793)에서 주의 정치문제 주장에 대하여 이를 배척하고 대법원의 권한을 확장한 것이다.[349]

그는 법학자로서 법률에 관한 저서도 준비하였으나 미완에 그쳤다.[350]

2) 자연권론

윌슨은 미국 혁명이론가들이 대부분 믿고 있었던 자연권의 신봉자였다. 그는 1790년에 「개인의 자연권」(Of the Natural Rights of Individuals)이라는 논문을 썼다.[351] 여기서 그는 자연권론을 펴고 있다. 그는 인간의 본성은 선이라고 보고 인간은 자연상태에서 자연권을 누리고 있었다고 한다. 이 자연권은 인간의 자유(natural liberty)라고 보았다. 권리는 자연상태에서 생긴 것이며 그것은 국가나 정부가 주는 것은 아니라고 하였다. 그는 대헌장(Magna Carta)에서 보장되고 있는 것은 시민의 자유(civil liberty)라고 보고 이것은 합의에 의해서 얻어진 것이라고 보았다.

그는 인간은 최고의 존엄권을 가지며 국가나 정부는 인간의 주권에 근거하여 만들어진 기구로 차위의 존엄권 밖에 가지지 않는다고 한다. 윌슨은 「인간이 정부를 위해서 존재하느냐 또는 정부가 인간을 위해서 구성된 것인가」를 물으면서, 정부는 인간의 행복추구를

---

347) 그의 생애에 관해서는 Gerencser/Osborne, *James Wilson Biography*, 2003; James Wilson (1742-1798), Univ. Pennsylvania, 2005; "James Wilson(1742-1798)," Encyclopedia Dickinsonia, 2005. 간단한 것으로는 PENN BIOGRAPHIES, *James Wilson* (1742-1798); "James Wilson(Sept. 14. 1742 - Aug. 21. 1798)," facebook.com; N. King, "James Wilson," constitution -a-wikispaces.com.
348) M. D. Hall, *The Political and Legal Philosophy of James Wilson 1742-1798*, Univ. of Missouri Press, 1997.
349) 전게, Hall, *op. cit.*
350) James Wilson, Lectures on Law; James Wilson, Digest of Pennsylvania Law.
351) James Wilson, *Of the Natural Rights of Individuals*, 1790, TeachingAmericanHistory.org.

최대화하기 위해서 인간에 의해서 만들어진 것이라고 본다. 그는 「자연권에 대한 설명에서 자기 생각으로는 시민정부의 업무는 인간의 생래의 권리를 보장하는데 있는 것이며 결코 이를 파멸시키기 위한 것이 아니다. 시민정부의 의무는 자연권의 행사를 최대화하는 것이고 그것을 제한하는 것이 아니다. 이러한 권리를 받는 것이 아니고 시민정부에 의하여 보장되거나 보상되는 것이 아니다. 시민정부는 이 권리를 방어해주고 회복방법으로 자연상태에서 요구된 것을 정당화해주는 것이다」고 하고 있다.

그는 로크의 이론에 반대하고 버크의 이론은 봉건적이라고 비판했으며 블랙스톤에 의거하고 있었다. 이는 스코틀랜드 계몽주의자들의 영향이라고 하겠다.

그는 인간의 자연권은 궁극적으로 행복추구권과 자연적 자유권이라고 보았다. 그는 「자연은 인간에게 그 자신의 행복추구의 욕망을 심어주었으며 자연은 인간에게 다른 사람과도 친목할 좋은 감정을 주었다. 이에는 다른 것과 함께 생명의 권리를 주었고 그에게 지성과 그의 권리를 자기의 행복을 위하여 행사할 수 있는 자연적 충동을 주었다. 또 다른 사람과의 친교 시에도 타인의 행복을 고려해주는 좋은 감정을 가지게 해 주었다」고 하고 있다.352) 블랙스톤은 여기에 영국 시민의 권리로서 개인적 안전의 권리, 개인적 자유의 권리, 사적 재산권에 관한 권리를 들고 있다.

그는 사회계약에 따라 신이 준 자연권을 포기했다는 이론에 반대하고 자연권은 포기할 수 없는 천부의 권리로 보고 있다. 그는 당시에도 생명의 권리를 인정했으며 인간의 생명의 시기를 배아로부터라고 보고 있었다. 그는 생명권은 자연권인 동시에 보통법에서도 보장되고 있다고 보았다.353)

자유권에 관해서 그는 1788년 헌법을 비준해 달라는 연설에서 처음으로 시민적 자유(civil liberty)라는 말을 했다. 시민적 자유는 자연권이며 시민정부를 완성하기 위해서 필요한 권리로 보았다. 시민적 자유는 정부를 보다 좋고 보다 행복하게 하기 위하여 그 일부를 양도할 수 있을 뿐이라고 하였다. 그는 특히 언론의 자유를 강조하였다. 그러나 이 자유의 제한도 가능한 것으로 보았다. 그는 재산권도 자연권으로 보았으며 성격상 자유와 안전의 권리도 자연권이라고 하였다. 이러한 자연적 자유의 상태에서는 모든 사람은 자기의 의지에 따라 무엇이든지 할 수 있다. 다만 자연법에 의해서 부과된 한계는 지켜져야 한다.

결론적으로 말하면 사회의 행복은 모든 정부의 법의 제일 과제이다. 이 규율은 자연법에 발견된다. 이는 모든 정치권력에 적용되는 것이며 입법부도 법에 구속된다. 인간은 이 권리를 보장하기 위하여 규율을 준수해야 한다.354)

352) James Wilson, *Of the Natural Rights of Individuals* 1790, TeachingAmericanHistory.org; D. Robinson, *James Wilson and Natural Rights Constitutionalism: The Influence of Scottish Enlightenment*, Witherspoon Institute, 2016.
353) James Wilson, Lectures on Law Chart 12; J. Taylor, "The Founding Fathers and the Right to Life," lifeissues.net; clear thinking about crucial issues.
354) 이상은 주로 James Wilson, Lectures on Law에 근거한 것이다. 그의 정치이론과 법이론에 관해서는 G. Carey, "James Wilson: Political Thought and the Constitutional Convention," 2014/02, http://

윌슨의 이 자연권사상은 도덕철학에서 나온 것이며 토마스 아퀴나스의 사상을 계승한 후커(Hooker)의 이론에 가깝다. 그의 자연권사상은 기독교적인 자연법사상이며 유럽의 전통에 따른 것이라고 하겠다.

윌슨은 그가 만든 1790년의 펜실베이니아헌법에서도 미국 수정헌법에 의해서 보장되고 있는 여러 권리를 나열하고 있다.[355] 헌법 제9조에서 기본권에 관해서 상세히 규정하고 있다. 제1항에서는 평등권, 제2항에서는 인민주권, 제3항에서는 양심의 자유, 제4항에서는 종교에 대한 공직제한, 제5항에서는 자유선거와 평등선거, 제6항에서는 배심원에 의한 재판을 받을 권리, 제7항에서는 언론의 자유, 제8항에서는 수색과 압수에서의 자유, 제9항에서는 형사피고인의 권리, 제10항에서는 피고인의 통지받을 권리, 알 권리를 규정하고 있다.

제11항에서는 주의 불법행위에 대한 보상청구권, 제12항에서는 불법적인 법률의 정지금지, 제13항에서는 잔혹한 형벌의 금지, 벌금의 과잉금지, 제15항에서는 법정과 교도소에서의 권리, 제16항에서는 채무에 의한 구금 금지, 제17항에서는 소급입법의 금지, 제18항에서는 입법에 의한 반역이나 중죄의 규정금지, 제19항에서는 자살 등에 의한 재산몰수금지, 제20항에서는 평화적 집회의 자유와 청원권의 보장, 제21항에서는 총기소유의 자유, 제22항에서는 군의 민간권력에 의한 통제, 제23항에서는 민가에서의 군인주둔 금지, 제24항에서는 귀족칭호 등 금지, 제25항에서는 주 이민금지조치 폐지, 제26항은 이들 권리의 불가침성을 규정하고 있다.

이것은 1776년의 펜실베이니아 인권선언을 헌법의 모두에 규정했고,[356] 16항만 규정했던데 비하면 보다 보수적으로 된 느낌이 있다. 그러나 신앙의 자유를 규정한 것이 장점이다. 이 규정들은 뒤에 나온 미국 수정헌법의 규정보다는 정리된 것이다. 단 미국 수정헌법 제9조와 같은 포괄적 규정을 두지 않는 것은 잘못된 것이다.[357]

윌슨은 당시 가장 저명한 법학자로 인식되어 그의 강의에는 워싱턴 대통령, 애덤스 부통령, 제퍼슨 재무부장관까지 경청했었다. 미국 수정헌법의 규정보다는 미국독립선언에 규정된 포괄적 기본권인 하느님이 준 불가양의 권리인 생명, 자유와 행복추구권이 중요한 것이며 여기서 개별적 기본권이 분화된다고 보는 것이 윌슨의 견해였다.

3) 연방헌법과 펜실베이니아 새 헌법 제정

윌슨은 국가의 목적에 관해서 「정부는 구성원의 자연권의 행사의 보장과 확대를 위하여

---

www.theimaginativeconservative.org.

355) Pennsylvania Constitutional Convention of 1790, Minute of the Convention, Duquesne University. 이 회의에서 James Wilson은 주도적 역할을 했으며 이 안은 그의 저작이라고도 할 수 있다.

356) A Declaration of the Rights of the inhabitants of the Commonwealth or State of Pennsylvania, Constitution of Pennsylvania, September 28. 1776.

357) "The Creation of the Bill of Rights, 'Retouching the Canvas'," EDSITEment, October 17, 2011.

형성된 것이다. 이 주목적을 가지지 않은 어떠한 정부도 정당한 종류의 정부가 아니다」고 하면서 기본권 보장이 정부의 가장 중요한 목적임을 밝혔다.

「나는 이 기회에 민주정치에 대하여 설명하겠다. 이는 인민에게 최고 권력이 있는 정부이며 인간들이 집단적으로나 대표자를 통해서 그 권력을 행사하는 정부를 말한다. 헌법은 이 원칙을 선언하고 있다. 즉 이는 헌법이 선언하고 있는 방법에 의해서 운영되는 것이 명백하다. 헌법은 '우리들 미국의 인민은' 이 헌법을 제정한 것이라고 명시하고 있다」.

1787년 헌법제정회의에서 페더랄리스트는 영국식인 귀족제도와 세습적 왕제도를 생각한 사람도 있었는데, 그는 인민주권과 민주정치를 처음부터 주장하였다. 그는 시민사회나 국가는 주권자인 국민의 동의(consent)에 의해서 성립하는 것임을 강조하고 있다. 그는 헌법에 대해서「이는 최고법이며 국가에 거주하는 주권자가 제정하거나 비준한 것을 말한다. 이에 따라 국가는 정부를 구성해야 하며 관리해야 한다. 헌법에서 정부의 권력이 유래하는 것이며 헌법은 이 정부 권력을 지시하며 통제하여야 한다. 헌법은 정부에서 변경할 수 없다. 왜냐하면 그러한 변경은 그의 권위의 기반을 파괴하기 때문이다」. 여기에서 입헌주의의 중요성과 경성헌법의 원칙을 잘 설명하고 있다.358)

그는 헌법제정회의에 가장 잘 참석하는 사람의 하나였다(모리스 주지사 다음으로). 그는 강력한 국민정부를 원했으나 인구가 적은 주에서 반대가 많아서 관철할 수 없었다. 특히 선거권의 평등과 인민주권을 주장하였는데 인민주권 원리는 그의 요청에 따라서 헌법에 반영되었으나 선거권의 평등은 실현되지 않았다.

그는 의회의 구성에 있어서 타협에 의하여 상하 양원제로 하는 것을 찬성하였으나 상원의 구성에 대해서 큰 주나 적은 주나 똑같이 2표를 주는 것은 반대하였고, 인구비례에 따라 1표 내지 5표를 주도록 요구하였다. 그러나 이는 인구 적은 주에서 반대하여 관철되지 못하였고, 상원은 각주에서 2표를 가지게 주간 평등이 보장되게 되었다. 이는 잘못하면 작은 주가 헌법제정에 반대하여 연방을 탈퇴할까 두려워했기 때문이다. 그는 대통령의 경우에도 대통령 한 사람만 있어야 하고 복수의 집행자가 있어서는 안 된다고 하였으나 부통령제가 채택되었다. 또 대통령선거도 선거민의 직선에 의해야 한다고 주장하였으나 선거인단 제도로 통과되었다. 사법제도에 있어서는 사법권의 독립을 강조하고 의회의 법률에 대해서도 사법심사를 하여 무효화시킬 수 있도록 해야 한다고 주장하였으나 이것도 통과되지 않았다.359) 그는 선거권을 재산소유권과 결부시키는 것을 반대하였고 대선거구제의 채택을 요청하였다.

---

358) G. Carey, "James Wilson: Political Thought and the Constitutional Convention," *op. cit.*; M. D. Hall, "Justice, Law, and the Creation of the American Republic- The Forgotten Legacy of James Wilson," 2009; "James Wilson and the American Constitution," Online Library of Liberty.

359) Debate in Constitutional Convention, Carey, op. cit.; Introduction, Hall/Hall (eds.), Collected Works of James Wilson, Vol. 1; Hall, *op. cit.*

강의에서는 남녀동권을 주장하였고 노예제도에도 부정적이었다. 그는 헌법안에 대해서는 여러 반대의견이 있었으나 펜실베이니아의 비준의회에서는 헌법안의 비준을 요청하였고 비준안을 통과시켰다.[360]

그의 제헌회의에서의 주장은 강력하고 민주적인 연방정부가 국민의 기본권을 보호하도록 하기 위한 것인데 이들 요구는 그동안 헌법의 개정이 없더라도 실제적으로 이것이 행해지고 있었다. 19세기 초에 와서는 주가 선거법 개정을 하게 되었고, 20세기에 와서는 상원의 선거제도가 인민에 의하여 선출되게 되었고, 대통령의 선거도 사실상 인민의 직선과 같은 효과를 내고 있다. 또 대법원은 강력해져서 정부와 의회와 동격이 되었고 견제와 균형으로 개인의 권리를 보장하는데 중요한 역할을 하고 있다. 그는 대법관으로서 법률의 위헌심사를 하였다. 이것은 마샬 대법원의 Marbury v. Madison 사건보다도 10여 년을 앞선 것이다.[361]

그는 펜실베이니아의 새 헌법을 만드는데 초안을 만들었으며 1790년에는 펜실베이니아 의회에서 새 헌법을 제정하는데 결정적인 역할을 하였다. 제1조에서는 입법권에 관해서 규정하고 있는데 상·하 양원제로 하고 있다. 대표자는 임기 1년으로 시민에 의해서 직접 선거된다. 상원의원의 임기는 4년이고 시민에 의해서 직접 선거된다. 제2조에서는 정부에 관해서 규정하고 있는데 1인의 주지사가 집행권을 행사한다. 주지사의 선거는 의회의원의 선거와 같이 동일 장소에서 직접 선출한다. 주지사의 임기는 3년이다. 제5조에서는 사법권을 규정하고 있는데 법관의 신분은 보장되고 있다. 이 헌법에서 윌슨의 생각이 많이 반영된 것을 알 수 있다.[362] 이로써 펜실베이니아 1776년 헌법의 비효율성이 제거되고 효과적인 집행을 할 수 있는 근거가 마련되었다.

4) 법사상과 정치사상

그의 법사상은 그의 법학 교재에 잘 나타나 있다. 그는 유럽의 전래적인 자연법사상에 따르고 있는데 토마스 아퀴나스에 따라 신정법, 영구법, 자연법과 이성법으로 나누고 있다. 이 법은 모두 신이 창조한 것이다. 이것은 전부가 신법이다. 그런데 인정법(human law)은 권위에 입각해야 하며 법의 권위는 신정법이다. 인정법의 해석에 있어서는 입법자의 의사를 존중해야 한다. 그는 기독교는 보통법의 근거라고 했다.

윌슨은 「헌법의 이념은 입법권의 행사를 제한하는 것이다」라고 하고, 인민주권에 의하여 대표되어진 입법부는 헌법의 범위 내에서 입법을 할 수 있다고 보고 있다.[363] 입법부는

360) McMaster and Stone, *Pennsylvania and the Federal Constitution 1787-1788*, Liberty Fund Inc, 2011.
361) "Symposium: Judicial Review Before John Marshall," *George Washington Law Review*, Dec. 2003; J. Yoo, "Judicial Review and Federalism," 22 *Harvard J. L. & Pub. Pol'y* 197, 1998/1999; Hayburn's Case (1792).
362) Constitution of the Commonwealth of Pennsylvania, 1790.
363) Question of Representation at the 1787 Convention.

인민에 의해서 선출된 의원으로 구성되며 정부의 권한은 인민의 동의에 의한 것이라고 한다.364) 그가 국가의 목적을 인민의 권리와 행복의 완성에 있다고 본 것은 정당하다. 당시는 봉건주의 사회의 이론이 팽배했는데 진보적인 국가관을 가진 것이라고 하겠다. 권력이 집중되면 권력이 남용되고 부패된다고 하여 권력이 분립되어야 한다고 보았다. 권력의 분립에는 지역적 분립과 기능적 분립이 있는데 지역적 분립으로는 연방제도와 지방제도를 들고 있다.365)

그는 민주당의 주권우선주의에 대하여 연방의 권한의 우선을 주장하였다. 주의 입법권에 대해서는 대법원이 거부권을 행사할 수 있게 하여야 한다고 하였다.366) 기능적 분립은 행정권과 입법권, 사법권의 분립, 3권분립을 말한다. 행정은 법률에 근거해야 한다고 하여 법치행정을 강조하였다. 사법권의 독립을 강조하고 사법권이 입법과 행정에 대한 감시를 할 수 있게 하여야 한다고 했다. 이러한 권력분립은 상호간 견제와 균형이 되어야 한다고 했다.

5) 윌슨의 영향

윌슨은 미국 최초의 법학교수로 법에 관한 지식의 보급에 노력하였고 정치가가 되어서는 헌법제정에 큰 공헌을 했으며 그 공로로 대법관이 되었다. 그러나 그의 대법관 재위기간이 짧았기에 큰 기여를 하지 못한 것이 아쉽다. 그의 강력한 집행부에 대한 요청과 입법에 대한 사법심사제 등을 통한 기본권의 보장을 요구한 것은 선진적인 것이었고 지금도 새로운 헌법제정의 모범이 될 수 있을 것이다.367)

5. 제임스 매디슨

1) 생애

제임스 매디슨(James Madison, 1751-1836)은 미국혁명의 아버지로 불린다. 그는 11세 때에 아버지의 장서인 85권 전부를 읽었고 이 해에 로버트슨(Robertson)이 경영하는 기숙학교에 들어가서 16세까지 공부하였다. 그의 스승인 로버트슨은 그에게 많은 지식을 강의하였고 매디슨은 많은 영향을 받았다. 그는 그 뒤 2년간 가정교사인 마아틴 목사에게 배웠고 다음에는 프린스턴대학에서 역사, 철학과 법학을 공부하였다. 2년 만에 학업을 끝내고 다음 1년은 프린스턴대학의 최초의 대학원 학생으로 공부하였다.

364) James Wilson, *Popular Basis of Political Authority*.
365) James Madison, *Federal v. Consolidated Government*, 1787.
366) James Madison, Article 3, Section 1, Government, Lectures on Law, 1791.
367) James Wilson's The Law of Nature 1790, Federalist Paper.

1774년에 그는 정치계에 입문하여 오렌지카운티의 보안위원회 위원으로 활약하였고 1775년에는 오렌지카운티 민병대의 대령이 되었고 다음 해에 퇴임하였다. 그는 1776년 오렌지카운티의 대표로 선출되어 버지니아 제헌회의에 참석하여 버지니아 헌법의 기초에 참여하였다. 그 뒤 1779년까지 버지니아 주의회 의원으로 근무하였으며 제퍼슨과 친하게 지내게 되었다. 이때에 제퍼슨의 신앙자유조례 제정에 협력하였다. 1779년 그는 대륙회의의 구성원이 되었다. 1781년 3월 1일 연합규약(Articles of Confederation)이 효력을 발생하였다. 그는 국가 권력의 강화를 강조하고 주 권력의 약화를 주장하였다. 그는 권력의 분립을 통한 견제와 균형을 강조하였다.[368]

1783년에 대륙회의의 임기가 끝나자 그는 버지니아로 돌아와 1786년까지 버지니아 의회의 의원으로 활약하였다. 1784년 초에 그는 현재와 과거의 연합조약의 원전을 찾았다. 1786년 제퍼슨이 두 개의 트렁크에 가득 찬 책을 프랑스에서 보내왔다. 그는 이 책들을 열심히 읽었다. 매디슨은 이때『과거와 현대의 국가연합노트』,『미국정치제도의 오류』를 출간하였다.

1787년 매디슨은 헌법제정회의에 참석하게 되었다. 매디슨과 버지니아 대표들은 초안을 작성할 목적으로 일찍 필라델피아에 도착하였다. 그는 두 개의 메모와 편지를 모아 15개의 결의안을 제출하였다. 이를 버지니아 의원들이 의회에 제출하였는데 Virginia Plan이라고 불리었다. 이에 대하여 뉴저지 안과 해밀턴 안이 제출되었다. 프랭클린은 이 안들을 중심으로 하여 절충안을 만들었다. 이 안에서 입법부에 두 개의 의원을 두되 한 원(상원)은 각 주가 평등한 투표권을 가지고, 한 원(하원)에서는 인구에 비례하여 의원을 선출하기로 하였다. 대통령 선거에 관해서도 논쟁이 있었는데 선거인단 회의에서 선출하고는 이를 즉시 해체하기로 하였다.[369]

이 안에 대하여 매디슨은 최종안에 대하여 불만이 있었으나 1787년 9월 17일에 의원들이 모여 최종연설을 들은 뒤 54명이 이 안에 서명하였다. 그러나 이 안은 13개 주 중 최하 9개 주가 비준하여야 헌법으로 확정되게 되었다. 이 회의가 끝난 뒤 매디슨과 해밀턴과 제이 3인이『페더럴리스트 페이퍼』를 만들어 85개의 논설을 실어 새 헌법의 비준을 요구하였다. 매디슨은 고향에 와서 비준을 위한 활동을 하여 버지니아가 열 번째 주로서 비준을 하였다. 그 뒤 3개 주가 더 비준하여 13개 주 전체가 동의하여 미국헌법은 효력을 발생하게 되었다.

그 뒤 인권장전(Bill of Rights)을 제정하자는 주장에 대하여 매디슨은 필요하지 않다고 생각하였으나 헌법의 존립을 위하여 10개조로 된 헌법수정에 찬성하였다.

그는 제퍼슨에 따라 공화민주당의 창립에 노력하였다. 워싱턴 정부 하에서 제퍼슨은 국무장관이었고 해밀턴은 재무장관이었다. 내정에 대해서는 재무장관이 전권을 행사하

---

368) Lance Banning, *The Sacred Fire of Liberty: James Madison and the Founding of the Federal Republic*, Cornell University Press, 1998; James Madison, Wikipedia; James Madison, white-house.gov.

369) Madison, Federalist Paper, No. 51.

였다. 매디슨은 워싱턴의 보좌관으로 스피치라이터 역할을 했는데 영향력은 매우 강하였다. 43세에 26세인 과부와 결혼하여 행복한 가정을 꾸렸다.

그는 1800년 선거에 제퍼슨을 도와서 대통령이 되게 하였다. 매디슨은 1801년 5월에 외무부장관으로 임명되어 워싱턴에서 일하게 되었다. 그는 1809년까지 외무부장관을 하였다. 그는 1809년에는 제퍼슨에 이어 대통령이 되었다. 1817년까지 대통령으로 재임하였다. 1817년에 대통령직에서 퇴임한 뒤에는 정치적 원로로서 많은 역할을 하였다. 그는 제퍼슨이 버지니아대학을 설립하는데 도왔으며 이사로서 근무하다 1826년에는 버지니아대학 총장이 되었다. 총장을 8년간 하였다.[370] 그는 1836년에 병으로 사망하였다(향년 85세).

일반적으로 매디슨은 미국헌법의 기초자로서 숭앙을 받고 있다. 그러나 그는 헌법안의 작성은 많은 사람의 마음과 손에 의해서 만들어진 것이라고 하였다. 그러나 사실에 있어서 그는 미국헌법의 기초자라고 할 수 있을 것이다. 그는 최초에는 헌법에 권리장전이 들어가는 것을 반대하였으나, 버지니아와 뉴욕이 권리장전의 추가를 조건으로 비준하였기에 권리장전의 제정은 불가피했다. 그는 250개의 제안 중에서 16개 조항을 선별하여 이를 의회에 제출하였는데 그중 10조항이 통과되었다. 이 점에서 그는 권리장전의 기초자로서 평가될 수 있다.[371]

대통령으로서의 그의 평가는 그렇게 높지 않다. 야당의 반대로 가장 약한 정부를 구성하였고 영국과의 전쟁을 하였으나 전투에는 패배하는 경우가 많았다. 그러나 최종 평화조약에서 미국 영해에서의 안전과 통상자유 등을 획득하는 성과를 얻었다. 그는 생전에는 저서를 출판하지 않았으나 사후에 두 권의 책이 출판되었다.

2) 인간의 권리 – 자연권에서 실정권으로

매디슨은 인간의 본성이 선한 것이 아님을 경험적으로 알고 있었다. 그래서 그는 「만약 인간이 천사라면 정부는 필요 없을 것이다. 만약에 천사가 통치한다면 정부에 대한 외적인 통제나 내적인 통제는 필요 없을 것이다」고 하면서 인간의 본성에 대하여 비관적으로 표현하고 있다. 매디슨과 해밀턴은 인간이 선일 때에는 이성의 힘으로 자율(self-discipline)을 할 수 있고, 반대로 인간은 감정의 산물로서 비관용과 탐욕을 가지고 있다. 이러한 이론은 몽테스키외가 3권을 한 사람이 가지면 독재가 되고 권리가 보장되지 않는다고 본 것과 같다.

그는 정부의 목적이 독립선언에 규정되어 있는 바와 같이, 인간의 천부인권을 보장하는

---

370) 상세한 것은 Madison, *Notes of Debates in the Federal Convention of 1787*, 1840; M. Farrand, *The Records of the Federal Convention of 1787*, 4 vol. 1937.

371) James Madison, Advice to My Country, 1840; P. McNamara, James Madison: Memory, Service and Fame, 1999; L. Banning, James Madison: Federalist (James Madison: Philosopher and Practitioner of Liberal Democracy); The Papers of James Madison, Univ. of Virginia.

것임을 잘 알고 있었다. 그는 여기서 생명, 자유, 행복추구권 등이 포괄적인 인권을
규정한 것이고 이것을 개별 규정하는 경우 규정되지 않는 권리는 없는 것으로 인정되어
오히려 인권을 제한할까 봐 두려워하였다. 그래서 헌법에서는 개별적인 권리를 규정하지
않았고, 일반원칙만 전문에서 규정했던 것이다. 그는 1776년에 버지니아 주의회 의원으로
서 버지니아 주의 인권선언(The Virginia Declaration of Rights)과 버지니아 헌법의 기초에
도 참여하였다.

당시 미국에서 가장 강력하였던 버지니아 주의회에서 가장 선진적인 인권선언을 했는
데 이 인권선언은 미국 독립선언과 비슷한 시기인 1776년 6월 12일에 만들어진 것이며
미국 독립선언의 인권조항은 제2조만이나 버지니아 인권선언은 몇 개조의 인권규정을
두어 인권선언적인 감을 주었다.[372] 매디슨은 버지니아 주헌법에서 기본권에 관한 규정
이 있기 때문에 미국헌법에 중복규정을 둘 필요가 없다고 하였다.

버지니아 인권선언은 제1조에서 독립선언 제2조와 같은 인권의 일반원칙을 선언하고
있다. 독립선언은 종교적인 자연권사상에 입각하고 있는데 버지니아 인권선언은 비종교
적인 인권선언인 점이 특색이다. 이는 버지니아 주가 제퍼슨과 매디슨의 영향에 따라
종교와 국가의 독립과 상호불간섭을 법률로 인정했기 때문이 아닌가 생각된다.

버지니아 인권선언은 제1조에서 「모든 인간은 자연법칙에 따라 평등하게 자유롭고
독립적이며 여러 가지 생득적 권리를 가진다. 그들이 사회상태에 들어가는 경우 어떤
계약으로서도 그들이 가진 권리, 즉 재산의 취득과 향유에 대한 수단, 생명과 자유의
향유, 행복과 안정을 추구하고 획득하는 권리를 박탈하거나 양도할 수 없다」. 여기에서
포괄적인 권리가 거의 망라되고 있다. 세습관직과 특권의 금지, 삼권분립, 인민주권,
정부의 기본권보장의무, 선거의 자유, 선거권, 의회의 동의 없는 징세의 금지, 동료의
재판을 받을 권리, 사법절차상의 권리, 과잉한 보석금, 과잉한 벌금, 잔혹하고 비상식인
처벌의 금지, 일반영장의 금지, 재산권에 대한 분쟁은 개인 대 개인으로 행해져야 하며
배심재판이 행해져야 한다. 언론의 자유, 종교의 자유 등 개별적인 자유가 보장되고
있다. 매디슨은 이 고향의 인권선언과 주헌법을 모방하여 많은 수정조항을 만든 것으로
보인다. 이들 권리의 일부는 미국연방의 수정헌법으로서 헌법에 명기되게 되었다. 인권장
전 제9조에서는 헌법에 열거되지 아니한 기본권도 이를 부정해서는 안 된다고 일반조항을
두고 있다.[373] 이것은 자연권적인 규정이라고 하겠다. 그러나 전반적으로는 실정권을
명문화한 것이 특색이다.[374]

제헌의회에서 해밀턴은 인권장전을 헌법에 규정하는 것을 반대하고 페더랄리스트지에
서도 반대론을 폈다.[375] 그러나 매디슨(Madison)을 비롯한 정파에서 인권장전을 만들어
야 한다는 주장이 높았다. 매디슨은 처음에는 인권장전을 헌법에 규정하는 것에 반대하였

---

372) The Virginia Declaration of Rights, 1776; Declaration of Independence, 1776.
373) *Thomas Jefferson on Politics & Government* 15, The Bill of Rights.
374) 상세한 것은 *The Bill of Rights. History Essays*, The Lehmann Institute 참조.
375) Hamilton, Federalist Paper, No. 84.

으나 헌법의 비준을 위해서는 이것이 필요하다는 작전상 이유에서 인권장전의 도입에 찬성하였다. 그러나 여기에 대해서는 반대가 심했다. 매디슨은 인권장전의 도입이 정치적으로 바람직하고 필요하다고 생각하여 이의 도입을 추진하였다. 매디슨은 워싱턴이나 제퍼슨 등에게 편지로 필요성을 강조하였다. 1787년 의회에서는 권리장전의 추가를 논의하게 되었다. 1789년 6월 8일 매디슨은 의회에 헌법수정안을 제출하였다. 이 안은 원헌법의 조문에 개정 조항을 추가하기로 한 것이었으나 1789년 8월 24일에 의회를 통과한 안은 수정 조항을 서로 추가하는 것으로 하였다.

매디슨은 의회에서 연설하여 자기 안을 설명하고 이의 통과에 노력하였다. 이 연설은 의회의원들을 감동시켰고 6주 후에 매디슨은 그 안의 통과를 구걸하여 수정안이 통과된 것이다. 하원에서는 17개 조항이 통과되었으나 상원에서는 12개 조항만 통과하였다. 매디슨은 헌법제정에도 중요한 역할을 하였으나 인권장전의 채택에는 거의 혼자 다 하였기 때문에 그는 「인권장전의 아버지」라고 불리는데 손색이 없다.376)

3) 국가구성과 정부론

매디슨은 헌법제정회의에서 중요한 역할을 하였다. 매디슨은 버지니아의 대표들과 버지니아 플랜을 만들어 의회에 제출하였고, 뉴저지 안과 해밀턴 안, 윌슨 안 등이 나와서 많은 논쟁을 하게 되었다. 그중에서도 대표문제, 조세문제, 노예문제 등에서 합의를 보지 못하였다. 이에 프랭클린이 타협안을 제출하여 타협안(Great Compromise)이 통과되었다. 버지니아 안은 양원제를 제안하였고 뉴저지 안은 단원제를 주장하였다. 이 대타협에 따라 의회는 양원제로 하되 상원은 주간 평등대표를 규정하고 하원은 인구대표로 하기로 했다. 이로써 헌법안이 통과될 것으로 기대했으나 그렇게 쉽게 되지는 않았다. 통상규제 문제와 노예문제가 중요 쟁점이 되었다. 9월에 타협이 성립되었다. 그런데 다음에는 대통령선거를 위한 선거인단이 문제가 되었다.

매디슨은 이 안에 대해서 불만이었다. 그는 연방정부가 보다 강력한 권한을 가질 것을 주장하였다. 주입법에 대한 거부권을 연방에 주자고도 하였다. 그러나 이러한 안은 부결되었다. 매디슨은 연설이 서툴렀으나 150회나 버지니아 안을 옹호하였다. 그는 여기서의 토론 기록을 전부 메모하였다. 이것이 헌법제정회의의 중요 기록으로 남아 있다.377)

---

376) B. Schwartz, *The Great Rights of Mankind*, 1977; The Bill of Rights. History Essays.

377) 간단한 것으로는 The Constitutional Convention of 1787, exploring Conflicts; The Constitutional Convention, TeachingAmericanHistory.org; Federal Convention of 1787; Head for the Future; Constitutional Convention, Mount Vernon. 상세한 것으로는 James Madison, The Journal of the debates in the Convention; W. Curtiss, *United States Constitutional Convention 1787*; James Wilson Papers 1710-1877; B. Bailyn (ed.), *The Debate on the Constitution: Debates in the Press and in Private Correspondence, Debate in the State Ratifying Conventions*, Sept. 17. 1787. - Aug. 9. 1788, Two Vols., The Library of America.

매디슨은 강력한 연방정부의 권한을 원했다. 그것은 혼합정부(mixed government)의 형태였다. 그는 일면에서는 개인의 자유를 중시하면서도 국가적 존엄과 권위를 가진 중앙정부와 주정부와 지방자치의 혼합체를 생각하였다. 그래서 그는 정부가 감정을 가진 인간에 의해서 구성되기 때문에 안전을 목적으로 하는 사람에 의해서 구성되어야 한다고 생각하였다. 정부는 피치에 동의하는 사람들에 의하여 구성되어야 한다고 생각하였다. 그는 피치자의 동의에 의한 정부형성을 원했으며, 정부가 인간이 인간에 대해서 행정하는 것이기 때문에 곤란이 많다고 하며 정부는 피치자를 통제할 수 있는 정권의 안정을 기할 수 있는 권한이 요구된다고 하였다. 그는 모든 국민이 동등한 선거권을 가지고 직접 투표를 하여 다수결에 따라 통치하는 민주정치는 정부의 안정을 기할 수 없어 위험하다고 보았다.[378]

그는 국민의 인권을 보장하기 위해서는 몽테스키외에 따라 국가권력은 분할해야 한다고 생각했다. 우선 연방과 주, 지방 간의 지역적 권한 분할을 하고 정부는 입법, 행정, 사법부로 나누어 견제와 균형을 하여야 한다고 생각하였다. 이것은 연방제도의 원리와 견제와 균형을 위한 삼권분립을 주장한 것으로 몽테스키외의 권력분립론에 가깝다고 하겠다.[379] 이것은 그의 대통령 재직 시의 우유부단함과도 관계가 있다고 하겠다.

4) 매디슨 헌법의 영향

미국 건국의 아버지들이 만든 이 헌법은 해밀턴이나 매디슨과 같은 연방주의자(Federalist)의 강력한 중앙정부의 이상과는 멀었다. 작은 주의 반란으로 상원에서의 평등이 보장되었다. 상원의원의 임기를 영국처럼 종신제로 하거나 9년의 장기로 하는 안은 부결되고 6년의 임기로 가지게 되었다. 하원의 임기는 2년으로 그냥 유지되었다. 이 헌법안은 작은 주들이 찬성하도록 하기 위한 타협의 산물이었다. 매디슨은 해밀턴과 같이 페더랄리스트지를 통하여 자기들의 불만에도 불구하고 이의 비준을 요구하였고 미국헌법은 거의 전 주의 비준동의를 받았다.

이 헌법에는 약점이 많았다. 대통령선거인단의 문제라든가 주의 통상문제, 중앙정부의 권한 강화문제 등이 잘 규정된 것은 아니었다. 그러나 이러한 규정은 그 뒤의 헌법수정으로 많이 개정되었다. 그러나 노예제도에 관한 논의가 유예된 바람에 노예해방문제로 남북전쟁이 일어났고, 남북전쟁에서 북군이 승리한 다음에 헌법수정에 의하여 노예제도가 폐지되었다. 미국의 헌법은 정부가 여소야대인 경우 타협이 잘 되지 않으면 정부폐쇄로까지 이르고, 예산안의 통과조차 잘 되지 않아 문제가 많았다. 미국의 제도는 뢰벤슈타인이

---

378) M. Magnet, "James Madison and the Dilemma of Democracy," *City Journal*, Winter 2001; P. Ward, Tyranny Of A Majority: A James Madison View, rense.com.

379) *James Madison: Internal Improvements Balancing Act - Federal/State*, Executive/ Legislative; *The Blueprint: James Madison's Advice*, TenthAmendmentCenter; James Madison, Federalist Papers, No. 47.

말한 것처럼 외국에 수출되면 죽음의 키스처럼 정착을 할 수 없고 독재로 되거나 통치불능에 빠지게 된다.

미국에서는 그래도 양심 있고 재산을 가진 사람이 많아 매디슨이 걱정한 우민정치가 행해지고 있지 않는 것은 다행이라고 하겠다. 다수결에 의한 민주정치의 폭군화에 대한 매디슨의 경고는 경청할 만하다.380)

제5절 독일 이성론자의 인권사상

1. 임마누엘 칸트

1) 생애와 저술

임마누엘 칸트(Immanuel Kant, 1724-1804)는 독일 관념론 철학의 창시자로서 3개 비판서로 유명한 철학자이다. 그는 철학뿐만 아니라 천문학, 지리학, 역사학 등에 관해서 강의도 하고 많은 저술을 하였다. 그는 법철학과 정치철학에도 중요한 역할을 하여 21세기에 와서도 중요한 영향을 미치고 있다. 이 글에서는 그의 인권사상을 중심으로 법철학과 정치철학에 관한 것을 중심으로 알아보기로 한다.

칸트는 1724년 동프로이센의 수도 쾨니히스베르크(Königsberg)에서 탄생하였다. 이 도시는 제2차 세계대전 후 러시아의 점령지로 되어 지금은 칼리닌그라드(Kaliningrad)로 개명되었다. 당시의 쾨니히스베르크는 지역적으로는 수도 베를린에서 많이 떨어져 있었으나 중요한 상업의 중심지요 군항이 있었으며 비교적 세계와 연결이 잘 된 대학도시였다. 그의 집안은 아버지가 말안장공을 하고 있었고 아이들도 10명이 넘는 대가족의 넷째로 태어났다. 그의 어머니는 일찍이 별세하였고, 1732년에는 라틴어학교에서 공부하였다. 1740년에는 쾨니히스베르크대학에 입학하여 자연학에 관심을 가지고 라이프니츠나 뉴턴의 자연학을 연구하였다.

1746년 아버지가 사망하여 학자금이 없어서 대학을 중도에서 그만두고 7년간 가정교사로서 생활을 유지하였다. 1755년에 『일반 자연사와 천문이론』에 관한 저서를 내었고, 4월에는 쾨니히스베르크대학에 석사논문을 제출하였고, 9월에는 교수자격논문 「형이상학적 인식의 제1원리의 새로운 해석」을 제출하여 겨울학기부터 사강사(Privatdozent)로서 직업적 철학자가 되었다. 1764년에는 쾨니히스베르크대학의 시학교수로 취임요청을

---

380) M. Magnet, "James Madison and the Dilemma of Democracy," *City Journal*, Winter 2001; C. Thomas, "James Madison & Political Philosophy," *Online Journal of Political Commentary and Analysis* Vol. 5, Issue 237, Sept. 24. 2003; The Anti-Federalist Papers, 1787.

받았으나 거절하였고, 1769년에는 에어랑겐대학과 예나대학에서 교수초빙을 받았으나
거절하고, 1770년에 쾨니히스베르크대학의 교수로 취임하였다. 그동안에는 왕립도서관
의 직원으로 근무하였다. 쾨니히스베르크대학 철학교수로서 그는 1796년 사망 5년
전까지 근무하였다(72세). 그동안 그는 철학뿐만 아니라 지리학, 자연학, 인간학 등의
많은 강의를 담당하였고 여러 종류의 책을 출판하였다. 그는 이 동안에 영국의 흄과
허치슨(Hutcheson)과 스위스의 루소의 글을 읽게 되었다. 그의 새로운 철학에서는 라이프
니츠와 볼프의 이론에서 벗어나 있었다. 1785년에는 『도덕형이상학의 근거』를, 1788년
에는 『실천이성비판』 등의 책을 출판하였다. 그는 1797년에 『법론의 형이상학적 근거』를
출판하였다. 그는 여기서 엄격한 법실증주의와 결정론에 대해서 반대하였다. 1795년에는
『영구평화론』을 발표하여 평화상태를 보장할 것을 주장하였다. 칸트는 이 밖에도 『순수이
성비판』, 『실천이성비판』, 『판단력비판』을 발표하여 비판철학을 완성하였다. 그는 이
밖에도 종교철학에 관한 몇 권의 저서를 썼다. 그는 쾨니히스베르크대학 총장과 이사회
이사를 하기도 했다. 1804년 2월 21일 쾨니히스베르크에서 병사하였다. 사후 2개월
후에 대학장이 행하여졌고 시의 묘지에 안장되었다.[381]

---

381) 그의 생애와 저술에 관해서는 Kant Bibliography, 2010; E. Cassirer, *Kants Leben und Lehre*,
1921; Königlichen Preußischen(later Deutschen), Akademie der Wissenschaften (Hrsg.), *Kants
gesammelte Schriften*, Berlin: Georg Reimer(later Walter De Gruyter), 1900; The best English
edition of Kant's works is: P. Guyer and A. Wood (eds.), *The Cambridge Edition of the Works
of Immanuel Kant*, Cambridge University, 1992; Kant's Life, Chronology; K. Jaspers, *Kant:
Leben, Werk, Wirkung*, 1975; Kant, *Practical Philosophy*, trans. by Mary Gregor, 1996; Relevant
contents: "An Answer to the Question: What is Enlightenment?," *Groundwork of Metaphysics
of Morals*, 2005; *Religion and Rational Theology*, trans. by Allen Wood and George Di Giovanni,
1996; *Anthropology, History, and Education*, trans. by Robert Louden and Günter Zöller, 2007;
Lectures and Drafts on Political Philosophy, trans. by Frederick Rauscher and Kenneth Westphal.
간단한 소개로는 다음 것 참조. Wikipedia, Immanuel Kant; Wikiquote, Immanuel Kant; Kant's
Moral Philosophy, Stanford Encyclopedia of Philosophy; Immanuel Kant, Stanford Encyclopedia
of Philosophy; *Kant and Hume on Morality*, Stanford Encyclopedia of Philosophy; Immanuel
Kant, *Social, Political Philosophy*, Stanford Encyclopedia of Philosophy.
[독일 서적] *Allgemeine Naturgeschichte und Theorie des Himmels*, 1755; *Der einzig
mögliche Beweisgrund zu einer Demonstration des Daseins Gottes*, 1763; *Untersuchung
über die Deutlichkeit der Grundsätze der natürlichen Theologie und der Moral*, 1764;
Beobachtungen über das Gefühl des Schönen und Erhabenen, 1764; *Träume eines
Geistersehers, erläutert durch Träume der Metaphysik*, 1766; *De Mundi Sensibilis atque
Intelligibilis Forma et Principiis: Dissertation lock*, 1770; *Kritik der reinen Vernunft*, 1781;
*Prolegomena zu einer jeden künftigen Metaphysik, die als Wissenschaft wird auftreten
können*, 1783; *Grundlegung zur Metaphysik der Sitten*, 1785; *Metaphysische Anfangsgründe
der Naturwissenschaft*, 1786; Kritik der reinen Vernunft, 1787 (백종현 옮김, 『순수이성비판』,
2006); *Kritik der praktischen Vernunft*, 1788 (백종현 옮김, 『실천이성비판』, 2002); *Kritik der
Urteilskraft*, 1790 (백종현 옮김, 『판단력 비판』, 2009); *Die Religion innerhalb der Grenzen
der bloßen Vernunft*, 1793; *Zum ewigen Frieden*, 1795 (이한구 옮김, 『영원한 평화를 위하여』,
1992); *Die Metaphysik der Sitten*, 1797 (이충진 · 김수재 옮김, 『도덕형이상학』, 2018, 칸트전집
7; 백종현 옮김, 『윤리형이상학』, 2012); *Der Streit der Fakultäten*, 1798 (오진석 옮김, 『학부들의
논쟁』, 2012); *Anthropologie in pragmatischer Hinsicht*, 1798.

그는 다른 계몽주의 철학자와 달리 세계 여행을 하지 않고 쾨니히스베르크에만 살았다. 그럼에도 불구하고 그가 세계의 사상과 역사, 현실정치에 밝았던 것은 많은 독서를 했고 저녁에 식사회를 하면서 많은 사람들과 담론을 즐겼기 때문이 아닌가 한다.

2) 자연상태와 시민상태, 사회계약

칸트는 인간의 본성을 선한 것으로 보고 이성적인 것으로 보았기 때문에 자연상태도 평온한 것으로 보았다. 다만 인간은 자유상태에 있기 때문에 서로의 자유 주장에 따라 분쟁이 발생한다고 보았다.[382] 그는 자연상태나 자연법에 관하여 완결된 논문을 발표하지 않았기 때문에 여러 사람에 의하여 다른 해석이 행해지고 있다.

홉스는 자연상태를 법이 없는 상태라고 보았고, 루소는 법이 있는 사회로 보았는데 로크는 그 중간적인 지위에서 자연법칙에 의해서 지배되는 상태로 보았다(the state of nature has a law of nature to govern it).

칸트의 자연상태론은 로크의 영향을 받은 것이며 또 홉스의 자연상태론을 순화한 것으로 인정되고 있다. 홉스는 자연상태는 만인의 만인의 투쟁상태라고 보았고, 이에 대하여 로크는 자연상태는 인간은 이성적이었기에 혼란이 없었고 생명, 자유, 재산에 대한 자연권이 있었다고 하였다. 루소는 자연상태는 완전한 좋은 부자 환경에 살고 있었으며, 초기의 인간생활은 외로웠으나 평화적인 생활을 하고 있었다고 보았다. 칸트는 1793년 전까지는 자연상태와 개인의 관계를 홉스에 따라 전쟁상태로 보았고 국가가 필요하다고 보았다.[383] 로크는 장기간의 생명과 평화의 이익을 얻기 위하여 자기들이 가지고 있던 자연권을 국가에 이양해야 한다고 보았다.

칸트는 이 두 요소를 결합하여 자연상태는 공법이 없는 상태라고 말하면서 사회상태가 자연상태와 구별될 수 있는 것은 사법이 있기 때문이라고 했다.[384] 그는 사법은 자연상태

382) M. Diesselhorst, *Naturzustand und Sozialvertrag bei Hobbes und Kant: zugleich ein Beitrag zu den Ursprüngen des modernen Systemdenkens*, Göttingen, 1988; Herb/Ludwig, "Naturzustand, Eigentum und Staat. Immanuel Kants Relativierung des 'Ideal des Hobbes'," *Kant-Studien* 84 (1993), SS. 283-312; R. Harzer, *Der Naturzustand als Denkfigur moderner praktischer Vernunft: Zugleich ein Beitrag zur Staats-und Rechtsphilosophie von Hobbes und Kant*, Frankfurt am Main, 1994; T. Kaiser, *Klassische Vertragstheorien. Hobbes, Rousseau und Kant.* 2003; J. Torralba, "Kant on the Law of Nature as the Type of Moral Law. On the 'Typic of the Faculty of Pure Practical Judgment' and the Good as the Object of Practical Reason," *Practical Reason and the Social Science*, Berlin, 2008. 칸트의 자연상태와 자연법에 관하여 상세히 다른 논문으로는 J. Kreines, "Kant on the Laws of Nature: Laws, Necessitation, and the Limitation of Our Knowledge," *European Journal of Philosophy* 17/4, pp. 527-558; G. Smith, "Immanuel Kant, the Social Contract, and the State," Libertarianism.org, April 2016; "Kant's Writings on the State of Nature and Coercion: The Domestic Analogy and the Level of Analysis," *Arash Heydarian Pashakhanlou*, Sep. 4. 2009; 永尾孝雄,「カント法哲學における社會契約と國家」,『アドミニストレーション』제21권 2호, 2015.
383) Jsrule, "Locke & Kant: Why form a State?," Trying Liberty, June 6, 2008; G. Smith, *Immanuel Kant, the Social Contract and the State*, April 2006.

에 있어서는 이를 강제할 수단이 없는 법이라고 보았다. 그는 사법은 공법에 의해서 구성되는 국가에 의해서만 강제될 수 있을 때 실효성을 가진다고 보았다. 칸트는 반면에 자유를 보장하기 위하여 국가를 형성한 것을 찬성하였다. 칸트는 전국가적인 사회에 있어서는 강자가 원하는 바에 따라 약자를 강제할 수 있었는데 약자를 보호하는 사람이 없었기 때문에 재산권도 자유권도 아무것도 없었다고 하였다. 그리하여 국가를 형성하여 국가가 강제권을 독점하여 자기들의 소유를 비소유자로부터 보호받기를 원하였다. 칸트는 그리하여 인민들이 자유의사에 의하여 국가계약을 맺어 국가를 형성했다고 한다. 국가가 이 계약을 강제할 수 있는 것은 국가가 법을 제정하여 이를 강제하기 때문이라고 했다. 이 국가에 대해서는 국가가 국민의 뜻에 따라 법을 제정하였기에 저항할 권리도 없고 혁명할 권리도 없다고 했다.385) 국가(사회)계약에 대한 반대론은 사회계약이 현실적으로 있었느냐 하는 것이다. 칸트는 경험적으로 사회계약을 말하는 것이 아니고 가상적인 계약이고 이상적인 것이기 때문에 정당성이 있다고 본다. 칸트는 국가권력, 국가법에 대해서는 왜 존중해야 하는가에 대해서 그것이 없으면 모든 권리를 보존할 수 없으며 정언명제에 따라 다른 사람의 권리도 존중해야 하기 때문이라고 한다.

칸트는 자연상태에서 사람이 가지고 있던 권리는 잠정적이라고 생각하였다. 자연상태에 있어서의 개인은 자기가 좋고 정당하다고 생각하는 것을 행위하고, 자기행위가 다른 사람의 의사에 의존되지 않기 때문에 개인의 권리를 주장하기 위해서는 자구행위가 필요하다. 이성에 의하여 구상되는 자유의 질서에 반하여 권리를 확보하고 배분하기 위하여 보편적인 법칙성이 우연한 폭력정치·권력정치에 대신해야 한다. 이러므로 자연상태를 벗어나 시민상태로 나아가는 것은 법적 실천이성의 근본요청이다.386) 자연상태를 시민상태와 매개하는 것은 사회계약(근원계약, Ursprungsvertrag)에 의한다고 하고 있으나, 이것은 역사적 사실이 아니고 하나의 이성적 개념에 불과하다고 했다.387)

이 시민상태가 법적인 상태로서만 고찰하는 경우에는 다음과 같은 a priori(선험적) 원리에 근거해야 한다. ① 모든 구성원은 인간으로서 자유이다. ② 모든 구성원 개인은 국민으로서 다른 구성원과 평등하다. ③ 모든 구성원 각자는 시민으로서 서로 독립 의존하고 있다.388) 근원계약에 따라 국가를 형성한 목적은 국민의 권리보장과 평화안전

384) Social Contract Theory, International Encyclopedia of Philosophy; Social Contract, New World Encyclopedia; Social Contract, wikipedia; Kant, Idee zu einer allgemeinen Geschichte in weltbür-gerlicher Absicht, 1984; Kant, Metaphysische Anfangsgründe der Rechtslehre; § 47 Dignities in the State and the Original Contract; Herb/Ludwig, "Naturzustand, Eigentum und Staat. Immanuel Kants Relativierung des 'Ideal des hobbes'," Kant-Studien 84 (1993), SS. 283-312; G. Geismann, "Kant als Vollender von Hobbes und Rousseau," Der Staat 21 (1982), SS. 161-189.
385) G. Smith, Immanuel Kant on Our Duty to obey Government, May 23, 2016.
386) Kant, Metaphysik der Sitten, Erster Theil, Metaphysische Anfangsgründe der Rechtslehre, in Werke 5(Köneman Verlag); Kant, Der allgemeine Rechtslehre, Erster Theil. Das Privatrecht, Erster Hauptstick §9, S. 302.
387) Kant, a.a.O., §15, S. 317 ff.; T. Kaiser, Klassische Vertragstheorien Hobbes, Rousseau und Kant, 2004, S. 21.
388) Kant's Principles of Politics, a Contribution to Political Science; 永尾孝雄,「カント哲學における社

보장에 있으며 지배자의 권력의 정당성 강화를 위한 것이 아니고 권력을 제한하여 국민의 권익을 보장하기 위한 것이다. 국가의 목적은 국민을 위한 법치주의의 보장에 있다.

국가 간에도 자연상태에서는 전쟁상태가 지배하였다고 보았으나(Domestic Analogy),[389] 국가와 국가 간에는 개인과 자연상태와 마찬가지로 무법천지로 보았다. 그는 도덕철학에서도 국가와 국가 간에는 법이 없는 야만사회와 같이 일종의 전쟁상태로 보았다. 개인이 자연상태의 야만적 자유에서 탈퇴하기 위하여 괴수(Leviathan)를 구성한 것과 같이, 전쟁의 공포를 벗어나기 위하여 공동체권력(gemeinschaftliche Gewalt)을 만들어야 했었다고 하였다. 여기에 대한 비판도 많았다. 그 이유 중 하나는 국제법이 발달하여 국제질서가 형성되고 있으며 국가 간에도 일반의사가 지배하여 보다 평화적이 되었다는 점이다.

칸트는 1793년 이후에 이 설을 변경하였다. 1795년의 『영구평화론』[390]에서 그는 국가연합(Völkerbund)의 구성을 찬성하였다. 그는 국가 간의 관계가 개인과 개인 간의 관계가 다른 것을 깨달았다.[391] 그는 국가 간의 강제적이 아닌 자유로운 통합이 가능하다는 것을 알게 되었다. 그리하여 그는 국가 간에도 영구평화를 가져와야 한다고 주장하였다. 그러나 이 연합은 자유이고 강제가 아니며 탈퇴는 자유롭다고 생각하였다.

국가는 다른 국가와의 관계에 있어서 상위의 공통적인 권력을 가지고 있지 않기 때문에 자기들 권리를 둘러싼 경쟁과 분쟁을 유발하게 된다. 이는 국가 간에는 전쟁상태가 있음을 말하고 있다. 이러한 국가 간의 전쟁상태를 탈퇴하여 영구적인 평화를 유지하는 것이 필요하다. 이는 세계시민법과 자유로운 국가연합에 의하여 달성될 수 있는 것이다(영구평화론).

칸트가 자연법론을 지지하는가에 관해서는 많은 논쟁이 있다. 철학자들은 칸트도 자연법론자로 취급하고 있다. 그는 정당한 법 또는 있어야 할 법이라는 것을 논하면서 이러한 법의 인식방법에 대해서 깊이 논하였다. 경험적 방법에 의하지 아니하고 이상적 방법에 의할 것을 주장하고 있다. 그는 실천적 이성이 빛에 의하여 밝혀진 법, 즉 실천이성의 요청에 근거한 보편타당적인 법을 주장하였다. 그는 실정법에 대하여 선재하는 자연법의 선재성을 다음과 같이 말하고 있다. 「그것에 의하여 외적 입법이 가능한 구속적 법칙은 일반적으로 외적 법칙이라고 한다. 이 중에서도 외적 입법을 기다리지 않고 선천적인 이성에 의하여 인식될 수 있는 기속에 관한 것은 외적인 것이기는 하나 자연적인 법칙이다. 이에 반하여 현실적 · 외적 입법 없이는 전혀 구속되지 않은 것은 실증적

會契約と國家」, 『アドミニストレーション』 제21권 제2호 (2015), 81-90면.

389) Herb/Ludwig, "Naturzustand, Eigentum und Staat. Immanuel Kants Relativierung des 'Ideal des Hobbes'," *Kant-Studien* 84/3 (1993), SS. 283-361; J. Kreines, "Kant on the Laws of Nature: Laws, Necessitation, and the Limitation of Our Knowledge," *European Journal of Philosophy* 17/4, pp. 527-558.

390) 이한구 옮김, 『영원한 평화를 위하여』, 1992; 백종현 옮김, 『영원한 평화』, 2013.

391) "Kant's Writings on the State of Nature and Coercion: The Domestic Analogy and the Level of Analysis," *Arash Heydarian Pashakhanlou*, Sep. 4. 2009.

법칙이라고 한다. 그러므로 실증적 법칙만을 포함하는 외적 입법의 권위를 기초시키는 일정한 자연법칙이 선행하지 않으면 안 된다」.

칸트가 열성적인 자연법론자이며 자연법을 존중하고 있는데 대해서는 대부분의 학자들이 인정하고 있다. 이에 반하여 헤겔은 자연법보다는 국가를 절대적 이성이라고 보고 있기 때문에 국가법이 자연법에 우선한다고 본 점에서 법실증주의의 원조라고 하겠다.

칸트는 국내 자연법뿐만 아니라 국제 자연법으로서 전쟁은 없어져야 한다. 영구평화가 보장되어야 한다고 하여 자연법의 영원성을 강조하는 것은 그가 영구평화론에서 「세계가 멸망하더라도 정의는 행해져라」고 한 것에서 명확히 드러나고 있다고 본다.392) 그런데 칸트의 자연법론이 중세의 토마스주의에 기했다는 주장과 완전히 다르다는 주장이 있다.393)

칸트의 권리해석에서도 자연법론의 입장을 취하고 있다고 보는 입장과 사회계약론에 입각한 것이라는 주장이 대립대고 있다. 칸트는 권리는 국가의 입법에 의하여 확정된다는 입장에서 국가계약을 중시하는 입장이다. 칸트는 다른 곳에서는 자유권을 생득권으로서 인정하고 있기 때문에 자연권론자로 볼 것인지 입장이 대립되고 있다.394)395) 그런데 인권(Menschenrecht)은 출생과 동시에 인정되는 것이므로 그의 인권론은 자연권론이라고 하겠다.

3) 자유와 권리

(1) 자유

칸트의 권리론에서 특별한 지위를 가지는 것이 자유(Freiheit)이다. 그는 『법철학』에서 인간이 자연상태에서 가지고 있던 생득권은 오로지 자유만이라고 하고 이 자유에서

---

392) 그는 국가 간에도 자연상태가 존재하며 국제법에 의하여 국가 간의 자연상태가 종식되어야 한다고 보았다. Kant, *Zum ewigen Frieden*, 1795; F. Rimoux, *Kants Rechtstheorie vom Weltfrieden zwischen apriorischen Rechtsprinzipien und politischen Praxis*, Diss. Tübingen, 2015; E. Arnold, *Eine unvollendete Aufgabe: Die politische Philosophie von Kants Friedensschrift*, 2004. 헤겔은 이 주장이 공허한 것이라고 하여 비판하고 있다.

393) J. Torralba, "Kant on the Law of Nature as the Type of Moral Law. On the 'Typic of the Faculty of Pure Practical Judgment' and the Good as the Object of Practical Reason," in García/Šilar/Torralba (eds.), *Natural law: Historical, Systematic and Juridical Approaches*, Cambridge Scholars Publishing, Newcastle, 2008, pp. 195-221; G. Geismann, "Naturrecht nach Kant," *Jahrbuch für Politik* 5 (1995), pp. 141-177; P. Schmid, "Kants Autonomie der Ethik und Rechtslehre und das thomasische Naturrechtsdenken," *JCSW* 27 (1986), 035-060; J. Detjen, "Kantischer Vernunftstaat der Freiheit oder klassische Ordnung zum Gemeinwohl?" *JfP* 4 (1994), SS. 157-188.

394) B. Janssen, *Kant's Natural Law*, Iowa State University, Diss. 2013, pp. 1-64.

395) G. Geismann, Natural Law after Kant. (Naturrecht nach Kant), *Jahrbuch für Politik* 5 (1995), pp. 141-177; Naturrecht, Menschenrechte und Begründung politischer Gerechtigkeit bei Kant und Rawls, http://www.cd42.de/Philosophie/Naturrecht_Menschenrechte.html; G. Dulckeit, *Naturrecht und positives Recht bei Kant*, 1932.

다른 취득권이 나온다고 보았다.396)

그는 자유를 내부적 자유와 외부적 자유로 나누고 있다. 그는 자유와 자의를 구분하고 있다. 내부적 자유는 윤리가 적용되며 행동이나 동기는 그 결과에 책임지지 않는다고 했다. 그런데 정치적 행위는 외부적 자유에만 적용되며 그 행위나 결과에 관여한 것이나 동기에는 관여하지 않는다고 하였다.

그는 내부적 자유와 도덕법칙 하의 자유의사는 동일한 것으로 보고 자의(Willkür)는 자유가 아니라고 하였다. 자유는 정언명제에 따라 인간을 수단으로 생각하지 말고 목적으로 생각하라고 했고, 자유의 행사가 다른 사람의 자유의 행사에 방해가 되지 않도록 공존해야 하며 그 행위가 권리의 보편적 법칙에 적합하여야 한다고 했다. 따라서 자유의사에 적합하여야 한다고 했다. 따라서 자유의사의 행사는 절대적 자유라고 할 수 있다.

이에 반하여 자의(Willkür)는 법적인 제한을 받는다. 왜냐하면 자의에 의한 행동은 타인의 자유를 침해하게 되어 정언명제에 위반되기 때문이라고 한다. 외부적 행위인 자의의 행사는 그것이 실제적인 · 외부적인 실천적 자유이며 이것은 각 주체 간에 적용되는 것이라고 했다.

칸트의 내부적 자유는 절대적이기에 내심의 자유는 절대적이다. 이에 대하여 내심의 자유를 외부적으로 표현하는 표현 · 출판의 자유 등은 타인의 자유를 침해하는 경우에는 제한될 수 있다. 그것은 외부적 행위로 타인의 자유를 침해할 수 있기 때문이다.

칸트는 소극적 자유와 적극적 자유에 대해서도 언급하고 있다.397) 외부적 자유는

---

396) H. Allison, *Kant's Theory of Freedom*, 1990; S. Priest, *Kant's Conception of Freedom in the Critique of Pure Reason*, Dec. 2007; P. Guyer, *Kant and the Experience of Freedom*, 1993; P. Guyer, *Kant on Freedom, Law and Happiness*, 2000; B. Janssen, *Kant's Natural Law*, 2013.

397) Positive and Negative Liberty, Stanford Encyclopedia of Philosophy, Samuel Fleischacker, *A Third Concept of Liberty Judgement and Freedom in Kant and Adam Smith*, 2016; H. Welzel, *a.a.O.* S. 239-245; R. Zippelius, *a.a.O.*, S.146 ff.; Klippel, Die Theorie des Freiheitsrechte am Ende des 18. Jahrhunderts in Deutschland, in Mohnhaupt (Hrsg.), *Rechtsgeschichte in den beiden deutschen Staaten*, 1991, S. 348 ff.; R. A. Lorz, *Modernes Grund-und Menschen-rechtsverständnis und die Philosophie der Freiheit Kants*, 1992; Leslie Mulholland, *Kant's System of Rights*, Columbia University Press, 1990; S. König, *Zur Begründung der Menschenrechte: Hobbes, Locke, Kant*, 1994; K. Stern, *Das Staatsrecht der Bundesrepublik Deutschland*, Bd. Ⅳ, S. 10; Z. Hruschka, Kant and Human Dignity, in Byrd/Hruschka (ed.), *Kant and Law*, 2005, p. 69-88; Legal Philosophers: Aristotle, Aquinas and Kant on Human Rights, *Marquette Law Review* Vol. 55 Issue 2(1972); Philosophische Grundlagen der Menschenrechte bei Kant und Rawls, 2009; B. Ludwig, Commentary on Kant's treatment of constitutional right, *Kant's Moral and Legal Philosophy*, Cambridge University Press, 2009; W. Hastie, *Kant the philosophy of law*, 1887; C. Meckstroth, "Could Kant Support Human Rights? Kant's Arguments and Their Contemporary Relevance," *APSA 2013 Annual Meeting Paper*; T. Hoffmann, "Kant und das Naturrechtsdenken," in *ARSP* 87 (2001), SS. 449-467; V. Saykham, *Das Menschenrecht bei Immanuel Kant*, Diss. Humboldt Universität zu Berlin, 2001; Naturrecht, Menschenrechte und die Begründung politischer Gerechtigkeit bei Kant und Rawls; Baiasu, Sorin, Keele/Pauer- Studer, Herlinde, Wien, Kant Studien, *Special Issue: Freedom and Coercion: Kants Legal and Political Philosophie*, 2016; Kant & Menschenrechte, Tagung, 2015.

소극적 자유이며 자유행사에 대한 방해가 없는 것이며 개인에 속하는 그런 일을 함에
있어서 좋기 때문에 청구권이 발생하지 않는다. 내부적 자유권도 자기행위를 자기가
행위할 수 있는 자유권이 유지되며 자기에게 좋은 일을 하기 위한 청구권이 내포되어
있으며 적극적 자유는 단체에는 적용되지 않으며 개인에게만 인정된다고 하였다.

칸트는 이론적으로는 전국가적인 이성법과 국가 이후의 실정권의 분리를 인정하고
있다.398) 그는 전국가적인 권리를 자연권으로 보고 국가가 제정한 법상 권리를 실정권이
라고 보았다.

그는 법률의 형이상학적인 근거(Metaphysische Anfangsgründe der Sittenlehre), 법철
학에서 권리의 일반적 분류를 하고 있다.399) 「체계적 이론에 따르면 자연법 속에 내재하는
권리는 원칙에 따른다면 선험적인 권리이다. 실정권은 입법자의 의사에 의해서 성립된
것이다」. 생득한 권리는 어떠한 사람의 법적 행위 없이 독자적인 자연적인 권리이며
취득권(erworbene Rechte)은 다른 사람에 의한 법적 행위가 있어야만 얻어지는 권리이
다」고 했다.

그는 생래적인 권리는 자유권만이라고 하면서 생득권으로는 평등권을 들고 있다.
이는 다른 어느 사람에게도 구속당하지 않는 독립권(Unabhängigkeit)이라고 하였다.
이 권리는 생득한 자유권 속에 포함되어 있다고 하였다.400)

칸트는 자유만이 생래의 권리이며 모든 권리의 원천이라고 보았다. 칸트는 법이란
자유를 실현하기 위한 조건으로 보고 있으며, 이는 자유를 통하여 체계적이고 비이기적인
행복을 배분하는 것으로 보고, 이 목적을 위하여 사회를 결성한 사람들은 자연적 · 도덕적
자유를 유지하고 있는 것으로 보고 있었다. 그리고 양심의 자유도 자연권으로 보았다.
이와 같이 자연권을 다시 분류할 필요가 있는가 등의 문제는 태아와 같이 생명권이
있는가가 논란되기 때문이라고 한다.401) 또 취득권과의 관계 때문이라고 한다.

인간은 이성적인 것이며 국가는 이 자연상태에서 가지는 인간의 자유와 평등을 보장하는
수단이라고 보았다.402) 그는 국가는 법 아래에 있으며, 국가는 법에 구속된다고 하였다.
이것은 전래의 자연법론과 비슷한 것이나 그는 자연권을 이성권으로 대체하였다.403)

그는 자연권 대신에 이성권이라는 용어를 쓰고 있다. 이성권은 역사적 · 문화적 · 사회
적 · 종교적 환경과 관계없이 독립적이며 보편적이라고 했다. 그중 실정권으로 잘 보장되
지 않는 자연권에는 다음과 같은 것이 있다고 했다.

---

398) G. Dulckeit, *Naturrecht und positives Recht bei Kant*, 1987 (Abhandlungen der Rechts- und
　　Staatswissenschaftlichen Fakultät, der Universität Göttingen).
399) Kant, *Metaphysische Anfangsgründe der Rechtslehre*, Einleitung in die Rechtslehre.
400) D. Czarnetzki, *Naturrecht, Menschenrechte und die Begründung politischer Gerechtigkeit bei
　　Kant und Rawls*, Juli 2009; A. Follesdal/R. Maliks, *Kantian Theory and Human Rights*, Routledge,
　　2014; P. Bernau, *Kant und Menschenrechte*, 1998.
401) 상세한 것은 Kant, *Metaphysische Grundlagen der Rechtslehre*; 영역 (*The science of Right*,
　　Division of science of Right, B. Universal division of Rights). 이충진 옮김, 『법이론』, 2013.
402) 칸트의 자유권에 관해서는 H. Allison, *Kant's theory of Freedom*, 1990 참조.
403) Vernunftrecht, -Wikipedia; I. Kant, *Meraphysische Anfangsgründe der Rechtslehre*.

(2) 생존권

칸트는 현대적 의미에서의 인권론에 대해서는 많이 설명하지 않고 있다. 『법철학』에서 칸트는 권리를 생득권(Inmate Right)과 취득권(Acquired Right)으로 나누고 있다. 칸트는 유일한 생득권을 출생시 권리로서 자유권으로 보고 있다.

생득권은 내적으로 자기의 것을 말하는 것이며 이 「내적인 자기의 것은 인간의 실천적 주체성=자율적 자유 그것이라」고 하였다.404) 모든 사람은 자유를 가지는데 이는 보편적 법에 근거하는 것이라고 하였다.405) 인간은 행동의 자유권을 가질 뿐만 아니라 소유의 자유도 가진다고 하였다. 그는 인간의 존엄은 평등하다고 주장하였다.406) 이 점에서 평등도 생득권이라고 하겠다.407) 그러나 인간의 생존에 관한 권리는 생득권이라고 하겠으며, 그는 자기 생명의 보존을 의무로 생각하며 여기서 생명권이 나온다고 하였다. 출생과 함께 얻어진 것으로 자연권이라고도 할 수 있다. 그러나 그는 자연권 만능론자는 아니었다고 하겠으며, 실정권론의 가교적 역할을 했다고도 하겠다. 생명권에는 소극적 권리와 적극적 권리가 있다. 생명권과 관계해서는 칸트의 사형관을 볼 수 있을 것이다. 칸트는 살인자에 대한 사형을 주장했었다. 칸트는 형벌로서는 응보형론자(retributivism)로 인정되고 있다. 당시 유럽과 미국에서는 여러 종류의 범죄자에 대하여 사형이 집행되었

---

404) 칸트의 인권론에 대해서는 J. Torralba, "Kant on the Law of Nature as the Type of Moral On the 'Typic of the Faculty of Pure Practical Judgment' and the Good as the Object of Practical Reason," *Natural law: Historical, Systematic and Juridical Approaches*, 2000; V. Saykham, *Das Menschenrecht bei Immanuel Kant*, Diss. Humboldt Univ. 2001; G. Dulckeit, *Naturrecht und positives Recht bei Kant*, 1932; Immanuel Kant Philosophy; T. Hoffmann, "Kant und das Naturrechtsdenken," *ARSP*, Vol. 87 (2001), S. 449-467; M. Kohl, "Kant on Idealism, Freedom, and Standpoints," *Archiv für Geschichte der Philosophie* Vol. 98, Issue 1. 2016; Byrd/Hruschka(ed.), *Kant and Law*, 2006; Eisler, *Kant-Lexikon*, 1972; O. Höffe, *Immanual Kant: Klassiker der Philosophie*, Bd. Ⅱ, S. 7-39; C. Hood, Kant on Inalienable Rights; M. Gregor, *Laws of Freedom*, 1963; Zacher, R., *Kants Grundlehre; Ihr Sinn, Ihre Problematik, ihre Aktualität*, 1959; H. Welzel, *op. cit.*, p. 239-245; Zippelius, R., *a. a. O.*, S. 146 ff.; Klippel, Die Theorie des Freiheitsrechte am Ende des 18. Jahrhuderts in Deutschland, in Mohnhaupt(Hrsg.), *Rechtsgeschichte in den beiden deutschen Staaten*, 1991, S. 348 ff.; L. Mulholland, Kant's System of Rights, 1990, H. Allison, *Kant's theory of Freedom*, 1990; P. Bernau, *Kant und Menschenrecht*, 1998; Benali, et al, *Die Entwicklung der MR-Idee Seit Aufklärung*; Byrd/Hruschka, *Kant's Doctrine of Right: A Commentary*, 2010; A. Ripstein, *Force and Freedom: Kant's Legal and Political Philosophy*. 2009; 남기호, 「칸트의 자연법이론과 국가기초의 문제」, 『가톨릭철학』 제14호 (2010), 159-195면 참조.

405) E. Hood, "Kant On Inalienable Rights"; Kant, Philosophy of Law: An exposition of the Fundamental Principles Jurisprudence, Introduction to the Science of Right.

406) D. Pfordten, *Menschenwürde, Recht und Staat bei Kant*, 2009; W. Kersting, *Kant über Recht*, 2004; W. Hastie, *The Philosophy of Law*, 1887; W. Kersting, "Eigentumsfreiheit und soziale Gerechtigkeit," 2000; 城下健太郎, 「カント法論における人間の尊嚴の理論的展開」, 九州大学 博士學位論文.

407) The Need to Know and the Meaning of Life, http://www.friesian.com/need.htm; 哲学者イマヌエル・カント.

는데 칸트는 살인자에게만 사형을 집행할 것을 주장하고 있다. 이 점에서 칸트가 오늘날 살았더라면 사형제도를 반대했을 것으로 보인다.[408] 그는 살인자의 경우에도 모의 자식 살인이라든가 전쟁 시의 포로살인의 경우에는 다른 고려가 요청된다고 했다.[409] 칸트학파는 자살이나 안락사 등에 대해서도 반대했을 것으로 보인다. 안락사의 경우에는 타인의 도움을 받아야 하는데 이것은 이미 황금률에 위반되는 것이며 인간의 존엄을 침해하는 것으로 보이기 때문이다.[410] 생명권에 관해서는 소극적 생명권뿐만 아니라 적극적 생명권이 보장되어야 할 것인가가 문제된다. 또 생명권과 관련해서는 인간복제 등이 문제되고 있다.

또 사형에 대신하여 공리론으로 생체실험에 사용하여 인간의 생명유지를 위하여 사용하는 것은 합법인가도 논의될 수 있다.

(3) 인간의 존엄권

그는 정언명제로서 인간의 존엄의 존중을 강조하고 있다. 그는 「인간 그것이 자신의 인격에서나 타인의 인격에서나 언제나 목적으로서 취급하며 결코 수단으로 취급해서는 안 된다」고 하고 있다(Handle so, dass du die Menschheit sowohl in deiner Person, als in der Person eines jeden anderen jederzeit zugleich als Zweck, niemals bloß als Mittel brauchst (Grundlegung zur Metaphysik der Sitten BA 66 f.)). 그는 인간존엄성의 존중을 윤리의 기초로 하고 있다.[411] 칸트의 정언명제(Kategorisher Imperativ)는 여러 가지가 있으나,[412] 이 조항은 인간을 수단으로 취급해서는 안 되고 목적으로 취급해야

---

408) J. Anderson, *Kant on the Death Penalty*, http://acad.depauw.edu; N. Potter, Kant and Capital Punishment Today, *The Journal of Value Inquiry* 36 (2002), pp. 267-282.

409) Kant. *Rechtslehre*, SS. 334-336; J. Antoine, *Aktive Sterbehilfe in der Grundrechtsordnung*, Berlin, 2004.

410) "Utilitarianism, Kantian Ethics Natural Rights Theories and Religious Ethics," http://web. nmsu.e du/~dscoccia/321web/321ethicstheory.pdf; P. Odianosen, *Immanuel Kant's Moral theory as a response to euthanasia*.

411) D. Beschle, "Kant's Categorical Imperative: An Unspoken Factor in Constitutional Rights Balancing," *Pepperdine Law Review* Vol. 31, Issue 4 (2004), pp. 940-977; M. Hörz, "Kant Kategorischer Imperative"; H. Hill, "In Defence of Human Dignity: Comments on Kant und Rosen," McCrudden(ed.), *Understanding Human Dignity*, British Academy, 2014, pp. 313-326; W. Hastie, *Kant the philosophy of law*, 1887; H. Sandkühler, *Menschenwürde und Menschenrechte*, 2015; Immanuel Kant, *Grundlegung zur Metaphysik der Sitten* (1785); Erster Abschnitt, Übergang von der gemeinen Sittlichen Vernunfterkenntniß zur Philosophischen (AA IV 429/BA 66-67). "Der praktische Imperativ wird also folgender sein: Handle so, daß du die Menschheit, sowohl in deiner Person, als in der Person eines jeden anderen, jederzeit zu gleich als Zweck, niemals bloß als Mittel brauchest"; M. Rosen, "Dignity: the Case against," McCrudden (ed.), *Understanding Human Dignity*, S. 143 ff.; S. Martini, Die Formulierung der Menschenwürde bei Immanuel Kant; v. d. Pfordten, Zur Würde des Menschen bei Kant, SS. 1-17.

412) 일반적 행동법칙성에 관한 정언명제 Handle so, dass die Maxime deiner Handlung ein allgemeines Gesetz werden könne. (Metaphysik der Sitten, F. Meiner 389); Handle so, als ob die Maxime deiner Handlung durch deinen Willen zum allgemeinen Naturgesetze werden sollte (Grund-

한다는 규정으로 중요한 역할을 하고 있다. 칸트의 이 정언명제는 도덕법칙으로 인정되고 있으며 이것을 세계 보통법(Universal Law)이라고 보는 견해도 있다.413)

인간은 이성적 존재로서, 비록 신분의 고하를 불문하고 평등하다고 하였다. 그리하여 스스로가 목적이며 다른 사람의 목적 수행을 위한 수단으로서 사용되어서는 안 된다는 존엄과 청구가 있다고 보았다.

그는 1793년의『도덕형이상학』§ 38에서 인간의 존엄에 관하여 다음과 같이 말하고 있다. 「인간은 스스로 존엄을 가진다. 왜냐하면 어떤 사람이 수단으로 사용되어서는 안 되고, 항상 목적으로 사용되어야 하기 때문이다. 그래야만 인간은 어떤 물건보다도 상위의 존재로서 물건으로 사용되어서는 안 된다. … 인간은 다른 사람의 인간의 존엄도 인정하여야 하며 다른 사람을 존중해야 할 의무도 인정해야 한다」고 하고 있다.

칸트는 이로써 인간은 다른 사람의 재산이 아니고 인격체로서의 인간임을 선언하였던 것이다. 이로써 칸트는 과거의 자연적 평등론에서 일보 전진하였다. 자연법적 전통에서와 같이 인간의 평등한 본성이나 자연상태의 평등이 아니라 도덕적 존엄과 공통적인 궁극목적을 가진 자율적인 이성에 따른 평등이 근거지워졌다.

인간의 존엄의 존중은 그 자체가 목적이라고 보았다. 인간의 존엄을 사회적 평가에서 본 것 같다. 그는 인간의 존엄과 명예를 명백히 구분하면서 존엄의 개념의 불명확성에 대해서도 설명하고 있다. 인간의 존엄성의 근본은 인간의 자율성(자기결정권)에 있다. 이것이 국가의 목적이다.

여기서는 기독교적인 인간의 존엄과 다른 점이 발견된다. 기독교에서는 인간이 하느님의 모습으로 태어났기 때문에 인간이 존엄하다고 보았는데, 칸트는 이러한 신학적 개념을 사용하지 않고 인격자로서의 존엄을 말하고 있는 점이 다르다.414) 신학적 인간존엄의 개념에서 도덕윤리학적 인간의 존엄 개념으로 전환했다고 하겠다. 칸트의 인간의 존엄은 상호간의 존경을 의무로서 행동하는 경우에 필연적으로 생기는 절대적 가치이다. 인간의

legung zur Metaphysik der Sitten, BA 52)
413) Ein jeder Mensch hat rechtmäßigen Anspruch auf Achtung von seinem Nebenmenschen und wechselseitig ist er dazu auch gegen jeden anderen verbunden.
인간의 존엄과 인권의 권리는 통합되며 인간의 존엄은 법의 기초이다. B. Ladwig, Menschenwürde als Grund der Menschenrechts, *Zeitschrift für politische Theorie*, Heft 1/2010; T. Kesselning, "Menschenwürde und Menschenrechte?," *Swiss Portal for Philosophy* 12. 07. 2014; D. Pfordten, *Menschenwürde, Recht und Staat bei Kant*, 2009; Kant's Formula of Universal Law; 坂井昭宏, 『人間の尊嚴と生命の神聖』, 北海道大学; 城下健太郎, 『カント法論における人間の尊嚴の理論的展開』, 九州大学 博士學位論文.
414) 인간의 존엄의 사상사에 대해서는 C. Starck, "The Religious and philosophical Background of Human Dignity and its Place in modern Constitutions,"『성균관법학』12 (2000), pp. 335-363; Klippel, Persönlichkeit oder Freiheit, in Birtsch (Hrsg.), *Grund-und Freiheitsrechte von der ständischen zum spätbürgerlichen Gesellschapt*, Konstanz, 1987; *Texte zur Menschenwürde*, (Reclam Philipp Jun, 2014); McCrudden (ed.), *Understanding Human Dignity*, 2013. H. Sandkühler, *Menschenwürde und Menschenrechte*, 2015; P. Tiedemann, "Der Begriff der Menschenwürde," 2006; T. Gutmann, "Würde und Autonomie," *Überlegungen zur Kantischen Tradition*, Vol. 15, Issue 1 (Nov. 2010).

존엄은 행위의 동기로서 「법칙에 대한 존경」을 항상 수반하는 우리들의 인격에 있어서의 인간성을 존경하는 것을 요구한다.

칸트의 존엄론에 대해서는 비판론도 있다.[415) 인간의 존엄의 성격에 관해서도 이를 절대적 가치로 보는 입장과 객관적 가치로 보는 견해가 대립되고 있다.[416)

(4) 행복론

칸트는 행복론에 관해서는 산발적으로 다루고 있다. 아마 칸트는 행복은 윤리학 체계의 기초가 아니라고 생각한 때문이 아닌가 생각된다. 그는 「도덕성은 우리를 어떻게 행복하게 만들 것인가의 원리가 아니고 어떻게 우리가 행복할 것인가에 관한 이론이기 때문이다」고 한다.

칸트는 『순수이성비판』 제2장에서 행복은 모든 인간이 원하고 바라는 세계에서 제일 중요한 이성의 상태라고도 하고, 인격의 자율성의 영역이 아니고 타율성의 경험의 세계에 속한다고 하고 있다. 그는 행복을 「계속적인 좋은 생활, 생활의 즐거움, 자기 생존에 대한 완전한 만족상태」라고 하고 있다. 여기서 나아가 행복은 「권력, 부, 명예, 건강과 완전한 좋은 생활(well-being; Wohlergehen), 자기 자신에 대한 만족을 말한다」고 하고 있다.[417)

이 점에서 칸트는 아리스토텔레스의 행복론, 칸트는 오이다이모니아와 구별되고 있다. 아리스토텔레스는 행복의 추구를 최종목표로 생각하고 있었으나 행복의 문제를 윤리학에서 추방하고 경험의 세계로 격하한 것이다.[418) 칸트의 이러한 이론은 행복(Glückschigkeit)

---

415) J. Rachels, *Kantian Theory: The Idea of Human Dignity*, 1986; Kant, *Von der Würde des Menschen*, 1941; O. Sensen, "Kant Conception of Human Dignity," *Kant-Studien* 100 (3) (2009), pp. 309-331; D. Pfordten, *Menschenwürde, Recht und Staat bei Kant*, 2009; B. Ladwig, "Menschen-würde als Grund der Menschenrechte?: Eine Kritik an Kant und über Kant hinaus'," ZPTH Jg 1. Heft 1/2010, SS. 51-69; 坂井昭宏, 『人間の尊嚴と生命の神聖』, 北海道大学; 城下健太郎, 「カント法論における人間の尊嚴の理論的展開」, 九州大学 博士學位論文; 강현정, 「칸트철학에서 인간존엄성과 인권」, 전남대학교 석사학위논문, 2005.

416) Nicolas Lindner, *Kants Begriff der Menschenwürde im Lichte der Schopenhauer Kritik* (eBook) 2001. 쇼펜하우어는 이를 칸트의 노쇠의 결과로 보았다. R. Raven, "Menschenrechte und Menschen-würde," Magistrix. de; Sandkühler, *Menschenwürde und Menschenrechte*, 2015; B. Ladwig, "Menschenwürde als Grund der Menschenrechte: Eine Kritik an Kant und über Kant hinaus," *ZPTh* Jg. 1, Heft 1/2010. SS. 51-69; Ralph Pechmann, "Menschenwürde - unantastbarer Wert oder optimierungsbedürftiges Prinzip?"; Referat: *Was ist Wert und Würde - die Definitionen von Würde durch Kant und Singer.*

417) V. Wike, *Kant on Happiness in Ethics*, State University of New York Press, 1994; J. Hughes, "The Role of Happiness in Kant's Ethics," *Aporia* Vol. 14 No. 1(2004), pp. 61-72; T. Marshall, "The Ambiguity of Kant's Concept of Happiness", *Reason Papers* Vol. 26; Kant, *Practical Philosophy (The Cambridge Edition of the Works of Immanuel Kant)*, Cambridge University Press, 1999; P. Guyer, *Kant on Freedom, Law and Happiness*, 2000; Kant, "Happiness," in Cahn/Vitrano, *Happiness*, pp. 101-114.

418) F. Franken, "Kant und Aristoteles über Glückseligkeit," florian.franken@campus.lmu.de. "Comparison of Aristotle, Kant, and Mill," faculty.cua.edu/hoffmann/courses; G. Simmel, *Die*

한 생활은 이성적인 자율결정의 세계가 아니고 타율적인 자연법칙에 따른 것으로 본 것이다. 아리스토텔레스가 「행복을 선택하는 것은 그 자체가 목적이며 다른 것을 위한 수단이 아니다」고 한데 대하여, 칸트는 「선의(good will)는 행복을 달성하는 불가피한 조건이라고 하더라도 선의가 중요하다. 행복은 목적이 아니고 의사가 유일하고 최고의 선이며 행복에의 요구는 항상 제한적이다」고 하고 있다.419)

칸트가 윤리학에서 행복론을 배제한 것인가에 대해서는 찬반론이 있다.420) 칸트의 행복론은 주관적인 것이 아니고 객관적이라고 하겠다. 여기에 대해서 주관적인 의미와 객관적 의미를 아울러 가진다는 설이 있다. 칸트는 행복은 현실적인 실천에 의해서 얻어진다고 하였다.

칸트는 『실천이성비판』의 「제3절 정리 2」에서 행복에 관해서 언급하고 있다. 「행복이란 어떤 이성(존재)자가 자신의 전존재와 분리됨이 없이 가지고 있는 쾌적(快適)을 의식하고 있는 것에 불과하며, 그 행복한 의사의 최고 결정 근거의 원리는 자기애의 원리이다」고 하고 있다.

칸트는 행복을 쾌락의 추구로 보고 있으며 이것은 그의 일관된 주장이다. 칸트는 행위의 목적은 타인의 행복에만 향해지는 것은 아니고 자기 자신의 행복을 추진할 수 있다는 것이다. 칸트는 1791년의 저서에서는 모든 사람은 자기의 방식으로 행복을 추구할 수 있는 자연권을 가진다고 하였다.

"No one has a right to compel me to be happy in the peculiar way in which he may think of the well-being of other men; but everyone is entitled to seek his own happiness in the way that seems to him best, if it does not infringe the liberty of others in striving after a similar end for themselves when their Liberty is capable of consisting with the Right of Liberty in all others according to possible universal laws."

Lehre Kants von Pflicht und Glück, 1903; R. Tracy, Happiness According to Aristoteles and Immanuel Kant, 2008.
419) Ji-Young Kang, Die allgemeine Glückseligkeit: Zur systematischen Stellung und Funktionen der Glückseligkeit bei Kant, 2015.
420) 찬성: Why does Kant think a moral theory based on happiness is 'the euthanasia of all morals'? Is he right?, https://burgeoninglist.wordpress.com/writing/philosophy-essays/kan.
반대: T. Marshall, "The Ambiguity of Kant's Concept of Happiness", Reason Papers Vol. 26(2000), pp. 21-28.
G. Watson, "Kant on Happiness in the Moral Life," Philosophy Research Archives 9 (1983), pp. 79-108; D. Hsieh, The Moral Worth of Happiness, Washington University in St. Louis, 1997; Oishi/Graham/Kesebir/Galinha, "Concept of Happiness Across Time and Cultures," Personal and Social Psychology Bulletin, Virginia ed; N. Yang, "Kant's Thoughts on Morality and Happiness," Studies in Sociology of Science Vol. 5, No. 4 (2004), pp. 64-67. 大竹信行・堀口久五郎, 「カント倫理学における「幸福」: 批判期以後の德論から」, 『人間科学研究』 第25号(2003).

(5) 실정권

칸트는『법의 형이상학적 근원』(법철학)의 서론(Einleitung) 부분에서 법학에 관하여
설명하고 있다. 그는 법학의 분류에서는 자연적 법이론(ius naturae)과 실정법 이론을
구분하고, 실정법학(Juris scientia)이 진정한 현명한 법학(Jurisprudentia)이 되기 위해서
는 자연법학이 모든 실정법 제정의 불변적 원칙을 제공해야 한다고 하고 있다. 이 점에서
그는 자연법론을 배격하지는 않았다. 그는 권리의 일반적 분류로서 체계적 이론에서의
권리는 자연권으로 이것은 선험적인 원리이다. 이에 대하여 실정권(satuarische Rechte)은
입법자의 의사에서 도출된 권리이다. 또 권리에는 생득권(angeborene Recht)과 취득권
(erworbene Recht)이 있다고 했다.421) 그는 실정권으로서 사권(Privatrecht)과 공권
(Staatsrecht)을 나누고 있고, 공권으로는 정치적 권리를 말하고 있다. 사권은 자기의
권리(meum juris), 점유(Besitz)에서 시작된다고 했다. 그는 자연상태에서는 실질적인
사권을 가질 수는 있으나 이는 과도적(provisorisch)인 권리라고 하였다. 그 권리는 다른
사람에 의해서도 주장될 수 있는 것이다. 그 권리에는 확정적인 강제력이 없기 때문이라고
했다. 그리하여 취득행위가 필요하고 취득한 것에 대한 공증이 필요하고 분쟁이 있는
경우에는 공권력에 의한 확인이 필요하다고 하였다.

칸트는『법철학』의 법론 제1부에 있어서 사권론을 설명하고 있다. 칸트의 사법론에서는
법은 자연상태=전국가상태에 있어서의 법으로 보고 있었기 때문에 국가상태를 구성하기
전의 법이었다.422) 그러나 자기 자신의 점유를 합법적이고 안전하게 하기 위하여서는
공적인 재판조직에 의한 인가가 필요했다.423) 칸트는 이 지배권을 행사하는 대상으로서
사권을 유체물의 점유로서의 물권, 타인의 급부의사의 점유로서의 채권, 인격의 점유로서
의 물권적 대인권이 있다고 하였다.

칸트는 우선 물권(Sachenrecht)에 관해서 논하고 있다(§11). 그는 물건에서 최초의
취득가능한 물건으로서는 토지를 들고 있다. 다음에는 인격권(Persönliches Recht)을
들고 있다. 다음에는 사물적 인격권(dingliche Art persönliches Recht)을 들고 있다.
다음에는 주거사회에서의 권리를 들고 있는데, 이에는 혼인권, 친권, 가장권을 들고
있다. §31에서는 계약에 의하여 취득할 수 있는 권리(채권, Schuldrecht)을 들고 있다.

이러한 구분은 당시에 법학(민사법학)에서 행해졌던 분류인데, 이 설명에서 그의 철학적
주장인 인간의 존엄이나 평등권에 관해서 소홀히 다루고 있는 것이 문제이다.

이 밖에도 상속권, 사후의 성명권(§35), 법원의 판결에 따른 권리, 유실물 회복청구권
등을 들고 있다. 이런 사권도 공권력에 의하여 법적 보장을 받는다고 했다.

---

421) Kant, *Metaphysik der Sitten, Rechtslehre,* Einteilung der Rechtslehre, A · B.
422) 인간의 존엄과 인권의 권리는 통합되며 인간의 존엄은 법의 기초이다. B. Ladwig, Menschenwürde
   als Grund der Menschenrechts, *Zeitschrift für politische Theorie,* Heft 1/2010; T. Kesselning,
   "Menschenwürde und Menschenrechts," *Swiss Portal for Philosophy* 12. 07. 2014.
423) A. Follesdal, *Kant, Human Rights and Courts,* 2003.

칸트는 법론의 제2부에서 국가법에 관해서 논하고 있다. 국가에 의해서 제정되고 강제되는 국가의 공법상의 권리로서의 공권에는 정치권, 선의법적 권리, 사법인성격, 형벌권과 사면권, 국제법적 권리 등이 있다고 했다.

그는 법철학에서는 공권에 대해서 깊이 언급하고 있지 않으나 「정치적 권리의 원칙」에서는 상세히 설명하고 있다.424) 칸트는 시민사회는 권리에 의해서 지배되는데 ① 사회구성원으로서는 인간으로서의 자유 ② 주체로서의 사회구성원은 다른 사람과 평등하고 ③ 시민으로서 공동체 국가의 구성원으로서는 자기독립성을 가진다고 했다.

그는 ① 국가의 구성원으로서의 자유는 이성적 국가의 헌법의 제1원칙이라고 했다. 이 권리에서 모든 시민은 행복추구권을 가지며 자유권을 가진다. 주권자가 시민을 위한다는 목적에서 행동을 명령하는 부권적 국가는 전제국가이며 여기서는 개인의 자유가 침해된다. 그래서 부권적 국가가 아니고 애국적 국가(patriotic government)만이 권리를 인정해 준다고 하였다. 자유권은 인간에게 있을 뿐만 아니라 시민으로서나 일반인으로서 권리를 향유하게 된다고 하였다.

② 주체로서의 국민이 평등하다는 것은 이성적 국가의 헌법의 제2원칙이다. 국가의 창조자나 유지자(통치자)만이 다른 시민에게 명령을 할 수 있으며 국가법의 평등이 보장되어야 한다. 그리하여 모든 국민은 개인으로서 평등하며 다만 소유에 있어서는 불평등할 수 있으나 그를 취득할 평등한 기회는 보장된다. 공권(public right)은 입법에 의해서만 제한될 수 있다고 보았다. 이러한 불평등은 범죄인에게 야기될 수 있으며 형벌도 법절차에 따라야 한다고 했다. 그는 작위(Rank) 등의 세습에도 반대하고 있다.

③ 시민으로서 국가의 구성원은 자기독립성을 가진다는 것은 국가에 있어서의 권리의 제3원칙이다. 입법사항에 있어서도 기존 입법 하에서 인정된 자유와 평등이 인정되어야 한다. 새로운 입법으로서는 변경될 수 있다. 시민의 자유와 평등, 통일은 특별한 이념에 따라 변경될 수 있으나 이것은 자기독립성을 유지하는 면에서만 가능한 것이다.

입법에 있어서 시민은 투표권(voting right)을 가지고 있는데 이들은 투표권이 부정되는 citoyen과는 달리 시민권을 가질 수 있다. 어린이나 여성에게 투표권에 차이를 둘 수 있다.425)

이상의 헌법상 원칙은 모든 입법권을 구속하기 때문에 실정권의 창설이나 제한에 있어서 적용되어야 한다.

칸트는 실정권으로서 사권으로서는 소유권에 관해서,426) 공권에서는 선거권에 관해서 많이 언급하고 있으나 여기서는 생략하기로 한다. 원칙적으로 사권은 자연상태의 권리이

424) Kant, *The Principles of Political Right considered In Connection with the Relation of Theory of Practice in the Right of the State*, 1784; Univ. of Sussex, *Kant Theory of Right*.
425) "Legal Philosophers: Aristotle, Aquinas, and Kant on Human Rights," *Marquette Law Review* Vol. 55, Issue 2 (Spring 1972), Art. 4.
426) E. Weinrib, "Poverty and Property in Kant's System of Rights," *NotreDame Law Review* Vol. 78, Issue 3, Article 5; G. Smith, "Immanuel Kant on Property Rights," Libertarianism.org; M. Gregor, "Kant's Theory of Property," Review of Metaphysics 41 (1988), pp. 757-87.

며 불완전한 과도적인 권리였으나 국가가 탄생하여 국가권력이 이들 권리를 보장함으로써 완전한 권리가 되었다고 했다.

4) 국가론

칸트의 국가는 국가계약설에 의하여 형성된 것으로 주장되고 있다. 앞서 말한 바와 같이, 이 국가계약론은 홉스 등의 사회계약설을 순화한 것이며 국가는 자연상태의 인민의 불안정을 극복하기 위하여 국민이 원초계약으로서 헌법을 제정하여 형성된 것으로 보고 있다. 그러나 이것은 경험적 사실이 아니고 선험적인 것이다.[427]

칸트는 법철학에서 국가란 다수의 사람들이 법 아래에서 결합한 것으로 보고 있다(§45). 그는 국가의 목적을 각인의 자유를 확인하기 위하여 법을 유지하는 것으로 법치국가를 예상하고 있었다. 그중에서도 유일한 자연권을 보장하는 것이 국가의 임무라고 생각했다.[428]

칸트는 국가는 이성의 산물이라고 보고 이성의 원칙에 따라야 한다고 했다. 국가는 지상에 법과 정의가 실현되게 할 의무를 진다고 했다.[429]

칸트는 공법론에서 국민의 의사에 따라서 국가가 형성되어야 하고 국가는 국민의 의사에 복종하여야 한다고 했다. 국민주권주의에 따라 국민이 국가의 입법권을 가지며 공화제(Republic)에 따라 권력이 행사되어야 한다. 국가는 권력을 가진다. 즉 세 가지 인격의 일반적으로 통합된 의사인 통치권력(Herrschergewalt=Souveränität)과 입법권, 법률에 따른 정부의 집행권(vollziehende Gewalt)과 사법권(rechtsprechende Gewalt)이 있다. 사법권은 법관이 법률에 따라 각자에게 그의 권리를 인정해 주는 권력이다(§45). 입법권은 국민의 통합된 의사에 귀속된다. 왜냐하면 입법권에서 모든 권리가 나와야 하고 그 법률에 따라 아무도 불법을 할 수 없기 때문이다. 입법에 의하여 통합된 사회 (societas civilis)는 국가이고 그 구성원은 국민(cives)이다(§45). 3종의 모든 국가권력은 존엄을 가져야 하고 국가구성을 위한 국가이념의 본질(Constitution)이 필요하다. 여기서 그는 헌법의 중요성을 강조하고 있다. 국가의 존엄은 국가의 수장이 필요한데 이는 자유의 법칙에 따라 모든 국민이어야 한다. 다음에는 영토와 복종자(subdius)가 필요하다. 이 모든 것은 국민의 근원계약(ursprungliche Contract)에 의하여 그의 외적 자유를 국가에

427) Herb/Ladwig, "Naturzustand, Eigentum und Staat. Immanuel Kants Relativierung des „Ideal des Hobbes"," *Kant-Studien* 84/3 (1993), SS. 283-361; G. Smith, "Immanuel Kant, the Social Contract, and the State," Libertarianism.org, April 2016; Jsrule, "Locke and Kant : Why from a State?," Trying Liberty, 2008.

428) W. Kersting, *Wohlgeordnete Freiheit. Immanuel Kants Rechts-und Staatsphilosophie*, 3. Aufl. 2007. 舟場保之・桐原隆弘訳, 『自由の秩序―カントの法および国家の哲学』, 2013.

429) S. Byrd, "The State as a Moral Person," in Robinson (ed.), *Proceedings of the Eighth International Kant Congress*, Marquette University Press, pp. 171-89; Immanuel Kant's Jurisfication on Government.

위임하여 국민이 국가로서 간주되어야 한다(§47). 그는 국가의 수장(Regent rex Princeps) 이 필요하며, 이는 도덕적 인격이어야 한다고 하고 그는 국가의 기관(Agent)을 임명하고 행정권을 행사하게 한다고 했다. 집행권은 인민의 통합된 의사에 구속되어야 한다. 따라서 국가는 민주국가여야 하며 국민의 의사를 존중하는 법치주의가 보장되어야 한다. 칸트는 공화주의적 법치국가는 자유법치국가를 말한다고 했다.430) 이와 같이 칸트는 권리보장을 위한 입헌주의 법치국가의 확립을 강조하였다.

칸트의 국가관에 있어서 칸트가 소극적인 법치주의에 안주하고 있었는지 아니면 적극 적인 복지주의를 주장했었는지에 대해서는 논쟁이 있다. 현재에 와서는 그가 가난한 사람의 복지를 중시했다는 이론이 있다. 그러나 사적 소유권의 자유를 인정하였으며 사법상의 거래의 자유 등을 중시하고 있었다. 그는 복지주의를 지향하지는 않았다.431)

그는 국가형태로서는 독재제(Autokratie), 귀족제(Aristokratie), 민주제(Demokratie) 로 나누고, 귀족제는 공화주의와 전제주의로 나누었다. 그는 민주제와 공화제를 같은 것으로 보지는 않았다. 그는 대의제를 가진 민주적 헌법체제를 선호하고 있었다. 대의제를 수반하지 않은 민주제는 독재제로 될 염려가 있다고 보았다.432)

칸트도 유토피아적인 국가론을 저술하였다. 이는 후대에 영향을 끼쳤다. 그는 계몽주의 시대의 혁명기에 살았기 때문에 빈자의 자유, 복지행정을 하는 것은 부정하다고 보았다. 그는 가장 좋은 정부형태는 Eudamonia가 아니고 시민이 그의 권리를 최대한으로 보장받 은 국가라고 하였다. 그는 국가의 과제를 시민의 복지가 아니고 외부적으로 자유가 보장되는 이상적 공동체, 즉 법의 보장이라고 보았다. 그래서 법치국가를 이상으로 보았는 데 전쟁을 피하고 평화를 보장하여야 한다고 하였다.433)

5) 도덕규범과 법규범, 정의

---

430) Kant, "Die Rechtsgemeinschaft als System geordneter Freiheit," Zippelius, *Geschichte der Staatsideen*, S. 147.

431) A. Kaufman, *Welfare in the Kantian State*, Oxford University Press, 1999; Weinrib, *op. cit.*; B. Janssen, *Kant's Natural Law*, 2013; B. Kühnemund, "Kant und der Sozialstaat - Eine rechtsphilosophische Untersuchung zur normativen Basis von Kants 'Rechtslehre,' TABVLA RASA, Jenenser Zeitschrift, Ausgabe 45, Nov. 2012; R. Bodo, "Ethik in der Sozialpädagogik/ Sozialarbeit: Gerechtigkeit und Prosozialität," *Theorie und Praxis der sozialen Arbeit Münster* Vol. 53, No. 4 (2002), SS. 304-310.

432) 칸트의 국가, 정치철학 등에 대해서는 다음 책들을 참조할 것. Herb/Ludwig, Kants Kritisches Staatsrecht, *Jahrbuch für Recht und Ethik* 2 (1994); P. Riley, *Kant's Political Philosophy*, 1993; A. Ripstein, *Force and Freedom: Kant's legal and Political Philosophy*, Harvard Univ. Press, 2009; G. Sodeur, *Vergleichende Untersuchung der Staatsidee Kant und Hegels*, 1883, Internet Archive, 2011 Toronto. 칸트는 국가의 목적을 인간의 자유를 보장하는 것이라고 하였다. V. Saykham, Das Menschenrecht bei Immanuel Kant, S. 69; L. Halldenius, "Kant on Freedom and Obligation under the Law," *Constellations* Vol. 18, No. 2, 2011.

433) Geschrieben von: HK, "Kant als Kritiker der Liberalen Rechts-und Staatslehre," 2014; 木原淳, 「埋め込まれた政治性: I. カント理性法論における自由と境界もしくは国民主権の形成についてー」, 東 北大學博士論文, 2009.

자연상태에 있어서의 인간은 생존을 위한 전쟁을 위한 것이 아니고 권리를 위한 투쟁(Kampf ums Recht)을 하여야 했다. 칸트에 있어서의 자연상태는 법이 존재하지 않는 사회가 아니고 사법이 지배하는 상태이고, 권리확정을 위한 재판을 위한 공법적 규정을 가지지 않는 상태라고 보았다.

그에 의한다면 법률(도덕적 · 실천적)은 정언명제(kategorischer Imperativ)를 내포하고 있는 규범이라고 보았다. 그는 법론이란 입법에 따른 실정법의 이론이라고 하고 있다. 그는 법은 강제력을 가지고 있는 권한이라고 하고 있다. 체계적 이론으로서의 법이란 선험적인 자연법에 근거하고 있다고 보며 실정법은 입법자의 의사에 의하여 제정된 것이라고 하였다.

칸트는 도덕과 법은 다른 두 개의 분리된 영역으로 보고 법과 도덕의 구분을 엄격히 구분하는 법실증주의이론과는 다르다고 하겠다. 칸트는 법은 도덕에 봉사하기 위한 수단으로 보았다. 칸트는 자연법칙은 이성적인 동시에 경험적이라고 하였다. 도덕법은 선험적인 동시에 필요성이 있다고 했다. 자유법은 도덕적이고 법적이며 윤리적이라고 했다. 그는 인간은 의무를 지고 있는데 의무는 법적인 동시에 윤리적이라고 하였다. 그는 윤리학과 법학의 차이를 인정하고 도덕법과 실정법을 구분하였다. 법규범의 특수성을 인정하면서 모든 인간은 이성적 · 윤리적으로 평등하기 때문에 평등한 존엄이 보장되어야 한다고 하였다.[434] 그는 법철학에서는 법의 도덕에 대한 우월성을 인정하고 있다. 그는 도덕성과 적법성을 구분하고 있는데 법률에서는 당연히 인정되는 것이라 하겠다.

도덕철학은 의무의 성격에 따라서 분리된다고 보았다. 의무는 법률적 의무와 윤리적 의무로 분리된다고 하였다.[435]

칸트는 법을 「한 사람의 자의(Willkür)가 다른 사람의 자의가 자유의 일반법칙에 따라 결합할 수 있는 조건의 총칭」이라고 하였다. 그러나 법이 지향하는 이념(Idee)에 대해서는 언급하지 않았다. 칸트는 법의 이념에 관해서는 언급하지 않았으나 인간의 자유를 중시한 것으로 보인다. 칸트가 법과 도덕을 구분한 것은 과거 자연법론을 계승한 것으로 보인다. 그는 도의적 의무로서의 도덕과 법적 의무로서의 합법성을 구분하고 있는데 이는 타당하다고 하겠다. 칸트는 법에 대한 의무로서 인간은 공적인 강제를 가지는 법적 상태에 진입하여야 한다고 보았다. 그는 사회계약을 가정이라고 보고 그는 법률을 존중하여야 한다고 보았다.

칸트는 정의(Gerechtigkeit)에 대해서도 언급하고 있다. 칸트에 있어서의 정의는 개인

---

434) Kant, Metaphysik der Sitten, Rechtslehre; Hastie (ed.), *The Philosophy of Law*, Prolegomena, The Metaphysic of Morals; W. Müller, *Ethik als Wissenschaft und Rechtsphilosophie nach Immanuel Kant*, Königshausen u. Neumann, 1992; 榎本庸男,「カントにおける道德と法」,『關西學院大學リポジトリ』, 29-41면.

435) 의무의 구분: 법적 의무 Ⅰ. 인간성의 권리 Ⅱ. 인간의 다른 사람에 대한 권리 / 도덕적 의무 Ⅲ. 인간성의 목적 Ⅳ. 인류의 목적.

과 국가의 권리를 보장하는 것으로 보고 있다. 그는 배분적 정의는 사권을 공법적 정의에 따라 보장하는 것이다. 칸트는 국가가 입법, 행정, 사법에 의하여 보장되는 것이 중요하다고 보았다. 그는 사회정의의 시창자라고도 하겠다.436)

칸트는 개인의 권리를 국가가 보장하기 위해서는 통치자가 희생을 치러야 하는데 정치는 인간의 권리에 굴복해야 한다고 했다. 이를 정치적 정의라고 부르는 사람도 있다.

칸트는 정의를 초월적 법이념으로 보지 않고 실정법 내재적인 것으로 보고 있다. 그는 『법론의 형이상학적 시초원리』(Metaphysische Anfangsgründe der Rechtslehre)에서 정당한 것이란 무엇이냐에 대해서 A. 실정법률로서 법질서를 확립하는 것, B. 이성법(理性法, Vernunft Recht)에 합치하는 것을 들었다.437)

이성법에 따르면 내적·외적 자기 것과 내적·외적 당신 것이 있는데 ⓐ 내적인 것은 자기 자신에 대한 권리, 자기 자신이 주인(sui juris)이며 어떤 잘못도 없는(justus) 인간의 권리를 말한다(권리능력, 법적 평등, 인간의 불가침과 완전성). ⓑ 외적인 것은 자기의 행동으로서 취득한 권리, 채권에 대한 계약적 소유, 다른 인격과의 상태이며 기본적으로 인격 아닌 물건에 대한 사적 취득을 말하고 있다.

그는 정의란 실정법이 법질서로서 확립된 것을 말한다고 하고 이는 이성법에 적법한 것이라야 한다고 했다. 권리의 보장을 위한 공법적 입법과 사법, 행정은 원칙적으로 공법을 구성한다. 이에는 국내공법, 국제법과 세계시민법이 있다고 하였다. 칸트에 있어서의 정의는 개인과 국가의 전체적 권리의 보장이라고 했다. 칸트는 정의를 개인과 국가의 총체적인 권리의 보장으로 보고 있고 국가법에 관해서는 사회적 정의에 대해서도 언급하였다. 그는 인간의 최저생활의 보장을 위하여 국가는 생활보장을 해주어야 한다고 하면서 그 지불수단을 위한 세금의 강제징수를 인정하고 있었다.

칸트는 여기서 사회정의를 처음으로 언급하였다. 칸트는 응보적 정의를 들고 형벌에 있어서는 응보형을 주장하였다.

---

436) 칸트의 정의론에 관해서는 A. Rosen, *Kant's Theory of Justice*, Cornell University Press, 1993; L. Siep, *Einführung in die politische Philosophie*. 2. (Kant 2); M. Wetzel, "Kriterien politischer Gerechtigkeit. Zur Aktualität Kants." Diss. Hamburg, 1987; C. Bertani, Equity Presumptions versus Maxim of Distributive Justice in the Metaphysische Anfangsgründe der Rechtslehre §§ 36-40; Bacin/Ferrarin/Rocca (Hrsg.), *Kant und die Philosophie in Weltbürgerlicher Absicht*. Bd. Ⅱ, SS. 783-786; R. Keil, *Freizügigkeit Gerechtigkeit, demokratische Autonomie: das Weltbürgerrecht nach Immanuel Kant*, Nomos 2009; D. Cummiskey, *Justice and Revolution in Kant's Political Philosophy*, pp. 119-242; L. Siep, Einführung in die politische Philosophie. N. de Federicis, "Kant und Non-ideal theory," *APSA*, 2013; M. Demiray, A Kantian Position on the Relation Between the Concept of Law and the Idea of Justice(mailto:ruhidemiral @ymail.com); Heidenreich, *Theorien der Gerechtigkeit*, UTB GmbH, 2011, 251 S.; D. Cummiskey, *Justice and Revolution in Kant's Political Philosophy*, Chapter 9. pp. 219-241; Immanuel Kant Retributive Theories of Justice, UK Philosophy Essays, 2015.

437) 이충진·김수배 옮김, 『도덕형이상학』, 2018. Spitzner, *Immanuel Kant - Legalität & Moralität*, 2013; Kant und Rawls, Rawls Theorie der Gerechtigkeit.

그는 일반적으로 배분적 정의에 대해서는 잘 언급하지 않았다는 지적을 받고 있다. 칸트에 있어서는 개인적 정의를 중요시하는데 롤스(Rawls)는 집단적 정의, 경제적 정의를 중시하고 배분적 정치에 따른 복지국가의 건설을 주장하고 있다.[438]

칸트는「만약 정의가 하강하여 나락에 빠진다면 인간은 지상에 살 가치가 없어진다」 (Wenn die Gerechtigkeit untergeht, so hat es keinen Wert mehr, dass Menschen auf Erden leben.)[439]고 하여 정의의 절대성을 강조하고 있다.

칸트는 국가 간에도 자연상태가 존속하고 있다고 보았다. 분쟁이 일어난 경우에 중재를 하는 법관도 없고 효력이 있는 실정법도 없다고 하였다. 그러므로 민족 간에 전쟁상태가 계속될 경향이 있기 때문에 국제 간에도 법질서와 평화질서가 보장되어야 하며 민족 간 조약이 체결되어야 한다고 하였다. 칸트는 생시에 많은 전쟁을 경험하였다. 칸트는 7년 전쟁의 참화 속에서 전쟁을 종식시키고 영구평화를 초래할 구상을 했던 것으로 보인다. 그는 1795년에 영구평화론을 썼는데,[440] 이 영구평화 사상에 영향을 끼친 사람이 누구인가는 확실하지 않다. 일부에서는 프랑스의 혁명사상과 루소의 영향이 있었다고도 한다.[441] 그는 당시 프랑스군 간에 체결된 바젤 평화조약의 비판을 통하여 세계평화를 달성하려는 목적이 있지 않았나 생각된다.

그는 말년의 저술인『영구평화론』에서 국가 간의 전쟁을 예방하기 위하여 국가 간의 결합으로서 연방제 국가연합을 구성할 것을 제의하고 있다.[442]

이에 대하여 상세한 것은 다른 논문에서 언급한 것이 있기에 여기서는 간단히 언급한다.[443] 칸트는 영구평화론에서 영구평화의 여러 조항을 설명하고 있다. 제1장은 영구평화의 예비조항으로서 6개 항목을 표시하고 있다. 다음에는 국제평화의 결정조항으로서 3개 조건을 내걸고 있다. 제1 결정조항은「각 국가에 있어서의 시민적 헌법은 공화적이어야 한다」. 그는 공화제 헌법만이 세계평화를 유지할 수 있다고 하였다. 제2 결정조항은「국제법은 자유국가의 연방 위에 근거하여야 한다」. 그는 국제적인 세계국가가 아니고 많은 국가의 국가연맹(Völkerbund)이어야 한다고 보았다. 제3 결정조항은 세계법의 입장에서 설명하고 있다.「세계시민은 보편적인 우호의 조건에 따라서 제한되어야 한다」.[444]

438) Begründung politischer Gerechtigkeit bei Kant und Rawls; R. Brandt, Gerechtigkeit bei Kant, *Jahrbuch für Recht und Ethik*, 1993.

439) Kant, Die Metaphysik der Sitten, 1797. Erster Teil. Metaphysische Anfangsgründe der Rechtslehre.

440) P. Kleingeld, "Approaching Perpetual Peace: Kant's Defence of a League of States and his Ideal of a World Federation," *European Journal of Philosophy* Vol. 12 (2004), pp. 304-325; Immanuel Kant, *Kant's Principles of Politics, including his essays on Perpetual Peace, A Contribution to Political Science*, 1784.

441) 深瀨忠一,「カントの平和の法思想について: フランス革命の憲法原則との關連の檢討」,『北大法學』20 권 34호 (1993), 441-470면.

442) I. Kant, *Perpetual Peace: A Philosophical Sketch; Kant Zum ewigen Frieden. Ein philosophischer Entwurf*, 1795.

443) 김철수,「영구평화」,『법과 정의 · 복지』, 진원사, 2012. 121-133면; 김철수,「영구평화론 연구」,『근세 정치사상사 연구』, 서강대학교 인문과학연구소, 1982.

444) O. Hoffe, *Kant's Cosmopolitan Theory of Law and Peace*, 2006; A. Staden, *(De-) Legitimating*

그는 여기에서 외국인의 지위의 존중을 말하고 있다.

다음에는 추가조항에 관해서 설명하고 있다. 그는 추가조항에 있어서도 국내법, 국제법과 세계시민법의 세 영역에 따라 추가조항을 설명하고 있다.

그는 영구평화를 위한 조약은 비밀로 하여야 한다고 하였다. 그는 이 논문에 추가하여 두 개의 논문을 부가하고 있다. 「영구평화의 견지에서 본 도덕과 정치의 불일치에 관하여」와 「공법의 선험적 개념에 의한 정치와 도덕과의 합치에 대하여」이다. 이에 대해서는 당대의 비판도 있었다.445) 그러나 칸트의 영구평화론의 구상은 국제연맹의 형태로 시작하였으며, 제2차 세계대전 후에는 국제연합으로 발전하여 세계평화의 유지에 기여하고 있다.446)447)

6) 칸트 사상의 영향

칸트의 사상은 후세에 많은 영향을 미쳤다. 철학에서는 칸트학파가 생겨났으며 20세기에는 신칸트학파가 득세하였다. 1848년 독일 인권선언에서도 각자에게 인간의 존엄에 적합한 인간다운 생활의 보장을 규정하고 있었다. 바이마르 헌법에서도 규정하고 있었다. 칸트의 인간존엄 사상은 제2차 대전 후의 독일 지방헌법에 많은 영향을 끼쳤으며,448) 국제연합헌장이나 세계인권선언에도 많은 영향을 끼쳤다.

1949년 독일 기본법에서 「인간의 존엄은 불가침이다. 이를 존중하고 수호하는 것은 모든 국가권력의 의무이다」고 규정하고 있다. 이 존엄사상은 칸트에 따른 것이라고

International Courts and Tribunals: Strategies and Effects, The Right to Peace, Lesser, The Right to Guarantee Peace H. LesserAbtinternet.com.

445) Fichte, Zum ewigen Frieden Philos Journal, Hegel B. 4 1786.

446) Fichte와 Hegel에 의한 비판논문도 있다. V. Gerhardt, "Eine kritische Theorie der Politik, Über Kants Entwurf zum ewigen Frieden," *WeltTrends* Nr. 9(1995); I. Kant, *Towards Perpetual Peace and Other Writings on Politics, Peace, and History*, ed. by Kleingeld, Yale University Press, 2006; I. Kant, *Eternal Peace: And Other International Essays*, trans. by William Hastie, Kessinger Publishing, 1914; "Kantian Theory and International Human Rights Courts," *Multi Right Workshop*, University of Oslo, 27. Aug. 2012.

447) 일본학자들의 연구는 많다. 津守滋, 『イマヌエル カントの政治哲學の現代的 意義: 永遠平和のためにを中心に』, 2009.

448) R. Dreier, "Deutsches Idealismus und Menschenrechte," in MacCormick/Bankowski (eds.) *Enlightenment, Right and Revolution* 1989, p. 53-106; W. Ertl, "'Man kann die Geschichte der Menschengattung im Großen als die Vollziehung eines Planes der Natur ansehen …'. Notizen zu einer 'Lieblingsidee des Hrn. Prof. Kant'" *AAIV*; Dreyer, "Why the European Union embraces cosmopolitanism but cannot deliver," European Consortium for Political Science, General Conference, 3.-6. September 2014, Glasgow, Großbritannien; O. Höffe, *Kant's Cosmopolitanism Theory of Law and Peace*, Cambridge University Press, 2006; V. Gerhardt, "Eine kritische Theorie der Politik. Über Kants Entwurf zum ewigen Frieden," *WeltTrends* Nr. 9; Constitution Society, Perpetual Peace, A Philosophical Sketch http://www.constitution.org/kant/perpeace.htm; Theoloriewiki, "Immanuel Kant Moral Philosophie"; 耳野健二, 「19世紀ドイツ法學におけるカント哲學の影響」, 『産大法学』 49巻 4号(2016. 2).

하겠다.[449)

칸트의 영구평화론은 세계평화를 위한 구상으로서 오늘날의 국제조직의 사상적 근거가 되고 있다고 하겠다.[450) 칸트는 유토피아적인 이상국가론도 썼는데 루소, 모어(Thomas More) 등에도 영향을 끼쳤다.

물론 칸트의 이론에 대한 비판도 많다. 헤겔은 칸트의 비판철학이 너무 추상적이라고 비판했다.[451) 쇼펜하우어는 칸트에 영향을 많이 받았으나 순수이성비판에 대하여 반대하였다. 현대에 와서는 하버마스와 롤스 등이 칸트의 영향을 받고 있다.[452)

칸트의 제자들도 여러 학파로 나누어지고 있다.[453) 특히 마르부르크학파와 바덴학파가 있다. 이 밖에도 많은 학자들이 제2차 세계대전 후 칸트학파로 회귀하였다. 또 각국에 유포되어 칸트연구학회가 세계 각국에 구성되어 있다. 특히 일본에서는 칸트 연구가 성행하였다.[454)455)

2. J. G. 피히테

1) 생애와 저술

요한 고틀리프 피히테(Johann Gottlieb Fichte, 1762-1814)는 독일의 유명한 철학자로서 칸트, 그리고 헤겔과 함께 독일 관념론의 대표자로 알려져 있다. 그는 독자적인 철학에 관한 저술을 많이 출판하였다. 피히테는 법률을 공부한 적이 있었으나 법학 전공자는

449) E.-W. Böckenförde, "Anerkennung von Menschenwürde und Lebensrecht am Anfang und am Ende des Lebens," 28. November 2007.
450) S. Mahmoudi, "An Evaluation of Kant's Theory of perpetual Peace in the Field of Contemporary Political Philosophy," *The International Journal of Humanities of the Islamic Republic of Iran*, Spring 2008; K. Brose, "Begründung einer Friedenspädagogik: der Ansatz Kants," *Wissenschaft & Frieden*, 1992-4.
451) Hegel, *Rechtsphilosophie*; Fine, *Kant's Theory of Cosmopolitanism and Hegel's Critique*, November 2003.
452) J. Habermas, *Moral Consciousness and Communicative Action*, The MIT Press, 1996; J. Rawls, *Theory of Justice*, The Belknap Press, 1971.
453) Neo Kantianism, Internet Encyclopedia of Philosophy; Herbert Schnädelbach, Wir Kantianer. Der 'kritische Weg' heute, *Deutsche Zeitschrift für Philosophie* 53 6/2005, SS. 835-850; F. Beiser, "The Genesis of Neo-Kantianism 1796-1880," *Notre Dame Philosophical Reviews*, 2015. 10. 27.
454) Neo Kantianism, Internet Encyclopedia of Philosophy; J. Rückert, *von Kant zu Kant? in Neu Kantianismus und Rechtsphilosphie*, 2000. SS. 89-110; J. Rückert, *Kant-rezeption in Juristischer und Politischer Theorie*, 1991. SS. 144-215; P. Redding, *Neo-Kantianism and Analytic Kantianism: Naturalism and Idealism*, 2010; 耳野建二, 「19世紀ドイツ法學におけるカント哲學の影響」, 『産大法学』 제49권 4호(2016. 2).
455) 家永三郎・小牧治編, 『哲學と日本社會』, 弘文堂, 1968; 宮田光雄, 『カントの平和論と現代』, 創文社, 1978.

아니었다. 실천적 철학의 한 분야로서『자연법의 근거』(Grundlage des Naturrechts, 1796)를 출판하였다. 이때 칸트는 도덕형이상학의 제1부로서『법의 도덕형이상학적 원칙』을 다 쓰고 1797년에야 발표하였다. 헤겔은 이 두 책을 읽은 뒤에『법철학』(Rechts-philosophie)을 1821년에 출판하였다. 이 3대 저작은 법학자가 아닌 철학자의 입장에서 법을 논한 것이기 때문에 중요한 의의를 가진다.

피히테는 1762년 가난한 리본 직조공의 아들로 작센지방의 Rammenau라는 촌에서 태어났다. 어릴 때는 직조공장의 일을 돕기도 하고 거위를 키워 가정을 도우기도 하였다. 그는 매우 총명하여 목사의 설교를 그대로 전달할 수 있었다. 이를 계기로 밀리츠 남작(Freiherr von Militz)의 도움을 받게 되었다. 그는 뉘른베르크 근처의 유명한 포르타 학교에서 수학하였다. 1780년에는 예나대학의 신학부에서 공부하다가 1년 뒤에는 라이프치히대학에서 철학과 법학을 공부하였다. 1784년까지는 밀리츠 남작의 도움으로 공부할 수 있었으나 그의 사후에는 공부를 계속할 수 없어 학위를 받지 못했다. 1784년부터 1788년까지 작센의 여러 집에서 가정교사를 하였으며 1788년에 라이프치히에 귀환하여 보다 좋은 직장을 가지게 되었다.

그는 2년간(1788-1790) 취리히에서 생활하였는데 여기서 똑똑하고 정열적인 란(Johanna Rahn)과 약혼하게 되었고 페스탈로치와도 친교를 맺게 되었다. 1790년에는 그의 제자가 칸트를 배우게 되어 비로소 칸트 공부를 하기 시작하였다. 그의 약혼자의 집은 경제적 어려움에 처하여 결혼은 연기되었다. 그는 1790년 5월에 라이프치히에 귀환하였고, 1791년부터는 바르샤바의 귀족 집안에서 일을 하게 되었다. 그는 1791년에 쾨니히스베르크의 칸트를 찾아가서 면담을 하였으나 칸트가 큰 흥미를 가지지 않았다. 그는 5주 만에「계시의 모든 것에 대한 비판 시도」(Versuch einer Kritik aller Offenbarung)라는 글을 써서 칸트에게 보냈는데 칸트가 감동하여 출판을 알선해 주었다. 웬일인지 익명으로 발표되어 세간에서는 칸트의 저작이라는 소문이 났으나 칸트가 피히테의 글이라고 공표하여 피히테는 일약 유명한 철학자로 명성을 얻게 되었다.

피히테는 1793년 10월에 약혼자와 결혼을 취리히에서 하게 되었고 여기서 프랑스 혁명에 대한 글을 썼고 사상의 자유에 대한 글을 써서 발표하였다. 그는 이 해 말에 예나대학 철학교수로 초빙을 받게 되었다. 그는 1794년 5월부터 강의를 시작하였으며 그의 강의는 유명해졌다. 그는 대학에서 뿐만 아니라 시중 회의에도 나가 강연하기를 좋아해 폭발적 인기를 얻었다. 그는「학자의 사명에 관한 강의」를 출판하였고 신학에 관한 글도 발표하였다. 그는 무신론자라는 비판을 받자 강력히 항의하였고 야코비는 그의 글을 허무주의자라고 비판하였다. 이에 공무원들도 동조하였기에 피히테는 강력히 반발하였으나 교수직에서 해임되었다.

프로이센에서만 그에 대한 비판을 하지 않았기 때문에 수도인 베를린에 이주하여 슐레겔스, 슐라이어마허, 셸링과 티크 등과 교류할 수 있었다. 그는 그동안 많은 저술을 출판하였다. 1800년에는『봉쇄상업국가론』(Der geschlossene Handelsstaat)을 출판하였다. 그는 1805년에 에어랑겐대학 교수로 임명되었다. 나폴레옹이 전쟁을 시작하자 그는 유명한 「독일국민에 고함」(Reden an die Deutsche Nation, 1808)[456]이라는 연설을 하였고, 이를 출판하여 애국주의자로서 명성을 얻었다. 베를린에는 국립대학이 없었는데 1808년에 훔볼트대학이 창립되어 그는 교수로 되었고 다음 해에는 초대 총장으로 선출되었다. 1812년 그는 대학개혁문제 때문에 충돌하여 총장직을 사임하였다. 그는 전쟁이 일어나자 민병대로 출전하였고, 부인은 군 간호사로 일하다 장티푸스에 걸렸다. 피히테는 부인을 간호하다 부인은 회복하였으나 자기는 감염에서 회복하지 못하여 51세의 나이로 사망하였다.[457] 그의 아들인 피히테(Immanuel Herman Fichte, 1796-1879)도 철학연구에 기여하였다.

2) 자연권론과 실정권론

피히테는 자연상태를 칸트와 마찬가지로 법이 없는 완전한 자유의 상태라고 보았다. 인간은 이성적인 동물이기 때문에 자기 마음대로 행동할 수 있었다. 그러나 이러한 행동은 다른 인간과의 관계에 있어서 완전 자유로울 수는 없었다. 그리하여 자기의 행위가 필요하게 되고 또 제한을 받게 된다. 이 자각에 따라 행동의 자유가 제한되게 된다. 피히테는 권리=법의 개념을 자기의식(self-consciousness)의 조건(condition)이라고 하였다. 이 개념은 원권(Urrecht)의 개념과 연결되는 것이며 원권은 강제권(Zwangsrecht)이었다. 그리하여 시민사회상태에 들어가자 시민권(Staatsbürgerrecht)으로 되었다. 이 권리들은 국민권, 세계시민권, 가족권 등으로 나누어진다. 이들 권리는 적용된 자연법이라고 하겠다. 칸트는 권리와 관련하여 허용법(Erlaubnisgesetz)을 말하고

---

456) 김정진역, 『독일 국민에게 고함』, 삼성문고, 1973.
457) 간단한 설명은 Schröder-Amtrup, K., *J. G. Fichte. Leben und Lehre. Ein Beitrag zur Aktualisierung seines Denkens und Glaubens*, 2012; Johann Gottlieb Fichte, Stanford Encyclopedia of Philosophy; Johann Gottlieb Fichte, Wikipedia; Johann Gottlieb Fichte, New World Encyclopedia; J. G. Fichte, *Foundations of Natural Right*, trans. by Baur & Neuhauser, Cambridge University Press, 2000; J. G. Fichte, *Address to the German Nation*, trans. by G. Moor, Cambridge University Press, 2008; *Gesamtausgabe der Bayerischen Akademie der Wissenschaften* 42 Bände, hrsg. von Reinhard Lauth, Erich Fuchs und Hans Gliwitzky, und Frommann-Holzboog, Stuttgart-Bad Cannstaat 1962-2011; Fichte, *Werke*, 11 Bände, Hrsg. v. Immanuel Hermann Fichte, Nachdruck der Ausgabe Berlin 1845/46 und Bonn 1834/35, Berlin, 1971; *Fichte im Kontext, Werke auf CD-ROM*, Berlin, 2002; *Werke* in 2 Bänden, Hrsg. Wilhelm G. Jacobs, Peter L. Oesterreich, Frankfurt a. M. 1997; *Die Grundzüge des gegenwärtigen Zeitalters*, Philosophische Bibliothek Band 247, Hamburg: Felix Meiner Verlag, 1978; Jacobi an Fichte, Text 1799/1816 im Vergleich. Istituto Italiano per gli Studi Filosofici, Neapel 2011(deutscher Text, Einleitung von Marco Ivaldo, Noten, Kommentar, Appendix *mit Texten von Jacobi und Fichte*, italienische Uebersetzung von Ariberto Acerbi, mit Register und Bibliographie); J. Fichte, *Ausgewählte politische Schriften*, 1976; H. Schelsky, *Theorie der Gemeinschaft nach Fichtes Naturrecht von 1796*, 1935; Th. S. Hoffmann (Hrsg.), Johann Gottlieb Fichtes Wissenschaftslehre von 1812, Berlin 2016; 清水滿, 『現代に更生るフィヒテ』, 九州大學出版會, 2003.

있다. 이것은 인간의 자유는 허용하되 자의(Willkür)는 금지된다고 보는 것이다. 칸트가 국가로의 결합은 원초적으로 계약에 근거해서 이루어진다고 본 것은 잘못이다. 그는 「권리의 법은 인간이 상호간 자기의 자유를 제한함으로써 다른 사람의 자유와 공존할 수 있는 이념을 포함」한 것이다.458) 그러나 권리의 법은 특정한 인간에게 그의 자유와 제2자, 제3자, 제4자와의 자유의 경합 때문에 제한되는 효과를 규명하지 않고 있다. 내가 다른 사람과의 관계에 있어서 나의 권리를 제한하는 것은 공동체의 어떤 의무 때문이 아니라 나의 자유결정의 결과이다. 계약설에 의한다면 국가의 법은 그의 동의에 의해서 법의 형식을 가지게 된다. 그러나 그 내용에 있어서는 국가의 법은 그의 동의 없이도 권리의 법에 따라 국가의 환경에 따라 결정되는 것이라 하였다. 그는 계약은 역사적 사실이 아니라고 보고 일반의사에 의한 동의를 국가와 법의 근원으로 삼고 있다」459)고 하였다.

그는 헌법의 제정과 법률의 제정에 있어 차이점을 이야기하고 있다. 헌법(Verfassung)은 법보다도 상위에 있는 법이기 때문에 그 집행이나 해석, 제정이나 개정이 일반 법률과 다르다고 한다. 헌법의 제정을 위해서는 모든 국민이 헌법제정 내용에 투표해야 하며 절대적 동의에 의하여 제정되어야 한다고 하고, 헌법은 사회에 있어서의 모든 사람의 권리를 다른 사람에게서 침해되지 않을 보장을 받게 해 준다고 하였다.460)

국민의 권리를 보장하기 위하여 입법권과 행정권의 분리가 요구된다는 주장이 있으나 피히테는 이것은 불가능한 것처럼 보인다고 하였다. 그러나 법의 해석은 집행자가 국민의 일반의사를 해석하여야 한다고 보았다.

피히테는 윤리학에서는 자연법은 도덕법과 동의어라고 보고 있다. 그는 인간은 자기 자신이 노예인 동시에 주인이라고 하고 있다.461) 그는 국가계약에 의하여 만들어진 헌법과 그에 따른 입법권에 의하여 실정권이 보장된다고 하였다.

(1) 자유권

피히테는 칸트와 마찬가지로 자유(Freiheit)를 자연상태에 있어서 인간의 유일한 자연권으로 생각하고 있다. 자유의 개념은 독일 계몽철학에서 가장 중요한 역할을 한 것으로 칸트철학에서 시작하여 피히테를 거쳐 헤겔에 이어지는 중요한 조류이다. 피히테는 자기의 전체계는 「최초에서 최후까지 자유의 개념의 분석에 불과하다」고 했다.462) 그들

---

458) Fichte, *Foundations of Natural Right*, (ed.) by Frederick Neuhouser [1]-[15].
459) 피히테의 자연권론에 대해서는 Gottfried W. Leibniz, *Frühe Schriften zum Naturrecht*, 2003; Fichte, *Das System der Rechtslehre, Ausgewählte politische Schriften*, 1977; Fichte, *Grundlage des Naturrechts*, 1797, *Werke* IV, 1970.
460) Fichte, *Grundlage des Naturrechts nach Prinzipien der Wissenschaftslehre*, Jena, 1796; 영역 (Fichte, *Foundations of Natural Right*, [15]); 宮本敬子, 「フィヒテにおける言論の自由について」, 『フィヒテ研究』제17호 (2009), 144-160면.
461) Fichte, *Sittenlehre* S. W. Bd. 5.
462) Fichte, Brief an Carl Leonhard Reinhold vom 8. Januar 1800, in *Transzendentalphilosophie und Spekulation 1799-1807*, 2013; G. Beck, *Fichte and Kant on Freedom, Rights and Law*,

에 의하면 종교적 자연법론에서 탈피하여 모든 법률은 자유에서 유래한다고 생각했기에 자유권의 우위성이 인정된 것이다. 이 자유권이 주관적 권리로 인정되고 있다. 이러한 자유의 권리에서 의무나 책임의 관념을 도출하고 있다. 그는 자유의 개념을 자연적 자유라는 무제한한 개념으로 설정하고, 시민사회로 이행하기 위하여 이 근원적 자유를 다른 개인의 동등한 정당한 자유에 의해서 제한할 필요가 있다고 주장했었다.463)

자유권의 구체적 내용에 대해서 체계화한 저술은 없으나 개별적 자유로서 정치적 신념의 자유,464) 종교의 자유, 언론의 자유,465) 재산권의 자유 등에 관하여 언급하고 있다.

(2) 생명권

피히테는 인간의 원권(Urrecht)으로서 생명권과 인격권을 인정하고 있다. 「생명은 모든 인간의 절대적이고 불가양의 재산권에 포함된다」고 하고 있다. 국가계약에는 행동자유권보장의 이양과 함께 생명보장권의 이양도 포함된다고 한다. 그는 모든 이성적인 헌법은 모든 사람이 자기노동에 의하여 생존할 수 있는 원칙이 보장되어야 한다고 했다. 그는 시민계약에 의한 입법에 의하여 생명권의 제약이 형법상 가능하다고 보았다.466) 인간은 자기방어권(Selbstverteidigung)이 있으며 국가가 이를 보호하지 않으면 자연상태의 권리가 인정된다고 하였다.

(3) 인간의 존엄권

인간의 존엄은 인격적 자유에 관한 것이라고도 할 수 있다. 국가권력의 기여에 의해서만 인격적 자유의 권리도 인정되며, 이 국가 기여 없이는 어느 누구도 권리를 가질 수 없다. 국가가 기여하기 위한 계약이 공민계약(Staatsbürgervertrag)이며 권리능력(Rechtsfähigkeit)의 궁극적 조건이다. 「이 공민계약, 즉 공민만이 권리를 가진다는 주장이 피히테 법론의 특징이며 다른 체계와 다른 것이다」라고 하고 있다.467) 그는 인간은 다른 동물과 달리 존엄권을 가지고 있다는 것을 인정하고 있다. 인간은 신체의 안전과 불가침에 관한 권리를 가지고 있다. 그리고 자기 주거의 안전과 보호에 관한 권리를 보장받을 수 있다. 인신의 권리는 절대적이라고 할 수 있다고 했다.

(4) 재산권

Lexington Books, 2008.

463) E. Hoxha, "Concept of Freedom in the Philosophy of Fichte," *European Journal of Social Sciences Education and Research*, Vol. 2, No.1 (2004); 池田全之, 「自由の根源的地平」, 『秋田大学 教育学部研究紀要 : 教育科学』 제51집 (1907), 37-45면.

464) Fichte, Zurückforderung der Denkfreiheit, Eine Rede, *Fichte Werke*, Bd. 6. S. 1 ff.

465) L. Smith, "Johann Gottlieb Fichte's Free Speech Theory," lindsley@mklawfirm.com.

466) Fichte, *Grundlage des Naturrechts*; Fichte, *Das System der Rechtslehre*, 1812.

467) Fichte, Über die Würde des Menschen beim Schlüssel seiner philosophischen Vorlesungen Gesprochen von G. Fichte; Fichte, *Das System der Rechtslehre*, 1812.

피히테는 재산권에 대해서도 언급하고 있는데 이 재산권도 절대적인 것은 아니고 경제적 권리를 충족시키기 위해서는 제한될 수 있는 것으로 보았다.[468] 그는 소유권도 자유권의 하나로 보았고, 따라서 그 제한도 자유권의 제한에 따라야 한다고 보았다. 그래서 그는 재산에 대한 소유권 계약을 체결할 것을 요구하였다. 피히테는 소유권에 대해서도 「각자가 소유물에 권리를 가지는 것은 타인의 소유물을 승인하는 것에 의해서만 이다. 따라서 소유권을 가지기 위해서는 소유 계약이 요구된다」고 하였다. 국가권력의 기여에 의해서만 소유에 대한 자격 있는 주체로 인정된다. 국가는 개인의 재산권을 절대적으로 보호해 주어야 한다. 소유권의 제한은 자유권의 주체인 인간의 자유권을 제한하는 것이기 때문에 소유자의 동의가 필요하다고 하였다. 이 권리의 제한은 물권에 한정된다. 토지소유권은 국가에게 있으나 국가목적에 따라 경작권이나 임대권 등이 국가법에 의하여 형성된다. 그 한계는 국가가 토지의 이용을 허용하는 한계에서 인정된다.

그는 「자연권의 근거」에서 「모든 사람은 모든 시민이 그의 재산으로서 먹고살 수 있는 조건 하에서 시민적 재산권을 가진다」.[469] 국가는 「모든 시민이 생활에 필요한 노동을 할 수 있는 장소를 가지는가 감시해야 한다」고 했다.

(5) 생존권

그는 국가의 인간 생명에 필요한 재산권과 노동 장소의 보장의무에서 생존권 보장 의무를 구성하였다.

피히테는 생존권에 관하여 체계적으로 파악한 최초의 학자라고 하겠다. 그는 인간의 존재, 생존 그 자체가 자기목적이며 그것은 절대적 존재라고 할 수 있다. 산다는 것은 인간에 있어서 불가양적 권리이며 모든 사람이 이를 가지지 않으면 안 된다.[470]

생존을 위한 조건을 필요로 한다고 하고 있다. 소유권은 일정한 활동·노동에 의하여 취득되어야 하며 이는 생존권으로서의 기반을 이룬다. 살기 위한 물자보장의 전제로서 생존하는데 필요한 일정한 소유를 가지기 위하여 노동이 의무화되고 있다. 노동능력 있는 사람은 모두 노동에 의하여 의식주의 생존필수물자를 취득하는 것을 기본으로 한다. 국가는 노동수입을 확보할 수 있도록 적극적으로 배려할 의무를 진다.

---

468) Fichte, *Grundlage des Naturrechts*; Fichte, Civil Law and Property Compacts, *The Science of Right*; D. James, *Fichte's Social and Political Philosophy: Property and Virtue*, Cambridge Univ. Press, 2011, 222 pages.

469) Fichte, *Gesammelte Werke*, 10. S. 515 f.

470) Fichte, Gesammelte Ausgabe, Ⅰ/4, 22; Fichte, *Grundlage des Naturrechts*; Fichte, *Bestimmung des Menschen*, 1800 (한자경 옮김, 『인간의 사명』, 1997); J. Pereis, "Sozialistisches Erbe an bürgerlichen Menschenrechten?," *Vorgänge* Nr. 100 (Heft 4/1989), SS. 52~62; R. Steiner, Die soziale Frage als Bewusstseinsfrage, GA 31 (1966). 피히테는 『봉쇄 상업국가론』(Der geschlossene Handelsstaat, 1800, J. G. Fichte's sämmtliche Werke, 8 Bde., 1845~6; Th. S. Hoffmann (Hrsg.), Fichtes »Geschlossener Handelsstaat«. Beiträge zur Erschließung eines Anti-Klassikers, Berlin 2019)에서 계획경제 등을 주장하고 있다. 피히테의 생존권사상에 대해서는 南原繁, 「フィヒテにおける社會主義の理論」(三), 『國家學會雑誌』 54권 12호, 25면 이하.

그는 불로소득은 타인의 노력에 의하여 생존하는 것이기 때문에 허용되지 않으며 국가는 국민의 인간생활에 있어서는 최저생활의 수준을 유지할 뿐만 아니라 인간다운 존재로서의 권리의 행사에 적합하도록 하여야 한다. 이러한 수준은 인간의 생존목적달성에 있어서 불가결이므로 각인에 대하여 평등이 부여되어야 한다. 각인은 인간다운 생활유지의 권리를 가진다. 이러한 생존권을 확보하기 위하여서는 초개인적인 공동체의 이상이 추구되어야 한다고 한다. 그가 말하는 생존권은 자연법적인 것이기는 하나 현대의 자유국가에 있어서도 시사하는 바가 많은 윤리주의적 이상주의의 산물이라고 하겠다.

그는 인간다운 생활을 보장하기 위하여서는 자아의 전개에 필요한 문화의 형성과 향수(享受)에 관한 권리를 보장받아야 한다고 하고 인격 발전을 위한 생존 수준이 유지되어야 한다고 했다.

(6) 국가계약제정권, 정치적 권리

그는 『자연권의 근거』 제3편 권리개념의 적용 제3절에서 정치적 권리를 들고 있다. 그는 국가는 시민계약(공민계약)에 의하여 구성된다고 한다. 이는 헌법제정계약이라고 할 수 있다. 이 계약인 헌법에 의하여 정치적 권리가 발생한다. 헌법도 일반의사의 표현이기 때문에 함부로 개정할 수 없다고 한다. 헌법은 최고법이며 여기에서 형벌권도 나온다.

이 정치권은 공동체 내의 권리이며 정치권(Staatsrecht)은 인간이 국가의 공동목적에 복속하고 있다는 것을 뜻한다고 하였다.[471] 이 정치권은 궁극적으로는 국민의 일반의사(common will)에 근거하고 있다. 이 일반의사는 공민계약에 의하여 표현되는데 이것이 헌법이 되어 보편적인 효력을 가진다. 따라서 이 국가권력은 최고의 권력이다. 헌법에 의하여 정치적 권리인 입법권, 집행권 등이 나온다고 하였다.

(7) 혁명권

국민은 원칙적으로 일반의사에 의하여 만들어진 국가의 권력에 복종할 의무를 진다. 그는 「일반의사는 권력을 가져야 한다고 보고 국가는 국가적 권위를 가져야 한다. 국가적 권위는 어떠한 개인의 권력보다도 상위이며 이 국가권력의 강제력의 수단에 의하여 개인과 자기보존을 위한 개인의 권력을 보존해 줄 수 있다」고 하였다. 국가는 판결권과 이를 집행할 수 있는 집행권을 가진다. 그는 입법권과 집행권뿐만 아니라 이에 대한 감독권의 분립을 주장하였다. 이를 볼 때 그는 권력분립주의를 신봉했다는 것을 알 수 있다.[472] 그는 입법과 집행을 감독하는 감독권은 인민에게 유보할 것을 강조하였다.[473] 그는 법률에 의한 통치를 강조하였다. 그래서 독재적으로 대중영합적인 다수폭정(Demokratie)은 허용되지 않는다고 하였다. 그는 국가계약인 헌법을 개정할 때에는

---

471) Fichte, *Grundlage des Naturrechts*, S. 150-155; Fichte, *Das System der Rechtslehre*, 1812;
    Fichte, Dritter Theil, Über den Staatsbürgervertrag – PhilPapers.
472) Fichte, *Grundlage des Naturrechts*, SS. 156-163.
473) Fichte, *Grundlage des Naturrechts*, S. 164.

제정할 때와 같이 일반의사에 의한 국가계약의 갱신이 필요하다고 하였다. 이 점에서 단순한 입법권과의 차이를 인정하고 있었다. 국가권력에 대한 저항권이 인정되느냐에 대하여 피히테는 다른 철학자와 마찬가지로 프랑스혁명의 설명에서 저항권을 인정하고 있다.474)

그는 「프랑스혁명에 관한 일반 대중의 판단에 대한 정정에 관한 논설」(Beitrag zur Berichtigung der Urtheile des Publicums über die französische Revolution)에서 혁명의 법적 정당성에 관한 판단을 하고 있다. 처음에는 국민이 헌법개정권을 가지는가에서 시작하여 그의 연구의 계속성에 대한 전조(前兆)를 이야기하고, 모든 사람이 모든 사람과 의 계약으로서 이를 폐기하여 헌법을 변경할 권리가 있는가, 특정한 기득 국민계층만이 국가변경의 권리를 가지는가, 귀족이 국가개정권을 가지는가, 교회가 국가개정권을 가지는가를 살피고 있다. 그는 특정계급이나 귀족이나 교회제도가 아니고 모든 사람이 모든 사람에 대한 국가헌법의 개정권을 가지며 이 권력에 따라 개정할 수 있다고 보고 있다.475) 그리하여 절대다수의 의사에 따라 혁명도 가능하다고 한다.

(8) 세계시민권

그는 말년의 『법학의 체계론』(1812)의 끝에서 세계시민권에 관해서 언급하고 있다.476) 각 국가의 시민들은 자기 영토 내에 있어서 시민권(Bürgerrecht)을 가지는 것과 마찬가지로 외교관들은 조약에 의하여 그가 파견된 나라에서 활동할 권리를 가진다고 하였다. 외교관에 대하여 외교관을 받게 된 나라에서 불만족(non grata)을 주장하여 거부 또는 교체를 요구했는데도 이를 거절하는 경우에는 전쟁할 권리가 생긴다고 하였다. 우호적인 국가 간에는 조약에 의하여 여행의 자유나 영업의 자유가 보장된다. 입국 시에는 여권과 사증이 요구된다.

민간인이 외국의 영역에 출입하거나 그 나라와 법적 관계를 맺기 위하여 활동하고 그 나라에 불법을 행하지 않는 한 체류할 수 있는 권리는 세계적 시민권(Weltbürgerrecht) 이다. 외국인이 자기 나라에 출입하려고 할 때 그 국가는 그 목적을 물을 수 있으며 이를 선언할 수 있도록 요구할 수 있다. 만약에 이에 따르지 않으면 그는 입국이 금지될 수 있다. 입국이 허용되면 조약에 따라 제약을 가할 수 있다고 했다.

---

474) Fichte, *Beitrag zur Berichtigung der Urtheile des Publicums über die französische Revolution*; Fichte, *Schriften zur Revolution*, Klassiker der Politik, 1967; M. Cranston, "The French Revolution: Ideas and Ideologies," *History Today* Vol. 39, Issue 5, May 1989; R. Schwartz, *French Revolution: Causes, Outcomes, Conflicting Interpretations*; K. Holmes, "The Great Divide: The Ideological Legacies of the American and French Revolutions," August 12, 2014.

475) Fichte, *Beitrag zur Berichtigung der Urtheile des Publicums über die französische Revolution*, Erster Band Drittes Kapital. 그는 Zweiter Band는 쓰지 않았다(Nacherinnerung). 그 이유는 그의 책이 나온 후에 동종의 책이 쏟아져 나왔기 때문이다.

476) Fichte, *Das System der Rechtslehre, Ausgewählte politische Schriften*, SS. 353-355.

3) 국가론, 군주론

(1) 국가

피히테는 국가는 헌법이란 국가계약에 의해서 형성된다고 하였다. 이는 국민의 총의에 의해서 성립하며 이에 반대하는 사람은 그 국가에서 탈퇴하여 다른 국가를 형성할 수 있다고 했다.

피히테는 국가에 관해서 경험적인 관점에서 이야기하고 있다. 칸트는 영구평화론에서 군주제와 귀족제만 언급하고 있는데 피히테는 민주제에 관해서도 언급하고 있다. 국가는 주권이나 통치권을 가진다. 이 권리는 최고의 권리이며 국민의 총의에 입각한다. 그는 정부형태로서는

① 권력의 강도를 봐서는 군주제의 정부는 더 많은 권력을 가지고 오랜 생명을 가진다. 그러나 정당한 헌법이 제정되고 헌법이 영향력을 가지고 국민의 권리가 보장되는 경우에는 공화정이 바람직하다고 한다.[477] 문제는 최고통치자가 개인이든 집단이든 사람이 하는 경우, 그 아래 공무원들은 통치자에 의해서 임명되고 통치자의 뜻에 따라 행동하기 때문에 최고통치자만이 책임을 지며 그의 책임은 국가 내에 권리와 정의가 지배하는가를 감시하는 것이다.

② 다음에는 대표자를 직접 선출할 것인가 간접으로 선출할 것인가의 문제가 있다.[478] 이 경우 집행권의 담당자를 지명하는 것이 논의된다. 이 문제는 경험적 사실에 입각한다. 특히 미리 제정한 입법에 의하여 현명하고 정당한가 하는 인민의 문화적 수준에 의해 결정된다. 군주제 하의 군주는 선출되지 않고 출생에 의하여 결정된다. 공화제 하에서는 선거가 절대다수에 의해서 행해지는 것이 바람직하다. 그렇지 않고 상대다수에 의한다면 정당분열의 폐단이 발생한다.

③ 다음에는 권력이양 계약이 문제된다.[479] 이는 개인의 권리, 자유, 수입과 그의 수입의 원천에 관하여 집행권의 담당자와 계약하는 문제이다. 이것도 경험의 문제이며 재정의 문제이다. 이것도 국가나 시민에게 어느 정도의 보호를 해 줄 것인가의 정도의 문제이며, 시민의 욕구에 따라 보호권력이 행사되도록 비례원칙에 따라 조세가 부과되어야 한다.

④ 다음 문제는 법원에 관한 조직법 문제이다. 그런데 최고통치권자가 최고사법부를 구성하는 경우에는 항소할 수 없다. 그러기에 최고통치자는 하급심 법관을 임명하여야 한다. 다음의 문제는 사법절차문제이다. 사법판단은 논리의 문제가 아니고 상식(common sense)의 문제이다. 이 밖에도 내무행정=복지행정(Polizei) 문제가 있다.

그는 국가권력의 통합을 원했다. 그는 국가는 법에 예속되어야 한다고 했다. 이는 헌법에 따른 통치를 주장한 것이다. 그는 호민관(Ephore)을 중시하고 이들이 국가권력의

---

477) Fichte, *Grundlagen des Naturrechts* [286], 3. Kapitel § 21, Verfassung [287].
478) Fichte, *a. a. O.* [288].
479) Fichte, *a. a. O.* [289]; Fichte, *Volk und Staat: Eine Auswahl aus seiner Schriften*, 2010.

행사를 감시해야 한다고 보았다.

(2) 군주론

피히테는 마키아벨리의 군주론에 관한 논평에서[480] 마키아벨리의 현실론·경험론을 중시하고 있다. 그는 마키아벨리와 마찬가지로, 「사람은 어떤 경우에도 착하려고 하나 다른 착하지 않은 사람에 의하여 불가피하게 파괴된다」고 하고 있다. 그는 이 성악설 (Bösartigkeit)에 근거하여 국가는 강제제도여야 한다고 생각했었다.[481]

마키아벨리는 「국가는 최소한의 평화상태를 창조해야 하며 인간의 본성인 파괴적 경향이 공정으로 발휘하지 않도록 하는 의무를 지고 있다」고 하였다. 피히테는 이에 동조하면서 독일의 군주들은 평화를 유지하고 있으며 전쟁의 위험이 없다고 하고 있었다. 그러나 사실상 전쟁은 일어날 수밖에 없었다. 그는 군주나 통치자의 전횡을 막기 위하여서는 감독관이 있어야 한다고 하였다. 그는 군주 중에서도 권력을 남용하고 전쟁을 일으키는 사람이 많았기에 이를 경고하려고 하였으나, 예나대학에서 축출당한 경험에서 이를 자제하고 마키아벨리의 군주론을 자기반성의 뜻으로 평가한 것 같다.

(3) 국가의 국방의무

피히테는 유명한 『독일국민에게 고함』[482]에서 독일 국민의 애국심을 강조하고 독일인의 전쟁에 관한 역사를 설명하여 독일인의 민족성을 설명하고 있다. 피히테는 이 연설책의 서문에서 앞서 말한 마키아벨리에 관한 평을 일부 전제하고 있다. 이것은 인간이 닥쳐올 위기에 대해서 경종을 울려야 한다는 내용이다. 우리는 앞서의 논평에서 국방에 관한 마키아벨리의 생각에 대한 피히테의 견해를 보았는데 그중 「국가는 자기 나라의 현실적 영토를 방위하는 것으로 충분하지 않고 자기 나라의 영향력이 쇠퇴하지 않도록 노력해야 한다. 그렇지 않으면 필연적으로 전쟁상태를 예방할 수는 없을 것이다」고 한 점을 강조하고, 유럽인들은 유럽 밖의 야만인들과의 전쟁에서 필요한 군사적 경험을 쌓았기에 다행이다. 그러나 군주는 국민들에게 이 상식적인 권고의 책임을 일깨워주어야 할 의무를 지고 있다고 하면서 군주의 국방의무를 강조하고 있다.

그는 국방의 필요성을 강조하고 군비확장과 최신 무기의 도입을 강조하였다. 그는 마키아벨리에 관한 글을 썼는데 전쟁론으로 유명한 클라우제비츠는 피히테의 이 국방론에 관해서 편지를 쓰고 있다.[483] 피히테는 마키아벨리가 대포보다는 보병이 더 중요하다는

480) Fichte, "Über Machiavelli, als Schriftsteller, und Stellen aus seinen Schriften," *Werke* 1806-1807, S. 224 ff.
481) Fichte, *Grundzügen des gegenwärtigen Zeitalters*, 1804.
482) Fichte, *Reden an die deutsche Nation*, 1808 (김정진역, 『독일 국민에게 고함』, 1971); J. Glass, *Corrupt Princess: Kant and Fichte on Human Evil*, Diss. MA. Indiana Univ. 2014.
483) Clausewitz's Letter to Fichte, *Historical and Political Writings*, (ed.) Peter Paret and Daniel Moran, Princeton, 1962. pp. 280-281; P. Paret, "Machiavelli, Fichte, and Clausewitz in the Labyrinth of German Idealism," in *Clausewitz and the State*, 1976. Chapt. 8.

것이 옳은지 물었는데, 클라우제비츠는 명확한 답은 피하면서 1806년 프로이센이 프랑스군에 진 것은 대포 때문이라고 말하고 있다. 그는 전쟁 기술의 발달을 언급하면서 독일군의 개혁을 주장하고 있다.

피히테가 『독일 국민에 고함』을 시작한 것은 나폴레옹 전쟁에서 프로이센이 져서 수도 베를린이 프랑스군에 점령당할 당시였다. 그는 「독립을 상실한 국민은 동시에 시대의 움직임에 앞서 그 내용을 자유롭게 결정할 능력까지는 상실하고 맙니다. 만약 독일 국민이 이러한 상태에서 탈출하려고 한다면 이 시대와 이 시대의 국민 스스로가 이 나라의 운명을 지배할 외국의 권력에 의해서 조종될 것입니다. 그래서 이 강연을 하게 된 것입니다」고 하고 있다. 그의 14회에 걸친 베를린 아카데미에서의 강연은 당시의 청강자만을 위한 것이 아니고 전독일인에 대한 애국심의 발로를 촉구한 것이다.

그는 이 점에서 애국주의자로 칭송받고 있다. 예나대학에서 무신론 논쟁 때문에 면직된 경험 때문에 베를린에서는 더욱 국수주의적인 활동을 한 것으로 보인다. 그는 말로만 애국한 것이 아니고 50세에도 불구하고 민병대에 참여했고, 그 부인은 종군간호사로 근무하다 장티푸스에 걸려 피히테가 감염되어 사망하기까지 했다. 그의 이 절규는 마키아벨리가 군주에게 요구한 국민의식 개조 의무를 대신한 것으로 볼 수도 있을 것이다.

(4) 국가의 교육의무

피히테는 국가의 교육의무를 강조하고 교육개혁을 요구하였다. 그는 「독일 국민에게 고함」이라는 연설에서 독일 국민교육의 중요성을 강조하고 있다. 그는 제2 강연에서 「새 교육의 본질에 관하여」 논하고 있다. 그는 당시의 독일 교육이 이기심의 고조에 있었으며 그리하여 자기를 상실하게 되었다고 하고 이러한 교육으로서는 독일을 구할 수 없다고 하였다. 우리들은 미래의 생을 현재의 생과 결부하지 않으면 안 되며, 그러기 위해서는 확대된 자기를 획득하지 않으면 안 된다. 그러기에 독일은 독일의 교육을 발본색원적으로 변혁할 필요가 있다.[484] 그 교육은 국민교육이어야 하며 독일인을 위한 교육이어야 한다고 하였다. 그래서 새로운 독일인의 교육을 위한 교육개혁의 제안으로 나아가고 있다.

그 내용을 요약하면 다음과 같다.

「교육은 학생이 만들어내는 최초의 사회질서로 하기 위하여 공동체사회로 해야 한다. 교육은 남녀 똑같이 같은 방법으로 행하지 않으면 안 된다. 학습과 노동과 신체가 통일될 수 있는 교육이 유년기에 필요하다. 학교는 경제교육을 행하는 적은 경제국가의 모형이 되어야 한다. 진정한 교육은 국민교육이어야 하며 따라서 모든 교육은 독일인에 공통적인 독일어로 행하지 않으면 안 된다.」

이 민족 사랑에 넘치는 국민교육의 구상은 나폴레옹 점령 하에서 자신을 상실할 위기에

---

484) S. Hicks, Fichte on education as Socialization, Dec. 29, 2009,
    http://www.stephenhicks.org/2009/12/29/fichte-on-education-as-socialization.

있던 독일 국민에게 국가재흥의 의지와 희망을 주었으며 실제의 지침을 준 것이다.

이러한 교육 구상은 당시 문화 후진국이었던 독일을 문화선진국으로 만든 계기가 된 것이다. 그러나 오늘의 세계화 사회에서의 민족교육에의 경사는 문제가 있으나, 국적 없는 교육보다는 국적 있는 교육을 해야 한다는 피히테의 사상도 음미해 보아야 할 것이다.

그는 대학교육에 대해서도 큰 관심을 가져 대학에 관한 글도 썼으며 프로이센의 수도 베를린에 대학을 설립하기 위하여 노력하였으며 베를린대학 설립 후 초대 총장으로 대학 창립에 크게 기여하였다.[485]

그는 국가가 많은 교육예산을 편성할 것을 요구하였으며 학자의 사명 등에 관한 글을 써서 교육개혁에 기여하였다.[486]

(5) 국가의 사회보장의무

피히테는 1800년에 『봉쇄 상업국가론』을 썼었다.[487] 이 책은 독일의 정치학자와 정치가에 의하여 사회주의의 경전처럼 불리고 있으나 사실은 그렇지 않다. 그는 가난한 집안의 자식이었기에 가난한 사람의 처지를 동정하여 가난한 사람에게도 생존할 수 있는 양식과 의복 등을 보장되도록 국가에 요청하였었다. 그는 개인주의에서 점차 전체적인 결정권자로 되었고 국가의 목적을 좁게 잡아 법질서의 유지자로 보았으며 사회복지를 제공하는 도덕의 보장자로는 예정하지 않았다. 정치지배에 관한 그의 근본사상은 현재 초기의 국가계약설에 따랐으며 시민은 국가를 형성함에 있어서 그의 권리를 국가에 이양하는 것으로 보았다. 그는 자연주의 사상에 근거하고 사회적 평등권에 관해서는 관심이 적었으나 나중에는 정치영역에서 정치경제학의 성격으로 옮겨 갔다. 그는 법률·정치적 견지에서 사회정치적 견지로 옮겨 가서 국가경제의 자족성을 요구하였고, 상품과 노동의 확정된 개입에서 보편적 권리의 기초를 삼으려고 하였다. 그는 추상적 철학에서 실천적 철학으로 옮겨가 『봉쇄 상업국가론』에서 국가의 부와 국민의 복지를 향상시키기 위한 여러 가지 방책을 설명하고 있다.

4) 피히테의 영향

---

485) L. Johnson, *Fichte und Humboldt on the University*, 2011; August Naujoks, *Die Idee der Bildung bei Fichte*, Hathi Trust, 1883.

486) Fichte, *Einige Vorlesungen über die Bestimmung des Gelehrten*, Nabu Press, 2013 (서정혁 옮김, 『학자의 본질에 관한 열 차례의 강의』, 2017).

487) Fichte, *Der geschlossene Handelsstaat*, 1800, Ausgewählte Schriften, SS. 59-167; I. Nakhimov-sky, "Fichte's Closed Commercial State and the problem of perpetual peace," Diss. Harvard, 2008; G. Zöller, "Johann Gottlieb Fichte, Political Philosopher," *Oxford Handbook to German 19th Century Philosophy*; N. Nomer, "Fichte and the Idea of Liberal Socialism," *Journal of Political Philosophy*, 13 (1) (2005), pp. 53-73; A. Wood, "Fichte's Philosophy of Right and Ethics," *The Cambridge Companion to Fichte*, pp. 168-198; James/Zöller (eds.), *The Cambridge Companion to Fichte*, Cambridge Univ. Press, 2016.

피히테 생전에 그는 칸트의 이론을 소화하여 약간의 독창적인 이론을 제창하였으나[488] 다음 헤겔에 이어지는 중간단계의 철학자로서 큰 주목을 받지 않았다.

그러나 법철학에 있어서는 1796년에 법학 강의를 예나대학에서 한 뒤 1년 내에 『자연법의 근거』 제1권을 발표하였고 제2권도 이어 발표하였는데, 이 책은 칸트의 『도덕형이상학』 제1부를 구성한 법의 윤리적 근거에 관한 책보다 1년 앞서 출판된 것으로 피히테와 칸트 간에는 법철학에 관한 교감이 없었는데도 대저를 출판했기 때문에 20세기에 들어와서 많은 주목을 받고 있다. 그는 셸링에 의하여 그의 철학은 주관주의라는 비판을 받기도 하였다.[489]

그의 1805년경의 강의는 사후에 『법의 이론』으로서 발표되었고 영어로도 번역되어 출판되기도 하였다. 그동안 피히테의 저술은 칸트와 비교되어 평가된 것도 있고 헤겔에 의하여 비판된 것도 있다.[490] 칸트는 독일 국수주의에 대해서 반대하고 세계시민사상을 강조하였는데, 피히테는 칸트의 세계시민법이론 등에 대하여 비판한 것도 있고 하여 이 세 사람의 독창적인 법철학 저서 연구는 세계 학계에서도 연구의 대상이 되고 있다. 그가 요절하지 않았다고 한다면 법철학의 발전에 기여하였을 것으로 믿어진다.[491]

휠덜린도 피히테의 「자연법의 근거」에서 많은 것을 계수하였다. 그의 연구는 세계 각국에서 행해지고 있다. 일본에서는 일본 피히테협회(日本 フィヒテ協會)가 있다. 미국에도 북미 피히테학회가 있어 연보를 발행하고 있다(Fichtena).

3. G. W. F. 헤겔

1) 생애와 저술

헤겔(Georg Wilhelm Friedrich Hegel, 1770-1861)은 남부 독일의 슈투트가르트에서 1770년 8월에 탄생하였다. 헤겔의 아버지 Georg Ludwig는 튀빙겐에서 탄생하여 슈투트

488) M. Rosen, *From Kant to Fichte: A Reply to Franks*, 1997.

489) Fichte, *Das System der Rechtslehre*, 1812; Fichte, The Science of Rights.

490) R. Sarge, *Zur neuen Rezeption der politischen Philosophie Johannes Gottlieb Fichte*, *Ausgewählte Schriften*, SS. 357-414; G. Zöller, *Johann Gottlieb Fichte, Political Philosopher*, Oxford Handbook to German 19th Century Philosophy.

491) David James, "Fichte's reappraisal of Kant's theory of cosmopolitan right," *History of European Ideas*, Vol. 36 Issue 1 (2010), pp. 61-70; Memoirs of Johann Gottlieb Fichte, Wikisource; J. Clark, "Fichte and Hegel on Recognition," *British Journal for the History of Philosophy*, Vol. 17, Issue 2 (2009), pp. 365-385; T. Rockmore & D. Breazeale (eds.), *Fichte and Transcendental Philosophy*, Palgrave Macmillan, 2014; The Philosophy of Johann Gottlieb Fichte, in *Outline of Great Books*, Vol. 1; Breazeale/Rockmore, *Fichte, German Idealism and Early Romanticism*, 2010; P. Paret, "Machiavelli, Fichte, and Clausewitz in the Labyrinth of German Idealism," *Etica & Politica* XVII (2015), 78-95.

가르트의 공무원이 되었다. 그의 어머니는 슈투트가르트의 유복한 집안의 딸이었다. 그의 집안은 뷔르템베르크 공국에서는 명예로운 관리 집안이었다.

1776년부터 헤겔은 슈투트가르트 김나지움에서 공부하였다. 이 유명한 김나지움에서 그는 열심히 공부하였다. 특히 역사, 고대사와 고대 언어를 공부하였다. 그는 수학에도 관심이 많았다. 당시에 유행하였던 볼프 철학을 공부하였다.

1788년에는 튀빙겐대학에서 개신교 신학을 공부하였고 신학 외에도 많은 과목의 학문을 공부하였다. 1790년 9월에 그는 철학의 석사학위(Magister der Philosophie)를 받았다. 학위기에는 그는 좋은 능력을 가지고 많은 지식을 가졌다고 기재되어 있다.

그는 학창시절에 휠덜린과 셸링을 만나 교우를 깊이 하였다. 헤겔이 대학을 졸업한 뒤에 1793년부터 베른에서 개인 가정교사를 하였다. 그는 슈타이거 집안의 가정교사로서 한 여름에는 슈타이거 집안의 포도원에 있는 개인도서관에서 공부할 수 있었다. 여기에서 그는 몽테스키외, 그로티우스, 홉스, 흄, 라이프니츠, 로크, 마키아벨리, 루소, 샤프츠베리, 스피노자, 투키디데스, 볼테르의 여러 저서를 읽게 되었다. 헤겔은 이 베른 가정교사 시절에 그의 철학, 사회과학, 정치학, 경제학, 정치경제학의 지식을 넓힐 수 있었다.

그는 1792년 학창시절에는 프랑스혁명에 영향을 받아 과격한 학생활동에도 참여하고 자유와 평등에 대한 열렬한 찬성자였었다. 그러나 베른 체제 동안에 자코뱅당의 과격성에 반대하게 되었다. 그러나 프랑스혁명의 정당성 자체는 부정하지 않았다. 베른에서의 가정교사 교육계약이 끝난 뒤 휠덜린의 도움으로 프랑크푸르트에 와서 1807년부터 기독교의 교리에 밝은 책이 들어와 새로운 기독교의 연구를 하여 논문을 쓰기도 하였다. 프랑크푸르트 체재 시에 경제학과 정치학에 대하여 연구하여 당시의 경제와 정치에도 관심을 가지게 되었다.

1788년 아버지가 사망한 뒤 헤겔은 조그마한 유산을 받게 되었다. 그래서 그는 학자로서의 길을 택하게 되었다. 그는 1801년에『피히테와 셸링의 철학적 차이』라는 처녀작을 내었고, 이것이 유명해져 예나대학의 교수가 되었다. 그는 여기에서 피히테를 비판하고 셸링을 옹호하였다. 1801년에는 박사학위를 받았고 사강사로서의 자격을 얻게 되었다.

1801/1802 겨울학기에는 예나대학에서「논리학과 형이상학」을 강의하게 되었는데 첫 강의에는 학생 11명이 청강하였다. 1803년에 셸링이 뷔르츠부르크대학으로 떠난 뒤에는 헤겔은 독자적인 방향으로 연구하였다. 1804년 강의에는 한 30명의 학생이 청강하였다. 그는 철학에 관한 새 책을 출판하겠다고 공약하였으나 출판은 늦어졌다. 1805년 괴테와 셸링의 추천으로 부교수로 임명되었다. 1807년에『정신현상학』을 출판하였다. 그는 1808년에는 다시 뉘른베르크대학으로 옮겨 교양과정부의 교수로 되고, 뉘른베르크의 에기디엔 김나지움의 총장으로 임명되었다. 그는 여기서 철학과 독일어, 그리스어와 고등수학을 가르쳤다. 교수월급이 잘 지급되지 않아 경제사정은 좋지 않았다. 1811년 헤겔은 20세인 마리에 폰 투허와 결혼하였다. 그는 두 아이를 잘 키워 맏아들은 유명한 역사학자로 되었으며 특히 헌법사 영역에서 두각을 나타내었다. 그는 아버지 헤겔의

유작들을 편집하여 출판하기도 하였다. 둘째 아들은 밤베르크 시의 고위공무원이 되었다. 헤겔은 1813년에는 『논리학』을 출판하였다.

1816년에 헤겔은 하이델베르크대학의 철학교수로 초빙되었다. 1817년 12월에는 프로이센 문화부장관의 초빙으로 베를린대학으로 옮기게 되었다. 그는 피히테의 철학교실의 후계자가 되었다. 그의 강의는 인기가 높았고 학생뿐만 아니라 교수와 공무원들이 참가하였다. 1821년에는 『법철학의 기초』를 출판하였다.

1829년에는 총장으로 선임되었다. 그는 자유주의자로 공화주의 색채를 띠고 있었다. 그러나 그의 강의는 변해 갔다. 그는 베를린대학에 있으면서 프로이센 입헌군주국가의 추종자가 되었다. 처음에는 프랑스혁명에 찬동했으나 그 뒤 자코뱅당의 포악과 나폴레옹의 전쟁을 경험한 뒤 그는 학문적 태도를 변경하였다. 헤겔은 정치현실과 타협하게 되었고 헤겔은 프로이센의 철학자로 지명되기도 하였다.

그는 1831년에 사망하였는데 콜레라 때문에 사망하였다는 설과 오랫동안의 질병 때문에 사망하였다는 설이 있다. 그는 도로텐 묘지에 안장되었으며 동으로 치장되었다.[492]

2) 자연법론의 부정

헤겔은 자연법에 관해서 많은 연구를 하였고 논문과 저서를 발표하였다. 그는 예나대학 재직 시절인 1802년에 『자연법의 학문적 취급방법에 관하여』를 저술하였고, 1817년 -1818년의 하이델베르크대학 시절에 『자연법과 정치학 강의』를 출판하였고, 1821년 베를린대학 시절에 『법철학』을 출판하였고, 1818년-1831년에 한 강의록을 제자들이 편집한 『법철학 강의』가 출판되었다.[493] 그러나 그가 예고했던 자연법에 관한 저술은

---

492) 그의 생애와 저술에 대해서는 많은 책이 출판되어 있다. Karl Rosenkranz, *Georg Wilhelm Friedrich Hegel's Leben*, Mit Hegel's Bildniß, gestochen, von K. Barth, Duncker & Humblot, Berlin, 1844(Supplement zu Hegel's Werken); Kuno Fischer, *Hegels Leben, Werke und Lehre*, 2 Bände, Winter, Heidelberg, 1901; Georg Wilhelm Friedrich Hegel, Stanford Encyclopedia of Philosophy; Georg Wilhelm Friedrich Hegel, Wikipedia; Canfora/Froeb, *Hegel's Biography*, http://hegel.net/en/hegelbio.htm.
[대표저술] *System der Wissenschaft, 1 Theil, die Phänomenologie des Geistes*, Joseph Anton Goebhardt, Bamberg und Würzburg, 1807, Deutsches Textarchiv; *Wissenschaft der Logik*, Johann Leonhard Schrag, Nürnberg. 1 Band. *Die objektive Logik*, 1812./2 Band. *Die subjektive Logik oder Lehre vom Begriff*, 1816, Deutsches Textarchiv; *Encyclopädie der philosophischen Wissenschaften im Grundrisse*, Oßwald, Heidelberg, 1871; *Grundlinien der Philosophie des Rechts*, Nicolai, Berlin, 1821.
[전집] *Georg Wilhelm Friedrich Hegel's Werke. Vollständige Ausgabe durch einen Verein von Freunden des verewigten*, Duncker & Humblot, Berlin 1832-1845; *Vorlesungen Ausgewählte Nachschriften und Manuskripte*, (Hrsg.) Pierre Garniron und Walter Jaeschke, Hamburg: Felix Meiner, 1983; *Werke in zwanzig Bänden*, (Hrsg.) Eva Moldenhauer und Karl Markus Michel, Frankfurt am Main: Suhrkamp Verlag, 1971.
493) Hegel, *Über die wissenschaftlichen Behandlungsarten des Naturrechts, seine Stelle in der prak-*

출판금지가 되어 출판되지 않았다. 이러한 많은 논문이 있음에도 불구하고 그가 자연법을 긍정하였는지 부정하였는지에 관하여는 오늘날에도 논란이 되고 있다.494)

그는 자연법학은 기계학이나 물리학과 같이 오래전부터 본질적으로는 철학이었다고 했다. 철학은 여러 본질적인 부분이 있기 때문에 자연법학도 다른 부분과 같이 공통적인 운명을 가지고 있었다고 했다. 자연법의 학문적 취급방법으로는 경험적 방법이 있고 다음에는 형식적인 방법이 있고 절대적 취급방법이 있다고 하여 이 방법에 따라 검토를 하고 있다.

경험적 방법의 학자로는 홉스를 생각하였고 루소와 애덤 스미스를 그 배후로 보았다. 형식적 방법으로는 칸트와 피히테의 선험적 고찰방법을 들고, 칸트의 형식주의를 비판했고 피히테의 자연법학에도 반대하였다. 그는 절대적 취급방법을 채택하였는데 이것이 나중의 법철학의 근본이념이 되었다.

그는 자연법의 체계를 절대적 윤리 위에 구성하려고 하였다. 칸트는 자연법으로 이성법으로 대체하려고 하였고, 피히테는 자연법을 이성법이라고 보면서도 생래법(lex nata)이고 또 모든 법은 이성에 근거하고 있다고 하였다. 헤겔은 자연법도 국가법이 없으면 강제력이 없기 때문에 모든 법은 국가법이라고 하였다.495) 헤겔은 자연법은 구체적인 절대적인 윤리법이라고 하였다. 그는 적극적으로 보면 절대적·윤리적 전체는 국민(Volk)이라고 하고 있다. 소극적으로 말하면 국민의 구성체인 개인을 말한다고 했다.496) 그는 1821년에 출판된 『법철학』497)에서는 추상적 법을 정(These)으로, 도덕을 반(Antithese)으로 보고, 윤리(Sittlichkeit)를 합(Synthese)으로 보고 그 순서에 따라서 법철학을 구성하고 있다. 제1부는 추상적 법(권리), 제2부는 도덕, 제3부는 윤리(Sittlichkeit)이다. 이 제3부에서 가족, 시민사회, 국가를 다루고 있다. 그는 국가를 최고의 윤리태로 본

tischen Philosophie und sein Verhältnis zu den positiven Rechtswissenschaften, Jena 1802 (김준수 옮김, 『자연법: 자연법에 대한 학적 취급방식들, 실천철학에서 자연법의 지위와 실증법학과의 관계에 관하여』, 한길사, 2004); Hegel, *Vorlesung über Naturrecht und Staatswissenschft*, Heidelberg 1817-1818; Hegel, *Vorlesung über Naturrecht und Staatswissenschft. Mit Nachträgen aus der Vorlesung 1818/19* (尼寺義弘譯, 『自然法および國家學に關する講義』, 2002); Hegel, *Vorlesung über Rechtsphilosophie 1818-1831*; Hegel, *Grundlinien der Philosophie des Rechts*, 1821 (임석진 옮김, 『법철학』, 한길사, 2008); *Hegels Handschriftliche Zusätz zu seinen Rechtsphilosophie*, (Hrsg.), von Limmpp ca. 1914.

494) M. Gonzalez, *From Negative Rights to Positive Law in Hegel's Outlines of the Philosophy of Right*, Thesis, Georgia State University, 2013; J. Brooks, *Between Natural Law and Legal Positivism: Dworkin and Hegel on Legal Theory*, 2nd, February 2006.

495) Fichte, *Der System der Rechtslehre, Vorlesungen von Ostern bis Michaelis*, 1812; Fichte, *Ausgewählte politische Schriften*, S. 222.

496) Hegel, *Über Behandlugsarten des Naturrechts*, 1802/03; Hegel, *Recht, Staat, Geschichte: eine Auswahl aus seinen Werken*, (Hrsg.), von Friedrich Bülow, S. 109-119; S. Avineri, *Hegels Theorie des modernen Staates*, 1976.

497) Hegel, *Grundlinien der Philosophie des Rechts*, 1821; T. Burns, *Natural Law and Political Ideology in the Philosophy of Hegel*, 1996; A. Garza, "Hegel's Critique of Liberalism and Natural Law: Reconstructing Ethical Life," *Law and Philosophy* (1990. 9), pp. 371-398.

것이다. 이 국가에서 국내법, 국제법, 세계사로 나누고 있다.

그는 『자연법의 학문적 취급방법』에서나 『법철학 강의』에서도 자연법을 중시하고 있었다. 절대적 윤리성의 자연적 이념에서 개인의 윤리가 절대적·사실적 윤리로 관계가 변하며, 학문적으로는 도덕과 자연법의 관계가 성립한다고 하였다. 그는 국민은 그 본질상 개인이다. 개인은 전체의 일부라고 하였다. 그리하여 절대적 윤리는 전체주의적 계기를 가지게 되며 자연법은 절대적 윤리의 표현이라고는 할 수 있었다. 그러나 1819년의 겨울 학기부터 자연법을 실정법에서 독립한 존재로 인정하지 않게 되었다. 그는 자연상태를 나쁜 것으로 보며 절대적 윤리의 결정체로서 국가를 지정한 뒤에는 실정법의 우월을 주장하기 시작하였다. 이는 정치환경의 변화에 따라 「카를스바트의 결정」이 공포되어 언론의 자유가 제한되고, 왕권의 강화가 행해진 탓이라고 하겠다. 그는 1821년에 나온 『법철학』에서는 인민주권주의를 포기하고 군주주권주의로 표현이 바뀌었다. 국가의 주권은 일 개인의 인격인 군주에게 귀속한다고 하고 있다.[498] 이것 때문에 그는 국가만능주의 군주주의자로 낙인찍히고 있으나 새로운 연구에 따라 그가 국민주권주의, 공화국주의자였음이 들어나고 있다. 헤겔의 법철학 초기의 부제가 자연법과 국가과학인 점에서 보아 자연법을 떠난 실정법의 해석에 치중한 것은 시대적 풍토에 따른 것으로 아쉬움이 있다.[499]

그가 자연법을 부인했는가 하는 데에도 논란이 있다. 헤겔이 자연법에 관해서 관심을 가진 것은 나폴레옹 지배 이전과 이후에 차이가 있는 것으로 보인다. 청년기에 있어서의 그는 루소에 심취하고 있어서 루소의 자연법론에 경주되어 있었다고 보는 사람도 있다. 그가 청년 시대에 프랑스혁명이 내건 자유·평등·박애의 이념과 일반의사에 많은 영향을 받았음이 증명되고 있다.

3) 권리론

헤겔은 청년기에 권리에 대한 관심을 많이 가지고 독일인의 인권 신장을 위한 글을 쓴 것이 청년기 저작으로서 남아 있다.[500] 그는 27세에서 30세까지는 프랑크푸르트에서

498) Hegel, *Vorlesungen über Rechtsphilosophie* 1818-1831, Edition und Kommentar in Sechs Bänden von Karl Heinz Ilting, Zweiter Band, *Die 'Rechtsphilosophie' von 1820 mit Hegel Vorlesungen 1821-1825*, Stuttgart 1974; 헤겔, 김준수 옮김, 『자연법』, 한길사, 2004; 헤겔, 강유원 옮김, 『법철학 I』, 사람생각, 1999; 유승익, 「헤겔의 자연법 비판과 법개념」, 네이버 블로그, 2005. 5. 21; 조극훈, 헤겔의 근대 자연법론 비판 – 이성의 "분화와 통합" 개념을 중심으로, 『인문학연구』(경희대) 24호, 2013, 217-243면.

499) T. Burns, "Hegel and Natural Law Theory," *Politics*, Vol. 15, Issue 1(1995), pp. 27-32; E. Gans, *Naturrecht und Universalrechtsgeschichte, Vorlesungen nach G. W. F. Hegel*, trans. v. Johan Braun, 2005; Hegel, "Vertrauliche Briefe über das vormalige staatsrechtliche Verhältnis des Waadtlandes zur Stadt Bern," in G. W. F. Hegel, *Frühe Schriften, Werke 1*, Suhrkamp, 1986. S. 257 f.

500) 영국 스코틀랜드의 Ritchie는 영국헤겔학파로 불리고 있는데 헤겔에 따라 자연법 비판 교과서를 내어 자연법을 비판하고 있다. 상세한 것은 Ritchie, *Natural rights: a criticism of some political and*

가정교사 생활을 하였는데 이 시기는 나폴레옹 지배 이전인 1797년에서 1800년기에 해당한다. 그는 이 시기에 여러 가지 정치평론을 썼다.[501]

이들 논문에서 그는 국민의 권리가 영주에 의하여 제한되는 것은 국민의 권리침해라고 비판하고 있다. 그는 세금징수에 의하여 소유권이 제한되고 있으며 주거의 불가침이 제한되고 있다고 지적하고 있다. 또 일부 기본법(Grundgesetz)에 따른 정치에 의하여 개인의 인격자유(Persönliche Freiheit)를 침해하고 일부에서는 실정법률에 의하여 공민권(Staatsbürgerliche Rechte)이 제한되고 있다고 비난하고 있다.

그는 세금의 다과가 국민의 권리를 침해하는 것이 아니고 의회의 동의 없는 과세가 문제라고 하면서 미국의 독립혁명이 의회의 승인 없이 홍차의 세금을 인상 부과한 것에 의한 것임을 주장하면서, 국민의 혁명 감정에 연결되었음을 강조하고 있다. 그는 형사사법상의 권리가 준수되지 않으며 사형수의 변호인의 조력을 받을 권리까지 침해되어 시민의 국가에 대한 권리가 공동화되었다고 비판하였다. 그는 당시에는 공개될 수 없었던 논문에서[502] 뷔르템베르크인이 국가권력의 침해에서 구제받기 위해서는 등족의회(Landstände)의 소집밖에 구제수단이 없다. 「비록 신분제라고 하더라도 의회 그 자체를 중시해야 한다. 이 구제권의 행사는 정의가 이 평가에 있어서 유일한 기준(Maßstab)이며 그것을 정의를 행사하는 용기와 흔들리는 명예와 떨어진 안락함을 배제하고 안정된 상태를 야기할 수 있는 유일한 힘이다」고 하고 있다. 그는 신분제 의회의 문제점, 관료제의 횡포, 법률고문제의 문제가 있음에도 불구하고, 국민선거가 행해져야만 헌법의 파괴를 예방할 수 있다고 생각하였다. 그러나 이러한 국민의회가 어떠한 선거형태를 약속할 것인가 선거권과 피선거권을 어떻게 규정할 것인가에 대해서는 상세히 이해되지 않을 것이라고 하고 있다.

헤겔은 프랑스와의 전쟁에 패배한 독일의 비참한 원인을 탐구하고 그 필연성을 인식한 뒤 독일 국가가 있어야 할 제안을 하였다.[503] 그는 「독일은 이제는 국가가

---

ethical conceptions, 1895 참조. 그는 실체적 자연권에 대하여 비판하고 있다.

501) Hegel, *On the Internal Condition of Württemberg in Recent Times*, 1798; Hegel, *Die Positivität der christlichen Religion*, 1795/96; Hegel, *Das älteste Systemprogramm des deutschen Idealismus*, 1796/97, fragm.; Hegel, *Der Geist des Christentums und sein Schicksal*, 1799/1800; Hegel, *Die Verfassung Deutschlands*(1800-1802); Hegel, *Frühe politische Systeme. System der Sittlichkeit. Über die wissenschaftlichen Behandlungsarten des Naturrechts. Jenaer Real-philosophie*, von Gerhard Göhler (Hrsg.). 1985.

502) Hegel, "Über die neuesten innern Verhältnisse Württembergs. besonders über die Gebrechen der Magistratsverfassung," in G. W. F. Hegel, *Frühe Schriften, Werke* 1, S. 269.

503) Hegel, *Die Verfassung Deutschlands*, in G. W. F. Hegel, *Frühe Schriften Werke* 1, S. 461 (金子武藏 譯, 『政治論文集』上, 岩波文庫, 1967, 49면); Hegel-by-Hyper-Text, The German Constitution; Hegel, *Political Writings*; M. Gonzalez, "From Negative Rights to Positive Law: Natural Law in Hegel's Outlines of the Philosophy of Right," Theses, Georgia State University, 2003; 坂本清子, 「国家と国民の間 : ヘーゲル ドイツ憲法論における近代国家の構図」, 『横浜国立大学人文紀要』 제39집, 1993; 堅田剛, 「若きヘーゲルの国制論 : ドイツ憲法論をめぐって」, 『独協法学』 95 (2014-12), 1-30 면.

아니다」(Deutschland ist kein Staat mehr)라고 한 점에서 독일 법실증주의의 맹아를
보는 듯하다.

독일 헌법론이라고 하여 독일 헌법의 해석이나 헌법전의 기안인 것처럼 생각되나,
이는 당시의 독일이 분열되어 있었기에 나폴레옹 전쟁에 잘 대비할 수 없었으며, 오스트리
아와 프로이센의 두 강국이 잘 결합되지 않아 분열을 일삼으며, 많은 영주들이 공국(公國)
을 만들어 분열되어 있었기에 이래서는 안 된다고 생각하여 강국을 만들어 독일을 통일하
여 프랑스 등에 대항하기 위한 제안을 한 것이다. 이 논문은 1802년에 작성한 것으로
알려져 있으나 발표되지 못하였고 사후에 전집으로 발행된 것이다.

여기서 그는 독일 통일 강국을 만들기 위한 제안으로 독일 제국을 만들고, 독일 제국의
수장으로는 독일 제왕을 둘 것을 요구하고 있다. 이 제국은 통합단일군을 두어야 하고
장군들은 지방 영주들이 탄생에 의해 취임하며 이들이 장교를 임명하도록 하였다. 그는
과거의 신성 로마 제국의 재건을 요청하고 있다. 이것은 그가 예나대학의 교수로 있었던
점과, 나중에 현실국가를 최고의 윤리태(Sittlichkeit)로 보고 최선으로 본 것과 일맥을
같이 한다고 하겠다. 인권에 관해서는 독립 절을 두지 않았고 별로 언급하지 않은 것을
볼 때,[504] 프랑크푸르트 시대의 이념에 변경이 있었던 것 같다.[505] 그는 자유에 관해서만
은 언급하고 있다. 그는 제2장 독일 제국 헌법의 역사와 비판의 끝 절에서 시민의 자유와
영토의 자유에 관해서 말하고 있는데, 유럽에서의 10년간의 전쟁과 그 비참한 내전을
겪은 뒤 자유에 대한 명상은 사라지고 자유보다는 법률의 중요성을 깨닫게 되었다고
하고 있다.

그러나 그는 일반의사에의 참여는 중시하고 있다. 이 대표기구는 군(영)주에게 조세의
비율과 특별세의 부과를 비준하고 인사문제를 승인하고 금융문제를 동의해야 한다고
하였다. 이러한 대표기구 없이는 자유는 상상할 수 없는 것이라고 하였다. 그는 여론의
자유보다도 독일의 자유가 더 중시되고 있다고 하였다. 개인으로서의 자유가 아니라
독일인 전체의 자유를 중시한 것이다.[506]

헤겔은 1820년 법철학에서 국가는 인륜적 이념의 현실태라고 보고, 국가는 개개인의
자유에 선행한다고 보았다.[507] 국가는 개개인의 자의(Willkür)를 억제하는 공동체이며
개인의 자유는 국가적 공동체의 틀 안에서만 승인된다고 보았다.

그리하여 그는 국가에 선행하는 자연권을 부인하고 인간의 권리는 국가에 의해서
인정되는 것만이라고 보게 되어 실정권론자로 보이게 되었다. 그러나 그는 어디에서도
실정권의 체계적인 분류와 해석을 하지 않고 있다. 이하에서는 그중에서 중요한 인권에

---

504) S. Avineri, *Hegels Theorie des modernen Staates*, 1972; D. Pfordten, "Zum Begriff des Staates
   bei Kant und Hegel," *Internationales Jahrbuch des Deutschen Idealismus*, 2004.
505) 자유·평등·박애의 프랑스 혁명의 이념에 찬성했던 피히테(Fichte)도 나폴레옹의 독일 점령 후에는
   「독일 국민에 고함」이라는 강연으로 애국자가 되었다.
506) 헤겔은 이 「독일헌법론」에서 뿐만 아니라 『인륜성의 체계』(System der Sittlichkeit, 1893)에서도
   국가에 관해서 언급하고 있다. 김준수 옮김, 울력, 2007.
507) Hegel, *Philosophie des Rechts*, 1821, §257 (임석진 옮김, 『법철학』, 441면).

대하여 보기로 한다.

(1) 인간의 존엄권

헤겔은 칸트나 피히테와는 달리 인간의 존엄에 대해서는 많이 발표하지 않았다. 그는 1795년에 이미 셸링에게 편지를 보내어 「인간의 존엄에 대하여 높이 평가해야 하며 그가 가진 자유와 재산권에 관한 인식을 높이 표현할 때가 왔다. 인간 자신을 존중받아야 한다는 것을 표현할 절호의 기회가 왔다고 생각한다. 철학자는 이 존엄을 증명해야 하고 모든 민족은 이를 느끼는 것을 배워야 한다」고 적고 있다.[508] 그는 인간의 존엄이론에 관한 논설에서 「인간이 인간으로서 존중받는 것이 요청되는 것은 이 의무가 존재론적 의무도 아니고 자율성이나 이성에 근거한 것이 아니고 존엄존중은 그러한 법적 상태를 조성할 실천적으로 의욕된 명령에 근거한다」고 하였다. 「인간의 상호존중은 첫 단계에서 권리에 내재하는 권리이며 결코 도덕적 의무가 아니고 명백한 법적 의무이다」고 하였다.[509]

헤겔의 뉘른베르크 시대의 글인 철학 선습, 즉 하층계급을 위한 법론 · 의무론과 종교론에서 「인간은 다른 사람과 결합된 일을 하고자 할 때 자기 한 사람이 원하고 다른 사람이 반대하거나 아무도 원하지 않는 경우에만 자유의사가 강제될 수 있다. 강제는 상대적인 것이다. 권리를 다른 개인에게 행사할 수 있기 위하여 권리를 행사하는 것은 정당하다. 이 강제는 타면에 있어서는 강제력을 행사한 것이 아니며 자유인의 존엄에 반하는 것도 아니다. 왜냐하면 그 의사는 모든 사람의 절대적 의사이기 때문이다. 개인의 자의(Willkür)가 법률에 의해서 지배되지 않는 곳에는 자유가 존재하지 않는다.[510]

1821년의『법철학』에서도 존엄권에 대한 특별한 의미가 부여되고 있다. 그는 제154절의 윤리태에의 접근과 개인의 특수성에의 설명인 제115절에서 「인간에게는 무엇을 해야 하는가 ―그의 이익에 관해서 직접적이거나 간접적이거나 간에― 라는 의무가 부과될 뿐 아니라 그의 존재가 존재답기 위하여 ―그의 권리로서 인간의 존엄과 자유를 가진다고 했다. 내가 권리를 가질 뿐만 아니라 나는 다른 사람과 동등한 인격을 가져야 하며 당신의 권리에 대한 의무도 가져야 한다.― 이 의무와 권리를 가짐으로써 나는 당신과 평등하다. ―비교와의 연관에서」라고 하고 있다.[511][512] 그는 시민사회의 장에서 당시의 시민사회가 비이성적이라고 분석하고 이를 비판하였다. 법―법치국가는 필연적

---

508) "Hegel: Würde und Recht," H. Sandkühler, *Menschenwürde und Menschenrechte*, SS. 121-122.
509) K. Seelmann, "Person und Menschenwürde in der Philosophie Hegels," in H. Dreier (Hrsg.), *Philosophie des Rechts und Verfassungstheorie*, Geburtstagssymposion für Hasso Hofmann, 2000.
510) Hegel, Philosophischen Propädeutik, d. h. zur Rechts-, Pflichten- und Religionslehre für die Unterklasse (1810 ff.), HW 4, S. 233.
511) Hegel, *Grundlinien der Philosophie des Rechts*, HW 7. S. 304.
512) Ritchie는 실천적 자연권으로서 행복추구권에 관해서 비교적 상세하게 설명하고 있다(*a. a. O.*, SS. 272-286). 그는 정부의 목적을 인간의 행복 달성에 있다고 보았다(*a. a. O.*, SS. 272-275).

으로 사회의 교정자가 되어야 한다고 하였다. 헤겔은 현재에서는 권리의 규범적 일반성
—그는 이를 일반적인 인권이라고 했다— 이 인권을 지배하기를 요청하였다.513) 헤겔은
교육을 중시하였고 교육에는 개인의 의식으로서의 사유가 일반성의 형태로 되는데 그는
이를 일반적 인격이라고 하면서 모든 사람이 동일하다고 보았다. 인간은 인간이기 때문에
타당한 것이고, 그것이 어느 특정 종족이나 종교에 속한다고 하여 동등한 것이 아니라고
하였다(Der Mensch gilt so, weil er Mensch ist, nicht weil er Jude, Katholik, Protestant,
Deutscher, Italiener usw. ist).514)

　　헤겔은 시민사회에 있어서의 빈부의 격차와 생활함에 필요한 부의 부족에 의한 가난한
사람들의 인간의 존엄에 관해서도 많은 관심을 가지고 언급하고 있다. 그의 법철학에서
뿐만 아니라 그 뒤에 나온 종교철학에서도 인간의 존엄의 존중을 강조하였다. 또 노예의
존엄도 인간이기에 동등하게 보장되어야 한다고 주장하였다. 헤겔은 자유의 중요성을
강조하였으나 인격, 인간의 존엄이 국법상 자유의 법률보다도 선행한다는 것을 강조하였다.

(2) 자유권

　　헤겔에 있어서의 자유는 자연법론에서 말하는 국가권력의 간섭에서의 소극적인 상태가
아니고 의지가 보편적인 정당성을 구하는 단계이었으며 윤리태는 자유가 제도로서 실질화
되는 단계로 보았다. 그래서 구체적인 제도인 윤리태에는 가족 · 시민사회 · 국가가 있다
고 하겠다. 따라서 자유는 개인적 권리측면이 아니라 사회적 권리, 사회적 제도로 사회적
자유로 인식되었다.515)

　　헤겔은 법철학 서론에서 법의 본질은 자유라고 하고 있다. 그는 법철학에서 자유의
원리론을 전개하여 자유로운 사회를 구상하고 있다. 그러기 위하여 법의 근거인 자유의지
에 관한 연구를 하고 있다. 법의 기반은 정신이며 그 정확한 기점은 의지(Wille)이며
자유가 법의 실체를 규정한다. 법의 세계는 실현된 자유의 왕국이며 정신세계에서 산출되
었다. 이것이 제2의 자연으로서 정신의 세계이다.

　　헤겔은 인간의 의지는 자기의 내면에서만 자유라고 하였다. 인간의 의지는 충동과
욕구로서 존재하고 있다. 이 충동과 욕구는 자의(Willkür)의 단계이며, 이것이 인간의
사고에 의하여 자기의 내면을 반성적으로 파악하고 행복의 관점에서 충동과 이를 충족하
기 위한 수단을 음미 · 검토할 필요가 생긴다. 이때 사고는 보편성을 가져야 하며 사고가

---

513) Hegel, *a. a. O.*, S. 305.

514) Hegel, *Grundlinien der Philosophie der Rechts*, HW 7. 5, S. 360 f. § 209.

515) Ritchie, *Natural rights: a criticism of some political and ethical conceptions, VII. The Right
　　of Liberty: Liberty of Thought*, pp. 135-156; W. Jaeschke, *Hegels Begriff der Freiheit*, 牧野広義
　　譯, 「ヘーゲルの自由概念」, 『阪南論集』(人文 · 自然科学編), Vol. 42, No. 2, 29-40면; P. Barišić(バ
　　リシック パーヴォ), 飯塚智譯, 「ヘーゲルにおける自由と人権」, 『関西学院哲学研究年報』 37 (2003),
　　207-230면; 日本式自由論 第2部 第9章 ヘーゲルの自由; 牧野広義, 「ヘーゲルにおける意志の自由と
　　社会的自由」, 『阪南論集』(人文 · 自然科学編), Vol. 50, No. 2 (2014), 65-70면; 水谷千鶴子, 「ヘーゲ
　　ル 精神現象學と自由の概念」, 『星稜論苑』 第33호, 1-16면.

보편적이기 위하여서는 교양이 필요하다. 그러기에 욕구와 교양은 자유의 근본적인
조건이라고 할 수 있다. 그래서 그는 법의 내실(내용)은 자유라고 보며 이는 이념으로
존재한다. 헤겔은 자유의 본질은 전개의 단계에 따라 구체적·사회적 형식을 띠게 되며
이것은 소유, 계약, 도덕, 가족, 시민사회의 국가 등 형식이라고 한다. 그는 자유를 내적인
현상으로 보지 않고 이를 외적인 실현상태로 보아 가장 추상적인 자유가 소유이며 가장
완전한 자유의 현실태가 국가라고 하였다.

　결론적으로 말하여 헤겔에 있어서는 과거 자연법의 이념이 자유로 전환된 감이 있으며
권리관념에서 정신적 제도개념으로 변환된 것이 특색이다.

　헤겔은 자유의 사상을 그의 철학체계의 중심에 두어 자유의 사상을 다면적인 방향에서
역사적·정치적·종교적 형이상학적으로 심화하였다. 헤겔은 「자유는 가장 내적인 것이
며 이에 근거하여 정신적 세계의 전 구조가 성립한다」고 했다. 헤겔은 자유개념은 객관적
정신으로서, 즉 도덕적 세계와 법적 세계와 인륜적 제도들에 관한 철학의 중심 개념으로
하였다. 헤겔은 법의 영역이 모든 인간 사회의 여러 가지 상태는 자유에 의해서 정립된다고
보고 있다. 그리하여 헤겔은 법을 자유의 현실화로서 자유의 현존재로서, 형식적 자유의
현존재로서 파악하였다. 그의 생각에 따르면 이 자유는 자연법적인 기본적 구상과 가깝다
고 한다. 즉 전사회적인 자연상태로서의 자유가 존재하며 인간이 자연상태에서 시민상태
로 이행하는 경우, 자유는 제한되지 않으면 안 된다고 한 것과 같은 이치로 본 것이다.
그는 자유의 최종적인 근거를 국가에 있어서 인간이 소위 근원적 자유와 교환으로 얻은
법적 자유가 근거가 된다고 보았다. 인간은 자유의사를 가지기 때문에 다른 사람이나
국가와도 계약을 맺게 되고 그것이 구속력을 발휘한다고 하였다. 헤겔의 이 이론에
대해서는 사회의 계약론주의적인 기초로서의 개인주의적 원리를 국가라는 실체적 절대윤
리태에 종속시켰다는 비판이 있다.

　헤겔은 객관적인 자유권의 근거에서 특수한 권리를 인정하고 있다. 그는 인격의 자유와
소유의 자유뿐만 아니라 직업의 자유, 공직취임의 자유 등을 명확히 설명하고 있다.
그런데 자유에서 생존권을 도출할 수 있을지는 의문이다.

(3) 재산권(Eigentum)

　헤겔은 법철학에서 추상적 권리로서 제일 처음에 재산권을 들고 있다(제1부 추상적
권리, §34-§40).516) 그는 이미 철학 엔치클로페디아에서 제3부 정신철학의 제2절 객관적
정신의 A. 법에서 재산권을 제일 먼저 설명하고 있다(§488-492).517) 그는 법철학의
제34절에서 서론으로서 「절대적 자유의지는 추상적 개념의 단계에서는 직접적 결정의
성격을 띤다. 이 단계에서는 소극적 성격을 띠며, 그것이 현실성을 가지려면 실세상과
관계를 가져야 한다. 추상적으로 자기와 관련된 현실성은 주체의 단순한 의사밖에 없다.

---

516) Hegel, *Grundlinien der Philosophie der Rechts*, 1821.
517) Hegel, *Enzyklopädie der philosophische Wissenschaft*, 3. Part, Philosophie der Geist.

의사가 분화됨에 따라 내용에 추가하여 목적이 결정적이다. 순개인적인 것으로 그것은 동시에 외부적 세계와 직접적으로 대면하게 된다」고 하고 있다.

인간은 인격의 주체로서 간주되며 인격은 이 인간을 포섭한다. 그리하여 나는 순순히 단순히 자기 관련 관계에 있으며, 나는 자신이 비결정적이며, 보편적이며 자유임을 안다. 이러한 인격자만이 권리를 가질 능력이 있으며 개념을 형성하고 추상적 체계의 근거 하에서 형식적 권리를 가진다.[518] 권리의 최고 명제는「인격자가 되고 다른 사람도 인격자로서 존중하라」는 것이다. a) 인간에게 제일 처음 인정되어 직접 자기 자신이 행사할 수 있는 권리는 점유이며 이는 재산의 소유권이다. b) 다음에는 소유주인 사람이 관계하는 경우에 동의가 이루어지고 합의하는 것이 계약이다. c) 두 사람의 의사가 다른 경우에 다른 사람의 절대적 의사에 반대하거나 불법을 행하는 경우 비법적이거나 범죄가 된다.

제41절부터 재산권이 규정되고 있다.[519] 자기 것으로서의 소유에는 a. 점유소득 ① 육체적 획득 ② 형상변경 ③ 표지가 있고, b. 물건의 사용, c. 자기 것의 외부화 또는 소유의 포기 등 이었으며, 이것을 소유권의 3단계라고 볼 수 있다. 제1단계가 자기가 자연에 작용하여 이를 자기 것으로 하는 것이 있다. 여기에는 육체적 획득과 형질변경, 표지를 하여 자기 소유를 인지하게 된다. 제2단계에서는 그 물건을 사용함으로서 소유를 명확히 한다. 제3단계에서는 물건의 소유에 대해서는 시효가 있어 그것을 방기할 수 있다. 이 방기는 양도하는 것을 말한다. 나는 타인의 것을 점유하거나 사용할 수는 있으나 이를 양도할 수 없다. 양도할 수 있다는 것은 그 물건을 자기가 완전히 소유했었다는 증거라고 했다.

헤겔은 법철학 중에서 저작권에 관하여 언급하고 있다. 그는 저작권도 소유권의 하나임을 강조하고 있다. 저작권은 저자에게 있고 독자에게는 그 책을 점유·사용·양도 할 수 있는 권리는 있으나 그 책을 인쇄하거나 카피하여 새로운 가치를 만들 수 있는 권리는 없다.

소유권과 관련하여 노동하지 않는 사람에게도 노동의 성과가 인정될 것인가가 공산주의자에 의하여 논의되었다. 재산이 노동에 의해서만 획득되거나 보전되는 것이 아니기

---

518) Hegel, *Grundlinien*, § 36; A. Patten, Hegel: Justification of Private Property, in *Hegel's Idea of Freedom*, 2002; Ritchie, *Natural rights: a criticism of some political and ethical conceptions*, pp. 263-271.

519) Hegel, *Grundlinien*, § 41-45, § 51-52, § 65; R. Davis, *Hegel's Concept of Property*, Dissertations, Jan. 1. 1985, Marquette Publications; Property and Ownership, Stanford Encyclopedia of Philosophy, 2004; C. Arthur, *Dialectics of Labour: Marx and his relation to Hegel*, Basil Blackwell, 1986; H-C. Busch, "Personal Freedom without Private Property? Hegel, Marx, and the Frankfurt School," *International Critical Thought* Vol. 5, Issue 4, 2015; H. Sun, "Designing Journeys to the Social World: Hegel's Theory of Property and the Noble Dreams Revisited," *Cosmos and History*, Vol. 6, No. 1, 2010; Wikipedia, Eigentumstheorien; 稻福日出夫,「ヘーゲル人權論序說: 個人と社會」,『社會科學』제28호 (2008); 高橋一行,「ヘーゲルの所有論(上)(下)」,『政經論叢』제77권 5·6호.

때문에 노동하지 않는 사람의 재산도 인정된다. 그런데 이 재산권은 절대인가, 아닌가 하는 것이 문제이다. 재산에 대한 사적 소유는 자유의 제일의 현존태이다. 헤겔은 내가 무엇을 어느 정도까지 점유하는가는 하나의 법적 우연이다(§49)라고 하고 있기 때문에 이에 대한 제한은 가능할 수 없다는 이론도 나온다. 그러나 헤겔은 시민사회에 들어가면 다른 시민의 배려가 불가능해진다고 했다.

헤겔은 제200절에서 특정한 사람의 재원이나 일반적 재원에 대한 분배의 기회가 조건부일 때, 자기가 직접 취득한 재산여부(예, 주식)나 그의 기술에 따른 취급 여부에 따라서, 또 우연에 따라서 자연적 · 신체적 · 정신적 성격의 발전에 따라 많은 차이가 날 수 있다. 이러한 특별한 경우에 있어서는 개인적 재원이나 능력의 차이에 따른 불가피한 경우라고 보고 있으며, 그것이 신분으로 구분된다고 보고 있다. 이러한 문제에 대해서 헤겔은 답변을 하지 않고 있다.

(4) 생명권, 행복추구권

헤겔은 1812년의 『논리학』에서 이념의 장에서 생명에 관하여 다루고 있다. 그는 첫 번째로 생명을 다루면서 생명은 이념인 동시에 과정이라고 하고 있다. 그는 정신현상학에서도 생명에 관해서 논하고 있다. 정신현상학은 A 의식, B 자기의식, C 이성, D 정신, E 종교, F 절대지로 구분하여 다루고 있는데, 생명은 B 자기의식에서 다루어지고 있다. 그는 B 자기의식에서 의식은 자기 자신을 대상으로 의식하고 스스로를 진리라고 확신한다. 그것은 감각적 세계까지도 자기 자신의 계기를 삼아 스스로 현상으로 보고 있는 운동이며 그렇지 않으면 안 될 요구라고 하였다.

생명은 이 단계에서 그러한 단계의 의식으로서 최초의 대상으로 생각하였다. 생명은 유동적 실체라고 보고 개체성, 생명과정, 유(Gattung)의 3개의 계기를 구분하였다. 생명의 제1의 계기는 개체성인데 헤겔 논리학에서는 「살아있는 개체」에 해당한다. 제2의 계기는 이들 개체가 자연을 먹이로 하면서 그중에서 자신을 유지하는 생명과정(Lebensprozess)이라고 보았다. 개개의 생명에는 그 존립을 빼앗기면서 새로운 개체를 낳아가는 이 순환과정의 전체를 생명이라고 보았다. 이 제2의 계기인 과정으로서의 생명은 논리학의 경우에도 마찬가지로 생명과정이라고 하였다. 셋째의 계기는 유 개념이며 개별 중에서의 보편적일 뿐만 아니라 항상 분열하는 개체의 운동이라고 보았다.[520]

개체로서의 인간은 생명권을 가지며 행복하고 건강한 생활을 누릴 권리를 가진다. 생명을 포기하고 자살할 권리를 가지는가에 대해서는 논란이 있었다. 인간이 재물로 인정된 경우, 노예에게 자살의 권한이 있었는가가 문제되며 생명의 포기권은 없다고 생각되었다. 그의 제자라 할 수 있는 리치(Ritchie)는 자연법론에서 보다 상세히 설명하고 있다.[521]

---

520) Hegel, *Wissenschaft der Logik*, 1812; Hegel, *Die Phänomenologie des Geistes*, 1807; Hegel/ Bühlow (Hrsg.), *Recht, Staat, Geschichte: Eine Auswahl aus seinen Werken*, SS. 232-250; 角田修一, 「ヘーゲル生命論と初期マルクス」, 『立命館經濟學』 제39권 제6호, 322-349면.

헤겔은 인간의 행복추구권을 인정하였다. 뿐만 아니라 세계의 역사는 행복의 역사가 되도록 해야 한다고 보았다. 그러나 경험상은 행복한 역사가 많지 않았다고 결론짓고 있다.[522]

(5) 정치적 권리

헤겔은 젊은 시절 프랑스혁명에 심취하였으며 정치에도 관심이 많았다. 그의 청소년기의 논문은 지방의회 문제와 독일 통일문제 등 국가체제에 관한 논의가 많았다. 그는 지방민회의 선거권과 제국의회의 귀족의 권리 등에 관하여 관심을 가졌다. 헤겔 청년시절의 뷔르템베르크 공국은 이론적으로는 국가계약설을 근거로 하는 튀빙겐협약에 의하여 운영되고 있었다. 뷔르템베르크 공국은 민회를 두고 민회는 공국의 과세에 대한 동의권을 가지고 전쟁에 대한 동의권을 가졌다. 법률에 의하지 않으면 재판에 회부되거나 처벌될 수 없게 하였다. 인민에게는 거주이전의 자유가 인정되었다. 의원 자격은 영주가 임명하는 공국의 일부공무원과 도시구의 의원이었다. 농민이나 노동자는 의석을 가지지 못했고 승려는 14명이고 100명에 가까운 의원 중에서 대다수가 도시구 의원이었다. 헤겔은 민회의 지배에 대하여 부르주아 귀족정치라고 비판하고 구의원의 자격변경을 요구하였다. 이 튀빙겐협약은 과세승인권과 입법권을 민회가 가진 점에서 영국의 대헌장(Magna Carta)에 비유되었다. 이 밖에도 헤겔은 카르(Jean-Jacques Cart) 변호사의 편지를 번역 출판했는데, 여기서도 그는 원저자와 반대로 군주제정 고전을 번역하지 않았었다. 그는 당시에는 공화정을 신봉했다는 증거가 많이 나와 있다. 헤겔은 베른시가 민회의 기능을 박탈하기 시작한데 대하여 분노하고 있었다. 그는 영국 의회가 행정권에 의하여 권한이 박탈되는데 대하여 분노를 느꼈다. 헤겔은 이 번역의 주해에 있어서 그랑콩세이유의 결원 선거가 민중에 의해서 행해지지 않고 결원에 대하여 자기 보충하는 것은 공화정이라는 것은 이름만이고 귀족정치를 하고 있다고 비판하였다.[523]

1795년에는 프랑스군과 독일군이 바덴바덴에서 정전협정을 체결하고 독일이 배상금을 지불하게 되었다. 이를 위하여 9월에는 의회가 소집되게 되었다. 이에 대한 의회선거제도 개정이 논의되었다. 헤겔은 상임위원회제도의 귀족화에 반대하였고 뷔르템베르크 의회는 1798년에 정회되었고 헤겔은 이 시기에 팸플릿을 저술하였다. 이 글은 전체가 남아 있지 않아 확실히 알 수 없으나 과거의 헌법이 개정되어야 한다는 것을 강조하고 헌법상의 결함을 비판하는 글과 개혁을 완료하는 구체안을 담고 있는 것으로 보인다. 그는 헌법의 개정은 정의에 입각하여 실행하여야 한다는 것을 강조하고 있다. 그는 당장에 개혁하여야 할 것으로, 민회제도를 들고 전면적으로 개혁하여야 한다고 하고

---

521) 리치는 그의 자연권에서 인간의 생명권에 관해서도 상세히 설명하고 있다. Ritchie, *Natural rights: a criticism of some political and ethical conceptions*, 1895.

522) 리치는 행복추구권에 대해서 보다 상세히 설명하고 있다.

523) G. Lasson (Hrsg.), *Hegels Schriften zur Politik und Rechtsphilosophie*, 1928; 金子武蔵・上妻精訳, 『ヘーゲル政治論文集』(下), 岩波文庫, 1967.

상임위원회제도도 비판하고 있다. 뷔르템베르크 의회에는 농민들이 선거권과 피선거권
을 가지지 않았는데, 농민들에 의한 선거권의 행사를 요구했고 피선거권이 도시의 행정관
과 사법관만이 가지는 제도도 폐지할 것을 주장하였다. 그는 「뷔르템베르크 시의회는
민중에 의하여 선거되어야만 한다」고 부르짖었다.

1802년의 『독일 헌법론』은 일반론이 많다. 그는 의회를 군왕과 민중과의 매개[524]기관
이라고 보고 대의제도의 필요성을 인정하고 있다. 독일적 자유, 독일 의회 의원의 자유가
국민의 자유가 되어야 한다고 하고, 삼권분립제도를 엄격하게 요구하지 않고 있었다.

그는 말년에 가서 「영국 선거법개정」이란 논문을 썼는데 이것은 헤겔이 공표한 최후의
논문이다. 동시에 이는 프랑크푸르트, 예나시대의 청년기 저작의 속편이라고 하겠다.
그가 영국의 선거법 개정에 관해서 관심을 가진 것은 독일이 다시 정치운동기에 들어선
것과 궤도를 같이 한 것이라고 하겠다. 선거제도의 개정은 영국의 문제였을 뿐만 아니라
독일의 문제였다. 프로이센은 1831년에 지방행정의 표준화를 시작하여 전국의 지방자치제를
개혁하였다. 이 개정 도시조례의 근본은 4지방(Preußen, Schlesien, Pommern, Brandenburg)
이외의 지방에 조례를 개정하여 모든 도시 주민에 시민권을 인정한다. 시의회 의원의
선거자격을 인정한다. 시회에 대한 참사회와 시장의 권한을 인정한다. 영업과 이주,
토지취득의 자유를 인정한다는 내용이었다. 이에 앞서 1808년의 조례에서 지역적으로
편성된 시민은 자동적으로 선거권을 가지고, 2년간 200타르 이상의 수입이 있는 자,
신흥의 부르주아나 교양시민은 선거권을 가지는 것으로 되어 있었다. 형식적으로는
보통선거에 가까운 것으로 되었다. 개정 도시조례는 정치적 권리의 확대를 목표로 하기보
다는 직능단체의 단체주의적 제약을 받지 않는 경제시민의 활동에 길을 열려는 것이었다.
헤겔 자신은 여기에 대하여 발언할 기회를 가지지 않았다. 이때에 영국 선거법 개정
문제가 등장하였기에 이에 대한 견해를 밝히려 한 것이 이 논문이었을 것이다.[525]

영국에서는 1820년대를 통하여 선거법개정을 요구하는 소리가 높았으나 귀족이나
지주계급으로 이루어진 토리당 내각은 이에 호응하지 않았다. 1830년 6월에는 조지
4세가 사망하고 윌리엄 4세가 즉위하였다. 11월 16일에는 개혁을 거부해 왔던 웰링턴
내각이 총사직하였다. 이에 대신하여 개혁파의 그레이 내각이 등장하였다. 그레이 내각은
1831년 3월 1일 선거법 개정법안을 하원에 제출하였다. 이 법안은 3월 23일 302대
201로 제2독회를 통과하였다.

524) Hegel, *Die Verfassung Deutschlands* (1802) GW. 7, 1-136; H. Heller, *Hegel und der nationale Machtstaatsgedanke in Deutschland: ein Beitrag zur politischen Geistesgeschichte*, 1921; H. ヘラー, 今井弘道・住吉雅美訳,「ヘーゲルとドイツにおける国民的権力国家思想(三)」,『北大法學』42, 6 (1992), 150-189면; 김효전 옮김, 헤겔과 독일에서의 국민적 권력국가사상,『바이마르 헌법과 정치사상』, 산지니, 2016, 430-452면.
525) Hegel, "Über die Englische Reformbill," in G. W. Hegel, *Werke*,『ヘーゲル政論論文集』(下), 金子武蔵・上妻精訳, 岩波文庫, 1967; 滝口清栄,「ヘーゲル最晩年の法哲學 －イギリス選擧法改正論文をめぐって」, Hosei University Repository; 金谷佳一,「君主権と三権分立との間で －ヘーゲルの英国選擧法改正案批判」,『鳥取環境大学紀要』Vol. 4 (2006. 2), 41-51면.

헤겔은 이때부터 논문을 쓰고 있다. 하원은 4월 1일에 재개하였다. 그러나 선거법 개정 문제에 아일랜드 문제가 겹쳐서 심의는 분규하였고, 4월 23일 국왕은 하원의 해산을 명하였다. 총선거에서 휘그당은 승리하고 9월에는 제2법안이 하원을 통과하였다. 그러나 상원은 10월 8일 이를 부결하였다. 제3법안이 12월 상원에 제출되어 다음 해 6월에 상원의 제3독회를 통과하여 법률은 성립하였다.

이 안에 따라 영국의 선거인의 수는 16만 명에서 93만 명으로 6배나 늘어났다. 그중 중요한 골자는 120명을 선출했던 적은 보로(Borough)에게 선거권을 주지 않는 것이었다. 인구 2000명에서 4000명까지의 보로에서는 의원 1명을 선출하게 하였다. 그에 따라 농촌 지역의 46개 선거구가 없어졌고, 새로이 도시 27개, 런던 등에 98의 의석을 증설하였다. 피선거권은 20파운드 이상의 납세를 한 자로 자격을 정하여 피선거권을 제한하였다.

이에 대하여 헤겔은 강력히 비판하였다. 선거권을 특권으로 인정하여 재산권과 동일시하여 의석의 대다수를 상층계급에 독식하게 하였다. 그뿐만 아니라 의석을 투표권을 가진 사람에게 뇌물을 주고 어떤 사람은 정식으로 금전을 주어 의석을 손에 넣고 있다고 신랄하게 비판하고 있다.[526]

헤겔은 선거법 개정법안이 「제도의 변혁」을 가져온 것에 대해서는 찬성하였다. 그러나 그는 영주권, 수렵권, 아일랜드를 수탈하는 조례 교회의 10분의 1세 등을 비판하면서 「이러한 권리의 폐지가 복지의 향상의 본질적 내용의 중요한 기반으로 간주되고 있다」고 하고 있다. 그러나 그는 선거권의 평등이라는 측면에서는 비판하지 않고 있다. 그 이유는 추상적 평등이라는 형식적 원리가 실행되는 경우, 선거인과 대의원 간의 관계가 약화하게 되고 프랑스인처럼 국민주권의 발동으로서 정치참여의 혼란을 가져올 것을 우려했기 때문이다.

4) 국가의 이념

(1) 헤겔 국가관의 변천

헤겔은 청년기에 있어서는 그리스의 도시국가를 이상적인 것으로 보고 민족국가들이 그리스의 도시국가처럼 국민이 합심하고 충성을 다짐하는 사회가 될 수 있을 것인가를 고찰하였다. 프랑스혁명이 발발하자 루소의 영향을 받아 이상주의적인 국가의 건설을 요구하는 정치논문을 쓰기도 하였다.[527]

그러나 헤겔은 장년기에 들어간 뒤 이상주의적인 국가관에서 점차 경험적이고 현실적

---

526) Z. A. Pelczynski, "Political community and individual freedom in Hegel's philosophy of state," in *The State and Civil Society*, Cambridge Univ. Press, 1984; P. Barišić,「ヘーゲルにおける自由と人権」,『関西学院哲学研究年報』37 (2003. 6), 207-230면.

527) Hegel/F. Bülow, *Recht, Staat, Geschichte: eine Auswahl aus seinen Werken*, 1955, SS. 2-8; 久田健吉,「ヘーゲル 国家論の研究 －人倫の体系の地平から」, 名古屋市立大学大学院 人間文化研究科『人間文化研究』2004년 1월호;『ヘーゲルの政治哲學, 藤原保信著作集』, 2007; 金子武蔵訳,『ヘーゲル政治論文集』, 岩波文庫, 2004.

인 국가관을 가지게 되었다. 그의 이론은 헤겔의 법철학에서 국가관의 변천을 보여주고 있다. 「국가학을 내용으로 하는 한에 있어서 말하자면, 국가를 하나의 이상적인 것으로 파악하고 또 서술하는 시도 이외의 것을 해서는 안 된다. 그러나 철학적 도서인 이 책은 국가가 어떻게 있어야 할 것인가라는 점에서 이를 구성해야 한다는 입장에서 멀어져야 한다. 여기에서 얻은 교훈은 국가가 어떻게 있어야 할 것인가를 국가에게 가르치는 것이 아니고 국가라는 윤리적 우주가 인식되어야 할 현상을 국가에 가르치는데 있다.」528)

이리하여 헤겔에 의하면 국가는 객관적 정신의 최고의 발전단계이며 가족과 시민사회를 종합하는 윤리의 최고단계,529) 최고도의 구현자이며 자유의 가장 온전한 실현태이며 실로 지상에 있어서의 하느님의 현현이라고 생각하였다.

이와 같이 헤겔의 국가 고찰의 태도는 현실주의적이었다. 헤겔은 그가 살았던 시대의 전제적인 프로이센 국가를 찬미하는 국가철학사상을 형성하였다. 그는 「이상적인 것은 현실적인 것이며 현실적인 것은 이상적인 것이다」고 하는 이상과 현실과의 일치를 인정하는 일원론적인 태토, 변증법적인 검색방법, 그의 인간적 성격 및 그의 정치적·사회적 환경 등에 영향을 받은 것이라고 하겠다.530) 그는 국가 유기체설에 입각하였고 일원주의를 주장하였다.

(2) 권력주의 국가론

헤겔은 청년시대부터 권력정치에 관하여 관심을 가지고 있었다. 그는 『독일헌법론』531)에서 모국 독일이 프랑스와의 전쟁에서 패배한 것을 슬퍼하고, 독일이 강대한 권력국가로 재건되도록 하기 위하여 쓴 것이었다. 그는 독일의 패배와 분열상태 하에서는 국가의 존립에 필요한 권력이 결여되어 있기 때문이라고 생각하여 독일은 이제 국가라고 할 수 없다고 하였다.532) 그는 독일이 공동의 방위를 현실적으로 실현할 수 있는 병력과 재력을 가지는 통일적인 국가권력의 형성과 방법에 관하여 구체적인 방안을 제안하였다. 헤겔은 권력국가로서 통일적으로 권력을 행사하는 사항을 국가에 있어서 절대적으로 필요한 것에 한정하였고, 이에는 방위상 필요한 병력과 재력을 생각하고 기타 사항은 국민의 자치와 자유에 맡겨야 할 것이라고 하였다.533) 이 점에서 그가 생각한 권력국가는

---

528) Hegel, *Grundlinien der Philosophie des Rechts*, SS. 15-16; Mises Institute, "Hegel: The State as God's Will," *An Austrian Perspective on the History of Economic Thought*, volume 2, chapter 11 (1995).

529) Hegel, *a. a. O.*, SS. 207-213.

530) 木村靖比古, 「カントとヘーゲル, 國家哲學の比較考察」, 『岩手大学教育学部研究年報』 제28권 제1-1호 (1968), 1-17면.

531) ヘーゲル, 「ドイツ憲法論」, 金子武藏譯, 『ヘーゲル政治論文集』(上), 岩波文庫, 2004.

532) Hegel, Die Verfassung Deutschlands in *Schriften zur Politik und Rechtsphilosophie, Sämtliche Werke*, Bd. 7; 金子武藏譯, 『ヘーゲル政治論文集』(上), 49면.

533) H. Heller, *Hegel und der nationale Machtstaatsgedanke in Deutschland*, 1921; H. ヘラー, 「ヘーゲルとドイツにおける国民的権力国家思想」(1)(2)(3)(4)(5)」, 今井弘道·住吉雅美訳, 『北大法學論集』, 1992; 김효전 옮김, 헤겔과 독일에서의 국민적 권력국가사상, 『바이마르 헌법과 정치사상』, 산지니, 2016, 398-590면.

절대왕정 하의 전제국가와는 달랐다고 하겠다.

그는 나폴레옹의 국가권력행사를 긍정하고 나폴레옹을 세계정신이라고 하였으며, 그를 파리의 위대한 국가법의 교사라고 칭찬하였다. 헤겔은 국가권력을 깊이 의식하였고 국가의 구성원으로서 국가권력에 대하여 승인하고 이에 복종해야 한다고 생각하였다. 그래서 그는 법철학에서 국가를 윤리의 최고의 현실태라고 보았던 것이다. 그러나 그는 법철학 교과서에서도 국가권력의 분립을 이야기하고 있다(§ 273). 첫째는 입법권으로 보편적인 것을 결정하고 설정하는 권력이라고 했고, 둘째는 집행권으로서 보편성 하에서 개별 사항과 특별한 영역을 결정해서 행하는 권력이며, 셋째로는 왕권을 말했는데 최종결정권이라고 했다. 왕권은 입헌군주제에 있어서 최고의 권력이라고 보았다. 왕권은 그 자체로서 3권을 다 포함하는 것으로 보았다. 그러나 이러한 왕권도 헌법과 법률에 의하여 행사가 제한되어 있다고 보았다. 그리고 이러한 국가권력은 통일성을 유지해야 한다고 보았다(§ 276).

그는 1831년의 영국 선거법개정에 관한 논문에서 영국의 의원내각제를 비방하고 있으며, 하원 선거법개정이 프로이센의 내정에 나쁜 영향을 줄 것을 우려하여 영국의 개혁을 비판한 것이라는 설도 있다. 민주주의가 발전되지 않는 프로이센에 대한 민중의 혁명을 예방하는데 도움을 주었다고 보는 이론도 있다.

(3) 전체주의 군권정치론

헤겔의 국가철학은 전체주의 세계관에 근거하고 있었다. 헤겔은 법이나 국가는 그의 정신철학과 변증법의 논리에 따라서 고찰하고 있다. 그에 따르면 법과 국가는 객관적 정신이며 객관적 정신은 추상법, 도덕 및 윤리태의 변증법적인 단계를 거쳐서 발전한다고 보았다. 그는 윤리태(Sittlichkeit)는 추상법, 도덕 및 윤리태의 3단계의 변증법적 단계를 거쳐서 발전한다고 보았다. 이 윤리태에는 가족, 시민사회, 국가의 3유형이 있다고 했다. 그는 인간의 사회적 결합으로서의 가족, 시민사회 및 국가에 있어서의 개인의 개별의지와 단체로서의 보편의지와의 관계를 명확히 하고, 부분에 대한 전체의 절대적 우월성을 특색으로 하는 단체이론을 전개하였다. 그는 국가의 합리성을 개인의 권리나 이익에서 독립시켜 국가의 우월성을 강조하였고, 국가는 결코 계약에 의하여 성립하는 것이 아니고 개인의 목적에 봉사하는 수단이 아니라고 생각하였다.[534]

헤겔은 국가와 국가와의 관계에 있어서는 전쟁이 불가피하다고 생각하였다. 국가는 완전히 실현된 자유의 주체이기 때문에 국가의 대외적 행동을 구속하는 국가 이상의 도덕적 권위는 없다. 따라서 헤겔은 한 국가의 자유가 다른 국가의 자유와 충돌한 경우에는 이를 재판하는 재판관은 없기 때문에 결국 전쟁에 의하여 해결할 수밖에 없다고 보고

---

534) S. Avineri, *Hegels Theorie des modernen Staates*, 1976; (Original Book) *Hegel's Theory of the Modern State*, Cambridge U. P., 1972 (김장권 옮김, 『헤겔의 정치사상: 근대 시민사회의 변증법』, 1981); A. Mansour, "Hegel's Critique of Liberalism and Social Contract Theories in the Jena Lectures," *Moralist Organizations*.

군국주의를 주장하였다. 헤겔의 이러한 국가관은 전체주의 군국주의 국가론으로 전쟁에 의한 분쟁해결을 기하는 면에서 전쟁광이라는 비판을 받기도 하였다. 제1차 세계대전이나 제2차 세계대전이 헤겔의 전체주의 군국주의론에 의해 비롯되었다고 하여 비판되고 있다.

헤겔은 군국주의와 함께 전쟁을 찬양하고 있는 것으로 인식되고 있다. 그는 법철학의 여러 곳에서 칸트의 영구평화론에 관해서 비판하고 있기 때문에 전쟁론자로 인식되게 된 것이다. 헤겔은 독일에 상비군을 두어야 한다고 하고 직업으로서의 군인을 두어야 한다고 하고 있다. 그러나 그는 전쟁은 직업군인에 의해서 구성되는 상비군만이 해야 하고, 국민 전체를 시민생활이나 가정생활에서 끌어내어 국외에 파병하는 것은 침략전쟁 이라고 하고 있다. 물론 조국방위를 위하여 모든 국민을 소집할 필요는 있으나 이들을 국외로 파병하는 것은 정복전쟁(Eroberungskrieg)을 위한 것이라 하여 반대하고 있다. 헤겔은 전쟁은 국가 간의 자연상태에 있어서는 불가피한 것으로 보고 있으나 전쟁상태라 고 하여 시민사회를 파괴해서는 안 된다고 보고 있다. 그러나 그는 전쟁을 부정하지는 않으며 전쟁은 국방에의 관심을 고조시켜 주며 타협에만 의존하는 타성을 제거해 주는 순기능도 있다고 보고 있다. 헤겔은 국민의 국방의무를 강조하고 있다. 그러나 그는 전쟁의 방법에 있어 제한전쟁을 주장하고 있다. 헤겔의 전쟁론은 당시 국제법이 발전하지 않는 상태의 이론이며 현대 사회에서 평하기는 무리라는 주장도 있다.535)

5) 헤겔의 영향

헤겔철학은 독일뿐만 아니라 영국 등에도 중요한 영향을 끼쳤다. 헤겔철학에서 지금 남은 것과 극복된 것에 대한 논쟁도 계속되고 있고536) 헤겔 각 분파에 대한 연구도 행해지고 있다. 헤겔학파는 여러 가지 기준에 의하여 분류되고 있다. 헤겔의 제자의 제자인 마르크스(Marx)의 지위에 따라 헤겔좌파를 어떻게 정의하느냐가 문제된다. 오늘날 유물변증법에서 공산주의로 변한 좌파를 제외하면 헤겔학파는 우파, 중앙파, 좌파로 나눌 수 있을 것이다. 우파(Rechtshegelianer)는 노헤겔학파(Althegelianer)라고 불리며, 좌파(Linkshegelianer)는 청년헤겔학파(Junghegelianer)라고도 명명되었다. 이 구분은 여러 학자에 의하여 다른 기준에 따라 분류되고 있기에,537) 각 학파의 특색을

---

535) Hegel, *Grundlinien der Philosophie des Rechts*, 1820; K. Baxter, Hegel on Welfare and the State, A library of Social Science Guest Newsletter, July 27, 2016; 김용찬, 「헤겔의 전쟁론 연구」, 『국제정치논총』 제44집 1호 (2004); 최동민, 「헤겔의 전쟁론과 영구평화의 문제」, 『동서사상』 제9집 (2010. 8); 金谷佳一, 「ヘーゲルの戰爭観 －カントの永久平和論の批判」, 『鳥取環境大學紀要』 제5호 (2007. 3), 31-40면.

536) 헤겔학파의 문헌에 대해서는 *Bibliographie Abhandlungen zur Hegel Forschung*, 2008; *A Hegel Bibliography*, 2013 참조; 예를 들면 A. Blunden, What is Alive and What is Dead in the Philosophy of Hegel Seminar, Research Gate, 18th June 1999; 「ヘーゲル 法哲學概要における國家の理念とマ ルクスにおける批判」; 柴田高好, 『ヘーゲルの國家理念』, 日本評論社, 1986.

537) von D. Fr. Strauss, *Das Leben Jesu, Kritisch bearbeitet*, 2012; K. Michelet, *Geschichte der*

말하기는 어렵다. 이것은 헤겔이 기독교에 입각했다는 점에서 분파가 행해졌고 나중에는 무신론자의 대립으로 발전하였다. 헤겔좌파는 급진적인 정치를 주장하여 정부의 탄압을 받기 시작하였고 사회주의, 무정부주의, 입헌군주파 등으로 사실상 소멸하게 되었다.

헤겔의 사상에 대해서는 그의 제자인 간스(Gans), 제자인 마르크스에 의한 비판이 심하였다.538) 마르크스는 유물변증법을 주장하여 헤겔의 법철학을 비판하였다. 헤겔의 사변적·관념적 변증법을 반대하고 유물변증법에 따라 사회주의혁명을 주장하게 되었다. 마르크스의 공산주의 이론은 러시아에서도 배격되게 되었다.

헤겔학파로는 마르크스 이후의 유물론자는 제외하는 것이 일반적이다. 헤겔학파에 대해서는 그 지역에 따라 독일 헤겔학파, 영국 헤겔학파, 이탈리아 헤겔학파, 폴란드 헤겔학파, 프랑스 헤겔학파 등이 있으며, 일본 헤겔학회 등 여러 나라의 연구학회가 있다.539)

헤겔학파는 전체주의, 절대주의, 군국주의 등을 주장했다고 하여 제1차 세계대전이나 제2차 세계대전의 원흉처럼 취급되었으나, 나치스이론은 헤겔이론의 계승이라고 할 수 없다. 공산주의, 급진주의자에 의한 정치적 이용 등이 문제가 되고 있다.

letzten Systeme der Philosophie in Deutschland von Kant bis Hegel, 1838; K. Löwith, Hegelianism, Catholic Encyclopedia; Wikipedia, Hegelianismus; Britannica, Hegelianism; Wikipedia, 新ヘーゲル主義; 세계 각국의 신헤겔주의자를 나열하고 있다. 大井正, 「ヘーゲル学派の分裂 ーその発端について」, 『政経論叢』 45-1, 1976, 1-55면; イギリス・ヘーゲル学派, 『日本大百科全書』.

538) M. Knackstedt, *State and Revolution: Hegel, Marx and Lenin*, McMaster University, 1994; K. Marx, *Critique of Hegel's Doctrine of the State in Early Writings*, Oxford U. P., 1967; Karl Marx, *Kritik des Hegelschen Staatsrechts* (§§ 261-313); K. Marx, *Zur Kritik der Hegelschen Rechtsphilosophie*, 1843 (강유원 옮김, 『헤겔 법철학 비판』, 이론과 실천, 2011); カール・マルクス, ヘーゲル法哲學批判序說, Wikisource; 有井行夫, 「ヘーゲル法哲学批判の原理: マルクス 国法論批判における」, 『駒沢大学経済学論集』 제14권 제4호, 77-142면; ほそかわ・かずひこの BLOG, ヘーゲルからマルクスへ, 2015; 백훈승, 『헤겔『법철학 강요』해설: 〈서문〉과 〈서론〉」, 서광사, 2016.

539) Neuhegelianismus, Wikipedia.

제2편
국내인권법 서설

서장: 인권법의 발전 – 국내인권에서 세계시민인권으로

제1절 인권법의 발전 경향

인권법에는 자연법과 실정법이 있는데 자연법은 고대 그리스에서 시작하여 논의되었고 일부에서 적용되었다. 실정법의 경우에는 로마법전에 의하여 형사법이나 민사법의 형태로 발전하기도 하였으나 실정법의 경우에는 일반적으로는 영국의 대헌장을 들고 있다. 영국에서는 성문헌법이 없었기에 일반적으로 발전해 내려왔다.[1] 다른 국가에서는 헌법을 제정하여 헌법에서 인권을 규정했고, 이 기본권은 실정권이었다. 이러한 실정권 헌법 규정이 제1차 세계대전 이후에 국가의 기본권에서 국가 간의 조약에 따른 조약 인권법이 발전하였다. 제2차 세계대전 후에는 국제조약 인권법이 발전하였고, 지역 간의 인권조약이 체결되게 되어 인권의 지역적 특수성이 강화되었다.[2] 유엔 인권선언을 계기로 범세계적인 통일인권법의 제정이 논의되고 있다. 그동안 인권의 특수성 주장에서 인권의 보편성으로의 발전이 행해졌다.[3] 이 시기에는 자연권의 부활이 논쟁되었다. 분열된 지역 세계를 하나로 통합하는 세계국가를 구성하여 세계통일 인권법을 제정하려는 운동도 일어나고 있다.[4]

---

[1] 상세한 것은 김철수,「제1편 근세 기본적 인권의 성문화 역사」,『기본적 인권의 본질과 체계』, 대한민국학술원, 2017, 21-225면; E. Engle, "Universal Human Rights: A General History," Annual Survey of International & Comparative Law Vol. 12, Issue 1 (2006), pp. 219-268; Equal Opportunity Commission (SA), History of Human Rights Law; T. Kirby, The Human Rights Act: 800 years in the making, 2009; Random History, From Hammurabi to the Patriot Act: A History of Human Rights, http://www.randomhistory.com/history-of-human-rights.html; 杉原泰雄,『人權の歷史』, 1992.

[2] UN divides the World into 10 Regional Groupings, http://nuclearsuntan.blogspot.com /2011/11/un -divides-world-into-10-regional.html; The Plan For Socialist World Government, https://www.aim.org/aim-report/the-plan-for-socialist-world-government; J. C. Hsiung (ed.), Human Rights in East Asia: a cultural perspective, Paragon House Publishers, 1986.

[3] Enforcing International Human Rights Law: Problems and Prospects, https://www.e-ir.info /2014/04/29/enforcing-international-human-rights-law-problems-and-prospects.

[4] 20th WCP: The Call for a world Constitutional Convention, https://www.bu.edu/wcp/Papers /Poli/PoliFeld.htm.

1. 국내인권법, 국제인권법

1) 인권법의 분류

인권법의 제정 주체를 보면 국가, 조약공동체, 세계공동체로 발전할 수 있는 것을 알 수 있다. 국가인권법은 개별 국민국가에서 흠정헌법이나 민정헌법의 형식으로 제정되어 있다. 이는 국민국가의 헌법제정에 따른 것으로 국가인권법이라고 할 수 있다. 이에 대하여 국가 간의 조약을 통하여 단일 인권법을 만드는 경우를 들 수 있다. 유럽인권조약, 미주인권조약, 아프리카인권조약, 아랍국가인권조약, 아세안인권조약을 들 수 있다. 범세계적인 통일인권법으로서는 유엔의 세계인권선언이나 인권 A·B 규약 등을 들 수 있는데 아직도 세계통일인권법이라고는 할 수 없다.

2) 국내인권법

(1) 국내인권법의 발전

국내인권법의 인권 주체로는 처음에는 귀족집단이 등장하였으나 그것이 민주화됨에 따라 국민주권의 주체로서의 국민이 기본권보장의 향유자가 되었다. 봉건국가에서는 기본권의 내용이 주로 국민의 소극적 권리(negative right)에 그쳤고, 자유주의 국가에서도 마찬가지였다. 이때에는 기본권의 침해자는 전제국가였었다. 국민이 가지는 천부인권인 주권을 찬탈한 군주나 전제자가 헌법이나 법률을 마음대로 제정하여 귀족들의 권리를 침해했었다. 이에 귀족들은 군왕에게 저항권을 행사하거나 청원의 방법으로 권리를 찾았었다.[5] 이 점에서 중세에 있어서의 인권의 보장은 군주, 왕에서의 침해를 막기 위한 것으로 소극적인 방어적 성격의 것이었고 국민의 저항을 일으켰다.

근세에 와서는 봉건제도에 반대하여 시민혁명이 일어났고, 시민의 저항에 의하여 인민주권을 쟁취하게 되었다. 프랑스의 혁명은 봉건 구체제를 전복하고 새로운 국민주권 운동이 성공하여 신 공화국 시대를 열었었다. 프랑스 혁명의 결과 구체제인 봉건제도는 타파되고 새로운 공화국가가 성립하게 되었다. 시민들은 주권자로서 자연권인 자유·평등·박애의 권리를 자명한 천부인권으로 주장하여 국가에 의한 인권보장을 요구하였다.[6]

미국 시민들은 영국의 왕실과 귀족들에 위한 억압과 인권침해에서 탈피하기 위하여 독립전쟁을 일으켰고 독립선언에서 인간의 생명, 자유, 행복추구권을 더 높이 부르짖었다. 13개 주의 시민들은 영국 식민자에게 반항하여 독립한 주 헌법을 제정하여 인권의 천부성

---

5) History of UK human rights law, https://savetheact.uk/the-history-of-human-rights-law-in-the -uk; R. Blackburn, *The Bill of Rights*, 상세한 것은 김철수, 전게서, 21면 이하 참조.
6) 프랑스 혁명에서의 인권, 페인의 인간의 권리 등 참조. 그 영향에 따라 유럽 각국에서 봉건제도를 타파하고 새로운 혁명이 일어나 입헌군주국가나 공화국가가 탄생하였다. 김철수, 전게서, 66-100면 참조.

을 강화하고 국가나 지배계급이 인권을 침해하는 경우에는 저항할 권리가 있음을 선언하고 정부변혁을 쟁취하였다. 이러한 영국과 스페인, 포르투갈 등의 식민지배에 반대하여 식민지인들은 천부인권의 쟁취를 위하여 독립을 쟁취하게 되었다. 대영제국이나 스페인, 포르투갈 국가들이 지배했던 식민지에서 독립운동이 일어나 국왕이나 식민주인에게 인권보장을 요구하게 되었다. 18세기와 19세기는 식민지 지배하에 있던 피압박민족의 인권쟁취를 위한 투쟁의 시기였다고 하겠다. 이 시대의 국가의 목적은 자유의 보장에 있었다. Papier는 입헌국가의 목적이 자유보장과 질서유지에 있다고 하였고 국가권력의 한계는 기본권보장에 있다고 하였다.[7] Treitler도 인권은 개인을 국가개입과 자의에서 보호하는 것이 목적이라고 하고 있다.[8] 이때의 인권은 반국가적인 방어권(Abwehrrecht)의 성격을 가지고 있었다.

(2) 자유권에서 생존권으로의 발전

이 시기에는 각국에서 국가주권이나 이익을 위하여 투쟁한 인권 획득을 위한 시절이었다. 그리하여 국민이 국가권력의 남용에서 자기보호를 위한 자유권, 즉 국가에 대한 소극적 지위에서 국가간섭이나 처벌을 면제받거나 항의하기 위한 방어권이 주가 되었고, 신체와 재산의 자유를 위한 목적이 인권운동의 전부였다. 그것이 또 20세기에 와서 제1차 세계대전이 일어나 세계는 경제공황기에 빠졌다. 이 경제위기는 빈부의 격차를 가져왔고 부의 불평등 배분은 약자의 인간다운 생활을 침해하게 되었다. 이에 국가는 빈자에게 사회보장 혜택을 주고 생활필수품을 배분하게 되었다. 이 결과 국가는 생존권적 인권의 침해자에서 새로운 물질적 배급자로 되게 되었다. 국민은 이에 국가에 대해서 사회보장청구권을 가지게 되어 국가에 대한 배분청구권(Teilhaberecht 또는 Social Right)을 가지게 되었다.[9]

이 사회권은 시민이 국가에 대하여 적극적으로 배분을 청구하는 권리(positive right)로서 수익청구권의 하나로 인정하게 되었다. 이것은 소극적 인권에서 적극적 인권을 가지게 될 것이라고 하는 생존권 또는 제2세대의 인권이라고 하게 되었다.

3) 국제인권법

(1) 국제인권법의 발달

제1차 세계대전 후 국제연맹을 만들어 국제조약에 의하여 국제인권을 보장하게 되었다.

---

7) Papier, Der Zweck des Staates ist die Wahrung der Freiheit, https://www.welt.de/welt_print /article2056507/Der-Zweck-des-Staates-ist-die-Wahrung-der-Freiheit.html.
8) Menschenrechte sollen den einzelnen von staatlichen Eingriffen und Willkür schützen!, https://etw asanderekritik.wordpress.com/2012/12/10/menschenrechte-sollen-den-einzelnen-von -staatlichen-eingriffen-und-willkur-schutzen;
9) 김철수, 생존권적 기본권의 연구, 『학술원논문집』(인문·사회편) 제40집, 2001 참조.

이것은 주권국가들이 상호간 주권을 존중하면서, 국민의 권리뿐만 아니라 외국인의 권리까지를 보장하는 형식으로 국제인권법(International Human Rights Law)이라고 하겠다.[10]

전쟁 시에 전투자들을 보호하기 위한 국제인도법(International Humanitarian Law)이 있다. 이는 국제인권법의 영역이 아니기 때문에 여기서는 생략한다. 국제법적 인권의 발달과정도 3단계로 나눌 수 있다고 한다. 제1세대는 자유를, 제2세대는 평등을, 제3세대는 복지를 들고 있다. 이 밖에도 성질에 따라 제1세대 인권으로서 자유권과 평등권을, 제2세대 인권으로서 생존권을, 제3세대의 인권으로 연대권을 드는 것이 일반적이다. 이에 반하여 전쟁의 참화를 겪고서 전쟁예방의 중요성을 인식하여 제3세대의 기본권을 평화유지권, 전쟁방지권, 평화적 생존권, 환경권을 드는 사람도 있다.

(2) 국제인권법의 종류

국제인권법은 국가 간의 조약법이므로 가입 대상에 따라 여러 가지 분류를 할 수 있다. 예를 들면 양자간 조약인권, 다자간 국제인권법, 지역간(regional) 국제인권법, 세계적(global) 국제인권법 등으로 분류할 수도 있다.

제1차 세계대전 후에는 국제연맹헌장을 비롯하여 다자간 조약인권법이 발전하였는데 제2차 세계대전 이후의 국제연합시대에는 세계적 국제인권법과 지역적 국제인권법이 유행하고 있다.

① 지역적 인권법

국제인권법 중 유럽, 미주, 아프리카, 아랍, 아세안 등 국가에 적용하는 조약인권을 지역적인 인권법이라고 부르기로 한다. 이들 조약법은 각 대륙을 단위로 분산되고 있다.

② 국제연합의 인권법

이에 대하여 국제인권법 또는 유엔인권법은 유엔이 주도가 되어 만들고 유엔이 주도가 되어 가입 · 시행 · 제재를 하는 그런 인권법이다. 예를 들면 경제적 · 사회적 · 문화적 국제규약(A규약)과 시민적 · 정치적 국제규약(B규약)을 말한다. 이를 집행 감독하기 위해서는 국가가 있으나 국제적인 집행 감독을 위하여 유엔인권위원회 등이 국제연합 내에 설치되어 있다.

국제인권법에도 물론 실정조약법이 우선 적용되지만 자연권도 같이 적용된다고 보아야 한다.[11] 오늘날 국제인권법의 주체는 주권국가뿐만 아니라 개인도 국제인권법의 주체로

---

10) UN Chronicle, International Human Rights Law: A Short History, https://unchronicle.un. org/article/international-human-rights-law-short-history.

11) E. Engle, Universal Human Rights: A General History, *Annual Survey of International and Comparative Law* Vol. 12, Issue 1 (2006), p. 235 ff.; H. Volger & N. Weiß (Hrsg.), *Die Vereinten Nationen vor globalen Herausforderungen*, Universitätsverlag Potsdam, 2011; Albrecht (Hrsg.), *Die Vereinten Nationen am Scheideweg*, LIT, 1998.

된다. 따라서 개인이 국제인권법에 저촉하는 경우에도 처벌될 수 있다.12)

과거에는 국제인권법은 체약 당사자의 주권적 의사에 따라 이를 지키지 않을 수도 있으며, 심지어는 전쟁으로 응대할 수 있다고 생각했으나, 각 지역에는 인권재판소를 두어 조약을 집행하고 있으며 국가에 대한 강제력을 주고 있다.13)

현대의 국제인권법의 효력은 유엔 등을 통하여 강제 집행할 수도 있게 되었다. 국제인권법의 강행을 위하여 유엔은 인권이사회(Human Right Council)를 두고 있다. 그러나 이것은 절대적 효력을 가진 것이 아니다. 인권 침해자를 처벌하기 위하여서는 국제형사제판소 등이 설치되어 있다.

제2절 세계인권법으로의 진화

1) 세계인권법의 발전

오늘날 유엔의 인권법은 세계적인 강제력을 가진 것으로 인정되고 있으나 사실상은 주권국가나 지역 주변국과 또는 유엔 인권이사회의 결의에 의해서도 해결될 수 없는 인권들이 있다.14) 이것은 지역 국가들의 차이를 유엔이 완전히 조정할 수 없기 때문이다. 최근에 외서 문제가 되고 있는 새로운 인권, 예를 들면 망명의 권리, 해외여행의 권리 등이 그 하나이다. 인권의 선진국으로 인정되어 왔던 미국에서도 미국 여행의 자유를 제한하고 있다. 이에 제4세대의 인권으로서 환대의 권리(Right of Hospitality) 등이 주장되고 있다.15)

말기에 칸트는 세계국가를 구상하였으며 그 주민으로서 세계시민(Weltbürger)을 구상했으며 세계시민에게는 만민공통의 권리가 있다고 주장하였다. 그는 국가인권법에서의

---

12) The Origin and Development of Human Rights in the Global Scenario. 예를 들면 뉘른베르크와 도쿄 재판 참조. UN Chronicle, Protection of Human Rights under Universal International Law, https://unchronicle.un.org/article/protection-human-rights-under-universal-international-law; Kai Ambos, Punishment without a Sovereign?: The Ius Puniendi Issue of International Criminal Law, *Oxford Journal of Legal Studies* Vol. 33, Issue 2 (2013), pp. 293-315.
13) International Justice Resource Center, Overview of the Human Rights Framework, http://www.ijrcenter.org/ihr-reading-room/overview-of-the-human-rights-framework. 세계시민에 관해서는 정동진 외 1인, 칸트와 롤즈의 세계시민주의, 도덕적 기획과 정치적 기획, 『정치사상연구』, 2003; 김지현·손철성, 세계시민주의·공동체주의·자유주의, 『시대와 철학』 제20권 2호(2009), 93-126면.
14) M. Kirby, Constitutional Law and International Law: National Exceptionalism and the Democratic Deficit?, http://scholarship.law.georgetown.edu/hartlecture; N. Englehart & A. Nathan, *Constructing Human Rights in the Age of Globalization*, M.E. Sharpe 2003; D. Shelton, Protecting Human Rights in a Globalized World, https://lawdigitalcommons.bc.edu/iclr/vol25/iss2/7.
15) 칸트의 Hospitality에 관해서는 2016년 9월 영국에서 대회가 열렸다. Kant on Hospitality, Conference Programme, 22-23 September 2016. Keynote Speaker로도 LSE의 Flitschuh가 맡았다.

주체는 국민이며, 국제인권법의 주체는 국가이고, 세계국가의 주체는 국가와 세계시민이 공동으로 한다고 하고 있다.16) 칸트는 공법체계를 국가법, 국제법, 세계법으로 나누고 있는바, 말년에 가서 세계법과 세계시민법에 관해서 연구하고 있다. 칸트 사후 200여년이 지난 지금에도 칸트의 영구평화론에 의거한 세계평화 확보와 세계법의 연구가 행해지고 있다. 20세기에 들어와서도 Rawls와 Habermas에 의한 연구가 행해지고 있다.17) 특히 그의 세계시민 사상은 기본권의 보장을 위하여 세계정부가 요구되고 있고 세계시민법의 제정을 요구하고 있다. 독일에서는 유엔학회(Deutsche Gesellschaft für die Vereinten Nationen e.V.)가 2008년에 세계법과 세계정부의 장래에 관한 학회를 베를린에서 이틀에 걸려 개최되었다.18) 이 학회에서는 "국제법에서 세계법으로의 패러다임 변경"이 집중적으로 논의되었다. 국제법은 국가 간의 법인데 대하여, 세계법은 인간의 법이라는 견해가 많았으며 세계국가에 있어서는 세계인권재판소가 필요한가가 많이 논쟁되었다.

   미국에서도 세계국가의 연구와 세계인권법의 연구가 행해지고 있다. Yale 대학의 Sweet는 세계법질서와 헌법적 다원주의 등을 연구 발표하였다.19) Stanford Encyclopedia에서도 세계정부에 관한 발표를 했고,20) 세계정부에 관한 논문들이 발표되었다. 예를 들면 Craig 등을 들 수 있다.21) 독일에서도 Tübingen 대학의 Höffe와 Emmerich-Fritsche 등이 세계법과 세계정부에 대해서 발표하였다.22)

2) 세계인권법의 주체와 내용

   이 세계정부에는 세계헌법이 요청된다고 한다.23) 세계헌법 제정의 필요성은 여러

16) I. Kant, Zum ewigen Frieden. Ein philosophischer Entwurf, *Kantwerke* 11, S. 195 ff.; DB Sonderland, *100 Werke der Philosophie*, SS. 20-697; Kleingeld, Kant's Cosmopolitan Law: World Citizenship for a Global Order, *Kantian Review* 2/1 (1988), pp. 72-90; Pauline/ Kleingeld, Kant's Politischer Kosmopolitismus, *Jahrbuch für Recht und Ethik*, Vol. 5 (1997), SS. 333-348; K. Flikschuh, *Kant and Modern Political Philosophy*, Cambridge University Press, 2008; S. Byrd, *Kant and Law*, Routledge, 2006.
17) B. Koch, *Völkerrecht und Weltbürgerrecht: Kant und Habermas*, 2011; Steinmann, The Idea of Cosmopolitan in Kant, Rawls and Habermas, 2012.
18) Deutsche Gesellschaft für die Vereinten Nationen e.V., Tagung, Die Zukunft des Weltrechts und der Weltorganisation, 2008; 小林直樹,「新い世界システムの構想」,『平和憲法の創造的展開』, 407-425면; 柄谷行人,『世界共和国へ:資本=ネーション=国家を超えて』, 岩波書店, 2006 (가라타니 고진, 조영일 옮김,『세계공화국으로: 자본=네이션=국가를 넘어서』, 2007).
19) A. Sweet, A cosmopolitan legal order: Constitutional pluralism and rights adjudication in Europe, Faculty Scholarship Series Paper 4626, Yale Law School, 2012.
20) Stanford Encyclopedia of Philosophy, *World Government*, 2006, revised ed. 2012.
21) C. Craig, The Resurgent Idea of World Government, 2008.
22) Emmerich-Fritsche, Paradigmwechsel; Steinmann, *The Idea of Cosmopolitanism in Kant, Rawls and Habermas*, 2012; Vom Völkerrecht zum Weltrecht, Strukturprinzipien des Weltrecht; O. Höffe, *Demokratie im Zeitalter der Globalisierung*, 1999; O. Höffe, Hin zum Weltbürgerrecht, 2008, https://www.welt.de/welt_print/article1872592/Hin-zum-Weltbuergerrecht.html; M. Schulte, Weltrecht: Internationales Symposium am Zentrum für Interdisziplinäre Forschung der Universität, Bielefeld. Sonderhefte Rechtstheorie 39 Band (2008), Heft 2/3, SS. 143-475; Fabio, Verfassungsstaat und Weltrecht, *Rechtstheorie* 39/(2) (2008), SS. 399-418.

가지가 있으나 세계시민의 기본권을 보장하기 위하여 필수적이라고 한다.24) 이 세계시민의 세계공화국의 국민이면 누구나 출생 등의 신분에 의한 차별 없이 모든 세계시민에게 보호된다. 국민국가에서의 인권의 주체는 국민이었으나 세계국가에서의 인권의 주체는 세계시민이고 만민에 대하여 평등하다.25)

세계헌법을 제정하는 방법에는 여러 가지가 있다. 현재 논의되는 것으로는 세계시민이 세계헌법안을 제정하는 헌법제정회의 방식이 있겠고, 또 하나는 유엔에서 각 국가별로 세계의회의원을 선출하고 그 의원들이 세계헌법초안을 작성하는 방법이다.26)27)

세계헌법의 가안에 대해서는 Wikipedia에서 안을 발표하였는데 이 안은 전문과 19조로 구성되어 있는데,28) 그중 제19조는 임시경과조치를 규정하고 있다. 여기에서는 제3조에서 세계정부의 기관으로서 ① 세계의회, ② 세계집행부, ③ 세계행정부, ④ 통합기구(The Integrative), ⑤ 세계사법부, ⑥ 규제집행체제(Enforcement System), ⑦ 세계 옴부즈맨을 규정하고 있다. 여기서 세계인권규정을 두지 않은 것은 유감이다. 세계인권헌장은 유럽인권헌장과 유엔의 기본권헌장(Bill of Rights(3개 조약 등))을 참조하여 인간을 중심으로 국적과 색깔이나 종교, 기타 출생 등 아무런 차별 없이 행복한 생활을 할 수 있게 하여야 할 것이고, 세계시민의 세계정부에 대한 배분청구권(Teilnahmerecht)과 연대권, 세계환경권 등을 규정해야 할 것이다. 일본에서는 세계평화를 위한 인류의 생명권 확립이 주장되고 있다.29)

23) Emmerich-Fritsche, Ⅲ. Weltverfassung und Konstitutionalsierungsprozesses im Völkerrecht, Emmerich-Fritsche, a. a. O., SS. 4-8; P. Linden-Retek, Cosmopolitan law and time: Toward a theory of constitutionalism and solidarity in transition, *Global Constitutionalism*, Vol. 4, Issue 2 (July 2015), pp. 157-194; Is One World Government Possible? - Political Philosophy, https://www.mapleleafweb.com/forums/forum/22-political-philosophy.
조병륜, 「세계헌법 제정에 관한 고찰」, 『헌법논총』 제28집, 301-377면.
24) D. Shelton, Protecting Human Rights in Global World, https://www.bc.edu/content/dam /files/schools/law/lawreviews/journals/bciclr/25_2/06_FMS.htm; S. Sorial, Law, Cosmopolitan Law and the Protection of Human Rights, *Journal of International Political Theory* 4/(2) (2008), pp. 241-264; Paul P. Linden-Retek, Cosmopolitan law and time: Toward a theory of constitutionalism and solidarity in transition, *Global Constitutionalism* Vol. 4, Issue 2 (2015), pp. 157-194.
25) World Government of World Citizens - Welcome, http://www.worldservice.org; Der Plan der Verfassungsgebenden Völkerversammlung für Weltrecht, https://search.socialhistory.org/Record/1035730; The Call for a World Constitutional Convention: An Application of John Locke's Theory of Revolution, https://www.bu.edu/wcp/Papers/Poli/PoliFeld.htm; 홍경자, 세계화시대에 정치문화의 전망과 쟁점들, 『철학연구』 제103권 (2007), 269-290면.
26) D. Schuler, Creating the world citizen parliament, ACM Interactions, http://interactions.acm.org /archive/view/may-june-2013/creating-the-world-citizen-parliament.
27) 상세한 것은 조병륜, 전게 논문, 『헌법논총』, 322면 이하 참조.
28) Constitution for World Federation / Dream World / Fandom powered by Wikia.
29) 和田英夫・小林直樹・深瀬忠一・古川純編, 『平和憲法の創造的展開—総合的平和保障の憲法学的研究』, 学陽書房, 1987; 深瀬忠一・上田勝美・稲正樹・水島朝穂編, 『恒久世界平和のために—日本国憲法からの提言』, 勁草書房, 1998; 杉原泰雄・樋口陽一・浦田賢治編, 『平和憲法の確保と新生』, 北海道大学図書刊行会, 2008.

제1장 근대국가의 성립과 목적

제1절 근대국가의 성립과 사상

1. 고대의 국가관

국가는 그리스시대에는 폴리스로 도시국가의 형태를 가지고 있었다. 아리스토텔레스도 국가의 기원에 관해서 논술하고 있고,[30] 정부형태의 구분과 순환 등에 관해서도 논의하고 있으며, 이상국가에 대해서도 논하고 있다. 그는 국가에 있어서 가장 부요한 층과 가장 가난한 층과 중산층이 있는데, 이 중산층에 의한 지배가 바람직한 것이라고 했고, 인민의 직접 참정인 데모크라시(폭민정치)가 아니고 그 중심인 중산층 지식인들이 지배하는 폴리스(polis)가 바람직하다고 했다. 그는 정부의 기능을 입법, 집행, 사법권으로 분리하였고 이들 권력은 분산되어 있어야 한다고 했다. 그는 입법부는 다른 여러 계급의 대표자를 선거를 통해서 구성하여야 한다고 하고, 행정부는 국민 전체나 일부에 의해서 선출된 사람들이 지배하는 것이 바람직하다고 보았다. 사법부도 일부 판사는 모든 계급에서 선출되고, 또 특수계급에 의해서만 선출되는 판사도 있어야 한다고 했다. 그는 이 혼합정치형태를 좋은 이상적 정부라고 보았다.[31]

그 뒤 로마와 중세시대를 거쳐 국가론은 발전하였다.[32] 이 시기에는 봉건정치가 행해졌고 전제군주제가 일반적이었기에 여기서는 유럽 계몽주의 철학 이후를 보기로 한다.

---

30) P. Mondal, Aristotle Theory of Origin of State: Concept, Elements and Necessary Conditions, http://www.yourarticlelibrary.com/essay/aristotle-theory-of-origin-of-state-concept-elements-and-necessary-conditions/40128; 아리스토텔레스에 앞선 플라톤도 이상국가론을 펴고 있다. P. Cantu, Individual and Police in Plato's Republic, *Polis*, Vol. 28, No. 1 (2011), pp. 90-107; C. Bobonich, *Plato's Utopia Recast: His Later Ethics and Politics*, 2002.

31) C. Bates, *Aristoteles' Best Regime*, Louisiana State Univ. Pr. 2003; V. Waerdt, Kingship and Philosophy in Aristotle's Best Regime, *Pronesis* 30 (1985), pp. 249-73; 정인흥, 『서구 정치사상사』, 55면 이하; 김철수, '아리스토텔레스,' 인권사상의 전개에 관한 고찰, 『학술원논문집』(인문 · 사회과학편) 제56집 2호(2017), 127-327면 및 본서 제1편 참조.

32) 상세한 것은 F. Meinecke, *Weltbürgertum und Nationalstaat*, 2. Aufl., 1969.

2. 근대 국가와 사회계약

국가는 힘에 의하여 폭력을 사용하여 지배복종관계를 설정했다는 이론과 시민들의 합의에 따른 사회계약(Society Treaty)에 의하여 성립했다는 설 등이 나타났다. 유럽 계몽주의사상에서는 국가의 정통성을 강조하기 위하여 사회계약설이 지배적이 되었다.

1) 홉스

이 사회계약설을 유포시킨 사람은 홉스(Hobbes, 1588-1679)를 들 수 있을 것이다. 그는 인간은 자연상태에 있어서는 인간은 인간에 대한 늑대관계로 보고 내전은 일반적인 것으로 보았다. 그래서 인간은 이러한 전쟁상태를 종식시키기 위하여 이성에 따라서 국가를 형성했다고 본다. 이 국가는 기존의 절대권력을 가진 자와 협약을 체결하여 그에 전권을 주면서 국민 간의 전쟁을 회피할 수 있었다고 본다. 이렇게 성립한 국가는 국민이 가진 권력을 이양받아 절대자가 된다고 했다. 그는 이 국가계약은 국가와 국민이 맺은 국가계약이었고 국민과 국민 간에 맺어진 계약이기 때문에 국가에 대해서는 아무 요구도 할 수 없다고 하였다. 국민은 국가에 대한 지배계약의 파기권이 없기에 절대주의 군주제가 성립한다고 했다.[33]

2) 로크

이에 대하여 로크(Locke, 1632-1704)는 자연상태는 선한 것이었다고 하고 이 자연상태에 향유했던 권리를 보장하기 위하여 사회계약을 체결했다고 주장한다.[34] 홉스는 자연상태는 만인의 만인에 대한 투쟁관계로 모두가 고립되고 불안하였다고 하였는데, 로크는 모든 사람은 도덕심을 가지고 평등을 누리고 있었으며 재산을 향유할 수 있었다고 한다.[35]
그는 「자연상태에 있어서의 인간은 대부분이 그들의 약속을 지켰으며 책임을 지는 것을 명예로 생각했다. 그것은 비록 불안전한 상태였으나 가장 평화롭고 좋고 쾌적한

---

33) 토마스 홉스는 자연상태를 다음과 같이 설명하고 있다. "No arts; no letters; no society; and which is worst of all, continual fear, and danger of violent death; and the life of man, solitary, poor, nasty, brutish, and short. Back to all quotes."; H. Warrender, *The Political Philosophy of Hobbes*, 1967, Hobbes, *Leviathan*, 1631; N. Bobbio, *Thomas Hobbes and the Natural Law*, 1993; 김철수, 전게논문, 『학술원논문집』(인문 · 사회과학편) 56집 2호, 2017.

34) Locke, *Two Treatises of Government*; Browne/Rusling, Introduction to the social contract theory, http://www2.econ.iastate.edu/classes/econ362/hallam/Readings/SocialContractHelium.pdf.

35) C. Catsambis, Hobbes, Locke and the State of Nature, International Relations Students, http://www.e-ir.info/2008/05/19/hobbes-locke-and-the-state-of-nature; Locke versus Hobbes, jamesd@echeque.com, https://jim.com/hobbes.htm; A Dialogue on the State of Nature and Government Between Hobbes and Locke, https://www.reddit.com/r/philosophy/ comments/ 190l12/a_dialogue_on_the_state_of_nature_and_government.

상태였다」고 하면서 미국 원주민의 사회를 들었다. 이 자연상태에 있어서의 인간은 재산권을 가지고 대부분이 평화롭게 살았다고 한다. 그럼에도 불구하고 사회계약을 체결하여 정부를 가지는 이유는 강제력을 가진 불편부당한 재판관을 가지기 위한 것이다. 군주나 통치자는 권력을 분리하여 행사하여야 하며 지배자가 집행관이면서 동시에 판사로서 사건을 판결한다고 한다면, 이것은 전쟁상태이며 시민은 지배자와 그 부하들을 죽일 권리가 있다고 하여 저항권을 인정하고 있다. 그리고 시민은 국가 이전에 가지고 있던 자연권을 가지고 국가계약인 헌법에서 부여되는 실정권도 가진다고 하였다.[36] 그는 자연상태에서는 생명, 자유와 재산권을 가진다고 했고 지배자에 대한 저항권을 인정하였다.[37] 로크는 인간은 국가 이전에 자기가 가지고 있던 권리를 국가에게 이양했는데 그 목적은 장수(長壽)와 평화의 이익을 획득하기 위한 것이다. 사람들은 사회계약에 의하여 국가를 형성하고 국가에게 장수와 평화를 보장받기 위하여 절대적 자유의 일부를 국가에 이양하고 국가에서는 사람들 누구에게나 행복을 누리게 할 의무를 국가에 부여하였다고 본다. 지배자는 자연권을 박탈할 수 없으며 왕의 지배권은 제한되어 있으며 제한정부(Limited Government)로서 국민의 천부인권의 보장만을 위하여 존재한다고 보았다. 그리하여 권력은 분립되어야 한다고 했다. 로크는 정부형태로는 영국식 의회주의 정부를 선호했다.

3) 몽테스키외

몽테스키외(Montesquieu, 1689-1755)는 봉건제도 하에서 탄생하여 절대왕정 하에서 성장하였다. 몽테스키외의 자연상태는 개인에게는 공포에 싸여 있었고 폭력과 전쟁을 회피하려고 노력하고 있었다. 그는 『법의 정신』에서 정부나 법의 원칙이 「각 국가의 기후, 토질, 그 위치와 넓이, 원주민의 종교, 직업의 여하, 헌법이 인정하려는 자유의 정도」에 따라 달라진다는 소위 풍토(風土)의 중요성을 강조하였다. 이 점에서 그는 법사회학자로 인정되고 있다. 그는 정치적 자유주의자의 선구자로서 국가를 약화시키기 위하여 권력분립을 할 것을 주장하였고 영국식으로 3권을 분리해야 한다고 하였다.

몽테스키외는 사회계약론에 대해서는 명확하게 말하지 않고 있으나, 자연상태의 인간은 식량의 필요성 때문에 다른 사람과 결합을 하게 되었고, 사회에서 사는 것을 들어가게 되었으며 사회상태에 들어가자 허약성의 성정은 상실하고 평등은 중단되고 다시 전쟁상태가 되었다고 한다. 개인 간과 국민 간의 전쟁상태가 인정법과 정부를 요구하게 된 것이라고

---

36) 상세한 것은 김철수, 인권사상의 전개에 관한 고찰, 『학술원논문집』(인문 · 사회과학편) 제56집 2호, 2017 및 본서 제1편 참조.

37) J. Powell, *John Locke: Natural Rights to Life, Liberty, and Property, Foundation for Economic Education*; D. Felder, The Call for a World Constitutional Convention: An Application of John Locke's Theory of Revolution, http://www.bu.edu/wcp/Papers/Poli/PoliFeld.htm; Essay about Revolution: Locke vs Kant 2601 Words, https://www.bartleby.com/essay/Revolution-Locke-vs-Kant-FK2SKNYVC.

본다.

몽테스키외에 의하면 정부의 목적은 법과 질서를 유지하는 것이며 개인의 정치적 자유와 재산을 유지하는 것이라고 하였다.[38] 몽테스키외는 전제군주제에 반대하고 영국식 제도를 가장 좋은 정부형태라고 생각하였다. 그는 영국의 왕은 집행권을 균형 있게 행사한다고 생각하였다. 또 입법부는 상·하 양원제로 되어 상호 견제하면서 왕과의 균형을 유지하고 있다고 보았다. 그리고 독립된 법원에 의하여 균형이 유지되고 있다고 보았다.

몽테스키외는 결론적으로 입법부, 행정부와 사법부가 각기 독립 분리되고 상호간 견제함으로써 어느 한 권력이 우월하지 않은 정부형태가 가장 좋은 정부형태로 보았다. 영국에 관한 그의 기술은 옳지 않은 점이 있으나 그의 가장 좋은 정부형태는 나중에 미국헌법의 정부형태로 구현되었다.

4) 루소

루소(Rousseau, 1712-1778)는 자연상태의 시민들은 자유롭고 평등하고 평화롭게 살았다고 했다. 그런데 사람들이 재산의 소유자가 된 다음에는 불평등과 살인과 전쟁이 야기되었다고 한다. 루소에 따른다면 힘센 부자들이 모든 사람에게 속하는 땅을 훔치고 그들을 지배자로 인정하도록 일반 시민을 바보로 만들었다고 한다. 루소에 따르면 사회계약은 홉스나 로크나 몽테스키외가 생각한 것처럼 사람들이 원하는 계약이 아니고 부자에 의해 행해진 일반인에 대한 사기행위라고 하였다.

1762년에 그는 유명한 『사회계약론』(Du contrat social)을 출판하였는데 그의 첫 문장은 충격적이다.[39] 인간은 자유롭게 출생하였으나 그는 도처에 쇠사슬에 채워있다고 하였다. 루소는 로크와 같이 남녀 누구나 가진 자연권은 왕에게 주도록 강요될 수는 없다고 강조하였다.

그는 이 문제를 해결하기 위하여서는 모든 사람이 자유일 때 가지고 있었던 모든 사람의 생명, 자유와 재산을 다시 찾는 방법을 강구해야 한다고 했다.

루소는 사회계약은 인민주권의 원리에 따라 만들어져야 하며, 민주주의는 인민의 일반의사(volonté générale; general will)에 의하여 결정되어야 한다고 하였다. 루소의 민주정치에 있어서는 인민의 총의에 따르지 않는 사람은 강제로 자유화되어야 한다고 한다. 시민은 법률을 준수해야 하며 국가의 시민의 남아 있는 한에는 국가의 법이 강제 적용되어야 한다고 했다. 그는 국가는 안전과 정의, 자유와 재산이 모두에 의하여 보호되어

---

38) *Hobbes, Locke, Montesquieu, and Rousseau on Government*, Bill of Rights in Action, 2004; Montesquieu, *L'Esprit des lois*, 1748.

39) Rousseau, *Contrat social*, 1762; D. Pavlovic, *Rousseau's Theory of Sovereignty*, Thesis, Hungary, 1997; C. Martz, Constitutional Rights Foundation, *Hobbes, Locke, Montesquieu, and Rousseau on Government*, Bill of Rights in Action, 2004; 상세한 것은 본서 111-119면 참조.

야 하고, 이것이 시민국가(Civil State)라고 했다. 총의의 의한 통치에서 저항권은 인정되지 않으나 국가상태에서 탈퇴할 수는 있다고 생각하였다.

5) 군주주권주의에서 국민주권주의로

루소의 이 이론은 인민주권론이라고 하나 국민주권론이라고 할 수 있다. 여기서 국민이 주권자로서 헌법제정권력을 가지며 사회계약으로서 헌법을 제정했다고 해석할 수 있다. 이것은 군주주권론에서 대전환이라고 하겠다. 문제는 이 국민주권의 주체가 유권자 전체로 보는 경우 초기의 민주국가에서는 제한선거가 행하여져서 사실상 유산자의 지배이 며 봉건제도의 유산이 잘 청산되지 않았다. 그것이 프랑스혁명 이후 선거권이 확대되어 주권자인 지배자의 수가 피지배자의 수보다 늘어나 국민주권주의가 실현된 것으로 추론된 다. 그러나 선거인이 선출한 대표자가 선거민의 의사를 반영하지 않는 경우 국민주권주의 는 형해화된다.

이에 20세기 이후 선거권이 확대되어 유선거권자가 시민의 80% 이상을 차지하게 되어 진정한 국민주권주의 국가가 되었으며, 국민발안, 국민거부, 국민소환, 국민결정 등의 직접민주정치제도가 도입되어 현재는 반직접제(반대표제)로 발전하고 있다.[40]

제2절 귀족국가에서 국민국가로

서언

이하에서는 유산계급의 지배가 행해졌던 귀족국가에서 국민 전체가 주권을 행사할 수 있게 된 국민국가로의 발전과정을 주권자의 주권행사권의 확대 경향을 중심으로 검토해 보기로 한다. 이는 선거권의 확대에 따른 것이므로 선거권의 확대 경향을 보기로 한다.

1. 시민에 의한 통치를 표방한 엘리트 통치

1) 성문헌법의 주권자

---

40) H. Kurz (Hrsg.), *Volkssouveränität und Staatssouveränität*, 1970; H. Kelsen, *Der Wandel des Souveränitätsbegriffes*, 1931; 衫原泰雄,『主權と自由の現代的 課題』, 1994; 辻村みよ子, 主權論の今日 的意義と課題, 상게서, 41-61면; 樋口陽一,「立憲主義」と「憲法制定權力」: 対抗と補完,『日本學士院紀 要』69-3, 105-126면; 小林直樹, 戰後日本の主權論(上), 國家學會調査 104, 9, 10호, 1991 (主權論).

영국에서는 국회가 제정한 법률의 형식으로 기본권이 보장되었는데 미국에서는 헌법에서 기본권을 규정하기 시작하였다.[41][42]

미국에서는 버지니아 헌법을 비롯하여 주 헌법에서 기본권을 규정하였다. 1789년의 프랑스 인권선언은 제16조에서 「권리의 보장이 확보되지 않고 권력의 분립이 확보되어 있지 않은 모든 사회는 헌법을 가지고 있는 것이 아니다」고 하여 입헌주의의 내용이 기본권보장과 권력분립주의임을 강조하였다.

오늘날 모든 나라는 헌법 또는 이에 유사한 기본법을 가지고 있으며 국가의 목적과 국가정책의 방향, 국가기구의 조직 등에 관해서 규정하고 있다. 국가의 목적은 미국의 독립혁명과 프랑스혁명을 거친 뒤 모든 국가가 헌법을 제정하면서 기본권보장에 관한 대원칙을 규정하고 세부적인 권리에 관해서도 이를 보장하고 있다. 19세기는 가히 성문헌법의 전성기라고 할 수 있다. 그 결과로 국민주권주의 민주국가로 발전하였다.

2) 투표권의 제약에 의한 귀족시민 통치

(1) 프랑스에서의 투표권 제한

근대국가에서의 기본권의 주체는 전체 국민이 아니고 지식과 재산을 가진 시민의 권리였으며 무산계급에서는 선거권도 인정되지 않았다.

프랑스 인권선언 제6조는 「모든 시민은 스스로 또는 그 대표자에 의하여 법률의 제정에 참여할 권리를 가진다. … 모든 시민은 법률 앞에 평등이기 때문에 … 평등하게 모든 공직에 취임할 수 있다」고 규정하고 있었다. 그러나 그 직후의 1791년의 프랑스 헌법에 있어서는 재산에 의하여 시민을 능동적 시민과 수동적 시민으로 나누어, 주권을 실제로 행사할 수 있는 자를 능동적 시민에 한정하였다. 이 능동적 시민은 인구 2600만 명 중 약 430만 명에 불과하였고 나아가 그들이 선출한 선거인의 자격을 가진 자는 5만 명 정도에 불과하였다.

따라서 헌법은 국민주권을 주장하고 있었으나 실제로 주권을 행사할 수 있는 사람은 엘리트 밖에 없었다. 따라서 이 시기의 프랑스는 국민주권주의가 아니고 피선거권을 가진 유산자의 국가라고 하겠다.

(2) 미국에서의 선거권의 확대

미국도 프랑스와 대동소이하였다. 그것이 노예에게도 선거권을 인정하여 선거인 수가 늘었다. 미국에 있어서는 1865년에 노예제도가 폐지되었고(수정헌법 제13조), 1868년의 수정헌법에 의하여 비로소 모든 남성에게 선거권을 인정하게 되었다. 「미연방에서 출생했

---

41) 상세한 것은 김철수, 『기본적 인권의 본질과 체계』, 대한민국학술원, 2017; 주정립, 지구화시대의 인권과 국가주권, 『철학사상』 제19호(2004), 231-265면 참조.
42) 김철수, 전게서, 제1편, 제2편 현대 헌법의 인권규정.

거나 귀화하여 그 관할권에 속하는 모든 사람은 미연방 또는 그가 거주하는 주의 시민이다. 어떠한 주도 미연방 시민의 특권 또는 면제를 제한하는 법률을 제정하거나 또는 집행하여서는 안 된다. 어떠한 주도 법의 적정한 절차에 의하지 아니하고는 누구로부터도 생명, 자유 또는 재산을 박탈하여서는 아니 된다. 또 그 관할 안에 있는 어떤 사람에 대해서도 법의 평등한 보호를 거부해서는 안 된다」(수정헌법 제14조)고 규정하였다. 이리하여 노예에게도 투표권이 인정되게 되었다. 그러나 실제에 있어서는 헌법 이해력 테스트나 납세 여부에 의한 제한이 행해지고 있었다. 또 여성에게도 투표권이 인정되지 않았다. 그 이유는 재산을 가진 사람만이 「독립성」을 가져 중요한 정치적 결정을 내릴 수 있고, 또 그러한 결정을 하는 의회의원을 선출할 수 있다고 보았기 때문이다. 그리하여 남편에 의존하는 여성, 양친에 의존하는 젊은이, 주인에 의존하는 소사, 생활유지를 위하여 임시 고용하는 임금 노동자는 독립성이 없기 때문에 투표권 행사를 할 수 없다고 생각하였다. 이것이 노예제도의 폐지에 따라 선거권이 확대되었다. 또 재산이 없더라도 납세를 하는 남성에게는 투표권이 인정되게 되었다.

(3) 영국에서의 제한선거

18세기와 19세기에 세계 각국은 프랑스와 미국처럼 제한선거가 행해지고 있었다. 영국에서는 대표 없이는 납세 없다는 운동이 일어나 재산이 없더라도 일정한 납세를 하면 투표권을 인정하게 되었다. 영국에서는 19세기 초기까지는 선거권이 많이 제한되어 있었고, 장기간 동안 선거구 구획이 개정되지 않았기 때문에 산업혁명의 결과 버밍햄과 같은 도시도 대표가 없었으며, 선거민의 수가 불평등한 부패 선거구가 다수 존재하였다. 이러한 상황을 개선하기 위하여 1832년 선거법 개정이 행해져 선거자격을 완화하였고, 유권자도 약 50% 증가하였다.[43][44] 그 뒤 1918년에는 남자의 보통선거가 실시되었고 여성참정권도 일부 인정되었다.

(4) 독일에서의 제한선거

독일에서는 1800년 이후부터 각 지방에 의회가 성립하였고 제한선거가 행해졌다. 1815년의 연맹법(Bundesakt)에 의하여 독일연맹의 모든 구성 국가는 지방헌법을 제정하였다. 바이에른, 뷔르템베르크, 바덴 그리고 헤센-다름슈타트(Hessen-Darmstadt)는 1815년 이후 대의제를 채택한 최초의 지방이었다. 선거는 원칙적으로 부자 남성만이 즉 일정한 세금을 납부하는 남성만이 참여할 수 있었다. 여기에 계급적 요소로서 기사계급과 대지주들이 참여할 수 있었으며, 직업 대표들이 의회에 대표자를 파견할 수 있었다. 독일에서도 1830년과 1840년의 프랑스 혁명의 영향으로 대의제 헌법이 증가하게 되었다. 1848년 3월 혁명의 결과 자유민주적인 도약이 행해졌으며 1848년에 처음으로 전독일

---

43) 權利章典 - 投票權 / About THE USA / アメリカンセンタ JAPAN.
44) 參政權, Jinkawiki.

의 영역에서 프랑크푸르트 집회선거가 행해졌다. 이 집회에서 전독일헌법과 전독일선거법이 제정되었으나 지방 영주들이 이 헌법을 수락하지 않았다.

1866년 이후 프로이센이 북부지방의 영주와 결합하여 북독일연맹을 구성하였는데 제국의회는 보통·평등 선거로 제국의회를 구성하였다. 북독일선거법은 1869년에 제정된 뒤 1918년까지 효력을 가졌었다. 선거연령은 25세였다.[45]

(5) 오스트리아의 제한선거

오스트리아도 1848년 3월 혁명의 결과 의회가 구성되었으며 국민의 선거가 행해졌다. 국민들은 왕실에 대하여 불만이 많았으며 민주적 권리의 신장을 요구하였다. 그러나 이 혁명은 군대에 의하여 진압되었으며 왕은 다시금 절대주의로 되돌아갔다. 왕은 전권을 행사했고 신하의 참여를 거부했다. 그러나 그는 전쟁에 졌기 때문에 많은 돈이 필요하였고, 이에 대하여 시민들은 많은 권리를 요구하게 되었다. 그리하여 1861년 왕은 2월 칙령 (Februarpatent)을 제정하였다. 이것이 오스트리아 의회의 첫 개회였다. 24세 이상의 남성이 선거에 참여하여 직접 의회의 대표자를 선출할 수 있었다. 1867년에는 12월 헌법을 제정했는데 여기에 구 선거법을 유지하였다. 국민은 의회 직선을 요구하였는데 왕은 10길드의 세금을 납부한 사람에게만 선거를 할 수 있게 하였다. 시민들은 돈 많은 사람만이 투표할 수 있는데 대하여 반대하였기에 세금의 액수를 반인 5길드를 납부한 사람의 선거권을 인정하였다.[46] 1896년에는 선거법 개혁으로 6개월 이상 오스트리아 지방에 거주한 사람에게 선거권을 부여하였다.

(6) 일본의 제한선거

일본에서는 명치 유신 이후 헌법이 제정되고 1889년 선거법에서 처음으로 시민의 선거권이 인정되었는데, 전체 국민이 아니고 25세 이상의 남자로서 직접 국세 15엔 이상을 납부하고 있는 자에게만 선거권이 인정되었으나, 그 수는 인구의 약 1%의 45만 명에 불과하였다.[47] 이 밖에도 귀족, 현역군인들에게도 선거권이 인정되지 않았다. 이것은 후진 개발국가였기 때문이라고 하겠다.

---

45) Wikipedia, Geschichte des Wahlrechts in Deutschland.
46) Wahlrechtsentwicklung in Österreich 1848 bis heute, http://www.demokratiezentrum.org/wissen /timelines/wahlrechtsentwicklung-in-oesterreich-1848-bis-heute. html; Die Geschichte des Wahlrecht, https://www.demokratiewebstatt.at/thema/thema-wahlen/die-geschichte-des-wahlrechts.
47) 參政權, Jinkawiki; 選擧權, Jinkawiki.

2. 보통(일반)선거에 의한 전국민국가로

1) 남성 보통선거의 시행

(1) 미국에서의 남성 보통선거 실시

미국민은 재산소유나 납세 여부에 따라 선거권에 차별을 두는 것에 반대하였다. 그들은 병역의 의무들은 평등하게 하면서 선거권의 행사에서 재산이나 납세액에 따라서 차별대우를 하는 것은 불평등이라고 생각하여 항의하였다. 미국의 선거 시행은 주 업무이기 때문에 주 법에서 선거 요건을 정하고 있는데, 1850년까지 이러한 납세액에 의한 차별은 철폐되었다. 그리하여 미국 백인 남성은 선거권을 가지게 되어 보통선거가 실시되게 되었다. 이것을 추진한 세력은 표를 얻어야 하는 정당이었다. 그리하여 정당이 솔선하여 납세자격요건을 폐지하는데 앞장섰다. 이와 같이 백인 남성의 보통선거는 행해졌으나 흑인과 여성에게는 참정권이 인정되지 않았다.[48]

수정헌법 제13조, 제14조, 제15조가 있었으나 남부 주는 여러 가지 방법으로 흑인의 참정권은 제2차 세계대전 이후에야 1944년 연방대법원이 남부 주의 차별을 금지하여 비로소 아프리카 흑인도 투표할 수 있게 되었다.

(2) 독일에서의 보통선거 실시

북독일선거법은 1871년에 제정되어 1918년까지 효력을 가졌는데 독일 제국 선거에 있어서는 25세 이상의 남성에게는 선거권을 인정해 주었기에 보통선거가 실시되었다고 할 수 있다. 그러나 비밀선거가 잘 지켜지지 않았다.

그러나 지분국(支分國)에서는 보통선거가 잘 행해지지 않았다. 그 이유는 지분국 의회가 신분의회라 3계급 선거가 행해진다든가 복수 선거권 등으로 차등선거가 행해지고 있었다.

완전한 의미에서의 보통선거가 행해진 것은 1919년의 바이마르 헌법에서였다. 여기서는 비례대표선거를 도입하고 여성선거권을 인정하여 1인1표뿐만 아니라 1표등가의 원칙까지 시행하였다. 또 선거 연령도 25세에서 20세로 낮추었다. 지분국 헌법도 바이마르헌법에 따라 보통 평등선거를 도입하고 있었다.[49]

그러나 1933년 나치스가 집권하여 자유선거를 폐지하였다. 지분국도 마찬가지로 나치스 중앙정부와 같이 자유선거를 폐지하였다. 나치스 이외의 정당을 해산하고 1935년부터는 유대인의 선거권을 박탈하였다. 선거는 민주국가의 구성요소로 작용할 수 없었다.

나치스가 망한 뒤 동·서독으로 분할된 독일은 다른 선거제도를 가졌었다. 동독에서는 의회선거에서 국민전선만이 후보자를 공천하게 되었고, 선거인은 이 후보자 리스트만 투표할 수 있었다. 동독은 1990년 3월 18일에야 통일이 되어 비로소 자유선거를 할

---

48) 權利章典 - 投票權 / About THE USA / アメリカンセンタ JAPAN.
49) Wikipedia, Geschichte des Wahlrechts in Deutschland.

수 있게 되었다.

서독은 1949년부터 모든 시민이 선거권을 가지게 되었으며 인격화된 비례대표제에 따라 평등선거를 할 수 있게 되었다. 물론 현재에는 국회 의석은 후보자 정당명부에 대한 득표에 의하여 결정되게 되어 투표가치의 평등이 이루어지고 있다.

(3) 오스트리아에서의 남성 평등선거

1896년에 선거법이 개정되어 남자의 일반 선거가 행해졌다. 그러나 6개월 이상 오스트리아에 거주해야 했고 납세조건은 완화되었으나 규칙에 의하여 완전한 보통선거를 실시하지 않았다. 1907년에야 보통선거가 행해졌다. 선거법의 원칙은 직접·보통·평등·비밀선거의 원칙이 행해져 남자는 누구나 동등한 선거권을 가지게 되었다. 1918년 군주제가 폐지되고 공화국이 선포된 뒤 여성에게도 선거권이 부여되어 온 국민이 선거권을 가지게 되었다.[50]

그러나 나치스가 오스트리아를 합방한 뒤에는 오스트리아도 선거가 행해지지 않았고 나치스의 독재가 행해졌다. 1945년 나치스가 멸망한 뒤 다시 평등선거, 보통선거가 행해지게 되었다. 물론 여성도 선거권을 가지게 되었다.

(4) 영국에서의 남성 평등선거

영국에서는 1918년에 남자에게만 보통선거가 행하여졌다. 여성에게 선거권이 부여된 것은 1918년에 제한적으로 인정되었으며, 1920년경부터 여성 일반에게 선거권이 인정되었다.

2) 여성 보통선거권의 인정

(1) 여성참정권 운동

앞서 본 바와 같이, 국민주권주의를 표방한 근대국가에서도 주권을 행사할 수 있는 사람은 남성이었다. 프랑스 혁명시대에는 여성은 남성과 달리 가사에 종사하는 것으로 생각되어 프랑스 여성에게는 참정권이 인정되지 않았다. 이에 여성운동가들이 여성에게도 참정권을 인정하여야 한다는 주장을 하여 세계 각국에서 여성참정권 운동이 확산되었고 미국과 유럽에서도 20세기에 들어와서 일반적으로 인정되게 되었다.

(2) 프랑스에서의 여성참정권

여성참정권 운동은 프랑스 혁명기에 이어 싹텄다. 올랭프 드 구주(Olympe de Gouges)는 프랑스 혁명기인 1791년에 「여성과 여성 시민의 권리선언」(Déclaration des Droits

---

50) Wahlrechtsentwicklung in Österreich 1848 bis heute, http://www.demokratiezentrum.org/wissen/timelines/wahlrechtsentwicklung-in-oesterreich-1848-bis-heute.html.

de la Femme et de la Citoyenne)을 발표하여 여성에게 참정권을 인정해 달라고 주장하였다.[51] 그녀는 1793년 테러지배 시대에 로베스피에르에 반대한다고 체포되어 짧은 전시재판 끝에 가을에 사형에 처해졌다.

1936년 7월에 프랑스 하원은 만장일치로 여성참정권을 통과시켰으나 상원에는 상정되지도 않았다. 프랑스는 1944년 4월 21일 국민해방전선이 여성참정권을 인정하였으며, 1944년 10월 5일 프랑스 임시정부도 이에 동의하였다. 전국적 범위에서는 1945년 10월 21일의 국민의회선거에서 여성의 피선거권이 인정되어 586명의 의원 중 여성의원이 33명(=5.6%)이 당선되었다.[52][53]

(3) 영국에서의 여성참정권

영국에 있어서는 옛날에는 여성에 대한 참정권이 명문으로 금지되지 않았으나 1832년의 개혁법과 1835년의 지방도시법에서 여성참정권이 부정되었다. 1872년부터 여성선거권 쟁취운동이 강력히 나타났으며 영국의 여러 곳에서 격렬한 시위가 벌어졌다. 그래서 1906년에는 여성선거권에 관한 공감이 형성되었다.

1914년의 제1차 세계대전 발발 후에는 영국에서의 여성참정권 운동은 잦아들었으나 1918년의 조용한 로비에 의하여 여성들의 참정권이 보장되었다. 제1차 세계대전이 끝난 뒤 1918년에서 30세 이상의 남성과 여성에게 최저한의 재산 요건 하에서 선거권을 인정하게 되었다. 그 결과 560만 명의 남자와 840만 명의 여자가 투표하게 되었다. 1928년에는 보수정당이 새 인민대표법을 제정하게 되었는데, 21세 이상의 여성에게 투표권을 인정하였다. 남자도 똑같이 21세 이상이면 선거권을 행사할 수 있게 되었다.[54]

(4) 미국에서의 여성참정권

미국에서는 1920년에야 여성참정권을 인정하는 헌법 수정이 행해졌다. 「미연방시민의 투표권은 연방 또는 주에 의하여 성별을 이유로 하여 거부되거나 제한되어서는 안 된다. 연방의회는 적당한 입법에 의하여 본조의 규정을 집행할 권한을 가진다」(수정 제19조). 이는 미국 여성들의 운동에 의하여 얻어진 것이며,[55] 제1차 세계대전 이전부터 여성참정권운동이 행해졌다. 미국은 1848년 뉴욕주의 세네카 폴스(Seneca Falls) 회의를 열어

---

51) 박재연 옮김, 『여성과 여성 시민의 권리선언』, 꿈꾼문고, 2019; 이세희, 『프랑스 대혁명과 여성, 여성운동』, 탑북스, 2012; 브누아트 그루, 백선희역, 『올래프 드 구주가 있었다』, 마음산책, 2014; オリヴィエ ブラン, 辻村みよ子譯, 『女の人權宣言』, 岩波書店, 1995.
52) Assemblée nationale, "La citoyenneté des femmes – La décision du Général de Gaulle." https://www2.assemblee-nationale.fr/decouvrir-l-assemblee/histoire/le-suffrage-universel/la-conquete-de-la-citoyennete-politique-des-femmes/la-decision-du-general-de-gaulle
53) Women's Suffrage Movement, HistoryNet; Wikipedia, Frauenwahlrecht; Women's Suffrage.
54) Wikipedia, Women's Suffrage in the United Kingdom.
55) Lesson Module: Women's Suffrage in the United States –Teach a Girl to Lead, http://tag.rutgers.edu/teaching-toolbox/classroom-resources/lesson-module-womens-suffrage-in-the-united-states.

세계 최초의 여권운동으로 기록되어 있다. 1869년에는 노예제도가 폐지되고, 이와 관련하여 여성참정권 운동에도 많은 기여를 했다. 1870년에는 두 여성 단체가 결합하여 보다 활발한 활동을 하게 되었다. 1914년에는 영국의 여성참정권 운동을 모방하여 보다 급진적인 운동을 벌였고 결식 스트라이크와 구금투쟁을 하여 국민의 동의를 얻었다. 여성 단체가 1916년에는 당시 여당이었던 민주당에 압력을 가하였고, 전국여성당을 조직하여 선거운동을 하였다. 또 제1차 세계대전이 일어나자 여성권익보다는 애국운동을 하게 되었다. 그리하여 수정헌법 제19조가 의회를 통과하였으나 비준 과정은 험난하였다.56)

많은 반대에도 불구하고 여성참정권의 헌법 수정안이 비준된 것은 제1차 세계대전 중의 전쟁에 대한 기여 덕이라고 보는 견해가 있다.57) 이 결과 미국의 여성들은 정치에 참여하여 이제는 대통령선거나 의회선거에서 남성보다 많은 투표를 행사하여 미국의 정치를 움직이고 있다. 1964년 대통령선거 이후 매번 여성 투표자수가 남성 투표자수보다도 많으며, 1980년 이후에는 여성 투표자의 표수가 남성 투표자의 표수보다도 많게 되어 미국의 역사와 정치에 중요한 영향을 끼치고 있다.

(5) 독일에서의 여성참정권

독일에서의 여성참정권은 제1차 세계대전이 끝날 무렵에야 인정되게 되었다. 독일에서는 1918년 1월 혁명의 와중에서 1918년 11월 12일 독일 국민에게 국민대표의회의 요구에서 「공공단체의 모든 선거에서 앞으로는 평등하고 비밀이며 직접 보통선거권을 가지고 모든 20세 이상의 남성과 여성에 의하여 비례대표제선거제에 따라 행해진다」고 선언되었다. 또 「제헌의회의 구성도 이 선거법이 적용되며 상세한 것은 곧 발표될 것이다」고 선언했다.

1918년 11월 30일의 헌법제정 독일 국민의회선거법령 제2조에서 「선거권자는 선거일에 만 20세 이상인 모든 독일 남성과 여성이다」고 규정하였고, 1919년 1월 19일에 최초의 전국적인 독일 선거에서 여성도 선거권과 피선거권을 행사하게 되었다.58) 이 이전에 이미 각 지방에서는 여성참정권이 인정되었었다. 예를 들면 1918년 12월 15일의 안할트 지방과 멕클렌부르크 슈트렐리치, 1918년 12월 22일에는 브라운슈바이크와 1919년 1월 12일에는 바이에른, 뷔르템베르크, 바덴의 지방선거에서 여성은 선거권과 피선거권을 행사했다.

(6) 일본에서의 여성참정권

일본에서 남성만의 보통선거가 행해진 것은 1925년이었다. 여성들은 1919년부터

---

56) Women's Suffrage Movement, http://www.historynet.com/womens-suffrage-movement.
57) 高村宏子, アメリカ, カナダにおける女性の第一次大戦参加と参政権獲得 ― 議会の審議過程を中心として, Toyogakuen University NII-Electronic Library Service.
58) Frauenwahlrecht, https://www.wahlrecht.de/lexikon/frauenwahlrecht.html; Wikipedia, Frauen wahlrecht.

新婦人協會 등을 만들어 참정권 획득운동을 벌였으나 제2차 세계대전 전의 일본에서는 여성에게 선거권도 인정하지 않았다. 1931년에는 하원에서 여성참정권을 조건부로 인정하는 법안을 통과하였으나 상원(貴族院)의 반대로 법률로 성립하지 않았다. 제2차 세계대전에 패전하여 미군 점령 하에 있었던 1945년 10월 10일에야 부인참정권에 관한 각의 결정이 있었다. 이것은 맥아더의 5대 개혁의 지령에도 있었다.

1945년 11월 21일에는 칙령에 의하여 치안경찰법이 폐지되어 여성의 결사의 자유권이 인정되었고, 12월 17일의 개정 중의원의원선거법 공포에 따라 여성의 국정참가권이 인정되었다. 1946년 4월 10일의 중의원선거에서는 일본 최초의 여성의원 39명이 탄생하였다. 지방 참정권은 1946년 9월 27일의 지방 정부의 결정에 따라 실시되었다.[59]

(7) 극동 아시아에서의 부인참정권

극동에 있어서는 유교가 성하여 여성참정권은 늦게야 인정되게 되었다. 중화민국에서는 1947년의 중화민국헌법에서 비로소 인정되었으며 중화민국은 대만으로 후퇴하였다.[60]

북한과 남한은 군정 하인 1946년에 남녀 모두 선거권을 가지게 되었다. 1948년 정부수립과 함께 남자나 여자가 다 선거권과 피선거권을 가지게 되었다.[61] 중공은 1949년에 중화인민공화국헌법을 만들어 부인참정권을 인정하였다.[62] 홍콩도 1949년에야 여성참정권이 인정되었다. 1950년에는 인도에서도 여성참정권이 인정되었다.

(8) 스위스에서의 여성참정권

스위스에서는 여성에게 선거권을 인정하면 남편 것까지 2표를 행사하게 된다는 핑계로 여성참정권을 인정하지 않았다. 그것이 1971년 2월 7일의 국민투표에서 연방 차원에서 여성참정권이 인정하게 되었다.[63] 지방선거에서는 Kanton Waadt에서는 1959년에 여성참정권이 인정되었고, 마지막으로는 1990년 연방재판소의 판결에 의하여 Kanton Appenzell-Innerrohden이 부득이 여성참정권을 인정하였다. 이웃인 리히텐슈타인은 두 번이나 국민투표에서 부결된 뒤 1984년에야 여성참정권이 인정되었다.

(9) 중동국가에서의 여성참정권

중동에서는 여성의 사회참여가 오랫동안 제한되어 왔는데 2005년에는 쿠웨이트에서, 2015년에는 지방에서 사우디아라비아에서 여성참정권이 시행되었으나 신분증명이 없어 여성의 선거는 남성이 6,100명인데 대하여 860명밖에 안 되었다.

---

59) Jinkawiki, 參政權.
60) 중화민국 헌법.
61) 김철수, 『한국헌법사』, 1988.
62) 중화인민공화국 헌법.
63) Wikipedia, Frauenwahlrecht; Timeline, Women's Suffrage and Beyond, http://womensuffrage.org/?page_id=69.

3) 선거연령의 인하

(1) 선거권 연령의 하향화 경향

근대 입헌국가에 있어서는 제한선거에 의하여 주권자인 선거인의 수는 매우 적었다. 그 이유는 성별·재산·연령 등에 의하여 차별이 행하여졌기 때문이다. 그것이 현대 민주국가에 와서는 선거권이 확대되어 20세기에 들어서는 여성참정권이 인정되어 선거인 수가 배가 되더니, 선거권의 연령에 의한 차별을 금지하는 청소년운동에 의하여 선거권의 연령이 인하되기 시작하였다. 초기 입헌주의 시대에는 30세 이상의 남성에게만 선거권이 인정되었는데 20세기에 와서는 20세까지 인하되었다가 21세기에 와서는 10대에까지 선거권을 인정하게 되었다.

선거연령을 인하하는 이유는 여러 가지가 있으나 ① 청소년은 책임은 있으나 권리는 없다. ② 청소년은 법을 지키도록 강요받으나 법의 제정에는 참여할 수 없다. ③ 청소년들은 이미 정치에 참여하고 있다. ④ 청소년들은 좋은 투표자이다. ⑤ 선거연령의 인하는 선거참여자를 늘린다. ⑥ 선거연령의 인하는 청소년의 생활을 향상시킬 것이다. ⑦ 지식이나 경험은 투표자격의 기준이 될 수 없다. ⑧ 나쁜 투표는 없다. ⑨ 투표연령 인하에 반대하는 이유는 성년자들의 투표이익을 증진시키기 위한 것이다. ⑩ 투표연령의 인하는 우리가 생각하는 것보다 많은 사람에 의해서 지지받고 있다. 등의 이유로 이에 찬성하고 있다.64)65)66)

그러나 미성년자의 경우에는 친권자의 동의를 얻어야 한다거나 고등학생은 정치보다 학문 공부를 해야 한다는 등의 반대도 많다. 특히 소년들이 교사들의 영향을 받아 진보편에 선다고 하여 노동당에 유리하다는 주장이 많았다. 그러나 오늘날에는 선거권 연령이 낮아지기 시작한 것은 1900년대부터 시작하여 21세기에 들어와서는 거의 모든 나라가 18세로 되었다.

18세:

Afghanistan, Albania, Algeria, American Samoa, Andorra, Angola, Anguilla, Antigua and Barbuda, Armenia, Aruba, Australia, Azerbaijan, Bahamas, Bangladesh, Barbados, Belarus, Belgium, Belize, Benin, Bermuda, Bhutan, Bolivia, Bosnia and Herzegovina, Botswana, British Virgin Islands, Brunei, Bulgaria, Burkina Faso, Burundi, Cambodia, Canada, Cape Verde, Cayman Islands, Central African Republic, Chad, Chile, China, Cocos Islands, Colombia, Comoros, Democratic Republic of the Congo, Republic of the Congo, Cook Islands, Costa

---

64) Wikipedia, Voting age.
65) Ten Reasons to Lower the Voting age, National Youth Rights Association.
66) 세계 각국의 선거연령에 관해서는 Wikipedia, Voting age.

Rica, Côte d'Ivoire, Croatia, Curaçao, Cyprus, Czech Republic, Denmark, Djibouti, Dominica, Dominican Republic, Egypt, El Salvador, England, Equatorial Guinea, Eritrea, European Union, Falkland Islands, Faroe Islands, Fiji, Finland, France, French Polynesia, Gabon, Gambia, Georgia, Germany, Ghana, Gibraltar, Greenland, Grenada, Guadeloupe, Guam, Guatemala, Guinea, Guinea-Bissau, Guyana, Haiti, Honduras, Hong Kong, Hungary, Iceland, India, Iran, Iraq, Ireland, Israel, Italy, Jamaica, Japan, Jordan, Kazakhstan, Kenya, Republic of Korea, Kiribati, Kosovo, Kyrgyzstan, Laos, Latvia, Lesotho, Liberia, Libya, Liechtenstein, Lithuania, Luxembourg, Macau, Republic of Macedonia, Madagascar, Malawi, Maldives, Mali, Marshall Islands, Martinique, Mauritania, Mauritius, Mayotte, Mexico, Federated States of Micronesia, Moldova, Monaco, Mongolia, Montenegro, Montserrat, Morocco, Mozambique, Myanmar, Namibia, Nepal, Netherlands, New Caledonia, New Zealand, Niger, Nigeria, Niue, Norfolk Island, Northern Mariana Islands, Norway, Pakistan, Palau, Panama, Papua New Guinea, Paraguay, Peru, Philippines, Pitcairn Islands, Poland, Portugal, Puerto Rico, Qatar, Réunion, Romania, Russia, Rwanda, Saint Helena, Saint Kitts and Nevis, Saint Lucia, Saint Pierre and Miquelon, Saint Vincent and the Grenadines, San Marino, São Tomé and Príncipe, Saudi Arabia, Senegal, Serbia, Seychelles, Sierra Leone, Sint Maarten, Slovakia, Slovenia, Somalia, South Africa, Spain, Sri Lanka, Suriname, Swaziland, Sweden, Switzerland, Syria, Tajikistan, Tanzania, Thailand, Togo, Trinidad and Tobago, Tunisia, Turkey, Turkmenistan, Turks and Caicos Islands, Tuvalu, Uganda, Ukraine, United Kingdom, United States America, Uruguay, Uzbekistan, Vanuatu, Venezuela, Vietnam, Virgin Islands of the United States, Wallis and Futuna, Yemen, Zambia, Zimbabwe

16세:
그런데 21세기 들어와서 선거권을 16세로 인하하는 나라도 나왔다.[67] 시행 연도가 빠른 것부터 보면

Nicaragua (1984), Brazil (1988), Estonia (1990), Isle of Man (2008), Austria (2007), Guernsey (2007), Jersey (2008), Ecuador (2008), Argentina (2012), Malta (2013), Scotland (2014), Cuba

Estonia (2015)와 미국의 일부 주, 독일의 일부 주에서는 16세 선거권을 인정하고 있다. 이스라엘은 지방선거에서 17세로 하고 있다.

---

67) Teens Push to Lower the Voting age, https://youthtoday.org/2017/01/teens-push-to-lower-the-voting-age.

17세:

East Timor, Ethiopia, Indonesia, North Korea, Sudan, South Sudan, Greece(2015. 8)

20세:

Bahrain, Nauru, Taiwan

21세:

Cameroon, Kuwait, Lebanon, Malaysia, Oman, Samoa, Singapore, Solomon Islands, Tokelau, Tonga

25세:

United Arab Emirates,

이상은 Wikipedia, Voting Age에서 연령별로 정리한 것이다. 2016년 이후 것은 반영되지 않았다.

(2) 영국에서의 선거연령 인하

영국에서는 원래 21세가 선거연령이었으나 제1차 세계대전 중 군인은 1918년부터 만 19세부터 선거권을 가지게 되었다. 1918년의 선거법은 30세 넘은 여성에게는 선거권을 인정하게 되었다. 1928년 선거법(Representation of the People)(Equal Franchise)(Act of 1928)에서는 여성도 만 21세 이상이면 선거권을 가지게 하였다. 1969년 국민대표법에서 선거법 개정에서 선거권을 18세로 인하하기로 하였다. 영국에서 선거권을 16세로 인하하려는 안은 1999년 12월에 논의되었으나 정부의 반대로 이 안은 434대 36으로 부결되었다. 2015년에는 젊은 소년들이 16세로 선거권 인하를 주장했으나 의회를 통과하지 못했다.

이에 반하여 스코틀랜드 의회에서는 2011년에 스코틀랜드독립 국민투표에서 16세로 투표권을 인하하기로 하였으며, 2015년 6월에는 스코틀랜드의회의원선거에서 선거연령을 16세로 인하하기로 만장일치로 가결하였다.[68]

영국의 속국에서는 만 16세로의 선거권 인하가 성공하였다. Isle of Man은 선거연령을 16세로 인하하는 것을 19:4로 승인하였고, Jersey와 Guernsey에서는 16세로 인하하였다.

---

68) Wikipedia, Voting age.

(3) 미국에서의 선거연령 인하

미국에서는 제2차 세계대전 중에 선거권 연령이 21세에서 18세로 인하되었다. 세계대전과 베트남 전쟁에서 투표권을 가지지 않은 군인이 병역의무를 다한다는데 대하여 불만이 많았고, 각 주는 선거권 연령을 낮추고 있었다. 1970년 연방 대법원은 의회는 연방선거에 있어서의 최저연령요건을 정할 수 있다고 판결하였다.[69] 1971년에는 수정헌법 제26조가 통과되어 18세로 선거권 연령이 인하되었다. 수정헌법 제26조는 「① 연령 18세 또는 그 이상의 미연방 시민의 투표권은 미연방 또는 주에 의하여 연령을 이유로 하여 거부되거나 제한되어서는 안 된다. ② 연방의회는 적당한 입법으로서 본문의 규정을 집행하는 권한을 가진다」고 규정하고 있다. 이로써 연방의 선거연령의 인하는 헌법 수정에 의할 수밖에 없다. 그러나 지방의회의 선거법 제정은 주의 권한이기 때문에 17세 또는 16세로 선거권이 인하되어 있기도 하다.

그러나 미국에서는 18세에서 24세까지의 청소년의 투표율이 성년의 투표율보다는 적기 때문에 큰 변화를 가져오지 않고 있다고 본다.[70]

(4) 유럽에서의 선거연령의 인하

프랑스에서는 1851년에 21세 이상의 남성에게 보통선거가 행해졌다. 1944년 4월 21일에는 21세 이상의 여성에게도 보통선거가 행해졌다. 1974년 7월 5일에는 선거연령이 18세로 인하되었다.

폴란드에서는 1918년에 남녀동권의 보통선거가 행해졌고, 1952년에는 선거권 연령을 18세로 인하했다.

스위스는 2007년 5월에 Glarus Canton이 16세로 선거연령을 인하하였다.

오스트리아도 2007년 선거법 개정에서 선거연령을 16세로 인하하였다.[71] 이는 유럽연합에서는 오스트리아가 최초로 16세 선거권을 도입하였다. 16세 선거권은 대통령선거, 국회의원선거, 유럽의회선거, 지방의회선거, 시읍면의회선거 등 전반에 걸친 것으로 그 의의가 크다. 역사적으로 보면 1882년 이래 24세 이상의 남성이 선거권을 가졌고 1919년 이후에는 19세 선거권을 가지게 되었다. 2003년에는 선거연령을 19세에서 18세로 인하하였다. 2007년 선거법 개정에서 선거권은 18세에서 16세로, 피선거권은 19세에서 18세로 인하하였다.

독일에서는 1917년에 35세로 선거연령이 규정되었고, 1919년에 바이마르공화국이 선포된 다음 헌법제정회의에서 20세로 선거연령이 인하되었으며, 1945년에는 20세에서 21세로 상향 조정되었다가 1970년에 21세에서 18세로 인하되었다. 1975년에는 성년연령을 18세로 하여 피선거권도 18세로 인하하였다.[72]

---

69) Oregon v. Mitchell, 400 US 112 (1970).
70) Wikipedia, Youth vote in the United States.
71) Wählen mit 16: Bundesministerium für Familien und Jugend; Wikipedia, Wahlen in Österreich.
72) S. Eisel, *Wahlrecht, Volljährigkeit und Politikinteresse?*, Konrad-Adenauer-Stiftung, 20. Jan.

1995년에는 니더작센이 지방선거에서 선거연령을 16세로 인하하였고 다른 주도 이를 따르기 시작하였다. 2009년에는 브레멘이 16세로 인하하였고, 2011년에는 함부르크와 슐레스비히 홀슈타인이 이에 따르고 있다. 정치적 이유에서 좌파에서는 선거연령을 인하하려고 하고 우파에서는 현재대로 하기를 원하고 있다.

(5) 극동에 있어서의 선거연령의 인하

일본에서는 1889년의 선거법에서 만 25세 이상의 남성으로서 직접 국세를 15엔 이상 납부한 사람에게만 선거권을 인정하였으나, 그 수는 인구의 약 1%의 45만 명에 불과하였다.

제2차 세계대전 후 1945년에야 20세 이상의 남녀에 선거권이 인정되었었다. 그동안 18세로의 선거연령 인하가 논의되었으나 일본국 헌법 제15조가 성년자에 의한 보통선거를 보장하고 있었기 때문에 민법 개정이 요구되었다.[73] 일본의「日本国憲法の改正手続に関する法律(소위 국민투표법)은 제3조에서 국민투표의 선거권 연령은 18세 이상으로 하고 있었으나, 많은 법령 개정에 시간이 필요하기 때문에 부칙에서 시행을 연기하는 조항을 두었었다. 일본은 2016년에 이들 법령을 개정하여 만 18세로 선거연령을 개정하였다.

중화인민공화국은 공산당 1당 독재국가로 직접선거가 행해지지 않고 정당명부에 의한 투표로 지방자치단체의 의원이 결정하고, 그들이 상위의 의회의원을 선출하는 간접선거를 실시하고 있다. 지방자치단체에서는 만 18세 이상의 공민이 선거권을 가진다.

중화민국 대만은 그동안 전시라고 하여 대통령이나 의회의원에 대한 직접선거가 행해지지 않았으나, 1992년 12월에 최초로 입법원에 대한 직접선거가 행하여졌다. 선거권 연령 하한은 현재 18세이다.

대한민국에서는 미군정하에서 1948년 처음으로 국회의원 직선을 행했는데, 선거연령은 21세 이상이고 피선거 연령은 25세 이상이었다. 1960년 새 정부수립을 위한 선거법 개정에서 선거권 연령은 20세로 인하되었다. 2005년 5월 4일에 선거법을 개정하여 만 19세로 하였다. 그 이유는 고등학교의 정치화를 염려하여 고교재학생의 선거권을 제한하기 위한 것이었다. 2018년 지방선거에서도 선거연령을 18세로 하향해야 한다는 주장이 있으나 조기입학제도와 관련하여 선거연령 인하가 행해질 가능성이 있다.[74]

2012; Wahlalter, Der Bundeswahlleiter; Aktives und passives Wahlrecht, Wahlrechtslexikon.
73) 宮下武, 選挙権年齢及び民法の成年年齢等の引下げ問題,『立法と調査』, 2009. 7. No. 294, 60-77면.
74) 선거연령에 관한 법률, Daum 팁; 선거권, 위키백과.

제3절 국민국가에서의 기본권

1. 근대국가의 인권

1) 근대국가에서의 정치사상의 반영

근대 국가의 이론가라고 할 홉스, 로크, 몽테스키외와 루소의 자연상태론과 사회계약 및 정부에 관해서 살펴보았는데, 이들의 주장은 자연상태의 파악에서부터 달랐음을 알 수 있었다. 그러나 사회계약의 결과로 국가를 형성하여 국민의 생명, 자유, 안전, 행복, 재산을 보장하기 위한 것이었음을 알 수 있었다.[75]

이들은 국가가 국민의 의사에 의해서 구성되는 민주주의를 기조로 했으며 법의 지배, 국가권력의 제한, 입헌정체의 운영이 중요 과제임을 알 수 있었다. 우리는 이러한 정부형태를 입헌주의국가라고 할 수 있다. 이들이 주장한 사회계약의 문서는 성문헌법으로 되었으며, 입헌주의헌법에서는 법치주의와 국민의 기본권 보장이 필수적인 내용이 되었다.

2) 근대국가의 목적: 인권보장

근대국가의 목적은 이들이 주장한 것처럼 국민의 권리를 보장하기 위한 것이다. 홉스와 같이 자연상태를 전쟁상태로 본 경우에는 이러한 전쟁상태를 종결시켜 평화를 유지하기 위하여 사회계약을 체결하고 국가를 형성했다고 하며, 여기서는 국가가 국민을 위하여 존재한다고 보고 있다. 그는 자연상태에 가지고 있던 시민이 자연권적 자유를 통치자에 위임하고 새로운 헌법상의 권리를 보장받으려고 한 것이라고 한다.

로크는 인간이 자연상태에서 가지고 있던 자연권을 보장하기 위하여 인민과 지배자 간에 사회계약을 맺어 국가를 형성한 것으로 본다. 만약에 왕이 이러한 국민과의 약속을 파기하면 심지어 왕을 살해할 수도 있다고까지 주장하고 있다. 그는 자연권으로 사상의 자유, 언론의 자유, 종교의 자유 등을 들고 있으나, 가장 중요한 것은 재산권의 보장이라고 생각하였다. 그는 국민의 권리를 보장하기 위하여 정부의 권력은 제한되어야 한다고 하였다.[76]

---

75) Rousseau, *The Social Contract* 1762, trans. by Cole; D. Pavlovic, Rousseau's Theory of Sovereignty, Hungary 1997; Locke and Rousseau on the Social Contract; Hobbes and Rousseau, individual and Society; Fudjack, The Inalienable Rights of the Individual and the Sovereign Will of the People 2001; T. Würtenberger, Von der Aufklärung zum Vormärz, in Merten/Papier, *Handbuch der Grundrechte*, Bd. Ⅰ, § 2, SS. 49-96; J. Kühne, Von der bürgerlichen Revolution bis zum Ersten Weltkrieg, in Merten/Papier, op. cit., § 3, SS. 97-152; H. Klein, Grundrechte am Beginn des 21. Jahrhunderts, in Merten/Papier, op. cit., Bd. Ⅰ § 6, SS. 269-312.

76) 입헌주의에 관해서는 김철수, 『헌법과 정치』, 2012. 국민국가의 발전에 대해서는 The rise of the

몽테스키외는 자연상태에서의 인간은 허약했다고 생각하고 인민이 이 상태를 탈출하기 위하여 인정법을 만들고 정부를 만들었다고 한다. 몽테스키외는 사회계약에 대해서는 직접 언급하지 않고 있으나 정부의 주목적은 법과 질서, 정치적 자유와 개인의 재산권의 보장에 있다고 주장하였다. 그는 프랑스의 절대군주정에 반대하고 영국의 정부형태를 좋은 정부형태라고 보았다.

루소는 자연상태를 자유롭고 평등한 인민들이 재산권 때문에 불평등하게 되었다고 보고, 모든 사람이 생명, 자유와 재산을 보장하기 위하여는 사회계약에 의하여 정부를 구성하는 것이라고 하였다. 루소는 자기들의 권리를 왕에게 이양하는 것이 아니라 모든 인민으로 구성되는 전사회에 이양하는 것이라고 생각하였다. 그러면 인민들은 일반의사에 의하여 공공선을 위하여 법률을 제정한다고 하였다. 그는 그가 살았던 제네바를 생각하여 직접민주정치를 주장하면서 인민의 일반의사에 반하는 사람은 시민국가에서 퇴출될 수 있다고 하였다. 그는 국민의 일반의사는 통일적이기에 권력분립은 거부하였다.

이들의 주장에 따라 근대 입헌주의 국가가 성립하였다.77) 근대국가의 기원에 관해서는 사회계약설에 의한 것으로 보고 국가는 국민의 자연상태에서 누렸던 기본권을 보장하기 위한 제도로 인정되고 있다.

3) 근대국가에서의 기본권

(1) 공민권(Bürgerrecht)

근대 국가에서의 기본권은 전체 국민을 위한 것이기보다는 공민(Bürger)을 위한 기본권이라고 하겠다. 따라서 이 시대의 기본권은 일반적으로 공민권(Bürgerrecht) 또는 시민권이라고 말하여졌으며, 국적을 가진 사람에 한정되었고 국가권력 형성에 참여하는 공민에게 한정되어 있었다고 할 수 있다. 앞서 본 바와 같이, 이 공민은 제한선거에 의하여 재산과 학식이 있는 계급에 한정되어 선거권과 피선거권이 인정되었다.78) 이를 부르주아의 권리라고 보며 이는 특권계급의 권리에 지나지 않았다.

이 시대에는 국가가 주권을 가진다는 국가주권주의가 행해졌고, 국가는 국가권력을 가지고 입법권과 행정권, 사법권을 가져 기본권과 민주주의에 위협이 되는 경향이 있었다.79)

---

nation state during the Renaissance - The Flow of History, http://www.flowofhistory.com/units/west/11/FC79.

77) 근대 국가의 특색에 대해서는 의회주권주의를 들 수 있으며 권력분립주의가 잘 기능하지 않고 권력독점주의로 흐른 경향이 있다.

78) H. Mühleisen, *Menschenrechte - Grundrechte Bürgerrechte*; Bundeszentrale für politische Bildung: *Informationen zur politischen Bildung* (Heft 239); Wikipedia, Bürgerrecht; H. Vöhringer, Grundrechte gegen, durch, im und mit dem Staat.

79) E. Steven, Grundrechte, Staat gefährdet Grundrechte und Demokratie - der Freitag, https://www.freitag.de/autoren/hans-springstein/staat-gefahrdet-grundrechte-und-demokratie.

(2) 공민의 법적 지위

국가에 대한 공민의 관계는 공민은 선거권을 행사할 때만 주권자이고 선거가 끝나면 대표자인 의회가 국가권력을 행사하게 된다. 고전적 기본권 이론인 G. Jellinek는 국민 개인의 국가에 대한 지위를 소극적 지위, 적극적 지위, 능동적 지위, 피동적 지위로 나누고 있다.[80]

소극적 지위에는 개인이 국가에서 자유롭게 생활할 수 있는 권리로 만약에 국가가 이러한 자유권을 침해하는 경우에는 이를 배제해 달라고 요구할 수 있는 방어권(防禦權)이 생긴다. 적극적 지위에서는 개인이 국가의 배려에 의하여 적극적인 보호요구를 할 수 있는 권리를 말한다. 예를 들어 국가에 대한 손해배상청구권이라든가 형사보상청구권 등을 말한다. 능동적 지위에서는 개인이 국가기관의 구성 등에 참여할 수 있는 권리를 말한다. 선거권과 피선거권이 이에 속한다. 피동적 지위에서는 국가권력에 복종할 의무를 진다.

(3) 국민대표기관의 최고성에 의한 민주정치의 왜곡

시에예스 등이 주장한 국민주권설에 의하면 주권자인 국민이란 남녀노약의 구별이나 선거권의 유무를 불문하고 일체의 자연인인 국민의 총체를 말한다고 한다. 이 이름에서는 통치자인 국민과 피치자인 국민이 동일한 존재이다(치자와 피치자의 자동성). 이와 같이 주권이 국민 전체에 있다고 생각한다면 국민 총체는 현실적으로 국가기관을 활동하는 것이 불가능하기에, 전 국민주권설에서 말하는 국민주권은 국민 전체가 국가권력의 원천이며, 국가권력의 정당성을 기초하는 궁극의 근거라고 말한다는 뜻이다. 이것은 사실이 아니고 그러해야 한다는 당위라고 할 수 있다.

사실에 있어 전체 국민은 행동할 수 없기에 간접민주정치를 요구하게 된다. 즉 국민은 국회에 있어서의 대표자를 통하여 행동하게 되며, 이 국민대표기관인 의회가 현실적으로 행동하는 최고기관으로서 기능하게 되고, 실제적으로는 의회가 주권을 행사하게 된다(국가주권≒의회주권). 이 경우 선거인은 정치적으로 대표자를 선출하는 행위만이 주권행위이고, 이외의 경우에는 의회권력의 복종자로 전락하게 된다. 이것이 영국이나 미국의 의회우월적 간접민주제였다.[81]

4) 근대국가에서 현대국가로의 변천

---

80) G. Jellinek, *Allgemeine Staatslehre*, S. 420; 옐리네크, 김효전 옮김, 『일반국가학』, 2005; Grund-rechtsfunktionen - Status-Lehre nach Jellinek, https://www.juristischer-gedankensalat.de/2010/04/06/grundrechtsfunktionen-status-lehre-nach-jellinek.

81) 대표제 민주정치에 대해서는 Rousseau, *Du Contrat social*, 1762; W. Bowen, The Rise of the Nation-State, Owlcation, 2017; Wikipedia, Nation state. 辻村みよ子, 『フランス革命の憲法原理』, 日本評論社, 1989; 芦部信喜編, 『近代憲法原理の展開(1)』, 1976.

(1) 반 직접민주주의의 등장

이러한 의회주권주의는 민주정치를 왜곡하는 것이기에 인민주권주의론이 등장하였다. 이는 루소 등이 주장한 것으로 주권자인 인민이란 사회계약에 참여하는 행위능력을 가진 개인의 집합체로 생각하였다. 그래서 이 행위능력을 가진 개인이 직접 민주주의를 요구하게 되었다. 선거권의 확대에 따라 선거인을 주권자로 대표하는 명령적 위임을 받은 인민대표이며 이들에 대해서는 국민소환도 가능하다고 생각하였다. 그래서 스위스라든가 미국의 주에서는 직접민주정치가 행하여져 국민결정, 국민발안, 국민소환 등이 행해졌다. 그러나 모든 문제를 모든 선거인이 수시로 결정하기는 불가능하기에 과거의 의회대표제와 국민투표제를 혼합한 반직접민주제 또는 반대표제가 등장하게 되었다.

(2) 현대국가로의 발전

이러한 의회절대주의에서 실질적인 인민주권주의로 발전하고 선거인이 직접 주권의 일부를 행사할 수 있게 되었다. 이 경우에도 주권주체로서의 개인의 정치 참여가 중시하게 되었다.

공민은 과거의 엘리트 부르주아와 민주주의에서 전 선거민의 국가로 발전하기 시작하였다. 여성의 참정권 획득과 소년의 선거권 인정으로서 선거의 결과를 예측하기 어려워졌으며, 유식자가 아닌 무산계급이 다수를 차지하고 다수결에 의한 결정이 지배하여 민주주의의 위기가 논해지기도 하였다. 그러나 투표에 의한 다수결원칙에 따라 국민국가로의 변천은 불가피하게 되었다.[82] 근대국가에 대하여 현대 국가라고도 할 수 있다. 이러한 국민국가는 점차 쇠퇴하고 지역국가(Global State)에서 세계국가로 변천할 것이 예상된다.[83]

2. 현대국가에서의 기본적 인권

1) 자유민주주의국가

현대국가는 국민주권주의에 근거한 민주적 헌법국가에 있어서의 목적은 기본권보장에 있다고 하겠다. 근대 민주주의 국가는 자유민주주의 국가라고 할 수 있는데 현대 민주주의

---

82) J. Colomer, *Great Empires, Small Nations: The Uncertain Future of the Sovereign State*, 2007; E. Gellner, *Nations and Nationalism*, Cornell Univ. Press, 1983; 衫原泰雄, 『國民主權の研究』, 1971; 同, 『國民主權と國民代表制』, 1983; 同, 『人民主權の史的展開』, 1978; 同, 『國民主權の史的展開』, 1985.
83) M. Wolf, Will the Nation-State Survive Globalization?, Foreign Affairs, January/February 2001 Issue; George Igler, The EU vs. the Nation State?, Dec. 28, 2016; BBC World Service, The New Europe: The Nation State: Is it dead?

국가는 복지주의를 주장하는 사회민주주의 국가(사회국가)라고도 말하여진다.

2) 자유권보장에서 사회권보장으로

근대국가에서의 기본권은 국가에서의 자유이며 국가권력의 침해에 대한 방어권적 성격을 가졌다. 이에 대하여 현대국가에 있어서의 기본권은 국가에 의한 사회복지의 보장이라는 사회국가의 요청에 따라 사회권 보장으로 변천하였다. 그 이유는 사회·경제적 생존권의 보장을 위하여 국민에게는 최저한도의 인간의 존엄에 상응하는 생활보장을 해주어야 한다는 국민적 욕구의 산출이라고 하겠다.

현대 헌법인 제1차 세계대전 후의 바이마르 헌법이나 제2차 세계대전 후의 프랑스헌법과 일본헌법, 인도헌법 등이 이를 보장하였고, 한국에서도 생존권, 사회권을 보장하고 있다. 여기에는 교육을 받을 권리, 사회보장을 받을 권리, 건강보호를 받을 권리 등이 보장되고 있다.

근대국가에 대해서 국민은 저항적 소극적이었으나 현대국가에서는 국민이 국가에 대한 요구가 늘어났고 기본권의 중점도 국가의 적극적 관여에 의한 보장으로 옮아가고 있다.[84]

3) 민주국가와 목적

국민주권주의가 지배하는 민주국가의 최종적 목적은 인권보장에 있으며 국민의 인권보장은 국가의 정당화 근거가 되고 있다. 앞서 말한 바와 같이, 근대국가에서의 기본권은 국가에 대한 방어권이었으나 현대국가의 기본권은 국가 내의, 국가와 함께 하는 기본권이라고 하겠다. 국가에 있어 가장 중요한 목적은 인간의 권리보장에 있기 때문에 개인의 생명, 자유, 평등과 존엄의 보장은 가장 중요한 지표가 된다.[85] 인간의 사회적·경제적 존엄을 보장하는 생존권의 중요성이 강조된다.

4) 형식적 민주주의에서 실질적 민주주의로

인권보장에 있어서 민주정치가 필수적인가에 대하여는 민주정치는 인권보장을 필수적

---

84) 김철수, 생존권적 기본권의 법적 성격과 체계,『학술원논문집』(인문·사회과학편) 제40집(2001); H. Zacher, Soziale Grundrechte und Teilhaberechte, in Menschenrechte 2. Ihre Geltung heute, 1982, S. 113 ff.

85) 민주정치와 인권에 관해서는 Mührel/Birgmeier (Hrsg.), *Menschenrechte und Demokratie*, 2013; Gosepath/Lohmann, *Philosophie der Menschenrechte*, 1999, SS. 233-308 참조. I. Maus, *Menschenrechte, Demokratie und Frieden*, 2015; J. L. U. Giessen, *Menschenrecht und Demokratie*, United Nations Information Service, Demokratie und Menschenrecht, 2008; C. Schulz-Reiss, *Nachgefragt, Menschenrecht und Demokratie*, 2008.

요소를 하고 있다는 데에는 의견이 일치되고 있다. 오늘날 민주정치의 역할은 인권의 근거와 존재의의와 집행을 위하여 필수적이다.[86] Pernthaler는 입헌주의와 법치주의는 그 뿌리가 같으며 인권의 하나인 선거권의 행사에 의하여 민주정치가 형성된다는 것을 지적하고 있다.[87] 민주정치는 국민의 인권과 정치적 권리가 보장되는 헌법국가라고는 할 수 있다.[88] 근대국가에서는 의회의 권한이 절대적이었으나 현대국가에서는 의회의 입법권도 헌법에 위배하는 경우에는 그 효력을 상실하게 되어 헌법국가(Verfassungsstaat)라고 한다.

3. 국가활동의 인권구속성

1) 국가권력의 헌법구속성

모든 국가권력은 입헌주의원칙에 따라 국민의 기본권에 구속된다. 국가의 입법권과 행정권, 사법권 등 모든 국가권력이 기본권에 구속되어 있다.[89] 입헌주의 헌법들은 이를 명시하여 모든 국가권력은 기본권에 구속되어 있다는 것을 명시하고 있다(독일기본법 제1조 3항, 일본헌법 제3조, 한국헌법 제10조). 현대국가는 기본권의 국가권력에 대한 구속성을 사법부에서 보장하고 있다. 그중에서 헌법국가에서는 헌법재판소제도를 두어 국가권력행사의 기본적 인권적합성을 심사하고 있다. 민주국가에서는 국민의 주권행사가 보장되고 국가권력행사의 인권적합성이 확보됨으로써 헌법재판국가라고도 말하여진다.[90] 오늘날의 입헌국가는 헌법재판소 또는 최고법원이 입법, 행정, 사법권을 통제하고 있어 헌법재판국가(Verfassungsgerichtstaat)라고 한다.

---

86) G. Haller, *Die Rolle der Demokratie in Begründung, Bedeutung und Durchsetzung der Menschen-rechte*, Vortrag, 2014.

87) P. Pernthaler, Die freiheitliche Demokratie ist Menschenrechtsherrschaft, *Genius*, 1/2005.

88) E. Mührel, *Menschenrechte und Demokratie als soziale Ideale*, 2013; E. Mührel, *Menschenrechte und Demokratie*, EBook; J. Isensee, Grundrechte und Demokratie, in *Der Staat* 20 (1981); G. Haller, *Die Rolle der Demokratie in Begründung, Bedeutung und Durchsetzung der Menschenrechte*; Korinek/Dujmovits, Grundrechtsverwirklichung und Grundrechtsbeschränkung, Merten/Papier, *Handbuch der Grundrechte*, Bd. I, SS. 909-944; M. Holoubek, *Grundrechtliche Gewähr-leistungspflichten*, 1997.

89) Sonja Grimm, Verpflichten Menschenrechte zur Demokratie?, Discussion Paper SP IV 2004-201, Wissenschaftszentrum Berlin für Sozialforschung (WZB); W. Vitzthum, Der funktionale Anwendungsbereich der Grundrechte, in Merten/Papier, *Handbuch der Grundrechte in Deutschland und Europa*, §48, II, SS. 1079-1127; Staat an Grundrechte gebunden, iurastudent.de. https://www.iurastudent.de/thema/staat-grundrechte-gebunden.

90) Ipsen/Rengeling/Mössner/Weber (Hrsg.), *Verfassungsrecht im Wandel*, 1995; Schlaich/Korioth, *Das Bundesverfassungsgericht*, 6. Aufl., 2013; H.-J. Papier, Das Verfassungsrecht als Hüter der Grundrechte, Merten/Papier, *a. a. O.*, § 80, Bd. III, SS. 1007-1032; 슈타르크, 헌법질서와 정치과정에서 연방헌법재판소, 김대환 편역, 『민주적 헌법국가』, 124-235면.

2) 민주국가에서의 인권실현

민주주의를 형성하는 기본권의 요소로서는 국민의 주권보유와 행사에 관한 권리, 정치적 여론형성의 권리, 언론 · 출판 · 집회 · 결사의 권리, 정당구성과 활동의 권리, 선거권과 피선거권 등이 있다.[91] 이러한 정치적 표현의 자유는 민주정치의 구성요소이다 (Grundpfeiler der Demokratie). 이들 권리는 정치적 참여권(Politsche Teilhaberecht)이다. 이러한 정치적 참여권은 민주정치를 위한 인권의 행사의무라고까지 말할 수 있다. 인권보장은 민주정치의 의무라고 할 수 있다. 역으로 민주정치가 잘 보장되지 않으면 다른 기본권도 잘 보장될 수 없다고 하겠다. 그래서 인권보장은 민주정치를 위한 투쟁과 결부된다.[92] 인권은 국가주권에도 항의하며 국가권력이 남용되는 경우에는 국민의 저항권도 행사할 수 있다.[93]

---

91) Mats Tunehag, Meinungs- und Redefreiheit – Grundpfeiler der Demokratie, http://www.dijg.de/ menschenrechte-grundrechte/islam-meinungsfreiheit-religionsfreiheit. G. Haller, *Die Rolle der Demokratie in Begründung, Bedeutung und Durchsetzung der Menschenrechte*, Vortrag, 2014; Haller, Menschenrechte ohne Demokratie?: der Weg der Versöhnung von Freiheit und Gleichheit, 2012; Demokratie Menschenrechte und Freiheit, http://demokratiemenschenrechte freiheit.blogspot.kr.

92) K. Kinzelbach, *Ohne Demokratie keine Menschenrechte und kein Frieden*, 2017.

93) Do Human Rights Challenge State Sovereignty?, https://www.e-ir.info/2013/03/15/do- human -rights-challenge-state-sovereignty.

제2장 국내인권법의 법원과 주체, 분류

제1절 국내인권법의 법원(法源)

1. 국내 인권헌법

이것은 헌법에서 기본적 인권을 규정한 것을 말한다. 현대적 헌법은 첫머리에서나 특별한 장에서 기본권을 규정하고 있다. 물론 여기에는 성립 당초에 인권선언만 규정하였다가 후에 이 인권선언을 국가헌법에 규정하는 프랑스식이 있겠고, 헌법을 제정한 뒤에 헌법수정조항을 통하여 추가 증보하는 미국식 방법이 있고, 헌법제정 시에 헌법의 한 부분으로서 인권조항을 두는 독일 방식이 있다.[94] 헌법규정 중에는 소송적 기본권이라든가 제도적 기본권 등이 객관적 제도 규정 속에 규정된 것도 있다.[95]

2. 지방헌법 인권규정

연방제도를 둔 경우에는 지분 주에도 헌법이 제정되어 있으므로 지방헌법의 인권규정도 헌법법률로 법원으로서 인정된다. 미국에도 각 주마다 헌법이 있고 이 헌법에서 인권규정을 두고 있으며, 독일이나 러시아 등 연방제도를 취하는 나라에서는 지방헌법의 인권규정도 법원이 될 수 있다. 그러나 연방헌법이 우선하므로 연방헌법의 인권규정에 위반되는 지방헌법의 인권규정은 적용되지 않는다.[96]

3. 국내 인권법률

---

94) 상세한 것은 김철수, 전게서 제1편, 대한민국학술원, 2017 참조.
95) 독일 기본법에서는 기본권은 제1조에서 제19조까지 규정하고 그 이외에 기본권에 유사한 기본권으로서 참정권, 사법상의 기본권도 기본권 유사 권리로 통치구조에서 규정하고 있다. 기본권 유사적 권리로는 제20조 4항, 제33조, 제98조, 제101조, 제103조, 제10조 등이 있다. 그러나 이러한 권리도 보통은 기본권으로 기본권장에서 규정하고 있다.
96) H. Maurer, Landesgrundrechte im Bundesstaat, Merten/Papier (Hrsg.), *a. a. O.*, Bd. Ⅲ, § 82, SS. 1097-1146 참조.

선거나 국민투표절차 등을 헌법에 규정하는 것이 일반적이나 중요한 것만 헌법에 규정하고 상세한 것은 법률에 유보하는 경우도 있다.

이것은 불문헌법국가에서 많이 행해진 것으로 헌법에 규정하지 않고 단행 법률에서 이를 규정하는 방식이다. 원래 영국에서는 개별적 법률로 기본권을 규정하였으나(예. 대헌장, 인권청원, 인권장전 등) 1998년에는 영국인권법이라는 단행법을 만들었다. 영국에서는 식민지에서도 단행법으로 만든 경우가 있었으나, 국가인권법률은 오늘날 기본적 인권을 상세화하기 위하여 인권헌법의 시행을 위하여 법률의 형식으로 보충하는 경우도 많아지고 있다. 이러한 시행 법률은 물론 헌법에 하위하는 법규로서 헌법의 위임한계나 입헌주의 원칙에 따라서 보충적 지위를 가진다.[97]

4. 자연법규범

전통적인 자연법이 헌법에 규정됨으로써 실정권(positives Recht)이 된다. 실정권은 leges fundamentalis로서 기본권이라고 말하여지며 헌법에 의하여 확정된 권리이다. 실정권은 일반적으로 국민의 권리(Staatsbürgerrecht)이다.

국가인권헌법상의 기본권에 자연권으로서의 인권도 포함될 것인가가 문제가 된다. 자연법상의 권리는 인권(human rights)이라고 말하여지며 생래의 권리를 말한다.[98] 근세까지는 자연권도 다 보장된다고 보았으나 19세기 이후의 법실증주의[99] 헌법학에서는 자연권은 헌법에서 보장된 권리가 아니라고 하여 권리성을 부인했다. 그러나 미국헌법 수정 제9조와 같이, 헌법에 열거되지 않은 권리도 헌법상의 권리로 보장하고 있는 경우에는 당연히 기본권=절대적 기본권이라고 할 수 있다.[100] 이러한 자연권은 18 · 19세기에 들어 실정권으로 인정된 것이 많다. 미국과 프랑스 등에서 인권선언이 규정하고 있다.[101]

---

97) P. Lerche, Vorbehalt des Gesetzes und Wesentlichkeitstheorie, *a. a. O.*, § 62, S. 301 ff.

98) 상세한 것은 김철수, 인권사상의 전개에 관한 고찰 - 서구이론을 중심으로, 『학술원논문집』 제56집 2호 (2017), 127-327면 및 본서 제1편 참조.

99) Wikipedia, Rechtspositivismus; Walter Ott, *Der Rechtspositivismus: Kritische Würdigung auf der Grundlage eines juristischen Pragmatismus*, 1992; Bhadwaj/Raj, Legal Positivism: An Analysis of Austin and Bentham, *International Journal of Law and Legal Jurisprudence Studies* Vol. 1, Issue 6; G. Tusseau, *Jeremy Bentham on Power-Conferring Laws*, Revue d'études benthamiennes, 3, 2007.

100) 미국헌법 수정 제9조에 대해서는 김철수, 전게서 참조. 미국에서는 이것도 fundamental rights에 속한다고 본다. E. Riedel, *Die Universalität der Menschenrechte*, 2003; K. Stern, Die Idee der Menschenrechte und Positivität der Grundrechte, Isensee/Kirchhof (Hrsg.), *HStR*, Bd. Ⅴ, 2000, § 108; E. Denninger, Über das Verhältnis von Menschenrechten zum positiven Recht, *JZ*, 1982, S. 225 ff.

101) T. Whalen, Pragmatism and Natural Rights as Secured by the Constitution, *Marquette Law Review* Vol. 12, Issue 2 (1927), p. 150 ff.; D. Doernberg, We the People: John Locke, Collective Constitutional Rights, and Standing to Challenge Government Action, *California Law Review* 52 (1985), p. 52 ff.; J. Isensee, Positivität und Überpositivität der Grundrechte, Merten/Papier, *Handbuch der Grundrechte*, Bd. Ⅱ, S. 41 ff.

5. 인권헌법 관습법

영·미법 국가에서는 헌법적 관습에 의한 인권도 이의 구속력을 인정하고 있다. 이러한 관습법도 법실증주의의 경향에 따라 법률로 규정하는 것이 일반적이나 아직도 지방적 특색에 따라서 헌법에 위반되지 않는 인권도 관습으로 인정하여 관습법으로 정착된 것이 있다.

6. 인권헌법 판례법

국가인권헌법이나 국가인권법률에 대한 사법적 판단이 장기간 인정되고 그것이 계속 법원에서 적용됨으로써 판례법으로 인정되는 경우가 있다. 영·미에서는 판례법이 지배적인데, 대륙법 국가에서도 최고 사법법원이나 헌법재판소의 판례는 법원으로서 인정되고 있다.[102]

7. 국제인권법

제2차 세계대전 이후에는 국제연합과 각 대륙에서 국제인권법이 등장하여 국내 인권법에서도 법원으로 인정되나, 이 책에서는 국제인권법에 관해서는 다음 편에서 서술하기로 한다.

제2절 국내인권법의 주체

1. 국민

1) 국적보유자

국내인권법의 적용을 받는 사람은 국민이다. 국민국가(Nation State)에 있어서의 국민은 국적을 가진 국민을 말하고 외국인은 이에 포함시키지 않았다. 식민지에 있던 인민도 통치 객체로만 인정되었고 인권의 주체로는 인정되지 않았다.[103]

---

102) D. Beatty (ed.), *Human Rights and Judicial Review: A Comparative Perspective*, 1994; Korinek, *Grundrechte und Verfassungsgerichtsbarkeit*, 2000; *The Justices of the United States Supreme Court*, 4 Vols., BVerfG, Entscheidungen.

국적은 출생에 의한 취득과 귀화에 의한 취득 등이 있다. 출생에 의한 국적취득에는 혈통주의와 출생주의의 구별이 있다.104) 혈통주의는 유럽 방식인데 대하여 출생주의는 미국식 방법이다. 미국은 이민국가였고 국토 면적에 비하여 인구가 적었기 때문에 출생주의를 채택하여 인구를 늘리려고 한 것이다. 그러나 대통령의 선출자격의 경우에는 귀화에 의한 국적취득자는 입후보자격이 없고 원 미국 영토 출생자(natural born)만이 피선거권을 가지고 있다. 국적의 취득과 상실에 관해서는 국적법이 규정하고 있다.

2) 귀화인(외국인과 무국적자 등의 국적취득자)

외국인이나 무국적자의 경우 국가에서 국적법에 따라 귀화를 인정받아야 국민으로서 인정된다. 외국인으로서 그 국가에 망명한 피난민의 경우에도 망명심사라는 국가의 허가절차에 따라 국적을 취득할 수 있다. 귀화에는 일반귀화와 특별귀화 등의 방법이 규정되어 있다. 국민이 외국의 국적을 취득하는 경우, 본국의 국적을 박탈하는 국가와 귀화국의 국적과 원래 국적의 2중국적을 인정하는 나라들이 있다. 2중국적자의 경우 일반적인 참정권은 인정되나 중요한 국가공무원으로는 입후보할 수 없는 제도가 있다. 미국의 대통령후보자격은 natural born citizen에 한정되고 있다(헌법 제2조 1항 5문).105) 일부 국가에서는 외국으로 귀화한 구 자국민도 2중 국적자로서 보호하는 경우가 있으나 대부분의 나라에서는 국적선택을 강요하거나 국적박탈을 강제하는 국가가 있다. 일부 국가에서는 2중 국적자에게도 선거권을 부여하고 있다.

2. 외국인

근대국가에서는 처음부터 외국인의 혈통을 이어받았거나 국민국가의 영토 밖에서 출생한 사람은 기본적 인권을 보장받지 않았다. 그러나 현대국가에서는 외국인에게도 기본권을 인정하는 헌법이 생겼다. 독일에서는 기본권의 주체를 인간과 시민으로 나누어 인간의 권리는 외국인에게도 보장하고 독일인의 권리는 국민에 한정하기도 했다. 또

---

103) 인권법의 주체 또는 보유 주체에 관해서는 많은 논문이 있다. 예를 들어 스위스 헌법에 관해서는 B. Weber-Dürler, Träger der Grundrechte, Merten/Papier (Hrsg.), *Handbuch der Grundrechte*, Bd. Ⅶ, SS. 79-99. 독일의 경우에는 P. Huber, Natürliche Personen als Grundrechtsträger, Merten/Papier (Hrsg.), *Handbuch der Grundrechte*, Bd. Ⅱ, SS. 1129-1162; R. Drathen, *Deutschengrundrechte im Lichte des Gemeinschaftsrechts*, 1994; A. Siehr, *Das Deutschensgrundrechte des Grundgesetzes*, 2001; W. Rüfner, Grundrechtsträger, Isensee/Kirchhof (Hrsg.), *Handbuch des Staatsrechts*, Bd. Ⅳ, 2000, § 116.
104) 국적의 취득과 상실 절차는 헌법에 규정한 나라도 있고 법률로 규정한 나라도 있다. 상세한 것은 김철수 외, 『세계비교헌법』, 2015 참조.
105) Presidential Eligibility, in D. Forte (ed.), *The Heritage Guide to the Constitution*, pp. 247-249; J. Ho, Unnatural born Citizens and Acting Presidents, 17 *Constitutional Commentary* 575 (2000).

외국으로 귀화한 사람에 국적을 박탈하는 국가나 2중국적자에게 참정권을 부정하는 것은 일반적으로 인정되었다.[106] 오늘날에 있어서는 정주외국인이나 조약공동체의 주민에게 기본권과 참정권을 인정하는 경우가 있으나, 이것은 조약 체결로 형성된 국제인권국가에서 행해지고 있기에 여기서는 생략하고 국제인권법에서 상론하기로 한다.

3. 법인

1) 내국법인

기본권은 원래는 자연인이 주체였으나 오늘날 경제활동이나 사회활동이 광범위함에 따라 자연인의 단체인 법인에게까지 기본권을 확장하는 것이 요청되고 있다. 법인은 ① 사단법인, ② 재단법인, ③ 영리법인, ④ 비영리법인, ⑤ 법인 아닌 재단이나 사단 등에게 기본권 향유능력을 인정하고 있다.

독일 헌법은 제19조 3항에서 내국법인에게는 기본권을 인정하고 있다. 그런데 사법인과 공법인 간에는 그 성질상 기본권보장에 차이가 있다.[107] 독일에 있어서는 유럽사법인도 독일사법인과 같은 기본권 주체가 된다. 이것은 EU법에 근거한 것이며 다시 설명하기로 한다.

(1) 사법인

사법인은 주로 경제적·사회적 단체로서 권리주체로 인정되어 있기 때문에 법인에게 적합한 기본권은 인정되고 있다. 집회·결사의 자유, 계약의 자유, 재산권의 보장, 경제적·사회적 자유권 등이 인정된다.

(2) 공법인

---

106) 외국인의 권리에 대해서 독일에서는 M. Heintzen, Ausländer als Grundrechtsträger, Merten/Papier (Hrsg.), *Handbuch der Grundrechte*, Bd. Ⅱ, SS. 1163-1202; G. Renner, *Ausländerrecht Kommentar*, 2005; Huber, *Handbuch des Ausländer- und Asylrechts*, 2006; Stern, *Das Staatsrecht der Bundesrepublik Deutschland*, Bd. Ⅲ, 1988, S. 1016 ff. 스위스에 있어서는 D. Thürer, Der Status der Ausländer, Merten/Papier (Hrsg.), *Handbuch der Grundrechte*, Bd. Ⅶ 2, SS. 101-120; M. Nguyen, *Droit public des étrangers*, 2003; Spescha/Strühli, *Ausländerrecht*, 2004.

107) 법인에 대해서 독일에서는 Tettinger, Juristische Person der Privatrechts als Grundrechtsträger, Merten/Papier (Hrsg.), *Handbuch der Grundrechte*, Bd. Ⅱ, SS. 1203-1233; F. Ossenbühl, Zur Geltung der Grundrechte für juristische Personen, in *Festschrift für Stern*, 1997, S. 887 ff.; F. Schnapp, Grundrechtsberechtigung juristischer Personen des Öffentlichen Rechts, Merten/Papier (Hrsg.), *Handbuch der Grundrechte*, Bd. Ⅱ, SS. 1235-1254; P. Selmer, Zur Grundrechtsberechtigung von Mischunternehmen, Merten/Papier (Hrsg.), *Handbuch der Grundrechte*, Bd. Ⅱ, SS. 1255-1292.

공법적 기능을 하는 법인에게는 기본권이 인정되지 않았다. 그러나 예외적으로 교회라든가 신도 단체 등에 대하여 종교의 자유 등이 인정된다고 본다. 공법인은 원래 지방자치단체를 말하나 이외에도 지방기관을 들 수 있다. 공법인도 그 본질이 사법인과 같은 경우에는 예외적으로 기본권 주체성이 인정된다고 하겠다.

2) 외국법인

외국법인의 경우 내국법인과 같이 인정될 것이 요구되고 있지만 국민국가에 있어서는 공무를 담당하는 외국공법인에게는 인정되지 않는다. 사법인의 경우에는 성질에 따라서 인정될 수도 있으나 이것은 국가의 재량이라고 하겠으며 외국인의 경우와 같다.

4. 정당 등 유사단체

1) 정당

정당은 단순한 개인도 아니고 국가기관도 아니다. 국가의 정당법에 따라 사법인으로 규정된 것도 있고 공법인으로 규정된 것이 있어 그 주체성을 한마디로 하기 어려우나 헌법소원의 주체로서의 기본권 주체로는 인정된다고 하겠다.108)

2) 원내교섭단체(Fraktion)

원내교섭단체는 정당의 의회 내 기구로서 소송당사자적격을 가진다. 다만, 국가기구로서의 지위도 가진다고 하겠다.109)

제3절 국내인권법의 구분

1. 국내인권법의 구분기준

---

108) Grundrechtsträgerschaft der Parteien, Merten/Papier (Hrsg.), *Handbuch der Grundrechte*, Bd. Ⅳ, § 105, Rd. 33, ebenda Bd. Ⅱ, § 48, 50 f.
109) Vitzthum, Der funktionale Anwendungsbereich der Grundrechte, Merten/Papier (Hrsg.), *Handbuch der Grundrechte*, Bd. Ⅱ, § 48, Rn 52, § 51, 15, 32.

1) 헌법제정자에 의한 구분

헌법제정자는 그들의 이념이나 학문에 따라서 헌법제정 시에 기본권을 분류하여 규정하고 있다. 많은 국가에서는 헌법규정상 인권의 배열을 기초자의 뜻에 따라 하고 있으며 그 분류를 학설에 맡기는 것이 일반적이나 헌법 본문에서 이를 구분하는 헌법도 있다.

예를 들면 인도헌법에서는 ① 평등권, ② 자유권, ③ 착취에 대한 권리, ④ 종교의 자유권, ⑤ 문화적·교육적 권리, ⑥ 헌법적 구제에 관한 권리를 나누어 이 순서에 따라 기본권을 분류하고 있다.[110]

스위스 헌법도 기본권으로 ① 인간의 존엄, ② 평등, ③ 생명 및 인격자유의 권리, ④ 공교육을 받을 권리, ⑤ 시민권, 참정권으로 구분해서 규정하고 있다.

그러나 이러한 구분도 절대적인 것은 아니다.

2) 국민의 지위에 따른 분류

제1차 대전 이후에 독일에서는 국민의 국가에 대한 지위에 따라서 기본권을 분류한 것이 유행하였다. 이것은 게오르크 옐리네크(Georg Jellinek)에 의한 구분인데, 그는 국민은 국가에 대해서 소극적 지위와 적극적 지위, 능동적 지위와 피동적 지위에 있다고 보고, 소극적 지위에서 자유권이, 적극적 지위에서는 수익권이, 능동적 지위에서는 참정권이, 피동적 지위에서는 의무가 나온다고 하였다.[111] 이 이론은 일본에서도 전수되어 제2차 세계대전 전의 통설이 되었었다.

한국에서도 제헌헌법 당시의 학자들은 일본의 영향을 받아 이 지위론 또는 상태론에 의한 분류가 유행하였다. 그러나 현재는 소극적 지위에서 국가에 의한 침해에 대한 방어권이 나오며(Freiheit vom Staat), 적극적 지위에서 국가행위에 대한 청구권(Freiheit durch Staat), 능동적 지위에서 국가에 대한 참여권(im und für den Staat)이라고 본다. 또 국가의 국민에 대한 보호의무(Freiheit durch den Staat)가 나온다고 한다.[112]

그러나 제2차 세계대전 후의 헌법들이 생존권을 규정하자 이것을 수익권에 포함시키는 경향이 있었으나, 수익권과 생존권은 그 성격이 다르기 때문에 현재에서는 이 구분이 잘 행해지지 않으며 생존권·사회권의 특수성·독립성이 주장되고 있다.

3) 이념에 따른 분류

---

110) 이러한 분류방법에 대해서는 김철수, 『기본적 인권의 본질과 체계』, 대한민국학술원, 2017. 제4편에서 상세히 설명하고 있으니 이를 참조할 것이다. 교과서적인 것은 김철수, 『헌법학(상)』, 2008, 373-391면 참조.

111) Georg Jellinek, *System der subjektiven öffentlichen Rechte*, 1892, 2. Aufl., 1919, Neudruck 1979.

112) H. Vöhringer, Funktion der Grundrechte; Ch. Degenhart, Schutzfunktionen der Grundrechte, Grundrechte – eine Einführung, Iurratio Redaktion (Zeitschrift) 12. 08. 15.

성질에 따른 분류로서는 기본권이 국가와의 관계에[113] 따라 루프(Rupp)는 기본권의 분류를 민주적 주권자로서의 정치적 자유와 참정권에 근거하여, 시민적 기본권으로서 ① 자유권, ② 사회권, ③ 평등권, ④ 소송적 기본권, ⑤ 절차적 기본권으로 나누고, ⑥ 제도와 결부된 기본권과 제도와 결부되지 않은 기본권, ⑦ 그 성문 기본권과 불문 기본권 등으로 나누고 있다. 이 구분은 이념적인 분류라고도 할 수 있는데 자유권은 자유주의적 기본권이고, 평등권은 민주주의적 기본권이며, 사회권은 사회정의주의적 기본권이라고 할 수 있다. 이에 대하여 절차적 기본권, 제도보장, 소송적 기본권은 국가 내에서의 기본권보장의 수단적 기본권이라고도 할 수 있다.[114]

또 성문화 여부에 따라서의 구분은 실정권과 자연권의 구분과 연결되어 있다고도 할 수 있다.

4) 기능에 따른 분류

기본권은 국가권력에 대한 성격에 따라 구분할 수 있다.[115] 독일에서는 기본권을 주관적 공권적 측면과 객관적 양면성을 강조하는 경향이 있는데 이하에서는 주로 주관적 공권에 관해서만 분류해 보면 다음과 같다. ① 방어권(Abwehrrechte), ② 급부청구권 (Leistungsrecht), ③ 참여권(Teilnahmerecht), ④ 소극적 기본권(negative Grundrechte), ⑤ 절차적 · 사법적 기본권(Verfahrensgrundrecht)으로 나눌 수 있다.

독일연방헌법재판소는 방어권을 「일차적으로 기본권은 자유의 영역을 보장하려는 것이며, 시민의 국가에 대한 방어권이다」고 하고 있다. 이것은 자유권의 방어적 성격을

---

113) 루프는 기본권의 분류를 자유권이냐 사회권이냐의 구별을 중심으로 구분하고 있다. H. Rupp, Einteilung und Gewichtung der Grundrechte, Merten/Papier, *Handbuch der Grundrechte*, Bd. II, § 36, SS. 573-594.

114) Major Ideological Tensions within Human Rights Doctrine, in Globalization, S. 8-9; I. Berlin, Two Concepts of Liberty, 1958; 오영달, 인권과 주권, 『사회와 철학』 제9호(2005), 1-30면. Positivität und Überpositivität der Grundrechte, Merten/Papier (Hrsg.), a. a. O., Bd. Ⅱ, § 26, SS. 41-110; E. Denninger, Über das Verhältnis von Menschenrechte zum positiven Recht, *JZ*, 1987, S. 225 ff.; K. Stern, Idee der Menschenrechte und Positivität der Grundrechte, in Isensee/Kirchhof (Hrsg.), *HStRV*, 2000, § 108.

115) 야라스는 기본권의 기능(Funktion)에 따라서 여러 가지로 나누고 있다. Jarass, Funktionen und Dimensionen der Grundrechte, Merten/Papier (Hrsg.), *Handbuch der Grundrechte*, Bd. II, § 38, SS. 625-654; J. Isensee, Das Grundrecht als Abwehrrecht und als staatliche Schutzpflicht, Isensee/Kirchhof (Hrsg.), *Handbuch des Staatsrechts der Bundesrepublik Deutschland*, Bd. V, § 111, S. 143 ff.(김효전 옮김, 방어권과 보호의무로서의 기본권, 동인, 『독일 헌법학의 원천』, 701-799면); D. Lübbe-Wolff, *Die Grundrechte als Eingriffsabwehrrechte*, 1988; D. Murswiek, Grundrechte als Teilhaberechte, soziale Grundrechte, Isensee/Kirchhof (Hrsg.), *Handbuch des Staatsrechts*, Bd. V, § 112, S. 243 ff.; W. Cremer, *Freiheitsgrundrechte*, 2003; Grundrechte - Arten und Funktionen in der Übersicht, https://www.juracademy.de/grundrechte/grundrechte-arten-funktionen-uebersicht.html.

강조한 것으로 그 내용에는 기본권이 국가권력에 의해서 침해된 경우의 구제수단으로서 처분금지 요구나 부작위청구, 기본권침해에 대한 보상·배상청구권 등이 있다.116) 이것은 일반적으로 모든 기본권의 특성이라고 하겠다. 이에 대하여 소극적 기본권으로는 자유권을 들 수 있다.117) 이것은 급부청구권과 같은 적극적 권리를 요청하는 것이 아니고 국가에 대한 부작위를 요구하고 그것이 침해된 경우에 비로소 적극적 배상·보상청구권이 발생하는 점에서 다르다. 이에 대하여 급부청구권(Leistungsgrundrechte)은 국가에 대하여 일정한 행동을 또는 금전적 급부를 청구할 수 있는 점에서 소극적 권리나 소극적 기본권과 다르다고 하겠다. 그중에서도 사회권의 보장은 국가에 재정적 부담을 준다.118)

참여권은 정치적 참여권을 말하며 참정권이라고도 한다.119) 제도보장은 사법적 제도와 공법적 제도의 보장을 말한다.120) 이 밖에도 조직보장과 절차보장으로서의 기본권이 있다.121) 이에는 행정절차와 사법절차에 있어서의 기본권 등이 있다.

5) 역사적 발전과정에 따른 분류

기본권을 역사적 발전과정으로 보아 ① 제1세대의 기본권, ② 제2세대의 기본권, ③ 제3세대의 기본권 등으로 나누고 있다.122)

제1세대의 기본권은 고전적 기본권이라고도 하며 소극적 기본권을 말한다. 주로 자유권, 평등권, 소송절차에 관한 기본권, 참정권 등을 말한다. 이 제1세대의 기본권은 국제법상 자유권과 참정권을 중심으로 이야기되고 있으며, 제2세대의 기본권은 경제적·사회적·문화적 제권리를 의미하고 있는데, 이는 주로 국가에 대한 적극적 청구권을 말한다.

---

116) B. Grzeszick, *Rechte und Ansprüche*, 2002; R. Poscher, *Grundrechte als Abwehrrechte*, 2003; M. Sacks, *Grundrechte*, Bd. II, § 42.
117) Merten, Negative Grundrechte, Merten/Papier (Hrsg.), *Handbuch der Grundrechte*, Bd. II, § 42, SS. 741-920; J. Hellermann, *Die sogenannte negative Seite der Freiheitsrechte*, 1993.
118) W. Rüfner, Leistungsrechte, Merten/Papier (Hrsg.), *Handbuch der Grundrechte*, Bd. II, § 40, SS. 679-708; J. Müller, *Soziale Grundrechte in der Verfassung*, 1981; G. Brunner, *Die Problematik der sozialen Grundrechte*, 1971; 김철수, 생존권적 기본권의 법적 성격과 체계, 『학술원논문집』 제40집 (2001), 347-392면.
119) C. Starck, Teilhaberechte, Merten/Papier (Hrsg.), *Handbuch der Grundrechte*, Bd. II, § 41, S. 709 f.; C. Starck, *Der demokratische Verfassungsstaat*, 1995.
120) Kloepfer, Einrichtungsgarantien, Merten/Papier (Hrsg.), *Handbuch der Grundrechte*, Bd. II, § 43, SS. 921-961; U. Magen, *Einrichtungsgarantien*, 2003; 김철수, 제도보장론, 『헌법학(상)』, 373-378면 참조.
121) Schmidt-Aßmann, Grundrechte als Organizations-und Verfassungsgarantien, Merten/Papier (Hrsg.), *Handbuch der Grundrechte*, Bd. II, § 45, SS. 993-1030; M. Dolderer, *Objektive Grundrechtsgehalte*, 2000; Hoffmann-Riem, u. a. (Hrsg.), *Verwaltungsverfahren und Verwaltungsverfahrensgesetz*, 2002; F. Ossenbühl, Grundrechtsschutz im und durch Verfahrensrecht, *FS Eichenberger*, 1982.
122) H. Rupp, Vom Wandel der Grundrechte, *AöR*, Bd. 101, 1976, S. 161 ff.; Three Generations of Human Rights, in *Globalization* 101; G. Hornung, *Grundrechtsinnovationen*, 2015; J. H. Klement, *Wettbewerbsfreiheit: Bausteine einer europäischen Grundrechtstheorie*, 2015.

제3세대의 기본권은 발전권·연대권 등을 말한다. 근대국가의 기본권은 소극적 기본권으로서 국가에 의한 침해에 대한 방어권이었다. 여기에 대하여 현대적 기본권은 국가에 대한 생존을 위한 청구권이 많이 포함되어 있다. 국민국가시대에는 제3세대의 인권은 잘 보장되지 않았다.

6) 효력에 따른 분류

기본권은 효력에 따라서 직접적 효력을 가지느냐, 입법 등을 거쳐 보장되느냐에 따라 입법방침 규정이냐로 나눌 수 있다.[123] 근대적 국가에 있어서의 기본권은 법률유보조항을 두어서 국가의 입법에 따라 그 내용과 한계가 규정되었으나, 현대적 기본권은 직접적 효력규정으로 직접 입법권, 행정권, 사법권을 구속하고 있다.[124]

19세기 헌법에는 입법방침규정이 많았으나 20세기에 와서는 기본권의 직접적 국가권력구속성을 실정헌법으로 규정하는 경우가 많아졌고 법률유보조항이 많이 없어졌다. 후진국 헌법에서는 기본권의 직접효력규정을 두면서 국가정책의 기본방향이라는 조항을 둠으로써 경제적·사회적 질서로서의 입법방침규정을 두고 있다.

7) 제한가능성에 따른 분류

기본권의 제한을 실정헌법규정에 의할 것인가, 그렇지 않으면 법률로써도 제한할 수 있는가에 따라 절대적 기본권(absolute Grundrechte)과 상대적 기본권(relative Grundrechte)으로 나눌 수 있다. 국민의 내심의 자유는 법률로써는 제한할 수 없으며 외부적 표현에 대해서는 법률이나 헌법에 의해서 제한할 수 있다. 오늘날 본질적 내용만으로 구성되는 기본권의 제한은 법률로써는 불가능하다. 왜냐하면 많은 헌법이 기본권의 본질적 내용은 법률로써는 침해할 수 없도록 규정하고 있기 때문이다. 기타의 기본권은 제한에 많은 난관을 두고 있으나 법률로 제한할 수 있게 하고 있다.[125]

---

123) H. Rupp, Grundrechte mit und ohne Gesetzesvorbehalt, in Einteilung und Gewichtung der Grundrechte, Merten/Papier (Hrsg.), *Handbuch der Grundrechte*, Bd. II, § 36, Rdn. 33; Papier, Beschränkungen vorbehaltlos gewährleisteter Grundrechte, Merten/Papier (Hrsg.), *Handbuch der Grundrechte*, Bd. Ⅳ, § 64, S. 365.

124) G. Müller, Schutzwirkung der Grundrechte, Merten/Papier (Hrsg.), *Handbuch der Grundrechte*, Bd. Ⅶ/2, § 204, S. 59 ff.; D. Merten, Grundrechtlicher Schutzbereich, Merten/Papier (Hrsg.), *Handbuch der Grundrechte*, Bd. Ⅲ, § 56, S. 3 ff.

125) G. Hermes, Grundrechtsbeschränkung aufgrund von Gesetzesvorbehalten, Merten/Papier (Hrsg.), *Handbuch der Grundrechte*, Bd. Ⅲ, § 63, SS. 333~363; C. Bumke, *Grundrechts-vorbehalt*, 1998; M. Sachs, Die Gesetzesvorbehalte, Stern, *Das Staatsrecht*, Bd. Ⅲ/2, § 80, S. 369 ff.; P. Lerche, Vorbehalt des Gesetzes und Wesentlichkeits, Merten/Papier (Hrsg.), *Handbuch der Grundrechte*, Bd. Ⅲ, § 62, S. 301 ff. 독일 헌법상의 기본권 제한으로는 ① 공동체 유보 ② 내재적 한계 ③ 법률 유보 ④ 기본권 상실이 규정되어 있다. Bedeutung/Wirkung Grundrechte - verwaltungsfachwirt, http://verwaltungsfachwirt.jimdo.com.

2. 내용에 따른 구분

기본권의 내용에 따라 분류를 할 수 있는데 각 국가의 헌법규정에 따라 여러 가지로 분류할 수 있다.126) 여기서는 일반적인 분류를 보기로 한다.

1) 인간의 존엄권

① 인간의 존엄권, 인격의 자기발현권, 자기결정권
② 생명권
③ 행복추구권
④ 인격권

2) 자유권

① 정신적 자유권
내심의 자유권, 신앙과 양심의 자유
내심 표현의 자유, 언론 · 출판 · 집회 · 결사의 자유
사생활의 비밀, 프라이버시의 자유
학문연구와 학문연구결과 발표의 자유
교육의 자유, 예술의 자유
방송의 자유

② 경제적 자유권
거주이전의 자유
직업선택의 자유
영업의 자유
재산권의 자유, 취득 · 행사의 자유
상속권의 자유

③ 신체 · 인신의 자유
신체의 불가훼손성

---

126) 독일과 일본 등에 관한 구분에 대해서는 김철수, 『기본적 인권의 본질과 체계』, 대한민국학술원, 2017, 904-917면 참조. D. Merten, Negative Grundrechte, Merten/Papier (Hrsg.), *Handbuch der Grundrechte*, Bd. Ⅱ, § 42, S. 741-920; J. Hellermann, *Die sogenannte negative Seite der Freiheitsrechte*, 1993; M. Schumann, Negative Freiheitsrechte: Zugleich ein Beitrag zur negativen Koalitionsfreiheit, Diss. Erlangen/Nürnberg, 1997.

신체활동의 자유=일반적 행동자유권
거주이전의 자유

④ 노동의 자유
직업선택의 자유
노동조합결사의 자유, 노조활동의 자유
노동조건개선을 위한 단체활동의 자유
고용주의 단체활동의 자유

3) 평등권
남녀평등권
차별대우의 금지
신분차별제도의 금지
특권제도의 금지

4) 정치적 참여권
정치적 참여권
정당 설립 · 가입 · 활동의 자유
선거권
피선거권
공무담임권

5) 생존권
사회보장청구권
건강권
소비자보호권

6) 청구권
재판청구권
기본권보장청구권
정당보상청구권
국가배상청구권

제3장 국내인권법상 주권자 국민의 권리

제1절 국민의 주권행사권

1. 국민주권주의 국가에서의 국민의 주권행사권

1) 국민주권의 의의

현대 민주주의 국가에서는 국민주권주의를 선언하고 있다. 주권이란 보댕이나 홉스, 루소, 시에예스 등에 의하여 주장되었는데, 보댕의 군주주권론에서 출발하여 루소의 인민주권론으로 발달하였다. 루소는 주권의 주체를 국민 개인이라고 하고 국가의 구성원은 주권을 나누어 가진다고 하였다.

시에예스는 주권을 불가양, 불가분이라고 하면서 루소의 주권과 입법권의 동일성으로 본 것에 반대하여 주권을 헌법제정권력(pouvoir constituant)과 헌법에 의해서 조직된 권력(pouvoir constitué)으로 나누어, 전자는 인민만이 가지고 유일불가분이며 법적 구속을 받지 않는다고 하였다. 헌법에 의해서 조직된 권력은 헌법에 규정된 입법권, 행정권, 사법권으로 보았다.[127]

2) 헌법제정권력과 헌법개정권력, 혁명권

오늘날 국민주권론[128]에서 주권이란 최고 규범인 헌법제정권력과 이에 의하여 규정된

---

127) 주권 개념에 관해서는 Sieyès, *Qu'est-ce que le tiers-état*, 1789 (박인수 옮김, 『제3신분이란 무엇인가』, 2003; Jean Bodin, *Les six livres de la République*, 1576 (나정원 옮김, 『국가에 관한 6권의 책』, 2013. 상세한 것은 Wikipedia, Souveränität; H. Quaritsch, *Souveränität*, 1986; D. Grimm, *Souveränität: Herkunft und Zukunft eines Schlüsselbegriffs*, 2009; F. Balke, *Figuren der Souveränität*, 2012; 覺道豊治, 國民主權, 主權, 『憲法事典』; 辻村みよ子, 「主權と自由の現代的課題」, 『杉原泰雄教授退官記念論文集: 主權と自由の現代的課題』所收; 杉原泰雄, 『人民主權の史的展開』, 1978; 杉原泰雄, 『國民主權の史的展開』, 1985; 杉原泰雄, 『國民主權の研究』, 1971; 杉原泰雄, 『國民主權と國民代表制』, 1983 등. 성낙인, 『헌법학』, 2018, 39면 이하 참조.
128) 국민주권주의에 관한 문헌은 많다. 예를 들면 J. J. Rousseau, *Contrat social*, 1762; P. Kielmansegg, *Volkssouveränität als Legitimitätsproblem*, 1991; P. Erbentraut, *Volkssouveränität*, 2009; I.

헌법개정권력을 말하며 국가가 국민주권에 위반하는 경우에 이를 변혁할 수 있는 혁명권과 이에 저항할 수 있는 저항권을 말한다고 하겠다.[129]

2. 헌법제정권과 헌법개정권의 행사

1) 헌법규정

국민주권주의헌법은 헌법의 첫머리에 주권은 국민에게 있다고 하고 주권의 행사방법에 관해서 규정하고 있다.[130]

예를 들면 미국에 있어서는 독립선언에서 국민주권을 선언하였고, 1780년의 매사추세츠 헌법은 「모든 권력은 원래 인민에 속하며 인민에서 나온다. …」「인민은 국가를 설립하고 인민의 보호, 안전, 번영 및 행복에 필요할 때에는 이를 개혁하고 변경하고 또는 전면적으로 개혁하고 무효로 되지 않는 권리를 가진다」고 하였다. 기타의 주 헌법에서도 비슷한 규정을 많이 두었다.

1789년의 프랑스 인권선언에서 「모든 주권의 원리는 본질적으로 국민에 속한다. 어떤 단체도 어떤 개인도 국민에서 나오지 않은 권위를 행사할 수 없다」(제3조). 현 프랑스헌법은 제3조에서 「① 국가의 주권은 국민에게 있고, 국민은 그 대표자와 국민투표를 통하여 주권을 행사한다. ② 특정인이나 일부 국민이 국민의 주권을 배타적으로 보유하거나 행사할 수 없다」고 규정하고 있다. 독일 기본법은 제20조 2항에서 「모든 국가권력은 국민으로부터 나온다. 국가권력은 국민에 의하여 선거와 투표로, 그리고 입법, 행정 및 사법의 특별 기관을 통하여 행사된다」고 규정하고 있다. 일본국 헌법은 전문에서 「이에 주권이 국민에게 있음을 선언하고, 이 헌법을 확정한다」고 하고, 「국정은 국민의 엄숙한 신탁에 의한 것으로 그 권위는 국민에 유래하고 그 권력은 국민의 대표자가 이를 행사하고 그 복리는 국민이 이를 향수한다. 이는 인류 보편의 원리이다」고 하고 있다.

Maus, *Über Volkssouveränität: Elemente einer Demokratietheorie*, 2011; Wikipedia, Volkssouveränität.

129) 헌법제정권력에 관해서는 다음과 같은 문헌을 참조할 것. Sieyès, *Qu'est-ce que le Tiers-État?*, 1789; K. v. Beyme, *Die verfassunggebende Gewalt des Volkes: demokratisch Doktrin und politische Wirklichkeit*, 1968; E.-W. Böckenförde, *Die verfassunggebende Gewalt des Volkes - Ein Grenzbegriff des Verfassungsrechts*, 1986 (김효전 옮김, 국민의 헌법제정권력, 동인, 『헌법 · 국가 · 자유』, 1992, 13-40면); H. Möller, *Die verfassunggebende Gewalt des Volkes und die Schranken der Verfassungsrevision*, 2004; Wikipedia, Pouvoir Constituant; J. Ackerman, Political Theologies of Constituent Power, Draft Working Paper, 2013; 樋口陽一,「立憲主義と憲法制定権力: 対抗と補完: 最近の内外憲法論議の中から」,『日本学士院紀要』第69권 3호.

130) 국민주권주의에 대해서는 시에예스, 카를 슈미트 등에 의해서 논의되었다. 국민주권주의와 인민주권주의를 구별하는 것이 프랑스와 일본에서 많이 논란되고 있다. 그러나 독일에서는 국가주권설이 논의되기도 했다.

프롤레타리아 주권설을 주장했던 러시아도 신 헌법에서는 「① 러시아 연방의 주권의 보유자이자 권력의 유일한 원천은 연방의 다국적 국민들이다. ② 국민은 직접적으로 또는 국가 정부기관과 지방자치 정부기관들을 통하여 권력을 행사한다」(제3조) 규정하고 있다.

한국 헌법에서도 제1조 2항에서 「대한민국의 주권은 국민에게 있고 모든 권력은 국민으로부터 나온다」고 규정하고 있다. 이와 같이 국민주권주의를 규정한 것이 민주국가의 원칙이나 이의 행사에 대해서는 직접적 행사와 대표자에 의한 간접적 행사가 규정되고 있다.

2) 주권행사권으로서의 헌법제정권 행사

각국 헌법은 앞에서 본 바와 같이, 국민이 직접적으로도 행사할 수 있고, 국민이 대표자를 통해서도 행사할 수 있게 규정하고 있다. 헌법제정권력의 행사도 주권의 행사방법과 같이 직접 국민발안, 국민표결에 의할 수도 있고 제헌회의를 소집하거나 기성 의회에 헌법제정권을 대표 위임할 수도 있다. 이하에서는 각국 헌법이 규정하고 있는 헌법제정절차를 간단히 보기로 한다.131)

(1) 발안권

국민주권주의 국가에서의 국민은 주권을 가지는데 이 주권에 대해서는 국가의 최종결정권으로서 대외에 독립이고 대내적으로는 최고의 권력이라고 하겠다. 헌법제정권력의 행사에서는 어떠한 헌법적 구속을 받지 않는다.132) 따라서 헌법을 제정하는 제정권자는 제정절차에 구속을 받지 아니한다. 다만 헌법제정권력의 행사는 국민주권행사의 정당성은 가져야 한다.

(2) 심의권

대부분의 헌법은 전문에서 헌법제정권력의 행사 경과를 설명하고 있다. 최초의 헌법제

---

131) 헌법제정절차를 헌법에 규정한 것은 드물기 때문에 국민주권주의에 따라 정당성을 보장하기 위한 방법을 보기도 한다. 위기에 있어서의 헌법제정은 혁명의 방법에 의하였다. Die verfassunggebende Gewalt, die Verfassungsändernde Gewalt und die Revolution, https://link.springer.com; Wikipedia, Verfassunggebende Versammlung; Pouvoir constituant: definition of Pouvoir constituant, http://dictionary.sensagent.com/Pouvoir%20constituant/de-de; C. Möllers, Verfassunggebende Gewalt - Verfassung - Konstitutionalisierung, *Europäisches Verfassungsrecht*, 2009, SS. 227-277; K. v. Beyme, *Die verfassunggebende Gewalt des Volkes : demokratische Doktrin und politische Wirklichkeit*, 1968.
132) 국민의 헌법제정방법에 대해서는 W. Henke, *Die verfassunggebende Gewalt des deutschen Volkes*, 1957; H. Möller, *Die verfassunggebende Gewalt des Volkes und die Schranken der Verfassungsrevision*, 2004; 세계 각국에서의 직접민주정치제도의 현황에 대해서는 IDEA, Direct Democracy, *The International IDEA Handbook*, pp. 202-211; IDEA, Recommendations and best practices, *Handbook*, pp. 195-196; Verfassunggebende Nationalversammlung, http://deacademic.com/dic.nsf/dewiki/1455377.

정의 경우에는 국민의 요구에 따라서 구성된 제헌회의에 의하여 헌법제정안이 심의되고 의결되는 것이 일반적이다. 미국헌법의 제정은 제헌회의에서 심의되고 의결된 뒤에 각주의 비준을 밟도록 하였다.

(3) 연방구성 지분국의 비준

미국 헌법 제정은 연방 제헌회의의 심의 의결을 거친 뒤에 구성지분국인 13개 주 중에서 9개 주의 헌법제정회의의 비준이 있을 때 이를 비준한 주간에서 확정 발표하는 것으로 하였다(제7조). 이 비준절차는 상당히 어려웠으나 헌법개정으로 기본권조항을 두기로 한 조건을 붙여 비준한 주도 있었다.

(4) 국민결정에 의한 채택

국민은 국민투표로서 제헌회의에서 심의한 헌법의 채택 여부를 결정할 수 있는 권한이 있다. 미국 이외의 나라에서는 대부분 의회나 제헌의회의 결정에 의하나, 일본이나 한국에 있어서는 국민투표제를 두고 있다.

3) 헌법에 의해서 정해진 헌법개정권력의 행사

헌법개정권력은 헌법에 의해서 제정된 것이기에 헌법에 규정된 절차에 따라서 헌법상에 규정된 개정권을 행사하여야 한다. 세계 각국의 헌법은 헌법개정 규정에 두고 있다. 헌법개정절차는 경성헌법의 원칙에 따라 의결요건이 가중된다. 캐나다 헌법은 헌법개정 회의에서 개정하게 하고 있다.

헌법제정절차는 각국마다 다르기 때문에 이를 다 설명하기도 어렵다. 헌법개정절차를 일반 입법절차와 같이 규정한 연성헌법(軟性憲法)과 이를 입법절차보다 어렵게 한 경성헌법(硬性憲法)이 있다. 연성헌법의 개정은 국민대표기관의 의결로 개정이 확정된다(영국 등). 또 국민대표기관인 의회가 개정을 의결하는 경우, 의원의 3분의 2 이상의 동의를 얻도록 하는 헌법이 있다(독일, 이탈리아, 캐나다 헌법 등).

이에 대하여 국민이 직접적으로 헌법 개정에 참여하는 국가도 있다. 입법기관이나 제헌회의의 의결에 앞서 국민발안을 인정하거나, 의결 후에 국민투표로 확정하는 경우가 있다(프랑스 제5공화국헌법, 스위스 헌법, 러시아 연방헌법, 일본국 헌법, 한국 헌법 등).[133]

(1) 발안권자

---

133) Verfassungsänderung, http://universal_lexikon.deacademic.com/131849/Verfassungs%C3%A4nderung; Pouvoir constitué, http://deacademic.com/dic.nsf/dewiki/1126452; H. Möller, *Die verfassunggebende Gewalt des Volkes und die Schranken der Verfassungsrevision*, 2004; G. Jellinek, *Verfassungsänderung und Verfassungswandlung; eine staatsrechtlich-politische Abhandlung*, 1906 (김효전 옮김, 헌법개정과 헌법변천, 동인, 『독일 헌법학의 원천』, 235-283면).

헌법개정의 발안권자는 국민, 국회, 대통령 등이다.

① 국민발안

직접민주정치제도를 채택하는 국가나 반직접민주제도를 채택하는 국가에서는 헌법개정에 국민발안을 인정한다.

스위스 헌법은 ⓐ 연방헌법의 전면 개정을 위한 국민발안(제140조)[134] ⓑ 연방의회에 의하여 부결된 헌법개정안에 대한 일반발안에 의한 부분개정의 국민발안 ⓒ 양 의회 간 의견이 일치하지 아니한 경우에 헌법에 전면개정 여부의 국민발안

미국의 주헌법에서는 주헌법 개정을 위한 발안은 가능하며, 캘리포니아 주 등에서 행해지고 있다.

② 국민대표기관 Ⅰ(의회)

대표제민주정치를 행하는 나라에서는 전부가 의회의 발안권을 인정한다. 예를 들면 미국 헌법(제5조)은 연방의회의 양 의원의 3분의 2의 다수에 의하여 수정을 발의할 수 있다. 프랑스는 의회가 총리의 제안을 받아 헌법개정안을 발의할 수 있다(제89조).

③ 국민대표기관 Ⅱ(제헌의회)

러시아 헌법은 제헌회의에 헌법개정의 발안권을 주고 있다(제135조). 국민은 제헌의회의 소집청원권을 가진다.

④ 주의회

미국에서는 주의 3분의 2 이상의 주의회가 연방헌법 개정제안권을 가진다.

⑤ 대통령

대통령도 국민의 대표자로서 헌법개정 발안권을 가진다. 프랑스에서는 대통령이 총리의 제안을 받아 헌법개정안을 발의할 수 있다. 한국에서도 대통령이 헌법개정안을 발의할 수 있다(제128조 1항).

---

134) 연방헌법개정에 국민발안이 인정되는 나라로는 스위스가 있다. Volksinitiative und Referendum, http://www.swisspolitics.org/politische-struktur/volksinitiative-und-referendum. 그 외의 나라는 IDEA, Direct Democracy, *a. a. O.*, pp. 202-211.

(2) 심의권자

심의권자는 대부분의 나라에서 국민대표기관인 의회가 심의한다.[135]

(3) 결정권자

① 대표기관

독일의 경우에는 국민대표기관인 연방하원과 주대표기관인 주의회에서 선출된 상원의 3분의 2의 찬성으로 확정한다. 헌법개정결정권은 주권자인 국민과 대표자인 국회가 한다. 국회가 의결하는 경우에는 대부분 재적의원 3분의 2의 다수의 찬성을 원한다.

② 제헌회의

러시아에서는 제헌회의에서 재적의원 3분의 2 이상의 찬성으로 채택하거나 국민투표에 붙인다(제135조).

③ 주의회의 비준

미국에서는 양원의 3분의 2 이상의 찬성으로 개정안이 의결되고, 50개 주 중 38개 주 헌법회의의 비준으로 확정된다.

헌법개정에 국민투표를 요구하는 나라는 많다. 예를 들면, 일본, 한국, 대만, 오스트리아, 프랑스, 루마니아, 스페인, 베네수엘라, 오스트레일리아, 이집트, 러시아 등이 헌법개정에 국민투표를 요구하고 있다.

④ 국민결정

의회의 심의를 거친 후 최종적으로 국민투표로 회부하는 나라도 있다. 오스트리아에서는 국회의 의결 후 국민투표에 회부하여 절대과반수의 찬성을 얻어야 한다(제40조). 한국에서는 국민투표로서 헌법개정을 최종적으로 확정한다. 이 경우 국회의원선거권자 과반수의 투표와 투표자 과반수의 찬성을 얻어 확정된다. 러시아에서는 국민투표를 실시하는 경우 유권자 재적과반수의 투표에 투표참가자 과반수가 찬성하면 채택된다(제

---

135) 미국의 헌법개정의 도표로는 Wikipedia common에서 발표하고 있다. File: Verfahren zur Verfassungsänderung in den Vereinigten Staaten.svg. 미국 주헌법의 개정 방법으로서 캘리포니아 주의 헌법과정의 예를 보면 다음과 같은 것이 있다. Wikipedia, California Proposition 14 (2010); Wiktionary, amendment.

135조 3호).

(4) 헌법개정권력의 한계

① 헌법규정

실정헌법에 헌법개정권력의 한계를 규정한 것도 많다.[136]

ⓐ 절차적 한계

러시아 헌법은 연방헌법 제1장, 제2장 및 제9장의 규정은 연방의회에 의하여서는
수정될 수 없다(제135조 1항)고 하고 있다. 이를 수정하려면 제헌회의를 소집하여 초안을
작성하게 하고 제헌회의 재적의원 3분의 2 이상의 찬성을 얻어 채택하거나 국민투표에
회부하여 채택하게 하고 있다. 이것은 새로운 헌법의 채택과 같은 것이다. 이 밖에도
연방헌법 제3장에서 제8장까지의 규정에 대한 개정은 연방헌법적 법률의 채택을 위하여
규정된 방법에 따라 채택된다(제136조). 연방구성에 관한 헌법 제65조의 개정도 연방헌법
적 법률의 제정방법에 따라 개정해야 한다.
아르헨티나 헌법도 연방의회의 3분의 2 이상의 찬성으로 발의는 할 수 있으나 제헌회의
에서만 의결할 수 있다.

ⓑ 내용상 한계와 시기적 한계

프랑스 제5공화국헌법은 영토의 일체성이 침해되어 있는 경우에는 어떠한 개정절차도
시작하거나 계속할 수 없다(제89조 4항). 공화정체는 개정의 대상이 되지 아니 한다(제89조
5항).
독일 기본법은 내용적 한계로서 연방의 제 란트에의 편성, 입법에 있어서의 제 란트의
원칙적 협력 제4조와 제20조에 규정되어 있는 기본원칙을 개정할 수 없다(제79조 3항).
포르투갈 헌법도 「헌법의 개정과 관련된 조치는 계엄상태 또는 비상사태 중에 실시되지
아니 한다」고 규정하고 있다(제289조). 스페인 헌법도 「전시 또는 비상사태가 계속되고
있는 동안에는 헌법의 개정을 발의할 수 없다」고 규정하고 있다(제169조). 대한민국
헌법은 「대통령의 임기연장 또는 중임변경을 위한 헌법개정은 그 헌법개정제안 당시의
대통령에 대해서는 효력을 가지 않는다」(제128조 2항). 이탈리아 헌법은 「국가형태는
헌법개정사안이 아니다」고 규정하고 있다(제139조). 터키 헌법도 「국가형태를 공화국으

---

136) H. Ehmke, *Grenzen der Verfassungsänderung*, 1953; L.-M. Yao, Die materielle Verfassungs-
     änderung - Verfassungsdurchbrechung, Diss. jur., 1985.

로 규정한 헌법 제1조의 규정 및 공화국의 특징에 관한 제2조의 규정과 제3조의 규정은 개정할 수 없으며 그 개정안을 제의할 수 없다」(제4조)고 규정하고 있다. 체코 헌법도 「민주적 법치국가에 관한 본질적인 요건은 개헌의 대상이 되지 아니한다」고 규정하고 있다(제9조 2항).

② 헌법개정권력의 한계

헌법개정권력은 헌법제정권력에 의하여 제정된 권력(pouvoir institué)이기 때문에 헌법제정권력이 행사한 국가나 기본권의 본질적 내용은 침해할 수 없다.[137]
헌법개정권력이 이 한계를 유월하는 경우에는 헌법의 파괴나 헌법의 실효 · 대체를 가져온다.

3. 혁명권과 저항권의 행사

1) 혁명권의 의의

주권자로서의 국민은 국가권력의 행사가 위헌 불법적으로 행사되거나 국민의 기본권이 헌법의 적법절차로 구제받을 수 없는 경우에는 새로운 헌법을 제정하여 위헌적인 집권자를 교체할 수 있다. 이는 구헌법의 파괴(Verfassungsdurchbrechung)라고도 하겠다.

2) 혁명권의 행사

혁명권의 행사는 새로운 헌법의 제정이기 때문에 합헌적인 절차는 규정되어 있지 않다. 일반적으로는 헌법제정회의의 소집에 따라 헌법제정이 행해진다. 혁명에 의하여 구 헌법을 파괴하고 새로운 헌법을 제정한 예로는 1789년의 프랑스혁명을 들 수 있다.[138]
프랑스 혁명에서는 제3계급이 구체제(ancien régime)의 왕과 봉건귀족이 가지고 있었던 주권을 탈취하고, 새로이 주권을 직접적으로 행사한 것이라고 할 수 있다. 물론 혁명의 여러 단계에서 대표자에 의하여 헌법이 제정된 적이 있었다.[139] 스페인에서도 혁명이

137) Tsi-Yang Chen, Die immanenten materiellen Schranken der verfassungsändernden Gewalt in der Republik China (Taiwan) und in dem Grundgesetz für die Bundesrepublik, Diss. Jur., Bochum 1993, Bochumer Juristische Studien, Bd. 112; G. Jellinek, *Verfassungsänderung und Verfassungswandlung; eine staatsrechtlich-politische Abhandlung*, 1906.
138) W. Grab (Hrsg.), *Die Französische Revolution*, 1973, SS. 60-93; Albert Soboul, *Die Grosse Französische Revolution*, 1983; Duvergier (ed.), *Collection des Lois*, Vol. Ⅲ, pp. 239-255.
139) Edmund Burke, *Reflections on the Revolution in France*, 1790. 그는 프랑스 혁명에 대하여 비판적이었다. 찬성자는 페인 등이 있다. Thomas Paine, *Rights of Man 1791-92*; The ideas of the French

있었고, 그 뒤 내전이 발생하였고 그 결과 군에 의한 헌법이 제정되기도 하였다.[140]

3) 저항권의 의의

국민주권주의에 위반하여 국민이 제정한 헌법질서를 파괴하려는 국가기구에 대해서는 국민은 저항권을 가진다.

(1) 실정헌법규정

저항권(Widerstandsrecht)은 자연권으로 인정되었으나 현대헌법에서 실정헌법에 규정되기에 이르렀다.

포르투갈 헌법은 「모든 국민은 각자의 권리, 자유 또는 보장을 침해하는 모든 명령에 저항할 권리를 가지며, 공공기관의 도움을 얻을 수 없는 경우에는 모든 공격을 막기 위하여 무력을 사용할 권리를 가진다」(제21조).

또 독일 기본법도 「모든 독일인은 이러한 질서의 폐지를 기도하는 자에 대하여, 다른 구제수단이 불가능한 때에는 저항할 권리를 가진다」(제20조 4항).[141]

그리스 헌법은 「④ 헌법을 폭력적으로 폐지하려고 시도하는 자에게 가능한 모든 방법으로 저항할 권리와 의무를 갖는 그리스인의 헌법준수 애국심에 근거한다」(제120조).

우리 헌법상에는 명문의 규정이 없으나 전문의 4·19의거의 이념계승에서 그 근거를 찾을 수도 있을 것이다.

(2) 저항권의 행사

① 저항권 행사자

저항권의 행사는 시민이면 누구나 할 수 있다. 이에는 선거권이나 피선거권, 국민투표권에 있어서와 같은 행사자격의 제한은 없다.

Revolution, https://alphahistory.com/frenchrevolution/revolutionary-ideas.

140) P. Preston, *Revolution and War in Spain, 1931-1939*, 1984; Ted Grant, The Spanish Revolution 1931-37, 2006; Rod Swell, *Introduction to the Spanish Revolution 1931-37*, 1995; Richard Bessel, *Revolution and War in Spain 1931-1939*. The Right to Resist as Right to Political Participation, http://aihr.uva.nl/content/events/events/2016/12/becker.html.

141) Kaufmann/ Backmann (Hrsg.), *Widestandsrecht:* Wege der Forschung, 1972; K. Bertram, *Das Widerstandsrecht des Grundgesetzes*, 1970; K. Bertram, *Widerstand und Revolution*, 1964; J. Spindelböck, *Aktives Widerstandsrecht*, 1994; J. Schüttler, *Das Widerstandsrecht und seine: Rechtfertigungsversuche im Altertum und im frühen Christentum,* 1972; Wikipedia, Widerstandsrecht; Dolzer, Der Widerstandsrecht, *Handbuch des Staatsrechts,* Bd. Ⅶ, 1993 § 171; C. Heyland, *Das Widerstandsrecht des Volkes*, 1950; 小林直樹, 『法, 道德, 抵抗權』, 1986; 初宿正典, 抵抗權; 김철수, 저항권소고, 『서울대학교법학』 제20권 2호 (1980. 5); 각국의 저항권 규정은 김철수, 『헌법학(상)』, 2008, 98-109면 참조.

② 저항권 행사요건

저항권의 행사요건은 (ⅰ) 개별 헌법조항에 대한 위반이 아니고 자유민주적 기본질서에 위반하는 중대 위헌행위가 행해진 경우에 할 수 있고, (ⅱ) 그것이 명백하고 현저한 위험이 있는 경우에, (ⅲ) 적법절차에 의하여서는 시정할 수 없는 경우에만 할 수 있다. 이 점에서 이는 보충적 권력행사이며 예외적 주권행사라고 할 수 있다.

제2절 국민의 국가권력행사 참여권(참정권)

1. 국민의 국가권력행사 참여권의 의의와 성격

1) 참정권의 의의

국민은 주권행사자로서 국가권력의 행사에 참여할 수 있는 권리를 가진다. 이것을 참정권(Mitwirkungsrechte) 또는 참여권(Teilnahmerecht)이라고도 할 수 있다. 국민은 예를 들어 국민대표기관의 구성원으로서 대표됨을 행사할 수 있으며, 국민대표를 선출할 수 있는 권리와 이들을 소환할 수 있는 권리가 있다.[142]

이 밖에도 정당결성권과 정당활동권, 정치참여권, 여론형성권 등 여러 가지 방법으로서 정치에 참여할 수 있는 자유와 권리를 가진다. 이것은 개인도 주권자의 한 사람으로서 국가권력의 행사에 참여할 수 있는 권리이기 때문이다.

국민주권주의에 있어서의 국민은 국가의 주권자로서 국정에 참여할 권리를 가진다.[143] 이러한 참여권은 참정권이라고도 하며 일반적으로 정치참여권이라고 한다.[144]

---

142) C. Starck, Teilnahmerechte, Merten/Papier (Hrsg.), *Handbuch der Grundrechte*, Bd. Ⅱ, § 41, S. 709-740; J. Isensee, *Grundrechte und Demokratie*, 1981; W. Schmitt-Glaeser, Die grundrechtliche Freiheit des Bürgers zur Mitwirkung an der Willensbildung, Isensee/Kirchhof (Hrsg.), *Handbuch des Staatsrechts*, Ⅲ, 2005, § 38.

143) American Political Science Association, Democratic Imperatives: Innovations in Rights, Participation, and Economic Citizenship, Report of Task Forces, April 2012; D. Kaufmann, Human Rights, Governance, and Development: An empirical perspective, World Bank Institute, 2006; Pew Research Center, The Current State of Civic Engagement in America, The Internet and Civic Engagement, 2009.

144) Demokratische Mitwirkungsrechte stärken, https://www.admin.ch/gov/de/start/dokumentation /medienmitteilungen.msg-id-63321.html; Die europäische Union, Die politische Rolle des Staatsbürgers in der Gemeinschaft. Facharbeit, http://www.referate-max.de/facharbeiten/die-politische-rolle-des-staatsbuergers-in-der

2) 참정권의 법적 성격

참정권의 법적 성격에 대해서는 이를 권리로 보는 학설과 의무(공무)로 보는 학설과 양자를 결합한 이원설이 대립하고 있다.

(1) 권리설

참정권에 관해서 상세히 규정한 것은 스위스 헌법을 들 수 있다. 스위스 헌법 제34조는 「① 참정권은 보장된다. ② 참정권의 보장은 시민의 의사형성의 자유 및 의사표현의 자유를 보호한다」고 하고, 「만 18세 이상의 모든 스위스인은 정신질환 또는 정신지체를 이유로 행위능력이 없지 아니하는 한, 연방문제에 있어서 참정권을 가진다」(제136조).

헝가리 헌법도 「국회의원선거에서 투표할 권리를 가지는 모든 사람은 전국 국민투표에 참가할 권리를 가진다」(제XXⅢ조)고 하고 있다.

독일 헌법도 18세에 달한 사람은 선거권을 가지고, 성년이 된 연령에 달한 사람은 피선거권을 가진다」(제38조 2항). 일본 헌법도 「공무원을 선정하고, 및 이를 파면하는 것은 국민 고유의 권리이다」(제15조 1항). 한국 헌법도 「모든 국민은 법률이 정하는 바에 의하여 선거권을 가진다」(제24조)고 규정하고 많은 헌법들이 「권리를 가진다」고 규정하고 있기 때문에 실정권이라고 보고 있다.

미국 헌법은 수정조항에서 「미국 시민의 투표권을 인정하고 인종, 피부색 … 성별, 연령 등에 의하여 차별대우를 받지 않는다」고 규정하고 있다(수정헌법 제15조, 수정헌법 제19조, 수정헌법 제24조, 수정헌법 제26조).

이와 같이 헌법상 「권리를 가진다」고 하고 있기 때문에 기본권이라고 일반적으로 인정되고 있다. 다만, 독일에서는 선거권규정이 기본권장에 규정되어 있지 않기 때문에 기본권유사적 권리라고 말하여지고 있다.[145]

그러나 기본권장에서 규정되어 있지 않아도 기본권으로 인정되고 있다. 그래서 헌법소원도 가능하다.

참정권이 권리임에 대해서는 다 의견이 일치되고 있다.[146] 또 판례도 기본권성을 인정하고 있다. 일본 최고재판소는 「국민의 가장 중요한 기본적 권리」라고 하고 있다.[147]

-gemeinschaft.htm; Monika Krause, Beteiligungsformen - Politische Bildung und Partizipation in Theorie und Praxis -, https://prezi.com/h-a1cjdyfkay/beteiligungsformen-politische-bildung-und-partizipation-in-theorie-und-praxis-; M. Hettlage, Einspruch gegen die 19 Bundestagswahl. http://www.manfredhettlage.de/einspruch-gegen-die-bundestagswahl; H.-O. Mähleisen, Grundrechte, Informationen zur politischen Bildung Nr. 239. 1988; Janda/Berry /Goldman, The Challenge of Democracy, 1993; 슈타르크, 「민주적 헌법국가의 선거」, 김대환 편역, 『민주적 헌법국가』, 438-495면; 김철수, 「참정권」, 『헌법학(상)』, 1366-1426면 참조.

145) Windhirst, VerfR Ⅰ, § 3 Rn. 7은 기본권 유사권리라고 하나 기본권성에 있어서는 같다고 봐야 한다. Kimms/Schlünder, Verfassungsrecht, Bd. 2, Grundrechte, S. 318; Aktives und Passives Wahlrecht.

146) Kimms/Schlünder, a. a. O.; 辻村みよ子, 『憲法』, 345면 이하; 渡辺康行 (執筆), 『基本權』, § 18.

그러나 피선거권의 성격에 대해서는 의견이 일치하지 않고 있다. 피선거권은 선거를 통하여 공직자로 될 수 있는 자격이며, 당선되면 공직자로 될 수 있는 권리라고 보고 있다. 일본 최고재판소의 판결에서도 소수의견에서는 「선거권은 권리가 아니고 권리능력」이라고 보고 있다.[148]

(2) 의무설

스위스 헌법은 「참정권을 가진 스위스 국민 모두는 동등한 정치적 권리와 의무를 가진다」(제136조 1항). 아르헨티나 헌법도 「선거권은 보통·평등·비밀 의무적이다」(제37조)고 하고 있고, 브라질, 볼리비아, 에콰도르, 페루, 우루과이 등 남미 여러 나라가 참정의 의무를 규정하고 있다.[149] 참정권의 의무성에 대해서는 찬성파와 반대파가 대립하고 있다.

(3) 이원설

일본에서는 참정권을 의무(公務)로 보는 견해가 있어 권리와 의무성을 갖는 보편적인 것이라 하여 이원설(二元說)을 주장하는 사람이 많았다.[150] 이원설은 참정권을 공무로 보면서 동시에 참정권은 국민의 권한이라고 본다. 이것은 「선거인은 일면에 있어서는 선거를 통하여 국정에 관한 자기의사를 주장하는 기회가 부여되어지는 동시에, 타면에 있어서 선거인단이라는 기관을 구성하여 공무원의 선정이라는 공무에 참가하는 것이다. 전자의 의미에서는 참정의 권한을 가지며, 후자의 의미에서는 공무집행의 의무를 가진다」는 이중의 성격을 가진다고 한다.[151]

(4) 참정권의 권리성

참정권을 권한인 동시에 공무라고 보는 설은 국가기관설, 국민기관설의 입장에서 나온 것이므로 이것은 참정의 기본권리성을 부정하는 것이기에 찬성할 수 없다. 의무성을 강조하는 것은 실정헌법에 규정된 경우에는 인정될 수 있으나, 자유선거를 규정하고 있는 헌법에서는 기권의 자유도 인정되고 있다.[152] 따라서 기본권설이 옳다고 하겠

---

147) 最大判, 1955. 2. 9 『刑集』 9권 2호, 217면.

148) 最大判, 1968. 1. 4 『刑集』 22권 13호, 1426면.

149) Wikipedia, Wahlpflicht. 선거의무를 규정한 나라에 관해서는 Staaten mit Wahlpflicht, a. a. O., SS. 2-3 참조. 남미 각국 외에도 유럽의 여러 나라 리히텐슈타인, 룩셈부르크, 이탈리아 등이 있다. 또 아프리카에서도 선거권의 의무화 규정이 있었다. 유럽에서는 오스트리아가 1929년에서 1982년까지 선거의무를 부과했으나, 1992년 이후에 폐지하였다. 오스트레일리아에서도 선거의무제가 폐지되었다. 라틴 아메리카에서는 기권자는 처벌된다. https://deutsch.rt.com/amerika/56265-wahljahr-2017 -wer-wahlpflicht-in.

150) 甲斐素直, 参政権の本質, http://www5a.biglobe.ne.jp/~kaisunao/seminar/913franchise.htm.

151) 淸宮四郞, 『全訂 憲法要論』, 152면.

152) F. Arnold, *Wahlpflicht und Stimmzwang*, 1929; Soll eine Wahlpflicht eingeführt werden?, http://lang-8.com/1289040/journals/204079815203935515136730726311805845653; A. Vutkovich, *Wahlpflicht: Politische Studie*, 1906.

다.153)

2. 국민대표기관으로서 공무집행을 할 수 있는 권리(공무담임권)

국민은 피선거권을 가져 국민대표기관이나 행정기관의 공무원으로 선출되는 권리를 가지고 있다. 이는 공무담임권과 피선거권을 말한다. 국민은 이를 위하여 정당에 가입하여 선거운동에 종사할 수 있으며, 피선된 경우에는 국민대표로서 공무를 집행할 권리를 가진다.154)

1) 선거직 공무원

선거직 공무원에는 일반적으로 국가원수인 대통령(부통령), 국회의원(상원의원, 하원의원), 지방의회의원(지방의회, 구의회 의원), 지방공무원(도지사, 시장, 군수 등) 등이 있다. 이러한 직위에 입후보하고 당선되어 공무를 집행하는 것은 국민의 권리인 동시에 의무라고 주장되고 있다.155) 일본 헌법은 모든 공무원을 선임하는 것은 국민의 고유한 권리라고 하고 있으나 선거직 공무원의 범위는 나라마다 다르다.

멕시코, 한국과 같이 대통령제를 취하는 경우에는 대통령은 직접선거에 의하여 선출되며, 입후보자격은 국회의원이나 행정지방공무원보다는 피선거 연령이 높은 것이 일반적

---

153) Bundestagswahl Wahlrecht, https://site-closed.wikispaces.com; Wahlrecht.de Forum:Passives Wahlrecht, http://www.wahlrecht.de/forum/messages/42/93.html?1223391545. E. Pahad, Political Participation and Civic Engagement, Progressive Politics, Vol. 42, 21-26; J. Wihbey, How does social media use influence political participation and civic engagement? A meta-analysis, https://journalistsresource.org/studies/politics/digital-democracy/social-media-influence-politics-participation-engagement-meta-analysis; Conference topics: Civil Rights and Political Participation, https://cambioconference.wordpress.com/2017/08/14/conference-topics-civil-rights-and-political-participation; Political Participation facts, information, pictures, https://www.encyclopedia.com/social-sciences-and-law/sociolog-and-social-reform/sociolog-general-terms-and-concepts-138; The importance of your political participation, http://www.rightforeducation.org/all-topics/law-governance/political-participation; Strengthening Citizen Participation in Local Governance, https://www.newtactics.org/ conversation/strengthening-citizen-participation-local-governance.

154) 공무원으로의 피선거권과 공무담임권이 헌법에 규정되어 있다. 일본국 헌법은 「공무원을 선정하고, 및 이를 파면하는 것은 국민 고유의 권리이다」(제15조 1항)이라고 하여, 모든 공무원을 선거하고 또 파면할 수 있는 권리를 국민이 가지고 있는 것으로 규정하고 있으나, 실제적으로는 중요 공무원에 한하고 있다. 스위스 헌법은 국민의 참정권에 관하여 상세히 규정하고 있다. 그중에서도 외국 연방헌법에 서는 보기 드문 직접적 정치권의 행사를 규정하고 있다. 상세한 것은 C. Winzeler, *Die politischen Rechte des Aktivbürgers nach schweizerischem Bundesrecht*, 1983 참조.

155) 미국에 있어서의 연방 피선거권과 책임에 대해서는 Federal Qualifications & Responsibility Election Code Title 9. Candidate, Chapter 141 Candidacy for Public Office Generally, Elected Offices for the 2018 Election Federal Office.

이다.

의원내각제 국가에 있어서는 대통령은 간접선거에 의해서 선출되는 경우가 많다. 독일과 오스트리아 등에서는 간접선거로서 대통령을 선출한다.

2) 피선거권

(1) 피선자격

① 연령

독일에서는 국회의원(하원) 수와 같은 수의 지방의회의원으로 구성되는 연방집회에서 선거한다. 대통령으로 선출될 수 있는 사람은 40세 이상의 국민이어야 한다. 대한민국의 대통령으로의 피선거권 연령도 40세 이상이다. 이에 대하여 미국 대통령으로의 피선거권 연령은 35세 이상이다.156) 미국에서는 이 밖에도 출생에 의한 미국인이어야 하며, 14년 이상 미국에 거주하였어야 한다. 또 형벌을 받은 사람의 피선거권도 제한된다.

독일에서는 대통령은 간접선거에 의하여 선출되며 선거 연령은 40세 이상이다(독일 제54조). 핀란드의 대통령은 직접선거로 선출된다. 또 입후보하려면 출생지가 미국과 같이 핀란드여야 한다. 이는 귀화인에 대한 차별이라고 하겠다.

국회의원 피선거권의 경우, 과거에는 선거권 연령보다도 높게(예를 들면 독일, 일본, 한국 25세) 하였으나, 현재는 성년자(독일)로 하고 있으며 성년의 연령을 18세로 하여 선거연령과 동일하게 하였다.

피선거권 연령도 점차 인하하는 것이 세계적 경향이다. 독일, 일본에서는 성년자(18세)로 인하하였으나 한국에서는 25세를 유지하고 있다. 일본에 있어서도 중의원 의원의 피선거 연령은 25세 이상이고 참의원 의원의 피선거 연령은 30세 이상으로 법정하고 있다.157)158)

② 선거구에서 거주기간

국회의원이나 지방의원의 경우 선거구역에서 일정 기간 이상 거주하도록 강제하였으나(예. 미국), 거주 기간도 최대한으로 단축하는 경향이 있다. 대한민국에서는 지역구 입후보자는 그 지역구에 주민등록이 되어 있어야 한다.

---

156) 미국의 행정부 선거에 대하여 Qualification, Provisions Governing Qualification for Office, Federal Qualifications & Responsibility Qualifications for Elected Offices.

157) 選擧管理委員會事務局,『選擧權と被選擧權』.

158) R. Bauböck, *Migration and Citizenship*, 2007.

③ 피선자격과 전과자, 수형자

국회의원의 피선거권은 형벌을 받은 전과자의 경우 제한될 수 있게 되어 있었다. 독일뿐만159) 아니라 미국도160) 전과자나 수형자에게는 피선거권을 인정하지 않았다. 우리나라도 일본에 따라161) 국회의원선거법 등에서 수형자에 대한 피선거권의 박탈을 규정하고 있었다. 그것을 개정하였으나 아직도 수형자의 피선거권 제한을 유지하고 있다.162) 일본의 공직선거법은 금고 이상의 형에 처해지고, 그 집행이 끝날 때까지의 사람, 금고 이상의 형에 처해지고 그 집행을 받을 수 없게 될 때까지의 사람 등이 규정되어 있다.

3) 미국의 선거제도와 피선 공무권의 권한

미국의 대통령이 될 수 있는 사람은 미국에서 출생한 사람이어야 한다(미국 헌법 제2조). 미국의 선거제도는 연방법에서 획일적으로 규정한 것보다는 주에서 선거법을 제정하고 관리하고 있기 때문에 이를 한 마디로 설명하기는 어렵다. 일반적으로는 선거권이 있는 자가 등록하고, 입후보자가 입후보하여 선거운동을 하며,163) 끝으로 직접투표를 하여 선거인을 선거하고 이 선거인이 모여서 대통령을 선출하는 방법을 채택하고 있다.164) 선거인단 선거는 주 단위로 하며 주에서 다수를 얻은 정당(또는 후보자)이 모든 선거인을 독점하게 된다(take all). 선거운동은 치열하며 선거비용의 제한이 없기 때문에(money falks), 선거운동을 위한 모금량이 당선을 좌우하기도 한다. 일단 선거인으로 당선된 사람은 지지자나 정당을 잘 바꾸지 않기 때문에 주에서의 선거인이 결정되면 대통령 투표일 전에 주선거가 끝나면 당선자를 알 수 있게 되어 있다(electoral college). 이 선거제도에 대해서는 비판이 있으나 주가 중심이 된 연방제이기에 개정이 거의 불가능할

---

159) J. Oelbermann, *Wahlrecht und Strafe*, Nomos Verlag, SS. 94-104. 이 책에서는 각국의 비교도 하고 있다. S. 268-285.

160) Wikipedia, Voting Rights Act of 1965; Time, The Voting Rights Act at 50: How It Changed the World, http://time.com/3985479/voting-rights-act-1965-results.

161) 長尾英彦,「選挙権の制限」,『中京法学』1・2호(2004), 65-186면; 選擧管理委員會事務局,『選擧權と被選擧權』. http://www.pref.yamaguchi.lg.jp/gyosei/senkyo/02_senkyo/index.htm; 倉田玲,「禁錮以上の刑に処せられた者の選擧權」,『立命館法學』300호, 301호(2005).

162) 국회의원선거법, ① 국회의원선거권이 없는 자, ② 금고 이상의 형의 선고를 받고 그 형이 실효되지 않은 자, ③ 법원의 판결 또는 다른 법률에 의하여 피선거권이 정지 또는 상실된 자, ④ 국회법 제166조 위반자, ⑤ 국회의원선거법 제230조의 6항의 죄를 범한 자이다.

163) R. Bauböck, *Migration and Citizenship*, Univ. of Chicago Press, 2007.

164) B. Buchanan, *Electing a President*, U. of Texas Press, 1991; D. Runkel, *Campaign for the President*, 1989; G. Pomper, *The Election of 1988*, 1989; B. Salmore & S. Salmore, *Candidates, Parties, and Campaigns: Electoral Politics in America*, 1989; M. Wattenberg, *The Rise of Candidate-Centered Politics: Presidential Elections of the 1980s*, 1991; How to Run for Federal and State Office: A Candidate Information Guide, 2017; So you want to Run for Office?, http://aristotle.com/blog/2014/09/so-you-want-to-run-for-office-2.

것이다.

시민은 상원의원과 하원의원의 피선거권을 가진다(제1조). 연방 상원의원의 임기는 6년이나 2년마다 3분의 1이 개선된다. 상원의원의 수는 100명이나 주마다 2명이며 주에서 주민투표에 의해서 다수결로 선출된다. 임기 중 사망 등에 의하여 결원이 생기면 주지사가 임명한다. 상원의원 피선거권은 만 30세 이상의 주민으로, 9년 이상 연방 시민이어야 한다. 연방 하원의원의 임기는 2년이며 매 2년마다 선거구가 다수결로 선거된다. 당에서 후보자로 지명된 뒤 심한 선거운동을 거쳐서 당선이 결정된다. 그러나 현직에 있는 사람이 유리하여 많은 의원들이 다선의원이다. 대통령선거가 없는 해의 의원선거는 중간선거라고도 말하여진다. 하원의원의 피선거권은 만 25세 이상의 주민으로서 7년 이상 미국 시민이어야 하며 선출 당시 그 주의 주민이어야 한다.

대통령 당선자는 군의 최고사령관이며 집행부의 수장으로서 연방공무원 중 공무원의 임명권과 법의 집행권을 가지며, 법률을 서명하고 법률안에 대한 거부권을 가진다. 외국 정부와의 조약체결권을 가지며 선전포고권을 가진다(상원의 동의를 얻어). 부통령은 대통령 유고시 대통령직을 승계하며, 당선된 의회의원은 전쟁선포권과 군대유지권, 조세법률 제정권, 상업규제권, 국채발행권, 법률제정권과 정부재정에 필요한 예산편성권을 가진다.

상원은 조약비준권, 연방공무원 임명동의권, 연방공무원에 대한 탄핵권을 가진다. 하원은 탄핵소추권을 가지며 입법권 등을 가진다.[165]

4) 독일의 선거제도와 피선된 공무원의 권한

대통령 피선거권은 독일 국민으로서 만40세 이상이어야 한다(제54조). 연방대통령은 연방집회(Bundesversammlung)에서 선거한다. 연방집회는 연방 하원의원과 지방의회가 비례대표선거의 결과에 의한 이와 동수에 의한 의원에 의하여 선거된다(제50조).

연방 하원의원의 피선거권은 만18세 이상의 독일 국민이다. 의원선거는 인물선거와 비례대표제에 의하여 선출된다(제38조). 연방상원(연방참의원) 의원의 선거는 지방정부의 구성원에 의하여 조직되며 지방정부가 이를 임명한다(제51조).[166]

연방대통령은 국제법상 연방을 대표한다(제59조). 외국과 조약을 체결하고, 연방의 정치적 관계를 규율하고, 연방헌법재판관, 연방재판관, 연방법관의 임면권을 가지며 사면권을 가진다(제59조-제60조).

연방 하원의원은 전 국민의 대표자이며 자기 양심에 따라 위임이나 지시에 구속되지

165) Federal Qualifications & Responsibilities: Election Chapter 141, Candidacy for Public Office, https://statutes.capitol.texas.gov/Docs/EL/htm/EL.141.htm; Forte/Spalding, The Heritage Guide to the Constitution Article 2, Article 1; Czapanskiy/Manjoo, *a. a. O., Duke Journal of Comparative & International Law* Vol. 19 No. 1(2008), pp. 1-40.

166) P. Kunig, Fragen zu den Wahlrechtsgrundsätzen, *Jura* 1994, 554 ff.; G. Roth, Zur Durchsetzung der Wahlrechtsgrundsätze vor dem Bundesverfassungsgericht, *DVBl*, 1998, 214 ff.; W. Schreiber, *Handbuch des Wahlrechts zum Deutschen Bundestag*, 5. Aufl., 1994.

않고 결정한다(제38조). 하원의원은 연방법률의 제정권을 가지며 청원처리권을 가지고 국정조사권을 가지며 국무총리의 해임건의권을 가진다.

연방 상원(참의원)은 지방(Land)을 대표하여 연방의 입법 및 행정과 유럽의회의 사무에 관하여 협력한다(제50-제53조).

상하 양원합동회의는 방위상의 긴급상태에 관한 정부계획에 대하여 심의한다(제53a조).

5) 일본의 선거제도와 피선 공무원의 권한

일본에는 헌법상은 국민의 대표기관은 없다고 하겠다. 다만, 제1조에서 「천황은 일본국의 상징이며 일본 국민통합의 상징으로서 그 지위는 주권이 있는 일본 국민의 총의에 근거한다」고 하고 있다. 이에 따라 주권자는 일본 국민이며 천황은 일본 국민의 통합의 상징이다. 그러나 주권자인 국민은 천황에 대한 선거권은 없으며 「천황은 세습제이다」(제2조).

「국회는 국권의 최고기관이며 국의 유일한 입법기관이다」(제41조). 「국회는 중의원 및 참의원의 양의원으로서 이를 구성한다」(제42조). 「국민은 이 중의원과 참의원의 의원의 피선거권을 가진다」(제43조). 의원의 자격은 법률로 정한다. 단 인종, 신조, 성별, 사회적 신분, 문지(門地), 교육, 재산 또는 수입에 의하여 차별하여서는 아니 된다(제44조).

양원 의원은 「전 국민을 대표하는 선거된 의원으로서」 국민대표권을 가진다. 양 의원은 법률안의결권을 가지며(제54조), 예산안심의권을 가지고(제60조), 조약의 체결에 대한 승인권(제61조), 재판관탄핵권을 가진다(제64조).

공무담임권에 관해서는 직접적 규정이 없으나 「공무원을 선정하고, 이를 파면하는 것은 국민 고유의 권리」이다(제15조)라고 하고, 「모든 공무원은 전체의 봉사자이며 일부의 봉사자가 아니다」고 하고 있어 공무담임자인 국민의 권리 · 의무를 규정하고 있다고 보아야 할 것이다.[167]

6) 한국에서의 공무담임권과 피선거권

한국 헌법은 참정권에 관하여 공무원선거권 이외도 공무담임권을 규정하고 있다. 헌법 제25조는 「모든 국민은 법률이 정하는 바에 의하여 공무담임권을 가진다」고 규정하고 있는데, 이는 국민이 공무원으로 취임할 수 있는 권리와 공무원으로서 그 권한을 행사할 수 있는 권리를 보장한 것이라고 하겠다.

---

167) 佐藤功, 「公務員と基本的人権」, 『公法研究』 33호, 82면; 片岡昇, 「公務員と勞動基本權」, 同書, 104면; 永田一郎, 『公務員の身分保障』, 128면; 大久保史郞, 『公務員の政治的自由と憲法學』; 同, 人權主體, 2003, 273면 이하 수록; 岡部史郞, 『公務員制度の研究』, 1955; 衆憲會, 「參政權の保障をめぐる諸問題」, 平成 20년 3월, 제92호 衆議院憲法審査會事務局.

이 밖에 피선거권으로서는 대통령, 국회의원 피선거권, 지방의회의원의 선거, 지방자치단체장의 선거 등이 규정되고 있다. 「대통령에의 피선거권은 국회의원의 피선권이 있고 선거일 현재 40세에 달하여야 한다」(제67조 4항). 국회의원의 피선거권은 한국 국민으로서 만 25세 이상이어야 한다(제67조 4항).

대통령의 권한은 국가의 원수이고 국가를 외국에 대하여 대표한다(제16조). 대통령은 조약을 체결, 비준하고 외교사절의 신임, 접견 또는 파견, 선전 포고 및 강화를 행한다(제73조). 대통령은 긴급명령, 긴급재정처분을 할 수 있고, 계엄을 선포할 수 있다(제76-제79조). 대통령은 중요 정치문제를 국민투표에 회부할 수 있으며, 국군을 통수할 권한을 가진다(제74조). 이 밖에도 법률안발안권, 대통령령제정권, 국무총리, 국무위원 등 고위공직자임명권, 파면권, 사면권 등 수많은 권한을 가진다. 국회의원은 법률안의결권, 예산의결권, 국정통제권, 국무총리 등 해임건의권, 국회해산건의권, 중요 공무원추천권과 중요 공무원 임명동의권 등이 있고 국정조사권 등이 있다.[168]

3. 국민의 대표기관 구성권(선거권)

1) 대표제민주정치에서의 선거권의 의의

(1) 대표제민주정치의 의의

현대적 민주정치는 직접민주제와 대표제민주정치로 나누어지고 있는데, 직접민주정치를 채택하고 있는 나라는 스위스 등을 제외하고는 별로 없으며 대부분이 국민의 대표기관인 의회를 중심으로 하는 대표제민주정치를 채택하고 있다.[169] 실정헌법을 보면 프랑스 헌법은 「국가의 주권은 국민에게 있고, 국민은 그 대표자와 국민투표를 통하여 주권을 행사한다」(제3조 1항)고 하고 있고, 독일 헌법도 「국가권력은 국민에 의하여 선거와 투표로, 그리고 입법, 행정 및 사법의 특별기관을 통하여 행사된다」(제20조 2항)고 규정하고, 헝가리 헌법은 「국민은 선출된 대표를 통하여 또는 예외적인 경우에는 직접적 방법으로 주권을 행사한다」(제3조 4항). 미국 헌법은 국민의 주권행사에 관해 명문의 규정이 없으나 독립선언이나 미국 연방헌법이 we, the people이 헌법제정권자임을 명시하고 있고, 대표기관에 의해 국가권력이 행사되고 있음을 인정하고 있다. 영국에서도 대표제민주정치는 실현가능한 정부형태로서 가장 좋은 정부형태로 인정되고 있다.[170] 그러나

---

168) 상세한 것은 김철수, 『헌법학 (상)(하)』, 2008; 나무위키, 선거; 진영재, 『한국의 선거제도 I 』, 2002; 선거제도의 평가, https://terms.naver.com/entry.nhn?docId=1711558&cid=42146&categoryId=42146.

169) 직접민주정치에 대해서는 IDEA, Direct Democracy, 간접민주정치에 대해서는 Inter-Parliamentary Union, Parliament and Democracy in the Twenty-First Century, 2006 참조.

170) John Stuart Mill (1806-1873), Considerations on Representative Government, Indianapolis, 1958.

문제가 없는 것은 아니다.171)

(2) 대표제 민주정치의 요소로서의 선거제도의 원칙

그러나 대표제 민주정치는 국민의 대표자를 어떻게 구성하는가가 문제가 된다. 대표자의 선출은 국민의 투표에 의해서 선출되어야 하기 때문에 최대다수의 투표자가 투표하는 것이 요청된다.172) 과거의 제한 선거는 부정되고 보통선거의 요구가 나온다. 다음에는 정치권의 평등이 요구된다. 과거에도 계급선거 등에 의하여 불평등선거가 행해졌는데 앞으로는 평등선거가 행하여져야 한다. 평등선거는 1인 1표의 산술적 평등이 아니고 한 표의 가치가 동등하여야 한다는 이념에서 투표가치의 평등을 요구한다(one vote one value).173) 다음에는 자유선거의 원칙이 요구된다. 투표자의 의사가 강압에 의한 것이 아니고 자유의사에 의하여 자기결정에 따라 투표해야 한다. 이 때문에 선거의 의무제도에 대해서는 부정적이다. 자유선거의 보장을 위하여서는 투표의 비밀이 보장되어야 한다. 투표에 있어서는 대리투표는 인정되지 않는다. 따라서 직접선거에 의하여야 한다. 이상의 것을 선거의 5대 원칙이라고 한다.

선거는 국민의 의사를 정확하게 반영하는 것이 요청되기 때문에 여론형성의 자유와 투표의 자유가 요청된다. 선거의 결과 당선자는 다수결의 원칙(majority rule)에 따라 결정되어야 한다.

대표제 민주정치에서 주권자인 선거인과 대표자 간의 대표관계가 문제되는데, 오늘날의 원칙에 의하면 대표는 자유대표로서 선거인의 의사나 명령에 구속당하지 않고 표결의 자유를 가진다. 반(半) 직접민주주의국가에서는 대표자의 자유위임에 반대되는 국민소환제도가 행해지고 있는데 엄밀한 대표제 민주정치에는 위반되는 것이라 하겠다.

2) 선거권의 법적 성격

(1) 선거권 공무설

참정권 공무설에서 본 바와 같이, 선거권도 국가기관인 선거인단에 속할 자격을 말하는 것으로 보고, 국민도 국가기관의 일부로 보아 선거를 하는 기능으로서 공공의 의무로

---

171) Constitutional Democracy, http://www.civiced.org/resources/publications/resource-mate-rials/390-constitutional-democracy. 대한민국학술원, 「민주정치의 위기」, 학술원 발표 논문집; Brauchen wir für eine Demokratie wirklich Wahlen? - Addendum, https://www.addendum.-org/demokratie/losverfahren.

172) Hufe/Peichl, Beyond Equal Rights: Equality of Opportunity in Political Participation, *ZEW* - Centre for European Economic Research Discussion Paper No. 16-068.

173) Mehr Demokratie e. V. : Demokratie ins Rollen bringen, https://www.mehr-demokratie.de; Wikipedia, Voting rights in the United States; Alexander Dilger, Wahlrecht für alle?, https://alexanderdilger.wordpress.com/2017/08/23/wahlrecht-fuer-alle; Artikel 21: Allgemeines und gleiches Wahlrecht, https://eulionline.de/category/aktionen/menschenrechte; Wikipedia, Allgemeines Wahlrecht.

보았다. 이것은 과거 선거권을 조세납부자와 문자해독능력자로 한정하여 제한선거를 행했던 경우의 이론이었다.

(2) 선거권 권리설

이것은 선거권을 공무원을 선출할 수 있는 기본적 인권으로 보아 개인의 정치적 권리의 하나로 대표자를 선출할 수 있는 권리로 본 것이다. 국민의 기본적 인권이기 때문에 그 권리는 평등이어야 하고 행사는 직접 행사하여야 하는 권리로 인식되었다.174)

(3) 이원설

이원설은 선거권은 권리인 동시에 공민으로서의 의무로 본 것이다. 이 의미에서는 선거인은 일면에 있어서는 선거를 통하여 국정에 관한 자기의사를 주장할 수 있는 권한이고, 타면에서는 선거인단이라는 기관을 구성하여 공무원을 선정하는 공무에 참가한다고 보는 것이다. 이 학설은 일본의 다수설이다.175)

3) 미국의 이론

미국에서는 이를 투표권(voting right)이라고 한다. 미국 대법원은, 투표권은 모든 시민의 헌법적 권리가 아니고 자격 있는 시민의 투표권을 인정하고 있다고 하여 투표권도 권리가 아니고 자치단체나 주의회의 자의에 의하여 부여하거나 부정할 수 있는 특권(privilege)이라고 보고 있다.176) 또 학자들 중에서는 투표는 의무라고 보는 사람이 있고, 투표는 권리라고 보는 사람이 있다. 미국 헌법은 수정조항에서 투표권에 대한 규정을 두어 흑인이나 황인종이라는 이유로 투표권을 제한할 수 없으며, 여성에게도 선거권을 인정하고 선거연령을 18세로 정하고 있다. 그러나 투표자격은 주법에서 규정할 수 있게 하고 있기 때문에 모든 사람의 권리가 아니고 일부인의 특권처럼 인식되고 있다.

왜냐하면 헌법에 규정되어 있는 선거권 내지 투표권은 헌법상 권리이며, 권리행사에서 자격을 둔 것은 법률로서의 투표권의 제한이며 공공복리를 위한 제한이 가능하기 때문이다.

---

174) Aktives und passives Wahlrecht, http://www.wahlschlepper.net/aktives-passives-wahlrecht; Aktives und passives Wahlrecht, https://www.wahlrecht.de/lexikon/aktives-passives -wahlrecht.html.

175) 加藤一彦,「選擧權論における二元説の意義」,『現代法学』8호, 115 - 136면; 甲斐素直, 参政権の本質, http://www5a.biglobe.ne.jp/~kaisunao/seminar/913franchise.htm; 清宮四郎,『全訂憲法要論』, 1961, 152면.

176) Alexander v. Mineta (2000); Bush v. Gore (2000); J. Milchen, Beyond the Voting Rights Act: Why We Need a Constitutional Right to Vote, http://reclaimdemocracy.org/right_to_vote; Voting: A Right, A Privilege, or A Responsibility?, http://www.fairvote.org/voting-a-right-a-privilege-or-a-responsibility; Is voting a privilege rather than a right?, http://www. debate.org/opinions /is-voting-a-privilege-rather-than-a-right; 杉原泰雄, 前揭書; 辻村みよ子, 前揭書.

4) 선거권의 제한

(1) 헌법과 법률에 의한 제한

스위스 헌법은 「정신질환 또는 정신지체를 이유로 행위능력이 없지 않는 한, 연방문제에 있어서 참정권을 가진다」고 하여 정신질환 등에 의한 행위능력 상실자에게는 참정권을 인정하지 아니한다(제136조 1항).

헝가리 헌법은 「선거권의 행사는 헝가리 거주를 조건으로 할 수 있으며 피선거권은 기본법률에 규정된 기타 요건을 조건으로 할 수 있다」(제ⅩⅩⅢ조 4항).

오스트레일리아 헌법은 「주의 상원의원 선거인의 자격은 헌법 또는 의회가 정하는 하원의원선거권의 자격과 동일하다」(제8조)고 규정하고 있다.

터키 헌법은 「군 복무중인 자, 군사학교 학생 및 과실범이 아닌 죄로 징역형을 수형중인 범죄자는 투표할 수 없다」(제67조).

대한민국 헌법은 「모든 국민은 법률이 정하는 바에 의하여 선거권을 가진다」(제24조)고 규정하고 있다.

미국 등 헌법에 규정이 없는 경우에도 투표법에 따라 법률에 의한 제한을 두고 있다.[177] 유럽의 경우도 많다.[178] 선거권의 제한은 대부분의 헌법이 규정하고 있는 것처럼 헌법과 법률에 의하고 있으나, 선거권의 등록과 같은 것은 법률시행령(행정입법)에 의해서도 제한될 수 있다.

(2) 제한 사유

제한 사유는 국적, 연령, 주거기간, 형벌을 받았는가 등에 의해서 제한되고 있다.

① 국적에 의한 제한 : 국민

선거권은 원칙적으로 국민에게만 인정된다(미국, 일본 등). 예외적으로 정주 외국인의 경우에는 지방자치단체의 선거권을 인정하는 경우도 있다. 외국인에게 선거권을 인정하는 것은 국민국가에서는 예외임으로 상세한 것은 생략한다.[179]

② 연령에 의한 제한

---

177) 長尾英彦,「選擧權の制限」,『中京法学』1 · 2호(2004), 65-186면; US. Voting Rights https://www.infoplease.com/timelines/us-voting-rights.

178) Die Wahlgesetze für die Europawahlen (2), http://www.europarl.europa.eu/workingpapers/poli/w13/country_de.htm.

179) Wikipedia, Right of foreigners to vote; 長尾一紘,『外国人の参政権』, 2000, 226면; 長尾一紘,『外国人の選擧權 ドイツの経験 · 日本の課題』, 2014, 184면; 日本政治com, 外國人參政權; 宮地基,「外国人の選擧權をめぐる憲法上の論点について」,『神戸法学年報』제7호(1991), 239-279면.

선거권은 연령에 의하여 제한된다. 그동안 선거연령은 낮아져 대부분의 국가의 선거연령은 18세이다. 우리나라는 현재 19세이다. 선거연령을 낮추려는 경향이 있으며, 한국에서도 만 18세로 인하할 것을 연구하고 있다. 외국의 여러 나라에서는 선거연령을 만 16세로 낮추려는 경향이 있고 지방선거에서 16세로 인하한 주도 많다.[180]

③ 거소와 거주기간으로 인한 제한

선거권은 대부분 일정한 영토에 거주해야 하며 최소한도의 거주기간을 정하고 이 요건을 충족시키지 않는 경우에는 선거권의 등록을 인정하지 않거나 선거인 명부에 등재되지 않음으로써 선거권을 행사할 수 없다.

미국 헌법에서는 미국의 국민으로서 어떤 주의 주민이어야만 선거권을 가진다. 과거에는 일정한 기간 동안 그 주에 거주했어야 하도록 규정하였으나, 새 선거법(Voting Rights Act of 1965)에서 특정 주에서의 거주 요건은 없어졌다.[181]

④ 정신질환자, 행위무능력자의 선거권제한

영국에서는 고래의 common law에 의하여 지적 장애자와 심신상실자의 선거권은 인정되지 않았다. 그것이 2006년의 선거관리법 제73조에서 이들 결격조항은 삭제되었다. 캐나다에서도 영국처럼 선거권이 인정되지 않았으나 1993년에 선거권이 인정되게 되었다. 한국에서도 과거 금치산자에게도 선거권을 인정하지 않았으며 현재도 성년후견인자의 선거권을 인정하지 않고 있다.

⑤ 수형자의 선거권 제한

세계 각국의 헌법이나 선거법은 형사재판을 받아 유죄의 선고를 받은 경우, 그 집행종료 시까지 선거권을 인정하지 않았다.[182][183]

미국에서는 중범죄로 교도소에 재소하는 사람의 경우, 선거권을 인정하지 않고 있다. 이러한 법제를 가지고 있는 주는 46개 주와 Washington D.C.이다. 32개 주에서는

---

180) S. Eisel, Wahlrecht, Volljährigkeit und Politikinteresse?, http://www.kas.de/wf/de/33.29980; Wikipedia, Voting Age. 선거연령의 인하에 관해서는 이 책의 선거권 확대 참조.

181) Wikipedia, Voting Rights Act of 1965; The Voting Rights Act at 50: How It Changed the World, http://time.com/3985479/voting-rights-act-1965-results.

182) J. Oelbermann, Wahlrecht und Strafe, Nomos, SS. 268-285; Voting with a Criminal Conviction in Pennsylvania, https://www.aclupa.org/issues/votingissues/votingwithcriminalconvication; The Right to Vote, A Basic Human Right in Need of Protection, Human Rights Advocate.

183) The Rights Vote, http://hrlibrary.umn.edu/edumat/studyguides/votingrights.html.

중죄로 집행유예 중인 사람도 투표할 수 없으며 29개 주에서는 예심 중에 있는 사람도 선거권을 인정하지 않고 있다. 또 14개 주에서는 범죄를 저지른 뒤 그 형기를 마친 사람에게도 평생 선거권을 인정하고 있지 않는데 이것은 세계 유례가 드문 제한이라고 하겠다.184)

사회교정시설이 범죄예방과 사회교육에 있다면, 전과자라고 하여 집행 유예된 사람이나 사면된 사람, 집행이 종료된 사람에게는 선거권을 인정해 주는 것이 타당할 것이다.

⑥ 선거인명부등록문제

선거의 편의상 선거인명부의 등록제도가 시행되고 있다. 대개 국민으로서 유권자가 선거인명부에 등록되어야 하는데 선거인명부 작성을 위하여 30일 정도 전에 자진신고를 하거나 직권등록을 하도록 하고 있다.185)

미국에서는 선거권자임을 자진 등록하는 제도를 두어 등록을 하게 하고 있는데 여기서의 심사가 문제가 되고 있다. 세계에서 미국의 투표율이 제일 낮은 것은 선거인의 자진등록제도 때문이라고 하며 이를 직권등록으로 하는 것이 요청되고 있다.

5) 국회입법발안권과 입법확정권

(1) 국회입법발안권

국회는 입법기관으로 대표제 민주제 하에서는 대부분 국회가 법률만을 제안한다. 그러나 반직접제를 채택한 나라에서는 국민에게도 국회에 입법안을 제출할 수 있게 규정하고 있다.

핀란드 국민은 5만 명 이상이 법률안을 제안하는 권리를 가진다(제53조). 미국에서는 연방 법률에서 국민발안이 인정되지 않으나, 주입법에서는 새 주민발안을 인정하고 있는 주가 24개 주이다. 주 입법개정에 대해서는 대부분의 주가 인정하고 있다.186)

스위스에서도 연방헌법이나 연방법률의 개정에 대해서는 국민발안(Volksinitiative)이 인정되고 있다. 의회와 정부는 반대제안을 할 수 있다. 그리하여 의회에서 부결될 수도 있다.

전 세계적으로 보면 연방 단계에서 법률발안이 인정되는 나라도 상당수 있다. 상세한

---

184) Preclearance Process of Section 5 Voting Rights Act 52 U.S.C, 10304https://en. wikipedia. org/wiki/Voting_Rights_Act_of_1965.

185) R. Bauböck (ed.), Migration and Citizenship, 2007.

186) Richard A. Epstein, Direct Democracy: Government of the People, by the People, and for the People, *Harvard Journal of Law and Public Policy* 34, p. 819 ff.; Nicholson/Canelo, Direct Democracy in the United States: Political Science. Oxford Bibliographies; Forms of direct democracy in the American states, https://ballotpedia.org/Forms_of_direct_democracy_in_ the_American_states.

것은 IDEA의 도표를 참조하기 바란다.187)

(2) 국회입법안 확정권

아르헨티나에서는 연방의회가 하원이 발의한 법안을 국민투표에 붙여 국민투표에서 국민이 다수 찬성하면 법률이 되며, 이에 대해서는 거부권을 행사할 수 없다(제40조 2항).

프랑스에서도 대통령은 중요 법률안과 조약안을 국민투표에 회부할 수 있다(제11조).

스위스의 경우에도 연방법률이 통과된 경우 5만 이상의 국민이나 8개 주가 그 법률이 공포된 날로부터 100일 이내에 국민투표를 요구하는 경우에는 국민투표에 회부한다(제141조).

이탈리아에서도 유권자 50만 명 이상이나 주의회 5개가 요청하면 법률의 효력을 가지는 조치를 전부 또는 일부 폐지하기 위하여 일반국민투표를 실시할 수 있다(제75조). 포르투갈도 「국민투표는 의회에 요청서를 제출하는 국민들의 발의에 따라 실시할 수 있다」고 규정하고 있다(제115조 2항). 헝가리 헌법도 「20만 명 이상의 선거인의 신청이 있는 경우 국회는 전국 국민투표를 명하여야 한다. 10만 명 이상의 선거인의 신청이 있는 경우, 전국 국민투표를 명할 수 있다」(제8조 1항). 기타 다수의 헌법 규정이 있다.188)

법률의 제정 여하를 국민투표에 회부하는 것은 국민 요구에 의한 것보다 대통령의 국회견제의 수단으로 이용되는 경우가 많다(프랑스, 한국, 아르헨티나 등).

(3) 국민의 입법청원권

국민은 개인 또는 집단으로 자기의 청원을 국가기관에 제출할 수 있다. 국민은 국회에 대하여 입법에 관한 청원을 할 수 있으며, 국회는 이 청원을 심사하고 그 결과를 통지해 주어야 한다.

(4) 국민의 입법관여권의 확대

대표기관인 국회에 대하여 선거인의 불만이 많고, 입법이 편파적 타협에 의하여 행해지는 경우가 많기 때문에 국민은 국회에 대한 감시·감독권의 일환으로서 입법에 많은 관여를 해야 할 것이다. 대표제 민주정치에서 참여민주정치(Participatory Democracy)를 수용하기 위해서도 국민의 국회입법에의 참여 확대는 필요하다.189) 예를 들면 법률안에 대한 국민발안이나 통과된 법률안에 대한 국민거부 등도 연구 검토할 수 있을 것이다.

---

187) IDEA, Direct Democracy, The International IDEA Handbook,
188) IDEA, Direct Democracy, The International IDEA Handbook, Chapter 3. When the citizens take initiative, p. 61 ff.; Chapter 4. Agenda initiative, pp. 83-106.
189) B. Barber, *Strong Democracy: Participatory Politics for a New Age*, 3rd ed. 2003; Czapanskiy /Manjoo, The Right of Public Participation in the Law-Making Process and the Role of the Legislature in the Promotion of this Right, *Duke Journal of Comparative & International Law*, Vol. 19 No. 1 (2008), pp. 1-40.

이 때 법률제정에 대한 청원을 효율적으로 하는 대안도 검토될 수 있을 것이다.

(5) 대표자에 대한 국민소환제도

대표제 민주정치에 있어서 피선된 국회의원은 전체 국민의 대표자로서 임기가 보장되어 있다. 선거인과 국회의원의 관계는 엄밀한 의미에서 수임관계에 있지 않다. 대부분 헌법이 「국회의원은 어떤 명령이나 지시에 복종되지 않고 자의에 따라 독립되어 행동투표하게 되어 있기 때문에 선거인의 의사에 반한다」고 하여 소환을 하는 것은 잘못된 것이다.

그러나 미국에서는 1904년 이후 선출된 대표자도 법률도 당시의 공약을 이행하지 않는다든가, 선거의 결과나 행위가 불법이거나 부적당한 경우에는, 이들에 대한 해임청원(recall petition)을 할 수 있도록 주 헌법이 규정하고 있다. 주 헌법상 이 해임청원권의 행사는 가능하게 되었다(예. Wisconsin Constitution).190) 실제에 있어서 하원의원에 대한 소환은 거의 성립하지 않는다. 왜냐하면 하원의원의 임기는 2년밖에 안 되기 때문이다. 주로 해임이 대상이 되는 것은 선출직 주공무원이다. 특히 Wisconsin주에서는 11명의 주의회의원이 국민소환선거를 치렀다. 소환은 임기의 단절을 가져오며 면직 이외의 처벌은 형사법에 의하는 경우 이외에는 소환 결과에서 나오는 것은 아니다.

6) 여론 형성권

(1) 여론형성권의 의의

국민은 이러한 권리를 행사하기 위하여 정치활동에 참여하는 권한을 가진다. 예를 들면 선거준비기구인 동시에 민의의 형성기관인 정당에 가입하고 정당을 형성하여 정치적 여론 형성에 참여할 권한을 가진다. 또 정치적 권리의 향유자로서 언론·출판·집회·결사의 자유권을 가지며 정치적 의견의 교환에 참여한다.

(2) 정치적 권리의 내용

정치적 권리에는 참정권 외에도 정당가입, 정당활동권 등이 있고 여론형성을 위한 언론·출판의 자유, 집회·결사의 자유 등 커뮤니케이션의 권리 등이 있다. 이들을 통합해서 정치적 참여권(Right of Political Participation)이라고 말할 수 있다.

프랑스의 1958년 헌법은 제4조에서 주권의 원칙과 민주정치의 원칙에 따른 정당활동의 자유를 규정하고, 제3조에서는 선거권의 평등과 피선거권의 남녀평등 등을 규정하고 있다.191)

---

190) History of Political Recalls, https://people.howstuffworks.com/political-recall1.htm; The Rise of the Recall Election, http://www.governing.com/topics/politics/rise-recall-election.html.
191) Rights of Political Participation, http://www.hrcr.org/chart/civil+political/political.html; Wikipedia, Civil and political rights; Wikipedia, Bürgerbeteiligung; Czapanskiy/Manjoo, The Right of Public Participation in the Law-Making Process and the Role of the Legislature in the

미국 헌법은 수정헌법에서 제1조에서 언론·출판의 자유와 선거절차에서의 자유 등을 규정하고 수정 제14조 평등조항을 들고 있고, 제15조에서 선거권의 평등(인종, 유색, 과거의 노예신분 등에 의한 차별금지), 제19조에서 여성참정권과 제26조에서 18세 이상의 선거권 보장 등을 규정하고 있다.

선거권과 피선거권을 규정한 것은 거의 모든 헌법이 규정하고 있으며 공무담임권, 피선거권에 관해서도 규정하고 있다.[192] 또 언론·출판·집회·결사의 자유 등 표현의 자유도 가장 기본적인 자유로 근대로부터 헌법에 규정되고 있다. 현대에 와서는 정당에 관한 규정을 두는 헌법이 늘어나고 있다.[193] 그중 몇 개 헌법을 보면 다음과 같다.

아르헨티나 헌법은 1994년 수정에서 정치적 참여권을 규정하고 있다. 제37조에서는 정치적 권리의 안전한 행사와 보통·평등·비밀 선거를 규정하고, 제39조에서는 의회에 법률안을 제안할 수 있는 제한적 권리를 보장하고, 제37조에서는 인민주권의 원칙에 따른 권리행사와 제36조에서는 입헌주의나 회의적 질서의 파괴행위에 대한 저항권 행사를 규정하고 있다.

남아공화국 헌법은 제19조에서 정당의 형성과 활동에 참여하는 권리와 자유, 공평, 정기적인 의회선거권과 피선거권을 규정하고 있다.[194]

독일 헌법은 제21조에서[195] 「정당은 국민의 정치적 의사형성에 참여한다. 정당의 설립은 자유이다」고 하면서 정당에 대한 규제를 규정하고 있다. 「그 목적이나 그 추종자의 형태가 자유민주적 기본질서를 침해 또는 폐지하려 하거나 또는 연방공화국의 존립을 위태롭게 하는 정당은 위헌」이라 하고, 위헌정당에 대해서는 헌법재판소의 결정에 의하여 해산할 수 있도록 하고 있다. 독일 헌법은 이 밖에도 언론·출판·집회·결사의 자유에 대해서도 제한 규정을 두고 있다. 특히 결사의 자유에 대한 제한을 하여 결사를 금지할

Promotion of this Right, *Duke Journal of Comparative & International Law* Vol. 19, No. 1(2008), pp. 1-40; Hufe/Peichl, Beyond Equal Rights: Equality of Opportunity in Political Participation, ZEW - Centre for European Economic Research Discussion Paper No. 16-068; On political participation, rights and redistribution: a Lockean perspective, https://www. tandfonline.com/doi/abs/ 10.1080/13698230903471418; The right to Political Participation and the information Society, GIT, 2015; Presented at Global Democracy Conference, 2005; Political Participation as a Human Right, Harvard Human Right Yearbook (Spring 1988), 77-134; CQ Press, Chapter 10. The rights of Political Participation, http://sk.sagepub.com/cqpress /guide-to-the-us-su preme-court-5e/n10.xml; F. Peter, The Human Right to Political Participation, *Journal of Ethics & Social Philosophy* Vol. 7, No. 2 (2013); Right to Political Participation, https://philpapers.org/browse/right-to-political-participation; Robert A. Dahl, *Polyarchy: participation and opposition*, Yale, 1971; S. Grimm, *Verpflichten Menschenrechte zur Demokratie?*, Berlin 2004.

192) 간단한 언급으로는 김철수 외, 『세계비교헌법』, 82-86면 참조.

193) 상게서, 24-31면.

194) 상게서, 67-76면.

195) 기본법 제21조. 번역은 상게서, 27면. Benda, Rechtliche Perspektiven der Wahlwerbung im Rund-funk, *NVwZ*, 1994, 521 ff.; Gesamtdeutsche Wahl, *BVerfG* 85, 254 ff.

수 있게 하고 있다. 제17a조는 이들 표현의 자유에 대한 제한가능성을 규정하고, 이를 남용하는 경우에는 기본권을 상실할 수 있게 하고 있다.

대한민국헌법도 정당조항을 두었을 뿐만 아니라 참정권과 표현의 자유를 규정하고 있다.

(3) 정치적 권리행사의 남용금지

정치참여의 권리는 민주정치에 있어서 필수불가결의 중요한 권리이다. 그러나 이것이 남용되는 경우 자유민주적 기본질서를 침해할 우려가 있기 때문에 제한이 불가피하다. 위에서 본 독일 헌법과 같이, 정치적 참여권의 남용에 의하여 민주적 기본질서가 침해될 경우에 대비하기 위하여 이들 기본권에 대한 제한 등이 헌법에 규정되게 되었다.

그리스 헌법은 정보권을 규정하고 「이 권리에 대한 제한은 국가안보, 범죄와 전쟁 또는 제3자의 권리와 이에 관한 보호를 위해 절대적으로 필요한 경우에 정당한 법에 의하여 부과할 수 있다」(제5A조 1항). 「모든 사람은 법률을 준수하는 한 자신의 생각을 구두·서면 및 언론을 통해 표현하고 전파할 수 있다」(제14조).

이탈리아 헌법은 「공중도덕을 위반하는 출판, 공연, 기타 전시는 금지된다. 위반에 대한 예방 및 규제조치는 법률로 정한다」(제27조). 이 밖에도 「긴급하고 법원의 개입이 불가능한 경우, 경찰은 정기간행물을 압수할 수 있다」고 규정하고 있다.

터키 헌법은 2001년 10월 7일 개정으로 언론·출판에 대한 제한을 강화하고 있다(제26조, 제28조, 제31조). 언론의 자유의 행사는 「국가안보, 공공질서, 공화주의 본질을 보호하고 영토와 국민으로 구성된 국가의 불가분한 본질을 지키며, 범죄를 예방하고 범법자를 처벌하고, 국가기밀로 적절히 분류된 정보를 보호하며 타인의 명성과 권리 및 개인과 가족의 삶을 보호하거나 또는 법률로 규정된 직업상 비밀을 보전하거나 또는 사법부의 적절한 기능수행을 보존할 목적으로 제한될 수 있다. 표현과 사상의 전파 자유 행사에 적용되는 형식, 조건, 절차는 법률로 정한다」(제26조). 이 밖에 제28조는 「터키에서 발행되는 정기간행물은 … 국가의 불가분한 보존, 공화주의 기본원칙, 국가안보, 공공도덕에 저촉되는 내용을 포함하고 있다는 사실이 발견된 경우 법원 판결에 따라 일시적으로 정지될 수 있다」고 하고 있다. 「결사의 자유는 국가안보와 공공질서를 보호하기 위해 또는 범죄행위예방이나 공공도덕과 공공위생을 보호하기 위하여서만 법률로 제한할 수 있다」(제33조). 집회와 시위 권리는 국가안보, 공공질서, 범죄예방, 공중보건 및 공공도덕 또는 타인의 자유와 권리보호를 근거로 법률로 제한할 수 있다(제34조). 터키 헌법의 이들 개정 헌법규정은 지나치게 표현의 자유를 제한할 우려가 있어 자유민주주의에 위반한다고 할 수 있을 것이다.

그러나 정치적 참여권이 국가안보나 공중도덕 등을 침해할 우려가 있는 경우에는 그 남용을 제한하는 독일과 같은 제도는 도입할 필요가 있을 것이다.[196]

---

196) Hans-Uwe Erichsen, Das Grundrecht der Meinungsfreiheit, *Jura* 1996, 84 ff.; Kniesel, Versam-

4. 국민소환권

1) 국민소환권의 의의

국민이 선출한 임기직 공무원에 대하여 임기 전에 선거직에서 면직하는 제도를 국민소환제도라고 한다. 이 국민소환은 선거직 공무원에 대한 견제로서 국민이 임기 끝나기 전에 그 직무를 박탈하는 것이기 때문에 국민의 직접 소환으로서의 의의를 가진다. 미국에서는 헌법제정회의에서 국민소환권의 도입이 논의되었으나 제정회의에서는 소환제 대신에 탄핵제도를 도입하였다. 그러나 미국의 주헌법은 선거직 공무원에 대한 주민소환제도를 인정하고 있다.

2) 주민소환의 대상

주민소환의 대상은 피선거직 공무원이다. 세계적인 경향을 보면 대통령과 주지사, 시장 등을 대상으로 하고 있는 나라(에콰도르, 베네수엘라)도 있으나, 대부분의 나라에서는 주지사나 지방정부의 공무원 등을 대상으로 하고 있다. 법관에 대한 recall을 인정한 나라는 드물다(미크로네시아).

미국 헌법에서는 대통령이나 부통령, 하원의원, 상원의원을 제외하고 있다. 미국에서는 주 헌법에서 주지사, 주의회의원, 주행정관 등을 국민소환 대상으로 하고 있다.[197] 미국 주 헌법에서는 국민소환을 위한 규정을 두고 있는 것이 2006년까지 18개 주가 있었다. 이를 규정한 것은 20세기에 행해진 것이 많은데 일정 다수의 시민의 부표를 얻으면 소환되게 규정하고 있었다(대부분 25%의 찬성).

국민소환의 대상은 대통령이나 상·하 양의원 등의 연방공무원은 해당되지 않고, 주의 공무원에 한정되었으나 법관에 대한 소환은 인정하지 않는 주가 있었다. 대통령이나 연방법관 등에 대해서는 국민소환이 아니고 의회의 탄핵에 의하여 공직을 박탈하는 것이었다.

---

mlungs- und Demonstrationsfreiheit- Verfassungsrechtliche Grundlagen und verfassungs-rechtlichen Konkretisierung, *NJW*, 1992, 857 ff.; Degenhart, Grundrechtsausgestaltung und Grundrechtsbeschränkung, Merten/Papier (Hrsg.), *Handbuch*, Bd. Ⅲ.

197) Wisconsin Government, Recall of Congressional County and State Officials, June 2009; National Conference of State Legislatures, Recall of State Officials, http://www.ncsl.org/research/elections-and-campaigns/recall-of-state-officials.aspx; For Federal, State, and Local Officials, https://www.fda.gov/forfederalstateandlocalofficials/default.htm; IDEA, Direct Democracy, The International IDEA Handbook, Chapter 5. When citizens can recall elected officials, pp. 109-124; The Rise of the Recall Election, http://www.governing.com/topics/politics/rise-recall-election.html.

주 공무원과 자치단체 공무원의 소환절차도 지방법에 의하여 규정되고 있다.198) 미국에서도 최근에 와서는 지방자치단체의 장에 대한 recall이 많이 행해지고 있으나 성공한 예는 많지 않다.

Recall이 가장 많이 행해지고 있는 곳은 베네수엘라이다. 베네수엘라에서는 선출직의 모든 공무원이 recall 대상이 된다. 대통령과 모든 공무원이 소환의 대상이 된다. 2004년의 대통령소환 시에는 유권자의 40.1%가 recall에 찬성하였다.

각 국가에 있어서의 recall의 실태에 대해서는 전술한 IDEA · 직접민주정치 Handbook을 참조하기 바란다.199) 이 표에서 보면 전국적 국민소환으로 국가의 대통령이나 의회의원을 할 수 있는 나라는 11개 국가였고, 지방(주)이나 자치단체의 직원에 적용되는 지방지역적 소환제도를 채택하고 있는 나라는 6개국이고, 시 · 군 단위의 소환을 인정하는 하는 국가는 8개 국가였다.

일본에서는 헌법상에서 최고재판소 재판관에 대한 국민심사가 규정되어 있다. 「최고재판소의 재판관의 임명은 그 임명 후 처음으로 행해지는 중의원의원 총선거 때에 국민심사에 붙이고, 그 뒤 10년을 경과한 뒤 처음으로 행해지는 중의원의원 선거 때 다시 심사에 붙이고 그 뒤에도 같게 한다. 이 경우 투표자의 다수가 재판관의 파면을 가로 할 때에는 그 재판관은 파면된다. 심사에 관한 사항은 법률로 정한다」(제79조 2항 3항 4항). 그러나 이것은 형식적으로 행하여졌을 뿐 면직된 자는 없었다. 일본은 지방자치단체의 경우에는 recall이 행해질 수 있다.

대한민국헌법에는 국민소환제가 규정되어 있지 않으나 지방자치법에서 지방자치단체의 장이나 구청장 등에 대한 국민소환이 인정되고 있다.

3) 국민소환의 방법

국민소환은 헌법이 규정하고 있는 선거인의 다수가 그 임기 전에 그 직에서 해임하기 위한 투표를 요구하고 있는 일정한 투표 하에 따라서 다수의 동의를 얻은 경우에 그 직원의 임기는 만료된다. 이 투표를 국민소환선거(recall election)이라고 한다.200)

국민소환의 절차는 국민 일정수에 의한 발의, 투표운동, 찬반투표, 과반수 찬성 시 임기종료 순으로 시행되는 것이 일반적이다. 발의권자의 수를 몇 명으로 할 것이냐

---

198) 예를 들면 캘리포니아 주에서는 주 공무원에 대한 recall 절차가 규정되어 있다. Procedure for Recalling State and Local Officials, http://www.sos.ca.gov/elections/recalls/procedure-recalling-state-and-local-officials. 또 위스콘신 주에서도 절차법이 제정되어 있다. Wisconsin Government Accountability Board, Recall of Congressional County and State Officials, June 2009; Wisconsin Statute.

199) IDEA, op. cit., pp. 115-116.

200) History of Political Recalls, https://people.howstuffworks.com/political-recall1.htm; How Political Recalls Work, https://people.howstuffworks.com/political-recall.htm; Procedure for Recalling State and Local Officials, http://www.sos.ca.gov/elections/recalls/procedure-recalling-state-and-local-officials.

투표권자의 수와 투표자의 수의 비율을 어떻게 할 것인가, 결정권자의 수를 과반수 찬성으로 하느냐 3분의 2의 가중다수를 요구하느냐는 나라마다 다르다.

국민소환제도는 직접민주정치 방법 중에서는 적게 이용되는 방법이나, 국론분열이 심한 나라에서도 정치적 불안정을 야기하는 부작용도 있다.

5. 국민표결권

1) 국민표결권의 의의

국민표결권은 국민이 국가의 중요 사안에 대하여 국민투표로 결정할 수 있는 권한 (Referendum and Plebiscite)을 말한다. 이에는 Referendum과 Plebiscite의 두 종류가 있다.

2) Referendum

오스트레일리아에서는 국민표결에 Referendum[201]과 Plebiscite를 구분하고 있다. Referendum은 헌법에 규정되어 있으며, 헌법개정에 있어서도 반드시 Referendum을 하도록 규정하고 있다. 이에 대하여 Plebiscite는 자문적 Referendum이라고도 말하여지고 있으며, 헌법과 관계있는 국가적 문제의 결정을 위한 국민투표를 말하고 있다. 헌법 제128조에 따라 헌법개정은 양원을 절대적 다수로 통과해야 하며, 특정한 경우에는 Referendum에 회부하도록 규정하고 있다. 이러한 경우는 헌법개정안이 상원이나 하원의 한 원만을 통과한 경우에 국민투표 회부가 필수적이다.

레퍼렌덤에서의 투표는 의무적이며 투표인은 투표용지에 기재된 질문에 가부로 표시되어야 한다. 레퍼렌덤에서 국민투표에 회부된 안건에 대해서는 주와 식민지 국민의 전국적 다수를 얻어야 하고, 6개 주 중 4개 주에서 주민의 다수의 찬성을 얻어야 한다(double majority).

아일랜드에서는 헌법적 Referendum과 일반적 Referendum을 구분하고 있다. 헌법 하에서의 Referendum은 1937년 7월 1일에 도입된 것으로 헌법개정에 있어서는 필수적으로 Referendum에 회부하도록 하고 있다. Referendum에서 개정된 헌법개정은 대통령이 서명하게 되어 있으나 이는 형식적이고 Referendum에서 결정된 헌법개정에 대해서는 거부권을 행사할 수 없다.

---

201) What are Referendums and Plebiscites?, https://www.aec.gov.au/Elections/referendums/types. htm; Referendums and Plebiscites, https://www.peo.gov.au/learning/fact-sheets/referendums-and-plebiscites.html; Referendums, https://lawin.org/referendum; Referendum, http://opil.ouplaw.com/view/10.1093/law:epil/9780199231690/law-9780199231690-e1088.

이 밖에 헌법 제27조는 일반적 법안에 대한 Referendum을 규정하고 있는데, 이것은 대통령이 필요하다고 본 경우에 회부할 수 있고 법안이 국민투표에 회부된 경우에 행해질 수 있으나 이것은 한 번도 시행되지 않았다.202)

헌법개정에 대한 국민투표는 헌법개정권의 행사라고 할 수 있으며 이는 앞에서 간단히 살펴보았다. 그런데 일반 법안이나 국가의 중요 정책에 대한 국민투표로 행해지고 있다. 예를 들면 아르헨티나(제40조), 프랑스(공권력조직법안, 제11조), 그리스(제44조), 덴마크(제42조), 스위스(제136조), 아일랜드(제47조), 이탈리아(제75조), 헝가리(제8조), 포르투갈(제115조), 핀란드(제53조).

헌법개정에 대한 국민투표는 Plebiscite적인 성격을 가진 것이 많으나 그 이외의 Referendum은 선택적인 국민투표인 경우가 많고 국민투표의 회부권자가 국민이거나, 국회거나 대통령 등이 이를 회부한다. 일반 국민투표의 회부 여부는 재량사항이나 그 결정은 의회 또는 대통령을 구속한다.203) 투표자는 찬반 자유의 선택권을 가진다.

3) Plebiscite(Plebizit)

플레비지트는 특정한 사안에 대하여 대통령이나 집권 정부가 자기들이 생각하는 중요 정책에 대하여 의회의 신임이 얻기 힘든 경우, 국민의 총의에 묻는다는 형식으로 국민투표에 회부하는 것으로 별 선택의 여지없이 가부만을 결정하는 것이다.204)

오스트레일리아와 같은 경우에는 헌법에 관한 것은 Referendum, 헌법 이외의 안건은 Plebiscite라고 말하여지고 있다. 그러나 다른 나라에서는 Referendum과 구별되고 있다.

유럽에 있어서는 Plebiscite는 신임투표, 갈채투표 등 좋지 않은 국민투표로 사용되고 있다. 예를 들면 나치스시대 히틀러의 1936년 재선을 위한 국민투표라든가, 무솔리니의 1934년 신임투표, 1972년 박정희의 3선 개헌, 유신 개헌 등이 Plebiscite로 인정되고 있다. 이때에는 단일 주제에 대한 것이고, 찬반에 대한 토론보다는 사안에 대한 찬부 투표였다고 하겠다. Plebiscite의 경우에는 대개 찬성이 많았다.

국제법적으로는 주권에 관한 문제라든가, 영토병합에 관한 국민투표를 말한다. 제1차 세계대전 후 자아르 지방은 1919년부터 1935년까지 국제연맹 정부의 관리 하에 있었는데 1934년 6월 4일 국민투표에서 독일에 반환되었다. 이것을 Saar Plebiscite라고 한다. 제2차 세계대전 이후에는 유엔에 의하여 민족자결원칙에 따라 여러 나라가 독립을 했는데 이때에도 Plebiscite가 행해졌다. 또 유럽연합에의 가입을 위한 Plebiscite가 행해졌고, 2016년 6월 23일에는 영국의 유럽연합 탈퇴(Brexit) 국민투표가 실시되고, 2020년 12월에는 유럽연합을 탈퇴하였다.205)

---

202) Wikipedia, Referendums by country.
203) Referendum, California Secretary of State; Referendum, Definition of Merriam-Webster.
204) Plebiscite, The Full Wiki; Plebiscite, Definition in the Cambridge English Dictionary.

오늘날 Referendum은 선의로, Plebiscite는 나쁜 것으로 사용되는 경향이 있다.

---

205) Oxford Public International Law: Referendum, http://opil.ouplaw.com/view/10.1093/law:epil/
9780199231690/law-9780199231690-e1088#; Y. Beigbeder, *International Monitoring of Plebiscites, Referenda and National Elections: Self-determination and Transition to Democracy*, Nijhoff Dordrecht 1994; Butler/Ranney (eds.), *Referenda Around the World*, Macmillan Basingstoke 1994; A. Cassese, *Self-determination of Peoples: A Legal Reappraisal*, CUP Cambridge 1995; Gallagher/Uleri (eds.), *The Referendum Experience in Europe*, Macmillan Basingstoke 1996; TD. Musgrave, *Self-determination and National Minorities*, Clarendon Press Oxford 1997; Walt/Seroo (eds.), *The Implementation of the Right to Self-determination as a Contribution to Conflict Prevention: Report of the International Conference of Experts Held in Barcelona from 21 to 27 November 1998*, UNESCO Catalunya 1999; Mendelsohn/Parkin(eds.), *Referendum Democracy: Citizens Elites and Deliberations in Referendum Campaigns*, 2001.

제3편
국가기본권의 성격과 내용

제1장 국가기본권의 성격

제1절 실정권의 역사 = 성문헌법의 발전

1. 성문헌법의 성립

1) 흠정헌법의 발달

인권은 앞서 본 바와 같이, 자연권으로 인정되었으나 그 뒤 군주가 부여한 것이라거나 국가가 부여한 권리라는 실정권설이 등장하였다. 원래 신에 의하여 부여되었다고 주장되었던 신정법 대신에 인간이나 국가가 부여하였다는 인정법(人定法)이 등장한 것이다.[1]

역사적으로 보면 영국의 권리장전은 국왕이 신하와 타협하여 국왕이 신하의 요청에 따라 이를 승인한 경우가 많았다. 대개의 흠정헌법(欽定憲法)은 인권이 군주가 부여한 것이라는 실정권설의 입장을 채택하고 있었다.

프랑스 혁명의 결과 국민이 헌법을 제정하였고 이 헌법이 국민에게 기본권을 부여한다는 이론이 나왔다. 예를 들면 1793년 6월 24일의 헌법은 인간과 시민의 권리선언에서는 불가양, 불가침의 기본권을 선언하고 있으면서, 헌법 제122조는「헌법이 프랑스인에게 평등과 자유, 안전, 재산과 교육의 권리, 공적 부조 구조, 결사의 자유 등의 권리를 부여(보장)한다」고 하고 있다. 이것은 원래는 자연권인데 이것이 침해된 경우에는 국가에서 보호해 준다는 뜻일 것이다. 다시 말하면 공화국에서는 헌법이 국민의 권리를 보장하는 것으로 인정했던 것이다. 헌법적으로는 기본적 인권의 정당성은 국민에게 있는데 공화국의 경우에는 개인의 자연권으로 인권을 선언하되 헌법에 없는 많은 권리를 규정하여 이를 인정법에서 규정한다고 보고 있다. 인정법 – 인간이 만든 쓰레기가 인민주권주의를 더럽히지는 않았다고 했다.

나폴레옹은 민법전(Code Napoleon)을 제정하면서 권리는 헌법에서 취득된다고 하여 헌법이 국민에게 실정권을 부여한다고 하였다(제7조). 1814에는 나폴레옹이 몰락하고 왕정이 복귀되었다. 1814년에 왕은 헌법전을 발표하였는데 이 안은 채택되지 않았고

---

1) 제1절은 졸저『기본적 인권의 본질과 체계』, 대한민국학술원, 806-831면을 전재한 것이다.

루이 18세가 왕으로 등장하여 흠정헌법을 제정하였다. 흠정은 하였으나 입헌주의 군주제 헌법이기 때문에 국민의 권리는 헌법에 의하여 부여되는 것으로 보고 실정권을 규정했었다. 1848년에는 공화정이 시행되었고 공화정헌법은 제2조에서 「권리는 헌법에 의하여 보장된다」고 규정하고 있다. 「주권은 프랑스 인민 전체에 속한다」(제1조)고 하였다. 19세기 독일의 헌법들은 왕국의 헌법이었거나 제국의 헌법이었다. 1849년 프랑크푸르트 헌법은 제120조에서 독일 국민에게는 다음과 같은 기본권이 보장되어야 한다고 규정하여 국가의 의무로 규정하였으며, 이는 헌법에서 부여한 것으로 규정되고 있었다. 그중에는 「가진다」 등의 자연권적 규정도 있었으나 전반적으로 국왕 또는 국가가 부여하는 것으로 볼 수 있을 것이다. 1850년의 프로이센 헌법은 국왕의 흠정으로 기본권을 실정권으로 규정하였다. 1871년의 비스마르크 헌법은 기본권에 관해서는 거의 규정하지 않았다.

20세기 초 독일은 제1차 세계대전에 패하여 1919년에 바이마르 헌법을 제정하였는데 이 헌법은 가장 상세한 인권조항을 규정하고 있었다. 특히 생존권도 규정하고 있었다. 그러나 이 규정들은 자연권으로서가 아니고 실정권으로 규정되어 있었다.

1812년에는 스페인이 헌법을 제정하였는데 기본권에 관해서 상세한 것을 규정하지 않았으나 그들은 인간의 권리를 개별화하지 않고 「인간의 안전과 자유, 재산권」 속에 모든 인권이 포함된 것으로 보았다. 이것은 그 뒤 해석에서도 국교인 가톨릭과 수아레즈 (Suarez) 등 학자에 의하여 인정되었다. 이 헌법은 남미의 식민지인 멕시코에게도 계수되었는데, 인권은 천부이고 신이 부여하는 것으로 보되 헌법은 이들 권리를 세분화·실정화 할 수 있다고 보았다. 1857년 헌법은 로마교황청은 이 헌법 규정들이 너무 자유주의고 진보적이라고 하여 승인을 거부하기도 하였다. 1857년의 멕시코 헌법은 제1조에서 「멕시코인은 인권을 인정하는 것이 사회제도의 목적임을 인정한다. 따라서 이 나라의 모든 법과 모든 권위는 이 헌법이 보장하는 권리보장을 존중하고 유지하여야 한다」고 규정하고 있다.

1853년에는 아르헨티나에 새 헌법이 제정되었다. 이 헌법에는 시민권, 보호권, 정치권, 사회권으로 구분하여 인권을 규정하고 있는데 많은 개정을 하여 오늘날까지도 효력을 가지고 있다.

1826년에는 포르투갈 헌법이 제정되었다. 기본권에 관해서는 제139조에서 제145조까지 규정되어 있었다. 1911년에는 포르투갈에 혁명이 일어나 새 헌법이 제정되었는데 헌법에 기본권 규정을 두지 않고 특별법으로 규정하기도 하였다. 그러나 헌법이 실효성을 가지지 못하였고 독재정권이 들어서 포르투갈의 민주정치는 끝났었다.

1874년에는 브라질 헌법이 제정되었는데 이것이 브라질 제국 헌법이다. 그러나 제왕이 시민의 뜻에 반하여 정치를 하였으므로 시민이 반란하여 1891년에는 공화국이 성립하였고 공화국헌법이 제정되었다. 종교의 자유를 보장한 것이 특색이다. 제75조에서는 미국 수정헌법 제9조와 같이 헌법에 열거되지 아니한 권리도 이를 제외한 것이 아니며 이들 열거되지 아니한 권리도 법률의 형식으로 추가할 수 있다고 규정하여 자연권적 규정을 했다고도 보겠다.

아시아 지역에서는 원래부터 천부인권사상이 발전하지 않았기 때문에 각 국가가 헌법을 제정할 때에는 국왕이 국민에게 권리를 부여하는 것으로 규정하였다. 일본제국의 1899년 헌법이 대표적인 것으로 천황의 적자(赤子)들에게 권리를 부여하되 법률에 의하여 제한할 수 있는 것으로 하였다. 중화민국에서는 1914년 5월 1일에 임시약법을 만들었는데 일본 헌법을 모방하여 기본권을 규정하고 있었는데, 법률유보조항을 두어 실정권으로 규정하였다. 1936년 중화민국 헌법초안(55헌장)에서도 많은 기본권규정을 두었는데 자연권 규정이 아닌 실정권을 규정하였다.

러시아도 1906년 국가기본법전을 만들어 인권규정을 두었는데 흠정헌법에 따른 왕의 뜻에 따라 기본권을 보장하는 형식이었다. 1918년에는 러시아에서 혁명이 일어나 근로피착취 인민의 인권선언이 나왔는데, 노동자·농민의 계급투쟁을 부추긴 것으로 천부인권이 아닌 투쟁에서 쟁취한 권리의 형식을 취하고 있다. 이것은 러시아공산주의헌법에 채택되어 있다.

2) 20세기 초반의 독재헌법의 성립

20세기 초반은 제1차 세계대전의 종말에 따라 유럽에는 사회적 불안이 팽배했었다. 독일에서도 이상적인 헌법이라고 생각했던 바이마르 헌법도 사회적·경제적 불황 때문에 극좌파와 극우파가 대립하여 시가전을 벌인 결과가 되었으며, 나치스가 집권하게 되자 국민의 기본권보장규정은 휴지가 되었고 최악의 인권침해 사례가 현출되었다.

또 스페인에서도 극좌와 극우파 간의 대립으로 정국이 불안정하여 2년마다 정권이 교체되었고 쿠데타가 연속되었다. 그래서 프랑코(Franco)의 군사정권이 성립되고 헌법조차 제정하지 않고 기본권을 보장하지 않았다. 이웃 포르투갈도 브라질의 독립으로 경제사정이 나빠졌으며 정당간의 정국 불안으로 살라자르의 독재를 겪지 않을 수 없었다.

이탈리아도 제1차 세계대전 패전에 시달리면서 경제위기에 처하자 무솔리니(Mussolini)의 조합주의가 대두하였고, 급기야는 독재정권으로 되어 기본권이 보장되지 않았다.

극동에서는 일본이 제국주의 야심을 들어내어 만주를 점령하고 위국 만주국을 만들었으며, 중국과 전투를 계속하여 동북아시아에는 비상시국의 도래로 기본권 논의가 완전히 봉쇄되었다.

소비에트 러시아는 노동자, 농민의 계급 국가를 완성하고 주변의 여러 나라를 적화하였고, 독일·일본과 불가침협정을 체결하고 영토확장에 혈안이었다.

미국도 경제공황으로 비상사태를 극복하기 위하여 특별한 조치를 취하여 기본권보장이 후퇴하는 느낌이 들었다.

유럽 본토에서도 제2차 세계대전에 대비하기 위하여 경제·사회의 안전을 보다 강화하는 방향으로 나아갔다.

1940년대에는 제2차 세계대전이 일어나 각 국가는 전시동원체제에 들어가 전국가적인 전쟁행위에 들어갈 수밖에 없었다. 독·이·일 등의 독재권력에 대한 미·소·불·영국들의 전쟁으로 세계평화는 유린되었고, 새로운 세계질서를 구축하기 위한 노력이 대두되었다.

전쟁의 참화에 시달리면서도 인권보장의 필요성이 강화되었고 자연법의 재생이 부르짖어지게 되었다.2)

제2절 자연권론의 부활

제2차 세계대전 중에도 세계평화와 인류의 기본권보장을 위한 노력은 계속되었다. 1941년 1월 6일 루스벨트(Roosevelt) 대통령은 유명한 4개의 자유 즉, 언론의 자유, 신앙의 자유, 결핍에서의 자유, 공포에서의 자유를 선포하였다. 이 선언은 전쟁의 공포, 빈곤에서의 공포, 민주정치의 위기에 대한 경종으로서 전세계인의 주목을 받았다.

미국을 비롯한 자유국가에서는 국제연합을 결성하기로 하여 1941년 8월 14일 루스벨트와 처칠이 국제연합 결성을 하기로 결의하였다. 1944년 8월에는 덤버턴 오크스 회의에서 유엔헌장을 채택하였다. 유엔은 인권보장이 세계평화를 가져오는 것이라고 하여 인권보장기구를 구성하고 세계인권장전을 만들기로 하였다.3)

유엔의 인권특별위원회는 세계인권선언의 초안을 작성하기로 하여 오랫동안 연구 끝에 초안을 마련하고, 이를 1948년 12월 10일 본회의에서 만장일치로 가결하여(48 대 0, 기권 8) 이를 세계에 선포하였다. 이 선언에는 제1조에서 「모든 사람은 태어날 때부터 자유롭고, 존엄성과 권리에 있어서 평등하다. 사람은 이성과 양심을 부여받았으며 서로에게 형제의 정신으로 대하여야 한다」고 하여 30조에 걸쳐 권리선언을 하고 있다. 이 선언의 효력에 대하여 「이러한 권리와 자유는 어떤 경우에도 국제연합의 목적과 원칙에 반하여 행사할 수 없다」(제29조 3항), 「이 선언의 어떠한 조항도 특정국가, 집단 또는 개인이 이 선언에 규정된 어떠한 권리와 자유를 파괴할 목적의 활동에 종사하거나 또는 그와 같은 행위를 행할 어떠한 권리도 가지는 것으로 해석하여서는 아니 된다」(제30 조)라고 규정하고 있을 뿐이다. 이와 같이 강제적 효력규정이 없음에도 불구하고 이 선언은 세계헌법의 발전에 크게 기여하고 있다.

이 세계인권선언은 1948년 이후에 제정된 헌법에 수용되어 있다. 예를 들어 그동안 경시되었던 인간의 존엄에 관하여 많은 헌법이 이를 규정하게 되었고, 국제인권조약이

---

2) H. Rommen, *Die ewige Wiederkehr des Naturrechts*, 2. Aufl. 1947.
3) J. Burgers, "The Road to San Francisco, The Revival of the Human Rights Idea in the Twentieth Century," *Human Rights Quarterly* Vol. 14, No. 4 (Nov., 1992), pp. 447-477.

국내법의 일부를 이루고 있음으로 국내법으로서의 효력을 가진다고 할 수도 있겠다.

앞서 본 바와 같이, 제2차 세계대전 후의 헌법들이 대부분의 자연권적 규정방식을 도입하고 있다. 과거 독재국가에서 인권을 보장받지 못했던 나라에서 자연권적인 규정방식이 늘어났으며, 공산주의국가에서 전향한 동유럽국가들의 헌법이 자연권을 규정하게 되었고, 남미와 아프리카, 아시아의 신생국 헌법들도 자연권을 규정하고 있는 것을 볼 때 자연권의 재생이 두드러진다고 하겠다. 물론 독일과 같은 나라에서는 법실증주의의 재생을 주장하는 사람이 있으나 이는 상호배척적인 것이 아니라 상호보완적이라고 보아야 할 것이다.

제3절 인권의 본질에 관한 논의

1. 실정권이냐 자연권이냐

1) 실정권의 의의

인권의 본질로 실정권설을 채택하느냐 자연권설을 지지하느냐는 순수 해석론적으로 결정하기는 어렵다. 자연권이냐 실정권이냐의 논쟁은 고대 그리스에서뿐만 아니라 근세에도 많이 논란된 것이다.[4]

실정권은 자연권에 비하여 논란이 별로 없는 개념이다. 실정권은 실정법에 의해서 만들어진 권리라고 할 수 있는데 실정법은 불완전한 법이요, 언제든지 변경할 수 있는 법이며 현행법에 대해서는 준수해야 한다고 했다. 실정법은 내용은 상관없으며 의회에서 입법권을 가지고 있기 때문에 의회에 대한 압력으로 얼마든지 개폐할 수 있는 것이라고 보았다.

따라서 실정권은 실정법의 산물이기 때문에 선악을 따질 수 없으며 강자의 뜻의 산물이기 때문에 윤리의 문제가 될 수 없다고 한다. 그래서 악인이나 선인이나 구별도 없이 불평등하고 악인 권리도 부여하여 평화를 파괴하고 전쟁을 일으킬 수도 있다고 한다.[5] 실정권은 법률적 권리(legal rights)라고도 말하여진다.

4) Contemporary perspectives on Natural Law; H. Dreier, Naturrecht und Rechtspositivismus: Pauschalurteile, Vorurteile, Fehlurteile, KAS; H. Ahrens, *Naturrecht, order Philosophie des Rechts and des Staates*, 1871; K. Luig, *Römisches Recht, Naturrecht, Nationales Recht*, 1998; C. Meyer, "Naturrecht als Praxis," Rechtgeschichte-legal History, Rg 24 (2016), 454-456; Ulfrid Neumann, Naturrecht und Positivismus im Denken Gustav Radbruchs - Kontinuitäten und Diskontinuitäten; G. Haney, *Naturrecht und positives Recht*, 1993.
5) Rechtslexikon, positives Recht; Wikipedia, Positives Recht.

실정법론자는 실정법은 인간이 만든 것이며 실정권은 인간이 만든 권리라고 한다. 물론 실정법도 헌법상 제정절차에 따라서 제정권자가 만드는 것이기 때문에 아무렇게나 만들면 되는 것이 아닌 한계가 있다. 그러나 일단 만들어진 실정법에 대한 권리는 합법성의 대상이 될 수 있으나 정당성의 대상이 되지는 않는다. 실정권론자는 악법도 법이라고 하여 이에 대한 복종을 강요하였고 독재자들이나 국왕이나 지배자가 주장하기도 했다. 실정권은 실정법이 만든 것이기 때문에 무슨 내용이든 권리가 될 수 있다고 하였다.

2) 자연권의 의의

실정법의 반대 개념은 초실정법이다.[6] 초실정법은 일반적으로 자연법이라고 한다. 초실정법, 자연법은 사람이 만든 법이 아니고 전국가적인 법으로서 사람이 발견하는 법이다. 이러한 초실정법인 자연법도 학자에 따라서는 신이 만든 법이라고 하고, 또 자연상태에 있던 법이라고 한다.

자연권은 자연법에 의해서 성립한 권리이며 이 권리도 신수설, 인간의 이성에서 나온다는 설 등 학설이 대립된다. 신수설에 있어서는 종교가 많기에 어느 신이 부여했느냐로 논란이 있었고, 인간의 이성에 근거한 것이라고 보는 자연권설이 일반적인 이론으로서 인정된다. 또 일부에서는 미국 독립선언, 세계인권선언에서와 같이 선언에 의한 권리라고도 보고 있다.

이러한 인권선언에서 선언된 권리는 불가양, 불가침의 인권을 말했다. 그런데 제퍼슨 (Jefferson)은 「우리는 모든 사람은 평등하게 창조되었다는 진실은 자명한 것이고, 이러한 불가양의 권리는 창조주에 의하여 부여되었다」고 하고 있다. 그리고 그러한 권리로 생명, 자유, 행복추구권을 들고 있다. 그는 로크(Locke)가 재산(estate or property)권을 양도할 수 있는 권리이기 때문에 이를 행복추구권으로 바꾸었다고 한다.

2. 현대 헌법의 인권은 자연권 중심이다

근대 인류의 계몽시대 학자들은 인권을 불가침, 불가양의 절대적 권리로 보았다. 그리고 이 인권은 신성불가침한 것으로 보았다. 헌법의 인권선언이 구가한 것은 왕이나 입법자가 마음대로 양도하고 침해할 수 있는 권리가 아니라 인간의 본성에 근거한 양도할 수 없는 불가침의 권리였다. 이러한 인권은 왕이나 입법자가 마음대로 만들고, 빼앗고, 포기케 하는 것이 아니었다. 따라서 근대 인권은 자연권이었다. 물론 이 자연권의 내용을 완전히 헌법 제정자에게 일임하는 것은 인권의 천부성과도 맞지 않았다.

---

6) Überpositives vs. positives Recht, Radbruchsche Fomel, https://freewomanontheland. wordpress. com/2012/03/12/uberpositives-vs-positives-recht-radbruchsche-formel; Wikipedia, Natural and legal rights.

인권이 천부이고 전국가적이며 절대적 불가양이기에 이것은 자연권을 말하는 것이다. 이러한 자연권을 일일이 다 열거할 수는 없기 때문에 헌법은 전통적인 시민권(civil right)들을 헌법에 예시한 것이다.7) 이러한 실정권은 자연권보다도 하위였기 때문에 자연권을 침해하는 실정권은 헌법재판 등에서 그 존재를 부정할 수 있었던 것이다.

이 점에서 자연권은 포괄적 인권이고 실정권은 개별적 인권이라고 할 수 있다.

---

7) J. Isensee, Positivität und Überpositivität der Grundrechte, Merten/Papier (Hrsg.), *Handbuch*, Bd. Ⅱ, SS. 41-108.

제2장 자연권의 본질

제1절 자연권의 법적 성격

1. 자연권의 인권 원천성

자연권은 인권의 원천이다. 실정권론자들은 인권은 국가나 헌법제정권자가 부여하는 권리로 보는데 대하여, 자연권론자는 자연권의 천부성, 전국가성을 주장한다. 자연권은 국가형성 이전의 권리이기 때문에 헌법에 상위하는 것이며, 헌법의 규정이 자연권을 침해하는 경우에는 이것조차 위헌이라고 해야 한다. 모든 사람은 자연권으로 생명권을 가지고 있으므로 생명권을 침해하는 사형제도를 헌법에 규정하는 것은 자연권 위반이라고 하겠다. 마찬가지로 인간의 존엄권은 자연권이기 때문에 헌법제정권자도 구속하는 것으로 노예제도를 헌법에 규정하는 것은 자연권 위반이라고 하겠다.

자연권은 헌법상의 인권의 원천이며 국가 이전의 자연법 = 이성법에 의해서 국가 이전부터 있었던 인권을 확인하는 것이다. 따라서 헌법에 자연권에 위반되는 규정을 둔 것은 헌법제정권력에 반하는 것이다.

자연권은 인권의 원천으로서 인간이 태어나면서부터 가지는 천부적 권리의 정당성을 부여하는 것이라고 하겠다.[8]

2. 자연권의 포괄성

자연권은 포괄적으로 모든 권리를 내포하고 있다. 그리하여 헌법상에 이를 전부 열거할

---

8) V. Cathrein, Recht, *Naturrecht und positives Recht: eine kritische Untersuchung der Grundbegriffe der Rechtsordnung*, 1908; Zippelius, *Rechtsphilosophie*, 6. Aufl., 2011, § 12 I -IV; E. Bloch, *Naturrecht und menschliche Würde*, 1961 (박설호 옮김, 『자연법과 인간의 존엄성』, 2011); H. Hart, Are there any Natural Rights?, *Philosophical Review* 64 (1955), 175-91; Wikipedia, Naturrecht; J. Messner, *Das Naturrecht: Handbuch der Gesellschaftsethik, Staatsethik und Wirtschaftsethik*, 7. Aufl., 1984.

수 없어서 미국 헌법 수정 제9조처럼 헌법의 인권의 열거 규정은 예시적인 것이고 총체적인 것은 헌법에서 선언하되 실정권을 부정하지 않고 이를 보완하는 형식을 취하고 있는 것이다.

미국 수정헌법의 제9조와 같은 규정은 여러 나라의 헌법에 포괄적 기본권으로 보장되고 있다. 미국의 독립선언은 「생명, 자유, 행복추구권」이라고 하고 있고, 일본 헌법은 개인의 존중을 들고 있으며 미국 독립선언처럼 생명, 자유 및 행복추구권에 대한 권리는 최대한의 존중을 할 것을 규정하고 있다(제13조).9)

세계인권선언은 전문에서 「생래의 존엄의 존중과 모든 사람의 평등과 불가양의 권리의 인정은 인간, 가정, 사회를 형성하는 기초로 인정하고 있다」. 여기서의 권리에 대해서는 민주국가와 공산국가 간에 있어서 자연권을 선언한 것이라는 주장과 아니라는 주장이 있었으나, 공산국가와 무슬림의 사우디아라비아만이 반대했던 것이다. 그리하여 그 뒤의 거의 모든 세계의 헌법은 인간의 존엄을 자연권의 근원으로 인정하고 있다.10) 독일 기본법도 모두에서 인간의 존엄을 불가침이라고 규정하고 있다.11) 유럽인권헌장도 인간의 존엄을 최초로 규정하면서 이 존엄권에서 다른 실정권이 나온다는 것을 규정하고 있는 것이다.12)

3. 자연권의 불가변성(영구불변성)

자연권은 그것이 불가변의 권리이고 영구적이라고 한다. 이것은 인권선언이나 헌법조문에서도 인권의 속성으로 설명되고 있다. 인간의 권리는 역사와 함께 변화해 왔고 때로는 투쟁에 의하여 쟁취되어 왔다. 그러나 이것은 개별적·시민적 권리인 실정권에 한한 것이고, 자연권은 최고의 권리이고 헌법제정권력에 상위한다고 했으며 헌법개정권을 구속하는 것이다. 따라서 헌법개정권력으로써도 이의 개정은 불가능한 것이고 만약에 자연권을 헌법개정으로써 변경가능하다고 한다면 그것은 자연권이 아니다.

실정권은 헌법제정권자가 헌법에 의하여 부여한 것이기 때문에 헌법개정에서 절차에

---

9) 이에 대하여 일본 자민당의 「일본국헌법개정초안 Q & A」는 「현행헌법의 규정 중에는 서구의 천부인권설에 근거하여 규정되어 있다는 것이 상견됨으로 이러한 규정은 개정할 필요가 있다고 생각하겠습니다」고 하고 있다. 그러나 이 이론은 인류보편의 원리로서의 자연권론을 부정한 점에서 많은 비판을 받고 있다. 일본에서는 헌법상에서는 실정권을 규정하고 있는데 이를 자연권으로 해석하고 있다는데 반론이 있다. 高橋正俊, 法實證主義的自然權說について, 『晋州法學』14권 3, 4호 (1995), 583-601면; 地田信夫, 神なき 世界の自然法, 『アゴラ』 참조.

10) UNESCO, *The Universal Declaration of Human Rights: A History of Creation and Implementation 1948-1998*, UNESCO Publication, 1998.

11) 독일 기본법 제1조 "Die Würde des Menschen ist unantastbar."

12) G. Dürig, Der Grundsätze von der Menschenwürde, *AöR* 81 (1956), S. 117 ff.; C. Enders, *Die Menschenwürde in der Verfassungsordnung*, 1997; H. Nipperdey, Die Würde des Menschen in *Die Grundrechte*, Bd. Ⅱ, 1954, S. 1 ff.; P. Tiedemann, *Menschenwürde als Rechtsbegriff*, 2007.

따라 개정할 수 있고 헌법의 규정에 따라 헌법까지 개정할 수 있으며 법률유보조항이 있는 경우에는 법률로써도 제한될 수 있는 것이다.

헌법해석상 헌법이 영구불변성, 영구불가침성을 규정한 것인 경우, 그것은 자연권을 말하는 것이고 개별적 실정권을 말하는 것은 아니다.

4. 자연권의 주체 = 인류성

자연권의 향유자는 자연권 헌법의 모든 사람이라고 하고 있다. 이 점이 자연권이 실정권과 다른 점이다. 실정헌법에서는 기본권의 주체로서 대개 국민을 규정하고 있는데 자연권의 경우에는 그 주체를 모든 인간이라고 보아야 할 것이다. 왜냐하면 인권선언의 규정들이 국민은 평등하다고 규정하지 않고 모든 사람은 평등하다. 인간의 존엄과 자유도 모든 사람(every person)이 태어나면서(inherited) 가지는 권리라고 하고 있다. 그런데 헌법제정 규범이 권리의 주체를 국민이라고 하는 것은 실정권적 규정이라고 하겠다.

현대의 헌법 중에도 인간의 평등에서 국적에 불문하고 평등을 보장하고 있는데, 이러한 자연권은 모든 사람에게 적용되는 것이고 그것이 천부의 권리인 것이다. 독일 기본법은 인간의 존엄은 불가침이다(제1조)고 하고,「각인은 생명에의 권리 및 신체의 불가훼손권을 가진다(제2조 2항). 모든 사람은 법률 앞에 평등하다. 누구도 그 성별, 혈통, 종족, 언어, 고향 및 가문, 그 신앙, 종교적 또는 정치적 견해를 이유로 하여 불이익을 받거나 또는 우대되지 않는다」(제3조)고 규정하고 있다. 많은 국가들이 국민에 한정하여 기본권을 인정하는 것은 자연권에 위반되는 것이다.

세계인권선언에서도「인류사회의 모든 구성원의 고유의 존엄 및 평등하고 또 박탈할 수 없는 권리」라고 하여 자연권을 선언한 것이라고 하겠다.[13]

제2절 자연권의 본질적 내용

1. 자연권의 본질에 관한 이론

자연권의 본질은 이를 초인간적인 신이나 자연에서 찾는 견해와 인간의 내재적인 이성에서 찾는 견해들이 있다.

---

13) 오늘날 자연법론과 법실증주의는 조화하는 현상을 보이고 있다. 예를 들면 條田三德,「「自然法論と法実証 主義」についての覚え書」,『同志社法學』39권 1, 2호 173-199면 참조.

역사적으로 보면 유럽에서는 기독교적인 자연권이 오랫동안 지배적이었으며, 동양에서는 불교가 지배적이었고, 중동에서는 이슬람교가 지배했었다. 남미와 아프리카에서도 원시종교로 아직까지 남아 있는 것은 별로 없으며 기독교의 전파에 따라 기독교적인 인권사상이 지배하고 있는 느낌이다. 그러나 종교는 포교자 또는 창시자의 뜻에 따라 해석이 다르고 국가마다 전통적으로 변용을 해왔기 때문에 초인간적인 신이 아닌 인간의 본성에서 자연권의 원천을 찾으려는 노력이 많았다.

이것은 인간의 이성에 자연법이 근거한다고 보는 이성적 자연법이 중요성을 가지게 되었다. 인간은 오랜 전통에 따라 달리 발전해 왔기 때문에 이를 일률적으로 말하기 어려우니 인간의 성(性)이 선하냐 악하냐 등에 대해서는 거의 철학적 규명이 되었다고 하겠다.

독일에서는 푸펜도르프나 볼프, 토마지우스 등에 의하여 철학적 자연권론이 등장하기 시작하여 칸트와 피히테, 헤겔에 의하여 대성되었다.

칸트는 인간의 본성은 선한 것으로 보고 자연상태는 인간이 자연권에 따라서 평화롭게 살고 있는 것으로 보았다. 그는 인간의 존엄성을 강조하고 인간을 수단으로 취급해서는 안 되며 목적으로 취급하여야 한다고 한다.

이 칸트의 정언명제는 공자(孔子)의 가르침과도 일맥상통하고 있다. 공자는 통치철학으로서 제자들과 대화를 한 것이 있는데, 여기서 그는 인간은 이성적이고 선하고 서로 사랑하여야 한다는 것을 가르치고 있다. 그는 仁은 愛라고 하고, 己所不欲이면 物施於人이라는 가르침은 정언명제의 역으로 적극적 행동을 요구한 것이 아니고 소극적 행동을 요구한 것이라 하겠다.14) 공자의 이 가르침은 서양에서도 잘 알려졌으며 칸트에서도 영향을 미쳤다고도 한다.

과거 종교와 전통에 따라 분립되었던 철학이나 사회과학에서도 세계인권선언과 아프리카 인권선언, 이슬람 인권선언, 아시아 인권선언 등을 통하여 철학에 입각한 통일성이 나타나고 있다고 하겠다.

---

14) Chinesische Menschenwürde? Philosophie der Menschenwürde, Zeitschrift für Menschenrechte, 2010, S. 182 ff.; Yonghae Kim, Die philosophischen Grundlagen der Menschenrechtsidee in Asien, Die Universalität der Menschenrechte, Die Hanns-Seidel-Stiftung, 2005, S. 17 ff.; S. Martini, Die Formulierung der Menschenwürde bei Immanuel Kant; D. Pforten, Zur Würde des Menschen bei Kant, in: *Jahrbuch für Recht und Ethik*, Bd. 14 (2006), SS. 501-517; B. Ladwig, Menschenwürde als Grund der Menschenrechte? Eine Kritik an Kant und über Kant hinaus, *Zeitschrift für Politische Theorie*, Jg. 1, Heft 1/2010, S. 51-69; Menschenwürde unantastbar - Wunsch oder Wirklichkeit?, http://www.humanistische-aktion.de/wuerde.htm; T. Gutmann, Würde und Autonomie. Überlegungen zur Kantischen Tradition, Preprints of the Centre for Advanced. Study in Bioethics, Münster 2010; V. Jackson, Constitutional Dialogue and Human Dignity: States and Transnational Constitutional Discourse, *Montana Law Review*, Vol. 65 (2004), pp. 15-40; P. Carozza, Human Dignity and Judicial Interpretation of Human Rights: A Reply, *The European Journal of International Law*, Vol. 19, no. 5 (2008), pp. 655-724.

2. 자연권의 내용에 관한 이론

1) 그리스 시대의 행복론

그리스시대에는 계급사회였고 참정권을 가진 시민은 많지 않았다. 이때의 지식층에서는 시민의 인권보다도 시민을 어떻게 하면 행복하게 할 수 있는가가 중요시되어 시민사회를 행복사회로 만들기 위한 노력이 많았다. 플라톤은 『공화국』에서 정의는 행복의 추구에 기여하는 것으로 보았다. 그의 제자인 아리스토텔레스도 『니코마코스 윤리학』에서 인간존재가 지향하는 가장 중요한 목적이 행복이라고 하였다. 플라톤은 말년의 저작인 『공화국』이나 『법률』에서 이상사회의 건설을 주장하였는데, 철학자 군주론은 유명하다. 그는 이상국가를 건설하여 시민이 인간답게 사는 나라로 만들겠다고 하였다. 아리스토텔레스도 이상국가의 건설을 주장하였는데, 그는 덕성을 강조하며 인간이 중용의 미덕을 쌓으면 정의사회도 구성할 수 있다고 생각하였다. 그는 인간의 행복을 추구하기 위한 헌법을 연구하였는데 모든 사람이 행복하게 생활하는 이상사회를 존중하였다. 그는 이를 위하여 권력분립제도를 요구하였고 국민의 교육제도의 발전을 기하였다. 과도한 권력을 추구하지 않고 폭군정치나 금권정치를 배제하면 이상적인 polis를 창립할 수 있다고 보았다.

2) 로마제국의 발전과 자연권 탄압

로마제국은 신정적 왕정국가로서 종교의 지배가 강화되었다. 정부의 폭압과 장군들의 핍박을 피하기 위하여 호민관제도가 발달되었으나, 국민의 권리보다는 로마의 행복이 더 중시되었으며 개인의 자연권도 인정되지 않았다. 신성로마제국의 말기에는 신정일치정이라는 이름으로 가톨릭 이념이 지배하였다.

키케로는 인간의 존엄에 관해서 많이 썼으며 자연법에서 자연권을 독립시킨 사람이라고 한다. 국가에서는 권력의 통합이 아니고 권력의 분립이 중요시되었다. 그는 이상사회에서 국민의 행복한 생활이 달성될 수 있다고 생각하였다.

토마스 아퀴나스는 아리스토텔레스의 행복한 사회론을 기독교신앙에 접목하였다. 그는 인간의 본성은 선하다고 생각하고 인간생활의 궁극적 목적은 잘사는 것이라고 생각하고, 개인적 행복과 다수의 행복의 달성을 기하였다. 토마스 아퀴나스는 인간의 존엄을 중시하였고 『신학대전』에서 다루어지고 있는데 이 존엄론은 가톨릭교회의 교리로도 인정되고 있다.

3) 근세 계몽기의 인권론

푸펜도르프는 인간에게는 자연권이 있는데 이 자연권은 생명권, 안전권, 평등권, 자유권 등이 있는데 이는 인간의 존엄에서 나오는 것이라고 하였다. 그로티우스, 푸펜도르프, 토마지우스, 크리스티안 볼프 등은 자연법에서 자연권이 나온다고 보고, 규범 위주의 자연법에서 권리 개념인 자연권을 강조하였다. 이러한 자연권이 인간의 본성에서 나온다고 본 사람은 근세 계몽주의사상가였다. 홉스는 자연상태에도 자연권이 있었다고 보고 자연권을 자기근본권, 생명권, 행복추구권, 평등권, 재산권 등을 들고 있다.

로크는 인간의 본성은 선한 것으로 생각하며 자연권으로서의 인권을 주장하였다. 이에는 생명권, 자유권, 행복추구권, 재산권, 평등권 등이 있다고 하였다. 로크는 이 밖에 저항권을 들고 있다. 이것은 국가 이후의 권리로서 사회계약에 따른 권리라고 하겠다.

홉스와 로크에 이르러 이러한 자연권을 국가가 헌법을 제정하여 실정권으로 전환했다고 주장하였다. 그래서 자연권은 인간의 이성의 산물이고 실정권은 국왕이 부여한 시민의 권리로 보았다. 로크의 자연권과 실정권 병존론에 대하여 버크는 실정권만을 인정하고 있었다. 페인은 자연권을 인정하고 실정권은 시민권이라고 하였다. 그는 프랑스혁명의 인권선언을 자연권으로서 자유, 재산, 안전과 압제에 대한 저항이라고 하였다. 그는 실정권, 시민권은 인간이 설정한 권리로 실정법에 의하여 보호된다고 하였다. 그는 국민에게만 적용되는 시민의 권리가 아니고 모든 사람에게 적용되는 세계시민의 권리를 주장하였다.

영국에서는 미국혁명과 프랑스혁명이 전파되기를 겁내어 자연권론을 탄압하였다. 이 시대정신에 따라 벤담은 버크와 같이 자연권을 부정하고 실정권을 존중하는 입장을 취하였다. 그는 실정권도 적극적 권리(positive right)와 소극적 권리(negative right)로 나누고 있다. 그는 예를 들어 자유와 같은 것은 국가가 관여하지 않기 때문에 있는 것이기 때문에 소극적인 것이고, 국가에 대해 일정한 권리를 요구할 수 있는 권리를 적극적 권리라고 하였다. 벤담은 행복권을 적극적 권리로 보았다. 정부의 목적은 모든 시민에게 행복을 보장하는 것이라고 보고 최대다수의 최대행복 실현이 국가활동의 목적이라고 보았다.

몽테스키외는 법을 신정법, 자연법, 실정법으로 구분하고 주로 실정법에 관해서 설명하고 있다. 몽테스키외는 국가권력을 3권으로 나누는 3권분립설을 주장하였고 실정법이 의회에서 제정되어야 한다고 보았다. 루소는 『인간불평등기원론』을 썼고 불평등의 기원이 자연에 있는 것이 아니고 재화의 소유의 불평등 때문이라고 보았다. 그는 『사회계약론』에서 자연상태에 있어서의 인간은 자기애(自己愛)와 연민(동정)의 의지를 가졌다고 했다. 이 자기보호욕과 동정 연민의 점에서 사회계약을 맺게 되었다고 했다. 루소는 자연권을 인간의 생존보존의 권리라고 보았다. 그에서 자유권, 평등권, 행복추구권이 있다고 보았다. 이 밖에도 교육을 받을 권리, 재산권 등을 중시하였다. 그는 사회계약 이후의 권리로서는 정치적 권리 · 투표권 등을 강조하였다.

294 제3편 국가기본권의 성격과 내용

4) 근대 헌법의 자연권 규정

성문헌법상 자연권을 규정한 것은 버지니아 인권선언(1776)이다. 매디슨이 기초한 헌법 제1조에서 「모든 사람은 나면서부터 평등하고 자유이며 독립이고 일정한 생래적 권리를 가지는 것이다. 이러한 권리란 재산을 취득 소유하며 행복과 안녕을 추구 획득하는 수단을 가져 생명과 자유를 향수하는 권리이다」고 규정하고 있었다. 미국의 독립선언은 1770년 7월에 대륙회의를 통과하였다. 이 인권선언은 「모든 인간은 모두 평등하게 창조되어 있다. 거기서 인간은 그들의 창조자에 의하여 불가침의 여러 권리를 부여받았다. 그중에는 생명, 자유 및 행복추구권이 있다」고 규정하고 있다. 일반적으로 여기서의 생명, 자유 및 행복추구권이 자연권의 내용이라고 인정되어 왔다. 1776년 9월에는 펜실베이니아 헌법이 제정되었는데, 여기서도 인권선언에서 생명, 자유, 재산권에 관하여 규정하고 있다(제1조). 버몬트 헌법도 인권선언 제1조 「모든 사람은 나면서부터 평등하고 자유롭고 독립이며 자연적이고 불가침·불가양의 권리를 가지고 있는데, 예를 들면 그중에는 생명과 자유를 즐기고 방어하는 권리가 있으며 재산을 취득하고 유지하며 보호하는 권리를 가지고 행복과 안전을 추구할 권리를 가진다」고 규정하고 있다.

1780년의 매사추세츠 헌법도 인권선언 제1조에서 「인간은 자유롭고 평등하게 태어났고 자연적이고 본질적이며 불가침의 권리를 가지고 있는데, 그들의 생명과 자유를 즐기고 방위하기 위하여 재산의 취득과 보호 그들의 안전과 행복을 추구하고 취득할 권리를 가진다」고 하고 있다.

1787년 9월에 제정된 미국 연방헌법에는 인권선언 규정이 없었다. 다만, 헌법 전문에서 「우리들과 우리의 자손의 자유와 은총을 확보하기 위하여 … 이 헌법을 제정한다」고 하고 있기 때문에 자연권을 선언한 것으로 보고 있다. 그 뒤 수정헌법(1791)은 실정권 규정을 추가하고 기본권의 열거규정이 비열거된 권리를 부정하는 것이 아니라는 조항을 두어(수정헌법 제9조), 비열거 규정의 인권성을 인정하게 되었다. 따라서 여기에서 실정권으로 규정되지 않은 권리들(프라이버시의 권리)이 인정되고 있다. 또 수정헌법 제14조에서는(1868년) 제1항에서 「어떠한 주도 연방시민의 특권 또는 면제를 제한하는 적정한 절차에 의하지 아니하고는 누구로부터도 생명, 자유 또는 재산을 박탈하여서는 아니된다」라고 하여 생명, 재산, 자유를 자연권의 예시로 보고 있다.

프랑스 인권선언은 자연권 선언이라고 할 수 있다. 제1조는 「인간은 권리에 있어서 자유롭고 평등하게 태어나고 또 생존하는 것이다. 사회적인 불평등은 공공을 위한 외에는 이를 도입할 수 없다」, 제2조는 「모든 정치적 결합은 인간의 자연적이고 또 시효에 의하여 소멸될 수 없는 권리 보전을 목적으로 한다. 이들 권리는 자유, 소유권, 안전 및 법제에 대한 저항권이다」고 하고 있다. 프랑스에서는 자연권의 내용이 자유, 안전,

연대로 되는 감이 있다. 1793년의 산악당 헌법도 자연권을 선언하고 있다. 제1조「사회의 목적은 공동의 행복이다. 정부는 그 사람의 자연적이고 시효에 의하여 소멸될 수 없는 여러 권리를 보장하기 위하여 성립한다」, 제2조「이들 여러 권리란 평등, 자유, 안전, 소유」라고 하여 행복을 더욱 중시한 것을 알 수 있다.

5) 실정권만 규정한 헌법

프랑스의 1795년의 집정관 헌법이나 1799년의 나폴레옹 후의 헌법은 실정권을 규정하였다. 1814년의 왕정복고 헌법은 흠정헌법으로 실정권을 규정하였다. 1830년의 프랑스 제국헌법도 실정권만 규정하였다. 1848년의 공화정헌법은「권리는 헌법에 의하여 보장된다」(제2조)고 규정하여 실정권임을 명시하고 있다. 1852년의 제2국헌법은 흠정헌법으로 실정권을 규정하였다. 1871년의 제3공화국헌법은 노동자의 실정권을 강조하였다.

19세기와 20세기 초의 헌법들은 프랑스의 영향으로 실정권을 규정하였다. 1848년의 프랑크푸르트 헌법은 상세한 기본권 규정을 두고 있으나, 독일 국민의 권리로서 기본권이 보장되어야 한다(제130조)고 하여 실정권적 규정이라고 할 수 있다. 1850년의 프로이센 헌법은「프로이센 시민의 권리의 취득, 행사, 상실에 대해서는 프로이센의 조건과 특성에 따른 헌법과 법률이 정한다」(제3조)라고 하여 실정권을 규정한 것이 확실하다. 1871년의 독일제국헌법의 기본권규정도 실정권 몇 개만 규정하고 있었다.

이에 대하여 바이마르 헌법은 상세한 기본권 규정을 두었으나 관례에 따라 실정권으로 규정하고 있었다. 앞서 본 바와 같이, 공산주의헌법도 실정권을 규정하였고, 독재국가나 군주국가의 헌법들은 실정권을 규정하고 있었다.

6) 자연권 규정으로의 회귀

제2차 세계대전 후에 자연권이 부활하였다. 1948년의 이탈리아 헌법은「공화국은 개인으로서 또 그 인격이 발전하는 장으로서의 사회조직에 있어서의 인간의 불가침의 권리를 승인하고 보장함과 함께 정치적 및 사회적 연대의 배신할 수 없는 의무의 수행을 요청한다」(제2조)고 하여 자연권을 선언하고 있다.

1949년의 독일 기본법은「인간의 존엄은 불가침이다. 이를 존중하고 보호하는 것은 모든 국가권력의 책무이다」(제1조). 그러므로 독일 국민은 세계의 모든 인류공동체, 평화 및 정의의 기초로서 불가침이고 양도할 수 없는 인권을 신봉한다」고 하고 있다.

1993년에는 러시아 연방 헌법에서조차「인간의 권리와 자유는 최고의 가치이다. 인간과 시민의 권리와 자유를 인정하고 존중하고 보장하는 것은 국가의 의무이다」(제2조)라고 하면서,「이 인간의 기본권과 자유는 불가침이며 누구에게나 출생부터 귀속되는 것이다」(제13조 2항)고 하고 있다.

1990년의 나미비아 헌법은 기본권의 자연권성을 강조하고 있다. 「태어나면서부터 가진 인간의 존엄과 모든 시민의 불가침의 권리는 모든 인간 가족 성원의 불가분의 자유와 정의와 평화의 요소임을 인정하고, 이러한 권리는 개인의 생명의 권리와 자유 및 행복추구권을 포함하고 있다. 이는 인종이라든가 피부색이라든가 인종적 기원이나 성, 종교, 신분이나 사회적 및 경제적 신분에 관계없이 보장되고 있다」(전문)고 하여 자연권성을 강조하고 있다.

1995년의 우간다 헌법은 제20조 1항에서 「개인의 기본권과 자유는 생래적인 것이며 국가에 의해서 부여된 것이 아니다」고 하여 기본권이 전국가적인 자연권임을 선언하고 있다. 또 제45조에서는 열거된 권리가 망라적인 것이 아니고 이 밖에 권리도 존재함을 선언하여 자연권의 포괄성을 선언하고 있다.

이집트는 아랍공화국이며 국교가 이슬람임에도 불구하고, 전문에서 「현대적 민주정치와 시민정부의 건설을 완성할 것을 다짐하면서 세계인권선언의 노선을 따를 것」을 선언하고 있다. 그리고는 2014년 헌법은 「인간의 존엄은 모든 사람의 권리이며 이는 제한할 수 없다」(제51조)고 하고 있다. 또 인신의 자유는 자연권으로서 자기방어적이며 제한할 수 없다(제54조)고 하고 있다. 인신의 자유를 특별히 자연권이라고 하고 있는 것은 특수하다.

남미에서도 새로운 헌법들은 자연권을 규정한 헌법이 많다. 2009년의 볼리비아 헌법도 제13조에서 「이 헌법에서 인정하고 있는 권리는 불가침이고 보편적이며 상호간 연관되어 있어 불가분이고 진보적이다. 국가는 이들을 보호하고 존중할 의무를 지고 있다」고 하여 불가침·불가분의 자연권임을 선언하고 있다.

1987년의 니카라과 헌법은 제5조에서 「자유, 정의, 인간으로서의 존엄의 존중 … 재산의 여러 형태를 인정하고 자유로운 국제협력과 자유로운 인민의 자결권을 존중한다」고 하고, 「생명의 권리는 불가침이며 인간존재의 태생적 권리이다」고 하고 있다. 특히 세계인권선언과 유엔의 모든 인권협정의 내용을 니카라과인의 국내법적 효력을 인정하고 있다.

1994년에 개정된 아르헨티나 헌법은 국제연합의 10개 선언과 협정이 아르헨티나의 헌법의 위치로 격상되고 있다. 국제인권선언 등은 그것이 자연권 선언이기에 아르헨티나도 자연권을 선언하고 있다고 하겠다.

아시아에서는 일본이 1946년에 헌법을 제정하면서 자연권을 선언하고 있다. 제13조는 「모든 국민은 개인으로서 존중된다」고 하고 「국민은 모든 기본적 인권의 향유를 방해받지 않는다」(제11조), 그러나 「이 헌법이 국민에 보장하는 기본적 인권은 침해할 수 없는 것으로 영구의 권리로서 현재 및 장래의 국민에게 주어진다」(제11조, 제12조)고 하여 기본적 인권을 헌법이 부여하는 것처럼 규정하고 있다. 따라서 일본에서는 자연권 선언이라고 공인되고 있으나 학설상에는 법실증주의 자연권이라는 용어가 사용되고 있다.

대한민국헌법은 1948년 헌법에서는 제28조에서 「국민의 모든 자유와 권리는 헌법에 열거되지 아니한 이유로서 경시되지 아니한다」고 규정하고 있는데, 이는 자연권의 포괄성을 규정한 것이라고 보겠다. 이 규정은 헌법개정이 있을 때에도 살아남아 현재까지 규정하고 있다. 1962년 헌법은 새로이 「모든 국민은 인간으로서의 존엄과 가치를 가지며 이를 위하여 국가는 국민의 기본적 인권을 최대한으로 보장할 의무를 진다」(제8조)고 하고, 이것이 현행 헌법까지 계속되고 있다. 이것과 기본권의 포괄성을 규정한 구 제28조의 규정을 종합하면 자연권을 선언하고 있다고 하겠다.

아시아 국가들은 2012년 11월 18일 아시아인권선언을 발표하였는데 이는 프놈펜에서 새로이 발표된 것이다. 여기서는 세계인권선언과 유엔헌장, 기타 인권선언의 당사자로서 기본권을 존중할 것을 약속하면서 「1. 모든 사람은 출생하면서 인간의 존엄과 권리에서 자유롭고 평등하다. 인간은 이성과 양심이 부여되어 있고 인간성의 정신으로 상호 평등하여야 한다. 7. 모든 인간의 권리는 보편적이고 불가분이며 독립적이며 상호연관성을 가진다. 이 선언에 선언된 기본적 자유는 공평하고 평등한 근거 하에서 취급되어야 한다」고 하고 있다. 이를 볼 때 아시아에서는 아시아의 가치를 강조하지 않고 자연권론으로 회귀한 것으로 보인다.

위에서 헌법의 문언상 자연권을 규정한 헌법을 들어 보았으나, 이 밖에도 그 취지로 보면 자연권을 선언한 것이 많다.[15]

3. 자연권의 본질적 내용 요약

1) 논의의 역사

위에서 현대 헌법은 인간의 본성에 근거한 자연권에 입각하고 있음을 보아왔다. 그런데 이 자연권의 본질이 무엇이냐에 대해서는 결론을 내리지 않았다. 자연권의 내용에 대해서는 각국 헌법이 생명, 자유, 행복추구권, 재산권 등을 들고 있는데 이들 권리가 근거하는 본성은 무엇인가가 문제되어 왔다. 그 근거로서 종교적 자연권론과 세속적 자연권론이 대립되고 있다. 종교적 자연법은 정교일치 국가에서는 그 의의가 컸으나, 정교분리를 행하고 있는 현대에 와서는 이것은 지역적인 종교이거나 수입된 종교가 많았기 때문에 이것이 인류보편적인 자연법의 근거라고는 하기 힘들다. 그래서 비종교적인 세속적 자연법론에 따를 수밖에 없을 것이다. 그중에서도 인간의 이성에 근거한다고 보는 이성적 자연법론이 타당성이 클 것이다.

2) 인간의 존엄

---

15) 오늘날 자연법론과 법실증주의는 조화하는 형상을 보이고 있다. 예를 들면 條田三德, 自然法論と法實證主義についての覺え書, 『同志社法學』 39권 1, 2호, 173-199면 참조.

자연권의 근거로서는 인간의 존엄을 드는 것이 일반적이다.[16] 인간의 자연권은 인간의
이성에 근거한다고 본 것이 중세였다. 그들은 인간은 animal rationale(이성적 동물)이라
고 했다. 그 이유는 인간은 양심을 가지고 판단하며 행동하는데 이는 인간의 이성에
근거하기 때문이라고 보았다. 인간이 가진 권리 중에 생래의, 불가침, 불가양의 권리로
자연권의 성절을 가진 것은 인간의 존엄과 행복추구권이라고 하겠다. 인간의 존엄에
대해서는 칸트의 정언명제가 있고, 공자의 교훈이 있었으며 동서양의 철학자들이 논하고
있다.[17]

또 국제적으로나 국내적으로 인간의 존엄을 인권의 본질로 선언한 조문이 있다. 예를
들면 세계인권선언은 「모든 인간은 인간의 존엄과 권리에 있어서 자유롭고 평등하게
태어났다. 인간은 이성과 양심을 가지며 서로 형제의 정신으로 협력해야 한다」고 하고
있다. 독일 기본법도 제1조에서 「(1) 인간의 존엄은 불가침이다. 이를 존중하고 보호하는
것은 모든 국가권력의 의무이다. (2) 독일 국민은 그리하여 불가침, 불가양의 인권을
모든 인간사회의 근거이며 세계의 평화와 정의의 기초임을 신봉한다」고 하고 있다.[18]

3) 행복추구권

행복에 관한 갈구는 인류 발생부터 있었다. 그러나 그리스시대에는 개인적인 행복추구
는 좋지 않는 것으로 생각되었고, 행복한 사회를 만드는 집단적인 노력이 중시되었다.
그리하여 행복한 국가를 만들기 위한 유토피아의 구상이 많았다. 고대에는 에피쿠로스학
파가 개인의 행복을 중시하였다. 토마스 아퀴나스도『신학대전』에서 객관적인 행복사회
를 구상하고 있었다. 중세 시대의 인간은 교회에서 행복을 찾았으나 근세에 와서는
행복에의 개인적 욕망을 중시하고 있었다.

푸펜도르프는 인간의 생명의 보존이 자연권이라고 보고 생명의 보존권에 대하여 논의
하고 있었다. 이와 함께 자기결정권과 재산권을 자연권으로 보아 중시하고 있었다. 행복추
구권에 대해서는 많이 연구하지 않았다. 초기 자본주의의 발달과 함께 재산권의 축적이
생겨나고 재산권이 중요한 권리라고 보았고, 이와 함께 행복을 추구하기 위한 재산욕도
강화되었다. 로크는 자연권론을 강조하였으며 그중에서도 생명, 자유와 재산권을 중시하
였다. 그는 행복의 추구는 자유의 기초이다. 그러므로 가장 중요한 기본권의 보장은

---

16) G. Geisthardt, Menschenrechte-Menschenwürde-Menschenbild, Vortrag bei der EFWI- Tagung
   "Werte und Wertevermittlung in der politischen Bildung" - 11. Tage der politischen Bildung,
   am 4. Oktober 2010 in Landau.
17) 상세한 것은 C. McCrudden (ed.), *Understanding Human Dignity*, The British Academy, 2013;
   T. Debus u. a. *Philosophie der Menschenwürde*, Zeitschrift für Menschenrechte, 2010; Malte
   Hossenfelder, *Der Wille zum Recht und das Streben nach Glück*, 2000.
18) 인간의 존엄에 관한 논문으로는 김철수, 인간의 존엄과 가치 · 행복추구권에 관한 연구 (상) (하), 『학술원논
   문집』(인문 · 사회과학편) 제47집 1호, 2호 (2008).

생명의 보존이고 이는 행복추구의 권리로서 완성될 수 있다고 보았다. 그는 행복은 진정한 쾌락의 추구라고 보았다. 그는 자연권의 내용을 생명, 자유, 재산권을 이야기하고 있는데 행복추구의 권리도 중시하고 있었다.[19] 미국의 독립선언은 그의 이론에 따라 생명, 신체의 자유와 재산권을 이용하게 되었다. 제퍼슨은 주지하는 바와 같이, 생명, 자유, 행복을 추구하는 권리를 선언했던 것이다. 로크의 행복 개념은 정치적 자유의 개념과 결부되어 정치적 민주주의를 성공시키게 된 것이다. 여기에서의 행복추구는 적극적이고 실천적 추구이며,[20] 미국의 민주주의 발전에 초석을 준 것으로 보기도 한다. 당시 미국 사람은 아주 돈 많은 사람을 행복하다고 보지 않고 중산층이 행복을 얻은 것으로 보고 중산층의 보호에 적극 노력하여 좋은 사회를 만들 수 있었던 것이다.

미국의 독립선언이 있고 난 뒤 실정헌법에서도 행복추구권이 규정되기 시작하였다. 일본 헌법은 제13조에서「모든 국민은 개인으로서 존중된다. 생명, 자유 및 행복추구에 대한 국민의 권리는 공공복리에 반하지 않은 한 입법 그 밖의 규정에 있어 최대한 존중된다」고 규정했다.

현행 한국 헌법도 제10조에서「모든 국민은 인간으로서의 존엄과 가치를 가지며 행복을 추구할 권리를 가진다. 국가는 개인이 가지는 불가침의 기본적 인권을 확인하고 이를 보장할 의무를 진다」고 규정하고 있다.

이하에서는 인간의 존엄과 가치 · 행복추구권을 비롯하여 국가기본권의 내용을 상세히 살펴보기로 한다.

---

19) Locke and Happiness, http://www.pursuit-of-happiness.org/history-of-happiness/john-locke.

20) What the Declaration of Independence really means by 'pursuit of happiness', http://news.emory.edu/stories/2014/06/er_pursuit_of_happiness/campus.html; Life, library and the pursuit of Happiness, Khan Academy, https://www.khanacademy.org/partner-content/aspeninstitute/aspen-founding-docs/aspen-declaration-independence/v/life-liberty-and-the-pursuit-of-happiness; Cahn Steven / Christine Vitrano (ed.), *Happiness, Classic and Contemporary Readings in Philosophy*, 2008.

제3장 현행 헌법상 기본권의 법적 성격과 체계

제1절 기본권의 본질에 관한 이론

기본권의 본질에 대해서는 자연권설 내지 천부인권설과 실정권설 내지 법적 도입설이 주장되고 있다.

천부인권설은 그리스나 로마에서도 주장되기는 했으나 근세에 와서 발전되었다. 근세 초기의 사회계약설은 비사회적 자연상태를 출발점으로 하여 인간 상호 간의 계약에 의하여 사회 내지 국가상태에 이행한다고 하고 있다. 이 자연상태에 있어서는 실정법이 존재하지 않기 때문에 어떠한 구속도 받지 않고 자유 평등이었다. 이 질서에는 인간의 이성의 명령인 자연법질서가 존재한다. 이 자연질서에 있어서는 모든 인류가 선천적 권리인 자연권을 가진다고 보았다. 그러나 자연상태에 있어서는 자연권을 현실적으로 보장하는 공통의 권력이 없으므로 자연권을 현실적으로 보장하기 위하여 국가가 성립한다고 보고 있다.

이러한 사회계약설의 대표라고 할 수 있는 홉스(Hobbes)나 로크(Locke)는 영미 기본권 이론의 규칙을 제공하였다. 홉스는 자연법과 실정법을 구분하고, 자연법은 무익한 법이고 실정법만이 인간의 권리를 지키고 평화와 안전을 현실적으로 보장하는 작용을 한다고 하고 있다. 나아가 자연권을 현실적으로 보장하기 위해서는 자연권을 포기하고 그 권리를 국가에 이양한 후 국가에 의하여 승인된 시민적 권리, 즉 법적 권리를 취득하는 것이 필요하다고 한다.

로크는 자연상태에 있어서는 자연법이 지배한다고 하고 사회계약에 의하여 시민사회에 가입한다고 하고 있다. 그는 자연법은 타인의 생명, 건강, 자유, 재산 및 권리를 침해하거나 고통을 주는 것을 금지하고 있으며 이것을 자연권이라고 보고 있다.

1. 영·미의 이론

영·미에서는 홉스의 실정권론이나 로크의 자연권론을 계승하여 많은 이론이 나오고

있다. 최근의 법 및 사회철학, 정치철학계에서는 도덕이론에 입각하여 인권론을 주장하고 있다.21)

최근의 영·미의 정치철학에 있어서의 인권론의 조류는 다음의 일곱 가지를 들 수 있다.22) ① 독립선언에서 주장된 것과 같이, 일종의 불가양의 권리를 인간이 가지고 있다는 것은 자명의 원리라고 하는 직각설(Nozick), ② 무지의 베일 뒤에 있는 사람들을 포함하여 이성적인 사람들에 의한 합의에서 정의의 Rule 또는 권리의 set를 이끌어내려고 하는 사회계약설(Rawls), ③ 권리는 사람들이 임의로 받아들여 온 실습에서 생긴다고 하는 사회도의설(Sidywick), ④ 권리는 제도가 갖는 formal 하거나 informal한 rule에 근거를 두는 행위에서 발생한다고 하는 제도설(Hart), ⑤ 사람들은 이해를 가지기 때문에 권리도 가진다고 하는 권리이해설(McClosky), ⑥ 인간은 본질적인 존엄을 가지기 때문에 혹은 신의 자상이기 때문에 도덕적 권리를 가진다는 신학이론(Maritain), ⑦ 인간은 이성적이고 목적을 가진 행위자라는 사실에서 이론적으로 인권을 끌어내려고 하는 수정된 자연주의의 이론(Gewirth)이 그것이다.23)

이러한 인권론은 반공리주의적인 롤즈(Rawls)나 자유주의적인 드워킨(Dworkin) 등의 이론에 입각한 것이다. 드워킨은 도덕적 인권론을 전개하고 있는데, 이는 롤즈 철학에 근거하고 있다.24)

이들에 대해서는 여러 가지 면에서 반론이 가해지고 있다. 특히 공리주의적 측면에서 비판이 행해지고 있다. 벤담(Bentham)은 모든 권리는 실정법에 의하여 생기는 것이며 자연권의 존재나 사회계약의 이론 자체는 Fiction에 불과하다고 하였다.25) 자연권성을

---

21) 상세한 것은 Pennock and Chapman (eds.), Human Right, 1981; Stone, Epstein and Sunstein, The Bill of Right in Modern State, 1992; Dworkin, Taking Right Seriously, 1977; Gewirth, Human Rights; Essays on Justification and Application, 1982; Winston (ed.), The Philosophy of Human Rights, 1989; Feinberg, Rights, Justice, and the Bounds of Liberty, Princeton, 1980; Rawls, A Theory of Justice 1971.
     大田益男, 基本的人權の本質, 『日本國憲法の再檢討』, 239-253면; 坂本昌成, 『憲法理論 II』등 참조

22) 다음은 Gewirth 의 이론에 따른 것이다. Gewirth, The Basis and Content of Human Rights, in Pennock and Chapman (eds.) Human Rights, p. 122. Gewirth는 이들 이론에 대하여 비판하고 있다. Gewirth는 이성적 인간의 행동 목적 성취를 위한 이들 필요한 조건은 자유와 안녕이라고 하고 있다. 그는 이점에서 출발하여 보편적·도덕적 원리로서의 「인권」을 이끌어 내고 있다.

23) Rawls, A Theory of Justice, 1971. 그는 ① 초역사적인 도덕·정의의 원리를 정식화하는 「시원상태」, ② 이러한 도덕·정의의 원리를 그 나라에 있어서의 상황에 맞추어 특별한 권리·의무를 정식화하려고 하는 「헌법단계」, ③ 이 과정이 계속되는 「입법단계」, ④ 헌법·입법규범이 적용되는 「사법적 단계」로 구분한다.

24) Dworkin, Freedom's Law, (1966). Dworkin, Taking Rights Seriously (1977). Dworkin은 Rawls의 「시원상태」설에 의거하면서 「평등의 배려 존중에의 권리」라고 하는 포괄적 인격권적 권리를 기초로 하면서 권리론적 정의론을 전개하고 있다.
     마틴은 자연권이라고 하지 않고 도덕적 권리로 보고 있다. Martin, Rex: A System of Rights, 1993. Martin & Nickel, Recent Work on the Concept of Rights, 17 American Philosophical Quarterly 175(1980).

25) 벤담은 권리는 반드시 의무가 대응한다고 보고 「자연권은 난센스」라고 하고 있다. Anarchical Fallacies, 1795 (J. Bowing ed.) The Works of Jeremy Bentham, 2 Vol. S. 1843.

부정하고 헌법과 법률이 보장하는 권리만을 실정권으로 인정하고 있다.

2. 프랑스의 이론

데카르트(Descartes)는 근대 합리주의 철학을 주장하였는데 그의 영향 아래 근대 자연법론과 자연권론이 발전하였다. 그들은 인간의 본성에서 파생하는 권리, 즉 인권을 주장하였고 인권의 주장은 다른 어떠한 권리주장에도 우선하여 인권은 비역사적이며 보편성을 가진다고 하였다.[26]

루소(Rousseau)는 인간의 본성에 자연적 자유가 있으며 이를 인간의 도덕성의 기반으로 보았다. 사람들은 이 자유를 사용하여 사회계약을 체결하여 정치적 공동체를 수립하여 인위적 구속 하에서의 시민적 자유를 갖는다. 사회계약 전의 자연적 자유와 사회계약 후의 「시민적 자유」는 불변이라고 보았다.

1789년의 인권선언은 자연권을 선언하였고 제2공화국 헌법과도 같았으나, 제3공화국 헌법에서는 인권 규정이 없었기 때문에 실정권적으로 인정되게 되었다. 시에예스(Sieyès)는 기본권을 ① 자연적 권리(droit naturel), ② 시민적 권리(droit civile), ③ 정치적 권리(droit politique)로 나누고 있었다. 콩스탕(Constant)은 고대적 자유와 근대적 자유를 구별하면서 근대적 자유는 법률에만 한정되는 권리를 말하고 시민적 권리의 실정권성을 강조하였다. 프랑스에 있어서의 자유는 국가에 의한 자유를 강조한 점이 미국에서의 국가로부터의 자유와 다른 점이다.[27]

3. 독일의 이론

독일에 있어서도 알투지우스(Althusius)나 칸트(Kant) 등이 인간의 권리는 인간의 본성에서 나오는 것으로 보고 이를 자연권으로 인정하였다. 법실증주의가 전성한 19세기에 이르러 기본권의 실정권성이 강조되었다. 한스 켈젠(Hans Kelsen)은 자유권은 반사적 이익에 불과한 것이라고 하여 그 권리성을 부정하게 되었다. 옐리네크(G. Jellinek)나 라반트(Laband) 등도 자연권을 부인하고 법률이 보장한 실정권만을 권리로 인정하였다. 카를 슈미트(C. Schmitt)는 1928년의 『헌법이론』(Verfassungslehre)에서 자유권을 전국

---

26) 프랑스의 인권이론에 대해서는 Barret-Kriegel, Brandine: Les droits de l'homme et le droit naturel, Paris, 1989; Binocet, Bertrand; Critique de droits l'homme, 1989; Collange, J. F. Théologie des droit l'homme, 1989; Gauchet, Marceli; La Revolution des droits l'homme, 1989.
辻村みよ子,『人權の普遍性と歷史性』, 1992; 田村理, フランス革命期における自然權思想と二つの財産權論,『主權と自由の現代的課題』, 381면 등 참조.

27) 辻村みよ子, 전게서, 174면.

가적인 것으로 바이마르 헌법이 규정하고 있다고 보았으나, 1932년 이래 자유권의 전국가성을 부정하게 되었다. 스멘트(Smend)는 기본권은 국가로부터의 자유가 아니며 국가를 향한 자유이며 가치체계요, 법익체계이며 문화체계라고 보았다.[28]

그러나 법실증주의는 나치(Nazis)의 등장을 막을 수 없었으며 기본권의 부정에로 연결되고 말았다.

제2차 세계대전 후 독일에는 자연법의 영원회귀가 주장되면서 자연법에 근거한 자연권 사상이 지배하였다. 그러나 1960년대 이후 다시 법실증주의의 영원회귀가 부르짖어져 기본권의 제도이론 등이 등장하였다.[29] 전후 카를 슈미트의 자유주의적 기본권론에 근거하여 자유권을 국가에 대한 방어권으로 인정하고 있는 것이 지배적 학설이다. 클라인(Klein)은 법치국가적 배분원리로서의 자유를 포기할 수 없으며 자기결정의 자유로서 전국가적으로 이해하고 있다.

헤세(Hesse)와 해벌레(Häberle)는 스멘트의 사상적 영향에 따라 객관적 질서의 측면을 강조하였다.[30] 그리하여 제도로서의 자유를 강조하고 주관적 권리면을 소홀히 하고 있다. 연방헌법재판소는 뤼트(Lüth) 판결에서 가치론적 기본권이론을 전개하고 있다. 뒤리히(Dürig), 라이스너(Leisner) 등이 지지하는 이 이론에 의하면, 기본권은 실질적인 통합요소이며, 헌법을 포함한 전체 법질서의 객관적 규범이라고 한다. 이 이론은 기본권의 객관적 규범의 성격을 강조하여 기본권의 대국가적 방어권성을 무시할 우려마저 없지 않다.

사회국가적 기본권이론은 자유권에 참여권적 성격을 인정하려고 한다. 자유의 보장내용에 국가의 보장의무와 국가의 급부와 제도에 참여할 것을 요구할 수 있는 기본권적 청구권을 인정하려고 한다. 이것은 생존권적 기본권 규정이 없는 독일 헌법에서 생존권을 이끌어내기 위한 고육책으로 나온 것이다.[31]

독일의 이론은 독일 헌법의 기본권 규정의 미비에서 오는 요소가 많고, 기본권을 대국가적 청구권으로서보다는 제도나 가치질서로 보아 객관화하려는 데 문제가 있다.

---

28) 독일의 기본권 이론에 대하여는 이정복, 서독에 있어서의 기본권관에 관한 연구, 서울대학교 석사학위논문, 1989; 김효전, 최근 독일의 기본권이론, 『고시계』, 1991. 9; Böckenförde, E.-W., Grundrechtstheorie und Grundrechtsinterpretation, NJW, 1974, Heft 35, SS. 1529-1538 (김효전역, 기본권이론과 기본권해석, 동 『헌법·국가·자유』, 1992, 171-206면); Stern, Idee der Menschenrechte und Positivität der Grundrechte, Handbuch des Staatsrechts, Bd. V, SS. 3-44; Stern, Das Staatsrecht der Bundesrepublik Deutschland, Bd. III/2, SS. 1633-1846; Hesse, Bedeutung der Grundrechte, Handbuch des Verfassungsrechts, Bd. I. S. 127 ff.; Schwabe, Jürgen; Probleme der Grundrechtsdogmatik, 1977.
　　戶波江二, 西ドイツにおける 基本權理論と解釋の新傾向, 『自治研究』54권 7호-11호 (1978) 등 참조
29) Luhmann, Niklas, Grundrechte als Institution, 1965. 6. Aufl., 2019 (今井弘道 他譯, 『制度としての基本權』, 1989).
30) Hesse, K., Grundzüge des Verfassungsrechts der Bundesrepublik Deutschland, 20. Aufl., 1995.
31) Böckenförde, E.-W., Grundrechtstheorie und Grundrechtsinterpretation, NJW, 1974, S. 1529 ff. 기본권의 성격에 관하여 상세한 것은 김철수, 『현대헌법론』, 213면 이하 참조.

4. 일본의 이론

일본에서도 후쿠자와 유키치(福澤諭吉)는 천부인권론을 주장하였고, 우에키 에모리(植木枝盛)는 천부인권론에 따른 헌법안을 제안하기도 하였다.

그러나 이토 히로부미(伊藤博文) 등은 독일 제국 헌법을 모방하여 일본 제국 헌법에 신민의 권리를 규정하였는데, 이는 실정권으로서 천황의 은혜로 인정하였다. 천부인권론이 제2차 세계대전 후에 부활하여 미야자와 도시요시(宮沢俊義) 등이 자연권을 인정하였다. 자연권론자는 인간의 본성에 근거한 자연권을 주장하였다.32)

5. 한국의 이론

한국에서도 개화기부터 천부인권론이 주장되었다. 박영효 등이 불가침의 기본권을 인정하였다. 이에 반하여 유길준은 천부인권을 인정하면서도 구체적인 인권은 법률의 범위 내에서 보장된다고 하였다. 서재필은 독립신문에 천부인권론을 주장하였다. 그러나 일제 시에는 신민의 권리로 인정하였다. 제헌 후에도 유진오 등은 실정권설을 주장하였다. 제2공화국 헌법 이후 자연권론이 우세화하기 시작하였다.33)

제2절 기본권의 규정방식

1. 인권선언의 법제화

기본권의 보장은 근대 입헌주의의 특징을 이루는 것이며, 오늘날 헌법은 기본권 보장 규범으로서의 의의를 가지고 있다. 기본권이 자연권이냐 실정권이냐의 성격 문제는 헌법의 규정방식 여하에 따라 다르다. 물론 도덕적 권리, 인간의 권리로서의 인권을 헌법에서 어떻게 규정해야 할 것인가는 명확하지 않다. 각국의 기본권보장의 형식은 각이하여 이를 개관하여 비교 연구하는 것도 유익할 것이다.

다음에는 우리나라 헌법상의 기본권의 성격을 규명함에 있어 필요한 범위 내에서

---

32) 상세한 것은 中村睦男, 日本における人權論の導入と展開, 『法學論集』(北海道大學), 1996.
　　田上穰治, 『日本國憲法原論』, 1985; 佐藤幸治編著, 『憲法 Ⅱ. 基本的人權』, 1990, 28-30면 참조.
33) 상세한 것은 김철수, 한국에서의 인권론의 도입과 전개, 『법학교육과 법조개혁』, 1994, 187면 이하; 김철수, 유진오의 기본권론, 『법학교육과 법학연구』, 1995, 288면 이하 참조.

외국의 기본권 규정을 보기로 한다.[34)]

2. 인권조항의 규정방식

인권선언을 어떻게 규정하여 어떠한 법적 성격을 부여하는가는 각국 헌법에 따라 다르다. 일반적으로 인권선언(Declaration of Rights)이라고 할 때에는 법적 구속력이 없는 자연권선언이라고 보여지며, 권리장전(Bill of Rights)이라고 불릴 때에는 법적 구속력이 있는 실정권의 보장이라고 말하여진다. 그러나 이러한 구별은 임의적인 것이며 절대적인 것은 아니다. 인권규정에 있어서는 이를 자연권으로 국가 이전의 권리이며 초헌법적이라는 규정방식이 있고, 이에 반하여 기본권을 국가내적인 기본권으로 보아 국가가 부여하거나 보장한다는 실정권 규정방식이 있다.[35)]

실정권 규정방식은 자유와 권리는 법률에 의하여 보장된다고 보는 것이고, 자연권적 규정방식은 법률로부터 자연권의 보장이라는 데로 중점이 옮겨진 것을 말한다.[36)] 실정권적 규정방식은 기본권을 개별적으로 보장하는데 대하여, 자연권적 규정방식은 포괄적으로 보장하는 방식이다.

1) 실정권 규정방식

(1) 영국

영국에 있어서의 인권보장은 실정권적 규정방식을 채택하고 있었다. 대헌장(Magna Carta, 1215)이나 권리청원(Petition of Right, 1628)이나 권리장전(Bill of Rights, 1689) 등은 국민이 국왕에게 청원하여 이를 보장받는 형식을 취하고 있다. 마그나 카르타는 국왕 존(John)이 귀족들의 요구에 굴복하여 이와 약정한 문서이다. 물론 이는 귀족들의 봉건적 지배권의 확립을 목적으로 한 것으로 근대적 의미의 인권의 보장을 목적으로 한 것은 아니라고 하겠다.

권리청원은 영국의 국회가 찰스(Charles) 1세의 각종의 비행에 반대하여 역사적으로

---

34) 기본권에 관해서는 Neumann/Nipperdey/Scheuner (Hrsg.), Die Grundrechte: Handbuch der Theorie und Praxis der Grundrechte; Stern, Das Staatsrecht der Bundesrepublik Deuschland III/1, 1988; Bd. III/2, 1994; Ermacora, Menschenrechte, Bd. 5, Allgemeine Grundrechtslehren, 1992; Pennock and Chapman (ed.), Human Right: Nomos XXIII, 1981; Mahoney Kathleen and Mahoney Paul, Human Right in the Twenty-first Century, 1993; Bleckmann, Staatsrecht II, 4. Aufl., 2007; 김철수, 『현대헌법론』, 1979; 김철수, 『헌법학개론』, 1997; 김철수, 『헌법이 지배하는 사회를 위하여』, 91면 이하; 下山瑛二, 『人權の歷史と展望』, 1972 등 참조.

35) 박일경 교수는 인권의 보편성을 부정하면서 「만일 기본권이 전국가적인 권리라면 독재국가의 국민도 인간인 이상 기본권이 인정된다고 하여야 할 모순에 빠지게 된다」고 한다(『신헌법학원론』, 221면).

36) 「법률의 범위 내에서의 기본권」이라는 관념에서 「기본권의 범위 내에서의 법률」이라는 관념으로 변천하고 있다.

영국인에게 인정되어 있던 정당한 자유와 권리의 존중을 요구한 문서이다. 이것도 왕에게 확인시킨 것이라는 것이 특색이다. 권리장전은 명예혁명의 성과를 성문화한 법률이다. 이것은 제임스(James) 2세가 수많은 위법한 행동을 했음을 지적하고, 영국인의「고래의 자유와 권리」를 옹호하고 주장하기 위하여 여러 가지 신민의 권리와 자유를 선언한 문서였다. 이들 문서에서 선언된 자유 내지 권리는 어느 것이나 영국인이 역사적으로 가지고 있다고 생각되어진 것이며 인간으로서 당연히 가지는 권리라는 의미에서의 인권보장 문서였다. 이것은 왕이나 국가가 국민의 기본권을 보장해 주는 것으로 보았던 것이다.37)

(2) 유럽

그 뒤 유럽 각국의 군주주의 헌법에서도 기본권은 군주 또는 국가가 국민들에게 보장해 주는 것으로 인식되었다. 그리하여 인권을 헌법에 규정하면서「법률이 정하는 바에 의하여」라든가「법률의 범위 내에서」라는 유보를 하고 있었다. 이러한 법률유보(Vorbehalt des Gesetzes, Gesetzesvorbehalt)의 규정은 기본권을 단순한 법률로써 제한할 수 있다는 의미에서 법률적 효력을 인정하였다.

1814년 프랑스의 샤르트 헌법, 1850년의 프로이센 헌법들은 헌법전이 개인의 권리를 창설하고 부여한다는 입장을 취하고 있었다. 여기서는 프랑스인의 공권이라든가, 프로이센인의 권리로서 규정되었다. 바이마르 헌법은 기본권을 규정했을 뿐만 아니라 제도보장, 근본원리, 프로그람 등을 혼재시키고 있다. 이 기본권 중 생존권 등은 실정권으로 조차 인정되지 않았으며 프로그람 규정으로 인정하였다.38)

(3) 일본 제국 (명치) 헌법

일본 제국주의의 명치 헌법은 그 상유(上諭)에서 짐은 우리 신민의 권리 및 재산의 안전을 귀중히 여기고 이를 보장하여 이 헌법과 법률의 범위 내에 있어서 그 향유 완전하게 할 것을 선언한다고 하였다. 명치 헌법상의 권리는 천황이 신민에게 은혜적으로 부여한 신민권이었다. 명치 헌법에서는 신민의 권리의 보장은 통치자가 가지는 특별권 지위의 범위 내에서 인정된 것이며, 법률의 유보 하에 있었다.39)

2) 자연권적 규정방식

이에 비하여 자연권을 헌법에서 보장한다는 규정방식이 있다. 17·8세기의 미국의 인권선언이나 프랑스 인권선언은 자연권을 국가에서 보장한다는 방식을 취하고 있다.

---

37) 영국의 인권선언에 대해서는 W. J. M. Mackenzie & Harry Street, Grundfreiheiten im Vereinigten Königreich von Großbritannien und Nordirland, Die Grundrechte, I/2, S. 801 ff. 참조.

38) 바이마르 헌법의 기본권에 관해서는 김철수, 『비교헌법론(상)』, 377면 참조.

39) 명치 헌법의 기본권에 관해서는 美濃部達吉, 『憲法撮要』; 佐佐木惣一, 『日本帝國憲法』 등 참조.

(1) 미국

1776년의 버지니아 인권선언은 「모든 사람은 출생에서부터 평등하고 자유이며 독립하여 있으며 일정한 생래의 권리를 가지는 것이다. 이들 권리는 인민이 사회를 조직함에 있어서 어떠한 계약에 의해서도 인민의 자손에서 이를 빼앗을 수 없는 것이다. 이러한 권리란 즉 재산을 취득 소유하고 행복과 안녕을 추구 획득하는 수단에 따라서 생명과 자유를 향유하는 권리이다」고 하였었다. 미국 독립선언도 1776년 7월 「모든 인간은 평등하게 창조되고 조물주에 의하여 일정한 불가탈의 천부의 권리가 부여되어 있다. 이 권리는 생명 · 자유 및 행복의 추구가 포함된다」고 하고 있다.[40]

(2) 프랑스

1789년의 프랑스 인권선언도 「사람은 자유롭고 권리에 있어서의 평등한 자로서 출생하고 또 생존한다. 모든 정치적 단결의 목적은 사람의 소멸할 수 없는 자연권을 보전하기 위한 것이다. 이들 권리는 자유 · 재산 · 안전 및 압제에의 저항이다」고 하고 있었다. 이러한 인권선언의 공통적인 내용은 기본권이 전국가적 자연권임을 선언한 것이라고 하겠다.[41]

(3) 서독

서독 기본법은 제1조에서 기본권의 전국가성을 규정하고 있다. 이와 같이 서독 헌법에서는 기본권의 개별적 규정에서도 절대적으로 보장하고 있다. 따라서 법률의 유보조항이 인정되지 아니한다. 본(Bonn) 헌법은 「예술 및 학문연구 및 교수는 자유이다」고 규정하고 있는데, 이것은 법률로써도 제한할 수 없는 헌법적 효력(verfassungskräftig)을 가지는 기본권이라고 말하여진다.

이 밖에도 기본법 제1조 2항은 기본권의 천부인권성을 선언하고 있고, 동조 3항은

---

40) 미국의 인권선언과 헌정사에 관해서는 Corwin, American Constitutional History: Essays, 1964; Wright, The Growth of American Constitutional Law, 1942; Becker, The Declaration of Independence, 1922; McMaster, Acquisition of Political, Social and Industrial Right of Man in America, 1903; 酒井吉榮, 『アメリカ憲法成立史研究』, 評論社, 1965; 種谷春洋, アメリカ人權宣言前史, 岡山大學 創立 10週年記念論文集(上); 種谷春洋, アメリカ人權宣言における自然法と實定法 (1) (2), 『岡山』 39-40호; 鈴木圭介, アメリカ獨立戰爭と人權宣言, 『基本的人權』 제1권.

41) 프랑스의 인권선언에 대해서는 다음 문헌 참조. Rials, Stéphane, Textes Constitutionnels Français, 32ᵉ édition, 2020, Que sais-je? No 2022; Rials, S., La déclaration des droits de l'homme et du citoyen, 1988; Morange, J., La Déclaration des droits de l'homme et du citoyen, 26 août 1789, Que sais-je? No 2408; Godechot, J. et Faupin, H., Les Constitutions de la France depuis 1789, GF Flammarion 2018; Jellinek, G., Die Erklärung der Menschen- und Bürgerrechte, 1895; Duverger, Les Liberté Publiques, 1973; 恒藤武三譯, 人權ならびに市民權の宣言の諸草案 (1)(2), 『同法』 30 · 31호; 野村敬造, 『フランス憲法と基本的人權』, 有信堂, 1960; 深瀬忠一, 1789年 人權宣言硏究序說 (1)(2), 『北法』 14권 3 · 4호, 15권 1호; 辻村みよ子, 『フランス憲法史と立憲主義 - 主權論 · 人權論の源流』, 2020; 국회도서관, 『불란서 헌법사』(외국의 법제자료 제5집), 1973.

기본권의 직접효력 규정을 두고 있으며, 제18조는 개인의 기본권남용에 대해서 기본권을 상실시키는 제도를 두고 있다. 그 외에도 특정한 기본권만이 국가긴급상태에 있어서도 제한될 수 있음을 규정하고, 나아가 기본권규정의 개별적 침훼의 금지를 규정하고 있다.[42]

(4) 이탈리아

1947년의 이탈리아 헌법은 「공화국은 개인으로서의 또 그의 인격이 발전하는 장으로서 사회적 결합체들에 있어서의 인간의 불가침의 권리를 인정하고, 또 보장함과 함께 정치적 · 경제적 및 사회적 연대에 배치(背馳)할 수 없는 제의무의 수행을 요청한다」고 하고 있다

(5) 일본

일본국 헌법도 자연권을 헌법에서 규정하고 있다. 헌법 제11조는 「국민은 모든 기본적 인권의 향유를 방해받지 아니한다. 이 헌법이 국민에게 보장하는 기본적 인권은 침해할 수 없는 영구의 권리로서, 현재 및 장래의 국민에게 주어진다」고 하고, 제13조는 「모든 국민은 개인으로서 존중된다. 생명, 자유 및 행복추구에 대한 권리에 대해서는 공공의 복지에 반하지 않는 한, 입법 기타의 국정상에서 최대의 존중을 필요로 한다」고 규정하고 있다. 나아가 제97조는 기본권 인권은 「현재 및 장래의 국민에 대하여 침해할 수 없는 영구의 권리로서 신탁되는 것이다」고 규정하고 있다.

이와 같이 일본의 인권선언은 자연권을 국가가 보장하고 있음을 명확히 하고 있다.[43]

명치 헌법과 일본국 헌법의 차이는 ① 신민의 권리 대 인간의 자연권, ② 법률의 유보 대 사법심판제, ③ 독립명령에 의한 제한 대 법률에 의한 제한, ④ 자유국가적 인권선언 대 사회국가적 인권선언 등이라고 하겠다.[44]

3) 우리 헌법의 규정방식

(1) 제1공화국 헌법의 실정권적 규정방식

제1공화국 헌법은 바이마르 헌법의 규정방식에 의거하고 있어 실정권을 규정하고 있다. 예를 들면 「모든 국민은 법률에 의하지 아니하고는 거주와 이전의 자유를 제한받지 아니하며 거주의 침입 또는 수색을 받지 아니한다」(제10조) 등과 같이 법률유보조항을 두고 있으며, 평등권에 관해서도 「모든 국민은 법률 앞에 평등이며」(제8조)라고 하여

---

42) 독일의 인권선언에 관해서는 G. Jellinek, G. Die Erklärung der Menschen- und Bürgerrechte, 1895; Voigt, Geschichte der Grundrechte, 1948; 種谷春洋, 1849年のフランクフルト憲法における人權, 『公法研究』18호; 奧平康弘, ドイツの基本權槪念 ― その成立にかんする若干の考察, 東京大學編, 『基本的人權』제3권 참조.
43) 상세한 것은 佐藤幸治 編著, 『憲法 II』, 29-30면 참조.
44) 일본의 기본권론에 대해서는 中村睦男, 전게 논문; 初宿正典, 『憲法 II. 基本權』, 31면 이하.

법률에 의한다면 기본권을 제한할 수 있음을 규정하고 있다. 또 기본권의 제한도 법률에 의해서 가능하도록 하고 있다.45)

(2) 제2공화국 헌법의 자연권적 규정방식

제2공화국 헌법은 서독 기본법에 따라 법률유보조항을 대부분 없애고 기본권의 본질적 내용의 침해를 금지하고 있다.

예를 들면 제10조, 제11조 중 「법률에 의하지 아니하고는」을 삭제하고, 제13조는 「모든 국민은 언론 · 출판의 자유와 집회 · 결사의 자유를 제한받지 아니한다」고 하고, 제28조 2항을 「국민의 모든 자유와 권리는 질서유지와 공공복지를 위하여 필요한 경우에 한하여 법률로써 제한할 수 있다. 단 그 제한은 자유와 권리의 본질적인 내용을 훼손하여서는 아니 되며 언론 · 출판에 대한 허가를 규정할 수 없다」고 개정하였다. 기본권의 본질적 내용을 인정하고 있으며, 또 법률유보조항을 없앤 점에서 이는 자연권적 규정방식이라고 하겠다.46)

(3) 비상조치법의 실정권적 규정방식

비상조치법은 혁명헌법이었으며 기본권은 혁명 과업 수행에 지장이 없는 범위 내에서만 인정하고 있어 실정권적 규정방식이라고 하겠다.47)

(4) 제3공화국 헌법의 자연권적 규정방식

제3공화국 헌법은 서독 기본법에 따라 자연권적 규정방식을 도입하고 있다. 제8조를 신설하여 「모든 국민은 인간으로서의 존엄과 가치를 가지며, 이를 위하여 국가는 국민의 기본적 인권을 최대한으로 보장할 의무를 진다」고 원칙규정을 하였고, 제9조에서는 법률 앞에 평등을 법 앞의 평등으로 바꾸었다. 기본권 규정에서 법률유보조항을 삭제하고 제32조 2항은 제2공화국 헌법 제28조 2항 본문을 그대로 답습하고 있어 자연권적 규정방식이라고 하겠다.

특히 언론 · 출판 · 집회 · 결사의 자유를 보장하여 언론 · 출판에 대한 허가나 검열과 집회 · 결사에 대한 허가는 인정하지 아니하였다(제21조 2항).

(5) 제4공화국 헌법의 실정권적 규정 방식

제4공화국 헌법은 제1공화국헌법의 실정권적 규정방식으로 회귀하고 있다. 거주 · 이전의 자유, 직업선택의 자유, 주거의 자유, 통신의 비밀, 언론 · 출판 · 집회 · 결사의 자유 등에 법률유보 조항을 두었으며, 제32조 2항을 개정하여 기본권의 본질적 내용훼손규정

---

45) 제1 공화국 헌법상의 기본권해석에 관해서는 김철수, 유진오의 기본권관, 『법학교육과 법학연구』, 1994 참조.
46) 상세한 것은 한태연, 『제2공화국 헌법』, 1960 참조.
47) 상세한 것은 강병두, 『혁명헌법』, 1962 참조.

을 삭제하였다. 또 위헌법률심사제도를 사실상 폐지하고 있다.

(6) 제5공화국 헌법의 자연권적 규정 방식

제5공화국 헌법은 구 제8조의 규정을 개정하여 「모든 국민은 인간으로서의 존엄과 가치를 가지며, 행복을 추구할 권리를 가진다. 국가는 개인이 가지는 불가침의 기본적 인권을 확인하고 이를 보장할 의무를 진다」고 하여 자연권성을 보다 명확히 규정하고 있다. 또 법률유보조항을 없애고 다시금 본질적 내용의 침해를 금지하고 있다. 즉 「국민의 모든 자유와 권리는 국가안전보장, 질서유지 또는 공공복리를 위하여 필요한 경우에 한하여 법률로써 제한할 수 있으며 제한하는 경우에도 자유와 권리의 본질적인 내용을 침해할 수 없다」고 하고 있다.

(7) 제6공화국 헌법의 규정방식

제6공화국 헌법은 원칙적으로는 제5공화국 헌법의 기본권규정을 그대로 답습하고 있다.

이 기본권규정이 자연권 선언인 데에는 대체로 의견이 일치되고 있으나, 그 법적 성격에 대해서는 학설이 대립되어 있어 이를 검토해 보기로 한다.

3. 인권선언 원칙규정의 권리성

인권선언의 원칙조항인 인간의 존엄의 불가침이라든가 인간의 존엄과 가치 규정에 대하여 이를 원칙규범으로 인정하는 견해와 기본권보장규범으로 보는 견해가 대립되고 있다.

1) 독일의 학설

독일 기본법은 「인간의 존엄은 불가침이다」라고 하였는데 그 해석에 관하여 두 가지 학설이 대립되고 있다.

(1) 기본권성 부정설

폰 망골트-클라인(v. Mangoldt-Klein)은 「기본권은 자유주의와 합리주의의 산물이기 때문에 인간의 존엄을 기본권으로서는 인정할 수 없다」고 하며, 마운츠(Maunz)도 「인간의 존엄은 다른 대부분의 기본권처럼 특별한 권리를 부여하는 것이 아니고 다른 기본권의 이념적 출발점으로 생각된 것 같다」고 한다. Dürig, Doehring, Isensee, Neumann, Enders, v. Mangoldt-Klein, Zippelius, Dreier, Gröschner 등이 기본권성을 부인하고 있다.

이들은 이 규정의 성립사라든가 제1조의 규정방식이 이를 기본권으로 인정하지 않고 있다고 한다. 그 이유는 제1조 3항에서 이하의 기본권이라 하고 있기 때문에 제1조 1항은 기본권규정이 아니라고 한다.

(2) 기본권성 긍정설

니퍼다이(Nipperdey)는 인간의 존엄을 기본권의 성격을 가진 일반적인 인권(ein allgemeines Menschenrecht)으로서의 기본권성을 인정하고 있다. 독일의 연방헌법재판소와 연방법원 등에서도 인간의 존엄은 주관적인 권리로서의 기본권이라고 보고 있으며,[48] 오늘날 많은 학자들 예를 들면 Starck, Stern, Podlech, Benda, Pieroth/Schlink, Höfling, v. Münch, Model/Müller, Denninger, Bender, Badura, Kunig, Häberle, Hesselberger, Battis/Gusy도 이러한 견해를 취하고 있다.

2) 일본의 학설

일본 헌법 제13조는 「생명 · 자유 및 행복추구에 대한 국민의 권리에 대해서는 공공의 복지에 반하지 않는 한, 입법 기타의 국정상에서 최대의 존중을 필요로 한다」고 규정하고 있는데, 이 생명 · 자유 및 행복추구에 대한 권리성에 관해서도 학설이 대립되고 있다.

(1) 부정설

이 설은 구체적인 특정한 권리 또는 자유에 관한 규정은 아니며 모든 권리 · 자유의 기초인 인권존중을 선언한 것이라고 하거나(美濃部), 또는 인권선언의 일반원리(宮沢)라고 본다. 이 설을 Programm적 · 윤리적 규정설이라고도 한다.[49]

(2) 긍정설

이 설은 이러한 생명 · 자유 및 행복추구에 대한 권리도 구체적인 권리로서의 성격을 가진다고 보는데, 여기에도 기본권체계 중에 차지하는 위치로 보아 행복추구권을 다른 개별적 기본권에서 독립한 1개의 권리로 보는 견해와, 개별적 기본권에서 독립함이 없이 오히려 개별적 기본권을 그 속에 포함하는 포괄적 권리로 보는 견해로 나누어진다.[50] 일본에서는 이를 포괄적 권리로 보는 것이 다수설이다(佐藤幸治, 芦部信喜). 즉 개인의

---

48) 독일 연방헌법재판소는 초헌법적인 기본권의 존재를 인정하고 있었다. BVerfGE 1, 14, Leitsatz 27. BVerfGE 61, 126 (137) 참조. 또 BerlinVerfGH, NJW, 1993, 515 (517) 참조.
49) 美濃部達吉, 『新憲法』, 145면; 宮沢俊義, 『註釋 憲法』, 199면.
50) 상세한 것은 芦部信喜, 『人權總論』, 328-355면; 佐藤幸治, 『註解憲法 I』, §13.
　　일본 최고재판소는 「헌법 제13조는 … 국민의 사생활상의 자유가 경찰권 등의 국가권력의 행사에 대해서도 보호되어져야 할 것을 규정하고 있다」고 한다(最高裁 (大)判 昭 44. 12. 24, 『刑集』23-12-1625).

인격적 생존에 불가결한 권리·자유를 포괄적으로 말한 것 내지는 제3장의 총칙적 규정이며 본장 각 조에서 보장되는 일체의 권리·자유를 생명·자유·행복추구에 대한 권리로서 총괄한 것(佐藤)이라고 한다.

그리하여 이 기본권은 개별적 기본권의 원천이고 다른 기본권적용의 통제적 성격을 띤다고 한다(통제적 보장설).

(3) 절충설

자연권으로서의 기본적 인권을 인정하되 「헌법은 … 자연권으로서의 기본적 인권을 법적 권리로서의 기본적 인권으로 도입하는 것」이라고 한다(佐佐木).[51]

3) 우리나라의 학설

우리 헌법에 있어서도 기본권성을 인정할 것인가, 아니면 단순한 원리 내지 원칙의 선언에 불과한 것으로 볼 것인가에 대해서 학설이 대립되고 있다.

(1) 부정설

이 설은 「인간으로서의 존엄과 가치라는 것은 다른 구체적인 기본권과 같이 독자적인 내용을 가진 구체적인 권리를 의미하는 것이 아니고, 다른 모든 기본권의 전제가 되는 기본원리의 선언적 의미를 가진 규정이며, 모든 기본적 인권의 이념적인 출발점이고 기본권의 구성원리」라고 한다.[52]

허영 교수는 「행복추구권은 그것이 아무리 기본권적인 형식으로 규정되었다 하더라도 어떤 구체적인 권리를 내용으로 한다기보다는 '인간으로서의 존엄과 가치'를 존중받으며 살아갈 수 있는 모든 국민의 당위적이고 이상적인 삶의 지표를 설정해 놓음으로서 '인간의 존엄과 가치'가 가지는 윤리규범적 성격과 실천규범적 성격을 강조하는 것이라고 이해하는 것이 타당하다」고 하고 있다.[53]

(2) 긍정설

이 설은 「인간으로서의 존엄과 가치를 규정하고 있는 헌법 규정을 일반원칙의 천명으로 보느냐 또는 개별적인 기본권의 보장으로 보느냐는 견해의 차이가 있을 수 있지만, 그 어느 설을 취하든 결과적으로는 인간으로서의 존엄과 가치는 개별적인 기본권, 즉 주관적 공권이기도 하고, 또 모든 기본권조항에 적용될 수 있는 일반원칙의 역할도 할 수 있음을 긍정하여야 할 것이다」라고 하여 기본권성을 긍정함과 동시에 원칙선언의 성격도 가진다고 한다.[54]

---

51) 佐佐木惣一, 『改訂 日本憲法論』, 1952, 390-391면.
52) 박일경, 전게서, 221면; 윤세창, 전게서, 127면.
53) 허영, 『한국헌법론』, 1996, 321면.

우리나라의 경우에도 인간의 존엄과 가치·행복추구권 규정을 권리보장규정으로 보는 것이 다수설이다.

(3) 절충설

이는 인간의 존엄과 가치에 대하여는 기본권성을 부정하면서도 행복추구권을 포괄적인 기본권으로 인정하는 설이다.55) 이 설은 인간의 존엄과 가치를 보장하기 위하여 행복추구권이 있다고 보아 목적과 수단의 관계에 있다고 한다.

권영성 교수는 헌법 제10조 1문 전단은「기본권의 이념적 전제가 되고 모든 기본권보장의 목적이 되는 헌법적 기본원리를 규범화한 것」이라고 하고,「행복추구권은 결코 어떠한 헌법상의 원리에 그치는 것이 아니라, 주관적 권리의 성격을 갖는 것이다」고 하고 있다.56)

4. 우리 헌법의 해석

생각건대 우리 헌법 제10조는 독일 기본법 제1조 1항과는 달리,「모든 국민은 인간으로서의 존엄과 가치를 가지며, 행복을 추구할 권리를 가진다. 국가는 개인이 가지는 불가침의 기본적 인권을 확인하고 이를 보장할 의무를 진다」고 한 것으로 보아, 제10조는 오히려 독일 기본법 제2조 1항과 같이 자연권적인 주기본권을 헌법에 선언하고, 그 파생적인 기본권을 이하에서 세밀히 규정하고 있다고 보아야 할 것이다.

또한 우리나라에 있어서 인간의 존엄과 가치에 대하여는 기본권성을 부정하면서 행복추구권만을 포괄적 기본권이라고 보아 행복추구권을 인간의 존엄과 가치를 실현하기 위한 수단으로 보는 견해는, 인간의 존엄과 행복추구가 불가분의 긴밀한 관계에 있음을 도외시한 점에서 타당하지 않다. 일본 헌법의 경우에도 생명·자유·행복추구에 관한 권리를 약칭하여 포괄적 권리로서 행복추구권이라고 한다.

또한「인간으로서의 존엄과 가치를 가지며」라고 하여 권리라는 말을 쓰고 있지 않기 때문에 권리가 아니라고 하는 견해도 있으나, 이는 헌법이「자유를 가진다」고 할 때 자유는 가지나 자유권은 없다는 말과 같이 되어 지나친 형식논리로서 인정될 수 없다. 또 제10조 1문 전단은 목적규정이고 후단은 수단규정이라는 설도 옳지 않다. 왜냐하면 한 조문을 원리규정과 권리규정으로 구분할 수 없기 때문이다. 따라서 제10조의 기본권은 인간의 존엄과 가치, 행복추구권을 합하여 포괄적 기본권으로서 규정한 것이라고 보아야 할 것이다.57)

54) 김기범, 전게서, 126면; 김남진·이강혁, 전게서, 164면; 구병삭,『헌법학 I』(증보판), 432면.
55) 문홍주, 전게서, 216면; 안용교, 전게서, 282면; 권영성,『헌법학원론』, 2010, 384면.
56) 권영성,『헌법학원론』, 1988, 195면, 302면.
57) 상세한 것은 김철수, 기본권의 성격 - 자연권이냐 실정권이냐,『법정』1970. 4; 김철수,『현대헌법론』, 1979 참조.

그리고 헌법 제11조에서 제36조까지의 기본권은 주기본권의 세분화이며, 제37조 1항의 「국민의 자유와 권리는 헌법에 열거되지 아니한 이유로 경시되지 아니한다」라는 규정은, 이 주기본권을 재확인한 규정이라고 하겠다. 한국 헌법재판소 판결58)과 독일 연방헌법재판소 판결 및 여러 법원 판례가 이를 인정하고 있다.

제3절 기본권의 법적 성격

1. 기본권의 성격에 대한 학설 대립

헌법의 규정을 기본권 규정이라고 인정하면서도 이 기본권이 자연권이냐 실정권이냐 하는 문제에 관하여는 견해가 갈라져 있다. 기본권을 자연권으로 보는 경우에는 헌법은 이를 확인하고 선언하는 데 불과하나, 실정권으로 보는 경우에는 헌법에 규정되어야 비로소 권리로서 창설되는 것이라고 보게 된다.

1) 독일 학설

(1) 실정권설

실정권설의 주장을 요약하면 i) 과거 절대군주제 아래서는 자연권론의 항의적 성격은 그 의의가 있었지만, 오늘날의 국민주권주의 국가에서는 자연권론의 항의적 성격은 그 의의가 없어졌다는 것과, ii) 기본권은 본래 자연법 사상으로부터 유래했고, 또 헌법 중에는 기본권을 자연법상의 권리로 보장하려고 노력한 것은 사실이지만, 기본권도 실정 헌법에 규정된 이상 실정법상의 권리로 보아야 한다는 것과, iii) 권리는 실정법을 떠나서는 성립할 수 없다는 것과, iv) 자유와 자유권을 구별하여 자유는 전국가적이라고 하더라도 자유권, 즉 권리는 국가내적이라고 보는 것 등이다.59) 이러한 주장은 법실증주의자들의 이론으로, 이들은 제정법의 만능을 믿고 제정법에 의해서만 권리가 창설되고

58) 우리 헌법재판소도 헌법 제10조에서 성적 자기결정권 (헌재 1990. 9. 10 선고, 89 헌마 82,『헌재판례집』 제2권, 306면 이하), 계약의 자유 (헌재 1991. 6. 3 선고, 89 헌마 204,『헌재판례집』 제3권, 268면 이하), 알 권리 (헌재 1992. 2. 25 선고, 89 헌가 104,『헌재판례집』 제4권, 64면 이하) 등 여러 가지 기본권을 도출함으로써 그 포괄성을 인정하고 있고, 행복추구권의 독자적 기본권성도 인정하고 (헌재 1989. 10. 27 선고, 89 헌마 56,『헌재판례집』 제1권, 309면 이하) 있다.
59) 미국의 경우에는 헌법해석론자들이 주장하는 견해이다. 헌법규정의 원의(原意)를 따라 헌법제정자의 뜻에 따라 기본권을 해석하는 입장이다. 예를 들면 Raoul Berger, Herbert Wechsler, John H. Ely, Robert Bork 들의 주장이라고 하겠다. 제2차 세계대전 전의 독일 이론에 대해서는 허영,『헌법이론과 헌법』, 1995, 313면 이하 참조.

보장된다는 것이다. 법실증주의 입장에서 기본권을 논한 사람으로는 옐리네크(Jellinek), 켈젠(Kelsen) 등을 들 수 있다. 법실증주의자들은 권리란 법인인 국가가 생산하는 것으로 국가가 국민에게 부여하는 것으로 생각하였다.

(2) 자연권설

자연권설의 내용은 조금씩 차이가 있으나 정리하여 보면, i) 기본권의 자연권적 성격은 시대·국가에 따라 차이는 있지만, 국민의 기본권은 실정헌법에 의하여 비로소 보장을 받는 것이 아니고 국민의 인간본성에 의거하여, 즉 인간으로서 가지는 권리이기 때문에 자연권이라고 보아야 하며, ii) 인권은 민주주의와 불가분의 관계에 있는 것으로서 인권이 없는 민주주의를 인정할 수 없는 한, 그것은 전국가적·초국가적 (즉 국가 이전의) 의의를 가진다는 것, iii) 민주주의 제국이 보장하고 있는 기본적 인권은 인간 생래의 권리로서 국가권력, 즉 실정법에 의하여 침해될 수 없는 전국가적인 인권이라는 것이며, 나아가서 생존권적 기본권도 자연권적 성격을 전적으로 부정하는 것은 타당치 않다는 주장도 있다.[60] 자연권적 입장에서 기본권을 논하는 사람으로는 Coing, Fechner, Nipperdey, Peters, Klein, Messner 등이 있다. 이들 자연권설에 따르면 기본권이 국가에 의하여 창설된 것이 아니라, 다만 국가에 의하여 전국가적(국가 이전의) 자연권이 확인·선언된 것이라는 것이다.

(3) 통합설

통합설의 주장을 요약하여 보면, 사회의 저변에 흐르고 있는 가치적인 Konsensus가 바로 기본권의 형식으로 집약된 것이라고 보아야 하기 때문에, 기본권이 존중되고 보호된다고 하는 것은 단순한 자연권적 성격이라고 하기보다는 오히려 사회가 동화되고 통합되어가기 위한 불가결한 전제조건이라고 파악함이 타당하다고 한다. 스멘트(Smend)는 국가를 여러 사람의 체험 중에서 구해지는 순수 정신적 존재로 살고 있다고 한다. 결국 기본권의 성격은 그 국가형성적 기능과 통합기능에서 찾아야 한다고 주장한다.[61] 통합론에 입각한 사람으로는 스멘트와 헤세(Hesse) 등을 들 수 있다.

---

60) Carl Schmitt의 이론을 자연권론으로 보고 자연권론에 대하여 비판하고 있는 사람으로는 허영 교수와 계희열 교수(『고시연구』 전게서, 224면 이하)가 있으나 이는 옳지 않다. Carl Schmitt는 자유권만을 전국가적으로 본 것이요, 현대의 자연권론과는 거리가 멀다. 전후 독일의 기본권관에 대해서는 Stern, Das Staatsrecht der Bundesrepublik Deutschland, III/2, SS. 1631-1846; Böckenförde, Zur Lage Grundrechtsdogmatik nach 40 Jahren des Grundgesetzes, 1990 (기본법제정 40주년에 따른 기본권 해석의 상태, 김효전·정태호 옮김, 『헌법과 민주주의』, 2003, 120-179면); 이정복, 서독에 있어서의 기본권관에 관한 연구, 서울대학교 석사학위논문, 1989; 김효전, 최근 독일의 기본권이론, 『고시계』, 1991. 7 참조. 미국의 경우에는 비해석주의파들의 주장으로 법과 이성에 입각한 사회계약의 중요성을 강조한다. 예를 들면 J. Perry, J. S. Wright, R. Dworkin 등이 주장한다. Holmes, Brandeis, Cardozo, Warren 등이 판시하고 있다.
61) 통합기능설: R. Smend, Verfassung und Verfassungsrecht, 1928; Hesse, Grundzüge des Verfassungsrechts der Bundesrepublik Deutschland, 20. Aufl., 1995 (계희열역, 『통일 독일헌법원론』[제20판], 2001).

2) 일본의 학설

(1) 실정권설

일본 명치 헌법의 해석에 있어서는 대부분이 옐리네크나 켈젠의 학설에 따라서 실정권설을 주장하고 있었다. 이 이론은 법 및 권리는 모두 법인으로서의 국가가 생산하는 것이며, 국가가 국민에게 부여하는, 즉 국가에 연원하고 유래하는 것이라고 했다. 이에는 자유권이나 참정권, 청구권 등의 차이가 없다고 했다.

(2) 자연권설

일본국 헌법 하의 기본권규정에 따라 현재는 대부분의 학자가 자연권설을 채택하고 있다. 이들은 전통적인 자연권사상을 초월하여 인간임에 따라 당연히 향유한다고 생각되는 불가침의 권리는 20세기적 자연권 사상에 근거하여야 한다고 하며, 이에는 생존권도 포함된다고 한다.62)

(3) 절충설

일본국 헌법 하에 있어서 기본적 인권을 인권과 기본권으로 나누어 성격을 구별하는 학설도 있다. 「기본적 인권은 모든 사람에게 인정되는 자연권이며 초국가성을 가진다. 자유권은 인권이나 참정권, 사회권 등은 초국가적 자연권이 아니므로 본래의 인권은 아니다」63)고 하며 국가내적 기본권은 자연권이 아니라고 한다.

3) 우리나라의 학설

(1) 실정권설

우리 헌법의 해석에 있어서 제헌 헌법 하에서는 대부분이 실정권설을 주장하였다.64) 제5공화국 헌법 하에서도 「입헌주의적 헌법인 대한민국헌법이 그렇게 규정했기 때문에 기본적 인권이 존립 보장될 수 있는 것이다」고 하고 있다. 박일경 교수가 주장한다.65)

(2) 자연권설

제3공화국 헌법의 해석에서 대부분의 학자들은 자연권설을 주장하였고, 현행 헌법의

---

62) 芦部信喜, 전게서, 51-54면; 美濃部達吉, 『新憲法 逐條解說』, 1949; 宮沢俊義, 『憲法』; 清宮四郎, 『全訂憲法要論』.
63) 田上穰治, 『新版 日本國憲法原論』, 88면.
64) 유진오, 『헌법』, 1950.
65) 박일경, 『신헌법학원론』, 1986, 221면; 계희열, 기본권의 자연권성과 그 문제점, 『고시연구』, 93. 1, 96면 이하.

해석에서 자연권설을 주장하는 사람이 절대다수이다. 자연권을 절대적 자연권과 상대적 자연권으로 나누는 견해도 있다.[66]

(3) 동화적 통합설

근자에 와서 「Smend의 이론에 따라 기본권을 권리로서가 아니고 우리 사회의 가치적인 Konsens가 바로 기본권의 형식으로 집약된 것이라고 본다. … 기본권이 존중되고 보호된 다고 하는 것은 단순한 자연법적 차원을 넘어서 우리 사회가 동화되고 통합되어 가기 위한 불가분한 전제조건이라고 한다」.[67]

2. 한국 헌법상의 기본권의 성격

1) 실정권설에 대한 비판

실정권설에 대하여 다음과 같은 비판을 가할 수 있을 것이다.

첫째로, 자연권론은 그 역사적 의의를 다했으며, 국민주권주의 하에서는 항의적 의의가 없어졌다고 하나 반드시 그러한 것도 아니다. 국민주권주의 국가에서는 국가권력의 조직규범과 국민의 기본권 보장규범 간에 하등의 효력의 차이가 없다는 법실증주의이론은 헌법이 지향하는 가치목적이 무엇인가를 완전히 망각한 설이다. 또 주권자인 국민이 원하면 기본권의 보장은 최저한으로 할 수도 있고, 국민이 원한다면 독재군주제도 가능하다고 보는 결론이 된다.

국민주권주의 하에서는 국민의 뜻에 따라 마음대로 기본권제한을 할 수 있다는 논리는 형식논리에 치중한 나머지 현대 민주정치의 병폐를 무시한 감이 짙다. 오늘날의 국민주권 국가에서도 실권을 장악하여 법률을 제정하는 사람은 선거에서 승리한 다수파에 불과하기 때문에 소수파의 기본권보장을 위한 항의적 성격을 부인해서는 안 될 것이다. 특히 정당이 과두화되기 쉬우며, 권력의 남용이 자행되는 현대에 있어서 기본권의 자연권으로의 성격을 무시할 수 없다고 하겠다.

둘째로, 기본권도 실정헌법에 규정됨으로써 실정법상의 권리로 되었다는 주장은 자연권의 초실정성을 무시한 이론이라고 하겠다. 실정헌법에 기본권이 보장됨으로써 기본권이 상대화되고 헌법내재적인 권리로 전락했다고 보는 것은 헌법제정권력의 한계를 무시한 이론이다. 자연권론에 의하면 헌법제정권력 자체도 기본권존중이라는 근본규범에는 구속되고 있는 것이다. 자연권이 전국가적 기본권으로서 헌법을 지배하고 있다고 보아야

---

66) 현행 헌법 하 자연권설: 문홍주, 전게서, 240면; 김기범, 전게서, 114면; 윤세창, 전게서, 100-103면; 한태연, 전게서, 188면; 구병삭, 전게서, 273면; 권영성, 전게서, 273면; 김현규 외, 전게서, 188면; 안용교, 전게서, 266-267면; 한동섭, 전게서, 96면; 한상범, 전게서, 111면.
67) 허영, 『한국헌법론』, 1991, 223면.

할 것이요, 헌법규정이 기본권을 창설하는 것이 아니고, 헌법규정이 자연권을 확인·선언
하고 있다고 보아야 할 것이다.

셋째로, 권리는 실정법을 떠나서는 성립할 수 없다는 것은 사법적 개념을 고집한
것이 아닌가 한다. 권리는 자연권과 실정권이 있는데 자연권은 실정법이 없더라도 권리로
인정되는 것이다. 예를 들어 관습상의 권리는 오랜 관습의 축적에 따라 실정법이 이를
인정하지 않을 수 없게 되는 것이다. 이와 같이 자연권으로서의 기본권은 국가 이전의
것으로 국가의 헌법에 의하여 확인되는 것이라고 볼 것이다. 특히 헌법제정권력이 국민에
게 있는 경우, 국민이 헌법제정에서 전국가적인 기본권을 확인하는 것이 관행이다.[68]

넷째로, 자유는 전국가적이라고 하더라도 권리는 국가내적이라고 보는 견해는, 권리는
대국가적인 것만이 존재한다고 보는 견해이다. 이 견해에 따르면 기본권은 대국가적인
것만이 존재한다고 보는 견해이다. 이 견해에 따르면 기본권은 대국가적인 권리로 사인
간에는 효력을 발생하지 않는다고 보는 것이다. 그러나 자연권으로서의 기본권은 대국가
적인 효력뿐만 아니라 대사인간에도 효력을 갖는 대사회적 기본권이기도 한 것이다.
이 점에서 전국가적인 자유와 국가내적인 자유권을 구분하는 것은 타당하다고 할 수
없을 것이다.

2) 통합설에 대해 비판

기본권을 통합의 생활양식인 객관적인 질서로 보는 경향은 기본권의 권리성을 약화시
키는 결과가 된다.[69] 기본권의 기능이 국가형성적 기능이 있다고 하여 그것이 기본권의
공권성 내지는 자연권성을 부정하는 근거는 될 수 없다. 기본권은 그 역사적 발전과정에서
보아 천부적인 자연권임이 명확한 것이고, 헌법이 이를 근본가치로 수용하는 것은 별개의
문제인 것이다. 즉 자연권은 헌법이 명시하지 않더라도 권리로서 존재하는 것이다

3) 우리 헌법의 해석론

(1) 제37조 1항과의 관계

실정권설은 헌법 제10조와 헌법 제11조 이하, 헌법 제38조의 규정이 있기 때문에
실정권으로서의 기본권이 인정된다고 본다. 실정권을 주장하는 학자는 헌법 제37조
1항이 헌법에 열거되지 아니한 권리를 창설하는 것이라고 보아 자유권 내지 기본권의
포괄성을 규정한 것이라고 본다.[70]

---

68) 자유권의 성질에 대해서는 과거에는 반사적 이익(Kelsen)이라는 설이 있었으나 오늘날에는 소극적
   권리와 적극적 침해배제청구권으로 인정하고 있다. 그러나 헤세와 해벌레(Häberle)는 자유의 자연권성을
   부인하고, 「법적으로 구체적이고 세밀하게 되고 그 법에 보장되는 것」에 불과하다고 본다.
69) 상세한 것은 Kelsen, Der Staat als Integration, 1930 (김효전역, 『통합으로서의 국가』, 1994);
   Luhmann, Grundrechte als Institution, 1965, 6. Aufl., 2019 참조.

그러나 이러한 이론은 헌법 제37조 1항의 문리적 · 논리적 해석으로도 받아들일 수 없다. 왜냐하면 헌법 제37조 1항은 「경시되지 아니한다」고 규정하여 주의를 환기시키고 있을 뿐 헌법에 열거되지 아니한 기본권을 보장하거나 부여하는 규정이 아니기 때문이다.71) 문리적 해석상 이 규정은 자연권을 확인하는 규정이며 권리창설적 규정으로는 볼 수 없다.

논리적 해석상 권리는 헌법이나 법률에서 보장되지 않으면 권리라고 할 수 없다는 주장이 있으나, 우리 헌법 제10조는 불가침의 기본적 인권을 인정하고 있으므로, 이것은 권리이며 헌법 37조 1항의 규정은 권리의 포괄성을 규정한 것이라고 보는 것이 옳다.72)

또한 제37조 2항 단서의 본질적 내용침해금지 규정의 「본질적 내용」도 자연권설에 의하지 아니하고는 도출해낼 수 없을 것이다. 실정권설에 의한다면 자유와 권리의 본질적 내용이란 헌법과 법률에 의하여서만 확정될 수 있을 뿐이요, 그 본질적 내용이 선존할 수 없을 것이기 때문이다.

(2) 자연권성

요컨대 기본권은 자연권으로 파악하여야 할 것이고,73) 우리 헌법 제10조가 자연권을 헌법에서 확인 · 선언함으로써 실정법에 의한 기본권보장을 강화하고 국가에게 기본권보장의 최대한의 의무를 부과하고 있다고 본다. 이 자연권은 포괄적인 것이며 모든 국민에게 유보되어 있다고 본다. 그것을 헌법제정권자인 국민이 국가계약인 헌법에서 재확인하고 있다고 보는 것이 옳다고 생각한다.74) 이 경우 헌법 제37조 1항은 문자 그대로 주의적 규정이 되는 것이고, 헌법 제10조가 이 포괄적인 자연권을 선언하고 있다고 보아야 할 것이다. 우리나라의 일부 학설은 헌법 제10조를 객관적 질서규범으로만 보고 있는데, 이는 인간으로서의 존엄과 가치 · 행복추구권의 주관적 공권성을 무시한 잘못이 있다.

이에 제6공화국 헌법은 이 인간의 존엄과 가치 · 행복추구권이 천부인권임을 선언하고, 「국가는 개인이 가지는 불가침의 기본적 인권을 확인하고 이를 보장할 의무를 진다」고 명시하여 천부인권성을 보다 강조하고 있다. 즉 '인권'이라는 용어를 사용하고, 더구나 '확인하고' 라는 문언을 사용함으로써 기본권을 천부인권의 자연적 상태의 권리로 보고

---

70) 박일경, 전게서, 220, 223, 245면.
71) 미국 헌법 수정 제9조도 「헌법 중에 특정한 권리를 열거했다는 사실에 의하여 인민이 보유하는 기타의 권리를 부인하고 또는 경시한 것이라고 해석해서는 안 된다」고 하고 있다. 이것도 실정권 이외의 자연권의 존재를 인정하고 있는 것이다.
    상세한 것은 안경환, 미국연방헌법 제9조의 의미, 서울대학교 『법학』 제38권 2호(1997. 9); Massey, The Natural Law Component of the Ninth Amendment, 61 Cincinati Law Review 49-61(1992).
72) 상세한 것은 김철수, 기본권의 성격, 『현대헌법론』, 213면 이하; 김기범, 『한국헌법』, 133면.
73) 자연권으로서의 인권의 특성에 대하여 키요미야(淸宮四郎)는 보편성, 고유성, 불가침성, 영구성을 들고(淸宮四郎, 『憲法要論』, 101-102면), 아시베(芦部信喜)는 고유성, 불가침성, 보편성을 들고 있다(芦部, 『人權總論』, 56-65면). 또 사토(佐藤幸治)는 보편성, 무조건성을 들고 있다(『憲法 I』, 제11조 해석).
74) 상세한 것은 김철수 · 정재황 대담, 『고시계』, 1991. 7 참조.

있다. 왜냐하면 만약 기본권을 실정권으로 본다면 실정법으로 창설해야 할 기본권을 어떻게 '확인'한다고 규정할 수 있을 것인가. 생래적이고 자연적이며 국가에 선존하고 불가침·불가양인 것이므로 확인한다는 규정을 둔 것이다.

이 헌법의 기본권보장의 요청에 따라 헌법적으로 보장된 것이 제11조에서 제36조의 권리이며, 이는 실정권이라고도 할 수 있다. 그러나 헌법에 열거되지 않은 기본권은 헌법 제10조의 자연권에서 구체화·개별화되는 것이라고 하겠다.75)

3. 자연권과 실정권의 관계

1) 자연권의 초헌법성과 실정권의 헌법성

(1) 자연권은 인권(Human Right, Menschenrechte)이라고도 말하여진다.76) 이 자연권은 국가에 선존하며 초헌법적이다. 자연권은 자연법에 근거를 가지고 헌법의 규정은 헌법 이전에 논리적으로 성립하는 인권을 확인하는데 불과하다고 이해된다.77) 따라서 헌법의 규정을 삭제하더라도 인권은 존속되는 것이며, 헌법 규정 여부는 인권의 실태에 영향을 끼치는 것이 아니다.

(2) 실정권은 기본권(Grundrechte)이라고도 말하여진다. 이 실정권은 국가내재적이며 헌법적이다. 실정권은 헌법에서 특별히 보장함으로써 권리성을 가지는 것으로서 헌법에서 삭제되면 실정권으로서는 인정되지 않는다. 실정권은 국가내적인 기본권이므로 국가의 법률에 의하여 구체화된다.

2) 자연권의 보편성과 실정권의 특수성

(1) 자연권은 국가를 초월하여 모든 국제사회에서 적용되는 것이다. 인권은 어떤 나라에서든지 인정되는 것이요, 모든 인간에게 인정되어 있다. 따라서 외국인에게도 인정된다. 인권(Human Right)의 보편성(Universality)은 시간과 장소를 불구하고 모든

---

75) 독일에서도 기본권은 실정화된 자연권이라는 견해(Dreier)가 있었으나, 통일 후 동독 군인이 월경하는 동독 시민을 사살한 것에 대한 처벌에서 자연법 이론을 다시 전개하고 있다(Dreier, Grundgesetz Kommentar, Bd. 1. S. 52 f. 참조).

76) 자연권은 국가 이전의 권리이다. 이에 대하여 실정권은 국가적 권리(staatliches Recht)라고도 한다. 일본의 오쿠타이라(奧平) 교수는 기본적 인권을 「인간이 인간인 이상 당연히 갖추고 있는 권리」로서의 자연권적 권리와 「헌법이 보장하는 권리(헌법상의 권리)」로 나누어 설명하고 있다. 奧平康弘, 『憲法 III, 憲法が保障する權利』.

77) 이에 관해서는 미국 헌법 수정 제9조와 한국 헌법 제37조 2항이 이를 명시하고 있다. 미국 헌법 수정 제9조의 자연권성에 관해서는 Patterson, The Forgotten Ninth Amendment(1955); 芦部信喜, 包括的 基本權條項の裁判規範性 ─アメリカ憲法修正 9條について, 『人權と憲法訴訟』, 1994; 안경환, 전게 논문 참조.

인간에게 인정되고 있다.78) 이것은 현실적으로 국가에 의해서 보장되고 있거나 침해되고 있거나를 불문한다. 예를 들어 남녀노소나 인종 등의 현실적 차이에도 불구하고 자연권은 평등하게 적용된다.

(2) 실정권은 특정한 국가에게만 적용되는 것이다. 실정권의 존재는 각국헌법규정에 따르므로 특수성이 인정된다. 또 실정권은 원칙적으로 국민의 권리(Bürgerrecht)로서 국민에게만 인정된다. 또 시간과 장소에 따라 다르게 규정되며 적용될 수 있다.

3) 자연권의 포괄성과 실정권의 개별성

(1) 자연권은 인권으로서 포괄성을 가진다.79) 예를 들어 행복추구권이나 일반적 행동자유권, 일반적 생존권, 일반적 평등권과 같이, 포괄성을 가지며 여기에서 개별적 기본권이 파생한다. 인간의 존엄과 가치·행복추구권은 포괄적인 권리인바 이는 생래적으로 가지고 있는 인권 전반의 원천이라고 하겠다.

(2) 실정권은 헌법이나 법률에 규정됨으로서 개별적으로 보장된다. 헌법이나 법률은 자연권 중에서 일부만 규정하고 헌법에 보장되지 않은 기본권의 존재를 부인한다. 실정권은 개별인의 특정 시기의 권리만을 규정하고 있는 것이 특색이다.

4) 자연권의 불가양·불가침성과 기본권의 제한가능성

(1) 자연권은 인간에 고유한 것이며 인간의 본성에서 나온 것이기 때문에 불가양 불가침이다. 그 결과 자연권은 헌법개정에 의해서도 제한될 수 없다. 자연권은 헌법유보나 법률유보에 의한 제한을 받지 않는다. 다만, 타인과의 공생을 위하여 초헌법적인 제한에는 따르게 된다. 자연권 자체는 절대적 제한의 권리이나 타인의 자연권과의 충돌 시에는 제한된다.

(2) 실정권은 이를 제한할 수도 있고 포기할 수도 있다. 실정권의 제한은 주로 법률유보에 의하여 행해진다. 기본권의 제한은 국민 전체의 대표자의 총의인 법률에 의하여 제한될 수 있다. 실정권은 불가양·불가침의 자연권과는 달리, 이를 포기할 수도 있고 처분할 수도 있다. 실정권의 이 처분성(Disponibilität)을 이유로 나치스는 수권법 (Ermächtigungsgesetz)을 만들어 기본권을 공동화하였다.80)

---

78) 상세한 것은 芦部信喜, 『憲法學 II, 人權總論』, 46면 이하.
79) 기본권을 포괄적 체계(als geschloßenes System)로 보는 주장은 자연권론이며, 개별적 보장으로 보는 견해는 실정권론이다(Scholz, Grundgesetz I, Grundlagen Die Grundrechte, 3. Aufl. S. 116 ff.).
80) 상세한 것은 Disponibilität durch einfaches Gesetz, Scholz G., Grundgesetz I, Grundlagen Die Grundrechte, 3. Aufl., S. 75 ff.

제4절 우리 헌법상의 기본권의 체계

1. 주기본권(모기본권)

자연권은 통일적 체계를 가진 것이다.[81] 그리하여 기본권을 통일체로서 파악하는 경우와 개별적으로 파악하는 경우에 따라서, 기본권을 총체적으로 포괄하는 주기본권과 이에서 파생하는 파생적 기본권으로 분류하는 이론이 있다. 전자를 말하여 포괄적 기본권, 후자를 말하여 개별적 기본권이라고도 한다.[82]

인간의 존엄과 가치·행복추구권의 체계에 대하여는 논란이 있다.

1) 독일의 이론

독일의 경우 니퍼다이(Nipperdey)[83]는 인간의 존엄은 기본권의 성격을 가진 일반적인 인권으로서 국가권력에 대해서 자유로운 상태에서는 방어권적 기본권이며, 적극적인 상태에서는 보호청구권이고, 사회적인 상태에 있어서는 사법관계에 있어서 실질적인 주기본권이라고 한다. 이는 곧 자연권의 실정화를 의미하며, 다른 기본권은 개별적인 기본권인데 비하여, 인간의 존엄은 헌법의 주기본권이라는 점에 그 특색이 있다. 독일의 연방헌법재판소와 연방법원 등에서도 인간의 존엄은 주관적인 권리로서의 주기본권이라고 보고 있다. 슈타르크(Starck)는 제2조 1항에서 일반적 행동자유권을 인정한다.[84] 슈테른은 역사적으로나, 체계적으로 보아 인격적 핵심설이 아니고 일반적 행동자유권설이 타당하다고 논증한다. 그는 일반적 행동자유권이 무명의 권리(unbenannte Grundrechte)

---

81) 이를 Geschlossenheit des Grundrechtssystems이라고 한다. Schramm, Staatsrecht, Bd. Ⅱ, S. 15 ff.

82) 상세한 것은 김철수, 기본권의 체계, 『고시계』 1983. 11; Stern, Idee und Elemente eines Systems der Grundrechte, Handbuch des Staatsrechts, Bd. V, SS. 45-91 (김효전역, 기본권체계의 이념과 요소, 동 『독일 기본권이론의 이해』, 2004, 275-350면); Stern, Das Staatsrecht der Bundesrepublik Deutschland, Bd. Ⅲ/2, SS. 1747-1876 참조. 일본에서는 사토(佐藤幸治) 교수가 핵심적 권리(core right)와 파생적 권리(derivative right)를 구별할 수 있다고 보고 있다. 핵심적 권리는 인격적 자연권 중 기간적(基幹的) 자연권이라 하고, 파생적 권리는 파생적 자연권을 말한다고 보고 있다. 모(母)기본권과 파생적 기본권을 인정하는 점에서 필자의 견해와 비슷하다고 하겠다. 그는 나아가 각종 기본적 인권은 기간적 자연권에서 그대로 곧 파생하는 것은 아니라고 하고 있다(佐藤幸治, 初宿正典, 『人權の現代的諸相』, 1990, 16면 이하).
독일에서도 기본법 제2조 1항을 포괄적 기본권(Auffanggrundrecht)의 기능을 인정함으로써 헌법에 열거되지 아니한 기본권을 도출해 내고 있다(연방헌법재판소 판례). 이 경우 제1조 1항의 인간의 존엄존중과 결부시키고 있다.

83) Nipperdey, Die Würde des Menschen, Grundrechte II, S. 1 ff.

84) Starck, GG Kommentar, Art 2. Abs. 1 Rdn. 6 ff.

를 포섭하는 것으로 보고 있다.[85]

2) 일본의 이론

일본에서도 개인존중과 생명·자유 및 행복추구의 권리에 대하여 그 권리성을 인정하고 인격적 생존에 불가결의 권리·자유의 내용을 포섭하는 포괄적 권리로 보는 것이 다수설이다. 그리하여 헌법에 열거되지 아니한 새로운 인권을 헌법상 기초지우는 근거규정으로서 그 자체로 구체적 권리를 보장하는 포괄적 권리로 보고 있다.

그 내용에 대해서는 일반적 자유설과 인격적 이익설이 있다.[86]

일반적 자유설은 행복추구권은 개별적 기본권을 포괄하는 기본권이기는 하나, 그 내용은 모든 생활영역에 관한 행위의 자유, 즉 일반적 자유권이라고 한다. 인격핵심설은 개별적 기본권과는 구별되는 기본권의 심오에 위치하는 근원적인 인격의 핵심에 관한 독자의 권리를 말한다고 한다. 통합적으로 해석하는 사람은 행복추구권의 한 내용으로서 일반적 자유권을 인정하고 있다.[87] 이에 따르면 행복추구권은「① 인격권, ② 일반적 자유권, ③ 기타의 권리를 포함하는」권리내용이 다양하고 불확정적인「무명기본권」이라고 한다.

통설은 인격적 이익설인데, 행복추구권은 개별적 기본권을 포괄하는 기본권이지만 그 내용을 한정하고 개인의 인격적 생존에 불가결한 이익을 내용으로 하는 권리의 총체로 본다.[88]

포괄적 기본권과 개별적 기본권과의 관계에 대해서는 보장통합설과 보충적 보장설이 있다. 보장경합설은 포괄적 기본권과 개별적 기본권이 경합하여 동일한 권리를 보장한다는 것이고, 보충적 보장설은 양자의 관계를 일반법과 특별법의 관계로 보아 특별 규정이 없는 경우에 행복추구권을 보충적으로 활용하자는 것이다.

3) 우리 헌법의 해석

우리 헌법에 있어서도 인간의 존엄과 가치·행복추구권의 주기본권성을 인정할 것인가에 대하여 학설이 대립되고 있다. 기본권성 부인설은 이를 기본권보장의 단순한 원리규정으로 보는데,[89] 단 이 학설 중 인간의 존엄과 가치를 제외한 행복추구권만을 포괄적 기본권으로 보는 견해도 있으며,[90] 기본권성 확인설은 전부를 포괄적인 기본권으로

---

85) 상세한 것은 Stern, Systeme der Grundrechte, Das Staatsrecht der Bundesrepublik Deutschland, III/2, SS. 1747 ff. 참조.
86) 상세한 것은 芦部信喜,『人權總論』, 328-354면; 種谷春洋, 전게 논문 참조.
87) 橋本公亘, 전게서, 186면.
88) 佐藤幸治,『憲法』, 404-405면; 芦部信喜, 전게서, 344면; 初宿正典,『憲法 2. 基本權』, 1996, 192면; 種谷春洋, 生命·自由·幸福追求權; 芦部信喜編,『憲法 II. 人權(1)』, 130면 이하.
89) 박일경, 전게서, 219-220면.

본다.91)

이에 대하여 기본권 인정설은 천부인권으로서의 주기본권을 인정한 것이라고 한다. 제10조 후문에서 「국가는 개인이 가지는 불가침의 기본적 인권을 확인하고 이를 보장할 의무를 진다」고 규정하고 있기 때문이다. 우리 헌법재판소도 행복추구권의 독자적 기본권성을 인정할 뿐만 아니라,92) 인간의 존엄과 가치의 기본권성을 인정한다.93) 또 제37조 1항이 「국민의 자유와 권리는 헌법에 열거되지 아니한 이유로 경시되지 아니한다」고 규정한 것은, 이 포괄적인 주기본권의 존재를 전제로 한 것이라고 보아야 할 것이다.

만약에 주기본권이나 포괄적 기본권을 인정하지 않는 경우에는, 헌법에 열거되지 아니한 기본권, 예를 들어 일반적 행동자유권 등의 근거를 발견할 수 없을 것이다. 즉 독일에서는 기본법 제2조 1항에 있어 이를 일반적 행동자유권의 근거로 보고 있으나, 우리나라의 경우에는 그 근거조항을 발견할 수 없게 될 것이다.94)

이 주기본권은 자연권이며 주기본권은 개별적 실정권의 근거가 되고 있다. 개별적 실정권은 헌법상 명문으로 보장되는 것이 원칙이나, 헌법상 예시되지 않는 경우에도 인정된다. 개별적 실정권은 특별법적인 것인데 대하여 주기본권은 일반법적인 것이며, 개별적 기본권이 우선 적용되고 개별적 기본권이 없는 경우에 주기본권은 부차적·보완적으로 적용되며, 주기본권에서 헌법에 열거되지 아니한 기본권이 도출된다. 이 점에서 주기본권은 원천권(Quellenrechte) 또는 포괄권(Auffangsrechte)이라고도 할 수 있다.95)

2. 파생적 기본권(개별적 기본권)

헌법 제10조 후문의 문언으로 보면 기본적 인권은 인간의 존엄과 가치·행복추구권에서 파생한 기본권임을 알 수 있을 것이다. 이 주기본권은 헌법상 「기본적 인권」으로서 개별적

90) 안용교, 전게서, 329-330면. 문홍주 교수와 권영성 교수도 행복추구권의 권리성은 인정한다. 문홍주, 전게서, 215-216면; 권영성, 전게서, 384면.
91) 구병삭, 전게서, 339면; 김남진·이강혁, 전게서, 264면.
92) 헌재는 「군검찰관이 자의로 기소유예처분에 이른 것은 헌법 제10조 소정의 행복추구권을 침해한 것」이라고 판시함으로써(헌재 1989. 10. 27 선고, 89 헌마 56, 『헌재판례집』 제1권, 309면 이하 참조), 행복추구권의 독자적 권리성을 인정한다.
93) 우리 헌법재판소도 인간의 존엄·가치를 인격권이라 부르면서 그 기본권성을 인정한다. 즉 간통죄 규정의 합헌결정에서 헌법 제10조가 「모든 기본권보장의 종국적 목적 (기본이념)이라 할 수 있는 인간의 본질이며 고유한 가치인 개인의 인격권과 행복추구권을 보장하고 있다」고 보고(헌재 1990. 9. 10 선고, 89 헌마 82, 형법 제241조에 대한 헌법소원판결, 『헌재판례집』 제2권, 306면 이하 참조), 「인간의 존엄성에서 유래하는 일반적 인격권」이라 판시함으로써 (헌재 1991. 9. 16 선고, 89 헌마 165, 정기간행물의 등록 등에 관한 법률 제16조 3항·제19조 3항의 위헌여부에 관한 합법소원결정, 『헌재판례집』 제3권, 518면 이하 참조) 그 기본권성을 인정하는 입장을 보여주고 있다.
94) 일반적 행동자유권에 관해서는 Erichsen, H.-U., Allgemeine Handlungsfreiheit, Handbuch des Staatsrechts, Bd. Ⅵ, S. 1185 ff.
95) 이를 사토(佐藤幸治)는 배경적(背景的) 권리라고 하며, 아시베(芦部信喜)는 「도덕적 권리」, 「이념적 권리」, 「추상적 권리」라고 한다(芦部信喜, 전게서, 59면).

인 권리로 분화되는데, 그중에서도 중요한 것이 협의의 존엄성과 행복추구권·평등권·생존권·청구권·참정권 등이라고 하겠다. 우리 헌법재판소도 인간의 존엄과 가치의 기본권성을 인정하고, 또한 행복추구권의 독자적 기본권성도 인정하며, 나아가 인간의 존엄과 가치·행복추구권에서 여러 개별 기본권들이 파생하는 것으로 보고 있다.96)

인간은 자유로워야 하기 때문에 일반적 자유권을 가진다. 이에는 신체활동의 자유 등을 포함한다. 인간은 인격자로서 대우되어야 하며, 평등하게 취급받아야 하고, 자유롭게 인간다운 생활을 해야 한다. 먼저 인격의 자유발현이라는 점에서 중요한 의의를 발견할 수 있는데, 특히 일반적 인격권으로서의 사생활의 비밀보장이라든가 사주거의 보호 등이 중요시된다.

근래에 와서 인간의 존엄은 공포와 궁핍에서 자유로운 인간다운 생활을 요청하게 되었고, 사회적 안정의 최저한도를 요청하게 되었으며, 이 인간다운 생활의 보장은 생존권으로 발전하였다.

한편 고전적인 참정권이라든가 청원권과 같은 것은 헌법 제10조에서 파생되는 것이 아니고, 국가의 실정권으로서 인정된다는 설이 있다. 그러나 실정권이라고 하더라도 인간의 기본적 권리를 보장하기 위하여 인정되는 것이므로 파생적 기본권으로 봄이 타당하며, 청구권적 기본권을 「기본권을 보장하기 위한 기본권」이라고 하는 뜻도 여기에 있는 것이다. 특히 참정권은 국가권력형성에의 정당성 부여를 위한 권리라는 점에서 중요한 의의가 있다.

우리 헌법이 인정하고 있는 개별적 기본권을 분류해 보면 다음과 같다.

(1) 인간의 존엄과 가치·행복추구권

i) 주(主)인간의 존엄과 가치·행복추구권, ii) 생명권, iii) 일반적 인격권(명예권·성명권·초상권), iv) 인격형성·유지·자기결정권(알 권리, 읽을 권리, 들을 권리 등), v) 행복추구권, vi) 평화적 생존권, vii) 기타 헌법에 열거되지 아니한 권리(무명권).

---

96) 우리 헌재는 앞서 인용한 대로 인간의 존엄과 가치를 인격권이라고 부르면서, 「인격권·행복추구권에는 개인의 자기운명 결정권이 전제되는 것이며, 이 자기운명 결정권에는 성행위 여부 및 그 상대방을 결정할 수 있는 성적 자기결정권이 또한 포함되어 있으며」라고 판시한다(헌재 1990. 9. 10 선고, 89 헌마 82, 형법 제241조(간통죄 규정)의 위헌 여부에 관한 헌법소원결정, 『헌재판례집』제2권, 306면 이하). 또 「인간의 존엄성에서 유래하는 일반적 인격권」이라 판시함으로써(헌재 1991. 9. 16 선고, 89 헌마 165, 정기간행물의 등록 등에 관한 법률 제16조 제3항·제19조 제3항의 위헌여부에 관한 헌법소원결정, 『헌재판례집』제3권, 518면 이하), 인간의 존엄과 가치에서 '일반적 행동자유권'이 파생하고 있다고 한다(헌재 1992. 4. 14 선고, 90 헌마 23, 국가보안법 제9조 제2항에 대한 헌법소원결정, 『헌재판례집』제4권, 162면 이하 참조). 이 일반적 행동자유권과 또 '개성의 자유로운 발현권'이 행복추구권에 함축되어 있고, 일반적 행동자유권에서 다시 계약의 자유 등이 파생되어 나온다고 본다(헌재 1991. 6. 3 선고, 89 헌마 204, 화재로 인한 재해보상과 보험가입에 관한 법률 제5조 제1항의 위헌여부에 관한 헌법소원결정, 『헌재판례집』제3권, 268면 이하 참조).

(2) 평등권

　i) 주평등권, ii) 남녀평등권, iii) 신분적 평등권, iv) 종교적 평등권, v) 정치적 평등권, vi) 사회적 평등권, vii) 경제적 평등권, viii) 문화적 평등권.

(3) 자유권적 기본권

① 주자유권, 일반적 행동자유권(행복추구권의 일부)

② 신체의 자유

　i) 실체적 보장, ii) 절차적 보장, iii) 형사피의자와 형사피고인의 권리.

③ 사회적 · 경제적 자유권

　i) 거주 · 이전의 자유, ii) 직업선택의 자유, iii) 주거의 자유와 불가침, iv) 사생활의 자유와 비밀, v) 통신의 자유와 비밀, vi) 재산권의 자유.

④ 정신적 자유권

　i) 양심의 자유, ii) 종교의 자유, iii) 학문과 예술의 자유, iv) 언론 · 출판 · 집회 · 결사의 자유.

⑤ 정치적 자유권

　i) 정치적 표현의 자유, ii) 정당가입과 정당활동의 자유, iii) 투표와 공직선거입후보 및 선거운동의 자유.

(4) 생존권적 기본권

　i) 주생존권, ii) 교육을 받을 권리, iii) 근로의 권리, iv) 근로3권, v) 인간다운 생활을 할 권리, vi) 환경권 vii) 가족 · 혼인의 순결과 보건에 관한 권리.

(5) 청구권적 기본권

　i) 주청구권, ii) 청원권, iii) 재판청구권(구속적부심사청구권 포함), iv) 재산상 손실보상청구권, v) 형사보상청구권, vi) 국가배상청구권 vii) 범죄피해구조청구권.

(6) 참정권

　i) 주참정권, ii) 선거권, iii) 피선거권, iv) 공무담임권, v) 국민투표권.

　이 중 주인간의 존엄과 가치 · 행복추구권, 주자유권, 주생존권, 주청구권, 주참정권 등은 개별적 기본권이 규정되어 있지 않은 경우에 보충적으로 적용된다고 할 것이다.

3. 새로운 기본권(생성하는 기본권)

전쟁의 공포에서 자유롭게 살 수 있는 평화적 생존권이라든가, 학습에의 권리라든가, 건강권 · 휴식권 · 일조권 · 알 권리 및 access권이라고 불리는 일련의 새로운 기본권이 요청되고 있다. 이러한 새로운 기본권은 헌법전에는 구체적으로 규정되어 있지 않기 때문에 헌법 제10조의 포괄적 기본권의 내포로서 인정하여야 할 것이다. 그렇지 않은 경우 헌법해석론으로서는 새로운 기본권의 근거를 발견하기가 어려우며, 이 점에서도 구체적 · 개별적 기본권은 주기본권에서 파생한 것이라고 보는 것이 타당할 것이다.

입법론으로서는 이러한 새로운 기본권을 헌법에 열거하는 것이 이를 더욱 명백히 한다는 점에서 좋을 것이다. 세계 각국의 새로운 헌법은 이들 새로운 기본권을 헌법에서 규정하고 있으며, UNESCO에서는 제3세대 인권론이 논의되고 있다. 제3세대인권이란 연대권을 말하며, 박애의 정신에 입각한 것으로 보고 있다. 이에는 i) 개발에 대한 권리, ii) 평화에 대한 권리, iii) 의사소통의 권리, iv) 건강하고 조화된 환경에서 살 수 있는 권리, v) 인류 공동 유산으로부터 이익을 얻을 권리, vi) 인도적 조력을 받을 권리들이 주장되고 있다.[97]

우리 헌법은 그동안 헌법 제10조의 주기본권에서 도출해 왔던 기본권으로서 쾌적한 환경권, 쾌적한 주거생활권, 사생활의 비밀과 자유, 범죄피해자구조청구권, 소비자보호운동권 등을 명문으로 규정하여 실정권으로 보호하고 있다. 이 밖에도 평화적 생존권 · 휴식권 · 일조권 · 정보청구권 등은 명문으로는 규정하지 않았으나, 헌법 제10조의 포괄적 기본권의 내포로서 인정된다고 하겠다. 정보사회화의 기본권으로 Data Base에의 access 권이라든가, 정보공개청구권, 사생활의 비밀보장권 등이 입법에 의하여 구체화되고 있다.

새로운 기본권은 주기본권인 자연권에서 도출되는 것이기 때문에 그 필요성이 절실한 경우에, 헌법이나 법률로써 실정권화할 수 있는 것이며, 실정권화되지 않는 경우에는 생성하는 자연권(das werdende Naturrecht)으로서 이를 구체화할 수 있다.[98] 그러나 모든 권리주장이 기본권으로 구체화되는 것이 아니기 때문에 권리의 Inflation을 두려워할 필요는 없을 것이다.[99] 왜냐하면 자연권은 보충적 기본권이기 때문이다.[100] 새로운 권리의 필요성이 있는 경우, 법률과 판례에 의하여 보장된 다음, 그 중요성이 국민적 합의에 도달한 경우에는 헌법제정권력을 행사하여 헌법상의 기본권으로 규정하게 되는 것이다.[101]

---

97) 새로운 기본권에 대해서는 小林直樹, 『現代基本權の展開』 참조.
98) 일본의 사토(佐藤幸治)는 기본적 인권을 실효성이라는 기준에서 「배경적 권리」 → 「실정법적 권리」(실정법 규정적 근거를 가지는 권리) → 「구체적 권리」(재판규범성을 가지는 권리)로 구분하여 시대의 요청에 따라서 권리성을 판단하여야 한다고 하고 있다(佐藤幸治, 『憲法』, 278면). 여기서 배경적 권리라는 것은 주(主)자연권을, 그것을 헌법에 규정하여 실정화한 것을 실정법적 권리라고 할 것이며, 입법방침규정 이나 목표규정을 제외한 것을 구체적 권리라고 할 수 있을 것이다.
99) 이를 Expansion der Grundrechte라고도 한다. Stern, a. a. O.
100) 佐藤幸治編, 『憲法 II』, 96면.
101) 슈타르크도 일반적 행동자유권에서 모든 인간행동의 자유를 이끌어낼 수 있다고 본다. Starck, a. a. O., S. 158 ff.

제5절 결어

현행 헌법상의 기본권의 법적 성격과 체계에 관하여 간단히 살펴보았다. 사상사적으로 볼 때 기본권은 자연권 사상에 유래하는 것이며, 실정 헌법에 따라 이 권리를 자연권으로 규정하는가, 실정권으로 규정하는가의 차이가 있다는 것을 보았다. 우리 헌법의 기본권 규정은 실정권적 규정방식과 자연권적 규정방식을 번갈아 채택하였기 때문에 기본권 해석에 혼란을 가져왔다.

현행 헌법은 제10조에서 「모든 국민은 인간으로서의 존엄과 가치를 가지며, 행복을 추구할 권리를 가진다」고 하고 있어, 이것이 기본권을 규정한 것인가 기본원리를 규정한 것인가에 대하여 논쟁이 있으나, 이것은 외국의 통설과 같이 권리보장규정이라고 보아야 할 것이다. 권리보장이라고 보는 경우에는 그것이 자연권 보장이냐 실정권 보장이냐의 논쟁이 있는데 자연권임을 알아보았다.

다음에는 헌법 제10조의 권리가 포괄성을 가지는가에 대해서 검토한 결과 그것이 포괄적 권리임을 입증하였다. 인간의 존엄과 가치·행복추구권이 포괄적 권리임을 살핀 뒤 개별적 기본권과의 관계를 보았다. 끝으로 이러한 자연권으로서의 주기본권과 실정권 으로서의 개별적 기본권의 관계를 보고, 새로운 인권은 자연권에서 파생하는 생성하는 권리임을 밝혔다.

기본권의 성격에 관해서는 법철학적·정치철학적 연구가 전제되어야 하는데 여기서는 철학적 검토를 하지 못한 감이 있다. 독자들의 의견을 들어 다시 논증해 보기로 한다.[102]

---

102) 상세한 것은 Das Naturrechtsdenken Heute und Morgen, Gedächtnisschrift für René Marcic, 1983; Festschrift im Bewußtsein als Grund- und Menschenrechte, Festschrift für Felix Ermacora, 1988; Wittig, Bundesverfassungsgericht und Grundrechtssystematik, Festschrift für Gebhart Müller, 1970; Dworkin, Bürgerrechte ernst genommen, 1990; Alexy, Theorie der Grundrechte, 3. Aufl., 1996 등 참조.

제4장 인간의 존엄과 가치 · 행복추구권

제1절 인간의 존엄과 가치 · 행복추구권 규정의 전개

1. 미국의 인권선언

1) 버지니아 인권선언

버지니아 주는 1775년의 독립전쟁 개시에 따라 1776년 헌법제정회의를 열어 6월 12일 버지니아 권리장전(The Virginian Bill of Rights)과 통치기구(Frame of Government) 를 제정하였다. 버지니아 권리장전은 버지니아 헌법의 모두에 두어져 그 뒤 세계 각국 헌법에 많은 영향을 미쳤다. 특히 미국의 각주 헌법과 프랑스 헌법, 독일 헌법 등에 큰 영향을 미쳤다.[103]

이 버지니아 권리장전은 미국 독립선언기에 팽배했던 근대 자연법론자의 이론이 반영된 것이다. 특히 John Locke의 『시민정부 이론』(Two Treatises of Government)의 영향을 받은 것으로 알려졌다. 그는 인민주권론을 제창하였고, 압제에 대한 저항권을 인정하였다.[104]

George Mason[105]이 기초한 이 권리장전은 제1조에서 「모든 사람은 나면서부터 평등하고 자유이며 독립이고 일정한 생래적 권리를 가지는 것이다」고 하고, 「이러한 권리란 재산을 취득 · 소유하며 행복과 안녕을 추구 · 획득하는 수단을 가져 생명과 자유를 향수하는 권리이다」[106]고 하였다. 또 제2조에서는 「모든 권력은 인민에 있으며, 인민에

---

103) B. Schwartz, The Great Rights of Mankind, A History of American Bill of Rights, 1977, p. 67-72; 杉原泰雄, 『人權の歷史』(석인선역, 『인권의 역사』, 1995).
104) John Locke의 시민정부 2론에 관해서는 본서 79면 이하 참조.
105) 조지 메이슨은 인권선언 기초위원회의 일원이었으나 그의 안이 결정적 역할을 했다고 한다. 상세한 것은 Randolph, E., Essay on the Revolutionary History of Virginia, 44 Virginia Magazine of History and Biography 43. 44 (1936); Schwartz, op. cit., 68-69에서 인용. 미국에 있어서의 헌법적 문서에 관해서는 Cogan, N., Context of Constitution, Foundation Press, 1999, p. 1-108; 기본권 문서는 동서, p. 657-824 참조.
106) That all men are by nature equally free and independent, and have certain inherent rights, of which, when they enter into a state of society, they cannot, by any compact, deprive

유래한다」고 하여 인민주권을 규정하고, 제3조에서 저항권, 제6조에 선거권 등을 규정하
였다.

이 선언은 국민이 가지는 인권이 천부인권이고, 그 내용은 재산권, 행복추구권, 생명권,
자유권임을 선언하고 있다. 여기서 재산권(property)은 Locke에 의한 것이며, 생명,
자유, 행복추구권은 미국 인권의 가장 중요한 것으로 인정되고 있다.

2) 기타 주헌법의 권리선언

버지니아 권리장전(Virginia Bill of Rights)에 따라 1776년 9월 28일의 Pennsylvania
헌법, 1776년 11월 11일의 Maryland 헌법, 1776년 12월 18일의 North Carolina
헌법, 1777년 7월 8일의 Vermont 헌법, 1780년 3월 2일의 Massachusetts 헌법, 1793년
의 New Hampshire 헌법 등이 헌법의 모두에 인권선언 규정을 두었다.[107] Virginia
인권선언에 따라 처음 만들어진 것은 Pennsylvania 헌법이었다. Maryland 인권선언은
가장 상세한 것으로 42개조로 되어 있다. 생명, 자유, 재산의 보장(동료에 의한 재판과
국법에 의한 것 외에는 제한이나 박탈을 받지 않는다)에 관하여 규정하고 있었다. Maryland
선언은 그 당시로서는 가장 자유로운 헌장이었다. 이들 헌법은 기본권의 자연권성, 천부인
권성을 선언하고 있다. Connecticut와 Rhode Island에서는 독립 헌법을 두지 않았고,
4개의 주 - New Jersey, Georgia, New York과 South Carolina는 새 헌법에 인권선언
규정을 두지 않고 헌법 자체에서 보장하였다. 1776년 9월 11일에 채택된 Delaware
인권선언에서는 생명 · 자유 · 재산의 보장규정을 두었다. 1776년 12월 17일에 제정된
인권선언도 생명 · 자유 · 재산의 불가침에 관해서 규정하고 있는데 주의 법에 의해서만
제한될 수 있다고 규정하였다. 1777년 7월 8일의 Vermont 인권선언도 생명 · 자유 · 재
산의 보장을 규정하였다.[108]

1778년의 South Carolina 헌법에서도 생명, 자유, 재산의 불가침을 규정하고 있었다.
1779년에 만들어진 Massachusettes 헌법은 인권선언을 규정하고 있다. 이 인권선언
은 John Adams에 의하여 기초된 것으로 당시 미국에서 가장 포괄적인 기본권을 선언하고
있었다. 여기서도 생명 · 자유 · 재산(estate)은 불가침이라고 규정하고 동료의 판결에
의해서나 지방의 법에 의하지 아니하고는 제한되지 않는다고 규정하고 있다.

1783년에는 New Hampshire 헌법이 채택되었는데 제1부에서 인권선언을 규정하고
있다.

---

or divest their posterity; namely, the enjoyment of life and liberty, with the means of acquiring
and possessing property, and pursuing and obtaining happiness and safety.

107) Schwartz, op. cit., p. 72-86, 혁명 시기의 인권선언 규정들의 대조표에 대해서는 Schwartz, op.
cit., p. 87-90 참조.

108) 권영설, 미국헌법의 사상적 및 역사적 기초, 『미국헌법연구』 10호, 1999, 119-152면; 안경환, 미국
헌법이론사의 개관, 『헌법규범과 헌법현실』, 1999, 495-508면; 최상주, 미국 헌법의 이념과 원리,
『법학연구』(한국법학회) 1, 1998, 2, 29-60면.

미국 혁명 당시의 인권선언은 인간이 가지고 있는 모든 자연권을 선언한 것이 아니고 구체적인 실정권을 규정한 것이 특색이다. Mason이 기초한 Virginia 인권선언은 비법조인인 Mason에 의한 것이기 때문에 순법률적 용어로 표현되지 아니하였으나, Massachu-settes 인권선언은 법률가 특히 John Adams에 의하여 기초되었기 때문에 법률적 용어를 사용하고 있다.[109]

3) 독립선언

독립선언(the Declaration of Independence)은 1776년 7월 4일 제2회 대륙회의에서 채택되었다. 이것은 Thomas Jefferson이 기초한 것이다. 「원래 이 선언의 주요목적은 독립이라는 사실을 표명하는 것보다는 오히려 널리 세계에 대하여 식민지가 독립을 선언하지 않을 수 없는 이유를 표명하는 것에 있었다」.

미국 독립선언에는 인권에 관해서 보면 「모든 인간은 모두 평등하게 창조되어 있다. 거기서 인간은 그들의 창조자에 의하여 불가침의 제권리를 부여받았다. 그중에는 생명, 자유 및 행복추구권이 있다」고 규정하고 있다. 이는 Locke가 주장하는 인간의 인권존중 내용이었던 「생명, 자유, 재산」의 3자 중에서 재산을 행복추구로 바꾼 것이 특색이라고 하겠다. 이에 대해서는 Jefferson이 Property는 양도가능한 권리로 보았기에 불가양의 권리로 행복추구권을 대체했다는 이론과, 당시 Property의 주요 내용이었던 노예제도를 부정하기 위하여 Property를 일부러 넣지 않았다는 주장이 있다. 그러나 앞에서 본 바와 같이 Locke도 행복추구권을 인정하고 있었고, Life, Liberty도 다 Property에 내포된 것으로 보아 개별화하기 위하여 Life, Liberty, Pursuit of Happiness라는 용어를 사용한 것이 아닌가 하는 설이 대립되어 있다.[110] White의 연구에 의하면 Geneve의 법률가 Jean-Jacques Burlamaqui의 행복추구의무론에서 나온 것이라고 한다. 그러나 안넨 준지(安念潤司)는 이에 회의적이다.[111]

독립선언에 있어서의 인권에 있어서도 평등권에 대해서는 많은 규정을 두지는 않았다. Virginia 권리장전의 제1조에 정하여진 「재산의 취득과 소유」는 독립선언에는 규정되어 있지 않으나 이를 적극적으로 부정한 것이 아니고 이것도 행복의 추구에 포함된 것으로 보았기 때문이 아닌가 한다.

4) 미국 연방헌법의 규정

1787년 9월 17일에 제정된 미연방헌법에는 인권장전이 규정되어 있지 않았다. 각주

109) 이상은 Schwartz, op. cit.에서 교훈을 받았다. Rossum/Torr, American Constitutional Law, Vol. Ⅱ, p. 55-112.
110) 상세한 것은 White, M., The Philosophy of the American Revolution; 種谷春洋, 『近代自然法學と權利宣言の成立』, 1980.
111) 安念潤司, 幸福追求權の淵源, 『公法研究』 58호(1996), 53-65면.

헌법에 인권선언이 규정되어 있으나 연방헌법이 주 인권선언에 상위한다고 하여 인권장전 위원회를 설립하자는 의안은 부결되고 인권을 보장하기 위한 국가기구의 구성만을 규정하였다.112)

그러나 헌법전문에서는 「일반복지를 증진하고, 우리들과 우리들 자손의 자유와 은총을 확보하기 위하여 … 이 헌법을 제정한다」고 하여 General Welfare와 Liberty의 중요성을 강조하고 있다. 여기서 general welfare와 pursuit of happiness의 관계가 문제된다. welfare는 사전적 의미로 happiness, prosperity, health, good fortune이라고 한다.

원헌법에서는 인신보호영장제도나 조세법률주의, 개별 주민의 타주에서의 시민권인정 등이 규정되고 있었다. 그 주된 이유는 구성국 중 일부 주가 인권장전을 규정하지 않는데도 있었기 때문이다. 당시 인권장전을 규정하지 않은 주헌법은 New Jersey 헌법, South Carolina 헌법, New York 헌법 및 Georgia 헌법 등이 있었다. 그러나 그 뒤 헌법이 제정되었고 인권선언 규정이 포함되어 있는 것은 앞에서 본 것과 같다. Massachusettes 주에서는 연방헌법 비준과정에서 인권장전 규정을 두도록 조건부비준을 하였고, 다른 주에서도 연방헌법에 인권규정을 둘 것을 요구하였다.

1791년 이러한 주의 요구에 따라 수정헌법 10개조의 인권장전(Bill of Rights)이 제정되게 되었다.113) 그 수정헌법 제5조는 생명, 자유 또는 재산은 적법절차에 의하지 아니하고는 박탈할 수 없다고 규정하고, 사소유권의 공용수용에 있어서는 정당보상을 하여야 한다고 규정하고 있다.

수정헌법 제5조의 일부는 생명, 자유, 재산은 박탈할 수 없다는 것을 전제로 하고 due process of law에 의하면 제한할 수 있다고 한 것이다. 따라서 이 조항은 생명권, 자유권, 재산권의 실질적 보장규정임에도 불구하고 due process of law에 의하지 아니하고는 박탈당하지 않는다는 적법절차를 중심으로 논의되어 온 감이 있다.114) 또 기본권의 포괄성에 관해서는 수정헌법 제9조에서 규정하고 있다. 「특정한 권리의 헌법에의 열거는 인민에게 유보되어 있는 다른 권리를 부인하거나 경시하는 것으로 해석해서는 안 된다」. 여기서 행복추구권이나 privacy의 권리들이 연역되고 있다.115)

수정헌법의 기본권조항은 Madison이 기초한 것이었다.116) Madison의 원안에서는 제1조 제2항에서 「정부는 인민의 이익을 위하여 제정되고 그 권한이 행사되어야 한다. 그 이익이란 재산을 취득하고 사용하는 권리를 포함하여 생명과 자유를 향유하고, 일반적

---

112) 헌법의 성립사에 관해서는 많은 저술들이 있으나 여기서는 간단한 것만 들기로 한다. Dolbeare, op. cit.; Cogan, op. cit.; Rossiter, op. cit. 등 참조.

113) 권리장전의 성립사에 관해서는 Schwartz, B., The Great Rights of Mankind, 1977; Hickok, E. (ed.), The Bill of Rights, Original Meaning and Current Understanding, 1996; 심경수, 미국 헌법의 권리장전에 대한 개관, 『법학연구』(충남대) 11, 1, 2000, 125-140면 등 참조.

114) Wolfe, C., The Original Meaning of Due Process Clause; Hickok (ed.), op. cit., p. 213-230.

115) Cooper, C., Limited Government and Individual Liberty; The Ninth Amendment's Forgotten Lessons, Hickock (ed.), op. cit., p. 419-432; Erler, The Ninth Amendment and Contemporary Jurisprudence; Hickock (ed.), op. cit., p. 432-451.

116) Schwartz, op. cit., p. 160.

으로 행복과 안전을 추구하고 취득하는 것으로 구성되어 있다」고 하여,117) 재산과 생명, 자유, 행복추구권과 안전추구가 인민의 이익(Benefit) 또는 권리임을 인정하고, 정부는 이 목적을 위하여 구성되고 활동해야 한다고 하고 있다.

이 사상은 앞서 본 Locke나 Burlamaqui 등의 이론에 따른 것이다. 국가의 목적을 이렇게 규정한 것은 근대 자연권론의 영향이라고 하겠다.118) 그러나 이 조항은 하원의 토론과정에서 삭제되었다. 그 이유는 아마 독립선언 등에서 선언된 바 있기에 자명한 것으로 생각하고 구체적인 권리만을 나열하기 위한 것인 듯하다.

인권장전(Federal Bill of Rights)이라고 할 이 수정헌법 규정은 1789년 9월 9일 하원을 통과하고, 상하 양원의 합동위원회의 수정을 거쳐 1789년 9월 25일에 양원을 통과하였다. 이 수정헌법은 각주에서 비준이 늦어져 1791년 말에야 주의 4분의 3 이상의 동의를 얻어 비준되었다.119) 그 뒤 수정헌법 제14조가 채택되어 주도 적법절차에 의하지 아니하고는 생명 · 자유 · 재산을 박탈할 수 없다고 규정하였다. 새로 편입된 주헌법도 생명 · 자유 · 재산에 관해서 반수 이상이 규정하고 있다. 이로써 생명 · 자유 · 재산권은 연방 차원에서와 주 차원에서 보장되게 되었다.120)

2. 프랑스의 인권선언

1) 1789년 인권선언

프랑스 혁명의 결과 1789년 8월 26일 「인간과 시민의 권리선언」(Déclaration des Droits de l'Homme et du Citoyen)을 국민의회에서 의결하였다. 「국민의회를 구성하는 프랑스 인민의 대표자들은 인권에 대한 무지 · 망각 또는 멸시가 바로 공공의 불행과 정부의 부패의 원인이라는 것을 고려하여, 하나의 엄숙한 선언을 통하여 인간의 자연권이며 불가양의 신성한 권리를 밝히려고 결의하였다. …… 헌법의 유지와 모두의 행복에 이바지할 수 있도록 하는 것이다」고 전문에서 선언하고 있다.121)

---

117) Schwartz, op. cit., p. 231.
118) Koch, A., Jefferson and Madison, 1954.
119) Schwartz, op. cit., p. 186-191.
120) 상세한 것은 Schattuck, C., The True Meaning of the Term "Liberty" in those clauses in the federal and state constitutions which protect "Life, Liberty and Property" 4 Harvard Law Journal (1891).
121) 프랑스의 기본권 일반에 관해서는 Burdeau, Libertés Publiques, 3e éd. 1966; Colliard, Libertés Publique, 4e éd. Paris, 1972; Fenet, A., Les Libertés publique en France, 1976; Favoreu, Droit constitutionnel et droits de l'homme, 1987; Morange, J., Liberté public, 1985; Rivero, J., Les Liberté publique 2e éd. 1984; Velley, M. Le Droit et les droits de l'homme, 1983. 辻村みよ子, 『フランス革命の基本原理』, 1989; 野村敬造, 『フランス憲法と基本的人權』, 1966; 辻村みよ子, 『人權の普遍性と歷史性』, 1992; 深瀬忠一, 1789年 人權宣言硏究序說, 『北大法學論集』 제14권 3, 4호, 15권 1호, 18권 3호, 40권 1호, 1989. 김효전역, 『인권선언논쟁』, 1991; 성낙인, 프랑스 인권선언과 헌법,

제2조는 「모든 정치적 결사의 목적은 인간의 자연적이고 시효로 소멸되지 않는 권리를 보전하는데 있다. 그 권리란 자유, 재산, 안전 그리고 압제에 대한 저항이다」고 하고, 제1조에서는 「자유롭고 평등한 권리를 가진다」는 것을 강조하고 있다.[122]

이 인권선언은 프랑스 인권운동가의 사상에 따른 것이라고 하겠다. 특히 사회계약이론과 천부인권론에 따른 것이다. Locke, Burlamaqui, Christian Wolff 등의 영향과 미국의 인권선언의 영향이 많았다고 한다.[123] 미국의 인권사상가 Paine도 1787년 프랑스에 가서 프랑스 인권선언 초안 작성에도 참여하였다고 한다. Jefferson도 1777년부터 1779년까지 주불 미국 대사로 있었으며 LaFayette에 자문하였다고 한다.[124] 당시 미국 각주의 기본권선언이나 독립선언들이 프랑스에 많이 유포되어 있었다고 한다.

1789년 인권선언의 기초자인 LaFayette는 미국 독립선언에 따라서 「인간의 제권리란 그 재산, 그 자유, 그 명예, 그 생명을 확보하는 것이다」고 하여 자연권사상을 고취하고 있었다.

그러나 일부 심의의원 중에는 프랑스의 계몽사상과 Rousseau의 주장에 따를 것을 요구하고 있었다. 권력분립에 관해서는 Montesquieu의 영향이 컸으며, 법률은 일반의사의 표명이라는 제6조의 규정은 Rousseau의 영향이 컸다고 하겠다. 이 밖에도 중농사상가의 개인주의, 영국 헌법적 사상도 영향을 끼쳤다고 한다. 초안에서는 특히 자연권사상이 중요한 역할을 했다.[125]

2) 헌법에의 규정

『영남법학』, 9, 10, 1999, 153-200면; 권형준, 프랑스의 인권선언과 기본권의 발전, 『법학논총』(한양대) 7, 1990, 9, 171-198면; 권형준, 1789년 프랑스 인권선언의 현대적 의의, 『공법연구』, 26, 3, 1988, 135-186면; 정재황, 『기본권 연구』 I, 1999; 조병륜 외, 인권의 철학적 근원과 발전, 『세계헌법연구』 제10호(2004), 255-276면; 김승대, 프랑스 인권과 자유권에 대한 총론적 고찰, 『법과 인간의 존엄, 정경식박사화갑기념논문집』 1997, 158-182면 참조.

122) 1789년의 인권선언에 관해서는 Jaume, L., Les Déclarations des droit de l'homme (Du débat, 1789-1793), 1989; Rials, La déclaration des droits de l'homme, 1988; Gauchet, M., La Évolution des droits de l'homme, 1989; Association Française de Constitutionnel, Droits de l'Homme, 1987; 辻村みよ子, 『人權の普遍性と歷史性』, 1992; 辻村みよ子, 『フランス革命の憲法原理』, 1989; 野村敬造, 『フランス憲法と基本的人權』, 1966; 김효전역, 『인권선언논쟁』, 1991(인권선언의 원문과 번역은 201-206면); Morange, J., 변해철역, 『1789년 인간과 시민의 권리선언』, 1999; 권형준, 1789년 프랑스 인권선언의 현대적 의의, 『공법연구』 26, 3, 1998, 135-146면 참조.

123) Jellinek, Die Erklärung der Menschen- und Bürgerrechte, 1895 (김효전역, 『인권선언논쟁』, 1991). 엘리네크는 프랑스 인권선언과 미국 인권선언과의 대비표를 만들어 놓았다. 김효전 역서, 51-59면.

124) 프랑스 인권선언에 미친 미국 인권선언의 영향에 대해서는 辻村みよ子, 『人權の普遍性と歷史性』, 73-79 면. 특히 深瀨忠一, フランス革命と人權宣言制度をめぐるラアァイェットとジェファーソン, 『戰後憲法學の展開』, 339-370면; 深瀨忠一, 1789年人權宣言研究序說, 『北大法學論集』 40권 1호(1989), 191 면 이하; 野田良之, 基本的人權の思想史的背景, 『基本的人權 3』; 부뜨미, 인권선언과 엘리네크씨, 김효전 역, 전게서, 125면 이하는 미국 인권선언의 영향을 부인하고 있다.

125) 상세한 것은 Troper, La Déclaration des droits de l'homme et du citoyen en 1789, La Déclaration des droits de l'homme et du citoyen et la jurisprudence 1989; Dann/Kippel (Hrsg.), Naturrecht-Spätaufklärung-Revolution, 1995; 辻村みよ子, 전게서, 88-96면 참조.

1789년의 인권선언은 1791년 헌법의 한 부분이 되었다. 그 뒤 1793년 헌법, 1795년
헌법, 1798년 헌법, 1814년 헌장, 1830년 헌장, 1848년 제2공화국헌법에는 인권선언이
규정되었다. 그러나 1875년의 제3공화국헌법에서는 권리선언은 없었으며, 1946년의
제4공화국헌법, 1958년의 제5공화국헌법에서는 헌법 전문에서 권리보장을 하고 있
다.126) 대혁명기의 여러 헌법과 제2공화국헌법에서는 국가의 실정법에 선행하는 자연권
이 보장되어 있었다.

3) 제1공화국 헌법

1793년 헌법은 전문과 35개조로 된 인권선언(인간과 시민의 권리선언)을 제일 앞에
규정하고 있다.127) 제1조에서는 사회의 목적이 「공동의 행복」(le bonheure commun)에
있으며, 정부는 자연적 권리의 향수를 보장하기 위하여 설립되는 것을 명확히 하였다.
제2조는, 이 정부설립의 목적으로 되고 있는 자연적 권리(인간의 권리)로 「평등, 자유,
안전, 소유」를 들고 있다. 이 밖에도 전문에서 자연권을 강조하고 있다. 이 인권선언은
자유보다도 평등을 강조하고 생존권적인 제권리를 처음으로 선언하였다.
이들 전문과 조문을 보면 다음과 같다.
전문 「프랑스 인민은 인간의 자연적 제권리에 관한 망각과 경멸이 세계전쟁의 유일한
원인인 것을 확신하며, 이들 신성하고 불가양의 제권리를 엄숙한 선언에 의하여 제시할
것을 결의하였다. …… 인민이 항상 목전에 그 자유와 행복의 기초를 두고 행정관은
그 의무의 규율을 입법자는 그 임무의 목적을 둘 수 있도록, 그리하여 프랑스 인민은
최고존재 앞에서 이하와 같은 인간 및 시민의 권리선언을 발한다」.128)
제1조 「사회의 목적은 공동의 행복이다. 정부는 사람에게 그 자연적이고 시효에 의해
소멸될 수 없는 여러 권리를 보장하기 위하여 설립된다. 제2조 이들 제권리는 평등,
자유, 안전, 소유이다」.
사회목적을 「공동의 행복」으로 하고 정부의 임무를 인간의 자연권의 보장에 있다고
본 것은 Robespierre나 Varlet의 구상과도 일치하고 있었으나, 그 권리의 내용은 「평등,
자유, 안전, 소유」라는 자연권에 한정한 점에서 Robespierre129)나 Varlet의 구상과
달랐으며, Robespierre 정권의 전복과 함께 효력을 발생할 수 없었다. 1795년 왕정복고
후의 헌법도 인권선언을 규정하고 있었다. 제1조에서 인간의 권리를 「자유, 평등, 안전,

---

126) Favoreu (et al.), Droits des Libertés foundamentales, 2000; Duverger/Sfez, Die staatsbürger-
    lichen Freiheitsrechte in Frankreich und in der Union Française, Die Grundrechte, 1. Band,
    S. 542-653; Becet/Colliard, Les Droit de l'homme, Ⅰ, 1982.
127) 상세한 것은 辻村みよ子, 『フランス革命の憲法原理』, 1989; Favoreu (et al.), op. cit.
128) 1793년 헌법상의 기본권선언에 대한 원문과 해석은 辻村みよ子, 『人權の普遍性と歷史性』, 372-382면
    참조.
129) Robespierre초안에 대해서는 辻村みよ子, 전게서, 358-369면 참조.

소유권」으로 규정하였다. 이들 헌법의 기본권선언에는 Sieyès의 이론이 많은 영향을 끼쳤다.[130]

이 헌법을 프랑스 제1공화국헌법이라고 한다.

4) 1848년 헌법 이후

2월 혁명의 결과 1848년 헌법이 만들어졌는데[131] 이를 제2공화국헌법이라고 한다. 전문에서는 Ⅲ에서 프랑스 공화국의 실정법에 선행·우월하는 권리 및 의무를 규정하였다. Ⅳ에서는 프랑스 공화국은 자유, 평등 및 우애를 원리로 하고, 또 가족, 노동, 소유권, 공동질서를 기초로 한다고 정하였다.

1848년 공화국헌법 제2장에 있어서 보호되는 권리로 자유권, 사회권, 평등권을 규정했고, 나폴레옹 3세에 의하여 만들어진 1852년 헌법은 제1장 제1조에서 「헌법은 1789년에 선언된 대원칙이 프랑스인의 공권상의 기초임을 승인하고 확인하고 또 보장하는 것」이라고 하여 새로운 인권선언규정을 두지 않고 1789년의 인권선언을 승인하고 있다. 1875년 프랑스 제3공화국헌법은 인권규정을 두지 아니하였다.

5) 1946년 헌법 규정

1946년의 제4공화국헌법은 인권에 관해서는 전문에서 생존권을 상세히 추가하고 그 외에는 1789년의 인권선언을 인권규정으로 대체하였다. 1946년 헌법 전문은 「프랑스 인민은 인류를 예종시키고 타락시킨 것을 기도한 체제에 대하여 자유로운 인민이 쟁취한 승리의 직후에 새로이 모든 인간은 인종, 종교, 신앙에 대한 차별없이 불가양의 신성한 권리를 가지는 것을 선언한다. 프랑스 인민은 1789년의 권리선언에 의하여 확립된 인간과 시민의 권리와 자유, 그리고 공화국의 법률들에 의하여 승인된 기본적 원리들을 엄숙히 재확인한다.

6) 1958년 헌법 규정

1958년 헌법전문도 인권규정은 1789년의 인권선언임을 선언하고, 1946년 헌법의 전문규정이 인권규정으로 적용된다고 하였다.[132]

---

130) Sieyès의 인권선언 초안에 관해서는 辻村みよ子, 전게서, 81면 이하 참조.

131) 인권선언집에 대해서는 Godechot, J., Les Constitutions de la France depuis 1789, Paris 2018; Biet, C., Les Droits de l'Homme, 1989; 김충희 옮김, 프랑스 역대 헌법전 (1)(2), 『동아법학』 제69호 (2015), 제70호(2016) 참조.

132) 프랑스 현행 헌법상 인권보장에 관해서는 Burdeau, Liberté publique, 3e éd., 1966; Colliard, Liberté publique, 4e éd., Paris, 1972; Favoreau (et al.), Droit Constitutionelle, 3e éd., 2000; Favoreau (et al), Droit de libertés fondamentales, 3e éd., 2000, p. 327-352; Fenet, A., Les libertés

전문은 「프랑스 인민은 1946년 헌법전문에서 확인되고 보충된 1789년 선언에 의하여 정하여진 것과 같은 인권 및 국민주권에 대한 애착을 엄숙히 선언한다」고 하고 있다.

7) 프랑스에 있어서의 행복추구권?

위에서 본 바와 같이, 미국 독립선언 등에 규정되어 있던 행복추구권은 전문의 형식으로는 규정되었으나 헌법 조문으로는 실정법화되지 않았다. 그 대신에 인권의 내용으로서 자유 · 평등 · 안전 · 소유를 규정하고 있다. 이것은 포괄적 인권을 규정한 것이라고 하겠다. 여기서 Droit de propriété는 Locke 등에 따라 생명, 신체, 자유, 재산의 모든 것을 포괄하는 것으로 인정되었다. 그러나 초안 등에는 명예에 관한 권리, 행복추구권에의 권리 등이 규정되어 있었으나 헌법 자체에는 규정되지 않았다. 그러나 이를 인정하고 있었으며 인권을 자연권으로 인정한 점에서 세계공통적이라고 하겠다.

3. 독일의 인권선언

1) 3월 혁명 이전의 기본권 선언

1789년의 프랑스 혁명은 당시 독일 지식인에게도 많은 영향을 끼쳤으며 Kant, Fichte 등이 이성에 근거한 인권의 존중을 강조하고 있었다.

Fichte는 그의 1796/97년의『봉쇄상업국가론』에서 시민은 자기 의사에 따라 자유롭게 결정하고 행위할 권리와 의무를 가진다고 하고, 모든 사람의 신체의 불가훼손성은 불가침이라고 했고, 모든 인간은 생존할 수 있는 불가양이고 절대적인 권리를 가진다고 생각하였다.[133] 이 밖에도 일반적 평등권을 주장하고 있다.

Hegel도 프랑스 혁명을 찬양하면서 자유의 의식을 한 단계 고양하였다고 보고, 이성적 국가조직의 근거와 목적은 일반적 자유의 개념의 실현에 있다는 확신을 일반적이게 하였다. 헌법은 모든 시민이 이성에 따라 영구적인 권리를 주장할 수 있다고 하였다. 그러한 권리로는 무엇이든지 할 수 있는 자유권과 생명권, 신체불훼손성, 자살금지, 평등권과 재산권 등을 주장하고 있다.[134]

그러나 프랑스 혁명이 실패하고 나폴레옹이 몰락한 다음에는 자연권선언이 아닌 실정

---

publique en France, 1976; Favoreau, Droit constitutionel et droits de l'homme, 1987; Luchaire, F.: La protection constitutionelle des droits et liberté, 1987; Rivero, J.: Le Conseil constitutionnel et les libertés, 1987; 정재황,『기본적 인권연구』I ; 성낙인,『프랑스 헌법학』등 참조.

133) Fichte, Der geschlossene Handelsstaat, 1800; Baule, R., Entwurf einer Verfassung nach J. G. Fichte, MacCormick/Bankowski, op. cit., p. 78-88.

134) Siedler, H., Entwurf einer Verfassung nach G. W. F. Hegel, MacCormick/Bankowski, op. cit., p. 89-106.

권이 개별적으로 보장되기 시작하였다.[135]

1815년의 6월 8일에 만들어진 동맹규약에서는 약간의 자유가 실정권으로 보장되고 있었다. 1818년에서 1819년에 걸쳐 Bayern, Baden, Württemberg에서는 헌법을 제정하고 공민의 권리·의무를 규정하게 되었다. 그러나 이들 헌법은 흠정헌법으로 공민의 자유권·정치적 권리에 관한 규정을 두고 있었으나, 자유권의 대부분은 법률의 유보하에 있었다.[136] 1818년 5월 18일에 제정된 Bayern 헌법에서는 그 전문에서 헌법의 기본원리로서 종교(양심)와 사상의 자유, 공직취임에 있어서의 동권, 모든 법률의 평등과 법 앞의 평등, 사법권의 독립, 의무의 평등 등을 선언하고 있었다. Bayern 헌법은 일반적 권리와 의무에 관한 장에서(Ⅳ §1-14) 인권들을 보다 상세하게 규정하였다. Bayern 헌법은 시민적 권리와 의무에 관한 절에서 시민적 권리와 의무의 밀접한 관련성을 강조하였다. 나아가 재산권의 보장과 인신의 자유를 보장하면서 헌법질서 하에서 평등한 보호를 규정하고 있다.

Württemberg 왕국의 헌법도 1819년 9월 25일에 제정되었는데, 제3장의 국가와 시민의 일반적 권리관계에서(§19-42) 많은 기본권을 규정하였다.

헌법이 제정되지 않은 지방에서도 법률에 의하여 기본권이 보장되게 되었다. Humboldt나 Hardenberg의 Preussen 헌법 초안에서도 기본권이 규정되어 있었다. 오스트리아에서는 1811년의 일반민법전에서 몇 개의 기본권을 보장하고 있었다. 제16조는 Kant에 따라 「모든 인간은 누구나 생래적이고 이성에 따른 권리를 가지고 있으며 그러므로 인격으로 대우되어야 한다. 노예제도나 종신 고용매매제는 폐지된다」고 규정하였다. 여기에서 최초로 Kant의 인간존엄사상이 실정법화하게 되었다.

2) 프랑크푸르트 헌법의 인권선언

독일은 1848년 혁명 후에야 프랑스의 1789년 헌법의 기본권규정을 계수하게 되었다. 프랑크푸르트(Frankfurt)의 바울교회(Paulskirche)에 모인 대의원들은 상세한 기본권규정을 의결하였는데 이것을 「독일인의 인권선언」이라고 하겠다.[137]

1848년의 독일인의 기본권선언은 프랑스 인권선언과는 달리 자유주의적인 기본권선언이었다. 자연권으로서의 천부인권에서 실정권적으로 규정된 것이 특색이다. 그러나

---

135) Kleinheyer, Grundrechte, Menschen- und Bürgerrechte, Volksrechte, Geschichtliche Grundbegriff, Bd. 2, S. 1047-1082; Würtenberger, Von der Aufklärung zum Vormärz, Merten/Papier, Handbuch der Grundrechte, Bd. Ⅰ, 2004, S. 55 ff. 74 ff. Würtenberger, 전게논문, in Merten/Papier (Hrsg.), op. cit., S. 79 ff., 88 ff.

136) 이하 상세한 것은 Oestreich, Die Entwicklung der Menschenrechte und Grundfreiheiten, Die Grundrechte, Bd. Ⅰ. S. 69 ff.; Kleinheyer, Grundrechte, Menschen-und Bürgerrechte, Volksrechte, op. cit., Bd. 2, S. 1070 ff. 참조.

137) Kühne, Von der Bürgerlichen Revolution bis zum Ersten Weltkrieg, Merten/Papier (Hrsg.), op. cit., S. 97 ff.; Kühne, Die Reichsverfassung der Paulskirche, Vorbild und Verwirklichung im späteren deutschen Rechtsleben, 2. Aufl., 1998.

이 규정들은 Österreich, Preussen, Bayern, Hannover 제국이 이 법률의 공포를 거부하여 실정적인 것이 되지 못하였다.

이 Frankfurt 헌법의 기본권은 독일인의 기본권으로서 선언되고 있다. 「독일 국민에는 이하의 기본권이 보장되지 않으면 안 된다. 이들 기본권은 독일 각방의 헌법에 대하여 규범으로서 기능해야 하며, 독일 각방의 헌법 또는 법률은 이를 폐지 또는 제한할 수 없다」(제120조)고 하여, 통일 독일 국민의 기본권(Grundrechte)임을 명확하게 하고 있다.

여기서는 사형의 폐지(§139), 평등(§137), 신체의 자유(§138) 등 생명, 자유, 행복추구권 중에서 생명과 자유, 평등 등의 개별적 규정을 두고 있고 포괄적 기본권조항은 두지 않았다. Frankfurt 헌법의 기본권규정은 독일 헌법사상의 기념비적인 존재로서 높이 평가되고 있다.

Frankfurt 헌법의 일부가 된 이 기본권규정은 전독일의 승인을 얻지 못하여 효력을 발생하지 않았다. 그러나 이 규정은 1849년 1월 24일에는 Bremen에서 법률의 효력을 가지게 되었고, 1849년 3월 5일의 Bremen 헌법에서 Bremen인의 권리로서 그대로 규정되게 되었다.

그 뒤 지방 헌법들은 기본권의 자연권성을 부정하고 실정권으로 규정하게 되었다. 이론상 공권은 반사적 이익이나 실정권으로 인정되었다.

3) 프로이센 제국헌법

(1) 1850년 프로이센 헌법

프로이센(Preussen) 헌법은 1848년 3월에 일어난 시민혁명의 결과를 반영한 것이다. 1848년 5월 22일에 소집된 프로이센 국민회의가 급진적인 요구를 하였기 때문에 12월 5일 의회를 해산하고 즉일 흠정헌법을 제정하였다. 그러나 새로이 구성된 의회는 이 흠정헌법을 바로 승인하지 않고 의회에서 개정하기로 하였다. 의회는 1850년 1월 흠정헌법을 개정하였다. 이것을 1850년 프로이센 헌법이라고 한다.

이 헌법은 제2편에서 프로이센인의 권리를 선언하고 있으나, 법률유보조항을 두어 실정권으로 규정하였으며, 포괄적 기본권에 관해서는 규정하지 않았다.

(2) 독일 제국헌법

1871년 제국헌법(Reichsverfassung)은 비스마르크(Bismarck) 헌법이라고 말하여진다. 이 헌법은 의도적으로 기본권규정을 두지 아니하였다. 그 대신에 법률에 의하여 기본권을 보장하는 방식으로 변천하였다. 자연권을 부정하고 실정권으로 인정한 것이 특색이다.

4) 바이마르 헌법

(1) 성립

1918년 독일 헌법 후 구성된 공화국의회에서의 헌법제정 논의에서는 전래적인 기본권 규정과 러시아 혁명 후의 「착취되고 근로하는 인민의 권리선언」이 논의의 토대가 되었다. 1919년 8월 11일에 성립된 바이마르 공화국헌법은 제2장에서 독일인의 기본권과 기본의무를 규정하였다(제109조-165조).[138]

(2) 내용

바이마르 헌법의 인권선언은 「독일인의 기본권 및 기본의무」라는 제하에 개인(제109조-제118조), 공동생활(제119조-제134조), 종교 및 종교단체(제135조-제141조), 교육 및 학교(제142조-150조) 및 경제생활(제151조-165조)의 5장으로 나뉘어 있다. 전체로는 57개조나 되어 프랑크푸르트 권리선언의 59개조에 거의 필적한다.

그러나 포괄적 기본권은 규정하지 않았다. 경제생활에 관한 원칙규정인 제151조에서 인간의 존엄에 적합한 생활(menschenwürdiges Dasein)을 보장하는 정의의 원칙을 규정한 것이 특색이다.[139] 여기서 인간의 존엄이 보장되었다.[140]

5) 나치스 헌법

그러나 나치스(Nazis)의 집권에 따라 1933년 의회를 해산하고 대통령이 긴급명령권을 발령하여 바이마르 헌법의 기본적 인권조항 일부를 폐지하고, 언론 · 집회 · 결사의 자유 및 신체의 자유 등을 대폭 제한하였다. 1933년에는 수권법(Ermächtigungsgesetz)을 제정하여 의회를 해산하고 제1조에서 바이마르 헌법에 규정된 기본권을 정지시켰다. Nazis는 인간의 존엄을 침해하는 대량살상을 일삼았으며 인권침해가 최고조에 달했다.

6) 제2차 대전 후 각 지방 헌법

1945년 5월 5일 독일이 패전한 뒤 독일은 미 · 소 · 영 · 불 4강이 분할 점령하였다. 미 · 영 · 불 점령지역에 있던 각 지방에서는 나치스의 인권침해에 대한 반성에서 자연권에 근거한 헌법을 만들게 되었다.

---

138) 바이마르 헌법의 기본권 규정에 대해서는 Nipperdey (Hrsg.), Die Grundrechte und Grundpflichten der Reichsverfassung, 3 Bde., 1929/30; Schmitt, Inhalt und Bedeutung des Zweiten Hauptteils der Reichsverfassung, HDStR, Bd. Ⅱ, S. 572 ff.; Kleinheyer, op. cit., S. 1075 ff.; Dreier, H., Die Zwischenkriegszeit, Merten/Papier, op. cit., S. 153 ff. 참조.

139) 상세한 것은 Lehmann, H., Ordnung des Wirtschaftslebens, in Nipperdey (Hrsg.), op. cit. 1930, Bd. 3, S. 125-149; Burhenne, Grundgesetz der Bundesrepublik Deutschland mit den Verfassung der Länder, 2002; Brehme, G., Die sogenannte Sozialisierungsgesetzgebung der Weimarer Republik, 1960; Schmitt, a. a. O.; 影山日出彌, ヴァイマール憲法における社會權, 『基本的人權 3 歷史Ⅱ』.

140) Lehmann, H., op. cit., S. 137 ff.

(1) Bayern 헌법

1946년 12월 2일에 제정된 Bayern 헌법은 제99조에서 헌법의 기능과 보호에서 「헌법은 모든 주민의 정신적 · 육체적 보호를 위해 봉사한다. 외국에서의 침해에 대한 보호는 국제법을 통하여, 내부적 침해에 대해서는 법률과 사법과 경찰에 의하여 보호된다」고 했다. 또 제100조 「인간의 존엄」은 「인간의 인격의 존엄은 입법, 행정, 사법에서 존중되어야 한다」고 규정하고, 제101조에서는 일반적 행동자유권을 규정하고 있다.[141]

이러한 규정은 Nawiasky 등에 의해서 주장된 것을 규정한 것으로, 독일 지방 헌법에서 포괄적 기본권을 규정하는 선례로 인정되었다. 또 서독 기본법 제정에서도 많은 영향을 끼쳤다.

(2) Hessen 헌법

1946년 12월 1일에 제정된 Hessen 헌법은 제1조에 평등을, 제2조에서 일반적 행동자유권을 규정하고, 제3조에서 「생명, 건강, 명예, 존엄은 불가침이다」고 규정하고, 제27조에서 「사회 · 경제질서는 인간의 존엄과 인격에의 중시에 근거하고 있다」고 하였다. Hessen 헌법은 사회민주주의헌법이라고 칭송되었다.[142]

(3) Rheinland-Pfalz 헌법

1947년 5월 18일의 Rheinland-Pfalz 헌법은 전문에서 「인간의 자유와 존엄을 보장하기 위하여 헌법을 제정했고, 사회적 정의의 원칙에 따라 공동체생활을 질서지우기 위하여 … 헌법을 제정」했음을 강조하고 있다.[143] 제1조에서는 「인간은 자유이다. 인간은 자연적 윤리법칙에 주어진 제한 내에서 육체적 · 정신적 기반의 발전과 자기 인격의 자유발현에 관한 자연권을 가진다」고 하고, 제2조에서는 행동자유권을, 제3조에는 생명권과 신체의 불가훼손성을 규정하고, 제4조에서는 인간의 명예권을 규정하고 있다.

(4) Bremen 헌법

1947년 10월 21일에 제정된 Bremen 헌법은 전문에서 신체의 자유와 인간의 존엄을 침해한 Nazis를 규탄하고, 사회적 정의와 인간성과 평화를 보호하는 생활질서와 모든 노동을 원하는 사람의 인간의 존엄에 적합한 생존을 보호하는 생활질서를 창조하기 위하여 헌법을 제정했음을 선포하고 있다.[144]

---

141) Verfassungen der deutschen Bundesländer, Beck, 10. Aufl., 2014; Nawiasky /Schweiger/Knöfle, Die Verfassung des Freistaates Bayern, 2003; Meder, Die Verfassung des Freistaats Bayern, 2002.

142) Hinkel, Verfassung des Landes Hessen, Kommentar, 1999; Zinn/Stein, Verfassung des Landes Hessen, 1999.

143) Löwer/Tettinger, Kommentar zur Verfassung des Landes Nordrhein-Westfalen, 2002.

144) Fischer/Lescano/Rinken/Buse, Verfassung der Freien Hansestadt Bremen, 2016; Neumann,

제5조 제1항에서 「인간 인격의 존엄은 국가에 의하여 인정되며 존중된다」고 하고, 제3조에서 일반적 행동자유권을 제2조에서 평등권을 보장하고 있다.

(5) Saarland 헌법

1947년 12월 15일에 제정된 Saarland의 헌법은 제1조에서 생명, 자유, 인간존엄에 관해서 규정하고 있다.[145] 「모든 인간은 개인으로서 존중될 권리를 가진다. 인간의 생명에의 권리, 자유권과 인간존엄에 대한 인정에 관한 권리는 공공복리와 공동체의 질서의 한계 내에서 보장된다」고 했다. 제2조에서는 「인간은 자유롭고 행동이나 부작위나 허용은 강제되지 않는다」고 규정했다. 제43조에서는 경제는 「인민의 복지와 행복의 충족을 과업으로 한다」고 하고 있다.

7) 서독 기본법의 기본권 규정

이러한 지방 헌법의 기본권 조항을 참조하여 서독 기본법은 제정되었다. 1948년 헤렌힘제(Herrenchiemsee)성에서 열렸던 기초위원회는 세계인권선언과 각 지방 헌법의 인권규정들을 모방하여 기본권규정초안을 만들었다.[146] 이 초안 제1조는 ① 국가는 인간을 위해서 존재하는 것이고 인간이 국가를 위해서 존재하는 것이 아니다. ② 인간인격의 존엄은 불가침이다. 모든 형태에 있어서의 공권력은 인간의 존엄(Menschenwürde)을 존중하고 보호할 의무를 진다」고 규정하고 있었다. 1949년 5월 23일에 성립한 서독 기본법은 인권존중의 원칙을 대전제로 하면서 기본권보장을 실효화하기 위한 여러 가지의 보장규정을 두고 있는 것이 특색이다.

(1) 인간의 존엄권

헌법심의위원회에서는 여러 가지로 논의되었다. 의회평의회(헌법의회라고도 할 수 있다)에서는 인간의 존엄이 인간 고유의 영구의 권리이며 헌법을 초월한 국가에 선행하는 자연법에 근거한 권리라는 것이라는 문안도 제안되었으며, 이를 비판하는 Carlo Schmidt 의원이나 Theodor Heuss 의원안이 제출되기도 하였다. 또 Thoma 교수나 v. Mangoldt 의장의 초안이 제안되었고, 세계인권선언의 표현도 참조되어야 한다는 의견이 있었다. 그 뒤에도 여러 가지 수정안이 나온 뒤 일반편집위원회의 결정과 본회의의 의결을 거쳐 현존의 조문과 같이 되었다.

헌법 제1조에 「인간의 존엄은 불가침이다. 이를 존중하고 보호하는 것은 모든 국가권력

Die Verfassung der Freien Hansestadt Bremen, 1996.

145) Weber-Fas, Deutsche Verfassung, 2. A. 2001.

146) 성립사와 헌법심의위원회에서의 토론에 대해서는 Jahrbuch des öffentlichen Rechts, Bd. 1; Dolzer /Vogel/Graßhof, Bonner Kommentar zum Grundgesetz, 2005; Klein, Von der Spaltung zur Einigung Europas, Merten/Papier, op. cit., S. 201 ff. 참조.

의 의무이다. 따라서 독일인은 불가침·불가박탈의 인권을 모든 인간공동체의 기초로서 세계에 있어서의 평화와 정의의 기초로서 인정한다. 이하의 기본권은 직접적으로 타당하는 법으로서 입법권·집행권·사법권을 구속한다」고 하고 있다. 이는 기본권의 자연권성을 선언한 것이요, 기본권규정이 단순한 입법방침규정이 아니고 모든 국가권력을 직접적으로 구속하고 있음을 강조한 것이다.[147]

기본권 제1조의 인간의 존엄규정과 제2조의 인격의 자유발현권, 생명, 신체불훼손의 권리 등을 규정함으로써 서독 헌법에서 포괄적 기본권이 규정되었다.[148]

서독에서 미국 인권선언에서와 달리 행복추구권 대신에 인간의 존엄을 규정한 것은 독일 관념론철학, 특히 Kant나 Fichte 등의 영향이 컸던 것으로 보인다.

또 세계인권선언 제1조에서 「존엄과 권리에 있어서 평등하다」는 규정에 영향을 받은 것으로 보이기도 한다.

(2) 생명·신체·자유권

제2조는 생명, 신체, 인격의 자유발현권을 규정하고 있다. 제2조는 「모든 사람은, 타인의 권리를 침해하지 아니하고, 헌법적 질서 또는 도덕률에 위반하지 않는 한에 있어서 자기의 인격을 자유로이 발현할 권리를 가진다. 모든 사람은 생명에 대한 권리와 신체불훼손에 대한 권리를 가진다. 인신의 자유는 불가침이다. 이들 권리는 법률의 근거에 의하지 아니하고는 침해될 수 없다」고 규정하고 있다.

이 조항은 Bayern 헌법 제101조와 헤렌힘제 초안 제2조에 따라 성안된 것이나 헌법심의과정에서 많은 논란이 있었다. v. Mangoldt 의원은 자유권뿐만 아니라 생존권의 보장에 관한 규정을 채용할 것을 제안하여 간부위원회에서 승인되었다. 이 안을 보면 「모든 사람은 생명에 관한 권리, 자유에 관한 권리, 신체안전에 대한 권리를 가진다. 모든 사람은 다른 사람의 권리를 침해하지 않고, 헌법적 질서나 도덕률을 침해하지 않는 범위 내에서 인격의 자유로운 발현권을 가진다. 이 자유는 법질서의 영역 내에서만 침해될 수 있다. 생명에 필수적인 식량, 의복과 주거의 최저한은 어떠한 경우에도 거부될 수 없다. 누구든지 공권력에 의하여 이들 권리가 침해된 경우에는 권리구제의 방법이 열려 있다」. 이 안은 생존의 최저한 보장으로써 행복추구에 관한 복지의 권리를 규정하고 있었으나 교정위원회나 본회의에서 현재와 같이 수정되었다.

이 제2조의 규정은 Hessen 헌법 제2조와 제3조의 규정을 포함하는 것으로 인식되어 제정된 것으로 보인다. 앞서 본 바와 같이, Hessen 헌법 제2조는 일반적 행동자유권을

---

147) 기본법에 대한 중요 콤멘타르는 다음 것이 있다. Dreier, Grundgesetz, 2. Aufl., 2004 ff.; v. Mangoldt/ Klein/Starck, Kommentar zum Grundgesetz, 7. A. 2018; Friauf/Höfling, Berliner Kommentar zum Grundgesetz, 2005; Maunz/Dürig, Grundgesetz für die Bundesrepublik Deutschland Kommentar, 2020; v. Münch/Kunig, Grundgesetz Kommentar, 7. Aufl. 2021 in 2 Bänden; Sachs, Grundgesetz Kommentar, 9. Aufl., 2021; Schmidt-Bleibtreu/Klein, Kommentar zum Grundgesetz, 10. Aufl., 2004.

148) Merten/Papier, Handbuch der Grundrechte in Deutschland und Europa, 2004 ff. in 9 Bänden.

규정하고 있다. 1항에서는 「인간은 자유이다. 그는 타인의 권리를 침해하지 아니하고 공동체의 헌법질서를 침해하지 아니하는 범위 내에서 행위하고 싶은 대로 행하고, 원하지 않는 경우에는 행동하지 않을 권리를 가진다」고 했다. 또 제3조에서는 「인간의 생명, 건강, 명예와 존엄은 불가침이다」고 규정하고 있었다.

(3) 포괄적 기본권

서독 기본법 제1조와 2조의 규정을 종합하여 보면, 생명, 자유, 존엄 등의 권리가 종합적으로 규정되어 있음을 알 수 있으며 여기서 헌법에 열거되지 않은 무명기본권이 보장되어 있음을 알 수 있다.

독일에서는 제1조와 제2조에서 생명권, 일반적 인격권, 일반적 행동자유권, 신체불가 훼손권, 신체의 자유가 규정되어 있다고 본다.[149]

8) 서독 기본법 제정 후의 지방 헌법

서독 기본법이 제정된 뒤에도 서방 지방에서는 지방 헌법이 제정되었다.

(1) Nordrhein 헌법

1950년 6월 28일에 제정된 Nordrhein-Westfalen 헌법은 전문에서 헌법제정의 목적을 내외의 평화를 위하여, 모든 사람의 자유와 정의, 복지를 창설하기 위하여 이 법을 제정했다고 하고 있다.[150]

제4조에서 1949년의 본(Bonn) 기본법이 확정하고 있는 기본권과 시민권은 Nordrhein-Westfalen주 헌법의 구성요소이며, 직접적으로 적용되는 지방법이라고 하였다. 그 외에는 본 기본법에서 규정되지 않았던 생존권 등에 관하여 상세히 규정하고 있다. 제24조에서 경제생활의 중심점은 인간의 복지에 봉사함에 있다고 하고 있다.

(2) Berlin 헌법

1950년 9월 1일에 제정된 베를린 헌법은 전문에서 개인의 자유와 권리를 보호하는 것을 목적으로 하고 있으며, 제9조에서 인신의 자유, 제6조에서 평등권, 제14조에서 공적 수단에 의하여 부양을 받을 권리 등을 규정하고 있으나 생명, 존엄, 행복추구권 등 포괄적 기본권은 규정하지 않았다.

---

149) 상세한 것은 Stern, K.; §97 Die Würde des Menschen, Staatsrecht IV/1. S. 3-118; Stern, §98 Der Schutz des physischen Existenz, StR. S. 119-176; Stern, §99, Der Schutz der Persönlichkeit und der Privatsphäre, op. cit., S. 177-314와 거기에 열거된 문헌 참조.
150) Grawert, Verfassung für das Land Nordrhein-Westfalen, Kommentar, 2020; Löwer/Tettinger, Kommentar zur Verfassung des Landes Nordrhein-Westfalen 2002; Geller/Kleinrahm, Die Verfassung des Landes Nordrhein-Westfalen, Kommentar, 1994.

(3) Hamburg 헌법

1952년 6월 6일의 Hamburg 헌법은 전문에서 「경제질서는 모든 사람의 경제적 수요를 충족시키는 것을 목적으로 하고 있음을 강조하고, 정치적 · 경제적 · 사회적 평등을 실현하여 자연적 생존상태의 유지는 지방의 특별한 보호를 받는다」고 규정하였다. 그러나 헌법 본문에서 기본권조항을 두지는 아니하였다.151)

(4) Baden-Württemberg 헌법

1953년 11월 11일에 제정된 Baden-Württemberg 헌법은 전문에서 「인간의 자유와 존엄을 보장하고 …… 사회적 정의의 원칙에 따라 공동체생활을 하도록 하고, 모든 사람의 경제적 진보를 촉진하기 위하여 헌법을 제정했음」을 선언하고 있다. 제1조에서는 인간을 위한 사회, 국가의 보호의무를 규정하고 있다. 「국가는 인간에게 봉사하기 위한 과업을 가진다」고 하고, 제2조에서 「본 기본법에 규정된 인간과 시민의 권리는 Baden-Württemberg 헌법의 구성요소이며 직접 타당하는 법으로 기능하고 있다」고 규정하였다.152)

그러나 헌법 제1조와 제2조는 그 뒤에도 개정되지 않았다.

9) 통일 헌법의 기본권규정

독일은 동독의 서독 편입으로 통일을 달성하였다(1989. 11). 기본법의 기본권보장규정은 현실적인 규범으로서 모든 국가권력을 구속하고 있다. 연방헌법재판소는 기본권의 실효성을 보장하기 위하여 활발한 위헌심사를 하여 기본권보장기관으로서의 지위를 확보하였다. 연방헌법재판소는 기본권은 객관적 질서로서 모든 법 영역에 타당하여야 한다는 스스로의 이론에 따라 입법 · 행정 · 사법권이 법규범의 정립 · 적용에 있어서 기본권의 의의를 고려하고 있는가를 심사하고 있다. 나아가 소위 기본권의 제3자 효력에 따라 사법관계에서의 기본권의 적용도 강조되고 있다.153)

통일 후 기본권에 관한 기본법조항도 보완되고 있다. 진보적 학자나 정당들이 주장한 생존권에 관한 규정은 추가되지 않았다. 그렇다고 하여 생존권이 보장되지 않는 것은 아니다. 자유권에서 생존권적 기본권을 도출하거나 국가목표규정, 사회국가규정에서 생존권을 도출하고 있다.

10) 신 지방헌법

통일 후 구 동독에 속했던 신 지방에서도 새로운 헌법이 제정되었다.

---

151) David, Die Verfassung der Freien und Hansestadt Hamburg, 2. A. 2004.
152) Braun, Kommentar zur Verfassung des Landes Baden-Württemberg, 1997.
153) R. Lamprecht, Von Untertan zum Bürger, Die Erfolgsgeschichte der Grundrechte, 1999; Weber, A., Menschenrechte, 2004 참조.

(1) Sachsen 헌법

1992년 5월 27일에 제정된 Sachsen 헌법은 제7조에서 인간의 존엄에 관하여 규정하고 있다.154) 「지방은 모든 인간의 인간존엄에 적합한 생존에 관한 권리를 인정한다. 특히 노동에 대한 권리, 적정한 주거에 관한 권리, 적정한 생활부양의 권리, 사회보장의 권리와 교육의 권리를 보장하는 것은 국가의 목적이다」.

제14조에서 「인간의 존엄은 불가침이다. 이를 존중하고 보장하는 것은 모든 국가권력의 의무이다. 인간의 존엄의 불가침은 모든 기본권의 원천이다」고 하고, 제15조에서 인격의 자유로운 발현권을, 제16조에서 생명권과 인체의 불가훼손권, 인신의 자유의 불가침을 규정하고 있다. 이는 연방헌법의 규정을 그대로 규정한 것이 특색이다.

(2) 작센-안할트(Sachsen-Anhalt) 헌법

1992년 7월 16일에 제정된 Sachsen-Anhalt 헌법은 전문에서 인간의 자유와 존엄의 보장이 국가의 목적임을 천명하고 사회적이고 정당한 공동체생활을 창조하고, 자연적인 생활근거를 유지하고, 인간의 복지를 증진하기 위하여 이 헌법을 제정했다고 하고 있다. 제4조에서는 인간의 존엄은 불가침이라고 규정했고, 제5조에서는 인격의 자유발현권과 생명권, 신체적 정신적 권리를 선언하고 인신의 자유를 보장하고 있다. 이 헌법은 제2장에서 시민과 국가를 규정하면서 기본권과 제도보장·국가목표규정을 분류하여 규정하고 있는 것이 특색이다.

(3) Brandenburg 헌법

1992년 8월 20일에 제정된 Brandenburg 헌법은 제2장에서 기본권과 국가목적에 관해서 규정하고 있는데, 50개조에 걸쳐 상세하게 규정하고 있다.155) 제2절은 자유, 평등, 존엄이라는 제하에 제7조는 인간의 존엄의 보장, 제8조는 생명권, 죽음에서의 존엄의 존중과 인신의 불가훼손성을 규정하고 있다. 제9조에서는 인신의 자유의 불가침, 제10조는 인격의 자유발현권, 제11조는 데이터보호, 제12조는 평등권 등을 규정하고 있다. 내용상에서는 독일 기본법규정과 같다.

(4) Niedersachsen 헌법

1993년 5월 19일의 Niedersachsen 헌법은 제3조에서 ① Niedersachsen 인민은 인권을 국가적 공동체, 평화와 정의의 근거임을 확인한다고 하고, 독일 기본법에 규정된 기본권과 시민의 권리는 헌법의 구성요소이다고 하고 있다(제3조). 따라서 포괄적 기본권에 관해서는 규정하지 않고 있다.156)

---

154) Müller, Verfassung des Freistaats Sachsen, Kommentar, 1993.
155) Simon/Franke/Sachs, Handbuch des Landes Brandenburg, 1994.
156) Hagebölling, Niedersächsische Verfassung, Kommentar, 1997.

(5) Mecklenburg-Vorpommern 헌법

1993년 5월 23일의 Mecklenburg-Vorpommern 헌법은 제5조에서 독일 기본법에 규정된 기본권과 시민권은 이 헌법의 구성요소라고 하면서 이를 직접 적용되는 법이라고 하고 있다. 따라서 포괄적 기본권에 관한 별도의 규정은 두지 않고 있다.157)

(6) Thüringen 헌법

1993년 10월 25일에 제정된 Thüringen 헌법은 전문에서 개인의 자유와 존엄을 존중하고 사회적 정의 속에서 공동체생활을 준수하기 위한 의사에서 헌법을 제정했다고 하고 있다.158)

제1부는 기본권과 국가목적과 공동체생활의 질서에 관해서 규정하고 있다. 제1절은 인간의 존엄, 평등, 자유를 규정하고 있다. 제1조에서는 인간의 존엄을, 제2조에서는 평등을, 제3조에서는 생명권, 신체의 불훼손권, 자유권과 인격권에 관해서 규정하고 있다. 제3조의 규정은 독일 기본법 제2조의 규정과 비슷하다.

(7) Berlin 헌법

1995년 11월 11일에 제정된 Berlin 헌법은 제2절에서 기본권과 국가목적을 규정하고 있다.159) 제6조는 독일 기본법 제1조와 같이 인간의 존엄의 불가침을 규정하고 있다. 제7조에서는 인격의 자유발현권을 규정하고, 제8조에서는 생명권과 신체의 불가훼손권, 인신의 자유에 관해서 규정하고 있다. 제7조와 제8조는 독일 기본법 제2조의 규정을 두 조문으로 나눈 것이다. 제10조에서는 평등권에 관하여 규정하고 있다. 제22조에서는 지방은 그 능력의 범위 내에서 사회보장을 실현할 의무를 진다고 하고, 사회보장은 인간의 존엄과 자기 책임으로 생활을 형성하는 것이 가능하도록 하는 것이라고 하였다.

4. 일본의 인권선언

1) 일본에 있어서의 인권사상의 도입

일본에서도 천부인권이 주장된 적이 있었다. 1883년에는 바바다츠이(馬場辰猪)가「천

---

157) Darsow/Gentner/Glaeser, Schweriner Kommentierung der Kommunalverfassung des Landes Mecklenburg-Vorpommern, Kommentar, 3. Aufl., 2005; Thiele/Pirsch/Wedemeyer, Die Verfassung des Landes Mecklenburg-Vorpommern, 1995.
158) Birkmann/Walsmann, Die Verfassung des Freistaats Thüringen, 11. Aufl., 2004; Linck/Jutzi/Hopfe, Die Verfassung des Freistaats Thüringen, Kommentar, 1994.
159) Driehaus, Verfassung von Berlin, 2. Aufl., 2005; Pfennig/Neumann, Verfassung von Berlin, 3. Aufl., 2000; 김철수,『독일통일의 정치와 헌법』, 2004.

부인권론」을, 우에키 에모리(植木枝盛)가 「천부인권변(辨)」을 발표하였다. 이 천부인권론
은 후쿠자와 유키치(福澤諭吉)의 이론에서 나온 것이요, 외국 서적의 번역서에 따른
것으로 보인다. 명치 헌법의 제정 전에는 사의(私擬) 헌법이 많이 나왔는데, 우에키안에서
는 천부인권, 자연권론을 볼 수 있었다. 그러나 명치 헌법의 제정 후에는 천부인권론이
핍박되어 주장자가 거의 없었다. 1911년 가와카미 하지메(河上肇)는 「일본 독특의 국가주
의」라는 논문에서 「서방의 천부인권, 민부국권과 일본의 국부인권, 천부국권 — 서양인의
인격과 일본인의 국격」이라는 특색을 잘 설명하고 있다. 호즈미 야츠카(穗積八束)는
「신민의 권리」는 천부의 권리가 아니고, 「국권에 반항하는 권리가 아니다」고 하면서
천부인권사상은 일본 헌법이 취하는 바가 아니라고 하고 있다.160)

2) 명치 헌법

명치 헌법의 기본권규정은 천부인권사상을 부정하고 국민의 자유와 권리를 실정권으로
규정한 것이었다.161) 자유권이 몇 개 규정되어 있었으나 법률유보가 규정되어 있어서
실정권으로서의 특성을 더욱 고조시킨 것이라고 하겠다.

명치 헌법 제정 당시에 기본적 인권 규정을 둘 것인가에 관한 논쟁이 있었을 때 외국인고
문도 이를 규정할 것을 권고했고, 이토 히로부미(伊藤博文)도 「헌법을 창설하는 정신은
첫째로 군권을 제한하고, 둘째로 국민의 권리를 보호하는 데 있다. 고로 만약 헌법에
있어서 신민의 권리를 열거하지 않고 책임만을 기재한다면 헌법을 만들 필요가 없다」고
하여 신민의 권리 · 의무를 두도록 주장하였다. 명치 헌법의 기본권규정은 프로이센
헌법의 규정을 답습한 것으로 보인다.162) 그러나 프로이센 헌법은 기본권의 제한은
법률유보에 의하였는데, 명치 헌법은 법률, 독립명령, 계엄 등으로 제한할 수 있게 한
것이 특색이다.

명치 헌법에서는 자유권만이 실정권으로 열거되었을 뿐 포괄적 기본권 내지 일반적
자유권에 관한 규정은 없었다. 이것은 외견적 입헌주의헌법의 기본권이라고 하겠다.163)

3) 일본국 헌법

(1) 자연권선언

일본에서 천부인권사상이 헌법화된 것은 1946년 11월 3일의 일본국헌법의 성립에서
찾을 수 있다. 전문에서는 「원래 국정은 국민의 엄숙한 신탁에 의한 것이며, 그 권위는

---

160) 상세한 것은 石田雄, 日本における法的思考の發展と基本的人權, 『基本的人權 2』, 5면 이하; 奧平康弘,
明治憲法における自由權法制 - その若干の考察, 『基本的人權 2』, 39면 이하 참조.
161) 상세한 것은 利谷信義, 明治初期の人權と明治憲法, 『基本的人權 2』, 123면 참조.
162) 상세한 것은 奧平康弘, 明治憲法における自由權法制, 상게서, 53면 이하 참조.
163) 宮沢俊義, 『憲法 Ⅱ』, 6-7면, 83면, 188면.

국민에 유래하고 그 권력은 국민의 대표자가 이를 행사하고, 그 복리는 국민이 이를 향수한다」고 하여 국민주권과 국가기능을 선언하고 있다. 또 제11조에서 「국민은 모든 기본적 인권의 향유를 방해받지 아니한다. 이 헌법이 국민에 보장하는 기본적 인권은 불가침의 영구의 권리로서 현존 및 장래의 국민에게 부여된다」고 선언하고 있다. 제97조에서는 「이 헌법이 일본 국민에 보장하는 기본적 인권은 인류의 다년에 걸치는 자유획득의 노력의 성과이며, 이들 권리는 과거 수다한 시련에 이겨 현존 및 장래의 국민에 대하여 침해할 수 없는 영구의 권리로서 신탁된 것이다」고 하고 있다.

이는 기본적 인권이 불가침의 영구적 권리로서 헌법이 확인하고 있는 자연권임을 선언한 것이다. 기본적 인권이 자연권임을 선언하게 된 것은 미점령군 사령부의 뜻이었다고 하겠다. 1945년 10월 시점에서 GHQ는 Acheson 고문을 통하여 개헌을 시사하면서 인권보장을 강조했다. 1946년 2월에는 MacArthur 초안이 일본 정부에 수교되었고, 이 안의 제3장 국민의 권리 · 의무 규정이 원형이 되었다. 다만, 초안 제10조의 규정은 일본 헌법에서는 제97조로 되었다.164)

(2) 개인의 존중

MacArthur 초안은 제12조 전단에서 "All Japanes by Virture of their Humanity shall be respected as individuals"라는 구절이 있었다.165) 이것이 일본국 헌법 제13조 「모든 국민은 개인으로서 존중된다」고 확정되었다. 이것은 국민이 인간으로서 존엄을 가진 개인으로 존중된다는 것을 뜻하는 것으로 개인주의를 규정한 것으로 인정된다.166) 또 초안 제2조 끝 부분은 "Laws contrary to these principles shall be abolished, and replaced by other viewing choice of spouse, property rights, inheritance, choice of domicile, divorce and other matters pertaining to marriage and the family from the standpoint of individual dignity and the essential equalities of the sexes."라고 되어 있었는데, 이는 제24조 2항에서 「배우자의 선택, 재산권, 상속, 주거의 선정, 결혼 및 혼인 및 가족에 관한 기타 사항에 관해서는, 법률은 개인의 존엄과 양성의 본질적 평등에 입각하여 제정되지 않으면 안 된다」고 확정되었다.167)

혼인, 가족생활 등에서의 개인의 존엄에 대해서 규정한 것으로 처음으로 individual dignity라는 용어가 등장한다. 인간의 고유의 존엄에서 자연권이 나온다고 한다. 국가와 개인, 가족과 개인 간에 있어서 전체주의가 아닌 개인주의를 주장한 것이라고 할 것이다.168) 인간의 존엄사상은 Kant 등에 의해서 주장된 것으로 독일 지방 헌법에서 규정된

---

164) 일본국 헌법의 제정과 MacArthur 혁명의 관계에 대해서는 高柳賢三, 『日本國憲法制定の過程』, 1995; 憲法調査會事務局, 『憲法制定の經過に關する小委員會報告書』; 長尾龍一, マック信託と制定過程, 『日本國憲法のすべて(this is 讀賣)』, 1997, 64-79면; 西修, 日本國憲法の制定過程, 상게서, 322-337면.
165) MacArthur 헌법초안의 원문과 일역문은 상게서, 304-320면.
166) 개인의 존중에 관해서는 戶波江二, 幸福追求權の構造, 『公法研究』 제58호(1996), 8-12면 참조.
167) 가족의 지위에 대한 사상사에 대해서는 渡辺康行, 家族と憲法, 樋口陽一編, 『講座 憲法學 4 權利の保障 (2)』, 163-187면 참조.

것이나 이것이 일본 헌법 제13조에 영향을 끼쳤는지는 확인할 수 없다.

(3) 생명, 자유, 행복추구권

MacArthur 헌법초안에서는 제12조 후단에서 "The right to life, liberty and the pursuit of happiness within the limits of the general welfare shall be the supreme considerations of all law and of all government action."이라고 하고 있었다. 그것이 일본국 헌법 제13조 후문에서「생명, 자유 및 행복추구권에 대한 국민의 권리에 대해서도 공공의 복리에 반하지 아니하는 한, 입법 기타의 국정상에서 최대한의 존중을 필요로 한다」고 규정하게 되었다.

생명, 자유 및 행복추구권의 개념은 Virginia 인권선언과 1776년의 미국의 독립선언에 유래하고 있다. 이 이론의 근거는 Locke에 있다고 말하여졌다. 여기서는 첫째로, 생명, 자유, 행복추구권의 권리는 개인의 인격적 생존에 관한 근원적이고 또 불가양의 자연권을 의미하였다. 둘째로, 생명, 자유, 행복추구권은 포괄적 인권을 말하였으며, 그 내용은 거의 모든 기본권을 포함하고 있었다. 셋째로는, 국정상「최대의 존중을 필요로 한다」는 것은 국가가 국민의 권리를 보장하고 그 보장의 범위가 확정된다는 것을 의미하였다. 넷째로는, 기본적 인권은 불가양, 불가침이고 공공의 복리를 위해서만 제한되는 것을 의미하였다.[169]

성립 당시에는 이 규정을 객관적 규범으로 선언적 규정이라고 보고 기본권의 공공복리를 위한 제한 근거로 보는 경향이 있었으나, 오늘날의 통설은 생명, 자유, 인격권, 사생활의 비밀권, 환경권 등 헌법상 구체적 기본권이 규정된 것으로 본다.[170]

5. 기타 유럽 헌법과 스위스 헌법

1) 서유럽 헌법

인간의 존엄권에 관하여 규정한 헌법으로는 그리스 헌법, 스페인 헌법, 포르투갈 헌법, 터키 헌법, 스웨덴 헌법 등이 있다.

그리스 헌법은 제2조 1항에서「인간의 존엄성을 존중하고 보호함을 국가의 기본의무로한다」고 규정했다. 스페인 헌법은 제10조에서「인간의 존엄, 인간의 고유한 불가침성,

---

168) 개인은 인권의 주체로서 개인의 위치를 자기가 결정하여야만 개인주의가 성립한다고 한다. 개인의 위치를 스스로 결정한다고 하는 것은 자기결정, 자기실현을 인권의 위치의 중핵에 두고 인간은 Life Style을 자기가 결정할 수 있으며 그렇게 하여야 한다는 생각에 입각하여야 한다는 것을 말한다고 한다(江橋崇, 個人の位置と人權確立への道, 상게서, 234-251면).

169) 種谷春洋, 生命, 自由および幸福追求權, 芦部信喜編, 『憲法 Ⅱ 人權(1)』, 130-193면.

170) 種谷春洋, 상게 논문; 芦部信喜, 『憲法學 Ⅱ 人權總論』, 1994, 328-409면; 佐藤幸治, 憲法 13條, 樋口ほか 『註釋 日本國憲法(上)』, 254면; 戶波江二, 전게 논문, 『公法研究』 제58호, 1-27면.

인격의 자유로운 발현, 법의 존중 및 타인의 권리의 존중은 정치질서 및 사회질서의 기본이
다」고 하고 있다. 포르투갈 헌법 제1조는 「포르투갈은 인간의 존엄 위에 건설된 주권적
공화국」이라고 했다. 1979년 10월의 스웨덴 왕국 헌법 제21조 1항에서는 「공권력은
모든 인간의 평등한 가치를 존중하고 타인의 자유와 존엄을 존중하여 행사」하도록 규정하고
있다. 또 1982년 4월 7일의 터키 헌법은 인간의 존엄에 반하는 형벌을 금지하고 있다.

2) 동유럽헌법

공산주의를 포기한 동유럽국가에서도 새로운 헌법은 인간의 존엄에 관해서 규정하고
있다. Albania 헌법은 전문과 제3조에서, Bulgaria 헌법은 제4조 2항과 제32조 1항에서,
Estonia 헌법은 제10조에서, Georgia 헌법 제17조 1항에서, Lettland 헌법은 제95조에
서, Lithuania 헌법은 제21조의 2에서, Macedonia 헌법은 제25조에서, Moldoba 헌법은
전문에서, Montenegro 헌법은 제20조 2항에서, Poland 헌법은 제30조에서, Rumania
헌법은 제1조 3항에서, Russia 헌법은 제7조 1항과 21조에서, Serbia 헌법은 제18조에서,
Slowakia 헌법은 제21조에서, Checko 인권헌장은 전문과 제1조, 제10조에서, Ukraina
헌법은 제3조 1항과 제28조 1항, Hungary 헌법은 제54조 1항, 구 Russia 헌법은 제25조
1항과 53조에서 규정하고 있다.[171]

3) 핀란드 헌법과 스위스 헌법

1999년 6월 1일에 제정된 핀란드 기본법은 제1조 2항 등이 인간의 존엄의 불가침을
규정하고 있다. 「헌법은 인간의 존엄의 불가침성을 보장한다」.
스위스 헌법은 원래 인간의 존엄권 등을 규정하지 않아 판례법상 인정되었으나 1999년
연방헌법을 제정하면서 제7조에서 인간의 존엄을 존중하고 보호하도록 규정하고 있다.
또 제10조 1항에서 모든 인간은 생명에의 권리를 가진다고 규정하고 있다. 제10조
2항은 신체의 불훼손성과 신체행동의 자유를 명확히 규정하고 있다. 또 연방헌법 제13조
는 사생활의 보호를 규정하고 있다. 신체의 자유에서 자기 생활영역을 자유로이 결정할
수 있으며 성적 자기결정권을 인정하고 있다.[172]

6. 국제인권 규정

1) 국제연합에 의한 선언

---

171) Stern, Das Staatsrecht der Bundesrepublik Deutschland, Bd. IV/1, §97, S. 117-118.
172) Haller, Menschenwürde, Recht auf Leben und persönliche Freiheit, Merten/Papier, Handbuch
    der Grundrechte, Bd. VII/2 § 209, 199.

(1) 국제연합헌장

과거에는 기본적 인권은 국내법적인 것으로만 보고 국제법적으로는 잘 보장되지 않았다. 그러나 제2차 세계대전 이후 국제법상에도 기본권을 규정하기 시작하였다.[173]

1945년 6월 26일 국제연합 헌장은 전문에서 「우리들 연합국의 인민은 …… 기본적 인권과 인간의 존엄 및 가치와 남녀 및 대소 각국의 국권에 관한 신임을 새로이 확인」하는 것을 결의한다」고 하고 있다. 제1조 3항은 국제연합의 목적의 하나로 「…… 모든 사람을 위한 인권 및 기본적 자유를 존중하도록 조장·장려하는 것에 의한 국제협력의 달성」을 들고 있다. 또 제55조에서는 경제적 및 사회적 국제협력의 목적으로서 「인종, 성, 언어 또는 종교에 의한 차별 없는 모든 사람을 위한 인권 및 기본적 자유의 보편적인 존중 및 준수」를 들고 있다. 또 경제사회이사회의 권한으로서 「이사회는 모든 사람을 위한 인권 및 기본적 자유의 존중 및 준수를 조장하기 위하여 권고할 수 있다」고 규정하고 있다.[174]

(2) 세계인권선언

1948년 12월 10일에 채택된 세계인권선언은 전문에서 인류사회의 모든 구성원의 고유의 존엄 및 평등하고 또 박탈할 수 없는 권리를 인정하는 것이 세계에 있어서의 자유, 정의 및 평화의 기초를 이루는 것이므로 …… 인간이 언론 및 신념의 자유와 공포 및 결핍에서의 자유를 향수하는 세계의 도래가 일반 인민의 최고의 원망으로서 선명되었기에, …… 국제연합의 인민은 헌장에 있어서 기본적 인권, 인간의 존엄 및 가치와 남녀의 동권의 신념을 새로이 확인하고, 또 일층 큰 자유 중에서 사회적 진보 및 생활수준의 향상을 촉진할 것을 결의하였으므로 …… 이 세계인권선언을 공포한다」고 하고 있다.

제1조에서 「(자유평등) 모든 인간은 타고나면서부터 자유이고 또 존엄 및 권리에 있어서 평등이다. 인간은 이성 및 양심이 주어져 있으며 서로 동포의 정신으로 행동하지 않으면 안 된다」고 규정하고, 제3조에서 「(생명, 자유, 신체의 안전) 모든 사람은 생명, 자유 및 신체의 안전에 대한 권리를 가진다」고 하여 포괄적 기본권을 규정하고 있다.

제22조는 사회보장의 권리를 규정하면서 「모든 사람은 …… 그 존엄 및 인격의 자유로운 발전에 불가결한 경제적, 사회적 및 문화적 권리의 실현을 구할 권리를 가진다」고 규정하고 있다. 또 제6조에서 법률 앞에서 인간으로 인정되어질 권리를 가진다고 하고 있다. 이러한 기본권사상은 근대 자연법의 영향을 받은 것이며 자연법의 재생이라고 하겠다.

이 세계인권선언의 법적 구속력에 대해서는 긍정설과 부정설이 있는데 가맹국에 대한 권고적·도의적 효력을 가진다고 하겠다.[175]

---

173) 상세한 국제인권 내용은 국가인권위원회편,『국제인권조약집』6권; 정인섭 편역,『국제인권조약집』, 2000 참조.
174) Simma, Charta der Vereinten Nationen, 1991.

(3) 국제헌장

1966년 12월 16일에는 경제적·사회적 및 문화적 권리에 관한 국제규약이 체결되었고 또 시민적 및 정치적 권리에 관한 국제헌장도 체결하였다. 사회권헌장은 전문에서 이들 권리는 모든 구성원의 고유의 존엄에 유래한다고 하고 있다. 자유권헌장도 전문에서 같이 규정하면서 제6조에서는 생명에 대한 권리를 규정하여 자의적인 생명의 박탈을 금지하고 있다. 제9조에서는 신체의 자유 및 안전에 대하여 규정하고 있다. 또 제17조에서 사생활의 자유를 보장하고 있다.

국제연합헌장은 체결국을 구속하고 있는데, 우리나라도 이 헌장에 가입했으므로 구속력이 있다고 하겠다.[176]

2) 유럽인권헌장

1953년 9월 3일에 효력을 발생한 유럽인권헌장은 제1절에서 권리와 자유에 관해서 규정하고 있는데, 제2조에서는 생명의 권리를 규정하고, 제3조에서 고문의 금지, 제4조에서 노예제도와 강제노역의 금지를, 제5조에서 자유와 안전의 권리를 규정하고 있다. 인간의 존엄에 대한 포괄적 규정은 세계인권선언에 규정된 것으로 보고, 보다 구체적으로 생명·존엄·자유를 개별화한 것이라고 보겠다. 또 제8조에서 사생활과 가족생활의 존중을 규정하고 있다.[177]

3) 유럽공동체 창설을 위한 유럽의회 선언

1989년 4월 12일의 유럽의회는 새로운 인권선언을 하였는데 제1조에서「인간의 존엄은 불가침이다」고 하고, 제2조에서는「생명과 자유와 안전에 관한 권리를 가진다」고 하고, 고문과 비인간적이고 능멸적인 형벌이나 처우를 금지하고 있다. 제8조에서는 인격의 자유발현권의 하나로 거주이전의 자유를 규정하고 있다.

4) 유럽연합의 인권장전

---

175) 세계인권선언에 관해서는『98사이버 권리백서, 세계인권선언 50주년 기념에 부쳐』(정보민주화와 진보적 통신을 위한 연대 모임, 1998); 박기갑,『21세기 국제인권법의 과제와 전망』, 1999; 畑博行·水上千之,『國際人權法槪論』제4판, 27면 이하.

176) 국제인권규약에 대해서는 바삭, 카렐; 박홍규역,『인권론』, 1986, 문광삼, 최근 가입한 인권에 관한 국제규약,『고시계』, 405, 1990, 11, 84-95면; 김강운, 인권의 국제적 보장에 관한 헌법학적 연구, 원광대 법학박사, 1996.

177) 유럽인권장전에 관해서는 Frowein/Peukert, Europäische Menschenrechtskonvention, 1996; Seidel, G., Handbuch der Grund- und Menschenrechte auf staatlicher, europäischer und universeller Ebene, 1996; Jarass, D., EU-Grundrechte, 2010 참조.

2000년 12월 7일에는 유럽연합이 인권장전을 제정하였다. 이 유럽인권장전은 유럽헌법조약의 제2부로 포섭되었다. 2004년 10월 29일 이 헌법조약은 서명되었으나 아직은 효력을 발생하지 못하고 있다. 유럽연합의 인권장전은 헤어초크(Herzog) 독일 대통령의 영도 하에 제정되었기에 독일 기본법의 조항과 유사한 것이 있으나 생존권적 기본권을 추가한 점이 다르다.178)

이 인권장전은 제1조부터 시작되는데 유럽헌법조약에서는 제61조부터 시작된다. 따라서 인권장전 제1조는 유럽헌법조약 제61조로 된다. 내용은 크게 변하지 않았다. 인간의 존엄권, 생명권 등에 대해서는 통합적으로 규정하지 아니하고 따로따로 규정하고 있다. 제1장은 인간의 존엄을 규정하고 있는데 존엄침해를 개별적·구체적으로 규정하고 있다. 제1조는 존엄권을 규정하고 있는데 유럽의회의 인권선언과 같으며 독일 기본법 제1조 제1항과 같다. 제2조에서는 생명권을 규정하고 있는데 여기서 사형제도도 폐지하고 있다. 제3조는 육체적·정신적 불가훼손권에 관해서 규정하고 의료와 생명과학에 있어서의 인간의 불훼손을 상세히 규정하고 있다.179)180)

제4조에서는 고문의 금지를 규정하고 있는데, 비인간적이고 능멸적인 형벌이나 처우를 금지하고 있다. 제5조는 노예제도와 강제노동을 금지하고 있다.

자유에 관한 권리는 제2부에서 규정하고 있다. 제6조는 누구든지 자유와 안전에 관한 권리를 가진다고 하고, 제7조는 사생활 및 가족생활의 존중을, 제8조는 개인정보의 보호, 제9조는 결혼하여 가족을 이룰 수 있는 권리를 규정하고 있다. 이하에서는 전통적인 자유권에 관해서 규정하고 있다.

7. 한국의 인권선언

1) 개화기의 인권론

1884년 11월의 한성순보 제14호는 「미국지략속고」에서 미국의 독립선언문을 소개하고 있다. 「天이 사람에게 不易의 通義를 부여하였는바 億兆가 똑같은 것이다. 통의라

---

178) 大沼保昭, 인간의 自然權과 國家의 基本權, 『동서의 법철학과 사회철학』, 1990, 561-583면; 허경, 유럽공동체의 기본권, 『공법이론의 현대적 과제』, 1991, 325-338면; 허경, 유럽인권규약에 관한 연구, 『김철수교수 화갑기념논문집』, 1993, 206-213면.
179) 제3조 2항 의학 및 생물학의 분야에 있어서는 특히 다음 사항에 유의하지 아니하면 안 된다.
   - 법률에 의해 정해진 세칙에 따라 사전에 설명을 받은 후에 당사자의 자유의사에 근거한 동의.
   - 우생학적 처치, 특히 사람의 선택을 목적으로 하는 행위의 금지.
   - 사람의 신체 및 그 일부를 금전적 이익의 획득을 위하여 이용하는 것의 금지.
   - 복제 인간의 제조 금지.
180) 유럽 인권헌장에서의 인간의 존엄과 가치 등에 관해서는 Jarass, H., EU Grundrechte, S. 115-141 참조.

함은 자유를 구하고 생명을 보존하는 것으로서 인력으로도 제한할 수 없으며 귀신도
박탈할 수 없는 것이다」고 하고 있는데, 여기서의 통의는 오늘날의 권리를 말하는 것으로
자연권을 소개한 것이라고 하겠다.[181]

박영효는 戊子 上疏 제8조에서 「하늘이 인민을 낳으니 억조가 모두 동일하다. 사람은
不可動의 통의를 향유하니, 통의란 사람이 자기 생명을 보존하고 자유를 구하며 행복을
희구하는 것으로 타인이 이를 여하할 수 없는 것이다」고 하고 있다. 여기서 비로소
생명, 자유, 행복추구라는 일반적 기본권을 언급한 것을 알 수 있다.

유길준도 『서유견문』에서 자유와 통의는 인생의 불가탈, 불가요, 불가굴하는 권리라고
하였다. 그는 身命(신체와 생명)의 권리와 재산의 권리를 자연적 · 절대적 권리로 보았다.
그러나 일본 제국 헌법의 영향으로 법률유보를 인정하여 실정권으로 인정하려는 경향이
있었다.

서재필은 1896년 4월부터 1898년 5월까지 2년 동안 독립신문을 발간하면서 영미
인권보장제도의 도입을 강조하였다. 독립신문 외에도 많은 신문들이 간행되었는데 자유
권을 천부인권으로 주장하였다. 이 밖에도 신문 논설이나 책자에서는 천부인권론이
주장되었으나 일본 명치 헌법의 영향으로 점차 실정권으로 인정되었다.

2) 외세 점령기의 인권사상

1910년 일본이 한국을 강점하자 천부인권론은 국내에서 자취를 감추었다. 1919년
4월 14일부터 3일간 Philadelphia에서 열린 제1회 한인대표대회에서는 망명자들이
미국식 인권론을 주장하였다.[182]

1919년 4월 11일에 선포된 대한민국임시헌법은 개별적 기본권을 보장하고 있었으나
생명, 자유, 재산권에 대한 포괄적 규정은 없었다. 1919년 9월 11일의 임시헌법은 기본권
을 열거하면서 법률유보조항을 두어 실정권으로 규정한 것이 특색이다. 1925년 이후의
임시헌법에는 기본권에 관한 규정이 없었고, 1944년 4월 22일의 임시헌법에서 다시금
개별적 기본권을 열거하고 있다. 임시헌법의 기본권조항이 천부인권이 아닌 法賦人權,
즉 실정권으로 규정한 것은 일본 명치 헌법이나 중국의 5권헌법 등을 모방한 결과라고
하겠다.

일제강점기의 한국에는 일본 명치 헌법의 기본권조차 보장되지 않았던 인권의 암흑기
였다.

---

181) 상세한 것은 전봉덕, 『한국근대법사상사』, 1981, 82면 이하; 金哲洙, 韓國における人權論の導入と展開,
『法學論集』(北海道大學), 1996; 김효전, 『헌법』, 소화, 2009 (한국개념사총서3), 159면 이하; 김효전,
서구 헌법사상의 초기수용 - 기본권사상을 중심으로, 『한국법사학논집』, 1991, 274면 이하 참조.
182) First Korean Congress. Held in The Little Theatre 17th and Delancey Streets (Philadelphia),
1919. 원성옥역, 『최초의 한국 의회』(범한서적주식회사, 1986).

3) 해방 후 미군정의 인권법령

미군정부는 1945년 10월 9일에 미군정명령 제11호를 발령하여 평등과 자유를 회복시켰다.[183]

1948년 4월 7일에는 하지(Hodge) 중장이 「조선 인민의 권리에 관한 포고」를 발표하였는데 여기에서 조선 인민의 고유의 권리가 선언되고 있었다. 이 규정은 미국 헌법의 기본권규정을 모방한 것이며 생명, 자유, 재산의 권리는 적법절차에 의하여 보장되고 있다(제4항). 즉 「법에 적당한 규정과 법이 요구하는 수속에 의하지 않고는 생명, 자유 또는 재산은 누구나 이를 빼앗기지 않는다」고 규정하고 있다. 미국 독립선언과 같은 포괄적 인권 조항은 없었다. 이것은 5·10선거 후 만들어질 제헌헌법에 중요한 선도 역할을 하였다.

4) 제1공화국헌법

1948년 7월 12일에 국회를 통과한 제헌헌법은 미군정과 미국 헌법의 영향을 많이 받았다. 헌법기초위원회 전문위원이었던 유진오 교수의 회고록에 의하면 미군정부의 Woodall 초안과 Fraenkel 등의 의견을 참조했다고 한다.[184] 또 기본권에 관해서는 하지 중장의 「조선인민의 권리에 관한 포고」를 많이 참조했다고 한다. 미국 헌법을 참조하였기에 독립선언의 생명, 자유, 행복추구에 관한 권리는 직접 규정되지 않았고, 전문에서 「우리들과 우리들의 자손의 안전과 자유와 행복을 영원히 확보할 것을 결의」하여 헌법을 제정했음을 선언했을 뿐이다.

하지 중장의 포고문 제4항에 있던 생명, 자유, 재산에 대한 적법절차보장 규정은 채택되지 않았다.

기본권조항은 자연권적 규정이 아니고 실정권으로 규정하였으며 거의 모든 조항에 법률의 유보조항을 두었다. 기본권의 포괄성에 관해서는 미국 헌법 수정 제9조를 모방하여 「국민의 모든 자유와 권리는 헌법에 열거되지 아니한 이유로써 경시되지 아니한다」라고 규정하였을 뿐이었다.

5) 제2공화국헌법

---

183) 김철수, 『한국헌법사』, 1988 참조.
184) 유진오, 『헌법기초회고록』; 김철수, 상게서; 김수용, 해방 공간에서 우드월(Emery J. Woodwall)의 역할과 활동, 『세계헌법연구』 제24권 2호(2018); 이경주, 미군정기의 '우드월 헌법초안', 『세계헌법 연구』 제24권 1호(2018); 문준영, 미군정기 및 정부수립 시기 에른스트 프랭켈의 지위와 역할, 『세계헌법 연구』 제24권 1호(2018); 우디 그린버그, 이재욱 옮김, 『바이마르의 세기: 독일 망명자들과 냉전의 이데올로기적 토대』(회화나무, 2018), 160-174면 참조.

1960년 4월 19일 혁명의 결과 만들어진 제2공화국헌법은 법률유보조항을 상당 부분 없애었으나 완전한 자연권으로 규정하지는 않았다. 다만, 제28조 2항을 개정하여 「국민의 모든 자유와 권리는 질서유지와 공공복리를 위하여 필요한 경우에 한하여 법률로써 제한할 수 있다. 단 그 제한은 자유와 권리의 본질적인 내용을 훼손하여서는 아니 되며 언론, 출판에 대한 허가를 규정할 수 없다」고 하고 있었다.

6) 제3공화국헌법

1962년 12월 26일에 성립한 제3공화국헌법은 기본권조항에서 독일 기본법 제1조를 모방하여 제8조에서 인간의 존엄과 가치를 규정하였다. 「모든 국민은 인간으로서의 존엄과 가치를 가지며, 이를 위하여 국가는 국민의 기본적 인권을 최대한으로 보장할 의무를 진다」고 하였다.[185] 생명, 자유, 행복추구권에 관한 명문 규정을 두지 않았기에 해석상 제8조에서 인간의 존재 가치로서의 생명권을 도출했고, 존엄권에서 인격권, 자기 결정권, 사생활의 비밀, 알 권리, 환경권 등을 도출했다.

행복추구에 관한 권리는 규정되지 않았기 때문에 헌법의 전문에 있는 안전과 자유와 행복 규정에서 행복추구권을 도출해 내었다.

이 헌법 제8조의 인간의 존엄과 가치권은 주기본권으로서 포괄적 기본권으로 인정되었다. 그러나 새로운 기본권, Privacy의 권리, 알 권리, 일반적 행동자유권, 환경권 등의 규정이 없었기 때문에 이러한 새로운 기본권을 어느 조항에서 도출할 것인가가 문제가 되었다.

7) 제5공화국헌법

1979년 10월 26일 사건으로 유신헌법의 종말이 예견된 가운데 새로운 헌법의 제정이 논의되었다. 제일 먼저 나온 6인교수안에서는 생명권, 인격권, 행동자유권, 알고 읽고 들을 권리를 추가할 것으로 하고 있었다.[186] 그러나 공화당안은 행복을 추구할 권리만을 추가하는 것으로 되어 있었다.

1980년 10월 27일에 공포된 제5공화국헌법은 공화당안에 따라 행복을 추구할 권리만을 추가하였다.[187] 헌법 제9조는 「모든 국민은 인간으로서의 존엄과 가치를 가지며,

---

185) 김철수, 인간으로서의 존엄과 가치, 『헌법학』, 1971, 330-337면; 김철수, 인간의 존엄과 가치, 『법정』, 20. 8. 1965/8.

186) 법제처, 『헌법연구반보고서』, 1980, 77-78면; 김철수 · 양호민 · 양건 외 3인, 『바람직한 헌법』, 1980. 1. 크리스천 아카데미; 김철수, 인권사상의 원상과 허상, 『월간중앙』 69, 1973/12; 김철수, 국제인권규약과 한국헌법의 기본권 조항, 『사법행정』 264, 1982, 12. 4-9면.

187) 김철수, 인간의 존엄과 가치 · 행복추구권, 『월간고시』 1982. 4; 박일경, 행복을 추구할 권리, 『고시연구』 84, 1981. 3. 35-40면; 김철수, 인간의 존엄과 가치 · 행복추구권에 관한 연구, 『학술원논문집』(인문사회과학편) 제47집 1호, 2호, 2008.

행복을 추구할 권리를 가진다. 국가는 개인이 가지는 불가침의 기본적 인권을 확인하고 이를 보장할 의무를 진다」고 규정하였다.

행복추구권의 사상은 Jefferson이 기초한 미국 독립선언의 영향을 받은 것으로 Locke나 계몽주의자들의 자연법론에 근거한다고 할 수 있겠다. 그러나 직접적으로는 일본 헌법 제13조의 영향을 받은 것이 아닌가 생각된다. 앞에서 본 바와 같이, 일본 헌법은 생명, 자유, 행복추구권이라고 하여 포괄적 기본권에 생명, 자유, 행복추구권을 규정하고 있는데 우리 헌법에는 생명, 자유권이 규정되지 않아 그 내포가 많은 논란의 대상이 되었다. 문제가 되었던 환경권은 새로이 규정되었다.

8) 현행 헌법

1987년 6월 8일 항쟁과 6. 29 명예혁명으로 새로이 만들어진 현행 헌법은 새로이 사생활의 비밀을 추가하였으나, 포괄적 기본권 조항인 제10조는 제5공화국헌법 제9조를 그대로 답습하였다.

이 규정은 앞서 말한 바와 같이, 독일 기본법 제1조와 일본 헌법 제13조를 절충 모방하였기 때문에 그 내용에 있어서 많은 의견이 대립되고 있으며, 독일과 일본의 학설이 혼재되어 있어 해석에 어려움을 주고 있다. 이 조항이 헌법의 근본규범이요 인권보장규범인 점에는 다툼이 없기 때문에 이 권리의 성격과 내용에 대해서 알아보기로 한다.

제2절 인간의 존엄과 가치 · 행복추구권의 성격

1. 인간의 존엄과 가치 · 행복추구권의 자연권성

1) 인간의 존엄과 가치 · 행복추구권의 사상

앞서 본 것과 같이, 근세 자연법론자는 인간의 자연권으로서 생명, 자유, 행복추구권을 이야기했다. 그것은 신의 명령으로 인정되었거나 이성의 산물이라고 보거나 자연상태에 있어서의 인간은 생명, 자유, 평등, 행복추구의 자연적 권리를 가진다고 보았고 이를 보장하기 위하여 사회계약 · 국가계약을 체결하여 이들 기본권을 보장했다고 본다. Grotius나 Locke나 Rousseau의 인권론이 자연권론에서 출발했던 것은 주지하는 바이다.

이러한 자연권이 근세 헌법에서 헌법상의 권리로 규정되었다. 헌법상의 권리이기에 실정권이라는 주장이 있으나 이것은 근세 헌법에서 헌법이 국민에게 생명, 자유, 행복추구

권을 보장한 것이 아니라, 생래의 천부인권은 헌법에서 보장하고 이를 확인하고 있는
면에서 헌법과 국가에 선존하는 것이라고 인정되어 왔다.[188]

2) 미국의 학설과 판례

(1) 학설

미국에서는 인권선언의 성립사나 헌법수정의 역사로 보아 국가나 헌법이 국민의 생
명 · 자유와 행복추구권을 부여했다고 주장하는 학설은 거의 없는 것 같다.

자연권성을 주장하는 학자들이 대부분이다.[189] 특히 17세기와 18세기 학자들은 자연
권이 국가권력에 우월하다고 인정하였다. Corwin은 천부의 권리(vested rights doctrine)
설을 주장하였다.[190] 이것은 수정헌법 9조에서도 언급되고 있다. 미국에서는 이들 권리를
Fundamental Rights로 보는 경향이 있으며 Frankfurter 판사들이 자연권론을 적용하고
있다. 수정헌법 제5조와 제14조에서는 적정절차에 의하지 아니하고는 Life, Liberty
or Property를 박탈할 수 없다는 규정은 자연권으로서의 Life, Liberty or Property의
보장에 중점이 있는 것이다.

(2) 판례

1798년 Calder v. Bull 사건에서 자연법에 근거하여 입법을 overrule 할 수 있는가를
처음으로 논의하게 되었다. Chase 대법관은 자연법에 위반하는 법률의 위헌을 선언할
것을 요구하였고, Iredell 대법관은 사법자제를 주장하였다.[191] 그러나 Marshall 대법원
장은 자연법에 위반되는 실정법의 심사를 인정하게 되었다. 국가는 건강, 안전, 도덕,
일반복지를 보장하기 위하여 경찰권(police power)을 가진다고 보고, 천부의 권리
(inherent rights, vested right)는 적정절차(due process of due law)에 의해서만 제한될
수 있다고 했다. 그 뒤 법원도 천부의 권리설을 채택하고 있다.[192]

3) 독일의 학설과 판례

(1) 학설

---

188) 황우여, 천부인권사상의 전개,『법조 33』, 10-11, 1984, 10-11; 김형곤, 자연법이론의 기본적 인권에의
　　수용에 관한 연구, 경남대 박사 논문, 1990. 2.; 육종수, 근대 자연법이론의 형성과 인권사상,『현대
　　공법이론의 전개』, 1993, 743-770면; Merten/Papier (Hrsg.), Handbuch der Grundrechte, Bd.
　　I, S. 52 f.
189) Puckett, R., A Modern Theory of Natural Rights,『평화연구』(경희대) 5. 1, 1985, 183-194면;
　　Finnis, Natural law and natural rights, 1980.
190) 상세한 것은 Chapter 11 Substantive due process, Nowak/Rotunda, Constitutional Law, fifth
　　ed. p. 364-469 참조.
191) 3 US (3 Dall.) 386 1. LED. 648 (1798).
192) Mathews v. Eldridge, 424 U.S. 319; 96 U.S. 893. 47 L. Ed, 2nd 18 (1976).

인간의 존엄을 철학적으로 해석하여 자연법을 선언한 것으로 보는 설이 많다.193) 또 제1조 2항의 인권 자체도 존엄과 밀접히 관련되어 있으며, 이것은 자연권을 선언한 것으로 인정되고 있다.194) 이 인권은 불가침, 불가양인 것으로 인정되고 있다. 제2조에서는 인격의 자유발현권, 생명의 권리, 인신의 불가훼손권, 신체의 자유의 불가침을 선언하고 있다. 이 조항에서 일반적 행동자유권과 헌법에서 거명하지 아니한 특별한 자유권의 규범적 근거로서 인정되고 있다.

혹자는 인간의 존엄이라는 자연권도 헌법에 실정화되었으므로 실정권이라는 주장도 하나, 헌법에 규정한다고 하여 비자연권화되거나 가치저락을 하는 것은 아니다. 제2조 1항은 제1조와는 달리 제한의 유보 하에 있기 때문이라고 한다.195)

(2) 판례

연방헌법재판소도 초실정법적이고, 헌법제정자까지도 구속하는 권리를 인정하고 법률에 의해 규정된 권리의 심사척도로 인정하고 있었다.196) 인간의 존엄은 출생과 함께 시작되나 생명권은 태아에게도 인정된다. 낙태는 위헌이며,197) 사형제도는 폐지되어 있다. 생명권은 헌법질서 내에서 최고의 가치를 가진다.198)199)

4) 일본의 학설과 판례

(1) 학설

일본국 헌법은 제11조에서 제13조 및 제97조에서 인권의 일반원리를 선언하고 있다. 제11조는 「국민은 모든 기본적 인권의 향유를 방해당하지 않는다」고 하고 있는데, 이는 자연권을 선언한 것으로 인정되고 있다. 「이 헌법이 국민에 보장하는 기본적 인권은 침해할 수 없는 영구의 권리로서 현존 및 장래에 부여된다」(제11조), 또 「이 헌법이 일본 국민에 보장하는 기본적 인권은 …… 현존 및 장래의 국민에 대하여 침해할 수 없는 영구의 권리로서 신탁된 것이다」(제97조)고 하고 있다. 이것은 헌법에 의해서 기본적 인권이 인정된 것이 아니고 천부인권이고 자연권임을 선언한 것이라고 하겠다.200) 또

---

193) Nipperdey, Die Würde des Menschen, Die Grundrechte, 2. Bd. 1 ff.; Badura, JZ 1964, 337, 340 f.; Wieacker, Naturrechtsdiskussion, S. 15 ff.; v. Mangoldt, DÖV, 1949; Stern, Staatsrecht, IV/1, S. 1 ff.; Dreier, Dreier GG I Art, 1 Rdnr, 1 ff.

194) Kägi, Die Verfassung als rechtliche Grundordnung des Staates, 1945, S. 166 ff.; v. Mangoldt/Klein, GG I, S. 93; Starck, Verfassungsstaat, S. 145 ff.; Dreier, GG I, Art 1 II Rdnr. 3.

195) Nipperdey, op. cit., S. 15.

196) BVerfGE 1, 1 ff.; Leitsatz 27.

197) BVerfGE 39, 1 (37).

198) BVerfGE 49, 24 (53).

199) 상세한 것은 Langner, Der Gedanke des Naturrechts seit Weimar und in der Rechtsprechung in Bundesrepublik, 1989 참조.

200) 清宮四郎, 『憲法 I』, 208-209면.

이 헌법이 일본 국민에게 보장하는 기본적 인권은 인류의 다년에 걸치는 자유획득의
노력의 성과이며, 과거 수많은 시련을 거친 것이라고도 하고 있다(제97조). 나아가「모든
국민은, 개인으로서 존중된다. 생명·자유 및 행복추구에 대한 국민의 권리에 대해서는,
공공의 복지에 반하지 않는 한, 입법 기타의 국정상에서, 최대의 존중을 요한다」(제13조)고
규정하고 있다. 이러한 기본적 인권은 자연권이며 초국가적 성질을 가지는 것으로 보고
있다.201) 이 권리는 개인의 인격적 생존에 불가결한 권리자유를 포괄적으로 말한 것이며,
각종의 권리자유의 근저에 있는 자연법적인 권리라고202) 보는 설이 유력설이다.203)

다네야 하루미(種谷春洋)는 행복추구권은 자연법에 의하여 기초되어져 있기는 하나
그것으로써 실정법상의 권리로서의 성격을 상실하는 것은 아니라고 했다.204) 이에 대하
여 기본적 인권의 자연권성을 부정하면서 이 헌법이 보장한 기본적 인권이라는 규정에
착안하여 이를 실정권으로 파악하는 견해도 있다.205) 이들은 제13조의 생명·자유·행
복추구권의 재판규범성은 인정하고 있다.206)

(2) 판례

일본 최고재판소는「헌법이 보장하는 각종의 기본적 인권에 대해서 각 조문에 제한의
가능성을 명시하고 있는가 여부에 관계없이 헌법 제12조, 제13조의 규정에서 그 남용이
금지되고, 공공의 복지의 제한 하에 서는 것이며 절대 무제한의 것은 아니라는 것은
당 재판소가 누차 판시한 바이다」207)고 하여 헌법의 개별규범성만을 근거로 하여 해석할
것이 아니라고 하고 있으나 자연권성을 인정한 것인지 명확하지 않다.

일본의 경우 국민의 사생활의 자유,208) 사생활의 비밀,209) 인격권210) 등을 인정하는
판례가 있으나, 환경권에 관해서는 인정하지 않는 것으로 보아 실정권으로 해석하는
것이 아닌가 한다.211)

판례는 확정되어 있지 않은 것 같으며 어느 정도까지 헌법에 열거되지 아니한 자연권을

---

201) 田上穰治,『憲法提要』, 79면.
202)『注解, 日本國憲法』, 338면; 행복추구권을 각종의 권리 자유의 근저에 있는 자연법적 권리라고 한다.
203) 種谷春洋, 生命, 自由および幸福追求權, 芦部編,『憲法Ⅱ』, p. 138; 種谷春洋, 幸福追求の權利,『憲法の爭
　　点』(新版), 76면 이하. 佐藤幸治, 幸福追求權, 芦部編,『演習憲法』, 199면; 藤井樹也,『權利の發想轉換』,
　　1998, 315면 이하.
204) 種谷春洋, 전게 논문, 전게서, 136면.
205) 奧平康弘,『憲法 Ⅲ』, 20면. 인권은 자연권이나 기본적 인권은 실정권이라고 한다.
206) 宮澤, 전게서, 216면.
207) 最大判 昭 32. 3. 13,『刑集』11-3-1997.
208) 最大判 昭 44. 12. 24,『刑集』23-12-1625.
209) 最三小判, 昭 56. 4. 14,『民集』35-3-620.
210) 最大判, 昭 61. 6. 11,『民集』40-4-872.
211) 군사 기지의 騷音公害에 대한 손해배상과 금지(厚木基地公害訴訟)
　　원고는 소음이 원고의 인격권 또는 환경권이 침해되었다고 하여 제소하였으나 수인한도론을 법원이
　　채택하여 승소할 수 없었다. 제2심에서는 인격권이 포괄적 권리라 하나 그것이 구체적 권리가 아니며
　　우월적 권리라고 보기 어렵다고 하고 있다. 상고심은 과거의 손해배상에 대해서는 원심에 還送하였다(最
　　高裁 第1小判 1993, 平成 5. 2. 25).

인정하려고 하는지 명확하지 않다.

5) 한국의 학설과 판례

(1) 학설

① 부정설   우리 헌법 제10조의 성격에 대해서는 권리성을 부정하고 기본권의 전국가적·초국가적 권리를 선언하는 선언적·확인적 규정이라고 보는 근본원리규범으로 입법방침규정 내지는 훈시규정으로 본다.212)

② 긍정설: 실정법적 권리설   기본적 인권은 인간의 존엄과 가치·행복추구권을 보장하려는 실정법적 권리라고 한다. 인간의 존엄과 가치·행복추구권은 초국가성을 가지고 있으며, 헌법 제10조 전문은 그것을 확인하고 있을 뿐 권리는 아니며, 헌법 제10조 후문의 규정은 국가가 이를 실정법상의 권리로서 보장해야 한다는 것을 밝힌 것이라고 본다.213)

③ 자연적 권리(천부인권)설   헌법 제10조는 개인과 이성을 창조의 기초로 보고 있는 자연법사상의 실정법화를 의미한다고 본다. 헌법 제10조의 성격에 대해서도 이를 초국가적 기본권규정으로서 인간의 존엄을 국가가 존중하고 보호할 의무를 지는 것을 언명한 것으로 재판규범의 성격을 가진 것으로 보며 헌법소원의 대상이 된다고 본다.214)

(2) 판례

한국 헌법재판소의 판례는 명확하지 않다.

① 부정설   헌법재판소는 헌법 제10조에서 규정한 「인간의 존엄과 가치는 헌법이념의 핵심으로, 국가는 헌법에 규정된 개별적 기본권을 비롯하여 헌법에 열거되지 아니한 자유와 권리까지도 이를 보장하여야 하며, 이를 통하여 개별 국민이 가지는 인간으로서의 존엄과 가치를 존중하고 확보하여야 한다는 헌법의 기본원리」라고 한 바 있다.215)

② 기본권 인정설   헌법재판소는 「헌법 제10조 전문은 모든 국민은 인간으로서의 존엄과 가치를 가지며, 행복을 추구할 권리를 가진다고 규정하여 행복추구권을 보장하고 있고, 행복추구권은 그의 구체적인 표현으로서 일반적인 행동자유권과 개성의 자유로운 발현권을 포함한다」고 하여 권리성을 인정하고 있다.216)

---

212) 정종섭, 전게서, 361면; 허영, 전게서 317면; 권영성, 전게서, 375면.
213) 박일경, 전게서, 220면; 권영성, 전게서, 345면.
214) 문홍주, 전게서, 220면; 윤세창, 전게서, 126면; 구병삭, 『헌법원론』, 345면; 성낙인, 전게서, 282면; 홍성방, 『헌법』; 김기범, 기본권의 자연법적 성격, 『법정』 21, 8, 1966/8; 한상범, 기본적 인권의 성질과 종류, 『사법행정』 6. 2, 1965/2; 김기범, 기본권의 자연법적 성격, 『고시계』 215, 1965. 1. 79-89면; 김철수, 기본권의 성격, 자연권이냐 실정권이냐, 『법정』 74. 1977. 4; 계희열, 『헌법학(중)』, 200-201면; 양건, 『헌법학강의 Ⅰ』.
215) 헌재 2000. 6. 1 선고, 98 헌마 216, 『헌재판례집』 제12권 1집, 622면 이하.

③ 자연법적 권리인정설   헌법재판소는 포괄적 · 일반적 기본권의 한 내용인 생명권에 대해서 비록 실정 헌법에 규정되지 않더라고 자연법적 권리로서 인정하고 있다. 「생명에 대한 권리는 비록 헌법에 명문의 규정이 없더라도, 인간의 생존본능과 존재목적에 바탕을 둔 실험적이고 자연법적인 권리로서 헌법에 규정된 모든 기본권의 전제로서 기능하는 기본권 중의 기본권이라 할 것이다」.[217]

(3) 사견

생각건대 우리 헌법상에서도 제10조가 「모든 국민은 인간으로서의 존엄과 가치를 가지며, 행복을 추구할 권리를 가진다」라고 하고 있는 점에서 천부인권 즉, 전국가적인 자연권을 선언한 것이라고 볼 것이다. 헌법 제10조가 나아가 「국가는 개인이 가지는 불가침의 기본적 인권을 확인하고 이를 보장할 의무를 진다」고 하여 불가침 · 불가양의 전국가적인 자연권을 헌법에서 선언함으로써 이를 실정법에 의하여 보장하고 있다고 하겠다. 실정권이 아니기 때문에 선존하는 자연권을 확인하고 있는 것이며, 따라서 인간의 존엄과 가치 · 행복추구권은 어디까지나 자연권으로서 파악해야 한다.

우리 헌법 제10조는 국민의 자연권을 보장할 의무를 국가가 지도록 강제하고 있는 것이다. 이와 같이 헌법 제10조가 초국가적 자연권을 헌법이나 법률로 규정함으로써 실정법화한 것은, 생활의 실제에 있어서 보다 큰 강행력을 부여하고 집행성을 부여하여 일반적으로 공포함으로써 그 실효성을 강화 · 보장하기 위한 것이다. 이것은 앞서 본 법사상사적 고찰이나 세계 각국 헌법과의 비교에서도 명백히 드러난 것이다. 인권보장의 역사는 자연권 인정에서 출발하였으며 기본적 인권의 근저는 자연권임을 무시해서는 안 될 것이다.

2. 인간의 존엄과 가치 · 행복추구권의 기본권성

1) 독일의 학설과 판례

독일 기본법은 「인간의 존엄은 불가침이다」라고 하였는데, 그 해석에 관하여 두 가지 학설이 대립되고 있다.

(1) 학설

① 기본권성 부정설   v. Mangoldt-Klein은 「기본권은 자유주의와 합리주의의 산물이기 때문에 인간의 존엄을 기본권으로서는 인정할 수 없다」고 하며,[218] Maunz도

216) 헌재 1991. 6. 3 선고, 89 헌마 204; 헌재 1995. 7. 21 선고, 93 헌가 14; 헌재 1997. 11. 27 선고, 97 헌마 10; 헌재 2000. 6. 1 선고, 98 헌마 216; 헌재 2003. 10. 30 선고, 2002 헌마 518.
217) 헌재 1996. 11. 28 선고, 95 헌바 1, 『헌재판례집』 제8권 2집, 537면 이하 (545면).

「인간의 존엄은 다른 대부분의 기본권처럼 특별한 권리를 부여하는 것이 아니고, 다른 기본권의 이념적 출발점으로 생각된 것 같다」고 한다. Dürig, Doehring, Isensee, Neumann 등이 기본권성을 부인하고 있다.

부정설은 기본법 제1조 전체가 국가의 기초적 구성원리로 본 데서 나온 것이다. 제1조는 주지하는 바와 같이, 기본권에 대한 신뢰와 국가권력의 기본권구속성을 아울러 규정한 것이기 때문에 제1항의 인간의 존엄의 존중도 헌법원칙으로 본 것과 같다.

② 기본권성 긍정설   Nipperdey는 인간의 존엄은 기본권의 성격을 가진 일반적인 인권(ein allgemeines Menschenrecht)으로서 국가권력에 대해서 자유로운 상태에서는 방어권적 기본권이며, 적극적인 상태에서는 보호청구권이고, 사회적인 상태에 있어서는 사법관계에 있어서 실질적인 주기본권(das materiale Hauptgrundrecht)이라고 하고, 따라서 인간의 존엄은 공권인 동시에 사권을 의미한다고 한다.[219] Stern, Podlech, Benda, Pieroth/Schlink, Höfling, Kunig, Model/Müller, Dreier, Robbers, Starck, Zippelius, Häberle, Ipsen, Dietlein, Unruh도 이러한 견해를 취하고 있다.[220] 기본권성을 부정하던 과거의 학설은 이제 거의 청산되고 있다. 이 존엄권은 자기결정권, 일반적 인격권 등을 포괄하고 있다고 본다.[221]

(2) 판례

① 부정설   독일 연방헌법재판소도 인간의 존엄성 규정을 최고의 가치라고 하거나 헌법의 구성요소라고 하여 규범적 의의를 강조하였다. 연방헌법재판소는 인간의 존엄을 최고의 가치라고 하면서 구성적인 조직적 헌법원칙이라고 하였다.[222]

② 긍정설   연방헌법재판소는 최초부터 기본권성을 인정하고 있었다.[223] 인격권형성의 보장이라고 하다가, 거기에는 재판을 받을 권리, 태아의 생명권, 생명권의 보호, 아동의 권리, 인간다운 생존권의 근거조항으로 인정하고 있다.

또 제2조 제1항과 결부하여 일반적 인격권의 근거로 보고 있다.[224] 예를 들어 성생활에

---

218) v. Mangoldt, Das Bonner Grundgesetz, 1953, Art. 1 Anm. 2.

219) 상세한 것은 Nipperdey, GR Ⅱ, 12, Art. 1 Ⅰ; Stern, Staatsrecht Ⅲ/1 §58 Ⅱ, Ⅳ/1 §97, 특히 S. 103.

220) 근자에 나온 모든 콤멘타르 등이 기본권성을 인정하고 있다. 상세한 것은 Unruh, Zur Dogmatik der grundrechtlichen Schutzpflichten, 1996. S. 58 ff.

221) 정연철, 헌법상의 자기결정권 - 독일의 판례와 이론을 중심으로, 『법정고시』 2. 5. 1996, 5호, 70-86면; 김일환, 독일 기본법상 일반적 인격권의 성립과 발전, 『법과 정책』(제주대) 6. 2000, 209-232면.

222) BVerfGE 5, 85 (204); 6, 32 (36); 최근의 것으로는 BVerfGE 96, 375 (398). 상세한 것은 Niebler, E., BayVBl, 1989. 737 ff. 참조.

223) BVerfGE 1, 332 (343); 12, 113 (123); 15, 283 (286); BVerfGE 61, 126 (137). 상세한 것은 Enders, Die Menschenwürde in der Verfassungsordnungen. Zur Dogmatik des Art. 1 GG. 1997; Stern, Staatsrecht Ⅳ/1 S. 62 fußnote 280 참조.

224) 독일 연방헌법재판소는 제1조 제1항과 연결한 인격의 자유발현권에 관해서 많은 판결을 하고 있다. 근자의 것만 보면 낙태죄판결과 관련하여 자기의 출신을 알 권리가 인정되었고(BVerfGE 79, 256), 일기장결정(BVerfGE 80, 367) 등에서 권리성을 인정하고 있다. 일기장결정은 4:4의 의견으로 사생활의 비밀에 대한 일기장을 형사소송의 증거로 이용하는 것을 합헌이라고 인정하였다. Richter/Schuppert,

있어서의 자유, 정보자유의 근거, 혼인과 가족생활의 보호, 성명권의 보호, 정보의 자기결정권,225) 경제적 행동자유와 계약자유, 사적 자치 등을 도출해 내고 있다. 이 조항을 국외추방금지, 거세금지, 인간실험금지, 대리모 금지원칙 등의 근거규정으로 보고 있다.226) 오늘날 인간의 존엄규정은 기본권 제2조 1항과 결부되어 일반적 인격권과 일반적 행동자유권, 생명권 등으로 그 기본권성이 인정되고 있다.227)

2) 일본의 학설과 판례

(1) 학설

일본 헌법은 「생명 · 자유 및 행복추구에 대한 국민의 권리에 대해서는 공공의 복지에 반하지 않는 한, 입법 기타의 국정상에서 최대의 존중을 필요로 한다」고 하고 있는데, 이 생명 · 자유 및 행복추구권에 대한 권리성에 관해서도 학설이 대립되고 있다.228)

① 부정설   이 설은 구체적인 특정한 권리 또는 자유에 관한 규정이 아니며 모든 권리 · 자유의 기초인 인권존중을 선언한 것이라고 하거나(美濃部), 또는 인권선언의 일반원리(宮沢)라고 본다. 이 설은 프로그램적 · 윤리적 규정설이라고도 한다. 이들 설은 생명, 자유, 행복추구에 대한 개별적 권리가 나올 수 없다고 보는데 이 학설을 주장하는 사람은 이제는 없다.

② 긍정설   이 설은 이러한 생명 · 자유 및 행복추구에 대한 권리도 구체적인 권리로서의 성격을 가진다고 보는데, 기본권을 구체적인 법적 권리로 보는 이 학설이 통설로 되어 있다. 그러나 그 구체적 내용에 대해서는 통설 중에서도 견해가 일치하지 않고 있다. 여기에도 기본권체계 중에 차지하는 위치로 보아 행복추구권을 다른 개별적 기본권에서 독립한 1개의 권리로 보는 견해와, 개별적 기본권에서 독립함이 없이 오히려 개별적 기본권을 그 속에 포함하는 바의 포괄적 권리로 보는 견해로 나누어진다.229) 일본에서는 이를 포괄적 권리로 보는 것이 다수설이다. 즉 개인의 인격적 생존에 불가결한 권리 · 자유를 포괄적으로 말한 것 내지는 제3장의 총칙적 규정이며 본장 각 조에서 보장하는 일체의 권리 · 자유를 생명 · 자유 · 행복추구에 대한 권리로서 총괄한 것(佐藤)

Casebook Verfassungsrecht, 3. Aufl., 1996, S. 87 ff.
225) 국세조사(Volkszählung)에 관한 판결(BVerfGE 65, 1 (1983))에서도 자기정보결정권을 인정하고 있다.
226) 상세한 것은 Dreier, Art. 1, Grundgesetz Kommentar, 1996; Sachs, Art. 1, Grundgesetz Kommentar, 1996; Kunig, Art.1 GG. in von Münch-Kunig, op, cit. 65 ff.
227) 그 내용에 관해 상세한 것은 Stern, Staatsrecht, IV/1 §97 ff.; v. Mangoldt/Klein/Starck, GG. Bd. 1, S. 49 ff.; Langner, op. cit. 1989, 159 ff.; BVerfGE 27, 1 (6); 34, 269 (282); 54, 148 (153); BVerfGE 99, 185 (193) 101, 361 (379 f.).
228) 일본의 학설에 대해서는 김명식, 일본 헌법상 행복추구권,『헌법학의 제문제』172면 이하; 種谷春洋, 生命 · 自由および幸福追求權, 芦部信喜編,『憲法 II』, 1978, 130-184면; 戸波江二, 幸福追求權の構造,『公法研究』58호, 1996, 1면 이하; 田口精一,『基本權の理論』, 1996; 佐藤幸治,『憲法』, 448-449면; 高井裕二, 幸福追求權,『憲法の爭點』(第3版), 70-71면 이하 참조.
229) 상세한 것은 芦部信喜,『人權總論』, 328-355면; 佐藤幸治,『注解 日本國憲法 I』, §13.

이라고 한다.230)

(2) 판례

개인의 존중·생명·자유·행복추구권에 대해서 일본 최고재판소는 일반적 인격권, 사생활의 비밀 등을 인정하는 근거 조항으로서 인정하고 있다.231) 특히 사생활의 자유는 「개인의 존엄이라는 사상」에 근거하고 있다고 하고, 나아가 명예·프라이버시의 권리와 영화의 상영과의 관계를 「개인의 존엄 및 행복추구의 권리의 보호와 표현의 자유의 보장과의 관계로」 설명하고 있다. 「인의 품성, 덕행, 명성, 신용 등의 인격적 가치에 대하여 사회에서 받는 객관적 평가인 명예를 위법으로 침해받는 자는 손해배상 또는 명예회복을 위한 처분을 구할 수 있을 뿐만 아니라, 인격권으로서의 명예권에 근거하여 가해자에 대하여, 현실적으로 행해지고 있는 침해행위를 배제하고, 또는 장래 발생한 침해를 예방하기 위하여 침해행위의 정지를 구할 수 있을 것이다」라고 하고 있다.232)

나아가 「개인의 용모 등을 촬영하는 것을 헌법 제13조의 취지에 비추어 위헌이다」라고 하고 있다.233) 「국민의 사생활상의 자유의 하나로서 누구나 그 승낙 없이 함부로 용모 등을 촬영당하지 아니할 자유」를 도출했다. 그런데 이 함부로 용모를 촬영당하지 않을 권리가 Privacy권의 일종인지, 자기결정권의 일종인지, 다른 권리의 일종인지는 명확히 하지 않았다.

또 환경권이 여기에서 나오지 않는다는 것을 판시한 바 있으며 끽연의 자유234)나 혐연권에 관한 주장도 행해지고 있으나, 이것도 행복추구권에서 인정되는 독자적인 권리로 인정되지 않고 있다.

3) 한국의 학설과 판례

(1) 학설

우리 헌법에 있어서도 기본권성을 인정할 것인가 아니면 단순한 원리 내지 원칙의 선언에 불과한 것으로 볼 것인가에 대해서 학설이 대립되고 있다.235)

---

230) 佐藤幸治, 憲法 제13조, 『注解 法律學全集, 憲法 Ⅰ』, 1994, 245면.
231) 일본 최고재판소는 「헌법 제13조는 …… 국민의 사생활상의 자유가 경찰권 등의 국가권력의 행사에 대하여서도 보호되어져야 할 것을 규정하고 있다」고 한다(最高裁(大)判 昭 44. 12. 24, 『刑集』 23-12-16 25).
232) 最大判 昭 61. 6. 11, 『民集』 40-4-872.
233) 最大判 昭 44. 12. 24, 『刑集』 23-12-1625.
234) 最大判 昭 45. 9. 16, 『民集』 24-10-1410.
235) 상세한 것은 계희열, 헌법상 인간의 존엄과 가치, 『법학논집』(고려대), 32, 1996, 301-328면; 김병곤, 인간의 존엄: 헌법학적 연구, 동아대 박사논문, 1996; 정재황, 한국에서의 인간존엄성의 보장, 『세계헌법 연구』 7, 2002, 146면; 홍성방, 인간으로서의 존엄과 가치 - 인간의 존엄에 대한 헌법적 고찰, 『가톨릭 사회과학연구』 11, 1999, 61-84면; 임지봉, 행복추구권의 기본권성, 『저스티스』 71, 2003, 5-26면; 홍성방, 『헌법 Ⅱ』, 2000, 10면 이하; 방승주, 헌법 제10조, 『헌법주석서 Ⅰ』, 한국헌법학회, 2008, 201면 이하 참조.

① 부정설   이 설은「인간으로서의 존엄과 가치라는 것은 다른 구체적인 기본권과 같이, 독자적인 내용을 가진 구체적인 권리를 의미하는 것이 아니고, 다른 모든 기본권의 전제가 되는 기본원리의 선언적 의미를 가진 규정이며, 모든 기본적 인권의 이념적인 출발점이고 기본권의 구성원리」라고 한다.236)

② 긍정설   이 설은「인간으로서의 존엄과 가치는 개별적인 기본권 즉, 주관적 공권이기도 하고, 또 모든 기본권 조항에 적용될 수 있는 일반원칙의 역할도 할 수 있음을 긍정하여야 할 것이다」라고 하여 기본권성을 긍정함과 동시에 원칙선언의 성격도 가진다고 한다.237)

③ 절충설   인간의 존엄과 가치는 본질을 달리하는 것이라고 하면서 행복추구권만이 기본권성을 가진다는 주장이 있다.238) 전문은 정태적인 것이고 행복추구권만이 행위규범 이라고 한다. 또 인간의 존엄과 가치는 권리라고 규정하고 있지 않기 때문에 권리가 아니라고 한다.

④ 독자적 권리성   또 일부학자는 이를 존엄권과 행복추구권으로 나누어 양자 모두 권리성을 가진다고 한다.239) 인간의 존엄과 가치와 행복추구권이 본질을 달리하는 것이라고 하면서 행복추구권만이 기본권성을 가진다는 주장이 있다.240)

(2) 판례

헌법재판소도 인간의 존엄과 가치·행복추구권의 기본권성을 인정하고 있다.241)「우리 헌법 제10조는 모든 국민은 인간으로서의 존엄과 가치를 가지며 행복을 추구할 권리가 있음을 천명하면서, 국가는 개인이 가지는 불가침의 기본적 인권을 확인하고 이를 보장할 의무를 진다」라고 규정하여, 모든 기본권 보장의 종국적 목적(기본이념)이라 할 수 있는 인간의 본질적이며 고유한 개인의 인격권과 행복추구권을 인정하고 있다.「인간은 누구나 각자의 자유의지에 따라 스스로 운명을 개척하고 자신의 인격을 자유롭게 발현하여 행복을 추구해 갈 수 있다」242)고 하면서 이를 총칭하여 행복추구권이라고 한다.

헌법 제10조에서 일반적 인격권을 도출하고 여기에서 명예권을 인정하고,243) 행복추구권 속에서 일반적 행동자유권을 도출하고 있다.244) 또「헌법 제10조에 의거한 행복추구

236) 박일경, 전게서, 221면; 허영, 전게서, 316면.
237) 김기범, 전게서, 126면; 구병삭,『헌법학 I』(증보판), 432면; 김남진·이강혁, 전게서, 264면; 성낙인, 전게서, 283면; 강경근, 전게서, 322면.
238) 문홍주, 전게서, 216면; 권영성, 전게서, 345/346면; 양건, 전게서, 275면.
239) 계희열,『헌법학』(중), 185면; 홍성방, 전게서, 10면 이하.
240) 문홍주, 전게서, 216면; 권영성, 전게서, 345, 346면; 반대: 양건, 전게서, 275면.
241) 우리나라 헌법재판소는 형법 제241조(간통죄)의 위헌 여부에 대한 헌법소원에서 개인이 갖는 인간의 존엄과 가치 및 행복추구권의 기본권성을 긍정하고 있다(헌재 1990. 9. 10 선고, 89 헌마 82,『헌재판례집』제2권, 306면 이하); 동지: 2001. 10. 25 선고, 2000 헌바 60,『헌재판례집』제13권 2집, 480면 이하; 헌재 2000. 6. 1. 선고, 98 헌마 216,『헌재판례집』제12권 1집, 622면 이하 (648면).
242) 헌재 2003. 6. 26 선고, 2002 헌가 14,『헌재판례집』제15권 1집, 650면.
243) 헌법 제10조로부터 도출되는 일반적 인격권에는 개인의 명예에 관한 권리도 포함될 수 있다. 헌재 2005. 10. 27 선고, 2002 헌마 425,『헌재판례집』제17권 2집, 311면 이하 (319면).

권은 헌법에 열거된 기본권으로서 행복추구의 수단이 될 수 있는 개별적 기본권을 제외한 헌법에 열거되지 아니한 권리들에 대한 포괄적인 기본권의 성질을 가지며, 일반적 행동자유권, 개성의 자유로운 발현권, 자기결정권, 계약의 자유 등이 그 보호영역에 포함된다」고 하고 있다.[245]

(3) 사견

생각건대 우리 헌법 제10조는 독일 기본법 제1조 1항과는 달리, 「모든 국민은 인간으로서의 존엄과 가치를 가지며, 행복을 추구할 권리를 가진다. 국가는 개인이 가지는 불가침의 기본적 인권을 확인하고 이를 보장할 의무를 진다」고 한 것으로 보아, 제10조는 오히려 독일 기본법 제2조 1항과 같이 제1조 1항과 결합한 자연권적인 주기본권을 헌법에 선언하고, 그 파생적인 기본권을 이하에서 세밀히 규정하고 있다고 보아야 할 것이다.

또한 우리나라에 있어서 인간의 존엄과 가치에 대하여는 기본권성을 부정하면서 행복추구권만을 포괄적 기본권이라고 보아 행복추구권을 인간의 존엄과 가치를 실현하기 위한 수단으로 보는 견해는 인간의 존엄과 행복추구가 불가분의 긴밀한 관계에 있는 성립사적이고 비교법적 의미를 도외시 한 점에서 타당하지 않다.

3. 인간의 존엄과 가치 · 행복추구권의 포괄적 기본권성

1) 미국의 학설과 판례

(1) 학설

미국 헌법에는 생명 · 자유 · 재산권이 포괄적으로 보장되고 있다. 그러기에 포괄적 기본권으로는 생명권 · 자유권 · 재산권을 들 수 있다. 그러나 이 중에서 자유권에 관해서는 많은 개별적 자유권에 관한 규정이 있기 때문에 포괄적 · 일반적 자유만을 내포한다고 할 것이다. 그러나 예를 들어 독립선언에 규정되었던 행복추구권에 관해서는 연방헌법에 규정되어 있지 않기 때문에 재산권 속에 포괄적으로 포섭되어 있다고 보는 것이 옳을 것이다.

수정헌법 제5조와 수정헌법 제14조에서 생명 · 자유 · 재산은 이미 열거되어 있는 권리이기 때문에 헌법에 열거되지 아니한 권리는 행복추구권, 인격권, 사생활의 자유, 자기결정권, 알 권리, 정보공개청구권 등이 있다고 하겠다. 이들 권리는 넓은 의미에서는 생명, 자유, 행복추구권에 내포되어 있으므로, 기본적 권리(fundamental right)이며 수정헌법 제9조에서도 주의적으로 확인하고 있는 것이라고 하겠다.[246] 그러기에 행복추구권,

244) 헌재 2003. 10. 30 선고, 2002 헌마 518,『헌재판례집』제15권 2집, 185면 이하. 상세한 것은 김철수, 일반적 행동자유권의 연구,『학술원논문집』(인문 · 사회과학편) 제38집, 1999.
245) 헌재 2005. 4. 28 선고, 2004 헌바 65,『헌재판례집』제17권 1집, 528면 이하.

인간의 존엄권, 인격권, 사생활의 비밀권 등은 천부의 권리이기 때문에 실정화하고 있지 않으나 당연히 국민에게 유보된 권리로 보아야 할 것이다. 누가 이러한 권리를 도출할 것인가에 관해서는 의견이 대립되고 있으나,[247] 일반적으로는 연방대법원의 권한이라고 보고 있다.

(2) 판례

Slaughter-House[248]사건에서 수정헌법 제14조의 적법절차조항이 문제되었는데 주민의 권리가 침해되지 않았다고 하여 New Orleans 주법을 유지하였다. Bradley 판사는 도살업의 영업제한은 재산권의 침해라고 하고 있으며, 직업선택권은 자유의 일부이며 직업은 개인의 재산권이라고 했다. Swayne 판사도 생명은 신의 은총이며 그의 보전권은 가장 성스러운 인간의 권리라고 했다. 자유(Liberty)는 법률에 의하여 정당하게 부과되는 제한 외의 어떠한 것에서부터의 자유(Freedom)라고 했다. 또 재산은 교환가치가 있는 모든 것이라고 하고, 노동도 보호할 가치가 있는 재산이라고 했다.[249]

이러한 Life, Liberty, Property로부터 도출되는 기본권에 관해서 문제가 된 것은 Griswold v. Connecticut 판결과[250] Roe v. Wade 판결[251]이라고 하겠다. 이 판결에서 수정헌법 제3조, 제4조, 제5조, 제9조 등에서 사생활의 비밀은 기본권으로 인정하였고 혼인생활의 자유를 인정하였다. 다수의견은 수정헌법 제9조를 들고 있으나, Black과 Stewart 판사는 제9조의 문제가 아니라고 본다. Life, Liberty, and Property의 개념확장으로 보는 것이 옳을 것이다. Harlan 판사는 Privacy의 권리를 인정하고 있다. Harlan 판사의 의견은 자연법론에서 전개된 것으로 소수의견에서 표시된 뒤 동조의견으로 되었다.[252]

2) 독일의 학설과 판례

(1) 학설

독일에서는 미국 헌법 규정이나 우리나라 헌법 규정에서와 같은 비열거기본권 또는 무명기본권에 관한 규정이 없다. 그러므로 실정권설의 입장에서는 비열거기본권은 헌법상의 권리가 아니라고 한다.

246) Chemerinsky, Constitutional Law, Principles and Policies, 2nd ed., 2002. p. 762 f.
247) Nowak/Rotunda, Constitutional Law, 5th ed., 1995. p. 401 f.
248) 16 Wall. 36.
249) Schattuck, The true meaning of the term "Liberty" in those clauses in the Federal and State constitutions which protect "Life, Liberty and Property", 4 Harvard Law Review 365 (1891).
250) Griswold v. Connecticut, 381 U.S. 479 (1965).
251) Roe v. Wade, 410 U.S. 113 (1973).
252) Harlan dissenting in Poe v. Ullman, 367 U.S. 497, 522 Harlan concurring in Griswold v. Connecticut, 381 U.S. 479, 499.

그러나 다수설은 인간의 존엄권이 모든 기본권의 전제가 되어 있다고 보아 제1조 1항 2항 3항에 따라 인간의 존엄권의 포괄성을 인정하고 있다. 특히, 기본법 제2조가 규정한 인격의 자유발현권, 생명권, 신체의 불가훼손권 등이 거의 일체를 이루는 것으로 인정되어 기본권의 포괄적 성격이 인정되어 있다고 하겠다.

Kunig는 인간의 존엄권에서 구체적인 개별 기본권을 도출하고 있다.253) 또 제2조의 인격의 자유발현권과의 관계에서 일반적 인격권을 도출하고 있다. 생명권 규정에서 존엄사 문제라든가 낙태문제 등에서도 헌법 제1조 제1항의 인간의 존엄의 결합을 인정하고 있다. 따라서 헌법에 명문의 규정은 없으나 기본법 제1조와 제2조를 결합하여 포괄적 인권의 근거로 보고 있고, 원천권(Quellenrecht)이라고도 하고 있다.

Stern은 기본법 제1조의 인간의 존엄권의 적용범위를 ⓐ 신체적 통일성과 통합적 보전성, ⓑ 정신적 · 심령적 통일성과 통합성, ⓒ 인간존엄적인 생활근거, ⓓ 기본적 법적 평등, ⓔ 과잉한 국가권력의 적용금지에 따라 분설하고 있다.254) 여기서 주목할 것은 생존권 보장과 환경권 보장까지 논의되고 있다는 것이다.255) 독일 기본법에는 이들 권리가 규정되어 있지 않기 때문에 Dürig는 생존권의 근거로, Budde는 환경권의 근거로 인정하고 있다.256)

(2) 판례

연방헌법재판소는 이 조항에 근거하여 낙태를 인정하는 형법 규정을 위헌이라고 하고,257) 정보에 대한 자기결정권을 인정하였다.258) 종신형,259) 성전환수술자,260) 양자의 친부에 대한 알 권리261) 등에 관해서도 인간의 존엄의 관점에서 판결하였다.

특히 인간의 존엄권에서 명예권과 인격권 등을 도출했다. 비록 명예는 언론 · 출판의 자유에서 보장되고 있지만 동시에 존엄보호와도 결합되어 있다고 하였다. 사후에도 인간존엄권은 보호된다고 하였고,262) 책임 없으면 형벌 없다고 하고,263) 생명의 침해나 인간복제 등은 금지된다고 보고 있다.264)

---

253) Kunig in v. Münch, GG. Bd. Ⅰ, S. 87-101에서 많은 개별 적용례를 들고 있다. 이 밖에도 일반적 인격권의 적용예, S. 140-144; 생명권의 적용예, S. 154-165; 인신의 불가훼손권의 적용례, S. 172-175 참조. 이 밖에도 v. Mangoldt/Klein/Starck, op. cit. Art. 1; Stern, Staatsrecht, Ⅳ/1, § 97, §97-§99 참조.
254) Stern, op. cit., S. 23.
255) Stern, op. cit., S. 51-52.
256) Dürig, Maunz-Dürig, GG. Art. 1; Budde, Menschenwürde als heutiger Sicht, 1995. S. 31 ff.
257) BVerfGE 88, 203.
258) BVerfGE 65, 1 (43); 80, 367 (363).
259) BVerfGE 45, 187 (228 f.).
260) BVerfGE 49, 286 (298 f.).
261) BVerfGE 79, 256 (269); 96, 56 (63).
262) BVerfGE 30, 173 (194).
263) BVerfGE 57, 250 (275); 80, 244 (255); 95, 96 (140).
264) BVerfGE 39, 1 (41 f.); 46, 160 (164); 49, 24 (53); 56, 54 (74); 88, 203 (251 ff.).

3) 일본의 학설과 판례

(1) 학설

① 부정설   처음에는 헌법 제13조의 규정을 윤리적 방침규정으로 인정하여 여기서 독자적인 권리성을 부인하였다. 그러나 행복추구권은 헌법 제11조, 97조에서 말하는 「이 헌법이 (일본) 국민에게 보장하는 기본적 인권을 말한다」든가, 「개별적 인권의 근저에 있는 자연법적 권리이다」는 설이 있었다. 그러나 재판규범적인 성격을 인정하지 아니하였으므로 포괄적 기본권을 인정했다고 보기는 어렵다고 한다.

② 긍정설   다네야(種谷春洋)는 헌법사상사적 · 비교법적 견지에서 연구한 뒤 (i) 행복추구권은 실정적 · 구체적인 권리이며, (ⅱ) 개별적 인권과의 관계에서는 일반법과 특별법의 관계에 있으며, (ⅲ) 행복추구권이 헌법에서 열거되지 아니하는 인권을 도출할 수 있는 근거 규정임을 확인하였다.265)

이에 따라 행복추구권의 포괄적 기본권성이 인정되어 이제는 행복추구권이 비열거기본권의 도출 근거임을 인정하고 있다.266) 그러나 그 내용에 대해서는 아직 학설이 일치되지 않았으나, 일반적으로 자기결정권, Privacy의 권리, 환경권 등이 여기에서 나온다고 인정하고 있다.267)

(2) 판례

일본 최고재판소는 포괄적 기본권성에 관해서는 언급하지 아니하였으나, 여러 가지 판결에서 행복추구권에서 나오는 권리를 도출하고 있다.

데모대의 공안조례허가조건의 위반상황의 사진촬영이 문제된 사건에서, 최고재는 「헌법 제13조는 …… 국민의 사생활의 자유가 경찰권 등의 국가권력의 행사에 대하여서도 보호되어야 한다는 것을 규정하고 있는 것이라고 할 수 있다. 그리하여 개인의 사생활상의 자유의 하나로서 누구나 그 승낙 없이는 함부로 그 용모, 자태 등을 촬영당하지 않을 자유를 가진다고 할 수 있다. 이를 초상권이라 부를 것인가는 별로 하고, 적어도 경찰관이 정당한 이유가 없는데도 개인의 용모 등을 촬영하는 것은 헌법 제13조의 취지에 반하여 허용되지 않는다」고 했다.268) 이 판례에 속하는 것으로는 자동속도감지장치에 대한 최고재 판결269)과 외국인 지문인식거부에 관한 최고재 판결이 있다.270)

또 Privacy에 관한 판결들이 있고 인격권, 명예권 등에 관한 것이 있으나, 이것이 생명, 자유, 행복추구권을 직접 인용한 것으로는 보이지 않는다. 그러나 최고재 판례는

---

265) 種谷春洋, 전게 논문, 芦部編, 『憲法 Ⅱ』, 130면 이하.
266) 芦部信喜, 『憲法學 Ⅱ, 人權總論』, 342면 이하.
267) 戶波江二, 幸福追求權の構造, 『公法研究』 58호, 1면 이하.
268) 最大裁 昭 44. 12. 24 『刑集』 23-12-1625.
269) 最二小判 昭 61. 2. 14 『刑集』 40-1-48.
270) 最三小判 平 7. 12. 15 『刑集』 49-10-842.

헌법 제13조에서 열거되지 아니한 권리를 찾아내려는 것 같다.271)

4) 한국의 학설과 판례

(1) 학설

헌법에 열거되지 아니한 권리의 근거에 대해서는 헌법 제10조의 인간의 존엄과 가치, 행복추구권에서 찾는 견해와 이를 부정하는 견해가 대립되어 있다.

① 부정설   부정설에는 권리성 자체를 부인하는 허영 교수의 학설이 있다.272) 「행복추구권에는 권리를 뜻하는 권이라는 표현에도 불구하고 직접 행사할 수 없는 성질의 것이므로, 이의 침해에 대하여 권리구제절차를 통하여 주장할 수 없다」고 하면서, 이런 개별적 기본권은 헌법이 직접 명시하고 있기도 하고, 헌법 제37조 제1항에서 도출되기도 하며 인간의 존엄과 가치 및 행복추구권을 정하고 있는 헌법 제10조 제1문에서 도출되기도 한다고 한다.273) 그러나 과연 권리가 아닌 규범에서 권리를 도출해 낼 수 있을지 의문이다.

② 긍정설   헌법 제10조가 보장하는 인간의 존엄과 가치 · 행복추구권은 모든 기본권을 총칭한다고 보는 견해와,274) 일반적 자유설,275) 포괄적 권리설276) 등이 있다. 인간으로서의 존엄과 가치 · 행복추구권은 보충성을 가지고 있으므로 헌법에 특정한 기본권이 열거되어 있는 경우에는, 그 기본권을 적용하고, 헌법에 열거되지 아니한 무명기본권을 주 내용으로 한다고 한다.

이 기본권은 주기본권이기에 여러 가지 개별적 기본권으로 파생하는데 헌법에 열거되지 아니한 기본권을 도출하는 근거조항이 되고 있다277)278)고 한다.

③ 절충설   헌법에 열거되지 아니한 기본권은 헌법 제37조 1항에서 보장하고 있다고 보면서 헌법 제10조는 그 이념적 기초라고 한다.279)

(2) 판례

판례는 많으나 몇 개만 인용해 본다.

「헌법 제37조 1항은 "국민의 자유와 권리는 헌법에 열거되지 아니한 이유로 경시되지

---

271) 이 밖에도 세무검사에서 자기소유물의 음란 문서의 소지, 편입의 금지를 위헌이라고 한 판결을 들 수 있다(東京高判 平, 4. 7. 13 『判例時報』 1432호 48면).
272) 허영, 전게서, 327면.
273) 정종섭, 『헌법학원론』(제2판), 361면.
274) 문홍주, 전게서, 209면.
275) 구병삭, 『헌법학 I (총론, 인권)』, 1981, 423면.
276) 장석권, 전게 논문, 66면.
277) 김철수, 인간의 존엄과 가치 · 행복추구권, 『월간고시』 1982. 4.
278) 양건, 『헌법강의 I 』, 274면 이하; 성낙인, 전게서, 326면.
279) 김선택, 「행복추구권」과 「헌법에 열거되지 아니한 권리」의 기본권체계적 해석, 『안암법학』 창간호, 1993, 7-39면.

아니한다"고 규정하고 있다. 이는 헌법에 명시적으로 규정되지 아니한 자유와 권리라도 헌법 제10조에서 규정한 인간의 존엄과 가치를 위하여 필요한 것일 때에는 이를 모두 보장함을 천명하는 것이다」.280)

「결혼식 등의 당사자가 자신을 축하하러 온 하객들에게 주류와 음식물을 접대하는 행위는 인류의 오래된 보편적인 사회생활의 한 모습으로서 개인의 일반적인 행동의 자유 영역에 속하는 행위라 할 것이다. 그렇다면 이는 헌법 제37조 제1항에 의하여 경시되지 아니하는 기본권이며, 헌법 제10조가 정하고 있는 행복추구권에 포함되는 일반적 행동자유권으로서 보호되어야 할 기본권이라 할 것이다」.281)

헌재는「행복추구권은 그의 구체적인 표현으로서 일반적인 행동자유권과 개성의 자유로운 발현권을 포함한다」고 한다.282) 헌재는 인간의 존엄과 가치를 인격권이라고 부르고 있으며,283) 또 인간의 존엄성에서 유래하는 일반적 인격권이라고도 판결하고, 인격권 · 행복추구권에는 개인의 자기결정권이 문제되며,284) 또 행복추구권에서 일반적 행동자유권이 파생되고 있다고 한다.285)

「자유와 권리의 보장은 1차적으로 헌법상 개별적 기본권규정을 매개로 이루어지지만, 기본권제한에 있어서 인간의 존엄과 가치를 침해한다거나 기본권형성에 있어서 최소한의 필요한 보장조차 규정하지 않음으로써 결과적으로 인간으로서의 존엄과 가치를 훼손한다면, 헌법 제10조에서 규정한 인간의 존엄과 가치에 위반된다고 할 것이다」286)고 한다.

(3) 사견

① 부정설에 대한 비판   일본 헌법의 경우에도 생명 · 자유 · 행복추구에 관한 권리를 약칭하여 포괄적 권리로서 행복추구권이라고 한다. 또한「인간으로서의 존엄과 가치를 가지며」라고 하여, 권리라는 말을 쓰고 있지 않기 때문에 권리가 아니라고 하는

---

280) 헌재 2002. 1. 31 선고, 2001 헌바 43,『헌재판례집』제14권 1집, 49면 이하 (57면).
281) 헌재 1998. 10. 15 선고, 98 헌마 168,『헌재판례집』제10권 2집」, 586면 이하 (595면).
282) 헌재 1991. 6. 3 선고, 89 헌마 204,『헌재판례집』제3권, 268면 이하(275면); 헌재 1998. 5. 28 선고, 96 헌가 5,『헌재판례집』제10권 1집」, 541면 이하 (549면); 헌재 1998. 10. 29 선고, 97 헌마 345,『헌재판례집』제10권 2집, 621면 이하 (633면).
   「헌법 제15조는 "모든 국민은 직업선택의 자유를 가진다"고 규정하여 직업의 자유를 보장하고 있고, 이러한 직업의 자유는 자신이 원하는 직업 내지 직종을 자유롭게 선택하는 직업선택의 자유와 그가 선택한 직업을 자유롭게 수행할 수 있는 직업수행의 자유를 포함하는 개념이다. 이러한 직업의 선택 혹은 수행의 자유는 각자의 생활의 기본적 수요를 충족시키는 방편이 되고, 또한 개성 신장의 바탕이 된다는 점에서 행복추구권과도 밀접한 관련을 갖는다.
   이 사건 법률조항은 행복추구권에 대한 제한의 측면에서도 기본권 제한의 입법한계인 비례의 원칙을 준수하였다」(헌재 2005. 4. 28 선고, 2004 헌바 65,『헌재판례집』제17권 1집, 528면 이하).
283) 헌재 1990. 9. 10 선고, 89 헌마 82,『헌재판례집』제2권, 306면 이하.
284) 헌재 1991. 6. 3 선고, 89 헌마 204,『헌재판례집』제3권, 268면 이하; 헌재 1992. 4. 14 선고, 90 헌바 23,『헌재판례집』제4권, 162면 이하.
285) 헌재 1992. 4. 14 선고, 90 헌바 23,『헌재판례집』제4권, 162면 이하; 헌재 1995. 7. 21 선고, 93 헌가 14,『헌재판례집』제7권 2집, 1면 이하.
286) 헌재 2000. 6. 1 선고, 98 헌마 216,『헌재판례집』제12권 1집, 622면 이하 (648면).

견해도 있으나, 이는 헌법이 「자유를 가진다」고 할 때 자유는 가지나 자유권은 없다는 말과 같이 되어 지나친 형식논리로서 인정될 수 없다. 따라서 제10조의 기본권은 인간의 존엄과 가치·행복추구권을 합하여 포괄적 기본권으로서 규정한 것이며, 또한 주기본권인 동시에 협의에 있어서의 인간의 존엄권과 행복추구권도 함께 보장하고 있다고 보아야 할 것이다.287)

그리고 헌법 제11조에서 제36조까지의 기본권은 주기본권의 세분화이며, 제37조 1항의 「국민의 자유와 권리는 헌법에 열거되지 아니한 이유로 경시되지 아니한다」라는 규정은, 이 주기본권의 존재를 전제한 것이라고 보아야 할 것이다. 한편 인간의 존엄과 가치·행복추구권을 주기본권으로 보는 데 대하여 반론이 없는 것은 아니나, 한국 헌법재판소 판례과288) 독일 연방헌법재판소 판결 및 여러 법원 판결이 인정하고 있으며, 일본에서도 다수설은 생명·자유·행복추구권을 독자의 권리성을 갖는 포괄적 권리라고 보며 일본 판례도 여기서 초상권, privacy의 권리, 평화적 생존권 등을 이끌어 내고 있는 것과 같이, 우리 헌법 제10조도 인간의 존엄과 가치·행복추구권을 주기본권으로서의 포괄적 기본권이라고 보는 것이 타당하다고 하겠다. 행복추구권은 포괄적인 성격을 가진다는 것이 통설이다.

② 제37조 1항설에 대한 비판   생각건대 헌법 제37조 1항에서 헌법에 열거되지 아니한 기본권이 나오는 것이 아니고, 이 규정은 헌법 제10조에 의하여 확인·선언된 천부인권의 포괄성을 주의적으로 규정한 것으로 보는 것이 타당하다고 하겠다. 일부 학자들은 유진오 교수가 헌법 제정시 제28조 1항을 포괄적 권리라고 하였기에 현재도 그 이론에 따라야 한다고 주장하나,289) 당시에는 그렇게 주장할 수 있었다고 하나, 그 뒤 헌법 제10조의 규정을 추가하였기 때문에 이제는 당시의 주관적 해석이 적용될 수 없는 것이다. 이 견해는, 헌법 제10조의 규정은 인간의 존엄과 가치를 포괄적으로 규정한 헌법개정권자의 의사를 무시한 것이다. 현행 헌법 제37조 1항은 국민의 자유와 권리는 「…… 경시되지 아니한다」고 하고 있어 주의적으로 규정하고 있을 뿐 권리창설적 규정이 아니기 때문이다.

③ 포괄성   「헌법 제10조의 규정은 강행성이 없기 때문에 제37조 1항에서 효력의 근거를 찾아야 한다는 이론도 있으나,290) 이것은 헌법 제10조 후문을 무시한 견해이며 문리적 해석에도 위배되는 것이다.

④ 보충성   헌법 제10조의 포괄적 기본권은 보충적으로 통용되기 때문에 성문의

---

287) 동지: 계희열, 『헌법학(중)』, 185면.
288) 우리 헌법재판소도 헌법 제10조에서 성적 자기결정권(헌재 1990. 9. 10 선고, 89 헌마 82, 『헌재판례집』 제2권, 306면 이하); 계약의 자유(헌재 1991. 6. 3 선고, 89 헌마 204, 『헌재판례집』 제3권, 268면 이하); 알 권리(헌재 1992. 2. 25 선고, 89 헌가 104, 『헌재판례집』 제4권, 64면 이하) 등 여러 가지 기본권을 도출함으로써 그 포괄성을 인정하고 있고, 행복추구권의 독자적 기본권성도 인정하고(헌재 1989. 10. 27 선고, 89 헌마 56, 『헌재판례집』 제1권, 309면 이하) 있다.
289) 김선택, 전게 논문; 계희열, 『헌법학(중)』.
290) 김대환, 헌법 제37조, 『헌법주석서 Ⅱ』, 한국헌법학회.

헌법 규정이 있는 경우에는 개별적 기본권이 적용되고, 성문의 규정이 없는 기본권만 보호한다고 하여야 하겠다.[291] 따라서 헌법 제37조 1항은 헌법 제10조의 내용을 선언적 으로 확인하는 규정이라고 보는 것이 문언적 해석으로도 옳다.

제3절 인간의 존엄과 가치 · 행복추구권의 내용

1. 서설, 인권체계에서의 지위와 내용

1) 성립사적 고찰

제2장에서 보아 온 바와 같이, 인간의 존엄과 가치 · 행복추구권의 개념은 자연권에서 출발하였다. 자연권의 근원이 인간의 본성에 근거했거나, 자기생명을 보전하기 위한 자연권에서 나왔거나, Locke와 같이 자연에 구하였거나 간에, 인간은 자연권을 가진다는 것이 승인되었다. 당초 이러한 자연권은 「생명 · 자유 · 재산」이라고 하거나 「생명 · 자유 · 행복추구권」으로 통칭되었다.

각국의 인권선언이나 헌법규정이 생명 · 자유 · 평등 · 행복추구의 권리를 첫머리에서 규정한 뒤 그것을 보장하기 위한 여러 파생적 권리를 규정하였다. 그러나 어떤 헌법도 당시 문제가 되지 않았던 새로운 권리에 관해서 규정하지 아니하고 열거되지 아니하는 기본권도 경시되지 아니한다는 것만을 규정하였다(예, 미국헌법수정 제9조).

시대에 따라 기본권은 생명권, 자유권, 재산권뿐만 아니라 새로운 기본권이 인정되었다. 예를 들면, 노동권, 생존권 등이 주장되게 되었고, 사생활의 비밀이라든가 환경권, 정보접 근권 등이 학설과 판례에서 이것을 인정하기 시작하였다.

2) 비교법적 고찰

(1) 미국

미국에서는 이러한 경우 Life, Liberty, Property의 보장을 규정한 수정헌법 제5조와

---

291) 헌재 2006. 7. 27 선고, 2005 헌마 821,『헌재판례집』제18권 2집, 305-392면; 헌재 2005. 10. 17 선고, 2004 헌바 41,『헌재판례집』제17권 2집, 292-310면; 헌재 2000. 12. 14 선고, 99 헌바 112 등,『헌재판례집』제12권 2집』, 399면 이하 (408면); 헌재 2006. 4. 26 선고, 2005 헌마 997, 『헌재판례집』제18권 1집(상), 586-600면; 헌재 2007. 3. 29 선고, 2005 헌마 985 · 1037, 2006 헌마 11,『헌재공보』제126호, 325-345면; 헌재 2007. 5. 31 선고, 2007 헌바 3,『헌재공보』제128호, 589-597면; 헌재 2007. 8. 30 선고, 2006 헌바 96,『헌재공보』제131호, 979면.

제14조의 생명 · 자유 · 재산에서 찾는 실질적 적법절차(Substantive due process) 규정이
확대 · 보호되었다.292) 이 경우 수정 제9조의 규정이 보충적으로 적용된 것이었음을
이미 보았다.293)

　앞으로 미국의 학설과 판례는 새로운 기본권의 도출에서 수정헌법 제5조설과 수정헌법
제9조설이 대립할 것으로 보이는바, 대체적으로 Liberty, Property의 개념을 확장하여
새로운 기본권을 도출할 것으로 보인다(fundamental right).

(2) 독일

　독일의 경우에는 제2차 세계대전 이후에 인간의 존엄이 헌법에 규정되었고, 이 밖에
생명권, 인격의 자유발현권, 신체의 불가훼손성이 규정되었다. 이 기본법 제1조와 제2조
의 규정이 일반적 주기본권으로서 포괄성이 인정되게 되었고, 이 규정이 헌법에 열거되어
있지 않은 인권의 원천(Quellenrecht)이라고 말하여지고 있음은 이미 보아왔다. 인간의
존엄은 모든 기본권의 원천으로 인정되고 있다.294) 존엄권과 생명권은 일체를 이루고
있다고 한다.295)

　독일의 경우 인간의 존엄에서 생존권을 찾고 있고, 또 정보의 자기결정권이라든가 인간
태아의 권리가 인정되고 DNA 지문조사, 대화의 비밀녹음 등이 금지되고 있다. 이것은 사생활의
비밀을 도출해 낸 것이라 하겠다. 또 일반적 인격권과 일반적 행동자유권을 제1조와 제2조와의
결합에서 인정하고 있다(포괄적 기본권성 Auffangsgrundrechte).296)

　존엄권의 내용은 망라적이며 방어권일 뿐만 아니라 급부청구권까지도 나온다고 한
다.297) 예를 들어 최저생활비에 관한 권리298)까지도 포함하는 포괄적 권리라고 한다.
그러나 인간의 존엄권은 보충적 성격을 띠고 있으므로 기본법에 특별히 규정된 기본권이
먼저 적용되고 기본법에 규정이 없는 기본권에 대해서 인간의 존엄권이 적용된다. 물론
다른 기본법과 인간의 존엄권이 함께 적용되기도 한다.

　독일 기본법 제1조의 인간의 존엄에서는 제2조와 결합하여 적용하기도 하는데, 여기서
는 존엄권, 일반적 행동자유권, 생명권, 신체의 불가훼손성을 특별히 규정한 것으로

---

292) 미국에서의 실질적 적법절차에 관해서는 많은 논문과 판례가 있다. 예를 들면 Roe v. Wade 사건에서
　　Blackmun 대법관은 임신중절을 할 것인가 아니할 것인가의 여성의 권리(Privacy)는 수정 제14조의
　　Liberty에 포함된다고 하였다.
293) 수정헌법 제9조에 관해서는 Paust, J., Human Rights and the Ninth Amendment, 60 Cornell Law
　　Review, 231-238 (1975); Berger, R., The Ninth Amendment, 66 Cornell Law Review 1, 2-3
　　(1980); Barnett, R., Reconvincing the Ninth Amendment, 74 Cornell Law Review 1, 39 (1988)
　　참조.
294) BVerfGE 93, 266 (293); BVerfGE 107, 275 (284).
295) Klopfer, Leben und Würde des Menschen, FS 50 Jährige Bundesverfassungsgericht, Ⅱ, S.
　　78 ff.
296) 찬성: v. Mangoldt-Klein, Kommentar Art. 1; Sachs, Verfassungsrecht Ⅱ, Grundrechte. 반대:
　　Stern, StR, S. 74; Kunig, von Münch/Kunig, GG 1. Art. 1 Rdn. 69.
297) Sachs, Art. 1, GG. Kommentar, S. 175 ff.
298) BVerfGE 14, 294 (296).

보고 있다. 이 밖에 인간의 존엄에서 사생활의 권리,299) 성명권,300) 명예권,301) 초상권,302) 자기발현에 관한 권리,303) 자기 인격상에 관한 권리,304) 성전환인정권,305) 자기결정권,306) 출생에 대해 알 권리,307) 반론권308) 등을 도출하고 있다.

독일의 학설과 판례는 기본법 제1조와 제2조의 권리를 포괄적 기본권으로 보아 앞으로도 새로운 기본권을 도출해 낼 수 있을 것이다.

(3) 일본

일본국 헌법은 명백히 자연권임을 선언하고 있으며, 미국 헌법의 영향을 받아 제13조 후문에서 「생명 · 자유 및 행복추구권」을 보장하고 있다. 일본의 학설은 앞에서 본 바와 같이, 헌법상 기본권의 포괄적 규정으로서 헌법에 열거되어 있지 않은 기본권이 도출되는 근거로 인정하나, 그 내용이 어떤 것인가에 관해서는 학설과 판례가 나뉘어 있다.

일본에서는 이 생명 · 자유 · 행복추구권을 처음에는 권리로 인정하지 않다가 타네야(種谷春洋)에 의하여 권리설이 주장되었으며, 생명 · 자유 · 행복추구권이 개별적 기본권과 관련이 있기는 하나 단순한 총칭이 아니고 그 자체 하나의 권리로서 인정되며, 자연법에 의하여 기초되어 있기는 하나 실정법상의 권리라고 하면서 개별적 기본권과의 관계에 있어서는 이를 포괄적 기본권이라고 했다. 또 생명 · 자유 · 행복추구권은 통일적으로 파악하여 다시 분류할 필요가 있다고 하였다.309)

일본에서는 제13조 전단의 개인의 존중을 중시하여 「개인으로서 존중되는 권리이며 이는 헌법에 열거된 기본적 인권과 헌법에 열거되지 아니한 기본적 인권을 포괄하는 기본적 인권이라고 하며, 생명 · 자유 및 행복추구에 대한 국민의 권리는 개인으로서 존중되는 권리를 부연한 것에 불과하다고 하는 학설이 있다.310) 에바시(江橋崇)는 Privacy의 권리는 제13조 전단의 개인주의에 근거하고 있다고 한다.311) 또 네모리(根森健)는 개인의 존엄원리는 일본국 헌법의 기본원리이며 제13조 전단의 규정은 객관적 법원칙인 동시에 각인에게 보장된 주관적 인권규정이라고 한다. 개인의 존엄권의 보장대상으로 될 수 없는 것은 전단과 결부된 후단의 행복추구권의 내용으로서 보장된다고

299) BVerfGE 54, 148 (153).
300) BVerfGE 78, 38 (49).
301) BVerfGE 54, 208 (217).
302) BVerfGE 54, 148 (155).
303) BVerfGE 54, 148 (155); BVerfGE 54, 208 (217).
304) BVerfGE 99, 185 (193 f.).
305) BVerfGE 49, 286 (298 ff.).
306) BVerfGE 72, 155 (170 ff.).
307) BVerfGE 79, 256 (268 f.).
308) BVerfGE 97, 125 (146).
309) 種谷春洋, 전게 논문; 芦部編, 『憲法 II』, 130면 이하.
310) 抱喜久雄, 非列擧基本的人權の保障根據としての13條前段について―13條後段を根據とする學說の檢討を中心として, 『法と政治人權』 1호 (1980), 63, 93-100면.
311) 江橋崇, 立憲主義にとっての個人, 『憲法と憲法原理』 ジュリスト增刊 (1988).

한다.312)

그러나 일반적으로는 생명 · 자유 · 행복추구권이 포괄적 기본권으로 인정되고 있다. 이 헌법 제13조 후단의 규정에 의하여 헌법상 개별적으로 열거되어 있지 않은 권리를 도출할 수 있다는데 거의 합의가 되어 있다. 다만, 그 내용이 무엇인가에 대해서는 학설이 대립되고 있다.

일반적으로 ① 일반적 행동자유설, ② 인격적 이익설, ③ process적 권리설이 대립되고 있다. 일반적으로 행복추구권을 일반적 행동자유로 보는 것이 다수설이나, 이외에도 인격적 이익설이 중시되고 있다. 무네스에(棟居快行)는 생명 · 자유 · 행복추구의 3자를 동질적인 헌법가치로 일체적으로 파악하는 것에 대하여, 생명은 절대적 가치, 자유는 자기결정의 자유 등이라고 하며 자유와 행복추구에 대해서는 ① 자유는 열거된 자유권이 한정적인 내용을 가지는데 대하여, ② 행복추구는 부정형이며 그 내용의 충전은 각 개인에 맡겨져 있다고 했다. 그는 일반적 자유설에 입각하면서 너무 개인적 자유에 치중하지 않아야 한다고 했다.313)

이에 대하여 사토(佐藤幸治)는 헌법 제13조「후단의 행복추구권은 전단의 개인의 존엄원리와 결부하여 인격적 자율의 존재로서 자기를 주장하고, 그러한 존재로 있는 위에서 필요불가결한 권리, 자유를 포섭하는 주관적 권리라고 하면서 그 인격적 이익은 ① 생명 · 신체의 자유, ② 정신활동의 자유, ③ 경제활동의 자유, ④ 인격가치 그 자체에 관련되는 권리, ⑤ 인격적 자율권(자기결정권), ⑥ 적정한 절차적 처우를 받을 권리, ⑦ 참정권적 권리, ⑧ 사회권적 권리가 있으며 행복추구권의 보충적 적용이 문제되는 것은 ① ③ ④ ⑤ ⑥이라고 한다. 그는 인격적 자율권에는 ① 자기의 생명, 신체의 처분에 관한 사항, ② 가족의 형성, 유지에 관한 사항, ③ reproduction에 관한 사항, ④ 기타의 사항을 들 수 있다고 한다.314)

거의 모든 학자들은 이 권리에서 자기결정권을 인정하고 있고, 이를 ① 생명, 신체의 존재에 대한 자기결정권, ② 친밀한 교제, 인격결합의 자기결정권, ③ 개인적인 생활양식의 자기결정권으로 분류한다.315) 이 밖에도 헌법이 규정하지 않은 환경권, Privacy의 권리,316) 인격권,317) 평화적 생존권 등을 이끌어 내고 있다.

(4) 한국

① 학설　　　　한국 헌법상 인간의 존엄과 가치 · 행복추구권의 내용이 무엇인가에 대해서는 학설이 대립되고 있다. 권리를 부정하는 학설은 제외하고라도, 이를 모든 기본권

---

312) 根森健, 人權としての個人の尊嚴, 『法學教室』 175호 (1995), 52면.
313) 棟居快行, 幸福追求權について, 『ジュリスト』 1089호, 184면.
314) 佐藤幸治, 『憲法』, 313-320면.
315) 竹中勳, 自己決定權の意義, 『公法研究』 58호 (1996), 28면 이하.
316) 阪本昌成, プライバシーと自己決定の自由; 樋口編, 『講座憲法學』 3, 231면 (1994); 辻村みよ子, 『憲法』 제2판(2004), 109면 이하.
317) 根森健, 憲法上の人格權, 『公法研究』 58호 (1996), 66면 이하.

의 총칭이라고 보는 학설318)과 포괄적 기본권이라고 하면서 행복추구권의 내용은 생명권, 프라이버시의 권리, 명예권, 환경권, 자기결정권, 절차적 권리 등을 드는 학설319)과 생명권, 신체를 훼손당하지 않을 권리, 일반적 인격권, 인격적 자율권(자기결정권)을 들고, 이 밖에 헌법에 열거되지 아니한 자유 · 권리로 저항권, 평화적 생존권, 일반적 행동자유권, 일조권, 휴식권, 소비자 기본권, 수면권 등을 드는 견해,320) 행복추구권=일반적 인격권=협의의 인격권+인격발현권(일반적 행동의 자유)라고 보는 견해,321) 인간의 존엄과 가치를 일반적 인격권으로, 행복추구권을 일반적 행동자유권, 개성의 자유로운 발현권, 자기결정권, 신체의 불훼손권, 평화적 생존권, 생명권, 휴식권, 수면권, 일조권, 스포츠권을 포함시키는 견해,322) 인간의 존엄과 가치를 인간성 부정행위의 금지로 보고, 도출되는 기본적 인권으로 일반적 행동자유권, 자기결정권, 일반적 인격권을 들고, 행복추구권을 권리로 인정하지 않는 견해도 있다.323)

② 판례　　　판례도 기본권성을 인정하고 있으나 그 내용은 확정되지 않고 있다. 판례는 자기결정권,324) 생명권,325) 일반적 인격권,326) 개별적 인격권,327) 알 권리, 정보공개청구권, 인격발현권, 일반적 행동자유권328) 등을 들고 있다. 최근에는 평화적 생존권도 인정하고 있다.

③ 결론　　　이들 학설과 판례들은 일본, 독일, 미국의 이론과 판례를 모방하였기 때문에 혼돈이 생기고 있는 것이다. 비교법적 고찰에서 본 바와 같이, 생명, 자유, 행복추구의 권리는 처음에는 자연권을 헌법에 규정한 것으로 기본권을 총칭한 것으로 이해되었다. 그 뒤 이러한 기본권이 분화됨으로써 총칙적 · 포괄적 기본권으로서 남게 되었다. 이 포괄적 기본권은 헌법에 열거되지 아니한 기본권의 도출 근거가 되었다.

미국이나 일본의 생명 · 자유 · 행복추구권이 우리나라에서는 독일의 영향을 받아 인간의 존엄으로 규정되었다가, 이것으로는 현대에서 발생하는 새로운 기본권을 포섭할 수 없어 행복추구권을 추가했던 것이다. 따라서 우리 헌법의 인간의 존엄과 가치 · 행복추구권의 내용은 외국과 다르다고 하겠다. 이를 정리해 보면 다음과 같다.

① 광의에 있어서의 인간의 존엄과 가치 · 행복추구권

인간의 존엄과 가치 · 행복추구권은 광의로서는 주기본권으로서 국민의 기본적 인권 전반을 말하는 것이라고 하겠다.

---

318) 문홍주, 『한국헌법』, 219면.
319) 구병삭, 『한국헌법』, 408면; 동, 인격권보호, 『고시계』 1987년 7월호.
320) 안용교, 『헌법』, 335면.
321) 홍성방, 『헌법 Ⅱ』, 40면.
322) 성낙인, 『헌법학』, 290면.
323) 정종섭, 『헌법학원론』 2판 (2007), 348면 이하.
324) 헌재 1990. 9. 10 선고, 89 헌마 82, 『헌재판례집』 제2권, 306면 이하.
325) 헌재 1996. 11. 28 선고, 95 헌바 1, 『헌재판례집』 제8권 2집, 537면 이하 (545면).
326) 헌재 2001. 10. 25 선고, 2000 헌바 60, 『헌재판례집』 제13권 2집, 480면 이하.
327) 김재형, 인격권일반: 언론 기타 표현행위에 의한 인격권침해를 중심으로, 『민사판례연구』 제21권.
328) 헌재 1995. 7. 21 선고, 93 헌가 14, 『헌재판례집』 제7권 2집, 1면 이하.

광의에 있어서의 인간의 존엄과 가치 · 행복추구권은 주기본법으로서 개별적인 기본권으로 분화되며, 그중에서도 중요한 것은 평등권 · 자유권 · 생존권 · 청구권적 기본권 · 참정권 등이라고 하겠다. 또 다시 평등권도 주평등권과 개별적인 평등권으로 나눌 수 있으며, 자유권도 주자유권과 개별적인 자유권, 생존권도 주생존권과 개별적인 생존권, 청구권적 기본권도 주청구권과 개별적인 청구권, 참정권도 주참정권과 개별적인 참정권으로 나눌 수 있다.

그러나 인간의 존엄과 가치 · 행복추구권은 보충적 성격을 가지므로 헌법에 열거된 기본권이 있는 경우에는 원칙적으로 적용되지 아니한다.

헌법재판소 판례도 같은 취지이다.

행복추구권은 포괄적 기본권이라고 한다.329)

헌재는 또 인간의 존엄과 가치 · 행복추구권을 주기본권으로 보고, 이에서 다른 기본권이 파생된다고 한다.330)

광의에 있어서의 인간의 존엄과 가치 · 행복추구권은 보충적으로 적용되어야 한다.331)

② 협의에 있어서의 인간의 존엄과 가치 · 행복추구권

헌법에 열거되어 있는 것을 제외한 헌법에 열거되지 아니한 기본권을 말한다고 하겠다. 외국 헌법과는 달리 우리나라 헌법은 많은 기본권을 헌법에 열거하고 있으므로 그 범위는 좁다고 하겠다. 협의의 인간의 존엄과 가치 · 행복추구권은 명문상 인간존엄권과 행복추구권을 말한다고 하겠다.

자연권 사상에서는 생명권을 가장 중시하였고 외국 헌법에서도 전부 규정되어 있는데 유독 우리 헌법은 생명권에 관해서 규정하고 있지 않다. 이는 인간의 존립 가치에 당연히 포함되는 것이라고 보아 생명권은 따로 규정하지 않는 것으로, 헌법 제10조에서 생명권을 도출하여야 할 것이다.332)

다음에는 개별적 자유권에 대해서도 규정하고 있으면서 일반적 행동자유권에 관해서도 규정하고 있지 않기 때문에 일반적 행동자유권도 인간의 존엄과 가치 · 행복추구권에서

---

329) 헌재 2005. 4. 28 선고, 2004 헌바 65,『헌재판례집』제17권 1집, 528면 이하.
　　「헌법 제10조에 의거한 행복추구권은 헌법에 열거된 기본권으로서 행복추구의 수단이 될 수 있는 개별적 기본권들을 제외한 헌법에 열거되지 아니한 권리들에 대한 포괄적인 기본권의 성격을 가지며, '일반적 행동자유권', '개성의 자유로운 발현권', '자기결정권', '계약의 자유' 등이 그 보호영역 내에 포함된다」.
330)「이와 같이 이 사건 법률조항은 기본적으로 주관적 사유에 의하여 직업선택의 자유를 제한하는 규정이지만, 의료행위를 계속적인 생활수단적 소득활동으로 삼는 것이 아니라 취미 또는 봉사활동으로 하고자 하는 자에 대하여는 헌법 제10조의 행복추구권에서 파생되는 일반적 행동의 자유를 제한하는 규정이라고 할 수도 있다」(헌재 2005. 5. 26 선고, 2003 헌바 86,『헌재판례집』제17권 1집, 630면 이하).
331) 헌재 2004. 2. 26 선고, 2001 헌마 718,『헌재판례집』제16권 1집, 313면 이하 (323면).「행복추구권은 일반조항의 성격을 가지며, 보충적 성격을 지닌 기본권이므로 같은 상황에 대하여 재산권 침해를 판단한 이상 행복추구권의 침해여부를 독자적으로 판단할 필요는 없는 것이다」(헌재 2000. 12. 14 선고, 99 헌마 112 등,『헌재판례집』제12권 2집, 399면 이하 (408면). 동지: 헌재 2004. 4. 29 선고, 2002 헌마 467,『헌재판례집』제16권 1집, 541면 이하 (550면); 헌재 2006. 7. 17 선고, 2005 헌마 821,『헌재판례집』제18권 2집, 309-310면.
332) Kloepfer는 인간의 존엄과 생명은 일체를 이루고 있다고 한다.

파생하는 것으로 헌법 제10조에서 도출하여야 할 것이다.

인간존엄권에서 당연히 일반적 인격권이 도출되며 명예권 등 개별적 인격권이 파생하는 것이라고 하겠다. 인격권에는 인격형성권, 인격유지권, 인격발현권이 있으며, 알 권리에서 인격적 정보공개청구권이 인정된다.

그러나 미국이나 일본, 독일에서 주장되는 사생활의 비밀, 환경권은 우리 헌법에 명문으로 규정되어 있기 때문에 이를 인간의 존엄과 가치 · 행복추구권에 포함시킬 필요는 없다.

생존권을 포함하는가에 관해서는 학설이 대립되고 있다. 양건 교수는 「행복추구권은 자율적인 개인이 인격권으로 생존함에 필요한 모든 기본권을 포괄하며 사회권을 비롯한 급부청구권도 포함한다고 보아야 할 것이다」고 주장한다.333) 협의의 행복추구권에는 행복한 생활을 영위하기 위한 생존권도 포함되나, 보충성의 원리에 따라 생존권은 여기에 포함시키지 않아야 할 것이다.334)

평화적 생존권, 전쟁과 공포에서의 자유 등은 헌법에 규정되어 있지 않기 때문에 포함시킬 수 있을 것이다.

이하에서는 우리나라에서의 협의의 인간의 존엄과 가치 · 행복추구권에 관해서 간단히 설명하기로 한다.

2. 한국 헌법상의 내용

1) 생명권

(1) 생명권의 인정근거

미국 헌법은 수정 제5조와 수정 제14조에서 생명권을 규정하고 있다.335)

독일 기본법은 제2조 제2항에서 「누구든지 생명에의 …… 권리를 가진다」고 하고, 제102조에서 사형을 헌법상 명문으로 폐지하고 있다.336)337) Kloepfer는 인간의 생명과

---

333) 양건, 『헌법강의 I』, 278면. 독일에서도 이를 Leistungsrecht로 보는 주장이 있다. 예를 들면 최저한도의 생활침해금지로 보고 있다.
334) 헌재 2003. 4. 24 선고, 2002 헌마 611, 『헌재판례집』 제15권 1집, 478면 등 참조.
335) 미국 헌법에서는 원래부터 생명 · 자유 · 재산을 기본권(fundamental right)로 보고 due process of law에 의하지 않고는 제한할 수 없다고 하였다.
336) Sachs, Der Schutz der physischen Existenz in: Stern, Staatsrecht, IV/1 2006 §98; Kloepfer, Leben und Würde des Menschen in FS 50 Jahre BVerfGE, 2001, Bd. II ; Steiner, Der Schutz des Lebens durch Grundgesetz 1992; Starck, §2 GG Kommentar, 2005; Sachs, Grundrecht, S. 203 ff.; Brener, Der verfassungsrechtliche Schutz der Lebens-Integrationsprobleme im Wiedervereinigten Deutschland, (Festschrift) Verfassungsrecht im Wandel, S. 25-64; Hermes, G., Das Grundrecht auf Schutz von Leben und Gesundheit, 1989.
337) 독일 연방헌법재판소 판결도 생명권이 인간의 존엄에 결부되어 있음을 인정하고 있다(BVerfGE 39, 1/41). BVerfGE 46, 160. Schleicher 결정(1977. 10. 16 결정), BVerfGE, 49, 24 (53), BVerfGE

인간의 존엄을 일체로 보고 있다.[338]

일본에서도 제13조에서 자유 · 생명 · 행복추구권이 규정되어 있다. 유럽 인권선언 제2조에서는 생명권이 규정되어 있다. 또 국제연합의 시민적 · 정치적 권리에 관한 국제조약 제6조에서도 규정하고 있다.

우리 헌법에는 이에 관한 규정이 없다. 그렇다면 우리 헌법에는 생명에의 권리(Recht auf Leben)가 인정되지 않는다고 보아야 할 것인가가 문제된다. 혹자는 인간의 존엄과 가치를 규정한 헌법 제10조 전문에서, 혹자는 헌법 제12조의 신체의 자유 규정에서 생명에의 권리를 인정하기도 하고, 혹자는 헌법 제37조 1항에서 이를 인정하려고 하고 있다.[339]

그러나 우리 헌법은 제10조에서 인간의 가치에 관해서 규정하고 있기 때문에 인간으로서의 생존의 가치가 인정되어야 한다고 보는 것이 타당할 것이다. 생자의 생명에의 권리는 인간의 본질적 가치에 해당하는 것이며, 따라서 생명을 박탈하는 것은 인간의 존엄과 가치를 침해하는 것이라고 하겠다. 이것은 생명, 자유, 행복추구권의 가장 기본적인 권리인데도 헌법에 열거되지 아니하였기 때문에 당연히 헌법 제10조의 인간의 존엄과 가치 · 행복추구권에서 도출되는 것이다.[340][341]

(2) 생명권의 의의

생명권에 있어서의 생명은 순수한 자연적 개념이다. 따라서 생명이란 Dürig가 말하듯이 「아직도 생존하지 않는 것」과 「죽음」에 반대되는 인간의 육체적 존재형식(körperliche Daseinsform)이다. 언제부터 생이 시작하는가는 인간화의 자연과학적 소여에 의하여 결정하는데, 독일 연방헌법재판소는 생명의 기원을 잉태 후 14일이 지난 태아부터라고 보고 있다.[342] 생명의 권리는 죽음과 함께 소멸한다. 생명권은 생물학적 · 생리학적 개념이다.

이러한 생명에 대한 권리는 인간의 존엄과 가치 중에서도 가장 본질적이고 핵심적인 가치를 담고 있다고 하겠다. 헌재는 생명권을 자연권으로 보면서 기본권 중의 기본권이라고 보고 있다.[343] 생명권의 주체가 자기의 생명권을 자유롭게 처분할 수 있는가는 논의의

53, 30 (57), BVerfGE 77, 170 (214). 생명이 최고의 가치임을 인정하고 있다.

338) Kloepfer, Leben und Würde des Menschen, FS 50 Jahre Bundesverfassungsgericht, Ⅱ, S. 77 ff.

339) 김철수, 생명권, 『고시계』 1977. 4; 김철수, 『현대헌법론』, 285면 이하; 황치연, 한국헌법사에 있어서의 생명권에 대한 인식, 『한국에서의 기본권이론의 형성과 발전』, 182면 이하. 생명권을 헌법상 권리로 인정하는 것이 다수설이다. 신체의 자유에 포함시키는 견해로는 김기범, 전게서, 123-124면; 허영, 전게서, 334-336면; 행복추구권에서 구하는 견해는 문홍주, 전게서, 219면; 인간의 존엄과 신체의 자유 양자에서 근거를 구하는 견해는 권영성, 전게서, 420면.

340) 권형준, 생명권의 보호에 관한 고찰, 『법학논총』(한양대) 5호; 김병록, 생명권과 관련된 몇 가지 문제점들, 『공법연구』 28권 4호 2집; 이준구, 생명권 법리의 재검토, 『법대논총』(경북대), 1953; 김상겸, 생명권과 사형제도, 『헌법학연구』 제10권 2호, 2004; 조일환, 생명권침해의 구제에 관한 연구(1)(2), 『동의법정』 제2권, 제3권.

341) 대법원 1988. 10. 11 선고, 85 다카 29 판결, 『판결집』 36(3) 민 1.

342) BVerfGE 39, 1 ff., ((낙태판결 Ⅰ) 반대의견 2명), BVerfGE 88, 203((낙태판결 Ⅱ) 반대의견 3명).

여지가 있으나, 부인해야 할 것이다.[344] 따라서 자살을 할 권리나 자기에 대한 살해를 촉탁할 권리는 없다고 하겠다.[345]

(3) 생명권의 내용 및 효력

생명권은 국가가 개인의 생명을 침해하는 경우, 이를 배제해 줄 것을 요구할 수 있는 자유권적 내용(소극적인 생명권)과, 국가에 대하여 생존할 수 있도록 사회적 · 경제적 여건을 마련하여 줄 것을 요구할 수 있는 생존권적 내용(적극적인 생명권)을 아울러 가진다.[346]

따라서 안락사나 낙태는 원칙적으로 금지되며, 사형제도도 생명권을 침해하는 것이므로 위헌이라고 볼 것이다. 특히 Genocide의 금지는 소수집단의 보호를 위해서도 필요한 것이며, 국제조약에 의해서도 보호되고 있다.

생명권은 국가권력에 대한 방어권적 성격을 가지며 동시에 국가에 생명보호의 의무를 부과하고 있다.[347] 생명권은 불가양, 불가침의 권리이고 포기할 수 없는 권리이다. 따라서 촉탁에 의한 안락사도 생명권을 침해하는 것이다.

또한 인간의 생명은 국가의 부작위에 의해서도 침해될 수 있다. 역사적 경험에 의하면 일정한 종족이나 집단에 대하여 구호를 하지 않음으로써 굶게 하거나 병들게 하여 집단살해하는 경우도 있었다. 따라서 국가는 이러한 부작위에 의한 침해를 해서도 아니 되며, 국민의 생존권과 보호권, 환경권 등을 확보하여 생명권을 보장하여야 한다. 국민건강증진법 시행규칙 제7조가 흡연권을 제한하는 것은 생명권과 관련되기 때문에 합헌이라고 한다.[348]

이러한 생명권은 대국가적으로 직접적인 효력을 가지므로 입법 · 행정 · 사법은 이에 구속된다. 이러한 국가의 생명권에 대한 보호의무는 포괄적이며, 생명에 대한 국가의 직접적 침해가 금지될 뿐만 아니라 국가로 하여금 생명을 보호하고 육성해야 할 의무를 지우고, 특히 일반인에 의한 불법적인 침해로부터 생명권을 보호할 책임을 지운다.

(4) 생명권의 한계와 제한

생명권도 한국 헌법 제37조 2항에 따라 국가안전보장 · 질서유지 또는 공공복리를 위하여 제한될 수 있다고 하겠다. 그러나 그 본질적 내용은 어떠한 경우에도 침해할 수 없으므로 많은 문제가 제기되고 있다. 특히 사형제도, 낙태, 안락사, 전투나 정당방위 등에 의한 살인 등에 대한 많은 논의가 있다. 독일에서는 생명권의 제한은 기본법 제2조 2항 3절에서 인정되고 있다.

---

343) 헌재 1996. 11. 28 선고, 95 헌바 1, 『헌재판례집』 제8권 2집, 537면 이하 (545면).
344) 동지: 구병삭, 『증보 헌법학』 I , 436면.
345) 독일에서는 이를 일반적 행동자유권의 내용으로 파악하려는 견해가 있다.
346) 상세한 것은 김철수, 『현대헌법론』, 285-296면 참조.
347) Sachs, Grundrechte, 26, S. 203.
348) 헌재 2004. 8. 26 선고, 2003 헌마 457, 『헌재판례집』 제16권 2집(상), 355면 이하.

① 사형문제　　　특히 논란의 대상이 되는 것은 법률로써 생명권을 제한할 수
있느냐 하는 것이다. 대법원과 헌법재판소는 사형제도를 합헌이라고 보고 있는데,[349]
이는 헌재의 소수의견이 주장하는 바와 같이, 죄수의 생명권의 본질적인 내용의 침해로
위헌이라고 보아야 할 것이다. 한편 독일 기본법에서는 사형이 명문으로 금지되고 있다(동
법 제102조). 국제인권B규약의 제2선택의정서(사형폐지규약, 1991년 7월 11일 발효)도 사형
을 폐지하고 있다. 또한 사형제도는 사형당하는 죄수의 생명권의 침해일 뿐 아니라
사형집행인이라든가 사형선고인, 사형집행확인인 등의 인간의 존엄권을 침해하는 것이
라고 보아야 할 것이다.[350]

② 인공임신중절　　　앞서 보았듯이 태아에게도 생명권이 인정되어야 한다. 따라서

---

349) 사형제도에 관한 판례
　(a) [대법원 판례] 사형제도는 합헌이다.
① (대판 1963. 2. 28, 62 도 241. 동지: 대판 1987. 9. 8 선고, 67 도 1458, 공 1987, 1604; 대판 1990.
　4. 24 선고, 90 도 319, 공 1990, 1197; 대판 1994. 12. 19 선고, 94 초 123, 공 1995, 722). 그러나
　이 판결은 생명권의 본질적 내용침해라는 문제를 다루지 않아 타당하지 않다.
② 대법원 2001. 3. 29 선고, 2000 도 5736.
　(b) [헌재 결정] (다수의견) 사형제도는 합헌이다.
　(헌재 1996. 11. 28 선고, 95 헌바 1, 형법 제250조 등 위헌확인, 『헌재판례집』 제8권 2집, 537면 이하).
　(조승형 재판관의 반대의견)
　　사람의 생명은 창조주 이외 어떠한 권위로서도 사람이 이를 박탈할 수는 없다. 인간의 생명권은 선험적이
　고 자연법적인 권리로서 이를 박탈할 수는 없다. 우리 헌법의 근본정신은 사형제도를 부인하고 있음이
　분명하고 생명권은 제37조 제2항의 기본권 제한에 관한 일반적 법률유보의 대상이 될 수 없다. 사형제도는
　생명권의 본질적 내용을 침해하는 생명권의 제한이므로 헌법 제37조 제2항 단서에 위반된다. 가사
　헌법 제37조 제2항 단서상의 생명권의 본질적 내용이 침해된 것으로 볼 수 없다고 가정하더라도 형벌의
　목적은 응보 · 범죄의 일반예방 · 범죄인의 개선이 있음에도 불구하고 형벌로서의 사형은 이와 같은
　목적달성에 필요한 정도를 넘어 생명권을 제한하는 목적의 정당성, 그 수단으로서의 적정성, 피해의
　최소성 등 제원칙에 반한다. 따라서 사형은 범죄자의 생명을 박탈하는 것이므로 범죄자에 대한 개선의
　가능성을 포기하는 형벌일 수밖에 없어 정당성을 인정할 수 없다.
　(c) [일본 판례]
　「신헌법은 일반적 · 개괄적으로 사형 그 자체의 존재에 관해서 어떠한 태도를 취하고 있는가? 변호인이
　주장하는 것처럼 과연 형법의 사형규정은 헌법위반으로서 효력을 갖지 않는 것인가? 우선 헌법 제13조에
　있어서는 무릇 국민은 개인으로서 존중되어 생명에 대한 국민의 권리에 관해서는 입법 기타의 국정상
　최대의 존중을 필요로 하는 뜻을 규정하고 있다. 그러나 동시에 동조에 있어서는 공공의 복지라고
　하는 기본적 원칙에 반하는 경우에는 생명에 대한 권리라고 하더라도 입법상 제한 내지는 박탈되어지는
　것을 당연히 예상하고 있는 것이라 하지 않으면 안 된다」(最高裁(大)判 昭 23. 3. 12).
　(d) [미국 판례]
　「사형은 위헌이다」(Furman v. Georgia, 408 U.S. 238(1972)). 그러나 1975년 판결에서는 사형부활을
　요구하는 여론에 따라 이를 번복하여 사형 그 자체는 위헌이라고 판시하였다. 그러나 절대적 사형의
　법정은 위헌이라고 선언하고 있다(Gregg v. Georgia, 428 U.S. 153(1976)). 또 15세 소년에 대한
　사형은 위헌이라고 선언하고 있다(Thomson v. Oklahoma, 487 U.S. 815(1988)).
　(e) 사형제도에 관해서는 박선영, 사형제도 합헌판결에 대한 고찰(상), 『사법행정』 434, 1997. 2, 37-47면;
　동(하), 『사법행정』 1997. 3, 29-36면 참조.
350) 동지: 김진우 재판관의 반대의견, 헌재 1996. 11. 28 선고, 95 헌바 1, 형법 제250조 등 위헌확인,
　『헌재판례집』 제8권 2집, 538면.
　「사형제도는 나아가 양심에 반하여 법규정에 의하여 사형을 언도해야 하는 법관은 물론, 또 그 양심에
　반하여 직무상 어쩔 수 없이 사형의 집행에 관여하는 자들의 양심의 자유와 인간으로서의 존엄과
　가치를 침해하는 비인간적인 형벌제도이기도 하다」. 반대: 헌재의 다수의견, 권영성, 허영.

태아의 생명권을 보호하기 위해서는 원칙적으로 낙태는 금지되어야 한다.351) 미국에서는
임신기의 1/3 기간 내에 임부의 동의를 얻어 의사가 임신중절을 한 것에 대해 처벌하는
것은 기본권침해라고 본 판결이 있으나,352) 독일의 연방헌법재판소는 12주 이내의
낙태를 허용한 형법개정을 위헌으로 보았다.353) 그러나 태아의 생명권이 모체의 생명권
을 위태롭게 하는 경우에는 예외적으로 낙태가 허용된다고 보아야 할 것이다.354) 한편
우리나라는 모자보건법 제14조에서 광범한 인공임신중절을 허용하고 있는데, 이것이
과연 태아의 생명권과 합치될 수 있을지 의문이다.355)

③ 안락사의 문제   안락사에는 의사가 직접적으로 생의 단절을 야기하는 적극적
안락사와 생명을 연장할 수 있는 조치를 취하지 않음으로써 사망이 결과되는 경우인
소극적 안락사가 있다. 생자에 대한 안락사는 인간의 생명권을 침해하는 점에서 위헌이라
고 할 것이다.356) 다만, 환자가 인간답게 죽을 권리를 주장하는 경우(존엄사)가 문제되는
데, 환자의 인격권을 존중하여 그 생명을 단절할 자유를 인정해 주는 소극적 안락사는
허용된다는 견해가 있다.357)358)

그러나 자살방조를 처벌하는 법이론에서 볼 때 이것도 허용되지 않는다고 하겠다.359)
이 문제는 환자의 존엄사의 권리와 생명권의 충돌의 문제로 보아야 할 것이다.360) 독일에
서는 환자의 치료거부권은 인정하고 있다.361)

---

351) BVerfGE 39, 1/37; 88, 203/251 f.
352) Roe v. Wade, 410 U.S. 113 (1973). 이는 임신의 Privacy권의 우월을 인정한 판결이다. 미국 대법원은
    3개월 이내의 낙태는 의사와 임부의 결정에 일임하고, 그 후의 낙태에 대해서 주의 이익을 위하여
    절차와 방법을 규제함은 가능하다고 판시하였다. Roe원칙은 일부 변경되었다(Planned Parenthood
    of Southeastern Pennsylvania v. Casey, 112 S. Ct. 2791 (1992). 여기서 주는 여자의 선택권에
    중대한 부담을 주지 않는 한 낙태를 규제할 수 있다고 하고 있다.
353) BVerfGE 39, 1 ff.「기본권 제2조 2항 및 1조 1항은 국가에게 생성 중인 생명에의 직접적 개입을
    금지할 뿐만 아니라 생성 중인 생명의 보호와 촉진, 특히 제3자에 의한 침해로부터의 방어의무를
    명하고 있다. 이 국가의 생명보호의무는 모친에 의한 침해로부터의 보호도 포함된다」(1975. 2. 25.
    판결).
354) 독일 형법개정(1976. 5. 18)은 위헌으로 선언된 이 규정을 개정하여 낙태를 처벌하되 모체의 보호
    등 긴급한 경우에는 낙태를 인정하고 있다.
355) 대법원은 모자보건법상의 이러한 낙태허용을 엄격해석하고 있다(대판 1985. 6. 11 선고, 84 도 1958,
    공 1985, 1025면 이하).
356) 반대: v. Münch, Zippelius, Starck.
357) 미국 대법원의 판례로는 Cruzon case가 있다. 이 판결에서 식물인간인 Cruzon이 존엄사를 원했다는
    증거가 없다는 이유로 존엄사를 인정하지 않았다(Cruzon v. Missouri Department of Health, 497 U.S.
    261 (1990)). 이 판결은 5:4의 결정이었다. Karen Ann Quinlan (1976) 사건에서는 존엄사를 인정하였고
    Cruzon 사건에서는 명백한 동의가 있는 경우에 생명유지장치를 사용중지하는 것을 인정하였다.
    일본의 제1심 판결에서는 일정한 요건을 충족하는 경우, 의사의 면책을 인정한 것이 있다(東海大學
    安樂死 제1심 판결, 橫濱地判 平成 7. 3. 28 판결,『判例時報』1530-28).
358) 박상열, 미국 오리건주의 존엄사법과 죽을 권리,『法曹』500, 1998. 5, 343-369면.
359) Washington v. Glucksberg, 521 U.S. 702 (1997), 자살방조를 처벌하는 Washington 州法은 위헌이
    아니라고 하였다. 자살할 자유가 인정된다는 주장에 대하여 이를 부정하였다.
360) Vacco v. Quill, 521 U.S. 793, (1997) New York 주법은 자살방조는 처벌하면서 환자의 죽음에
    이르는 시술의 거부 등은 인정하고 있는 것은 평등권위반이 아니라고 하였다.
361) BVerfGE 58, 208/224.

④ 뇌사 등   뇌사의 문제는 죽음에 대한 의학적·윤리적 문제로서 1999년에 법제화되었다. 장기등이식에관한법률은 뇌사판정기준에 관한 사항을 생명윤리위원회에서 결정하게 하고 뇌사자 등의 장기의 적출과 이식에 관하여 규정하고 있는바 그러한 행위는 인도적 정신에 따라 행하도록 하고 있다(법 제2조, 제7조).

⑤ 전투나 정당방위 등에 의한 살인과 생명권   오늘날의 전쟁은 전면전쟁이기 때문에 대량살상무기에 의한 대량살인행위가 행해진다. 경우에 따라 정당한 전쟁이라면 전투는 책임일 뿐만 아니라 의무로 국가안전보장을 위하여 전쟁에의 참가가 요망되기까지 한다.362)

정당방위나 긴급피난에 의한 살인의 경우에도 위법성이나 책임이 조각될 수 있는데, 가해자의 생명권과 정당방위자의 생명권이 충돌하는 경우, 국가의 법질서에 도전하는 전자의 생명권보다는 후자의 생명권이 우선되며, 긴급피난의 경우에도 엄격한 법익형량 하에서 생명권의 침해가 인정된다.

2) 자기결정권

1) 자기결정권의 인정 근거

① 학설   자기결정권에 관해서도 헌법상 명문 규정이 없다. 미국이나 독일이나 일본에서도 이를 명문으로 규정하고 있지는 않다. 미국에서는 이를 자명한 권리로 인정하며 수정헌법 제5조의 자유에서 찾고 있다.363) 이는 자율권(Selfautonomy)이라고도 한다. 독일에서는 정보에 대한 자기결정권이 논의되고 있다.364) 그러나 학설과 판례는 자기결정권을 인정하고 있다.365)

일본에서는 헌법 제13조의 개인의 존엄과 생명, 자유, 행복추구에서 나온다고 한다. 자기결정권은 인격자율권에서 나오는 것으로 보아야 하며, 일반적 행동자유권과도 밀접한 관련을 가지고 있다고 본다.366)

---

362) 적대적인 무력집단의 전쟁야욕을 억제하고 국가적 정당방위차원에서 징집된 자에게 집총을 명하는 것은 타인의 생명권을 침해하는 것이 아니다(헌재 2004. 8. 26 선고, 2002 헌가 1,『헌재판례집』 제16권 2집(상), 141면 이하).

363) 미국에서는 Privacy의 권리로서 Personal autonomy가 주장되었고 여기서 자기결정권이 주장되게 되었다.

364) Hoffmann-Riem, Informationelle Selbstbestimmung in der Informations-Gesellschaft, AöR 123 (1998), S. 513 ff.; Holznagel, B., Das Grundrecht auf informationelle Selbstbestimmung, in: Pieroth, Verfassungsrecht und soziale Wirklichkeit in Wechselwirkung, 2000, S. 29 ff.; Schlink, B., Das Recht der informationellen Selbstbestimmung, Der Staat 25 (1986), S. 233 ff.; Vogelsang, K., Grundrecht auf informationelle Selbstbestimmung? 1987; Scholz/Pitschas, Informationelles Selbstbestimmungsrecht.

365) 독일에서도 인간의 존엄권에서 자기결정권을 찾고 있다. Pieroth/Schlink, Grundrechte, S. 374; Schmidt/Seidel, Grundrechte, 2. Aufl. (2001), S. 107.

366) 일본에서는 자기결정권의 범위에 대해서는 학설이 대립되고 있다. 상세한 것은 戶波江二, 自己決定權の憲法と射程,『法學教室』158호, 1993; 佐藤幸治, 日本國憲法と自己決定權,『法學教室』98호, 1988; 松本博也, 西谷敏編,『現代社會の自己決定權』, 1997, 98면; 阪本昌成, プライバシと自己決定の自由,『講座

일본 학설은 헌법 제13조의 생명, 자유, 행복추구권에 대하여 ① 행복추구권 조항은 사람의 인격적 생존에 불가결한 이익을 내실로 하는 포괄적 권리를 보장한다는 설과, ② 행복추구권 조항이 개인의 자유권 규정의 간격을 보충하는 일반적 자유권을 보장한다는 설이 있다. 여기서 인격에 불가결한 인격의 자기결정권은 Kant주의적인 자율권을 자기결정권이라고 보아야 할 것이라고 한다.

한국 헌법에도 자기결정권에 대해서는 명문의 규정이 없다. 그러나 자기결정권의 존재는 인정하고 있다.[367] 그러나 이러한 자기결정권의 근거에 대해서는 헌법 제37조 제1항에서 찾는 견해[368]와, 헌법 제10조에서 찾는 견해[369]와, 헌법 제10조와 제37조 1항에서 찾는 견해[370]와, 헌법 제10조와 제17조에서 찾는 견해[371]들이 있다.

앞서 말한 바와 같이 헌법에 열거되지 아니한 자기결정권은 헌법 제10조의 인간의 존엄과 가치, 행복추구권에서 파생하거나 도출되는 권리라고 하겠다. 인간의 존엄에서 자율권이 나오는 것이며, 이러한 자율권=자기결정권이라고 보아야 할 것이다.[372]

② 판례

미국에서는 자기결정권에 관한 규정이 없기에 수정헌법 제5조의 생명, 자유, 재산에서 도출되는 Fundamental Right라고 본다. 새로운 권리로서 Privacy가 보호되고 있는데 혼자 있을 권리, 죽을 권리까지 자유에 포함되는 것으로 본다.[373]

독일에서는 정보에 대한 자기결정권(informationelles Selbstbestimmungsrecht)이 판례상 확립되었다.[374]

일본에서는 자기결정권을 협의의 인격적 자율권이라고 한다. 일본에서는 몇 가지 판결이 있는데 그중에 여호와의 증인의 수혈거부의사에 반하여 수혈한 병원문제가 있다.[375]

한국 헌법재판소는 간통죄를 처벌하는 형법 제241조의 위헌여부를 판단함에 있어 개인의 인격권, 행복추구권에는 개인의 자기운명결정권이 전제되는 것이고, 이 자기운명결정권에는 성행위 여부 및 그 상대방을 결정할 수 있는 성적 자기결정권이 포함되는

憲法學 3, 權利の保障(1)』, 220면; 藤井樹也,『權利の發想轉換』, 277면 이하; 竹中勲, 自己決定權の意義, 『公法研究』58 (1996), 28면 이하.
367) 자기결정권에 관한 한국 문헌으로는 권형준, 헌법상의 자기결정권,『김철수교수 정년기념논문집』, 1998; 권형준, 자기결정권에 대한 헌법재판소의 판례분석, 공법이론과 판례연구회 발표문, 2000; 김주현, 자기결정권과 그 제한,『헌법논총』제7집.
368) 권영성, 전게서(보정판), 298면.
369) 김철수, 전게서(제12판), 364면.
370) 구병삭, 헌법상 자기결정권의 문제,『월간고시』1990년 2월호, 24면.
371) 권형준, 자기결정권,『고시연구』1998년 11월호.
372) 동지: 竹中勲, 전게 논문, 28면 이하; 佐藤幸治,『憲法』, 288면.
373) 상세한 것은 Young, R., Personal Autonomy 1986; Chemerinsky, Constitutional Law, 2d ed., p. 762 ff.; Rossum/Tarr, American Constitutional Law, 7th ed. Vol. Ⅱ, p. 703 ff.
374) BVerfGE 65, 1, 41 ff. (국세조사(Volkszählung) 결정).
375) 最高裁 平成 12. 2. 29,『民集』54-2-582.

것이므로, 인격권과 행복추구권을 규정한 헌법 제10조가 자기결정권의 근거가 된다고
판시하였다.376)

또 소비자의 자기결정권을 인정하였다.377) 또 개인정보자기결정권을 인정하고 있
다.378)

(2) 자기결정권의 법적 성격

자기결정권은 자유권으로만 파악하는 일반적 자유설과 자기결정권을 정보를 통제할
수 있는 권리와 같이, 청구권적 기본권을 포함한다고 보는 설이 대립되고 있다. 자기결정권
은 자유권으로 소극적으로만 파악할 것이 아니라 인간의 존엄 · 가치권의 한 내용이기에
적극적인 면도 간과해서는 안 될 것이다. 일반적 자유권은 행복추구권에서 유래한다는
것이 우리나라의 학설 · 판례이므로, 자기결정권은 인격적 자율권으로 자기인격의 발현
을 위한 것으로 협의로 보는 것이 옳을 것이다.379) 또 헌재는 자기운명결정권이 인격권에
포함되어 있음을 인정하고 있다.380)

(3) 자기결정권의 내용

자기결정권의 내용은 다양하게 분류되고 있다. 미국의 Tribe는 Reproduction의 자기
결정권, 생명 · 신체의 처분에 관한 자기결정권, Life-style에 대한 자기결정권을 들고
있다.381)

일본에서는 자기결정권의 내용에 관해서 ① Lifestyle, ② 위험행위, ③ 생사와 자기결정
으로 나누는 견해(山田卓生), ① 자기의 생명, 신체의 처분에 관한 사항, ② 가족의 형성,
유지에 관한 사항, ③ Reproduction에 관한 사항, ④ 기타 사항으로 나누는 견해(佐藤幸
治), ① 생명, 신체의 처분에 관한 자기결정권, ② Reproduction에 관한 자기결정권,
③ Lifestyle의 자기결정권으로 나누는 견해(芦部信喜), ① 생명 · 신체의 존재방식에
관한 자기결정권, ② 친밀한 교제 · 인적 결합의 자기결정권, ③ 개인적인 생활양식의
자기결정권으로 나누는 견해(竹中勳)가 대립되고 있다.382) 이러한 구분은 미국의 이론을

---

376) 「모든 기본권의 종국적 목적(기본이념)이라 할 수 있고 인간의 본질이며 고유한 가치인 개인의 인격권과
 행복추구권을 보장하고 있다. 그리고 이러한 개인의 인격권 · 행복추구권은 개인의 자기운명결정권을
 그 전제로 하고 있으며, 이 자기운명결정권에는 성적 자기결정권, 특히 혼인의 자유와 혼인에 있어서
 상대방을 결정할 수 있는 자유가 포함되어 있다」(헌재 1990. 9. 10 선고, 89 헌마 82, 『헌재판례집』
 제2권, 306면 이하). 동지: 헌재 1997. 7. 16 선고, 95 헌가 6 등 병합, 민법 제809조 제1항 위헌제청,
 『헌재판례집』 제9권 2집, 1면 이하. 헌재는 민법 제809조 제1항의 동성동본금혼규정은 헌법 제10조와
 제36조 제1항 위반이라고 판시하고 있다.
377) 헌재 1999. 7. 22 선고, 98 헌가 5, 『헌재판례집』 제11권 2집, 26면 이하(이 결정에서는 탁주의
 공급구역제한제도의 합헌성을 인정하면서 이는 행복추구권에서 파생되는 소비자의 자기결정권을 정당
 한 이유 없이 제한하는 것이 아니라고 판시하고 있다).
378) 헌재 2005. 7. 21 선고, 2003 헌마 282 · 425 (병합), 『헌재판례집』 제17권 2집, 81-97면.
379) 권형준, 전게 논문, 12면.
380) 헌재 1990. 9. 10 선고, 89 헌마 82, 『헌재판례집』 제2권, 306면 이하.
381) Tribe, L. H. American Constitutional Law, 2nd ed. (1988), pp. 1337-1389.

중심으로 한 분류이다.

한국 헌법재판소는 자기운명결정권, 성적 자기결정권, 개인정보자기결정권, 소비자자기결정권 등을 들고 있다. 우리 헌법은 Privacy의 권리를 따로 규정하고 있으므로 총망라적으로 열거할 필요는 없다. 여기서는 미국의 이론과 한국 판례를 종합하여 설명하기로 한다.

① 생명 · 신체의 처분, 의료행위 등에 대한 자기결정권   장기이식, 치료거부 등과 같이, 생명 · 신체의 처분과 직결되는 자기결정권을 말한다. 치료를 받을 것인가 아닌가의 자기결정권이 포함한다.383) 소변채취를 강제하는 것은 자기결정권의 침해이다.384)

② 성적 자기결정권   성생활을 할 것인가, 어린이를 가질 것인가, 결혼을 할 것인가, 가족생활을 어떻게 할 것인가에 대한 자기결정권을 말한다.385) 그러나 혼인빙자 간음행위를 처벌하는 것은 성적 자기결정권의 침해가 아니므로 합헌이라고 판시하였다.386) 또 강제추행죄는 성적 자기결정권을 보호하려는 법률이라고 한다.387) 군 내부에서의 동성 간 추행처벌은 합헌이다.388) 강간 또는 강제추행은 성적 자기결정권을 침해한다.389) 헌재는, 간통은 성적 자기결정권에 속한다고 하여 처벌할 수 없다고 하였다.390)

③ 생활 스타일의 자기결정권   생활 스타일 즉, 복장을 어떻게 할 것인가, 두발형을 어떻게 할 것인가, 생활습관을 어떻게 할 것인가 등에 대한 자기결정권을 말한다.391)

④ 개인정보자기결정권   자기정보를 비닉할 것인가 이를 공개할 것인가, 또 data base에 포함되어 있는 자기정보의 공개요구나 정정을 요구할 수 있는 정보에 관한 자기결정권을 말한다.392)393) 이것은 독일의 국세조사판결에서 처음으로 인정된

382) 竹中勳, 전게 논문, 37면 이하.

382) 竹中勳, 전게 논문, 37면 이하.
383) 헌재 2002. 10. 31 선고, 99 헌바 76 등 병합,『헌재판례집』제14권 2집, 439면. 대법원은 충분한 의료정보를 제공하지 않고 수술한 경우에는 자기결정권을 침해한다고 한다(대법원 2002. 10. 25 선고, 2002 다 48433, 공 2002. 12. 15 (168).
384) 헌재 2006. 7. 27 선고, 2005 헌마 277,『헌재판례집』제18권 2집, 280-288, 헌재 2006. 6. 29 선고, 2005 헌마 165 등,『헌재판례집』제18권 1집(하), 337-486면.
385) BVerfGE 96, 56/91.
386) 헌재 2002. 10. 31 선고, 99 헌바 40 등 병합,『헌재판례집』제14권 2집, 390면 이하.
387) 헌재 2006. 12. 28 선고, 2005 헌바 85,『헌재판례집』제18권 2집, 621-624면.
388) 헌재 2002. 6. 27 선고, 2001 헌바 70,『헌재판례집』제14권 1집, 601면 이하.
389) 대법원 2004. 5. 27 선고, 2004 도 1449 판결.
390) 헌재 2015. 2. 26 선고, 2009 헌바 17.
391) Wilkinson & White, Constitutional Protection for Personal Lifestyles, 62 Cornell Law Review 565 (1977).
392) ① 금융기관과의 거래정보정보수집: (헌재 2005. 11. 24 선고, 2005 헌마 112,『헌재공보』제110호, 1246면 이하).
   ② 개인정보자기결정권의 근거: 주민등록상 지문날인 문제: (헌재 2005. 5. 26 선고, 99 헌마 513, 2004 헌마 190 (병합),『헌재판례집』제17권 1집, 668면 이하).
   ③ NEIS 교육정보저장문제(헌재 2005. 7. 21 선고, 2003 헌마 282, 425(병합),『헌재판례집』제17권 2집, 81면 이하).

것이다. 독일에서 자기결정권이라고 할 때는 주로 정보에 관한 자기결정권을 말하고
있다.394) 헌재는 자기정보결정권을 헌법 제10조와 헌법 제17조에서 찾기도 한다.395)

⑤ 기타의 자기결정권   이 밖에도 소비자의 상품선택에 대한 자기결정권,396) 기타
인격자로서의 자율적 결정권을 들 수 있다. 헌재는 자기결정권의 전제로서 자기책임의
원리를 강조한다.397) 미군 기지 이전에 관한 정부 결정에 반대하는 것은 개인의 헌법상
자기결정권에 포함되지 않는다.398) 신문 선택의 자기결정권도 인정된다.

(4) 자기결정권의 제한

자기결정권도 헌법 제37조 2항에 따라 합목적적인 적정한 비례성에 입각한 법률에
의한 제한은 가능하다. 그러나 본질적인 내용은 침해할 수 없다. 헌재는 지문보관 문제는
합헌이라고 보고,399) 개인정보를 대상으로 한 조사, 수집, 보관, 처리, 이용 등의 행위는
모두 원칙적으로 개인정보 자기결정권에 대한 제한이라고 인정하면서 NEIS는 합헌이라
고 보았다.400)

3) 인격권(Persönlichkeitsrecht)

(1) 인격권에 관한 헌법규정

① 인격권을 헌법에 규정한 입법례

독일 헌법은 기본법 제2조 1항에서 인격권(Persönlichkeitsrecht)을 보장하고 있다.
일본에서는 인간의 개인으로서의 존중을 규정하고 있고, 한국 헌법은 인간의 존엄과

---

393) BVerfGE 96, 171/181; 101, 106/121; 113, 29/46.
394) 개인정보 자기결정권에 관한 문헌은 많다. 이덕환, 환자의 자기결정권,『배준상교수 정년기념논문집』,
    1997, 741-756면; 백윤철, 헌법상 자기결정권과 개인정보자기결정권,『헌법학연구』제9권 3집, 2003,
    209-236면; 김승환, 정보자기결정권,『헌법학연구』제9권 3집, 2003, 149-179면; 정태호, 개인정보자
    결권의 헌법적 근거 및 구조에 관한 고찰,『헌법논총』제14집, 2003, 401-496면 참조.
395) 헌재 2005. 5. 26 선고, 99 헌마 513, 2004 헌마 190(병합),『헌재판례집』제17권 1집, 668면.
396) 헌재 1996. 12. 26 선고, 96 헌가 18,『헌재판례집』제8권 2집, 680면 이하(691면); 의료소비자의
    자기결정권, 헌재 2002. 10. 31 선고, 99 헌바 76, 2000 헌마 550 (병합),『헌재판례집』제14권
    2집, 410면 이하; 탁주에 대한 자기결정권, 헌재 1999. 7. 22 선고, 98 헌가 5,『헌재판례집』제11권
    2집, 26면 이하.
397) 헌재 2004. 6. 24 선고, 2002 헌가 27,『헌재판례집』제16권 1집, 706면 이하(714-715면); 헌재
    2003. 7. 24 선고, 2001 헌가 25,『헌재판례집』제15권 2집(상), 1면 이하 (22면).
398) 헌법상 자기결정권의 보호범위에 관해서는 헌재 2006. 2. 23 선고, 2005 헌마 268,『헌재판례집』
    제18권 1집(상), 298면 이하.
399) 헌재 2005. 5. 26. 선고, 99 헌마 513, 2004 헌마 190(병합),『헌재판례집』제17권 1집, 668면 이하.
400) 헌재 2005. 7. 21 선고, 2003 헌마 282 · 425 (병합),『헌재판례집』제17권 2집, 81면 이하(개인정보자기
    결정권을 일반적 인격권과 사생활의 자유와 비밀에서 보장되는 권리로 보고 있다).

가치를 헌법에 규정하고 있다. 인간의 존엄에서 인격권에 관하여 도출하는 것은 허용되나, 가능한 한 헌법에 명문으로 규정하는 것이 요청된다. 독일은 이 밖에도 사생활의 비밀에 관한 규정을 따로 두고 있다.401)

② 인격권에 관한 규정이 없는 헌법 예

헌법 중에는 인격권에 관하여 규정하지 않는 것이 있다. 또 그 근거 규정이라고 볼 수 있는 인간의 존엄에 관해서 규정하지 아니한 헌법이 있다. 멕시코 헌법은 제16조에서 개인 자료의 보호, 자료의 공개금지, 통신의 비밀 등을 헌법에 상세히 규정하고 있다.402) 사생활의 비밀 규정에서 인격권을 도출해 내기는 어렵기 때문에 명예권, 인격권 등은 자연법에서 도출해 내는 것이 옳을 것이다. 미국 헌법은 수정 제14조에서 인신, 가택, 서류와 기타 물품에 대한 압수 · 수색에는 영장을 제시하도록 하고 있다.403)

(2) 인격권에 관한 대륙법과 영미법의 차이

① 대륙법, 특히 독일의 입법례

독일 헌법은 제1조와 제2조에서 인격권에 관하여 상세히 규정하고 있으며, 유럽헌장에서도 제1조에서 인간의 존엄권을, 제7조에서 가정과 사생활의 보호를 규정하고 있다.
또 인격권은 사법에서도 규정하고 있으며 헌법규정이 사법상에도 직접 적용되고 있다. 독일에서도 옛날에는 개인의 인격에 대한 보호가 인권으로 인정되었는데, 처음에는 명예에 대한 존중이라든가 초상에 대한 권리 등이 법률로 인정되었다.
그런데 1950년 이후에 법관에 의한 법 발견이 일반적 인격권에 관해서 많이 행해져 중요한 법체계를 이루고 있으며, 제1조와 제2조에 근거한 일반적 인격권이 관습법적으로 인정되고 있다.404)

② 영미법에 있어서의 인격권

영미법에 있어서는 인격권(Personality right)이란 개념이 발달하지 않았고 재산권, 불법침입, 불법행위의 개념에서 발달하였다. 이러한 인격권은 헌법에 근거하기보다도 실정 법률로 규정되었다. 미국에서는 사생활의 비밀보호에서 점차 인격권으로 발전해

---

401) 독일 기본법 제2조 1항, 누구나 자기 인격의 자유로운 발현권을 가진다.
402) 러시아 헌법 제23조, 제24조; 스위스 헌법 제13조; 그리스 헌법 제9조; 독일 헌법 제10조; 터키 헌법 제20조 등이 사생활의 비밀, 통신의 비밀에 관해서 규정하고 있다.
403) W. Cuddihy, *The Fourth Amendment : origins and original meaning*, 2009.
404) Götting/Schertz/Seitz (Hrsg.), *Handbuch der Persönlichkeit*, 1990.

왔다.405) 영미에 있어서는 인격권이란 개념은 있으나 유럽처럼 하나의 권리가 아니고, 인간의 사생활의 보호, 인간자율권, 인격발현권, 사생활의 비닉권 등으로 나뉘어 발전해 왔다. 그리하여 법률에 의하여 개별적인 보호를 해 왔으며 유럽처럼 인격권으로 통일되어 있지는 않았다. 그리하여 인간의 자기결정권과 자율권, 표현권(Publicity right), 사생활의 비닉권(Privacy right) 등으로 개별적으로 보장되어 왔다.

미국에서는 21세기에 와서 인간의 존엄(dignity)을 인정하기 시작했는데, 헌법상의 명문의 규정이 없기 때문에 실정권으로 인정된 것이 아니고 판례와 학설에서 논의되고 있다.406) 특히 동성 간의 혼인을 긍정한 Obergefell v. Hodges 대법원 결정에서 동성 간의 평등한 존엄을 Kennedy 대법관이 말한 뒤부터 논쟁이 되었다.407)408)

이 판결로 동성 간의 혼인도 평등한 존엄의 권리에 따라 합헌으로 인정되게 되었으며 많은 논점이 있기는 하나 존엄권은 새로운 인권으로서 인정되게 되었다. 그 결과로 인간의 존엄권도 새로운 인권으로서 인정되게 되었다. 그러나 여기에는 반대도 많으며 5:4의 판결이었기 때문이다.

그럼에도 불구하고 이 대법원 판결 후에는 많은 주 헌법의 법원들이 동성 간의 혼인을 무효라고 선언하고 있다.409) 이들 판결에 대하여 인간의 존엄을 선언한 것에 대하여 찬성하는 의견도 있고410) 이에 반대하는 의견도 있다.411)

반대하는 의견은 이 「인간의 존엄」 개념이 언론의 자유와 종교의 자유를 침해할 우려가 있다고 하며, 이미 유럽에서는 명예훼손으로 인간의 존엄 침해자가 처벌되고 있다고 지적한다.412) 그래서 존엄권 자체를 부인하는 견해까지 있다.413)414)

---

405) B. Koleniková, *From Right to Privacy and Personal Autonomy: The Changing Nature of Right to Privacy in the US Legal System (1965-2008)*, Univ. of London, 2008; Schwartz/Peifer, Prosser's Privacy and the German Right of Personality: Are Four Privacy Torts Better than One Unitary Concept?, *California Law Review* Vol. 98, 1925 (2010); A. Conroy, Protecting Your Personality Rights in Canada: A Matter of Property or Privacy?, 1:1 online, *Western Journal of Legal Studies* Vol. 1, Issue 1 (2012).

406) N. Rao, Three Concepts of Dignity in Constitutional Law, *Notre Dame Law Review* Vol. 86, No. 1, p. 183 ff.; T. Machan, Human Dignity and the Law, *DePaul Law Review* Vol. 26, Issue 4 (1977), Art. 5p, pp. 807 ff.; P. Weithman, Two Arguments from human Dignity, Univ. of NotreDame; M. Novack, Human Dignity, Human Rights, First Things 97 (Nov. 1999), pp. 39-42; R. Glensy, The Right to Dignity, *Columbia Human Rights Law Review* 43 (2011), pp. 65-142; 김철수, 『기본적 인권의 본질과 체계』, 834-836면 참조.

407) L. Tribe, Equal Dignity: Speaking Its Name, 129 *Harvard Law Review Forum* 16 (Nov. 7. 2015).

408) 135 S. Court, 2584 (2015).

409) B. Ackerman, Dignity Is a Constitutional Principle, *New York Times*, Sunday Review Opinion, 2014/3/30; B. Ackerman, We the People Vol. 3, The Civil Rights Revolution, *New York Times*, Sunday Review Opinion, 2014/3/30.

410) B. Ackerman, Yoshino Genji of NYU.

411) J. Turley, Kennedy's New 'Right to Dignity' Could Trump the Right to Free Speech and Religion, *Investor's Business Daily*, 7. 06. 2015.

412) J. Rosen, The Dangers of a Constitutional 'Right to Dignity', *The Atlantic's Politics & Policy Daily*, April 29, 2015.

413) C. O'Mahony, There is no such thing as a right to dignity, *International Journal of Constitutional*

유럽이나 세계인권선언에서 자명한 기본권으로 인정되고 있는 인간의 존엄에 대해서도 대륙법과 영미법 간에는 차이가 있다.415)416)

(3) 인격권의 체계

① 독일에서의 인격권

독일에서는 인격권을 일반적 인격권(allgemeines Persönlichkeitsrecht)과 부분적 인격권으로 나눌 수 있다. 일반적 인격권은 기본법 제2조 1항과 기본법 제1조의 결합체로서 인간의 존엄과 가치권을 말한다. 부분적 인격권으로서는 명예권, 초상권, 성명권, 기타 인격에 관한 권리로 구분된다. 그런데 앞서 말한 바와 같이, 사생활의 공개권은 크게 다르지 않으며 사생활의 비밀권은 다른 부분적 인격권으로 인정되고 있다.417) 스위스에서는 제7조에서 규정되어 있는데 인간의 존엄권은 포괄적 권리로 인정되어 있으며, 그 파생 인권으로는 비인간적인 처벌의 금지(제10조 3항), 차별금지(제8조 2항), 제9조(자의금지), 긴급 시에 조력할 권리(제12조), 절차법상 청문청구권(제29조 2항) 등으로 나뉘어 설명되고 있다.

일반적으로 말하면 유럽의 인격권은 자연법 개념에서 나온 것으로 통일성을 가지고 있다. 헌법에서 주요 기본권으로 인간의 존엄 등을 규정할 뿐만 아니라 민법에서도 상세히 규정하고 있다.418)

O'Mahony는 독일의 존엄권이 원칙이냐 권리냐를 따져 묻고, 권리로서는 자율권 (autonomy)과 비슷하기는 하나 autonomy가 dignity는 autonomy로서도 이해되며, 또 Perceived dignity는 자율권과 같다고 하고, 결론적으로 autonomy는 dignity가 아니라고 본다. 그리하여 결론적으로는 dignity는 특수한 내용의 권리가 아니라고 한다. 대륙법 국가나 영미법 국가에서는 일반성과 특별성 구별도 통일이 되지 않고 있다.419)

Law Vol. 10, Issue 2, 30 March 2012, pp. 551-574.

414) N. Koffeman, (The right to) personal autonomy in the case law of the European Court of Human Rights, Leiden, June 2010.

415) 유럽 각국에 있어서의 인격권의 비교에 관해서는 A. Helling, Protection of "Persona" in the EU and in the US: a Comparative Analysis, LLM Theses and Essays. Paper 45, http://digitalcommons. law.uga.edu/stu_llm/45.

416) 대륙법과 영미법의 간단한 비교로는 Personality rights: definition of Personality rights and synonyms of personality right, http://dictionary.sensagent.com/Personality%20rights/en-en; Wikipedia, Personality rights.

417) Kunig, P. Der Grundsatz informationeller Selbstbestimmung, *Jura*, 1993, 595.

418) Schwerdtner, P. Das Persönlichkeitsrecht in der deutschen Zivilrechtsordnung, 1977.

419) H. Ehmann, Der Begriff des Allgemeinen Persönlichkeitsrechts als Grundrecht und als absolut-subjektives Recht; C. Degenhart, Das Allgemeine Persönlichkeitsrecht, Art. 2 I i.V. mit Art. 1 I GG Beiträge in Zeitschriften und Sammelwerken, Staatsrecht, *Jus* 1992; M. Burgi, Das Grundrecht der freien Persönlichkeitsentfaltung durch einfaches Gesetz, *ZG* 9 (1994); Wikipedia, Persönlichkeitsrecht (Deutschland); Persönlichkeitsrechte, Rechtslexikon. net.

독일에서는 기본법 제2조 1항의 인격의 자유발현권에는 일반적 행동자유권이 있다고 본다. 그런데 인격권에는 인격의 자율표현권이라고 하겠고, 명예권, 인격형성권, 인격유지권 등이 있다 하겠다.

유럽 헌법 전반에 대해서는 생략하기로 하고 다른 저서들을 참조해 주기 바란다.[420]

② 영미법에 있어서의 인격권

영미법에 있어서의 인격권을 Personality right라고 하고 있는데 이 개념은 유럽 대륙과 다른 개념이다.[421] 영미법에서는 인격권의 개념은 재산권과 불법침입과 고의적인 불법행위(tort)에 근거한 것이었다. 그리하여 개괄적으로 말하면 인격권은 법관이 만든 법(judge-made law)이며, 거기에는 개인적 권리와 법적 권리가 혼합되어 있었다. 이 보통법(common law) 국가에서도 상당한 차이가 있어 이것을 한마디로 말하기는 어렵다.

가) 캐나다

캐나다에는 보통법 지역과 대륙법 지역이 따로 있기 때문에 식별하기가 어렵다. 그리하여 성문법으로 규정한 것이 많다. 대륙법이 지배하는 퀘벡(Quebec) 주의 새 민법에서는 제3조에서 인격권에 관해서 다음과 같이 규정하고 있다. 「모든 사람은 인격권의 주체로서 생명의 권리, 그의 신체의 불가훼손권과 불가침권, 그의 성명, 평가와 사생활의 비밀을 존중받을 권리를 가진다. 이 권리는 침해할 수 없다」고 하고, 사생활의 비밀에 관해서는 특별히 규정하고 있다. 또 캐나다의 대법원은 캐나다 인권헌장 제4조와 제5조가 규정한 「4. 모든 사람은 그의 존엄과 명예와 평가에 대한 안전보장의 권리를 가진다. 5. 모든 사람은 그의 사생활을 존중받을 권리를 가진다」고 하여 권리를 실정권으로 인정하고 있다.

이 밖에도 영령 콜롬비아, 매니토바, 뉴펀들랜드 래브라도, 서스캐처원 주는 인격권으로서 사생활의 비밀에 관한 규정을 두고 있다.[422] 캐나다에서는 보통법에서 인격권이 제한적으로 인정되고 있다. 1971년 온타리오 법원은 Krouse v. Chrysler 사건에서 상품의 보증처럼 포장된 방법으로 인간의 상품적 가치를 선전하는 경우에는 인격권을 침해한다고 보고 있다. 1977년의 판결인 Athans v. Canadian Adventure Campus 사건에서 이미지와 생명의 권리도 인정하고 있다.

---

420) Marie-Theres Frick, Persönlichkeitsrechte: rechtsvergleichende Studie über den Stand des Persönlichkeitsschutzes in Österreich, Deutschland, der Schweiz und Liechtenstein, Wien, 1991; Das allgemeine Persönlichkeitsrechte, Juraserv, http://www.juraserv.de/medienrecht/das-allgemeine-persoenlichkeitsrecht-apr-01002/all-pages.
421) Personality rights, Wikipedia.
422) Conroy, op. cit., 2012, pp. 4-7.

나) 영국

영국은 과거 불문법 국가였으나 인권법의 제정으로 유럽 인권협정을 도입하게 되었다. 그리하여 이 조약이 규정한 것을 성문법을 받아들이고 있음으로써 성문법 국가처럼 되었다. 이 점에서 영국의 인격권법은 미국의 불문법 국가와의 중간적인 지위를 가지게 되었다.423) 영국에서도 인격권 중 공개권의 경우에 공포 피해자의 권리가 인정되고 있으며, 또 상업용 도로 이용권도 인정되고 있다. 이것은 사생활의 비밀권과도 관계가 있다고 한다. 영국에서 1998년에 인권법이 통과되어 대륙법 체제를 채택하게 되었는데 스코틀랜드에서는 스코틀랜드의 인격권의 전통을 계속 지킬 것인가가 많이 논의되었다.424) von Hannover v. Germany 사건에서 유럽 인권재판소는 민간 인간에서는 개인의 사생활에 대하여 공기관이 간섭할 수 없다는 것을 인정해야 한다고 했다. 그리하여 스코틀랜드에서는 많은 연구가 행해졌다. 결론적으로는 영국법에서와 같은 판례법상 불법행위의 엄격성에 구애받지 않고 형평법의 유연성에 구애됨이 없이 스코틀랜드의 전통법과 성문법을 준수하도록 노력해야 한다고 하고 있다.425)

다) 미국

미국에 있어서의 인격권은 인격공표권(right of publicity)과 사생활의 비밀권(right of privacy)으로 구성한다고 보고 있다. 이 공표권은 프라이버시권의 일부로 오해되고 있다. 미국에서는 프라이버시권이 독일의 인격권과 대칭하는 것으로 보는 경향이 있었다.426) 그런데 Brandeis는 독일의 영향으로 프라이버시의 권리를 재산권으로 인정하지 않고 인격권의 침해로 보았다.427) Roscoe Pound도 이에 동의하였다. 그도 독일이론에 따랐다.428) 이리하여 새 개념으로 인격권(right of personality)이 등장하였다. Bloustein도 1964년에 이 개념에 찬성하였다.429) 그는 privacy권은 인간의 존엄에 대한 침해이고

---

423) G. Black, Recent Developments in Publicity Rights in the UK: Where Now for Celebrities?, Draft Paper; M. Leaffer, The Right of Publicity: A Comparative Perspective, Articles by Maurer Faculty. 469, 70 *Albany Law Review* 1357 (2007).

424) E. Reid, Protection for Rights of Personality in Scots Law: A Comparative Evaluation, *Electronic Journal of Comparative Law* vol. 11. 4 (December 2007); Whitty/Zimmerman, *Rights of Personality in Scots Law: A Comparative Perspective*, Dundee University Press, 2009.

425) E. Reid, Protection for Rights of Personality in Scots Law: A Comparative Evaluation, *Electronic Journal of Comparative Law*, vol. 11. 4 (December 2007).

426) Schwartz/Peifer, Prosser's Privacy and the German Right of Personality: Are Four Privacy Torts Better than One Unitary Concept, 98 *Cal. L. Rev.* 1925 (2010).

427) Warren/Brandeis, The Right to Privacy, *Harvard Law Review*, Vol. 4, No. 5 (Dec. 15, 1890), pp. 193-220.

428) R. Pound, Interest of Personality, 28 *Harvard L. Review* 343, 350-58, 362-64 (1915).

429) E. Bloustein, Privacy as an aspect of human dignity: an answer to Dean Prosser, 39 *N.Y.U.*

인격에 대한 모멸(degradation of personality)이라고 하였다.

이들은 인격권을 인격공개의 권리와 인격비닉의 권리로 구성된다고 본다. 이 공개의 권리(right of publicity)의 개념은 1953년에 Haelan Laboratories, Inc. v. Topps Chewing Gum, Inc[430])에서 처음으로 언급되었다. 이 Frank 판사의 의견은 의도적인 것은 아니었지만 이 인격공개권은 재산권의 하나로 인정되게 되었다. 이 이후에 보통법 주에서도 이것을 빨리 인정되게 되었고, 주 법률로도 포섭되게 되었다.[431]) 미국에서도 헌법에서는 인간의 존엄성에 관한 규정이 없으나 판례법에서 이를 인정하는 경향이 늘어났다.

그러나 사법상에서는 아직도 Prosser의 4 종류의 Privacy right를 고집하는 판결들이 많다. 이에 영국에서와 같이 유럽 인권법을 따르는 것이 어떤가 하는 논의도 있다. 미국에 있어서의 인격공개권은 주법에 근거한 권리이고, 연방법에도 규정이 없다. 이 권리규정이 없는 주에서는 보통법으로 인정되고 있으며, 이에 관한 사건은 미국과 세계 각국에서 빨리 늘어나고 있다.[432]) 미국의 판례와 각주 입법에 대해서 상세한 것은 Personality rights에 관한 sensagent dictionary를 참조하기 바란다.[433])

라) 영·미법에서의 인격권

앞서 본 바와 같이, 영미법에서도 유럽법의 영향을 많이 받아 헌법상의 기본권으로 인정하려는 경향이 있다. 특히 캐나다나 영국에서 인권헌장이나 인권법이 인간의 존엄권 이나 인격의 자유발현권을 승계하는 경향이 있으며, 미국법에도 인격권을 중시하나 표현의 자유와의 한계 때문에 선뜻 이를 받아들이지 않는 경향이 있다.

그런데 인격권의 개념을 캐나다 퀘벡 주의 인권헌장이나 민법처럼 범위를 넓히고 있는 경향이 있다. 1994년 민법전에 따르면 제3조는 「모든 사람은 인격권의 주체이다. 인격권에는 생명의 권리, 인신의 불가훼손의 권리, 인신의 통합성의 권리, 그의 성명 평가와 사생활의 존중에 관한 권리를 포함한다. 이 권리는 불가침이다」고 규정하고 있다. 이 밖에도 인권헌장에서 보장하고 있는 인간존엄과 명예와 평판의 보장에 관한 권리를 가지고 있으며, 사생활의 존중을 받을 권리를 가지고 있기 때문에 이들 권리도 당연히 보장되고 있는 것으로 보고 있다.

L. Rev. 962 (1964).

430) 202 F.2d 866 (2d Cir. 1953).

431) M. Leaffer, The Right of Publicity: A Comparative Perspective(2007), Articles by Maurer Faculty Paper, pp. 1357-1374, esp. p. 1360.

432) Personality rights: definition of Personality rights and synonyms of personality right, http://dictionary.sensagent.com/Personality%20rights/en-en.

433) 상게 논문, pp. 5-8; Internet Publication: The Case for an Expanded Right of Publicity for Non-Celebrities, 6 Virginia Journal Law & Technology 1 (2001), pp. 1522-1687.

(4) 인격권의 주체

① 자연인

인격권의 주체는 자연인이다. 자연인은 성별, 연령, 직업, 출생 등 불합리한 이유로 차별 받지 않으며 모든 자연인이 포함된다.

② 사자

죽은 사람에게 인격권이 보장되는가에 대해 유럽에서는 그의 유족들에게 사자의 인격권이 승계된다고 보고 있다. 그러나 미국에서는 주마다 입법이 다르다. 많은 주에서는 사후에도 인격공개권을 인정하고 있다. 예를 들면, 저작권, 명예권 등은 상속자에게 승계된다고 본다.

미국에서는 22개 주가 입법에 의하여 사자의 공개권을 인정하였고, 38개 주가 보통법 이론에 따라서 인정하고 있다. 어떤 주는 주 입법에 의해서와 동시에 보통법에 의해서 양자 모두 인정하고 있다. 그러나 일부 주에서는 예를 들어 뉴욕 주에서는 사자의 인격권을 인정하지 않는다. 그런데 캘리포니아 주에서는 사자의 인격권을 원칙적으로 인정하되 사망 시에 캘리포니아 주에서 사망한 사람에게 한정하여 인정하고 있다. 미네소타 주에서는 주법으로는 사후 인격권을 인정하지 않는다. 다만, 보통법상으로 사생활의 비밀을 침해한 불법행위에 있어서는 사자의 권리로 인정하고 있다. 그런데 Privacy Act에 의하여 새로이 사자의 권리, 즉 개인의 이름, 음성, 서명, 사진과 기타 유사한 것을 언론매체가 상업용으로 이용하는 경우에는 이를 사생활의 침해로 인정할 수 있게 하고 있다.[434] 캘리포니아 주에 있어서는 사망 당시 캘리포니아 주에 주소를 두고 있지 않은 사람의 사후 인격권은 인정하지 않고 있다.[435] 뉴욕 주에서도 입법에 의하여 해결을 시도하고 있다.

이와 같이 주마다 법이 다르기 때문에 섭외 사법의 문제가 발생하고 있으며, 재판적의 문제로 혼란이 생기고 있다.[436] 국제법적으로는 저작권과 같은 것은 조약에 의하여 그 권한이 인정되고 있다.

③ 법인

---

434) Prince's Post-Mortem Publicity Rights, https://www.forbes.com/sites/oliverherzfeld/2016/05/16/princes-post-mortem-publicity-rights/#607de4a223da.
435) Speaking from the Grave: Postmortem Rights of Publicity for the Deceased, https://www.iptechblog.com/2014/10/speaking-from-the-grave-postmortem-rights-of-publicity-for-the-deceased.
436) L. Kane, Comment, Posthumous Right of Publicity: Jurisdictional Conflict and a Proposal for Solution, 24 *Santa Clara L. Rev.* 111 (1984), pp. 111-136.

법인에서는 원칙적으로 인격권은 인정되지 않는다. 그러나 상업용 목적으로 회사의 명예나 회사의 평판을 침해하는 경우에는 불법행위로 배상청구를 할 수 있을 것이다 (BGHZ 81, 75 (78 f.); 98, 94 (97).

(5) 인격권의 내용

① 일반적 인격권(Allgemeines Persönlichkeitsrecht, APR)

가) 독일

독일 연방헌법재판소는 1973년 Lehbach 판결에서 처음으로 이를 정의하고 있다. 「일반적 인격권은 인격의 존중과 발현에 대한 절대적 · 포괄적 권리이다. 이는 1954년 이래 연방재판소가 기본법 제2조 1항과 기본법 제1조와의 연합에서 발전해 온 판결과 같다」고 했다.437)

구체적으로 보면 이는 인간의 존엄과 가치, 인격형성권과 인격발현권 등을 개별화한 것이며 인간의 존엄권, 명예권, 알 권리, 들을 권리, 표현할 권리, 인격을 유지할 권리 등을 총칭한 것이라고 할 수 있다.438) 영 · 미에서는 이를 개별화해서 논하고 있다.

ⓐ 침해 제한 영역

이 일반적인 인격권의 영역에서는 그 보호영역과 다른 것이 있다. 그 성질에 따라 국가의 개입에 대한 다른 척도가 적용되어 구분된다.439)

㉠ 내부 비밀 영역

이 영역은 인간 내부의 사상과 감정 세계 등을 포괄하는 영역이다. 이 영역에는 성 영역에서의 보호도 포함된다. 내면 영역과 협의의 사생활 영역에 있어서는 국가권력의

---

437) BVerfGE 35, 202 ff. (Lebach).
438) Allgemeines Persönlichkeitsrecht, Jura Individuell, http://www.juraindividuell.de/pruefungs-schemata/allgemeines-persoenlichkeitsrecht-art-2-i-gg-art-1-i-gg-apr; Allgemeines Per-sönlichkeitsrecht, Grundrechte https://www.grundrechteschutz.de/allgemein/allgemeines-personlichkeitsrecht-260; Allgemeines Persönlichkeitsrecht, Wikipedia; C. Enders, Schutz der Persönlichkeit und Privatspäre, in Mertens/Papier, *Handbuch der Grundrechte*, Bd Ⅳ, §89, SS. 159-231.
439) Art. 2 Allgemeines Persönlichkeitsrecht, Grundrechte 123recht.net, https://www.123recht.net/Art-2-Allgemeines-Persoenlichkeitsrecht-_a512_p2.html; Kimms/Schlünder, *Verfassungs-recht Ⅱ, Grundrechte*, SS. 278-288.

개입이 원칙적으로 배제된 영역에 속한다. 이 내면 영역은 협의의 사생활 영역과 마찬가지로 사적 생활영역의 불가침 영역을 말하는 것이다. 이 협의의 영역에서는 국가권력의 개입이 원칙적으로 불가능하며 개입을 비교형량의 척도로서도 정당화될 수 없다. 인간의 존엄과 협의의 내면 영역은 본질적 요소이므로 절대적으로 제한될 수 없다.

ⓛ 사생활 영역

이것은 사생활 영역과 가정생활과 가족생활 영역을 포함한다. 이 사생활 영역에서의 국가개입은 엄격한 비교형량원칙에 따라서 제한될 수 있다.

ⓒ 개인적 영역

이것은 자기결정권의 보호영역을 포괄한 영역이다. 특히 정보의 자기결정권, 재사회화 영역과 자기 출생을 알 수 있는 권리가 이에 속한다. 이 영역도 공권력의 개입은 제한적이며 법률유보의 경우에도 필요불가결한 경우에 한정된다.

ⓑ 침해 시 구제청구

일반적 인격권이 침해된 경우에는 일반적으로 부작위청구를 할 수 있으며, 또 법률에 따른 정정보도청구 등을 할 수 있고 손해배상을 청구할 수 있다.

나) 미국의 인격권(personality right)

미국에 있어서는 personality rights라고 하고 있는데, 이는 일반적으로 재산권, 불법침입, 불법행위 등에서 나온 개념으로 인격침해에 대한 항의권으로 인정되어 왔으며, 성문법률로서 규정되어 있는 주가 많다. 미국에서도 인격표현권, 인격비닉권(privacy right), 자율권(right of personal autonomy), 자기결정권(self determination right), 성적 자기결정권, 음란문서 소지권, 혼인의 자율권, 출산권 등을 포함하는 개념이다.[440]

미국에서는 앞서 본 바와 같이, 헌법상 인간의 존엄권이 보장되어 있지 않고, 대법원 판결에 의하여 인정되어 있기 때문에 아직은 체계적인 존엄권이 정착되어 있지 않다.[441]

---

440) Constitutional Law Privacy Rights and Personal Autonomy, Justia, https://www.justia.com/const itutional-law/docs/privacy-rights.html; Personality rights, Wikipedia.

441) OBERGEFELL v. HODGES | US Law | LII / Legal Information Institute, https://www.law.cornell.ed u/supremecourt/text/14-556; Obergefell v. Hodges, 576 U.S. (2015), https://supreme.justia.c om/cases/federal/us/576/14-556; Obergefell v. Hodges, Wikipedia; K. Porter, Obergefell v. Hodges, *Ohio Northern Univ. Law Review* Vol. 42 (2005), pp. 331-359; T. Weber, Critical Analysis of Obergefell v. Hodges, http://www.frc.org/criticalanalysis-obergefellhodges; Talk:

미국에서는 인격권의 개념이 명확하지 않다. 그 이유는 헌법에 이에 관한 규정이 없었기 때문에 그동안에는 민사법의 불법행위(torts)로 다루어졌기 때문이다. 이것은 사생활의 비밀권에서 발전하여 인격의 공표권으로 발전하였다. 이 두 개를 합하여 인격권이라고 하는 것이 일반적이다. 그러나 일부에서는 인격공개권(rights of publicity)만을 인격권으로 인정하는 경우가 있다.442)

미국의 인격권법은 주법으로 규정되어 있어 주마다 내용이 다르다. 유명인이나 부자가 많은 캘리포니아 주나 뉴욕 주에서는 이 문제에 관해서 광범한 입법이 행해졌고, 판례법이 형성되어 있으나 아이다호 주나 버몬트 주에서는 거의 없다. 일반적으로 주는 이 공개권을 인격권으로 보기보다는 재산권으로 보는 경향이 있다. 그래서 텍사스 주에서는 이를 재산권으로 보며 사후에도 공개권을 인정하는데 사후 50년간은 이 권리가 보장된다.

이 권리는 이름, 음성, 서명, 사진, 기타의 상업적 가치가 사전에나 사후에 새긴 상업적 이익을 가진 사람의 이름, 음성, 서명, 사진 등이 보호된다. 그 이외의 주에서는 이들의 공개권을 사전에 등록하게 하고 있다.

공개권은 그것이 침해되었을 때 부작위를 요청하거나 손해배상, 사죄광고 등을 요구할 수 있다. 사실 이 공개법의 제정에 대해서는 수정 헌법 제1조의 인간의 자유를 침해하는 것이라고 하여 반론이 많았다.443) 이 publicity의 권한은 privacy와 밀접한 관련이 있기 때문에 privacy에서 검토하기로 한다.

다) 스코틀랜드 인격권

스코틀랜드 법은 인격권(Personal right)에 관해서 유럽 인권 법령에 따르고 있기 때문에 비교적 정리가 잘 되고 있다. 원래 스코틀랜드 인권은 불법행위 또는 범죄에 관련되어 논의되어 왔다. Reid는 현행 스코틀랜드 인권보호에 관해서 비교적 잘 정리하고 있다.444) 그는 유럽인권협정 제8조에서 사생활의 자유 등의 보장은 특정 국가의 전통에 따를 수도 있게 하고 있는데, 스코틀랜드에서는 이 전통이 어느 정도 확립되었다고 본다.

그는 인격권을 인간의 정체성과 불가침성을 보장하는 권리의 전부를 말하는 것으로 규정하고, 그 권리를 ① 육체적 정체성의 보장을 폭력에서의 보장이라고 보고, ② 평판에 대한 보호로는 명예훼손에서의 보장이라고 보고, ③ 인신의 자유의 보장을 위해서는 불법구금을 들고 있다. ④ 성명권과 상표권 등에 대한 보호를 들고, ⑤ 비밀정보의 보호를

Obergefell v. Hodges, Wikipedia.

442) Personality Rights, http://www.amyemitchell.com/learn/personalityrights; Personality Rights, https://www.lawteacher.net/free-law-essays/criminology/personality-rights.php.

443) publicity right를 주법으로 규정한 주 California, Florida, Illinois, Kentucky, Massachusetts, Nebraska, Nevada, New York, Ohio, Oklahoma, Pennsylvania, Rhode Island, Tennessee, Texas, Utah, Virginia, Washington, Wisconsin. 그 이외의 주는 보통법상의 권리로 인정하고 있다.

444) E. Reid, Protection for Rights of Personality in Scots Law: A Comparative Evaluation, *Electronic Journal of Comparative Law* vol. 11. 4 (December 2007).

위해서는 신의의 파기로부터 보장해야 한다고 하고, 이 사생활의 보호에 관해서 비교적 상세히 검토하고 있다. 이 밖에도 스코틀랜드의 인권법의 특성을 유지하기 위한 논문들이 많이 발표되고 있다.445)

라) 유럽 전반: 인간의 자율권(Personal autonomy)

유럽 전반에 관한 것으로는 유럽 인권재판소의 판례를 비교 평가한 논문이 있다.446) Koffermann은 유럽 인권재판소의 판례를 정의함에 있어서의 인간의 존엄과 인간의 자유의 개념에서 핵심적인 요소로 인간의 자율(personal autonomy)을 들고 있는데, 이는 유럽 인권재판소의 판례를 잘 소화한 것이라고 하겠다.

그는 이 인간의 자율권은 유럽인권조약 제8조의 자율개념에서 찾고 있다. 그는 ① 생사에 관한 인간의 자기결정권, ② 인간의 성생활에 관한 자율권, ③ 생자식 생산에 관한 자율권, ④ 인간의 유전자의 동질성과 자율권으로 나누어 판례를 분석하고 있다. 결론에서 그는 인간의 자율권에 대한 판례의 결과를 정리하고 있다. 여기서 그는 인간의 자율권이 권리로서 성립하였다고 결론짓고 있다. 이러한 자율권과 중요한 권리로서 인정되고 있다.447) 여기에 또 EU에 있어서의 "Persona"의 보호에 관한 논문이 있는데 이는 right of persona를 privacy의 권리로 한정한 감이 있다.448)

② 개별적 인격권

가) 자율권 · 일반적 행동자유권 · 자기결정권

ⓐ 독일

독일 헌법 제2조에서는 인격의 자유발현권을 규정하고 있다. 이것은 형성된 인격을 자유로이 발표할 수 있는 권리로서 자율권(Autonomierecht)(Allgemeine Handlungs-freiheit)의 내용이다. 이 일반적 행동자유권은 학설과 판례에서 광의로 해석되고 있다. 이 행동자유권은 인격에 관련된 것뿐만 아니라 인간의 모든 행위에 적용되는 것으로 보고 있다(BVerfGE 80, 137 (152)). 일반적 행동자유권은 다른 특별한 자유의 영역이

---

445) Whitty/Zimmerman, Rights of Personality in Scots Law: A Comparative Perspective, Dundee University Press, 2009.
446) N. Koffeman, (The right to) personal autonomy in the case law of the European Court of Human Rights, Leiden, June 2010.
447) B. Kamphorst, The Privacy of human autonomy understanding agent rights through the human rights framework.
448) A. Helling, Protection of "Persona" in the EU and in the US: a Comparative Analysis, LLM Theses and Essays. Paper 45. http://digitalcommons.law.uga.edu/stu_llm/45.

특정되지 않은 행위나 부작위를 자유롭게 하는 것을 보장하고 있다고 본다(BVerfGE 95, 267 (303) Altschuldenregelung).449)

독일에서는 인격형성을 위하여 알 권리를 인정하고 있다. 그중에서도 정보에 관한 권리가 중요시되고 있다. 기본법 제5조는 표현의 자유에 관해서 규정하고 있는데, 여기서 일반적으로 입수할 수 있는 문헌에서 자유롭게 방해 없이 보도받을 권리를 인정하고 있다. 또 정보에 대한 자기결정권으로 자기 개인의 정보에 대해서 공개당하지 않을 권리를 인정하고 있다(Informationales Selbstbestimmungsrecht).450) 독일 헌법에서는 이 밖의 자기결정권도 인정되고 있다.451) 또 인격의 표현권도 당연히 인정되고 있다.

ⓑ 미국 : 인신의 자율권과 프라이버시의 자기결정권(personal autonomy and privacy rights)

미국 헌법에는 인간의 자율권과 프라이버시에 관한 권리가 규정되어 있지 않다. 그러나 미국의 대법원은 이러한 권리를 인정하고 있다. 미국의 대법원은 헌법상 혼인 영역에서 자식생산, 낙태, 사적 동의에 의한 동성애 행위와 의료에서의 자기결정권(self-determination right)을 인정하고 있다.

미국의 privacy권은 유럽의 사생활의 비밀이기보다는 사생활의 자율권이라고 보는 것이 타당할 것이다. 왜냐하면 미국의 헌법에 명문이 없음에도 대법원은 이것을 기본권(Fundamental right)이라고 부르면서, 수정헌법 제9조나 수정헌법 제10조를 인용하여 인정하고 있기 때문이다. 미국법의 역사로 볼 때 프라이버시의 권리도 불법행위법에서 논의된 것이고 헌법상 프라이버시의 권리를 주장한 사람은 드물었다. 그래서 프라이버시의 권리는 인격권이라든가 존엄권, 자율권 등으로 부르는 것이 보다 합당할 것이라는 주장이 있다.452) 다른 학자도 선택의 자유와 인간자율권과 프라이버시 권리를 하나로 묶어서 논하고,453) 어떤 학자는 미국법 발전에서 볼 때 프라이버시의 권리는 인간적 자율권으로 성격이 변화되고 있다고 한다.454)

미국 대법원이 이를 fundamental right라고 하면서 privacy의 권리를 일종의 자기결정

---

449) C. Degenhart, Die allgemeine Handlungsfreiheit des Art. 2 Abs. 1 GG, *JuS* 1990.

450) B. Buchner, *Informationelle Selbstbestimmung im Privatrecht*, 2006; P. Kunig, Der Grundsatz informationeller Selbstbestimmung, *Jura* 1993, 595 ff.

451) Selbstbestimmungsrecht, Wikipedia.

452) W. Beaney, The Right to Privacy and American Law, *Law and Contemporary Problems* 31 (1966), pp. 253-271.

453) L. Ehrlich, Freedom of Choice: Personal Autonomy and the Right to Privacy, *Idaho Law Review* 14(2) (1978), pp. 447-472.

454) B. Koleniková, *From Right to Privacy and Personal Autonomy: The Changing Nature of Right to Privacy in the US Legal System (1965-2008)*, Univ. of London, 2008; van der Sloot, Privacy as Personality Right, *Utrecht Journal of International and European Law*, 2015, pp. 25-50; Privacy as an Aspect of Human Dignity, 39 *N.Y.U. L. Rev.* (1964), p. 962 ff.

권으로 보고 있는 것 같다. Tribe는 Reproduction의 자기결정권, 생명 · 신체에 대한 자기결정권 Life-Style에 대한 자기결정권을 들고 있다. 일본에서는 미국의 이론을 변형시켜 적용하여 학설이 대립되고 있다.[455] 한국에서는 김철수가 미국의 privacy권을 자기결정권으로 단정하여 그 내용을 미국 판례에 따라 설명하고 있는데, 한국 헌법재판소도 미국 판례를 따르고 있다.[456]

독일과 일본, 한국 등에서도 미국 헌법 수정조항과 같이 가옥, 신서 등의 비밀을 따로 보장하고 있는데, 이것을 실정헌법상의 권리로 적법절차에 따른 영장 없이는 수색, 압수할 수 없게 하고 있다. 미국의 privacy권이 사생활의 보호를 위한 영장주의와 달리, 개인생활, 사생활의 자기결정권이며 이는 인격권에서 나오는 것이라고 하겠다.[457]

미국 판례를 보면 가정에서의 산아제한(Griswold v. Connecticut),[458] 결혼하지 않은 사람의 산아제한의 자유(Eisenstadt v. Baird),[459] 낙태의 권리(3개월 이내)(Roe v. Wade),[460] 사적인 동성애자의 합의에 의한 성행위의 자유(Lawrence v. Texas),[461] 18세 이상의 음란문서 소지(Stanley v. Georgia),[462] 개인의 생명 연장 시술의 자기결정, 의사의 조력에 의한 생명 정지, 사생활의 비밀에 관한 privacy의 권리에 관해서는 따로 설명하기로 한다.

ⓒ 일본 : 행복추구권과 개인의 존중

일본 헌법은 제13조에서 전단은 「개인」의 존중을 선언하고, 후단은 「생명, 자유 및 행복추구에 관한 국민의 권리」를 규정하고 있다.[463] 이 전단의 개인의 존중규정은 헌법 제24조 2항의 「개인의 존엄」과 마찬가지로 인격권을 승인한 것이라고 하겠다. 여기에는 원칙설이라는 반대설도 있으나 이것은 잘못된 것이다. 후단은 생명, 자유 및 행복추구에 관한 권리를 규정하고 있기 때문에 이것을 권리라고 보는 데에는 이견이 없다. 인격권은 일본 헌법에서는 인격적 자유권으로 보아 일반적 행동자유권으로 보는 경향도 있다. 이것은 미국 독립선언의 Life, Liberty, right to pursuit happiness를 번역해서 옮긴 것으로, 여기서 인간의 자율권이 보장되는 것으로 본다. 일본에서는 이 행복추구권을

---

455) 상세한 것은 김철수, 『기본적 인권의 본질과 체계』, 2017 참조.
456) 김철수, 상게서, 862-865면 참조.
457) 미국 수정헌법 이후 미국의 판례에 의한 기본권 확장에 대해서는 김철수, 상게서, 582-598면과 635-657면을 참조할 것.
458) Griswold v. Connecticut, 381 U.S. 479 (1965).
459) Eisenstadt v. Baird, 405 U.S. 438 (1972).
460) Roe v. Wade, 410 U.S. 113 (1973).
461) Lawrence v. Texas, 539 U.S. 558 (2003).
462) Stanley v. Georgia, 394 U.S. 557 (1969).
463) 상세한 것은 佐藤幸治, 憲法 第13條, 『注解法律學全集 5, 憲法 I』, 245면 이하; 根森建, 『憲法事典』, 444면; 根森建, 憲法上の人格權, 『公法研究』 59호 (1996), 66면; 松本和彦, 『基本權 1』, 제5장, 117면 이하; 김철수, 『기본적 인권의 본질과 체계』, 2017, 868-872면.

포괄적 권리로 보아 인격권, 명예권이 당연히 포함되는 것으로 본다.

일본 최고재판소는 명예권을 인격권으로 인정하고 있으며,[464] 성명권도 인격권의 한 내용을 이루고 있는 것으로 보고 있다.[465] 또 진지한 수혈거부도 인격권의 한 내용으로서 존중되지 않으면 안 된다고 하며,[466] 「혼인시에 씨(氏, 성명)의 변경을 강제받지 않을 권리는 헌법상의 인격권의 한 내용이라고 할 수 없다고 하며 결혼시 부부의 동일성을 규정한 민법 제750조를 헌법에 위반한 것이라고 할 수 없다」[467]고 하였다.

ⓓ 한국 : 인간의 존엄권, 행복추구권

한국 헌법은 제10조에서 「모든 국민은 인간으로서의 존엄과 가치를 가지며, 행복을 추구할 권리를 가진다」고 규정하고 있기 때문에, 통설은 여기에서 인격권이 나온다고 보고 있고, 나아가 행복추구권에서 인격권이 나온다고 한다.[468]

한국 헌법상에는 인격권에 명예권 등뿐만 아니라 인격자율권, 자기결정권, 인격형성권, 인격유지권, 인격표현권 등이 포괄적으로 인정되어 있다고 하겠다.

한국 헌법재판소는 ① 인간으로서의 기본적 품위를 유지할 수 없게 하는 심한 신체수색,[469] ② 화장실이 비공개로 되어 있는 것을 사용 강제하는 것,[470] ③ 과도한 계구사용,[471] ④ 책임 없는 형벌과 중한 형벌의 부과[472] 등은 위헌이라고 결정되었다.

유언의 자유는 제한할 수 있다고 했고,[473] 기타 수많은 판결이 있으나 이것은 판결집에서 알아보도록 한다.[474]

이 밖에도 많은 판결이 있다.[475]

나) 개인정보의 공개권과 비닉권

ⓐ 독일 : 인격의 자유발현권과 사생활의 비밀권

---

464) 最大判, 昭和 61. 6. 11. 『民集』 40권 4호 872면.
465) 最大判, 昭和 63. 2. 16. 『民集』 42권 2호 27면.
466) 最大判, 平成 12. 2. 29. 『民集』 54권 2호 582면.
467) 最大判, 平成 27. 12. 26. 『裁報』 1642호 13면.
468) 김철수, 인간의 존엄과 가치 · 행복추구권에 관한 연구(상)(하), 『대한민국학술원논문집』(인문 · 사회과학편) 제47집 1호, 2호 (2008); 김철수, 『기본적 인권의 본질과 체계』, 2017, 805-889면.
469) 헌재 2002. 7. 18. 선고, 2000헌마337.
470) 헌재 2001. 7. 19. 선고, 2000헌마546.
471) 헌재 2005. 5. 26. 선고, 2004헌바19.
472) 헌재 2007. 7. 26. 선고, 2006헌바12.
473) 헌재 2008. 3. 27. 선고, 2006헌바82.
474) 헌재 판례집과 헌재 판결 요약집 참조.
475) 상세한 것은 박도희, 인격권의 보호법리와 그 적용의 한계, 한양대학교 박사학위논문 2005; 이한범, 인터넷을 통한 명예의 침해와 구제방안, 고려대학교 석사학위논문 2001; 인격권 침해를 이유로 한 방해배상배제청구권으로서 기사삭제청구, http://yunnchung.tistory.com/98.

독일 기본법은 앞에서도 말한 바와 같이, 제2조 1항에서 인격의 자유발현권을 규정하고
있기 때문에 인격의 표현의 자유는 타인의 권리를 침해하지 아니하고 헌법질서 또는
도덕율에 위반되지 않는 한 자유롭게 인격을 발전할 권리를 가진다. 그런데 타인의
권리를 침해하는 범위가 어디까지인가가 논의되고 있다.[476] 이것은 표현자가 타인의
권리를 침해한 경우에는 원칙적으로 불법행위가 되어 기본권의 제3자적 효력에 따라
사법상에서도 배상을 하거나 책임을 져야 하게 되어 있다.

이때 공무원이나 유명인의 경우, 그 이름이나 음성이나 서명이나 기타 방법을 통하여
상품선전에 이용한다거나 저작물 등을 상업용 이익으로 이용하는 경우에도 표현할 자유가
있는가가 문제가 된다. 특히 언론기관의 공표의 권리와 관계되어 인격권의 보호의 한계가
문제된다. 일반적으로 공표가 사실이고 오로지 공익을 위한 공표에는 면책이 되나, 상업적
목적이나 영업의 이익을 훼손하기 위한 경우에는 책임을 져야 한다. 명예에 대한 훼손은
형법에 의하여 처벌되며, 또 손해배상의 대상이 된다. 정보화 사회에 있어 정보수집의
자유는 인격형성을 위해서도 필요하며 사생활의 보호를 위해서도 국가의 보호를 받는다.
오늘날 사이버스페이스, 인터넷 등에서의 사생활 침해가 중요한 문제로 된다.

사생활의 특별규정은 정보에 관한 ① 자기결정권(제5조 1항), ② 주거의 비밀(제13조),
③ 통신의 비밀(제10조), ④ 혼인생활과 가정생활의 보장(제6조) 등이 특별히 규정하고
있다. 이 중 표현의 자유는 프랑스나 미국의 예에 따라 2중적 성격을 가진다고 보고
있는데, 이는 사적 자유영역에서 자기의 인격을 형성하고 표현하는 것이며 동시에 민주정
치의 기본질서를 형성하는 것으로 보았다. 정보에 대한 자기결정권은 자기의 정보를
자기의사에 반하여 공개하지 않을 권리를 말하며, 이 외에도 자기의 의견을 발표하지
않을 자유를 포함한다.[477] 또 개인적 명예를 보호하기 위한 소극적 언론의 자유를 인정하
여 이의 공표를 금지하고 있다. 이 밖에도 자신의 인격에 대한 비공개권을 가진다. 주거의
자유는 주거의 불가침을 말하며 수색은 법관에 의해서만 명해지며, 위험이 절박한 경우에
는 다른 기관에 의해서도 명해질 수 있다. 이 경우 이외에는 주거에의 간섭 및 제한은
공동의 위협 또는 개개인의 생명의 위험을 방위하기 위해서만 이를 허용할 수 있다.[478]

476) J. Hella, *Besondere Persönlichkeitsrechte im Privatrecht*, 1991; Neumann-Duesberg, Bild-
berichterstattung über absolute und relative Personen der Zeitgeschichte, *Juristen Zeitung*,
1960, S. 114 ff.; Nipperdey, Freien Entfaltung der Persönlichkeit, in Bettermann/Nipperdey
(Hrsg.), *Die Grundrechte* Bd IV/2, 1962; D. Rohlf, *Der grundrechtliche Schutz der Privatsphäre*,
1980; N. Idegen, Recht der Persönlichkeit, Duncker & Humblot, 1996; G. Gremmelspacher,
Persönlichkeitsschutz im Internet ein Überblick, in *Versicherungen und Broker*, Zürich 2015.
477) W. Rudolf, Recht auf informationelle Selbstbestimmung, in Merten/Papier (Hrsg.), *Handbuch
der Grundrechte*, IV 1, § 90, S. 233-289; P. Kunig, Der Grundsatz informationeller Selbstbestim-
mung, *Jura* 1993, 595 ff.; BVerfGE 63, 131 (142), 44, 148 (15 ff.) BVerfGE 65, 1 (42 f.)
인구조사, 일기장 80, 367 (373).
478) H.-J. Papier, Schutz der Wohnung, in Merten/Papier (Hrsg.), *Handbuch der Grundrechte*
IV 1, 91, SS. 291-334; J. Ruthig, Die Unverletzlichkeit der Wohnung (Art. 13 GG n.F.), *JuS*
1998; BVerfGE 54 ff., 42, 212 ff. Quick 51, 97 ff. 강제집행 I, 76, 83 ff. 강제집행 II.

통신의 비밀은 제10조에서 규정되고 있다.[479] 신서의 비밀 및 우편과 전신 전화의 비밀은 이를 침해해서는 안 된다. 이에 대한 제한은 법률의 근거에 의해서만 이를 명하는 것이 허용된다. 이 제한은 자유민주적 기본질서 또는 연방 또는 주의 존립 또는 안전의 보장에 유효한 경우에는 법률에 의하여 제한을 받을 수 있다. 제한을 받을 사람에게 통지 않는 것과 재판상의 방법에 대신하여 의회가 선임한 기관 및 보조기관에 의할 사후 심사를 행할 것을 정할 수 있다. 이 권리도 정보나 사상이나 의견의 교환을 통하여 인간의 사유하고 자유롭게 행동하는 존엄을 보장하기 위한 수단이다.

이 밖에도 혼인과 가정생활 등에 관한 비밀이 보장되고 있다.[480] 기본법 제6조는 혼인 및 가족은 국가질서의 특별한 보호를 받는다. 이에 앞서 혼인생활과 가정생활 등은 사생활의 영역이기 때문에 일반적 인격권에 따라 보호를 받는다. 혼인생활이나 가정생활의 비밀의 공개 등은 언론법과 사법에 의하여 보호를 받으며, 이의 불법적인 공개나 침해에 대해서는 개별적 구제를 받을 수 있다. 또 자식을 가질 것인가에 대한 자기결정권이 인정된다. 우생학적으로 인간을 실험대상으로 하는 것 등은 금지된다.

독일 연방헌법재판소는 일반적 인격권은 특수한 보호영역에 속하지 아니한 모든 생활 영역에게도 적용된다고 하고 있다.[481] 독일에서는 공법적 사회보험에의 의무가입도 어느 정도 사생활의 자유를 침해하는 것으로 보고 있다.[482][483]

ⓑ 미국 : Right of Publicity와 Privacy Right

미국에 있어서는 특허권과 상표권 등과 공개권과 사생활 비밀권은 원래는 보통법에 의해서 발전해 왔으나,[484] 오늘날에는 제정법에 의해서 발전하고 있다. 특허권과 상표권 등은 연방법이나 조약법에 의해서 보호되는 대신에,[485] 공개법과 사생활 비닉권은 주로 주법에 의해서 보장되어 있다.[486] 이 중에서 상표권, 저작권, 특허권 등은 연방 헌법에서 재산권으로 인정되어 있다.

---

479) R. Stettner, Schutz der Brief Post und Fernmeldegeheimnis, in Merten/Papier (Hrsg.), *Handbuch der Grundrechte* Ⅳ 1, § 92, SS. 335-388; C. Gusy, Das Grundrecht des Post und Fernmelde-geheimnis, *JuS* 1986, 89 ff.; BVerfGE 30, 1 ff., 도청사건 67, 137 ff., 감시 85, 386 ff.

480) U. Steiner, Schutz von Ehe und Familie, in Merten/Papier (Hrsg.), *Handbuch der Grundrechte* Ⅳ 1, § 108, SS. 1249-1278; J. Ipsen, Ehe und Familie, in Isensee/Kirchhof (Hrsg.), *Handbuch des Staatsrechts*, Bd. Ⅶ, 2009.

481) BVerfGE 95, 267 (303) Altschuldenregelung.

482) BVerfGE 115, 25/42. Pflicht zur Sozialverpflicht zur Sozialversicherung.

483) 민사법상의 인격권 보호에 대해서는 Persönlichkeitsrechte, Rechtslexikon.

484) Common Law Right to Privacy, Privacy.

485) Harper & Row Publishers, Inc. v. Nation Enterprises (1985) Article Ⅰ Section 8 Clause 8 Patent and Copyright Case.

486) J. Mark, Constitutional Restraints on State Right of Publicity Laws, *Boston College Law Review* Vol. 44 (May 2003); National Conference of State Legislature Privacy Protections in State Constitutions, http://www.ncsl.org/research/telecommunications-and-information-technology/privacy-protections-in-state-constitutions.aspx.

ㄱ) 공개권

그런데 공개권(right of publicity)은 한 50년 전부터 주 보통법으로 새로운 지적 재산권으로 인정되었다. 그런데 이것이 주법으로 제정되면서 수정헌법 제1조의 언론의 자유와 저작권 조항, 통상 조항, 적법절차 조항 등과 관련하여 많은 문제를 제기하고 있다. 이에 연방의회가 이에 관한 법률을 제정하면 어떨까 하는 주장도 있고, 주법을 좀 더 정리해야 한다는 주장도 있다.[487]

McCarthy는 그의 저술에서 공개의 권리를 정의하면서 「모든 인간이 자기의 인격의 정통성을 상업용으로 이용하는 것을 통제할 수 있는 권리」라고 하고 있다.[488] 이 권리는 유명인에게 한정되는 것이 아니고, 모든 사람이 가지고 있는 권리이며, 이 권리의 침해는 불법행위나 불공정경쟁문제로서 다투어지는 주법상의 권리로 보고 있다. 대부분의 주는 이 권리를 상속될 수 있는 권리로 보며 사자의 권리로 보고 있다. 대부분의 주에서는 이 권리의 보장기간은 사후 100년 이내로 한정하고 있다. 이 권리는 Warren과 Brandeis가 1890년에 발표한 프라이버시의 권리에서 처음으로 주장한 것이며, 사실이라고 하더라도 본인에게 불편한 사실의 발표는 존엄을 침해하는 것이라고 하였다.[489] 그래서 보상을 받을 수 있다고 하였다. 1905년에 이 권리가 주 법원에 의하여 인정되기 시작하였는데 주 법원이 인정하지 않는 주에서는 이를 입법으로 보호하게 되었다.

연방법원은 이 공개권은 프라이버시권과 달리, 순수한 개인적인 이익만을 위한 것이 아님을 1954년에 인정하였다(Haelan Laboratories, Inc. v. Topps Chewing Gum Inc.). Nimmer도 그의 논문에서 공개의 권리를 옹호하였다.[490] 1977년에는 미국 대법원이 처음으로 공개권에 관해서 판결하였다.[491] 이 판결에서 피고 방송국이 원고의 공연을 허가 없이 방송한 것은 공개권의 침해라고 판결하였다. 미국 변호사회는 모델 법안을 만들었으나,[492] 국회를 통과하지는 않았다.

주 법에서 인정되어 있는 공개권은 「다른 사람의 정체성을 허락 없이 상업용으로 이용하는 경우에 공개권이 침해된다고 본다. 여기서 중요한 것은 ① 상업용으로 사용되었다는 사실과, ② 허가받지 않았다는 것과, ③ 원고의 정체성을 알 수 있다는 것과, ④ 원고의 정체성의 경제적 가치를 해친다」는 요소가 포함되어야 한다는 것이다. 그래서 상업적 목적이 아닌 사용은 공개권의 침해가 아니라고 한다.[493] 공개권이 침해된 경우

487) 위의 Constitutional Restraints on State Right of Publicity Laws 참조.
488) T. McCarthy, *The Rights of Publicity and Privacy*, 2002.
489) Warren/Brandeis, The Right to Privacy, *Harvard Law Review* Vol. 4, No. 5 (Dec. 15, 1890), pp. 193-220.
490) M. Nimmer, The Right of Publicity, 19 *Law and Contemporary Problems* (1954), pp. 203-223.
491) Zacchini v. Scripps-Howard Broadcasting Company 433 U.S. 562 (1977).
492) D. Zimmermann, Who Put the Right in the Right of Publicity?, 9 *DePaul J. Art, Tech. & Intell. Prop. L.* 35 (1998), note 1을 보라.

구제는 원고가 사용중지를 청구할 수 있으며, 금전적 손해를 배상받을 수 있다. 이 경우 그러한 광고에 의해서 금전적 손실이 있었음을 주장해야 한다. 그러나 이 권리에 대한 비판도 많다. 그것은 주로 헌법상의 표현의 자유를 제한할 우려가 있다는 것이다.

ⓛ 사생활의 비밀

사생활의 비밀(privacy)에 관해서도 헌법에 직접적인 규정이 없다. 어떤 사람은 수정 제9조와 제10조의 인민에게 유보된 기본권이라고 한다.494) 그러나 법원은 이 이론에 따르지 않고 있다. 수정헌법 제4조는 불합리한 수색, 체포, 압수를 금지하고 있는데 이를 Search and Seizure의 절차를 강조하는 견해와 실체적인 신체, 가옥, 서류 등의 안전을 중시하는 사생활의 보장의 실체를 강조할 것이냐 의견이 대립되어 있다.495)

오늘날 가옥이나 서류나 통신에 대한 압수, 수색이 많이 행해지고 있어 판례도 많이 쌓여 있다. 연방대법원은 정보 수집을 하기 위하여 가택이나 서류 등을 불법 침입하는 경우에는 수색으로 취급하고 있다.496) 정부가 가옥이나 서류, 정보 등을 취득한 경우에는 그것이 합리적인 것인가가 문제된다. 영장 없이 압수 수색이 된 경우에는 합리성 심사가 행해진다. 개인정보의 수집행위도 프라이버시 침해로 될 수 있다.497)

광의의 프라이버시권은 프라이버시와 인격권을 포함하는 개념이다. Tribe는 이것이 침해되는 경우를 ① 공권력이 사상의 중심이나 수순을 결정함으로써 인격을 침해하는 경우, ② 공권력이 신체에 개입하여 신체를 컨트롤함으로써 인권을 침해하는 경우, ③ 공권력이 생활의 플랜, 형태 내지 스타일을 선택할 것을 지시함으로써 인격을 침해하는 경우, ④ 개인의 인상이나 이미지 등 인간이 타인에게 주거나 그를 통하여 자기의 동일성을 명확히 하는 생활상의 정보에 관하여 누가 무엇을 알고 있는가를 충분히 통제할 수 없게 되는 위험성이 있는 공권력에 의한 정보의 수집 보유 및 그 전파의 체계가 정리되어 있는 경우, ⑤ 자기가 좋아하는 사람을 중간에 넣어 원하지 않는 사람과의 행동을 배제하는 인적 결합의 권리를 공권력이 침해하는 경우라고 본다.498)

미국에서의 프라이버시권은 민사상의 불법행위(tort)로서 다루어진다. Prosser는 privacy를 Four Privacy Torts로 보아 사생활의 침해의 불법행위를 네 가지로 나누어 설명하고 있다.499) 이 버클리 법대 학장의 논문은 큰 영향을 주어 사법상의 불법행위

---

493) J. Bothman, The Inalienable Right of Privacy, *Georgetown Law Journal* Vol. 101, pp. 185-241; C. Fernandez, The Right of Publicity on the Internet, *Marquette Sports Law Review* 8 (1998).
494) Tenth Amendment Center, The Constitution and Right to Privacy, http://tenthamendmentcenter. com/2008/01/21/the-constitution-and-the-right-to-privacy.
495) Amendment Ⅳ, *The Heritage to Constitution*, pp. 424-430.
496) US v. Jones (2012).
497) Personal Information, right of privacy: access to personal information, https://www.law.cornell. edu/wex/personal_information.
498) L. Tribe, *American Constitutional Law*, p. 886, p. 990.
499) W. Prosser, PRIVACY, 48 *California Law Review* 383 (1960); 彭元順, 『매스코뮤니케이션 법제이론』,

(torts)로서의 Privacy 이론을 석권했다. Prosser는 intrusion, disclosure, false light와 appropriation으로 구성되어 있다고 하고, 자기가 Restatement의 편집자로서 이 이론을 Restatement에 반영하였다.500) 오늘날의 불법행위법에서는 이것을 정설로 보고 있다.501)

이를 요약하면 ① 침입(intrusion), ② 사사의 공표(disclosure), ③ 공중에게 오인하게 하는 것(false light), ④ 도용(appropriation)이 사생활의 권리를 침해하는 4대 유형이라고 본 것이다.

① 침입은 주거지에 대한 침입을 비롯하여 남의 가옥을 도청하거나 사생활의 내용에 간섭하는 것을 말한다. ② 사사의 공표는 사생활에 대한 내용을 공표하는 것인데, 이것은 혼자 있고 싶어 하는 사생활의 영역을 공개함으로써 사생활의 평온을 침해하는 것으로 명예훼손 등이 성립한다. ③ 대중에게 오인하게 하는 공표행위도 사생활을 침해하는 것이다. 소설이나 영화 등에서 성격이나 사실을 왜곡하여 대중이 오인하게 하는 것도 사생활의 침해에 속한다. ④ 도용은 타인의 성명, 사진, 서명 등을 본인의 동의 없이 영리상의 목적으로 공표하는 것을 말한다.502)

이러한 프라이버시의 권리라는 말은 헌법에는 규정되어 있지 않으나, 수정헌법 제4조, 수정헌법 제5조, 수정헌법 제9조, 수정헌법 제14조 등에서 근거를 찾고 있다. 미국 대법원 판례도 가정이나 성행위 등에 있어서의 사적 결정권을 인정하고 있다. 주 헌법으로는 캘리포니아 헌법 제1절 제1조가 사생활의 권리를 불가양의 권리로 규정하고 있다.

입법으로는 미국 프라이버시법이 1974년에 제정되었고, 각주의 여러 가지 사생활보호법이 규정되고 있다.503)504)

미국에서는 1966년에 정보공개법(Freedom of Information Act)505)이 제정되었다.506) 1974년에는 privacy법이 제정되었다. 이 정보공개법은 공기관의 행위에 대한 공개를 주로 한 것이며, 국민의 정부의 공개를 위한 것이었다. 여기서는 누구나 비밀지정이 안 된 정보공개를 요청할 수 있었으나 비공개로 할 수 있는 조항이 많았다. 이에 대하여 프라이버시법은 개인에 대한 정보는 거의 전부를 제공하게 하고 있었다.507)

246-250면.

500) 1977 Restatement of Torts, §§625A-6521.

501) Wikipedia, Privacy laws of the united states; J. Rubenfeld, "The Right of Privacy" (1989). Faculty Scholarship Series. Paper 1569, http://digitalcommons.law.yale.edu/fss_papers/1569.

502) W. Prosser, *Handbook of the Law of Torts*, 1964; Schwartz/Peifer, Prosser's Privacy and the German Right of Personality: Are Four Privacy Torts Better than One Unitary Concept, 98 *Cal. L. Rev.* 1925 (2010).

503) L. Oldaker, Privacy Rights, School Choice, and the Ninth Amendment, 1993 *BYU Educ. & L. J.* 58 (1993); Privacy Laws of United States, Wikipedia.

504) 도용(appropriations) 문제는 오늘날 Publicity rights에서도 논의되고 있다. Huw Beverley-Smith, The Commercial Appropriation of Personality, Cambridge U. Press, 2002; The Right of Publicity in New York and California: A Critical Analysis, 19 *Jeffrey S. Moorad Sports L. J.* 481 (2012).

505) Freedom of Information Act of 1966 codified at 5 U.S.C. 552.

506) Privacy Act of 1974 codified 5 U.S.C. 552a. Records maintained on individuals.

이 프라이버시법은 ① 자기 자신에 관한 기록을 볼 권리, ② 자기의 기록이 부정확할 때에는 수정을 요구할 수 있는 권리, ③ 자기의 사생활에 관한 데이터를 수집하거나 유지하거나 사용하거나 이를 공개당하지 않을 권리를 보장하고 있다. 그래서 개인의 동의가 없는 경우에는 12개의 성문법의 규정에 의하지 아니하고는 공개할 수 없게 규정하고 있다.508) 연방법으로는 전기통신비밀법(원래는 1968년에 범죄통제와 거리안전법 3장에 규정되어 있었다). 전기통신과 구두통신, 전자통신 등의 안전을 보호하기 위한 것이었다. 이 밖에도 1996년의 건강보험법에 따라 프라이버시 규칙이 제정되어 있고,509) 의사의 진료기록에 대한 보호법이 있고 기타 많은 독립보호법이 있다.

　　　ⓒ 소비자 보호

소비자보호법(Comsumer Bill of Rights)은 1962년 케네디(Kennedy) 대통령이 주장하였으나 그동안 여러 대통령의 공약에도 불구하고 아직 양원을 통과하지 못했다. 오바마 대통령은 여러 번 초안을 국회에 제출하였는데, 2017년 하원을 통과하였으나 국회의원의 임기만료로 폐기되고 말았다.510) 그러나 케네디가 주장한 소비자의 권리는 주법에 규정되었고, 유엔에서 권고하여 전 세계적인 유사성을 가지게 되었다.

E-mail 프라이버시법도 2015년에 개원된 의회에 제안되었으나, 하원에서는 통과되었으나 2016년 4월 28일 상원에 이송되었으나 통과되지는 않았다.511)

미국의 캘리포니아 주에서는 잊혀질 권리(the right to be forgotten)가 법에 규정되었고, 개인정보의 수집에서 삭제를 요구할 권리가 인정되고 있다.

　　　ⓒ 유럽 국가들

유럽 국가들은 원래는 차이가 있었으나,512) 유럽통합이 되고 난 뒤에는 유럽인권조약이나 유럽인권헌장의 도입으로 거의 같은 법제도가 형성되고 있다.

---

507) 이 두 법의 대조는 Resource Center, FOIA v. Privacy Act: A Comparison Chart. https://iapp.org/resources/article/foia-v-privacy-act-a-comparison-chart.

508) 18 U.S.C.2510-2522 ECPA; C. Doyle, Privacy: An Overview of the Electronic Communications Privacy Act, 2012.

509) Health Insurance Portability and Accountability Act of 1996 (HIPAA), Privacy Rule (45 CFR §§ 166 & 164).

510) Text of 2124: Consumer Protection Act of 2017, https://www.govtrack.us/congress/bills/115/s2124; H.R.699 - 114th Congress (2015-2016): Email Privacy Act, https://www.congress.gov/bill/114th-congress/house-bill/699.

511) California Business and Professions Code Chart 22, 1 Privacy Rights for California Minors in Digital World, 2013. 9. 23. 성립, 2015. 1. 1. 개정.

512) S. Strümholm, Right of privacy and rights of the personality: a comparative survey, 1967; A. Helling, Protection of "Persona" in the EU and in the US: a Comparative Analysis, LLM Theses and Essays. Paper 45, http://digitalcommons.law.uga.edu/stu_llm/45.

유럽연합에 가입해 있는 국가들은 인권과 기본적 자유를 보호하는 유럽협정(ECHR)에 가입하고 있기 때문에 제8조에 의하여 개인의 비밀 사생활을 보호할 의무를 지고 있다.

① 모든 사람은 그의 사생활과 가정생활, 주거와 통신을 존중받을 권리를 가진다.

② 공공기관은 이 권리의 행사에 대하여 개입할 수 없다. 다만, 법에 의하여 민주사회의 필요에 의하여, 또는 국가안전보장과 공공의 안전과 국가의 경제적 복지를 위하거나, 질서의 파괴와 범죄를 예방하기 위하여, 건강과 도덕의 보호를 위하여, 다른 사람의 권리와 자유의 보장을 위한 경우에는 예외로 한다.

제10조에서는 표현의 자유에 대해서 규정하고 있다. 여기서 정보수령권을 규정하고 있고, 국가의 방송, 텔레비전과 영화산업에 대한 규제를 할 수 있도록 하고 있다. 이 표현의 자유의 행사는 동시에 의무와 책임을 지고 있기 때문에, 법률에 의하여 제한할 수도 있고 처벌될 수도 있다. 그 조건은 제8조와 같다. 다만, 정보공개를 예방하기 위하여 법률에 의한 제한이나 처벌을 할 수 있게 하고 있다. 제10조에 따라 표현의 자유도 제8조에서와 같은 조건, 형식, 제한, 처벌을 법률이 정하는 바에 따라 받을 수 있다.

1995년에는 프라이버시의 권리를 보호하기 위하여 유럽지령(European Directive)이 유럽데이터보호법으로 제정되었다.513) 이 법 제1조에서 개인적 정보의 저장에 있어 사생활의 비밀권을 가지고 있음을 명시하고 있다.514) 이러한 법의 적용에 있어서는 각국마다 다를 수 있다. 최근에 와서 인터넷이 발전하여 Cyberspace에서의 사생활의 보호가 문제가 되고 있다.515) 여기서도 잊혀질 권리를 정보매체에 저장된 개인정보의 삭제가 요청되고 있다. 유럽에서는 잊혀질 권리가 중요시되고 있다.516) 이것은 data의 소거권이라고도 하며 유럽정보보호지령으로 보호되고 있다.

ⓓ 일본

㉠ publicity의 권리

일본에서는 미국의 이론과 판례에 따라서 publicity의 권리와 privacy의 권리를 인정하고 있다.517) 일본 헌법은 1946년에 제정되었기 때문에 privacy의 권리에 관한 규정은 없다. 대신에 헌법 제35에서 「주거, 서류 및 소지품에 관하여 침입, 수색 및 압수를

---

513) Directive 95/46/EC: OECD 8원칙 EU 의회, 日本參議院.
514) J. Maxeiner, Symposium: Data Protecting Law and the european union's directive the challenge for the United States.
515) G. Gremmelspacher, Persönlichkeitsschutz im Internet - ein Überblick, in Luterbacher (Hrsg.), *Versicherungen und Broker*, Tagungsband 2014; C. Fernandez, The Right of Publicity on the Internet, 8 *Marquet Sports L. J.* 289 (1998).
516) Proposal for a regulation of the European Parliament and of the Council concerning the respect for private life and the protection of personal data in electronic communications and repealing Directive 2002/58/EC.
517) I. YAMAGUCHI, Mass Media and Privacy in Japan.

받지 않을 권리를 가진다」고 하고, 제24조 2항에서는 「배우자의 선택, 재산권, 상속, 주거의 선정, 이혼 및 혼인 및 가족에 관한 기타의 사항에 관해서는 법률은 개인의 존엄과 양성의 본질적 평등에 입각하여 제정되지 않으면 안 된다」고 규정하고 있다. 제35조와 제24조의 권리는 실정권으로서 사생활의 자유를 규정한 것이라고 하겠다.

일본에는 헌법상 프라이버시의 권리가 규정되어 있지 않았으나 판례에 의하여 헌법상의 권리로 인정되었다. 퍼블리시티의 권리에 관해서도 일본의 최고재판소는 「인격권에 유래하는 권리의 한 내용을 구성하는 것」이라고 인정하고 있다.518) 여기서 최고재판소는 「사람의 성명, 초상 등이 상품의 판매 등을 촉진하는 고객흡인력을 가진다」고 보고, 「이러한 고객흡인력을 배타적으로 이용하는 권리를 퍼블리시티의 권리」라고 인정하고 있다. 이 판결은 문제로 된 사건이 민사상 불법행위의 사안이었기에 그것이 행복추구권의 한 내용을 이루는가에 대해서는 판단하지 않고 있다.

이에 대해서는 옳게 판단하지 않고 기준과 유형만 나열했다는 비판이 있다.519) 최고재판소는 이에 대하여 명확한 결정을 하지 않았으나 하급법원에서는 이를 따르고 있다. 일본 최고재판소가 공표의 목적을 「사용행위가 그 성명, 초상 등의 퍼블리시티 가치에 착안하여 오로지 그 이용을 목적으로 하는 고객흡인용으로 한 것」이라고 하고 있다. 이것이 저작권이나 상표권 침해와는 다르다고 보고 있다. 또 침해의 대상을 ① 초상 등 그 자체를 독립하여 감상의 대상으로 하는 상품 등으로 사용하였는가, ② 상품 등의 차별화를 꾀할 목적으로 초상 등을 상품 등에 붙였는가, ③ 초상 등을 상품 등의 광고로서 사용한 것인가에 따라서 다르게 해석할 수 있다고 보고 있다.

학설상에서는 이 자율권으로서의 프라이버시의 권리를 일본에서는 자기결정권으로 보아 미국 판례를 인용하여 사생활의 자기결정권을 말하고 있다. 일본에서는 인격적 자율권으로 ① 혼인생활의 자기결정권, ② 성생활의 자기결정권, ③ 자기정보에 대한 자기결정권, ④ 생과 사에 대한 자기결정권, ⑤ 낙태나 자녀 생산에 대한 자기 결정권을 들고 있다.520)521)

일본 고등법원 판결은 저명인의 성명, 초상의 사용이 위법성을 갖는가 여부는 저명인이 스스로의 성명, 초상을 배타적으로 지배하는 권리와 표현의 자유의 보장 내지는 그 사회적으로 저명한 존재에 이르는 과정에서 허용될 수 있는 것이 예정되어 있는 부담과의 이익형량의 문제로서 상관 관계적으로 파악할 필요가 있는 것이며, 그 성명, 초상을 사용하는 목적, 방법, 태양, 초상 사진에 관한 그 입수방법, 저명인의 속성, 그 저명성의 정도, 당해 저명인의 스스로의 성명, 초상에 대한 사용, 관리의 태양 등을 종합적으로

---

518) Pink Lady 사건 판결, 最大判 平成 24. 2. 2. 『民集』 66권 2호, 89면.
519) 石井美緒, パブリシティと表現の自由, 『知財ジャーナル』, 2006; 石井美緒, 「パブリシティと周辺領域に 關する若干の考察」, 『法律論叢』 85권 6호 (2013), 1-70면.
520) 小町谷育子, プライバシーの權利 ─ 起源と生成, 『アーカイブス』 2004. 6, 48-68면, 특히 57-61면 참조.
521) 石井美緒, 상게 논문, 54면 참조.

판단하여야 한다고 보고 있다.522)

　　ⓛ 프라이버시의 권리의 헌법적 · 법적 근거

　일본 헌법은 제35조에서 주거, 서류 및 소지품에 대해서, 침입, 수색 및 압수를 받지 않을 권리를 주장하고 있기 때문에, 예외적으로 현행범인 경우와 영장이 없는 한, 헌법상의 권리를 침해할 수 없다. 일본 형법에서는 명예훼손과 프라이버시 침해에 대하여 처벌하고 있기 때문에 사법상의 인격권으로서 보호되고 있다.523)

　일본에서는 헌법 제13조를 프라이버시의 권리의 근거로도 보고 있다. 일본에서는 이를 행복추구권이라고 보고 있다. 일본 최고재판소는 「국민의 사생활의 자유는 경찰권 등의 국가권력의 행사에 대해서도 보호되어야 할 것을 규정한 것이라고 하겠다. 그리고 개인의 사생활의 자유의 하나로서 누구나 그 승낙 없이는 함부로 그 용모, 자태(이하 용모 등이라고 한다)를 촬영당하지 않을 자유를 가지고 있다고 할 것이다. 이를 초상권이라고 할 것인가 여부는 별론으로 하고, 적어도 경찰관이 정당한 이유 없이 개인의 용모 등을 촬영하는 것은 헌법 제13조의 취지에 반하여 허용되지 않는다」.524)

　행복추구권에서 어떠한 구체적인 권리가 나오는가를 아는 것은 어려운 문제이다. 그런데 새로운 인권으로서 주장되는 것으로는 프라이버시의 권리, 정온권(靜穩權), 정보권, 액세스권 등 다수가 있으나 최고재판소가 인정한 것은 위의 프라이버시의 권리로서의 초상권만이다.525) 전과 조회의 경우, 구청장이 전과 변호사의 조회요구에 응하여,526) 구청장이 변호사법에 따라 전과 사실을 회답할 것에 대하여 전과를 공개당하지 않을 법률상의 보호 법익을 가지는 것이다. 따라서 시읍면장이 범죄인 명부를 전과사실을 조회에 응하여 범죄의 종류, 경중을 묻지 않고 전과 등의 모든 것을 보고하는 것은 공권력의 위법한 행사이다」. 이 밖에 자동속도 감시장치에 의한 사진촬영은 합헌이라고 결정되었다.527)

　미국에서는 프라이버시의 권리를 자율권으로 인정하고 있는데, 일본에서는 이를 자기결정권이라고 하며 행복추구권이라고 본다. 따라서 일본에서의 프라이버시의 권리는 개인의 사적인 사생활에 관한 권리라고 보는 것이 좋을 것이다.

522) 東京高裁, 平成 21. 8. 27. 『判時』 2060호, 137면 Pink Lady 사건 항소심 판결.
523) 松井茂記, 『表現の自由と名譽毀損』, 有斐閣, 2013. 이 책에는 미국에서의 명예훼손법에 대하여 상세히 설명한 뒤 일본의 명예훼손과 표현의 자유에 관해서 설명하고 있다(2013年版, 452면).
524) 最大判, 昭和 44. 12. 24. 『刑集』 제23권 12호 1625면 京都府学連事.
525) 芦部信喜, 『憲法』 第3版, 116면; 實原陸志, 憲法 第13條の適用について, 『大學論叢』 제6권 2006년 1월, 25-33면; 早瀬勝明, 『憲法13条解釈をどうやって客觀化するか』, 2011.
526) 最大判 昭和 56. 4. 14. 『民集』 제35권 3호 620면. 변호사법에 따른 전과 조회와 프라이버시의 권리
527) 最大判 昭和 61. 2. 14. 『刑集』 제40권 4호 48면. 자동 속도 감시 장치에 의한 사진 촬영; 佐藤幸治, 「プライヴァシーの權利の憲法論的考察」, 『法學論叢』 86권 5호 12면 이하; 船越一幸 他, プライバシー権の変遷と個人情報の保護: 情報社會における人格權, http://www.glocom.ac.jp/project/chijo/2001_08/2001_08_02.html.

협의에 있어서의 프라이버시의 권리는 오늘날 정보에 대한 자기결정권을 중심으로 논의되고 있다.528) 그 근거에서는 혼자 있고 싶어 하는 권리(let be alone)가 있다. 정보에 대한 자기 결정권은 인간의 정신과정이나 내부적인 신체동작 등에 관한 고도의 비밀성, 신뢰성에 관한 정보이다. 이에는 성명, 초상 등에 대한 정보나 전자장치에 의한 도청, 거짓말 탐지기의 사용, 마취분석에서 오는 정보 등이 포함된다. 정보 프라이버시권의 내용으로는529)

i) 개인정보의 수집·취득

개인정보의 수집·취득에 관해서는 원칙으로서 본인의 동의에 따라서 본인 자신에게서 수집·취득해야만 한다. 예외적으로 불가피한 목적을 위하여 개인정보의 수집·취득이 필요불가결한 경우에는 본인의 동의 없이 또는 본인 이외의 사람에서 개인정보의 수집·취득하는 것이 허용된다.530)

ii) 개인정보의 보유·이용

정부에 의한 개인정보의 보유·이용은 수집의 목적 범위 내에서만 보유·이용할 수 있으며, 목적을 달성한 경우에는 개인정보를 삭제·파기하여야만 한다. 정부의 기관 상호간이라고 하더라도, 어떤 행정기관이 수집한 개인정보를 다른 행정기관이 본인의 동의 없이 함부로 이용하는 것은 허용되지 않는다.531)

iii) 개인정보의 게시·제공

정부가 보유한 개인정보의 게시·제공에 있어서도 본인의 동의 없이 함부로 개인정보를 제3자에게 제공하는 것은 허용되지 않는다.532)

iv) 개인정보의 개시청구권·정정청구권

정부에 의한 개인 정보의 수집·취득·보유·이용·개시, 제공, 기타의 측면에서 정보주체가 통제권을 가지고 있음이 인정되어야 한다. 그리하여 본인은 자기정보의 보유상태에 대하여 알 권리를 가지며, 그 내용이 잘못되었을 때에는 정정청구권을 가진다.533)

오늘날 정보화 사회의 발전에 따라 사사의 공개금지, 사생활의 침입금지에서 폭넓게 사생활의 비밀이 인정되고 있다. 특히 사생활의 폭로, 명예훼손 등에 대한 여러 가지 대책이 요구되고 있다. 일본은 미국의 이론에 따라 프라이버시 이론을 발전시켰으나,

---

528) 행복추구권의 일종으로서의 프라이버시 권리를 일본에서는 자기결정권으로 이야기하면서 미국의 프라이버시 판결을 인용하고 있음은 전술. 간단한 것으로는 松本和彦, 『憲法 I』, 124-126면 참조.

529) 松井茂記, 『日本國憲法』, 495-499면.

530) 일본 판례는 공공복지를 위한 용모 촬영을 인정하고 있으며, 외국인의 지문 날인의 강제도 인정하고 있다. 또 전자도청은 제21조의 통신의 비밀을 침해하는 것으로 인정한다. 일본의 논문으로는 賴原猛 編, 『プライバシー權の綜合的研究』, 1991; 根森建, 「人格權の保護と領域理論の現代」, 『人權と憲法裁判』, 成文堂, 1993, 75면 이하; 阪本昌成, プライバシーの權利, 『憲法學 2』.

531) 東京高裁, 平成 元. 9. 5. 『高民集』 42권 3호 325면. 전과(前科)에 관한 정보는 원칙으로 미공개의 정보와 마찬가지로 실명으로서 이를 전달하는 것은 프라이버시의 부당한 침해라고 한다.

532) 東京高裁, 昭和 61. 8. 25. 『判時』 1208호 66면. 그러나 외국인에 대한 지문채취는 합헌이다.

533) 東京地裁, 昭和 59. 10. 30. 『判時』 1137호 29면. 在日臺灣人 身元調査事件 第1審判決에서 請求는 배척하였으나 인격권에 따라 개인정보의 사실에 반하는 부분의 말소 또는 정정을 청구할 수 있다고 하고 있다.

판례는 크게 발달하지 않았다. 다만, 개인정보보호법 등 입법은 선진국에 따라서 많이 행해졌다.534) 특히 정보화 사회의 발전에 따라 일본에서는 개인정보보호법이 제정되기 시작하였다. 1979년 4월 1일 현재 합계 29 시읍면에서 개인정보 조례가 제정되어 있었다. 1988년에는「행정기관이 보유하는 전자계산기 처리에 관한 개인정보의 보호에 관한 법률」이 공포되고, 1989년 10월 1일부터 시행하게 되었다. 2013년에는 행정절차번호관계법, 시행법령정비법, 지방자치단체정보시스템기구법, 내각법 등의 일부를 개정하는 법 등이 참의원에서 가결 성립하여 2013년 5월 31일 공포·시행하게 되었다. 이 법률이 현행 개인정보보호관계법의 특별법이다. 개인정보보호관계법으로는 개인정보보호법, 행정기관개인정보보호법 및 독립행정법인 등 개인정보보호법이 있다.535) 개인정보보호법은 개인정보의 수집·보관에 대하여 본인에 통지, 동의를 얻게 하고 본인에게 공시하여 정정요구를 할 수 있는 권리를 부여하고 있다(제27조 제1항). 법령에서 정한 사항 제27조 제2항 제3항, 제28조 제1항 제2항 제3항 제4항(보유 개인 데이터 개시 등), 제29조 제1항 제2항 제3항(보유 개인 데이터의 정정 등), 제30조 제1항 제2항 제3항 제4항 제5항(보유 개인 데이터의 이용정지 등),536) 인터넷상의 개인 정보에 관해서 검색엔진사업자에 대하여 검색결과에서 삭제를 원하는 것과 잊혀질 권리가 중시되고 있다.537)

ⓒ 침해에 대한 구제방법

프라이버시의 침해에 대해서는 명확한 규정이 없다. 다만, 실정법에서 내용 정정의 권리 등이 규정되어 있다. 프라이버시의 침해는 언론보도에 의해서 행해지는 경우가 많다. 이 경우에는 주로 손해배상소송에 의해서 구제된다. 그런데 과거에는 배상액이 적었으나 오늘날에는 배상액수가 늘어나고 있다.538) 원래 배상의 위자료의 성격을 가진 경우에는 적어도 참았으나 이제는 권리침해로 보아 실질적 배상을 청구하는 일이 늘어나고 있다. 이 밖에도 채무불이행(의료계약)으로 제소되는 경우도 있다.539)

534) 堀部政男, プライバシー 個人情報保護論の世界的展開と日本,『情報處理』vol. 54, no. 11, 2013, 1106-1114면.
535) 이들 내용은 堀部政男, 상게 논문 참조; 堀部政男·JIPDEC 共編,『プライバシー·バイ·デザイン』, 日經 BP社, 2012; H. Miyashita, Evolving concept of data privacy in Japan law, *International Data Privacy Law* Vol. 1, Issue 4 (2011), pp. 229-238. 개정 개인정보보호법은 2015년 9월에 통과되었다.
536) 상세한 것은 個人情報保護法對策室, 個人情報保護法の解說: 3. 本人の權利と關與, http://www.nec-nexs.com/privacy.
537) 國立國會圖書館,「忘れられる權利」をめぐる動向: 調査と情報,『Issue Brief』No. 854 (2015. 3. 10.).
538) 小町谷育子, プライバシーの權利 ―起源と生成,『アーカイブス』2004. 6, 48-68면.
539) 木村和成,「近時の裁判例にみる人格權概念の諸相」,『立命館法學』363, 364호 (2015), 136-165면; 須加憲子,「精神的人格權侵害とその救済方法に関する問題意識」,『專修法学論集』100호 (2007), 157-172면; 上村都,「憲法上の人格權と私法上の人格權」『全国憲法研究会憲法問題』21호 (2010), 43-54면. 新潟大学.

ⓔ 한국

㉠ 인격권과 사생활의 비밀, 가정·통신의 비밀

한국 헌법은 선진국 헌법에서는 규정되지 않았던 사생활의 비밀에 관한 규정을 두고 있다. 제17조「모든 국민은 사생활의 비밀과 자유를 침해받지 아니한다」고 규정하고 있다.540) 20세기 말의 헌법들 중에는 사생활의 비밀과 데이터보호를 규정한 것이 있는데 그리스 헌법 제9조와 제9A조를 들 수 있고, 스위스 헌법 제13조, 러시아 헌법 제23조 제24조, 멕시코 헌법 제16조 등이 개인자료의 보호 등에 관하여 규정하고 있다. 터키 헌법은 2010년 9월 23일에 헌법을 개정하여 제20조에서 개인생활과 가족생활의 보호를 받을 권리로 상세히 규정하고 있다.

우리 헌법은 이 밖에도 고전적인 통신의 자유를 제18조에서 규정하고 있다. 즉「모든 국민은 통신의 비밀을 침해받지 아니한다」. 또 제16조에서「모든 국민은 주거의 자유를 침해받지 아니한다. 주거에 대한 압수나 수색을 할 때에는 검사의 신청에 의하여 법관이 발부한 영장을 제시하여야 한다」라고 하여, 주거의 자유를 인정하고 있다. 또 제12조에서 신체의 자유를 보장하고 있으며, 제36조에서「혼인과 가족생활은 개인의 존엄과 양성의 평등을 기초로 성립되고 유지되어야 하며, 국가는 이를 보장한다」라고 규정하고 있다.

한국에서의 사생활의 비밀에 관한 논의는 헌법적 근거와 법적 근거에서 논할 수 있을 것이다. 헌법적 근거로는 인격유지권의 일부로서 논의될 수 있을 것이며,541) 또 정보청구권의 경우에는 인격형성권의 일부로서 논의될 수 있을 것이다. 오늘날에는 인격권에 대한 침해 문제로 인격의 공표권, 프라이버시의 공개 등이 논의될 것이다. 특히 정보화사회에서 있어 정보에 관한 권리는 사생활의 비밀과 자유와 밀접한 관계를 가진다.542) 이 밖에도 가정생활과 사생활의 비밀 보호, 통신 등 정보교환의 비밀과 자유, 주거생활의 안전, 신체의 침입에서의 자유 등이 있다.543)

㉡ 인격권의 보호

우리 헌법상 인격권은 헌법 제10조에서 보호되고 있다고 보아야 할 것이다. 인격권을 체계적으로 보면 ① 인격형성권, ② 인격유지권, ③ 인격발현권으로 나눌 수 있다. 인격형성권에는 알 권리 등이 있고, 반성문을 쓸 권리(일기를 쓸 권리) 등 양심의 형성과

540) 사생활의 보호에 관해서는 김철수,『학설·판례 헌법학(상)』, 836-852면; 변재옥, 정보사회에 있어서의 프라이버시의 권리: 미국의 경우를 중심으로, 1979; 김철수,「Privacy의 권리」,『고시연구』, 1979. 6.
541) 김철수,「인간의 존엄과 가치·행복추구권에 관한 연구(하)」,『학술원 논문집』(인문·사회과학편) 제47집 2호 (2008), 72-77면 참조.
542) 김철수,「정보화사회 기본권보호」,『정보화사회의 공법적 대응』, 한국공법학회, 1989.
543) 이러한 개별적 기본권은 개별 헌법 규정에 대한 설명 참조.

사상 · 학문 · 종교에 대하여 알 권리 등이 있는데, 양심의 자유, 학문 · 예술의 자유, 종교 등에 대하여는 따로 헌법에 규정되어 있기 때문에 인간의 존엄에서는 순수한 인격의 형성을 위하여 알 권리만을 보면 될 것이다. 정보를 요구할 수 있는 권리는 언론 · 출판에서 구하는 것이 일반적이다.544)

인격유지권으로는 자기가 가지고 있는 명예, 사상, 양심, 종교 등을 강제로 고백당하지 않으며, 강제로 변경 당하지 않을 권리를 말한다. 이에는 명예의 권리, 초상의 권리, 성명권, 비인간적인 자백강요를 받지 않을 권리 등이 보장된다. 이 밖에도 잊혀질 권리가 최초 논의되고 있다.545)

인격표현권에는 자기 인격을 자유로이 발표할 수 있는 권리를 말하는데, 여기에는 언론 · 출판 · 집회 · 결사의 자유 등 표현의 권리가 헌법에 따로 규정되어 있기에 그 설명은 표현의 자유에서 보기로 한다. 최근에 논의되기 시작한 것은 인격 공표의 자유 (publicity right)라고 하여 자기 이름이나 음성, 서명, 등을 상업적 목적에서 이용당하지 않을 권리가 많이 논의되고 있다.546) 인격권 중에서 인격유지권이 문제가 많다. 이에는 명예권, 평판권, 초상권, 음성권, 성명권, 서명권 등이 있으며, 좁은 의미로서의 사생활의 보호도 들 수 있다.547) 명예에 대한 훼손으로는 사생활의 공개를 들고 있는 경우도 있다. 명예훼손을 이유로 출판물의 출판 등 금지 가처분신청도 있었고,548) 인격권 침해를 이유로 한 방해배제청구권으로서 기사삭제청구사건도 있었다.549)

헌법재판소는 자기정보결정권을 인정하면서 헌법 제10조와 헌법 제17조에서 보장되는 기본권이라고 하였다.550) 이 밖에도 헌재는 사생활의 비밀을 폭 넓게 인정하고 있다. 「사생활의 비밀은 국가가 사생활 영역을 들여다보는 것에 대한 보호를 제공하는 기본권이며, 이 사생활의 자유는 국가가 사생활의 자유로운 형성을 방해하거나 금지하는 것에 대한 보호를 제공하는 것을 의미한다. 구체적으로 사생활의 비밀과 자유를 보호하는 것은 개인의 세밀한 비밀의 내용을 유지할 권리, 개인이 자신의 사생활의 불가침을 보장받을 수 있는 권리, 개인의 양심 영역이나 심적 영역과 같은 내밀한 영역에 대한 보호, 인격적인 감정세계의 존중의 권리와 개인적인 내면생활이 방해받지 아니할 권리」 등이다.551) 사생활의 비밀을 좁게 해석하는 경우에는 사생활 활동의 자유와 사생활의

---

544) 김철수, 전게 논문, 62면 참조.
545) A. Neville, Is it a Human Right to be Forgotten? Conceptualizing the World View, 15 *Santa Clara J. Int'l L.* 157 (2017); J. Rosen, The Right to Be Forgotten, 64 *Stanford Law Review Online* 88 (2012); 國立國會圖書館, 「忘れられる權利」をめぐる動向: 調査と情報, 『Issue Brief』 No. 854(2015. 3.10.); 梁谷美樹, 忘れられる權利: 判決と日本のプライバシー權, 立教大學法學部; 문재완, 「잊혀질 권리의 세계화와 국내적용」, 『헌법재판연구』 제4권 2호 (2017. 12); 문재완, 『잊혀질 권리』, 2016.
546) 미국에서의 논의는 전술 407면 참조.
547) 五十嵐淸, 『人格權法槪說』, 2003; 渴宗彦, 『人格權の保護』, 1965; 斉藤博, 『人格權法の硏究』, 1979; 靑柳幸一, 『個人の尊重と人間の尊嚴』, 1996; 신평, 『명예훼손법』, 2004; 박용상, 『언론의 자유』, 2013.
548) 대법원 2005. 1. 17. 2003마1477.
549) 대법원 2013. 3. 28. 2010다60950.
550) 헌재 2005. 7. 21. 선고, 2003헌마282 · 425 (병합).

자유를 함부로 공개당하지 않을 권리라고 말할 수 있다.552)

ⅰ) 비밀 영역에 대한 권리

개인이 공개하고 싶지 않은 사생활의 내용을 공개당하지 않을 권리를 말한다. 언론기관의 사생활의 공개는 이제까지 명예훼손으로 다루어져 왔다.553) 그러나 명예훼손의 형법상 구성요건과 프라이버시의 구성요건은 다를 수 있다. 프라이버시의 권리의 침해는 명예를 훼손하였다는 악의가 없는 경우, 또 그것이 진실인 경우에도 개인의 감정을 손상하게 하는 경우 성립한다고 할 것이다. 우리 헌법재판소는 공판정에서의 녹취는 사생활의 권리를 침해하는 것으로 보았고,554) 범죄인의 신상공개도 사생활의 비밀을 침해할 가능성이 있다고 다수의견은 선언하고 있다.555) 또 공직자들의 병역사항 신고와 공개에 관한 법률도 프라이버시의 권리의 침해로 보고 있다.556)

ⅱ) 사적 영역의 존중에 관한 권리

자기의 사생활을 자유로 영위할 수 있는 권리를 말한다. 이 사생활에 대한 국가 권력의 개입은 금지되며, 사생활에 대한 정보수집이나 동향파악, 도청 등이 금지된다. 공공기관의 개인정보보호에 관한 법률은 개인정보의 수집, 저장, 이용 등을 본인의 동의 없이 할 수 없다.

ⅲ) 내밀 영역에 대한 보호를 받을 권리

이것은 개인의 비밀 영역은 아니나 그것이 내밀 영역이므로 혼인생활, 가정생활, 성생활과 같은 내밀한 영역에 대한 보호를 받을 권리를 말한다. 이 권리는 사생활에 있어서의 자기결정권이라고도 말하여진다.

ⅳ) 인격적인 감정세계의 존중에 관한 권리

이것은 인간의 내심 영역인 인간의 감정과 정신적인 내면생활에 대한 보호를 받을 권리를 말한다. 이에 대한 침해는 전화 등에 의한 사생활의 정도의 침해, 개인생활의 추적, harassment 등의 금지를 말한다.

ⅴ) 정보화 사회에 있어서의 정보에 대한 자기결정권

정보화 사회에 따라 개인의 사생활에 대한 축적이 많아져 이에 대한 저장이 본인의 결정에 의하여야 하며, 저장된 정보에 대한 정정보도청구권, 소거권(消去權) 등이 인정되어야 한다. 이 컴퓨터정보회사에 대한 소거요구는 잊혀질 권리를 보장하기 위한 것이다.557)

---

551) 헌재 2001. 3. 30. 선고, 99헌바92 등.
552) 언론법학자들의 저서 참조. 예. 팽원순, 『매스코뮤니케이션 법제이론』, 1988 등.
553) 명예훼손과 프라이버시, http://terms.naver.com/entry.nhn?docId=2275514&cid=42238&categoryID=51156.
554) 헌재 1995. 12. 28. 선고, 91헌마114.
555) 헌재 2003. 6. 26. 선고, 2002헌가14 (신상공개사건).
556) 헌재 2007. 5. 31. 선고, 2005헌마1139.
557) 정보화 사회에 있어서의 프라이버시 문제에 대해서는 박경래, 인터넷 인격권 침해에 관한 법제적 연구: 주요 판례 및 언론 보도 분석을 중심으로, 성균관대 박사학위논문, 2009; 박도희, 인격권의 보호 법리와 그 적용의 한계, 한양대 박사학위논문, 2005; C. Fernandez, The Right of Publicity on the Internet,

ⓒ 인격권의 보호입법

우리나라에서는 사생활의 보호와 정보화 사회에서의 기본권의 보장을 위한 법제가
마련되었다. 1994년 1월 7일에는 공공기관의 개인정보보호에 관한 법률이 제정되었고,
1년 후에 시행되었다. 여기서 대상이 되는 정보는 공공기관의 컴퓨터 등에 의하여 처리되
는 개인정보였다.558) 2007년 5월 17일자로 일부 개정이 되어 개인정보의 범위가 확대되
었다. 2011년 3월 29일에는 이 법을 폐기하고 새로이 개인정보보호법을 제정하였다.559)
제1조는「이 법은 개인정보의 처리 및 보호에 관한 사항을 규정함으로써 개인의 자유와
권리를 보호하고, 나아가 개인의 존엄과 가치를 구현함을 목적으로 한다」고 하였다(2014.
3. 24. 개정). 개인정보의 범위를 넓혀「살아있는 개인에 관한 정보로서 성명, 주민등록번호
및 영상 등을 통하여 개인을 알아 볼 수 있는 정보(해당 정보만으로는 특정 개인을 알아볼
수 없더라도, 다른 정보와 쉽게 결합하여 알아볼 수 있는 것을 포함한다)를 말한다」(제2조 1호).
적용 범위를 넓혀 공공기관뿐만 아니라 법인, 단체 및 개인도 적용대상으로 하였다.
「개인정보처리자란 업무를 목적으로 개인정보 파일을 운용하기 위하여 스스로 또는
다른 사람을 통하여 개인정보를 처리하는 공공기관, 법원, 단체 및 개인 등을 말한다」(제2
조 5호). 개인정보 처리기관에서는 개인정보보호의무를 부과하였다(제3조). 이에 대하여
정보주체는 개인정보처리와 관련하여 다음의 권리를 가진다(제4조).
① 개인정보의 처리에 관한 정보를 제공받을 권리
② 개인정보의 처리에 관한 동의여부 등의 범위 등을 선택하고 결정할 권리
③ 개인정보의 처리여부를 확인하고 개인정보에 대하여 열람(사본의 발급을 포함한다.
이와 같다)을 요구할 권리
④ 개인정보의 처리 정지, 정정, 삭제 및 파기를 요구할 권리
⑤ 개인정보의 처리로 인하여 발생한 피해를 신속하고 공정한 절차에 따라 구제받을
권리
국가 등에도 정보보호의 책임을 지우고 있다(제5조). 국가는 개인정보 보호정책을
수립하여야 한다(제2장).
정보주체는 정보의 열람, 정보의 정정, 삭제, 처리 정지 등의 요구를 할 수 있다.
정보주체는 개인정보 처리업자가 이 법을 위반한 행위로 손해를 입으면 개인정보처리

---

8 *Marquette Sports Law Review* 289 (2008); Jennings, The Right of Publicity and Cyberspace,
https://www.pattishall.com/pdf/Publicity-Cyberspace.pdf; インターネット上のプライバシ保護
に関する各国の現状, www.nmda.or.jp/enc/privacyprivacy-now1.htm.
558) Daum 백과사전, 공공기관의 개인정보에 관한 법률.
559) 이창범,『개인 정보보호법』, 2012; 문재완,「개인정보 보호법제의 헌법적 고찰」,『세계헌법연구』제19권
제2호 (2013); 손형섭,「일본 개정 개인정보보호법과 추리법의 나아갈 방향」,『공법연구』제46집
제2호 (2017. 12), 295-327면; 지성우, 빅데이터 환경과 개인정보 보호법안,『헌법재판연구』제4권
제2호, 41-93면.

자에게 손해배상을 청구할 수 있다(제39조).

개인정보처리자와 관계인은 개인정보의 불법취득을 할 수 없으며, 개인정보를 누설하거나 이용할 수 없으며 권한을 초과하여 다른 사람의 개인정보를 훼손, 멸실, 변경 위조 또는 유출해서는 안 된다(제59조).

이 법률에 위반하는 자는 처벌받게 되어 있다. 위법행위를 한 자는 5년 이하의 징역 또는 5천만 원 이하의 벌금에 처하도록 하고 있다(2016. 3. 29. 개정).

한국 정부는 1980년 1월 4일에 소비자보호법을 제정하여 1982년 9월 13일부터 시행하였다. 소비자보호법의 목적은 「소비자의 기본권익을 보호하고 소비생활의 향상과 합리화를 기하기 위하여 국가·지방자치단체 및 사업자의 의무와 소비자의 역할 등을 규정한」 것이다(제1조). 여기서는 소비자의 권리가 규정되지 않아 논란이 되었다. 그동안 소비자보호법은 여러 번 개정되어 오다가 소비자기본법으로 전면 개정되었다(2006. 9. 27.).

소비자기본법은 2007년 3월 28일에 시행되었다. 그동안 9차의 개정을 거처 2017년 10월 31일에 개정되어 현재에 이르고 있다. 목적 조항이 개정되었다. 「소비자의 권리를 증진하기 위하여 소비자의 권리와 책무, 국가·지방자치단체 및 사업자의 책무, 소비자단체의 역할 및 자유시장경제에서 소비자와 사업자 사이의 관계를 규정함과 아울러, 소비자정책의 종합적 추진을 위한 기본적인 사항을 규정함으로써 소비생활의 향상과 국민경제의 발전에 이바지함을 목적으로 한다」(제1조).

소비자의 기본적 권리에는[560]

① 물품 또는 용역으로 인한 생명·신체 또는 재산에 대한 위해로부터 보호받는 권리

② 물품 등을 선택함에 있어서 필요한 지식 및 정보를 제공받을 권리

③ 물품 등을 사용함에 있어서 거래 상대방, 구입 장소, 가격 및 거래 조건 등을 자유로이 선택할 권리

④ 소비생활에 영향을 주는 국가 및 지방자치단체의 정책과 사업자의 사업활동 등에 대하여 의견을 반영시킬 권리

⑤ 물품 등의 사용으로 인하여 입은 피해에 대하여 신속·공정한 절차에 따라 적정한 보상을 받을 권리

⑥ 합리적인 소비생활을 위하여 필요한 교육을 받을 권리

⑦ 소비자 스스로의 권익을 증진하기 위하여 단체를 조직하고 이를 통하여 활동할 수 있는 권리

⑧ 안전하고 쾌적한 소비생활환경에서 소비할 권리

2017년 10월 31일 개정에는 즉시 시행할 개정법 조항이 있었고, 2018년 5월 11일부터

---

560) 이들 소비자의 권리는 미국에서 케네디 대통령이 주장한 것에 몇 개를 추가한 것으로 미국에서는 정설로 되어 있다. 그러나 2017년 말 현재까지 미국 연방의 소비자 보호법은 제정되지 않았다.

시행할 법률개정이 있었다. 이 신법에서는 소비자 중심경영을 이룩하도록 사업자에 대하여 인증을 할 수 있게 규정하고 있다(제20조의 2, 20조의 3, 20조의 4). 또 소비자정책위원회를 국무총리 산하에 두고, 국무총리가 위원장이 되고 공정거래위원장이 간사가 된다(제23조, 제24조). 소비자정책위원회의 권한을 강화하고 있다.561)

이 밖에도 잊혀질 권리로서 저장된 정보에서 삭제할 권리 등이 논의되고 있다.562)

(6) 인격권의 근거

인격권은 존엄권에서 나오는 권리이다. 인간의 존엄에 관해서는 독일 기본법 제1조가 규정하고 있으며, 제2조 1항에서 인격의 자유로운 발현권이 규정되어 있기 때문에 이 두 조문에서 일반적 인격권과 개별적 인격권이 보장되고 있다. 존엄권은 세계관적이고 정치적으로 각인된 기본권이다.

일본 헌법에서는 개인의 존중과 생명·자유·행복추구권 규정에서 일반적 인격권과 개별적 인격권이 나온다고 보나, 인격적 자율권이 아니고 행동자유권으로 보는 경향도 있다.

우리 헌법은 인간의 존엄과 가치·행복추구권을 규정하고 있기 때문에 일반적 인격권과 개별적 인격권이 보장된다고 보아야 하겠다. 이것은 헌법 제10조에서 규정한 명문의 기본권이라 하겠다. 인간의 존엄이 무엇을 의미하는가에 대해서는 학설이 대립되나,563)

---

561) 상세한 것은 법제처 국가법령정보센터, 소비자 기본법 개정 대비표, 참조.

562) 한국에서도 미국과 일본에 따라서 프라이버시에 관한 법령이 제정되어 있다.

563) 국내학자들의 견해를 소개하면 다음과 같다. ① 본질상 그 내용을 일일이 열거할 수 없으나 총체적으로 보면 인간으로서의 자주적인 인격과 가치를 의미(문홍주, 206면; 구병삭,『증보헌법학(1)』, 27-434면; 김계환,『헌법학정해』, 412면), ② 정신적 존재로서의 개인의 존엄을 의미(박일경, 168면), ③ 고립된 개인이 아니라 타인과의 공동생활 관계 속에서 발견되는 사회관계 속의 개인(최대권, 228면), ④ 인격의 내용을 이루는 윤리적 가치: 인간으로서의 존엄과 가치를 구태여 다른 표현으로 바꾸어서 이해해야 한다면, 인간으로서의 존엄과 가치란 인격의 내용을 이루는 윤리적 가치라고 표현할 수 있을 것이다. 그러나 그 윤리적 가치의 구성요소를 하나하나 열거하기는 쉽지 않다. 다만, 명백한 사실은 초국가적 개념으로서 자연법 사상에 그 뿌리를 두고 있다는 점이다(허영, 315면). ⑤ 인간의 본질로 간주되는 존귀한 인격주체성을 의미: 인간은 이성적 존재로서 인격의 주체가 될 수 있다는데 존귀한 가치가 있는 것이다. 제10조 1문의 인간으로서의 존엄과 가치란 인간의 본질로 간주되는 존귀한 인격주체성을 의미한다고 할 수 있다. 인격주체성은 때와 장소를 초월하여 인간에게 고유한 것이다. 그러나 언제나 현실적이어야 한다는 것은 아니고 추상적이고 잠재적이면 족하다. 인격의 주체성이란 인간을 비인격적 자연과 구별하여 자기 자신을 의식하고 자기 자신의 결단에 의하여 스스로를 규정하며, 자신과 주변 세계를 형성할 능력을 말한다(권영성, 339면), ⑥ 인간의 존엄이란 인간의 본질로 간주되고 있는 성격의 내용을 의미하며, 인간의 가치란 이러한 인간을 총체적으로 평가한다는 설(한태연,『헌법학』(2정판), 302면, 갈봉근,『유신헌법론』, 146면), ⑦ 인간의 존엄과 가치는 동의어로서 인격의 내용과 그 고유한 가치를 형성하는 요소의 총체(김기범,『한국헌법』, 124면), ⑧ 인간의 본능 본질을 의미(한상범,『신정 한국헌법』, 114면), ⑨ 존엄이란 인간을 인간답게 만드는 인간 본성의 자유로 이룩되는 인격이며, 가치란 인격적 생존의 근원인 개인의 독자적 가치(안용교,『한국헌법』, 283면), ⑩ 존엄성은, 모든 개개인은 그 자체의 또한 그 자체 때문에 가치 있는 존재임을 의미(계희열, 전게 논문, 304면), ⑪ 인간의 존엄과 가치는 모든 기본권의 원칙적·총체적 규범을 의미(강경근,『헌법학』, 291면), ⑫ 인간의 고유한 인격을 가리키며, 자율성을 지닌 인간을 도구로서가 아니라 그 자체 목적으로 대해야 한다(양건,『헌법강의 I』, 273면), ⑬ 인간에 대한 자주적 인격체로서의 평가(성낙인,『헌법학』4판, 281면),

존엄권은 인간이 인격자로서 존중받을 권리라고 할 수 있다.564)

(7) 인격권의 체계

① 독일

인격권에는 일반적 인격권과 개별적 인격권이 있다. 이러한 일반적 인격권(allgemeines Persönlichkeitsrecht)은 독일 기본법 제1조 제1항과 제2조 1항에서 보장되고 있다고 본다. 기본법 제2조는 「누구나 타인의 권리를 침해하지 아니하고 또 헌법질서 또는 도덕률에 반하지 않는 한, 자기의 인격을 자유로이 발전시킬 권리를 가진다」고 규정하고 있다. 독일에서는 제1조의 인간의 존엄존중과 제2조의 인격의 자유로운 발현의 권리에 따라 많은 인격권, 명예권 등이 보장되고 있다.565) 여기서 보호되는 것은 인간의 정체성과 인간성이다. 이들 권리는 국가의 특정한 행동을 금지하는 방어권적 성격을 가진다고 한다. 일반적 인격권은 일반법적 성격을 가지며, 개별적 인격권은 특별법적 성격을 가진다고 한다.566)

독일에서는 인간의 존엄은 인격형성과 유지의 근원으로 보고 있으며, 인격의 자유발현권은 일반적 인격권(allgemeines Persönlichkeitsrecht)과 일반적 행동자유권(allgemeine Hand-lungsfreiheit)으로 구성된다고 하며, 일반적 인격권은 일반적 행동자유권의 특별법적 성격을 띤다고 한다. 독일에서는 인격의 자유발현권은 협의의 개인적 정보영역과 그 기본조항의 보존을 보호하는 권리라고 하고 있다.567) 명예권,568) 초상권, 성명권, 반론청구권, 자기부책 금지, 성년에의 책임이 없는 진입 등을 들고 있다. 이 밖에도 내면생활의 권리로 사생활의 자유나 사생활의 비밀을 들고 있으나 이것은 미국의 영향을 받은 것이다.

② 일본

일본에 있어서도 행복추구권은 일반적 인격권으로서 Privacy의 근거로도 인정하고 심지어 환경권, 생존권까지 도출하고 있으나, 생존권은 헌법에 규정되어 있기 때문에

---

⑭ 인간은 자신의 문제를 스스로 결정하는 자율적인 존재이고 자신의 삶을 스스로 영위하는 존재이다(정종섭, 『헌법학원론』 2판, 344면), ⑮ 인간으로서 존엄하기 때문에 가치를 인정받는다(홍성방, 『헌법 2』, 12면).

564) 독일에서는 인간의 존엄에 대한 정의는 인간이기 때문에 가지는 인간의 가치청구와 존중청구권이라고 한다(BVerfGE 87, 209/228).

565) Benda, E., Menschenwürde und Persönlichkeitsrecht, in HdbVerfR, 2. Aufl., 1994 §6 S. 161 ff.; Enders, Chr., Die Menschenwürde in der Verfassungsordnung, 1997; Helle, E., Der Schutz der Persönlichkeit, der Ehre und des wirtschaftlichen Rufes in Privatrecht, 2. Aufl., 1969; Helle, J., Besondere Persönlichkeitsrechte im Privatrecht, 1991; Jarass, H. D., Die Entfaltung des allgemeinen Persönlichkeitsrechts in der Rechtsprechung des Bundesverfassungsgerichts, in Erichsen/Kohlhosser/Welp (Hrsg.), Recht der Persönlichkeit, 1996, S. 89 ff.

566) BVerfGE 71, 183/201.

567) BVerfGE 54, 148/153.

568) BVerfGE 54, 208/217; 93, 266/290; 97, 125/147.

군이 인격권에서 생존권을 찾을 필요는 없을 것이다. 다만, Privacy에 관한 권리는 일본 헌법에 명문으로 규정하고 있지 않기 때문에 여기에서 도출해야 한다고 한다.
이 밖에 개별적 인격권으로는 명예권, 환경권 등이 거론되고 있다.569)

③ 한국
우리나라에서는 독일 기본법 제2조 1항과 같은 인격의 자유발현권이 규정되어 있지 않기 때문에 일반적 인격권은 헌법 제10조에서 나온다고 보아야 할 것이다. 이는 인격에 대해서 소극적으로 침해받지 않을 권리와 적극적으로 보호를 받을 권리를 포함하는 것으로서 사생활의 보호, 사적 비밀에 대한 보호, 생활상의 보호 등이 이에 속한다. 그러나 우리 헌법상 사생활의 자유와 비밀에 대해서는 독립된 조항이 있기 때문에 이에 포함시킬 필요가 없다. 종합적으로 보면, 인간의 존엄과 가치 · 행복추구권은 주기본권으로 일반적 인격권의 모체가 되며, 여기에서 많은 개별적 인격권이 파생하고 있으나,570) 보충적 성격으로 인하여 개별적 기본권이 우선적으로 적용되고, 인간의 존엄과 가치 · 행복추구권은 보충적으로 적용될 수 있을 뿐이라고 한다.
이론적으로 이야기하면 인간의 존엄에는 ① 인격을 형성할 권리, ② 인격을 유지할 권리, ③ 인격을 표현할 권리가 있다. 이들 권리는 대개 정신적 자유권에 규정되어 있기는 하나 여기서는 간단히 설명하기로 한다.
① 인격을 형성할 권리에는 알 권리, 들을 권리, 읽을 권리, 볼 권리, 반성문을 쓸 자유, 일기를 쓸 권리 등 양심의 형성과 사상 · 학문 · 종교에 대하여 알 권리, 읽을 권리, 들을 권리 등 신앙, 학문의 형성을 포함하며, 양심 · 사상 · 종교교육을 받을 권리를 포함한다.
그러나 개별적인 기본권으로 양심의 자유, 종교의 자유, 학문의 자유가 보장되어 있기 때문에 헌법 제10조에서 파생하고 도출하여야 할 권리는 알 권리, 들을 권리, 읽을 권리, 볼 권리 등이라고 할 것이다.
② 인격을 유지할 권리에는 신앙 · 사상 등을 강제로 고백당하지 않을 권리, 자기의 인격의 유지과정에서 방해를 받지 않을 권리 등과 사상 · 양심의 개종을 강요당하지 않을 권리 등이 있다. 이들 권리도 사상 · 양심 · 학문의 자유 등에 포함되어 있기에 인간의 존엄과 가치 · 행복추구권에서 파생 · 도출할 필요는 없을 것이다. Privacy의 권리도 같다.
이 밖에 명예의 권리, 초상의 권리, 성명권, 비인간적인 처우를 받지 않을 권리 등은 헌법에 특별한 규정이 없기에 인간의 존엄과 가치 · 행복추구권에서 도출해야 한다.
③ 인격을 표현할 권리도 당연히 인격권에 포함되는 것이기는 하지만, 표현의 자유로서 헌법에 규정되어 있기 때문에 인간의 존엄과 가치 · 행복추구권에서 도출할 필요는 없다.

569) 佐藤幸治, 憲法 第13條, 『注解法律學全集 1, 憲法Ⅰ』, 245면 이하. 일본의 통설이다.
570) 헌재 2005. 10. 27 선고, 2002 헌마 425, 『헌재판례집』 제17권 2집, 39면 이하.

(8) 개별적 인격권

① 존엄권

모든 국민은 인간으로서의 존엄권, 인격권과 명예권을 가진다. 인간은 존엄하기 때문에 목적으로서만 인정되어야 하며 수단으로 이용해서는 안 된다(Objektformel: Kant). 따라서 노예제도나 고문제도나 강제노동 제도는 당연히 인간의 존엄권, 인격권을 침해하는 것이다. 비인간적인 형의 선고나 집행은 이를 침해하거나 종신형제도는 이를 침해하지 않는다고 한다.571) 이러한 금지는 혼인제도, 노동제도 등에 특별한 기본권으로 규정되어 있기 때문에 여기에는 인격침해행위의 금지만을 생각해 보기로 한다. 독일에서는 인간의 존엄성은 불가침572)이라고 한다. 그러나 존엄권을 넓게 이해하는 경우에는 제한 가능하다.

일본학자 중에는 독일 헌법상의 인간의 존엄원리를 나누어 전체를 행복추구권으로 보고, 거기에서 ① 인격의 자유로운 발현권(제2조 1항)과 ② 생명권 · 신체의 불가훼손 · 인신의 자유(제2조 2항)로 나누고, 인격의 자유로운 발현권을 ⅰ) 일반적 행위의 자유 ⅱ) 일반적 인격권(제1조 1항)으로 나누고 있으며, 일반적 인격권을 공법학에 있어서와 사법학에 있어서의 인격권으로 나누는 학설도 있다.573)

우리나라에 있어서는 인간의 존엄권이 인격권을 내포하고 있다고 하였는바 이것은 정설이다. 그러나 그 내용에 대해서는 인격권은 일반적 행동자유권에서 나오는 것은 아니고 행복추구권에서 나온다는 것이 헌법재판소의 판례이다.

한국 헌법재판소는 ① 인간으로서의 기본적 품위를 유지할 수 없게 하는 심한 신체수색,574) ② 화장실이 반공개로 되어 있는 것을 사용 강제하는 것,575) ③ 과도한 계구(형사보안 기구)사용576) 등은 인간의 존엄권 침해로 위헌 선언하였다.

② 인격형성권(알 권리, 읽을 권리, 들을 권리, 배울 권리)

1) 알 권리의 의의

인간이 인격을 형성하기 위하여서는 알 권리,577) 읽을 권리, 들을 권리, 배울 권리를 가지고 있다. 헌재는 인간으로서의 존엄과 가치에는 자녀를 가르치고 배울 권리가 나온다

---

571) BVerfGE 75, 369 (386); BVerfGE 93, 256 (293).
572) BVerfGE 45, 187/245 ff.; 72, 105/113; 109, 133/150.
573) 根森健, 憲法上の人格權, 『公法研究』 58호 (1996), 66면 이하.
574) 헌재 2002. 7. 18 선고, 2000 헌마 337, 『헌재판례집』 제14권 2집, 54면 이하.
575) 헌재 2001. 7. 19 선고, 2000 헌마 546, 『헌재판례집』 제13권 2집, 103면 이하.
576) 헌재 2005. 5. 26 선고, 2004 헌마 49, 『헌재판례집』 제17권 1집, 754면 이하.
577) 독일에서의 논의에 대해서는 Rossi, M., Informationszugangsfreiheit und Verfassungsrecht, 2004; Rossi, M.; Entwicklung des Informationsrechts in Deutschland, 『공법연구』 제35집 제4호, 2007. 6. 참조.

고 하고, 배울 권리는 수학권이라고도 하는데, 문화국가, 민주복지국가의 이념을 실현하는
방법의 기초라고 한다.578) 배울 권리에 관해서는 교육을 받을 권리에 속하기에 여기서는
따로 설명을 생략하기로 한다.

알 권리란 일반적으로 접근할 수 있는 정보원으로부터 방해받지 않고 듣고, 보고,
읽을 자유와 권리를 말한다. 이 점에서 알 권리는 소극적·방어적 권리라고 할 수 있다.579)

그러나 적극적 측면에서 인격을 형성하기 위해서는 국가에 대하여 정보를 청구할
권리를 가진다고 하겠다. 우리 헌법상 국민은 소극적으로는 일반적인 정보를 방해하지
않고 수령하는 알 자유를 가지고 있고, 적극적으로 정보공개청구권을 가진다고 하겠다.

2) 알 권리의 근거

ⅰ) 이론

알 권리는 개인의 자기실현을 가능케 하기 위한 개인적인 권리로 인간의 존엄권의
전제가 되고 있다.580) 알 자유에 대하여 독일 기본법 제5조 1항 2단은 「일반적으로
입수할 수 있는 정보원으로부터 방해됨이 없이 알 권리를 가진다」고 규정하고 있다.

일본에서는 알 권리는 표현의 자유에서 나온다고 하고, 알 권리와 access권으로 논의되
고 있다.

한국에서는 자기정보에 대한 알 권리를 말할 때에는 정보에 대한 자기결정권에서
나온다고 하고 있다. 이것은 독일의 이론을 계승한 것이다.

표현의 자유에서 찾는 견해는 지득하는 내면적 권리가 아니고, 정보를 표현하는 자유권
이라는 점에서 양자의 성격을 구분하지 않아 타당하지 않다.

우리 헌법은 제21조에서 이를 따로 규정하고 있지 않기 때문에 알 권리, 읽을 권리,
들을 권리는 헌법 제10조에서 보장되고 있다고 보아야 하겠다. 알 권리, 읽을 권리,
들을 권리는 인격형성권으로서 학습권의 근거가 되고 있다.

ⅱ) 판례

우리 헌법재판소는 알 권리를 인정하고 있다. 「알 권리는 정보에의 접근·수집·처리의
자유를 말하며, 이는 일반적으로 정보에 접근하고 수집·처리함에 있어서 국가권력의
방해를 받지 아니하거나, 의사형성이나 여론형성에 필요한 정보를 적극적으로 수집하고

578) 헌재 2001. 2. 22 선고, 99 헌바 93,『헌재판례집』제13권 1집, 274면; 헌재 2001. 4. 26 선고,
2000 헌가 4,『헌재판례집』제13권 1집, 783면 이하; 헌재 2000. 4. 27 선고, 98 헌가 16·헌마
429(병합),『헌재판례집』제12권 1집, 427면 이하; 헌재 2001. 10. 25 선고, 2001 헌마 113,『헌재판례
집』제13권 2집, 554면 이하.
579) 헌재 1991. 5. 13 선고, 90 헌마 133,『헌재판례집』제3권, 234면 이하(246면); 헌재 1998. 10.
29 선고, 98 헌마 4,『헌재판례집』제10권 2집, 637면 이하 (645면); 헌재 2006. 5. 25. 선고, 2005
헌마 11, 2006 헌마 314(병합),『헌재판례집』제18권 1집(하), 134면 이하.
580) BVerfGE 27, 71/81 ff.; BVerfGE 65, 1/41 ff.

수집을 방해하는 방해 행위의 제거를 청구할 수 있다는 것을 의미한다」.581)

여러 차례 형사기록 공개청구를 거부한 국가기관의 행위 등이 알 권리를 침해하고 있음을 인정하고 있다.582) 또 국가 또는 지방자치단체의 기관이 보유하고 있는 문서 등에 대한 공개거부도 알 권리를 침해하는 것이라 하고 있다.583)

헌법재판소는 처음에는 국민의 알 권리는 국민주권주의(제1조) …… 인간으로서의 존엄과 가치(헌법 제10조) 및 인간다운 생활을 할 권리(헌법 제34조 1항)와 관련이 있다고 하다가,584) 그 뒤에는 헌법 제10조와 헌법 제21조와 관계있다고 한다.585) 근자에는 알 권리는 표현의 자유와 표리일체의 관계에 있고, 정보의 공개청구권은 알 권리의 당연한 내용이 되는 것이라고 하면서 알 권리는 헌법 제21조에 의하여 직접 보장될 수 있다고 한다.586) 이것은 독일 기본법 제5조에 따른 견해이다.

iii) 사견

생각건대 국민의 「알 권리」가 인격의 형성, 인격의 유지와 행복추구권의 중요한 내용으로 인정되고 있다는 점을 고려할 때, 우리 헌법 제10조에서 정보에의 권리를 보장하고 있다고 보아야 하겠다. 정보에의 access권은 인격형성을 위하여 절대적으로 필요한 권리이므로 인격권에 내포되는 것이라고 하겠다. 우리 헌법에는 독일 기본법 제5조 1항과 같은 소극적 정보수령권에 관한 규정이 없기 때문에, 표현의 자유를 규정한 제21조에서 도출하는 것은 무리가 있다.

한편 정보에의 권리의 근거를 헌법 제10조에서 구하더라도 헌법 제21조가 정보의 자유와 전혀 무관한 것은 아니고 정보의 자유의 한 내용인 정보매체로부터의 정보수령방해배제청구권은 헌법 제21조에서 인정된다고 보아야 할 것이다. 왜냐하면 정보수령방해배제청구권은 자유권의 성격을 띠므로, 언론·출판에 관한 자유권 규정인 헌법 제21조에서 인정된다고 보아야 하기 때문이다. 따라서 헌재의 반대의견이 옳다.

---

581) 헌재 1991. 5. 13 선고, 90 헌마 133, 『헌재판례집』 제3권, 234면 이하(246면); 헌재 1998. 10. 29 선고, 98 헌마 4, 『헌재판례집』 제10권 2집, 637면 이하 (645면); 헌재 2006. 5. 25 선고, 2005 헌마 11, 2006 헌마 314(병합), 『헌재판례집』 제18권 1집(하), 142면.

582) 헌재 2003. 1. 30 선고, 2001 헌가 4, 『헌재판례집』 제15권 1집, 19면; 헌재 2003. 3. 27 선고, 2000 헌마 474, 『헌재판례집』 제15권 1집, 282면 이하(291면); 헌재 2003. 5. 15 선고, 2003 헌가 9·10(병합), 『헌재판례집』 제15권 1집, 509면.

583) 헌재 1994. 8. 31 선고, 92 헌마 174, 『헌재판례집』 제6권 2집, 324면 이하(330면).

584) 헌재 1991. 5. 13 선고, 90 헌마 133, 『헌재판례집』 제3권, 234면 이하(246면).

585) [재판관 한병채, 최광률의 반대의견 요지]
  '알 권리'의 헌법적 근거는 다수의견이 주장하는 표현의 자유에 관한 제21조 제1항에만 둘 것이 아니라 헌법전문, 국민주권의 원리에 관한 제1조 제1항, 인간의 존엄과 행복추구권에 관한 제10조, 인간다운 생활을 할 권리에 관한 제34조 제1항, 국민의 재판청구권에 관한 제27조 등은 모두 그 근거가 되어야 한다」(헌재 1991. 5. 13 선고, 90 헌마 133, 『헌재판례집』 제3권, 234면).

586) 헌재 1991. 5. 13 선고, 90 헌마 133, 『헌재판례집』 제3권, 234면 이하(247면); 헌재 2003. 3. 27 선고, 2000 헌마 474, 『헌재판례집』 제15권 1집, 282면 이하 (289면); 헌재 2004. 8. 26 선고, 2003 헌바 81·89 (병합), 『헌재판례집』 제16권 2집(상), 284면 이하.

3) 알 권리의 내용

오늘날 알 권리는 국민주권주의의 본질적 요소로서 인정되고 있으며, 인격의 형성, 자유로운 전개와 행복추구권의 중요한 내용으로서 인정되고 있다. 따라서 문화적 생존권으로서도 요구되고 있으며, 국민의 학습권의 하나로서도 중요한 의의를 가지고 있다. 따라서 알 자유는 모든 국민이 가지고 있는 권리이며, 결코 언론기관의 특권으로서 인정되는 것은 아니다. 「국민이 듣고, 읽고, 보는 이른바 알 권리는 민주제의 필수 불가결한 본질적 요소라고 할 수 있다」.587)

알 권리는 정보의 수령취득, 선택권을 포함한다.588) 그리하여 국가는 정보원에의 접근을 어렵지 않게 해야 하는 의무를 지고 있다.

헌법재판소는 알 권리는 자유권의 성질과 청구권적 성질을 공유한다고 한다. 대통령선거운동기간 중 공영방송토론회에 제한된 후보자만 초청하는 것이 국민의 알 권리를 침해하는 것이 아니라고 했다.589) 그러나 기초의회 의원선거후보자의 정당표방을 금지한 공선법 규정은 국민의 알 권리를 침해하는 것이라고 하였다.590)

새로이 개정된 민사소송법과 형사소송법, 헌법재판소법에서는 재판확정기록의 열람 등사를 규정하면서 공개의 예외를 인정하고 있다.

4) 알 권리의 제한

알 권리도 절대적인 것이 아니므로 헌법의 직접 유보와 헌법 제37조 2항에 따라 법률에 의한 제한이 가능하다고 하겠다.591)

알 권리를 실현하기 위한 정보공개법 등에는 많은 제한 규정이 있다.

그런데 알 권리와 프라이버시의 권리, 명예권과 보도의 자유 등 기본권 상호 간에는 이익형량(Interessenabwägung)의 원리에 따라 보다 큰 법익을 위하여 보다 작은 법익의 희생이 인정되고 있다. 그 중요한 것이 정치인이나 저명인사의 사생활이 국민의 알 권리를 충족시키기 위하여 공개되는 경우, 명예훼손을 인정하지 않는 것 등이다. 헌재는 「선거일을 앞두고 어느 정도의 기간 동안 선거에 관한 여론조사 결과의 공표를 금지하는 것은 알 권리를 침해하는 것이 아니다」고 하고 있다.592) 이것은 선거의 공정을 우선시한

587) 헌재 1999. 6. 24 선고, 97 헌마 265, 『헌재판례집』 제11권 1집, 768면 이하.
588) BVerfGE 27, 71, 81 ff.
589) 헌재 1998. 8. 27 선고, 97 헌마 372 등 병합, 방송토론회진행사항결정행위 등 취소, 『헌재판례집』 제10권 2집, 461면 이하.
590) 헌재 2003. 1. 30 선고, 2001 헌가 4, 『헌재판례집』 제15권 1집, 7면 이하(19면).
591) 헌재 1989. 9. 4 선고, 88 헌가 22, 『헌재판례집』 제1권 176면 이하(190면). 동지: 헌재 1991. 5. 13 선고, 90 헌마 133, 『헌재판례집』 제3권, 234면 이하.
[헌법 판례]
자신에 대한 피의사건의 확정된 형사소송의 기록의 복사신청을 거부한 검찰의 행위는 알 권리를 침해한다 (헌재 1991. 5. 13 선고, 90 헌마 113, 『헌재판례집』 제3권, 234면 이하).
592) 헌재 1995. 7. 21 선고, 92 헌마 177 등(병합), 『헌재판례집』 제7권 2집, 112면; 헌재 1998. 5. 28 선고, 97 헌마 362 등(병합), 『헌재판례집』 제10권 1집, 712면 이하.

것으로 문제가 있다. 이것이 과잉제한금지원칙위반이 아닌지 검토되어야 하겠다. 불법적으로 취득한 핵심영역에 대한 정보의 적용은 부인된다.593) 특히 사법절차에서는 이를 증거로 처벌할 수 없다.594)

5) 정보공개청구권

ⅰ) 이론

국민은 알 권리를 보장받기 위하여 정보공개청구권을 가진다. 공공기관의 정보공개에 관한 법률(2007. 3. 29. 일부 개정)은 「국민의 알 권리」를 보장하고 국정에 대한 국민의 참여가 국정운영의 투명성을 확보함을 목적으로 하고 있다. 국민은 정보공개청구권을 가진다(법 제5조). 이 밖에도 자기에 대한 정부의 정보가 어떻게 기록되어 있는가를 알고, 이에 대해서 정정을 요구할 수 있는 자기정보에 대한 control권도 인정된다고 하겠다.595) 이것은 일반적으로 정보에 대한 access권 또는 자기결정권(informationelles Selbstbestimmungsrecht)이라고 말한다.596)

정보화사회에 있어서 알 권리는 소극적 측면에서는 국가나 사인에 의하여 방해받지 아니하고 일반적으로 입수할 수 있는 정보원에서 정보를 얻는 정보의 자유로 나타나며, 적극적 측면에서는 국가나 사회ㆍ개인에 대하여 정보를 공개해 달라고 요청할 수 있는 정보공개청구권으로 나타난다. 나아가 자기정보에 대한 Control권으로서 자기정보에 대한 File에 대하여 열람ㆍ복사할 수 있는 권리와, 그 File이 잘못된 경우에 그 File의 정정을 요구할 수 있는 권리를 포함하며, Data Base에의 access권과 New Media에의 access권 등을 포함한다.

ⅱ) 내용

모든 국민은 정보의 공개를 청구할 권리를 가진다. 외국인의 정보공개청구에 관해서는 대통령령으로 정한다(법 제5조). 공공기관의 정보의 공개를 청구하는 국민의 권리가 존중될 수 있도록 하여야 하며, 공공기관은 국민이 알아야 할 필요가 있는 정보는 국민에게 공개하도록 적극적으로 노력해야 한다(법 제6조). 반드시 공개하여야 할 정보에는 ① 국민생활에 매우 큰 영향을 미치는 정책에 관한 정보, ② 국가의 시책으로 시행하는 대규모의 예산이 투입되는 사업에 관한 정보, ③ 예산집행의 내용과 사업평가 결과 등 행정감시를 위하여 필요한 정보, ④ 기타 공공기관의 장이 정하는 정보가 있다(법

---

593) BVerfGE 44, 353/383 f.
594) BVerfGE 113, 29/61.
595) 피고인의 알 권리(헌재 1994. 12. 29 선고, 92 헌바 31, 『헌재판례집』제6권 2집, 367면 이하) 등이 인정되고 있다. 여론조사와 알 권리(헌재 1995. 7. 21 선고, 92 헌마 177ㆍ199 (병합), 『헌재판례집』제7권 2집, 112면 이하).
596) 상세한 것은 김철수, 『현대헌법론』, 296-306면; BVerfGE 65, 1 ff. 참조.

제7조 제1항).

교육관련기관의 정보공개에 관한 특별법(2007. 5. 25 제정)은 교육행정기관이나 교육연구기관이 보유 · 관리하는 교육정보의 공개를 규정하고 있다. 이들 입법은 헌법에 직접 규정되지 않은 알 권리의 입법적 보장이라고 하겠다.

iii) 판례

일본 판결로는 자기정보의 정정청구권에 관해서는 재일 대만인 신상조사 소송 항소심 판결597)이 있다. 이 판결에서 원칙적으로는 신상조사 등의 내용공개를 인정하면서 법제가 정비되어 있지 않다는 이유로 결론적으로는 이를 인정하지 않고 있다.

한국 판례에는 다음과 같은 것이 있다. 헌법재판소도「국가가 관리하는 정보 중에서 성질상 일반 국민에게 자유로운 접근이 허용되어야 할 정보를 국가가 공개하지 않는 경우에는, 국민은 알 권리에 터잡아 방해 제거를 구하는 뜻으로 그 공개를 청구할 수 있는 것이고, 정보의 성질상 국가의 안전보장 · 질서유지 · 사생활의 비밀과 자유의 보장 등과 관련된 정보에 대하여는 이를 알아야 할 정당한 이해관계를 가진 자가 적극적으로 그 공개를 청구할 수 있는 것이다」고 하고 있다.598)

정부공문서규정 제36조 2항이 국민의 알 권리를 실현시키는 것으로, 특히 직접의 이해관계가 있는 자에 대하여서는 의무적으로 공개하여야 한다599)고 하고, 또 검찰의 수사기록에 대한 복사신청을 거부한 행위는 알 권리의 침해라고 선언하거나,600) 미결수용자에게 자비로 신문을 구독할 수 있도록 한 것을 알 권리의 행사라고 봄으로써,601) 국민의 알 권리를 인정하고 있다. 시험문제를 반드시 공개할 것을 요구할 수 있는 권리까지 포함하고 있다고는 할 수 없다고 한다.602)

그러나 선거에 관한 여론조사 결과의 일정 기간의 공표금지 자체는 위헌이 아니라고 하였다.603)

597) 東京高判 昭 63. 3. 24,『判例時報』1268-15.
598) 헌재 2003. 3. 27 선고, 2000 헌마 474, 정보비공개결정 위헌확인,『헌재판례집』제15권 1집, 299면.
599) 헌재 1989. 9. 4 선고, 88 헌마 22,『헌재판례집』제1권, 176면 이하; 헌재 1994. 8. 31 선고, 93 헌마 174,『헌재판례집』제6권 2집, 324면 이하.
600) 헌재 1991. 5. 13 선고, 90 헌마 133,『헌재판례집』제3권, 234면 이하.
601) 헌재 1998. 10. 29 선고, 98 헌마 4, 일간지구독금지처분 등 위헌확인,『헌재판례집』제10권 2집, 637면 이하.
602) 그러한 알 권리의 일반적 내용에 응시자가 국가공무원시험의 시험문제를 반드시 공개할 것을 요구할 수 있는 권리까지 포함되어 있다고 볼 수 없다. 다만, 개별적으로 응시자가 처한 상황에서 시험문제의 공개를 요구하였음에도 공개되지 않은 경우, 특정인의 알 권리를 침해할 수 있는 개연성은 부인할 수 없으며, 적어도 이 사건에서는 청구인들이 시험문제의 공개를 요구하였다거나 청구인들의 정보수집이 방해받았다는 사정이 드러나지 않으므로, 더 살펴볼 필요 없이, 청구인들의 알 권리가 침해될 가능성은 인정되지 않는다. 그렇다면, 이 부분 역시 기본권 침해의 가능성이 없어 부적합하다(헌재 2006. 5. 25 선고, 2005 헌마 11, 2006 헌마 314 (병합),『헌재판례집』제18권 1집(하), 142면 이하).
603) 헌재 1995. 7. 21 선고, 92 헌마 177 · 199(병합),『헌재판례집』제7권 2집, 112면 이하; 헌재 1998. 5. 28 선고, 97 헌마 362, 공직선거및선거부정방지법 제108조 제1항 위헌확인,『헌재판례집』제10권 1집, 712면 이하; 헌재 1999. 1. 28 선고, 98 헌바 64,『헌재판례집』제11권 1집, 33면 이하.

자치구·시·군의 장 선거에서 후보자의 방송연설을 종합유선방송만을 이용하여 실시하고, 그 실시 시기를 별도로 정할 때까지 잠정적으로 지역방송국을 이용할 수 없도록 방송연설매체를 제한한 공직선거법(1998. 4. 30 법률 제5537호로 개정된 것) 부칙 제2조는 알 권리의 침해가 아니라고 판시하였다.604)

헌재는 공직선거 시 기초의회 의원후보자의 정당표방을 금지한 것은 유권자의 알 권리를 침해한 것으로 위헌이라고 했다.605) 경찰서장의 피의자 조사기록 비공개결정도 알 권리침해로 위헌이라고 했으며,606) 공공기관의 정보공개에 관한 법률 제3조는 국민의 알 권리를 침해하는 것이 아니라고 했다.607)

iv) 정보공개청구권의 제한

정보공개청구권도 법률에 의하여 제한될 수 있다. 공공기관의 정보공개에 관한 법률 제9조와 다른 법률 또는 법률이 위임한 명령에 의하여 비밀 또는 비공개사항으로 규정된 정보는 공개하지 않을 수 있다. 여기서 말하는 명령은 법규명령이어야 한다.608)

v) 정보공개청구권의 한계

국민은 모든 정보에 대한 공개청구권을 가진 것은 아니다. 법률은 제9조에서 공개하지 아니할 수도 있는 정보를 규정하고 있다. ① 다른 법률 또는 법률이 위임한 명령에

---

604) 「이 사건 법률조항에 의하여 제한되는 것은 전체 선거운동방법 중에서도 특히 방송시간과 방송시설 등의 사정으로 공평성이 문제되는 방송연설만이다. 후보자는 경력방송, 대담·토론회 등 방송을 이용할 선거운동과 인쇄물, 연설회 등 제한되지 않는 선거운동방법을 자유롭게 선택하여 실시할 수 있다. 따라서 … 알 권리 등이 이 사건 법률조항으로 인하여 부분적으로만 제한되었다고 하여 전혀 무의미해졌다 거나 형해화되었다고 볼 수 없다」(헌재 1999. 6. 24 선고, 98 헌마 153,『헌재판례집』제11권 1집, 839면 이하).

605) 헌재 2003. 1. 30 선고, 2001 헌가 4,『헌재판례집』제15권 1집, 19면; 헌재 2003. 5. 15 선고, 2003 헌가 9·10 (병합),『헌재판례집』제15권 1집, 503면 이하.

606) 헌재 2003. 3. 27 선고, 2000 헌마 474,『헌재판례집』제15권 1집, 282면 이하 (291면).

607) 헌재 2003. 4. 24 선고, 2002 헌바 59,『헌재판례집』제15권 1집, 419면 이하. 「이 사건 법률규정은 단지 공공기관이 보유·관리하는 정보에 대한 '정보공개의 원칙'을 선언한 규정으로서 공공기관이 고의 또는 과실로 문서를 보유·관리하고 있지 않게 된 경우 당해 공공기관이 정보비공개를 정당화하는 법적 근거가 되는 것이 아니며 별도로 공공기관의 기록물관리에 관한 법률에 의하여 문서의 보관·관리에 관한 법적 책임을 규율하고 있는 현행법 체계상 그와 같이 해석될 필요도 없다. 그렇다면 이 사건 법률조항은 이러한 측면에서 국민의 알 권리를 침해하는 하등의 내용을 가진 것이라고 할 수 없고 오히려 공공기관이 보유·관리하고 있는 모든 정보의 공개원칙을 선언함으로써 국민의 알 권리를 보장하고 그 행사를 조장하는 기능을 하고 있을 뿐이다. 다만, 알 권리 등 기본권을 보장하는 법률조항이라 고 하더라도 불충분하거나 기본권보장의 방법이 평등의 원칙에 반한다면 헌법에 위배될 수도 있다고 할 것이나, 공공기관이 보유·관리하고 있지 않은 정보를 공개하도록 하는 것은 불능의 조치를 강제하는 무의미한 것으로 그러한 내용을 포함하고 있지 않다고 하여 불충분하거나 불평등한 입법이라고 할 수도 없다.
따라서 이 사건 법률조항은 헌법에 의하여 보장되는 국민의 알 권리를 침해하지 아니한다」.

608) 공공기관의 정보공개에 관한 법률 제9조 제1항 제1호에서 '법률이 위임한 명령'에 의하여 비밀 또는 비공개 사항으로 규정된 정보는 공개하지 않을 수 있다고 할 때의 '법률이 위임한 명령'은 정보의 공개에 관하여 법률의 구체적인 위임 아래 제정된 법규명령(위임명령)을 의미한다(대판 2006. 10. 26 선고, 2006 두 11910 [정보비공개결정취소]).

의하여 비밀 또는 비공개사항으로 규정된 정보, ② 국가안전보장 · 국방 · 통일 · 외교관
계 등에 관한 사항으로서 공개될 경우, 국가의 중대한 이익을 현저히 해할 우려가 있다고
인정되는 정보, ③ 공개될 경우 국민의 생명 · 신체 및 재산의 보호에 현저한 지장을
초래할 우려가 있다고 인정되는 정보, ④ 진행 중인 재판에 관련된 정보와 범죄의 예방 · 수
사, 공소의 제기 및 유지, 형의 집행 · 교정 · 보안처분에 관한 사항으로서 공개될 경우
그 직무수행을 현저히 곤란하게 하거나 형사피고인의 공정한 재판을 받을 권리를 침해한
다고 인정할 만한 상당한 이유가 있는 정보 등이다. 형사소송개정법률은 재판확정기록의
열람등사를 규정하면서 비공개의 예외를 인정하고 있다(형소법 제59조의 2)(서류, 증거물의
열람 · 등사에 관해서는 형소법 제35조).

6) 침해와 구제

ⅰ) 이론
알 권리나 정보공개청구권이 불법적으로 침해되는 경우에는, 국민은 국가에 대하여
침해배제청구권을 가지며 법원과 헌법재판소에 구제를 청구할 수 있는 권리를 가진다.

ⅱ) 판례
a) 대법원판례   대법원은 「국민의 정보공개청구권은 법률상 보호되는 구체적인
권리이므로, 공공기관에 대하여 정보의 공개를 청구하였다가 공개거부처분을 받은 청구
인은 행정소송을 통하여 그 공개거부처분의 취소를 구할 법률상의 이익이 있다. 구
공공기관의 정보공개에 관한 법률 제7조 제1항 제6호 단서 (다)목 소정의 '공개하는
것이 공익을 위하여 필요하다고 인정되는 정보'에 해당하는지 여부는 비공개에 의하여
보호되는 개인의 사생활 보호 등의 이익과 공개에 의하여 보호되는 국정운영의 투명성
확보 등의 공익을 비교 · 교량하여 구체적 사안에 따라 신중히 판단하여야 한다」고 한
다.609)

신법은 제9조에서 비공개대상정보를 규정하고 있다(법 제9조 1항). 이에 해당하는
정보가 시간경과 등으로 인하여 비공개의 필요성이 없어진 경우에는 이를 공개대상으로
하여야 한다(법 제9조 2항). 검찰보존사무규칙의 모든 규정이 법규적 효력을 가지는 것은
아니다.610) 검찰보존사무규칙 제22조는 법률상의 근거가 없어 행정규칙에 불과하다.

---

609) 대판 2003. 3. 11 선고, 2001 두 6425 (행정정보비공개결정 처분취소).
610) [1] 공공기관의 정보공개에 관한 법률상 공개청구의 대상이 되는 정보란 공공기관이 직무상 작성
   또는 취득하여 현재 보유 · 관리하고 있는 문서에 한정되는 것이기는 하나, 그 문서가 반드시 원본일
   필요는 없다.
   [2] 검찰보존사무규칙이 검찰청법 제11조에 기하여 제정된 법무부령이기는 하지만, 그 사실만으로
   같은 규칙내의 모든 규정이 법규적 효력을 가지는 것은 아니다. 기록의 열람 · 등사의 제한을 정하고
   있는 같은 규칙 제22조는 법률상의 위임근거가 없어 행정기관 내부의 사무처리준칙으로서 행정규칙에
   불과하므로, 위 규칙상의 열람 · 등사의 제한을 공공기관의 정보공개에 관한 법률 제9조 제1항 제1호의

b) 헌재 판례   행정심판위원회에서 위원이 발언한 내용 기타 공개할 경우 위원회의
심의·의결의 공정성을 해할 우려가 있는 사항으로서 대통령령이 정하는 사항은 이를
공개하지 아니한다고 규정하고 있는 행정심판법 제26조의 2는 정보공개청구권의 본질적
내용을 침해하는 것이 아니다.611)

③ 인격유지권
인격유지권으로 독일의 이론과 판례는 인간으로서의 존엄권, 인격권과 명예권을 존중
하고 있다.612)

1) 명예권
명예권은 인간의 존엄권=인격권의 한 내용이다. 명예권은 정치인과 같은 사람에게도
인정되기는 하나, 정적에 대한 공격은 공익을 위하여 사실을 적시한 경우에는 가능하다.
또한 학문적 명성에 대한 존중권도 요청된다. 만약에 국제법과 교회법교수를 인삼 뿌리가
성적 강장제로서 약효를 가진다고 하는 학문적 권위자로 광고에서 인용한 경우에는,
학문적 권위와 명성에 대한 침해를 가져오게 되어 기본법 제1조 1항 위반으로 보는
것이 독일 판례이다.613)614)
일본에서는 인격권은 개인의 명예의 보호에 관한 권리로 보고 있으며 인간의 품성,
덕행, 명성, 신용 등의 인격적 가치에 대한 사회에서 받는 객관적 평가인 명예를 헌법상에서
보호하고 있으며, 민법이나 형법에 의한 보호는 이의 구현이라고 보아야 한다고 한다.615)
명예권의 보호는 표현의 자유에서도 보장되고 있다. 한국 헌재도 헌법 제10조에서 명예권
이 보장되고 있다고 한다.616) 명예개념의 확장에 대해서는 부정적이다.617)

'다른 법률 또는 법률에 의한 명령에 의하여 비공개사항으로 규정된 경우'에 해당한다고 볼 수 없다(대판
2006. 5. 25 선고, 2006 두 3049[사건기록등사불허가처분취소]).
611) 헌재 2004. 8. 26 선고, 2003 헌바 81·89(병합), 『헌재판례집』 제16권 2집(상), 284면 이하.
612) BVerfGE 54, 208/217 (Eppler). 명예권: BVerfGE 35, 202 (220) (Lebach). 이 판결에서 연방헌법재판
소는 「이 일반적 인격권은 '무명'의 자유권으로서 양심의 자유나 의사표현의 자유와 같은 인격의 구성요소
를 보호하는 개별적(이름있는) 자유권을 보완한다. 일반적 인격권의 임무는 전통적인 구체적 자유보장에
의하여서는 완전히 파악되지 않는, 보다 좁은 인격적 생활영역 및 그 기본적 제조건의 유지를 최고의
헌법원칙인 '인간의 존엄'의 의미에 있어서 보장하는 데 있다. 이것은 특히 현대의 발전 및 그와 결부된
인간인격의 보호에 대한 새로운 위험이라고 하는 관점에서도 필요로 한다」고 하고 있다(BVerfGE
54, 148 (153)).
1991. 10. 9.의 Bayern 주주사건에서의 명예훼손판결에서 표현의 자유와 명예권의 상관성이 다루어졌
고(BVerfGE 85, 1), 1995년 10월 10일의 「병사는 살인자」라는 사건에서는 집단의 명예에 대해서
판시하고 있다(BVerfGE 93, 266). 또 1987년 6월 3일 결정에서는 Strauss 풍자화 사건에서 인간의
존엄문제와 예술의 자유가 논의되었다(BVerfGE 75, 369).
613) 35. 363 ff. Ginseng Wurzel.
614) 명예권에 대한 독일 문헌과 판례는 많다. 예를 들면 BVerfGE 54, 208/217; 93, 266/290; 97, 125/147;
BVerfGE 82, 76/78; Kübler, Ehrenschutz, Selbstbestimmung und Demokratie, NJW 1999, 1281.
615) 일본에 있어서의 판례와 문헌은 最大裁 昭 61(1986). 6. 11, 『民集』 40권 4호, 872면 (北方 ジャーナル事
件); 佐藤幸治 집필, 전게서, 2003, 22면 이하; 三島宗彦, 『人格權の保護』, 1965; 齊藤博, 『人格權法の研
究』, 1979 참조.

2) 초상권

모든 국민은 초상권을 가지는데,618) 당사자의 동의 없이 신문 · 잡지 · 선전 팸플릿 · 영화 · TV 등이 초상 사진을 게재하는 것은 일반적 인격권의 침해가 된다.619) 그러나 정당한 이유가 있는 경우에는 초상도 공개할 수 있다.620) 우리 대법원도 초상권을 인정하고 있다.621)

그리고 현대사의 역사적 인물의 초상을 대중의 알 권리를 충족시키기 위하여 공표하는 것은 허용된다.

3) 음성권

자기 말(Wort)에 대해서도 보장된다.622) 자기 음성의 무단 녹음도 금지된다.623)

4) 성명권

모든 국민은 성명권을 가지는데, 타인에 의하여 개인의 성명권이 남용된 경우에는 성명권의 침해로서, 이는 일반적 인격권의 침해가 된다.624)625) 독일의 경우 결혼함으로

---

616) 헌재 2005. 10. 27 선고, 2002 헌마 425, 『헌재판례집』 제17권 2집, 311면 이하; 대법원 2005. 1. 17 선고, 2003 마 1477 결정, 공 2005. 3. 15(222호), 391면.
617) 헌재 2007. 10. 27 선고, 2002 헌바 425, 『헌재판례집』 제17권 2집, 311면.
618) 한국 판례: 초상권에는 사생활의 비밀과 자유를 침해하는 행위를 둘러싸고 서로 다른 두 방향의 이익이 충돌하는 경우에는 구체적 사안에서의 사정을 종합적으로 고려한 이익형량을 통하여 침해행위의 최종적인 위법성이 가려지는바, 이러한 이익형량 과정에서, 첫째 침해행위의 영역에 속하는 고려 요소로는 침해행위로 달성하려는 이익의 내용 및 그 중대성, 침해행위의 필요성과 효과성, 침해행위의 보충성과 긴급성, 침해방법의 상당성 등이 있고, 둘째 피해의식의 영역에 속하는 고려 요소로는 피해 법익의 내용과 중대성 및 침해행위로 인하여 피해자가 입은 피해의 정도, 피해 이익의 보호가치 등이 있다(대판 2006. 10. 13 선고, 2004 다 16280[위자료]).
619) 일본 판례: 「헌법 제13조 … 는 국민의 사생활의 자유가 경찰권의 국가권력의 행사에 대해서도 보호되어야 할 것을 규정하고 있는 것이라고 말할 수 있다. 그리하여 개인의 사생활상의 자유의 하나로서 누구든지 그 승낙 없이 함부로 그 용모 · 자태를 촬영당하지 않을 자유를 가지는 것이라고 하여야 할 것이다. 이를 초상권이라고 할 것인가 어떤가는 별론으로 하고, 적어도 경찰관이 정당한 이유 없이 개인의 용모 등을 촬영하는 것은 헌법 제13조의 취지에 반하고 허용되지 않는 것이라고 하겠다」(最高裁(大)判 昭 44. 12. 24).
독일 판례: BVerfGE 34, 238/ 245 f.; 54, 148/154.
620) 대판 1997. 9. 30, 97 도 1230, 『공보』 1997 하, 3356.
621) 대판 2006. 10. 13 선고, 2004 다 16280 판결, 『공보』 2006. 11. 15(262호), 1897면.
622) BVerfGE 109, 259/270 ff.; BVerfGE 34, 238/256; 54, 208/217.
623) BVerfGE 106, 28/39 ff.
624) 일본 판례: 「氏名은 인간이 개인으로서 존중되어지는 기초이며, 그 개인의 인격의 상징이어서 인격권의 일 내용을 구성하는 것이므로, 사람의 씨명의 정확한 호칭에 대하여 불법행위상의 보호를 받을 수 있다」(最高裁判 昭 63. 2. 16, 『判時』 12660-9).
625) 한국 판례: ① 국가가 범죄사실과 같이 개인에 대한 사회적 평가에 중대한 영향을 미치는 정보자료를 함부로 일반에 공개할 경우 그 개인의 긍정적인 면을 포함한 총체적인 인격이 묘사되는 것이 아니라 단지 부정적인 측면만이 세상에 크게 부각됨으로써 장차 그가 사회와 접촉 · 교류하며, 자신의 인격을 자유롭게 발현하는 것을 심하게 저해할 수 있다. 그러므로 사회활동을 통한 개인의 자유로운 인격발현을 위해서는, 타인의 눈에 비치는 자신의 모습을 형성하는데 있어 결정적인 인자가 될 수 있는 각종 정보자료

써 얻은 성을 재혼한 뒤의 성으로 사용하는 것은 금지된다.626)

이 밖에도 5) 공표권, 6) 저작권 등이 있다.627)

7) Privacy권

사생활의 비밀에 관한 권리도 인격권에 포함된다. 오늘날의 정보화사회에 있어서는 Privacy의 침해가 많이 행해지고 있다. Internet 등에 의한 Privacy 침해도 규제되어야 한다.628) 그러나 사생활의 비밀은 민·형사상의 권리의 침해로 다루어진다.

우리 헌법은 헌법 제17조에서 사생활의 비밀과 자유에 관하여 상세히 규정하고 있기 때문에, 보충성의 원칙에 따라 제10조의 인간의 존엄과 가치·행복추구권에서 도출할 필요는 없다.

8) 인격권과 표현의 자유

일반적 인격권은 표현의 자유에 의하여 제한된다. 또 표현의 자유는 일반적 인격권을 침해해서는 안 된다. 언론중재및피해구제등에관한법률은 「언론은 생명·자유·신체·건강·명예 및 사생활의 비밀과 자유·초상·성명·음성·대화·저작물 및 사적 문서 그 밖의 인격적 가치 등에 관한 권리를 침해하여서는 아니 된다」(법 제5조 1항)고 규정하고 있다.629) 언론에 의한 명예권 등의 침해에 있어서는 이익형량이 행해져야 한다.630)

에 관하여 스스로 결정할 수 있는 권리, 다시 말하여 사회적 인격상에 관한 자기결정권이 보장되어야 하고, 국가는 이를 최대한 보장할 책무가 있다(헌재 2003. 6. 26 선고, 2002 헌가 14,『헌재판례집』제15권 1집, 650면).

② 자녀의 성을 강제로 부의 성을 따르게 한 민법규정은 헌법불합치결정되었다.

「이와 같이 이 사건 법률조항이 부성주의를 규정한 것 자체는 헌법에 위반된다고 할 수 없으나 가족관계의 변동 등으로 구체적인 상황 하에서는 부성의 사용을 강요하는 것이 개인의 가족생활에 대한 심각한 불이익을 초래하는 것으로 인정될 수 있는 경우에도 부성주의에 대한 예외를 규정하지 않고 있다는 것은 인격권을 침해하고 개인의 존엄과 양성의 평등에 반하는 것이어서 헌법 제10조, 제36조 제1항에 위반된다고 할 것이다」(헌재 2005. 12. 22 선고, 2003 헌가 5·6(병합),『헌재공보』제111호, 35면 이하).

③ 개명허가여부, 대법원 2005. 11. 16 선고, 2005 스 26 결정,『공보』2006 1. 1(241), 35면 이하.

④ 두음법칙의 적용, 헌재 2007. 10. 25 선고, 2003 헌마 95,『헌재공보』제133호, 53면 이하.

626) BVerfGE 109, 259/270 ff.

627) 상세한 것은 五十嵐清,『人格權概說』, 2003 등 참조.

628) 김일환, 한국헌법상 일반적 인격권 존재 여부에 관한 비판적 고찰,『공법연구』28권 4호, 2000, 113면 이하; 한수웅, 헌법상의 인격권 - 특히 헌법 제10조의 행복추구권, 일반적 인격권 및 헌법 제17조의 사생활의 보호에 관하여,『헌법논총』13, 2002, 623-678면; 동,『기본권의 새로운 이해』, 2020, 229-264면 등 참조.

629) 입법자는 인격권을 보호하고 있는 헌법 제10조, 언론의 사회적 책임을 규정한 헌법 제21조 제4항, 기본권의 일반적 법률유보조항인 헌법 제37조 제2항에 근거하여 타인의 명예나 권리 등을 보호하기 위하여 언론의 자유를 제한하는 입법을 할 수 있다. 형법 제307조 이하의 명예훼손에 관한 규정들과 민법 제750조 이하의 불법행위 규정들, 그리고 언론중재법상의 정정보도청구권과 관련하여 언론자유와 언론피해구제의 적절한 조화를 위하여, 행위의 불법성에 초점을 맞추지 않고 진실에 반하는 보도로 인한 객관적 피해상태의 교정에 중점을 두는 정정보도청구권을 입법화하였다. 이에 의하면 허위 여부를 객관적으로 검증할 수 있는 "사실적 주장에 관한 언론보도"가 진실하지 않는 한, 피해자는 언론주체의 주관적 귀책사유의 존부는 묻지 않고 그 보도내용에 관한 정정보도를 청구할 수 있다(헌재 2006.

9) 인격권의 제한

ⅰ) 이론

명예권에 대한 침해는 그것이 진실인 사실로서 오로지 공익을 위한 때에는 처벌되지 않고 있다(형법 제310조).

구체적인 사례를 보면 범인을 공개수사하기 위하여 범인의 성명을 지적하고, 그 사진과 신상에 관한 명세, 범행의 동기와 범행추적 등을 방영하는 것은 허용된다고 본다. 그러나 범인이 처벌된 뒤 범죄의 유형으로서 계속 방영한다든가 하는 경우에는 범인의 사회복귀를 어렵게 하는 것이기 때문에 인격권에 대한 침해가 있다고 본다. 언론중재법 제5조 제2항 및 제5항은 언론의 인격권 침해에 대한 위법성조각사유를 설정하고 있다.631) 또 행정의 간소화와 신속화를 위하여 행정관청이 data bank를 만들어 개인의 인격과 관련된 사항 등을 수집하는 경우에는, 그것이 통제되고 설립목적에 적합하여 그 남용이 예방되고, 제3자가 이를 이용하지 않도록 예방되어 있는 경우에만, 인간의 존엄을 침해하지 않는다고 본다.

ⅱ) 판례

a) 독일 판례   독일 연방헌법재판소는 인간의 존엄권이 구체적 사례에 따른 법익형량을 통해 ⅰ) 일반적이거나 구체적인 사례의 형태에 따라 그것보다는 공익이 우선적으로 추구되어야 할 것인가, ⅱ) 또 사적 영역에 대한 고의적 침해가 그 유형에 비추어 그리고 그 정도에 따라 공익상 요구되는 것인가, ⅲ) 사건의 중대성과 적절한 비례를 유지하고 있는 것인가가 검토되어야 한다고 보고 있다.632)

---

6. 29 선고, 2005 헌마 165 · 314 · 555 · 807, 2006 헌가 3 (병합),『헌재판례집』제18권 1집(하), 402면).

630) 선거방송의 공정성과 방송국에 대한 권고처분, 헌재 2007. 11. 29 선고, 2004 헌마 290,『헌재공보』제134호, 335면 이하.

631)「언론에 의한 인격권의 침해가 사회상규에 반하지 아니하는 한도 안에서 피해자의 동의에 의하여 이루어지거나, 공적인 관심사에 대하여 중대한 공익상의 필요에 의하여 부득이하게 이루어진 때에는 위법성이 조각된다고 규정하고 있다. 청구인들은 이러한 규정이 지나치게 인격권 보호에 치중하여 언론의 자유를 침해한다고 주장한다. 그러나 언론보도로 인한 인격권의 침해가 문제되어 언론자유와 인격권이 상충하는 구체적 사건이 제기되었을 때 어느 쪽이 보호되고 어느 쪽이 희생되는지는 법관에 의한 구체적 사실인정 및 법률에 대한 해석 · 적용을 통하여 비로소 현실화되므로, 이들 조항은 기본권 침해의 직접성이 인정되지 않는다」(헌재 2006. 6. 29 선고, 2005 헌마 165 · 314 · 555 · 807, 2005 헌가 3 (병합),『헌재판례집』제18권 1집(하), 378면).

632) 독일 판례:「트랜지스터라디오는 일반적으로 널리 이용되는 정보원이며, 누구도 기본법 제5조 1항에 의해 방해받지 않고 그로부터 정보를 얻을 수 있다. 이 기본권은 미결구금자에 대하여 특별권력관계를 이유로 박탈할 수는 없다」(1963. 2. 19, BVerfGE 15, 288). 또 Lebach 사건의 판결에서「인격의 자유로운 발전 및 존중을 구하는 권리는 헌법의 최고의 가치인 인간의 존엄과 관계하고, 고차의 지위를 차지하는 권리이다. 그러므로 공익상 필요하다고 생각되는 침해에 관하여, 형량을 통하여, 공익이 일반적 또는 개별적 사례에서 보다 우월한가 어떤가, 침해의 성질 및 범위가 사안의 중요성에 대하여 적절한

b) 한국 판례   한편 헌법재판소는 민법 제764조의 명예회복방법으로서 사죄광고를 강제하는 것은 인격권침해라고 보았으나,[633] 형법 제241조의 간통죄의 규정은 선량한 성도덕과 일부일처주의의 혼인제도를 유지하며, 부부 쌍방의 성적 성실의무를 확보하고, 가족생활의 보장과 기타 사회적 해악을 사전 예방하기 위한 것으로서 헌법 제10조의 인간의 존엄과 가치ㆍ행복추구권에 위반되지 않는다고 하였다[634]가 2015년에는 성적 자기결정권을 침해한다고 하여 무죄라고 하였다. 또 부 또는 모가 사망한 때에는 그 사실을 안 날로부터 1년 이내에만 인지청구할 수 있다는 민법 제864조는 합리적이라고 하였다.[635] 혼인빙자간음행위를 처벌하는 형법 제304조는 합헌이라고 판시하였다.[636] 「운전 중 좌석안전띠의 착용을 강제하는 것은 인간으로서의 인격적 주체성을 박탈한다거나 인간의 존엄성을 짓밟는 것이라고 할 수 없다」고 하여 합헌이라고 보고 있다.[637] 또 길을 차단하고 모든 운전자를 상대로 음주단속을 하는 것도 합헌이라고 하였다.[638] 헌법재판소는 음주측정행위는 인간의 존엄과 가치를 침해하는 것은 아니라고 하였다.[639]

④ 인격표현권

인격의 표현권은 언론ㆍ출판ㆍ집회ㆍ결사의 자유 등에서 보장되고 있으므로 헌법 제21조와 신앙ㆍ사상ㆍ학문ㆍ예술 등의 표현권을 행사하면 족하므로 구태여 인간의 존엄과 가치ㆍ행복추구권에서 도출할 필요가 없다. 헌재는 투표용지에 전부 거부하는 제도를 두지 않았다고 하여 행복추구권의 침해는 아니라고 한다.[640]

관계에 있는가 어떤가를 구체적 사례 중에서 탐구하지 않으면 안 된다」라고 하고 있다(BVerfGE 35, 202).

633) 헌재 1991. 4. 1 선고, 89 헌마 160, 『헌재판례집』 제3권, 149면 이하.

634) 헌재 1990. 9. 10 선고, 89 헌마 82, 『헌재판례집』 제2권, 306면 이하. 「간통죄의 위헌성이 문제되는 것은 간통죄의 처벌이 헌재가 스스로 인정하는 바의 성적 자기결정권을 침해하는 것이 아닌가 하는 데 있다. 헌재의 결정에 따르면 인간의 존엄과 가치와 행복추구권에 공통적으로 전제되는 것으로 개인의 자기운명결정권이 있고, 이 자기운명결정권에 성행위의 여부 및 그 상대방을 결정할 수 있는 성적 자기결정권이 포함되어 있다고 한다. 이러한 논리전개 뒤에 그러나 간통죄의 처벌은 성적 자기결정권에 대한 필요 및 최소한의 제한으로서 자유와 권리의 본질적 내용을 침해하는 것이 아니라고 본 것이다」. 동지: 헌재 1993. 3. 11 선고, 90 헌가 70, 『헌재판례집』 제5권 1집, 18면 이하.

635) 헌재 2001. 5. 31 선고, 98 헌바 9, 『헌재판례집』 제13권 1집, 1140면 이하. 그 뒤 헌법재판소는 판례를 번복하여 간통죄는 위헌이라고 정정(판시)했다(2015. 2. 26. 2009 헌바 17).

636) 헌재 2002. 10. 31 선고, 99 헌바 40, 2002 헌마 50 (병합), 『헌재판례집』 제14권 2집, 390면 이하.

637) 헌재 2003. 10. 30 선고, 2002 헌마 518, 『헌재판례집』 제15권 2집(하), 185면 이하 (199-206면).

638) 헌재 2004. 1. 29 선고, 2002 헌마 293, 무작위음주운전단속, 『헌재판례집』 제16권 1집, 146면 이하.

639) 「음주측정은 호흡측정기에 숨을 한 두 번 세게 불어 넣기만 하면 되는 것이므로 육체적 부담의 측면에서는 인간의 존엄성을 말할 정도에 이르지 못한다고 할 것이고, 다만 음주측정에 응하여야 할 것인지, 거부하여야 할 것인지를 결정해야 할 고민의 순간을 맞이할 수 있다는 점에서 심리적ㆍ정신적 부담의 측면에서만 인간의 존엄성을 침해하는 것이 아닌지 문제 삼을 수 있을 것이다. 그러나 음주운전으로 야기될 생명ㆍ신체ㆍ재산에 대한 위험과 손해의 방지라는 절실한 공익목적을 위하여, 더욱이 주취운전의 상당한 개연성 있는 사람에게 부과되는 제약이라는 점을 생각하면, 그 정도의 부담을 두고 인간으로서의 인격적 주체성을 박탈한다거나 인간의 존귀성을 짓밟는 것이라고는 할 수 없을 것이다」(헌재 1997. 3. 27 선고, 96 헌가 11, 『헌재판례집』 제9권 1집, 264면 이하).

640) 헌재 2007. 8. 30 선고, 2005 헌마 975, 『헌재공보』 제128호, 997면 이하.

4) 최협의의 행복추구권

(1) 의의

① 학설   행복추구권에 관해서 명문으로 규정하고 있는 것은 일본 헌법이다. 일본에서는 생명 · 자유 · 행복추구권을 포괄하여 행복추구권이라고 하고, 생명권과 자유권을 제외한 행복추구권에 대해서는 별로 논의하지 않고 있다. 다만, 가마타(釜田泰介)는 이를 생존에 대한 경제적 기반에 관한 권리(생존권)로 파악하고 있다.[641]

우리나라에서도 행복추구권을 포괄적 기본권이라 하여 넓게 해석하고 있으나, 앞서 말한 생명권, 인격권, 자기결정권을 제외한 최협의에 있어서의 행복추구권에 관해서는 많이 논의되지 않고 있다. 이러한 최협의의 행복추구권은 행복한 생활을 추구하는 권리라고 할 수 있다.[642] 그러나 보충성의 원리에 따라 생존권은 제외하고 있다.

② 판례   일본 판례에는 도박장개장[643]이나 자기소비목적의 술양조[644] 등은 행복추구권에 포함되지 않는다고 하였다.

우리나라 헌법재판소는「헌법 제10조에 의거한 행복추구권은 헌법에 열거된 기본권으로서 행복추구의 수단이 될 수 있는 개별적 기본권들을 제외한 헌법에 열거되지 아니한 권리들에 대한 포괄적인 기본권의 성격을 가지며, '일반적 행동자유권', '개성의 자유로운 발현권', '자기결정권', '계약의 자유' 등이 그 보호영역 내에 포함된다」고 한다.[645] 다만,「행복추구권은 국민이 행복을 추구하기 위하여 필요한 급부를 국가에서 적극적으로 요구할 수 있는 것을 내용으로 하는 것이 아니고, 국민이 행복을 추구하기 위한 활동을 국가권력의 간섭 없이 자유롭게 할 수 있다는 포괄적인 의미의 자유권으로서의 성격을 가진다」고 한다.[646]

(2) 내용

① 일반적 행동자유권   외국의 헌법에는 자유권에 관한 일반조항이 있고 개별적 자유권을 보장하고 있다. 미국 헌법도 생명, 자유, 재산권을 보장하고 있다(수정헌법

---

641) 釜田泰介(執筆), 個人の尊嚴と幸福追求權; 佐藤幸治編,『憲法 Ⅱ』, 1988, 101-104면.
642) 행복추구권에 관한 문헌은 많다. 예컨대 김선택, 행복추구권,『헌법논총』제9집; 김명식, 행복추구권에 관한 연구, 성균관대 박사학위논문, 2001. 2; 김명식, 일반적 자유권으로서의 행복추구권,『성균관법학』제14권 2집, 2002, 9, 161면 이하; 동인, 동제목,『헌법학연구』7권 1집, 53-88면.
   中村睦男, 日本國憲法에 있어서의 새로운 人權과 幸福追求權,『세계헌법연구』4 (1999), 33-145; Lim Jibong, Pursuit of happiness clause in the Korean Constitution, Journal of Korean Law, BKLaw 21, 1, 2, 2001, 71-104.
643) 最大判 昭 25. 11. 22,『刑集』4-61-4 2380(賭博場開場圖利事件)
644) 最大判 平元, 12. 14,『刑集』43-13-481(自己消費目的의 酒類製造事件)
645) 헌재 2003. 6. 26 선고, 2002 헌마 677,『헌재판례집』제15권 1집, 836면.
646) 헌재 2004. 4. 29 선고, 2003 헌바 64,『헌재판례집』제16권 1집, 520면 이하 (527면); 헌재 2006. 7. 21 선고, 2004 헌바 20,『헌재판례집』제18권 2집, 417-554면.

제5조, 제14조). 독일 기본법은 제2조에서 인격의 자유로운 발현권을 규정하고 있으므로 일반적 자유권을 도출해 내고 있다.

일반적 행동자유권은 일반적 자유권으로 인정되고 있다.647) 그러나 이 권리의 보충성 때문에 개별적 자유권이 규정되지 않는 경우에만 적용된다.648)

그런데 우리 헌법에는 일반적 자유에 관한 규정이 없기 때문에 일반적 행동자유권이 보장되는지, 보장된다면 헌법 제 몇 조의 규정에서 인정될 것인지 학설의 대립이 있다. 헌법 제10조에서 일반적 행동자유권을 도출하는 견해(문홍주)와 헌법 제37조 1항에서 도출하는 견해(박일경, 권영성)와 양 조항에서 나온다는 견해(계희열)가 대립되어 있다.649)

일반적 행동자유권은 인격의 자유로운 발현권과 더불어 헌법 제10조의 행복추구권 속에 함축되어 있다고 보고,650) 이 일반적 행동자유권에는 적극적으로 자유롭게 행동을 하는 것은 물론 소극적으로 행동을 하지 않을 부작위의 자유도 포함되는 것으로 법률행위의 영역에 있어서 계약의 자유도 일반적 행동자유권으로부터 파생되는 것이라고 한다.651)

독일에서는 연방헌법재판소가 신체의 불가훼손을「건강」개념과 동시하여 정신적·사회적 건전성까지 포함하는 것으로 해석하고 있다. 따라서 항공기에 의한 소음은 신체의 불가훼손권을 침해하는 것이라고 보고 있다.652) 또 인간의 존엄과 가치는 형법의 보호법익이며 형사절차에서도 보호되어야 한다. 독일 연방헌법재판소는 여기에서 자기부죄진술거부권을 도출하고 있다.653) 독일 헌재는 인간의 최저한의 생활을 침해하는 납세규정은 위헌이라고 했다.654)

일반적 행동자유권과 신체의 불훼손권에 관해서는 우리 헌법에 명문규정을 두지 않고 있다. 따라서 협의의 행복추구권은 헌법이 규정하고 있지 않은 일반적 행동자유, 즉 하고 싶은 일은 하고, 하기 싫은 일은 안하며, 먹고 싶을 때 먹고, 놀고 싶을 때 놀고, 자기 멋에 살며, 자기 멋대로 옷을 입고, 몸을 단장하는 자유 등을 포함하며, 자기의

647) BVerfGE 6, 32/37; 63, 45/60.
648) BVerfGE 6, 32/37; 63, 45/60, 67, 157/171; 83, 182/194; 89, 1/13.
649) 상세한 것은 김철수, 일반적 행동자유권에 관한 연구,『학술원논문집』(인문·사회편) 제38집, 1999.
650) 헌재 1995. 7. 21 선고, 93 헌가 14, 국가유공자예우등에관한법률 제9조 본문 위헌제청,『헌재판례집』제7권 2집, 1면 이하.
651) 헌재 1991. 6. 3 선고, 89 헌마 204, 화재로 인한 재해보상과 보험가입에 관한 법률 제5조 1항의 위헌여부에 관한 헌법소원결정,『헌재판례집』제3권, 268면 이하. 이 사건은 문제의 법률규정이 4층 이상의 건물에 대하여 획일적으로 화재보험에 가입하도록 강제하고 있는 것은 위헌이라고 선언한 것이다. 즉, 헌법재판소는 계약자유의 원칙에 대한 제약인 동시에 헌법상의 일반적 행동자유권 내지 경제활동의 자유의 제한이라고 보고, 이 제한은 기본권제한의 일반원칙에도 반하는 것이어서 결국 문제의 법률규정은 헌법 제10조·제11조·제15조·제23조·제34조 1항·제119조 1항에 위반된다고 선언하였다.
652) BVerfGE 56, 54 (1981).
653) BVerfGE 38, 105 (114 f.); 55, 144 (150); 56, 37 (43).
654) BVerfGE 110, 412/433 f.

설계에 따라 인생을 살아가고, 자기가 추구하는 행복 관념에 따라 생활하는 자유도
포함한다.655)

생존권을 포함하는가에 관해서는 학설이 대립되고 있다.656) 양건 교수는 「행복추구권
은 자율적인 개인이 인격적으로 생존함에 필요한 모든 기본권을 포괄하며, 사회권을
비롯한 급부청구권도 포함한다고 보아야 할 것이다」고 주장한다.657) 협의의 행복추구권
에는 행복한 생활을 영위하기 위한 생존권도 포함될 것이나 보충성의 원리에 따라 생존권
은 여기에 포함시키지 않아야 할 것이다.658)

헌재는 행복추구권에서 파생되는 일반적인 행동자유권에는 기부금품의 모집행위도
기본권으로 보장된다고 한다.659) 사적 자치의 원칙도 행복추구권에서 파생된다고 하였
다.660) 헌재는 계속하여 행복추구권 속에는 일반적 행동자유권이 포함되며, 이 일반적
행동자유권으로부터 계약의 자유가 파생된다고 하고 있다.661) 헌재는 생존권은 행복추구
권에서 도출하지 않고 있다.662) 그러나 학부모의 자녀에 대한 교육권은 일반적 행동자유
권에서 도출하고 있다.663)

근친이 아닌 동성동본자와도 혼인할 수 있다. 동성동본금혼 규정은 행복추구권 침해라
고 하였다.664) 의료행위도 행복추구권에 속한다.665) 또한 잔혹한 형벌을 받지 않을
권리, 쾌적한 환경 속에서 살 권리, 행복한 사회적 · 경제적 생활을 할 권리, 건강권
등도 행복추구권의 한 내용이다.666) 그러나 이러한 권리는 개별 헌법규정에서도 보호되
고 있다. 대법원은 구속된 피고인과의 접견권, 음식에 대한 선택권, 일시 오락의 정도에

---

655) 김명식, 행복추구권에 관한 연구, 성균관대 법학박사 학위논문, 2002.
656) 일부 학자는 행복추구권을 독일 기본법 제2조 1항의 인격의 자유발현권만으로 보려고 하고 있는데,
    이는 생존권 등을 포함하지 않으므로 옳다고 하기 힘들다.
657) 양건, 『헌법강의 Ⅰ』, 278면; 上田章 · 淺野一郎, 『憲法』, 1993, 426면.
658) 헌재 2003. 4. 24 선고, 2002 헌마 611, 『헌재판례집』 제15권 1집, 478면 등.
659) 헌재 1998. 5. 28 선고, 96 헌가 5, 기부금품모집금지법 제3조 등 위헌제청, 『헌재판례집』 제10권
    1집, 541면 이하.
660) 헌재 1998. 8. 27 선고, 96 헌가 22 등 병합, 민법 제1026조 제2호 위헌제청, 『헌재판례집』 제10권
    2집, 339면 이하. [주문], [심판대상], [결정요지]는 뒤에 제3장, Ⅵ. 재산권의 보장, 4, 2) (b) 참조.
    헌재 2003. 5. 15 선고, 2001 헌바 98, 『헌재판례집』 제15권 1집, 547면.
661) 헌재 2002. 1. 31 선고, 2000 헌바 35, 『헌재판례집』 제14권 1집, 22면 이하.
662) 헌재 1995. 7. 21 선고, 93 헌가 14, 『헌재판례집』 제7권 2집, 1면(32면); 헌재 2002. 12. 18 선고,
    2001 헌마 546, 『헌재판례집』 제14권 2집, 890면 이하 (902면); 헌재 2004. 4. 26 선고, 2003 헌바
    64, 『헌재판례집』 제16권 1집, 520면 이하 (527면). 「헌법 제10조의 행복추구권은 국민의 행복을
    추구하기 위하여 필요한 급부를 국가에게 적극적으로 요구할 수 있는 것을 내용으로 하는 것이 아니라,
    국민의 행복을 추구하기 위한 활동을 국가권력의 간섭없이 자유롭게 할 수 있다는 포괄적 의미의
    자유권으로서의 성격을 가진다」.
663) 헌재 2007. 3. 29 선고, 2005 헌마 1144, 『헌재공보』 제126호, 345-351면.
664) 헌재 1997. 7. 16 선고, 95 헌가 6 · 13(병합), 『헌재판례집』 제9권 2집, 1면 이하.
665) 헌재 2005. 5. 26 선고, 2003 헌바 86, 『헌재판례집』 제17권 1집, 630면 이하.
666) 일본 판례: 끽연의 자유는 …… 행복추구권에 포함된다고 하더라도 모든 時 · 所에 있어서 보장되어지지
    않으면 안 되는 것은 아니다. 따라서 미결구금에 의하여 구금되어 있는 자에 대하여 끽연을 금지하는
    규정은 헌법 제13조에 위반하는 것이라고 할 수 없는 것은 명백하다(最高裁(大)判 昭 45. 9. 16,
    『民集』 24-10-1410).

불과한 도박행위 등은 행복추구권에 속한다고 한다.667) 헌재는 결혼식 등에 온 하객들에게 음식물을 접대하는 행위는 인류의 오래된 보편적인 사회생활의 한 모습으로서 개인의 일반적인 행동의 자유 영역에 속하는 행위이고, 이는 헌법 제10조가 정하고 있는 행복추구권에 포함되는 일반적 행동자유권으로서 보호되어야 할 기본권이라고 하면서 경사 기간 중에 가정의례의 참뜻에 비추어 합리적인 범위 안에서 대통령령이 정하는 접대 외에 주류 및 음식물의 접대를 금지한 가정의례에 관한 법률(1993. 12. 27. 법률 제4637호로 전문 개정된 것) 제4조 제1항 제1호는 일반적 행동자유권을 침해하여 위헌이라고 결정하였다.668) 헌재는 학교보건법이 초·중등학생과 대학생의 자유로운 문화향유에 관한 권리 등 행복추구권을 침해했다고 한다.669)670) 대마흡수, 흡연도 일반적 행동자유권에 속하기는 하나 제한할 수 있다고 하였다.671)

② 신체의 불가훼손권

신체의 불가훼손권에 대해서는 독일 기본법에서 규정하고 있다. 신체에 대한 침해나

---

667) [행복추구권의 한 내용이라고 본 경우]
  ① 만나고 싶은 사람을 만날 권리(구속된 피고인 또는 피의자의 타인과의 접견권): 대판 1992. 5. 8 선고, 91 누 7552,『공보』1992, 1871; 대결 1992. 5. 8 선고, 91 부 8,『공보』1992, 2151.
  ② 자신이 먹고 싶은 음식이나 마시고 싶은 음료수를 자유롭게 선택할 권리: 대판 1994. 3. 8 선고, 92 누 1728,『공보』1994, 967.
  ③ 일시 오락의 정도에 불과한 도박행위: 대판 1983. 3. 22 선고, 82 도 2151,『공보』704, 771.
  ④ 계약자유의 원칙: 헌재 1991. 6. 3 선고, 89 헌마 204,『헌재판례집』제3권, 268면.
  ⑤ 동성동본자와 혼인을 할 권리(헌재 1997. 7. 16 선고, 95 헌가 6·13(병합),『헌재판례집』제9권 2집, 1면 이하).
  ⑥ 자기가 하고 싶은 일을 하지 아니할 자유(헌재 1997. 3. 27 선고, 96 헌가 11,『헌재판례집』제9권 1집, 245면 이하).
  ⑦ 기부금품을 모집할 자유(헌재 1998. 5. 28 선고, 96 헌가 5, 기부금품모집금지법 제3조 등 위헌제청,『헌재판례집』제10권 1집, 541면 이하).
  ⑧ 부동산을 양수한 자가 특별한 사정이 없는 이상 소유권이전등기를 할 것인지 여부를 스스로 결정할 자유(헌재 1998. 5. 28 선고, 96 헌바 83, 부동산등기특별조치법 제11조 위헌소원,『헌재판례집』제10권 1집, 624면 이하).
  ⑨ 흡연을 할 수 있는 권리, 그러나 혐연권이 우월하므로 흡연권을 제한할 수 있다(헌재 2004. 8. 26 선고, 2003 헌마 457,『헌재판례집』제16권 2집(상)」, 355면 이하).
  ⑩ 사립학교 운영의 자유:「설립자가 사립학교를 자유롭게 운영할 자유는 비록 헌법에 명문의 규정은 없으나 헌법 제10조에서 보장되는 행복추구권의 한 내용을 이루고 일반적인 행동의 자유권과 모든 국민의 능력에 따라 균등하게 교육을 받을 권리를 규정하고 있는 헌법 제31조 제1항 그리고 교육의 자주성·전문성·정치적 중립성 및 대학의 자율성을 규정하고 있는 헌법 제31조 제4항에 의하여 인정되는 기본권의 하나라 하겠다」(헌재 2001. 1. 18 선고, 99 헌바 63,『헌재판례집』제13권 1집, 60면, 68면 이하; 헌재 2006. 4. 27 선고, 2005 헌바 1119,『헌재판례집』제18권 1집(상)」, 643면).
  ⑪ 대마흡연 행위의 제한(헌재 2005. 11. 24 선고, 2005 헌바 46,『헌재판례집』제17권 2집, 451-465면).
  ⑫ 독립유공자에게 국공립학교 교원채용시 우선권을 주는 것(헌재 2006. 6. 29 선고, 2005 헌마 44,『헌재판례집』제18권 1집(하), 319면 이하).
668) 헌재 1998. 10. 15 선고, 98 헌마 168,『헌재판례집』제10권 2집, 586면 이하.
669) 헌재 2004. 5. 27 선고, 2003 헌가 1, 2004 헌가 4(병합),『헌재판례집』제16권 1집, 670면 이하 (695면).
670) 헌재 2005. 4. 28 선고, 2004 헌바 65,『헌재판례집』제17권 1집, 528면 이하.
671) 헌재 2005. 11. 24 선고, 2005 헌바 46,『헌재판례집』제17권 2집, 451-465면.

고통을 야기하거나 정신적 평온을 침해하는 것은 신체의 불가훼손권을 침해하는 것이기 때문에 금지된다. 강제불임시술, 체형, 예방주사 강제는 위헌이라고 한다.[672]

신체 불가훼손성의 권리는 심리적 테러·심령적 고문 등의 금지를 또한 의미한다. 신체건강에 대한 침해는 위헌이다.[673] 강제수혈, 강제음주측정도 위헌이라고 한다.[674]

우리 헌법에는 신체의 자유에 대해서 규정하고 있으나 이것은 신체의 활동의 자유를 말하는 것이지, 신체보전의 권리를 말하는 것은 아니다. 따라서 신체 자체에 대한 훼손을 금지하는 규정은 헌법 제10조의 행복추구권에서 도출하여야 한다.

이 권리의 내용은 ① 인간 생체실험의 금지, ② 신체 부분의 강제적 적출 등의 금지, ③ 건강하게 살 권리 등을 포괄한다.

그런데 우리 헌법은 건강에 관한 권리는 헌법에 명문으로 보건에 관한 권리로서 규정되어 있기 때문에 이 조항을 적용할 필요는 없다.

③ 평화적 생존권

평화적 생존권은 평화상태를 향유할 수 있는 권리를 말한다. 이 평화적 생존권은 비록 헌법에 명문의 규정은 없으나 이 권리는 헌법의 행복추구권 속에서 당연히 나오는 것으로서,[675] 제4조의 평화적 통일조항과 제5조의 침략전쟁부인 조항 등에서도 그 근거를 찾을 수 있을 것이다. 평화적 생존권은 구체적으로는 침략적 전쟁의 부인과 국제법규의 준수를 말하는데, 이러한 권리를 침해한다는 것은 전쟁에의 공포를 야기하고 침략전쟁을 기도하는 것이다.

5) 행복추구권의 제한

행복추구권은 구체적으로 많은 개별적 기본권으로 분화되고 있다. 일반적 행동자유권의 제한이나 신체의 불가훼손권, 평화적 생존권의 제한 등은 헌법 제37조 2항에 관련되어 제한할 수 있다.[676][677]

---

672) BVerfGE 9, 78/79.

673) BVerfGE 66, 39/57 ff.

674) BVerfGE 17, 108/115.

675) 헌재는 헌법 제10조와 제37조 1항에서 평화적 생존권을 도출하고 있다. 한국과 미군부대의 이전에 관한 조약 사건에서 헌재는 「오늘날 전쟁과 테러 혹은 무력행위로부터 자유로워야 하는 것은 인간의 존엄과 가치를 실현하고 행복을 추구하기 위한 기본전제가 되는 것이므로, 달리 이를 보호하는 명시적 기본권이 없다면 헌법 제10조와 제37조 제1항으로부터 평화적 생존권이라는 이름으로 이를 보호하는 것이 필요하다. 그 기본 내용은 침략전쟁에 강제되지 않고 평화적 생존을 할 수 있도록 국가에 요청할 수 있는 권리라고 볼 수 있을 것이다(헌재 2006. 2. 23 선고, 2005 헌마 268,『헌재판례집』제18권 1집(상), 298면 이하 (304면)).
헌재의 4인 의견은 「이라크 파병결정이 비군인인 청구인이 주장하는 바와 같은 행복추구권 등 헌법상 보장된 청구인 자신의 기본권을 현재 그리고 직접적으로 침해받는다고 할 수 없다」고 하였다(헌재 2004. 4. 29 선고, 2003 헌마 814,『헌재판례집』제16권 1집, 601면 이하 (608-609면)).

676) 헌재 1990. 9. 10 선고, 89 헌마 82,『헌재판례집』제2권, 306면 이하(310면); 헌재 1991. 6. 3 선고, 89 헌마 204,『헌재판례집』제3권, 268면 이하 (276면); 헌재 1996. 2. 29 선고, 94 헌마 13,『헌재판례집』제8권 1집, 126면 이하 (145면); 헌재 1995. 7. 21 선고, 94 헌마 136,『헌재판례집』

이러한 행복추구권도 헌법 제37조 2항의 법률유보조항에 의하여 비례성과 과잉금지의 원칙에 따라 제한될 수 있다고 하겠다.[678]

행복추구권의 한 내용으로서의 일반적 행동자유권에 대한 제한은 가능하다. 재산권과 결부되어 있는 퇴직연금수급권도 일반적 행동자유권 침해이기는 하나 제한할 수 있다.[679]

일반적 행동자유권에서 나오는 계약의 자유도 약자보호, 독점방지, 실질적 평등, 경제정의 등의 관점에 따라 법률로 제한할 수 있다.[680][681] 그 대표적인 것으로는 전투경찰관에 대한 시위진압명령, 의사에 반하는 음주측정 등이 있다. 헌법재판소는 동성동본자의 금혼, 기부금품의 모집허가, 경조사 기간 중의 접대행위의 금지, 학생의 영화관람 금지 등은 일반적 행동자유권침해로 위헌이라고 판시하였다. 개인은 성적 자기결정권이 있으나 혼인빙자간음은 처벌된다고 했다. 그러나 간통은 성적 자기결정권에 속한다고 했다. 독일 연방헌법재판소는 종신자유형이 인간의 존엄을 침해하는 것은 아니라고 했다.[682] 이러한 협의의 행복추구권의 제한은 법률에 의하더라도 그 본질적인 내용은 침해할

제7권 2집, 169면 이하 (188면).

677) 헌재 2005. 11. 24 선고, 2004 헌마 536,『헌재판례집』제17권 2집, 466-468면; 헌재 2006. 11. 30 선고, 2003 헌바 66,『헌재판례집』제18권 2집, 429-444면.

678)「일반적 행동의 자유는 개인의 인격발현과 밀접히 관련되어 있으므로 최대한 존중되어야 하는 것이지만, 헌법 제37조 제2항에 따라 국가안전보장, 질서유지 또는 공공복리를 위하여 법률로 제한될 수 있다(헌재 1990. 9. 10, 89 헌마 82,『판례집』2, 306, 310; 1991. 6. 3, 89 헌마 204,『판례집』3, 268, 276; 1996. 2. 29, 94 헌마 13,『판례집』8-1, 126, 145 등). 다만, 제한하는 경우에도 기본권제한입법의 한계를 준수하여야 할 것이다.
즉, 입법작용에 의하여 국민의 정당성이 인정되어야 하고(목적의 정당성), 그 목적의 달성을 위하여 그 방법이 효과적이고 적절하여야 하며(방법의 적절성), 입법권자가 선택한 기본권제한의 조치가 입법목적 달성을 위하여 설사 적절하다 할지라도 보다 완화된 형태나 방법을 모색함으로써 기본권의 제한은 필요한 최소한도에 그치도록 하여야 하고(피해의 최소성), 그 입법에 의하여 보호하려는 공익과 침해되는 사익을 비교 형량할 때 보호되는 공익이 더 커야 한다(법익의 균형성)는 과잉금지원칙 내지 비례원칙이 지켜져야 한다」(헌재 1992. 12. 24 선고, 92 헌가 8,『헌재판례집』제4권, 853면 이하 (878-879면) 참조).

679) 헌재 2005. 6. 30 선고, 2004 헌바 42,『헌재판례집』제17권 1집, 973면 이하 (985-986면).

680)「계약의 자유 등은 절대적인 것은 아니므로 약자 보호, 독점 방지, 실질적 평등, 경제정의 등의 관점에서 법률상 제한될 수 있다. 다만, 그 경우에도 제한에 있어 헌법 제37조 2항에 규정된 기본권제한 입법의 한계를 준수하여야 한다」(헌재 1999. 5. 27 선고, 97 헌바 66 등,『헌재판례집』제11권 1집, 589, 602-603면; 헌재 2002. 1. 31 선고, 2000 헌바 35,『헌재판례집』제14권 1집, 14, 22면 참조; 헌재 2006. 3. 30 선고, 2005 헌마 349,『헌재판례집』제18권 1집(상), 434면).

681) 헌법 제10조에 포함된 계약의 자유, 헌법 제23조가 보장하는 재산권은 절대적인 것이 아니라 헌법 제37조 제2항에 따라 공공복리 등을 위하여 제한될 수 있으며, 또한 헌법 제119조 제2항에 따라 국민경제의 성장 및 안정 등 경제에 관한 공익을 위하여 법률상 제한될 수 있다. 다만, 이와 같이 법률상 제한을 하더라도 헌법 제37조 제2항에 규정된 기본권 제한입법의 한계를 준수하여야 함은 물론이다(헌재 2006. 7. 27 선고, 2005 헌바 19,『헌재판례집』제18권 2집, 125면 이하).

682) BVerfGE 45, 187 (1977); 50, 5 (1979); 54, 100; 72, 105 (1986); 86, 288 (1992) 등 참조. 그 이유는 종신자유형 자체가 확실히 인격파괴를 행한다는 것이 입증되면 기본권으로서의 인간의 존엄이 침해되게 되어, 제도로서의 종신자유형 자체가 위헌이 될 가능성이 있지만 찬부양론에 과학적 주장이 있는 한 판정하기 어렵기 때문이라고 보고 있다.「입법자가 종신자유형을 가장 심각한 살해범죄에 대한 필요하고도 적절한 제재로 보고 있다고 하면, 그것은 有意義하며 또 절도 있는 형벌이라는 헌법상의 요청에 위반되지 않는다」.

수 없다.

제4절 인간의 존엄과 가치 · 행복추구권의 효력과 침해구제

1. 인간의 존엄과 가치 · 행복추구권의 효력

1) 효력일반론

(1) 외국의 이론

독일 기본법은 제1조 3항에서 기본권의 대국가적 효력에 있어 모든 국가권력을 직접적
으로 구속하는 법규범임을 명백히 하고 있다. 따라서 기본권은 입법권뿐만 아니라 통치
권 · 행정권 · 사법권까지도 구속하는 것이라고 하겠다.683)

일본 헌법은 제13조에서 「생명 · 자유 및 행복추구에 대한 국민의 권리에 대해서는
공공의 복지에 반하지 않는 한, 입법 기타의 국정상에서 최대의 존중을 필요로 한다」고
규정하고 있어 훈시규정인 것처럼 보이나 통설은 이것을 강행규정으로 보고 있다. 다만
공공의 복지에 의한 제한이 많이 행하여질 것을 우려하여 제한적으로 해석하고 있다.

(2) 한국의 이론

우리 헌법 제10조 후문은 「국가는 개인이 가지는 불가침의 기본적 인권을 확인하고
이를 보장할 의무를 진다」라고 함으로써, 국가는 인간의 존엄과 가치 · 행복추구권을
소극적으로 침해하지 않는 데 그치지 않고, 적극적으로 보장할 의무를 지게하고 있다.
이로써 우리나라는 국민의 기본권을 명목적으로 보장하는 외견적 입헌주의가 아니고
기본권을 명실공히 절대적으로 보장하여야 하는 진정한 입헌국가임을 알 수 있다.684)
이때 헌법 제10조 후문의 성격을 어떻게 볼 것이냐 하는 문제가 있는데, 이를 입법방침규정

---

683) 독일에서의 국가의 기본권보호의무에 관해서는 Isensee, Das Grundrecht als Abwehrrecht und
　　als staatliche Schutzpflicht, Handbuch des Staatsrechts, V. §111(방어권과 국가의 보호의무로서의
　　기본권, 김효전 옮김, 『독일 헌법학의 원천』, 산지니, 2018, 701-801면); 小山剛, 『基本權保障の法理』,
　　成文堂, 1998. 기본권보호의무와 관련해서는 국가가 최저한의 보호만 해서는 안 된다는 과소금지(Unter
　　maßverbot)원칙이 적용된다. 가능한 한 최대한의 보장이 요망된다.
　　국가의 기본권보호의무에 관한 Leading case는 제1차 낙태판결이었다(1975년 2월 25일 판결). 이
　　선례는 계속적으로 적용되어 왔으며, 제2차 낙태판결(BVerfGE 88, 203, 1993년 5월 28일 판결)에서도
　　태아의 생명보호가 강조되고 있다. 보호의 방법과 범위를 구체적으로 확정하는 것은 입법자의 임무이다.
　　그러나 입법자는 과소보호금지(Untermaßverbot)를 존중하지 않으면 안 된다. 이 과소보호금지 원칙에
　　대해서는 제2차 낙태판결이 상세히 설명하고 있다.
684) 기본권의 효력 일반에 관해서는 김철수, 『헌법학개론』 제19판, 397-413면 참조.

(Programm적 규정)으로 보는 견해와, 직접적 효력규정으로 파악하는 견해가 대립된다.

① 입법방침규정설   입법방침규정설은 헌법 제10조 후문의 규정은 단순한 Programm 적 규정으로서 국가권력은 기본권을 최대한으로 보장할 도의적·윤리적 책임을 질 뿐이지 법적으로 국가권력을 구속하는 것은 아니라고 한다.[685]

② 직접적 효력규정설   직접적 효력규정설은 헌법 제10조 후문은 국가의 목적이 국민의 기본권보장에 있음을 천명한 것이요, 헌법전문에서 말하고 있는 바와 같이, 국민의 안전·자유·행복과 평등을 영원히 확보하는 것이 헌법제정의 목적이기 때문에 기본권은 모든 국가권력을 직접적으로 구속한다고 한다.[686]

(3) 판례

독일의 판례는 이를 직접적 효력규정으로 보고 있다. 인간의 존엄권은 주관적 권리로서 직접적 효력을 가지며 사법적 구제가 가능하다는 것을 확인하고 있다.[687]

일본에서는 헌법 제13조의 규정이 직접적으로 적용되며 사법적 구제가 가능한 구체적 권리임을 인정하고 있다.[688]

국가의 기본권보호의무의 이행은 입법자의 입법을 통하여 비로소 구체화되는 것이고, 국가가 그 보호의무를 어떻게 어느 정도로 이행할 것인지는 원칙적으로 한 나라의 정치·경제·사회·문화적인 제반 여건과 재정 사정 등을 감안하여 입법정책적으로 판단하여야 하는 입법재량의 범위에 속하는 것이라고 한 판결이 있다.[689] 이에 반하여 이를 직접적 규정으로 보는 판결도 있다.[690]

(4) 사견

생각건대 헌법 제10조 후문은 단순한 방침규정이 아니고 직접적으로 국가권력을 구속하는 직접적 효력규정이라고 보아야 할 것이다.[691] 이것이 우리나라 헌법재판소와 대법원의 태도이기도 하다.[692]

인간의 존엄과 가치·행복추구권은 입법만을 구속하는 방침규정이 아니기 때문에 입법권에 의해서 침해된 경우뿐만 아니라 행정권에 의하여 침해된 경우에도 구제를

---

685) 방침규정으로 보는 견해로는 박일경, 전게서, 223면.
686) 직접적 효력규정으로 보는 것이 통설이다.
687) BVerfGE 107, 299, 311.
688) 最大判, 昭 44. 12. 24, 『刑集』 23-12-1625; 最大判, 昭 61. 6. 11, 『民集』 40-4-872」.
689) 헌재 1997. 1. 16 선고, 90 헌마 110 등, 『헌재판례집』 제9권 1집, 90면 이하(119-122면).
690) 헌재 2005. 7. 26 선고, 2005 헌마 676, 『헌재공보』 제108호, 33면 이하(35면).
　　「헌법 제10조 제2문은 "국가는 개인이 가지는 불가침의 기본적 인권을 확인하고 이를 보장할 의무를 진다"고 규정함으로써, 소극적으로 국가권력이 국민의 기본권을 침해하는 것을 금지하는데 그치지 아니하고 나아가 적극적으로 국민의 기본권을 타인의 침해로부터 보호할 의무를 부과하고 있다. 이러한 국가의 기본권 보호 의무로부터 국가 자체가 불법적으로 국민의 생명권, 신체의 자유 등의 기본권을 침해하는 경우 그에 대한 손해배상을 해주어야 할 국가의 행위의무가 도출된다고 볼 수 있다」.
691) 동지: 문홍주, 전게서, 223면; 구병삭, 『신헌법원론』, 342면; 권영성, 전게서, 414면 이하.
692) 대판 1971. 6. 22, 70 도 1010; 헌재 1992. 4. 28 선고, 90 헌바 24, 『헌재판례집』 제4권, 225면.

받을 권리를 가진다.

2) 인간의 존엄과 가치·행복추구권의 대국가적 효력

(1) 국가의 보장의무

인간의 존엄과 가치·행복추구권은 국가의 행위를 규제하며, 국가의 과업과 목적을 규정하고 제한한다. 따라서 입법권은 인간의 존엄과 가치·행복추구권의 유보 하에서만 행사될 수 있으며, 인간의 존엄과 가치를 침해하는 법률은 원칙적으로 제정할 수 없으며, 행정도 인간의 존엄과 가치·행복추구권을 침해해서는 안 되며, 인간의 존엄과 가치·행복추구권 침해의 행정처분은 위헌·무효가 된다. 특히 경찰력이나 형집행권, 검찰권 등에 의한 인간의 존엄과 가치에 대한 침해는 부정되어야 한다.693) 사법도 인간의 존엄과 가치와 행복추구권에 구속되며, 법관은 법률과 양심에 따라 법의 해석과 적용에 있어서 사물가치에 대한 인간의 존엄이 우월함을 인정해야 한다. 기타의 국가권력도 국민이 가진 인간의 존엄권과 행복추구권을 침해하였을 때에는 국가배상의 책임을 져야 한다.694)

(2) 최대보장과 과소보호금지

① 원칙   국가권력은 기본권보장을 최대화할 의무와 과소보장 금지원칙에 따라야 한다. 제3공화국 헌법에서는 헌법에서 명문으로 국가는 국민의 기본적 인권을 최대한으로 보장할 의무를 진다고 규정하였으나 현행 헌법에는 이 규정이 없어졌다. 그럼에도 불구하고 국가는 국민의 인간의 존엄과 가치·행복추구권을 최대한으로 보장해야 한다.

따라서 국가는 국민의 인간의 존엄과 가치·행복추구권을 과소보호해서는 안 된다. 이를 과소보호금지원칙(Untermaßverbot)이라고 한다.

② 판례   헌재는 국가의 보호의무를 입법자가 어떻게 실현하여야 할 것인가 하는 문제는 입법자의 책임범위에 속하므로, 헌법재판소는 권력분립의 관점에서 소위 과소보호금지원칙을, 즉 국가가 국민의 법익보호를 위하여 적어도 적절하고 효율적인 최소한의 보호조치를 취했는가를 기준으로 심사하게 되어, 결국 헌법재판소로서는 국가가 특정 조치를 취해야만 당해 법익을 효율적으로 보호할 수 있는 유일한 수단인 특정 조치를 취하지 않은 때에 보호의무의 위반을 확인하게 된다.695)

---

693) 헌법재판소는 자의적인 검사의 불기소처분과 군검찰관의 기소유예처분은 헌법 제10조에 위반된다고 보았다(헌재 1989. 4. 17 선고, 88 헌마 3,『헌재판례집』제1권, 31면 이하; 헌재 1989. 10. 27 선고, 89 헌마 56,『헌재판례집』제1권, 309면 이하; 헌재 1999. 11. 25 선고, 99 헌마 422,『헌재공보』제40호, 938면 이하).

694) 동지: 문홍주, 전게서, 223면.

695) 자동차보험에 가입한 교통사고운전자에 대해 일정한 사고유형 이외에는 공소를 제기할 수 없도록 한 교통사고처리특례법 제4조 1항에 대하여 이는 국가의 기본권보호의무에 위반되지 않는다는 법정의견 (4명)과 국가의 국민의 생명·신체에 대한 보호로서는 너무나 부족하여 과소보호금지의 원칙에 반한다

3) 인간의 존엄과 가치 · 행복추구권의 대사인적 효력

사인 간에도 인간의 존엄과 가치 · 행복추구권이 효력을 가지는가에 대해서는 여러
가지 학설이 대립되고 있다.696) 공권으로서의 협의의 인간의 존엄과 가치 · 행복추구권은
직접 적용되나, 사권으로서의 인격권 등은 사법의 일반원칙을 통하여 사인 간에도 적용된
다고 보아야 할 것이다.697) 인격권에 대한 침해행위는 민법상의 사회질서에 위반되는
행위로 무효이며, 사권의 침해행위가 되어 손해배상의 책임을 져야 한다.698) 따라서
국가는 인격침해를 내용으로 하는 사인간의 계약을 허용하거나 이를 강제집행해서는
안 될 것이며, 사인 간에 있어서도 인격권의 침해가 행해지지 않도록 감시하고 조정해야
할 의무를 진다.

뿐만 아니라 사인에 관한 생명권의 침해, 일반적 행동자유권의 침해도 위헌행위를
구성한다. 사인에 의한 노예계약이라든가 강제노동계약 등도 위헌행위로서 효력이 없다.
우리 헌법도 제32조에서 「근로조건의 기준은 인간의 존엄성을 보장하도록 법률로 정한
다」고 하고, 제36조에서 「혼인과 가족생활은 개인의 존엄과 양성의 평등을 기초로 성립되
고 유지되어야 하며, 국가는 이를 보장한다」고 하여, 이들 헌법상 권리는 사법관계에서
직접 적용됨을 강조하고 있다.699) 이 밖의 조항에서는 민법의 규정이나 노동법의 규정이
적용된다(간접적 적용설).700)

2. 인간의 존엄과 가치 · 행복추구권의 침해와 구제

1) 침해의 태양

는 반대의견(3명)이 있다. 과소보호금지로 본 반대의견이 옳다고 하여야 할 것이다(헌재 1997. 1.
16 선고, 90 헌마 110, 『헌재판례집』 제9권 1집, 90면 이하(122-125면과 133-137면) 참조).

696) 기본권의 사인간의 효력에 관한 상세한 것은 김철수, 전게서, 403-413면 참조. 인간의 존엄과 가치 · 행복
추구권의 사법상 적용에 대해서는 김상용, 인격권의 침해와 민사책임, 『판례월보』 279호(1993.11.)
참조.

697) 프랑스는 1994년 7월 29일의 생명윤리법에서 민법 제16조를 개정하여 「법률은 인간의 생명의 개시에서,
인간의 우월을 보호하고 그의 존엄성에 대한 침해를 금지하고 인간 존재의 존중을 보장한다」고 하고
있다.
한국 민법개정시안(2004)도 제1조의 2를 두어 「① 인간은 인간으로서의 존엄과 가치를 근거로, 자신의
자유의사에 따라 법률관계를 형성한다. ② 인간의 인격권은 보호된다」고 하였으나 국회에서 자동 폐기되
었다. 2013년의 새로운 안에서는 논의의 대상으로 삼지 않았다.

698) 독일 연방헌법재판소는 국가의 기본권보장의무에서 기본권의 제3자에 의한 침해로부터 보호할 의무가
있다고 보아 기본권의 제3자적 효력을 인정하고 있다. Papier, Drittwirkung der Grundrechte,
Handbuch der Grundrechte, Ⅱ, 2006 § 55; Canaris, Grundrechte und Privatrecht, 1999; Stern,
Wirkung der Grundrechte in Privatsrechtsordnung, Staatsrecht, Ⅲ/1, 1998.

699) 최갑선, 헌법 제36조 제1항에 의한 혼인과 가족생활의 보장, 『헌법논총』 제4집, 497-504면.

700) 稲田陽一, 『憲法と私法の接點: 基本權の第3者效力』, 1973.

(1) 독일

독일 연방헌법재판소는 인간을 객체로 취급하는 것을 인간의 존엄권을 침해한다고 본다. 이는 Kant의 객체공식(Objektformal)을 적용한 것이다. 나아가 도청판결701)에서는 이 객체공식을 더욱 발전시켜 「인간의 주체로서의 성격에 의문을 가지게 하는 취급을 하거나, 또는 구체적 경우에 인간의 존엄을 자의적으로 멸시하는 취급을 하는 경우」에는 인간의 존엄이 침해된다고 한다. 그런데 무엇이 자의적인 멸시가 되는가에 대해서는 불명확하다는 학설의 비판이 있다.

Pieroth/Schlink는 인간의 존엄의 침해로 되는 경우를 다음 네 가지로 들고 있다.702)

① 인간의 평등 — 노예제도나 인종차별은 인간의 존엄을 침해하는 것이 된다. 영리적으로 행해지는 양자의 알선도 또한 인간의 존엄의 침해가 된다.

② 인간의 동일성과 불가침성(Identität und Integrität)의 보유 — 그것은 한편으로는 신체의 불가침성을 의미하며 고문, 학대, 체벌은 인간의 존엄을 침해한다. 다른 한편으로는 정신적인 동일성과 불가침성의 유지의 요청이 있으며, 거짓말 탐지기나 최면술의 이용은 금지되고, 감방이나 심리병동에서 인간의 불가침성이 손상되어서는 안 된다.

③ 국가의 폭력행사의 제한 — 특히 형사절차에 있어서 피의자에게 법치국가적인 적정한 절차가 확보되지 않으면 안 된다.

④ 개인생활 내지 사회생활의 보장 — 인간의 존엄에 합당한 생존(Menschenwürdige Existenz)을 보장하고 있으며, 예를 들면 감옥 내에서 좁은 방에 다수의 인간을 넣어서 생활하게 하는 것은 인간의 존엄을 침해하는 것이다. 또 국가는 인간의 존엄에 적합한 최저한도의 생활을 함에 필요한 수입에 대해서 과세하는 것은 인간의 존엄침해이며, 개인이 스스로 생활을 유지할 수 없는 경우에는 부조하지 않으면 안 된다.

생명권에 대한 침해는 사형의 집행, 경찰의 오발사로 인한 죽임, 군대내 군인이나 경찰, 소방관, 화재예방 등, 공법관계에 있는 사람의 생명과 건강의 투입 등이 포함되며 안락사 문제 등이 포함된다.

(2) 일본

일본에서도 명예훼손 등 명예권침해 문제가 헌법상 문제로 대두되고 있으며, 국가의 개인에 대한 명예훼손이나 개인정보의 불법공개가 문제되고 있다. 이 밖에 Privacy의 권리침해가 논의되고 있다. 인격가치 그 자체와 결부된 권리침해도 많이 논의되고 있다. 형사절차상 함정수사, 강제진술의 경우도 문제된다.

일본에서는 또 환경침해 문제가 강력히 논의되고 있다.

---

701) BVerfGE 30, Abhörurteil, 1 (26).
702) Pieroth/Schlink, Grundrechte, Staatsrecht Ⅱ, 9. Aufl., S. 92 ff.

(3) 한국

우리나라에도 인간의 존엄과 가치 · 행복추구권 침해에 관한 판례는 많다.

헌법재판소는 ① 교통사고를 낸 후 도주한 운전자를 가중처벌하는 특정범죄가중처벌등에관한법률 제5조의 3 제2항 1호는 그 가중처벌정도가 심히 지나쳐 형벌의 합리성과 비례성을 잃어 위헌이라고 보았고,703) ② 불기소처분에 대한 헌법소원청구를 인정하는 이유는 범죄피해자에 대한 국가의 보호의무가 있기 때문이라고 보며,704) ③ 제소기간의 불명확한 규정은 국가의 기본권보장의무의 위반이라고 선언하였다.705) ④ 또 국세기본법 제61조 1항 단서가 헌법에 의하여 보장된 재판청구권을 하위법규로 제한하는 것은 헌법 제10조 후문에 저촉된다고 하였다.706) ⑤ 화장실이 반공개로 되어 사용을 강제하는 것은 인간의 수치심 등을 침해하여 위헌이라고 했고,707) ⑥ 인간으로서의 기본적 품위를 유지할 수 없게 하는 심한 신체수색도 위헌이라고 했고,708) ⑦ 범죄피의사실을 공표하도록 강요하는 것,709) ⑧ 교도소장이 양팔을 사용할 수 없도록 금속수갑과 가죽수갑을 착용하게 한 것,710) ⑨ 교도소장이 재소자에게 운동을 전면적으로 금지하는 것,711) ⑩ 대학생과 아동 · 청소년에게 문화향유에 관한 권리를 제한하는 학교정화구역지정을 규정한 학교보건법,712) ⑪ 과도한 계구사용으로 인한 인간존엄의 침해,713) ⑫ 특정경제범죄가중처벌법은 실질적 법치국가원리에 위배된다.714) ⑬ 공무원의 직무유기행위에 대하여 형사처벌하는 것,715) 또 자녀의 성을 강제로 부의 성을 따르게 하는 것은 헌법불합치결정716) 또는 위헌 선언되었다.

이 밖에도 개별적인 인격권에 대한 침해의 사례는 많으나 이는 개별적인 존엄권, 생명권, 프라이버시의 권리, 인격권, 명예권 등에 관한 설명에서 언급하기로 하고 여기서는 생략한다.717)

결론적으로 총괄해 보면 인간의 존엄과 가치 · 행복추구권에 대한 침해행위로는 노예제

703) 헌재 1992. 4. 28 선고, 90 헌바 24,『헌재판례집』제4권, 225면 이하 참조.
704) 헌재 1989. 4. 17 선고, 88 헌마 3,『헌재판례집』제1권, 31면 이하 참조.
705) 헌재 1992. 7. 23 선고, 90 헌바 2, 92 헌바 2 · 25 (병합), 국세기본법 제56조 제2항 등에 대한 헌법소원 결정,『헌재판례집』제4권, 493면 이하 참조. 동지의 판례: 헌재 1993. 12. 23 선고, 92 헌가 12, 국세기본법 제68조 제1항 위헌제청결정,『헌재판례집』제5권 2집, 567면 참조.
706) 헌재 1996. 11. 28 선고, 96 헌가 15,『헌재판례집』제8권 2집, 526면 이하 (585면).
707) 헌재 2001. 7. 19 선고, 2000 헌마 546,『헌재판례집』제13권 2집, 103면 이하.
708) 헌재 2002. 7. 18 선고, 2000 헌마 327,『헌재판례집』제14권 2집, 54면 이하.
709) 헌재 2002. 1. 31 선고, 2001 헌바 43,『헌재판례집』제14권 1집, 49면 이하.
710) 헌재 2003. 12. 18 선고, 2001 헌마 163,『헌재판례집』제15권 2집(하), 562면 이하.
711) 헌재 2004. 12. 16 선고, 2002 헌마 478,『헌재판례집』제16권 2집(하), 548면 이하.
712) 헌재 2004. 5. 27 선고, 2003 헌가 1, 2004 헌가 4 (병합),『헌재판례집』제16권 1집」, 670면 이하 (696면).
713) 헌재 2004. 5. 26 선고, 2004 헌마 49,『헌재판례집』제17권 1집, 754면 이하.
714) 헌재 2006. 4. 27 선고, 2006 헌가 5,『헌재판례집』제18권 1집(상), 502면.
715) 헌재 2005. 9. 29 선고, 2003 헌마 52,『헌재판례집』제17권 2집, 150면.
716) 헌재 2005. 12. 22 선고, 2003 헌가 5 · 6 (병합),『헌재판례집』제17권 2집, 544면 이하.
717) 존엄권의 침해와 구제에 대하여 상세한 것은 김철수,『헌법학신론』, 2013, 448-455면, 459-463면 참조.

도 · 인신매매 · 고문 · 강제노동 · 집단학살 · 인간실험 · 국외추방 · 인종차별 · 낙태
제 · 마취제 · 약물 · 거짓말 탐지기 등의 사용으로 자백을 강요하는 것 등 생명에 대한
침해, 건강에 대한 침해, 명예에 대한 침해, privacy의 침해, 환경오염 등을 들 수 있다.
국가의 입법부작위에 의한 침해도 있을 수 있다.

2) 구제수단

이러한 인간의 존엄과 가치 · 행복추구권의 침해에 대하여는 국민은 여러 가지의 구제
수단을 가지고 있는데, 청원권의 행사라든가 재판청구권의 행사, 헌법소원권의 행사
등이 이에 속한다. 인간의 존엄과 가치 · 행복추구권은 인격에 관한 권리이기 때문에,
국가는 이를 최대한으로 존중해야 할 뿐만 아니라 이를 보호할 의무도 지고 있으므로,
그 침해로부터 적극적인 구제를 해 주어야 할 것이다.

입법권에 의한 인간의 존엄과 가치 · 행복추구권의 침해에 대해서는 청원권의 행사,
참정권의 행사, 재판청구권을 통하여 구제를 요청하였으나 구제가 되지 않는 경우, 헌법소
원을 통하여 구제를 청구할 수 있다. 이러한 권리의 기본권성을 부정하는 입장에서는
헌법소원을 부정할 것이나 독일 헌법재판소나 한국 헌법재판소에서는 헌법소원의 적격을
인정하고 있다.[718] 행정권의 행사에 의한 인간의 존엄과 가치 · 행복추구권 침해의 경우,
청원권행사, 행정심판청구, 행정소송청구 등으로 구제를 요청할 수 있다. 그러나 헌법소원
의 보충성에 따라 재판을 할 수 있는 행정권에 의한 침해에 대해서는 헌법소원을 제기할
수 없어 문제이다. 사법권의 행사에 대해서도 독일에서는 헌법소원을 제기할 수 있으
나,[719] 우리나라에서는 재판에 대한 헌법소원은 인정하지 않아 문제가 많다.

이러한 인간의 존엄권과 행복추구권의 침해는 불법행위를 구성하기 때문에 국가공무원
의 존엄과 가치 · 행복추구권 침해행위에 대해서는 국가가 손해배상을 해야 하며, 사인의
침해행위에 대해서는 그 행위자가 손해배상하여야 한다.[720] 사인의 인간의 존엄과 가
치 · 행복권의 침해에 대해서는 헌법소원은 할 수 없다. 헌법소원은 공권력의 행사나
불행사에 의하여 헌법상 보장된 기본권이 침해된 경우에 한정되기 때문이다. 그러나
재판청구권과 고소, 고발을 함으로써 일반적 행동자유, 명예나 생명 등에 대한 침해구제를

718) 헌법소원에 관해서 상세한 것은 김철수, 전게서, 1719면 이하 참조. Zuck, Das Recht der Verfassungs-
beschwerde, 3. Aufl., 2006; Schuhmann, Menschenrechtsbeschwerde, in Umbach/Clemens,
BVerfGE, §90; Hein, Die Individualverfassungsbeschwerde nach Bundesrecht, 2002.
719) Düwel, Kontrollbefugnisse des BVerfG bei Verfassungsbeschwerden gegen gerichtliche
Entscheidungen, 2000; Bogs (Hrsg.) Urteilsverfassungsbeschwerde zum BVerfGE, 1999;
Schumann, Verfassungs-und Menschenrechtsbeschwerde gegen richterliche Entscheidungen,
1996.
720) 사인에 의한 인간의 존엄과 가치 · 행복추구권에 대한 침해구제에 대해서는 Hanau, Der Grundsatz
der Verhältnismäßigkeit als Schranke privater Gestaltungsmacht, 2004; Riepel/Taupitz (Hrsg.),
Einwirkungen der Grundrechte auf das Zivilrecht, Öffentliche Recht und Strafrecht, 1999,
229 ff. 참조.

청구할 수 있다.

제5절 결어

이상의 연구에서 인간의 존엄과 가치·행복추구권은 자연권으로 많은 사상가들이 주장해왔던 것을 알게 되었으며, 헌법에 규정되어 실정법적인 권리로 되었다. 인간의 존엄과 가치·행복추구권은 주기본권이며 일반적 기본권이고 포괄적인 기본권임을 확인하였다.

이 주기본권인 포괄적 기본권에서 헌법에 열거되지 아니한 권리가 파생하고, 새로운 인권이 도출되는 것을 보았다. 이 인간의 존엄과 가치·행복추구권의 내용은 헌법상 어떠한 기본권이 보장되어 있는가에 따라 다르며 우리나라에서는 헌법에 열거되어 있지 아니한 기본권, 예를 들어 생명권, 자기결정권, 일반적 인격권, 일반적 행동자유권, 신체의 불가훼손권, 평화적 생존권 등이 도출될 수 있다. 미국 헌법과 독일 헌법, 일본 헌법 등에서는 사생활의 비밀과 자유(Privacy권), 환경권 등도 도출하고 있으나, 우리 헌법에는 이것이 따로 규정되어 있기 때문에 헌법 제10조를 적용할 필요는 없을 것이다.

인간의 존엄과 가치·행복추구권은 가장 중요한 기본권이기는 하나 절대적 기본권은 아니므로, 헌법 제37조 2항에 따라 법률에 의한 제한이 가능하다. 그러나 그 법률은 합목적성을 가진 비례성 있는 국회 제정법이어야 한다. 여기서 과잉금지원칙이 적용된다.

인간의 존엄과 가치·행복추구권은 모든 국가권력을 구속하며 입법권, 행정권, 사법권은 이를 최대한으로 보장하여야 한다. 이 권리가 입법권에 의해서 침해된 경우에는 헌법소원으로 구제를 받을 수 있으며, 행정권에 의하여 침해된 경우에는 사법적 구제를 받을 수 있다.

사인도 이 권리는 보장해 주어야 한다. 사인이 인간의 존엄과 가치·행복추구권을 침해한 경우 민사책임이나 형사책임을 져야 한다.

국가나 국민은 가장 중요한 이 권리를 최대한 보장하여야 할 의무를 진다.

제5장 평등권

제1절 서론

평등사상은 고대부터 있었던 것이다. 그러나 천부의 평등사상은 그리스 사상가에 의해 주장되었었다. Platon은 생래의 평등은 자연적 평등에 근거한다고 보고, 법적 평등을 법률로 규정해야 한다고 하였다. 그리스 시대의 평등사상은 정의이념과 결부되어 있었다. Aristoteles는 정의를 일반적 정의, 특수적 정의로 나누어 특수적 정의는 곧 평등이라고 하였다. 그는 이 특수적 정의를 평균적 정의와 배분적 정의로 나누어 절대적 평등과 상대적 평등으로 구분하였다.721)

Aristoteles의 평등권은 인간적인 것이었으나 중세의 평등사상은 신 앞에 평등으로 종교적인 평등이었다.

중세 기독교의 평등사상은 신 앞의 평등(Gleichheit vor Gott)이었으며, 모든 사람은 하느님 앞에서 등거리에 있으며 하느님의 안중에는 균등하다고 하였다. 평등은 교회를 통하여 정치의 영역에 침투하였다. 농노로서 영구히 예속의 상태에 있어야 할 사람들이 성직자로서 귀족에 버금가고 때때로는 왕에 상위하는 권위를 가지게 되었다.722)

기독교 사상에 있어서는 인간은 타고나면서 평등하게 창조되었다고 보고, 기독교적 공동체에서는 개인 재산을 부정하고 평등한 공유를 주장하기도 하였다.

근세의 평등사상은 이상적인 자연권론에서 주장되어 그것이 실정헌법에 규정되게 되었다. 이러한 자연권론은 영국 혁명, 미국 혁명, 프랑스 혁명, 독일 혁명의 이념으로 등장하였다. 그중에서도 근대적 평등을 중시한 사상가로서 Locke, Montesquieu, Rousseau, Pufendorf, Kant 등을 들 수 있는데, 이들의 사상과 그 영향, 평등권규정의 변천 등을 보고 한국 현행 헌법의 해석을 알아보기로 한다. 한국 헌법상 평등의 해석 문제는 졸저『헌법학개론』에서 상세히 다루었기 때문에 여기서는 이념과 체계를 중심으로

---

721) 아리스토텔레스의 평등사상에 관해서는 H. Welzel, 박은정역,『자연법과 실질적 정의』, 2001; 김철수, 정의의 의의,『법과 사회정의』, 1983; 황도수, 법규범으로서의 평등의 사적 전개,『헌법논총』7권, 1996, 187-206면; 정인홍,『서구 정치사상사』, 2000; 최종고,『법사상사』참조.

722) P. Kirchhof, Der allgemeine Gleichheitssatz, Handbuch des Staatsrechts, Bd. V. S. 856 ff.; Dann, Gleichheit, Geschichtliche Grundbegriffe, Bd. 2, 1975, S. 997 등 참조.

원론적인 것을 다루었다.

제2절 평등사상의 발전과 각국 헌법의 평등규정

1. 영·미 헌법상의 평등권

1) 영·미에 있어서의 평등사상의 발전

(1) 홉스의 평등사상

토마스 홉스(Thomas Hobbes)는 영국에 있어서 자연법과 자연권을 주장한 사람이다. 그는 『리바이어던』(Leviathan)에서 자연상태는 전쟁상태라고 보았고, 이를 종식시키기 위한 정부·국가의 필요성을 인정하였다. 그는 자유와 평등이 정의와 밀접한 관계가 있음을 주장하였다. 그는 자연법상 모든 사람이 각각 남과 평등하다는 것을 주장한다. 자연상태에 있어서의 인간은 모두 능력의 평등을 인정하고 목표달성에의 희망의 평등을 인정한다.

그는 「인간의 자연권은 한 사람 한 사람을 보면 지적으로나 체력적으로나 큰 차는 없다」고 한다. 「자연은 인간을 심신의 제능력에 있어서 평등하게 만들었다. 따라서 때로는 다른 사람보다 명백히 육체적으로 강하고 정신적으로 기민한 사람이 발견되기는 하나, 모든 능력을 종합하여 보면 개인차는 근소하며 어떤 사람이 요구할 수 없는 이익을 다른 사람이 요구할 수 있을 만큼 큰 것은 아니다」고 한다. Hobbes는 권리의 동등배분을 형평이라고 보았으며, 인종, 계급, 신분, 재산 및 그 밖의 욕심이나 친소 등을 고려치 않은 만인평등의 정신을 강조하였다.

Hobbes는 「우리는 모두 필연적으로 평등하기 때문에 만일 계약에 의해서가 아닌 한, 누구나 남보다 더 많은 권리를 자칭할 수는 없다」고 하였다. 배분적 정의는 「평등하게 혜택을 주는 것으로 동등자에게는 동등한 것을 주는 것, 즉 무슨 권리든 자신이 보유하는 것은 꼭 같이 남에게도 보유토록 해야 하는 원칙이다」고 한다. 그의 평등은 자연법적 기초에 근거한 것으로 자연적 평등 아래 역사적·사회적 차별성을 부정하고 출생에 의한 차별관을 배제하고 철저한 평등을 주장하였다.

그러므로 사람들이 동시에 누리는 것이 불가능한 물건을 서로가 원하는 경우, 그들은 적이 되며 서로 싸우게 된다.723)724) 자연법상 모든 사람은 평등이므로 만인에 대한

---

723) 홉스의 저술로는 The Elements of Law. Natural and Politics, 1650; Behemoth, 1682; De Cive, 1642; Leviathan, 1651.
724) 홉스에 관해서는 A. P. Martinich, A Hobbes Dictionary, 1995; Goldsmith, Hobbes Science of

만인의 투쟁을 가져오게 되고 이 전쟁상태를 종식시키기 위하여 사회를 형성했다고 본다. 그러나 평등은 사회상태가 성립한 뒤에도 근본적으로 대인관계를 지배하는 원리로 보았다.

그는 불평등은 사회적인 것으로 보았고, 대인관계에서는 교환적 정의가 지배하고 대사회관계에 있어서는 엄격한 배분적 정의가 지배하여야 한다고 했다. Hobbes에 있어서의 최고가치는 자기보존이기 때문에, 자기보존을 위해서는 인간의 본질적 평등·자유성도 제한할 수 있다고 보았다. Hobbes는 각자의 생명을 보전하기 위하여서는 각인의 본성(인간의 자연)을 억압할 강권적 구조를 가지지 않으면 안 된다고 보았다. 그리하여 각자는 자연상태에 가지고 있는 권리(개인의 자연권)를 전면적으로 이양하여야 한다고 했다. Hobbes는 전쟁상태의 종결을 위하여 국가를 설립하고 그 주권자에게 이들 권리를 양여하는 것으로 보아 주권자의 권력을 중시하고 실정법에 의한 권리보호를 강조했다.

(2) 존 로크의 평등사상

존 로크(John Locke)는 「자연상태에 있어서의 인간은 자유이며 평등」이라고 보았다. 홉스와는 달리 그는 자연상태에서 인간은 자유롭고 평등하다고 하였다. 그는 자연상태에 있어서의 인간은 자연법에 대해서만 복종의무를 지고, 신이 아닌 인간의 의지 아래에 있지 않는 상태, 즉 타자의 지배에 복종할 의무가 없는 상태로 보았다. 전국가적인 자연상태는 만인의 합의에 근거한 따라서 정당성을 갖는 지배권력이 아직 존재하지 않는 상태이며, 타자의 지배에 복종의무가 없는 상태라고 하였다. 다시 말하면 「인간의 자연적 자유는 지상의 모든 우월적 권력에서 해방되어 인간의 의지 또는 입법권 아래에 서는 일이 없이 다만 자연법에만 규율을 받는 사회」로 보았다.[725]

따라서 자연상태는 인간의 평등상태라고 보았다. 거기서는 일체의 권력과 재판권은

Politics; Warrender, The Political Philosophy of Hobbes; Oakeschott, M., Hobbes on Civil Association, 1975; Schmitt, C., Der Leviathan in der Staatslehre des Thomas Hobbes, 1938 (김효전 옮김, 홉스 국가론에서의 리바이어던,『헌법과 정치』, 산지니, 2020, 497-541면); 차하순,『형평의 연구』, 101-122면; 平田淸明저, 장하진역,『사회사상사』, 1982, 58-64면; 박은정, 방법사적 관점에서 본 홉스의 자연법사상, 서돈각교수 고희기념, 1990; 심재우, Thomas Hobbes의 법사상,『법사상과 민사법』, 61-83면; 최종고,『법사상사』, 114-117면; 한스 벨첼, 박은정역,『자연법과 실질적 정의』, 168-180면; 福田歡一,『近代政治原理成立史序說』, 1971; 安藤高行,『近代イギリス憲法思想史研究』, 1983; 佐伯宣親,『近代自然法論の研究』, 1988, 145-169면 참조.

725) 로크에 관해서는 John W. Yolton, A Locke Dictionary, 1993; John Locke, a Bibliography, 1957; von Leyden, J. Locke Essays on the Law of Nature, 1954; Aaron, R., John Locke, 3rd ed., 1971; Laski, H., Political Thought from Locke to Bentham, 1920; O'Connor, D. J., John Locke, 1952; MacPherson, The political theory of possessive Individualism, Hobbes to Locke, 1962; Locke, Two Treatises of Government, The Second Treatise (1968); Cogan, Context of the Constitution, p. 578; Vaughan, C. E., Studies in the History of Political Philosophy, 1925. 차하순,『형평의 연구』, 166-180면; 홍사중,『영국혁명사상사』, 1982, 279-309면; 정인흥,『서구정치사상사』, 227-237면; 최종고,『법사상사』, 118-122면; 平田淸明저, 장하진역,『사회사상사』, 1982, 65-83면; 酒井吉榮,『近代憲法思想史研究』, 1961; 佐伯宣親,『近代自然法の研究』, 1988; 福田歡一,『近代政治原理成立史序說』, 1971 참조.

상호적이며 어느 누구도 타인보다 많은 권리를 가지지 않는다고 했다. 신이 어떠한 확실한 권리를 그 자에게 부여하지 않는 한, 서로 평등이며 종속이나 복종이 있을 수 없다고 하였다. 각인은 모두가 주권자이고 동배(equals)라고 보았다. 다시 말하면 자연상태의 평등은 정당한 지배 · 복종관계의 부존재라는 의미에서의 평등이라고 보았다.

그는 시민정부의 기원에 관한 논문에서 「개인에 대한 지배관계는 개인의 동의가 있어야만 한다」고 하였다. 비록 정복에 의한 것이라고 하더라도 국민의 동의가 없으면 새로운 국가체제는 결코 성립되지 않는다고 했다. 그가 말하는 시원계약은 사람들이 그 자연적 자유 · 평등을 포기하고 시민사회의 구속을 받는 유일한 방법이라고 하였다.

그의 평등은 도덕적 · 윤리적 평등을 말한다고도 하겠다. 그는 A와 B가 수학적으로 평등하여야 한다고 주장하지 않고, A와 B는 「인간이기 때문에」, 「이성적이기 때문에 같은 권리」를 가져야 한다고 생각하였다. 이것은 절대적 자유였다. 이에 대하여 생래적이든 후천적이든 간에 여러 가지 요인에 의한 차등이 있다고 본다.[726] 이 경우에도 그 차이에 따른 각인의 적합한 평등한 대우를 보장할 것을 요구하고 있다. 인간의 권리 · 의무를 이해할 만한 이성을 가진 사람은 누구나 자유롭고 평등하다고 하였으며, 자연법의 의미가 사회정의의 객관적 기준에서 권리주장의 자연적 권리(natural right)로 인정한데 중요성을 가지며, 자연법의 권리(claim)성을 강조한 데에 의의가 있다. Locke는 자유와 평등이 양립가능한 것으로 보았다. 그는 「자연적 자유와 자연적 평등은 상호 불가분이다. 모든 사람이 태어나면서부터 타인에 우월한 사람이 없기 때문에 태어나면서 서로 평등이다」고 하였다.[727]

그의 사상은 인간의 존엄을 중시하고 개인주의적인 인권관을 가졌다고 하겠다. 오늘날의 자유주의적 평등사상에 많은 영향을 주었다. Locke에게 있어 사회계약의 목적은 개인에게 보다 충실한 자유를 개시하는 것이다. 자연상태를 이탈하여 정치사회를 결성하는 것은, 「각각 자기의 소유물을 안전하게 향유하고 사회 밖의 사람에 대하여 보다 큰 안전성을 유지하는 것을 통하여」 보다 큰 안전성을 가지게 되며 상호 쾌적하고 안전하고 평화로운 생활을 보장하기 위한 것이다. 이 목적을 달성하기 위하여 각 개인은 서로 동의를 하여 공동체(community)를 만들고, 이 공동체에 각자가 자연상태에서 가지고 있던 자연권의 일부를 양도하는 것이라고 하였다.

Locke에 의하면 사람들이 사회를 형성하는 목적은 그들이 자연상태에 있어서 가지고 있던 권리를 보다 확실하게 하기 위한 것이며, 이러한 권리 중에 제일 중요한 것이 property라고 하였다. property를 옹호하는 것은, 즉 생명이나 자유를 옹호하는 것이라 하여 property의 보전이야말로 통치의 목적이라고 하였다.

광의에 있어서의 property는 재산권에 한하지 않고 생명이나 자유를 포함하는 넓은 의미로 사용되었다. 또 협의로는 토지, 자산 등과 같이 소유권을 의미하고 있었다.[728]

---

726) Locke, Two Treatises of Government, 1690. 統治二論 제2론 제4장, 노예제도.
727) Strauß, L., Natural Right and History, 1953, p. 118 (홍원표 옮김, 『자연권과 역사』, 2001).
728) Gooch, G., English Democratic Ideas in Seventeenth Century, 2nd ed., 1927; 杉原泰雄, 『人權の歷

그는 사유재산제도의 보호야말로 자연법이라고 했다.

Locke는 만인의 절대적 평등을 인정하지는 않았다. 그는 자연법을 인식할 지적 능력을 가진 사람과 지적 능력을 가지지 않은 사람을 구분하였다. 이는 평등권이 천부의 권리가 아니라는 경험론에서 나온 것이며, 『교육론』에서 「10명 중 9명까지는 좋지도 나쁘지도 않으며, 교육에 의하여 그렇게 되는 것」이라고 하고, 교육이야말로 인간 간에 큰 차이를 가져오는 것이라고 하였다.729) 또 노동가치설에 따라 노동가치 자체가 소유권의 근원이라고 보고, 소유의 불평등을 인정하고 있었다. 이 점에서는 계급제도를 인정한 개인주의적 보수적인 평등론자라고 하겠다.

(3) 영국의 퓨리턴 혁명에서의 수평파의 평등관

크롬웰 혁명을 주도한 퓨리턴 중에도 수평파(the Levellers)가 있었는데, 이들은 일반 병졸 중의 급진파라고 한다. 이들은 퓨리턴 혁명파 중에도 평등론을 강력히 주장한 일파였다. 이들 중에는 John Lilburne, Richard Overton, William Walwyn 등이 주 사상가였다. 이들은 신의에 근거한 자연법을 신봉하면서 자연법은 인간의 내재적 이성에 의하여 인식될 수 있다고 하였다. 수평파는 자연법을 각인에 대하여 생득이고 불가침의 권리로 보았다. 그들은 자연법론에 근거하여 정치권력에 의해서도 제한할 수 없는 자연권을 정당화하였다. Overton은 「모든 인간은 신에 의하여 창조되었으며 자연의 손에 의하여 이 세계에 편입된 것으로, 각인은 자연이고 고유한 자유와 재산이 주어져 있기 때문에 … 우리들은 모든 사람들이 평등하고 같이 생득권과 특권을 누리도록 살아야 한다」. 신은 만인을 자유롭게 창조하였다고 했다.

이들 수평파는 영국 헌법의 기초로 되어야 한다고 제안한 인민협약(Agreement of People)에서 명백히 나타나 있다. 제1차 인민협약에 있어서는 (i) 종교의 자유, (ii) 강제모병의 부정, (iii) 이번 내란에 대한 면책, (iv) 법의 평등한 적용, (v) 모든 법은 인민의 안전과 복지를 목적으로 하지 않으면 안 된다고 하면서, 이것을 생득적 권리(native right)라고 선언하고 있다. 제2차 인민협약에 있어서는 (i) 종교의 자유, (ii) 징병의 금지, (iii) 이번 내란에 참가한 사람의 면책, (iv) 법적용의 평등, (v) 제특권 및 특례의 폐지, (vi) 입법과 행정의 분리 및 죄형법정주의의 확립, (vii) 국회의원의 겸직금지, (viii) 국회에 의한 본 협정에 확정된 제권리를 폐지하는 행위 및 재산권을 부정하는 행위의 금지를 들고 있다. 특히 제8차에서는 의회의 권한 밖에 있는 유보조항을 들고 있다.

이 유보조항의 대부분은 제3차 인민협약에도 그대로 계승되고 있다. 여기서 말하는 국회도 관여할 수 없는 권리란 자연권적 제권리일 수밖에 없다. 특히 평등권을 자연권으로 보고 있다. 이 유보조항은 「어떠한 의회도 이 협약에 포함되는 공동의 권리, 자유, 안전의 기초를 어떠한 방법에 의해서도 이를 방기하거나 제거해서는 안 된다. 또 사람들의

史』, 1992, 16면 이하 참조.
729) Locke, Some Thoughts concerning Education, 1693 (박혜원 옮김, 『교육론』, 2011).

재산을 평등하게 하고 소유권을 부정하고, 만물을 공유해서는 안 된다」고 함으로써 급진적 평등주의를 배격하고 있다.

이러한 외적 자연권인 소유권은 필연적으로 자유권 중에서도 가장 중요한 것으로 인정되었다. 수평파는 근면 성실히 의무를 다할 것을 명하면서 부자는 자본을 축적하고 가난한 사람은 노동을 다해야 한다고 하여, 소유권을 인정하고 과격한 토지분배 등을 부정하였다.730)

(4) 미국의 독립운동가의 평등사상

식민지 미국에서는 Locke의 영향을 받아 많은 사상가들이 평등에 근거한 민주정부의 독립을 위하여 활동하였다. 식민지 시대에 청교도들에 의한 여러 구상이 나타났으며 John Winthrop(1588-1649) Massachusetts 지사들에 의하여 신-종교적 통치가 주장되었다. 그는 자유에도 두 가지가 있다고 하였다. 하나는 자연적 자유이고 다른 하나는 시민적 자유이다. 자연적 자유는 짐승이나 다른 피창조물과 공통적이다. 둘째 자유는 도덕적 자유이다. 그리고 이 자유는 권위에 대한 반항이라고 보았다. 그는 권력분립을 이야기하고 국가권력이 입법, 사법, 행정에 따라 상호 견제를 하도록 주장하고 있다.731)

Samuel Adams(1722-1803)는 Harvard 출신으로 Massachusetts의 의회의원이며 헌법제정회의 의원이며 주지사를 지냈다. 그는 자유와 독립을 주장했을 뿐만 아니라 평등사회로의 사회개혁을 주장하였다. 1772년 11월 20일 보스톤(Boston) 시에서 채택된 「식민지인의 권리」에서 인간으로서의 식민지인의 자연권을 강조하고 있다. 식민지인의 자연권은 첫째로는 생명권이며, 둘째로는 자유이고, 셋째로는 재산이라고 하고 있다. 모든 시민은 자연상태에 남아 있을 수 있으며, 탄압이 있는 경우에는 그 사회를 떠날 수 있다고 하였다. 그는 인간이 사회를 구성하는 것은 동의에 의해야 한다고 하고 모든 사람이 자연권을 명백히 사회계약에 위임하지 않는 한 인간에게 유보되어 있다고 한다.732)

토마스 페인(Thomas Paine, 1737-1809)은 영국의 가난한 퀘이커 교도의 집에서 태어나 많은 교육을 받지 못했다. 그는 계층제도와 공무원제도가 싫어서 미국으로 이민 왔다. 1776년에『상식』(Common Sense)을 출간하였는데,733) 여기서 불평등사회를 비난하고 평등사회의 건설을 주장하였다. 「인류는 원래 창조의 질서 속에서는 평등자이므로, 그

---

730) 이상의 논술은 주로 佐伯宣親,『近代自然法論の研究』, 263-299면에 의하였다. 이 외에도 安藤高行,『近代イギリス憲法思想史研究, ベーコンからロックへ』, 1983, 236-241면 기타 참조.
731) Winthrop, J., The History of New England from 1630 to 1649, 1853.
732) Adams, S., Warren Adams Letters 1743-1814, 1917.
733) Pain, Th., Common Sense and other Writings, 1953; Foner (ed.), The Complete Writings of Thomas Paine, 1945; Baily, B., Ideological Origins of the American Revolution, 1967 (배영수 옮김,『미국 혁명의 이데올로기적 기원』, 1999); Tocqueville, A., Democracy in America (이용재 옮김,『아메리카의 민주주의』, 2018); 페인, 이가형 옮김,『상식, 인권론』, 1994 (루소,『사회계약론』과 합철); 정인흥,『서구 정치사상사』, 276-284면; 佐伯宣親,『近代自然法論の研究』, 300-358면.

평등성은 그 뒤에 일어나는 어떤 환경에서만 깨트릴 수 있을 것이다. 빈부의 차별이 대체로 불평등의 원인으로 생각될 수는 있지만, 그것이 압제와 탐욕이라는 이름에 의지했던 것은 아니다. 압제는 흔히 부의 '결과'이기는 하나 부의 수단일 수는 없다. 보다 큰 차별은 사람을 국왕과 신하로 가르는 차별이다. 요컨대 군주제와 왕위계승은 전 세계를 피와 재앙으로 몰아넣었다」고 하여 공화제를 지지했다.[734]

또 세습제를 반대하였다. 사람은 누구나 평등한 것이기 때문에, 아무도 출생 신분에 의하여 자기 가문을 다른 모든 가문보다 영구적으로 우월한 자위에 올려놓을 권리를 가질 수는 없기 때문이다. 그는 따라서 영국식 제왕제를 폐지하고 법률이 곧 국왕이어야 한다고 했다.[735]

Paine은 이들 팸플릿에서 아메리카의 영국에서의 독립을 성취할 것을 선동하고, 아메리카 식민지 상태를 탈피한 후 세워야 할 정부 형태에 관해서도 상세히 다루고 있다. 그는 나중에는 프랑스 인권선언 초안 작성에도 참여했다.[736]

(5) 미국의 독립선언의 기초자

1776년 7월 4일의 미국의 독립은 Sam Adams나 Thomas Paine의 영향 아래 있었다고 하겠다. 독립선언서의 기초는 Thomas Jefferson이 주도하였고, John Adams와 Benjamin Franklin이 약간 수정하였다고 한다. 이 선언은 민주주의적, 평등주의적, 자유주의적인 사상의 결정이라고 하겠다.[737]

독립선언서는 모든 사람이 평등하게 피조되었음을 강조하고 창조주에 의하여 부여된 특정한 불가변의 권리가 있음을 강조하였는데, 그 권리는 생명, 자유와 행복추구권이라고 하였다. 이러한 권리를 확보하기 위하여 인간들은 정부를 구성하고, 피치자의 동의에 의하여 통치(정부)권한을 받았다고 하였다. 만약에 어떤 정부형태라도 이러한 목적을 위반하고 파괴하는 경우에는 국민은 그 정부를 변경하거나 폐기할 권리를 가지며 새로운 정부를 구성할 권리를 가진다는 것을 확인하고 있다.

영국의 왕이 이러한 국민의 권리를 침해하였다는 것을 열거하면서 그의 구제를 요청했으나, 이를 들어주지 않고 인간을 매매하고 평화를 파괴함으로써 가장 성스러운 권리인 생명과 자유를 침해한다고 하여, 식민지의 해방과 독립을 선언하였다. 그중에서도 인간을 매매하고 노예제도를 도입하고 원격지에서 사람을 체포하여 노예로 하거나 선박에서 죽이고 있다고 통렬히 비판하고 있다.

이 밖에도 Jefferson은 Virginia 주의 입법에 의하여 노예제도를 완화하고 노예의 권리를 보호하려는 노력을 하고 있다.[738] 그는 노예해방을 찬성하나 혼혈에는 반대하고

---

734) 페인, 군주제의 세습적 계승에 대하여.
735) Paine, 아메리카의 현 사태에 관한 소견.
736) Paine, Rights of Man, 1791; Jellinek, 김효전역, 『인권선언논쟁』, 1991.
737) Jefferson, T., Draft of the Declaration of Independence, 1776; Rossiter, C., 1787. The Grand Convention, 1966; Bowen, Miracle at Philadelphia, 1966.
738) Jefferson, T., Notes on the State of Virginia, 1787.

있다.739)

그는 미국인을 세 계층으로 나눌 수 있다고 한다. 이에는 전문인(Professional Men)과 상인(Commercial Men), 농지소유자(Landed Interest)가 있다. 이들 중 전문인들이 정치에 많이 참여할 것이나 상인이나 농지소유자들을 차별대우해서는 안 되며, 이 세 계층이 융합할 수 있는 정치제도를 만드는 것이 바람직하다고 한다. 흑인에게 참여권을 주느냐는 문제는 대륙회의의 표결에서 거부되었다.

(6) 노예제도의 폐지와 남녀동권운동

미국에 있어서 평등권과 관련하여 가장 문제가 되었던 것은 노예제도였다. 1803년 George Tucker경은 Blackstone의 주석서에서 Virginia에 있어서의 노예제도에 관하여 기술하고 있다.740) 미국인이 자유와 평등을 주장하고 구가하는 반면에, 노예는 잔혹한 대우를 받으며 압제에 시달리고 있다고 하고 이것은 인간의 본성에 반하는 것이라고 하였다. 이러한 노예제도는 미국 정부의 원칙에 위반되는 것이며 이는 폐지되어야 한다고 주장하였다.

그는 Jefferson의 촉구에 따라 점진적인 폐지를 주장하였는데, 이 계획이 채택되는 날 이후에 탄생하는 모든 여아는 자유이며 그 여아의 자는 남자건 여자건 간에 자유인으로 한다는 것이었다. 그는 인간의 본성이 자유이고 평등하다고 믿지 않는 사람도 아직 탄생하지도 않은 아이를 소유할 수 있다고는 생각할 수 없을 것이라고 하였다.

1833년에는 반노예전국회의에서 인간은 본성으로부터 자유, 생명, 행복추구의 권리를 가지는데, 300만 명의 노예들은 노예상태에서 범죄적인 대우를 받고 있다고 하며 노예해 방을 주장하였다.741)

1844년에는 여성의 권리대회에서 결의문을 채택했는데 여성의 권리를 침해하는 법률의 무효를 주장하고 남녀동권을 주장하였다. 그리고 선거권의 평등을 주장하고 여성은 인권의 평등과 함께 책임의 평등을 주장하였다.742)

흑인노예에 관하여 미국 연방헌법은 이를 긍정적으로 규정하고 있었다고 하겠다. 선거에 관한 인구 규정에 있어 「자유인 이외의 모든」 사람, 즉 흑인의 인구수를 3/5만 인정했다든가(제1조 2절 3항), 연간 수입에 있어 1인에 대하여 10달러를 초과하지 않는 조세 또는 입국세를 부과할 수 있도록 한 규정(제1조 9절 1항)과, 노예를 타주에 도주할

---

739) Dolleare, K., American Political Thought, 2nd ed., 1989; Bailyn, B., The Ideological Origins of the American Revolution, 1967; Sigmund, Natural Law in Political Thought, 1971; Koch, A., Jefferson and Madison, 1954; Rossiter, C., Seed Time of the Republic, 1953; Pole, J. R., The Pursuit of Equality in American History, 2nd ed., 1993.

740) J. St. George Tucker, Blackstones Commentaries in Cogan, Content of the Constitution, p. 632-646.

741) Pole, J. R., The Pursuit of Equality in American History, 2nd ed., 1993, p. 174-253 참조.

742) Resolution and Declaration of Sentiments of the Woman's Right Convention, held at Seneca Falls, July 19-20 1848; Cogan, Contexts of the Constitution, 1999, p. 648.

경우 인도해야 할 의무를 규정한(제4조 2절 3항)것이 있었다. 이에 따라 1793년에는 연방도주노예법(The Federal Fugitive Slave Law)이 제정되기도 했다. 또 노예는 적법절차에 의하지 아니하고는 박탈될 수 없는 노예주의 재산으로 인정되었다.

1857년에는 Dred Scott 사건743)이 일어났다. 이 사건은 주인과 함께 자유주인 Illinois 주에 수년간 살았던 흑인 노예 Dred Scott가 노예허용주인 Missouri 주에 돌아와서는 자유주에 살았다는 것을 근거로 해방을 구한 사건이었는데 대법원은 노예주에 돌아온 노예는 시민이 아니기 때문에 법원에 제소할 권한이 없다고 하여 청구를 각하하였다. 이 Dred Scott 판결에 대하여는 Abraham Lincoln도 반대연설을 하고 있다.744) 그는 대법원이 Dred Scott를 심리하여 그들이 시민(citizen)임을 선언하였어야 했다고 주장하고 있다(1857).

1861년 Lincoln은 대통령취임연설에서 노예제도에 대한 찬반 때문에 국가가 분열될 것을 걱정하여 통합을 위해 노력해 줄 것을 요구했다. 1862년에는 의회에 노예제도폐지에 관한 헌법개정안을 제출하였다. 이는 부결되고 남북전쟁이 발발하였다. 1863년 Lincoln 은 유명한 Gettysburg Address에서 '새로운 자유와 인민의, 인민에 의한, 인민을 위한 정부'의 새로운 탄생과 영구한 발전을 기하고 있다.

1865년 남북전쟁이 끝난 뒤 1866년 노예제도를 폐지하였다. 1865년에는 수정헌법 제13조가 의회를 통과하였다. 이로써 노예제도는 헌법에 따라 폐지되기에 이르렀다.

그러나 흑인에 대한 차별대우는 그치지 않아 1868년에는 수정 제14조가 통과되었다. 1866년과 1875년의 시민권법(Civil Right Act)이 제정되어 노예제도가 폐지되고, 흑인도 시민으로서의 평등한 권리가 보장되게 되었다. 그러나 흑인에 대한 참정권의 불평등, 교육기회의 불평등, 사회생활에 있어서의 불평등은 없어지지 않았다. 1883년 미국 대법원이 Plessy v. Ferguson사건745)에서 분리하더라도 평등(separate but equal)이라는 판결을 하였는데, 이 원칙이 지배하다가 1954년의 Brown v. Board of Education of Topeka 사건746)에서 분리하면 위헌(separate not equal)이라는 판결이 나와 통합교육이 이루어졌다. 미국에 있어서의 흑인에 대한 차별은 대법원의 판결과 의회 입법을 통하여 점차적으로 없어지게 되었다.747)

2) 영·미에 있어서의 평등권 규정

---

743) Dred Scott v. Sandford, 60 U.S. 393 (1856).
744) Lincoln, A., Speech on the Dred Scott Decision (1857); Dolbear, American Political Thought, p. 295 ff.; Current, R., The Political Thought of Abraham Lincoln, 1967; Nicolay/Hay (eds.), Abraham Lincoln Complete Works, 2 vols., 1894.
745) Plessy v. Ferguson, 109 U.S. 3 (1883).
746) Brown v. Board of Education, 347 U.S. 483 (1954).
747) Kluger, R., Simple Justice: The History of Brown v. Board of Education and Black American Struggle for Equality, 1977; 윤후정, 『기본적 인권과 평등』, 87면.

(1) 영국과 식민지에 있어서의 평등선언

영국에서는 인권선언이나 성문헌법에서는 실정권에 근거한 평등권을 선언하였다. 영국의 1215년 Magna Carta에서도 왕과 신하의 계급은 불변이었고 왕의 은총에 따라 귀족의 권리가 보호되고 있다. 여기에서는 자유민의 자유라든가 과부의 재산권, 징발의 금지, 통행의 자유, 국외여행의 자유, 적법절차, 완전한 재판 등을 보장하고 있으나 평등권은 규정되지 않았다. 1628년의 권리청원(the Petition of Rights)에서도 죄형법정주의, 불법한 처벌의 금지 등이 규정되었으나 평등규정은 없었다.

1641년의 영국 신식민지 Massachusetts의 자유선언은 Massachusetts 식민지 정부를 구성하면서 인간과 시민, 교회의 자유와 특권을 선언한 것이다.[748] 제1조에서는 인간의 생명, 명예나 좋은 평판은 박탈될 수 없으며, 또 체포·구금·처벌당하지 않으며, 처자식을 빼앗기지 않으며, 권리를 누린다고 하고 있다. 제2조에서는 주민이건 외지인이건 식민지 영내에서는 동등한 정의(사법)와 법을 향유할 수 있다고 하고 있다.

1653년의 통치강령(Instrument of Government)은 크롬웰 혁명의 결과 나온 것이기는 하나 종교의 자유를 보장한 외에는 통치기구에 관한 규정만 있었다.

1677년의 Western New Jersey의 헌장 또는 근본법에서도 New Jersey인의 권리를 선언하였으며, 이 선언에서는 신앙의 자유를 강조하고 생명, 육체, 자유, 재산 등이 침해되어서는 안 되며, 투표의 특권과 자유를 침해받아서도 안 된다고 하고 있다.

1679년 5월 27일의 Habeas Corpus Act(인신보호법)는 인신보호영장에 의한 개인의 자유를 보장하기 위한 것으로 상세한 규정을 둔 것이다. 이는 범죄혐의로 신체가 구속된 사람에 한정된 것이었으나 1816년 또 다른 인신보호법이 제정되어 비형사적인 구속의 경우에도 1679년의 법률이 적용되게 되었다.

1689년 12월 16일의 권리장전(Bill of Rights)에서는 신민의 권리와 자유를 선언한 것으로 왕위계승에 관해서도 규정하고 있다.[749] 여기서는 그동안 왕이 의회의 동의 없이 신민과 영주의 신체, 재산, 잔혹한 형벌, 과중한 형벌이 부과되었음을 지적하고, 왕을 규탄한 다음에 신하의 권리를 보다 확실하게 보장해 줄 것을 요구하고 있다. 또 의회선거의 자유, 의회에 있어서의 언론의 자유 및 토론의 자유를 인정하고 청원은 인민의 권리라고 하고 있다.

1774년 10월 26일 대륙의회의 Quebec 지역의 주민들에 대한 호소문은 영국왕에 대한 공동투쟁을 요구하고 있다. 거기서 식민지인의 의회참여권과 배심재판, 심신의 자유, 임대료의 적정, 언론의 자유 등을 주장하고 있다.

(2) 미국에 있어서의 평등선언[750]

---

748) The Liberties of the Massachusetts Colonie in New England, 1641; Cogan, op. cit., p. 669 ff.

749) 영국에서의 인권보장의 역사에 대해서는 Shorts/de Than, Civil Liberties, 1998; Brien, The Great Melody, London, 1993 참조.

① Virginia 권리장전

Virginia 주는 1775년의 독립전쟁 개시에 따라 1776년 헌법제정회의를 열어 Virginia 권리장전(The Virginian Bill of Rights)과 통치기구(Frame of Government)를 제정하였다. Virginia 권리장전은 Virginia 헌법의 모두에 두어져 그 뒤 세계 각국 헌법에 많은 영향을 미쳤다. 특히 미국의 각주 헌법과 프랑스 헌법, 독일 헌법 등에 큰 영향을 미쳤다.

George Mason이 기초한 이 권리장전은 제1조에서「모든 사람은 나면서부터 평등하고 자유이며, 독립이고 일정한 생래적 권리를 가지는 것이다」고 하고,「이러한 권리란 재산을 취득 소유하고 행복과 안녕을 추구 획득하는 수단을 가지며, 생명과 자유를 향유하는 권리이다」고 하였다. 또 제2조에서는「모든 권력은 인민에 있으며, 인민에 유래한다」고 하여 인민주권을 규정하고, 제3조에서 저항권, 제6조에 선거권 등을 규정하였다.[751]

이에 따라 1776년 9월 28일의 Pennsylvania 헌법, 1776년 11월 11일의 Maryland 헌법, 1776년 12월 18일의 North Carolina 헌법, 1777년 7월 8일의 Vermont 헌법, 1780년 3월 2일의 Massachusetts 헌법, 1793년의 New Hampshire 헌법 등이 헌법의 모두에 인권선언 규정을 두었다.

② 독립선언

독립선언(the Declaration of Independence)은 1776년 7월 4일 제2회 대륙회의에서 채택되었다. 이것은 Thomas Jefferson이 기초한 것이다.「원래 이 선언의 주요 목적은 독립이라는 사실을 표명하는 것보다는 오히려 널리 세계에 대하여 식민지가 독립을 선언하지 않을 수 없는 이유를 표명하는 것에 있었다」.

미국 독립선언에서 인권에 관해서 보면,「모든 인간은 평등하게 창조되어 있다. 거기서 인간은 그들의 창조자에 의하여 불가양의 제권리를 부여받았다. 그중에는 생명, 자유 및 행복추구권이 있다」고 규정하고 있다. 이는 Locke가 주장하는 인간의 권리에서 중요 내용이었던「생명, 자유, 재산」의 3자 중에서 재산을 행복추구로 바꾼 것이 특색이라고 하겠다.

독립선언에 있어서의 인권에 있어서도 자유권이 중시되었으며 평등권에 대해서는 많은 규정을 두지는 않았다. 그러나 Virginia 권리장전의 제1조에 정하여진「재산의 취득과 소유」는 독립선언에는 규정되어 있지 않으나, 이를 적극적으로 부정한 것이 아니고 이것도 행복의 추구에 포함된 것으로 보아야 할 것이다.

이 밖에도 미국의 독립선언에는 인권에 관하여 사회계약에 따른 여러 가지 권리를 확보하기 위한 정부의 조직과 이에 대하는 저항권이 규정되어 있다.

750) 미국의 평등권에 대해서는 Pole, The Pursuit of Equality in American History, 1978; Abernathy, The Idea of Equality: Anthology, 1959; Baer, Equality under the Constitution, 1978 참조.
751) 옐리네크는 미국 헌법의 인권선언이 프랑스 인권선언에 중대한 영향을 미쳤다고 본다. 미국의 권리장전 전문 요약은 Jellinek, G., Die Erklärung der Menschen-und Bürgerrechte, 1895 (김효전역, 『인권선언 논쟁』, 1991); 美濃部達吉譯,『人權宣言論外三篇』, 1929; 種谷春洋,『基本的人權の歷史』, 1979 참조.

③ 미국 연방헌법의 규정

1787년 9월 17일에 제정된 미연방헌법에는 인권장전이 규정되어 있지 않았다. 그러나 헌법심의과정에서와 각 주의 비준과정에서 인권장전 규정을 포섭하여야 한다는 주장이 많았다. 그러나 각 주 헌법에 인권선언이 규정되고 있으므로 연방헌법이 주 인권선언에 상위한다는 인권장전안위원회 설립의안은 부결되고, 인권을 보장하기 위한 국가기구의 구성만을 규정하였다.752)

원헌법에는 인신보호영장제도나 조세법률주의, 개별 주민의 타주에서의 시민권인정 등이 규정되고 있었다.753) 그 주된 이유는 구성국 중 일부 주가 인권장전을 규정하지 않은 데도 있다. 당시 인권장전을 규정하지 않은 주헌법은 New Jersey 헌법, South-Carolina 헌법, New York 헌법 및 Georgia 헌법 등이 있다.

1791년 이러한 주의 요구에 따라 수정헌법 10개조의 인권장전(Bill of Rights)이 제정되게 되었다.754) 그 뒤 19세기 후반에 와서 남북전쟁이 일어났고, 전후인 1865년에 수정헌법 제13조에서 노예제도를 폐지하였고, 수정헌법 제14조를 두어 법의 평등한 보호조항이 규정되었고, 흑인의 시민권이 보장되게 되었다. 나아가 1780년의 수정 제15조에서 흑인의 참정권을 인정하고 있다.

남녀평등에 관한 수정헌법은 여러 차례 연방의회를 통과하였으나 비준에 필요한 주의 4분의 3의 동의를 얻지 못하여 성립하지 못하고 있다.

3) 영 · 미에 있어서의 평등보장

(1) 영국에 있어서의 평등보장

영국에서는 앞서 보아 온 바와 같이, 인권선언 또는 성문헌법전이 없었기에 법의 지배(Rule of Law)의 원칙에 따라 인권을 보장하고 있다. Rule of Law의 3개 원칙으로 첫째로는, 법에서 금지되지 않는 한 개인의 자유가 보장된다는 원칙이고, 둘째로는, 누구나 법 위에 있는 사람은 없으며, 모든 사람이 그 계층이나 신분에 관계없이 일반법에 복종하고 일반 재판권에 속한다는 것이다. 따라서 이는 모든 사람에 대하여 법 아래서의 평등이 인정되게 된다. 셋째로는, Rule of Law는 Common Law 하의 법원에 의하여 인권이 보장된다는 것을 말한다고 한다.755)

---

752) 헌법의 성립사에 관해서는 많은 저술들이 있으나 여기서는 간단한 것만 들기로 한다. Dolbeare, op. cit.; Cogan, op. cit.; Bowen, op. cit.; Rossiter, op. cit. 등 참조.

753) 상세한 것은 문홍주, 『미국헌법과 기본적 인권』, 2002; 안경환, 평등권 - 미국 헌법을 중심으로, 「헌법재판연구」 제6권, 『기본권의 개념과 범위에 관한 연구』, 37-166면; 이종상, 평등보장의 이론과 실제적 적용에 관한 고찰, 부산대학교 박사학위논문, 1981; 윤후정, 『기본적 인권과 평등』, 1997 참조.

754) Bill of Rights의 성립사에 관해서는 Schwarz, B., The Great Rights of Mankind, 1977; Hickok, E., The Bill of Rights, Original Meaning and Current Understanding, 1996 등 참조.

755) Dicey, An Introduction to the study of the law of Constitution, pp. 203-205; 다이시, 안경환 · 김종철 공역, 『헌법학입문』, 115-200면.

영국에 있어서는 자유는 중시되었으나 평등은 중시되지 않는 듯했다. 왕족, 귀족, 승려, 서민계급이 엄연히 존재하고 있고, 평등은 차별에서의 자유로만 생각하였다. 왜냐하면 완전한 평등은 사회에서 불가능한 것이므로 불평등은 인정하여야 한다는 것이다. 다만, 성·인종과 장애에 따른 차별은 고차의 도덕적 이상(a higher moral ideal)에 반하는 것이라고 보며 불법이라고 한다.756) 그리하여 반차별법이 등장하나 이것도 완전한 실현은 어렵다고 보고 있었다.

그러나 20세기 후반에 와서 국회입법에 의한 차별금지가 행해지고 있다. 1976년의 인종관계법(Race Relations Act, 1976)이 인종차별을 금지하고 있다.757) 종교와 정치에 의한 차별은 이 법에 저촉되지 않는다고 한다. 성에 의한 차별금지법으로는 동일임금법(Equal Pay Act, 1970)과 성차별법(Sex Discrimination Act, 1975) 등이 있고, EC법에 의한 차별금지법이 있다.

1995년에는 장애자차별금지법(Disability Discrimination)이 제정되었다. 이 밖에도 EU법을 영국법으로 편입한 경우도 있다.

1998년의 인권법(Human Rights Bill of 1998)은 유럽인권헌장을 영국법으로 편입하고 있다.758) 이로써 인권 후진국이었던 영국이 인권보장의 선진국 대열에 합류했다고 하겠다.

(2) 미국에 있어서의 평등보장

① 서

미국에서처럼 평등규정이 중요한 헌법문제로 등장한 나라도 없을 것이다. 미국은 노예문제로 남북전쟁을 일으켰고, 그 여파로 수정헌법 제14조를 추가하였다. 이 수정헌법 제14조의 해석은 미국에서 가장 어려운 문제로 등장했고, 판례이론의 발전과 의회입법에 따라 흑인에 대한 차별이 시정되게 되었다.759) 이뿐만 아니라 빈곤자 등 사회적 약자에 대한 보호도 행해지고 있다.760) 여성과 흑·백인에 대한 적극적 보호조치행동계획(affirmative action)도 행해지고 있다.

미국에서의 평등권에 대한 서술은 우리나라에서도 많이 행해지고 있다. 예를 들면 문홍주·서주실·윤후정·이종상·안경환 교수들이 많은 논술을 하고 있기 때문에 여기서의 상론은 생략하기로 한다.761) 이하에서는 원론적 문제를 약간 다루어 보기로 한다.

---

756) Shorts/de Than, Civil Liberties, p. 535 ff.; Allen/Thompson, Constitutional & Administrative Law, 4th ed. pp. 176-238.

757) 차별금지법에 관한 것은 Shorts/de Than, op. cit., p. 731-752; Barnett, Constitutional and Administrative Law, 3rd ed. 2000, p. 108-109, p. 879-940 참조.

758) Blackburn, R., Towards a Constitutional Bill of Rights for the United Kingdom, 1999.

759) 상세한 내용에 대해서는 Eisenberg, Th., Civil Rights Legislation, 3rd ed. 1990; Nowak/Rotunda, Constitutional Law, 5th ed. p. 637 ff. 및 미국헌법 교과서 참조.

760) 예컨대 The Right to Equal Educational Opportunity, The Right to Equal Employment Opportunity 등이 실현되었다. 상세한 것은 Dorsen (ed.), The Rights of Americans, What they are what they should be, 1970 등 참조.

761) 문홍주, 『미국 헌법과 기본적 인권』, 2002; 윤후정, 『기본적 인권과 평등』, 1997; 안경환, 평등권

② 수정헌법 제14조

미국 헌법의 평등규정인 수정헌법 제14조는 「어떤 주도 그 관할구역 안에 있는 사람에게 법의 평등한 보호를 부정해서는 안 된다」고 하고 있는데, 이 조항의 해석에 어려운 문제가 많다.762)

첫째로, 이 조항은 「법은 모든 사람을 평등하게 취급하라」는 뜻이다. 이 조항에서 문제가 되는 것은 어떤 차별이 문제되며, 주체(Who)가 누구인가가 문제된다.

둘째로는, 「동등한 인간은 법에 따라 평등하게 취급되어야 한다」는 해석이다. 이것은 기회의 평등을 의미한다. 여기서 문제가 되는 것은 평등보호가 무엇인가 하는 것이다.

셋째로는, 이론상 평등한 권리란 무엇인가 하는 것이며, 특히 인종차별 문제와 관련되어 여러 견해가 대립되어 있다.

법의 평등을 법 아래에서의 기회균등(equality of opportunity)인데 이 경우는 형식적 평등(formal equality)을 말한다. 이에 대하여 법의 평등을 실질적 평등(actual and real equality)으로 보는 견해이다. 또 하나는 다른 가치체계 간의 평등(equality between different value system), 즉 인종 간의 분리와 독립을 주장하는 평등이 있다.763)

③ 평등의 적용범위

에머슨(Emerson)은 법 아래의 평등을 (i) 일반원리 인종차별의 배경, (ii) 신체의 안전, (iii) 선거에 있어서의 인종차별, (iv) 주택문제에 있어서의 인종차별, (v) 고용에 있어서의 인종차별, (vi) 교육에 있어서의 평등, (vii) 공공시설에 있어서의 인종차별, (viii) 법 앞의 평등 ― 인종차별에서 다른 차별로, (ix) 성차별과 법 앞의 평등, (x) 새로운 평등보호로 나누어 고찰하고 있다.764)765)

④ 차별심사기준

차별기준으로서는766) 삼단계방식(three tier Formulation)이 주장된다(Brennan & Marshall). (i) 금지되어야 할 차별로 인종 내지 성에 의한 차별이 있으며, 이러한 차별은 절대적으로 금지된다. (ii) 투표, 형사, 최저한의 필요물 등 사항에 관하여 적용되는 본질적 기본권의 보장을 위한 엄격심사기준이라고 한다. (iii) 기타 사항에 대하여는 실질적 이유테스트(substantial reason test)를 적용한다. 합리성테스트라고도 한다.767)

- 미국헌법을 중심으로, 헌법재판연구 제6권, 『기본권의 개념과 범위에 관한 연구』, 37-166면; 이종상, 평등보장의 이론과 실제적 적용에 관한 고찰, 부산대학교 박사학위논문, 1981.

762) 미국 수정 헌법 제14조의 해석은 미국 헌법상 가장 중요한 것으로 등장하였다. 상세한 것은 안경환, 전게서, 38면 이하 참조.

763) Michelman, On Protecting the Poor through the Fourteenth Amendment, 83 Harvard Law Review 7 (1969).

764) T. I. Emerson-木下毅, 『現代アメリカ憲法』, 1978.

765) 문홍주 교수는 (i) 총설, (ii) 인종차별, (iii) 선거와 평등권, (iv) 불평등한 선거권, (v) 소송과 불평등, (vi) 재산소유권에 대한 차별, (vii) 사생아에 대한 차별, (viii) 성별·연령·혼인에 의한 차별과 차별과세, (ix) 외국인에 대한 차별로 나누고 있다.

766) 윤후정, 『기본적 인권과 평등』, 4면 이하; 안경환, 전게 논문, 45면 이하.

767) 상세한 것은 문홍주, 『미국 헌법과 기본적 인권』, 2002 참조.

미국에 있어서는 평등권의 침해를 누가 하느냐에 따라서 규율이 달라질 수 있다. 첫째로는 연방법률이나 연방집행에 의한 차별이고, 둘째로는 주정부나 주입법에 의한 차별이 있고, 셋째로는 사인(Private)에 의한 차별이 행해지고 있다.

미국에서의 대법원에 의한 평등권 보장 판례는 많으며, 최근의 적극적 평등조치 (affirmative action)에 대해서도 호의적이다.[768] 평등보호 조항은 다른 기본권 (fundamental rights)을 평등하게 보장하는 의의와 역할을 한다.

⑤ 권리냐 원칙이냐 구속력 문제

수정헌법 제14조의 기초자들은 자연법적 권리인 평등권의 「원초적 보장」으로 생각하였다.[769] 그러나 대법원은 이를 원칙규범으로 보고 있는 것 같다. 처음에는 이것이 행정행위에 있어서의 공정성으로만 생각되었다. 그것이 법집행에 있어서의 공정하고 평등한 요구 이상으로 법 자체가 평등하기를 요구하였다. 이로써 법의 평등한 보호는 평등한 법보장에 대한 서약이라고 인식되게 되었다.[770] 이로써 수정헌법 제14조는 주법을 규제했을 뿐만 아니라 수정 제5조의 적법절차를 통하여 연방법규도 구속되게 되었다.[771] 연방 법률에 의한 차별은 수정 제5조의 적법절차에 내포되어 평등보호에 따라 심사되어야 한다고 한다.[772] 대법원은 평등권을 집단이나 그룹의 권리가 아니라 개인의 권리(Claim)로 인정하고, 정부에 대한 소권을 인정하고 있다. 주요 기본권의 평등보장에 관해서는 많은 판례가 축적되어 있다.

수정헌법 제14조 1절 2항에서 각 주는 적법절차에 의하지 아니하고는 생명·자유 또는 재산을 박탈할 수 없다고 규정하고 있다. 이 자유·생명·재산은 자연권이라고 하겠다. 평등보호 조항은 그 다음에 규정되어 있다. 이것을 합해 보면 권리임을 알 수 있다. 이러한 불평등은 연방과 주, 지방자치단체에 의하여 행해지는데, 이는 수정헌법 제14조에 의하여 규율될 수 있었다. 그러나 사인에 의한 불평등에 대해서는 규정이 없었다. 이에 사인의 행위도 그것이 주행위(state action)에 속하는 것으로 보는 평등권의 제3자적 효력이 판례상 발전되게 되었다.[773][774]

---

768) 미국에 있어서의 평등권에 관한 교재는 부지기수이다.
Nowak/Rotunda, Constitutional Law, 5th ed., 1995; Tribe, American Constitutional Law, 1997; Emerson/Haber/Dorsen, Political and Civil Rights in the United States, Vol. 2, Discrimination, 1967; Fisher, L., American Constitutional Law, 1995; Rotunda, Constitutional Law; Baer, Equality under Constitution, 1984; Pole, The Pursuit of Equality in American History, 1978; Garvey/Aleinikoff, Modern Constitutional Theory Reader, 1994; Chemerinsky, Constitutional Law, Principles and Policies, 2002; Selected Essays on Constitutional Law by AALS, 1963; Nowak/Rotunda, Treatises on Constitutional Law, Vol. 1-3, 1986.
769) Tussman & TenBroek, The equal protection of the laws, AALS, Selected Essays on Constitutional Law, p. 789-790.
770) Matheus in Yick Wo v. Hopkins, 118 U.S. 356, 358 (1880).
771) 상세한 것은 戶松秀典, 『平等原則と司法審査』, 1990.
772) Nowak/Rotunda, Constitutional Law, p. 596.
773) 상세한 것은 김철수, 『헌법학개론』, 2005, 326면 이하 참조.
774) 미국 헌법상 평등보장에 대해서는 윤후정, 전게서, 1-134면; 안경환, 상게 논문, 37-166면; 문홍주, 전게서, 96-217면 참조.

2. 프랑스 헌법상의 평등권

1) 프랑스에 있어서의 평등사상의 발전

(1) 몽테스키외의 평등사상

몽테스키외(Montesquieu)는 『법의 정신』에서 인간의 자유와 평등을 강조하고 있다.775) 그는 「자유란 법이 허용하는 모든 것을 할 권리이며 어떤 사람이 법이 금지하는 것을 허용한다고 한다면, 그는 더 이상 자유를 가지지 않게 된다」고 하였다. 그는 노예제에 대해서 비판하면서 평등을 주장하고 있다. 「모든 인간은 평등하게 탄생했기 때문에 어떤 나라에서 노예가 자연적 이유에 기초한다고 하더라도 그것은 자연에 반하는 것이라고 하지 않을 수 없다」고 하고 있다.776) 그는 노예상태는 그 본성에서 보아 악이라고 했다.777) 그것은 주인에게도 유용한 것이 아니고 노예에게도 유용한 것이 아니다. 그 이유는 주인에게는 노예의 나쁜 성격을 옮아 받아 모든 윤리적 덕을 결핍하게 되며 거기에 적응하게 된다고 했다. 민주정치에 있어 노예는 헌법의 정신에 위반한다고 하였다. 비록 노예제도가 자연적 이유를 가진다고 하더라도 그러한 나라의 격차가 너무 크기 때문에 자연적 이유로서 거부되고 있으며, 유럽에서처럼 폐지되는 것이 보다 행복하다고 하고 있다. 그러나 노예제도와 특권층 제도 등은 전제 정부에 대한 요새로서 인정하고 있었다.778)

2) 루소의 평등사상

루소(Rousseau)는 평등을 주장한 가장 중요한 사상가로 알려져 있다. 그는 1755년에 『인간불평등기원론』을 썼는데 그 결론으로서 「불평등은 자연상태에 있어서는 거의 없기 때문에 불평등은 우리들의 능력의 발달과 인간 정신의 진보에 따라서 그 힘을 얻고, 또 그것을 증대시킨 것이며 끝내 재산과 법률의 제정에 의하여 안정하고 정당하게 된다」고 하고 있다. 또 「단순히 실정법에 의하여 인가된 인위적 불평등은 그것이 같은 비례로 자연적 불평등과 부합하지 않는 경우에는 언제든지 자연법에 반한다고 할 수 있다 …

---

775) 몽테스키외의 평등사상에 대해서는 Montesquieu, De l'Esprit des lois, 1748; Carrithers, "The Spirit of Laws" a compendium of the first engl. ed. 1977; Fetscher, Montesquieu and English Politics, 1750-1800, 1939; Carcasonne, E., Montesquieu et le probléme de la constitution français au 18ᵉ siècle; 차하순, 『형평의 연구』, 1983; 정인홍, 『서구 정치사상사』, 2000; 최종고, 『법사상사』, 1992; 차하순외, 『근대 정치사상사 연구』, 1972; 上原行雄, モンテスキューの法思想とその 方法論的 基礎, 『法學論叢』제44권 제5, 6호; 佐伯宣親, 『近代自然法論の研究』, 1988, 359-383면; 福田歡一, 『近代政治原理成立史序說』, 1971 등 참조.
776) Montesquieu, De l'Esprit des lois, 제15권 7장.
777) Montesquieu, De l'Esprit des lois, 제15권 1장.
778) Palmer, Equality, op. cit., p. 143.

또 굶주린 대중에게는 필수품이 부족한데 한 줌의 사람에게는 필수품이 아닌 물건을 지나치게 많이 가진다고 하는 것은 자연법을 어떻게 정의하더라도 명백히 자연법에 반하는 것이다」고 하고 있다.[779]

그는 불평등의 태양을 단계적으로 구분하고 있다. 그는 여러 가지 변혁 중에서 불평등의 진전을 보면 법률과 소유권의 설립이 제1기이고, 위정자의 설립이 제2기이고, 최후의 제3기는 합법적인 권력에서 전제적 권력에의 변화라고 한다. 이 제1기에는 「부자와 빈자」, 제2기에는 「강자와 약자」, 제3기에는 「주인과 노예」 관계가 성립한다고 했다.[780]

Rousseau는 1762년의 『사회계약론』에서 「인간은 자유로운 것으로 출생했다. 그러나 어디에서나 쇠사슬에 묶여 있다. 자기가 타인의 주인이라고 생각하는 사람도 사실에 있어서는 그 사람들 이상으로 노예상태에 있다」고 하면서, 자유를 보유하기 위하여 사회계약을 맺어 자유를 수호해야 한다고 하고 있다. Rousseau는 「인간은 생활을 좋게 하고 간소화하기 위하여서는 자연으로 돌아가야 한다. 그리하여 인간은 다시 자유롭고 평등하여야 한다. 이러한 주장은 현존 상태 중에서 인민이 주권자이며 인민의 일반의사를 통하여 인민 자신에 바른 법률을 제공하고 인민이 선택한 정부를 엄중히 감시하여 인민이 원하는 경우에는 언제든지 그 정부의 권력을 제한하고 수정하고 박탈하는 국가에 있어서만 가능하다」고 하였다.

그는 「자유는 확실한 평등이 없으면 존재할 수 없는 것이다. 부의 불평등은 정치적 권리를 공허한 외관으로 떨어뜨리게 한다. 평등이 없으면 자유는 없다」고 하면서, 입법의 궁극적인 목적은 두 가지 목적, 자유와 평등을 보장하기 위한 것이라고 하면서, 「사물의 힘은 항상 평등을 파괴하는 경향이 있으며 그 때문에 입법의 힘은 항상 평등을 유지하도록 활동하여야 한다」고 했다. 그는 과거의 평등입법이 정치적 평등, 형식적 평등에 치중했던 것에서 떠나 경제적 · 사회적 평등을 이야기하고 있다.

「평등은 권력과 부의 절대적 동일이라고 이해해서는 안 된다. … 부에 있어서는 어떤 시민도 그것으로 다른 시민을 살 수 있을 정도로 풍부해서는 안 되며, 또 어떤

---

779) 루소의 평등사상에 대해서는 Rousseau, De contrat social, 1762; Rousseau, Discours sur l'origine et fondaments de l'inégalité parmi les hommes, 1795; Rousseau, Oeuvres complètes, Paris, 1905; Mensch, E. J. J. Rousseau, der Philosophie des Naturrechts, 1907; Fetscher, I., Rousseaus politische Philosophie, 1960; Cobban A., Rousseau and modern state, 1964; Vaughan, The Political Writings of Jean Jacque Rousseau, 1915; Masters R. D., The political philosophy of Rousseau, 1976; Wright, E. H., The meaning of Rousseau, 1929; Manuel/Manuel, Utopian Thought in the Western World, p. 436-452; Boucher/Kelly (eds.), The social contract from Hobbes to Rawls, 1994 (日譯, 飯島/佐藤, 『社會契約論』, 1997); Dann, Gleichheit, Geschichtliche Grundbegriff, Bd. 2. S. 1015-1016; 平田清明저, 장하진역, 『사회사상사』, 110-128면; 杉原泰雄編, 『講座 · 憲法學の基礎, 憲法思想』, 1989; 小笠原弘親, 『初期ルソーの政治思想』, 1979; 桑原武夫編, 『ルソー論集』, 1970; 樋口謹一, 『ルソーの政治思想』, 1978; 佐伯宣親, 『近代自然法論の研究』, 1988; 福田歡一, 『近代政治原理成立史序説』, 1971; 차하순, 『형평의 연구』, 1983; 차하순 외, 『근대 정치사상사 연구』, 1972; 정인흥, 『서구 정치사상사』, 1992; 한스 벨첼, 박은정역, 『자연법과 실질적 정의』, 2001 등 참조.

780) 상세한 것은 佐伯宣親, 『近代自然法論の研究』, 218-221면 참조.

시민도 자기 몸을 팔 수밖에 없도록 할 정도로 가난해서는 안 된다」고 주장하고 있다.
Rousseau에 있어서의 평등 이상 사회는 「각자가 땅과 점포를 가져 임금노동자가 되지
않더라도 가족을 양육할 수 있는 사회, 당시의 사회에서는 농민과 장인, 소매상인의
사회에 대응하는 독립생산자의 사회」형성을 이상으로 삼았다.

Rousseau는 1771년에는 Poland의 헌법초안을 작성하였는데 시민의 평등한 정치참
여를 강조하였다. Rousseau는 평등권으로서 (i) 법률의 제정에 참가하는 평등한 권리,
(ii) 법 아래 평등한 대우를 받을 권리, (iii) 법률에 정하지 않은 사항에 대한 불이익을
과해지지 않을 권리를 주장하였다. 그는 인위적 불평등에서의 탈피를 위하여 자연상태
로 회귀할 것을 요구하고 있다. Rousseau의 인간평등론은 법률과 소유권제도의 평등,
위정자직 선임에 있어서의 평등을 강조하고 전제권력의 타파를 위한 총의(volonté
général)에 따른 사회계약의 체결을 강조하였다. Rousseau의 평등사상은 프랑스혁명
의 이론으로서 중요한 역할을 하였다.[781] 특히 1793년 헌법제정 시에는 기본적 인권
중에서 평등권을 가장 중시하게 되었다.

(3) Sieyès, E. J.의 평등사상

프랑스혁명기의 헌법사상가로서는 Sieyès를 들 수 있다. Sieyès는 1789년 인권선언
기초에 결정적인 역할을 하였다.[782] 그는 권리선언에 관한 개인 초안의 하나로 7월
20일과 21일에 「헌법전문, 인간 및 시민의 권리선언의 승인 및 이론적 해설」이라는
초안을 제출하였다. 이것을 편의상 7월 초안이라고 한다. 8월 12일에는 「사회에 있어서의
인간의 권리선언」을 제출하였다. 이것을 8월 초안이라고 한다.

Sieyès는 자연상태에서도 소유의 문제가 이미 발생해 있다고 보았다. 그는 사회상태는
「자연법의 계속」이라고 본다. 그는 자유를 다음과 같이 정의했다. 「인간 소유의 행사에
있어서, 또 물적 소유의 사용에 있어서도 조금도 불안을 가지지 않고 살 수 있는 보장을
가진 자는 자유이다. 따라서 모든 시민은 서고, 가고, 생각하고, 말하고, 쓰고, 인쇄하고,
출판하고, 노동하고, 생산하며 보관하고 수송하고, 교환하고 소비하는 등의 권리를 가진다」.

Sieyès는 수단의 불평등을 인정하면서 수단의 불평등은 자연적인 것으로 보고 있다.
그는 시민 간에 차이를 가져오는 이익은 시민으로서의 성질을 초월한 문제라고 보고
있다. 재산이나 기능의 불평등은 연령, 성, 신장, 피부색 등과 같은 불평등이라고 보고
있다. 사회상태에 들어가면 권리의 평등은 보장되나, 수단의 불평등이 시정되는 것은
아니다. 따라서 재산의 불평등한 추구는 타인의 권리 또는 공동의 이익을 해치지 않는

---

781) 프랑스혁명 시의 평등사상에 대해서는 Jouet G., De l'evolution de l'idée d'égalité dans le droit
public française, thèse, Paris, 1909; Grab, W., Die Französische Revolution. Eine Dokumentation,
1973; Soboul, A., Die Grosse Französische Revolution, 1983; 辻村みよ子, 『フランス革命の憲法原
理』, 1989; 辻村みよ子, 『人權の普遍性と歷史性』, 1992 참조.
782) 시에예스에 관해서는 Sieyès, 박인수 옮김, 『제3신분이란 무엇인가』, 2003; 稻本洋之助他譯, 『第三身分
とは何か』, 2011; Bastid, P., Sieyès et sa pensée, Paris, 1939/1978; Van Deusen, Sieyès: his
life and his nationalism, 1932; 浦田一郎, 『シエースの憲法思想』, 1987 참조.

한 법률의 규제를 받지 않는다고 하였다. 「선천적·후천적 능력에 의하여 다소간 혜택을 받은 우연에 의하여 행운이나 보다 생산적인 노동이 가져올 수 있는 모든 것으로 각인이 소유를 증대시키고, 자기의 합법적인 입장에서 높은 지위에 취임하고, 자기의 취미에 가장 적합한 선망에 값하는 행복을 각자 만들어내는 것은 공통의 법을 방해하는 것이 아니다」고 하여 재산의 불평등을 인정하고 있었다.

Sieyès는 7월 초안에서 「모든 시민은 평등하게 법률에 복종한다」(제14조)고 하고 특권의 금지(제15조), 수단에 있어서는 불평등하더라도 권리에 있어서는 평등하지 않으면 안 된다. 법률 앞에서는 모든 사람은 타인과 같은 권리를 가지며 법률은 그들을 차별없이 보호한다(제16조). 모든 사람은 동등의 보장과 동등의 안전을 누리지 않으면 안 된다(제17조). 법률은 시민에 평등한 의무를 부과하는 것이며, 법률은 범죄자를 평등하게 처벌하지 않으면 안 된다(제18조) 등을 제안하고 있다.783)

그러나 Sieyès의 평등권론은, 재산권의 불평등은 연령에 의한 불평등과 같이 자연적인 것으로 보고 법률에 의한 불평등의 제한까지는 인정하지 않고 있었다.

(4) Condorcet의 평등사상

Condorcet는 그의 인권선언 초안에서 모든 인간은 그 본성에 따라서 자연권을 평등하게 향유한다고 보고 자연적 평등이 제1의 기초라고 보았다. 물론 인간의 본성과의 연관에서 평등은 자유와 불가분적으로 결합되어 있었다. 이 자연적 평등의 보장은 정의의 영원한 과제였으나, 이 요청은 어디까지나 형식적 평등을 의미하고 실질적 평등을 포함하지 않았다. 또 권리의 평등에 불과하고 사실상의 불평등을 문제 삼지 않았다.784)

(5) Robespierre의 평등사상

Rousseau에 가장 많은 영향을 받은 Robespierre는 평등과 소유의 문제를 중시하고 있었다. Robespierre는 「모든 정치적 결합의 목적은 사람의 시효에 의하여 소멸할 수 없는 자연적 제권리의 유지와 사람의 능력의 발전에 있다」고 하고, 기본적 권리는 '자기의 생존의 유지에 대비한 권리'와 '자유'라고 하고 있다. 그는 「권리는 그 육체적·정신적 능력의 차이에도 불구하고 만인에 속한다. 권리의 평등은 자연에 의하여 창설된다. 사회는 이를 침해하는 것이 아니고, 평등을 환상으로 하는 힘의 남용에 대하여 오로지 이를 보호하는 것이다」고 하고 있다. Robespierre는 생존권을 제일 중시하였는데, 생존권의 실현을 위해서는 소유권을 법률로써 제한할 수 있다고 하여 자연권성을 부정하였다.

---

783) 상세한 것은 Sieyès 초안 「인간 및 시민의 승인과 이론적 표명」, 1789; 辻村みよ子, 『人權の普遍性と歷史性』, 1992 참조.
784) 콩도르세에 관해서는 Condorcet: Political Writings, ed. by Steven Lukes and Nadia Urbinati, Cambridge Texts, 2012; Condorcet, Progress of the Human Mind, 1794; 니콜라 드 콩도르세, 이주환 옮김, 『콩도르세, 공교육에 관한 다섯 논문: 혁명, 프랑스에 공교육의 기초를 묻다』(살림터, 2019) 참조.

그는 사회적 평등, 권리의 평등의 실질적 보장을 구체화하는 방법으로서 「생존의 유지에 대비하는 권리」를 중시하였는데, 이에는 노동권, 사회보장수급권을 인정하고 있다. 이 사회보장수급권은 공적 부조를 받을 권리로서 「생활필수품에 해당하는 물품을 결핍하는 사람들에 대한 필요불가결한 부조는 여유를 가지는 자의 부채이다. 이 부채를 지불하는 방법은 법률로 정한다」고 하였다. 그러나 그는 대재산을 제한하고 그 여유를 재원으로 한 빈자의 구조를 생각하였으나, 만인의 생존권의 보장이라고 하는 이상으로 사적 소유를 제한하거나 부의 불평등을 시정할 의도는 없었다. 그는 형성 도상의 자본주의 사회를 용인하되, 그 틀 안에서 사회보장의 실현을 요구하는데 그쳤다.[785] 이점에서 그는 소부르주아적 평등주의자라고 폄하되기도 한다.

(6) Varlet의 평등사상

Varlet도 1795년 혁명기에 평등사상을 강조하였다. 그는 「전세계의 인간은 자유 또 권리에 있어서 평등으로 탄생하고 존재하며, 또 그렇게 계속되지 않으면 안 된다」고 했다. 이 제일의 원리가 무시되고 오해되는 곳에서는 어디에서나 전제와 무정부상태가 군림한다고 하였다. 그는 자유와 함께 평등을 중시하면서 평등을 사회적 원리로서 실질적으로 보장하려고 하였다. 그는 (i) 능력에 따른 공직취임, (ii) 누진적인 조세분담, (iii) 노동 생산물에 대한 과세금지, (vi) 차별적인 표장의 일반적 금지, (v) 사회적 보상은 봉사의 가치에 따라 단계적으로 인정된다고 했다. 그는 사유재산권을 인정하면서 사회적 제한을 추진하여 경제적인 불평등을 해소하려고 하였다.[786] 그는 공공의 행복을 희생하여 축적된 재산에 대해서는 국유화할 것을 주장하였다(제20조). 그는 교육을 중시하고 교육에 의하여 비로소 시민의 권리행사가 가능하다고 하였다. 나아가 교육은 시민에 대한 국가의 신성한 채무라고 인정하였다.

(7) Babeuf의 평등사상

Babeuf는 사회주의사상을 주장하여 평등권을 철저히 보장할 것을 주장하였다. 그는 인권, 사회적 평등을 보장하기 위하여 사적 소유권을 폐지하고 노동·배분의 평등을 달성하고 생존권의 보장을 기하였다.[787] Babeuf의 사회주의의 특색은 (i) 사유재산제를

---

785) 로베스피에르에 관해서는 J. M. Thompson, Robespierre, Vol. 2. Borodino Books, 2017; M. Kennedy, The Jacobin Clubs in the French Revolution, 1793-1795, Berghahn Books, 2000; Walter, G., Robespierre, 6e éd., 1946; Rude, G., Robespierre, 1975; 로베스피에르, 배기현 옮김, 『로베스피에르: 덕치와 공포정치』, 2009; 김경근, 『로베스피에르: 자유와 덕』, 2018; 장 마생, 양희영 옮김, 『로베스피에르: 혁명의 탄생』, 2005; 長谷川正安外編, 『フランス人權宣言と社會主義』, 22-27면 참조.

786) 장 프랑수아 발레(Jean-François Varlet)에 대해서는 Déclaration droit de l'homme, 1793; Blavier, Y., Jean-François Varlet après la révolution, in Annales historiques de la Révolution française, 284, 1991, p. 227-231; Jean Varlet as Defender of Direct Democracy, The Journal of Modern History, Vol. 39, No. 4 (1967), p. 387-404; 杉原泰雄, 『人權の歷史』, 1992, 75-87면 참조.

787) 바뵈프에 대해서는 Birchall, I. H., The Spectre of Babeuf, Palgrave Macmillan 1997; Mazauric,

모든 악의 근거로 하여 부정하는 것, (ii) 평등한 노동의무에 근거하고 있는 것, (iii) 배분의 평등을 중시하는 것이었다.

2) France 헌법의 평등조항

(1) 1789년 인권선언

프랑스 헌법에서 평등권을 규정한 것은 프랑스 혁명 후이다.[788] 1789년의 프랑스 인권선언은 제1조에서 「사람은 자유롭고도 권리에 있어서 평등한 것으로서 출생하고 또 생존한다」고 규정하고, 제6조에서 「모든 시민은 법 앞에서 평등하다」고 하고, 조세는 평등하게 배분되어야 한다고 규정하였다. 이 선언에서는 기본권으로서 자유, 평등, 박애를 이념으로 하고 자유권보장에 중점을 두었다.[789] 사회적인 차별은 공동의 이익을 위하여 서만 둘 수 있다(제1조).[790] 이에 따라 귀족과 시민을 차별하는 봉건제도가 타파되었고 제삼신분의 일반의회의 대표성이 인정되었고, 권리의 평등, 법의 평등, 처벌의 평등이 입법화되었다. 1791년 이후에는 선거권의 평등을 요구하였다.[791]

(2) 1793년 인권선언

그러나 1793년 헌법의 인권선언은 평등을 가장 중요한 기본권으로 규정하였기 때문에 자유의 4년 평등의 원년이라고도 불린다. 헌법의 모두에 있는 전문과 35개조로 된 인권선언(인간과 시민의 권리선언)은, 1789년 선언에서와는 달리 자유보다 평등을 강조하고,

C., (ed.), Babeauf texte choise; 樋口陽一, 『近代憲法の思想』, 1980, 32면 이하; 杉原泰雄, 『人民主權の史的展開』, 1978, 178-180면; 杉原泰雄, 『人權の歷史』, 75면 이하 참조.

788) 프랑스에 있어서의 평등권에 관해서는 Brunet, R., Le principle d'égalité en droit français, thèse Paris, 1910; Daney, P., Le principle d'égalité, thèse Bordeau, 1927; Sfez, Le leçon sur l'égalité, 1984; Colliard, C.-A., Libertés publiques, p. 185-210; 문광삼, 프랑스 헌법상 평등에 관한 고찰, 『법학연구』(부산대), 1996 참조.

789) 프랑스의 기본권 일반에 관해서는 Burdeau, G., Libertés publiques, 3ᵉ éd., 1966; Colliard, Libertés publique, 4ᵉ éd, Paris, 1972; Fenet, A., Les Libertés publique en France, 1976; Favoreu, Droit constitutionnel et droits de l'homme, 1987; Morange, J., Liberté public, 1985; Rivero, J., Les Liberté publique, 2ᵉ éd., 1984; Villey, M., Le droit et les droits de l'homme, 1983; 辻村みよ子, 『フランス革命の憲法原理』, 1989; 野村敬造, 『フランス憲法と基本的人權』, 1966; 辻村みよ子, 『人權の普遍性と歷史性』, 1992; 深瀬忠一, 1789年 人權宣言研究序說, 『北大法學論集』14권 3, 4호, 15권 1호, 18권 3호, 40권 1호, 1989; 김효전역, 『인권선언논쟁』, 1991; 정재황, 『기본권연구 I』, 1999; 조병륜 외, 인권의 철학적 근원과 발전, 『세계헌법연구』 제10호, 2004, 255-276면; 김승대, 프랑스 인권과 자유론에 대한 총론적 고찰, 『법과 인간의 존엄, 정경식박사화갑기념논문집』, 1997, 158-182면 참조.

790) 1789년의 인권선언에 관해서는 Jaume, L., Les déclarations des droit de l'homme (Du débat, 1789-1793), 1989; Rials, La déclaration des droits de l'homme, 1988; Gauchet, M., La Révolution des droits de l'homme, 1989; Association Française de constitutionnel et droits de l'homme, 1987; 辻村みよ子, 『人權の普遍性と歷史性』, 1992; 辻村みよ子, 『フランス革命の憲法原理』, 1989; 野村敬造, 『フランス憲法と基本的人權』, 1966; 김효전역, 『인권선언논쟁』, 1991 (인권선언의 원문과 번역은 201-206면); J. 모랑주, 변해철 옮김, 『1789년 인간과 시민의 권리선언』, 1999 참조.

791) 상세한 것은 Grab, W., Die französische Revolution, 1973 참조.

생존권적인 기본권을 처음으로 선언한 점에서 주목된다. 권리의 체계에 있어서는 제1조에서 사회의 목적이 「공동의 행복」에 있으며, 정부는 인간의 자연적 제권리를 향유하는 것을 보장하기 위하여 설립한 것임을 명백히 하고, 이어 그 보장이 정부 설립의 목적이 된 자연적 제권리의 내용으로서 「평등, 자유, 안전, 소유」의 넷을 들고 있다.

여기에서의 평등은 그 자체가 「법 앞의 평등」을 의미하는 기본원리였다. 「모든 사람은 본질적으로 또 법 앞에 평등이다」(제3조). 「법률은 … 보호를 하는 경우에나 처벌을 가하는 경우에도 모든 사람에 대하여 동등이다」(제4조)고 규정함으로써 평등 자체가 불가침의 기본권임을 강조하였다. 나아가 공직취임의 평등(제5조), 입법참가권의 평등(제29조) 등 평등을 실현하기 위한 구체적 규정이 보다 상세히 규정되어 있다. 또 실질적인 평등을 보장하기 위하여 불가결한 공적 부조나 교육에 관한 규정을 두어 사회적·경제적 평등의 실질적 보장에의 집념을 나타내고 있었다.792) 1794년에는 흑인이 백인과 같은 권리를 가지게 되었고, 프랑스 식민지에서는 노예제도가 폐지되었다.793) 이후 소시민들과 생산층은 사회적 평등을 주장하게 되었다.

(3) 왕정복고 후 인권 규정

왕정복고 후의 1795년의 인권선언은 제1조에서 인간의 권리를 자유, 평등, 안전, 소유권으로 규정하였으며, 평등권에 대해서는 제3조에서 규정하고, 법의 정립, 대표자의 임명에 있어서의 평등한 권리(제20조)가 규정되었다.794)

1799년의 헌법에는 아예 인권선언 규정이 없었다. 또 선거권에 관한 제7조에서 만 21세 이상의 능력을 가진 남자에게 인정하여 제한선거를 실시하였다. 1814년의 헌장도 평등권에 관하여 제1조에서 법 앞의 평등을, 제2조에서 평등하게 공직에 취임하는 권리를 규정하였으나, 귀족원을 유지하는 등 정치적 평등이 보장되지 않았다.

(4) 1848년 헌법 이후

1848년 헌법은 2월 혁명의 결과 만들어졌는데 종래의 인권에 비하여 많은 사회권이 인정되었고, 단원제로 하며 보통선거를 도입하였다. 전문에서는 III에서 프랑스 공화국의 실정법에 선행 우월하는 권리 및 의무를 규정하였다. IV에서는 프랑스 공화국은 자유, 평등 및 박애를 원리로 하고, 또 가족, 노동, 소유권, 공공질서를 기초로 한다고 정하였다. VIII에서는 공화국은 시민을 그 인격, 종교, 소유권, 노동에서 보호해야 할 것으로 하고 또 모든 사람에 있어 불가결의 교육을 받을 권리를 포함시켰다. 공화국은 박애의 부조에 의하여 빈곤 시민의 생존을 확보하여야 할 것으로 하고, 자금의 조달 한도 내에서 노동을 소개하고 가족이 없는 경우에 노동을 할 수 없는 사람에게 부조를 준다고 규정하였다.

792) 1793년의 인권선언에 관해서는 辻村みよ子, 『フランス革命の憲法原理』, 1989 참조.
793) 평등권의 실현에 대해서는 Soboul, Die Große Französische Revolution, S. 558 ff. 참조.
794) 프랑스 헌법상 인권 규정의 변천에 대해서는 Duverger/Sfez, Die staatsbürgerlichen Freiheitsrechte in Frankreich und in der Union Française, Die Grundrechte, Bd. I, S. 545-658 참조.

1848년 공화국헌법 제2장에 있어서 보호되는 권리로 자유권, 사회권, 평등권을 규정하였는데, 평등권에는 제사를 행할 때 국가에서의 평등한 보호(제7조), 모든 공직에의 평등한 취임, 모든 귀족의 칭호, 모든 출생에 의한 계급이나 또는 계층에 의한 차별의 영구적 폐지를 규정하였다.

1852년 헌법은 제1장 제1조에서「헌법은 1789년에 선언된 대원칙이 프랑스인의 공권상의 기초임을 승인하고 확인하고 또 보장하는 것」이라고 하여 새로운 인권선언규정을 두지 않고, 1789년의 인권선언을 승인하고 있다. 1875년의 프랑스 제3공화국헌법은 인권의 규정을 두지 아니하였다.

(5) 1946년 헌법 규정

1946년의 제4공화국 헌법은 인권에 관해서는 전문에서 생존권을 상세히 추가하고 그 외에는 1789년의 인권선언을 인권규정으로 대체하였다. 1946년 헌법전문에서도 평등권을 규정하고 있다. 특히 인종, 종교 및 신앙의 차별 없는 평등과 권리의 보유, 남녀양성의 평등한 권리보장(§ 3), 국가가 재앙으로 인한 공적 부담에 있어서의 연대책임과 부담의 평등(§ 12), 그리고 청소년의 교육과 문화를 접하는데 있어서의 평등(§ 13)을 규정하고 있다. 이 규정들은 실질적 평등을 규정한 것이라고 인정되었다.

(6) 1958년 헌법 규정

1958년 헌법도 인권 규정은 1789년의 인권선언임을 규정하였다. 이로써 평등권 규정은 후퇴하였다고 할 수 있다. 다만, 1958년 헌법 제2조는「프랑스 공화국은 출신, 인종 또는 종교의 차별 없이 모든 시민에 대하여 법 앞에서의 평등을 보장한다」고 하고 있다. 현행 헌법은 이 원칙조항 외에도 구체적 규정을 추가하고 있다. 구체적 평등규정으로서는 헌법 제6조는 보호와 처벌에 있어서의 평등과, 능력에 따른 평등한 공직취임을 규정하고 있다. 제13조는 능력에 따른 평등과세의 원칙을 선언하고 있다.

3) 프랑스 헌법상의 평등조항의 의의

(1) 학설

1958년 프랑스 헌법 제2조가「프랑스 공화국은 출신, 인종 또는 종교의 차별 없이 모든 시민에게 대하여 법 앞에서의 평등을 보장한다」고 하고 있는데, 이 규정이 무엇을 뜻하는가에 대해서 견해의 대립이 있다.

① 원칙규정설

이 조항과 함께 전문에서 인용되고 있는 프랑스 인권선언(1789)이 법원으로서 인정되고 있다. 이 1789년의 인권선언은「인간은 권리에 있어서 자유롭고 평등하게 태어나 존재한다. 사회적 차별은 공공이익을 근거로 해서만 행하여질 수 있다」고 선언하고 있다(제1조).

이 1789년 인권선언 제1조는 일반적인 평등원칙을 선언한 것이라고 이해되고 있다. 평등은 법의 일반원리(un principle général de droit)를 의미한다고 한다. Chatelain은 1958년 헌법전문은 법적 구속력을 결여한다고 생각하는 것이 일반적이라고 한다.[795]

② 구체적 권리설

이에 대하여 평등은 원칙규범에서 권리규범으로 되었다는 의견도 있다. 역사적으로 보더라도 1793년 헌법은 제1조와 제2조에서 평등권을 자연권으로 선언하고 있고, 법 앞의 평등을 제3조에서 규정하고 있다. 프랑스에서는 법실증주의적 견지에서 법률의 우위를 인정하는 경우가 많은데, 법의 제정의 평등까지 규정하고 있는 1793년 헌법으로 볼 때 자연권이 명백하다고 볼 수 있다.[796] 또 구체적 권리로서 공직취임에서의 평등이 규정되었고, 1958년 헌법에서도 이를 평등권규정으로 보아야 한다는 이론이 있다. Vedel 은 1958년 전문은 「실정 헌법으로서의 효력을 가진다」고 하고 있다.[797]

③ 실제

프랑스에서는 국민대표자의 입법권이 중시되어 이 일반의사의 표현인 법률의 우월성 때문에 입법을 통하여 평등권이 신장된 경우가 많았다. 이러한 이유로 18세기의 인권선언 은 형식적 측면이 강하였다. 그것이 1946년 헌법에서부터 실질적 평등을 지향하는 조문이 많아졌다. 헌법평의회의 판례도 평등권 보장에 적극적인 것으로 보인다.[798] 남녀평등, 선거권의 평등 등은 이미 입법에 의하여 이루어졌다. 헌법평의회(헌법원)는 1973년 12월 27일의 판결에서[799] 1789년 인권선언에서의 「법률 앞의 평등」을 판단기준으로 하여 1974년 법의 예산법률의 규정을 위헌선언하였다. 위헌으로 된 예산법률의 규정은 일정한 경우에 직권과세를 확보하는 것을 정함과 동시에, 그 신방식이 고액의 지출을 한 납세의무자에게는 적용되지 않는다고 정하였다. 「(이 문제의 예외조항은) 행정부에 의한 직권 과세의 결정에 대항하는 증명을 제출할 가능성에 대하여 시민 상호 간에 차별을 도입하는 것이며, 당해 규정은 1789년 인권선언에 포함되고 현행 헌법 전문에 의하여 엄숙히 재확인된 법률 앞의 평등의 원칙을 침해하는 것이다」고 했다.[800]

프랑스에서의 실질적 평등권의 문제는 생존권보장의 문제로 되었다.

3. 독일 헌법상의 평등권

1) 독일에 있어서의 평등사상의 발전

---

795) Chatelain, J., La nouvelle constitution et le régime politique de la France, 1959, p. 173.

796) 문광삼, 프랑스 헌법상 평등에 대한 고찰, 『법학연구』(부산대), 제37권 제1호, 통권 제45호(1996), 161-170면 (특히 163면) 참조.

797) Vedel, G., Manuel élementaire de droits constitutionnel, 1949, p. 325.

798) 浦田一郎, 法律による人權保障と立憲主義, 『憲法の歷史と比較』, 143면 참조.

799) Grandes décisions, p. 339 et. s.; 樋口陽一, 『現代民主主義の憲法思想』, 1977, 88면 이하.

800) 상게서, 같은 면.

(1) 푸펜도르프의 평등사상

푸펜도르프(Pufendorf)는 자연과학적 방법론에 근거하면서 그로티우스(Grotius)에서 유래하는 근대사회적 자연법론을 체계화한 사람이라고 하겠다. 그는 도덕과학의 확실성을 논하면서 실증주의적 방법에 입각하고 있다고 한다. 그는 인간은 자기를 사랑하고 모든 수단을 행사하여 자기를 지키며 자기의 이익이 되는 것을 확보하고 유해한 것을 피하려고 하는 자기보존 본능을 가진다고 보았다. 그는 개인주의적 자연법론에 입각하고 있었다.801) 그는 인간의 존엄을 중시하고 인간은 사회성을 가진다고 보았다.

인간의 본성에는 자기보존 본능과 무력(타자의존의 필요성), 무한의 욕망을 가진다고 보아 인간의 본성대로 산다면 자연상태는 Hobbes가 말하는 「만인의 만인에 대한 늑대」(homo homini lupus est)로 될 것이라고 본다. 그러나 Pufendorf는 자연상태에 있어서 만인의 만인에 대한 투쟁관계로 되는 것은 아니라고 본다. 「만약 우리들이 자연상태를 정확히 이해하려고 한다면 인간의 이성의 올바른 능력과 사용을 제외해서는 안 된다」고 하여, 무한한 욕망을 가진 인간이 이성에 따라서 자연상태에 있어서 사회생활을 영위하는 것으로 보았다. 그는 인간의 이성을 자연법 자체라고는 보지 않고 자연법을 논리적으로 실증할 수 있는 능력이라고 했다.802)

Pufendorf는 『의무론』에서 자연법상의 제1의 의무는 「신에 대한 의무」이며, 제2의 의무는 「인간의 자기 자신에 대한 의무」이며, 제3의 의무는 「타자에 대한 의무」라고 한다. 자기보전의 의무는 자기완성의 의무이며 이를 위하여 교육이 필요하다고 한다. 「첫째로는 사회생활에 적합한 정신을 가지고 직업을 선택할 것, 둘째로 신체를 가꾸고 절제에 노력하며 정념을 통제하고, 위기에는 용기를 가지고 대응할 것, 셋째로는 자기 수명을 다할 것, 넷째로는 타자의 자기보존과 대립하는 경우의 정당방위나 긴급피난 등에 상당한 행위의 한계를 알 것」이었다.803)

그는 타자에 대한 의무에서 첫째, 타인을 해치지 말라, 둘째, 각자는 타인을 존중하고 생래 동권 · 평등한 자로서, 즉 인간으로서 취급하지 않으면 안 된다. 셋째, 각자는 타인에 대하여 가능한 한 도움이 되는 존재여야 한다. 넷째, 계약은 준수되어야 한다고 하고 있다.804) 이것은 만인에 대하여 보편적 구속성을 가진 절대적 의무라고 한다. 그는

---

801) 푸펜도르프에 대해서는 Pufendorf, De Jure naturale, De office hominis et civis, 1673; Zippelius, Geschichte der Staatsideen, S. 132 f.

802) 푸펜도르프는 인간의 존엄(dignitas humanae naturalis)을 다른 사람의 존중이나 권리나 의무에의 구속보다도 더 중시하였다.

803) Pufendorf, De officio hominis et civis juxta legem naturalem libri duo, 1673; trans. by M. Silverthorne, On the duty of man and citizen according to natural law in two books, Cambridge Texts, 1991.

804) 푸펜도르프의 평등사상에 대해서는 Oestreich, G., Die Entwicklung der Menschenrechte und Grundfreiheiten, Eine historische Einführung, Die Grundrechte, 1966, 1. Bd. 1. Halbb, S. 40 ff.; Welzel, H., Die Naturrechtslehre Samuel Pufendorfs, 1958; 한스 벨첼 지음, 박은정역, 『자연법과 실질적 정의』, 189면 이하; 최종고, 『법사상사』, 140-141면.

인간은 자연적으로는 평등이었으나 인간 능력에 따라 불평등이 발생한다고 보아 사회성을 강조하고 법의 평등을 강조하였다. 그는 자연적 평등을 기초로 대인관계에서의 차등 및 사회계층의 존재를 인정하고 있다.

그는 인간은 도덕인이며 도덕적 유대에 따라 제도를 형성한다고 본다. 그는 모든 사람이 '자연적으로' 같은 정도로 존경을 받는 존경자로서 나쁜 짓을 하지 않는 한, 존경을 받으며 인간의 존엄성을 가지고 있다고 하였다. 그러나 특정한 지위에 있는 사람은 탁월한 능력을 발휘하여 사회적 존경을 받는데 이때 경의의 대상이 되는 인물은 명예나 영광을 얻는다고 하였다. 고도의 존경을 받는 사람은 통치계층이며 귀족으로 존경을 받게 되며, 사회적 지위는 그가 이룬 업적에 의하여 결정된다고 하였다. 사회는 능력별로 계층을 이루며 계층 간의 갈등 타파가 아닌 능력과 기여를 정당하게 평가하고 도덕적 자질이 탁월한 인물에 합당한 영예와 역할을 부여하는 형평사회를 창조하는 것을 목표로 하였다.805) 인간의 존엄을 이루는 윤리적 자유에서 자연법적 평등이 나오고, 자연법적 평등에서 자연법적 자유가 따른다고 했다. 그의 자유와 평등사상은 Massachusetts의 Wise 목사에게 큰 영향을 주었고, Wise는 푸펜도르프의 이론에 따른 책을 저술하여 미국 혁명에 큰 역할을 했다.806)

(2) 라이프니츠의 평등사상

라이프니츠(Leibniz)는 독일의 철학자이며 과학자로서 외교관으로 활동하였다. 라이프니츠는 두 편의 법학 논문을 썼고 법에 관한 철학적 문제를 다루었다. 또 법학교습의 제방법을 출판하기도 하였다. 라이프니츠는 그로티우스의 영향을 받아 국제법에도 큰 관심을 가졌다. 라이프니츠는 법학자일 뿐만 아니라 자연과학, 수학에도 많은 업적을 남겼다.807)

그의 법이론은 Grotius를 비롯하여 Pufendorf, Locke, Hobbes, Descartes 등을 비판적으로 수용하였다. 그는 일차적으로 자연법을 합리적 기초 위에 수립하고 정의의 원칙을 확립하려고 하였다. 그는 정의는 권력과 다른 것이며, 권력은 권리에서 나와서 사실로 된다고 하였다. 정의에 대해서는 선이라고 했는데 이는 이성적인 주체가 완전성에 봉사하는 것이라고 하였다. 본질상 공개적 질서, 만족, 기쁨과 덕 등이 이 선에 봉사하는 것이라고 하였다.

---

805) 차하순, 『형평의 연구』, 162면 참조.
806) 푸펜도르프의 인간존엄 · 평등 · 자유의 사상은 미국의 인권선언에도 중요한 영향을 주었다고 한다 (Welzel). 그의 책은 영역되어 미국의 New England 지방에서 많이 읽혔다고 한다(Oestreich).
807) 라이프니츠에 관해서는 Poser, H., Gottfried Wilhelm Leibniz, Klassiker der Philosophie I, S. 378-404; Matzat, H. L., Leibniz, Gesetz und Freiheit, 1949; Zippelius, R., Geschichte der Staatsideen, S. 139-142; Rescher, N., Leibniz-An Introduction to his Philosophy, 1979; Schiedermair, H., Das Phänomenen der Macht und die Idee des Rechts bei Gottfried Wilhelm Leibniz, 1970; Stammler, G., Leibniz, 1930; Welzel, H., Naturrecht und materiale Gerechtigkeit, 1958 (박은정역, 209-223면); 최종고, 『법사상사』, 142-143면.

Leibniz는 정의가 힘에 입각해 있다는 것을 부정하고 법이란 권력과는 다른 것이라고 하였다. 그는 자연권을 행복의 개념에서 도출하려고 하였다. 그는 자연권을 3단계, 즉 엄격한 법, 형평, 경건을 들고 있다. 이 가운데 형평이 가장 중요하고 광범한 개념으로 보았다. 엄격한 법은 개별적 정의에 속하며, 이는 교환적 정의라고 하였다. 광범하게 취해질 법은 형평이며 각자가 각자에게 공평하게 주는 교환적 정의를 말하였다. Leibniz는 제2계층인 형평을 가장 중시하였다. 그는 형평에 「각자에게 각자의 것」으로 표현되는 배분적 정의와 함께 자선의 원리를 첨가하였다. 형평은 개인에게 보상과 의무를 할당해 주는 원리로 작용하여야 한다고 하였다. 엄격한 법은 동등한 대등자들 사이에서 인간적 존엄성을 유지해 주는 것이라고 하였다. 사람은 상거래나 계약에 있어서 형평하게 처우해야 하며, 당사자인 양자 간에 완전한 평등이 지배하여야 한다고 하였다. 그는 「각자는 타인에게 가능한 한, 많은 선을 행하는 동안 타인의 행복을 통해 자기 자신의 행복을 증진시킬 수 있다」고 한다.808)

최고 계급의 자연권으로서는 경건을 들었는데, 이는 아리스토텔레스의 보편적 정의와 같은 개념으로 인정되며, 푸펜도르프의 보편적 의무와 같은 것이다. 그도 일종의 도덕적 평등론자라고 하겠다.

(3) 칸트의 평등사상

칸트(Kant)는 독일 정치사상의 중심이었던 자연법론에서 탈피하여 새로운 이론을 전개하였다.809) 당시 자연법은 자유의 논리적 개념 아래 개인을 모든 역사적 상황에서 고립한 것으로 보고, 인간 생활의 최고의 목적은 행복이며 행복을 제공하는 것이 정부의 일이라고 하여 계몽적 절대주의에 빠져있었다.

Kant는 이성의 보편적 도덕법칙으로서 정언명제를 제시하였다. 그는 이성의 자기입법으로서의 자유의 개념을 제기하였다. 그에 의하면 자유는 도덕법칙의 성립을 가능하게 함과 동시에 도덕법칙이 이성적 존재인 인간으로 하여금 자율적으로 행위하게 하는 「의지의 자율」의 근거로 보았다. 그는 법률철학이나 도덕철학이 다 같이 자유의 이념을 기초로 하는 통일적 체계라고 보고, 법률철학의 원리가 외적 자유의 이념인데 대하여 도덕철학의 원리는 내적 자유의 이념이라고 생각하였다. 그는 「당신의 자의의 자유로운 행사가 보편적 법칙에 따라 각인의 자유와 병립할 수 있도록 외적으로 행동하여라」라고 하였는데 이것이 보편적 법원칙으로서 정언적 명령이라고 하겠다. Kant는 내면적 동기에 중심을 두는 도덕에 대하여 외면적 행동만을 규율하는 법과 구별하여 도덕에서 법을 구별하였다. 그는 법을 의무의 체계로 보며 「법은 어떤 사람의 자의가 타인의 자의와

---

808) 이상은 주로 차하순, 『형평의 연구』, 201-213면에 의한 것이다.

809) 칸트에 대해서는 Eisler, Kant-Lexikon, 1972; Höffe, O., Immanual Kant: Klassiker der Philosophie, Bd. Ⅱ. S. 7-39; Gregor, M., Laws of Freedom, 1963; Zacher, R., Kants Grundlehre; Ihr Sinn, Ihre Problematik, ihre Aktualität, 1959; Welzel, H., 전게서, p. 239-245; Zippelius, R., a. a. O., S. 146 ff. 참조.

자유의 보편적 법칙에 따라 조화할 수 있는 제조건의 총화」라고 보고 있다. Kant는
자유는 각인의 주관적 자의와는 구별되어야 하며, 따라서 이러한 자의에 대한 제한은
결코 자유에 대한 제한이 아니며 법률에 의한 자의의 제한은 오히려 자유를 위하여
요구되어진다고 하였다.810)

이 도덕적 자율성은 모든 사람에게 평등하게 인정되며,811) 여기에는 모든 인간이
평등하게 요구할 수 있는 인간의 존엄이 성립한다고 하였다. 인간은 이성적 존재로서,
비록 신분의 고하를 불문하고 평등하다고 하였다. 그리하여 스스로가 목적이며 다른
사람의 목적의 수단으로서 사용되어서는 안 된다는 영예와 청구가 있다고 보았다. 이로써
Kant는 과거의 자연적 평등론에서 일보 전진하였다. 자연법적 전통에서와 같이, 인간의
평등한 본성이나 자연상태의 평등이 아니라 도덕적 존엄과 공통적인 궁극목적을 가진
자율적인 이성에 따른 평등이 근거지워졌다.812)

이로써 과거와 같이 인간의 자연적·사실적인 불평등을 이유로 평등을 부정하지는
못하게 되었으며, 자연적 불평등개념이 이성적·윤리적 평등과 함께 논의되게 되었다.
또 평등은 자연법이라고 표현되지 아니하고 이성법의 의의로 바뀌었다. 또 평등은 실천적
이성의 명제로 되었으며, 평등의 존중과 그 실현은 윤리적 과제로 되었다.

Kant는 국가에 있어서 국민은 상호 승인한 법률 이외에는 어떠한 법률에도 복종하지
않는 법률적 자유와,813) 통치자를 제외한 모든 사람은 서로 동일한 법률적 강제 아래
서는 바의 시민적 평등과, 나아가 개인은 국가의 성원으로서 자기 스스로의 권리에
의해서만 제약되고 타인의 자의에 의존하지 않는다는 시민적 독립을 얻었다. 이것은
프랑스 혁명의 이념과도 같았다.

그는 개명군주제를 인정하면서 프랑스 급진파의 평등사상과는 차이를 보였으며 시민적
평등주의자라고 하겠다. 그는 국가 법률의 권위를 중시하고 법률에 의한 군주의 권력행사
에 대한 저항권을 부정하였다. 그는 국가의 입법권도 자유와 평등에 구속되어야 한다고
하여 법치국가의 이념을 주장하였다.814)

이러한 법치국가에서는 중세적 토지소유제, 농노제, 귀족의 특권 등은 부정되는 것이라
고 보았다.815)

(4) 피히테의 평등사상

---

810) 多田眞鋤, 전게서, 152면 이하; Zippelius, a. a. O., S. 153.
811) Dann, a. a. O., S. 1021.
812) Dann, a. a. O., S. 1021; Luf, G., Freiheit und Gleichheit, Die Aktualität im politischen Denken
    Kants, 1978; Saage, R., Eigentum, Staat und Gesellschaft bei I. Kant, 1973; Bielefeldt, Philosophie
    der Menschenrechte, S. 68 ff.
813) 정인흥, 『서구 정치사상사』, 301면.
814) 칸트는 국가의 이념을 법적으로 정서되고 파악된 자유의 사상으로 진전되었다. 국가헌법의 이상은
    모든 국민에게 자유와 평등을 보장하는 것과 동일한 것이었다. Zippelius, a. a. O., S. 154.
815) 정인흥, 전게서, 30면.

Kant의 이론을 발전시킨 피히테(Fichte)의 사상은 시대에 따라 변천하였다. 이것은 프랑스 혁명과 프랑스에 의한 독일 점령 등 사회상태의 변화에 따른 것이기도 하였다.[816]

초기의 『전지식학의 기초』에서는 도덕적 자유를 현실 세계에서 어떻게 실현할 것인가를 다룬 것이다. 쟈코뱅주의자라고 말하기까지 하는 젊은 Fichte인데 프랑스혁명을 찬성하고 절대군주제는 개인의 사상을 자유로이 발표하는 것을 방해하였다고 보고, 사상의 자유는 절대군주제와 양립할 수 없는 것임을 강조하였다. 그는 사회의 형성원리는 인간의 정신의 자유의 본질에서 도출된다고 했다. 그는 각 개인의 인간으로서의 평등한 권리 위에 법치국가의 개념이 형성된다고 하였다. 그는 군주라고 하더라도 다른 시민과 동등한 국가의 한 구성원에 불과하다고 보고, 절대주의 하의 군주와 귀족, 승려의 특권을 비난하였다. 여기에는 프랑스 혁명시의 평등사상이 많은 영향을 미쳤다. 그의 평등에는 이성적 존재자로서의 인간의 평등과 신 앞에 있어서의 만인의 평등사상이 결부되어 있었다. 이때의 그의 사상은 극단적인 개인주의적 자유주의에 입각하여 국민에게서 나오지 않는 국가적 통제의 구속력을 인정하지 않았다.[817] 그는 소수를 위하여 국민의 권리가 박탈되는 국가조직은 이를 변경할 수 있을 뿐만 아니라 변혁하지 않으면 안 된다고 하였다. 그 결과 개인은 국가에 대하여 자연상태로 돌아가 다시 그들이 원하는 국가를 건설할 수 있다고 하여 혁명을 긍정하였다.

1800년에는 『봉쇄상업국가론』을 발표하였는데,[818] 법치국가를 현실적으로 실현할 수 있는 경제국가에의 구체적 전개를 제의한 것이다. 당시의 경제적 무정부상태 하에서 탈피하기 위하여 사회주의적 구상 하에 통제경제를 주장하였다. 그는 인간은 모두 이성적 존재자로서 스스로의 능력을 자유롭게 행사하여 존재하기 위한 「신체권」, 신체를 도구로 하여 자유 활동하여 얻는 「소유권」이 있다고 하였다. 인간은 스스로의 노동에 의하여 생활하지 않으면 안 되는 「노동권」이 있고, 이 노동권에서 일하는 사람의 「생존권」이 보장되어야 한다고 하였다. 이것을 인간의 원권(Ur-recht)이라고도 하였다.

Fichte는 사회국가 사상을 실현하기 위하여 국가공민의 경제활동을 통제하여야 한다고 했다. 이 경제활동에 따라 세 가지로 계급이 나누어진다고 하였다. 첫째로는, 자연적 생산물을 획득하는 생산자계급(Produzenten), 둘째로, 자연적 생산물을 가공하는 장인계급(Künstler), 셋째로는, 이들 간의 교환을 담당하는 상인계급(Kaufleute)이 있다. 이 밖에는 법률을 집행하고 교육에 종사하여 국민을 방위하는 공무원계급(Beamten)이 있다.

---

816) 피히테에 관해서는 Schröder-Amtrup, K., J. G. Fichte. Leben und Lehre. Ein Beitrag zur Aktualisierung seines Denkens und Glaubens, 2012; Schulz, W., J. G. Fichte, Vernunft und Freiheit, 1962; Philonenko, A., La liberté humaine dans la philosophie de Fichte, 1966; Batscha, Z., Gesellschaft und Staat in der politischen Phlilosophie Fichtes, 1970; Verweqdyen, H., J., Recht und Sittlichkeit in J. G. Fichtes Gesellschaftslehre, 1975; Siep, L., Johann Gottlieb Fichte: Klassiker der Philosophie Ⅱ, S. 40-61; 정인흥, 전게서, 305면 이하; 최종고, 전게서, 161면 이하 참조.
817) Fichte, Grundlegung des Naturrechts nach Prinzipien der Wissenschaftslehre, 1796.
818) Fichte, Der geschlossene Handelsstaat, 1800.

이들은 국가의 법에 의하여 계급의 소속원이 제한되며, 국가는 이들 계급에 대하여 요구하는 노동 대신에 각자의 생존을 가능하게 하기 위하여 전국의 생산물과 제품에 대하여 각자에게 적합한 분배를 보장하여야 한다고 하였다. 이러한 계획경제와 생존권사상, 노동권 요구들은 후세에 많은 영향을 끼쳤다.[819]

그러나 독일이 나폴레옹군에 점령된 다음 Fichte는 애국적 민족주의자로 변했다. 이제까지의 교육은 소수나 일부의 특권계급에 의해서만 행해졌는데, 앞으로는 전체 인민에 대한 「국민교육」을 시행하여 인간을 개조하여야 한다고 주장하였다. 『독일 민족에게 고함』은 민족과 조국애를 주장한 것이다. 국가의 지도원리는 조국애여야 하며, 국가의 목적은 국민교육이라고 하였다. 이것이 민족국가, 교육국가의 이념이라고 하겠다.

(5) 헤겔의 평등사상

헤겔(Hegel)은 1820년에 『독일 헌법론』[820]을 저술했고, 1821년에는 『법철학강요』[821]를 출판하여 법학에도 많은 관심을 가졌다. Hegel은 독일 헌법론에 있어서는 당시의 독일 국가가 분열되어 있음을 통탄하고 독일 민족의 국민적 통합을 위한 사상적·현실정치적 방법을 모색하고 있다. 그리하여 국민통합을 위한 정신적 무기가 될 수 있는 새로운 실천철학=법철학을 요청하게 된 것이다.[822]

Hegel은 Hobbes, Locke에서 Rousseau를 거쳐 Kant와 Fichte에 걸친 근대 자연법학의 전체를 비판하면서, 진정한 원리에 입각한 법철학(자연법론)의 방향을 설정하려고 하였다. 그는 국가나 사회영역이 절대자에 의한 자기실현의 과정의 역사라고 하면서 인간의 행위는 자기목적에 따라서 행하여지기는 하나, 그 목적이 역사의 발전법칙에 적합하지 않을 때에는 성공할 수 없다고 하고 있다. 그는 세계정신이 지배하는 역사주의를 채택하면서 계몽주의 세계관에서 탈피하였다고 하겠다. 그는 절대자가 가지는 자기실현의 수단이 국가라고 생각하며, 이상의 현실태가 국가라고 보며, 국가는 절대자(이성)가 만든 최고의 객관적 형태라고 보았다.

Hegel은 국가란 하나의 인간 집단이 그 소유물의 전체를 공동으로 방위하기 위한 결합이라고 보며, 「국가를 형성함에는 공동의 무력과 국가권력을 형성하는 것이 필요하다」고 한다.[823] 또 「국가의 이익을 위해서는 어떠한 수단이라도 허용된다」고 하여, 「권력국가」를 옹호하였다. 그는 권력국가는 국민의 자유를 옹호하는 것이 그 임무이기 때문에 그는 이를 자유국가라고도 하고 있다. 자유에는 확고한 정부가 필요하여 국가 없이는 자유 없다고까지 말하고 있다. 독일 헌법론을 저술한 후에는 철학 논문을 쓰는

---

819) 헬러는 그를 독일 최초의 사회주의사상의 저자로 보고 있다. Heller, H., Die politischen Ideenkreise der Gegenwert, 1926 (김효전 옮김, 독일 현대 정치사상사, 동인, 『바이마르 헌법과 정치사상』, 2016, 696면).
820) Hegel, Die Verfassung Deutschlands, 1802.
821) Hegel, Grundlinien der Philosophie des Rechts, 1921.
822) Riedel, N., Materialien zu Hegels Rechtsphilosophie, 2 Bde, 1975.
823) Bülow, F., Hegel-Recht · Staat · Geschichte, eine Auswahl ans seinen Werken, 1955.

데 집중하였다.

『법철학강요』는 Hegel의 철학체계(Encyklopädie)의 제3부 「정신철학」 중의 객관적 정신의 장(章)을 상술한 것이다.[824] 그는 법(Recht)은 단순한 법률뿐만 아니라 권리 · 정의란 뜻을 가지며, 역사적 · 정신적인 것을 지배하고 있는 이성적 법칙(=객관정신)을 파악하려는 것이었다. 그는 「철학은 이성적인 것의 근본을 정하는 것이며 따라서 현재적이고 현실적인 것을 파악하는 것이고, 피안적인 것을 세우는 것은 아니다」. 때문에 「이성적인 것은 현실적이며 현실적인 것은 이성적이다」는 명제를 도출하게 되었다.

『법철학강요』는 서론과 추상적인 권리 내지 법(추상법), 도덕, 윤리의 3부로서 구성되어 있으며, 윤리는 「가족」, 「시민사회」, 「국가」의 3부로 구성되어 있다. 이것은 그가 법의 진실태를 인식함에 있어서의 변증법적 단계로 인식되고 있다.

제1단계인 추상적 법에 있어서는 모든 인간은 인격(Person)으로서 법률상의 주체가 되며 소유에 의하여 타인에 대한 관계를 가지게 되나, 그 입장은 형식적으로 타인의 권리를 침해해서는 안 된다는 적법성의 입장이다. 그러나 이 법률적 인격은 내면의 문제에 관련되게 되어 법에서 도덕의 단계로 들어간다. 이 도덕 단계에서 Hegel이 지양하려고 한 것은 Kant적인 도덕 철학이었다. Kant의 의지의 자율은 형식주의적이었다. 주관적으로 선이라고 생각하는 것을 실현하려는 것이 아니고, 참으로 객관적인 선을 파악하고 이것을 의욕하지 않으면 안 된다. 이것이 윤리의 입장이다. Hegel은 「윤리는 살아있는 선으로서의 자유의 이념이다」고 정의하고 있다. 윤리의 진실태는 필연적으로 공동체생활에서 구현되며 가족, 시민사회, 국가의 3단계의 개념을 통하여 전개된다. Hegel은 Kant나 Fichte 등이 혼동한 시민사회와 국가를 구분한 점에 특색이 있다. 시민사회는 가족과 국가의 중간 단계에 있으며, 시민사회의 형성은 국가를 전제로 하고 있으며, 자신의 욕구만을 만족시키려는 구체적 인격이 주체가 되며, 욕구의 체계로서 파악된 시민사회는 현대 세계에 속한다고 하였다. 이에 대하여 국가는 「윤리적 이념」의 현실태라고 하였다.[825] 그는 국가는 습속에 의하여 직접적인 형태로서 나타나며 개개인의 자기의식의 형태로 나타난다고 하고, 인간의 실체적 자유는 국가 내에서만 존재한다고 하였다. 그는 국가만이 이성적인 것으로 보고 국가의 목적은 최고의 권리인 자유를 보장하는 것이므로 개개인의 의무는 국가의 구성원이 되는 것이라고 보았다.

그는 현실긍정적인 입장에서 계층 구조나 소유권 제도를 인정하였고 과격한 평등실현을 주장하지 않았다. 이 점에서 그는 현실 존중의 국가주의자라고 하겠다. 그는 시민사회에서 신분(Stand)의 존재를 인정하고, 토지생산을 중시하는 본질적 계층(귀족)이나 상공업자층과 일반층을 구별하고 있다. 소속 신분에 따라 그 인간의 본성을 파악하게 된다고

---

824) 헤겔의 법철학에 대해서는 Binder-Busse-Larenz, Einführung in Hegels Rechtsphilosophie, 1931; Dulckeit, G., Rechtsbegriff und Rechtsgestalt, Untersuchungen zu Hegels Philosophie des Rechts und ihrer Gegenwartsbedeutung, 1936; Rosenzweig, F., Hegel und der Staat, 2 Bde., 1920; Welzel, 박은정역, 전게서, 246면 이하 등 참조.

825) 그는 Staatsverfassung을 이야기 하고 있는 경우도 있다. 편의상 국가라고 번역한다.

보고 있으며, 인간이 특정적 본질적인 것을 발표하는 경우에도 그 신분에 속해야 한다고
보았다. 신분에 속하지 않는 인간은 단순한 사인에 불과하고 실제적인 보편태가 아니라고
한다.826) 이러한 신분의 구성은 본성적으로 육체적 · 정신적 능력의 불평등에 따른 발전
의 다양성에 근거한다고 본다. 그가 욕망의 체계에서 노동과 재산의 불평등을 시인하고
있음은 Platon과는 다르다고 하겠다.

그는 재산권의 일반적 견해에 따라 재산권의 국유화나 사회화를 강력히 반대하였
다.827) 그는 Platon의 이상국가의 이념이 일반적 원칙으로서의 사유재산을 불가능하게
함으로써 인간에 대한 불법을 포함하고 있다고 비판하였다.

(6) 마르크스와 엥겔스의 평등사상

Hegel의 제자들은 Hegel학파를 구성하였으나 Hegel 우파와 Hegel 좌파로 분리되었
다.828) Hegel 좌파에 속하는 사람으로는 Feuerbach, Marx, Engels가 있었다. 이들은
Hegel의 관념론을 비판하고 유물론적 변증법을 발전시켰다. Hegel에 있어서는 물질적인
자연은 이성의 자기소외에 불과하며 원래 이성에서 파생한 것으로 그 자신이 독립성을
가지지 못했다. 이 이성의 우위를 Marx는 역전시켜 그 결과 Hegel에서는 이성의 자기전개
의 논리였던 변증법을 Marx는 「인간의 의식(사유)이 존재를 결정하는 것이 아니고 인간의
(사회적) 존재가 의식을 결정한다」고 하면서 유물변증법으로 전환하였다. 그는 물질적
하부구조 위에 사회적 · 정치적 · 정신적인 상부구조가 있어서 이 양자가 상응하여 전개하
는 것이 역사라고 하였다.

Hegel은 자유의 의식의 진척에 따라서 세계사의 단계를 구분하였으나, Marx는 생산양
식에 의하여 세계사를 구분하였다. Hegel은 현실의 합리화로서 그 이성사관을 끝내고
있는데 대하여, Marx는 소위 프롤레타리아 혁명에 의하여 실천적으로 현실을 지양하려고
하였다. Marx에 있어서 철학의 사명은 세계를 해체하는 것이 아니고 변혁하는 것이었
다.829)

Marx는 Engels(1820-1895)의 영향을 받아 경제학에 관심을 가져 『자본론』(Das
Kapital)을 저술하였다. 여기서 그는 자본주의 체제를 비판하고 과학적 사회주의의 확립에
기여하였다. 그는 『헤겔 법철학비판』에서 첫째로는 근대 국가와 관련한 현실의 비판적
분석과, 둘째로 독일의 정치적 · 법률적 의식의 종래의 방법 전부를 결정적으로 부정하는

---

826) 상세한 것은 Hegel, Grundlegung der Philosophie der Rechts, §199-§207 Das Vermögen 참조.
827) 상세한 것은 Hegel, a. a. O., §46 Eigentum 참조.
828) Kaltenbrunner, G. K. (Hrsg.), Hegel und die Folgen, 1970; Marcuse, H., Vernunft und Revolution,
 Hegel und die Entstehung der Gesellschaftstheorie, 1962; Negt, O. (Hrsg.), Aktualität und
 Folgen der Philosophie Hegels, 1970; Planty-Bonjour, G., Hegel et la Pensée philosophique
 en Russie 1830-1917, 1974; Bekker, K., Marx' philosophische Entwicklung, sein Verhältnis
 zu Hegel, 1940(황태연 옮김, 『헤겔과 마르크스』, 2010) 참조.
829) Marx, K./Engels, F., Werke und Briefe, 39 Bde., 1957 ff.; Fetcher, J., Marx-Engels Studienausgabe,
 1966-67; 벨첼, 전게서, 270면; 정인흥, 전게서, 354면 이하.

것이었다. Marx는 Hegel의 계층론을 부정하고 새로운 전투계급으로서의 프롤레타리아 계층을 구성하여 이 계급이 독일 혁명의 주체로 되어야 한다고 주장하였다. 나아가 프롤레타리아는 사유재산제에 의하여 생성된 것임을 밝히고, 사유재산제를 토대로 한 노동자에게서 생산수단을 빼앗고 있는 자본주의 사회의 구조가 유산계급과 프롤레타리아 계급이라는 적대하는 두 계급의 대립을 조장하고 있다고 지적하고 있다. 그는 이제까지의 사회의 「역사는 모두가 계급투쟁의 역사였다」고 하면서, 자유민과 노예, 귀족과 평민, 영주와 농노, 길드의 주인과 직공이 항상 대립하여 투쟁해 왔다고 하면서, 봉건사회의 몰락에서 탄생한 근대 부르주아 사회는 부르주아와 프롤레타리아의 계급대립과 투쟁이라고 보았다.830)

Engels에 의하면 「국가라는 것은 그 시대의 전사회를 대표하고 있는 계급의 국가」라고 하면서, 「국가가 현실적으로 전사회의 대표자로서 행동하는 행위는 사회에 있어서 생산수단을 장악하는 것이며, 동시에 국가가 국가로서 행하는 최후의 자주적인 행위이다. 사람에 대한 통치는 끝나고 물의 관리와 생산과정의 지도로 나타난다. 국가는 폐지되는 것이 아니다. 그것은 사멸하는 것이다」고 하여 계급이 없어지면 국가는 사멸한다고 하였다.831)

Marx와 Engels는 계급 타파를 위하여 사유재산제 폐지를 주장하였고 계급혁명으로서 일시적인 프롤레타리아의 독재를 주장하였다.

Marx와 Engels는 전통적 평등 주장은 시민적 법 앞의 평등에 불과하다고 하고 평등을 경시하였으며, 무계급의 실질적 평등을 주장하였다.832) 이 이론들은 프랑스에서는 파리 코뮌(Paris Commune)에서 실천되었고,833) 그 뒤 공산주의 국가의 급진적 평등론으로 발전하였다. Marx의 정치경제학의 비판에 대해서는 아무도 이에 따르지 않았다.

공산주의자는 Lenin주의에 따라 이론이 대체되었다. 그의 계급 타파를 위한 프롤레타리아 혁명론이 후세를 진동시켰다.

2) 독일 헌법에서의 평등규정

(1) 1848년 3월혁명 이전(Vormärz)

Hegel의 이론은 중요한 영향을 주게 되었다. 인간의 전국가적인 기본권은 헌법상의 권리로 되었다. 1814년의 프랑스 헌장의 영향 아래 독일의 지방에서는 헌법에 기본권을 규정하게 되었다. 1815년의 연방협약(Bundesakte)은 기독교적 정파의 동권과 모든 지방에 있어서의 토지소유권의 취득에 관한 권리와 후과세(後課稅) 없는 거주이전의 자유

---

830) 마르크스의 과학비판은 영국의 경제학, 프랑스의 사회주의, 독일 이상주의철학(특히 헤겔)의 절충이라고도 하겠다. Lange, E. M., Karl Marx-Klassiker der Philosophie, Bd. II, S. 168.
831) Engels, Der Ursprung der Familie, des Privateigentums und des Staats, 1884(김대웅 옮김, 『가족, 사유재산, 국가의 기원』, 2012).
832) Dann, Gleichheit, a. a. O., S. 1041.
833) 1871년의 파리 코뮌과 그 인권보장의 구상에 대하여는 杉原泰雄, 『人權の歷史』, 1992, 113-130면 참조.

484   제3편 국가기본권의 성격과 내용

등이 규정되었다.[834]

1818년 5월 18일에 제정된 Bayern 헌법에서는 그 전문에서 헌법의 기본원리로서 종교(양심)와 사상의 자유, 공직취임에 있어서의 동권, 모든 법률의 평등과 법 앞의 평등, 사법권의 독립, 의무의 평등 등을 선언하고 있다.[835] Bayern 헌법은 일반적 권리와 의무에 관한 장에서(IV §1-14) 인권들을 보다 상세하게 규정하였다. Bayern 헌법도 시민적 권리와 의무에 관한 절에서 시민적 권리와 의무의 밀접한 관련성을 중시하였다. 나아가 재산권의 보장과 인신의 자유를 보장하면서 헌법수호 하에서 평등한 보호를 규정하고 있다. 일반적으로 공직취임에서의 평등, 직업의 평등, 병역의무와 납세의무의 평등이 보장되었다.

Württemberg 왕국의 헌법도 1819년 9월 25일에 제정되었는데, 제3장의 국가와 시민의 일반적 권리관계에서(§19-42) 많은 기본권을 규정하였다. 그중에서도 모든 국민의 시민적 권리와 의무의 평등을 강조하였다.

헌법이 제정되지 않은 지방에서도 법률에 의하여 기본권이 보장되게 되었다. Humboldt나 Hardenberg의 Preussen 헌법 초안에서도 기본권이 규정되어 있었다. 오스트리아에서는 1811년의 일반 민법전에서 몇 개의 기본권을 보장하고 있다. 제16조는 Kant에 따라 「모든 인간은 누구나 생래적이고 이성에 따른 권리를 가지고 있으며, 그러므로 인격으로 대우되어야 한다. 노예제도나 종신고용매매제는 폐지된다」고 규정하였다.

(2) 3월혁명 이후 제국헌법(Reichsverfassung)

1848년 12월 5일의 Preussen 흠정헌법에서는 제2장에서 프로이센인의 권리에 관하여 38개조를 두고 있다. 독일은 1848년 혁명 후에야 프랑스의 1789년 헌법의 기본권규정을 계수하게 되었다. Frankfurt의 바울 교회에 모인 대의원들은 상세한 기본권규정을 의결하였는데 이것을 독일인의 인권선언이라고 하겠다.

이 인권선언에는 모든 사람의 평등한 권리, 법률 앞의 평등, 법원에서의 평등, 입법에의 평등한 참여 등이 주장되었고, 모든 인간과 시민의 평등한 권리가 규정되게 되었다.

1848년의 독일인의 기본권선언은 프랑스 인권선언과는 달리 자유주의적인 기본권선언이었다. 자연권으로서의 천부인권에서 실정권적으로 규정된 것이 특색이다. 그러나 이 규정들은 오스트리아, Preussen, Bayern, Hannover 제국이 이 법률의 공포를 거부하여 실정적인 것이 되지 못하였다. 그러나 여기서 처음으로 사회정책적 평등권이 주장되었다.

Frankfurt 헌법의 일부가 된 이 기본권규정은 전독일의 승인을 얻지 못하여 효력을 발생하지 않았다. 그러나 이 규정은 1849년 1월 24일에는 Bremen에서 법률의 효력을

---

834) 이하 상세한 것은 Oestreich, Die Entwicklung der Menschenrechte und Grundfreiheiten, Die Grundrechte, Bd. I . S. 69 ff. 참조.
835) Gleiches Recht der Eingeborenen zu allen Graden der Staatsdienste … Gleichheit der Gesetze und vor dem Gesetze.

가지게 되었고, 1849년 3월 5일의 Bremen 헌법에서 Bremen인의 권리로서 그대로 규정되게 되었다.

그 뒤 지방들은 기본권의 자연권성을 부정하고 실정권으로 규정하게 되었다. 그러나 모든 헌법은「법률 앞의 평등」을 규정하고 있었다. 이론상 공권은 반사적 이익이나 실정권으로 인정되었다.

Marx, Engels, Lassalle 등의 영향에 따라 시민적 자연권사상에 대한 사회주의적 기본권 주장이 나타나게 되었다. 1869년의 사회민주당의 Eisenach 강령에서는 노동자의 권리 주장으로 정치적·사회적 권리의 통합을 요구하고, 일반·평등·직접·비밀선거를 요청하고, 신분계층(Stände)의 특권과 소유권의 특권과 출생이나 신앙에 따른 특권의 폐지를 주장하고, 교회와 국가, 국가와 교육, 교회의 분립을 요구하고, 무상교육의 도입, 모든 출판법, 회사법, 노동조합법의 폐지를 요구하고, 부인노동의 제한, 소년노동의 금지, 정상 노동시간제 도입, 모든 간접세의 폐지, 노동조합, 협동조합의 국가적 보조 등을 요구하고 있다. 그 뒤의 Gotha 강령이나 마르크스파의 Erfurt 강령도 같은 요구를 하고 있었다.

1869년의 제국영업법은 노동조합의 금지조항을 폐기하였으나, 정치적 결사에 관한 법률에 따라 노동조합의 단결권도 제한될 수 있었다. 단결의 자유에 대한 국가적 보호, 공장입법의 개정, 소년·청년·부녀보호입법, 노동일수에 관한 요청은「인간다운 생활의 근거」로 요구되었고, 노동권도 입법에 의하여 보장되게 되었다.

1871년의 제국 헌법(Reichsverfassung)은 의도적으로 기본권 규정을 두지 아니하였다. 그 대신에 법률에 의하여 기본권을 보장하는 방식으로 변천하였다.

1883년 이래 급속히 제정되었던 질병보험, 사고보험, 장애자보험과 노령보험 등이 제4계급의 권리로서 인정되게 되었다. 1890년의 제국 의회에서는 실업의 경우에 노동자 보호법이 토론되었으며, 1891년에는 제국보험법을 제정하여 법제가 통일되어 개선되고 보완되었다.

(3) Weimar 헌법

1918년 독일혁명 후 구성된 공화국 의회에서의 헌법제정논의에서는 전래적인 기본권 규정과 러시아 혁명 후의「착취되고 근로하는 인민의 권리선언」이 논의의 토대가 되었다. 1919년 8월 11일에 성립된 Weimar 공화국 헌법은 제2장에서 독일인의 기본권과 기본의무를 규정하였다(제109조-165조).

전체 5절로 구성된 기본권장은(개인, 공동생활, 종교와 종교결사, 교육과 학교, 경제생활) 고전적·자유주의적 기본권과 사회적·경제적 과제와 질서에 관한 규정을 두고 있다. 여기서는 평등원칙이 제109조에서 제일 먼저 규정되고 있다. 이 밖에도 소유권을 보장하고 있으나, 행사의 의무를 규정하고 경제적 정의에 관한 규정을 두고 있다. 과거의 자유주의적 기본권에서 현대적·경제적·사회적 기본권까지 총망라하여 규정하고 있다.836)

평등권을 규정한 제109조는 「모든 인간은 법률 앞에 평등하다」고 규정했는데, 처음에는 법적용기관에서의 법적 평등권을 보장한 것이나 점차 의식변천을 통하여 평등한 권리의 창조에 의한 실질적인 평등보장을 요구하게 되었다.837) 나아가 평등한 무상교육이 보장되었고, 근로자의 권리보장을 통한 평등보장, 중산층보장 등 실업에 있어서의 근로자의 경영참가권 등을 규정하여 경제적 · 사회적 평등보장을 기하고 있었다. 혼인에서의 양성의 평등(제119조), 비적출자의 적출자에 대한 동일한 조건(제121조) 등 개별적 평등권을 규정하였다.838)

그러나 Nazis의 집권에 따라 1933년 의회를 해산하고, 대통령이 긴급명령권을 발령하여 Weimar 헌법의 기본적 인권 조항 일부를 폐지하고, 언론 · 집회 · 결사의 자유 및 인신의 자유 등을 대폭 제한하였다. 1933년에는 수권법(Ermächtigungsgesetz)을 제정하여 의회를 해산하고, Weimar 헌법에 규정된 기본권을 차례로 침해 · 무효화하여 전체주의적인 행정독재를 강화하였다. 또 정당을 해산한 뒤 새로운 정당의 창설을 금지하고 일당독재를 집행하였다.

평등에 관해서 본다면 1933년의 Nürnberg법을 들 수 있는데, Arian족의 피의 순수성을 보장한다는 명목으로 유대인과 유색 인종에 대한 차별을 강화하고 급기야 유대인 말살 정책을 쓰기에 이르렀다. Nazis의 헌법은 형식적 평등과 경제적 · 실질적 평등을 완전히 부정한 것이었다.

(4) 동 · 서독헌법

제2차 세계대전에서 항복한 독일은 연합국의 점령지대로 되어 분할 통치되다가 1949년에는 동 · 서독으로 분할 건국되었다.

영 · 미 · 불이 점령했던 서독에서는 각 지방이 헌법을 제정했는데, 1946년의 Bayern 헌법과 Hessen 헌법 등은 Weimar 헌법의 기본권 규정을 거의 답습했다.

1949년에 제정된 서독 기본법은 인간의 존엄을 규정하고, 이하의 기본권은 직접적으로 타당한 법규로서 입법권 · 집행권 · 사법권을 구속한다고 하여 기본권존중의 입헌국가임을 강조하고 있다. 제3조에서는 제1항에서 법률 앞의 평등을 규정하고, 제2항에서는 남녀동권을, 제3항에서는 성, 출생, 인종, 언어, 고향이나 지역, 신앙이나 종교적 · 정치적 사상에 의하여 불이익을 받거나 우대되어서는 안 된다고 규정하고 있었다. 이 일반적 평등원칙 외에 개별적 평등권을 규정하고 있다. 개별적 평등으로서는 (i) 적출자와 비적출자의 평등(제6조 5항), (ii) 병역의무의 평등, (iii) 선거권의 평등(제38조 2항) 등이 규정되어

---

836) 상세한 것은 김철수,『독일통일의 정치와 헌법』, 167-168면; Nipperdey (Hrsg.), Grundrechte und Grundfreiheiten in der Reichsverfassung, 3 Bde., 1929-30; Schmitt, C., Inhalt und Bedeutung des zweiten Hauptteils der Reichsverfassung, HDStR, Bd. Ⅱ, S. 572 ff. (정태호 옮김, 기본권과 기본의무,『동아법학』제36호, 2005, 215-267면).

837) Leibholz, G., Die Gleichheit vor dem Gesetze, 1925.

838) 바이마르 헌법은 최초의 사회민주주의원리에 근거한 헌법이라고 할 수 있다. Heller, H., Die politischen Ideenkreise der Gegenwart, 1926. 安世舟, 전게서, 251면.

있다. 그러나 실질적 · 경제적 평등규정은 없다.839)

소련 점령 지역에 성립한 동독의 1949년 헌법은 바이마르 헌법의 기본권규정을 답습하고 있다.840) 1974년 사회주의헌법에서는 제19조에서 모든 시민은 착취와 억압과 경제적 종속에서 벗어나 동등한 권리를 가진다는 것을 선언하고, 제20조에서 평등의 원칙을 규정하고 있다. 제1항에서는 「동독 시민은 누구나 그 국적, 인종, 세계관적인 사상이나 종교적 신앙, 사회적 출신이나 지위에 불구하고 동등한 권리와 의무를 가진다」고 하고, 「모든 시민은 법률 앞에 평등하다」고 규정하고 있다. 제2항에서는 남녀평등을, 제3항에서는 청소년의 보호를 규정하고 있다. 선거권과 피선거권의 평등(제22조), 교육의 평등권(제25조), 혼인에 있어서의 남녀평등(제38조 2항) 등을 규정하고 있었다.

1968년 헌법에서는 프롤레타리아의 우위를 규정하고, 사회적 계급제도의 타파 등을 규정하고 있었으나, 1974년 헌법에서는 전인민국가-사회주의국가라 하여 재산이나 신분에 의한 불평등을 규정하지 않고 일정한 재산권만을 인정하고 있었다.841)

(5) 통일 독일 헌법

동서독 통일 시에 새로운 통일헌법을 제정할 것인가가 많이 논의되었으나, 서독 기본법을 개정하여 통일헌법으로 하기로 결정되었다.842)

통일 후 서독 기본법의 기본권 규정은 별반 변경되지 않았다. 그것이 동독이 서독 기본법에 편입됨으로써 약간의 개정이 행해졌다. 그중에는 망명권 규정과 주거의 불가침 규정 및 평등권 규정에 개정이 있었다. 1994년 개정에서는 제3조 2항에 「국가는 남녀 간의 동권의 사실적 집행을 통하여 존재하는 불이익을 배제하도록 촉진할 의무」를 추가하였다. 또 3항에서 장애인에 대한 차별을 금지하도록 헌법수정(첨가)을 하였다.

이 밖에도 유럽인권헌장과 유럽사회헌장, 국제인권헌장 등이 평등원칙 내지 평등권을 보장하고 있다. 통합유럽의 기본권 장전은 평등권을 잘 보장하고 있다.

3) 독일에 있어서의 평등의 보장

(1) 통일 독일 헌법 제3조

통일 이후의 독일 헌법상 평등 규정은 제3조이다. 「(i) 모든 인간은 법률 앞에 평등이다. (ii) 남녀는 동권이다. 국가는 남녀 간의 동권을 실질적인 실현을 촉진함으로써 현존하는

---

839) 그러나 사회적 법치국가의 이론에 따라 급부국가(Leistungsstaat)에 있어서의 기본권으로 생존권이 포섭되고 있다. Häberle, Grundrechte im Leistungsstaat, VVDStRL 30, 1972, S. 43-141 (김효전 옮김, 급부국가에 있어서의 기본권, 동인, 『독일 헌법학의 원천』, 2018, 542-621면).

840) 상세한 것은 김철수, 『독일 통일의 정치와 헌법』, 167-187면 참조.

841) 이 규정들은 1977년 10월 7일에 채택된 소련 신헌법(기본법)에 영향을 준 것이 있을 것이다. 소비에트 헌법도 법 앞의 평등(제34조), 남녀평등(제35조), 민족과 인종 간의 평등(제36조) 등을 규정하고 있다. 여기서는 평등권을 보장한다고 하는 것이 특색이다.

842) 상세한 것은 김철수, 『독일 통일의 정치와 헌법』, 307면 이하 참조.

불이익의 배제를 기해야 한다. (iii) 누구나 성별, 출생, 인종, 언어, 고향과 출신, 신앙, 종교적 신앙이나 정치적 사상을 이유로 불이익을 받거나 우대되어서는 안 된다. 누구나 장애자라는 이유로 불이익을 받아서는 안 된다」고 규정하고 있다. 일반적으로 제1항은 일반적 평등규정이라고 하고, 제2항과 제3항은 특수적 평등규정이라고 한다.[843]

(2) 일반적 평등규정

이 일반적 평등규정은 전통에 따라 법률 앞의 평등을 규정하고 있다. 이 규정은 프로이센 헌법 이래 법실증주의자에 의하여 법률적용의 평등을 의미하는 것이며 입법권을 구속하는 것은 아니라고 주장되었다. 그러나 바이마르 헌법 이래로 입법구속설이 대두되다가 본(Bonn) 기본법에 와서는 모든 국가권력을 구속한다고 보고 있다.[844] 그 이유는 제1조 3항이 「이하의 기본권은 입법권과 집행권, 사법권을 직접 구속한다」고 규정하고 있기 때문이다.

문제는 이 규정이 일반규범, 즉 일반원칙을 규정한 것이냐 일반적 평등권을 규정한 것이냐에 대해서는 학설이 대립되고 있다. Weimar 헌법 하에 있어서는 평등=자의금지= 원리로 보아 자의금지라는 법원칙이라는 설이 지배적이었다. 그러나 Bonn 기본법 하에서는 이를 권리로 보는 경향이 나타나고 있으며, 일반적 인격권, 일반적 행동자유권과 같은 일반적 평등권이라고 한다.

(3) 개별적 평등규정

제2항과 제3항은 개별적 평등권에 관한 규정이라고 하겠다. 그런데 이 사유가 열거적인가, 예시적인가에 관해서는 논쟁이 있었다. 실정법론자에 의하여 이것이 열거적인 것이라는 주장이 있어 장애에 의한 차별금지를 특별히 추가하였다. 이 밖에도 제6조 5항에서 적서(嫡庶)의 차별금지, 제33조 1항의 시민적 권리와 의무(참정권)의 평등, 제33조 2항에서는 공직취임에 있어서의 평등이 규정되고 있다. 이들 참정권은 기본권유사적 권리로 인정되고 있다. 공직취임에 있어서의 평등은 적성, 능력, 전문적 수행실적 등에 따른 차별은 인정하고 있다. 이에 따라 급진주의자에 대한 공직취임이 금지되었다.

(4) 보장의 현실

이 헌법의 채택으로 악명 높았던 인종차별은 없어지고 과거의 불법에 대한 보상이 행해졌다. 일반적으로 근로자의 불평등에 대해서는 차별이 철폐되었고, 여성에 대한 차별도 많이 개선되었다. EU 국민은 같은 평등권을 누리게 되었다. 사실적으로 동독인에 대한 경제적인 현실적인 차별이 있으나, 출생지에 의한 차별로 위헌이 될 것이다.

독일 연방헌법재판소도 그동안 평등권에 관한 많은 판례를 남겼는데 자의금지원칙

---

843) 원문은 김철수, 『독일 통일의 정치와 헌법』, 531면.
844) Leibholz, G., Equality as a principle in German and Swiss Constitutional Law, Politics and Law, 1965, p. 302-313.

테스트에서 새로운 형식인 비례성테스트를 적용하고 있다.845)

일반적 평등규정과 개별적 평등규정이 충돌하는 경우에는 그 적용 영역에 따라 특수 평등규정이 일반평등 규정에 우선한다.846)

통일 후의 평등권은 동독과는 달리 경제적 평등이 주가 된 것이 아니라 정치적 · 형식적 평등의 실현이 이념으로 되고 있다. 물론 사회적 법치국가의 원칙에 따라 국가가 경제에 개입하여 광범하게 이를 통제하는 방법으로 사회적 곤궁과 결핍을 방지하고 국민 개인에게 최저한도의 사회적인 생활을 보장하기 위하여 사회정의의 수립을 목적으로 하여 노력할 것을 입법자에게 요구하고 있다.847)848)

4. 일본 헌법상의 평등권

1) 일본에 있어서의 평등사상

일본에서 평등사상이 주장되게 된 것은 개화 초기에 유럽과 미국의 영향을 받아 천부인권설을 도입한 다음이다. 1853년 미국의 흑선(Perry 선장)이 도래하여 서양 문물이 수입되게 되었다. 1867년에는 명치 유신이 성공하였는데, 이는 도쿠가와 정권(德川幕府)을 타도하고 천황을 추대하여 왕정복고를 한 것을 말한다. 이 명치 유신은 인권면에서 본다면 인권을 중심과제로 한 정치개혁인 것처럼 보인다.849)

일본 근세 봉건사회는 신분계층제로 되어 있었다. 이는 4개의 신분으로 구성되어 있었다. 첫째 계급에 속하는 것은 영예의 최고위를 차지하는 황족, 황실 측근의 귀족으로서의 공경(公卿) 및 지방의 지배자로서의 제후(장군 및 다이묘[大名])이다. 둘째 계급은 무가(武家)였는데 이들은 공경 및 제후에 신종하고 세습의 봉록을 받고 문무 관료로 임명되었다. 조세가 면제되고 칼차기[帶刀]가 허용되었으나, 상업을 영위할 수는 없었다. 영지를 가진 신사와 절에 봉직하는 신관 · 승려도 거의 무사와 같은 처우를 받았다. 제3계급에 속한 것이 일반 서민이며, 농 · 공 · 상업에 종사하고 조세 부역을 부담할 뿐이며 문무의 정무에 참가하는 것은 허용되지 않았다. 제4계급에 속한 것은 천민(穢多非人)이라고 하여 경멸된 사람으로 비천한 직업을 영위하며, 타 계급과의 대등한 교제가 허용되지 않았으며 인민 중의 최하급의 신분으로 인정되었다.850)

1869년(명치 3년)에는 이다가키(板垣退助)가 「인민 평균의 이(理)」를 선언하였는데, 다음과 같은 구절이 있다. 「무릇 인간은 천지간 활동물의 가장 귀중한 것으로 특히

---

845) BVerfGE, 55, 72 (88 und ff.)
846) Sachs, Verfassungsrecht, II Grundrechte, S. 262.
847) Leibholz, Gleichheit vor dem Gesetze, S. 87.
848) 독일 기본권의 이해를 위해서는 김효전 편역, 『독일 기본권이론의 이해』, 204면 참조.
849) 이하의 기술은 주로 松尾直 · 前田寬, 『憲法と政治の現實』, 171면 이하에 근거하였다.
850) 阿部照哉/野中俊彦, 『平等の權利』, 19-20면.

영생(靈生)의 천성을 가지고 지식 기능을 겸유하고, 소위 만물의 영장이라고 불리는
것은 사농공상의 계급에서 유래하는 것은 아니다. 그러므로 문무의 업은 사족의 책임에게
만 맡겨서는 안 되며, 종전의 사족 문무 상직의 책임을 널리 민서에 추호하여 인간은
계급에 따른 것이 아니고 귀중한 영물임을 알게 하여, 각자의 지식 기능을 장려하고
사람들에 자주 자유의 권능을 주어 모두에게 그 지원하는 바를 수행하기를 바랄 뿐」.

명치 유신의 변혁은 일본의 계급신분제를 크게 변경하였다. 장군 및 제후는 그 정권과
영지를 천황에게 반환하고 고향으로 내려갔다. 1868년(명치 2년)에는 봉건제가 폐지되어
무사도 문무의 정무에 참가하는 특권을 잃었고, 사족의 칭호를 가질 뿐이었다. 천민(穢多非
人)의 칭호도 없어지고 그 신분·직업은 평민과 같이 되었다. 그러나 유신 후의 변혁도
신분적 차별의 실태를 크게 변경하지는 못하였다.

구미의 천부인권 사상에 영향을 받아 후쿠자와(福澤諭吉) 등이 자유민권사상을 고취하
였다. 그는 「이 시기에 하늘은 사람 위에 사람을 만들지 아니하였으며, 사람 아래 사람을
만들지 아니하였다」라고 평등사상을 고취하고 있다. 이 자유민권운동은 이다가키(板垣
退助)를 중심으로 한 정치운동으로 발전하고, 1874년에는 민선의원건립백서를 제출하였
다. 1881년에는 국회개설이 결정되었으나 그 뒤 자유민권운동에의 규제도 강화되어
자유당은 해산되고 자유민권운동은 끝나고 말았다.

2) 일본 헌법의 평등규정

(1) 명치 헌법

1880년의 원로원 국헌초안도 「國民及其權利義務章」에서 평등원칙에 대해서 다음과
같이 규정하고 있다. 「제2조 국민은 법률 내에서 균평한 자로 한다」, 「제3조 내외 국민의
신체 재산은 다 같이 보호를 받는다. 단 외국인에 대하여 특례를 규정한 경우에는 차한에
부재하다」, 「제4조 국민은 모두 문무의 관직에 임명될 수 있다」.

1881년 우에키(植本枝盛)는 일본국 헌법안을 만들어 인권에 관하여 규정할 것을 주장하
였다.

1889년에 제정된 명치 헌법은 평등에 관하여 한 조문을 두고 있다. 「일본 신민은
법률 명령이 정하는 바의 자격에 따라 균등하게 문무관에 임명되고, 기타의 공무에
취임할 수 있다」고만 규정하였다. 여기에서는 일반적 평등원칙은 규정되지 않았으나
일반적 평등도 보장되는 것으로 추정되었다.

현실적으로는 헌법이 인정하거나 또 암묵적으로 전제된 차별 사유에 따라 일반적
평등원칙은 물론 공무취임의 평등에도 많은 제한이 있었다. 한국 병탄 후에는 다음과
같은 계급이 인정되어 있었다. (i) 황족, (ii) 왕족 및 공족, (iii) 일반 신민의 계급이
있었는데, 일반 신민에는 내지 신민과 외지 신민이 구분되어 차별이 행해졌다. 내지
신민은 (i) 화족, (ii) 일반 내지인이 있었다. 외지 신민으로는 (i) 조선 귀족, (ii) 조선

일반인, (iii) 대만인, (iv) 사할린인(樺太人)이 있었다. 황족은 천황과 함께 황실을 구성하는 천황가의 가족으로 많은 특권이 인정되었다. 내지 신민은 (i) 화족과, (ii) 일반 내지인이 있었는데, 화족은 일본의 공경제후(公卿諸侯)가 이에 속했으며, 작위제도가 도입된 뒤 세습되고 그에 상당한 예우를 받았다. 귀화인이나 귀화인의 자로서 일본의 국적을 취득한 자는 장관이나 고위 공무원의 직에 취임할 수 없도록 하였다. 또 남녀의 차별이 인정되었고 법률에 의한 차별은 허용되었다. 외지인에게는 평등권이 침해되었다. 무관뿐만 아니라 고등문관에는 남자에게만 채용시험의 응시자격이 부여되었다. 이 밖에도 민법, 형법, 국적법 등에 많은 차별이 행해졌다.

(2) 일본국 헌법

일본을 점령한 MacArthur는「일본의 봉건제도는 폐지된다. 귀족의 권리는 황족을 제외하고, 현재 생존하고 있는 자 일대(一代) 이상 미치지 않는다. 화족의 지위는 향후 어떠한 국민적 또는 시민적인 정치권력을 수반하는 것은 아니다」고 지시하였다.

총사령부에서 작성된 제2차 시안에서의 평등원칙에 관한 규정은 다음과 같다.「13조 모든 자연인은 법 앞에 평등이다. 인종, 신조, 성별, 사회적 신분, 카스트 또는 출신국에 의하여 정치적 관계, 경제적 관계 또는 사회적 관계에 있어서 차별이 행해지는 것을 수권하거나 용인해서는 안 된다. 귀족으로서의 권리는 황족의 그것을 제외하고는 현존하는 자 일대한(一代限)으로 한다. 영예·훈장 기타의 영전의 수여는 현재 이를 보유하거나 또는 장래 그를 받을 자의 1대에 한하여 그 효력을 가지는 것으로 한다」.「16조 외국인은 법의 평등한 보호를 받는다」.

MacArthur 초안에서는 이를 보다 강화하여 규정하였으나, 1946년 3월 2일안에서 보다 간명하게 규정하였다. 4월 17일에는 총사령부와의 절충을 거쳐 초안이 완성되고 제국 의회에 제출되었다. 제국 의회에서는 많은 논의 끝에 평등 원칙은 제14조로 통과하였다.

일본국 헌법 제14조는「모든 국민은 법 앞에 평등이며, 인종, 신조, 성별, 사회적 신분 또는 문지(門地)에 의하여 정치적·경제적 또는 사회적 관계에 있어서 차별되지 않는다. 화족 기타의 귀족제도는 이를 인정하지 않는다. 영예·훈장 기타의 영전의 수여는 현재 이를 가지고 또는 장래에 이를 받을 자의 1대에 한하여 그 효력을 가진다」고 규정하였다. 이 밖에도 가정생활에 있어서의 부부평등, 평등선거, 교육의 기회균등 등이 규정되어 있다.

(3) 일본에서의 평등보장

일본의 헌법 제정에 따라 평등사상이 전개되어 구래의 법제가 변경되었다. 여성참정권이 인정되었고, 천황의 인간선언과 불경죄의 폐지 등으로 천황의 신격성이 부정되었다. 처를 불평등하게 취급했던 간통죄가 폐지되고, 민법개정에 의하여 민법은 개인의 존엄과 양성의 본질적 평등을 원칙으로 하여 이를 해석하여야 한다는 규정을 추가하였고 처의 무능력에 관한 규정이 삭제되었었다. 뿐만 아니라 부부의 성명, 동거의무, 재산관계, 이혼원인, 친권 등에 있어서 평등의 원칙이 실현되도록 개정되었고, 상속에 있어서도 호주상속이 폐지되고 상속권에 관하여 남녀동권, 제자평등의 원칙이 도입되었다.851)

그러나 외국인에 대한 참정권 등은 부정되고 있으며, 형식적 평등은 어느 정도 완성되었으나 실질적 평등의 보장은 아직까지도 완성되지 못하고 있다. 이 사회·경제적 관계에 있어서도 평등이 보장되어야 할 것이라는 주장이 높아지고 있다. 고용기회의 균등이 요구되고 있다.

봉건적 신분제도는 철폐되었지만 부락민에 대한 사실적 차별은 아직도 행해지고 있다. 여성에 대한 차별도 많이 개선되었으나 positive(affirmative) action 채택이 논의되고 있다.852) 평등권에 관한 학설은 독일 이론을 많이 도입하고 있고, 입법과 판례는 미국을 주로 모방하고 있다.

5. 한국 헌법상의 평등권

1) 한국에 있어서의 평등사상

(1) 개화기의 평등사상

근대 개화기는 유교주의 사회였으며 양반 관인계급과 상인 및 노예계급이 있었다. 이러한 신분제도에 반대하고 인간의 평등을 주장한 사람은 서양 인권사상에 영향을 받은 사람이다. 이것은 일본의 후쿠자와(福澤諭吉)의 번역서에서 주장된 것을 수입한 것이다.

한성순보(漢城旬報)는 제2호에서(개국 492[癸未], 10월 11일) 국민의 자유권이 중함을 설명하고 있다. 한성순보 제14호에서는(개국 493[甲申], 2월 11일) 「(i) 모든 인간은 태어나면서 움직일 수 없는 권리를 가지고 있다. (ii) 모든 인간은 평등하게 누구도 속박하거나 빼앗을 수 없는 자유와 생명의 권리를 가진다」고 설시하고 있다.

갑신정변의 결과인 갑신정령에서도 2항에서 문벌을 폐지하고 평등을 보장하여, 모든 사람을 평등하게 관원으로 등용할 것을 규정하고 있다.853) 근세 실학파가 양반의 불법과 부패를 비난하고 혹은 비판하고 있었으나 제도적으로 양반계급의 폐지를 내걸지는 못했는

---

851) 일본에 있어서의 평등에 대해서는 杉原泰雄, 『人權の歷史』, 147면 이하; 阿部照哉/野中俊彦, 『平等の權利』; 戶松秀典, 『平等原則と司法審査』 등 참조. 실제와 판례에 대해서는 戶松秀典/初宿正典, 『憲法判例』 제4판, 2004 참조.
852) 세계 각국의 Positive action과 남녀 공동 참여에 대해서는 辻村みよ子, 『世界のポジティブアクションと男女共同參劃』, 2004 참조.
853) 상세한 것은 전봉덕, 상게서, 79면 이하 참조.

데, 갑신정변 정령에서 문벌을 폐지하고 평등을 주장한 점에 봉건적·유교적 질서를 폐기 선언한 것은 역사적·정치적 의의가 크다고 하겠다.

이러한 평등사상은 김옥균에게서도 찾아볼 수 있다. 그는 망명지인 일본에서 고종에게 올리는 상소문을 통하여 봉건제적인 신분제도의 폐지를 건의하였다.854)

박영효도 미국 독립선언문을 인용하면서 「사람은 누구나 세상에 태어남과 동시에 불역의 통의를 받아가지고 있는 것은 억조개동일이라」고 하고, 이 통의란 「생명·자유·행복이다」고 하고 있다. 여기서 그는 만인이 天(조물주)에 의하여 평등하게 창조되었다고 하여 천부인권을 강조하였다.855) 그는 소아·대인·빈천·부귀 어느 것을 막론하고 그 신명은 하나이며 같은 것이라 하고, 반상·중서의 계급 폐지를 내세워 만민평등을 주장하였다.

유길준은『서유견문』에서 인민의 권리를 말하면서 「人이 天地間에 生하야 各己 인간의 理로 視하면 人上人도 無하고 人下人도 無하니 天子도 人이요 匹夫도 人」이라고 하여 평등사상을 고취하였다.856) 그는 「凡 人이 世에 生함에 人되는 權利는 賢愚 貴賤 貧富 强弱의 分別이 없되 … 人되는 理는 天子로부터 匹夫에 이르기까지 호리(毫釐)의 차이도 없다」고 하고 있다.

서재필은 미국에서 공부한 지식인으로서 독립신문에 한국어 논설과 영문 논설을 썼는데 "all men are born equal"이라고 하여 신이 창조한 것을 강조하지 않고 만인이 출생과 동시에 평등하게 태어났다는 것을 강조하고 있다. 그는 '백성은 나라의 주인'이고 '관인은 백성의 사환'이라고 하여 양반계급의 독재를 부정하고 평등을 주장하였다.857)

황성신문은 논설(1900년 1월 1일)에서 국민의 평등권이라는 제목 아래 「今에 我韓은 門地를 徒尙하야 其 位에 在한 者는 同貴相害하고 同利相忘하며 誰上侮下하야 恣行肥己를 惟期才能함애 國之興廢는 視若度外하고」라고 하여, 신분적인 계급주의를 비판하고 「국가의 國民治平하는 의무는 국민의 권리를 균일히 보호하는데 在하다」고 주장하여 천부인권의 평등사상을 강조하고 있다.858) 독립신문은 1898년 1월 4일 논설에서 「하느님께서 사람을 生하심이 무론 남녀하고 이목구비와 심의 성장은 다 한가지이며 만물의 가운데에 제일 총명하고 신령한지라」고 천부평등사상을 주장하고 있다.859)

(2) 법실증주의적 평등사상

유성준은 1905년에 출판한『법학통론』에서 공권과 인권을 나누어 설명하면서, 공권은

854) 전봉덕,『한국 근대법사상사』, 1981, 32-44면; 한국학문헌연구소편,『김옥균 전집』, 1979; 김옥균 원저, 조일문 역주,『갑신일록』, 건국대출판부, 1987; 김효전,『근대 한국의 국가사상』, 2000, 321면 이하.
855) 상세한 것은 전봉덕, 상게서, 119면 이하; 김갑천역, 박영효의 건백서,『한국정치연구』(서울대) 제2호, 1990, 245-291면; 역사학회편, 박영효, 내정개혁에 대한 건백서, 1982 참조.
856) 상세한 것은 전봉덕, 상게서, 188면 이하 (특히 213면 이하) 참조.
857) 전봉덕, 상게서, 253면 이하 (특히 254면 이하); 김도태,『서재필박사 자서전』, 1972.
858) 김효전,『근대 한국의 국가사상』, 337면; 전봉덕, 전게서, 86-87면.
859) 상세한 것은 문중섭, 전게서, 168면 참조.

오늘날의 참정권을 말하며 이 공권은 평등하다는 것을 강조하고 있다. 「自國臣民間에는 호말이라도 差等이 無하야 門地族籍과 爵位의 如何를 물론하고 何人이던지 此權을 均有하고 … 然이나 이 자격은 호말이라도 臣民平等의 권리와 相妨치 아니함을 注意할지니 즉 법률 명령으로 혹 자격을 요구하야 그 자격이 有한 즉 門地와 族籍의 여하를 불구하고 등용함이니 소위 자격은 就官하는 요건됨이 止함이오 其 權利增損에 관계가 無함이라」고 하고 있다.860)

평등운동으로는 동학혁명이 있었다. 전봉준은 관군과 무력으로 대치하면서 「弊政改革條件 12조」를 제시하여 사회평등을 강조하였다. 여기서는 「(i) 노비문서를 소각한다, (ii) 七班賤人의 차별을 개선하고 백정의 平凉笠을 없앤다, (iii) 관리채용은 地閥을 타파하고 인재를 등용한다, (iv) 토지는 평균하여 分作한다」 등 평등을 주장하고 폐습의 타파를 강조하였다.861)

정부는 일본의 영향 아래 1894년에는 갑오경장을 하게 되었다. 그중에는 (i) 문벌·양반·상민 등 신분적 계급을 타파하고 귀천에 관계없이 인재를 등용할 것, (ii) 공사노비의 전(典)은 일체 개폐하여 그 매매를 금지할 것 등의 개혁안을 의결하게 되었다.862)

상해 임시정부 하에서 조소앙은 1919년에 삼균주의를 발표하였는데, 이에서 정치균등, 경제균등, 교육균등을 주장하였다. 정치적 균등의 하나로 국민 기본권리 균등을 들고, 경제적 균등으로서 토지국유, 대생산 기관 국유 등을 주장하고 있다.863)

이러한 천부의 평등권사상은 일제의 강점과 더불어 실정법상의 평등으로 되었고, 일제는 조선 귀족과 서민으로 구분하여 차별하기도 하였다. 한국에서는 일본 헌법조차 시행되지 않았고 평등권은 보장되지 않았다.

2) 한국 헌법상의 평등권 조항

(1) 임시정부 헌법

한국에서 성문법으로 평등권이 처음 규정된 것은 1919년 임시정부 수립 후라고 하겠다. 4월 11일의 대한민국 임시헌장에서는 제3조에서 「대한민국의 인민은 남녀귀천 및 빈부의 계급이 무(無)하고 일체 평등임」이라고 규정하였다.864) 1919년 9월 11일의 대한민국 임시헌법에서도 제4조에서 「대한민국의 인민은 일체 평등함」이라고 제1장 강령에서 규정하고 있다. 이와 같이 임시정부가 「인민의 권리와 의무장」(章)에 앞서 이를 규정한 것은 평등 실현에 열성적이었음을 알 수 있다. 아쉽게도 1925년의 임시정부헌법에는 인민의 권리·의무에 관한 규정이 탈락되었다. 1927년헌법에서는 다시금 제3조에서

860) 유성준, 『법학통론』, 61-62면.
861) 김효전, 『근대 한국의 국가사상』, 100면.
862) 김효전, 상게서, 101면.
863) 추헌수, 『한국독립운동사 I』, 102면; 김영수, 『한국헌법사』, 339면 이하 참조.
864) 대한민국 임시정부 헌법 조문에 대해서는 정종섭편, 『한국헌법사문류』, 2002; 김영수, 『한국헌법사』, 2002 참조.

「대한민국의 인민은 평등이며 일체 자유와 권리가 있음」이라고 규정하였다. 1940년 10월 9일 임시약헌에서는 제2조에서 「대한민국의 인민은 일체 평등하며, 또한 법률의 범위 내에서 자유 및 권리를 가진다」고 규정했다.

1944년 4월 22일의 대한민국 임시헌장은 제2장에서 인민의 권리 · 의무를 규정하고 있는데 평등권에 대해서는 규정이 없었다.

(2) 미군정 하의 평등조항

미군정은 1945년 9월 12일 미군 정부의 조직에 관한 발표를 하였는데, 「종족 · 민족 또는 정치적 관계에 의한 차별대우에 관한 모든 명령, 법규 기타 제도는 이것을 철폐할 의도인 것이다」는 내용이 들어 있었다.[865]

미군 정부는 1945년 10월 9일자 군정법령 제11호에서 「38선 이남에 시행하던 법률 중 조선인에 차별 또는 압박을 가하는 모든 정책과 주의를 소멸시키고, 그들에게 정의의 정치와 법률상 균등을 회복케 하기 위하여 … 정치적 제 악법을 폐지하고(제1조), 기타 법률적 효력을 가지는 법령 중, 사법적 · 행정적 적용으로 인하여 종족, 국적, 신조 또는 정치사상을 이유로 차별을 발생케 하는 것은 이를 모두 폐지하도록」 하였다. 이로써 법령상의 평등은 보장되었다.[866]

미군정청 정치교육과에서는 1946년 『입헌정치개요』라는 계몽용 책자를 펴내었는데, 첫머리에 헌법이란 1 인민의 통치권 2 인민의 권리보호 3 대표자로 구성된 정부 4 법률의 운영을 모토로서 제시하였다.[867]

러취(Archer L. Lerch) 군정장관은 남녀평등 실현을 위해서도 열성적이었는데 지방의회나 국회의원선거에서의 남녀동권을 인정하였다. 1946년 11월 15일의 법령 제126호에서는 「남녀의 성별에 관계없이 보통선거로써 관공리와 국회의원을 선출」하도록 하였다.[868]

미군정이 승인하지 않아 효력을 발생하지 않은 것으로는 1947년 8월 6일 남조선과도입법의원의 조선임시약헌을 들 수 있다.[869] 여기에서는 제2장 국민의 권리의무를 규정하면서, 제4조에서 「조선의 국민은 좌기 각항 정책의 확립에 의하여 생활균등권을 향유함, (i) 국민의 기본생활을 확보할 계획경제의 수립, (ii) 주요한 생활필수품의 통제관리와 합리적 균가정책의 수립, (iii) 세제의 정리와 누진세의 강화, (iv) 농민본위의 토지분배, (v) 대규모 주요 공업 및 광산의 국영 또는 국가관리, (vi) 노동자의 생활을 안정시키기 위한 최저임금제의 확립, (vii) 기업의 경영관리면에 노동자참여된 공장 … (viii) 봉급자의 생활을 안정키 위한 가족급여제의 확립, (ix) 중요 공장 내의 보건, 후생, 교육 및 오락시설의 정비, (x) 실업보험, 병질보험 기타 사회보장제의 실시」라고 규정하였다.

---

865) 상세한 것은 김철수, 『한국헌법사』, 24면 참조.
866) 상세한 것은 김철수, 상게서, 25면 참조.
867) 군정청 정치교육과 발행, 『입헌정치개요』, 1946.
868) 상세한 것은 김철수, 상게서, 27면 참조.
869) 원문은 김영수, 전게서, 916면 참조.

제5조에서 「조선 국민은 하기 각항 정책의 확립에 의하여 문화 및 후생의 균등권을 향유함, (i) 의무교육제의 실시와 직업교육의 확충, (ii) 유능자 특별교육의 확충과 교육비의 국가부담, (iii) 주요 문화기관 및 오락기관의 공영, (iv) 체육시설의 적정 분포와 공영의 확충, (v) 의료기관의 적정 분포와 공영의 확충, (vi) 조산원, 탁아원, 양로원의 공영, (vii) 소년, 부녀의 야간노동 및 유해하고 또 위험한 공작의 금지」라고 규정하고 있다.

이 규정들은 생존권적 기본권을 균등권으로 인정하고 있는데 장점이 있으며, 제헌헌법의 생존권규정과 경제조항 등에 영향을 끼쳤다고 하겠다. 자유권과 국가기관에 대한 요구권, 참정권, 의무를 규정하고 있다. 이는 해방 이후에 평등권의 욕구가 컸음을 나타내고 있다.

미군정은 그 뒤 입법의원선거법과 국회의원선거법에서 평등선거의 원칙을 규정하여 여성에게도 참정권을 인정하여 선거권에 있어서의 남녀평등권을 실현하였다.

미군 정부는 1948년 4월 7일 「조선 인민의 권리에 관한 포고」를 발표하였는데, 여기서 기본권보장의 대원칙을 천명하였다. 여기서도 제일 먼저 「모든 인민은 법 앞에서 평등하며 법 아래 동등의 보호를 받을 권리가 있고, 성별, 출생, 직업, 신조의 특권을 인정치 않으며 국제법에 의하여 인정된 특권만이 예외가 된다」고 규정하였다.[870]

(3) 대한민국헌법의 평등조항

1948년 7월 12일에 제정된 대한민국헌법은 전문에서 「모든 사회적 폐습을 타파하고 민주주의 제 제도를 수립하여 정치·경제·사회·문화의 모든 영역에 있어서 각인의 기회를 균등히 하고, 능력을 최고도로 발휘케 하며 각인의 책임과 의무를 완수케 하여 안으로는 국민생활의 균등한 향상을 기」한다고 하여 평등사회 건설의 이념을 천명하고 있다. 제5조에서는 「대한민국은 정치·경제·사회·문화의 모든 영역에 있어서 각인의 자유, 평등과 창의를 존중하고 보장하며 공공복리의 향상을 위하여 이를 보호하고 조정하는 의무를 진다」고 하고 있다. 제8조에서는 「모든 국민은 법률 앞에 평등이며 성별, 신앙 또는 사회적 신분에 의하여 정치적·경제적·사회적 생활의 모든 영역에 있어서의 차별을 받지 아니한다. 사회적 특권계급제도는 일절 인정되지 아니하며 여하한 형태로도 이를 창설하지 못한다. 훈장과 기타 영전의 수여는 오로지 그 받은 자의 영예에 한한 것이며 여하한 특권도 창설되지 아니한다」고 규정하고 있다. 나아가 제16조에서 균등하게 교육을 받을 권리를 규정하고, 제18조에서는 근로자의 이익분배균점권, 제20조에서 혼인은 남녀동권을 기본으로 한다고 규정하고 있다. 제84조의 경제조항에서는 사회정의의 실현과 균형 있는 국민경제의 발전을 규정하고 있다. 이 밖에도 농지분배를 규정하고(제86조), 국영기업과 공영기업을 두고 공공필요에 의하여 사영기업화할 수 있다고 했다. 이들 조항은 2년 전에 제정된 일본헌법의 규정보다는 진보적인 것이라고 하겠다. 그

뒤의 헌법개정에서도 평등권 규정은 대개 그대로 유지되었다.

1962년의 제3공화국헌법도 평등조항에 대해서는 큰 개정이 없었다. 다만, 사영기업근로자의 이익분배균점권은 이를 폐지하였다. 1972년의 유신헌법에서도 평등권 조항은 그대로 유지되었다. 1980년의 제5공화국헌법, 1987년의 제6공화국헌법의 평등조항도 기본적으로는 동일하다고 하겠다(제11조).[871]

(4) 북한 헌법의 평등조항

북한은 1946년 3월 23일의 20개조 정강에서 평등선거와 평등을 선언하였다.「전제 공민들에게 성별, 신앙 및 재산의 유무를 불문하고 정치경제생활에서 동등한 권리를 보장」할 것을 선언하였다. 그리고 지주들의 토지를 몰수하고 소작제를 폐지하며 몰수한 일체 토지를 농민에게 무상 분배할 것을 규정하고 있다.[872]

1948년 9월 8일의 조선민주주의인민공화국헌법은 생산수단의 국유화, 협동조합의 소유로 옮기고 소작제도의 영원한 폐지 등을 규정하고 있다. 제2장 공민의 기본적 권리 및 의무의 모두에서「일체 공민은 성별, 민족별, 신앙, 기술, 재산, 지식 정도의 여하를 불문하고 국가·정치·경제·사회·문화생활의 모든 부분에 있어서 동등한 권리를 가진다」(제11조)고 하고, 이어「만 20세 이상의 일체 공민은 성별·민족별·성분·신앙·거주기간·재산·지식 정도의 여하를 불문하고 선거권이 있으며, 어떤 주권기관에든지 피선될 수 있다」(제12조)고 규정하고 있다.

1962년 12월 18일 헌법에서도 제11조는 개정되지 않았고 제12조에서는 선거연령만 만 18세로 인하하였다. 1972년 12월 28일의 소위 사회주의헌법은 생산수단의 사유를 폐지하고「공민은 정치, 경제, 문화 등 국가생활의 모든 분야에서 누구나 다 같은 권리를 가진다」(제51조)고 하고, 만 17살 이상자에게 평등선거권을 인정하고 있다(제52조). 「여자는 남자와 똑같은 사회적 지위와 권리를 가진다」(제62조)고 남녀동권을 규정하고 있다. 그러나「혁명투사, 혁명열사가족, 애국열사가족, 인민군 후방가족, 영예군인들은 국가와 사회의 특별한 보호를 받는다」(제61조)고 하여 특권계급을 인정하고 있다. 평등선 거도 규정하고 있다(제74조).

1980년 10월 13일에 개정된 노동당강령은「모든 당사업의 기본원칙으로서 계급노선과 군중노선을 관철한다」고 하여 계급투쟁을 규정하고 있다. 노동당원의 우월이 인정되고 평등은 보장되지 않는다.

1992년 4월 9일의 사회주의헌법은 공민의 권리와 의무는 "하나는 전체를 위하여, 전체는 하나를 위하여"라는 집단주의원칙에 입각하여 개인의 존엄을 무시하고 있다. 「공민은 국가사회생활의 모든 분야에서 누구나 다 같은 권리를 가진다」고 하고(제65조), 평등선거권과 피선거권평등이 보장되고 있다(제66조).

---

871) 상세한 것은 김철수, 『헌법학개론』, 2005 참조.
872) 북한의 헌정 자료에 관해서는 법원행정처, 『북한의 헌법』, 2010; 장명봉, 『북한법령집』, 2010; 김영수, 『한국헌법사』, 1069면 이하 참조.

1998년 9월 6일 헌법도 제65조에서 「공민은 국가사회생활의 모든 분야에서 누구나 다 같은 선거권을 가진다」(제77조)고 규정하고, 나아가 「여자는 남자와 똑같은 사회적 지위를 가진다」(제77조). 그러나 혁명투사, 혁명열사 가족 등에 대한 특수신분은 보호되었다. 그 이후의 개정 헌법에서도 명목상 평등권은 규정되고 있다.

3) 한국에서의 평등보장

한국에서의 평등권보장은 개화사상과 동학혁명운동 기타 기독교신자들의 노력과 서양과 일본의 영향 하에서 이루어졌다. 양반·상민의 계급구조는 일제침략 하에서 사실적으로 해체되었으며, 미군정이나 제헌 헌법에서 폐습으로서 타파되었던 것이다. 남녀동권이나 평등선거권의 보장은 한국 헌법 제정 이전 이미 판례상에서도 보장되기 시작하였다. 처의 무능력제도에 대한 법원의 위헌판결은 당시의 판사들의 평등관을 보여주는 것이었다.

반상계급의 철폐에 대신하여 소유자와 무산자, 지주와 소작인 간의 불평등, 남녀의 불평등, 혈족에 의한 불평등 등은 끊이질 않고 있다.[873]

북한에서는 계급투쟁의 미명 하에 무산계급의 유산계급에 대한 독재가 행하여졌고 경제적·사회적 평등의 실질적 보장이 주장되었다. 그러나 사실상에 있어서도 공산당을 중심으로 한 불평등이 심화되었다. 북한의 인권상황은 최악의 상태이다. 북한 사회에서는 오히려 빈곤의 평등화가 세습되고 있다.

유일하게 남아있는 분단국인 한국에서 아직도 평등중심이냐 자유중심이냐, 생산중심이냐 분배중심이냐가 논의되고 있다. 대한민국의 개발연대가 자유와 생산중심이었는데 대하여, 김대중시대 이후에 평등과 배분중심 정책을 펴고 있다 하여 많은 논란이 일어나고 있다. 민주화운동가족에 대한 우대가 행해지고 있다. 공산주의국가인 중국보다도 평등지향적인 정책이 추진되고 있다.

이러한 문제는 헌법의 해석과 적용을 통하여 이념대립을 지양하고 진정한 평등을 보장할 수 있지 않을까 한다. 이하에서는 이를 위한 헌법해석에 관하여 알아보기로 한다.

제3절 평등규정의 법적 성격

이 평등조항이 인간의 자연적 평등권을 확인한 것인가 아니면 법 앞의 평등이라는 객관적 법규범을 규정한 것에 따른 실정권 규정인가에 대하여서는 학설이 대립되고

---

873) 상세한 것은 정인섭 편저, 『사회적 차별과 법의 지배』, 2004; 국가인권위원회 차별조사국편, 『차별행위·이론과 실제(I)』, 2002 등 참조.

있다. 자연권론으로 보는 견해는 근대 자연법론이 자연권을 선언하였고 혁명 후 이러한 자연권을 헌법에서 확인하였다는 입장이고, 객관적 법규범이라는 견해는 실정헌법규범에서 비로소 평등권이 보장되었다고 보는 실정권설을 주장하고 있다.

1. 평등권의 확인규정성과 창설규정성

1) 독일에서의 논의

평등 규정에 관해서는 법 앞의 평등이라고 보아 객관적인 법원칙에 불과하다고 보는 견해와, 평등권이라는 청구권적 성격을 가지는 공권이라고 보는 견해가 대립되고 있다.

(1) 평등규범설

독일에서는 Kant나 Hegel 이래 법실증주의가 발달하여 바이마르 헌법의 평등규정에 대해서도 평등원칙이요 객관적인 법원칙이요, 평등하게 취급되는 것은 오로지 법질서의 반사적 이익이라고 보는 것이 다수설이었다. Jellinek는 일찍이 『공권론』에서 자유권, 수익권, 참정권이라는 세 가지 공권을 인정하였으나, 평등은 법의 반사적 이익에 불과하다고 하여 공권성을 부인하였다.[874] 이들은 평등=자의금지=정의라고 보아 자의금지(Willkürverbot)에 중점을 두었으며, 그 권리성을 부인하고 있다. 또 평등규정의 입법구속성을 부정하고 있었다.

바이마르 헌법시대에는 평등원칙을 중시하고 권리성을 부인하였다. 그 이유는 평등규정이 법률 앞의 평등을 규정했고 국가 권력이 이를 침해해도 직접 소구할 수 있는 권리가 발생하지 않기 때문이라고 했다.[875]

Luhmann은 「평등원칙은 원래부터 공권이 아니었다」고 하면서 법 앞에서의 평등에 관한 기본권은 법적용에 관한 권리를 의미하는 것 이외의 아무것도 아니라고 한다.[876]

Rossano는 일반적 평등원칙이건 개별적 차별금지규정이건 간에 법적 평등은 개인의 주관적 권리 또는 법적으로 보호되는 이익을 근거지울 수 없다고 한다.[877]

Häberle는 평등규정을 단순한 자의금지규정으로만 보려고 한다.[878]

---

874) Jellinek, G., System der subjektiven öffentlichen Rechte, 1898. 2. Aufl., 1905.
875) Laband, P., Das Staatsrecht der Deutschen Reichs, 3 Bde., 1876-1882; Gerber, Über öffentliche Rechte, 1852.
876) Luhmann, N., Grundrechte als Institution, 1965, S. 167.
   은숭표, 헌법상 평등의 원칙 - Luhmann의 시스템 이론적 입장에서 본 법시스템의 자체 서술형식 및 정의의 법 기술적 자동양식으로서의 평등, 『헌법학연구』 제7권 4호, 2001.
877) Rossano, C., Der Gleichheitssatz und seiner Bedeutung für die italienische Verfassung, JöR Bd. 18, S. 254.
878) Häberle, "Grundrechte im Leistungsstaat," VVDStRL 30, 1972, S. 120, S. 139.

그러나 이러한 객관적인 법원칙으로 보는 경우에는 바이마르 헌법시대와 같은 자의에 대한 규제가 불가능해질 우려가 있다. 또 혹자는 자의금지는 평등원칙에서가 아니고 법치국가원칙에서 나온다고 하고 법치국가원리의 성격상 주관적인 청구권이 나오는 것은 아니라고 한다.[879]

(2) 평등권설

그러나 평등권은 원래 자연권으로 선언되었기 때문에 권리로 보는 것이 Bonn 기본법 하의 다수설이다. 절대 다수학자들은 권리성을 인정하고 있다.

본 기본법은 제1조에서 「이하의 기본권은 입법권, 집행권, 사법권을 구속한다고 하고 있으므로 평등도 기본권이며 입법권도 구속」한다고 본다.[880]

(3) 양면설

독일에서도 법 앞의 평등은 평등원칙(Gleichheitssatz)이라고 말하여지고 있으나, 개인에 대해서는 평등권(Gleichheitsrechte)을 선언한 것으로 보고 있다.

Leibholz는 평등규범을 둘로 나누어 첫째로 공공의 이익을 위하여 제정된 것을 평등원리라고 보고, 둘째로 개인의 이익을 위하여 제정된 규범을 권리라고 하면서 평등규정은 개인의 공권을 보장하는 것이라고 보고 있다.[881] Alexy도 평등은 원칙이라고 보면서 권리적 측면에서는 추상적·확정적 평등권, 구체적·확정적 평등권, 추상적·잠정적 평등권으로 나누고 있다.[882] 대부분의 학자들은 이 양면설을 지지하고 있다.[883]

연방헌법재판소도 「이 헌법규범은 모든 사람을 법률 앞에 평등하게 취급할 것을 요청한다. 그리하여 이 기본권은 일정한 규범객체가 다른 객체보다 불평등한 취급을 할 정당성 없이 불평등하게 취급되는 경우 침해된다」고 한다.[884]

2) 미국에서의 논의

(1) 법규범설

미국에서도 헌법의 규정형식은 법규범으로 되어 있다. 예를 들면 수정헌법 제14조는 「어느 주도 누구에게도 법 앞의 평등보호를 부정해서는 안 된다」고 규정하고 있기 때문에

---

879) 이에 대해서 상세한 것은 Maunz-Dürig-Herzog, Kommentar, zu Art. 3, I 277-283 참조.
880) Ipsen, GR II (1954), S. 111; Dürig, Maunz-Dürig, GG Kommentar; Hesse, Gleichheitssatz, S. 183 f.; Leibholz, DVBl, 1951, 193 ff.
881) Leibholz, Gleichheit vor dem Gesetz, 1925.
882) Alexy, Theorie der Grundrechte, 3. Aufl. Suhrkamp 1996 (이준일 옮김, 『기본권이론』, 2007); 김효전 편역, 『독일 기본권이론의 이해』, 2004.
883) Dürig, a. a. O., Art. 3 Abs. 1 Rndr. 275 ff.; Ipsen, Grundrechte II. S. 129; v. Münch, GG Kommentar, Bd. 1, 2. Aufl., S. 153; Sachs, GG Kommentar, Art. 3 Abs. 1.
884) BVerfGE 55, 72 (88 und ff.).

주에 대하여 효력을 가진 것으로 보았다. 그것이 연방 정부에도 헌법 제5조의 적법절차에 따라 적용되는 평등규범으로 인정되었다.[885]

(2) 권리설

미국 연방대법원은 평등보호의 개념이 모든 개인의 기본권의 행사에 있어서의 평등한 대우를 요구하는 것으로 인정하여 평등을 권리로 인정하게 되었다. 모든 인간은 평등하게 창조되었다는 주장은 국가에 선행하여 존재하는 바의 인간의 평등을 국가권력에 의하여 침해되어서는 안 된다는 것을 선언한 자연권으로 보고 있다. 미국은 오늘날 the right to equal treatment와 the right to treatment as an equal로 나누어 권리선언규정을 이해하고 있다.

(3) 결합설

일반적으로 평등보호 규정은 대국가적 효력과 대사인적 효력을 가지는 근본규범으로 보면서 아울러 권리를 보장한다고 본다.[886] 평등보호 규정은 국가의 입법권의 한계를 설정하는 것이고, 절차적 적법절차 규정은 개인적 권리의 구제사법에 적용되었다.[887]

3) 일본에서의 논의

일본에서도 독일과 같은 학설이 대립되고 있다.

(1) 규범설

평등에 관한 규정을 입법방침규정으로 인정하는 경우 헌법차원에 있어서의 평등권의 위반의 문제가 아니므로 헌법판단의 대상이 아니며 법적 권리문제로 된다고 본다. 또 평등은 권리주체 또는 의무주체의 권리 또는 의무의 범위를 정하는 것이며, 그 자체는 권리 또는 의무를 의미하는 것은 아니라고 한다.[888]

(2) 권리설

평등권 보장규정은 국민이 그 자연의 평등을 침해당하지 않을 권리를 가지며 동시에 각 개인에게 구체적인 권리를 보장하는 규범이기 때문에 당연히 실정적 권리가 인정되며

---

885) Nowak/Rotunda, Constitutional Law, 5th ed., 1995, p. 595; Pole, The Pursuit of Equality in American History, 1993; Bear, Equality under Constitution, 1984; Arugger, Grundrechte und Verfassungsgerichtsbarkeit in den Vereinigten Staaten von Amerika, 1987.
886) 김기영, 미국에서의 평등권에 관한 이론, 『아태공법연구』 7, 2000. 12; 윤후정, 『기본적 인권과 평등』, 1997.
887) Nowak/Rotunda, Constitutional Law, 5th ed., 1995, p. 597.
888) 戶松秀典, 『平等原則と司法審査』, 302면; 小林直樹, 『新版 憲法講義』, 331면 이하. 권리의 평등을 정한 것으로, 인권의 일반원칙인 의미를 갖는다고 하고 있다.

평등조항 침해 시 사법적 권리구제를 위한 수단이 보장되어 있다고 한다.889)

(3) 양면설

헌법이 평등규정을 둔 것은 국가기관에 대하여 국민을 평등하게 대우할 것을 의무지우는 것이며, 국민은 국가에 대하여 평등히 취급되어질 권리를 보장받고 있다고 한다. 이렇게 보는 경우 평등규정은 일반적 법원칙인 동시에 헌법에 의하여 보장된 기본권의 하나라고 한다.890)

아시베 교수는 이를 권리와 원칙의 호환성이라고 한다.891)

2. 한국 헌법상의 평등원칙과 평등권 규정

1) 학설

(1) 규범설

평등원칙의 권리성을 부인하는 견해는 평등하게 취급되는 것은 오로지 법질서의 반사적 이익이라고 보거나, 혹은 평등규정은 단순한 자의금지 규정으로만 보거나, 혹은 자의금지는 법치국가원칙에서 나오며 법치국가원칙의 성격상 평등원칙에서 주관적인 청구권이 나오는 것은 아니라고 한다.892)

(2) 권리설

주관적 공권으로서의 성격을 갖는다는 설이 있다. 국가가 행정 · 사법에 있어서 평등의 원칙에 위배되는 처분 내지 재판을 행하였을 때에는 국민은 행정재판청구권 · 상소권 등을 통하여 그 시정을 요구할 권리를 가지기 때문에 공권성을 인정하여야 한다고 할 것이다. 또 불평등한 입법에 의한 국민의 평등의 침해의 경우에도 위헌심사를 통한 구제가 인정되기 때문에 평등규정은 국민의 권리를 인정한 것이라고 보아야 한다고 한다.893)

(3) 양면설

---

889) 橋本公亘, 『基本的人權』, 110면 이하.
890) 川添利幸, 平等原則と平等權, 『公法研究』 제45호, 1993, 1면 이하(23면); 橋本公亘, 『憲法』, 161-162면; 內野正幸, 『憲法解釋の論理と體系』, 1991, 360-363면.
891) 芦部信喜, 『憲法學 Ⅲ, 人權各論』, 1998, 17-20면.
892) 박일경, 정면으로 단정하지는 않으나 이준일, 홍완식 등이 이에 가깝다고 하겠다.
    이준일, 평등원칙, 『안암법학』 8, 1998; 홍완식, 입법에 있어서의 유형화와 평등원칙, 『일감법학』 제7권 (2002), 127면 이하.
893) 대부분의 학자는 권리성을 인정하고 있다.

대부분의 학자들은 평등규정을 평등원칙을 선언한 동시에 평등권을 규정한 것이라고 본다. 특히 기본권의 이중적 성격을 주장하는 사람들은 이를 권리인 동시에 객관적 질서의 요소를 가진다고 한다.894) 양면설이 다수설이다.895)

2) 판례

헌법재판소는 헌법 제11조 1항의 규정을 평등권 보장규정으로 보아 평등권 침해에 대한 헌법소원을 인정하고 있다. 예를 들면 「검사의 불기소처분이 자의적으로 행사된 경우에, 그 피해자는 헌법 제11조에 규정된 평등권과 헌법 제27조 제1항에 규정된 평등권과 헌법 제27조 제5항에 규정된 재판절차진술권이 각 침해되었음을 이유로 헌법소원심판을 청구할 수 있다」고 하고 있다.896) 이와 아울러 평등원칙위반이라는 판결도 많이 보인다.897) 헌재는 평등규정을 평등원칙규정과 평등권규정으로 통합하여 생각하고 있는 것 같다.898)

3) 사견

평등에 관한 규정이 비록 「모든 국민은 법 앞에 평등하다」고 규정하고 있다고 하더라도 이는 법원칙만을 선언한 것이 아니라 「모든 국민은 차별을 받지 않고 평등히 취급될 권리를 가진다」고 보아야 할 것이다. 평등규정은 객관적 법규범인 동시에 주관적 공권으로서의 성격을 갖는다고 하겠다. 우리 헌법 제10조 후문은 「국가는 개인이 가지는 불가침의 기본적 인권을 확인하고 이를 보장할 의무를 진다」고 하고 있기 때문에, 평등권의 자연권임을 확인하고 실정법으로 보장할 의무를 지고 있는 것이다.899) 이 평등규정은 우리

---

894) 예를 들면 계희열, 우리 헌법상의 평등권, 『법학논집』(고려대) 제33권, 1997, 23면.
　「평등권은 - 일반적 평등의 원칙을 포함하여 - 우선 주관적 권리의 성격을 갖는다. 평등권은 국가에 의한 불합리한 차별에 대한 방어권(=상황에 따른 방어권, modales Abwehrrecht)이며, 동시에 국가에 대해 평등한 취급을 요구할 수 있는 주관적 공권이다. 평등권을 법적용의 평등이 아니라 법(내용)의 평등으로 볼 때 평등권은 입법권을 포함하는 모든 국가권력에 대한 주관적 권리이다.
　평등권은 또한 객관적 질서의 요소(기초)로서의 성격을 갖는다. 평등권은 민주주의, 법치국가, 사회국가 및 문화국가질서의 기초가 된다. 즉 객관적 질서의 요소가 된다. 또한 평등권은 모든 기본권의 평등한 보장과 실현을 통해 국가의 모든 객관적 질서의 기초(요소)가 된다. 평등의 원칙은 헌법생활의 모든 분야에 있어서 그 기초가 되는 헌법의 원리이다」.
895) 강경근은 헌법판례를 인용하면서 양면성을 승인하고 있다(강경근, 『신판 헌법』, 537면); 한태연, 『헌법학』, 916면; 윤후정, 『기본적 인권과 평등』, 81면.
896) 헌재 1992. 7. 23 선고, 91 헌마 209, 『헌재판례집』 제4권, 543면을 비롯하여 많은 판결이 이 경향을 따르고 있다.
897) 헌재 1991. 7. 22 선고, 89 헌가 106, 『헌재판례집』 제3권, 387면; 헌재 1996. 8.29 선고, 92 헌바 46, 부가가치세법 제22조 제2항 헌법소원, 『헌재판례집』 제8권 2집, 17면 이하. 헌재 1997. 5. 29 선고, 94 헌바 5, 『헌재판례집』 제9권 1집, 519면 이하 등.
898) 상세한 것은 김철수, 『헌법학개론』 제17판, 2005, 437면 이하 참조.
899) 상세한 것은 상게서, 276면 이하 참조.

헌법의 최고규범일 뿐만 아니라 모든 국가 권력을 구속하는 규정이다. 또 국가가 입법·행정·사법에 있어서 평등권리를 침해하는 처분 내지 재판이 행하여졌을 때에는 국민은 헌법소원청구권·행정재판청구권·상소권 등을 통하여 그 시정을 요구할 권리를 가지고 있기 때문에 공권으로서 인정하여야만 할 것이다.

또 입법에 의하여 국민의 평등이 침해되었을 때에도 법률의 위헌심사제를 통한 구제가 인정되는 이상, 평등의 규정은 국민의 헌법상의 권리를 의미한다고 하겠다. 특히 저항권이 실정화되어 있는 경우에는 자의적인 평등의 침해에 대해서는 저항권까지 행사할 수 있다고 하겠다.

4) 평등규범과 평등권

(1) 평등규범의 의의

① 근본규범성(Grundsatznorm)

헌법 제11조 제1항의 규정은 일반적 평등을 규정한 것으로 헌법전문, 헌법 제10조의 규정과 함께 우리 헌법의 근본규범의 하나라고 하겠다. 이 일반적 평등원칙의 규정은 모든 평등권의 근원이 되는 것으로서 모든 기본권을 공통적으로 제약한다. 헌법재판소는 평등원칙을 기본권보장에 관한 헌법의 최고원리라고 하고 있다.900) 이 밖에도 평등원칙의 보장으로서 사회적 특수계급제도의 금지, 영전일대의 원칙, 선거권의 평등, 경제적·사회적 정의의 원칙 등이 인정되고 있다.

② 헌법개정한계

평등은 정의의 내포이기 때문에 민주국가·사회적 법치국가에 있어서의 평등은 근본규범으로서 헌법개정의 대상이 되지 않는다.901) 평등규범은 헌법의 단계구조상 헌법핵에 속하는 것이므로 그 하위인 헌법개정률에 의해서는 개정할 수 없다.902)

(2) 평등권의 의의

평등권은 국가에 의하여 불평등한 취급을 받지 아니함과 동시에 국가에 대해서 평등한 취급을 요구할 수 있는 공권이다. 근대적인 평등사상은 국가권력의 구성에 평등하게 참가하고 국가권력에 의해서 차별 없이 취급되는 형식적 평등에 중점이 있었으나, 현대적인 평등사상이 중시하는 것은 경제적·사회적·실질적 평등이다.903) 평등권은 정치적인 면에서는 실질적인 평등을 보장받을 권리인 점에서 적극적인 권리로서의 측면도 가지고 있다고 볼 것이다.

헌재는 평등권을 「기본권 중의 기본권」이라고 했다.904)

---

900) 헌재 1989. 1. 25 선고, 88 헌가 7, 『헌재판례집』 제1권, 1면 이하.
901) 동지, 김기범, 전게서, 150면; 한태연, 전게서, 917면.
902) 헌법개정의 한계에 대해서는 김철수, 『제17전정판 헌법학개론』, 55면 이하 참조.
903) 상세한 것은 김철수, 『헌법학개론』, 43면 이하 참조.

제4절 기본권으로서의 평등권

1. 기본권의 하나로서의 평등권

1) 인간의 존엄권과 평등권

헌법 제10조는 「모든 국민은 인간으로서의 존엄과 가치를 가지며, 행복을 추구할 권리를 가진다. 국가는 개인이 가지는 불가침의 기본적 인권을 확인하고 보장할 의무를 진다」고 규정하고 있다. 이는 인간의 존엄과 가치·행복추구권에 대한 권리선언임과 동시에 국가에 대한 국민의 기본권보장의무를 강조한 우리 헌법의 근본규범의 하나이다. 이러한 인간의 존엄과 가치·행복추구권은 평등하게 보장되지 않으면 그 자체가 보장되지 않는다는 점에서 평등권과도 밀접히 관련되어 있다.[905]

인간의 존엄성은 이를 광의로 해석하는 경우에는 주기본권으로서 국민의 기본적 인권의 전반을 말하는 것이라고 하겠다.[906] 인간의 존엄권은 평등권·자유권·생존권·청구권·참정권 등으로 나누어진다.[907] 이점에서 인간의 존엄권은 주기본권이며, 모든 개별적 기본권의 연원이 되는 것이다. 그러므로 평등권도 인간의 존엄권에서 파생하는 권리라고도 할 수 있다.[908]

2) 평등권과 자유권

평등권과 자유권은 이를 동시하여 평등권을 자유권의 일종이라고 보는 견해와[909] 자유권과도 구별되는 독립된 기본권이라고 보는 설[910]이 대립되고 있다. Goldberg는 평등을 자유의 구성부분으로 보고 자유와 평등을 동의어로 본다.[911] 평등권을 자유권의 일종으로 보는 것은 평등권 역시 자유권과 마찬가지로 국가로부터 차별대우를 받지 않는다는 소극적 의미를 가지는 점을 강조한 데서 유래하는 것 같다. Kirchhof도 이를

---

904) 헌재 2001. 8. 30 선고, 99 헌바 92 등, 『헌재판례집』 제13권 2집, 174면 이하(206면) 등 참조.
905) Dürig, a. a. O., Art. 3.
906) 상세한 것은, 김철수, 현행 헌법상의 기본권의 법적 성격과 체계, 『헌법논총』 제8집, 3면 이하; 김철수, 『제17판 헌법학개론』, 389-436면 참조.
907) 이에 대해서는 상당수의 반대설이 있다.
908) Dürig a. a. O., Anm. 3, zu Art. 3, Ⅲ, S. 10-12.
909) 한태연, 『헌법학』, 27면 이하; 갈봉근, 『유신헌법론』, 163면 이하.
910) 김기범, 『한국헌법』, 145면 이하; 박일경, 『신헌법』, 175면 이하; 문홍주, 『한국헌법』, 190면 이하.
911) Goldberg, Equality and Governmental Action, New York University Law Review, Vol. 39, No. 2 (1950).

인정하여 모든 사람의 평등권에 대한 외부침해의 부정은 자유권이라고 하고 있다.912)

　그러나 평등권은 자유권과 생존권 · 청구권 등 모든 기본권에 공통적으로 적용하여야 하는 것이기 때문에 평등권을 자유권의 하나로 보는 것은 잘못이라고 하겠다.913) 평등권은 자유권과 같이 소극적인 기본권이 아니고 국가에 대하여 평등보호를 요청할 수 있는 권리이며, 다른 기본권에도 적용될 수 있는 권리이기 때문에, 자유권과는 구별하여야 할 것이다.914)915)

　평등권과 자유권의 상호관계에 대하여는 상호간 긴장관계가 있다고 보아 우열관계로 보려는 경향이 있다.916) 평등이냐 자유냐가 오늘날의 정치적 구호처럼 되어 있다. 헌법의 배열순서에 따라 우열관계를 정하려는 사람도 있으나 타당하지 않다. 자유권은 국가와 기본권주체 간의 문제이고 평등권도 두 기본권주체와 국가 간의 문제이기에 차이가 나타난다고 한다. 자유와 평등과의 사이에는 긴장이 없을 수는 없으나, 헌법은 자유와 평등의 최대한의 보장을 요구하고 있는 것이다.917) 과거의 시민적 법치국가에 있어서는 자유가 우선했으나, 현재의 사회적 법치국가에 있어서는 사회적 평등이 우선해야 한다는 이론이 있다. 이것도 필연적인 것은 아니다. 앞서 말한 바와 같이 평등권과 자유권이 모두 다 인간의 존엄권에서 파생하는 이상, 자유권과 평등권도 인간의 존엄권 보장 내에서 그 조화를 발견해야만 할 것이다. 오늘날 평등권은 민주주의의 원리로 인정되고 있으며 자유권은 자유주의의 원리로 인정되고 있다.918)

3) 평등권과 생존권

　현대 사회에 들어와서 인간의 빈곤이 문제가 되어 생존권사상이 발전하였다. 이러한 생존권을 사회적 · 경제적 평등권으로 보는 경향도 없지 않다. 그러나 생존권은 사회적

---

912) 상세한 것은 Kirchhof, Der allgemeine Gleichheitssatz, HbStR, Bd. V, S. 909 ff. 그는 「모든 사람은 자유를 평등하게 누리고 있기 때문에 법적으로 평등이다」고 하고 있다.

913) 동지: 문홍주 · 박일경 · 김기범, 반대: 한태연 · 강병두 · 한동섭 · 갈봉근.

914) 김철수, 『헌법학개론』, 284면 이하.

915) 김기범 교수는 이 점을 강조하여 「'법 앞의 평등'은 자유권적 기본권의 성격뿐만 아니라 수익권적 성격도 가진다. 그러나 '법 앞의 평등'은 자유권적인 면에 있어서는 헌법규정으로부터 즉각 국민의 주관적 공권이 발생하지만 수익권적 면에서는 헌법규정으로부터 즉각 국민의 주관적 공권이 나온다고 볼 수 없다」고 하고 있다(『한국헌법』, 149-150면).

916) 평등권과 자유권을 상반관계로 보는 사람으로는 라이프홀츠가 있다. 그는 「자유주의적 자유와 민주적 평등은 극복할 수 없는 긴장관계에 있다. 자유는 불평등을 낳고 평등은 부자유를 낳는다」고 하고 있다. Leibholz, Strukturwandel der modernen Demokratie, 2. Aufl., 1964, S. 88 f.

917) 평등의 문제는 자유와 분리하여 생각할 수 없으며 양자의 관계를 올바로 이해하는 것이 중요하다. 특히 자유와 평등의 배타적 관계에 관하여는 G. Dürig in Maunz-Dürig, Komm. GG. z Art. 3 I Rdnr. 120 참조. 물론 자유와 평등은 배타적 성격만을 갖는 것이 아니라 상호 보완적 또는 제한적 관계를 갖기도 한다. 자유와 평등의 관계에 관하여는 M. Kriele, Freiheit und Gleichheit, in: E. Benda/W. Maihofer/H.-J. Vogel (Hrsg.), Handbuch des Verfassungsrechts, 1 Bd. 1983, S. 129 ff. 특히 S. 133 ff.; F. Schoch, Der Gleichheitssatz, DVBl, 1988, S. 863 ff. (871) 참조.

918) Kirchhof, K., Der allgemeine Gleichheitssatz, a. a. O., S. 910 f.

법치국가의 국민의 인간다운 생존에 관한 권리이기 때문에 사회적 · 경제적 평등권 자체는 아니다.[919]

오늘날 생존권의 보장은 사회적 · 경제적 약자에 대한 보호청구권적인 면이 강하다. 과거의 정치적 · 형식적 평등에서 사회적 · 경제적 평등이 더욱 요구되고 있다. 사회적 · 경제적 평등을 보장하기 위하여 적극적 평등설이 대두되고 있으며, 사회적 · 경제적 평등의 적극적 실현방법이 강구되고 있다.[920]

그러나 평등권이 모든 기본권에 공통적으로 인정되는 권리인 점에서 인간다운 생존에만 적용되는 생존권과 다르다. 이 두 기본권은 다 같이 인간의 존엄과 가치 · 행복추구권이라는 주기본권에서 나오는 것이기에 같은 성격을 가진 것이며 미국이나 독일 등에서는 생존권을 사회적 · 경제적 평등권에서 찾는 경향도 없지 않다.[921] 이러한 해석은 생존권에 관한 헌법규정이 없는 나라에서는 인정할 수 있으나 생존권규정이 있는 우리나라에서는 인정할 필요가 없다. 그러나 생존권보장에 있어서의 평등권은 인정되어야 한다.

2. 평등권의 법적 성격

1) 주관적 권리성

앞에서 본 바와 같이, 평등은 권리로서의 성격을 가진다. 이 평등권은 국민의 공권으로서 국가에 대하여 불평등한 취급을 받지 아니할 소극적인 공권인 동시에 국가에 대하여 평등한 대우를 요구할 수 있는 적극적인 공권이라 하겠다. 국민이 입법에 의하여 평등권이 침해되었을 때에도 위헌법률심사제에 의하여 구제를 청구할 수 있으며, 행정 · 사법에 있어서 평등권에 위배되는 처분 내지 재판이 행해졌을 때에는 국민은 헌법소원청구권 · 행정소송청구권 · 상소권 등을 통하여 구제를 청구할 수 있음은 학설과 판례가 인정하고 있다. 평등권은 포기할 수도 없고 박탈할 수도 없는 공권이다.[922]

2) 초실정법적 자연권성

(1) 실정권설

실정권설을 주장하는 학자는 평등권도 헌법에 의해서 비로소 보장되며 법률에 의하여

---

919) 생존권에 관해서는 김철수, 생존권적 기본권의 법적 성격과 체계, 『학술원논문집』 제40집, 2001; 정연철, 『사회적 기본권의 분석』, 2004 참조.
920) 일본의 논의에 대해서는 阿部照哉, 平等權の社會權の機能, 『基本的人權の法理』, 57면 이하.
921) Michelman, The Supreme Court 1968 Term-Forward, On Protecting The Poor Through the Fourteenth Amendment, 83 Harvard Law Review, 7 (1969); Kriele, Freiheit und Gleichheit, a. a. O., S. 145 ff.
922) 김철수, 『헌법학개론』, 446면 이하.

그 구체화가 행하여지는 일종의 실정권, 즉 국가내적 권리라고 본다. 실정권설의 입장에서는 평등권은 법률 앞의 평등보장청구권이라고 보고, 국민의 권리(Bürgerrecht)라고 본다.923)

(2) 자연권설

자연권설의 입장에서는 평등권은 국가에 있어서의 시민의 민주적 권리일 뿐만 아니라 전국가적 성격을 가지는 자연권이라고 본다.924)

(3) 사견

평등권은 인간의 자연상태부터 있었던 생래의 기본권으로 보아 이를 천부인권이라고 보는 것이 타당할 것이다. 우리 헌법이 천부인권을 선언한 것은 국가에게 준수 · 보장할 의무를 강조한 것이요, 헌법에 규정됨으로써 상대화되는 것은 아니라고 보아야 할 것이다.925)

3) 인간의 권리성

(1) 부정설

독일 헌법은 모든 인간은 법률 앞에 평등이라고 하고 있으나 우리 헌법은 「모든 국민은 법 앞에 평등하다」고 규정했다고 하여, 평등권은 국민의 권리(Bürgerrecht)라고 하는 사람이 있다. 박일경 교수는 「첫째, 비민주국가에서는 평등이 인정되지 않는 것을 보아도 평등은 천부의 것이라 할 수 없고, 둘째, 헌법이 '국민'이라 명기하고 있으며, 셋째, 참정권 등에서는 외국인을 차별하는 것이 당연하다고 생각되기 때문에 우리 헌법의 평등의 주체에는 외국인이 포함되지 않는다」고 한다.926)

(2) 긍정설

국민의 평등이라고 하여 한국 국적이 있는 국민만을 가리키는 것은 아니라고 한다. 헌법 제10조에서도 「모든 국민은」이라고 규정하고 있으나, 인간의 존엄권 규정으로 인정하고 있다. 학자 중에는 자유권은 인간의 권리라고 하고 평등권도 자유권의 일종이므로 평등권도 인간의 권리라고 하고 있다.927)

(3) 사견

비록 헌법규정이 국민의 권리라고 하고 있으나 이는 인간의 생래의 자연권으로서

---

923) 박일경, 『신헌법』, 175면; Jellinek, 김효전역, 『인권선언논쟁』.
924) 자연권설을 주장하는 사람을 약간만 들면 다음과 같다. 한동섭, 『신헌법』, 122면; 김기범, 『한국헌법』, 150면.
925) 김철수, 『헌법학개론』, 446면.
926) 박일경, 『신헌법』, 175면.
927) Starck, § 3, v. Mangoldt-Klein-Starck, GG Kommentar; 한태연, 『헌법』, 법문사, 265면.

인간의 권리(Menschenrechte)라고 보아야 할 것이다.928)

3. 평등권의 체계

1) 평등권의 체계

평등권도 주기본권인 인간의 존엄과 가치·행복추구권에서 나오는 자연적 권리이
다.929) 평등권은 이를 주평등권과 개별적인 평등권으로 나눌 수 있다. 주평등권은 모든
평등권의 근원이 되는 것으로서, 모든 기본권, 즉 자유권·생존권·청구권·참정권에
공통적으로 적용되어야 하며, 각 영역에 따라 정치적 평등권·인종적 평등권·종교적
평등권·지역적 평등권·남녀평등권 등이 있다.

2) 주평등권

주평등권은 일반적 평등권이라고 할 수 있다.

이 주평등권은 광의의 인간의 존엄과 가치·행복추구권인 주기본권에서 파생하는
것이다. 주평등권은 일반적 평등규범(Allgemeine Gleichheitssatz)에 대응하는 기본권이
다.930) 이것을 포괄적 기본권이라고 보는 사람도 있다.

이 주평등권은 인간의 권리이며 모든 사람에게 인정되는 것이다. 앞에서 본 바와
같이, 국가에 대하여 소극적으로 불평등한 대우를 말아 달라는 소극적 평등권과, 국가에
대하여 적극적으로 평등한 대우를 해 달라는 적극적 평등권으로 분류할 수도 있다.

이 주평등권은 개별적 평등권에 대하여 포괄적 성격을 가지며 헌법에 명문이 있는
개별적 기본권은 예시에 불과하기 때문에, 이에 포섭되지 않는 경우 주평등권이 이를
보완하는 기능을 하고 있다.931)

3) 개별적 평등권

---

928) 김철수, 『헌법학개론』, 435면; 문광삼, 전게 논문, 시민의 권리와 인간의 권리, 4-5면.
929) 기본권의 체계에 관해서는 김철수, 현행헌법상 기본권의 법적 성격과 체계, 『헌법논총』 8집 (1997),
    3면 이하 참조.
930) 和田鶴藏, 전게서, 671면; 川添利幸, 平等權と平等原則, 『公法研究』 제45호, 24면; Kirchhof, Das
    allgemeine Gleichheitssatz, Handbuch des Staatsrechts, Bd. V. S. 837 ff.; Sachs, Die
    Auswirkungen des allgemeinen Gleichheitssatzes auf die Teilrechtsordnungen, Handbuch des
    Staatsrechts, Bd. V. S. 1085 ff.
931) 상세한 것은 Seiber, Das Verhältnis des allgemeinen Gleichheitssatzes zu besonderen Gleich-
    heitssätzen, Diss. München 1969 참조.

개별적 평등권은 주기본권에서 파생하는 여러 가지 평등권을 말한다. 개별적 평등권은 주평등권의 구체화 · 개별화이다.932) 헌법은 개별적 평등권에 대해서 성적 평등권, 종교적 평등권, 신분적 평등권, 정치적 평등권, 사회 · 경제적 평등권, 문화적 평등권, 교육평등권, 선거평등권, 계급제도의 타파, 국가유공자의 유가족에 대한 실질적 평등권, 근로에 있어서의 평등권, 취업에 있어서의 평등권 등을 보장하고 있다. 법률이 정한 평등권 (Gleichheit nach Gesetz)은 법률에 의해서 구체화된 평등권이다. 헌법상의 개별적 평등권에서는 법률로 정한 평등권은 이를 제외하기로 한다. 조세평등권은 헌법상의 개별적 평등권이라고 하겠다.

제5절 평등권의 주체

1. 국민

1) 국민

많은 헌법은 평등권의 주체로서 국민을 들고 있다. 국민은 국적이 있는 사람을 말한다.

2) 행위능력 없는 국민

이러한 국민 중에서도 행위능력이 없는 사람들도 평등권의 주체가 되는가가 문제된다. 행위능력이 없는 자, 미성년자나 법정대리인이 보호하고 있는 사람들도 평등권의 주체이다. 이들에게도 합헌적 근거 없이 차별대우를 할 수 없다. 군인 · 군무원과 같은 특수신분관계에 있는 국민도 평등권의 주체임에는 변함이 없다.

3) 특수신분관계에 있는 국민

특수한 신분을 가진 국민에는 군인, 군무원, 경찰 등을 포함한 공무원이 있다. 이들은 그 특수적 지위의 본성에서 오는 제한은 가능하다.933)

---

932) 상세한 것은 Sachs, Besondere Gleichheitsgarantien, Handbuch des Staatsrechts, Bd. V. S. 1017-1148 (1002); Kirchhof, Gleichheit in das Funktionenordnung, a. a. O., S. 973 ff.; Sachs, Die Auswirkungen des allgemeinen Gleichheitssatzes auf die Teilrechtsordnungen, a. a. O., S. 1085 ff.

933) 소위 특별권력관계를 인정할 것인가에 대해서는 많은 논란이 있다. 원칙적으로 특별권력관계를 이유로

4) 북한 주민

북한 거주 동포들은 헌법상 대한민국의 국민이기 때문에 평등권의 주체가 된다고 하겠다.934) 다만, 대한민국에 주소가 없기 때문에 상당한 제한은 가능하다.

2. 외국인

1) 독일에서의 학설

(1) 부정설

헌법이 비록 모든 인간의 권리라고 하고 있으나, 법률 앞의 평등은 국민에게만 인정되어야 한다는 설이다.

(2) 긍정설

인간의 권리이기 때문에 외국인에게도 인정된다. 다만, 외국인에게 정치적 권리 등을 허용하지 않는 것은 인정된다.935)

2) 일본에서의 학설

(1) 부정설

헌법 제3장의 「국민의 권리 및 의무」라고 되어 있으므로 각 조항이 정하는 법률사실은 국민에게 발생하는 경우를 전제하고 있으므로 외국인은 헌법 제3장의 권리 또는 의무를 가지지 않는다고 한다.936)

(2) 문언긍정설

「평등권은 누구에게나 보장되어 있으므로」 권리는 외국인에게도 적용되어진다고 본다.937)

한 기본권의 제한은 부인되어야 할 것이다. 우리 헌법은 명문으로 군인, 군무원 공무원에 대한 특별한 기본권에 대한 제한을 인정하고 있다.

934) 대법원판결 1996. 11. 12 선고, 96 누 1221, 북한에서 탈출하여 대한민국에 정착한 국민에게는 모든 평등권이 인정된다.
935) Sachs, §3, Gleichheitsrechte, GG Kommentar, S. 240.
936) 佐佐木惣一, 『憲法學論文選(1)』, 1956, 113면 이하.
937) 俵靜夫, 『憲法』(1978), 42면; 和田鶴藏, 『日本國憲法の平等原理』, 43면.

(3) 제한적 긍정설

참정권과 같이 그 성질상 국민에게만 인정되는 것을 별개로 하고 원칙으로는 외국인에게도 적용이 있다고 본다.938)

3) 한국에서의 학설

(1) 부정설

평등권은 국민의 권리이므로 외국인에게는 적용되지 않는다고 한다.939)

(2) 제한적 긍정설

평등권은 인간의 권리이므로 외국인에게도 적용되나, 국제법의 규정에 따라 호혜주의의 원칙에 따라 약간 제한될 수 있다고 한다.

(3) 구체적 해석설

국내 거주 외국인도 원칙적으로 평등권의 주체가 된다고 하고 평등권의 내용과 의미에 관한 구체적 해석을 통해서 상황에 따라서 외국인의 평등권을 제한할 수 있다고 한다.940)

(4) 정치적 권리제외설

외국인도 평등권의 주체가 되는 것으로 보나 한국 국민이 누리지 못하는 참정권 등은 부정된다고 본다.941)

(5) 사견

평등권은 인간의 자연권에 속하므로 외국인에게도 인정되지만 국제법의 규정에 따라 상호주의에 의해 제한될 수 있다고 하겠다.

평등권은 그 본질상 인간의 권리이기 때문에,942) 외국인도 주체가 될 수 있다. 따라서 외국인에 대하여 내국인과 차별을 두어야 할 합헌적 근거를 발견할 수 없는 때에는 내국인과 차별대우를 해서는 안 된다. 그러나 외국인에 대하여 내국인과 구별해야 할 합헌적인 근거가 있을 때에는 차별을 해도 괜찮다.943) 예를 들어 외국인에게는 참정권을 부여하지 않고 출입국과 국내 주류에 있어 차별대우를 하는 것은 인정된다. 왜냐하면

---

938) 宮沢俊義,『全訂日本國憲法』, 187면; 阿部照哉/野中俊彦,『平等の權利』, 1984, 36면; 齊藤靜夫, 外國人と平等,『公法研究』 제45호, 86면 이하.
939) 박일경, 전게서, 175면.
940) 허영,『한국헌법론』(2001), 324면.
941) 권영성,『헌법학원론』, 357면; 홍성방, 평등의 원리와 평등권,『사회과학연구』(서강대) 제8집, 1999, 57면; 허영 교수에 대한 비판은 홍성방, 상게 논문 참조.
942) 인간의 권리성을 강조한 판결로는, BayVerfGHE 1, 29 (31), BVerfGE 11, 199 (203) 등이 있다.
943) 외국인에 대한 합리적 제한으로는, 김철수,『헌법학개론』, 301면 이하.

참정권은 그 본질에 있어 국민의 권리이기 때문에 외국인에게는 인정될 수 없는 것이며, 외국인의 출입국에 대한 제한은 영토고권의 행사에서 오는 것이기 때문에 그 합헌성을 발견할 수 있다.944) 우리 헌법 제6조 제2항은 「외국인에 대하여는 국제법과 조약에 정하는 바에 의하여 그 지위를 보장한다」고 규정하여 상호주의 하에서 국제법적인 제한을 할 근거를 인정하고 있다. 외국인에게 제한되는 평등권은 여러 가지가 있다.945)

3. 사법인

평등권은 인간의 권리요, 천부불가양의 권리이다. 그런데 이러한 평등권이 법인에게도 적용되느냐 하는 것이 문제된다.

1) 독일

본 기본법은 제19조 제3항에서 「기본권이 그 본질상 내국법인에게 적용될 수 있을 때에는 기본권은 내국법인에게도 적용된다」고 규정하고 있다. 독일에서는 사법인의 평등권은 인정된다고 한다. 따라서 법인에도 인정된다고 한다.946)

2) 일본

일본에서도 법인이 주체가 된다고 본다. 이 경우 사법인이 주로 주체가 된다고 한다.947)

3) 한국

우리 헌법에는 이에 대한 명문규정이 없다. 그럼에도 불구하고 사법인은 그 본질상 자연인의 결합으로 보아 기본권의 주체가 될 수 있다고 하겠다.948) 따라서 자연인과 법인 간에도 원칙적으로 평등이 보장되어야 할 것이요, 법인 상호 간에는 평등이 철저히 보장되어야 할 것이다. 법인뿐만 아니라 권리능력 없는 단체도 평등권을 향유한다고 보아야 할 것이며, 주식회사 등 회사도 평등권을 향유함은 물론이다.949)

법인은 그가 향유할 수 있는 성질의 권리에 대해서만 평등한 대우를 받는다. 법인과

944) 미국의 대법원 판결은 외국인이라고 하더라도 영주권을 가진 자에게는 공무원취임권을 인정해야 한다고 하고 있다.
945) 상세한 것은 김철수, 『헌법학개론』, 302면 이하 참조.
946) Sachs, Verfassungsrecht Ⅱ. Grundrechte, S. 240.
947) 阿部照哉/野中俊彦, 『平等の權利』, 1984.
948) 동지: 김기범, 『한국헌법』, 149면.
949) Dürig, Anm. 290 zu Art. 3, Ⅰa. a. O., S. 31, S. 37.

자연인은 많은 점에서 본질적 차이가 있으므로 법적 취급에 있어서 양자 간에 합헌적 차별이 가능하다. 외국법인도 외국인에 준하여 평등권의 주체가 될 수 있다.

4. 공법인

공법인의 경우에도 성질상 인정되는 경우가 있다. 대학의 평등요구나 정당의 참정권 평등 등이 보장된다고 하겠다.

제6절 평등권의 효력

1. 대국가적 효력

평등권이 대국가적 효력을 가짐은 물론이다. 평등권은 앞서 말한 바와 같이, 헌법의 근본규범이므로 헌법개정권까지도 구속한다고 하겠다. 따라서 합헌적인 근거가 없는 불평등한 헌법개정은 그 자체가 위헌이 된다고 하겠다.[950]

1) 입법권에 대한 구속

(1) 독일에서의 논의
① 입법불구속설

바이마르 헌법의 평등조항에 관해서는 법적용평등설(Lehre von der Rechtsanwendungsgleichheit), 즉 입법불구속설이 주장되었다. 그 대표적인 학자로는 안쉬츠(Anschütz)와 토마(Thoma)가 있다. 안쉬츠는 평등조항은 법의 평등(Rechtsgleichheit) 내지 모든 자에 대한 평등한 권리(Gleiches Recht für alle)를 정한 것이 아니고, 그것은 법률이 어떠한 사람에 대하여도 평등하게 적용되어질 것을 정한 것으로서, 법률 앞에 평등(Gleichheit vor dem Gesetz)을 명령하는 것이며, 법률의 평등(Gleichheit des Gesetzes)을 요구하는 것은 아니다. 따라서 이 평등조항은 입법자의 준칙으로 되는 것이 아니며 법을 집행하는 자의 기준으로 해석되어져야 한다고 하였다.[951] 토마도 이 안쉬츠의 견해에 찬성하고 있다. 이들 견해는 법실증주의에 독특한 실정 헌법에 대한 상세하고도

---

950) 반대, 한국 헌법재판소 판결, 헌재 1995. 12. 28 선고, 95 헌바 3,『헌재판례집』제7권 2집, 841면; 헌재 2001. 2. 22 선고, 2000 헌마 38,『헌재판례집』제13권 1집, 289면.
951) Anschütz와 Thoma, Thoma, Ungleichheit, S. 457 ff.

정밀한 분석의 결과로서 도출된 것이고, 또 독일 헌법의 역사적인 전통에 근거한 것이었다. 이러한 법적용평등설은 의회민주주의, 특히 의회중심주의의 입장에서 입법고권을 가진다고 보고, 법의 집행에 대하여 중요한 의의를 가지는 것이며, 형식적 법치국가에 있어서의 평등권의 개념이었다.952)

② 입법구속설

바이마르 헌법의 해석에 있어서는 처음에는 법적용평등설이 유력하였으나, 같은 '법 앞의 평등'이란 용어를 사용하면서도 제정 초부터 시종 변함없이 입법권에 대한 구속의 의미까지를 포함하여 운영되어 온 스위스와 미국의 영향에 따라 법평등설이 주장되게 되었다. Leibholz는「법률 앞의 평등」이라는 문언 또는 기본권의 성립사에 이유를 찾아 비교법적 고찰을 하여 입법구속설을 주장하였다.953) 그는 평등의 의미를「자의의 금지」즉 정의의 원칙으로 상대화하면서 법원의 위헌법률심사권을 긍정하고 있다. 그는 법적용평등설에 의하여서는 법률만능주의에 의한 입법권 그 자체에 근거한 평등원리의 침해를 방지할 수 없다고 보아, 제정법도 또 실질적인 의미의 법의 지배 하에 있으며, 입법자는 법률의 제정에 있어서 이미 그러한 초실정적인 법원리에 의하여 구속되어 있다는 입법자 구속설이 널리 승인되기에 이르렀다. 따라서 이 설은 평등원리의 입법권에 대한 구속의 수단으로서 법원에 의한 법령심사권을 강력히 요청하기에 이르렀다.954)

오늘날 Bonn 기본법 하의 평등조항은 그것이 입법권을 포함한 모든 국가권력을 구속한다고 보는 것이 일반적인 견해이다. 이는 본 기본법 제1조 제3항을 원용하여 일반적 평등조항이 기본권의 하나인 평등권을 근거지우며 입법권까지도 구속한다고 설명하고 있는 것이다. 독일 연방헌법재판소도 평등은 정의의 원리를 표현하는 것이며, 입법권도 이에 위반되는 것이 허용되지 않으며 입법자는 입법 관계에 있어서 자유로운 것은 아니라고 판시하고 있다.955) 이것이 독일의 통설이다.

(2) 일본에 있어서의 논의

일본 헌법 제14조가 1항 전단에서「모든 국민은 법 아래 평등이다」는 규정이 입법자를 구속하느냐, 아니면 사법권과 행정권만을 구속하는가 하는 문제에 대해서 학설이 대립되었다.

① 입법자비구속설

헌법 제14조 1항 전단의 법 아래의 평등은 법을 구체적으로 적용하는 국가기관인

---

952) 본(Bonn) 기본법 하에서도 몇 학자는 이 설에 따르고 있다.
Bettermann, Rechtsgleichheit, S. 90; Evermann, Gleichheitssatz, S. 45 ff.; Ridder, Ordnung, S. 151 ff.; Thoma, Ungleichheit, S. 457 ff.

953) Leibholz, Gleichheit vor dem Gesetz, 1925, 2. Aufl., 1958.

954) Ipsen, Gleichheit, Grundrechte, Bd. Ⅱ, S. 146; Kirchhof, a. a. O., S. 973; Leibholz/Rinck, GG Kommentar, 4. Aufl., S. 92 ff.

955) Hesse, Der Gleichheitssatz in der neueren deutschen Verfassungsentwicklung, AöR 109 (1984), S. 177 ff.

사법 및 행정만을 구속하고 입법자를 구속하지 않는다고 보았다.956) 법적용평등설이라고
도 한다.

② 입법자구속설

법 아래의 평등규정은 법적용뿐만 아니라 법의 정립까지 규제하여 사법권과 행정권뿐
만 아니라 입법권까지도 구속한다고 본다.957) 이것이 일본의 통설이다.

(3) 한국에 있어서의 논의

① 학설

ⓐ 입법불구속설

평등권 규정은 법적용의 평등을 말하기 때문에 입법자는 구속하지 않는다고 한다.

ⓑ 입법구속설

평등권도 법적용의 평등뿐만 아니라 법정립의 평등을 말하기 때문에 입법권도 구속한
다고 한다.958)

② 판례

헌법재판소 판례도 평등권의 입법권구속을 인정하고 있다.959) 우리 헌법이 선언하고
있는 "법 앞의 평등"은 행정부나 사법부에 의한 법적용상의 평등만을 의미하는 것이
아니고, 입법권자에게 정의와 형평의 원칙에 합당하게 합헌적으로 법률을 제정하도록
하는 것을 명하는 법 내용상의 평등을 의미하고 있기 때문에, 그 입법내용이 정의와
형평에 반하거나 자의적으로 이루어진 경우에는 평등권 등의 기본권을 본질적으로 침해한
입법권의 행사로서 위헌성을 면하기 어렵다.960)

③ 사견

생각건대 법적용평등설에 의하여서는 형식적인 법률만능주의에 따른 입법권에 의한
평등원리의 침해를 방지할 수 없을 것이며, 법률의 위헌심사제도가 실정법상으로 명백히
규정된 우리 헌법(제111조)에서는 입법자구속설·법평등설이 타당하다.

---

956) 佐佐木惣一, 法的平等の原理と生活規制無差別の權利, 『憲法學論文選』 제1호, 113면 이하; 田畑忍,
    法下の平等, 『公法研究』 제8호(1958).
957) 宮沢俊義, 『憲法Ⅱ』, 1971, 271면; 佐藤功, 『日本國憲法槪說』, 1980, 144면; 橋本公亘, 『日本國憲法』,
    1980, 208면; 橋本公亘, 『基本的人權』, 1975, 112면; 阿部照哉, 『基本的人權の法理』, 1976.
958) 김주환, 입법자의 평등에의 구속과 그에 대한 통제, 『헌법논총』 제11집, 431-480면; 홍완식, 입법에
    있어서의 유형화와 평등원칙, 『일감법학』 제7권, 2002, 127-147면.
959) 헌재 1992. 4. 28 선고, 90 헌바 24, 『헌재판례집』 제4권, 225면 이하 참조.
960) 또 이를 평등원칙으로 보고 있는 경우도 있다.
    평등원칙은 행위규범으로서 입법자에게, 객관적으로 같은 것은 같게 다른 것은 다르게, 규범의 대상을
    실질적으로 평등하게 규율할 것을 요구하고 있다. 그러나 헌법재판소의 심사기준이 되는 통제규범으로서
    의 평등원칙은 단지 자의적인 입법의 금지기준만을 의미하게 되므로 헌법재판소는 입법자의 결정에서
    차별을 정당화할 수 있는 합리적인 이유를 찾아볼 수 없는 경우에만 평등원칙의 위반을 선언하게
    된다(헌재 1997. 1. 16 선고, 90 헌마 110, 90 헌마 136 병합, 교통사고처리특별법 제4조 등 헌법소원,
    『헌재판례집』 제9권 1집, 90면 이하).

2) 행정권에 대한 구속

(1) 독일 학설

독일에서는 법적용의 평등을 의미하는 행정권에 대한 구속이 인정되었다.961)

(2) 일본 학설

이 학설을 따른 일본에서도 법적용평등설에 반대하는 사람은 없었다. 따라서 행정권의 구속은 당연한 것으로 인정되고 있다.

(3) 한국 학설

행정권이 평등권에 구속된다는 것이 통설이다. 행정권이 평등권에 구속되는 것은 법적용평등설에서도 당연히 인정되고 있었다. 헌법이나 법률에 근거하지 않고 평등권을 침해한 행정부의 명령·규칙은 법원의 법령심사에 의하여 위헌·무효가 될 것이며, 그러한 불평등한 행정행위는 불법행위로 국가배상에 따른 책임을 져야 할 것이다. 또 평등권은 행정청의 재량행위를 제한한다. 그러한 행정청이 사인의 자격으로 재화를 구입하고 건축하기 위하여 계약을 체결하는 경우와 같은 사법행위에 있어서는 완전히 자유롭고 평등원칙의 구속을 받지 않는다고 한다.962) 그러나 이 경우에도 소극적인 평등권의 침해는 허용되지 않는다고 하겠다.

3) 사법권에 대한 구속

(1) 독일 학설

독일에서는 헌법 제20조의 법치국가 원칙에 따라 사법권도 법률과 법의 구속을 받는다고 하고 있다. 그러나 사법권이 평등권에 구속됨은 Weimar 헌법시대부터 인정된 것이며 사법행위에 있어서도 평등원칙에 구속되며 판례도 이를 인정하고 있다.963)

(2) 일본 학설

판결에 의하여 법의 해석적용에 관한 일종의 Rule이 수립되면 이하 같은 종류의 사건은 이 Rule에 따라서 해석되어야 할 것이다. 판례를 변경함으로써 평등을 침해할 경우에는 합리적 이유가 있는 경우에 한정해야 할 것이라고 한다.964)

---

961) 전술, 법적용평등설 참조.
962) Gubelt, M., Art. 3 in v. Münch, Kommentar, S. 122-123.
963) Riggert, R., Die Selbstbindung der Rechtsprechung durch den allgemeinen Gleichheitssatz (Art. 3 I GG), 1993.
964) 阿部照哉/野中俊彦, 전게서, 53면.

(3) 한국 학설

사법권도 법규의 해석과 적용에 있어서 평등권에 구속된다. 그러나 평등권의 사법권에 대한 구속은 그 실제적 의의가 그다지 크지 않다. 다만, 판결에 있어서 자의적으로 불평등한 결정을 함으로써 평등권을 침해하는 경우에는 헌법위반이 된다.

2. 대사인적 효력

1) 미국에서의 학설

평등권의 대사인적 효력이 문제는 평등권이 사인인 제3자에 대해서도 효력을 가지는가 하는 것이다.[965] 미국에서는 Shelley v. Kraemer 사건에서 사인의 인종차별의 평등조항 위반이 문제되었고, 국가관여설·사법집행설 등이 주장되고 있다.

2) 독일에서의 학설

(1) 직접적용설

독일에서는 남녀의 동일노동에 대한 동일임금의 문제가 사기업체에도 적용될 것인가가 논란되었다. 독일 연방노동재판소에서는 동일노동에 대한 동일임금청구권은 사인 간에 도 직접 적용된다고 하고 있다. 이는 Nipperdey의 영향 때문이라고 하겠다.[966] Nipperdey는 남녀동권 규정의 직접적용을 특히 중요시 하고 있다.

(2) 간접적용설

다수 학설은 사법자치의 원칙을 강조하면서 사법의 일반조항을 통해 간접적용된다고 한다. 독일 연방헌법재판소는 Dürig에 따라 간접적용설을 따르고 있다.[967]

3) 일본에서의 학설

(1) 직접적용설

와다(和田鶴藏)는 「…평등이며… 차별대우를 받지 않는다는 규정은 국가로부터의 불평 등한 처우를 받지 않을 뿐만 아니라 사인에 의한 차별도 받지 않는다고 보아야 한다. 따라서 다른 기본적 인권에 대해서는 별로 하고서라도 평등권에 대해서는 직접 제3자

---

965) 상세한 것은 김철수, 전게서, 326면 이하 참조.
966) 상세한 것은 김철수, 전게서, 324면 이하 참조.
967) 상세한 것은 김철수, 전게서, 325면 이하 참조.

효력을 인정하는 것이 법의 문언을 보더라도 정당할 것이다」고 한다.968)

(2) 간접적용설

평등규정을 제도적 보장 또는 원칙규범으로 보아 입법을 통하여 간접적용된다고 한다.969) 최고재판소의 판례도 같다.

판례는 여자약년정년제 사건에서 사법자치를 중시하면서 민법에 따른 간접적용설을 인정하고 있다.970)

(3) 절충설

헌법의 양성평등규정은 가정생활과 혼인생활에서는 직접 적용되며, 일반적 평등원칙과 개별적 평등권은 사법의 개괄조항이나 불확정개념의 적절한 운용에 따라 사적 자치와의 조정을 하는 간접효력을 인정하고 있다.971)

4) 우리나라의 학설

(1) 학설

① 부인설

우리나라에서는 기본권의 제3자적 효력을 완전히 부인하는 설이 있다.972)

② 직접적용설

직접적용설에는 한정적 직접적용설과 간접적용설이 있다.

㉠ 한정적 직접적용설

한정적으로 직접효력설을 주장하는 사람이 있으며,973) 일부분에만 직접적 적용설을 인정하는 사람이 있다.

㉡ 간접적용설

평등의 원칙은 법의 평등을 의미하는 까닭에 그것은 실정법의 내용의 평등만을 요청할 뿐만 아니라 또한 개인과 개인, 단체와 단체 간의 계약에 있어서의 그 법형성의 평등성까지를 요청하고 있다고 한다.974) 그러한 의미에서 평등의 원칙은 국가뿐만 아니라 제3자에 대해서도 적용된다고 할 수 있다. 그러나 사법에 있어서의 평등의 원칙의 적용은 다만

---

968) 일본에 있어서의 학설에 대해서는 鵜飼信成, 人權保障の私人間における效力- 平等權をめぐって,『專修法學論集』제22호 (1976), 21면 이하; 和田鶴藏, 전게서.

969) 일본의 다수설, 芦部信喜,『憲法Ⅲ 人權(2)』, 41면.

970) 最高裁, 昭 56. 3. 24.

971) 阿部照哉/野中俊彦,『平等の權利』(1984), 109-13면.

972) 문홍주,『한국헌법』, 181-183면; 홍성방, 평등의 원리와 평등권,『사회과학연구』(서강대) 제8집, 1999, 73면. 상세한 것은 김철수,『헌법학개론』, 328면 이하.

973) 한동섭,『헌법』, 122면.

974) 한태연,『헌법학』, 281면.

공서양속과 신의성실과 같은 일반조항에 의한 간접적 적용을 의미하고 있는데 불과하다고 하고 있다.

이와 반대로 인간의 평등권에 대한 사적 제한은 평등권의 제3자적 효력에 따라 제한된다고 해석해야 하며, 특히 남녀차별의 경우 평등권은 특별한 보호를 요청한다고 보고 공적 관계의 의제를 주장하는 사람도 있다.[975]

(2) 사견

평등권을 사법관계에 적용을 거부하는 것은 잘못된 주장이다. 그러나 평등권을 사법관계에 직접 적용하게 되면 사법자치의 원칙이 파괴된다. 이 점에서 원칙적으로는 간접적용설이 옳으나, 노동관계나 가족관계의 경우 한정적으로 직접 적용을 인정해야 할 것이다.[976] 그러나 사인 간의 효력은 대국가적인 효력처럼 엄격하게 적용될 수는 없을 것이다.

제7절 평등권의 내용

1. 일반적 평등권

근대적인 평등사상이 요청한 것은 첫째로는 신분적인 차별을 철폐하는 것이며, 둘째로는 평등한 참정권을 확보하는 것이며, 셋째로는 형식적으로 평등한 지위·권능을 확보하는 것이었다. 그러나 현대적인 평등사상이 요청하는 것은 경제적·사회적·실질적 평등을 요청하는 것이다. 이 점에서 평등권에도 정치적 평등권에서 경제적 평등권으로의 변천이 있다고 보아야 할 것이다.

평등권은 정치적인 면에서는 참정권의 절대적인 평등을 보장받을 권리로 소극적으로 파악할 것이며, 경제적인 면에서는 실질적인 평등을 보장받을 권리인 점에서 적극적인 권리로서의 측면도 가지고 있다고 볼 것이다.[977]

이 일반적 평등권은 주기본권이라고도 하며, 개별적 평등권에 관한 규정이 없을 때 보충적으로 적용된다.

2. 개별적 평등권

평등권은 이를 주평등권과 개별적인 평등권으로 나눌 수 있다. 주평등권의 근원이

---

975) 이종상, 평등권의 효력, 『현대공법논총』(일암 변재옥박사 회갑기념논문집, 1994), 63면.
976) 김철수, 전게서, 328면 이하.
977) Sachs, Besondere Gleichheitsgarantien, Handbuch des Staatsrechts, Bd. V. S. 1017-1148.

되는 것으로 모든 기본권, 즉 자유권·생존권 및 청구권적 기본권에 공통적으로 적용되어야 한다. 이 주평등권은 각 영역에 따라 정치적 평등권·경제적 평등권·사회적 평등권·남녀평등권 등으로 분화된다. 평등권의 내용에 대해서 상술하는 것은 지면의 제약 때문에 불가능하기에 여기서는 원칙적인 것만을 다루기로 한다.978)

1) 남녀평등권

성별에 의한 차별이 금지되어 있으므로 남녀는 동권이다. 남녀동권은 선거권에 있어서는 부인참정권의 인정으로 실현되었으며, 형법상으로는 간통죄쌍벌 등으로 실현되었고, 노동법상에는 동일노동에 대한 동일임금의 원칙으로 인정되고 있다. 우리나라에서는 친족상속법에 남녀불평등, 부모불평등에 관한 규정이 있었는데, 이는 불합리한 차별로 위헌성이 농후하다고 하겠다.979)
남녀의 성에 따른 차별은 금지되고 있는데, 이것은 남녀평등권을 선언한 규정이라 하겠다.980) 남자도 남녀평등권의 주체가 된다. 국회는 남녀차별금지및구제등에관한법률을 제정하여 고용·교육·재화·시설·용역 등의 공여 및 이용, 법과 정책의 집행 등에 있어서의 차별을 금지하고, 또 성희롱을 금지하고 있다(법 제2장). 다만, 여성발전기본법 및 다른 법률에 규정된 남녀 간의 평등을 촉진하기 위하여 잠정적 우대조치, 남녀 간에 현존하는 불평등의 해소를 위한 사항 및 모성을 보호하기 위한 특별한 조치는 남녀평등위반이 아니라 한다(법 제2조). 교육기본법은 교육에 있어서의 남녀차별을 금지하고 있다(법 제4조, 제17조의 2).

2) 종교적 평등권

종교의 유무 또는 어느 종교를 믿는가에 따른 차별의 금지이며 종교적 평등대우를 받을 수 있는 권리이다. 이에 따라 정교분리의 원칙이 행해지며 어떠한 종교에 대해서도 우대할 수 없고 국교로 할 수 없다.981)
종교는 아니나 양심·사상에 따른 차별대우도 부인되어야 할 것이다. 외국의 판례는 현실적으로 발생하고 있지 않은 위험을 예상하여 기업방위의 이름 아래 특정한 사상의 소유자를 해고하는 것은 신조 그 자체를 이유로 하는 차별대우이며, 헌법 및 노동법위반이라고 하고 있다.

---

978) 상세한 것은 김철수, 전게서, 449-478면 참조.
979) 최근에는 민법상의 호주제가 헌법불합치결정을 받았다(헌재 2005. 2. 3 선고, 2001 헌가 9 등,『헌재판례집』제17권 1집, 1면 이하).
980) 남녀평등에 대한 판례에 관해서는 김철수, 전게서, 450-452면 참조.
남녀평등에 관한 문헌과 판례는 많으나 여기서는 언급을 생략한다.
981) 김철수, 상게서, 441면.

3) 신분적 평등권

사회적 신분에 따르는 차별은 금지되고, 신분·문벌 간의 평등이 보장된다. 사회적 신분이란 선천적인 신분과 후천적인 신분을 말하는데, 사회적 신분에 의한 차별이 금지된다고 하는 경우의 사회적 신분이 무엇을 뜻하는가에 대해서는 학설의 대립이 있다.

(1) 학설
① 선천적 신분설

이 설은 사회적 신분을 출생에 의하여 고정된 생래의 신분에 한정하는 설이다. 이것은 신분이란 점에 역점을 둔 해석으로 이 설에 따르면 사회적 신분은 가문 내지 문벌과 다를 바가 없게 되어 너무나 협소한 해석이라는 비판이 있다.

② 선천적 신분과 후천적 신분통합설

이 설은 선천적 신분은 물론 후천적으로 취득한 신분도 포함된다고 보아 사회적 신분과 문벌의 구별을 명확히 하려는 것이다.982) 이 설에 대하여는 사회적 신분의 범위가 지나치게 확대될 우려가 있다는 비판이 있다.

(2) 판례

「사회적 신분이란 사회에서 장기간 점하는 지위로서 일정한 사회적 평가를 수반하는 것을 의미한다」는 것이 헌재 결정이다.983)

(3) 사견

생각건대 전설은 너무나 협소한 해석이며, 후설이 타당하다고 할 것이다. 따라서 사회적 신분이란 「사람이 사회에 있어서 일시적이 아니고 장기적으로 차지하고 있는 지위」로 보아 구체적으로는 전과자, 귀화인, 사용인, 노동자, 교원, 공무원, 직업상의 지위, 부자, 빈자, 농민, 어민, 상인, 학생 등이 포함된다.984) 선천적 신분인 적서(嫡庶)의 차별이라든가 장·차남에 의한 차별, 존비속에 의한 차별 등도 금지된다. 사생아도 적출아와 같은 권한을 가지며, 평등한 취급을 받을 권리를 가진다. 일본의 경우 존속살해가중처벌사건에 있어 존속·비속이라는 이유로 형을 가중하는 것은 평등조항 위반이라는 판결이 나왔다.

4) 인종적 평등권

이 밖에도 인종에 따른 차별대우가 금지되어 인종적 평등권이 보장되어야 한다. 인종에

---

982) 우리나라의 다수설이다.
983) 헌재 1995. 2. 23 선고, 93 헌바 43, 『헌재판례집』 제7권 1집, 222면 이하(236).
984) 헌재 판결에 대해서는 김철수, 전게서, 454면 이하 참조.

의한 차별대우를 한 나라로는 독일과 미국 등을 들 수 있다. 나치는 유대인을 학살했고, 미국에서는 흑인에 대한 차별이 심했다. 미국 수정헌법 제14조는 인종에 따른 흑인의 차별대우를 금지하고 있지만 아직까지 차별대우는 완전히 일소되지 못하고 있다.985) 우리나라에서는 중국계 귀화인이나 외국인과의 결혼에 의한 국적취득자에 대한 현실적 차별이 행해지고 있다.

5) 기타의 평등권

위에 예시하지 않은 여러 가지 기준, 예를 들면 언어, 연령, 장애, 출신지역 등 어떠한 기준에 의하더라도 불합리한 차별대우는 금지된다. 헌법재판소는 사고운전자가 피해자를 사고장소로부터 옮겨 유기하고 도주한 때에는 가중처벌하는 특정범죄가중처벌등에관한법률 제5조 2항 1호를 평등권위반이라 하여 위헌선언하였다.986) 국가유공자녀에 대한 일정한 우대는 헌법에 합치된다고 합헌으로 인정하였다.987) 세무사법이나 변리사법이 일정 시점까지 근무한 사람에게 일반 응시자에 비하여 우대조치 한 것은 위헌이라고 하였다.

3. 영역별 평등권

1) 정치적 평등권

누구든지 정치적 생활영역에 있어서는 차별대우를 받지 않을 권리를 가진다. 정치적 영역에서의 평등은 선거권과 피선거권, 국민투표권, 공무담임권 등에서의 평등을 말한다. 오늘날 일반 평등선거는 세계의 대세가 되었으며 우리 헌법도 이를 규정하고 있다. 헌법에서 특히 문제가 되고 있는 것은 선거인구의 다과에 따른 투표가치의 불평등이다. 미국과 일본의 판례는 선거구인구의 불균형은 선거권의 평등을 침해하는 것이라고 판시하였다.988) 우리나라에서 지역구의 과다한 인구편차는 위헌이라고 선언되었다. 평등 선거권은 One man one vote, One vote one value를 의미한다.989)

---

985) 미국의 인종차별 문제에 대해서는 Pole, J. R., The Pursuit of Equality in American History, 1993.

986) 헌재, 1992. 4. 28 선고, 90 헌바, 『헌재판례집』 제4권, 225면 이하 참조.

987) 헌재 1997. 6. 26 선고, 94 헌마 52, 국가유공자예우등에관한법률시행 제23조 위헌확인(정정된 사건명, 독립유공예우에관한법률시행령 제7조 위헌확인), 『헌재판례집』 제9권 1집, 695면 이하.

988) 미국에서는 선거권(Voting Rights)은 기본적 권리(fundamental right)라고 하여 이 권리의 평등침해는 엄격 심사해야 한다고 하고 있다. Roger v. Lodge, 458 U.S. 613 (1982). Nowak/Rotunda, Constitutional Law, 5th ed. 905 ff. 기타 미국 교과서; 橋本公亘, 『基本的人權』, 117면 이하 참조.

989) 戶松秀典, 政治參加と平等, 『公法研究』 제45호, 49면 이하. 상세한 것은 김철수, 전게서, 459면 이하

2) 경제적·사회적 평등권

경제적·사회적 생활영역에서도 국민은 차별대우를 받지 아니한다. 예를 들면 고용이나 주거·여행·식당이용·공원이용 등에 있어서 차별을 받지 않으며 평등한 대우를 받을 것을 요청할 수 있다. 그러나 경제적·사회적 생활영역에 있어서의 평등은 정치적 영역에 있어서의 평등처럼 잘 보장되고 있지는 않다. 특히 부자와 빈자의 평등을 얻기는 힘들며 빈자의 빈곤에서의 해방이 그 선결조건이 될 것이다. 미국 판례에 의하면 빈곤자가 상소하려고 할 때에 소송기록복사대금으로 인하여 상소가 불가능한 경우에는 빈자에게 상소의 기회를 박탈하는 것이라 하여 위헌이라 보고 있다. 왜냐하면 빈곤한 자의 상소를 소송비용 때문에 어렵게 하는 것은 헌법수정 제14조의 평등보호조항 위반이라는 것이다. 사회적 평등의 원칙은 형사절차의 권리에도 미치어 소년도 성년자와 같은 형사피고인으로 서의 권리를 가진다. 특히 빈부의 차에 의한 차별대우는 금지되나 사실상의 평등은 실현이 어려우며, 빈자의 보호와 우대가 오히려 평등원칙에 적합하다고 하겠다.990)

3) 문화적 평등권

문화적 생활영역에 있어 차별대우를 받지 않고, 교육·문화·홍보 등에 있어서 평등한 대우를 받을 권리를 말한다. 우리 헌법은 교육의 기회균등을 규정하고 있다. 그러나 능력에 따른 차별대우, 예를 들어 시험성적에 의한 입학 등은 허용된다. 미국에서는 교육에 있어 분리하되 평등(separate but equal)의 원칙이 상당히 오랫동안 계속되었으나 1954년 이래 교육에서의 흑백분리교육을 위헌으로 선언한 대법원판결에 따라 통합교육이 실시되고 있다.

우리나라에 있어서도 교육의 기회균등이 부르짖어지고 있다. 그러나 능력에 따른 차별대우, 예컨대 시험성적에 따른 입학 등은 허용된다. 그동안 헌재가 교육 영역에서 내린 평등원칙 합치의 합헌결정 예로는 (i) 중학의무교육의 순차적 실시의 대통령령에의 위임을 규정한 교육법 제8조의 2, (ii) 초·중등교사의 교육위원 겸직을 금지한 지방교육 자치에관한법률 제9조 1항, (iii) 초등교육의 취학연령을 만 6세로 한정한 교육법 제96조 1항 등에 대한 결정을 들 수 있다.991)

4) 특권제도의 금지와 영전일대의 원칙

참조.

990) Douglas v. California 372 U.S. 353; Maher v. Roe 432 U.S. 464; 大須賀明, 社會福祉の平等, 『公法研究』 제45호, 74면 이하; 상세한 것은 김철수, 전게서, 475면 이하 참조.
991) 상세한 것은 김철수, 전게서, 475면 이하 참조.

우리 헌법은 사회적 특수계급제도를 부인하고 어떠한 형태로도 이를 창설할 수 없다고
하고, 훈장 등의 영전은 이를 받은 자에게만 효력이 있고 어떠한 특권도 이에 따르지
아니한다고 규정하여 영전의 세습 및 특권의 금지를 규정하고 있다. 이것도 사회적
평등권을 실현하기 위한 제도로 볼 수 있다.992)

5) 개별적 평등권의 제도화

헌법은 제11조 이외에도 평등권에 관하여 개별적으로 규정하고 있다. 그 중요한 것을
들면 다음과 같다.

(1) 평등선거의 원칙

우리 헌법은 선거권의 평등과 함께 평등선거의 원칙을 규정하고 있다. 「국회는 국민의
보통 · 평등 · 직접 · 비밀선거에 의하여 선출된 국회의원으로 구성한다」(제41조 1항).
또 「대통령은 국민의 보통 · 평등 · 직접 · 비밀선거에 의하여 선출한다」(제67조 1항)고
하여 평등선거의 원칙을 보장하고 있다. 선거법은 선거범죄를 범하여 죄를 받은 자에
대하여 일정한 기간 선거권 및 피선거권을 정지하고 있는데, 이를 불합리한 차별이라고
할 수는 없을 것이다.993) 또 선거연령을 만 18세로 인하한 것도 차별이라고 할 수
없을 것이다.

(2) 교육의 기회균등

헌법 제31조는 「모든 국민은 능력에 따라 균등하게 교육을 받을 권리를 가진다」(1항)고
함으로써 교육의 기회균등을 보장하고 있다. 그런데 교육은 개인의 능력과 관계있으므로,
학력 · 건강 등에 의하여 차별하는 것은 허용된다. 그러나 여기서 능력이란 재력을 의미하
는 것은 아니므로 재력의 유무에 의한 차별대우는 금지되어야 하겠다.994)

(3) 여성노동자의 차별대우금지

헌법 제32조 4항은 「여자의 근로는…고용 · 임금 및 근로조건에 있어서 부당한 차별을
받지 아니한다」고 함으로써 여성근로자의 차별대우를 금지하고 있다.995)

---

992) 우리 헌법 제11조 제3항은 "훈장 등의 영전은 이를 받은 자에게만 효력이 있고 어떠한 특권도 이에
   따르지 아니한다"고 규정하고 있는바, 이를 같은 조 제1항 및 제2항의 규정과 관련하여 풀이하면
   이를 이른바 영전일대(영전1대)의 원칙을 천명한 것으로서 영전의 세습을 금지함으로써 특수계급의
   발생을 예방하려는 것이라 볼 수 있다. 따라서 이 법에 의한 독립유공자나 그 유족에게 국가보상적
   견지에서 서훈의 등급에 따라 부가연금을 차등지급하는 것은 위 헌법 조항에 위배된다고 할 수 없다(헌재
   1997. 6. 26 선고, 94 헌마 52, 국가유공자예우등에관한법률시행령 제23조 위헌확인(정정된 사건명,
   독립유공자예우에관한법률시행령 제7조 위헌확인), 『헌재판례집』 제9권 1집, 659면 이하).
993) 게리맨더링은 평등위반이다. 평등선거에 관해서는 김철수, 전게서, 190면 이하, 460면 이하 참조.
994) 교육의 평등에 관해서는 김철수, 『헌법과 교육』 참조.
995) 이와 관련하여 남녀고용평등법이 제정되어 있다. 직장 내의 성희롱의 금지까지 규정하고 있다(법 제8조의

(4) 혼인과 가족생활에서의 양성평등

헌법 제36조는「혼인과 가족생활은 개인의 존엄과 양성의 평등을 기초로 성립되고 유지되어야 하며…」라고 하고 있어 혼인과 가족생활에 있어서의 양성평등을 보장하도록 하고 있다. 개인은 개인의 존엄과 양성의 평등에 입각하여 평등보호를 국가에 요구할 수 있으며, 국가는 개인의 존엄과 양성의 평등에 입각하여 법을 제정하고 적용할 의무가 있다. 호주제도는 불평등하다고 하여 헌법불합치결정되었다.996)

(5) 경제적 복지의 평등

헌법은 전문에서「정치·경제·사회·문화의 모든 영역에 있어서 각인의 기회를 균등히 하고, 능력을 최고도로 발휘하게 하며」라고 하면서 제119조에서「국가는 균형 있는 국민경제의 성장을 규정」하고, 제123조 2항에서「국가는 지역 간의 균형 있는 발전을 위하여」라고 하여, 경제 질서에 있어서의 지역 간 균형발전이란 사회·경제적 평등을 모색하고 있다.997) 재산에 따른 납세율의 차등은 인정된다.998)

제8절 평등권의 제한과 예외

1. 평등권의 제한 가능성

평등은 법률로 제한할 수 있느냐 없느냐에 따라 절대적 평등과 상대적 평등으로 나누어진다. 평등권은 어떤 이유로도 제한될 수 없다는 이론이 절대적 평등설이고, 상대적으로 제한할 수 있다고 보는 이론이 상대적 평등설이다.

1) 학설

(1) 절대적·인적 평등설

절대적 평등설은 평등원리의 입법권에 대한 구속을 인적 평등의 범위에 있어서만 인정하고, 이 범위에 있어서는 어떠한 이유에 따라서도 절대적으로 차별입법을 허용하지 않는다고 한다. 역사적으로 보면 합리적 자연법론에 근거하고 미국 헌법이나 프랑스

---

2).
996) 헌재 2005. 2. 3 선고, 2001 헌가 9 등,『헌재판례집』제17권 1집, 1면 이하.
997) 상세한 것은 김철수, 전게서, 224면 이하 참조.
998) 헌재 1994. 7. 29 선고.

헌법의 입장에 근거하고 있었다. 어떠한 경우에 있어서도 모든 사람은 모든 점에 있어서 항상 무차별 균등하게 대우하여야 한다는 무제한한 절대적 평등설을 주장하는 사람은 없으며, 이 한정적·절대적 평등설은 절대적 평등의 타당범위를 인적 신분 사항의 범위에 한정하여 생각하려고 하는 것이다. Nawiasky는 평등원리의 역사적 발전에서 보아 인적 관계에 있어서의 평등과 사물적 관계에 있어서의 평등을 구별하여 헌법 전체의 관계적 해석에서 판단하여 입법자에 대한 구속의 의미에서 중요한 것을 이유로 하여 입법상의 차별을 하는 것을 금지하는 의미이며, 나아가 이는 입법에 의한 명백한 직접적인 차별을 절대로 금지하는 것으로 이점에서 절대적인 평등을 요구하는 것이라고 설명한다.999)

(2) 상대적 평등설

평등원리의 입법권에 대한 구속을 널리 인정하되, 공공의 이익이나 합리적인 근거에 따른 차별입법을 허용하는 것을 말한다. 여기서 말하는 평등이란 일체의 차별의 절대적인 금지, 즉 절대적인 무차별의 평등을 의미하는 것이 아니고, 그것은 당연히 상대적으로 이해되어지는 것이며, 정당한 이유가 있는 합헌적인 근거가 있는 차별입법은 허용되는 것이라고 해석하는 것이다. 즉 Aristoteles의 배분적 정의의 관념에 따라 본질적으로 평등한 것은 평등하게, 평등하지 않은 것은 그 차이에 따라서 차별하려고 하는 것이다.

일반적으로 정치적 영역에 있어서의 평등은 절대적 평등이어야 하나, 사회적·경제적 영역에 있어서는 절대적인 평등을 보장하는 것은 그 본질상 불평등하게 되기 때문에 상대적 평등이 되어야 한다고 주장한다. 어쨌든 평등원칙의 절대적인 보장은 불가능하기 때문에 상대적 평등설에 따르고 있는 것이 현재의 경향이며, 상대적 평등을 따르는 경우 평등의 기준을 어디에서 발견할 것인가가 문제된다.

2) 판례

미국 연방대법원은 (i) 수정 제14조의 평등조항은 입법에 있어서 차별할 권한을 주에서 완전히 박탈하는 것이 아니고, 넓은 재량권을 인정하고 있으며 합리적 근거가 없는 차별만을 금지한다. (ii) 합리적 근거가 있는 때에는 비록 수학적 정밀성이 없다고 하고 또는 결과적으로 불평등을 초래한다는 이유로 평등원칙에 반하는 것은 아니며, (iii) 입법이 차별적인 것임을 주장하는 사람이 합리적 근거가 없다는 것을 입증할 책임을 진다고 했다.1000)

우리나라 헌재도 초기 판례부터 「헌법 제11조 제1항에 정한 법 앞에서의 평등의 원칙은 결코 일체의 차별적 대우를 부정하는 절대적 평등을 의미하는 것은 아니라…불합

999) Nawiasky, Die Gleichheit vor dem Gesetz im Sinne des Art. 109 der Reichsverfassung, in VVDStRL 3 (1927), S. 25 ff.; Kirchhof, a. a. O., S. 964 ff.; 상세한 것은 阿部照哉/野中俊彦, 전게서, 57면 이하 참조. 그는 평등을 절대적 평등과 제한적 절대적 평등, 상대적 평등으로 나누어 설명한다.
1000) Lindsley v. Natural Carbonic Gas Co. 220 U.S. 61.

리한 차별대우를 하여서는 아니 된다는 것을 뜻한다」라고 판시하여 상대적 평등설에 입각하고 있다.[1001] 대법원 판결도 같다.[1002] 나아가 평등권의 제한근거로서 합리성이라든가 자의금지의 원칙들을 들고 있다.[1003]

3) 사견

평등은 일체의 법적 취급의 평등을 요구하는 것은 아니다. 능력에나 합리적 차등이 있는 사람을 절대적으로 평등하게 취급하는 것은 불평등이다. 미국에서는 합리적 차별이 인정되며, 독일에서도 정의의 형평에 따른 차별은 인정된다.

생각건대 평등권의 절대적 보장은 불가능하고 오히려 불합리할 수도 있기 때문에 상대적 평등설이 타당하다고 보며, 다만 상대적 평등설을 따르는 경우에는 평등의 기준을 어디에서 발견하여야할 것인가가 문제된다. 그러나 상대적 평등권도 평등의 본질적 내용은 침해해서는 안 된다.[1004]

2. 평등권의 제한 원리

1) 학설

(1) 독일에서의 논의
① 제한부정설

독일 기본법상 평등권에 대한 특별한 제한 규정이 없으므로 제한을 할 수 없으며 법률로는 구체화만 할 수 있다고 한다. 특히 일반적 평등권은 입법권을 제약하기 때문에 법률에 의한 제한 문제는 논의될 필요가 없다고 한다. 제한의 합헌성 여부는 자의성 심사에 그친다고 한다. [1005]

1001) 예컨대 헌재 1989. 5. 24 선고, 89 헌가 37 등 병합, 금융기관의연체대출금에관한특별조치법 제5조의 2의 위헌심판결정(『헌재판례집』 제1권, 48면); 헌재 1989. 11. 20 선고, 89 헌가 102, 변호사법 제10조 2항에 대한 위헌심판결정(『헌재판례집』 제1권, 329면 이하) 등의 평등권에 관한 판례들 참조.

1002) 대법원 판례: 「헌법 제9조에서 말하는 법 앞에서의 평등의 취지는 모든 국민을 절대적으로 평등하게 대우하여야 한다는 것은 아니고, 불합리한 차별대우를 금지한다는 취지」라고 하였다(대판 1966. 3. 29, 65 누 69).

1003) 헌재 판결은 조세에 있어 단일세율을 부과하는 것은 위헌이라고 하고 있다. 「토초세의 세율체계를 이렇다 할 합리적인 이유도 없이 양도소득세와는 달리 단일비례세로 한 것은, 단순한 입법정책의 문제를 떠나 소득이 많은 납세자와 소득이 적은 납세자 사이의 실질적인 평등을 저해하는 결과를 내고 있다고 볼 수 있다. 따라서 토초세법 제12조는 헌법상의 재산권 보장 규정과 평등조항에 위배된다」(헌재 1994. 7. 29 선고, 92 헌바 4952 병합, 토지초과이득세법 제10조 등 위헌소원, 『헌재판례집』 제6권 2집, 110면).

1004) 헌재 1992. 4. 28 선고, 90 헌바 24, 『헌재판례집』 제4권, 225면 이하. 상세한 것은 김철수, 전게서, 430면 이하 참조; 홍성방, 평등의 원리와 평등권, 『사회과학연구』(서강대) 제8집, 1999, 76면.

② 제한긍정설

일반적 평등권이나 구체적 평등권은 권리이기 때문에 정당한 목적을 위해서는 제한할 수 있다고 보아 제한가능성을 인정하고 있다. 법률에 의한 제한의 합헌성 여부 심사는 비례의 원칙에 따라야 한다고 한다.1006)

(2) 일본에서의 논의

① 제한부정설

일본 헌법상 평등권에 대한 제한규정이 없으므로 법률에 의한 제한을 부인한다.

② 제한긍정설

헌법에는 규정이 없으나 입법권은 광범한 재량권을 가지며 또 합리적인 차별은 가능하기 때문에 합리적인 이유에 따라 제한할 수 있다고 본다.1007)

(3) 우리나라에서의 논의

우리 헌법 제37조 2항은 「국민의 자유와 권리는 국가안전보장·질서유지 또는 공공복리를 위하여 필요한 경우에 한하여 법률로써 제한할 수 있다」고 규정한다. 이 규정의 자유에 평등권이 포함되어 법률로 제한할 수 있는가에 관해서는 학설이 대립되고 있다.

① 부정설

평등권은 자체가 특정한 보호범위를 가지지 않기 때문에 비례성에 의한 제한이 있을 수 없다고 한다. 그 이유는 방어권이 아니고 헌법과 법률에 의해서 구체화될 뿐이기 때문이라고 한다.1008)

② 긍정설

평등권도 기본권이므로 헌법의 「자유와 권리」에 속한다고 보고, 헌법 제37조 2항에 따라 헌법과 법률에 의한 제한이 가능하다고 한다.1009)

③ 절충설

Alexy의 원칙과 권리의 관계에 따라 비례성원리가 적용될 수 있다고 한다.1010)

1005) Kriele, Grundrechte, S. 629.
1006) Huster, Rechte und Ziele, 1993, S. 225 ff., 351 ff.; Kloepfer, Gleichheit als Verfassungsproblem, in Hinske/Müller (Hrsg.), Gleichheit, S. 34 ff.
심지어 Differnzierungsgebot를 이야기 하는 사람도 있다(v. Mangoldt-Klein-Starck, GG, 3. Aufl., S. 267 ff.).
1007) 橋本公亘, 『基本的人權』, 114면.
1008) 한수웅, 평등권의 구조와 심사기준, 『헌법논총』 제9집, 1998. 제36호, 2001. 1. 4, 111면; 동, 『기본권의 새로운 이해』, 267-314면.
1009) 장영수, 「헌법상 평등원칙과 평등권의 실현구조」에서 평등권의 제한을 통한 평등권이 구체화된다고 한다. 『고려법학』 상게 논문.
1010) Alexy, Theorie der Grundrechte, S. 389 ff.; 이준일, 평등원칙, 『안암법학』 8호 (1998), 1면 이하.

530 제3편 국가기본권의 성격과 내용

2) 사견

평등권은 자유권과 다른 성질을 가지나 제37조 2항의 권리이기 때문에 헌법에 의한 제한과 제37조 2항의 법률에 의한 제한이 가능하다고 하겠다. 일부에서는 평등권이 자유권이라고 하면서 헌법 제37조 2항에 의한 제한을 부정하는 것은 잘못이며, 평등권의 제한 목적과 제한 정도에 있어서는 비례성이 있어야 하고 과잉금지원칙이 적용된다.

3. 헌법의 개별유보에 의한 제한

세계 각국 헌법은 헌법의 명문으로 약간의 불평등을 규정하고 있다. 이러한 헌법의 특수유보에 의한 제한은 가능하다.

우리 헌법은 헌법의 특수유보를 통하여 일정한 평등권의 제한을 인정하고 있다. 그중 중요한 것을 들어보면 다음과 같다.

1) 군인 · 군무원에 대한 제한

군인 · 군무원에 대해서는 그 복무의 특수성에 따라 군사법원의 재판을 받게 하고 있으며(헌법 제27조 제2항), 둘째로 국가에 대하여 이중배상을 청구할 수 없으며(헌법 제29조 제2항),[1011] 셋째로 군인은 현역을 면한 후가 아니면 국무총리 또는 국무위원에 임명될 수 없다(헌법 제86조 제3항, 제87조 제4항).

2) 공무원에 대한 제한

공무원에 대해서도 그 복무의 특수성과 국민 전체에 대한 봉사자의 지위에서 평등권에 대한 상당한 제한이 인정되고 있다. 첫째로, 공무원인 근로자는 법률로 인정된 자를 제외하고는 단결권 · 단체교섭권 또는 단체행동권을 가질 수 없으며(헌법 제33조 제2항), 둘째로, 경찰공무원 기타 법률로 정한 자의 이중 국가배상의 청구가 금지되고 있다(헌법 제29조 제2항). 셋째로, 국회의원은 법률이 정하는 공직을 겸할 수 없다(헌법 제43조).

3) 대통령과 국회의원의 특권

대통령과 국회의원은 그 직무와 관련하여 특권을 가진다. 첫째로, 대통령은 내란 또는

[1011] 군인 · 군무원의 이중배상금지에 관한 특례는 헌법 제11조의 일반적 평등권 내지 일반적 평등원칙에 위반된다는 주장에 대해서 우리 헌법재판소는 헌법규정에 대해서는 위헌심사할 수 없다고 결정하고 있다(헌재 1995. 12. 28 선고, 95 헌바 3, 『헌재판례집』 제7권 2집, 84면 이하).

외환의 죄를 범한 경우를 제외하고는 재직 중 형사상의 소추를 받지 아니할 특권을 가진다(헌법 제86조). 둘째로, 국회의원은 불체포특권을 가지며(헌법 제44조), 셋째로, 국회의원은 면책특권을 가진다(헌법 제45조).[1012]

4) 국가유공자 및 유가족의 우선취업권

국가유공자, 상이군경 및 전몰군경의 유가족은 우선취업권을 가진다(제32조 6항).

5) 정당의 특권

정당은 일반 결사에 비하여 특별한 우대조치를 받고 있다(제8조 3항).

4. 실질적 법률에 의한 제한

1) 형식적 법률에 의한 제한

평등권도 상대적 평등권이기 때문에 법률에 의한 제한이 가능하다. 우리 헌법 제37조 2항에 따라 법률에 의한 제한은 국가안전보장·질서유지·공공복리를 위하여 필요불가결한 경우에 한한다. 평등권을 법률로 제한하는 경우에는 합헌적인 제한만이 가능하며 위헌적이거나 자의적인 제한은 금지된다. 평등권을 제한하는 법률의 위헌성 여부의 판단은 그 법률에 의한 제한이 목적적합성, 비례성 등에 합치되는가의 여부에 달려 있다. 법률에 의한 제한으로서 합헌성이 인정되는 것으로는 다음과 같은 것이 있다.[1013][1014]

(1) 공무원의 복무의무와 정치적 중립성 보장
공무원은 국민 전체에 대한 봉사자이며, 국민에 대하여 책임을 지기 때문에 정치적 중립성이 요망되고 있다. 공무원법은 공무원에 대한 복무의무를 규정하고 정당가입금지, 정치활동제한 등을 규정하고 있다. 또 공무원에 대해서는 주거지제한 등을 할 수 있다. 교육공무원 등도 이에 준하게 하고 있다.

(2) 군인·군무원에 대한 법률에 의한 제한

1012) 독일에서는 법률유보는 인정되지 않는다고 한다. Sachs, a. a. O., S. 230; 독일의 판례이론에 대해서는 김주환, 입법자의 평등에의 구속과 그에 대한 통제, 『헌법논총』 제11집 (2000), 431-480면 참조.
1013) 학설 대립에 대해서는 홍성방, 전게 논문, 76-77면; 한수웅, 평등권의 구조와 심사기준, 1998 참조.
1014) 상세한 것은 평등권의 제한, 김철수, 전게서, 466-486면 참조.

군인 · 군무원에 대해서도 법률로써 영내 근무를 명할 수 있고 특별한 복무의무를 부과하고 있다. 군인 · 군무원에 대해서는 정치활동을 제한하고 있다

(3) 재소자 등에 대한 법률에 의한 제한

행형법은 재소자 등에 대하여 서신의 검열, 교화 및 신체의 자유에 대한 제한을 규정하고 있다.

(4) 전과자 등에 대한 법률에 의한 제한

국가공무원법 · 공직선거법 등에서는 금고 이상의 형을 받고 그 집행이 종료되거나, 집행을 받지 아니하기로 확정된 후 10년을 경과하지 않은 자 등의 공무담임권 등을 제한하고 있다.

(5) 외국인 등에 대한 법률에 의한 제한

외국인에 대해서는 출입국관리법에 의하여 체류와 출국에 대하여 제한을 가하고 있으며, 외국인토지법 등에 의하여 토지의 소유를 제한하고 있다.

(6) 피교육자 등에 대한 법률에 의한 제한

초 · 중등교육법 등은 피교육자 등에 대하여 일정한 평등권을 제한하고 있다.

(7) 민법에 있어서의 자에 대한 제한

민법은 호주제도와 부부재산제도, 친족범위, 혼인 등에 있어서 남녀불평등을 규정하고 있는데, 이는 우리의 순풍미속이라고 하나, 합목적성이 없는 것으로 인정되어 위헌성이 논의되고 있다. 호주제도는 헌법불합치결정 되었다.

2) 긴급명령 등에 의한 제한

긴급명령에 의해서는 평등권을 정지할 수 있다. 긴급명령에 의한 평등권의 정지는 극히 예외적인 경우에 한정될 것이다. 비상계엄사령관의 포고령이나 긴급재정경제명령에 의해서도 평등권은 제한될 수 있겠으나, 그러한 경우는 극히 예외에 속할 것으로 보인다.

3) 조약에 의한 제한

국제조약에 의하여서도 평등권은 제한될 수 있다.

5. 평등위반 법률에 대한 위헌심사 기준

1) 위헌심사의 기준

(1) 미국에 있어서의 위헌심사의 기준

미국 대법원은 법률이 평등권을 침해하는 여부에 대하여 3단계심사기준을 적용하고 있다.[1015)]

① 합리적 관계성심사(the rational relationship test)

대법원의 1937년 이후의 심사기준이다. 과거에는 최소한의 사법심사(minimal judical scrutiny)를 행했으나, 입법이 적정한 정부의 목적이라는 넓은 의미에서 합헌성을 인정하려는 합리적 관계심사 또는 합리적 차별심사기준(reasonable classification)이라고 할 수 있다. 이 심사에서는 법원은 그것이 헌법이 금지하고 있지 않은 경우 정부의 목적과 합리적 관계가 있는 경우에 그 차별은 합헌적이라고 보는 것이다.

② 엄격심사(the strict scrutiny test)

법원은 정부의 목적만을 평등심사의 기준으로 할 수 없고 그 대신에 그 차별이 정부의 필요불가결한 이익(government's compelling interest)이 없는 경우에는 위헌이라고 보는 것이다. 이는 정부가 헌법상의 기본권을 제한하는 경우에 적용되었다. 이 경우에도 두 가지로 분류할 수 있는데 첫째로는, suspect classification test라고 하며 주로 인종, 출생국, 종교 등을 이유로 차별하는 경우에 사용되는 것이다. 둘째는, fundamental right or interest test라고도 하며 주로 형사소송, 투표권, 주간 통상 등의 분야에서 적용되었다.

③ 중간심사(the intermediate test)

법원은 이 두 가지 기준의 중간 영역으로서 중요한 실질적 목적이 있으면 된다는 것으로 성차별 영역에서 주로 적용된다. 특히 적극적 평등실현조치(affirmative action)의 경우에 해당된다.

(2) 독일에 있어서의 위헌심사기준

독일 연방헌법재판소는 처음에는 자의금지(Willkürverbot)의 원칙에 입각하였으나 1980년대 이후 새로운 형식(Neue Formel)을 도입하고 있다.[1016)]

1015) Nowak/Rotunda, Constitutional Law, 5th ed. p. 600 ff.; 윤후정, 『기본적 인권과 평등』, 1997; 안경환, 평등권; 서주실, 평등보호를 위한 사법심사기준, 『미국헌법연구』 8, 1997; 황도수, 헌법재판의 심사기준으로서의 평등, 서울대 박사학위논문, 1996; 김기영, 미국에서의 평등권에 관한 이론, 『아태공법연구』 7호 2001, 83면 이하; 戸松秀典, 『平等原則と司法審査』, 1990 등 참조.
1016) 독일의 학설에 대해서는 Sachs, M., Grenzen der Diskriminierungsverbot, 1988; Böckenförde, W., Der allgemeine Gleichheitssatz und die Aufgabe der Richters, 1957; Kloepfer, Gleichheit als Verfassungsfrage, 1980; Link, C., Der Gleichheitssatz im modernen Verfassungsstaat, 1982; 한수웅, 평등권의 구조와 심사기준, 『헌법논총』 제9권, 1998; 동인, 『기본권의 새로운 이해』, 2020,

① 자의금지 원칙(Willkürverbot)

연방헌법재판소는 「법률적 평등은 그것이 사물의 본성에 근거하거나 다른 사실적으로 논증되는 근거에 따라 합리성이 발견되지 않는 경우에는 평등원리를 침해하는 것이다」고 하고 있다. 다시 말하면 법적 차별이 합리성에 근거하지 않으면 평등권침해로 보고 있다.

연방헌법재판소는 「본질적으로 같은 것을 자의적으로 다르게, 본질적으로 다른 것을 자의적으로 같게 취급해서는 안 된다」라든가, 「법적 차별은 규율목적의 관점에서 보아 자의적이어서는 아니 되고 합리적인 고려에 기인해야 한다」고 하여, 합리성을 결한 자의적 차별은 위헌이라는 심사기준을 적용하였다.

② 새 형식, 비례성의 원칙(Neue Formel, Verhältnismäßigkeit)

연방헌법재판소는 자의성심사 내지 합리성심사가 지나치게 입법자에게 자유재량권을 주고 있다고 보고 이를 제약하게 되었다. 「일반적 평등조항은 그 규율대상이 차별기준에 따라 입법부에 대한 다양한 통제를 설정하고 있다. 그 통제는 단순한 자의금지에서부터 비례성요구의 엄격한 통제에까지 이른다. 인적 차별의 경우에는 두 인적 집단 사이의 차별대우를 정당화할 만한 정도로 성질과 비중에 있어서 차이가 없음에도 불구하고 달리 취급한다면 평등권에 위반된다는 비례의 원칙을, 그리고 사항적 차별의 경우에는 단순히 자의금지 원칙이 적용되므로 차별의 불합리성이 명백한 경우에만 평등권의 위반을 확인할 수 있다」고 보았다. 이러한 새로운 형식에 따라서 보다 엄격한 비례성의 심사기준을 적용하는 경우, 입법자의 형성의 자유는 그만큼 축소되게 된다고 보았다.

(3) 일본에 있어서의 위헌법률심사기준

일본에 있어서도 최초에는 합리적 차별론이 지배하다가 엄격한 위헌심사기준이 논의되게 되었다.[1017]

① 합리적 차별론

초기의 학설·판례는 합리적 차별론에 근거하고 있었다. 합리적 차별은 평등원칙 위반이 아니나 불합리한 차별취급은 위헌이 된다는 것이었다. 미야자와(宮沢俊義)는 「헌법상 어떤 차별이 법 아래의 평등에 반하는가와 않는가를 판정함에는 그 차별과 이유를 합하여 거기에 민주주의적 합리성이 있는가와 없는가를 생각해야 한다」고 하면서, 자유국가적인 형식적 평등에 관한 합리적 차별과 사회국가적인 실질적 평등에 관한 합리적 차별을 구분하고 있다. 일본의 판례는 합리성기준론에 입각한 것이 많다.

② 이중기준론

법 아래의 평등의 위헌심사기준에 있어서 단순한 합리성의 기준만으로는 부족하고 인종·신조·성별·사회적 신분·지위라고 하는 차별금지 사유에 해당하는 경우에는

267-314면 참조.

1017) 일본의 학설에 대해서는 中村睦男, 法の下の平等と「合理的差別」, 『公法研究』 제45호, 27-48면; 安西文雄, 平等; 樋口陽一編, 『憲法學3, 權利の保障(1)』, 75-103면; 戶松秀典, 『平等原則と司法審査』, 1990; 野中俊彦, 平等原則の審査基準, 『現代立憲主義の展開(上)』, 381-403면 참조.

엄격한 심사기준이 필요하다는 것이다. 아시베(芦部信喜)는 평등원칙을 해석하는 경우에
도 이중의 기준이 필요하다고 한다. 첫째로는, 입법목적이 필요불가결한 것이라는 엄격성
이 요구된다. 둘째로는, 입법목적과 입법목적을 달성하는 수단 간에는 원칙적으로 사실상
의 실질적 관련성이 있는 것이 필요하다는 것이다. 그는 나아가 미국의 심사기준을
참고로 하여 (i) 필요불가결한 공익의 기준, (ii) 합리적 근거의 기준, (iii) 실질적인
상관관련성의 기준이라는 3단계 심사가 중요하다고 한다.

(4) 한국에서의 위헌법률심사기준

한국에 있어서도 초기에는 합리성의 심사가 행해졌으나 근자에 와서 미국의 이론을
받아들여 이중심사기준이론을 전개하고 있다.

① 합리성심사

학자들은 평등권의 심사기준을 처음에는 합리성기준에 두고 있었다. 헌법재판소도
그동안 형식적으로는 합리성, 정의, 형평, 평등한 것은 평등하게, 불평등한 것은 불평등하
게, 건전한 일반 시민의 상식, 본질성, 헌법상의 근거, 비판적 조화 등 여러 가지 기준을
적용해 왔다.[1018]

② 자의금지 원칙심사와 비례성심사

1999년부터 헌재는 합리성심사와 아울러 비례성심사를 도입해왔다.

「평등원칙의 위헌여부에 대한 심사는 그 심사기준에 따라 자의금지 원칙에 의한 심사와
비례에 의한 심사로 크게 나누어지는데, 우리 재판소는 비례의 원칙에 따른 심사를
하여야 할 경우로서 첫째, 헌법에서 특별히 평등을 요구하고 있는 경우, 즉 헌법이 차별의
근거로서 삼아서는 아니 되는 기준 또는 처벌을 금지하고 있는 영역을 제시하고 있음에도
그러한 기준을 근거로 한 차별이나 그러한 영역에서의 차별의 경우, 둘째, 차별적 취급으로
인하여 관련 기본권에 대한 중대한 제한을 초래하게 되는 경우를 들고 있다」(헌재 1999.
12. 23 선고, 98 헌마 363, 『판례집』 11-2, 770, 787).

「헌법 제36조 제1항은 혼인과 가족생활의 영역에서 특별히 남녀평등을 요구하고
있는 바, 이러한 영역에서 남성과 여성을 달리 취급하는 호주제가 양성평등의 원칙에
위반되는지 여부를 심사함에 있어서는 비례심사를 해야 할 것이다」(헌재 2005. 2. 3 선고,
2001 헌가 9 · 10 · 11 · 12 · 13 · 14 · 15, 2004 헌가 5 병합, 『헌재공보』 제100호, 41면 이하(56면)).

3) 사견

1018) 한국의 학설에 대해서는 황도수, 헌법재판의 심사기준으로서의 평등, 서울대학교 법학박사학위논문,
1996; 박홍우, 법률에 대한 위헌법률심사의 기준 -헌법재판소의 결정례를 중심으로, 『현대법의 이론과
실제』, 1993, 193-240면; 김주환, 입법자의 평등에의 구속과 그에 대한 통제, 『헌법논총』 제11집,
2000, 431-480면; 이상현, 헌법상 평등보호조항에 관한 사법심사의 기준, 『헌법학연구』 3집, 509-534
면; 이종상, 평등권의 보장기준, 『현대법의 이론과 실제』, 1993, 22-41면; 김철수, 『헌법학개론』, 461-46
2면 참조.

이 비례성심사는 헌법 제37조 2항에 따르는 평등권의 제한심사라고 보아야 할 것이고 평등권 침해의 심사기준으로서 당연하다고 하겠다. 미국 헌법 해석상의 엄격심사를 적용한 것으로 보이나 이론상에서는 일본의 이중기준론에 따르고 있다. 기본권과 관계없는 법원칙의 심사에서는 평등원칙을 적용하여 자의금지원칙을 적용하려는 것이 아닌가 생각된다.

이것은 헌법이 특별히 차별금지를 규정하고 있는 경우에 이를 어겨 입법한 경우에는 위헌성이 추정되는 것으로 보고, 그렇지 않는 경우에는 자의금지 원칙에 따라 합헌성추정을 하려는 것이다. 합리성 기준 외에 비례성심사를 도입한 것은 독일이나 미국·일본 판례와도 같은 성향을 가진 것으로 타당하다고 하겠다.

제9절 평등권의 침해와 구제

1. 국가권력에 의한 침해와 구제

평등권은 앞서도 본 바와 같이 모든 국가권력을 구속한다. 따라서 입법이나 행정·사법이 평등권을 침해하면 위헌행위가 되어 무효로 된다.[1019] 평등권은 국가의 행위를 규제하며 국가의 과업과 목적을 규정하고 제한한다.

1) 입법권에 의한 침해와 구제

만약에 입법권이 평등권을 침해한 경우에는 위헌법률심사제도에 의하여 법률의 위헌무효가 선언되어진다. 외국의 경우 평등조항 위배의 법률들이 많이 위헌 선언되었고 무효화되었다. 한국에서도 많은 법률이 평등권 위반으로 결정되었다.[1020]

2) 행정권과 사법권에 의한 침해와 구제

행정권이 평등권을 침해하면 그러한 행정처분·명령·규칙은 위헌으로서 헌법소원과 행정소송의 대상이 되며, 또 법원의 판결도 평등권에 구속된다. 평등의 원칙에 위배되는 판결에 대해서는 항소 또는 상고할 수 있다.[1021]

3) 헌법개정권에 의한 침해와 구제

1019) 기본권의 침해와 구제에 대해서는 김철수, 전게서, 364-379면 참조.
1020) 평등권 침해 법률에 대한 판례로는 김철수, 전게서, 383-399면 이하 참조.
1021) 법적용설에 의하더라도 행정권과 사법권은 평등권에 구속된다.

헌법개정권이 평등권을 침해한 경우 이것이 위헌무효가 될 것인가가 논란되고 있다. 헌법개정의 한계를 부인하는 입장에서는 헌법개정권의 평등권에의 구속성을 부인한다. 그러나 평등권은 근대 민주주의헌법의 근본이며 헌법핵이기 때문에 헌법개정으로써도 그 본질적 내용을 침해해서는 안 된다고 하겠다. 예를 들어 초대 대통령에 한해 무제한 연임을 가능하게 하는 것과 같은 것은 위헌이라고 하겠다. 그런데 이러한 헌법개정의 위헌성을 다툴 수 있을 것인가는 문제이다.[1022]

2. 사인에 의한 침해와 구제

고용계약 등에 의해서도 평등권은 침해될 수 있으며, 사인에 의한 평등권의 침해도 행해지고 있다. 이러한 평등권의 침해에 대해서도 국민은 국가에 대해 침해의 구제를 청구할 수 있는 권리를 가진다. 평등권의 간접적 효력을 인정하는 입장에서는 평등권이 사인에 의하여 침해된 경우에도 민법 제103조 위반, 헌법 제11조 위반으로서 그 효력을 다툴 수 있다고 하겠다.[1023] 원칙적으로 자력구제는 금지되나 긴급피난, 정당방위 등은 가능하며, 사인에 의한 침해행위에 대하여 소송을 통한 권리구제가 가능하다.

제10절 결어: 자유와 평등의 긴장관계와 조화

1. 이념으로서의 자유와 평등

1) 자유주의적 평등론

자유와 평등 간에 긴장관계가 있는가 혹은 없는가에 대해서는 학설이 대립되고 있다. 자유와 평등이 대립되는 이념이며 대립하면 할수록 자유가 평등보다 선호된다고 보는 것이 자유주의적 평등론이다. 현대적 주장자로는 Nozick, Rawls, Dworkin 등을 들 수 있다.

1022) 헌법 제29조 2항은 일반적 평등권위반이나 헌법재판소는 합헌으로 판단하고 있다.
1023) 사인 간의 불평등을 시정하기 위하여 입법으로 차별을 금지하는 법률이 많이 제정되어 있다. 국가는 법률을 통하여 평등권을 보장해야 하고 약자에 대한 적극적 우대정책(Affirmative action)을 도입하여야 할 것이다.

(1) Rawls의 평등사상

Rawls는 『정의론』에서 평등을 주장하고 있다.[1024] 그는 사회계약의 제1원리로서 "평등한 자유의 원리"를 제2원리로서 "차등의 원리"를 들어 사회적 · 경제적 평등은 공정한 기회균등의 조건 하에서 만인에게 개방되어 있는 지위와 관직에 결부되어야 한다고 한다. 이 차등의 원리를 특징짓는 것은 공정한 기회의 균등이라고 한다. Rawls의 정의론은 평등주의적으로 해석될 수 있다.

Rawls의 정의론에 대한 해석은 여러 가지로 나누어지고 있다. 자유주의적 평등론자에 의하면 그의 차등원리는 공정한 기회균등을 의미하는 것으로 능력에 따른 부의 취득과 유지라는 측면에서 부의 불평등을 심화시킬 수 있다고 본다. 이에 대하여 Liberal한 해석론자에 의하면 Rawls는 평등한 자유의 원리와 공정한 기회의 평등을 실질적으로 가능케 해 주는 최소한도의 조건의 평등을 실현한 뒤에 남은 사회적 가치들을 분배하는 것으로 본다.

Rawls의 이론은 자본주의에 대한 비판도 가능하다고 보는데, 경제를 원활하게 작동하기 위하여 실업을 이용하는 것은 격차원리의 중대한 침해로서 받아들일 수 있다는 것이다.

(2) Dworkin의 평등사상

Dworkin은 자유주의사회의 모든 개인들은 평등하기 때문에 평등한 존재로 인정받아야 한다고 했다. 사람들을 평등한 존재로서 대우하는 것이야말로 자유주의적 평등개념의 근본정신을 가장 잘 표현한 것이라고 한다.[1025]

Dworkin은 자유주의의 근본가치는 평등이라고 한다. 그는 「사람들을 평등한 존재로서 대우하는 것이야말로 자유주의적 평등개념」이라고 한다. Dworkin은 자유주의적 평등론에 있어서는 자유를 평등개념의 핵심요소로 보고 있다.

Dworkin은 능력의 차이를 인정하고 타고난 개인의 능력은 자신의 선택이나 노력의 결과가 아닌 냉엄한 운(brutal luck)의 결과라고 본다. 그의 자유주의적 평등론은 경제적 시장과 자유주의적 평등의 연관성을 기술하고 있다. 경제적 시장은 역사적으로나 논리적으로 자유주의적 가치인 자율성이 실현되는 최상의 장소로 인정하였다. 시장이 불평등의 원천으로 인정하는 경향이 있지만 그는 시장은 성별과 인종 혹은 피부색을 묻지 않고 개인들 사이의 자유로운 선택과 교환에 따라 작동하기 때문에 개인의 자율성을 실현할 수 있는 좋은 장소로서 평등주의적인 성격도 갖고 있다고 본다.

그는 이상사회에서의 정의로운 분배원리는 자원의 평등(equality of resources)이라고 하고 있다. 그는 「자유주의자는 재분배제도를 통해 시장을 개혁하되 시장의 가치체계는

1024) Rawls, A Theory of Justice, Cambridge, 1971 (황경식역, 『정의론』, 2003).
   롤즈에 대해서는 Rawls, J., Political Liberalism, 1993; Wolf, R., Understanding Rawls, 1977 등 참조.
1025) Dworkin, Taking Rights Seriously, Cambridge, Mass., 1977; 김비환, 현대 자유주의적 평등론의 역사적 의의, 『법철학연구』 제5권 제2호, 7-34면.

거의 손대지 않고 그대로 놓아두어야 하지만 최소한 자유주의적 구성원리가 금하는 복지에 있어서의 불평등을 대폭 제한할 수 있어야 한다」고 주장한다. Dworkin은 나아가 이에 그치지 않고 「소득재분배정책과 관례적인 상속세 제도를 기반으로 한 복지권제도」를 확립하여야 한다고 한다.

Dworkin은 자유와 평등을 불가분적인 상호규정적 관계로 정립한 점에서 큰 의의를 가진다.

(3) Nozick의 평등사상

Nozick은 인간의 인격적·도덕적 평등을 중시하고 있다. 그러나 자유를 평등에 우선시함으로써 불평등주의라는 비판을 받고 있다. 노직의 인격적·도덕적 평등관 자체에는 문제가 없으나, 다만 결과적으로 부의 심각한 불평등을 야기할 수 있기 때문에 문제가 되고 있다.[1026]

Nozick은 기회의 균등을 이야기 하였는데, 「보다 많은 기회를 가진 사람들의 상황을 직접적으로 약화시키는 방법과 보다 적은 기회를 가진 사람들의 상황을 개선하는 방법이다. 설사 다른 사람들에게 기회의 평등을 실현시키기 위하여 하는 것이라고 하더라도, 이런 일부의 사람들이 소유자격을 가지고 있는 소유물을 몰수해서는 안 된다」고 하고 있다. Nozick은 자신이 정당하다고 생각한 규칙과 방식에 따라 부가 분배되었다면 그것이 평등하던 불평등하던 정당하다고 인정할 것이라고 보았다. 그는 Kant의 도덕률-인간의 도덕적 평등을 충실히 실현하여야 한다고 보고, Rawls의 차등원리는 Kant와 일치하지 않는다고 보았다.

Nozick의 자유지상주의는 자기소유권(self-ownership)으로부터 출발한다. 「개인들이 이 자기소유의 기본권에 의해 자신의 몸에 지닌 모든 자연적 자산들 ― 재능과 노동의 능력들 ― 에 대한 권리를 갖게 되며, 또한 타인의 동등한 자유를 침해하지 않는 한 자신의 자산을 자유롭게 사용할 수 있는 권리와 그로부터 발생하는 모든 것들에 대한 권리를 갖는다. 사유재산권 및 소득과 부에 대한 권리는 개인들이 자신의 자산을 자유롭게 사용할 수 있는 자유에 대한 권리로부터 발생한다」고 하였다.

Nozick의 이 이론은 자본주의 옹호론으로 국가의 평등실현정책을 부정하는 최소국가의 이론에 근거하고 있다. 평등을 이유로 한 국가의 간섭과 통제를 배격한 점에서 자유지상적 평등주의자라고 하겠다.

(4) Weinreb의 평등사상

Weinreb는 평등원칙의 일반적 근거로서는 인간의 그의 인성(humanity)에 있어서의 평등이라고 한다. 법 앞의 평등의 원칙을 이성적인 항상성을 갖는 요건으로 보고 있다.

1026) Nozick, Anarchy, State and Utopia, 1974 (강성학역, 『자유주의의 정의론: 아나키, 국가 그리고 유토피아』, 1991; 남경희 옮김, 『아나키에서 유토피아로: 자유주의 국가의 철학적 기초』, 1997).

그는 기회의 평등(equality of opportunity)과 결과의 평등이 있다고 한다.[1027]

(5) Arenson의 평등사상

Arenson은 평등에는 (i) 민주적 시민의 평등과 (ii) 조건의 평등이 있다고 보았다. (i) 민주적 시민의 평등은 모든 시민에게 기본권을 보장하는 것이라고 보았다. 여기에는 민주적 시민으로서의 의무를 다하게 하는 적정한 교육권도 보장되어야 한다고 했다. (ii) 평등주의의 정치적 이념은 민주적 시민권의 평등에서 나아가 빈부의 격차 등 사회적 · 경제적 평등을 말한다고 본다. 이것을 조건의 평등 또는 생활예측의 평등이라고 한다.[1028]

(6) 자유주의적 평등론의 특징

자유주의자(Libertarian)는 자유와 평등의 합일가능성을 이야기하고 있으며, 자기소유권 원리를 긍정하며 이 원리는 자본주의의 이데올로기에 있어 중요한 위치를 차지하고 있다.

이 이론에 의하면 모든 인간은 스스로의 신체와 능력에 대한 완전한 사적 소유의 권리를 도덕적으로 가진다고 한다. 각인은 자기 신체에의 완전한 사적 소유에의 기본적 권한을 가지는 것이며, 따라서 타자의 사적 소유에는 하등의 권한을 가지지 않는다고 한다.

인간에 속하지 않는 생산적 자원이나 능력에 대하여 대조적인 여러 원리와 조합될 수 있다. 그 결과 Libertarianism은 우익과 좌익으로 나누어진다. Nozick을 주장자로 하는 우익 Libertarian은 자기를 소유하는 인간은 동시에 사실상 불등량의 외적 자원에 대한 무제한적인 원초적 권리를 취득할 수 있다고 한다.

좌익 Libertarian은 외적 자원의 최초의 지분에 관해서는 평등주의의 입장을 채택하고 있다. 좌파에는 Henry George, Hillel Steiner, James Grünbaum, Thomas Nagel 등이 있다.[1029]

이들은 자기소유권 명제를 긍정하면서 자기의 신체나 능력에 의한 내적 자산에 대한 사적 소유는 인정하나, 토지, 자본 등의 외적 자산에 대해서는 만인에게 초기 시점에서 평등하게 배분할 것을 주장한다.[1030]

2) 사회민주주의적 평등론: 미국 Liberals

사회민주주의적 평등론을 주장하는 사람은 사회민주주의자라고 할 것이며 미국의 Liberals를 포함하는 개념이다. 사회민주주의자는 혜택이 없는 사람들을 위한 국가 개입

1027) Weinreb, Natural Law and Justice, 1987.
1028) Arenson, R., Equality, A Companion to Contemporary Political Philosophy, 1995, p. 489 ff.
1029) Nagel, T., Libertarianism without Foundations, in J. Paul (ed.), Reading Nozick, 1981.
1030) Vallentyne, P./Steiner H. (eds.), Left Libertarianism and It's Critics: The Contemporary Debate, 2001; Cohen G. A., Self-Ownership, Freedom and Equality, 1995.

을 호소할 때 혜택이 풍부한 사람이 그렇지 않은 사람을 원조할 것을 요구하고 있는
것이며, 따라서 자기소유권 명제를 거부하고 있는 것이다. 그들은 원조하는 여유가 있는
사람들에 의한 원조의무의 정당화를 인정하고 있다.

미국식 Liberal로는 Steiner나 Nagel의 평등론을 들 수 있다. 이들의 이론은 경제적
약자에 대한 국가적 원조를 요청하고 있으며, Marx주의자와 다른 의미에서 복지국가에서
의 평등론이라고 하겠다.

3) 공산주의적 평등론

공산주의자들은 경제적 · 사회적 평등을 강조하며 착취계급의 타파를 통하여 「각인에
게는 그 능력에 따라 일하며 각인에게는 그 수요에 따라 분배」되는 공산 사회가 도달한다고
한다. 그들은 자본가와 노동자의 평등에서 나아가 자본가계급의 타파, 계급 없는 사회가
도래할 것이라고 믿고 있다. 그러나 이러한 주장은 잘못으로 확인되고 있다. 그들이
고사하리라던 국가는 더욱더 강력한 권한을 가지게 되었다. 또 노동자계급이 약자, 피착취
자로 된 것이 아니라 강자로 된 사회에서 공산주의적 분배론은 그 빛을 잃고 있다.

Marx가 「어떤 사람은 육체적 또는 정신적으로 다른 사람보다 월등하기 때문에 같은
시간 내에 보다 많은 노동을 할 수 있고, 또 보다 많은 시간을 일할 수 있다. 이 평등한
권리는 그러므로 불평등한 노동에 대해서는 불평등한 권리이다. 누구나 다른 사람과
같이 노동자이므로 이 권리는 하등의 계급차별을 인정하지 않는다. 그러나 이것은 불평등
한 개인적 천분과 따라서 또 불평등한 결과 능력을 타고난 특권으로서 암묵적으로 승인하
고 있다」고 한다. 공산주의자가 일하지 않으면 먹지 말라고 했는데 노동하지 못하는
사람의 불평등을 어떻게 해결할 것인지 문제된다.

2. 현실로서의 자유와 평등

1) 자유우선론의 실천

자유우선주의자들은 평등보다는 자유를 우선시하였고 심지어는 평등을 자유주의에
대한 적대가치로까지 인정하였다.[1031]

자유주의우선론자는 평등을 형식적 · 정치적 평등으로 인정하여 형식적 · 정치적 평등
에 있어서는 절대적 평등을 주장하였다. 1인1표제에 의해서 선출된 대의원들이 일반
대중보다는 우월하다고 보아 국민주권주의 · 국민대표주의에 따라 통치하고 대중주의 ·

1031) 라이프홀츠는 자유는 자연적으로 불평등을 가져오고 평등은 부자유를 가져온다고 한다. Leibholz,
G., Strukturwandel der modernen Demokratie, S. 88 ff.

인기주의를 배격하였다. 또 인간의 능력의 차를 인정하고 능력을 최고도로 발휘시킬 수 있는 엘리트교육·천재교육을 주장하였고 부모나 학부모의 교육자유, 학교선택권의 자유를 주장하였다.

경제적 평등에 관해서는 형식적 평등을 주장하여 자질의 불평등과 소유권의 불평등권은 자연적인 것으로 보고 거기에서 오는 불평등을 인정하려고 하였다.

자유에 대한 평등우월주의를 배격하기 위하여 자유방임을 주장하였고, 평등을 실현하기 위한 정부의 규제와 간섭을 배격하였다. 경제적 약자에 대한 구제는 개인의 자유에 맡기며 사회보장 재정의 지나친 확대를 거부하였다.

그 결과 사회계급이 발생하였고 계급 간의 불평등은 사회적 불안을 조장하였다.

2) 평등우선론의 실천

평등우선론자들은 자유에 대한 평등의 우월을 강조하면서 평등을 위해서는 자유를 규제해야 한다고 했다. 이들은 형식적 평등보다는 실질적 평등을 강조한다.

평등우선론자들은 정치적으로는 모든 개인의 선거권과 정치참여권의 평등을 주장하면서 엘리트민주주의인 의회주의를 부정하고 인민주권주의적인 인민투표제를 강조하고 있다. 개인에게 국회의원소환권을 부여하고 주민대표를 무시하고 직접민주주의를 요구하고 있다. 또 유산계급과 무산계급의 대립은 소유권의 상속 때문이라고 생각하여 상속권을 부인하게 되며, 유산계급을 타도하기 위하여 생산수단의 사유를 금지하고 있다. 또 임금의 격차를 부정하고 동일노동에 대한 동일임금을 요청하고 있다.

개인의 능력의 차이를 무시하고 평준화교육을 강조하고 있다. 이로써 능력에 따른 교육이라는 헌법이념이 무시되고 있다.

노동자계급의 다른 계급에 대한 독재를 위하여 단일 노·농정당을 만들어 타계급을 말살하기 위한 정책을 편다.

그런데 이들 급진적인 평등주의자가 만든 공산주의사회는 빈곤과 기아의 평등을 가져와 결국 몰락하고 말았다.

3. 자유와 평등의 공존

1) 사회적 법치국가

현대에 와서는 자유우선주의나 평등우선주의의 폐해를 방지하기 위하여 자유와 평등의 공존을 위한 이론이 등장하고, 사회적 복지국가론이 등장하고 있다.[1032]

1032) 독일에서의 사회적 법치국가와 평등권의 관계에 대해서는 Ipsen, Gleichheit, in Handbuch der

이러한 주장은 Fichte나 Anton Menger 등에 의하여 주장되었으며, 현대의 사회적 법치국가이론으로 발전하였다. 오늘날 각국 헌법은 평등한 자유를 보장하고 있다.

Bonn 기본법은 자유와 평등의 공존을 규정하고 있다고 본다.[1033] 독일 국가는 자유민주국가인 동시에 평등민주국가여야 한다. 자유주의에만 근거한 민주주의도 있을 수 없고 평등에만 근거한 민주국가도 존재할 수 없는 것이다. 현대 국가에 와서야 자유와 평등은 결합되게 되었다. 그러나 이것이 자연적이고 조화적인 상태는 아니며, 이 긴장관계는 해결되어야 할 과제이다. 오늘날의 민주국가는 권력이 분립되고 기회의 평등과 사회보장이 지배하는 나라를 건설할 의무를 지고 있다. 교육기회의 균등은 인격의 자유로운 발현을 보장하고, 주거취득에 대한 사회적 보호는 인간의 존엄에 적합한 주거의 자유를 보장한다. 오늘날 평등을 보장하기 위해서는 기회균등을 현실화해야 하고, 사회보장을 확보해 주어야 한다.[1034]

그러나 오늘날 평등의 급진화 과정에서 완전한 부자유가 초래되어서는 안 되겠다.

2) 평등의 과격주장으로 인한 자유의 말살

Laufer는 평등의 급진화와 과격화는 (i) 평등의 과다요구와 사회권 보장의 과다요구, (ii) 정치적 궁극 목적으로서의 평등선언, (iii) 모든 생활영역에 있어서의 평등적 민주정치의 절대화의 경향을 띠고 있으며, 이에 따라 자유민주주의의 위협이 되고 있다고 한다.[1035] (i)의 위험은 공산주의사고에 따른 계급의 갈등조장과 분배를 중시하는 정책에 근거하고 있다. 그 결과는 창의의 감퇴, 개인적 책임의 후퇴, 인격영역의 절단을 가져오며 경기후퇴와 생산성감소를 가져와 국가경쟁력을 약화시킨다. (ii)의 위험은 재산제도나 소유권제도, 경제제도의 변경으로 사실적·구체적 기회균등이 온다는 사고이다. 그러한 평등화과정에서의 과다한 평등에서 과잉자유가 나오는 것이 아니라 개체성 대신에 집체성, 자유 대신에 부자유가, 자기결정 대신에 외부결정이 나타난다. (iii)의 위험은 민주주의 원칙에 근거한 평등원칙이 정치적 원칙으로 국가와 공공의 영역에 제한되는 것이 아니고 모든 인간의 개인적·사회적 존재의 일반원리로 보려는 데서 나온다. 이렇게 되면 모든 것이 정치화되어 그것이 학교에서나 노동장에서나 병원이나 모든 결사에 적용되어 자유와 함께 평등까지 말살하게 되며 사회기능이 마비될 것이라 걱정하고 있다.

3) 결언

    Grundrechte, Bd. Ⅱ, 1954, S. 173 ff.

1033) Kriele, M., Freiheit und Gleichheit, in Benda/Maihofer/Vogel (Hrsg.), Handbuch des Verfassungsrechts, Bd. 1, S. 134.

1034) Laufer, H., Freiheit und Gleichheit, in Menschenwürde und freiheitliche Rechtsordnung, S. 337 ff.

1035) Laufer, a. a. O., S. 349-356.

Laufer의 이런 주장은 우리나라에도 적용될 수 있다. 수월성을 추구해야 할 대학이나 중·고교가 지나친 평등주의 때문에 평준화되어 학교가 노동조합의 지배 하에 있을 때 교육의 기능은 붕괴된다. 사회봉사적인 병원이나 사회보장시설에서조차 집단적인 평등주의가 지배할 때 의사의 의료행위의 자유나 환자의 자유선택권은 침해되고 만다. 경제에서도 기업가, 노조원, 비노조원, 비정규직 간의 동일노동에 대한 동일임금을 주장하고 노동귀족에 의해 정치적 파업이 단행되는 경우, 경제성장은 고사하고 실업자의 양산을 막을 수 없다. 세계화시대에 있어 국가의 경쟁능력과 개인과 기업의 자유와 창의는 보장되어야 한다.[1036] 군대나 경찰, 공무원 등의 절대적 평등주장은 공직의 능률성을 떨어뜨릴 것이다.

대한민국헌법은 평등과 함께 자유를 보장하고 있다. 헌법 제119조의 경제조항이나 헌법의 평등조항에서 평등과 자유의 조화를 규정하고 있다.[1037]

참여민주정치란 미명 하에 시민단체나 인터넷 매체가 국정을 좌우하는 것은 다수의 횡포는 될 수 있으나, 평등과 자유를 이념으로 하는 민주정치와는 합치될 수 없다. 급진적 평등주의를 주장했던 공산주의국가가 자유를 희생하고 얻은 것은 빈곤의 평등밖에 없었다. 공산 중국에서조차 평등주의가 배제되고 교육의 경쟁력, 경제의 경쟁력이 강조되고 있다.

대한민국은 헌법이 지향하는 사회적 법치국가의 원리에 따라 평등과 자유가 조화되고 인간의 존엄이 최대한으로 보장되도록 입법, 행정, 사법을 해야만 할 것이다.[1038][1039]

1036) 우리나라 헌법 제119조는 경제적 자유와 평등의 조화를 잘 규정하고 있다.

1037) 우리나라의 사회적 법치국가, 경제제도에 대해서는 김철수, 『헌법학개론』, 224-242면 참조.

1038) 상세한 것은 김철수, 『입헌주의의 지배를 위하여』, 2003; 김철수 공저, 『행정의 법규범과 현실』, 2004 참조.

1039) 평등원칙에서 Status Socialis를 끌어내는 견해로는 Ermacora, Handbuch der Grundfreiheiten und der Menschenrechte, 1963, S. 62가 있다.

제6장 자유권적 기본권

제1절 자유권의 법적 성격과 체계

1. 자유사상의 역사적 전개

근대적인 의미에서의 자유는 인간이 인간임으로서 가지는 권리로 파악함으로써 성립하였다. 근대적 자유의 관념의 성립 정착에는 르네상스, 종교개혁 등이 중요한 역할을 하였다.[1040]

1) Hobbes

영국의 사상가 홉스는 자유를 둘로 나누어 첫째로는, 행동에 있어서의 물리적 · 외적 장해가 존재하지 않는 것을 말하는데, 이는 자연상태에 있어서의 물리적 · 기계적 자유를 말한다. 둘째로는, 명령으로서의 법과의 관계에서 말하여지는 규범적 내지는 인위적인 의미에서의 자유이며 그것은 법적 금지의 결여 속에서 사람이 원하는 대로 사는 것을 말한다. 홉스는 인간에 자연권(natural rights)을 인정하고 있었다.[1041]

2) Locke

1040) 자유사상에 대하여 언급한 학자는 많으나 여기서는 그 중요한 몇 사람에 한하여 간단히 살펴보기로 한다. 상세한 것은 다음 책들을 참조.
Kirk, R.; The Conservative Mind, 1995; Strauss, Natural Rights and History, 1953(홍원표 옮김, 『자연권과 역사』, 2001); Strauss (ed.), History of Political Philosophy, 1963, 2nd ed. 1973; Schwartz, B., The Great Rights of Mankind-A History of the American Bill of Rights, 1977; Morange, G., Libertés publiques, 1985; Oestreich, G., Die Idee der Menschenrechte in ihrer geschichtlichen Entwicklung, 1963; Oestreich, G., Die Geschichte der Menschenrechte und Grundfreiheiten im Umriss, 2. Aufl., 1977; Oestreich, Die Entwicklung der Menschenrechte und Grundfreiheiten, Die Grundrechte, Bd. 1. S. 1-124.
高柳信一, 近代國家における基本的人權, 『基本的人權 I, 歷史』, 『基本的 人權 II, III』; 種谷春洋, 『近代自然法學と權利宣言の成立』, 1980.
1041) Hobbes, Leviathan, 1651, Chap. 12. Art. 1.

Locke는 자유를 「자연법의 범위 내에서 자기의 행동을 규율하고 자기가 적당하다고 생각하는 대로 자기의 소유물과 신체를 처리하는 것」이라고 하였다. John Locke는 『시민정부 이론』(Two Treatises of Civil Government)에서 Hobbes의 자유론을 비판하고 있다.1042) Locke는 자유라는 용어를 둘로 나누어 생각하고 있다. 첫째로는 자연법의 범위 내에서 자기의 행동을 규율하고 자기가 적당하다고 생각하는 대로 자기의 소유물과 신체를 처리하는 상태를 말한다고 한다. 둘째로는 특정한 행동을 행하는 것을 억제할 것인가 않을 것인가를 선택하여 그 행위를 행하거나 억제하려고 하는 능력이라고 보고 있다.

Locke는 자유를 자연적 자유와 정치적 자유의 둘로 나누어 설명하고 있다. 「인간이 생래 가지고 있는 자유란 지상의 어떠한 우월한 권력으로부터의 자유라고 하는 것이며, 인간의 의지나 입법권에 종속함이 없이 규범으로서의 자연법만을 가지고 있다」는 것을 말한다. 사회에 있어서의 인간의 자유란 사람들의 동의에 의하여 국가 내에 확립된 입법권 이외의 어떠한 권력에도 종속하지 않는다는 뜻이다. 또 입법부도 스스로에 신탁된 것 이외는 제정할 수 없으며 신탁을 초과한 입법에는 구속되지 않는다고 하였다.

3) Rousseau

J. J. Rousseau는 자연상태에서의 인간은 자기 존재 이외에는 관심을 가지지 않았기 때문에 자기의 생존과 생계를 타인에 의존하지 않는다는 의미에서는 완전히 자유였다고 한다. 그러나 사회계약의 체결에 의하여 이 자유를 상실하나 인간은 공동생활에서 인격적 자유나 도덕적 자유를 누리게 된다고 한다. 그는 인간이 공동생활에 참가하는 것에 의하여 자기의 자연적 충동을 억제하고 질서지우며 다른 의미에서 자유로 된다고 하였다. 이 단계에서 인간은 단순한 욕구의 노예로 되지 않고 자기의 이념과 양심이 수립한 원리에 따라서 자유로이 행동할 수 있다고 하였다. 다시 말하면 ① 자유로운 개인이란 스스로를 지배하는 개인이다. ② 민주적 국가란 개인이 지배함과 함께 지배되는 국가이다. ③ 따라서 민주국가이면 개인도 자유롭다고 하였다.1043)

4) Kant

I. Kant는 Rousseau의 사회계약론에서 전개된 시민적 자유를 완결하고 있다. Kant는 개인의 도덕적 자율론에 따라 자유권을 설명하고 있다. 그는 생래의 권리와 취득한 권리로 나누고 있다. 생래적인 권리는 어떠한 법적 행위에서 독립된 자연적으로 각자에게

1042) Locke, Two Treatises on Government, 1690, p. 87.
1043) Rousseau, Contrat social, 1762, tom I, II.

귀속되는 권리라고 하고 있다. 그는 자유는 인간이기 때문에 모든 인간에게 귀속하며 자유는 다른 강요하는 자의에서 독립적이라고 하였다. 이러한 자유에는 평등과 명예, 표현의 자유도 포함되는 것이라고 보았다. 그는 시민적 법질서의 구성요소로서 취득한 권리의 중요성도 강조하고 있다.[1044] Kant는「법은 외부적 행위를 규율할 뿐이고 내부적 행동 동기는 규율하지 않는다. 법의 목적은 모든 개인의 외부적 자유를 보호함에 있다」고 하고 있다. Kant는 일반적 자유개념과 특수적 자유개념을 구분하고 있다. Kant는 자유주의국가는 이념적으로는 자유주의적 법률과 동일하다고 하였다.

5) Mill

J. S. Mill은 의지의 자유와 행위의 자유를 나누고 행위의 자유를 강조하고 있다. 그는 사회가 개인에 대하여 행사하여도 되는 권력의 성질과 한계를 다루는 시민적 내지 사회적 자유를 중시하고 있다.「인류가 개인적으로 또는 집단적으로 누군가의 행동의 자유에 정당히 간섭할 수 있는 유일한 목적은 타인에 대한 위해의 방지이다. 행동의 자유에의 강제 · 억제가 정당화될 수 있기 위해서는 어떤 개인의 행동 중에서 사회에 따르지 아니하면 안 될 부분은 타인에 관계하는 부분만이다. 자기 자신에게만 관계하는 행위에 있어서는 그의 독립은 당연하며 절대적이다. 그 자신의 신체와 정신에 대해서는 개인은 주권자이다」고 하고 있다.[1045]

6) Hayek

Hayek는 자유(liberty)와 개별적인 제자유(liberties)에 대해서 다음과 같이 말하고 있다.「역사적으로 자유에의 길을 통하여 특정한 개별적인 자유가 달성되어 왔다. 자유는 특정한 일을 해서는 안 된다는 것과 양립하나 사람이 할 수 있는 것의 대부분에 있어서 허가를 필요로 하는 경우에는 자유는 존재하지 않는다.[1046] 자유와 비자유의 차이는 일반적 규칙에 의하여 금지되어 있지 아니한 한 모두 허가되어 있는 상태와 명백히 허가되지 않는 한 모두 금지되어 있는 상태와의 차이와 같다고 한다.

7) Hohfeld

미국의 Hohfeld는 권리를 자유(liberty), 청구권(claim), 권능(power), 면제(immunities)로 나누고, 자유(liberty)와 시민적 자유(civil liberties)로 구분하고 있다.

1044) Kant, Metaphysik der Sitten, Einleitung in Rechtslehre.
1045) J. S. Mill, On Liberty in Utilitarianism, Liberty and Representative Government, 1951.
1046) Hayek, Law, Legislation and Liberty, 1973.

2. 자유권을 보장하는 헌법규정

1) 자연권적 규정

인권의 역사는 자유 신장의 역사라고도 할 수 있다.[1047] 그러나 이러한 자유가 권리로서 인정된 것은 미국의 버지니아 인권선언부터라고 하겠다. 「모든 사람은 본성적으로 자유롭고 독립적이다. 모든 사람은 생래의 특정한 권리를 가진다. 이 권리는 사회상태에 들어갈 때 협약에 의하여서도 그 자손으로부터 박탈할 수 없다. 이러한 권리는 재산을 취득하고 소유하는 수단에 의하여 생과 자유를 즐기며 행복과 안전을 추구하고 획득하는 것이다」고 하고 있다. 매사추세츠 권리선언도 제10조에서 「사회의 각 개인은 현행법에 의하여 그 생명, 자유 및 재산의 향유를 사회에 의하여 보호받을 권리를 가진다」고 선언하였다.[1048]

이러한 생명 · 자유 · 재산의 향유나 행복추구권에 관한 선언은 Locke의 영향이라고도 하겠다. 그는 사람이 사회생활에 들어가는 것은 「그들의 소유권의 향수를 확보하고, 또 공동체에 속하지 않는 자에 의한 침해에 대하여 보다 강한 안전보장을 확립하고 그들에게 안전, 안락한 평화적인 생활을 서로 얻을 수 있게 하기 위한 것이다」고 하였다.

그런데 Locke가 말한 생명 · 자유 · 재산(Life, Liberty and Property)이 미국 독립선언에서 생명 · 자유 · 행복추구로 변한 것은 Jefferson의 영향이 컸다고 한다.

미국 독립선언이나 각주의 인권선언에 영향을 받은 프랑스는 인권선언 제1조에서 「인간은 권리에 있어서 자유롭고 평등하게 태어나 생존한다. 사회적 차별은 공동의 이익을 근거로 해서만 가능하다」고 하고, 제2조는 「모든 정치적 결사의 목적은 인간의 자연적이고 소멸될 수 없는 권리를 보전함에 있다. 그 권리는 자유 · 재산 · 안전 그리고 압제에 대한 저항이다」고 하고 있다.[1049]

이와 같이 미국 제주 인권선언과 프랑스 인권선언은 국가 목적이 생명 · 자유 · 행복추구의 보장에 있다고 한 점에서 일맥상통한다. 이 중에서 자유에 관하여 프랑스 인권선언은 제4조에서 「자유는 타인을 해치지 않는 모든 것을 할 수 있는 데에 있다. 그러므로 각자의 자연권의 행사는 사회의 다른 구성원에게 같은 권리의 향유를 보장하는 이외의 제약을 받지 아니한다. 그 제약은 법률로써만 규정될 수 있다」고 하고 있다.

1047) 인권선언의 역사에 대해서는 많은 서적이 있으나 다음 것을 우선 들 수 있다. Die Grundrechte, Handbuch der Theorie und Praxis der Grundrechte, Bd. I/1, I/2; 김효전역, 『인권선언논쟁』, 1991; 宮沢俊義, 『憲法 Ⅱ』, 法律學全集; 東京大學編, 『基本の人權』 제2권, 제3권; 김철수, 일반적 행동자유권에 관한 연구, 『학술원논문집』(인문 · 사회과학편) 제38집, 79면 이하; 김철수, 『비교헌법론 (상)』, 371면 이하 참조.
1048) B. Schwartz, The Great Rights of Mankind, A History of the American Bill of Rights, 1977.
1049) 프랑스 인권선언에 관하여는 Samwer, S. J., Die französische Erklärung der Menschen- und Bürgerrechte von 1789/91, 1970; Morange, J., Libertés publiques, 1985 등 참조.

2) 실정권적 자유권보장규정

물론 프랑스 인권선언이나 미국의 독립선언 이전에도 이미 자유권은 영국의 대헌장 (Magna Carta, 1215), 권리청원(Petition of Right, 1628)에 규정되고 있었으나, 이들 자유권 은 천부인권사상에 기초를 둔 것이 아니고 왕에 대하여 전취한 자유일 뿐이었다.

이에 대하여 미국의 독립선언이나 프랑스 인권선언에서는 자유권은 생래적인 것이며, 불가침 · 불가양의 영구의 권리로서 헌법제정권력자까지도 구속한다고 생각하고 있었다. 이러한 인권사상의 근거를 이루는 것은 개인주의 · 자유주의였다.

프랑스 혁명 이후의 유럽 국가들의 헌법에서도 기본권이 보장되었으나 기본권이 전국 가적인 자유권이라고 하는 생각이 점차 수정되어 국가에 의하여 부여되어지는 권리, 실정헌법에 의하여 보장된 권리라는 견해가 강력해졌다.

법실증주의 시대의 헌법은 개별적 자유권의 보장을 중시하고 있다. 1795년 프랑스의 왕정복고 후 헌법은 인간의 자유보장에 대한 약화를 가져왔다. 여기서는 기본권의 수가 줄어들었으며 권리와 의무가 대비되어 있었다. 1799년의 보나파르트 헌법에서는 아예 기본권규정이 없어졌다. 1814년 부르봉 헌장에서는 프랑스인의 권리로서 인신의 자유의 보장, 종교의 자유, 표현의 자유 등 개별적인 자유만이 보장되었다. 1815년 4월 22일의 법률에서도 1799년 헌법의 기본권 규정에 약간의 추가를 함에 그쳤다.

1848년의 독일의 인권선언은 59조에 달하는 인권조항을 두고 있었으나 포괄적인 자유권에 관해서는 규정하지 않았다. 이것은 1850년의 프로이센 헌법에서도 계승되었다. 1867년의 오스트리아 헌법전도 개별적인 기본권을 규정하였고 많은 헌법들이 이 조항을 따랐다. 그러나 1871년의 독일 제국 헌법이나 1875년의 프랑스 헌법에서는 기본권에 관한 규정을 아예 두지 않았다.

1919년의 바이마르 헌법에 와서 많은 기본권규정을 두었으나, 이것은 개별적 기본권 규정으로서 자유권의 포괄성에 관해서는 규정하지 않았다. 바이마르 헌법학계에서는 자유와 자유권을 구분하여 자유는 천부적이나 자유권은 국가에 대한 것으로 국가내적 기본권으로 주장되었다.[1050]

3) 제2차 대전 후의 자유권보장 규정

법실증주의적 기본권 규정이 국민의 자유권을 많이 제한하였기 때문에 제2차 세계대전 후의 헌법은 기본권을 자연권으로 규정하기 시작하였다.

일본에 있어서는 1946년 헌법에서 「국민은 모든 기본적 인권의 향유를 방해받지 아니한다. 이 헌법이 국민에게 보장하는 기본적 인권은 침해할 수 없는 영구의 권리로서

1050) Jung, E., Die Entwicklung der Grundrechte seit 1789; Diss. jur. Göttingen 1950; Oestreich, a. a. O. 등 참조.

현재 및 장래의 국민에 부여된다」고 하고(제11조), 「모든 국민은 개인으로서 존중된다. 생명 · 자유 및 행복추구에 대한 국민의 권리에 대해서는 공공의 복지에 반하지 않는 한 입법 기타의 국정상에서 최대의 존중을 필요로 한다」(제13조)고 규정하고 있다.[1051]

1946년의 독일 Hessen 헌법 제2조 1항, 1947년의 독일 Rheinland-Pfalz 헌법 제1조 1항 등이 인격의 자유발현권에 관하여 규정하고 있으며, 1949년의 독일 기본법 제2조 1항에서도 인격의 자유발현권에 관해서 규정하고 있다.

독일 기본법 제2조 1항은 다음과 같다. 「모든 사람은 다른 사람의 권리를 침해하지 않고 적헌법적 질서나 도덕률에 저촉되지 않는 한에서, 자기 인격의 자유로운 발현에 관한 권리를 가진다」. 이 규정은 일반적 행동자유권의 규정으로 인정되고 있다.[1052]

우리 헌법은 1948년 이후 개별적 기본권을 규정하고 있었으나 헌법 제28조 1항에서 「국민의 모든 자유와 권리는 헌법에 열거되지 아니한 이유로 경시되지 아니한다」고 규정하였다. 1980년 헌법에서는 행복추구권을 추가하였다. 「모든 국민은 인간으로서의 존엄과 가치를 가지며 행복을 추구할 권리를 가진다. 국가는 개인이 가지는 불가침의 기본적 인권을 확인하고 이를 보장할 의무를 진다」고 규정하고, 제헌헌법 제28조 1항의 규정을 그대로 존속시켰다(제35조 1항). 1988년의 현행 헌법도 이 두 조문을 개정하지 않았다. 이 규정에 대해서도 자유권의 보장이라는 점에서는 학설의 대립이 없었다.[1053]

3. 자유권의 법적 성격에 관한 논의

1) 실정권적 기본권 이해

(1) 프랑스

프랑스에 있어서는 1789년의 인권선언은 자연권으로서 자유권을 보장하고 있었다. 그러나 19세기에 들어와서는 실정법에 의하여 보장된 인권으로서의 「공적 자유」 (libertés publiques)를 이야기하게 되었다. 이는 왕정복고기의 전통주의자들의 견해였다. Laferrière는 공적 자유라는 용어에서 「실정법에 의하여 구체적으로 보장된 자유」를 생각하고 있었다. 물론 그는 구체적으로 보장된 자유 이외에도 그 기초로 추상적 자유도 고찰하고 있다.[1054]

19세기 말 제3공화제 하에 있어서는 인권에 관한 헌법규정이 없었기 때문에 「법률에

1051) 芦部信喜, 『憲法學 II 人權總論』, 40면 이하.
1052) 상세한 것은 김철수, 전게 논문, 85면 이하 참조.
　　　 Böckenförde, E.-W., Zur Lage der Grundrechtsdogmatik nach 40 Jahren Grundgesetz, Themen Heft 47, 1990 (김효전 옮김, 기본권제정 40주년에 따른 기본권해석의 상태, 『동아법학』 제21호(1996), 218면 이하 및 김효전 · 정태호 옮김, 『헌법과 민주주의』, 2003, 120-179면 재수록).
1053) 상세한 것은 김철수, 전게 논문, 89면 이하 참조.
1054) Laferrière, Louis-Firmin, Cours de droit public et administratif, 5ᵉ ed., 1860.

의해서 규정된 자유」(libertés définies par la loi)와 「법률에 의하여 규정되어 있지 않는 자유」(libertés non définies par la loi)의 구별이 중시되었다. 법률에 의하여 규정된 자유의 규제는 원칙으로서는 법률이 정하는 바에 의한다. 명령에 의하여서는 이를 제한할 수 없다. 그러나 법률이 정하는 바에 따라 법률에 반하지 않는 범위 내에서 경찰명령에 의한 인권규제를 생각하고 있었다. 법률이 자유의 행사에 대하여 규정하고 있지 않는 경우, 그것은 「무명의 자유」(libertés innommés)라고 불리며 단순한 허용(simple tolérances)에 불과하다고 하였다. 법률에 규정이 없는 것은 금지를 의미하지 않는다. 금지되어 있지 않은 것은 자유로이 행할 수 있다.

그러나 이러한 자유는 행정권의 명령에 의하여 규제·금지할 수 있다고 하였다. 이와 같이 법률에 의하여 규정되어 있지 않은 자유는 특별한 법률의 제약 없이 경찰의 규제를 받는다고 생각하였다.

제3공화정 시대는 자유를 보장하는 중요한 입법이 행해져 「공적 자유의 황금시대」 (l'âge d'or des libertés publiques)라고도 말하여졌으나, 법률에 의하여 행정권을 구속하려는 법치주의의 원리에서 보아서는 자유는 많이 제한되었다.

(2) 독일

18세기 독일에서는 자유는 법률에 의하여 제한된 시민적·정치적 자유로 인정되었다. 자유권은 자연권적 자유권이 아니라고 하였다. 이 전통이 계속되어 19세기 독일에 있어서도 실정권보장 개념이 중심을 이루었다.[1055]

Gerber는 「자유는 권리가 아니다」고 보고 있으며, 자유권은 객관적이며 국가에 대한 금지이고 권리는 아니므로 개인에 대한 보장은 아니라고 하였다. 그는 자유권을 법의 반사적 이익이라고 하고 있다. 공민권에 대하여 「이 권리는 언제나 국가권력 부정 및 그 한계 내에서의 국가권력의 퇴각명령에 불과하다. 그것은 국민에서 볼 때에는 군주권의 제한에 불과하다. 그러므로 법률적 견해는 다만 이 소극성이 국가권력의 소극적 규정으로 전화된다고 할 수 있다. 그것은 국가권력의 행사에 관한 객관적이고 추상적 규정이다」고 하고 있다.[1056]

Laband는 「자유권 또는 기본권은 그들 자체가 설정하는 국가권력에 대한 규범이며 관공서의 권한에 대한 제한을 형성하고 개인에게는 일정한 범위에 있어서의 자연적 행동의 자유(natürliche Handlungsfreiheit)를 보장하나, 국민의 주관적 권리를 기초지우는 것은 아니다. 그것은 권리가 아니다. 왜냐하면 어떠한 객체도 가지지 않기 때문이다」고 하여 자유권은 법적 의미를 가지지 않는 「자연적 행동의 자유」, 즉 사실상의 자유로만 인정하였다.[1057]

Kelsen은 권리를 주관적 의무와 마찬가지로 객관적 법에 의하여 제정된 것(statuiert)으

1055) 상세한 것은 Bühler, O., Die subjektiven öffentlichen Rechte, 1919 참조.
1056) Gerber, C. F., Über öffentliche Rechte, 1852.
1057) Laband, P., Das Staatsrecht des Deutschen Reichs, 1876.

로 보고 있다.1058) Merkl은 권력지배자(국가)가 신민에 대해서 의무를 지는 것, 즉 신민이 권리를 가지기 위하여서는 공권의 성립과 존속을 「실정법」에 의존하게 된다고 하고 있다.1059)

『공권의 체계론』을 써서 유명한 G. Jellinek는 국민의 지위를 4개의 지위로 나누고 자유권을 소극적 지위에서 인정되는 것이라고 한다. Jellinek는 개인의 일정 영역에는 국가가 간섭할 수 없으며 이 개인의 자유의 영역이 국가권력의 한계라고 보고 있다. 그는 자유를 침해하는 모든 국가행위의 부정을 구하는 청구권이 자유권이라고 보고 있다. 바꿔 말하면 자유권이란 국가에의 부작위청구권이며 소극적 기능을 하는 것으로 보았다. 그는 기본권의 목적은 종래까지 있었던 제한의 부정이라고 보았다. 그리하여 소극적 지위에서 파생하는 「국가에서의 자유는 그 자체가 공권을 구성하는 것이 아니며 국가에 대한 요구, 즉 적극적 지위에서 파생하는 재판보호청구권과 결합하여야만 비로소 참다운 공권으로서 성격을 가진다. 바꿔 말하면 청구권의 존재에 의하여 그 소극적 지위는 법의 단순한 반사적 효과와 구분된다」고 했다.1060)

Bühler는 공권의 보호규범설의 기초를 제공하였다. Bühler는 자유권=기본권을 일반적으로 국가에 대한 부작위청구권(Unterlassungsrechte)으로 인정하고 있다. 그는 침해의 금지를 국가에 대하여 구할 수 있는 청구권은 개인의 영역에의 국가의 간섭의 우려가 있는 경우에 인정된다고 한다. 그는 자유권을 행정법 이론으로서는 행정의 법치주의의 원칙이라고 보고 있다. 기본권에 관한 실정법의 「법률의 유보」 규정을 근거로 이 부작위청구권을 법치주의의 문제로 치환하여 이것이 타당하는 행정영역과 그렇지 않은 영역(법률의 수권 없이도 제한될 수 있는)으로 준별하고 있다.1061)

Bachof는 Bühler의 보호규범설(Schutznormtheorie)을 2차 대전 후에도 발전시키고 있다.1062) Zuleeg는 소극적 지위에 있어서의 개인의 방어권(Abwehrrecht)은 「일반적 행동의 자유에 그치는 것이 아니고 우리들 기본법질서 하에서는 적헌법적 질서에 기초되어진 부담을 받지 않는 청구권을 포함한다」는 연방헌법재판소의 결정에 따라, 소극적 지위에 있어서의 개인의 지위는 기본권에서 직접 도출된다고 보고 일반 법률의 보호목적의 탐구는 불필요하게 된다고 한다.1063)

2) 자유주의적 자유권의 이해

자유권은 천부인권으로서 전국가적인 것으로 파악되었다. 법실증주의가 지배했던

1058) Kelsen, H., Hauptprobleme der Staatsrechtslehre, 2. Aufl., 1923.
1059) Merkl, A., Allgemeines Verwaltungsrecht, 1927.
1060) Jellinek, G., System der subjektiven öffentlichen Rechte, 1892.
1061) Bühler, H., Geschichtliche Grundlagen der Lehre von subjektiven öffentlichen Recht, 1886.
1062) Bachof, O., Reflexwirkungen und subjektive Rechte im öffentlichen Recht, W. Jellinek Gedächt-nisschrift, 1955.
1063) Zuleeg, M., Hat das subjektive öffentliche Recht······DVBl, 1976, S. 515 f.

1928년에 Carl Schmitt는 자유권의 전국가성을 다음과 같이 기술하고 있다.
「시민적 자유의 기본이념에서 두 가지 결론이 나오는데 이는 현대 헌법의 법치국가적
구성요소의 두 원칙이다. 첫째로는 분배원칙이다. 개인의 자유영역은 국가 이전에 존재하
는 것으로 전제되고 있다. 개인의 자유는 원칙적으로 제한되지 않는 반면 이 자유의
영역에 개입하는 국가의 권력은 원칙적으로 제한되고 있다. 둘째로는 이 분배원칙의
집행을 위한 조직원칙이다. 이는 원칙적으로 제한된 권력은 일정한 권한을 포괄하는
체계로 분할되어야 한다. 「자유권은 어떠한 법률에 의해서 부여되는 것도 아니며 법률의
척도나 법률의 한계에서가 아니라 원칙적으로 통제되지 않는 개인적 자유의 영역이
다」[1064]고 한다.

제2차 대전 후 서독 기본법의 해석에 있어서도 자유권은 전국가적이며 자유로운 행동의
권리로서 인정되었다. Roman Schnur는 자유권은 국가에 의해서 구성되는 것이 아니고
국가의 법규범에 의하여 보장될 뿐이라고 하였다. 여기서의 자유는 개인이 자기 마음대로
방해 없이 행동할 수 있으며, 국가는 원칙적으로 이 자유의 영역에 침입할 수 없는
것으로 인정하였다.[1065] 그러나 그는 절대적 자유권을 인정하지는 않았다.

Jürgen Schwabe는 방어권의 보호법익으로서의 자유는 결정되어지지 않는 자유로
인정되어야 한다. 자유의 내용은 행동의 자유를 말하는 것이라고 하면서 자유권의 전국가
성을 인정하고 있다.[1066] Schwabe는 자유권을 기본권적으로 보호된 영역을 침해해서는
안 될 한 묶음의 청구권으로서의 주관적 · 부정적 기본권으로 보고 있다.

Bernhard Schlink는 자유를 침해배제청구권으로 보며 이를 고전적 기본권의 기능이라
고 파악하고 있다. 그는 기본권의 객관법적 이론에 반대하며 또 기본권의 가치질서로서의
이념도 부인하고 있다. 이 밖에도 많은 학자들이 자유권적 기본권의 고전적 · 방어권적
기능을 강조하고 있다.[1067]

Dürig나 Scholz도 자유주의적 자유론을 주장하고 있다. Scholz에 의하면 기본권적
보장으로서의 자유는 항상 개별적이며 개인적 자유를 뜻한다. 자유권은 원칙적으로
모든 생활영역에서 개인에게 자유로운 자기발현권을 보장한다고 한다.[1068] 자기결정의
능력과 가능성은 개인에게 생래적이다. 그러므로 자유는 국가 이전의 것이며 자연적인
것이다. 기본권적 자유는 기회의 자유이다고 한다.

3) 제도적 합법률적 자유권 개념

자유주의적 기본권관에 대해서는 Peter Häberle,[1069] Dieter Suhr,[1070] Eberhard

1064) 이상은 Schmitt, C., Verfassungslehre, 1928, S. 126 ff.
1065) Schnur, R., Besprechung Häberle, DVBl, 1965, S. 4895.
1066) Schwabe, J., Probleme der Grundrechtsdogmatik, 1977, S. 1, S. 72 f.
1067) 예를 들면 Schlink, Lübbe, Wolff, Sachs 등이 있다.
1068) Scholz, Koalitionsfreiheit als Verfassungsproblem, 1971, S. 71.
1069) Häberle, P., Wesensgehaltgarantie, a. a. O.

Grabitz[1071]와 Karl Albrecht Schachtschneider[1072] 등이 비판하고 있다.

Peter Häberle는 자유권을 제도적으로 한정된 자유로 인정하고 있다. 기본권적 자유도 사회적 성격을 가져야 한다. 왜냐하면 권리의 본질적 요소는 사회적 기능을 가지기 때문에 사회적 이익의 관점에서도 고찰되어야 한다. 자유의 개념도 그것이 법적 개념이 되기 위해서는 법의 사회적 기능을 함께 고려해야 한다고 하면서, Häberle는 개인의 무제한적인 자유의 영역의 개념을 부정한다. 그는 개인적이고 주관적 공권으로서의 소극적 자유는 자유의 객관적인 측면을 간과한 것이라고 한다. 그는 자유도 조직을 필요로 한다고 하고 자유의 객관적인 면의 개념은 제도의 개념으로 이행한다고 하고 있다.[1073] 이 이론은 제도적 자유권론이라고 하겠다.

Eberhard Grabitz는 소극적 자유를 부정하고 적극적 자유의 개념을 도출해 내었다. 만약 자유가 개인적 자의에 대한 국가적 개입의 부재에 있다고 한다면, 자유 체계는 국가의 법률을 제정할 수 없으며 개인의 자의는 절대로 제한될 수 없다고 한다. 그는 자유를 방어권으로 이해된 자유권의 구성요소일 뿐만 아니라 기본법의 일반적 헌법원칙으로 보았다. Grabitz는 이 헌법원칙은 구체화되어야 한다고 하고 기본법상 자유의 구체화를 5개면에서 고찰하고 있다. ① 소극적 자유: 개인적 자유에 대한 국가적 개입의 부정, ② 민주적 자유: 민주적 과정에의 정치적 참여권, ③ 사회적 자유: 사인에 의한 타율적 제도에서의 보호, ④ 진정한 자유: 사회적 참여의 권리, ⑤ 권력분립: 조직적 예방조치로서의 정치적 권력의 통제. 그는 이를 자유개념의 구체화라고 보고 있으며, 이는 입법자가 법질서의 구체화에 있어 자유질서를 도출해내는 이념으로 보고 있다.[1074]

Karl Albrecht Schachtschneider는 자유를 외부적 자유와 내부적 자유로 나누고 있다. 그는 형식적 자유개념만이 이 양자를 포섭할 수 있다고 한다. 그는 Kant에 따라 내부적 자유와 외부적 자유는 국가적 지배와 관련되어 있다고 한다. 내부적 자유의 원칙에서는 도덕적 합의 의무인 도덕질서나 정언명제가 추론된다고 한다. 국가창설행위인 원계약의 체결에 따라 외부적 자유는 강제할 수 있다고 한다. 그는 자유의 권리는 인간의 도덕적 자율성 때문에 보장된다고 한다. 인간은 도덕적 자율의 자유와 능력이 있기 때문에 인권을 보장하는 자유주의적 헌법을 제정할 수 있다고 한다. 법률은 자유의 실현이며 외부적 자유를 내부적 자유에서 분리할 수 있으며, 법률은 이 외부적 자유의 제한이라고 보았다. 그는 이 법률은 공화제적이어야 하며 다수결에 의하여 제정되어야 한다고 하였다.[1075] 그러나 다수에 의한 소수의 지배는 금지되고 의회의 대표는 사적 대리의 모형에 따라야 한다고 한다. 입법은 기본권의 실현기능을 가지며 도덕원칙은 법리론에서 확고한 지위를 갖게 되었다고 한다.

1070) Suhr, D. Freiheit durch Gesellschaft, EuGRZ, 1994.
1071) Grabitz, E., Freiheit und Verfassungsrecht, 1976.
1072) Schachtschneider, K., Res publica, res populi, Teil V.
1073) Häberle, P., a. a. O. S. 8 ff.
1074) Grabitz, E., Freiheit und Verfassungsrecht, S. 243 ff.
1075) Schachtschneider, K., Res publica, res populi, Teil V.

Helmut Ridder는 자유권을 사회국가적 민주적 기본권관에서 해석하고 있다. 그는 무제한적인 개인의 자유를 부정하고 기본권보장은 시민적 자유주의적 자유권을 해체한다고 보았다.1076) 사회국가적 기본권성은 국가권력의 강화를 가져오고, 입법자는 기본권영역에서 보다 큰 행동영역을 확보한다고 보았다. Ridder는 입법자가 기본권에 의하여 보장되어 있는 것을 함부로 폐기할 수는 없다고 하면서 민주적 입법자에 대하여 큰 신뢰를 하고 있다. 그러나 민주적 의회의 입법도 기본권을 침해할 수 있는 면에서 시민적 법치국가신봉자에 의하여 비판되고 있다.

4. 자유권의 법적 성격

1) 권리성

(1) 학설

① 반사적 이익설

Gerber, Laband 등 법실증주의자와 순수법학자 Kelsen 등은 자유권의 권리성을 부인하고, 다만 법률이 규정하지 않는 까닭에 그 범위 내에서만 자유가 인정되는 국법불규정에 의한 반사적 이익(Reflex objektiven Rechtes)에 불과하다고 한다.1077)

② 권리설(공권설)

자유권은 국민의 자유가 부당하게 국가권력에 의하여 침해된 경우, 그 침해의 배제를 요구할 수 있는 일종의 권리라고 본다. 법실증주의자는 헌법에 권리라고 규정되어 있기 때문에 공권이라고 한다. 공권의 성격으로서 Jellinek는 부작위청구권(Unterlassungs-anspruch)이라고 하고, 현재는 방어권(Abwehrrecht)이라고 한다.

일본의 미노베(美濃部達吉)는 자유권은 결코 단순한 법의 반사에 그치는 것이 아니라고 하고 권리성을 주장한다. 그는 각인은 국가의 권력에 의하여 위법으로 그 자유가 침해되었을 경우에는, 그 위법임을 주장하는 힘이 주어져 있는 것으로, 국가에 대하여 자기의 이익을 위하여 어떤 일을 주장할 수 있는 것이 국법상 정당히 인정되어 있는 이상은, 그것이 명백히 권리의 성질을 가지는 것이라고 하고 있다. 일본의 통설도 이 미노베(美濃部)의 학설에 따르고 있다.

(2) 우리 헌법의 해석론1078)

우리 헌법은 「…의 자유를 가진다」고 하고 있기 때문에 자유는 가지나 자유권을 가지지

1076) Ridder, H., Soziale Ordnung des Grundgesetzes, 1975, S. 49.
1077) 반사적 이익에 관해서는 和田英夫, 反射的 利益論, 『法律時報』 41권 1-3호 참조.
1078) 헌법의 해석은 실정 헌법을 떠나서는 안 되며 국민의 합의(Konsens)는 헌법제정권력의 행사로 실정헌법화되어야만 해석의 대상이 된다. 국민의 합의를 다른 방법으로 도출하는 것은 경성헌법의 원칙에 반한다.

않는다는 반론이 있을 것 같으나 모두가 권리성을 인정하고 있다.

(3) 사견

이 기본권은 개인에게 자기가 원하는 대로 행동할 수 있는 권리를 보장한 것이다. 따라서 개인은 특정한 행위를 할 수 있으며, 특정한 행위를 하지 않을 자유를 가지고 있다. 「국가로부터의 자유」인 점에서 비록 적극적인 효과는 없고 소극적·금지적 효과를 가진다고 하더라도, 일단 자유권이 침해된 경우에는 국가에 대한 보호청구권이 따르게 된다는 점에서 권리로 인정되어야 하고, 따라서 자유권은 국가권력에 대한 방어권 (Abwehrrecht gegen den Staat)으로서 중요한 의의를 가진다. 자유권의 권리성은 우리나라 헌법학계의 통설이라고 하겠다.

2) 자연권성

(1) 학설

① 실정권설

이 학설은 자유는 전국가적일 수 있으나 권리는 국가내적인 것이라는 면에서 실정법상의 권리로 보되,「자유권이라 함은 요컨대 법률 또는 헌법에 의하지 아니하고는 제한되지 않는 인간의 자유를 말하는바, 헌법 또는 법률이 국가의 실정법인 이상 그들에 의하여서만 제한될 수 있는 자유를 의미하는 자유권 역시 실정법상의 권리일 수밖에 없다」라고 한다.1079)

② 자연권설

이 학설은 자유권이란 국가와 관계없이 존재하고 있는 개인의 자유를 법적으로 확인하고 선언하고 있는 권리라고 보는 입장이다. 즉 원칙적으로 무제한한 전국가적·초국가적인 개인적 자유의 법적 확인이라고 본다. Carl Schmitt와 자유주의 법학자들의 주장이다. 자유권의 절대성 여부에 대해서는 학설이 대립되고 있다.

(a) 절대적 자연권설

이는 국민의 자유권이 헌법제정권력자와 입법자를 구속하기 때문에 법률로서도 자유권을 제한할 수 없다는 설이다.

(b) 상대적 자연권설

이는 법률을 국민총의의 표현으로 보아 공동체유보(Gemeinschaftsvorbehalt)로서 필요한 경우에는 자유권도 법률로서 제한할 수 있다는 설이다.

(2) 우리 헌법의 해석론

1079) 기본권의 자연권성에 대해서는 지석재, 기본권의 법적 성격, 『세계헌법연구』 제5호, 459면 이하 참조.

우리 헌법은 제헌 헌법에서는 제9조에서 제15조까지 자유권에 관한 규정을 두고 있었는데,「법률에 의하지 아니하고는 … 의 자유를 제한받지 아니한다」는 규정방식을 채택하여 실정법상의 권리인양 규정하였다. 4·19 이후 이러한 규정방식을 개정하여,「자유를 제한받지 아니한다」로 변경하였다. 제4공화국 헌법에서는 제10조에서 제20조까지 자유권을 규정하면서 제헌 헌법과 같이 개별적인 법률유보조항을 두고 있었다.

제5공화국헌법과 제6공화국헌법은 개별적 기본권에 법률유보조항을 없애고 포괄적 자유권과 개별적 자유권을 규정하고 있다. 현행 헌법은 자유권을 포괄적으로 규정하고 있기에 자연권이라고 볼 것이나, 이에 대하여 일반적 법률유보조항이 있기에 상대적인 자연권이라고 보는 것이 다수설이다.[1080]

(3) 사견

현행 헌법은 제10조 후문에서「국가는 개인이 가지는 불가침의 기본적 인권을 확인하고 이를 보장할 의무를 진다」고 하고 있으므로, 국가내적인 실정권으로 보거나 법률에 의하여 부여되는 권리라고는 볼 수 없을 것이다.

생각건대 천부인권인 자유권이 헌법과 법률에 의하여 제한될 수 있다는 사실에서 자유권이 실정법상의 권리라고는 확정할 수 없을 것이며, 또 자연권도 실정 헌법에 화체됨으로써 다소 상대화될 수 있으므로 자유권은 자연권으로 보되 상대적인 권리라고 보는 설이 타당하다. 자연권이라고 하더라도 내재적 한계가 있으며 국가안전보장이나 타인의 권리, 안녕질서 등을 위하여서는 법률로 제한할 수 있는 헌법상 근거조항이 있다. 자유권도 그것이 절대적으로 보장되는 것은 아니기에 상대적 자연권설이 타당하다고 하겠다.[1081]

3) 포괄성

(1) 학설

① 개별성설

자유권을 실정권으로 보는 실정권설을 주장하는 사람은 헌법에 규정되지 않은 자유는 법률로도 함부로 제한할 수 있다고 보고, 법적으로 보장되는 자유는 헌법에 열거된 자유권들에 한정된다고 한다. Scheuner도 자유권의 개별성을 강조하고 있다.

② 포괄성설

자유권을 자연권으로 보는 자연권설의 입장에서는 자유권이란 일반적인 행동자유권을 말하므로 헌법이 규정하고 있는 개별적인 자유권은 구체적 예시에 불과하고 헌법에서

1080) 기본권을 실정권으로 본 사람은 한국에서는 박일경 교수와 유진오 교수들이다. 제1 공화국 때부터 한태연 교수는 Carl Schmitt에 따라 자유권의 전국가성, 초국가성을 인정하였다.
1081) 자유권의 법적 성격에 관해서 학설을 잘 정리한 것으로는 강경근, 자유권적 기본권 50년(1),『헌법학연구』제4집 제1호, 1998, 57면 이하 참조.

규정되지 않은 자유들도 포괄적으로 보장된다고 볼 것이다. 생각건대 자유권은 자연권으로 보아야 하며, 따라서 자유권은 포괄적인 권리로 보아야 한다. 독일 기본법 제2조 1항은 인격의 자유발현권을 규정하고 있는데 이것을 포괄적인 주자유권으로 보고 있는 것이 지배적 학설이며, 독일 연방헌법재판소도 이에 따르고 있다.[1082] Sachs를 비롯한 많은 학자들이 자유권의 포괄성을 인정하고 있다.

(2) 우리 헌법의 해석론

그러나 우리 헌법의 해석론으로서는 실정권설의 입장에서도 포괄성을 갖는 것으로 보게 된다. 왜냐하면 헌법 제37조 1항은 「국민의 자유와 권리는 헌법에 열거되지 아니한 이유로 경시되지 아니한다」라고 규정하고 있기 때문이다. 그러나 헌법 제37조 1항의 법적 성격 내지 그 존재 필요성에 대한 해석에 있어서는 실정권론자와 자연권론자가 견해를 달리한다.

① 실정권론자의 설

실정권설의 입장에서는 헌법상의 자유권 규정은 한정적 · 열거적인 것이므로 헌법에 열거되지 않은 자유권을 인정할 수 없으나, 헌법 제37조 1항이 있기 때문에 헌법에 열거되지 않은 자유권도 인정할 수 있고, 따라서 헌법 제37조 1항을 자유권의 포괄성을 규정한 권리창설규범이라고 보고 있다.

② 자연권론자의 설

반면에 자연권설의 입장에서는 자유권은 원래 포괄적인 것이므로 헌법상의 개별적 자유권을 예시적인 것으로 보아야 하고, 따라서 헌법 제37조 1항이 없더라도 헌법에 열거되지 아니한 자유권도 당연히 인정되는 것이라고 보아, 헌법 제37조 1항을 하나의 주의적 규정으로서 선언적 규정이라고 보고 있다.

(3) 사견

생각건대 헌법 제37조 1항의 규정의 유무에 관계없이 자유권은 전국가적 권리이며, 이에는 포괄적인 일반적 행동자유권이 있고, 이에 따라 개별적인 자유권이 헌법에 예시되고 있는 것이라고 보아야 할 것이다. 따라서 주자유권으로서의 일반적 행동자유권은 포괄적인 권리이며, 그 파생적인 권리가 개별적인 자유권이라고 볼 수 있을 것이다. 우리 헌법재판소 판례도 이와 같다.[1083]

1082) 상세한 것은 김철수, 전게 일반적 행동자유권에 관한 연구, 84면 이하 참조. 이하의 논술은 김철수, 『헌법학개론』의 자유권적 기본권 부분(429-437면)을 약간 보완한 것이다.
1083) 상세한 것은 김철수, 전게 일반적 행동자유권에 관한 연구, 88면 이하 참조. 거기서 언급하지 않았던 것으로는 R. Alexy, Theorie der Grundrechte, 1986, S. 309 ff.가 있다. Robert Alexy는 자유권은 역사적으로 점적 보장(punktuelle Gewährleistung)이라는 주장(Scheuner, Ehmke, Hesse, Rüfner, Fr. Müller, v. Pestalozza, Schmidt, Scholz)에 대하여 반박하고 있으며, 일반적 자유권을 인정하고 있다. 그는 Dürig의 체계론에 대해서도 찬성하고 있다.

4) 객관적 가치질서성 · 제도성 여부

(1) 학설

① 부정설

전통적으로 자유권은 국가로부터의 자유를 의미하는 것으로 국가권력에 대한 항의적 성격을 가진 것이었다. 자유주의적 자연권론자는 자유권적 기본권의 객관적 가치질서성과 제도성을 부정하고 있다.

② 인정설

제2차 대전 후 독일 연방헌법재판소는 기본권의 이중적 성격을 인정하여 주관적 권리 외에 객관적 가치질서면을 강조하였다. 독일 기본법 제1조 1항, 2항, 3항 등에 따라 객관적 가치질서적 성격을 아울러 가진다고 보고 있으며 독일에서의 다수설이라고도 하겠다.[1084] 이에 더 나아가 Häberle는 기본권을 제도적으로 이해하고 있다.[1085]

(2) 우리 헌법의 해석론

우리 헌법은 독일 기본법 제1조와 같은 규정이 없기 때문에 기본권의 이중성을 부인하고 있었다. 유신헌법 후 한태연 교수는 학설을 변경하여 「기본권에 있어서의 그 자유는 '국가로부터의 자유'가 아니라 '국가에 있어서의 자유'로 이해하는 수밖에 없다」고 하면서, 언론의 자유를 객관적 질서의 구성요소로 보고 있다.[1086] 권영성,[1087] 허영[1088]교수 등이 기본권의 이중적 성격을 긍정하고 있다. 그러나 제도적 기본권론을 주장하는 사람은 없는 것 같다.

(3) 사견

우리 헌법에는 독일 기본법 제1조와 같은 규정이 없으며, 헌법 제10조 후문이 「국가는 개인이 가지는 불가침의 기본적 인권을 확인하고 보장할 의무를 진다」고 하고 있을 뿐이다. 이 조항은 기본권규정이 아니며 국가에 대한 의무규정이기 때문에 기본권보장의무는 객관적 가치질서일 수 있다.

그러나 기본권을 곧 객관적 질서라고 할 수는 없다. 참정권 등은 국가형성적 · 질서형성적 기능을 가지고 있으나 이를 곧 객관적 질서라고 볼 수는 없다. 또 기본권의 이중적 성격을 인정하는 경우에는 자연권으로서의 자유권의 성격을 상실하게 하고, 국가가 부여한다고 보는 실정권설에 가깝게 되며 기본권과 제도보장과의 구별을 불명확하게 할 우려가 있다. 자유권의 본성은 자연권이나 헌법에 규정됨으로써 헌법상 보장되는

1084) Hesse, Grundzüge des Verfassungsrechts der Bundesrepublik Deutschland, 20. Aufl., 1995 참조.
1085) Häberle, Die Wesensgehaltgarantie des Art. 19 Abs. 2 Grundgesetz, 3. Aufl., 1983 참조.
1086) 한태연, 『헌법학』(1973), 263면.
1087) 권영성, 『헌법학원론』.
1088) 허영, 『헌법이론과 헌법』.

권리로 되고 법률로 구체화되는 경우 실정법상의 권리가 되는 것이다. 기본권을 규정한 실정 헌법 규범이 객관적 규범으로서 국가권력을 구속하는 것이기에 권리와 질서의 이분법에 따라 권리적 성격만을 강조하는 것이 기본권효력의 강화로 될 것이다.[1089)

기본권과 제도는 결부될 수 있으나 이것은 기본권과 제도보장의 문제로 볼 것이요, 제도보장을 기본권과 일치시켜서는 안 될 것이다.[1090) 이렇게 되면 법률에 의하여 형성된 실정권에 대한 자유권의 우월이 부정될 수 있기 때문이다.

5. 자유권적 기본권의 체계와 분류

1) 자유권적 기본권의 체계[1091)

독일 기본법은 제2조 1항에서 인격의 자유로운 발현권을 규정하여 주자유권을 인정하고 있다. 이 주자유권은 개인의 자유에 대한 포괄적인 보호(ein umfassenden Schutz der individuellen Freiheit)를 의미하는 것으로, 이러한 자유권인 일반적 행동자유권에서 헌법이 명문으로 규정하지 않은 개별적 자유권들이 파생된다.[1092)

일반적 행동자유권을 Dürig는 주자유권이라 하고 있으며, 여기서 특수한 자유권이 구체화된다고 한다.[1093) 일본에서도 헌법 제13조가 생명, 자유, 행복추구권을 보장하고 있는데 이 자유는 일반적 행동자유권이라고 보고 있다.

우리 헌법상으로는 주자유권인 일반적 행동자유권에 관한 명문규정은 없으나, 헌법 제10조의 인간의 존엄과 가치·행복추구권에서 이러한 일반적 행동자유권이 인정되어 있다고 할 것이다. 우리 헌법재판소도 행복추구권에 일반적 행동자유권이 함축되어 있다고 본다.[1094)

1089) 상세한 것은 김철수, 『헌법학개론』, 251면 이하 참조.
1090) 제도적 기본권이론에 반대하는 사람으로는 Sachs, Leisner, Majewski 등이 있다. Sachs, GG Kommentar, S. 84 f.; Majewski, Auslegung der Grundrechte durch einfaches Gesetzesrecht, 1970. Sachs는 가치질서론에 대해서도 반대하고 있다. Sachs, a. a. O.
1091) 기본권의 체계를 넓게 이해하는 견해와 좁게 인정하는 견해가 있다. 기본권의 체계를 주장하는 사람으로는 G. Jellinek가 있다. Jellinek, System der subjektiven öffentlichen Rechte, 1. Aufl, 1892, 2. Aufl., 1905. 기본권의 체계를 좁게 본 사람으로는 A. Katz가 있다. 그는 기본권의 분류와 체계를 한 절에서 다루고 있다. Katz, Staatsrecht, 12. Aufl., 1994, § 26, S. 274-279 참조.
1092) 저자가 기본권의 체계를 발표한 것은 1968년이었다. 김철수, 기본권의 체계, 『서울대학교 법학』, 제10권 1호(1968. 8), 62-100면. 그때부터 현재까지 그 논지는 계속되고 있다.
    Dürig는 인간의 존엄을 최고가치로 보며 그 밑에 주자유권과 주평등권만을 주장하고 있어 주생존권, 주청구권, 주참정권 등을 주장하는 필자와는 견해 차이가 있다. 상세한 것은 김철수, 현행 헌법상 기본권의 성격과 체계, 『헌법논총』 제8집, 5면 이하 참조.
1093) Dürig, in Maunz-Dürig, GG, Art. 1, Rdnr. 6.
    Dürig의 견해는 3단계이론이라고도 할 수 있는바 최상위의 가치로서 인간의 존엄을 들고 있으며, 그 아래 주자유권, 그리고 특수자유권을 들고 있다.
1094) 헌재 1991. 6. 3 선고, 89 헌마 204, 화재로 인한 재해보상과 보험가입에 관한 법률 제5조 1항에

일반적 행동자유권은 포괄적인 자유권이라고 할 것이다. 이러한 일반적 행동자유권은 여러 가지의 파생적인 자유권으로 분화된다. 일반적 행동자유권을 포함하는 행복추구권은 일반법과 같은 성격을 가지며, 개별적인 자유권은 특별법과 같은 성격을 가진다고 볼 것이므로, 특별법우선원칙에 따라 특별법인 개별적인 자유권의 규정이 없는 경우에 비로소 일반법인 행복추구권의 규정이 적용된다고 하겠다.

2) 자유권적 기본권의 여러 가지 분류

자유권적 기본권은 여러 기준에 따라 분류되어질 수 있으므로 그 분류형태도 다양하게 성립될 수 있다.[1095]

(1) 내용에 따른 분류

먼저 자유권적 기본권은 우리 헌법상 내용으로 보아 i) 신체의 자유=사법작용에서의 자유권, ii) 사회적·경제적 자유, iii) 정신적 자유, iv) 정치적 자유로 나눌 수 있을 것이다.[1096]

신체의 자유는 신체의 불가침에 관한 개인적인 권리이며, 이는 사법작용에서의 자유를 뜻한다. 사회적·경제적 자유에는 i) 거주·이전의 자유, ii) 직업선택의 자유, iii) 주거의 자유, iv) 통신의 자유, v) 사생활의 자유와 비밀, vi) 재산권행사의 자유 등을 들 수 있을 것이다. 정신적 자유는 i) 종교의 자유, ii) 양심의 자유, iii) 학문과 예술의 자유, iv) 표현의 자유로 나눌 수 있다. 정치적 자유에는 i) 정치적 표현의 자유, ii) 정당가입과 활동의 자유, iii) 투표와 공직선거입후보 및 선거운동의 자유 등이 있다.

자유권의 발전 연혁에서 보면 신체적·정신적 자유가 먼저 확립되고 나중에 경제적 자유권이 발달하였다. 중세 전제권력으로부터의 해방이 신체적·정신적 자유를 가져왔고, 이어 자유가 경제생활에 도입된 후 경제적 자유방임주의·자유경쟁주의가 발전하게

대한 위헌결정. 이 결정에서 헌법재판소는 「행복추구권 속에 함축된 일반적 행동자유권과 개성의 자유로운 발현권은 입법 기타 최대의 존중을 필요로 하는 것」이라고 판시하고 있다. 이 밖에도 일반적 행동자유권에 관한 판례는 많기에 김철수, 전게 일반적 행동자유권에 관한 연구 참조.

1095) 구병삭 교수는 자유권적 기본권을 다음과 같이 나누고 있다(『신헌법원론』, 1989, 386면).
　(1) 내면적 정신활동의 자유: i) 양심의 자유, ii) 종교의 자유, iii) 학문과 예술의 자유.
　(2) 외면적 정신활동의 자유: i) 표현의 자유, ii) 매스미디어에 대한 access권, iii) 집회·결사의 자유, iv) 통신의 비밀, v) 사생활의 비밀과 정보화사회.
　(3) 신체의 자유에 관한 기본권: i) 신체의 자유, ii) 주거의 자유, iii) 거주·이전의 자유.
　(4) 경제적 자유에 관한 기본권: i) 경제질서에 관한 헌법구조, ii) 직업선택의 자유, iii) 재산권의 보장과 그 한계, iv) 소비자의 권리와 보호.
1096) 자유권적 기본권의 내용 등에 관해서는 Steinbeiß-Winkelmann, C., Grundrechtliche Freiheit und staatliche Freiheitsordnung, 1986; Enderlein, A., Der Begriff der Freiheit als Tatbestandsmerkmal der Grundrechte, 1995; Grabitz, E., Freiheit und Verfassungsrecht, 1976; Bleckmann, A., Staatsrecht II. Grundrechte, 3. Aufl., 1989; Sachs, M., Grundgesetz Kommentar, 1996; Dreier, Grundgesetz Kommentar, 1997 등 Kommentar 참조.

되어 경제적 · 사회적 자유가 강조되었다. 그러나 19세기 말부터 자유방임주의의 경제적 자유는 그 폐해를 드러내게 되어 경제적 자유에 대해서는 그 제한이 적지 않게 가해지게 되었다.

한편 오늘날에는 정신적 자유가 가장 중요시되고 있다. 정신적 자유 중에서도 양심 · 사상의 외부적인 표현인 언론 · 출판 · 집회 · 결사의 자유가 정치적 자유의 전제로서 중요시되고 있다. 즉 선거의 자유, 정당활동의 자유 등 정치적 자유를 누릴 수 있게 하는 기반으로 인정되고 있다. 그리하여 오늘날 자유권적 기본권의 중점은 경제적 · 사회적 자유에서 정신적 자유로 옮겨지고 있다고 하겠다.[1097]

(2) 성격에 의한 분류

또한 자유권적 기본권은 그 성격에 따라 i) 고립된 개인의 권리, ii) 개인의 공동생활에 관한 권리, iii) 위 양자에서 도출되는 권리로 나눌 수 있을 것이다. 제1군에 속하는 것으로는, i) 신체의 자유, ii) 신앙과 양심의 자유, iii) 주거의 불가침, iv) 서신의 비밀, v) 사유재산권의 보장을 들 수 있을 것이다. 제2군에 속하는 것으로서는 i) 언론의 자유, ii) 출판의 자유, iii) 집회의 자유, iv) 결사의 자유를 들 수 있다. 제3군에 속하는 것으로는 정보에의 자유(정보청구권 · 정보공개청구권) 등을 들 수 있다. 이하에서는 내용상 분류된 자유권적 기본권들을 개관하면서 자유권적 기본권의 구조를 살펴보고자 한다.

3) 자유권적 기본권의 구조＝자유권적 기본권의 내용상 분류

(1) 신체의 자유

신체의 자유(Freiheit der Person)는 육체적인 활동의 자유를 말한다. 이 자유는 개인이 원하는 장소로 이동하거나 체재하는 것까지도 포함하는 넓은 개념으로 파악하는 사람도 있다. 협의에 있어서는 신체의 자유는 체포 · 구금 · 압수 · 수색 등 사법작용에서의 자유를 말한다. 우리 헌법은 신체의 자유에 관하여 제12조 이하에서 상세히 보장하고 있다. 특히 제6공화국헌법에서는 적법절차를 명시하고 구속적부심사제의 범위를 확대하였으며, 무죄추정권을 규정하고 자백의 증거능력을 제한하는 등 신체의 자유의 신장을 꾀하고 있다.

1097) 일반적으로 정신적 자유는 절대적이라고 한다. 그러나 대법원은 정신적 자유권도 국가안전보장 및 공공의 질서와 선량한 풍속 또는 공공의 복리를 위하여 제한될 수 있다고 한다.
「종교 · 양심 · 학문 · 예술의 자유 등 인간의 정신생활에 관한 기본권은 인간의 내적 · 정신적인 면을 규제할 수 없는 성질에 비추어 이를 제한할 수 없으나, 정신적 · 내적 영역을 떠나 외부적으로 나타나는 종교적 행위 · 종교적 집회와 결사 또는 학문 · 예술활동, 학술 및 예술적 집회와 결사는 인간의 내적 · 정신적 문제가 아니라 대외적인 것이며, 다수에 의한 것이어서 종교나 학문 · 예술을 내세워 자유권을 보장하는 헌정질서를 파괴하여 국가의 안정과 사회질서를 위태롭게 할 수 없어 비록 이들 자유권을 제한하는 유보규정이 없다고 하더라도, 이들 자유를 표방하여 국가의 안전보장 및 공공의 질서와 선량한 풍속 또는 공공의 복리를 위한 그 어떠한 법에 반하는 행위도 국민의 기본권이론에 의하여 정당화될 수 없다」(대판 1982. 7. 13 선고, 82 도 1219, 집 30 (2형), 141).

(2) 사회적 · 경제적 자유

사회적 · 경제적 자유는 사회생활과 경제생활에 있어서의 자유를 말한다. 인간의 사회생활에 있어서는 사생활의 자유가 보장되어야 하는바, i) 거주 · 이전의 자유, ii) 주거의 자유, iii) 통신의 불가침, iv) 사생활의 비밀 등은 인간의 사회적 활동에 있어서 필수불가결한 것이다. 이를 사회적 자유라고 한다. 경제적 자유는 경제생활에 있어서의 자유로서 이에는 i) 직업선택의 자유, 영업의 자유, ii) 재산권행사의 자유, 경영관리의 자유, 계약의 자유1098) 등이 포함될 것이다.

(3) 정신적 자유

정신적 자유는 정신활동에 있어서의 자유라고도 할 수 있는데 i), 사상 · 양심의 자유에서 비롯하여, ii) 종교의 자유, iii) 학문과 예술의 자유, iv) 언론 · 출판 · 집회 · 결사의 자유를 포함한다. 정신적 자유는 인간의 존엄과 가치 · 행복추구권을 보장하기 위하여서도 필수적이기에 오늘날 정신적 자유의 우월이 논해지기도 한다.

(4) 정치적 자유

정치적 자유는 인간의 정치활동에 있어서의 자유라고 하겠다. 우리 헌법은 이를 직접적으로 기본권장에서 보장하고 있지 않으나, 당연히 인정되는 것으로 보아야 한다. 정치적 자유에는 i) 정치적 표현의 자유, ii) 정당가입과 활동의 자유, iii) 선거와 투표의 자유 등이 있다.

(5) 기타의 자유

헌법상 특별한 보장규정이 없으나, 인간의 존엄과 가치 · 행복추구권을 행사하기 위한 자유도 일반적 행동자유권의 하나로 보장되고 있다.1099) 예를 들면 사랑할 자유, 잠잘 자유, 결혼할 자유, 옷을 마음대로 입을 자유, 하고 싶은 일을 할 자유 등을 들 수 있다. 이러한 자유는 헌법에 예시되어 있지 않으나 경시되어서는 아니 된다.1100)

6. 자유권적 기본권의 기능

1) 적극적 기능

1098) 우리 헌법재판소는 계약의 자유가 일반적 행동자유권에서 파생된다고 본다(헌재 1991. 6. 3 선고, 89 헌마 204, 화재로 인한 재해보상과 보험가입에 관한 법률 제5조 1항에 대한 위헌결정 (전게 판례) 참조).
1099) 상세한 것은 김철수, 전게 일반적 행동자유권에 관한 연구, 95면 이하 참조.
1100) 자유권적 기본권의 구체적 내용에 대해서는 김철수, 전게 『헌법학개론』, 437면-666면 참조.

자유권적 기본권은 원칙적으로는 자기 마음대로 생각하고 행동할 수 있는 자유라고
하겠다. 이것은 자유는 인간의 본성으로부터 당연히 나오는 것이며, 인간의 존엄과
가치 · 행복추구권에서 나오는 것이라고 하겠다. 이것을 국가권력우월적 사고에서는
법률상의 인용(Dulden)이나 허용(Erlaubnis)이라고 소극적으로만 보고 있으나, 자유
권은 전국가적 자연권이므로 행위의 자유 등 적극적 기능은 당연히 가지는 것으로
보아야 한다.1101) 이것을 행동자유권(Handlungsfreiheit: Verhaltensfreiheit)라고 하
며 언론 · 출판 · 집회 · 결사의 자유 등이 이에 속한다.1102)

2) 소극적 기능

자유권적 기본권이란 국민이 그의 자유영역에 대해서 국가권력으로부터 침해를 받지
않을 소극적인 권리이기도 하다. 따라서 자유권은 국가가 국민의 행위 등을 간섭하지
않을 것, 즉 부작위(Unterlassen)를 요구할 수 있는 권리일 뿐 적극적으로 국가의 작위를
요청할 수 있는 권리가 아니다. 그러나 국가가 자유권을 침해하는 때에는 그 침해를
배제하여줄 것을 청구할 수는 있기 때문에 이 점에서는 대국가적인 침해배제청구권이라고
하겠다. 이러한 침해배제청구권을 방어권(Abwehrrecht)이라고도 한다. 이것은 통신의
불가침, 주거의 불가침 등에서 잘 나타나고 있다. 방어권은 자유권의 특성으로 행동자유권
등이 침해되는 것을 방어할 수 있는 권리이며 침해된 경우에는 부작위청구권(Unter-
lassungsanspruch)을 행사할 수 있다.1103)

7. 자유권적 기본권의 주체와 효력

1) 자유권적 기본권의 주체

자유권은 인권(Menschenrecht)이며 시민권(Bürgerrecht)이 아니다. 그러기에 인간이
면 누구나 자유권의 주체가 될 수 있다. 독일 기본법은 자유권의 주체를 Jeder(누구나)라고
표현하고 있는 경우가 있으며, 독일인의 권리주의성과 구분하고 있다. 우리 헌법은 자유권
의 주체 내지 향유자를 「국민」이라고 하고 있지만, 자유권은 성질상 자연권으로서 「인간」

1101) Hesse, Grundzüge des Verfassungsrechts, 16. Aufl., Rdnr. 363.
    또, 칸트를 비롯한 독일 학자와 로크를 비롯한 자연법론자의 학설 참조.
1102) 상세한 것은 Hellermann, J., Die sogenannte negative Seite der Freiheitsrechte, 1993 참조.
1103) 방어권에 대해서는 Stern, K., Das Staatsrecht, Bd. III/1. S. 619.
    Isensee, J., Das Grundrecht als Abwehrrecht und als staatliche Schutzpflicht, Handbuch des
    Staatsrechts, Bd. V. S. 143 ff. (방어권과 국가의 보호의무로서의 기본권, 김효전 옮김, 『독일 헌법학의
    원천』, 701-801면) 참조.

의 권리로 보아야 한다. 따라서 자유권은 외국인에게도 인정되는 것이 원칙이다. 인간 중에는 미성년자나 정신장애자 등이 있으나 그들에게도 기본권 권리능력은 인정되나 기본권 행위능력은 제한될 수 있다. 자유권을 법인이 향유할 수 있는가에 관해서는 견해가 대립하고 있으나, 신체의 자유나 내심의 자유 등은 자연인에게만 인정되고, 법인은 성질상 사회적·경제적 자유권이나 언론·출판의 자유권 등의 주체만이 될 수 있다.[1104]

2) 자유권적 기본권의 효력

국가에 대한 방어권(Abwehrrecht)으로서의 자유권적 기본권은 직접적 효력 규정으로서 모든 국가권력을 직접 구속한다.[1105] 이 점에서 생존권적 기본권과 다른 특색을 가지고 있다. 자유권은 원래 대국가적인 기본권이었으나 사인에 의한 자유권침해가 갈수록 심해지자 대사인적 효력도 주장되게 되었다. 오늘날 일부의 자유권, 예를 들면 언론의 자유 등은 직접적 효력을 가지나, 사회적·경제적 자유권 등은 사법의 일반조항을 통하여 간접적으로 적용된다고 하겠다.[1106]

자유권적 기본권의 사인에 의한 침해에 대해서는 국가는 자유권수호의 책임을 지며 사인에 의한 기본권침해도 예방하고 침해된 경우에도 배상 등을 받을 수 있게 해야 하겠다.

8. 자유권적 기본권의 제한

1) 제한가능성 여부

(1) 학설
① 제한불가능설
Carl Schmitt는 자유권은 개인의 사적 영역에 대한 국가에서의 자유이며 자유는 원칙적으로 제한될 수 없는 것이라고 하였다. 자유권은 그 내용이 어떠한 법률에 의해서 부여되거나 법률의 제한 내에 있는 것이 아니고, 원칙적으로 법률에 의한 제한에서 자유로운 것이라고 하였다.[1107]

① 제한가능성설
이에 대하여서는 많은 비판이 행해졌다. 전국가적 자유권은 법률에 의하여 실정권으로 되며, 국가는 불가침의무(Nichtstörungspflicht)를 지며 국민은 이에 대한 방어권

1104) 상세한 것은 김철수, 전게 『헌법학개론』(제12판), 268면 이하 참조.
1105) 상세한 것은 김철수, 전게서, 280면 이하 참조.
1106) 상세한 것은 김철수, 전게서, 288면 이하 참조.
1107) Schmitt, C., Verfassungslehre, S. 125 f., S. 168.

(Abwehrrecht)을 가지고 있으므로, 이 국가내적인 권리는 법률로서 제한가능하다고
한다.1108) 또 헌법직접적 제한도 있으며 헌법간접적 제한도 있다고 하였다.

(2) 우리 헌법의 해석론

우리 헌법은 제헌 초부터 자유권에 개별적 법률유보조항을 두고 있었으며 일반적
법률유보조항을 두고 있었기 때문에 법률에 의한 제한을 인정하고 있었다. 현행 헌법은
개별적 유보조항을 일부 없애기는 하였으나, 제37조 2항에서 「국민의 모든 자유와 권리는
국가안전보장·질서유지 또는 공공복리를 위하여 필요한 경우에 한하여 법률로써 제한할
수 있다」고 규정하고 있으므로 제한가능하다고 보겠다.

(3) 사견

자유권이 전국가적 기본권이라고 하더라도 타인의 자유권을 침해할 수 없으며, 공동체
를 부정할 수 없으므로 법률에 의한 제한은 가능하다고 하겠다. 헌법 37조 2항은 모든
자유권을 제한할 수 있다고 하고 있으나 본질적 내용만으로 구성되어 있는 자유권은
법률로써도 제한할 수 없다고 하겠다.1109)

9. 결 론

제2차 세계대전 후 자연권사상의 팽배에도 불구하고 자유권에 대한 사회적 제약성이
강조되었다. 원래 자유권적 기본권은 휴머니즘과 합리주의에 근거하고 있으며, 자유권적
기본권의 전성시대에는 자유가 평등에 우선하였다. 그러나 사회적·경제적 불평등이
심화되자 자유주의에 대한 비판이 나타났고, 이에 따라 민주주의에도 자유민주주의와
사회민주주의의 구별이 생겨 전자는 자유를 경제적 평등에 우선시키고, 후자는 경제적
평등=사회적 정의를 자유에 우선시키고 있다. 현대의 사회적·경제적 여건 아래에서는
자유권이 18세기적일 수는 없으며, 경제적인 자유에 있어서는 오히려 현대의 사회경제상
태에 비추어 보아 이에 대한 규제가 불가피하게 되었다. 이것은 특히 결핍에서의 자유를
보장하기 위한 생존권적 기본권의 대두로서 설명될 수 있을 것인데, Weimar 헌법 이후
생존권적 기본권의 보장을 위해 경제적 자유권에 대한 사회적 제약성이 강조되고 있다.
우리 헌법도 생존권의 보장을 위하여 자유권적 기본권의 제한을 인정하고 있으나

1108) 예를 들면 Steiger in Schelsky (Hrsg.), Zur Theorie der Institution, 1970, S. 91 ff.; Graf,
H. L., Die Grenzen der Freiheitsrechte ohne besondere Vorbehaltschranke, Diss. München,
1970, S. 72 ff.; Lerche, P., Grundrechtliche Schutzbereich, Grundrechtsprägung und
Grundrechtseingriff, Handbuch des Staatsrechts, Bd. V. S. 739 ff.; Bettermann, K. A., Grenzen
der Grundrechte, 1968 등이 있다.
1109) 상세한 것은 김철수, 전게서, 296면 이하 참조.

그 조화가 요청된다.1110)

독일 기본법에는 생존권적 기본권에 관한 규정이 없기에 사회국가적 원칙에서 자유권에서 생존권, 참여권을 도출하려고 하고 있으나,1111) 우리는 생존권에 관한 규정이 따로 있기 때문에 자유권의 생존권화를 주장해서는 안 된다. 생존권의 보장이라는 명목으로 자유권의 본질을 희생해서는 안 된다.1112)

제2절 일반적 행동자유권

1. 서론

1) 자유권보장의 역사

(1) 포괄적 자유권 보장

인권의 역사는 자유신장의 역사라고도 할 수 있다.1113) 그러나 이러한 자유가 권리로서 인정된 것은 미국의 버지니아 인권선언이라고 하겠다. 「모든 사람은 본성적으로 자유롭고 독립적이다. 모든 사람은 생래의 특정한 권리를 가진다. 이 권리는 사회상태에 들어갈 때 협약에 의하여서도 그 자손으로부터 박탈할 수 없다. 이러한 권리는 재산을 취득하고 소유하는 수단에 의하여 생과 자유를 즐기며 행복과 안전을 추구하고 획득하는 것이다」고 하고 있다. 매사추세츠 권리선언도 제10조에서 「사회의 각 개인은 현행법에 의하여 그 생명, 자유 및 재산의 향유를 사회에 의하여 보호받을 권리를 가진다」고 선언하였다.

이러한 생명·자유·재산의 향유나 행복추구권에 관한 선언은 Locke의 영향이라고도 하겠다. 그는 사람이 사회생활에 들어가는 것은 「그들의 소유권의 향수를 확보하고, 또 공동체에 속하지 않는 자에 의한 침해에 대하여 보다 강한 안전보장을 확립하고 그들에게 안전, 안락한 평화적인 생활을 서로 얻을 수 있게 하기 위한 것이다」고 하였다. 그런데 Locke가 말한 생명·자유·재산(Life, Liberty and Property)이 미국 독립선언에서

1110) 상세한 것은 생존권적 기본권과 자유권적 기본권의 관계, 김철수, 전게서, 674면 이하 참조.
1111) 독일 연방헌법재판소는 독일 대학입학 정원제를 규정한 numerus-clausus 판결에서 자유권에서 참여권(Teilhaberecht)를 도출해 내고 있다. BVerfGE 33, 303 ff.
1112) 이 논문은 창졸간에 쓴 것이기 때문에 세계 각국의 기본권이론을 다 반영하지 못한 점이 있다. 미국이나 일본의 이론을 덜 반영하였으나 일본의 이론은 한국과 대차 없다. 독일의 경우 많은 박사논문이 나와 있기에 전부를 섭렵하기는 어려워, 이 모든 논의 과정을 충분히 소개하지 못한 것이 아쉽다. 집필 시간이 있으면 세계 각국의 이론을 반영하여 보완하기로 한다(2000. 10. 30).
1113) 인권선언의 역사에 대해서는 많은 서적이 있으나 다음 것을 우선 들 수 있다. Die Grundrechte, Handbuch der Theorie und Praxis der Grundrechte, Bd. I/1, 2. 김효전역, 『인권선언논쟁』, 1991 참조.

생명 · 자유 · 행복추구로 변한 것은 Jefferson의 영향이 컸다고 한다.

미국 독립선언이나 각주의 인권선언에 영향을 받은 프랑스는 인권선언 제1조에서 「인간은 권리에 있어서 자유롭고 평등하게 태어나 생존한다. 사회적 차별은 공동의 이익을 근거로 해서만 가능하다」고 하고, 제2조는 「모든 정치적 결사의 목적은 인간의 자연적이고 소멸될 수 없는 권리를 보전함에 있다. 그 권리는 자유 · 재산 · 안전 그리고 압제에 대한 저항이다」고 하고 있다.

이와 같이 미국 제주 인권선언과 프랑스 인권선언은 국가목적이 생명 · 자유 · 행복추구의 보장에 있다고 한 점에서 일맥상통한다. 이 중에서 자유에 관하여 프랑스 인권선언은 제4조에서 「자유는 타인을 해치지 않는 모든 것을 할 수 있는 데에 있다. 그러므로 각자의 자연권의 행사는 사회의 다른 구성원에게 같은 권리의 향유를 보장하는 이외의 제약을 받지 아니한다. 그 제약은 법률로써만 규정될 수 있다」고 하고 있다.

여기서의 자유권의 보장은 일반적 행동자유권을 보장한 것이 특색이다. 이는 자유권을 포괄적인 기본권으로 본 것이다.

미국 수정헌법은 제9조에서 「이 헌법에서 일정한 제권리를 열거한 것으로서 인민이 보유하는 다른 제권리를 부정하거나 또는 경시한 것이라고 해석하여서는 안 된다」고 규정하여 열거되지 아니한 기본권의 근거로 삼고 있었다.[1114]

(2) 개별적 자유권 보장

이에 대하여 법실증주의 시대의 헌법은 개별적 자유권의 보장을 중시하고 있다. 1795년 프랑스의 왕정복고 후의 헌법은 인간의 자유에 대한 약화를 가져왔다. 여기서는 기본권의 수가 줄어들었으며 권리와 의무가 대비되어 있었다. 1799년의 보나파르트 헌법에서는 아예 기본권 규정이 없어졌다. 1814년의 부르봉 헌장에서는 프랑스인의 권리로서 인신의 자유의 보장, 종교의 자유, 표현의 자유 등 개별적인 자유만이 보장되었다. 1815년 4월 22일의 법률에서도 1799년 헌법의 기본권규정에 약간의 추가를 함으로써 그쳤다.

1848년의 독일의 인권선언은 59조에 달하는 인권조항을 두고 있었으나 포괄적인 자유권에 관해서는 규정하지 않았다. 이것은 1850년의 프로이센 헌법에서도 계승되었다. 1867년의 오스트리아 헌법전도 개별적인 기본권을 규정하였고 많은 헌법들이 이 경향을 따랐다. 그러나 1871년의 독일 제국 헌법이나 1875년의 프랑스 헌법에서는 기본권에 관한 규정조차 두지 않았다.

1919년의 바이마르 헌법에 와서 많은 기본권규정을 두었으나 이것은 개별적 기본권 규정으로서 자유권의 포괄성에 관해서는 규정하지 않았다.

이러한 실정 헌법상의 규정은 자유권의 포괄성을 강조하지 아니하고 개별적 자유권의 보장에 급급하였다.

1114) 상세한 것은 안경환, 미국 수정헌법 제9조, 『법학』(서울대학교), 1998과 이에 인용된 논문 참조. 芦部信喜, 包括的基本權條項の裁判規範性 - アメリカ憲法修正第9條について, 『人權と憲法訴訟』, 39면 이하.

(3) 제2차 대전 후의 자유권보장 규정

법실증주의적 기본권 규정이 국민의 자유권을 많이 제한하였기 때문에 제2차 세계대전 후의 헌법은 기본권의 포괄성을 규정하기 시작하였다.

일본에 있어서는 1946년 헌법에서 「국민은 모든 기본적 인권의 향유를 방해받지 아니한다. 이 헌법이 국민에게 보장하는 기본적 인권은 침해할 수 없는 영구의 권리로서 현재 및 장래의 국민에 부여되어진다」고 하고(제11조), 「모든 국민은 개인으로서 존중된다. 생명·자유 및 행복추구권에 대한 국민의 권리에 대해서는 공공의 복지에 반하지 않는 한, 입법 기타의 국정상에서 최대의 존중을 필요로 한다」(제13조)고 규정하고 있다.

1946년의 독일 Hessen 헌법 제2조 1항, 1947년의 독일 Rheinland-Pfalz 헌법 제1조 1항 등이 인격의 자유발현권에 관하여 규정하고 있으며, 1949년의 독일 기본법 제2조 1항에서 도 인격의 자유발현권에 관해서 규정하고 있다.

우리 헌법도 1948년 헌법 이래 계속하여 미국 수정헌법 제9조와 같은 규정을 두었고, 1962년 헌법에서 인간의 존엄과 가치를 규정하였고, 1980년 헌법에서 행복추구권 규정을 두고 있다.

2) 현행 헌법규정의 해석론

(1) 일본에 있어서의 학설 대립

일본에서는 헌법 제13조의 규정 해석에 있어서 많은 혼선이 야기되고 있다.[1115] 일본에서는 이 규정이 권리규정이냐 혹은 일반적 원칙규정이냐에 대한 대립이 있고, 권리규정으로 보는 경우에도 이를 일반적 자유권으로 보는 입장과 이를 한정하여 인격적 이익에 한정하려는 설이 대립되고 있다. 이러한 대립은 한편으로는 독일 연방헌법재판소 의 일반적 행동자유권과 일반적 인격권을 보장하는 이론의 영향을 받아 이를 일본국 헌법 하에서는 자기결정권으로서 일원화한 것이라고도 볼 수 있다.

(2) 독일에 있어서의 학설 대립

독일 기본법 제2조 1항의 인격의 자유발현권에 대해서도 학설이 대립되고 있다. 초기에 는 기본권성을 인정할 것인가가 중점적으로 논의되다가 기본권성을 인정하는 데에는 의견의 일치를 보았다. 그러나 그 내용에 있어서는 일반적 행동자유권설과 인격핵심영역 설이 대립되었었다. 독일 연방헌법재판소의 판례에 따라 일반적 행동자유권설이 지배적 이 되었다. 다만, 독일 기본법 제1조와 결합한 일반적 인격권의 보장도 인정하고 있다.

일반적 인격권(Das allgemeine Persönlichkeitsrecht)은 인간의 존엄을 규정한 제1조와

1115) 상세한 것은 김철수, 현행헌법상의 기본권의 성격과 체계, 『헌법논총』 제8집」, 7면 이하; 種谷春洋, 生命·自由及び幸福追求權の權利, 岡山大學 『法經學會雜誌』 14권 3호~15권 2호(1965); 藤井樹也, 『「權利」の實現轉換』, 1988.

연결되어 있기 때문에 문제는 일반적 행동자유권의 범위와 한계의 문제로 클로즈업되고 있다.

(3) 한국에 있어서의 학설 대립

한국에서도 현행 헌법 제10조의 인간의 존엄과 가치 · 행복추구권에 대해서는 많은 학설 대립이 있다. 이러한 학설 대립은 독일 초기의 학설 대립을 방불케 하는 것이다. 이 규정에 대해서는 권리성을 부인하는 견해가 지배하다가 제5공화국헌법에서 행복추구권이 추가됨으로써 학설 대립이 더욱 복잡해졌다. 인간의 존엄과 가치는 일반적 인격권을 말한다고 하면 행복추구권의 내용은 무엇인가가 문제된다.

한국의 헌법재판소는 행복추구권에서 일반적 행동자유권이 도출된다고 보고 있는데 대하여 반대론도 없지 않다. 긍정론의 경우에도 법적 성격, 내용, 제한가능성 등에는 학설이 대립되고 있다.

여기서는 한국 헌법상 일반적 행동자유권이 보장되고 있는가, 있다면 그 성격과 내용은 무엇인가, 제한은 가능한가 등을 밝히려고 한다. 이를 위하여서 우선 독일의 이론과 판례를 보고 우리나라에서의 이론과 판례를 검토한 뒤 결론을 내릴까 한다. 이에 관한 국내 문헌은 극히 빈약하기 때문에 독일 문헌을 많이 참조하기로 한다.

2. 일반적 행동자유권에 대한 독일의 이론

1) 독일 기본법의 규정

(1) 독일 헌법상 기본권의 보장사

독일에 있어서는 제2차 대전 전까지 자유권이란 개별적 보장이며 포괄적 보장은 아니라고 생각하였다. 이것은 독일 제국 헌법이나 바이마르 헌법에서도 마찬가지였다.

(2) 전후의 논의

그러나 제2차 세계대전 후에는 자유권의 개별적 보장이 아니라 포괄적 보장이 필요하다고 생각하였다.

의회평의회 기초위원회는 안 제2조에서 「모든 사람은 법질서와 선량한 습속의 한계 내에서 다른 사람을 해치지 않는 한 모든 일을 할 수 있는 자유를 가진다」고 규정하였다. 그러나 토론과정에서 의문을 해소하기 위하여 헌법질서의 개념이 도입되었다. 그 결과 본위원회에는 두 개의 안이 나오게 되었다.[1116] 첫째 안은 「모든 사람은 다른 사람의 권리를 해치지 않고 헌법질서나 도덕률에 저촉되지 않는 한, 인격의 자유발현권을 가진

1116) 독일 기본법의 성립사에 관해서는 JöR (1951) 참조. 간단한 언급으로는 BVerfGE 6, 36 ff. 참조.

다」1117)는 것이었다.

편집소위원회안은 「누구나 타인의 권리를 침해하지 않고 헌법질서나 도덕률에 충돌되지 않는 한, 행동하거나 행동하지 않을 자유를 가진다」는 것이었다. 이에 대해서는 일반적 행동자유권을 보장한다는 것을 인정하였고 인격의 자유발현권이 우월한 지위를 가진다는 주를 달고 있었다.

1949년 5월 6일 의회평의회는 기본법 제2조에 이 인격의 자유발현권을 규정하게 되었다.

(3) 독일 기본법 제2조 1항

이리하여 성립한 독일 기본법 제2조 1항은 다음과 같다.

「모든 사람은 다른 사람의 권리를 침해하지 않고 적헌법질서나 도덕률에 저촉하지 않는 한에서, 자기 인격의 자유로운 발현에 관한 권리를 가진다」(Jeder hat das Recht auf die freie Entfaltung seiner Persönlichkeit, soweit er nicht die Rechte anderer verletzt und nicht gegen die verfassungsmäßige Ordnung oder das Sittengesetz verstößt).

2) 독일에서의 학설

이 조항의 성립 후에 이 인격의 자유로운 발현에 관한 권리(인격의 자유발현권이라 함)의 성격과 내용에 관하여 학설이 대립되었다.

(1) 기본권성 부정설

최초에는 기본법 제2조 1항이 기본권을 보장한 규범이 아니라 일반적 자유원칙을 선언한 기본원칙규범이라고 하였다.1118) 또 기본법 제2조 1항은 국가에 대한 자유조항이 아니라 객관적인 실정법 규범으로서 이 규정은 권리청구의 근거로는 적합하지 않다는 주장이 있었다.1119) 또 Wertenbruch도 제2조 1항은 기본권을 보장하는 것이 아니라고 하면서 기껏해야 자유의 근본규범, 즉 객관적 법규범이라고 주장하면서 제2조 1항에서는 주관적 권리는 나오지 않는다고 하였다.1120)1121)

(2) 기본권성 인정설

그러나 다수설은 기본권 제2조 1항의 기본권성을 인정한다.1122) 그러나 그 기본권의

1117) 기본법 제2조 1항에 대한 간단한 설명으로는 Horst Dreier, Grundgesetz Kommentar, Bd. Ⅰ. S. 169 ff.

1118) v. Mongoldt-Klein, Das Bonner Grundgesetz, 2. Aufl., 1974, S. 161 ff.

1119) Dieter Haas, Freie Entfaltung der Persönlichkeit, DÖV, 1954, S. 71.

1120) Wilhelm Wertenbruch, Der Grundrechtsbegriff und Art. 2 Abs. 1 GG, DVBl. 1958, S. 481 ff.

1121) 이러한 학설을 주장하는 사람은 위의 Haas와 Wertenbruch 이외에도 Klein, Wehrhahn 등이 있다.

내용에 대해서는 인격핵심설과 일반적 행동자유권설이 대립하고 있다.

① 인격핵심설

Peters는 제2조 1항의 인격의 자유발현권의 내용은 인격의 핵심영역(Persönlich-keitskern)만을 보장한다고 주장하였다.[1123] 그러나 인격핵심이란 무엇인가의 확정이 문제되었다. Peters는 신에 책임을 지며 공동체이상과 사회적 의무에 구속되어 있고, 평등원칙이 적용되고 사회에 복종하는 인간상에서 출발하였다. Peters는 인간의 진정한 본성에 대한 인지를 전제로 한다는 비판에 대하여, 모든 인간이 그의 인격과 인간성을 발현시키는 권리라는 점을 강조하였다.

② 일반적 행동자유설

이에 대하여 기본법 제2조 1항의 인격의 자유발현권은 주자유권이며 모(母)기본권으로서 포괄적인 행동의 자유(Verhaltensfreiheit)를 포함한다고 보는 견해가 지배적이 되었다. 기본법 제2조 1항은 질적·가치적 징표에 따른 제한된 영역이 아니고 인간의 모든 종류의 행위(Betätigung)를 보호한다고 보고 있다.[1124]

3) 독일 헌재의 판례 입장

독일 연방헌법재판소는 일반적 행동자유권을 인정하고 있다.[1125]

(1) 최초의 인정 판결 - Elfes

기본법 제정 후 10년간 제2조 1항이 일반적 행동자유권을 보장하는 것인지, 일반적 행동자유권의 일부분인 인격형성권을 보장하는 것인가에 대해서 논쟁이 있었다.[1126]

독일 연방헌법재판소는 1954년 7월 20일 판결에서는 인격의 자유발현권을 광의로 해석할 것인지 협의로 해석할 것인지 결정하지 않았다. 그러나 1957년 1월 16일 판결(Elfes)에서 광의로 해석하여, 일반적 행동자유권을 보장함을 명시하였다.[1127] 「기본법에서 인격의 자유로운 발현이란 정신적·윤리적 인간으로서 사람의 본질을 결정하는

1122) 통설이다.
1123) Hans Peters, Die freie Entfaltung der Persönlichkeit als Verfassungsziel, Festschrift für Rudolf Laun, 1953, S. 672 ff.
1124) Badura, Staatsrecht, S. 87 f., 160; Schwabe, Staatsrecht, S. 102; Erichsen, Allgemeine Handlungsfreiheit, in: HStR, VI, § 152 Rn. 13 ff.; Stein, Staatsrecht, S. 251; Pietoth, AöR 115 (1990), 13 ff.; Manssen, Staatsrecht, I Rn. 290 ff.; Dreier, Grundgesetz Kommentar, Bd. I, S. 174; Starck, Kommentar; Murswieck, in Sachs Kommentar GG Art. 2. Rn. 43 ff.
1125) 상세한 것은 Rupert Scholz, Das Grundrecht der freien Entfaltung der Persönlichkeit in der Rechtsprechung des Bundesverfassungsgerichts, AöR 100 (1975), S. 80 ff., 265 ff. 참조.
1126) 상세한 것은 Bleckmann, Staatsrecht II. Die Grundrechte, 4. Aufl., S. 591 ff.
1127) BVerfGE 6, 32-36 ff. Elfes 판결은 독일 국민이 해외여행의 자유(Ausreisefreiheit)가 있는가가 문제된 것이다. 독일 기본법은 국민의 국내여행의 자유를 규정하고 있었으나 해외여행의 자유에 관해서는 규정하지 않았다. Mönchen-Gladbach市가 Elfes의 여권 연장 허가를 하지 않았기 때문에 Elfes가 이는 기본법 제2조 위반이라고 하여 헌법소원을 제기하였었다.

그러한 인격의 핵심영역 안에서 발현하는 것만을 뜻하는 것은 아니다. … 기본법 제2조 1항은 포괄적인 의미에서 일반적 행동자유권을 보장하는 독자적인 기본권이다. …기본법 제2조 1항이 보장하는 것은 포괄적 의미에서의 행동자유권을 말한다. …기본법 제2조 1항이 보장하고 있는 일반적 행동자유권에도 기본법은 특정 영역에 있어서의 인간의 행동의 자유를 보장하고 있다. …그러한 특별한 생활영역의 기본권으로 보장되지 않는 한 개인은 공권력에 의한 침해에서 기본법 제2조 1항의 자유권에서 구제를 청구할 수 있다」. 해외여행의 자유가 국내 거주이전의 자유에 포함되지 않는다고 하더라도, 제2조 1항의 일반적 행동자유권에서 파생하는 권리라고 보고 있다.

(2) 판례로서의 확정

독일 연방헌법재판소는 그 뒤 많은 판결에서 일반적 행동자유권을 인정하였으며, 이는 확고한 선례로서 인정되고 있다. 예를 들면 1957년 5월 10일의 동성연애 사건을 들 수 있다. 이 사건은 동성연애자에 대한 처벌이 기본법 제2조 1항이 보장하는 인격의 자유발현권 침해라는 헌법소원이었다. 이에 대하여 헌재는 인격의 자유로운 발현권(일반적 인격권)이 성적 영역에도 적용됨을 인정하였다. 그러나 이 성적 행동자유권도 윤리법률에 위반되어서는 안 된다고 하여 동성연애자의 처벌이 일반적 행동자유권의 침해는 아니라고 판시하였다.[1128]

1964년 4월 7일의 자동차동승 판결에서도 일반적 행동자유권이 인정되었다.[1129] 1966년 5월 3일의 집회법 사건에서 집회법에서 말하는 집회나 이에 유사한 행사는 기본법 제2조 1항에서 보장하는 일반적 행동자유권의 파생권리라고 보고 있다.[1130] 「기본법 제2조 1항의 기본권은 일반적 행동자유권 그 자체만을 보장하는 것이 아니고 그 권리를 확보하기 위한 권한의 행사까지도 보장한다」고 보고 있다. 그리하여 그 권한행사로서의 집회허가요구권을 침해하는 집회법의 규정은 일반적 행동자유권을 침해하는 것이라고 하였다.

1982년 1월 26일의 모터사이클 운전자에 보호모자 쓰는 것을 강제하는 것이 일반적 행동자유권을 침해하는가 하는 결정에서[1131] 헌재는 「보호헬멧의 착용이 일반적 자유에 속한다고 할지라도 헌법질서에 의한 제한을 받기 때문에 위헌은 아니다」고 하였다.

1989년 6월 6일의 숲속에서 승마하는 경우, 승마로에서만 하게 한 것이 일반적 행동자유권의 침해가 아닌가 하는 것이 문제되었다.[1132] 이 판결에서 헌법재판소는 「헌법재판소판례에 의하여 발전된 기본법 제2조 1항의 포괄적 의미의 일반적 행동자유권의 이론에 따르면 보호되는 영역은 인격형성의 제한된 영역뿐만 아니라 인격형성에 기여하는 행위의

1128) BVerfGE 6, 389. Homosexuelle. 특히 432 f. 참조.
1129) BVerfGE 17, 306. Mitfahrer.
1130) BVerfGE 20, 150. Sammlung.
1131) BVerfGE 59, 275. Schutzhelme.
1132) BVerfGE 80, 137.

중요성을 고려함이 없이 모든 인간행동의 형태를 보장한다」고 하여 일반적 행동자유권을 인정하고 있다.

이 결정에서는 일반적 행동자유권에 관한 판례 비평에도 언급하면서 기본법 제2조 1항의 일반적 행동자유의 영역축소에 대해서는 반대하고 있다.[1133] 「인간행동자유의 포괄적 보장은 거명 열거된 자유권과 함께 자유보장에 있어서 중요한 기능을 다했다고 보고 있다. 보호영역의 가치평가적 제한은 시민의 자유영역의 상실을 초래할 것」이라고 한다.

그리하여 승마는 기본법 제2조 1항의 보호영역에 속하나 사적인 생활영역의 핵심에는 속하지 않기 때문에 법률적 제한이 가능하다고 보고, 산림법 제14조의 규정은 비례성의 원칙에 합치되므로 위헌은 아니라고 판시하였다.[1134]

이에 대하여는 Grimm 재판관의 반대의견이 있다. 그는 숲속에서의 승마는 기본권보장의 대상이 아니라고 한다.[1135] 그는 기본법 제2조 1항은 어떠한 모든 인간행위에 대한 흠결 없는 기본권보호 규정은 아니라고 한다. 기본법 제2조 1항은 그가 원하는 행위를 하고 하지 않을 개인의 자유를 보장하는 것이 아니고 인격의 자유발현만을 보장한다고 한다. 이것은 비판적 학설에 따른 것으로 보인다.[1136]

이 밖에도 경제적 자유에 관한 판례들이 있다.[1137]

3. 일반적 자유권에 대한 한국 이론

1) 한국 헌법의 규정

(1) 제헌 헌법 규정

1948년 제헌 헌법은 기본권에 관한 총칙적 규정을 두지 않았다. 다만, 헌법 제28조 1항에서 「국민의 모든 자유와 권리는 헌법에 열거되지 아니한 이유로써 경시되지 아니한다」고만 규정하고 있었다.

(2) 제3공화국 헌법

1962년에 제정된 제3공화국 헌법은 기본권보장의 일반원칙을 규정하고 있다. 즉 「모든 국민은 인간으로서의 존엄과 가치를 가지며, 이를 위하여 국가는 국민의 기본적

1133) BVerfGE 80, 154.
1134) BVerfGE 80, 159.
1135) BVerfGE 80, 164.
1136) 이에 가담하는 사람으로는 Starck, v. Mangoldt-Klein-Starck, GG Kommentar, Bd. I, 3. Aufl., 152 ff.; H.-U. Erichsen, Allgemeine Handlungsfreiheit, Isensee/Kirchhof, Handbuch des Staatsrechts, Bd. VI, S. 1185 ff.; K. Hesse, Grundzüge des Verfassungsrechts der Bundesrepublik Deutschland, 18. Aufl., 1991, S. 175 등이 있다.
1137) BVerfGE 90, 145 (171); 91, 335 (338).

인권을 최대한으로 보장할 의무를 진다」고 규정하였다(제8조). 이는 독일 기본법 제1조 1항을 모방한 것이라고도 하겠다.

이 규정 외에도 제헌 헌법 제28조 1항의 규정을 그대로 유지하였다(제32조 1항).

(3) 제5공화국헌법

1980년에 공포된 제5공화국헌법은 제3공화국헌법 제8조의 규정을 개정하여 제9조로 하였다.「모든 국민은 인간으로서의 존엄과 가치를 가지며, 행복을 추구할 권리를 가진다. 국가는 개인이 가지는 불가침의 기본적 인권을 확인하고 이를 보장할 의무를 진다」고 규정하였다(제9조). 여기서는 행복을 추구할 권리를 추가한 것이 특색이다.

이 밖에도「국민의 자유와 권리는 헌법에 열거되지 아니한 이유로 경시되지 아니한다」는 규정은 그대로 계승하였다(제35조 1항).

(4) 제6공화국헌법

현행 헌법인 제6공화국헌법은 이 두 조문을 변경하지 않았다.

2) 한국에서의 학설

(1) 제1공화국에서의 논의

유진오 교수는「국민이 국가에 대하여 가지고 있는 공법상의 권리·의무 중에도 헌법에 규정된 것은 특히 기본적인 것에 한한다. 국민이 국가에 대하여 가지는 공법상의 권리·의무도 허다하지만 그중에도 특히 중요한 것만을 헌법 속에 규정하는 것이다. 그러나 기본적인 권리·의무만을 헌법 속에 규정하는 것은 그 이외의 공법상의 권리·의무는 함부로 침해되어도 상관없다는 의미는 아니니, 국민의 모든 자유와 권리는 헌법에 열거되지 아니한 이유로써 경시되지는 아니」하는 것이다[1138] (헌법 제28조 1항)고 하면서,「자유권은 헌법에 열거된 것에 국한되는 것이 아님을 주의하여야 한다. 헌법에 열거되지 아니한 자유, 예를 들면 직업의 자유, 왕래의 자유 등에 대하여도 이를 제한하기 위해서는 반드시 법률의 근거를 요하는 것이다. 학자 중에 자유권은 포괄적 권리라 하는 사람이 있는 것은 그 의미인 것이다」[1139]고 하고 있다.

그러나 그는 포괄적 자유권의 근거는 밝히지 않고 있다. 법실증주의가 팽배하던 당시에 제28조 1항을 자유권창설규정으로 본 것은 고육지책이라고 하겠다.

법실증주의의 대표적인 박일경 교수는 자유권의 포괄성을 부인하여야 했었다. 그러나 그는 제28조 1항이 자유권적 포괄성을 창설하고 있다고 보아 포괄적 자유권을 인정하고 있었다.[1140] 그의 이론은 이를 권리창설규정이라고 본 데에 문제가 있다.

1138) 유진오,『신고헌법강의』, 1953, 56/51면.
1139) 유진오, 전게서, 62면.
1140) 박일경,『헌법』.

(2) 제3공화국에서의 논의

제3공화국헌법에서는 인간의 존엄권을 추가하였기 때문에 인간의 존엄권이 헌법 제8조에서 도출되는지 여부가 논란되었다.

① 인간의 존엄의 기본권성 부정설

문홍주 교수는「인간으로서의 존엄과 가치라는 것은 다른 구체적 기본권과 같이 독자적인 내용을 가진 구체적인 권리를 의미하는 것이 아니고, 다른 모든 기본권의 전제가 되는 기본원리의 선언적 의미를 가진 규정이며, 모든 기본적 인권의 이념적인 출발점이요 기본권의 구성원리이다」고 보았다.[1141] 한태연 교수의 입장은 명확하지 않다.[1142] 강병두 교수도 헌법 제8조의 기본권성을 부정하였다.[1143] 박일경 교수도 기본권성을 부인하였다.[1144]

② 인간의 존엄의 기본권성 인정설

김철수는 1965년에 나온 논문에서 인간의 존엄과 가치의 기본권성을 인정하고 있다.[1145] 그는 우리 헌법은「자연법적인 주기본권을 헌법에 선언하고 그 파생적인 기본권을 세밀히 규정한 것이라고 보고 있다. … 인간의 존엄권을 규정한 제8조는 주기본권이며 그 세분화가 제9조에서 제31조까지의 기본권이며, 제32조 1항의「국민의 자유와 권리는 헌법에 열거되지 아니한 이유로 경시되지 아니한다」의 규정은 이미 제8조에 내포되어 있는 원리를 부연한 것에 불과하다고 볼 것이다」고 하고 있다.[1146] 그는 주기본권에서 여러 가지 개별적 기본권이 분화된다고 하였다. 그들 중요한 것으로는 자유권과 평등권, 생존권, 청구권적 기본권, 참정권을 들고 있다. 나아가 자유권도 주자유권과 개별 기본권으로 분화된다고 보고 서독 기본법 제2조 1항의 규정은 주자유권 규정이라고 한다. 나아가 자유권적 기본권은 일반적인 행동자유권과 그 파생적인 자유권으로 구성된다고 하고 … 우리 헌법상에는 일반적인 행동자유권에 관한 명문 규정이 없으나 제10조의 인신의 자유를 그 내포로 하는 것이라고 보았다.[1147]

이와 같이 일반적 행동자유권에 관하여 언급한 것은 김철수가 처음이라고 하겠다. 이 입장은 그 뒤에도 변함이 없다.[1148]

(3) 제5공화국에서의 논의

제5공화국 헌법에서 행복추구권이 추가되었기 때문에[1149] 인간으로서의 존엄과 가

1141) 문홍주,『한국헌법』, 171면.

1142) 한태연,『헌법』, 222/223면.

1143) 강병두, 인간의 존엄과 가치,『고시계』, 1964년 11월호, 74면.

1144) 박일경,『헌법』.

1145) 김철수, 기본권의 체계,『서울대 법학』, 1965.

1146) 김철수, 전게 논문; 김철수,『헌법학연구』, 1969, 113면 이하.

1147) 김철수, 전게서, 138면.

1148) 김철수,『헌법학개론』(1973), 220면.

1149) 행복추구권의 추가에 대해서는 비판적 견해가 있다(권영성,『헌법학원론』, 1988, 344면 각주 1; 허영,『한국헌법론』, 1988, 320면). 그러나 이것은 인간의 존엄과 가치조항의 인권성을 부정한 당시에

치 · 행복추구권의 법적 성격에 대해서 학설이 변경되기 시작하였다.

① 기본권성 부정설

박일경 교수는 헌법 제9조의 법적 성격에 관하여 「제9조는 개인의 주관적 공권을 의미하는 어떤 구체적 기본권을 부여하는 것이 아니라 객관적 헌법의 최고원리를 선언한 것이라고 보는 것이 타당할 것이다」고[1150] 하면서, 「행복추구권은 우리 헌법에서는 개개의 다른 기본권과 경합하는 독자적인 구체적 기본권도 아니고 개개의 기본권이 타당하지 아니하는 경우에 이를 보충하는 독자적인 구체적 기본권도 아니다」고 결론짓는다.[1151]

② 기본권성 인정설

김기범 교수는 「인간으로서의 존엄과 가치는 개별적인 기본권, 즉 주관적 공권이기도 하고, 또 모든 기본권 조항에 적용될 수 있는 일반원칙의 역할도 할 수 있음을 긍정하여야 할 것이다」고 하고 있다.[1152]

김철수는 계속 기본권성을 인정하고 있다. 「우리 헌법에서 행복추구권을 존엄과 가치실현을 위한 수단으로 보고 있는 것은 인간존엄과 행복추구가 불가분리의 관계에 있음을 도외시한 점에서 옳지 못하며, 존엄과 가치 · 행복추구권을 합하여 포괄적 기본권이라고 보아야 할 것이다」고 하고,[1153] 나아가 「협의에 있어서의 행복추구권은 신체의 불훼손권, 일반적 행동자유권, 생존권 등을 포함하는 권리라고 하겠다. 이러한 권리는 포괄성을 가지는 것으로 이를 구체화 · 개별화시키기는 극히 어렵다고 하겠다」고[1154] 하고 있다. 또 「헌법 제35조 1항의 규정의 유무에 관계없이 자유권은 전국가적 권리이며, 이에는 포괄적인 일반적 행동자유권이 있고, 이에 개별적인 자유권이 헌법에 예시되고 있는 것이라고 보아야 할 것이다. 따라서 주자유권으로서의 일반적 행동자유권은 포괄적인 권리이며, 그 파생적인 권리가 개별적인 자유권이라고 볼 수 있을 것이다」고[1155] 하고 있다. 나아가 일반적 행동자유권의 내용도 열거하고 있었다.[1156]

③ 절충설

문홍주 교수는 인간의 존엄과 가치의 기본권성을 부정하면서도 행복추구권은 포괄적인 기본권으로 인정하고 있다.[1157]

권영성 교수는 「인간의 존엄성 조항은 모든 기본권보장의 궁극적 목적조항이고, 그 밖의 기본권 조항은 인간으로서의 존엄과 가치를 유지하고 실현하기 위한 수단조항이다. 「인간으로서의 존엄과 가치」와 그 밖의 모든 기본권의 관계는 목적과 수단의 관계에

있어서 포괄적 기본권을 보장한 점에서 그 의의가 크다(문홍주, 『제6공화국 한국헌법』, 1990, 212-213면 참조).

1150) 박일경, 『신헌법학원론』(1986), 221면.
1151) 박일경, 전게서, 229면.
1152) 김기범, 『한국헌법』, 125면.
1153) 김철수, 『신판 헌법학개론』(1987), 290면.
1154) 김철수, 상게서, 292면.
1155) 김철수, 상게서, 324면.
1156) 김철수, 상게서, 295면.
1157) 문홍주, 『제5공화국 한국헌법』, 207면, 209면

있다」고 한다.1158) 그는 새로이 규정된 행복추구권은 주관적 권리의 성격을 갖는 것이라고 한다.1159) 나아가「행복추구권은 포괄적 권리이며, 소극적 · 방어적 성질의 권리인 동시에 적극적 성질의 권리이기도 하다」고 한다.1160) 그는 자유권을 천부적 · 초국가적 권리로 보면서 자유권은 실정법적 근거가 있든 없든 당연히 포괄적 성질을 갖는 것으로 이해하고 있다.1161) 그러나 일반적 행동자유권에 대해서는 별로 언급하지 않고 있다.

(4) 제6공화국 헌법에서의 논의

제6공화국 헌법의「인간의 존엄과 가치 · 행복추구권」에 관한 규정은 동일하지만 헌법 재판소 제도를 두었기 때문에 헌재의 판례에 따라 일반적 행동자유권에 관한 논의가 전개되고 있다. 그중 대표적인 것은 헌법재판소의 판례에 대한 찬성과 비판으로 이루어지고 있다.1162) 또 헌법 교과서에서도 헌법재판소의 일반적 행동자유권에 관한 판결이 많이 언급되고 있다.1163)

3) 우리 헌재의 판례 입장

우리 헌법재판소는 일반적 행동자유권에 대하여 여러 차례 언급하고 있다.

(1) 소수의견에서의 언급

헌법재판소는 처음에는 소수의견으로서 일반적 행동자유권을 언급하고 있다. 1990년 1월 15일 선고된 노동쟁의조정법 제13조의 2 등에 대한 위헌심판 사건에서 김진우 · 이시윤 재판관은 소수의견에서「제삼자는 무차별하게 쟁의행위에 관여 못하게 하고 형사제재를 하는 것은 헌법 제10조 전문의 행복추구권의 파생이라고 볼 일반적인 행동자유권 침해가 개성의 자유로운 발현권은 국가안전 · 질서유지 또는 공공복리에 반하지 않는 한 입법 기타 국정상 최대의 존중을 필요로 하는 것이라고 볼 것이다. 보다 구체적으로 본다면 이러한 기본권은 행동이 남의 권리를 침해하거나 합헌적 질서에 위배되거나 또는 선량한 풍속 기타 사회질서에 반하지 않는 한, 입법자도 제약해서는 안 되는 구체적인 것으로 표현의 자유도 그 하나의 예시에 속한다. 하고자 하는 바를 자유롭게 할 수 있는 자유이며 자유사회(Free society)의 이념이기도 한 행동자유권은 자기이익추구의

1158) 권영성, 『헌법학원론』(1988), 295면, 296면.
1159) 권영성, 상게서, 302면.
1160) 권영성, 상게서, 303면.
1161) 권영성, 상게서, 325면.
1162) 예를 들면 김영수, 행복추구권에 관한 비판적 시론, 『현대공법의 연구』, 미봉 김운용교수화갑기념논문집 (1997), 83면 이하; 김영수 · 김일환, 한국헌법상 "일반적 행동자유권 존재여부"에 관한 비판적 검토, 『헌법학연구』제2집(1996), 163면 이하; 김선택, "행복추구권"과 "헌법에 열거되지 아니한 권리"의 기본권 체계적 해석, 『안암법학』창간호(1993), 201면 이하; 김선택, 헌법재판소판례에 비추어 본 행복추구권, 『헌법논총』제9집(1998), 7면 이하.
1163) 상세한 것은 김철수, 『제11전정신판 헌법학개론』(1999), 367면 이하 참조.

행동자유는 물론 타인의 이익추구에 협력하는 행동자유도 포함된다고 할 것이다. …
사회생활과정에서 그 뜻대로 조언·조력 등으로 정당행위를 도와주는 행동의 자유,
특히 표현의 자유가 제약받고 급기야는 개성의 자유로운 발현을 어렵게 하여 "자유사회"
이상의 실현에 제동이 될 것이다」고 하였다.[1164]

이 견해는 그 뒤 1993년 3월 11일의 노동조합법 제45조의 2에 관한 위헌사건에서도
되풀이되고 있다.[1165]

(2) 최초의 다수의견 인정 판결

헌재는 1991년 6월 3일의 화재보험법에 관한 결정에서 일반적 행동자유권을 인정하는
의견을 내었다. 이를 보면 「여기의 행복추구권 속에 함축된 일반적 행동자유권과 개성의
자유로운 발현권은 국가안전보장·질서유지·공공복리에 반하지 않는 한, 입법 기타
국정상 최대의 존중을 필요로 하는 것이라 볼 것이다」고 하고,[1166] 구체적 내용으로서
일반적 행동자유권에는 적극적으로 자유롭게 행동을 하는 것은 물론 소극적으로 행동을
하지 않을 자유, 즉 부작위의 자유도 포함되는 것이라고 하였다.[1167]

이 결정에서 「법률행위의 영역에서는 계약을 체결할 것인가의 여부, 체결한다면 어떠한
내용의, 어떠한 상대방과의 관계에서, 어떠한 방식으로 계약을 체결하여야 할 것인가
하는 것도 당사자 자신이 자기의사로 결정하는 자유뿐만 아니라 원치 않으면 계약을
체결하지 않을 자유, 즉 원치 않는 계약의 체결은 법이나 국가에 의하여 강제받지 않을
자유인 이른바 계약자유의 원칙도 여기의 일반적 행동자유권으로부터 파생되는 것」이라
고 하고 있다.[1168]

(3) 판례로서의 고정

헌재는 1992년 4월 14일 판결에서 일반적 행동자유권은 행복추구권에서 도출된다고
보고 있다.[1169] 「이렇듯 구법 제92조 2항에서 규제 대상이 되는 편의 제공은 그 문헌해석
상 그 적용범위가 넓고 불명확하므로 헌법 제10조 소정의 행복추구권에서 파생하는
일반적 행동자유권을 침해할 수 있다」고 하였다.

또 1993년 5월 13일에 선고된 체육시설의 설치·이용에 관한 법률시행령 제5조(당구장
설치의 위헌성여부판결)에 관한 헌법소원 사건에서 「당구를 통하여 자신의 소질과 취미를
살리고자 하는 소년에 대하여 당구를 금하는 것은 헌법상 보장된 행복추구권의 한 내용인
일반적인 행동자유권의 침해가 될 수 있을 것이다」고 하여 일반적 행동자유권을 인정하고
있다.[1170]

1164) 헌재 1990. 1. 15 선고, 89 헌가 103, 『헌재판례집』 제2권, 4면, 22-23면.
1165) 헌재 1993. 3. 11 선고, 92 헌바 33, 『헌재판례집』 제5권 1집, 29면, 50면.
1166) 헌재 1991. 6. 3 선고, 89 헌마 204, 『헌재판례집』 제3권, 268면, 275-276면.
1167) 헌재 1991. 6. 3 선고, 89 헌마 204, 『헌재판례집』 제3권, 268면, 276면.
1168) 헌재 1991. 6. 3 선고, 89 헌마 204, 『헌재판례집』 제3권, 268면, 276면.
1169) 헌재 1992. 4. 14 선고, 90 헌바 23, 『헌재판례집』 제4권, 162면, 171면.

이 밖에도 18세 미만자의 노래연습장출입을 금지한 것에 대한 결정1171)에서도 일반적 행동자유권을 언급하고 있다. 1997년 3월 27일의 음주측정거부의 자유에 관한 도로교통법 제41조 2항 위헌여부 심판사건에서 「하기 싫은 일(음주측정에 응하는 일)을 강요당하지 아니할 권리를 인정하고 있다. "일반적 행동의 자유는 개인의 인격발현과 밀접히 관련되어 있으므로 최대한 존중되어야 하는 것"」이라고 하고 있다.

또 1998년 5월 28일 결정1172)에서 기부금모집행위도 일반적 행동자유권에 속한다고 하였다. 「우리 헌법 제10조 전문은 "모든 국민은 인간으로서의 존엄과 가치를 가지며, 행복을 추구할 권리를 가진다"고 규정하여 행복추구권을 보장하고 있고, 행복추구권은 그의 구체적인 표현으로서 일반적인 행동자유권과 개성의 자유로운 발현권을 포함하기 때문에(헌재 1991. 6. 3, 89 헌마 204, 판례집 3, 268, 275) 기부금품의 모집행위는 행복추구권에 의하여 보호된다. 계약의 자유도 헌법상의 행복추구권에 의하여 보호된다. 계약의 자유도 헌법상의 행복추구권에 포함된 일반적인 행동자유권으로부터 파생하므로, 계약의 자유 또한 행복추구권에 의하여 보호된다」.

같은 날 부동산을 양수한 자가 소유권이전등기를 할 것인지의 여부를 결정할 자유를1173) 일반적 행동자유권에서 찾고 있다. 즉, 「부동산을 양수한 자는 특별한 사정이 없는 이상 소유권이전등기를 할 것인지 여부를 스스로 결정할 자유가 있다 할 것이고, 이러한 자유는 헌법 제10조에 규정된 행복추구권에 함축되어 있는 일반적 행동자유권의 한 내용을 이루고 있는 것이다」고 하였고, 또 결혼식 하객에게 주류와 음식물을 대접하는 행위도 일반적 행동자유권에 포함되는 것으로 판시하고 있다.1174)

헌재는 결혼식 등에 온 하객들에게 음식물을 접대하는 행위는 인류의 오래된 보편적인 사회생활의 한 모습으로서 개인의 일반적인 행동의 자유영역에 속하는 것이고, 이는 헌법 제10조가 정하고 있는 행복추구권에 포함되는 일반적 행동자유권으로서 보호되어야 할 기본권이라고 하면서 경사 기간 중에 가정의례의 참뜻에 비추어 합리적인 범위 안에서 … 주류 및 음식물의 접대를 금지한 것은 일반적 행동자유권을 침해하는 것이라고 하고 있다.

4. 일반적 행동자유권의 근거와 성격

1) 일반적 행동자유권의 근거

1170) 헌재 1993. 5. 13 선고, 92 헌마 80, 『헌재판례집』 제5권 1집, 365면, 383-384면.
1171) 헌재 1996. 2. 29 선고, 94 헌마 13, 『헌재판례집』 제8권 1집, 126면 이하.
1172) 헌재 1998. 5. 28 선고, 96 헌가 5, 『헌재판례집』 제10권 1집, 541면.
1173) 헌재 1998. 5. 28 선고, 96 헌바 83, 『헌재판례집』 제10권 1집, 624면, 634면.
1174) 헌재 1998. 10. 15 선고, 98 헌마 168, 관보 1998. 10. 28. 자 69면, 73면; 김철수, 『헌법학개론』(제11판, 1999), 368/369면 참조.

(1) 독일

독일에서는 기본권 제2조 1항에서 인격의 자유발현권이 일반적 행동자유권의 근거가 되고 있다.[1175] 이에 대해서는 반론이 없지 않으나 연방헌법재판소의 판례처럼 기본법 제2조 1항에서 일반적 행동자유권이 인정된다고 보아야 할 것이다.[1176]

이에 대해서는 현재 학설이 거의 일치되고 있다. 다만, 기본법 제2조 1항은 일반적 행동자유권뿐만 아니라 일반적 인격권도 보장하고 있다고 본다.[1177] 일반적 행동자유권은 행위를 할 것이냐, 아니냐에 대한 자유로운 결단을 전제로 한다. 이에 대하여 일반적 인격권은 개인적 통합성의 보장이다. 일반적 행동자유권은 행위보장(Aktivitätschutz)인데 대하여, 일반적 인격권은 인격불가침보호(Integritätsschutz)를 말한다.[1178]

(2) 일본

일본에서는 일본국 헌법 제13조의 「생명, 자유 및 행복추구권에 대한 국민의 권리」가 일반적 행동자유권을 보장하고 있다고 본다. 과거에는 「생명, 자유, 행복추구권」을 총칭하여 행복추구권이라고 하면서 이의 내용이 무엇인가가 논의되었다. 이 권리는 헌법의 명문 근거 규정이 없는 권리의 보장 근거로 보는 것이 현재의 통설적 견해이다.[1179]

행복추구권의 내용에 대해서는 일반적 자유설과 인격적 이익설이 대립되고 있다. 일반적 자유설의 주장자로는 하시모토(橋本公亘),[1180] 우치노(內野正幸),[1181] 토나미(戸波江二),[1182] 사카모토(阪本昌成),[1183] 무네스에(棟居快行)[1184] 등이 있다. 인격적 이익설은 행복추구권의 내용을 「인격적 생존」이나 「인격적 자율」에 관하여 필요 내지 불가결한 권리에 한정하고 있다. 이 이론의 대표자로는 사토(佐藤幸治),[1185] 아시베(芦部信喜),[1186] 타케나카(竹中 勳)[1187] 등이 있다.

과거의 다수설은 생명, 자유, 행복추구권을 총칭한다고 보았으나, 오늘날은 생명, 자유, 행복추구권을 나누어 생명권, 자유권, 행복추구권을 개별화하고, 자유권에는 일반적 행동자유권이 포함되어 있으며 열거되지 않은 자유권의 근거조항이라고 보는 소수설이 옳다고 할 것이다.[1188]

1175) 통설. 기본권성을 인정할 것인가에 대해서는 김철수, 『헌법학개론』(제11판), 351면.
1176) 동지: Sachs, Grundgesetz Kommentar, §2 I; Dreier, Grundgesetz Kommentar, Bd. I (1981), S. 110; Jarass, Das Allgemeine Persönlichkeitsrecht im Grundgesetz, NJW 1989, S. 85 ff.
1177) 상세한 것은 Dreier, GG Kommentar, Art. 2 I, S. 164 ff. 참조.
1178) 상세한 것은 H. Dreier, Grundgesetz Kommentar, Bd. I, S. 173.
1179) 상세한 것은 藤井樹也, 『「權利」の 發想轉換』, 316면.
1180) 橋本公亘, 『日本國憲法』, 183-184면.
1181) 內野正幸, 『憲法解釋の論理と體系』, 323-327면.
1182) 戸波江二, 幸福追求權の構造, 『公法研究』58호, 1면 이하.
1183) 阪本昌成, 『憲法理論 II』, 237-242면.
1184) 棟居快行, 幸福追求權について, 『ジュリスト』, 1089호(1996), 184면 이하.
1185) 佐藤幸治, 『憲法 I』, 300면.
1186) 芦部信喜, 『憲法』, 115-117면.
1187) 竹中 勳, 自己決定權の意義, 『公法研究』58호(1996), 28면.

(3) 한국

한국에 있어서는 포괄적 자유권을 헌법 제37조 1항의 열거되지 아니한 자유와 권리 속에서 찾는 경향이 있었다.[1189)1190] 그러나 현행 헌법은 제10조를 두고 있기 때문에 「인간의 존엄과 가치 · 행복추구권」에서 찾는 것이 옳을 것이다.[1191] 다만, 문제가 되는 것은 인간의 존엄과 가치 · 행복추구권에서 그 근거를 찾을 것이냐, 행복추구권에서 그 근거를 찾을 것인가가 문제된다. 인간의 자기결정권은 인간의 존엄과 가치권에서 찾는 것이 옳을 것이나, 생명, 자유에 관한 언급이 빠져 있는 우리 헌법에서는 행복추구권의 한 내포로서 일반적 행동자유권을 찾는 것이 옳을 것이다.[1192]

우리나라에서도 행복추구권의 내용에 관해서는 학설 대립이 있으나,[1193] 일반적 행동자유권이 포함된다는 데에는 합의가 이루어지고 있다.[1194] 이는 한국 헌법재판소의 판례가 중요한 기여를 한 것으로 보인다.

2) 일반적 행동자유권의 성격

(1) 독일에서의 학설 · 판례

독일에서의 통설은 일반적 행동자유권을 포괄적 자유권으로 인정하고 있다. 이러한 명칭으로서는 주자유권(Hauptfreiheitsrecht), 백지자유권(Blankettfreiheitsrecht), 모자유권(Mutterfreiheitsrecht), 또는 원론적 자유권(Generalfreiheitsrecht)이라고 표기된다. 이러한 표현은 포괄적인 행위의 자유(Verhaltensfreiheit)를 인정하는 것이다. 이 자유는 다른 개별적 자유를 포함하는 기본권(Auffangsgrundrecht)으로 인정된다.

기본권체계상 주자유권(Hauptfreiheitsgrundrecht)으로서 헌법상 최고의 가치를 가지고 있다.[1195] 이 일반적 행동자유권은 개별적 자유권에 의하여 포섭되지 않는 모든 흠결을 충족시키는 일반조항으로도 기능한다. 특수자유권은 이 일반적 자유권에서 도출된다고 한다. 기본법 제2조 1항의 광의 해석이론에 따른다면 흠결 없는 가치 · 청구체계를 가지는 의미의 완결된 기본권체계를 형성하고 있다.

일반적 행동자유권은 그 적용에 있어 개별적 기본권에 규정이 없는 경우에 적용되는

1188) 동지: 釜田泰介,「包括的 基本權」; 佐藤幸治 編著,『憲法Ⅱ 基本的人權』, 81면, 96-103면; 棟居快行, 幸福追求權について,『ジュリスト』1089호(1996), 184면.
1189) 동지: 유진오,『신고 헌법강의』, 1953, 62면.
1190) 이 이론은 제37조 1항을 권리창설 규범으로 보는데 문제가 있다. 상세한 것은 김철수,『헌법학개론』(제 11판), 356면 참조.
1191) 상세한 것은 김철수,『헌법학개론』(제11판), 361면 이하.
1192) 인간의 존엄과 가치 · 행복추구권의 내용에 관해서는 김철수,『헌법학개론』(제11판), 361-369면.
1193) 상세한 것은 김영수, 행복추구권에 관한 비판적 시론,『현대 공법의 연구』, 83면 이하.
1194) 다만, 허영 교수만은 일반적 행동자유권은 인정하면서 그 근거를 제37조 1항에서 찾는 것 같다. 이와 반대로 김영수 교수는 일반적 행동자유권 자체를 부정하고 있다(김영수, 상게 논문, 99면 이하).
1195) BVerfGE 7, 405.

것으로서 보충적 의의를 가진다1196)(das "unbenannte" generelle ergänzt die "benannten" speziellen Freiheitsgrundrechte). 이로써 인간의 모든 자유는 기본권으로 보장되고 있으며 개인의 자유의 포괄적인 보호가 이루어지고 있다고 본다.

(2) 한국에서의 논의

우리나라 헌법은 일반적 행동자유권에 관하여 명문의 규정을 두지 아니하고 있으나 학설과 판례는 행복추구권에서 일반적 행동자유권을 도출해 내고 있다. 따라서 일반적 행동자유권의 성격은 행복추구권의 성격과 같다고 하겠다.

문홍주 교수는 먼저 인간존엄과 행복추구권과의 관계에 대하여 「우리 헌법은 인간이 존엄과 가치를 가진다고 하고 뒤이어 행복을 추구할 권리만을 규정하고 있다. … 그러므로 행복을 추구할 권리라는 것은 평등권, 자유권, 생활권 등과 독립한 하나의 권리가 아니라 모든 기본권을 총괄적으로 의미한다」1197)고 한다.

나아가 「행복추구권과 개별적 기본권과의 관계는 일반법과 특별법의 관계에 있다. 개별적인 기본권은 본래 포괄적인 행복추구권에 포함되어 있다가 이것으로부터 유출되어 헌법상 개별적 보장을 받게 되었다고 본다. 이것이 바로 헌법 제37조 제1항의 헌법에 열거되지 아니한 국민의 자유와 권리에 해당한다」고 하여 그 포괄성을 인정하고 있다.

박일경 교수는 행복추구권은 곧 기본적 인권의 총칭이라고 하고, 우리나라에서의 포괄적 자유권의 개념이 실정법상 성립할 수 있는 것은 헌법 제37조 때문이라고 한다.

권영성 교수는 헌법 제37조 1항에서 자유권의 포괄성을 인정하며 여기에서 일반적 행동자유권이 헌법상 보장된다고 하면서 행복추구권의 보충성을 인정하고 있다.1198)

허영 교수는 행복추구권의 권리성을 부인하면서 일반적 행동권의 용어는 쓰고 있으나 이는 부정하고 있는 것으로 보인다.1199)

이에 대하여 김철수는 일찍부터 일반적 행동자유권을 인정하면서 이를 주자유권으로 인정하였다. 「이 주자유권은 개인의 자유에 대한 포괄적인 보호를 의미하는 것으로, 이러한 자유권인 일반적 행동자유권에서 헌법이 명문으로 인정하지 않은 개별적 자유권들이 파생된다. 우리 헌법상으로는 주자유권인 일반적 행동자유권에 관한 명문규정은 없으나, 헌법 제10조의 인간의 존엄과 가치·행복추구권에서 이러한 일반적 행동자유권이 인정되어 있다고 할 것이다. … 일반적 행동자유권은 포괄적인 자유권이라고 할 것이다. 이러한 일반적 행동자유권은 여러 가지의 파생적인 자유권으로 분화된다」고

1196) Elfes 판결에서 「개별적 생활영역이 기본권으로 보호되지 않는 한도 내에서 개인은 공권력에 의한 자신의 자유권에 대한 침해시 기본법 제2조 1항을 원용할 수 있다」… 이에 따라 모든 사람은 기본법 제2조 1항에서 국가권력의 일반적 행동자유권의 침해에 대하여 항의할 수 있는 보충적 권리성을 인정하고 있다. 또 「개별적 생활영역이 기본권으로 보호되지 않는 한도에서, 개인은 공권력에 의한 자신의 자유권에 대한 침해시 기본법 제2조 1항을 원용할 수 있다」.
1197) 문홍주, 『한국헌법』(1987), 218면 이하.
1198) 권영성, 『헌법학원론』(1996), 360면 이하.
1199) 허영, 『한국헌법론』(1996), 322면.

하고 있다. 그는 나아가 일반적 행동자유권의 보충성을 인정하고 있다. 「일반적 행동자유권을 포함하는 행복추구권은 일반법과 같은 성격을 가지고 개별적인 자유권은 특별법과 같은 성격을 가진다고 할 것이므로, 특별법우선원칙에 따라 특별법인 개별적인 자유권의 규정이 없는 경우에 비로소 일반법인 행복추구권 규정이 적용된다고 하겠다」[1200]고 하고 있다. 나아가 그는 행복추구권의 내용으로서 일반적 행동자유권을 설명하고 있다.[1201]

(3) 소결

위에서 본 바와 같이, 일반적 행동자유권은 주자유권이며 포괄적 자유권이요, 모자유권 또는 원천자유권(Quellenfreiheit)의 성격을 가지는 것이라고 하겠다. 이것은 독일의 판례와 학설에서 지배적인 학설로 되었다.

또 일반적 행동자유권이 다른 자유권과의 관계에서는 일반법과 특별법의 관계가 지배하며, 일반적 행동자유권은 개별적 기본권에 대한 보충적 성격을 띤다고 하겠다.

5. 일반적 행동자유권의 내용

1) 독일에서의 학설·판례

일반적 행동자유권의 내용은 인간의 모든 작위와 부작위를 할 자유이다. 다시 말하면 행위(Tun)와 불행위(Nicht-Tun)를 포함한다는 것이 학설과 판례의 입장이다. 따라서 질적으로 가치있는 행위에 국한하지 않고 인간의 모든 활동(Verhalten)을 포괄적으로 할 수 있는 자유권이다. 기본법 제2조 1항이 인격의 핵심만을 보장한다는 이론은 판례에 대한 비판으로 주장되었다. 인격핵심설의 입장에서는 순수한 정신적이고 윤리적인 인격발현에 관련되는 좁은 개인적 생활영역에 한정하여야 한다고 하였다. 또 구성요건을 너무 광범하게 한다면 무의미(Banalisierung)하게 한다고 공격하였으나, 판례는 계속 광의의 행동자유를 인정하였다.[1202]

학설과 판례에 따른다면 일반적 행동자유권의 범위는 무한정이다. 가치 있는 행동만이 보장되는 것이 아니고 가치 없는 행동도 보장된다고 보아 가치중립적이라고 하였다.[1203]

판례에 의하면 일반적 행동자유권에는 다음과 같은 것이 포함된다. ① 해외여행의

1200) 김철수, 『헌법학개론』(제11판, 1999), 436면.
1201) 김철수, 상게서, 367/368면.
1202) 일반적 행동자유설을 채택한 Elfes 판결에 대하여는 ① 법률에 의하여 인격의 자유발현권이 무제한으로 제한될 수 있어 권리의 공동화(空洞化)를 가져온다는 비판과 ② 기본권이란 원칙적으로 개별적 기본권에 한정된다는 주장과 ③ 일반적 행동자유권의 인정으로 헌법소원의 열거주의적 입장이 침해되며, 남소가 행해지며, 기본권보호를 위한 특별한 제도의 헌법소원의 기능이 침해된다고 하였다.
1203) Murswiek, §2 I in: Sachs, Grundgesetz Kommentar, S. 147.

자유,1204) ② 계약을 체결할 것인가 안할 것인가의 사적 자치,1205) ③ 경제적 경쟁의 자유1206)와 기업가의 처분의 자유 또는 더 일반적으로 말하여 경제적 영역에서의 행동의 자유,1207) ④ 공법적인 강제결사에 가입하지 않을 자유,1208) ⑤ 공공적 사물의 일반적 사용 특히 공로에서의 자동차운행,1209) ⑥ 자동차 동승 알선회사의 운영,1210) 공무원의 부업,1211) ⑦ 선별 없는 소의 목축,1212) ⑧ 숲속에서의 승마1213) 이 밖에도 공로에서의 기부금모집1214) 등 거명되지 않은 자유권도 포함된다고 본다.

2) 우리나라에서의 학설·판례

우리나라에서는 일반적 행동자유권의 내용에 대한 기술이 거의 없다. 다만, 김철수는 이미 1980년 헌법이 행복추구권을 규정하기 이전부터 인간의 존엄과 가치를 주기본권으로 보고, 이 주기본권에서 행복추구권이 나온다고 보고, 헌법 전문에서 행복에의 권리가 인정되며 헌법 제8조(인간으로서의 존엄과 가치규정)가 이를 실정권으로 인정하고 있다고 하였다.1215) 행복추구권에서 일반적 행동자유권을 도출하면서 일반적 행동자유권은 「먹고 싶을 때 먹고, 놀고 싶을 때 놀고, 자기 멋에 살며 자기 멋대로의 옷을 입고 몸을 단장하는 자유 등을 포함하며 자기의 설계에 따라 인생을 살아가고 자기가 추구하는 행복개념에 따라 생활하는 것을 포함한다」고 하였다.1216)

권영성 교수는 이러한 표현이 지나치게 광범하다고 보고 헌법에 열거되지 않은 자유와 권리로서 생명권, 일반적 행동자유권, 평화적 생존권, 휴식권, 수면권, 일조권 등이 있다고 한다. 따라서 사생활 영역에서는 개개인은 그 인격발현을 위하여(인격권) 자유로이 사고하고(사상의 자유) 행동할 수 있으며(일반적 행동자유권) …이라고 하여 일반적 행동자유권을 인간의 인격형성권 속에 포함시키고 있는 듯하다.1217) 이는 독일의 인격영역설에 가까운 것 같다.

1988년 헌법재판소가 성립한 후 헌법재판소는 헌법상의 행복추구권에 관하여 많은

1204) BVerfGE 6, 32 (41 f.).
1205) BVerfGE 8, 274 (328); 65, 196 (210); 70, 115 (123); 74, 129 (151 f.).
1206) BVerfGE 32, 311 (316).
1207) BVerfGE 12, 341 (347); 27, 375 (384); 29, 260 (266f.); 50, 290 (366); 65, 196 (210 f.); 90, 245.
1208) BVerfGE 10, 89 (102); 59, 231 (233).
1209) BVerfGE 30, 235 (238).
1210) BVerfGE 17, 306 (313 f.).
1211) BVerfGE DÖV 1977, 134 (135).
1212) BVerfGE 10, 55 (57 ff.).
1213) BVerfGE 80, 137 (154 ff.).
1214) BVerfGE 20, 150, 154.
1215) 예를 들면 김철수, 『현대헌법론』(1979), 282면.
1216) 김철수, 『헌법학개론』(1982), 295면.
1217) 권영성, 『헌법학원론』(1996), 398면.

판결을 하고 있다.1218) 헌재는 1991년 6월 3일의 판결에서 「행복추구권 속에는 일반적 행동자유권과 개성의 자유로운 발현권이 있음을 인정하고, 일반적 행동자유권에는 적극적으로 자유롭게 행동을 하는 것은 물론 소극적으로 행동을 하지 않을 자유, 즉 부작위의 자유도 포함되는 것」이라고 하였다. 또 2월 26일의 결정에서 성적 가지결정권을 인정하고 있다.

그 뒤 헌법재판소는 많은 판결에서 일반적 행동자유권의 내용을 추가하고 있다. 예를 들면 ① 계약의 자유,1219)1220) ② 당구를 칠 자유,1221) ③ 노래방 출입의 자유,1222) ④ 기부금품 모집행위의 자유,1223) ⑤ 음주측정거부와 같은 하기 싫은 일을 강요당하지 않을 자유,1224) ⑥ 상속개시 후 3월 이후에도 상속포기를 할 수 있는 자유,1225) ⑦ 결혼식에 온 하객들에게 음식물을 제공하는 자유1226) 등을 들고 있다.

3) 소결

일반적 행동자유권의 내용은 독일 연방헌법재판소와 우리 헌법재판소의 판결과 같이 모든 행위를 할 자유와 행위를 하지 않을 자유를 말한다고 하겠다. 따라서 그 내용은 불확정이며 입법자나 해석자에 의하여 그 내용이 확장될 수 있는 것이다. 이러한 행동은 가치적인 행동만이 아니고 비가치적인 행동도 포함된다. 다만, 이러한 행위가 위헌적이거나 반윤리적인 경우에는 제한할 수 있다고 하겠다.

6. 일반적 행동자유권의 제한

1) 독일에서의 논의

(1) 제한 근거

일반적 행동자유권은 무제한적인 것이 아니고 일정한 한계를 가진다. 독일 기본법 제2조 1항은 처음부터 인격의 자유발현권이 타인의 권리를 침해하지 아니하고 적헌법적 질서나 도덕률에 저촉되지 않는 범위 내에서만 보장됨을 명시하고 있다.

따라서 일반적 행동자유권은 타인의 권리, 적헌법적 질서, 도덕률에 의하여 제한된다.

1218) 상세한 것은 김선택, 헌법재판소판례에 비추어 본 행복추구권, 『헌법논총』 제9집(1998), 7면 이하 참조.
1219) 헌재 1991. 6. 3 선고, 89 헌마 204, 『헌재판례집』 제3권, 268면, 276면.
1220) 상게 판례 『헌재판례집』 제3권, 278면, 276면.
1221) 헌재 1993. 5. 13 선고, 92 헌마 80, 『헌재판례집』 제5권 1집, 365면, 383-384면.
1222) 헌재 1996. 2. 29 선고, 94 헌마 13, 『헌재판례집』 제8권 1집, 136면, 145면.
1223) 헌재 1998. 5. 28 선고, 96 헌가 5, 『헌재판례집』 제10권 1집, 541면.
1224) 헌재 1997. 3. 27 선고, 96 헌가 11, 『헌재판례집』 제9권 1집, 245면, 264면.
1225) 헌재 1998. 8. 27 선고, 96 헌가 22 등 병합, 『헌재공보』(1998), 693면 이하.
1226) 헌재 1998. 10. 15 선고, 98 헌마 168, 『헌재공보』(1998), 798면 이하.

① 타인의 권리

인격의 자유발현권은 타인의 권리를 침해할 수 없다. 타인의 권리란 모든 사법상의 권리를 말하며 단순한 이익은 포함되지 않는다. 공공의 이익(Allgemeineinteresse)은 타인의 권리에 속하지 않는다. 공공복리(Gemeinwohl)의 보호는 적헌법적 질서에 속한다. 모든 타인의 권리는 적헌법적 질서의 구성요소이므로, 이에 의한 제한은 특별히 강조되지 않는다.

② 적헌법적 질서(Die verfassungsmäßige Ordnung)

적헌법적 질서란 모든 형식적·실질적인 적헌법적 법규의 총체를 말한다. 환언하면 적헌법적 법질서이다. 일반적 행동자유권의 광범한 구성요건으로 말미암아 적헌법적 질서에 의한 광범한 제한이 필요하게 된다. 적헌법적 질서에 의한 제한이란 실질적으로는 단순한 법률유보와 같다. 여기서의 법률은 의회가 제정한 법률이어야 하며, 법률보다도 하위법은 이에 포함되지 않는다. 따라서 명령이나 규칙으로서는 제한할 수 없다.

③ 도덕률(Das Sittengesetz)

일반적 행동자유권이 저촉되어서는 안 될 도덕률이 무엇인가에 대해서는 학설이 대립되고 있다. 다수는 이를 전통적인 도덕개념과 동치하고 있다. 그러나 도덕개념의 변천 특히 성적 행태의 변화에 따라 문제가 복잡해지고 있다. 소수는 민법상의 양서와 신의·성실(gute Sittten, Treu und Glauben)로 이해하고 있다. 그러나 실제적인 측면에서는 도덕률에 의한 제한을 강조할 필요는 없다. 왜냐하면 도덕률에 대한 침해는 도덕법적 질서의 침해가 되기 때문이다.

(2) 제한의 실제

헌법재판소는 다음과 같은 경우에는 일반적 행동자유권의 제한이 인정된다고 본다.

1) 자동차운전자의 벨트 착용과 오토바이 운전자의 보호모 착용은 자기 상해뿐만 아니라 제3자의 위험을 야기할 수 있거나 사회적 비용을 증가시킨다는 측면에서 허용된다고 하였다.[1227]

2) 외국인의 독일 체류권은 일반적 행동자유권에 속하나 입법자는 이를 제한할 수 있다고 하고, 외국인의 추방에 관해서는 입법자에 의한 규제가 가능하다고 한다.[1228]

3) 대학의 졸업시험강제나 국가시험의 불합격처분 등은 가능하다고 한다.[1229]

4) 골호에 담아 매장하게 하는 묘지강제도 가능하다고 보았다.[1230]

5) 모금행위는 일반적 행동자유권에 속하나 모금금지법에 의하여 제한할 수 있다고 한다.[1231]

1227) BVerfGE 59, 275 (278).
1228) BVerfGE 50, 166 (175 f.); BVerfGE 60, 75 (75 f.).
1229) BVerfGE 58, 257 (274).
1230) BVerfGE 50, 256 (262).
1231) BVerfGE 20, 150 (154).

6) 공적 결사에의 의무가입은 일반적 행동권의 침해이나 공공복리에 의한 기존 결사에의 가입을 의무화하는 것은 가능하다고 하였다.1232)

7) 공해물질의 투기는 행동자유권에 속하기는 하나 환경파괴행위를 금지하는 것은 공공복리를 위한 것이므로 제한은 가능하다고 하였다.1233)

2) 한국에서의 논의

(1) 제한 근거

헌법 제37조 2항은 「국민의 모든 자유와 권리는 국가안전보장·질서유지 또는 공공복리를 위하여 법률로써 제한할 수 있으며, 제한하는 경우에도 자유와 권리의 본질적인 내용은 침해할 수 없다」고 하고 있다. 일반적 행동자유권도 이 자유에 속하기 때문에 일반적 행동자유권도 국가안전보장·질서유지 또는 공공복리를 위하여 법률로 제한할 수 있다.1234)

① 국가안전보장

국가의 안전보장이란 광의로는 국가의 정통성의 유지, 영토의 보전, 국가기밀의 보호유지, 국가기관의 보호 등을 포함하는 개념이고, 협의로는 국가의 존립, 헌법의 기본질서유지만을 말한다. 현행법으로는 국가보안법, 형법상의 국가에 대한 범죄처벌 등을 들 수 있다.

② 질서유지

질서유지를 광의로 해석하는 경우에는 국가질서나 민주적 기본질서가 포함될 것이며 협의로 해석하는 경우에는 헌법질서와 사회질서의 유지만을 말한다고 하겠다. 이에는 헌법의 기본질서유지뿐만 아니라 타인의 권리유지, 도덕질서유지, 사회의 공공질서유지 등이 포함된다고 하겠다.

질서유지를 위한 일반적 행동자유권의 제한법률에는 형법과 집회 및 시위에 관한법률, 윤락행위 등 방지법, 경범죄처벌법 등이 있다.

③ 공공복리

공공복리에는 인류적 복지, 사회적 복지, 국가적 복지 등이 있다. 인류적 복지나 개인적 복지란 위생보건, 전염병예방 등의 복지를 말한다. 이에는 사적 법익도 포함된다. 사회적 복지에는 국민 일반의 건강증진과 생활안정 등을 들 수 있다. 그러나 단순한 공무수행의 편의라든가 국가재정의 절약 등은 공공복리의 개념에 포함될 수 없을 것이다.

공공복리를 위하여 일반적 행동자유권을 제한하는 법률로는 국토이용관리법, 건축법, 도시계획법 등이 있다.

(2) 제한의 실제

1232) BVerfGE 10, 89 (103 f.).
1233) BVerfGE.
1234) 상세한 것은 김철수, 전게서(제11판, 1999), 304면 이하 참조.

헌법재판소는 일반적 행동자유권의 제한을 인정하는 판례를 남기고 있다.

1) 음주측정행위는 싫은 일을 하지 아니할 일반적 행동자유권을 제한하는 것이나 공익을 위한 법률에 의한 제한이기에 합헌이라고 보고 있다.[1235]

2) 전투경찰관에 대하여 시위진압명령을 내리는 것은 일반적 행동자유권을 침해하는 것은 아니라고 하였다.[1236]

3) 국가보안법 제9조 2항이 편의제공을 하는 행위를 처벌하는 것도 한정해석 하에서는 합헌이라고 하였다.[1237]

이 밖에도 많은 법률이 일반적 행동자유권 내지 행복추구권을 제한하고 있으나, 헌재는 합헌이라고 판결하였다.[1238]

3) 소결

위에서 살펴본 바와 같이, 일반적 행동자유권도 절대적인 것은 아니고 비례의 원칙, 과잉금지원칙이 적용되는 한에서 법률로써 제한될 수 있다.

7. 결론

1) 일반적 자유권이냐 개별적 자유권이냐

앞서 본 바와 같이, 기본권의 규정 방식에는 자연권적 규정 방식과 실정권적 규정 방식이 있다.[1239] 미국의 버지니아 인권선언이나 프랑스의 1789년의 인간과 시민의 권리선언 등은 자연권적 규정 방식을 도입하고 있다. 이에 반하여 18·19세기의 헌법 규정들은 실정권적 규정 방식을 채택하고 있다.

제2차 세계대전 후의 기본권 규정 방식은 자연권적 규정 방식에 따르고 있다. 이 방식은 기본권을 천부인권이라고 보고, 이 기본권은 포괄적 성격을 띠고 있다고 본다. 자유권은 그 주기본권의 한 내용이며 이는 일반적 행동자유권과 개별적 행동자유권으로 구성되어 있는데 개별적 행동자유권은 헌법에 열거되어 있는 반면, 일반적 행동자유권은 헌법에 열거되어 있지 않은 자유권의 원천이 되며 개별적 자유권의 모기본권 (Muttergrundrechte)이라고 본다.

실정권적 규정방식은 기본권을 헌법에 의하여 비로소 보장되는 권리로 보고 기본권의

1235) 헌재 1997. 3. 27 선고, 96 헌가 11, 『헌재판례집』 제9권 1집, 264면.
1236) 헌재 1995. 12. 28 선고, 91 헌가 80, 『헌재판례집』 제7권 2집, 851면.
1237) 헌재 1992. 4. 14 선고, 90 헌바 23, 『헌재판례집』 제4권, 162면.
1238) 상세한 것은 김철수, 전게서, 376/377면 참조.
1239) 상세한 것은 김철수, 현행 헌법상의 기본권의 성격과 체계, 『헌법논총』 제8권, 7면 이하.

완결성, 무흠결성을 부인한다. 일반적 행동자유권은 부정되며 헌법에 열거되어 있는 개별적 자유권만이 국가에 대한 방어권(Abwehrrecht)으로 인정된다고 한다. 이러한 규정 방식은 제2차 대전 전의 독일이나 일본 제국헌법들이 채택하고 있던 방식이다.

제2차 대전 후의 일본이나 이탈리아, 독일 등의 헌법은 자연권적 규정 방식에 입각하고 있다. 독일 기본법이 일반적 행동자유권을 규정하고 있다고 하여 우리 헌법도 일반적 행동자유권을 규정하고 있다고 보는 것이 아니라,1240) 자유권은 전국가적이요, 포괄적 권리이기 때문에 자유권 체계상 일반적 행동자유권과 개별적 자유권으로 구분하고 있는 것이다. 이러한 천부인권으로서의 자유권은 일반적 행동자유권으로서 포괄적이며, 헌법에 규정된 개별적 자유권은 그 분화에 불과한 것이며 예시적 규정에 불과하다.

2) 일반적 자유권의 근거와 성격

우리 현행 헌법은 일본 헌법이나 독일 헌법과 같은 자연권적 규정 방식에 입각하고 있으므로 구태여 일반적 행동자유권의 근거 규정을 찾을 필요는 없다. 왜냐하면 헌법에 근거 규정이 없더라도 논리필연상 일반적 포괄적 자유권이 도출되기 때문이다.

우리 학자 중에는 헌법 제37조 1항을 포괄적 자유권의 근거로 보는 사람이 있으나 이는 잘못 본 것이다. 헌법 제37조 1항의 「국민의 자유와 권리는 헌법에 열거되지 아니한 이유로 경시되지 아니한다」고 하여, 문자 그대로 열거되지 아니한 자유권이나 기본권의 근거를 찾는 견해는 이 조항을 권리창설적 규정이라고 보는 법실증주의적 기본권관에 입각한 것이다.

그러나 일반적 행동자유권에 관한 명문의 규정이 있다면 보다 명확할 수 있기에 좋을 것이다. Locke의 사상에 근거한 것으로 보이는 생명, 자유 및 행복추구권은 생명권과 자유권, 행복추구권을 천부의 인권으로 보아 버지니아 인권선언이나 프랑스의 인권선언이 선언한 것이다. 특히 프랑스 인권선언이 「자유는 타인을 해치지 않는 한 모든 것을 할 수 있는데 있다」고 한 것은 일반적 행동자유권을 보장한 것이라고 하겠다. 이 경향에 따른 것이 독일 기본법 제2조 1항이다.

우리 헌법은 미국의 여러 인권선언의 규정을 본받아 「모든 국민은 인간으로서의 존엄과 가치를 가지며, 행복을 추구할 권리를 가진다」고 하고 있다. 인간의 존엄과 가치를 일반적 인격권으로 보는 경우, 행복추구권은 일반적 행동자유권으로 보는 것이 타당할 것이다.1241) 행복추구권의 내용에는 여러 가지가 있으나 우리 헌법재판소의 결정처럼 일반적

1240) 이러한 입장에서 일반적 행동자유권에 관한 논의를 비판하는 사람으로는 김영수 · 김일환이 있다(전게 논문 참조). 그러나 이들은 기본권의 체계성을 무시한 것이요 논리를 망각한 비판이다. 앞서 본 바와 같이, 독일 기본법 이전에 이미 프랑스 인권선언이나 미국 헌법, 일본국 헌법들이 포괄적 자유를 규정하고 있었던 것이다. 우리 헌법도 자유권을 자연권으로 인정하는 이상, 당연히 일반적 행동자유권이 논의되어야 한다.
1241) 상세한 것은 김철수, 전게서(제11판, 1999), 367면 참조.

행동자유권도 한 내용이 될 것이다. 우리 헌법의 규정은 독일 기본법 제2조 1항의 인격의 자유로운 발현권과는 달리, 일반적 인격권을 제외한 일반적 행동자유권이 곧 행복추구권이라고 할 수 있을 것이다.

왜냐하면 일반적 인격권은 인간의 존엄과 가치에서 나오는 것이기 때문이다. 행복추구권의 한 내포인 일반적 행동자유권은 포괄적 자유권이며 다른 개별적 자유권의 원천이라고 하겠다. 그러나 이러한 일반적 자유권의 적용은 개별적 자유권을 적용할 수 없는 경우에 보충적으로 적용된다고 하겠다.

3) 일반적 자유권의 내용과 한계

독일과 한국에서도 인격의 자유로운 발현권이나 행복추구권을 인격의 핵심만 보장하는 것이라고 하여 비판하는 학자도 있으나, 일반적 행동자유권을 보장한다는 독일 헌법재판소와 한국 헌법재판소의 판결은 타당하다고 하겠다. 다만, 일반적 행동자유권이 모든 인간행동의 자유를 내포하는 것이지만 헌법적 질서나 도덕률에 위반되는 것까지 보장하는 것은 아니다. 예를 들어 살인의 자유나 매춘의 자유 등 반사회적 자유는 내재적 한계를 가지는 것이 아니고(일반적 행동자유권의 중립성) 법률에 의하여 제한될 수 있다. 이 경우에도 자유권의 본질적 내용을 제한할 수 없는 것은 물론이다.

일반적 행동자유권은 포괄적 자유권이며 그 개별화는 헌법조항이나 법률조항에 의하여 행해진다. 이 일반적 행동자유권의 제한은 입법자에 의한 법률로 할 수 있으며, 법률에서 제한하고 있지 않는 행동의 자유는 헌법재판관의 판단에 의하여 확장되거나 축소될 수 있다.

4) 결론

이제까지 한국학자들이 경시하고 있는 일반적 행동자유권에 관하여 살펴보았다. 일부 학자는 한국 헌법재판소의 일반적 행동자유권 논의에 대하여 비판적이나 한국 헌법재판소가 일반적 행동자유권의 내포를 확장하고 있는 것은 바람직한 일이라고 하겠다. 이 작은 논문이 불모지에 가까운 일반적 행동자유권 논쟁에 계기를 마련했으면 하는 바람이다.

제7장 생존권적 기본권

제1절 생존권적 기본권의 사상사

1. 생존권적 기본권사상의 원류

인간이 궁핍에서 해방되어 경제적·물질적 생활을 할 권리는 인간의 존엄성과 실질적 평등이라는 점에서 논의되었다. 인간다운 생활을 할 권리에 대해서는 그리스 시대부터 주장되었다. Platon의 이상국가론에서도 이러한 종류의 일종의 권리를 인정하였다.

1) Thomas Aquinas

중세에 와서는 Thomas Aquinas가 생존권을 주장하였는데 이 생존권이란 감축불가능한 생활최저한도를 보장받을 권리라고 보았으며 이를 극궁권(ius extremae necessitatis)이라고 하였다. 그는 생명유지를 위하여 필요한 응급물자의 조달을 구하는 권리를 인정하였다.[1242]

2) Hobbes

Thomas Hobbes는 인간이 자연상태에 있어서는 자력구제에 의하여 각자의 자기보전을 할 수 있었으며, 이 자기보전행위를 정당화하는 권리를 자연권이라고 하였다.[1243] 이 자연권에 따라 각인에게서 선출된 대표자를 통하여 정부를 구성하게 하고, 그 정부에 인간의 생명, 재산, 행복을 수호하도록 하였다고 하였다. 개인의 자연권에 기초한 사회계약에 의하여 정부는 구성되고 정부에게는 국민의 생계에 대하여 배려할 의무를 부과하였다. 이것이 후세의 생존권의 원류로서 인정될 수 있다.

1242) St. Thomas Aquinas, The Summa Theologica.
1243) Hobbes, Th., Leviathan, 1651.

3) Locke

Locke는 Hobbes에 있어서 자연권 → 자연법 → 사회계약의 이론을 계승하면서 약간의 차이를 보이고 있다. 그는 ① 자연은 신에게서 주어진 공유물이다. 개인의 사유재산은 노동에 근거하고 2차적·전래적이다. 생명·신체를 유지하고 남는 소유물은 곤궁한 사람의 생명유지에 이용될 수 있다. 개인의 사고에는 생명·신체의 유지에 필요하다고 하는 한계가 그어진다. 개인의 사유 그 자체도 그 소유자의 생존권확보를 위하여 허용 승인된다. ② 사회계약에 근거하여 국가를 형성하는 것은 평화적 생존권을 확립하려고 하기 때문이라고 했다.

Locke의 자연법사상에 있어 생명·자유·재산이란 근대국가의 기본권체계에 있어서의 전통적 자유 평등에 속하나 이를 보충하여 이해하면 20세기의 생존권의 이념과도 일맥상통한 것이라고 하겠다.[1244]

2. 생존권적 기본권사상의 전개

17·18세기에는 자유권 사상이 팽배하였으나 19세기에 들어와서는 사회적 약자의 생존권보장이 강조되기 시작하였다.[1245]

1) Fichte

Fichte는 생존권에 관하여 체계적으로 파악한 최초의 학자라고 하겠다. 그는 인간의 존재, 생존 그 자체가 자기목적이며 그것은 절대적 존재라고 할 수 있다. 산다는 것은 인간에 있어서 불가양적 권리이며 모든 사람이 이를 가지지 않으면 안 된다.

그는 생존을 위한 조건을 필요로 한다고 하고 있다. 소유권은 일정한 활동·노동에 의하여 취득되어야 하며 이는 생존권으로서의 기반을 이룬다. 살기 위한 물자보장의 전제로서 생존하는데 필요한 일정한 소유를 가지기 위하여 노동이 의무화되고 있다. 노동능력 있는 사람은 모두 노동에 의하여 의식주의 생존 필수 물자를 취득하는 것을 기본으로 한다. 국가는 노동수입을 확보할 수 있도록 적극적으로 배려할 의무를 진다.

그는 불로소득은 타인의 노력에 의하여 생존하는 것이기 때문에 허용되지 않으며 국가는 국민의 인간생활에 있어서는 최저생활의 수준을 유지할 뿐만 아니라 인간다운 존재로서의 권리의 행사에 적합하도록 하여야 한다. 이러한 수준은 인간의 생존 목적 달성에 있어서

1244) Locke, Two treatises of Government, 1760, (new edition), with Introduction and notes by Peter Laslett, 1965. 상세한 것은 下山瑛二, 『人權の歷史と展望』, 34-40면.
1245) 자유권에서 생존권에로의 방향에 대해서는 鵜飼信成, 自由權的基本權から生存權的基本權へ, 『基本的人權』, 77-87면.

불가결이므로 각인에 대하여 평등이 부여되어야 한다. 각인은 인간다운 생활유지의 권리를 가진다. 이러한 생존권을 확보하기 위하여서는 초개인적인 공동체의 이상이 추구되어야 한다고 한다. 그가 말하는 생존권은 자연법적인 것이기는 하나, 현대의 자유국가에 있어서도 시사하는 바가 많은 윤리주의적 이상주의의 산물이라고 하겠다.[1246]

그는 인간다운 생활을 보장하기 위하여서는 자아의 전개에 필요한 문화의 형성과 향수에 관한 권리를 보장받아야 한다고 하고, 인격발전을 위한 생존수준이 유지되어야 한다고 했다.

2) Anton Menger

Anton Menger는 사회주의의 법철학적 요청으로서 경제적 기본권을 제창하고, 그 경제적 기본권은 생존권(Recht auf Existenz), 전노동수익권(Recht auf den Arbeitsertrag) 및 노동권(Recht auf Arbeit)의 3지주로서 구성된다고 하였다.

생존권을 자연권의 하나로서 단순히 은혜에 의한 이익이 아니고 사회의 각자가 가지는 경제적 기본권으로서 소위 법조사회주의의 중심개념으로 되고 있다. 그는 「사회의 각원은 그의 생존에 필요한 물자 및 노무가 타인의 긴절한 적은 욕망의 충족에 제공됨에 앞서 현존 물자에 따라서 그에게 분배되는 것을 요구할 수 있는 권리」를 가지고 있다고 하면서 생존권을 주장하고 있다.[1247]

그는 불로소득의 대부분은 징용해야 한다고 하면서 사유재산제도는 후퇴하고 공동재산제도로 이행해야 한다고 하고 있다.

3) 프랑스의 선각자들

유럽에 있어서는 1891년 로마 법왕이 De Rerum Novarum 회칙을 발표하여 노동자를 인간으로 취급하도록 고용주에게 설교하였다.[1248] 이에 따라 프랑스에서는 1919년 프랑스 기독교노동자동맹(CFT)이 결성되었고, 생존권적 기본권보장을 위한 운동이 전개되었다.

1246) Fichte(1762~1814), Grundlage des Naturrechts, 1796: Fichte, Die Bestimmung des Menschen 1800. 피히테의 생존권사상에 대해서는 南原繁, フィヒテにおける社會主義の理論(三),『國家學會雜誌』54권 12호, 25면 이하.
　　피히테는『봉쇄 상업국가론』(Der geschlossene Handelsstaat, 1800, J. G. Fichtes sämtliche Werke 8 Bde., 1845/6)에서 계획경제 등을 주장하고 있다.
1247) Anton Menger(1841~1906), 멩거의 저작에는『전노동수익권사』와『신국가론』,『가난한 사람의 민법』(이진기 옮김, 2019) 등이 있다. 小林直樹,『憲法の構成原理』, 동, 生存權理論の展望,『法哲學四季報』4호 노동기본권, 96면 이하.
　　Anton Menger, Das Recht auf den vollen Arbeitsertrag, seine geschichtliche Darstellung, 1904.
1248) 이 회칙(回勅)은「노동자의 조건」에 대해서라는 제목이 붙은 것이며 Thomas Aquinas의 교리에서 도출된 것이라 한다.

이 밖에도 Pierre Joseph Proudhon의 영향을 받은 노동자운동이 일어났고, 노동자의 생활향상뿐만 아니라 장래 사회의 재조직까지도 구상하고 있었다. 이것은 Syndicalisme 에 의하여 쟁취되었다.

Durkheim의 영향을 받은 Léon Duguit는 인간은 고립해서는 생활할 수 없으며 연대적 관련에 의하여 결합하기 때문에 공적 부조, 교육, 노동 등에 대하여 국가가 책임을 져야 한다고 하였다. 노동이나 공적 부조 등이 국가의 의무로 되어 생존권에 근거한 급부청구권 이 논의되었다.1249)1250)

4) 영국의 선각자들

영국은 불문헌법이기 때문에 헌법상의 생존권에 관한 논의는 없었다. 그러나 Hobbes 나 Locke에 따른 생존권사상이 발달되기는 하였다.

Blackstone은 절대적 권리를 설명하면서 그중 하나로「개인의 안전의 권리」(The right of personal security)를 들고 있다.「개인의 안전의 권리는 어떤 사람이 그 생명, 사지, 신체, 건강 및 세평을 합법적이고 중단됨이 없이 향수할 수 있는 권리라고 하고 있다. 그는 생명은 생래적인 것이며 모든 개인에 내재하는 권리라고 보았다. 법은 단순히 생명과 사지를 존중하여 이를 향수함에 있어서 모든 사람을 보호할 뿐만 아니라, 나아가 모든 사람에게 생명과 사지를 부양함에 필요한 모든 물건을 공급하는 것이다. 왜냐하면 빈민의 구제(the relief of the poor)를 위하여 제정된 법률에 의하여 공동사회의 비교적 부유한 부분에서 모든 생활의 필수품에 관하여 충분한 공급을 요구할 수 없을 만큼 빈곤하거나 비참한 사람은 없기 때문이다」라고 하면서 현대적인 생존권이 보장되어 있음을 강조하고 있다.1251)

5) 미국의 선각자들

미국 독립선언의 기초자들은 인간의 행복추구권을 강조하였는바 행복추구권은 의회도 이를 침해할 수 없다고 하였다. 이러한 행복추구권의 내용 중에서 빈곤자에 대한 생활배려 와 일반 시민의 복지 증진이 국가의 임무로 중시되었으며 이것이 생존권적 기본권의 원류라고도 하겠다. Paine은 자연권의 주된 권리는 생존의 권리라고 하였다.1252)

1249) 프랑스에 있어서의 생존권사상에 대해서는 Donzelot, J., L'invention du social. Essai sur le déclin des passions politiques, 1994. 주형일 옮김,『사회보장의 발명: 정치적 열정의 쇠퇴에 대한 시론』, 2005. 田中拓道, 박해남 옮김,『빈곤과 공화국: 사회적 연대의 탄생』, 2014. 中村睦男,『社會權法理の形成』, 1973 참조.
1250) 가톨릭사회주의와 법왕의 회칙에 대해서는 Katrougalos, Constitution, Law and Rights in the Welfare State and Beyond, 1998, pp. 81-82 참조.
1251) Blackstone, Commentaries on the Law of England, 1783.
1252) The Complete Writings of Thomas Paine, edited by Philips Froner, 1945 등 참조.

20세기에 들어와 자본주의의 발달에 따라 사회적 계급이 발생하고 빈자나 약자는 인간다운 생활을 영위할 수 없었다. 이에 Roosevelt 대통령이 New Deal 정책을 채택하게 되었고 생존권을 보장하기 위한 여러 입법이 제정되었다. 생존권적 기본권의 헌법적 근거로는 수정헌법 제9조, 적법절차 등을 들고 있으며 판례를 통하여 형성되고 있다.

6) 미국의 현대 이론가

(1) Rawls

Rawls는 『공정으로서의 정의』(Justice as Fairness)를 내용으로 하는 정의론을 주장하고 있다.[1253] 그는 원초상태(original position)를 상정하고 여기에서 몇 개의 기본원리가 선택된다고 한다. 즉, ① 자유의 최대화를 목표로 하는 자유원리(the liberty principle), ② 가장 불리한 입장에 있는 사람들의 이익의 최대화를 기하는 격차원리(the difference principle), ③ 기회의 평등을 지향하는 기회원리(the opportunity principle)가 있다. 그리하여 자유원리는 격차원리나 기회원리에 우선하고, 정의의 원리는 효율성이나 공리성의 원리에 우선하고, 기회원리는 격차원리에 우선한다고 하고 있다.

그는 정당한 배분의 원리(principles of just distribution)에서 이성적인 사회적 최저한의 수요충족을 강조하고 있다. 격차원칙에서 그는 자유시장통제 하에서 각자에게 사회적 최저한(social minimum)을 보장할 의무를 지고 있으며 수입과 부를 배분해야 한다고 하고 있다. 이것을 생존권적 기본권이라고 할 수 있을 것이다.

(2) Michelman

Michelman은 Rawls의 정의론에 따라 헌법상의 복지권(welfare rights)을 도출해 내고 있다. 그는 ① 기회원리에서는 교육을 받을 권리 외에 생활자재, 건강, 환경에 대한 권리가 나온다고 하고, ② 자유원리에서는 기본적인 자유를 향수하기 위하여 필요한 것에 대한 권리가, ③ 공정으로서의 정의의 관념 전체에서 예술, 공예, 스포츠 등에 대한 권리가 나온다고 하였다. 그는 특히 격차원리에서 가장 불리한 입장에 있는 사람들의 이익을 최대화해야 하기 때문에, 빈자에 대한 사회보장, 사회복지의 권리가 인정된다고 하였다(minimum protection의 원리).

Michelman의 견해를 지지하는 사람으로는 Lawrence H. Tribe와 Thomas C. Grey 등이 있다. 반대론자로는 Posner, Frug, Monahan, Bork, Winter 등이 있다.[1254]

1253) Rawls, A Theory of Justice, 1971.

1254) Michelman, F. I., Welfare Rights in a Constitutional Democracy, Washington University Law Quarterly, 1979, p. 659; Michelman, F. I., Constitutional Welfare Rights and A Theory of Justice, Reading Rawls, p. 319; Michelman, "Foreword: On Protecting the Poor Through the Fourteenth Amendment", *Harvard Law Review* 83 (1969), pp. 14-18.
大久保史郎, アメリカ合衆國における人權研究の新動向, F. I. マイケルマンの Constitutional Welfares Rights論について, 長谷川正安編, 『現代人權論, 公法學研究 1』, 137면 이하; 藤井樹也, 『權利の發想轉

제2절 생존권적 기본권을 보장하는 헌법규범

1. 프랑스 인권선언과 헌법규정

1789년의 프랑스 인간과 시민의 권리선언은 자유 · 평등 · 박애를 기치로 하고 있었으나 생존권적 기본권에 대해서는 규정하지 않았다. 그러나 1793년 프랑스 헌법의 「인간과 시민의 권리선언」에서는 공적 구조, 노동의 알선, 노동능력이 없는 시민에 대한 생존수단의 확보에 의한 생활비의 지급(제21조), 교육(제22조) 등에 관해서 규정하고 있다. 여기서는 국민의 권리로서보다는 국가의 의무로 규정되어 있었다.1255)

1848년 프랑스 헌법 제2장 「헌법에 의하여 보장되는 시민의 권리」에 정해진 제13조의 규정은 주목할 만하다. 「헌법은 시민에 노동 및 직업의 자유를 보장한다. 사회는 무상의 초등교육에 의한 노동의 신장, 직업교육, 고용주와 노동자의 관계의 평등, 장래에 대한 대비비축과 신용제도, 농업제도, 임의적 조합, 국 및 도 및 시 · 읍 · 면에 의한 실업자를 고용하는 적절한 공공사업의 설정을 장려하고 조성한다. 사회는 기아, 병약자 및 자산이 없는 노인에 구제를 해 준다. 다만, 그 가족이 구제할 수 없는 경우에 한한다」. 이 규정은 헌법에서 보장되는 시민의 권리라고 하고 있는 점에서 생존권적 기본권보장의 맹아라고 하겠다.1256)

2. 독일 헌법의 생존권적 기본권 규정

1) 프랑크푸르트 헌법

1848년 독일 Frankfurt에서 논의된 독일인의 기본권 선언은 많은 조문을 두고 있었으나 생존권적 기본권에 관해서는 거의 규정하지 않았다.

換』, 394; 猪股弘貴, アメリカにおける「福祉權」と憲法解釋, マイケルマンとボーク論爭に則して, 大須賀明編, 『社會國家の憲法理論』, 135면 이하.

1255) 역사에 대해서는 Loebenstein, E., Rechtsschutz-Soziale Grundrechte, Festschrift für Ermacora zum fünfzigsten Geburtstag, SS. 1-20; Katrougalos, op. cit. 大須賀明編, 『社會國家の憲法理論』, 中村睦男, 生存權, 芦部信喜編, 『憲法Ⅲ 人權(2)』.

1256) 상세한 것은 Nipperdey (Hrsg.), Grundrechte, 3 Bde.; 芦部信喜, 『憲法學Ⅱ, 人權總論』, 20면; 中村睦男, 生存權, 芦部信喜編, 『憲法Ⅲ, 人權 2』, 318면; 影山日出彌, ヴァイマール憲法における「社會權」, 『基本的人權』3, 185면 이하.

2) 바이마르 헌법

1919년의 바이마르 헌법은 이에 반해서 많은 생존권적 기본권을 보장하였다. 바이마르 헌법의 제2편 독일 국민의 기본권 및 기본의무는 「개인」, 「공동생활」, 「종교 및 종교단체」, 「교육 및 학교」, 「경제생활」의 5장(총57개조)으로 구성되어 있다. 그중 생존권에 관한 규정을 보면 다음과 같다.

① 공동생활의 장에서는 혼인은 헌법의 특별한 보호를 받는다고 규정하고, 아이가 많은 가정에는 그에 대한 부조를 구할 권리를 가진다고 하고, 모성의 보호 및 구제를 받을 권리, 비적출자의 보호, 소년의 보호 등을 규정하고 있다.

② 「교육 및 학교」의 장에서는 예술, 학문 및 교수의 자유와 그에 대한 보호, 의무교육의 무상규정을 두고 있고, 빈곤 아동에 대한 장학금 지급 등을 규정하였다.

③ 「경제생활」장에서는 「경제생활의 질서는 모든 사람에게 인간다운 생활을 보장하는 목적을 가진 정의의 원칙에 적합하지 않으면 안 된다. 개인의 경제적 자유는 그 한계 내에서 보장된다」는 원칙규정을 두고, 소유권의 의무화, 토지개량과 기업의 사회화에 관한 상세한 규정을 두고 있다. 또 노동에 관한 권리를 보장하고, 국영보험제도, 생계보호, 중산계급의 보호, 노동자의 공동결정권 등을 규정하였다.

바이마르 헌법의 생존권 보장 규정은 제1차 대전 후의 많은 헌법에 영향을 끼쳤다. 특히 동유럽의 신생국가들이나[1257) 인도 헌법 등에 많은 영향을 끼쳤다.[1258)

3. 제2차 세계대전 이후의 생존권적 기본권 규정

1) 일본 헌법의 생존권적 기본권 규정

1946년의 일본국 헌법은 제3장 국민의 권리 및 의무에서 제25조 이하 제28조까지 생존권적 기본권에 관해서 규정하고 있다.[1259) 헌법 제25조는 「모든 국민은 건강하고 문화적인 최저한도의 생활을 영위할 권리를 가진다. 국가는 모든 생활부면에 있어서 사회복지, 사회보장 및 공중위생의 향상 및 증진에 노력하지 않으면 안 된다」고 하고, 제26조에서 교육을 받을 권리를 규정하고, 제27조에서 노동의 권리, 의무를 규정하고

1257) 그 대표적인 것으로는 1920년의 체코슬로바키아 헌법, 1921년의 폴란드 헌법, 1931년의 스페인 헌법 등을 들 수 있다.
1258) 상세한 입법례에 관해서는 Wiederin, E., Die Weimarer Reichsverfassung im internationalen Kontext, in: Horst Dreier/Christian Waldhoff (Hrsg.), Das Wagnis der Demokratie. Eine Anatomie der Weimarer Reichsverfassung, 2. Aufl., 2018, S. 45-64. 奧貴雄, 『生存權の法理』, 220면 이하; 김철수, 『입법자료교재 헌법』(증보판), 390면 이하 참조.
1259) 일본 헌법과 법률의 생존권에 관한 규정은 전게 中村睦男, 『生存權』, 中村睦男, 『社會權の解釋』 참조.

있다. 또 제28조에서는 노동3권을 보장하고 있다.

2) 이탈리아 헌법의 생존권적 기본권 규정

1948년의 이탈리아 헌법은 생존권적 기본권에 관하여 상세한 규정을 두고 있다. 헌법 제1조에서 「이탈리아는 노동에 기초를 둔 민주공화국이다」고 하고, 제3조 2항에서는 「시민의 자유와 평등을 사실상 제한하고, 인간의 완전한 발전과 국가의 정치적·경제적 및 사회적 조직에의 모든 노동자의 실효적인 참가를 방해하는 경제적 및 사회적인 장해를 제거하는 것은 공화국의 임무이다」고 하고 있다. 나아가 제1부 「시민의 권리 및 의무」라는 장에서 각종의 생존권적 기본권을 보장하고 있다. 예를 들면 가정의 보호(제29조), 청소년의 보호(제31조), 빈곤자에 대한 무상치료의 보장(제32조), 교육을 받을 권리(제33-34조), 노동권(제35조), 자유존엄한 생존을 보장함에 필요한 보수를 받을 권리(제36조), 휴식, 유급 연차휴가의 권리(제36조), 노동에 있어서의 남녀동권(제37조), 여자·미성년 노동자의 보호(제37조), 생존권(제38조), 단결권(제39조), 파업권(제40조)에 관한 보장 등이 규정되어 있다.

3) 독일 기본법의 생존권적 기본권 규정

1949년의 독일 기본법에서는 바이마르 헌법과는 달리 생존권적 기본권에 관해서 규정하지 않고, 자유권적 기본권에 관해서만 규정하고 있다. 그 이유는 기본권이 모든 국가권력을 구속할 수 있게 하기 위한 것이었다(제1조 3항). 다만, 인간의 존엄의 보장(제1조 1항), 생명권의 보장(제2조 2항), 혼인, 가정 및 비적출자의 보호(제6조), 노동자의 단결권보장(제9조)이 규정되었을 뿐이며, 이들은 자유권이나 제도보장으로 이해되었다.

급부청구권으로서의 생존권적 기본권의 근거규정으로는 사회국가원리를 규정한 제20조 「독일연방공화국은 민주적이고도 사회적 연방국가이다」에서 찾으려는 경향이 있다. 제20조 2항에서는 환경보호를 국가목표규정으로 규정하고 있을 뿐이다. 이들 사회국가목표규정에서 권리를 이끌어낼 수 있을 것인가에 대해서는 논란이 있다.[1260]

그러나 약간의 지방 헌법에서는 생존권적 기본권에 관해서 규정하고 있다.[1261]

1260) 상세한 것은 Böckenförde/Jekewitz/Ramm (Hrsg.), Soziale Grundrechte, 1981 참조.

1261) Lange, Soziale Grundrechte in der deutschen Verfassungsentwicklung und in den derzeitigen Länderverfassungen, op. cit., S. 49 ff.; Katrougalos, op. cit., pp. 89-95. 헌법전에 규정하는 것에 회의적인 자: Georg Brunner, Die Problematik der sozialen Grundrechte (J. C. B. Mohr, 1971); Josef Isensee, "Verfassung ohne sozialen Grundrechte", Der Staat, 1980, S. 367 ff.; Wolfgang Rüfner, "Grundrechtliche Leistungsansprüche", Festschrift für Georg Wannagat, 1981, S. 379 ff.; Theoder Thomandl, Der Einbau der sozialen Grundrechte in das positive Recht (J. C. B. Mohr, 1967); Hans Jürgen Wipfelder, "Die verfassungsrechtliche Kodifzierung sozialer Grundrechte", Zeitschrift für Rechtspolitik, 1986, S. 140 ff. 등 참조.

4) 프랑스 헌법에서의 생존권적 기본권보장 규정

1958년에 제정된 프랑스 제5공화국 헌법은 전문의 모두에서「프랑스 인민은 1789년 인권선언에 의하여 정하여지고, 1946년 헌법 전문에 의하여 확인되고 보완된 인간의 권리와 국민주권의 원리에의 애착을 엄숙히 선언한다」고 하고 있어, 제4공화국 헌법 전문의 생존권적 기본권을 계승하고 있다고 하겠다.

1948년 프랑스 제4공화국 헌법 전문은 1789년 헌법 이래의 전통적 자유권을 인정하면서 이에 추가하여 노동의 권리와 의무, 조합의 자유, 법률의 범위 내에서의 파업권, 노동자의 단체교섭권과 기업경영참가권 등을 보장하고 있다.[1262] 이들 전문의 규정은 재판규범으로서의 성격을 가지고 있다.

5) 국제적인 생존권적 기본권 조항

유럽에 있어서는 1961년에 유럽사회헌장이 체결되어 생존권적 기본권에 대한 실정법적 조약화가 이루어졌다. 이 유럽사회헌장은 생존권적 기본권에 관하여 상세히 규정하고 있다.

국제적인 생존권적 기본권 보장에 관해서는 제2차 대전 중의 Philadelphia 선언에서 선언되고 있었다.「모든 인간은 인종, 신조, 또는 성에 관계없이 자유이고 존엄하고 또 경제보장 및 기회균등의 조건에 있어서 물질적 복지 및 정신적 발전을 추구할 권리를 가진다. 이 일을 가능하게 하는 상태의 발현은 국가의 및 국제사회의 정책의 중심 목적이 아니면 안 된다」.

1948년의 세계인권선언은「모든 인간은 탄생하면서 자유이며 존엄과 권리에 있어서 평등하다(제1조)는 것을 전제로 한 위에,「사람은 모두 사회의 일원으로서 사회보장의 권리를 가지」며, 또「자기의 존엄과 자기의 인격의 자유로운 발달에 불가피한 경제적·사회적 및 문화적 권리를 실현할 권리를 가진다」(제22조)고 하고 있다. 특히 사회보장의 권리에 대해서는 제25조에서 보다 구체적으로 규정하고 있다.「(1) 모든 사람은 의식주, 의료 및 필요한 사회적 시설 등에 의하여 자기 및 가족의 건강 및 복지에 충분한 생활수준을 유지할 권리 및 실업, 질병, 심신장해, 배우자의 사망, 노령 기타의 불가항력에 의한 생활불능의 경우에는 보장을 받을 권리를 가진다. (2) 모와 자는 특별한 보호와 원조를 받을 권리를 가진다. 모든 아동은 적출인가 아닌가를 불문하고 같은 사회적 보호를 받는다」.

1966년에 국제연합 총회에서 채택한「경제적·사회적 및 문화적 권리에 관한 국제규약」의 내용은 다음과 같다.

1262) 프랑스의 생존권적 기본권에 대해서는 中村睦男,『社會權法理の形成』, 1973 참조.

제9조, 이 규약의 체약국은 사회보험 기타의 사회보장에 대한 모든 사람의 권리를 인정한다.

제10조, 이 규약의 체약국은 다음의 것을 인정한다. (1) 가능한 한 광범한 보호 및 원조가 사회의 자연 및 기초적인 단위인 가족에 대하여, 특히 가족의 형성을 위하여 및 부양아동의 양육 및 교육에 대하여 책임을 지면서 부여되어져야 한다. (2) 생략, (3) 보호 및 원조를 위한 특별한 조치가 출생 기타의 사정을 이유로 하는 어떠한 차별도 없이 모든 아동 및 연소자를 위하여 강구되어야 한다.

제11조, 이 규약의 체약국은 자기 및 그 가족을 위한 상당한 식량, 의류 및 주거를 내용으로 하는 상당한 생활수준에 관한 및 생활조건의 부단한 개조에 관한 모든 사람의 권리를 인정한다. 체약국은 이 권리의 확보를 위한 적당한 조치를 취하며, 이를 위하여 자유로운 합의에 근거한 국제협력이 극히 중요한 것을 인정한다. (2) 생략.

제12조, 이 규약의 체약국은 모든 사람이 도달가능한 최고 수준의 신체 및 정신의 건강을 향유하는 권리를 가지는 것을 인정한다.[1263)

6) 한국 헌법에서의 생존권적 기본권 규정

우리 헌법도 생존권적 기본권 보장의 세계적 경향에 따라 생존권 보장에 관한 규정을 두고 있다. 즉 전문에서 「모든 사회적 폐습과 불의를 타파하며, 자율과 조화를 바탕으로 자유민주적 기본질서를 더욱 확고히 하여 정치·경제·사회·문화의 모든 영역에 있어서 각인의 기회를 균등히 하고, 능력을 최고도로 발휘하게 하며, 자유와 권리에 따르는 책임과 의무를 완수하게 하여 안으로는 국민생활의 균등한 향상을 기하고」라고 하여 실질적 평등사회 건설의 이념을 천명하고, 제10조에서 「모든 국민은 인간으로서의 존엄과 가치를 가지며, 행복을 추구할 권리를 가진다. 국가는 개인이 가지는 불가침의 기본적 인권을 확인하고 이를 보장할 의무를 진다」라고 하여 기본권보장의 대원칙을 선언하고, 제34조 1항에서 「모든 국민은 인간다운 생활을 할 권리를 가진다」라고 규정함으로써 생존권적 기본권 보장의 대원칙을 선언하고 있다. 또 이를 위하여 「국가는 균형 있는 국민경제의 성장 및 안정과 적정한 소득의 분배를 유지하고, 시장의 지배와 경제력의 남용을 방지하며, 경제주체 간의 조화를 통한 경제의 민주화를 위하여 경제에 관한 규제와 조정을 할 수 있다」(제119조 2항)라고 하여, 국가의 경제적 기능 내지는 의무를 명시하고 있다. 뿐만 아니라 제31조는 교육을 받을 권리, 제32조는 근로의 권리, 제33조는 노동자의 노동3권, 제34조는 사회보장을 받을 권리, 제35조는 환경권 및 주거생활에 관한 권리, 제36조는 혼인과 가족생활에서의 양성평등과 모성, 보건에 관하여 국가의 보호를 받을 권리 등을 규정하고 있다.

1263) 내용은 渡辺洋三, 現代日本法における社會權論, 『福祉國家 4』, 106-108면 참조.

제3절 생존권적 기본권의 법적 성격

1. 독일에서의 생존권적 기본권의 법적 성격론

1) 바이마르 헌법 하의 논의

1919년의 독일 바이마르 헌법은 제151조에서 경제생활의 질서는 모든 사람에게 인간다운 생활을 보장하는 것(Gewährleistung eines menschenwürdigen Daseins)을 목적으로 한다고 하였다. 이 규정에 대해서는 바이마르 헌법학계에서는 이를 입법방침규정(Programmvorschrift)이라든가 장래의 국가목표 규정이라고 인정하였다.[1264]

이 이론에 따르면 생존권적 기본권의 실질은 국민에게 직접 적용되지 않으며, 입법자특히 정부가 국정상에 반영되도록 하는 국가의 지침 내지 강령(Programme)이라고 생각되었다. 특히 제151조에 규정된 「인간다운 생활」 조항에 관해서는 입법자를 수범자로하는 목적규정이라고 하였다. 그 결과 이 규정은 입법에 대한 지침이기는 하나 직접적용될 수 없는 것이라고 하고, 여기서는 구체적 권리는 발생하지 않는다고 하였다.

(1) Carl Schmitt의 이론

Carl Schmitt는 생존권적 기본권을 자유권적 기본권과 대비하면서 생존권적 기본권의법적 효력에 대하여 설명하고 있다. 생존권적 기본권은 사회적 법치국가의 실정권이라고보고 헌법에 의해서가 아니라 이미 입법에 의하여 보장되고 있다고 한다. 생존권적기본권 규정은 입법자에 대한 지침규정이며 해당 분야에서의 행정권과 사법권에 대한지침규정이라고 하였다. 청구권이라고 하더라도 이는 직접적으로 소구할 수 있는 권리가아니라고 하였다.[1265] 그는 이러한 생존권을 효력에 따라 구분하고 있다. 그는 기본적으로모든 국가기관에게 방향을 지시하는 규정이 있다고 하였다. 이러한 규정은 입법, 행정,사법기관에게 각기 다른 상황에 따른 행위와 해석 견지에서도 가능한 한 기능할 수있도록 명령하고 있다고 한다. 그러한 규정으로는 대부분의 부양·구호 규정들이 이에속하며 일부 제도보장 규정이 포함된다고 한다. 이에 대하여 미래목적규정(Zielsetzungen

---

1264) Anschütz, G., Die Verfassung des Deutschen Reichs vom 11. August 1919. 바이마르 헌법하의 생존권에 관해서는 Nipperdey (Hrsg.) Grundrechte, 3 Bde.; E. R. Huber, Deutsche Verfassungs-geschichte, Bd. 6; 影山日出弥, ヴァイマール憲法における「社會權」, 『基本的人權 3 歷史 2』, 185면이하.
1265) Schmitt, C., Grundrechte und Grundpflichten, Verfassungsrechtliche Aufsätze, S. 212-213.

für die Zukunft)이 있는데, 인간다운 생활의 보장규정, 건강한 주거확보규정, 공동경제에 참여할 규정 등이라고 한다. 이러한 목적규정도 법적으로 중요성을 가지고 있다고 한다. 입법기관이나 법적용기관의 차이나 그 내용적 구조의 차이에도 불구하고, 실정법과 현실법에 근거하고 있다고 한다. 왜냐하면 입법자에 대한 헌법의 우위에 따라 입법자는 이에 구속되어야 한다고 했다.

(2) Lehmann의 이론

Lehmann은 생존권적 기본권 규정은 이를 입법의 지침인 동시에 행정상의 법적 지침이라고 이해하였다. 그는 생존권에 관한 제151조에 대해서 다음과 같이 주장하고 있다. 첫째로, 제151조를 단순한 Programm 규정인가, 직접 적용규정인가의 양자택일로 파악해서는 안 된다. 그것은 중층구조를 가지고 있어 Programm으로서는 국정의 지침인 동시에 직접 적용될 수 있는 경우도 있다고 하였다. 둘째, 중층구조를 인정하여 소극적 면과 적극적 면으로 나누어, 적극적인 생존의 향상 등을 위한 경우에는 입법의 방침으로 보고 소극적으로 침해금지의 경우에는 입법과 특히 재판을 구속하는 것으로 보았다. 셋째로, 인간다운 최저한도의 생활재를 무시하는 자의적 차별을 금지하고, 넷째로, 생존권 조항의 완전한 명백한 무시를 하고 있는 경우에는 그 법률을 위헌이라고 보았다.[1266]

바이마르 헌법의 이러한 생존권적 기본권 조항은 헌법재판제도의 미발달과 사회·경제적 여건 때문에 실효적 권리성을 갖지 못했다.

2) 본 기본법 하에서의 논의

1949년의 본(Bonn) 기본법은 생존권에 관한 규정을 두지 않고 연방은 사회적 연방국가라고 규정하고(제20조), 지방도 사회적 법치국가 원칙에 따르도록 하였다. 이 규정은 일반적으로 국가목표 규정으로서 이해되고 있으며 헌법적 위임으로서 파악되고 있다. 독일에서는 생존권에 관한 명문규정을 Bonn 기본법에서 의도적으로 배제하였기에,[1267] 권리성을 부인하고 국가목표규정이나 헌법적 위임규정이라고 한다. 이 설을 주장하는 사람을 예를 들면 Rupp,[1268] Böckenförde,[1269] Badura,[1270] Scheuner,[1271] Müller[1272] 등이

1266) Lehmann, H.; Artikel 151 Abs. 1 Ordnung des Wirtschaftslebens; Nipperdey (Hrsg.), Grundrechte. 3. Bd. S. 126 ff.
1267) 본 기본법은 의도적으로 생존권적 기본권에 관해서 규정하지 않았다. Jahrbuch des öffentlichen Rechts, N. F. 1 (1951) S. 54 ff.; Weber, W., Die verfassungsrechtlichen Grenzen. Sozialstaatlicher Forderungen, Der Staat, Bd. 4 (1965), S. 411 ff.
1268) Rupp, H. H.; Vom Wandel der Grundrechte, S. 177.
1269) Böckenförde, E.-W., Die soziale Grundrechte im Verfassungsgefüge, S. 12 ff. (김효전 옮김, 헌법구조상의 사회적 기본권, 동인, 『헌법·국가·자유』, 1992, 207-222면).
1270) Badura, P., Das Prinzip der sozialen Grundrechte, S. 27 ff.
1271) Scheuner, U., Die Funktion der Grundrechte im Sozialstaat, S. 513.
1272) Müller, J. P., Soziale Grundrechte in der Verfassung, S. 192, 239 ff.

있다.

그러나 사회국가 조항 이외의 생명권(제2조 2항), 인간의 존엄권(제1조) 등 자유권에서 배분참여권(Teilhaberecht)을 도출해 내어 급부청구권(Leistungsrecht)으로 보려는 경향도 있다. Huber, Ule 등이 주장하고 있다.[1273]

일반적으로 생존권적 기본권을 권리로 인정하려고 하지 않는 이유로는 ① 세계적 · 보편적 성격이 없다는 것과, ② 고전적 자유권과 충돌한다는 사실, ③ 그 실현이 경제적 여건에 종속적이란 점, ④ 그 내용이 불명확함으로 침해시 법원에 의한 직접적 구제행위가 불가능하다는 것을 들고 있다.[1274]

(1) Böckenförde의 이론

Böckenförde는 자유권적 기본권과 생존권적 기본권의 이질성을 설명한 뒤, 생존권적 기본권은 직접적 효력을 가진 것이 아니며 직접 소구할 수 있는 것이 아니라고 하면서 그렇다고 하여 법적 구속력이 없는 정치적 강령규정(politische Programmsätze)도 아니라고 하였다. 그는 사회적 기본권은 헌법위임(Verfassungsauftrag)이라고 한다.[1275] 헌법위임은 입법기관과 행정기관인 국가기관에게 향해진 객관법적인 의무라고 한다. 국가기관은 헌법에 의하여 위임된 목적이나 방침(강령)을 적절한 조치(Massnahme)로 실현해야 할 의무를 지나, 그 실현의 방법규모나 형식은 행위하는 기관의 정치적 재량에 따라 행하도록, 즉 정치과정에 위임한 것이다. 그러한 헌법위임의 실효적인 구속력은 3면에 걸쳐 있다. 첫째로, 헌법위임의 목적이나 방침은 정치적 기관의 자유로운 목표선택이나 목적선택은 허용되지 않으며, 헌법위임이 선존하는 것으로 이에 구속된다. 둘째로, 국가기관에 의한 목적이나 방침의 불행사나 중대한 소홀은 금지된다. 셋째로, 목적을 지향하며 행해진 규제나 조치는 헌법적으로 행해져야 한다. 위임실현을 위해 행해진 방도는 대안 없는 파기행위나 축소행위에서 보호된다. 그는 이 헌법위임에서 특정한 적극행위를 요구하는 권한이 아니고 헌법위임에 의하여 획정된 국가기관의 정치적 행동영역의 한계나 구속을 침해한 데 대한 방어권이 도출된다고 한다.

(2) Loebenstein의 이론

이 밖에도 많은 학자들이 국가목표설이나 헌법위임설, 입법위임설, 기본원리성을 주장하여 권리성을 부인하고 있다.[1276] Loebenstein도 기본법 제20조나 제28조의 사회국가 규정은 일반 법률과 같은 실정법 규정의 해석에 의문이 있는 경우, 법적용자에

1273) Huber와 Ule 등의 학설에 대해서는 內野正幸, 社會權の法的性格の歷史的分析,『法律時報』53권 10호, 108면 이하 참조.
1274) Katrougalos, G., op. cit., p. 156, Alexy, R., Theorie der Grundrechte, S. 458.
1275) Böckenförde, E.-W., Die soziale Grundrechte im Verfassungsgefüge, Soziale Grundrechte, S. 14.
1276) Lücke, J., Soziale Grundrechte als Staatszielbestimmungen und Gesetzgebungsaufträge, AöR 107 (1982) S. 15.

게 그 의문을 해결해 주는 해석기준(Auslegungsregel)으로서 작용한다고 한다.1277)
또 지방 헌법에 규정된 생존권적 기본권의 해석에서도 예외는 아니어서 직접 급부청구권
을 인정하는 경우는 없었다.1278)

(3) Ramm의 이론

Thilo Ramm은 생존권적 기본권과 자유권적 기본권의 법적 성격을 엄격히 구분하는
것을 지양하고, 사회적 기본권도 자유권적 기본권과 같은 성격을 가지고 있다고 한다.
사회적 기본권은 추상적인 것으로 감축되고 그리하여 무제한적으로 파악된 자유의 사회적
최저 내용을 확정함으로써 그러한 영역에 있어서의 진정한 자유를 보장한다고 한다.1279)
그는 사회적 기본권의 적극적 내용은 사실적 평등의 법적 보장이라고 한다. 그는 사회적
기본권 없이는 진정한 자유는 존재하지 않는다는 것을 강조하고 있다. 사회적 기본권은
청구권으로서는 자유권의 행사를 확보하는 것이라고 하고 있다. 사회적 기본권은 그의
포괄적 성격에서 자유로운 사회질서의 내용과 목적설정을 표현하고 있다고 한다.

그는 사회적 기본권의 집행력에 따라 두 가지 형태로 구분한다. 첫째는, 청구권(협의의
생존권)을 포함한 인간의 기본적 수요의 최저한을 확보해 주는 절대적 명령과 금지가
상대적으로 적은 핵심 영역1280)과, 둘째로는, 정치적 행위의 구속적인 확정과 제도를
포함하는 국가의 포괄적인 입법위임의 청구권(광의의 사회적 기본권)을 포괄하는 보다
넓은 의미에 있어서의 국가목표 규정으로 나눌 수 있다고 한다. 첫째의 명령과 금지의
핵심 영역은 개인이 직접 법원에 대하여 강행할 수 있다고 한다. 둘째의 경우에는 국가에게
의무만 있고 개인에게는 권리가 없다고 한다. 규정의 수범자는 입법부와 집행부이며
그 재량 결정은 헌법이 규정한 목적을 수행해야 한다고 한다. 이러한 기본권의 법적
의미는 연방헌법재판소의 통제 하에 있다는 것이다. 그럼으로써 입법자의 정치적 결정
영역은 제한된다고 한다.

(4) Alexy의 이론

Alexy는 사회적 기본권을 헌법에서 명문으로 규정되어 있지 않으나 구조적 측면에서
둘로 나눌 수 있다고 한다.

첫째는 권리를 보장하는 규범이고, 둘째는 국가에게 객관적 의무만을 주는 규정이라

1277) 상세한 것은 Müller, Jörg Paul; Soziale Grundrechte in der Verfassung? 2. Aufl., 1981, S. 39
ff.에서 들고 있는 문헌 참조. Loebenstein, a. a. O., S. 10. Maunz, Friedrich Klein, Schlochauer,
v. Mangoldt-Klein도 동지이다.
1278) 지방 헌법의 생존권 조항에 대해서는 Lange, K., Soziale Grundrechte in der deutschen
Verfassungsentwicklung und in den derzeitigen Länderverfassungen, Böckenförde/Jekewitz/
Ramm (Hrsg), Soziale Grundrechte, 1981 참조.
1279) Ramm, T.; Die sozialen Grundrechte im Verfassungsgefüge; Böckenförde/Jekewitz/Ramm
(Hrsg.) Soziale Grundrechte, 1981, S. 26.
1280) 핵심 영역의 보장에 대해서는 Wildhaber, Soziale Grundrechte, Gedächtnisschrift für Max
Imboden, S. 371 ff.

고 했다. 그는 배분청구권을 광의와 협의로 나누어 협의의 배분청구권을 사회적 기본권
이라고 했다. Alexy는 연방헌법재판소가 자유권에서 배분청구권(Teilhaberecht)을
an sich 인정한 것과 마찬가지로, 생존권적 기본권도 광의의 급부청구권이기 때문에
이를 도출해 낼 수 있다고 한다. 인간의 최저한도의 생존권과 같은 것은 prima facie
(일응) 권리로 인정되지만 그것이 현실화되기 위하여는 형량(Abwägung)이 필요하다
고 한다.[1281][1282] 그는 규범에서 권리가 나올 수 있는가에 대해서 검토하고 의무와
결합된 것만을 권리라고 하고 있다. 그는 권리로 되기 위하여서는 8단계로 구분하여
직접적 효력 규정을 가진 것에서 입법방침 규정으로까지 규정할 수 있다고 본다.
그것이 직접적 효력 규정인가 아닌가, 또 구속력이 있는가, 없는가에 대한 판단은
사법부가 할 수 있다고 한다. Alexy도 최소한도의 생존권과 간결한 주거청구권 등은
이를 기본권으로 인정해야 한다고 했다.

3) 생존권적 기본권의 헌법화 노력

유럽 각국에서는 헌법개정을 통하여 생존권적 기본권을 보장하려고 노력하였다. 예를
들면 스위스와 오스트리아, 독일 등이 있다. 스위스 헌법에 생존권적 기본권을 도입하는
안이 만들어졌다.[1283] 오스트리아에서는 헌법개정이 논의되었다.[1284]

독일에서도 환경권 등 생존권적 기본권 보장에 대한 논의가 있었으나, 생존권적 기본권
이 입법, 행정, 사법권을 직접 구속할 수 없다고 하여 헌법화가 좌절되었고, 환경권은
국가목표규정으로서 제20조 2항에 규정되게 되었다.

통일 독일 헌법 제정 시에도 생존권 기본권 규정의 삽입이 주장되었으나, 자유주의자의
반대로 생존권적 기본권이 규정되지 못하였다. 그러나 구동독에 있는 5개 신지방 헌법에
는 생존권적 기본권이 규정되어 있다.[1285]

2. 일본 헌법에서의 생존권의 법적 성격론

일본 헌법에 있어서의 생존권적 기본권의 법적 성격에 관한 논의는 매우 활발하며
매우 다양하였다.[1286] 초기에는 Programm 규정설이 지배하였으나 1970년대부터 추상

1281) Alexy, R., Theorie der Grundrechte, S. 454.
1282) 연방헌법재판소는「자유권을 중핵으로 하는 기본권 카달로그 중에서 기본권이 전통적인 방어권에
그치는 것이 아니고 배분청구권(Teilhaberecht)의 성격도 있다」고 하여 국가에 대한 급부청구권을
인정하고 있다. BVerfGE 33, 303.
1283) 상세한 것은 Müller, J. P., Soziale Grundrechte in der Verfassung? a. a. O.
1284) Loebenstein, a. a. O.
1285) 상세한 것은 김철수, 동독헌법과 통독헌법,『미국헌법연구』제8권, 문홍주교수 8순기념 논문집, 461-
514면 참조.

적 규정설이 통설화되었으며, 1980년대부터 구체적 권리설이 주장되었다.

1) 학설

(1) Programm(입법방침) 규정설

이 학설은 생존권적 기본권의 헌법 규정은 구체적·현실적인 권리를 부여한 규정이 아니라, 그 생존권의 구체화·현실화를 위한 입법에 의해서만 효력을 발생한다고 보아 생존권적 기본권의 헌법 규정은 강령규정으로서 입법자에게 어떤 생존권을 어떻게 규정하라고 하는 등 입법의 방침을 지시하는 Programm(입법방침)규정이라고 보는 설이다.[1287]

이 학설은 기본권 규정을 권리규범과 객관적 법규범으로 분류하고, 후자를 다시 직접적으로 효력을 갖는 규범과 직접적으로 적용되지 않고 집행법률에 의한 현실화를 요하는 규범으로 나누어, 최후의 것을 입법부에 대한 Programm(입법방침)규정이라고 하는데, 헌법상의 생존권 규정은 이에 속한다고 한다.[1288]

이 학설은 그 이유로서 첫째로, 헌법은 추상적인 형태로 생존권을 인정하고 있기 때문에 생존권 실현을 위한 국가의 법률상의 의무가 명확하지 않으며, 이 취지에 따른 입법의 의무가 제2차적으로 발생하는 데에 불과한 것으로, 입법권이 이 Programm(입법방침)을 현실적인 것으로 만들지 아니하는 한에서는 행정권의 구체적 의무는 발생하지 않으며, 입법에 의하여 비로소 국가에 요구할 수 있는 공권이 발생하기 때문이라고 한다. 둘째로, 이 권리를 구체화하는 실질적인 전제가 현행 헌법 체제에는 결여되어 있으므로 생존권은 법원에 대하여 소구하여 실현할 수 없고, 따라서 완전한 의미에서의 권리로 될 수 없기 때문이라고 한다. 셋째로, Programm 규정설은 특히 생존권의 실현에 있어 국가의 재정적·예산상의 뒷받침에 크게 의존하므로 헌법의 생존권 규정은 국가의 경제능력이 이에 수반되지 않으면 그 생존권의 실현이 어렵고, 따라서 생존권은 장래에 대한 사회정책의 기본방침이나 원리를 의미할 뿐이기 때문이라는 것이다. 그러나 일부 학자는 Programm일 뿐만 아니라 입법·행정·사법의 3권에 대한 해석기준이라고도 보고 있다.

일본에서는 생존권을 자연권으로 보는 경향이 있는데, 이들 학자들도 자연권에서 유래하는 생존권이 직접적 구속력을 가지는 것으로 보지는 않고 있다.[1289]

일본 판례에서는 이 Programm설을 채택한 것이 많다.[1290]

1286) 상세한 것은 奥貴雄, 『生存權の法的性質論』, 1985; 內野正幸, 社會權の法的性格論の歷史的分析(1)(2), 『法律時報』제53권; 池田政章, プログラム規定における消極性と積極性, (1)(2), 『立教法學』3호 (1961), 30면.

1287) Murswiek, D., Grundrechte als Teilhaberechte, Soziale Grundrechte; Isensee / Kirchhof, Handbuch des Staatsrechts, Bd. 5, S. 269 ff. 참조.

1288) 伊藤正己, 『憲法入門(新版)』, 165면; 『註解 日本國憲法』, 488면.

1289) 상세한 것은 小林直樹, 『憲法の構成原理』, 288-293면; 牧野英一, 『新憲法と法律の社會化』, 183면; 田中耕太郎, 自然法の過去及びその現代的意義, 『法律哲學論集 II』, 142면.

(2) 권리설

권리설이란 헌법의 생존권적 기본권의 규정은 국가에 대해 법적으로 요구할 수 있는 법적 권리를 개개 국민에게 부여하며, 따라서 그에 대응하는 법적 의무를 국가가 가지고 있다고 보는 설이다. 이 입장을 취하는 경우에도 헌법에 따라 직접 소구할 수 있는가, 입법이 없는 경우에 입법을 강제할 수 있는가에 따라 그 견해가 달라진다.

① 추상적 권리설

이 학설은 생존권적 기본권의 법적 권리성을 인정하되 그 권리성은 추상적 정도에 그친다고 보는 견해이다. 그리하여 이 학설에 따르면 생존권적 기본권의 헌법규정에 따라 국민은 국가에 대하여 추상적 권리를 가지고, 국가는 「입법 기타 국정상 필요한 조치를 강구할」 추상적 의무를 진다고 하는 설이다.[1291] 즉 이 학설은 Programm설이 생존권에 대하여 그 보장수단이 불완전함을 이유로 생존권의 권리성을 부인하는 데에 반대하고 생존권의 권리성을 인정하는바, 그 논거로서 주장하기를, 그러한 불완전성은 생존권에 국한된 것이 아니고 권리 실현을 위해 국가의 작위를 요하는 권리들, 예컨대 재판청구권, 청원권 등에도 마찬가지로 나타나므로, 보장수단의 불완전성을 이유로 생존권의 권리성을 부인할 수는 없다고 한다. 그러나 이 학설은 구체적인 입법이 없는 경우에는 곧바로 헌법의 생존권 규정을 근거로 소송을 통하여 권리를 주장할 수 없다고 하여 생존권의 구체적 권리성을 부인한다. 하지만 이 학설은 헌법상의 생존권 규정이 직접 구체적 권리를 보장하고 있지 않다고 하여 곧 생존권은 법적 권리가 아니라고 하여서는 안 되며, 국민은 국가에 대하여 입법 기타의 조치를 요구할 추상적 권리는 가진다고 한다.

사토(佐藤幸治)는 권리를 배경적 권리 — 추상적 권리 — 구체적 권리로 나누고, 생존권적 기본권은 추상적 권리라고 하고 있다.

생각건대 이 학설도 구체적 입법이 없는 한 재판으로 권리를 청구할 수 없다고 하고 다만, 소극적·자유권적 효과만을 인정하는 점에서는 Programm적 규정설과 큰 차이가 없다고 하겠다.

② 구체적 권리설

이 학설은 생존권을 구체적으로 실현시킬 수 있고 또 요구할 수 있는 권리로 본다.[1292] 이 학설에 속하는 견해들에는 여러 가지가 있다. 즉, ⅰ) 국민의 생존권은 법상의 —

1290) 상세한 것은 奧貴雄, 『生存權の法的性質論』, 42면 이하. 그러나 근자에 와서는 최고재판소의 판례가 추상적 생존권설에 입각한 것으로 보고 있다.

1291) 橋本公亘, 『日本國憲法』, 392면; 佐藤幸治, 『憲法(第3版)』(1995), 622면. 일본의 다수설이다. 江橋 崇·戶松秀典, 『基礎演習 憲法』, 143면; 佐藤功, 『日本國憲法槪說』, 298면; 芦部信喜, 『憲法』(新1版, 1997), 240면; 佐藤幸治, 『憲法』, 486면.

1292) 大須賀明, 『生存權論』, 101면; 中村睦男, 『生存權』, 77면; 高田敏, 『判例演習講座 憲法』, 168면; 辻村み よ子, 『憲法』, 319-320면; 棟居快行, 生存權の具體的權利性, 長谷川編, 『リーディングズ 現代の憲法』, 155면; 藤井樹也, 『權利の發想轉換』, 367면, 418면.

헌법상의 一 권리이며, 이 권리에 대응하여 생존권을 실현시켜야 할 국가의 헌법상의 의무가 생기기 때문에, 국민은 국가에 대해서 생존에 관한 조치 등을 해줄 것을 적극적으로 요구할 수 있고, 국가는 이에 대하여 적극적으로 응할 의무가 있으며, 국가는 적절한 입법을 해야 하며, 입법을 하지 않거나 불충분하게 하면 그것은 헌법에 위반되나 위헌심사의 대상은 되지 않는다고 보는 설, ⅱ) 국민은 입법을 요청할 권리가 있으며, 입법이 존재하지 않는 경우 이는 생존권의 침해가 되어 국민은 국가에 대하여 입법을 요구할 수 있고, 입법이 없으면 입법부작위 위헌확인소송을 제기할 수 있다고 하여 생존권 규정에 구체적인 재판규범적 효과를 부여하려는 설 등이 있다. 나아가 입법부작위에 대해서는 입법소구할 수 있다는 주장도 있다.[1293] 또 입법부작위에 대한 불법행위를 이유로 국가배상을 청구할 수 있다고 한다.

　그러나 일본에 있어서는 헌법재판제도가 없기에 입법부작위 위헌을 정면으로 다룰 수 있는 제도가 없다. 부작위 위헌결정이 나더라도 입법부를 강제할 수 없다는 등의 비판이 나오고 있다.

　이에 대하여 생존권의 자유권적 성격을 강조하여 국가에 의하여 부당히 간섭을 받지 않는 침해배제청구권이 있다고 한다. 국가재정이나 예산 등 하위의 법규는 헌법에 따라야 하며, 국민의 생활수준이나 사회적ㆍ문화적인 발달 정도 등을 참작하여 가능한 한, 객관적으로 최저한도의 생활수준을 정하여 이에 대한 예비적 뒷받침을 해야 한다고 주장한다.

　③ 직접적 청구권설

　위헌의 입법부작위에 의하여 국민의 생존권의 실현이 방해되는 경우에는, 국민은 헌법 제25조를 근거로 하여 직접적으로 국가에 대하여 생활부조의 급부를 청구할 수 있다는 설이다.[1294] 이 설에 의하면 법원이 예산(사회보장예산)을 결정하게 되어 타당하다고는 할 수 없다고 한다.

　④ 복합적ㆍ법적 권리설

　이 설은 제25조의 규정을 중층구조를 가지는 것으로 보아 강령적 성격과 권리성을 아울러 가진다는 것이다.[1295] 그리하여 생존권은 ① 강령적 효력, ② 해석지침적 효력, ③ 재판규범적 효력, ④ 사회권적 효력, ⑤ 자유권적 효력 등에 있어서 특수한 성격을 가지며, ⑥ 사회국가적 이념에 근거한 사회적 약자의 생존보장청구권이며, 자연법에 근거한 인간존엄의 가치를 유지ㆍ존중하는 것을 목적으로 한다고 한다. 협의의 생존권보장을 위해서는 재판상 구제가 가능하다고 한다.

(3) 입법재량설

　일본의 최고재판소는 1982년 결정에서 제25조 1항의 권리의 내용은 국회의 재량으로

1293) 淸水睦, 『要說憲法』, 245면 이하.
1294) 藤井樹也는 일본 헌법 제25조 1항도 권리로 보고, 이 권리의 실현을 위해서는 직접청구, 급부청구도 가능하다고 보고 있다. 전게서, 412면 이하.
1295) 長尾一紘, 『日本國憲法』第3版, 297면; 奧貴雄, 『生存權の法的性質論』, 281면 이하.

결정된다고 하여 이제까지의 Programm설을 대체하였다. 이 이론에 따르면 추상적 권리설이나 구체적 권리설의 구별은 법실천적으로는 거의 무의미하게 되었다고 보고,1296) 소송절차나 심사기준만이 문제가 된다는 설이 있다.1297) 헌법 제25조는 재판규범으로서의 성격을 가지며 위헌성 심사의 경우 엄격한 심사를 해야 한다고 하는 구체적 권리설이 주장되기도 한다.

2) 일본 판례

일본 판결은 여러 가지가 있으나 처음에는 Programm설을 채택하였으나 점차 재량권의 남용의 경우에는 사법심사의 대상이 된다고 보고 있다. 또 평등권 위반으로 위헌심사를 한 경우가 대부분이다.1298)

(1) 최초의 일본 판례

일본에 있어서는 제2차 대전 직후, 「모든 국민이 건강하고 문화적인 최저한도의 생활을 영위할 수 있도록 국정을 운영하여야 할 것을 국가의 책무로 선언한 것에 불과하며, 국가는 개개의 국민에 대하여 구체적·현실적으로 이러한 의무를 갖는 것은 아니며, 이 규정에 의하여 직접으로 개개의 국민은 국가에 대하여 구체적·현실적으로 이러한 권리를 가진 것이 아니다」고 한 뒤 계속 그 판례를 유지하고 있다.1299)

(2) 최고재판소 朝日소송

첫째, 헌법 소정의 생존권은 「직접 개개의 국민에 대하여 구체적인 권리를 부여한 것은 아니다. 둘째로, 구체적 권리로서는 생활보호법에 의하여 비로소 부여되는 것이다. 셋째로, 생활보호법에 근거한 보호수급권은 후생대신이 정하는 기준에 따라 설정되나 이 보호기준의 설정은 "무엇이 건강하고 문화적인 최저한도의 생활"인가는 추상적·상대적 개념이므로, 다수의 불확정 요소를 종합 고려하여 비로소 결정될 것이다」고 하고 있어 Programm설에 따르고 있다.1300)

(3) 최고재판소 堀木 소송

「헌법 제25조의 규정은 국권의 작용에 대하여 일정한 목적을 설정하고 그 실현을 위한 적극적인 발동을 기대한다고 하는 성질의 것이다. 나아가 이 규정에서 말하는

1296) 奧平康弘, 『憲法 Ⅲ』, 247면.
1297) 野中俊彦外 三人, 『憲法 Ⅰ』, 448면.
1298) 상세한 것은 辻村みよ子, 『憲法』, 320-322면. 평등권 위반으로 판시한 것으로는 소위 牧野 소송이 있다. 이 判決은 1심에서 인용되었고 2심에서 합의가 성립되어 종결하였다. 상세한 것은 東京地判, 1968. 7. 15, 『行集』19권 7호, 1196면 참조.
1299) 最大判 昭 23. 9. 29.
1300) 最大判 昭 42. 5. 24.

"건강하고 문화적인 최저한도의 생활"이라는 것은 극히 추상적·상대적인 개념으로서 그 구체적 내용은 그 때때에 있어서의 문화의 발달의 정도, 경제적·사회적 조건, 일반적인 국민생활의 상황 등과의 상관관계에 있어서 판단 결정되어야 할 것과 함께, 이 규정을 현실의 입법으로서 구체화함에 있어서는 국가의 재정사항을 무시할 수는 없다. 또 다방면에 걸친 복잡 다양한 더욱이 고도의 전문 기술적인 고찰과 그에 근거한 정책적 판단을 필요로 하는 것이다. 따라서 헌법 제25조의 규정의 취지에 따라서 구체적으로 어떠한 입법조치를 강구할 것인가의 선택결정은 입법부의 넓은 재량에 위임되어 있다」고 하여 입법재량설에 입각하고 있다.1301)

3. 한국에서의 생존권의 법적 성격론

1) 학설

우리나라 헌법이론상 생존권적 기본권의 법적 성격에 관한 논의는 매우 활발하였다.1302) 처음에는 Programm설이 지배하다가 1970년대에 추상적 권리설이 지배하였으며, 1990년대 이후 헌법재판소가 기능하면서 구체적 규범설을 채택하고 있다.

(1) 국가목표설, 입법위임규정설, 방침규정설

우리나라에서는 제헌 헌법 시대부터 제2공화국 헌법 때까지는 바이마르 헌법이론에 따라 입법방침규정으로 보았다. 이 이론은 권리성을 부인하는 견해이다.

권리성을 부정하는 일부 학자는 「우리 헌법에 규정되어 있는 사회적 기본권은 주관적 공권이 아니라, 일차적으로 기본 전제를 형성하라는 입법자에 대한 구속적인 헌법위임규정으로 이해할 수 있다」고 한다.1303) 또 「여기서 사용하는 입법위임 규정은 헌법위임규정과 동의어이다」고 한다.1304) 그러나 입법위임 규정과 헌법위임 규정은 달리 보는 것이 일반적이다. 일부 학자는 사회권적 기본권은 헌법위임 규정이라고 한다.1305) 헌법위임은 입법만이 아니라 행정과 사법도 구속한다는 점에서 입법위임과

1301) 最大判 昭 57. 7. 7, 戶松秀典,『憲法の基本判例』, 137면.
1302) 한국에서의 생존권 연구에 관해서는 한병호, 사회적 기본권 50년,『헌법학연구』제4집 제1호(1998. 6), 106-137면 참조. 이에 인용된 문헌 참조. 김욱, 인간다운 생활을 할 권리,『정천 허영교수 화갑기념논문집』, 458-478면. 판례: 일본의 사회보장 관계 판례에 대해서는『사회보험법의 헌법적 문제에 관한 연구』, 347-370면.
1303) 홍성방,『헌법 Ⅱ』, 183면.
    장영수, 인간다운 생활을 할 권리의 보호 범위와 실현구조,『미봉 김운용 교수 화갑기념논문집』, 1997, 410면 (416-417면).
1304) 홍성방, 동면 주 685.
1305) 한수웅, 헌법소송을 통한 사회적 기본권 실현의 한계 - 법적 권리설로부터의 결별,『인권과 정의』1997년 1월호, 70면 (75면); 동,『기본권의 새로운 이해』, 757-788면.

구별된다고 한다.1306) 이러한 이론은 원천적으로는 입법방침규정설과 큰 차이가 없다.

이러한 학설은 생존권 규정이 없는 Bonn 기본법 하에서의 사회적 연방국가, 사회적 법치국가 규정의 해석에서 나오는 국가목표규정설과 거의 같은 것이라고 하겠다. 독일 기본법에서는 생존권 규정이 없기 때문에 사회국가 규정은 국가목표 규정으로서 입법권뿐만 아니라 행정권과 사법권도 구속한다고 본다. 이 국가목표규정(Staatszielbestimmung)은 목표설정규정(Zielsetzungsvorschrift)이라고도 한다.1307)

(2) 원칙규범설 : 상대적 권리설

Alexy의 원칙모델에 따라 사회적 기본권은 일응 개인에게 주관적 권리를 부여하지만 이 권리는 형량을 거친 후에야 비로소 확정적인 권리가 될 수 있다는 것이다. 「즉 사회적 기본권은 권리성을 갖지만 곧바로 확정적인 권리가 되는 것이 아니라, 여러 가지 요소들을 형량하여 각기 다양한 정도로 실현될 수 있다」고 한다.1308) Alexy는 사회적 기본권 중에도 직접적 효력을 가진 주관적 권리와 불완전한 권리, 단순한 입법방침 규정 등으로 8단계로 구분하고 있는데, 이는 입법이나 판례에 의하여 그 구속력이 다를 수 있음을 인정한 점에서 상대적 권리설이라고도 할 수 있다.1309) Alexy는 최소한의 사회적 기본권으로서 생존최저한의 권리, 간결한 주거권, 학교교육권, 직업교육권과 의료보장의 최저한도 등을 들고 있다. 이러한 권리는 재정적으로 보장가능하다고 보았다.

(3) 추상적 권리설

이 설은 생존권적 기본권을 권리로 규정하고 있기 때문에 생존권적 기본권은 법적 권리로서의 성격을 가지나, 이 권리는 입법을 통해 구체화되어야만 현실적인 소구가능한 구체적 권리가 된다고 한다.1310) 이 이론은 초기 일본의 학설·판례에 따른 것이다.

(4) 불완전한 구체적 권리설

이 설은 사회권적 기본권은 자유권적 기본권처럼 직접적 효력을 가지는 완전한 의미의 구체적 권리일 수는 없다고 하더라도, 적어도 일부 청구권적 기본권이나 정치적 기본권과

1306) 계희열, 『헌법학』(중), 620면.
1307) 허영 교수는 사회적 기본권(생활권적 기본권)을 단순한 주관적 권리만으로 이해해서는 아니되고, 우리 헌법의 객관적 질서로서의 사회국가원리가 이들 여러 규정에 의하여 우리나라의 구조적인 원리로 받아들여진 것이라고 보아야 한다고 한다(전게서, 151면). 무슨 설인지 명확하지 않다. 비판으로는 김욱, 인간다운 생활을 할 권리, 『정천 허영교수 화갑기념논문집』, 472-3면 참조.
1308) 계희열, 『헌법학(중)』, 628면; 정태호, 원리(Prinzip)로서의 사회적 기본권: R. Alexy의 원리모델 (Prinzipienmodel)을 중심으로, 『법과 인간의 존엄』 정경식박사 화갑기념논문집, 1997, 238면 (242)면.
1309) Alexy, R., Theorie der Grundrechte, S. 454 ff.
1310) 추상적 권리설은 1970년대까지의 다수설이었다. 유진오, 문홍주, 한태연, 박일경; 정만희, 생존권적 기본권의 법적 성격, 『헌법의 기본문제(I)』, 304면 이하; 문홍주, 『제6공화국 헌법』, 1987, 213면; 윤세창, 『신헌법』, 1988, 154면.

동일한 수준의 불완전하나마 구체적인 권리로서의 성격을 가지는 것이라고 한다. 그 특성으로서 재판규범성은 인정되며 사회적 국가원리를 지향하는 우리나라에서는 추상적 권리로 인정해서는 안 되며, 헌법재판이라는 방법을 통하여 헌법불합치, 입법촉구결정을 할 수 있다고 한다.[1311] 다시 말하면 입법부작위의 위헌성을 주장하는 소송제기가 가능하고 또 재판규범으로서 효력을 갖는다고 한다.

(5) 구체적 권리설

이 설은 「인간다운 생활을 할 권리를 가진다」는 헌법 문언상 그 자체로서 구체적인 기본권성을 가진다는 것이다. 생존권적 기본권도 자유권적 기본권과 같이 구체적으로 입법권, 행정권, 사법권을 구속한다고 한다. 생존권적 기본권은 급부청구권으로서 다른 청구권적 기본권과 같이 소구할 수 있다고 한다.[1312] 특히 헌법소원제도를 규정하고 있는 현행 헌법상 생존권적 기본권의 침해에 대한 사법적 구제가 가능하다고 본다. 입법이 없는 경우 헌법을 근거로 직접 소구할 수 있다고까지는 보지 않는 것 같다.

(6) 절충설 : 복합적 권리와 국가목적규범 중층구조설

일반적인 성격 규명을 기피하고 다양한 입장에서 이를 파악해야 한다고 주장한다. 그리하여 개개 생존권의 내용에 따라 국가목표, 헌법명령, 입법명령, 제도보장, 주관적 공권 등으로 구체화해야 한다고 한다.[1313]

2) 판례

(1) 헌재 판례

① 국가유공자 예우 등에 관한 법률 제9조 본문 사건

「인간다운 생활을 할 권리로부터는 인간의 존엄에 상응하는 생활에 필요한 "최소한의 물질적인 생활"의 유지에 필요한 급부를 요구할 수 있는 구체적인 권리가 상황에 따라서는 직접 도출될 수 있다고 할 수는 있어도, 동 기본권이 직접 그 이상의 급부를 내용으로 하는 구체적인 권리를 발생케 한다고는 볼 수 없다고 할 것이다. 이러한 구체적 권리는 국가가 재정형편 등 여러 가지 상황들을 종합적으로 감안하여 법률을 통하여 구체화할 때에 비로소 인정되는 법률적 권리라고 할 것이다. 이 사건 법률조항은 이러한 구체적

1311) 권영성, 사회적 기본권의 헌법규범성고, ─ 헌법소송의 실현을 위한 원론, 『헌법논총』 제2권, 1991, 177면(200면).
1312) 박일경, 전게서, 330면; 안용교, 인간다운 생활을 할 권리, 『고시연구』, 1978. 2; 구병삭, 『신헌법원론』, 533면; 허영, 전게서, 637면; 허경, 사회적 기본권, 『월간고시』, 1987. 8. 66면.
1313) 김일환은 「사회적 기본권을 실현하는 법률이 존재하지 않더라도 인간의 존엄에 상응하는 최소한의 물질적인 생활의 유지에 필요한 급부를 청구할 수 있는 주관적 권리가 사회적 기본권으로부터 직접 도출될 수 있다고 한다」(전게 논문, 140면; 김광석도 최저생활보장에 관한 권리는 구체적 권리라고 본다. 사회보장법의 헌법적 문제에 관한 연구, 전광석, 전게서, 251면.

권리를 규정하는 것일 뿐, "최소한의 물질생활"의 보장을 내용으로 하는 인간다운 생활을
할 권리를 침해하였다고 할 수 없다」.[1314]

② 군인연금법 제16조 제9항 사건

헌재는 사회보장·사회복지에 대하여 광범위한 입법형성재량이 인정된다고 한다.
「퇴역연금 중 사회보장·사회복지적인 성질을 지니는 부분에 대하여는 그 연금제도의
내용을 결정함에 있어서 시행시기·지급대상·지급정도·복무기간의 계산방법·복무
기간의 소급 여부 내지 그 정도 등은 원칙적으로 입법자가 사회정책적 고려와 국가의
재정 및 기금의 상황 등 여러 가지 사정을 참작하여 폭 넓게 그의 형성재량으로 결정할
수 있는 사항이다」.[1315]

③ 생활보호대상자의 1994년 생계보호기준위헌 확인사건

헌재는 「모든 국민은 인간다운 생활을 할 권리를 가지며 국가는 생활능력 없는 국민을
보호할 의무가 있다는 헌법의 규정은, 입법부와 행정부에 대하여는 국민소득, 국가의
재정능력과 정책 등을 고려하여 가능한 범위 안에서 최대한으로 모든 국민이 물질적인
최저생활을 넘어서 인간의 존엄성에 맞는 건강하고 문화적인 생활을 누릴 수 있도록
하여야 한다는 행위의 지침, 즉 행위규범으로서 작용하지만 헌법재판에 있어서는 다른
국가기관, 즉 입법부나 행정부가 국민으로 하여금 인간다운 생활을 영위하도록 하기
위하여 객관적으로 필요한 최소한의 조치를 취할 의무를 다하였는지의 여부를 기준으로
국가기관의 합헌성을 심사하여야 한다는 통제규범으로 작용하는 것이다. 그러므로 국가
가 인간다운 생활을 보장하기 위한 헌법적인 의무를 다하였는지의 여부가 사법적 심사의
대상이 된 경우에는, 국가가 생계보호에 관한 입법을 전혀 하지 아니하였다든가 그
내용이 현저히 불합리하여 헌법상 용인될 수 있는 재량의 범위를 명백히 일탈한 경우에
한하여 헌법에 위반된다고 할 수 있다」.[1316]

④ 구 국가유공자예우 등에 관한 법률 제9조 위헌법률심판사건

헌재는 이 사건에서도 「헌법 제34조 제1항 소정의 인간다운 생활의 유지에 필요한
급부 이상을 요구할 수 있는 구체적인 권리를 직접 발생케 한다고는 볼 수 없고, 이러한
구체적 권리는 국가가 재정형편 등 여러 가지 상황 등을 종합적으로 감안하여 법률을
통하여 구체화할 때에 비로소 인정되는 법률적 차원의 권리로서 입법자에게 광범위한
입법재량권이 인정되므로 인간다운 생활을 할 권리를 침해했다고는 볼 수 없다」.[1317]

1314) 헌재 1995. 7. 21 선고, 93 헌가 14, 국가유공자 예우 등에 관한 법률 제9조 본문 위헌제청,『헌재판례집』
      제7권 2집, 1면 이하.
1315) 헌재 1996. 10. 31 선고, 93 헌바 55, 군인연금법 제16조 제9항 위헌소원,『헌재공보』1996, 632면
      이하.
1316) 헌재 1997. 5. 29 선고, 94 헌마 33, 생활보호대상자의 생계보호기준에 대한 헌법소원. 그러면서
      「1994년도의 생활보호기준이 일반 최저생계비에 못 미친다고 하더라도 그 사실만으로 곧 그것이 헌법에
      위반된다거나 청구인들의 행복추구권이나 인간다운 생활을 할 권리를 침해한 것이라고는 볼 수 없다」고
      하고 있다. 이 판결을 생존권의 구체적 권리성을 인정했다고 보는 이론이 있다. 사회보장에 관한 헌재
      판결에 대해서는 전광석, '사회보장법에 관한 헌법재판소 결정분석- 사회보장법의 헌법적 문제에 관한
      연구', 231-303면 참조.

⑤ 국민연금법 제52조 위헌확인

헌재는 공무원연금법상 급여의 수급권자에게 그 이상의 급여의 수급권이 발생한 때 수급권자의 선택에 의하여 그중의 하나만을 지급하고 다른 급여의 지급을 정지하도록 한 것은 위헌이 아니라고 판시하였다. 「국민연금은 국민이 인간다운 생활을 할 수 있도록 최저생활을 보장하기 위한 사회보장의 급여로서 법상의 급여액은 국민의 생활수준·물가, 기타 경제사정에 맞추어 최저생활을 유지할 수 있도록 될 수 있으면 많은 급여를 지급하는 것이 바람직할 것이나, 한편 급여에 필요한 재원은 한정되어 있고, 인구의 노령화 등으로 급여대상자는 점점 증가하고 있어, 급여수준은 국민연금재정의 장기적인 균형이 유지되도록 조정되어야 할 필요가 있으므로, 한 사람의 수급권자에게 여러 종류의 연금의 수급권이 발생할 경우, 그 연금을 모두 지급하는 것보다는 일정한 범위에서 그 지급을 제한하여야 할 필요성이 있고, 국민연금의 급여수준은 수급권자가 최저생활을 유지하는데 필요한 금액을 기준으로 결정해야 할 것이다. … 수급권자에게 그 이상의 급여의 수급권이 발생한 때 그 자의 선택에 의하여 그중의 하나만을 지급하고, 다른 급여의 지급을 정지하도록 한 것은 공공복리를 위하여 필요하고 적정한 방법으로서 헌법 제37조 2항의 기본권 제한의 입법적 한계를 일탈한 것으로 볼 수 없고, 또 합리적인 이유가 있으므로 평등권을 침해한 것도 아니다」.1318)

⑥ 국가유공자 등 예우 및 지원에 관한 법률 제20조 2항 위헌확인

헌재는 헌재 1995. 7. 21 선고 93 헌가 14의 결정이유를 부연하면서 광범위한 입법재량권을 인정하고 있다. 「인간다운 생활이라고 하는 개념이 사회의 경제적 수준 등에 따라 달라질 수 있는 상대적 개념이라는 점을 고려하면, 이 사건 규정으로 인하여 헌법 제34조 1항의 인간의 존엄에 상응하는 최소한의 물질생활의 보장을 내용으로 하는 인간다운 생활을 할 권리를 침해하였다고 볼 수는 없어 입법재량의 범위를 일탈한 규정이라고 할 수 없다」고 하고 있다.1319)

(2) 대법원 판결

대법원은 「환경권에 관한 위 규정만으로는 그 보호대상인 환경의 내용과 범위, 권리의 주체가 되는 권리자의 범위 등이 명확하지 못하여 이 규정이 개개의 국민에게 직접으로 구체적인 사법상의 권리를 부여한 것이라고 보기는 어렵고, 사법상의 권리로서의 환경권이 인정되려면 그에 관한 명문의 법률 규정이 있거나 관계 법령의 규정 취지나 조리에 비추어 권리의 주체, 대상, 내용, 행사방법 등이 구체적으로 정립될 수 있어야 할 것이다」고 하고 있다.1320)

1317) 헌재 1998. 2. 27 선고, 97 헌가 10, 97 헌바 42, 97 헌마 354 (병합).
1318) 헌재 2000. 6. 1 선고, 97 헌마 190, 『헌재공보』 제46호」, 38면 이하.
1319) 헌재 2000. 6. 1 선고, 98 헌마 216, 『헌재판례집』 제12권 1집, 622면 이하.
1320) 대판 1995. 5. 23 선고, 94 마 2218, 공 1995, 995(14). 대법원 판결에 대해서는 상게서, 304면, 346면.

3) 사견

(1) 국가목표설, 헌법위임규정설에 대한 비판

국가목표설 내지는 헌법위임규정설은 권리성을 부정하고 있는 점에서 타당하다고 할 수 없다. 이 이론은 헌법상 생존권에 관한 명문 규정이 없는 독일의 '헌법원리규정'의 해석을 차용한 것으로, 생존권의 권리성을 규정하고 있는 한국 헌법의 해석으로는 적합하지 않다.

한국 헌법상에서 주생존권 규정인 헌법 제34조가 「모든 국민은 인간다운 생활을 할 권리를 가진다」라고 하여, 실정 헌법상 명문으로 명백히 「권리를 가진다」라고 규정한 점을 보더라도 부당하다고 하겠다.

그러나 예컨대 「모든 국민은 능력에 따라 균등하게 교육을 받을 권리를 가진다」라는 헌법 제31조처럼 명문으로 「권리를 가진다」고 규정한 경우와, 「모든 국민은 근로의 권리를 가진다」는 헌법 제32조 1항과 같이 명문으로 「권리를 가진다」고 규정한 경우에는 헌법적 권리성을 인정하여야 할 것이다. 환경권에 대한 대법원판결은 「환경권의 내용과 행사에 관하여는 법률로 정한다」는 제35조 2항을 중시한 것으로 보이며, 이 규정은 입법위임규정이라고 할 것이다.

(2) 원칙규범설에 대한 비판

원칙규범설은 생존권적 기본권 중에 일응 주관적 권리를 인정한 점은 옳으나, 여러 가지 요소를 형량하여 그 권리성을 인정하려는 것은 생존권적 기본권의 실현 정도를 상대화한 것으로 해석자마다 달리 해석할 수 있는 여지를 주고 있다. 우리나라에서도 구체적 권리를 잠정적 권리로 보는 견해도 있는가 하면,[1321] 객관적 질서라고 보는 견해도 있어 그 상대성·무원리성을 나타내고 있다.[1322]

(3) 추상적 권리설에 대한 비판

생존권 규정은 국가에 대하여 가능한 한 생존권의 완전한 실현을 위하여 노력하여야 할 책무를 과하는 것이라고 보아야 한다. 국민이 권리는 있으나 직접으로 구체적 청구권을 주장할 수 없고, 법률의 제정에 의하여 비로소 구체적 권리가 된다는 것은 Programm 규정설과 같은 잘못이라고 하겠다. 물론 헌법규정상 형성적 법률유보조항이 있는 경우, 예를 들어 제34조 5항의 「신체장애자 및 질병·노령 기타의 사유로 생활능력이 없는 국민은 법률이 정하는 바에 의하여 국가의 보호를 받는다」와 같은 규정은 추상적 권리규정이라고 할 수 있다. 그러나 추상적 권리설이 주장하는 바와 같이, 「모든 국민은 인간다운

1321) 정태호, 원리로서의 사회적 기본권, 전게서, 238면.
1322) 이덕연, 우리는 왜 「인간다운 생활을 할 권리」를 헌법에 규정하고 있는가? 『헌법판례연구』, 1999, 143-204면. 추상적 권리설 등에 대한 비판으로는 김문현, 전게 논문 참조.

생활을 할 권리를 가진다」고 할 때, 이 생존권은 그 권리 내용이 어느 정도 불명확하기 때문에 행정권을 직접 구속할 수는 없으나, 입법권과 사법권을 구속할 만큼은 명확하다고 하여 재판규범의 성격을 인정하여야 한다는 것은 잘못이고, 공권력의 행사 또는 불행사에 의하여 기본권이 침해된 경우 헌법소원을 할 수 있게 한 점에서 법적 구제수단이 있기 때문에 이를 부정하는 추상적 권리설이 옳다고 하기 힘들다.1323) 헌재의 결정1324)은 인간다운 생활을 할 권리의 권리성을 인정하고 있으나, 광범한 입법재량권에 따른 것으로 보인다. 그러나 입법재량을 지나치게 광범하게 인정하는 경우에는 생존권이 공동화될 수 있다.

(4) 불완전한 구체적 권리설 비판

이 설은 「일부 청구권적 기본권이나 정치권적 기본권과 동일한 수준의 구체적 권리」라고 하고 있는데, 이것이 무엇을 뜻하는지 명확하지 않다. 형사보상청구권이나 청원권 등이 법률로 구체화되어야만 비로소 구체적 권리라고 보는 뜻이라면, 생존권적 기본권도 입법에 의해서만 구체화된다는 의미로 될 것이다. 그렇다면 국가목표설이나 헌법위임설, 추상적 권리설과 구별하기가 힘들 것이다. 헌법재판에 있어서 권리성과 재판규범성을 인정한다면 구체적 권리설과의 차이도 모호해진다.

(5) 구체적 권리설

앞에서 본 바와 같이, 생존권에 관한 헌법 규정은 국가목표 규정과 권리 규정으로 나뉘어 있다. 이것은 헌법조항에 따라 구분할 수 있다.

앞에서 헌법의 생존권에 관한 규정 중에는 국가목표규정이나 헌법위임규정이 없는 것은 아니다. 예를 들면 제34조 제6항의 「국가는 재해를 예방하고 그 위험으로부터 국민을 보호하기 위하여 노력하여야 한다」, 제35조 3항의 「국가는 주택개발정책 등을 통하여 모든 국민의 쾌적한 주거생활을 할 수 있도록 노력하여야 한다」, 제31조 5항의 「국가는 평생교육을 진흥하여야 한다」는 규정과 같은 것이다. 이 규정은 국가에게 의무를 부과하나, 여기에서 국민의 생존권이 직접 나오는 것은 아니다. 권리규정인 생존권은 헌법의 명문에 의하여 규정된 국민의 권리라고 보아야 한다. 생존권도 권리인 이상 만약 개개의 국민에 대한 국가의 구체적 행위가 있고, 그것이 건강하고 문화적인 최저한도의 생활을 침해하고 있는 경우, 개개의 국민이 생존권에 기하여 법원이나 헌법재판소에 소송이나 헌법소원을 통하여 그러한 국가의 적극적 침해행위의 배제를 주장할 수 있는 것은 당연하다. 이 의미에서 생존권은 단순한 추상적 권리에 불과한 것이 아니고 침해배제청구권으로서, 구체적 권리의 측면을 가지고 있고, 재판규범으로서의 측면도 가진다고

1323) 헌재도 생존권적 기본권의 통제규범성, 재판규범성을 인정하고 있다. 헌재 1997. 5. 29 선고, 94헌마 33, 『헌재판례집』 제9권 1집, 543면.
1324) 특히 1995. 7. 21 판결과 1997. 5. 29 판결은 넓은 입법재량권을 인정하고 있다. 이것은 그 뒤의 결정에서도 그대로 유지되고 있다.

하겠다.1325)

또 생존권 조항은 규범 내용이 불명확하기 때문에 생존권적 기본권에 대한 입법조치가 없으면 행정권을 전혀 구속할 수 없다는 설도 부정되어야 할 것이다. 행정권은 법치행정의 원칙이 적용되므로 법률이 없으면 직접적으로 완전히 구속한다고 하기는 힘들 것이나 행정부는 가능한 한 예산을 확보하여 생존권을 실현시킬 의무를 진다고 보아야 할 것이다. 그것은 국가의 재정, 즉 예산은 헌법에 구속되는 성격을 가지기 때문에 예산이 없다고 하여 생존권적 기본권의 법적 권리성을 부인할 수는 없을 것이기 때문이다. 요컨대 법치행정의 원칙에서 보아 법률이 없는 경우에 행정을 직접 구속할 수는 없다고 하겠으나, 입법권과 사법권에 대한 구속을 통하여 입법을 행하게 함으로써 행정권에 대한 구속력을 강하게 인정하는 방향으로 나아가야 할 것이다.

현행 헌법은 헌법소원제도를 인정하고 있고, 헌법재판소법은 공권력의 행사 또는 불행사에 의한 국민의 기본권침해에 대한 헌법소원을 인정하고 있다. 따라서 생존권에 관한 입법부작위에 의하여 국민의 생존권이 침해된 경우에는 헌법소원을 통하여 입법부작위 위헌확인과 권리구제를 받을 수 있다고 하겠다.1326) 헌법재판소가 공권력의 불행사에 대한 헌법소원을 인용한 경우, 피청구인은 결정취지에 따라 새로운 처분을 하도록 규정하고 있기 때문에(헌법재판소법 제75조 4항), 국가는 생존권 침해의 인용결정이 있는 때에는 입법을 해야 할 의무를 진다고 하겠다.

헌법재판소는 헌법소원제도를 활성화하게 함으로써 행정권에 대한 구속력을 강하게 인정하는 방향으로 나아가야 할 것이다. 권리인 이상 사법부에 의한 구제가 행해져야 할 것은 당연하다.

4. 생존권적 기본권의 특성

1) 인간생존에의 권리성

(1) 인간의 존엄권과의 체계적 차이

인간다운 생활을 할 권리는 인간의 존엄한 생활을 할 권리를 말하는 것으로서 인간의 존엄성에서 파생하는 권리라고도 할 수 있다. 인간의 존엄과 가치, 행복추구권은 주기본권인데 대하여 주생존권인 인간다운 생활을 할 권리는 파생적인 권리라고 하겠다.

(2) 협의의 인간의 존엄과 가치, 행복추구와의 관계

1325) 상세한 것은 김문현, 생존권적 기본권에 관한 헌법규정의 규범성-헌재 1997. 5. 29 선고, 94 헌마 33과 관련하여, 『법학논집』(이화여대) 제2권 2호, 1998 참조.
1326) 헌법재판소가 없을 때의 저자의 견해는 김철수, 생존권, 『고시계』1978년 10월호, 51면; 김철수, 생존권적 기본권의 법적 보장, 『고시연구』1987년 7월호, 124면 참조.

행복추구권은 인간의 생존에 관한 기본권이라고도 할 수 있다. 협의의 행복추구권을 자유권으로만 보는 것은 잘못이며, 행복한 생활에는 물질적 생활을 할 수 있는 것도 포함하고 있다.1327)

(3) 자유권적 기본권과의 시대적 차이

자유권적 기본권은 일반적으로 고전적 권리라고 말하여진다.1328) 국제인권법에서는 이를 제1세대의 권리라고 한다. 이에 반하여 생존권적 기본권은 현대적 기본권이라고 하며, 국제인권법에서는 사회적·경제적 권리로서 제2세대의 인권이라고 한다. 자유권에서 생존권이라는 사적 발견을 주장하기도 한다. 경제적 궁핍에 처한 사람에게 경제적 자유나 '소유권보장은 무의미하기 때문에 무산자들에게 생존권을 보장하는 것이 중요하다고 한다.

(4) 자유권적 기본권과의 이념적 차이

자유권적 기본권은 자유주의이념의 산물이며 자연법사상과 국가계약설에 따른 개인주의, 시장경제주의에 입각하고 있다.1329) 이에 대하여 생존권적 기본권은 사회정의, 사회적 평등이념의 산물이며 현대적 사회국가, 복지국가, 사회적 시장경제주의의 근거 하에 발전해 왔다.

2) 국가내적 급부청구권성

(1) 자유권적 기본권과의 성질상 차이

자유권적 기본권은 국가에서의 자유, 전국가적 자유를 근거로 하는 대국가적 권리이다.1330) 생존권적 기본권은 국가 내에서의 권리이다. 자유권은 국가에 대한 소극적 권리로서 국가권력의 침해를 방어하는 방어권이다. 이에 대하여 생존권적 기본권은 국가권력에 의하여 보장되는 권리로 국가에 대하여 급부를 청구할 수 있는 권리이다.

자유권은 국가에 대하여 소극적인 자유방임의 요구에서 나오는 방어권인 데 대하여, 생존권적 기본권은 적극적인 배려·보호를 요청할 수 있는 급부청구권(Leistungsrecht)이라고 하겠다.1331)

1327) 자유권과 생존권의 관계에 대해서는 奧貴雄, 『生存權解釋の原理』, 230-260면.
1328) Loebenstein은 생존권적 기본권과 고전적 자유권과의 관계를 잘 설명하고 있다. Loebenstein, Rechtsschutz=Soziale Grundrechte, Festschrift für Ermacora zum fünfzigsten Geburtstag, S. 1-20 참조.
1329) 헌법재판소는 일관하여 행복추구권에서는 인간다운 생활을 할 권리가 나오지 않는다고 하고 있다. (최근 것은 2000. 6. 1 선고, 98 헌마 216 참조).
1330) 상세한 것은 大須賀明, 國家の積極的關與と憲法的自由, 『21世紀の立憲主義』, 287면.
1331) 김일환은 방어권에서 도출되는 국가의 작위의무는 파생적이나 사회적 기본권의 급부청구에 따른 국가의 작위의무는 본말적이라고 한다. … 방어권이 국가의 작위를, 그리고 사회권이 오히려 국가의 부작위를 요구할 수 있다고 한다(전게서, 137면). Stern, S. 699.

(2) 자유권적 기본권과의 입법상 차이

자유권적 기본권은 법률유보조항이 있더라도 이는 제한유보(Beschränkungs-vorbehalt)이며 자유권제한을 위한 입법위임이라고 할 수 있다. 이에 대하여 생존권적 기본권은 법률유보조항이 있으면 그것은 형성유보(Gestaltungsvorbehalt)라고 한다. 이는 구체화 유보라고도 하겠다. 자유권적 기본권은 입법재량의 여지가 없는데 대하여, 생존권적 기본권의 형성 또는 구체화는 광범한 입법재량 하에 있다고 하겠다. 이 점에서 자유권적 기본권은 정태적 권리인데 대하여, 생존권적 기본권은 동태적 권리라고도 하겠다. 자유권적 기본권의 수범자는 모든 국가권력인데 대하여, 생존권적 기본권의 제'1'차적 수신인은 입법자만이라는 주장도 있다.[1332]

3) 상대적 권리성

(1) 자유권적 기본권과의 효력상 차이

자유권적 기본권은 모든 국가권력을 구속하며 입법권도 이의 형성에는 자유재량권이 거의 없다. 재판규범으로서 입법권, 행정권에 대한 통제력이 강하다. 생존권적 기본권에도 자유권적 측면도 있다고 한다. 생존권적 기본권이 국가권력에 의해서 직접 침해되는 경우에는 배제를 청구할 수 있다. 국가의 적극적 행위를 요구하는 생존권적 기본권은 입법권과 재판권을 구속하기는 하나, 행정부에 직접 급부를 명령하는 청구권은 아니라고 한다. 입법이 없는 경우 헌법에 근거하여 직접 급부를 청구하는 소송은 할 수 없다고 한다. 그러나 생존권적 기본권의 입법부작위에 대해서는 헌법소원은 제기할 수 있다. 생존권적 기본권은 청구권적 성격과 자유권적 성격을 아울러 가진다고 한다. 교육내용의 공권력의 간섭 문제나 환경권 제한 문제와 관련하여 자유권적 성격이 강조된다. 생존권적 기본권의 자유권적 측면은 자유권 그 자체로서 인식되는 것과 청구권적 측면의 보호 보장의 효과로서의 면이 있다.

(2) 자유권적 기본권과의 한계상 차이

자유권적 기본권은 전국가적인 자연권으로 인정되어 절대적인 것이며 제한이 법률로써도 곤란하다고 하겠다. 다만, 국가안전보장이나 질서유지, 공공복리를 위하여 필수불가결한 경우에 법률로써 제한가능하며 과잉제한금지 원칙이 적용되며 그 본질적 내용은 법률로써도 제한할 수 없다고 하겠다. 이에 대하여 생존권적 기본권은 법률에 의한 제한이 보다 용이하며, 사회적·경제적 요건에 따라 그 실현이 제약되는 경향이 있다. 생존권적 기본권은 사회적·실질적 평등보장이라는 공공복지를 위하여 자유권을 제한하는 원리로도 작용한다. 생존권적 기본권의 보장은 상대적이라고 보아야 할 것이며, 최대한

1332) 김일환, 전게서, 138면.

의 보장을 요구하기 보다는 적어도 최소한을 보장해야 한다는 요청이라고 하겠다. 그러나 이 최저한의 보장은 물질적 최저한도의 보장이 아니라 문화적 최저한도의 생활의 보장이라고 할 것이다.

4) 실질적 평등권성

(1) 형식적 평등권과의 차이

근대 헌법은 자유와 형식적 평등을 그 이념으로 하였다. 그 결과 자유경제주의와 정치적 평등은 보장되었으나 빈익빈·부익부 현상을 야기하였고 빈자, 약자의 최저한도의 생활마저 위협하게 되었다. 이를 막기 위하여 실질적·경제적 평등을 요청하는 생존권적 기본권은 자유권적 기본권과 형식적 평등권의 제약원리로 기능하고 있다.[1333] 생존권적 기본권은 자유주의를 부정하는 것이 아니고 자본주의체제를 유지하는 범위 내에서 실질적 평등을 보장하려는 것이다.

(2) 실질적 자유권과 생존권적 기본권의 조화

자유권적 기본권에는 생존에의 공포와 위협에서의 자유가 포함된다. 생존권적 기본권은 이 생존에의 공포와 위협에서의 자유를 실질적으로 확보하기 위한 것이다. 이 점에서 생존권적 기본권은 자유권적 기본권에 대한 보완관계에 있다. 실질적 자유와 실질적 평등의 보장은 사회주의적 요청이나, 형식적 자유와 형식적 평등이 부정되는 사회주의경제하에서는 생존권적 기본권도 잘 보장될 수 없다. 이 점에서 생존권적 기본권은 사회정책적·사회개량적 기본권이며 사회적 시장경제, 사회국가를 요청하고 있다.

생존권적 기본권의 보장을 위하여 자유권적 기본권을 지나치게 희생해서는 안 된다. 민주국가에서는 인간의 존엄과 가치·행복추구권을 존중해야 하며, 국민의 경제적 자유와 창의를 존중해야 하므로 생존권적 기본권보장을 위한 자유권적 기본권의 제한을 가능한 한 최소에 그쳐야 하며, 생존권적 기본권과 자유권적 기본권은 조화를 이루어야 한다.

제4절 생존권적 기본권의 학설

1. 학설

1333) Loebenstein은 생존권을 고전적 기본권의 체계적·내재적 한계로 파악하고 있다. Loebenstein, a. a. O., S. 3.

1) Carl Schmitt의 이론

Carl Schmitt는 생존권을 사회주의적 권리(약하게는 사회적)라고 하면서, 이는 개인이 국가에 대하여 적극적인 급부를 요청하는 권리로 보고 있다. 이 권리는 제한될 수 있다고 한다. 왜냐하면 타인에 대한 급부에 대한 권리가 제한되기 때문이다. 국가에 대한 모든 급부청구권은 제한된다고 한다. 이러한 급부청구권은 국가의 존재를 전제로 하고 있다고 한다.[1334]

Carl Schmitt는 생존권의 종류로서 노동에 관한 권리(Recht auf Arbeit), 구조와 원조에 관한 권리(Recht auf Fürsorge und Unterstützung), 교육에 관한 권리(Recht auf Erziehung, Ausbildung und Unterricht)를 들고 있다.[1335]

2) Loebenstein의 견해

Loebenstein은 사회권을 체계적으로 다음과 같이 파악하고 있다.[1336]
① 사회경제적 노동에 관한 권리
② 경제적 · 사회적 · 문화적 공동결정에 관한 권리
③ 생존보장에 관한 권리
④ 육체적 · 정신적 건강에 관한 권리 : 의료보호를 받을 청구권
⑤ 인간의 사회적 · 문화적 형성에 관한 권리

3) 小林直樹의 견해

고바야시는 사회권적 기본권을
① 협의의 생존권
② 생활권 또는 복지권
③ 노동기본권
④ 환경권(건강권을 포함)
⑤ 휴식권
⑥ 학습권
으로 분류하고 있다.[1337]
이 중 생존권에 관해서는 ① 개량주의적 생존권, ② 사회주의적 생존권, ③ 완전생존권으로 구분한다. 이 완전생존권은 완전한 미래형 · 이상형이라고 할 생존권을 말한다.

1334) Schmitt, C., Verfassungslehre, S. 169.
1335) Schmitt, C., a. a. O., S. 170.
1336) Van der Ven에 의한 체계화라고 한다. Loebenstein, a. a. O., S. 4.
1337) 小林直樹, 『現代基本權の展開』, 65면.

4) 奧貴雄의 이론

오쿠노(奧貴雄)는 고바야시 나오키의 분류에 추가하여 다음의 생존권을 들고 있다.[1338]
① 개량주의적 생존권
② 사회주의적 생존권
③ 이상적 생존권
④ 인간이 살려고 하는 자유권적 생존권
⑤ 긴급적 생존확보를 위한 생존권
⑥ 국제사회에서 존속하려고 하는 국가국민의 자존자위권이라고 할 생존권
⑦ 국제사회에 있어서 평화리에 국민이 안전하게 살 평화적 생존권
⑧ 노동이나 교육에 관한 인권을 포괄하여 말하여지는 생존권 등을 들고 있다.

5) 사견

생존권적 기본권도 인간의 존엄과 가치·행복추구권이라는 주기본권에서 파생하는 권리이다. 생존권적 기본권도 주생존권과 그에서 파생하는 개별적 생존권으로 나누어진 다.[1339]

주생존권(Soziale Hauptgrundrecht)이 무엇이냐에 대해서는 이를 노동권이라고 보는 설이 있으나,[1340] 이는 「인간다운 생활을 할 권리」라고 보는 것이 옳을 것이다.

인간다운 생활을 할 권리는 광의의 인간의 존엄과 가치·행복추구권의 한 내용을 이루는 것으로서, 인간다운 존엄한 생활을 할 권리이기에, 단순한 물질적 최저한도의 생활을 할 권리가 아니고 문화적·사회적 생존권을 포함한다. 이 주생존권은 개별적 생존권으로 분화한다. 이 주생존권은 개별적 생존권으로 분화하기 때문에 이를 구분해 보면 다음과 같이 유형화할 수 있을 것이다.

1) 주생존권
2) 문화적 생존권 : 교육을 받을 권리, 문화생활을 할 권리
3) 사회적 생존권 : 가족과 혼인생활을 할 권리
4) 경제적·물질적 생존권 : 최저한도의 물질적 생활을 할 권리, 사회보장청구권, 생활보호청구권
5) 노동생존권 : 노동을 할 권리, 노동자의 근로3권
6) 환경권 : 쾌적한 환경생활권, 주거의 권리
7) 건강권 : 보건에 관한 권리, 의료보호청구권

1338) 奧貴雄, 『生存權の法理』, 3면.
1339) 상세한 것은 김철수, 현행헌법상 기본권의 법적 성격과 체계, 『헌법논총』 제8집, 1면 이하 참조.
1340) Ramm, T., a. a. O., S. 33.

제5절 생존권적 기본권의 기능과 효력

1. 적극적 기능

생존권적 기본권은 국가에 대한 급부청구권(Leistungsrechte)으로서 국가에 대하여 적극적인 행위를 요청할 수 있다. 이러한 국민의 요청에 대하여 국가권력은 이에 따를 의무를 진다. 생존권적 기본권 규정은 대국가적 효력을 가지는 것으로 입법권 · 행정권 · 사법권을 구속한다. 세밀히 보면 입법부는 입법촉구명령을 실현할 의무를 지고 있으며, 입법은 사회적 · 경제적 여건을 감안하여 이를 최대한으로 보장하여야 한다. 입법부작위에 대해서는 헌법소원을 통하여 입법촉구 결정을 할 수 있다. 또 개인이나 법인 등 사인에 의한 생존권적 기본권 침해에서도 이를 구제하는 입법을 요구할 수 있다.

행정권도 생존권적 기본권 규정에는 구속되며 헌법위임(입법방침규정)에 따라 생존권을 보장할 행정을 해야 할 의무를 진다.

사법권은 이 규정을 헌법의 해석기준으로서 준수해야 하며, 헌법에 위배되는 행정입법을 위헌무효화해야 한다. 또 헌법재판소는 위헌법률심사로서 생존권을 보장하여야 한다.

2. 소극적 기능

생존권적 기본권도 일종의 소극적 기본권으로서 소위 자유권적 효과를 가진다.[1341] 만약에 국가가 작위에 의하여 생존권적 기본권을 침해하는 경우에는 침해배상청구권을 가진다. 따라서 국가권력이 최저한도의 사회적 권리를 침해하는 경우에는 국가에 대하여 침해를 금지해 달라고 헌법소원과 행정소송을 제기할 수 있다. 구체적인 예를 들면 「소득세법에 의한 소득세부담이 생존권을 침해하는 경우에 과세최저한이 현실의 생활조건을 무시한 것이 일견 명확한 경우에는 위헌」이라고 할 수 있다.[1342]

노동권의 자유권적 측면인 노동의 자유는 직업선택의 자유와 밀접한 관계에 있으며, 노동자의 단결권과 결사의 자유, 교육을 받을 권리와 교육의 자유 등이 생존권과 자유권의

1341) 상세한 것은 池田政章, プログラム規定における消極性と積極性(1) (2), 『立教法學』 3호, 30면(1961); 長尾一紘, 『日本國憲法』(第3版), 292-293면.

1342) 사회보장수급권에 있어서도 그 최저한도의 급여기준을 침해하는 입법을 해서는 안 된다. 입법재량의 한계에 대해서는 이헌석, 사회보장수급권과 사회보장청구권, 『공법연구』 제26집 제1호(1998), 229면 이하 참조.

복합적 기능을 잘 나타내는 예라고 하겠다.

3. 사인의 침해에 대한 보호청구권

자유권적 기본권은 원칙적으로 대국가적 효력을 가지고 있는데 대하여, 생존권적 기본권은 대사인적 효력도 아울러 가지고 있다. 예를 들면 노동3권의 효력은 대국가적 효력을 가질 뿐만 아니라 대사인적 효력도 가지고 있다. 노동3권은 고용주에 대하여 직접적 효력을 가지고 있으며, 이 점에서 사권의 성격도 아울러 가진다고 하겠다. 그러므로 파업 등에 따르는 손해에 대한 책임이 면제될 수 있다. 국가는 사인에 의하여 생존권이 침해된 경우에는 생존권의 보장 조치를 해야 한다.

제6절 생존권적 기본권의 보장과 한계

1. 생존권적 기본권의 실현 · 보장

생존권적 기본권의 실현 · 보장에는 국가권력의 적극적인 활동이 요망된다. 생존권적 기본권 보장은 헌법적 보장, 입법적 보장, 사법적 보장, 행정적 보장 등으로 나눌 수 있다.[1343]

생존권의 보장은 헌법 규정만으로서는 불완전하고 입법에 의하여 구체화되어야만 한다는 것이 추상적 권리설이었으나, 이제는 구체적 권리설에 따라 헌법에 권리규정이 있으면 사법적 보장도 가능하다고 하겠다.

1) 입법적 보장

생존권적 기본권의 구체화는 법률에 의하는 것이 일반적이다. 헌법규정 중에는 법률유보로 하고 있는 것이 있는데, 이는 제한유보가 아니고 형성유보(Gestaltungsvorbehalt)라고 하겠다. 이러한 헌법위임 입법에는 넓은 입법재량이 인정되어 있다. 그러나 생존권

1343) 인간다운 생활을 할 권리의 실현을 위해서는 ① 입법과 정책을 통한 실현, ② 입법과 정책에 미치는 헌법의 규범력, ③ 사법적 통제 등을 들 수 있을 것이다. 상세한 것은 김문현, 생존권적 기본권에 관한 헌법규정의 규범성: 헌재 1997. 5. 29 선고, 94 헌마 330과 관련하여, 『법학논집』(이화여대) 2권 2호, 1998, 4-7면; 한병호, 인간다운 생존의 헌법적 보장에 관한 연구, 서울대학교 박사학위논문, 1993 등 참조.

보장 법률이 지나치게 보호기준이 낮다든가 하여 최저한도의 문화적인 생존권을 침해하는 경우에는, 엄격한 심사에 따라 위헌법률심사를 받게 될 것이다.1344)

2) 사법적 보장

생존권적 기본권이 행정처분이나 행정명령에 의하여 지나치게 제한되는 경우에는 법원에 의한 보장이 가능하다.1345) 법원은 생존권적 기본권을 침해하는 명령·규칙에 대하여 위헌심사를 할 수 있을 것이며, 행정부의 작위에 의한 것이나 부작위에 의한 침해에 대해서도 사법부에 의한 구제를 받을 수 있다. 헌법재판소는 위헌 법률 심사와 행정권 행사에 대한 헌법소원에 따라 생존권적 기본권을 보장해야 한다.1346)

3) 행정적 보장

행정부는 법률이 제정된 경우에는 법치행정의 원칙에 따라 법률을 집행하여야 한다. 법률이 제정되면 이에 필요한 예산을 확보하고 법률을 집행함으로써 생존권적 기본권의 최대한의 보장을 해야 할 것이다.1347)

2. 생존권적 기본권보장의 한계

1) 생존권적 기본권의 제한

생존권적 기본권도 법률에 의하여 제한될 수 있는가가 문제된다. 혹자는 말하기를 생존권적 기본권에 관한 법률유보는 형성유보이고 침해유보가 아니기 때문에 법률로써도 제한할 수 없다고 한다. 그러나 우리 헌법은 모든 자유와 권리에 대하여 국가안전보장이나 질서유지, 공공복리를 위하여 법률로써 제한할 수 있도록 규정하고 있으므로(제37조 2항), 법률에 의한 합헌적인 제한은 가능하다고 하겠다.

그러나 공공복리와 관련해서 생존권보장 자체가 공공복리이기에 공공복리의 목적을 위해서는 제한할 수 없다는 주장도 있다.1348) 그러나 생존권적 기본권도 공공의 복리를

1344) 구체적 사례로는 일본의 堀木 訴訟과 한국 헌재의 판결 등이 있다. 생활보호기준에 관한 것으로는 일본 朝日事件과 한국의 생계보호기준 위헌확인 판결을 들 수 있다.
1345) 인간다운 생활을 할 권리가 모든 국가기관을 구속한다고 한 점에서는 헌재의 결정이 타당하다(헌재 93 헌가 14 결정).
1346) 생존권적 기본권에 관한 사법적 구제문제 등에 관해서는 Loebenstein, E., Soziale Grundrechte und die "Frage ihrer Hospitalität", Festschrift für Hans Floretta, 1983, S. 226 ff. 참조.
1347) 생존권의 실현을 위해서는 전광석, 인간다운 생활을 할 권리의 사회정책적 구조,『사회보장법학』, 99면 이하 참조.

위하여 필수불가결한 경우에는 법률로써 제한할 수 있다고 하겠다.

2) 생존권적 기본권의 보장한계

생존권적 기본권은 국가에 대한 급부청구권이기 때문에 국가의 재정능력이나 사회의 경제상황에 따라서도 제한될 수 있다. 국가재정을 고갈시키는 정도의 사회보장급부는 가능하지 않으며, 국가의 부와 경제상태에 따른 지급의 제한도 부득이할 수 있다. 이를 사회적·경제적 보장한계라고도 할 수 있다. Murswiek는 이를 가능성의 유보(Vorbehalt des Möglichen)라고도 하고 있다.[1349] 이 점이 자유권의 보장한계와 다르다고 하겠다.

이러한 재정·경제상의 보장한계는 일반적으로 인정되고 있으나,[1350] 최저한도의 문화적인 생존권의 본질적 내용은 침해되지 않도록 행·재정적인 조치를 하여야 할 것이다.

1348) 長谷川正安, 基本的人權と公共の福祉, 『基本的人權』, 168면.

1349) Murswiek, D., Grundrechte als Teilhaberechte, soziale Grundrechte, Handbuch des Staats-rechts, Bd.Ⅴ. S. 267.

1350) 전광석은 사회적 기본권의 실현에 한계가 있다는 논거를 3가지 들고 있다. 전광석, 국가의 사회적 과제와 사회적 기본권, 『고시연구』 1995년 10월호, 54면 이하; 『사회보장법의 헌법적 문제에 관한 연구』, 260면 이하.

제4편
국제인권법

제1장 국제인권헌장의 발전

제1절 국제인권법 서설

Ⅰ. 국제인권법의 역사

1. 국제인권법의 발전사

1) 국제인권법의 기원
(1) 국제인권법의 기원

원래 인권법은 국가에서의 국민의 권리를 보장하는 법으로 인정되었으나, 국제관계가 발전함으로써 국제사회에서도 인간 권리의 보장이 논의되게 되었다.

Shelton은 그의 『국제인권법사 입문』에서,[1] 국제인권법의 기원을 Osnabruek에서 신교와 구교 간의 30년 전쟁을 종결하는 조약 체결에서 찾고 있다. 이 조약은 Westphalen 조약이라고도 말하여지는데, 1648년 10월 24일에 체결된 평화조약이다. 이 조약에서 ① 분쟁당사자의 사면과 재산권의 원상회복을 주장했고 ② 계약의 자유, 거주이전의 자유, 종교의 자유 등을 주장하였기에, 국제적 인권보장의 기념비적인 의의를 발견하고 있다. 스웨덴과의 오스나브뤼크 조약에서도 종교의 자유가 보장되었고, 인권과 관련된 종교의 자유가 보장되었다. 1814~1815년의 빈(Wien) 회의에서도 전 유럽의 종교적 자유가 인정되었다. 다음에는 노예해방을 위한 인간성의 보장을 위한 노력들이 국제인권법으로 등장되었다.[2]

빈(Wien) 조약은 1815년 11월 20일에 영국, 러시아, 오스트리아, 프로이센, 프랑스 국가들이 서명하였고, 종교법과 자연법에 위반되는 노예무역에 대한 완전폐지를 역설하

---

1) Shelton, Dinah L.; "An Introduction To The History of International Human Rights Law" (2007). Gw Law Faculty Publications and Other Works. Paper 1052.
   Http:// Scholarship.Law.Gwu.Deu/Faculty_Publications/1052.
2) Congress of Vienna(1814-1815)에서 종교적 자유가 보장되었고 노예제도가 인간성과 보편적 도덕에 반한다고 하였다.
   Randall, Maya Herting; Research Handbook on Human Rights and Humanitarian Law. The History of International Human Rights Law.

였다. 그러나 각국에서 노예제도가 완전히 폐지된 것은 훨씬 뒤의 일이고, 1919, 1926, 1956년에야 노예 폐지의 완전 해결이 행해졌다.[3]

전쟁의 참화를 경험한 뒤에야 전상자 등에 대한 인도적 처우가 논의되었고, 구체적 입법이 형성되었으며(1863), 1864년에 전투장에서의 전상 군인의 처우에 관한 제네바 조약이 협상되었고, 1899년에야 무한전쟁에 대한 제약을 결의할 수 있었다.[4]

19세기까지 해외여행의 자유가 제한되었으며, 외국인의 권리가 부당하게 침해되었을 때도 그 구제는 국내문제로 인정되고, 주재 국가의 법률에 따라 권리가 많이 제한되었다. 이에 해외여행의 자유와 외국인의 권리의 국제적 보장이 논의되게 되었으나, 이것은 국내인권문제로 취급되었을 뿐이었다.

(2) 20세기 초의 발전

20세기에 들어와 국제화·세계화 경향이 발전하고 기술의 발전에 따라 여러 국제기구가 형성되었다.[5] 또 노동자의 국제이동과 노동자의 권리 보호를 위한 많은 논의가 행해졌다. 국제노동기구(ILO)가 구성되었고, 1906년에는 여성의 야간노동 금지에 관한 회의가 개최되었고, 노동자 보호를 위한 여러 조약이 만들어졌다. 국제연맹도 노동자의 권리에 관한 보장에 관심을 가졌으며, 1933년에 ILO는 40개의 협정을 체결하였다.[6]

국제연맹(League of Nations)에서도 국제인권보장에 관심을 가졌다. 파리평화회의에서는 거대 제국을 해체하고 많은 소수민족 국가를 만들었는데, 이 소수국 안의 인권을 보장하기 위하여 소수자 보호 위원회를 두고, 소수자를 보호하기 위한 많은 소수자 보호조약을 체결하였다. 이들 조약에서는 출생, 국적, 언어, 종족, 종교의 차이 없이

3) Martinez, Jenny S.; The Slave Trade and the Origins of International Human Rights Law, Stanford Law School, 2011.
   http://law.stanford.edu/stanford-lawyer/articles/the-slave-trade-and-the-origins-of-i.
4) Shelton, Dinah L.; An Introduction to the History of International Human Rights Law, 2007
   Shelton Dinah, Development of International Human Rights Law - Oxford Scholarship.   2010
   http://www.oxfordscholarship.com/view/10/1093/acprof:oso/9780199207534.001.00...
   International Human Rights Law: A Short History ; UN Chronicle, Vol. XLVI No. 1 & 2, 2009.
   https://unchronicle.un.org/article/international-human-rights-law-short-history
   Development of International Human Rights Law - WorldAtlas.com
   https://www.worldatlas.com/articles/developmen-of-international-human-rights-law.
   Baderin, Development of International Human Rights Law Before and After the UDHR
   Randall, The history of international human rights law in Research handbook on human rights and humanitarian law
   Roberts (ed.), The contentious history of the International Bill of Human Rights, Cambridge Univ. Press, 2014.
   https://www.cambridge.org/core/books/contentious-of-the-international-bill-of-human
   -rights/F1DE60FCEF4D3CECC6E60DF836F8C2D7
5) ICRC, International humanitarian law: answers to your questions.
6) Neier, A.; The International Human Rights Movement: A History, Princeton Univ. Press, 2012.
   https://press.princeton.edu/titles/9681.html

모든 국민에게 생명과 자유의 완전하고 포괄적인 보장을 하기로 결의하고 있다.[7]

여기서는 특히 법 앞의 평등 보호, 시민적·정치적 권리의 평등 보호, 언어권, 소수자의 학교와 문화기구의 창설권 등을 특별히 보장하고 있다. 국제연맹 헌장은 소수자의 보호는 국제적 의무이며 국제연맹의 관할에 속한다고 규정하고 있다.

그리고 이 조약을 감시하는 기구를 두었고, 이에 위반하는 경우 개인청원제도를 두어 9백여 건의 청원을 처리하고, 조정이 실패하는 경우에는 상설국제사법재판소(PCIJ) 자문의견을 구하도록 하였다. 1929년에는 뉴욕의 세계국제법연구소에서도 국제인권선언(Déclaration des droits internationaux de l'homme)을 채택하였다.

여권운동의 발달에 따라 여성의 권리를 위한 국제적 노력도 계속되었다. 범미연맹은 1933년 회의에서 「여성의 국적에 관한 협정」을 제정하여 법적 구속력이 부여되었다. 또 1948년에는 「여성의 정치적 권리의 보장에 관한 미주 협정」과 「여성의 시민적 권리보장에 관한 미주 협정」이 통과되었다.[8]

(3) 제2차 세계대전과 국제인권법의 발전

제2차 세계대전은 국제인권보장에 획기적인 계기를 제공하였다. 1941년 1월 6일 루스벨트 대통령은 의회에서의 연두교서에서 4개의 자유를 선언하였다. 즉 언론과 표현의 자유, 예배의 자유, 결핍에서의 자유와 공포에서의 자유를 주장하였다.[9]

제2차 세계대전 발발과 함께 1941년 8월에는 대서양헌장(Atlantic Charter)이 선언되었다.[10] 이에는 4개의 자유가 확인되었다. 처칠 수상도 이를 동의하였다. 전쟁 종결 시에 26개 연합국과 21개 국가가 이 대서양헌장의 원칙에 찬성하였다.

2. UN의 국제인권헌장 작성 노력

1) UN 헌장의 전문

1945년 6월 25일에 샌프란시스코에서 51개국이 국제연합 헌장에 서명하고 1945년 10월 24일에 효력을 발생하였다.[11]

이 유엔헌장은 전문에서 기본적 인권과 인간의 존엄 및 가치와 남녀 및 대소 각국의 동권(同權)에 관한 신념을 새로이 확인하고 「보다 큰 자유 가운데의 사회적 진보와 생활

---

7) The League of Nations Minorities Treaties.
   Burgers, Herman; The Road to San Francisco; The Revival of the Human Rights Idea in the Twentieth Century, Human Rights Quarterly 14 (1992), 447-477, Johns Hopkins University Press.
8) 여성의 권리에 관해서는 많은 논문이 있다. 이에 대해서는 후술.
9) Weller, Karina; How World War II led to Human Rights Laws - RightsInfo 2017
   https://rightsinfo.org/remember-world-war-ii-led-human-rights-laws/
10) Randall, M. H. The History of International Human Rights Law, p. 15.
11) Baderin, Mashood A. ; Ssenyonjo, Manisuli / Development of International Human Rights Law Before and After the UDHR. www.soas.ac.uk/law/reseachpapers
   United Nations, HUMAN RIGHTS: A Basic Handbook for UN Staff

수준의 향상을 추진」하고, 「이를 위하여 관용을 실행하고 또 선량한 이웃으로서 서로 평화롭게 생활하고, 국제평화 및 안전을 유지하기 위하여 힘을 합하여, 공동의 이익의 경우를 제외하고는 무력을 사용하지 않을 것을 원칙으로 수락하는 방법의 설정에 따라 이를 확보하고, 모든 인민의 경제적 및 사회적 발달을 촉진하기 위하여 국제기구를 사용한다」고 규정했다. 또 국제연합 가맹국은 인권 규정에 따른 행동을 할 것이며, 이는 법적인 준수의무는 아니나 도의적인 노력 의무로 이해하여 가맹국에 국제적인 협조를 요구하고 있다.

2) 유엔 인권위원회의 노력

이와 같이 유엔 헌장은 법적 구속력이 있는 인권 규정을 두지 않았으나 유엔은 인권보장을 위한 노력을 계속하였다. 유엔 총회는 1946년 1월 29일 경제·사회 이사회에 국제인권헌장의 제정을 준비하도록 결정하였다. 이 산하의 인권위원회는 다음과 같은 문제에 대한 보고서를 작성하기로 합의하였다.

1. 국제인권헌장
2. 국제선언과 시민적 자유헌장, 여성의 지위 등의 헌장
3. 인종, 성, 언어 및 종교에 근거한 차별의 예방
4. 소수자의 보호
5. 인권과 관련된 기타 문제

이 위원회는 1947년 1월 루스벨트 여사를 위원장으로 선출하고 활동을 시작하였다. 인권위원회는 차별금지와 소수자보호 소위원회를 구성하였다. 이와 함께 국제인권헌장을 기초하기 위한 기초위원을 임명하였다. 기초위원회는 세계인권선언을 기초하였고, 1948년 12월 10일에 총회에서 채택되었다.[12]

3) 국제인권헌장의 제정

세계인권선언은 법적 구속력이 없는 원칙선언으로 인정되었기에 이에 강제력을 주는 헌장을 체결하기로 하여, 1966년에는 「시민적·정치적 권리에 관한 국제인권헌장」과 「경제적·사회적·문화적 권리에 관한 국제인권헌장」을 통과시켰다.[13] 이 두 헌장은 발효에 필요한 국가의 비준을 받아 1976년에 효력을 발생하였다. 이 두 헌장은 세계인권선언을 보다 구체화한 실효성 있는 다자간 조약으로서 집행력을 가지게 되었다.

---

12) Drafting of the Universal Declaration of Human Rights - Wikipedia
   https://en.wikipedia.org/wiki/Drafting_of_the_Universal_Declaration_of_Human_Rights
13) Official United Nations website, http://www.un.org
   United Nation Human Rights System: Treaties, Mechanisms and Documents ESC...
   https://www.escr-net.org/resources/united-nations-human-rights-system-treaties-mech...
   OHCHR International Covenant on Civil and Political Rights
   https://www.ohchr.org/EN/ProfessionalInterest/Pages/CCPR.aspx

유엔총회는 시민적·정치적 권리 헌장에 대한 두 개의 선택의정서를 통과시켰는데 제1선택 의정서는 1966년에 통과되어 1976년 3월 23일에 효력을 발생하였다.

사형폐지를 목적으로 한 제2선택 의정서는 1989년에 총회를 통과하였고, 1991년 7월 11일에 효력을 발생하였다.

3. 지역적 인권헌장의 제정

1) 유럽인권헌장의 성립

유럽은 제2차 세계대전 후에 유럽심의회를 구성하고 1950년 11월 4일 로마에서 「인권 및 기본적 자유의 보호를 위한 헌장」(유럽인권협약)을 서명하고 1953년 9월 30일에 발효하였다. 이 헌장은 유엔 인권선언의 뜻을 반영한 것으로, 유엔의 두 인권헌장에 앞서 강제력을 인정하고 인권 보호를 위한 인권재판소를 설치한 점에 중요한 의의를 가지고 있다.[14]

유럽연합(EU)은 유럽 헌법의 일부로서 기본권 규정을 두었으나, 유럽 헌법이 2004년 성립되지 않아 기본권장만 유럽 인권장전으로 선포하여 유럽연합에서 시행하고 있다.[15]

유럽공동체·유럽연합은 유럽 헌법의 한 장으로 인권장전을 규정하려고 하였으나 헌법제정이 실패한 뒤 기본권장만 독립시켜 「유럽인권장전」(EU Charter of Human Rights) 으로 명칭을 변경하여 2009년 12월 1일부터 효력을 발생하고 있다. 이 장전은 가장 최근에 제정된 인권헌장으로 거의 모든 국제인권을 상세히 규정하고 있는 점에서 그 의의가 크다.

2) 미주 인권헌장의 성립

미주 여러 나라들은 제1차 세계대전 후 연합기구를 구성하려고 하였는데 1948년 4월에 미주기구(Organization of American States)를 만들었다. 제9차 미주 기구의 국제회 의에서 「인간의 권리와 의무에 관한 미주선언」(American Declaration of Rights and Duties) 을 채택하였다.[16] 이 선언은 「모든 사람은 존엄 및 권리에 있어서 태어나면서 자유이고 평등하며, 자연에 의하여 이성 및 양심이 주어지고 있는 것으로 상호 간 형제로서 행동하지 않으면 안 된다」고 하고 있다.

1969년 11월 22일에는 미주 인권헌장(American Convention of Human Rights)이

---

14) Harris, O'Boyle, and Warbrick, Law of the European Convention on Human Rrights, 1995: Grabenwarter, C. European Convention on Human Rights, Europäischen Menschenrechtskonvention, Beck, München, 2003. 5. Aufl. 2011.

15) Jarass, Hans D., EU Grundrechte, 1. Auflage, 2005.

16) Human rights instruments for the americas, africa and asia
https://studfiles.net/preview/5357191/page:2/
UPDATE: The Inter-American System of Human Rights: A Research Guide - Gl...
https://www.nyulawglobal.org/globalex/Inter_American_Human_Rights1.html

Costa Rica에서 서명되고, 1978년 7월 18일부터 효력을 발생하였다. 이 인권헌장에는 영어 사용 국가들이 아직 비준을 하지 않아 실효성이 반감되었으나, 비준국들은 이 헌장에 따라 국내 헌법을 개정하도록 의무화하고 구제수단으로 인권위원회와 인권재판소를 둔 점에서 큰 의의를 가진다.

인권헌장의 내용과 실효성 면에서 새로운 세계 인권헌장을 만들 때 참고가 될 것이다.

3) 아프리카 인권헌장의 성립

아프리카연합은 1981년 6월 27일 아프리카 인권헌장을 통과시켰다.

그 뒤 구성국의 비준을 거쳐 1986년 10월 21일 효력을 발생하였다. 이 인권헌장은 체약국을 구속하며, 체약국의 국내 헌법도 이 헌장에 따라 개정하도록 강제하고 있다. 유럽인권헌장과 미주 인권헌장을 모방하여 그 보장범위가 넓고 또 보장기구로 아프리카 인권재판소 등을 규정하고 있다.[17]

4) 아랍 인권헌장의 성립

중동에서는 이슬람 회의기구가 탄생하였고 이슬람 협력기구로 2011년 6월 28일 개명하였다.

1981년 9월 19일에는 이슬람 세계인권선언을 발표하였다. 이 선언은 이슬람법은 의회의 제정법이 아니라고 하면서 세계인권선언은 코란에 근거하고 있다고 하였다. 1990년 8월 5일에는 이슬람의 카이로 인권선언을 발표하였다.

2004년 5월에는 아랍연맹이 이슬람 인권헌장을 채택하였다. 이슬람 인권헌장은 국제연합의 여러 인권헌장의 틀 안에서 카이로선언을 가미하여 만든 것이라 한다.[18]

2008년 3월 15일에 효력을 발생하였다. 이 헌장은 코란과 샤리아법에 대해서 언급은 하지 않으면서 세계인권선언의 내용에 부합하려고 노력하고 있다. 그리하여 이슬람 국가 중에는 이 기구에 가입하지 않았다고 하여 이들 국가들이 이슬람법의 특성을 완전히 유지한 것이라고는 보기 어렵다.

5) 아세안 인권선언의 성립

1965년에는 아시아의 법률가들이 모여 방콕 인권선언을 하였으나 이는 법률가들의 사적 의견으로 권고적 성격의 것이었다. 1967년에는 방콕에서 열린 아세안 외상 회의에서 아세안 조직에 관한 아세안 선언이 있었다.

아세안 회원국들은 그동안 협력을 강화하다가 2008년에 들어 아세안 인권기구를 만들어 아세안 인권위원회를 조직하고 인권헌장에 대한 구상을 요청하였다. 그래서

---

17) The African Charter on Human and Peoples' Rights Instruments/ACHPR.
　　http://www.achpr.org/instruments/achpr/
18) Universal Islamic Declaration of Human Rights,
　　http://www.alhewar.com/ISLAMDECL.html;

2012년의 아세안 인권선언(프놈펜 인권선언)을 발표하였다.[19]

이 아세안의 프놈펜 선언도 세계인권기구에서 비판을 받기도 했다. 아세안 인권헌장을 제정하지 못한 것은 아세안이 인권 후진국으로서 아세안의 가치를 강조했기 때문이다.

II. 국제인권법의 이념

1. 국제인권법 발전의 공로자들

1) 국제인권법의 주창자들

일반적으로 인권의 중요성을 주장한 사람으로는 그리스 시대부터의 자연법론자와 기독교의 고승들을 들고 있다. 그것이 계몽기에 와서 정치학자, 철학자들에게 영향을 끼쳤고, 그에 따라 프랑스 인권선언이 공표되기도 했다. 그러나 이 시대에는 아직도 국제적인 인권보장을 주장하는 사람은 드물었다.

국제적으로 종교의 자유가 주장되기 시작한 것은 베스트팔리아 조약 이후 이며, Innocent 교황이 이를 무효로 선언하였으나 인권의 존중과 평화존중 사상에서 종교의 자유가 보장되었다.[20] 1939년 오트만 술탄인 Abdulmejid는 모든 신하들의 종교나 종파에 의한 예외 없이 법적·사회적·정치적 권리를 평등하게 보장한다고 하였다.

노예교역의 금지를 주장한 사람들은 Thomas Clarkson이 「노예무역의 주체에 관한 증거」를 저술한 데 많은 영향을 받았으며, 영국의 Wilberforce와 교황이 노예교역을 금지하였다. 물론 미국에서는 Lincoln 대통령이 남북전쟁을 수행하면서까지 노예해방을 강행하였다.

국제인도법은 전쟁의 참화를 겪은 Dunant의 역할이 컸다. Dunant의 Solferino 전쟁에 대한 기록이 전쟁 부상자의 치유를 위한 단체를 조직하게 하였다. 1863년의 제네바 회의에서 세계적십자의 국제위원회가 구성되었다. 1899년 헤이그 회의에서 「육전(陸戰)에 관한 법과 관습에 관한 규정」이 제정되었다.

---

19) Purnama, H.; ASEAN and Human Rights; ASEAN Human Rights Declaration (2012).

20) Wheatley, Steven: The Idea of International Human Rights Law - Oxford University
https://global.oup.com/academic/product/the-idea-of-international-human-rights-law-...
The Foundation of International Human Rights Law, United Nations
https://www.un.org/en/sections/universal-declaratin/foundation-international-human-...
Beitz, Charles: The Idea of Human Rights, Oxfod: Oxford University Press, 2009, pp. 13-47.
Burgers, Jan Herman: The Road to San Francisco: The Revival of the Human Rights Idea in the Twentieth Century, Human Rights Quarterly, Vol. 14, No. 4 (Nov., 1992), pp. 447-477, The Johns Hopkins University Press.
山下潔, 『國際人權法, 人間の尊嚴の尊重・確保と司法』, 日本評論社, 2014.

2) 국제연맹과 제1차 세계대전 후

미국의 Wilson 대통령의 14 테제에서 「자유민족자결권, 국경을 초월한 권리의 평등」 등을 주장하였다. 파리평화협정에서 민족의 자결권, 소수민족의 보호 등이 규정되었다.

1929년에는 Mandelstam을 비롯한 망명자와 국제법학자들이 주체가 된 국제법협회에서 「인간의 권리선언」(Proclamation of the Rights of Man)이 선포되었다. 여기서는 개별적 권리를 나열하지 않고 인간의 권리와 국가의 의무에 대해서 규정하였다.[21]

1931년에는 New York 선언을 발표하기도 했다.

H. G. Wells는 1939년에 Times 신문에 서신을 보내어 정치인이 전쟁에서 무엇을 목적으로 하는가를 묻고, 서구 의회주의의 전통에 따라 인권선언의 방식으로 인권보장을 하도록 권고하였다. 여기서 그는 인권선언을 제안하고 있는데 전문과 10개조로 구성되어 있었다.

Wells는 이에 찬성하는 여러 사람과 권리장전의 기초를 위한 위원회를 구성하고 여기서 초안을 연구하였다. Wells는 1940년에 독자적인 안을 자기의 저서 『신세계질서』 (New World Order)에 발표하였다.[22] 위원회의 초안은 1940년 2월에 발표되었는데 긴 전문과 내용으로 구성되어 있었다.

1941년 8월에는 대서양헌장에서 Roosevelt 대통령의 4개의 자유가 선언되었다. 이 선언은 Wells와도 의견을 교환한 것으로 보인다. 첫째로는 언론·출판·표현의 자유, 둘째로 예배의 자유, 셋째로는 결핍에서의 자유, 넷째로는 공포에서의 자유를 본질적인 자유로 열거하였다. 이 자유에서 결핍에서의 자유와 공포에서의 자유를 든 것은 새로운 것이었다.

제2차 세계대전 중에 Nazis에 의한 유대인 학살과 인권침해에 반대하여 이를 처벌해야 한다는 주장이 나왔고 국제전범재판이 행해졌다. 여기서 국제범죄자에 대한 처벌이 행해졌으며 전범재판소의 판사들에 의하여 국제형사법이 발전되기 시작하였다.

3) 국제연합 이후의 인권주장자

Roosevelt 대통령과 Churchill 수상 등에 의하여 국제연합이 결성되었고, 국제연합의 목적의 하나가 인권보장으로 결정되었다.

앞에서 본 바와 같이, 유엔 헌장은 전문과 본문에서 기본적 인권의 보장을 위하여 여러 조항을 두고 있다.[23]

---

21) Burgers, The Road to San Francisco, pp. 451-454.
22) Wells, H. G. A New World Order.
23) 국제연합의 인권보장을 위한 헌장 규정에 대해서는 The Origin and Development of Human Rights in the Global Scenario, pp. 26-29 참조.
    UN, Charter of United Nations, International Organization and Integrations, Nijhoff, 1986;

제1조 3항에서 UN의 목적의 하나가 인권과 기본 자유의 존중을 증진하고 국제적으로 보호할 것을 규정하고 있다.

제13조는 총회는 인권과 기본적 자유를 실현하기 위한 목적으로 하는 연구와 권고를 할 권한을 가짐을 규정하고 있다.

제55조는 국제연합이 성, 종족, 언어, 종교의 차이 없이 인권과 기본적 자유를 존중하고 준수하는 권한을 부여하고 있다.

제62조는 경제사회이사회에 모든 사람의 인권과 기본적 자유의 존중과 준수를 증진하기 위한 목적으로 권고를 할 수 있는 권한을 부여하고 있다.

제68조는 인권을 보장하기 위한 경제사회이사회를 구성할 권한을 부여하고 있다.

제76조는 인권의 보장을 위한 신탁체제를 구성할 수 있는 권한을 부여하였다.

국제연합에서는 세계인권선언을 기초하여 1948년에 발표했는데 이에는 Roosevelt 부인, R. Cassin 등의 기초자의 역할이 컸다. 이들의 활동에 대해서는 세계인권선언의 설명에서 하기로 한다.[24]

2. 국제인권법의 이념

1) 보편주의냐 상대주의냐

국제인권법의 기본 이념이 보편주의에 의할 것인가,[25] 문화적 상대주의에 입각할 것인가가[26] 많이 논의되었었다.[27] 유엔 인권헌장은 보편주의적 입장에서 제정되었는데 대하여, 지역적 인권헌장은 문화적 상대주의를 중시하고 있는 것 같다.

유엔 인권선언은 전세계적인 보편적인 세계 공통으로 적용되는 것을 원칙으로 하고 있다. 이에 대하여 아프리카 인권헌장이나 이슬람 인권헌장은 상대주의에 입각하여 제정되어 있는 감이 있다.[28]

문화적 상대주의자들은 역사적 전통이라든가, 종교, 관습 등의 중요성을 강조하나 국제인권법에 위반되어 인간의 존엄이나 인권을 침해하는 문화는 개선되어야 하는 것으로 보아 인권법은 보편주의에 입각해야 한다.

Shelton, D. The Oxford Handbook of International Human Rights Law, Oxford, 2015.

24) Bielefeldt, Heiner; "Western" versus " Islamic" Human Rights Conceptions? A Critique of Cultural Essentialism in the Discussion on Human Rights. Source: Political Theory, Vol. 28, No. 1(Feb., 2000), pp. 90-121 Published by: Sage Publications, Inc.
https://www.jstor.org/stable/192285
Sources of Basic Human Rights Ideas: A Christian Perspective, Pew Research Ce...

25) Pacis/Schwab (ed.), Human Rights, Cultural and Ideological Perspective, 1999.

26) Sinha, S. P.; The Axiology of International Bill of Rights, Pace International Law Review, Vol. 1. (1989)

27) Good, C.; Human Rights and Relativism, Macalester Journal of Philosophy, Vol. 19, pp. 27-52.

28) Morsink, Johannes; The Universal Declaration of Human Rights: Drafting, Origins & Intent, Pennsylvania Studies in Human Rights, 2000.

보편주의적 입장에서도 급작스러운 동화나 강제적인 변화, 강제적인 동화를 요구하는 것은 아니고, 일정 기간의 유예를 둔다든가, 선택적으로 가입 또는 비준하게 하고 인권헌장의 시행을 선택적·점진적으로 적용하도록 하고 있다. 이슬람 세계에서의 여성의 머릿수건 착용이 문제가 되었으며, 서구 사회에서도 일반적으로 착용할 수 있으나 교실에서의 착용은 금지하고 있다. 문화적 다양성은 인권보장 면에서는 인권에 반하는 문화는 점차적으로 개선되어 폐기되어야 할 것이다.

2) 자연법이냐 법실증주의냐

보편주의적 가치관으로는 자연법론을 들 수 있다. 국제인권법은 자연법론을 그 근거로 하고 있다. 현대적인 자연법은 신 또는 창조주에서 그 근거를 찾는 것이 아니라 인간의 본성·이성에서 그 근거를 찾고 있다. 인권의 근거를 자연법 내지 자연권에서 찾는 것이 정당하다.[29]

자연권은 인간의 인간성에 내재하는 권리라고 할 수 있다. 이것은 인간의 존엄과 가치에서 유래하는 것이다. 국제인권법에서 인간의 존엄에 관한 언급은 1944년의 ILO Philadelphia 선언에서 처음으로 등장하였다. 그 뒤 국제연합 헌장 전문이 기본적 인권과 함께 인간의 존엄을 간단히 언급하고 있으나, 이는 국가 자체를 구속하기 위한 목적으로 하는 조약은 아니었다. 1948년의 세계인권선언에서 인간의 존엄을 권리로서 인정하고 있다.[30]

세계인권선언 제1조는 모든 인간은 태어나면서부터 자유이며, 또 존엄과 권리에 있어서 평등하다. 인간은 이성과 양심을 부여받고 있으며, 형제 사랑의 정신으로 행동하지 않으면 안 된다고 하여 자연권을 선언하고 있다. 그 뒤 인간의 존엄은 국제인권헌장이나 1993년의 빈(Wien) 선언의 전문에서도 인간 자연권의 연원으로서 규정되어 있다.

인간의 존엄은 철학계에서는 일찍부터 논의되었으나 국제인권법에서는 이들 유엔 인권선언이 최초인 것으로 인간성을 상실한 인권탄압에 대한 반발로 태동했다.[31]

법실증주의는 국가 간의 합의에 의한 조약에 인권의 근원을 찾고 있다. 국내법상 기본권 법정주의의 사상을 계수하고 있다. 이러한 국가제정법 중심 사상은 국가의 주권성을 강조한 것으로 조약에서 국제인권의 근거를 찾고 있는데, 이는 국제인권의 주체가 국민이고 국민의 권리는 천부라는 법이념에 반하는 것이다. 국가 간에 체결된 조약이라고 하더라도 그것이 인권 존중의 자연법에 위반되면 무효로 봐야 할 것이다.

3) 인간성의 보장

---

29) Rommen, Natural Law; Donald, James A.: Natural Law and Natural Rights.
     https://www.jim.com/rights.html
30) Wetz, F. J. (Hrsg.), Text zur Menschenwürde, 2011.
31) Nussberger, Angelika; The Idea of the Good Samaritan in International Human Rights Law.

인간성의 보장은 Jacques Maritain의 철학에도 언급되어 있다. 그는 자기의 정치
철학을 "Humanism"이라고 말하고 있다. 인간성과 관련하여 루즈벨트 대통령은 궁핍으
로부터의 자유를 말하였는데 이는 사회적·경제적 기본권의 근거라고도 할 수 있겠다.
이 경제·사회적 기본권의 요구는 공산주의자들의 주장이기도 하였다. 이 사회권은
국내 헌법에서는 생존권의 보장으로 일부 보장되기는 하였으나, 유엔의 경제적·사회
적·문화적 권리장전에서 특별히 규정되어 실정법으로 규정되게 된 것이다. 이것은
사회학자나 노동법학자들의 주장에도 근거를 찾을 수 있다. 프랑스 사회학자 Georges
Gurvitch도 『사회적 인권선언』(The Bill of Social Rights, New York, 1945)이라는 책자에
서 사회권의 필요성을 강조하고 있다.

4) 참정권의 평등과 국민의 의무

세계인권선언은 「인민의 의사는 통치권력의 기초」라고 하며, 모든 개인이 자국의
정치에 참여할 권리, 자국의 공무에 평등하게 종사할 권리 및 선거권과 피선거권을
가지고 있음을 선언하고 있다. 나아가 이 인권선언은 보편적인 구속력을 가진다고 생각하
며 보편성(Universal)이라는 용어를 강조하고 있다. 이 점에서 선언은 채택에 찬성한
정부뿐만 아니라, 모든 사람을 도덕적으로 구속한다는 것을 명확히 하고 있다.

인권헌장에 법적 구속력을 부여하고 인권재판소에 의한 강제집행을 하는 것은 유엔
세계인권선언 발표에 시간적으로 합의가 불가능하였기에 도의적 의무를 강조한 것이었다.

Ⅲ. 국제인권법의 개념과 특성

1. 국제인권법의 개념

국내 인권법은 국가 내에 있어서 국민의 권리를 규정한 것이다. 이에 반하여 국제인권법
은 국제사회에 생활하는 인간의 권리를 보장하는 것이다. 따라서 국제인권법은 국적의
유무를 불문하고 국제사회의 모든 인간에게 보장되는 것이기에 국적자뿐만 아니라 무국적
자, 외국인 등에게도 보장되는 것이다.

19세기까지의 인권문제는 국내문제로 생각되었다. 그리하여 국내법에서는 인권문제
에 대해서는 국가와 국민 간의 관계로서 국제법이 관여할 수 없는 것으로 생각되었다.
20세기에 들어와서 국내 인권의 침해와 전쟁으로 인한 인권침해의 참혹성을 경험한
후에 시민의 인권을 국제사회에서 보장해야 할 필요성이 증가하여,[32] 국제사회에서도

---

32) International Human Rights Law: A Short History. UN Chronicle.
　　https://unchronicle.un.org/article/international-human-rights-law-short-history
　　E. Engle, Universal Human Rights: A General History, Annual Survey of International and
　　Comparative Law, Vol. 12, Issue 1 (2006), p. 235 ff.

타국의 인권문제에 대해서도 국제적 관여가 필요하다는 것을 인식하여 국제법에서도 국제인권에 관여해야 한다고 하여, 인권에 대한 보장을 하기 위한 국제인권법이 발달하게 되었다.

국제인권법은 최초에는 국제법의 작은 일부로서 인정되어 그 중요성이 크게 인정되지 않았으나, 20세기 이후 국제인권법은 독립한 교과로서 중요성을 띠게 되고 오늘날 많은 교과서에서 다루어지고 있다.[33]

2. 국제인권법의 분화

국제인권법은 개인이 국제관계에서 가지는 인권에 관한 법이라고 하겠다. 국내 인권법의 보호 대상은 어느 국가 국민의 권리를 보장하는 데 반하여, 국제인권법은 국민뿐만 아니라 외국인이나 무국적자 등도 보호하는 법이라고 하겠다.

이들 인권법은 여러 가지 면에서 구분할 수 있는데 보장영역에 따라서 구분할 수 있다. 예를 들면 국제인도법(International Humanitarian Law)[34]이 있는데, 이는 전쟁에서 전쟁포로 등에 대한 비인도적 처우를 금지하고 부상자들에 대한 인도적 처우를 요청하는 법이다.

노동자의 권리를 국제적으로 보장하는 국제노동법이 있으며, 국제 간의 거래를 보호하는 국제경제법이 있고, 국제저작권법, 국제공정거래법과 국제형사법 등이 있다.[35] 이러한 법도 일반 조약 등으로 체결되면 당사국을 구속한다.

3. 국제인권법의 법원(法源)

33) 국제인권법의 중요 교과서로는 다음과 같은 것이 있다.
Lauterpacht, Hersch; An International Bill of the Rights of Man, Oxford University Press, 2018.
https://global.oup.com/academic/product/an-international-bill-of-the-rights-of-man-9780199667826?cc=kr&lang=en&
Shelton, Dinah (ed.), The Oxford Handbook of International Human Rights Law, Oxford University Press, 2013; Williams, Paul; The International bill of human rights, Entwhistle Books, 1981; Menno T. Kammings and Martin Scheinin, Impact of Human Rights Law on General International Law - Oxford Scholarship, Oxford Univ. Press. 2009.
Verdirame, Gugliemo; Routledge Handbook of International Human Rights Law, 2013.
https://www.routledgehandbooks.com/doi/10.4324/9780203481417.
Donnelly, Jack; International Human Rights, 2nd ed., 2002.
최근의 한국 문헌은 법원도서관,『국제인권법 실무연구 II』, 2019; 국제인권법연구회,『국제인권법과 사법: 법률가를 위한 인권 편람』, 2016; 스테판 트럭셀, 강남일 옮김,『국제인권법과 형사소송』, 경인문화사, 2014; 한희원,『국제인권법원론; 이론과 케이스』, 삼영사, 2012 등.
문헌목록은 松田浩道,『國際人權法 主要文獻目錄』, 信山社, 2018.
34) ICRC, What is the difference between IHL and human rights law? International Committee.
https://www. icrc.org/en/document/what-difference-between-ihl-and-human-right-law
35) International Labour Law, International Trade Law, International Criminal Law, International Economic Law 등 많은 분과가 있다.

국제인권법에는 인권헌장, 인권조약, 인권관습법, 인권규칙, 인권합의 등 여러 가지 형식의 인권법이 있다.

이러한 국제인권법은 처음에는 법적 구속력이 없는 선언(Declaration)의 형식으로 발표되고, 그것이 여러 나라의 합의를 거쳐 법적 구속력이 있는 인권헌장(Convention)으로 발전했다.36) 예를 들면 국제연합의 세계인권선언에서 시민적·정치적 권리 헌장 (International Covenant on Civil and Political Rights)과 경제적·사회적·문화적 권리 헌장(International Covenant on Economic, Social and Cultural Rights)으로의 진화를 들 수 있다. 일반적으로 이 3자를 합하여 국제인권장전(International Bill of Human Rights)이라고 한다. 또 지역적 인권선언에서 인권헌장으로 발전한 것이 아메리카 인권헌장, 이슬람 인권헌장 등이 있다.

이 밖에도 인권에 관한 다자조약과 인권에 관한 양자조약이 있다. 조약은 체약국간에서 국가적인 협의에 의하여 제정되는 것이다. 이러한 비준된 조약은 국내법에서는 법률과 같은 지위를 가지고 있다.

그 아래에는 시행령과 같은 인권규칙, 인권합의(Agreement) 등이 있다. 인권에 관한 관습법도 법원(法源)으로서 효력이 있다. 또 법의 일반원칙과 법원의 판례도 법원으로 인정되고 있으며, 학자의 견해도 인용되는 경우가 있다.37)

4. 국제인권법의 단계구조

국제인권법은 대개 국내 헌법에 의하여 국내법의 효력이 인정되고 있다. 국제인권법도 국내 인권법과 같이 효력 간에 상하의 단계구조가 있다. 일반적으로는 국제인권헌장, 국제인권조약, 조약부속 합의 의정서 등이 국내 헌법, 국내 법률, 국내 명령과 같은 단계구조를 이루고 있다.

이 중 국내 헌법과 같은 효력을 가진 것을 국제인권장전(International Bill of Human Rights)이라고 하고, 유엔이 전 세계 각국과 체결한 Covenant(헌장)를 말한다. 이 밖에도 지역적인 다국가 간에 헌법적 효력을 가진 것으로 인정되는 지역 헌장(예. African Bill of Human Rights) 등이 있다. 이들을 합쳐서 국제인권헌장이라고 한다. 이것은 유엔

---

36) Flowers, Nancy (ed.); From Concept to Convention: How Human Rights Evolves in American Rights Human Rights Here and Now.
37) What are the Sources of international law?.
https://learningthelaw.in/2016/08/what-are-sources-of-international-law.html,
Available at Learning the Law. Also see Definition of international
law,http://www.learningthelaw.in/2016/08/define-the-internatnioal-law.html
Sources of international law. Wikipedia.

헌장 제103조처럼 유엔 헌장과 같은 지위를 가진다고 하겠다.

국내 법률과 같은 효력을 가지는 것으로는 국제인권조약(International Treaty of Human Rights)이 있다. 이들은 국제인권헌장을 시행하기 위한 보충조약을 말한다. 이들 조약에도 다국가 간 조약과 양 국가 간 조약 등이 있다. 이러한 조약은 일반적으로 국내 법률과 같은 효력을 가진다.

국제인권조약 법의 실현을 위한 보완규정으로는 합의의정서(International Agreement) 등이 있는데, 이러한 하위 규정은 국내 명령이나 규칙의 효력을 가진다. 각국 간에도 해석규칙과 같은 합의, 양해각서 등이 있다. 국제인권관습도 이에 속할 수 있다.

국제인권법 관계에서도 하위 규정이 상위 헌장이나 상위 조약에 위반되는 경우에는 효력이 없다고 하겠다.[38]

5. 국제인권헌장의 종류

국제인권법은 국가 간의 조약법이므로 가입대상에 따라 여러 가지 분류를 할 수 있다. 예를 들면, 양자 간 조약 인권법, 다자간 국제인권법, 지역 간(Regional) 국제인권법, 세계적(Global) 국제인권법 등으로 분류할 수도 있다. 또 특수적 보장과 보편적 보장방법으로 분류할 수도 있다. 국내의 헌법적 효력을 가지는 것을 국제인권헌장이라고 하기로 한다.

(1) 지역적 인권헌장

국제인권헌장 중 유럽, 미주, 아프리카, 아랍 등 국가 간에 적용하는 조약 인권을 지역적인 인권헌장이라고 부르기로 한다. 이들 조약법은 각 대륙을 단위로 제정되고 있다.[39]

(2) 국제연합의 인권헌장

이에 대하여 세계인권헌장 또는 유엔 인권헌장은 유엔이 주도가 되어 만들고, 유엔이 주도가 되어 가입, 시행, 제재를 하는 그런 인권헌장이다. 예를 들면 경제적·사회적·문화적 국제헌장(A규약)과 시민적·정치적 국제헌장(B규약)을 말한다. 이를 국내적으로 집행·감독하기 위해서는 국가가 있으나, 국제적인 집행 감독을 위해서는 유엔 인권위원회 등이 국제연합 내에 설치되어 있다.[40] 국제인권법에도 물론 실정 조약법이 우선

---

38) 어떤 사람은 기본권의 성격에 따라서 기본권 간의 서열 관계를 논하고 있으나 여기에는 규범 간의 서열 관계를 논하는 것으로 한다.
   Farer, Tom, The Hierarchy of Human Rights. American University International Law Review 8, no. 1 (1992): 115-119.
39) Benedek/ Heinz (eds.); Regional systems of human rights protection africa, america, europe, 1992.

적용되지만, 자연권도 같이 적용된다고 보아야 한다.[41]

오늘날 국제인권법의 주체는 주권국가뿐만 아니라 개인도 국제인권법의 주체로 된다. 따라서 개인이 국제인권법에 저촉하는 경우에도 처벌될 수 있다.

과거에는 국제인권법은 체약 당사자의 주권적 의사에 따라 이를 지키지 않을 수도 있으며, 심지어는 전쟁으로 응대할 수 있다고 생각했으나, 오늘날 각 지역에는 인권재판소를 두어 조약을 집행하고 있으며 국가에 대한 강제력을 가지고 있다.

(3) 기타 인권조약

이 밖에도 규율 대상에 따라 국제인도법, 국제형사법, 국제경제법, 국제노동법, 국제거래법, 국제중재법, 국제소송법에 관한 조약 등으로 분류할 수도 있는데, 여기에도 국내헌법과 같은 단계구조가 있는바 헌법적 효력을 가지는 것을 인권헌장이라고 할 수 있다.

6. 국제 인권법의 효력

국제 인권법과 국내 인권법의 관계에 관해서는 그 효력의 상하 문제와 효력 적용의 강도 문제에 차이가 날 수 있다. 우선 국내 헌법의 규정을 보면 국제연합 헌장에 가입한 대부분의 나라에서는 국제법의 국내법 수용에 관해서 규정하고 있다. 우리 헌법은 「일반적으로 승인된 국제법규와 조약은 국내법과 같은 효력을 가진다」고 규정하고 있다.[42] 그러기에 유엔에서 체결한 국제인권헌장은 국내법 중에서도 국내 헌법과 같은 효력을 가진다고 하겠다. 학자 중에는 국제조약만이 구속력이 있고 그 나라가 비준하지 않은 조약은 효력이 없다고 한다. 그리하여 국제조약은 비준되지 않는 한 강행력이 없다고 한다. 이것이 법실증주의자의 이론이다.

그러나 인권 헌장들은 조약의 비준 전에도 국제법의 강행법으로서, 또는 관습법으로서 효력을 가진다고 보고 있다. 세계 각국의 헌법의 대부분이 자연법에 입각해 있기에 국제인권헌장은 국내헌법적 효력을 가지고 있다. 예를 들면 일본 헌법은 전문에서 「어떠한 국가도 자국의 일에만 전념하여 타국을 무시하여서는 안 되는 것이며, 정치도덕의 법칙은 보편적인 것으로 이 법칙에 따르는 것은 타국의 주권을 유지하고, 타국과 대등한 관계에 서려고 하는 각국의 책무라고 믿는다」고 하고 있다. 이와 같이 국제협조주의에 입각하고 있기 때문에 국제인권헌장은 국내 헌법으로 집행되고 있다.[43]

---

40) United Nations Human Rights System: Treaties, Mechanisms and Documents ESC ... https://www.e scr-net.org/resorces/united-nations-human-rights-system-treaties-meth...

41) 앞의 주 48 참조.

42) 국제법의 국내법적 수용에 관한 국내 헌법에 관해서는 김철수 외, 『세계비교헌법』, 14-22면 참조.

43) Koh, Harold Hongju, "How Is International Human Rights Law Enforced?" Indiana Law Journal

우리 헌법도「헌법에 의하여 체결·공포된 조약과 일반적으로 승인된 국제법규는 국내법과 같은 효력을 가진다」(제6조 1항)고 규정하고 있다. 여기서 국제법의 규정도 진술한 바와 같이, 단계구조를 이루고 있기 때문에 국제인권헌장은 국내 헌법과 같은 효력을 가지고, 이를 집행하기 위한 조약은 국내 법률과 같은 효력을 가지고 일반적 합의문서는 국내 명령 등과 같은 효력을 가진다.

현대의 국제인권법의 효력은 인권재판소 등을 통하여 강제 집행할 수도 있게 되었다. 국제인권법의 강행을 위하여 유엔은 인권이사회(Human Right Council)를 두고 있으나 이 결정은 절대적 구속력을 가진 것이 아니다. 인권 침해자를 처벌하기 위하여서는 국제형사재판소 등이 설치되어 있다. 그러나 국제형사재판소는 피고인의 체포·구금 등을 자율적으로 할 수 없어 범죄자의 처벌에 실효성이 적다고 하겠다.

제2절 국제인권헌장의 발전 경향

Ⅰ. 국제연합과 지역연합의 탄생

1. 국제연합의 탄생

1) 정치적 결합체로서의 국제연합

국제연합(United Nations)은 제2차 세계 대전 초에 전후 세계평화를 위하여 기획된 것이다. 1941년에 Roosevelt 대통령과 Churchill 수상이 회담하여 대서양헌장을 발표하였는데, 전후 세계의 구상과 국제연합의 기초이념을 확립한 것이다. 1943년 10월에는 평화기구 설립을 선언하며 국제연합 설립의 일반원칙에 합의하였다(미·영·소·중국의 외상 회의). 이들이 1944년 8월에서 10월에 덤버튼 오크스(Dumbarton Oakes)에서 국제연합의 초안을 작성하였다.

1945년 4월에서 6월까지 샌프란시스코에서 연합국 50개국이 참가하여 국제연합 헌장의 채택에 합의하였고, 1945년 10월 24일 국제연합 헌장을 채택하여 국제연합이 발족하였다.44)

Vol. 74: Iss. 4, Article 9. 1999. pp. 1393-1417.
44) Charter of United Nations Signed on 26 June 1945 entered in force on 24 October 1945.

2) 국제인권보장의 핵으로서의 기능

앞에서 본 바와 같이, 유엔 헌장은 유엔의 인권보장 의무를 부과하였고, 유엔 인권위원회를 두어 국제적 인권보장에 노력하도록 하였다. 그리하여 인권위원회는 세계인권선언을 기초하여 1948년 12월 10일에 총회에서 선포하였다. 이는 국제인권헌장의 이념적 기초로서 세계에서 가장 많은 언어로 번역되었으며, 세계인권보장에 큰 기여를 했다.[45]

그러나 이 인권선언은 법적 구속력이 없기에 각 체약국을 법적으로 구속하는 인권헌장을 체결하기로 하였다. 1966년에는 시민적 · 정치적 권리에 관한 국제인권헌장과 경제적 · 사회적 · 문화적 권리에 관한 국제인권헌장이 제정되었다.[46] 그러나 이 헌장은 1976년 3월에 비준 절차를 거쳐 효력을 발생하게 되었다.

유엔은 이러한 인권 규범 제정에 그치지 않고, 유엔이 국제인권헌장의 준수를 감독하기 위한 두 개의 유엔인권위원회(Human Rights Committee)를 구성하게 되었다. 이 위원회는 이 두 헌장의 실천을 위한 보고를 받으며 권고하는 권한을 가졌다. 유엔은 전쟁 예방 단체에서 인권보장 단체로 옮겨가고 있다. 그리하여 이 위원회는 기본권이 침해된 개인으로부터도 소원(Beschwerde)을 받고 있다. 그 수는 많지 않으나 개인적 구제의 길을 열고 있는 점에 큰 의의가 있다. 이 밖에도 개별적 조약의 집행을 감시하기 위한 기구도 구성하고 있어 활동을 하고 있다.

유엔 총회는 2006년 3월 15일부로 유엔 인권이사회(United Nation Human Rights Council)을 설립하기로 하였다. 이것을 1946년에 만들어진 인권위원회(Commission on Human Rights)를 대체하는 것으로, 그 지위가 격상된 것이며 권한도 강화되었다.[47] 유엔의 이러한 입법 · 집행 · 감독에 관한 노력은 다른 지역 인권에도 큰 영향을 미쳤다.

2. 지역공동체의 탄생

1) 개별 주권국가에서 지역공동체로

주권국가들 간에는 서로 분쟁이 잦아 전쟁을 하거나 분규를 야기시키는 경우가 많았다. 이러한 분쟁을 줄이고 상호 간 협력을 하기 위하여 국가 간에 협력조약을 체결하게 되었다. 그중에서도 19세기에 들어 식민지 획득을 위한 분쟁이 잦아져 상호 간 조약을

---

45) Steinerte/Wallace ; United Nations protection of human rights, University of London Press, 2009.
   Die Vereinten Nationen und der Schutz der Menschenrechte
   http://www.menschenrechte.org/lang/de/verstehen/der-schutz-der-menschenrechte
   McDougal, Myres S. and Bebr, Gerhard, "Human Rights in the United Nations" (1964). Faculty Scholarship Series. Paper 2006.
   http://digitalcommons.law.yale.edu/fss_papers/2006
46) UN Covenant on Economic, Social and Cultural Rights
   UN Covenant on Civil and Political Rights.
47) Menschenrechtssystem der Vereinten Nationen in Genf - Handbuch Menschenrechte in FES Stiftung, handbuch der Menschenrechte.
   http://handbuchmenschenrechte.fes.de/themen/internationale-menschenrechtsarbeit/m...

체결하여 광역생활권(Grossraum)을 구성하게 되었다.[48] 그러나 이러한 생활권
(Lebensraum) 구상은 실패하였다.

20세기에 이러한 지역공동체는 경제협력을 위한 목적으로 구성되어 각 권역(Region)마
다 경제공동체가 구성되기 시작하였다. 지역통합(Regional Integration)은 제2차 세계대전
후에 유행하기 시작하였다.[49]

2) 유럽지역통합

유럽의 지역통합에 관한 사상가들은 많았다. 1693년에는 William Penn이 「유럽평화
를 위한 현재와 장래」의 논문에서 유럽의 의회설립을 주장하고 유럽평화를 위하여 유럽군
대를 두고 이 군대는 유럽의회에서 지휘하도록 하였다. 그러나 그의 논설은 큰 반응을
얻지 못했다.

1795년에는 Kant가 「영구평화의 철학적 제안」을 발표하였는데, 여기에서는 국가연합
의 창설을 주장하였다. 1798년에 Jeremy Bentham은 「국제법원리」를 출판하였는데
칸트에 따라 유럽평화는 유럽통합에 의해서만 가능하다고 하였다.

그 뒤 1814년에는 Saint Simon이 「유럽 사회의 재조직」이라는 책을 발표하였고,
1851년에는 Victor Hugo가 유럽합중국의 구성을 제의하였다. 유럽통합을 주장한 사람
은 Albert Einstein, Thomas Mann, Sigmund Freud, Maria Rilke, Ortega Y Gasset,
Konrad Adenauer, Aristide Briand 등이 있었다.[50]

제2차 세계대전을 전후하여 유럽은 전쟁터가 되어 완전히 폐허가 되었다. 이때 영국
수상 Churchill은 소련의 공산주의에 대항하기 위하여 3개의 공동체 구성을 주장하였다.
첫째로는 영국과 영국령의 Commonwealth, 둘째로는 미국을 중심으로 한 영어 사용
국가연합, 셋째로는 프랑스를 중심으로 한 유럽연합국가를 생각하였다.[51]

제2차 세계대전 이후의 유럽은 미국의 마샬 플랜에 따라 원조를 받는 나라들이 대부분이

48) Schmitt, Carl; Staat, Großraum, Nomos. Arbeiten aus den Jahren 1916-1969. Hrsg. von Maschke, Günter, 1995.
https://buch-findr.de/buecher/staat-grossraum-nomos/
Schmitt, Carl; Völkerrechtliche Großraumordnung mit Interventionsverbot für raumfremde Mächte, Deutscher Rechtsverlag, Berlin 1939. 4. Auflage 1941. (김효전 옮김, 역외 열강의 간섭을 허용하지 않는 국제법적 광역질서, 『헌법과 정치』, 산지니, 2020, 542-590면); Hong, Muwon, Die Großraumtheorie von Carl Schmitt im Vergleich mit dem ostasiatischen Völkerrechtsverständnis, Berlin: Duncker & Humblot, 2019. 440 S.
Daitg, Werner; Lebensraum und gerechte Weltordnung; Grundlagen einer anti-Atlantikcharta, http://www.worldcat.org/title/lebensraum-und-gerechte-weltordnung-grundlagen-din..
49) Regional integration - Wikipedia
http://en.wikipedia.org/wiki/Regional_integration
50) Leonard, Dick; Guide to the European Union Ideas of European Unity Before 1945, Wikipedia.
51) Garrity, Patrick; Churchill, Britain and European Unity, 2016.
Lipgens Walter; A History of European Integration 1945-1947: The Formation of the European Unity Movement, Oxford: Clarendon Press, 1982. 723 pp. 48.

었기에 정치적 결합을 중시하였다. Churchill은 이 3극의 구상을 스위스와 미국에서 발표하였는데, 1946년 9월 15일 Zürich 대학에서 유럽통합을 주장하였다. 그는 영국은 이 3개 지역에 다 관련하는 것으로 하였다.

1949년 4월 5일에는 유럽 10개국이 모여 유럽심의회(Council of Europe)를 구성하고 정관은 유럽을 대통합하여 유럽합중국을 만드는 것을 목적으로 하였다.

가입은 유럽 국가에 개방하여 그 뒤 독일, 오스트리아 등이 가입하였고, 동구의 혁명 이후에 많은 동유럽 국가가 가입하였으며, 소련이 붕괴한 뒤에는 러시아공화국까지 가입하고 있다.52)

3) 미주 국가

미국에서는 1941년 8월에 미국과 영국이 대서양헌장(Atlantic Charter)을 발표하였다. 이는 Roosevelt와 Churchill이 전후 세계의 구상과 국제연합의 기초 이념을 확립한 것이었다. 첫째로 양국은 영토확대, 또는 기타의 어떠한 팽창도 원하지 않는다. 둘째로 양국은 관계하는 인민이 자유로이 표명한 의사에 일치하지 않는 어떠한 영토의 변경도 원하지 않는다. 셋째로 양국은 모든 인민의 정부 형태를 선택할 수 있는 권리를 존중한다. 다섯째 양국은 경제적 분야에 있어서 모든 국가의 최대한의 협력 달성을 원한다. 여섯째 나치스 전제주의의 최후적 파괴의 뒤에 양국은 평화를 확립할 것을 원한다.

1945년 10월 24일에는 남북 미주 대표 22 국가와 다른 지역 대표들 합계 51개국이 국제연합을 구성하였다. 이에 자극되어 미주 각국 간에도 연합체를 구성하려는 움직임이 나타났다. 1946년에는 범미주연합(Pan-American Union)이 결성되었으며, 그 제9차 회의에서 개명하여 1948년 4월에는 미주기구(Organisation of American States)가 탄생하였다.53) 이 미주기구는 정치적 목적이 강했으며 인권공동체로서 기능하였다. 그러나 영어 사용 국가들이 헌장을 비준하지 않아 남미와 중미 중심으로 운영되고 있다.

4) 아프리카 연합조직

제2차 대전 후 아프리카의 여러 식민지가 독립하였다. 이들 독립국가들이 모여서 1963년에 아프리카통합조직(Organisation of African Unity, OAU)을 만들었다.54) 이 조직의 목적은 ⓐ 아주 국가 간의 통일과 연대를 촉진하며, ⓑ 협력과 협조를 긴밀히 하며 아프리카 인민들의 보다 나은 삶을 달성하기 위하여 노력하며, ⓒ 주권과 영토의 보전과 독립을 방어하며, ⓓ 아프리카에서의 식민지의 모든 형태를 소멸하며, ⓔ 유엔 헌장과 유엔 인권선언에 입각하여 국제적 협력을 증진하는 것이었다.

52) Leonard, Dick; Guide to the European Union. supra
    Foreign Policy; Advocate of European Integration.
53) Charter of the Organization of American States, 1948; Sohn, Louis, International Organization
    and Integration, 1986, pp. 977-996.
54) Charter of the Organization of African Unity, 1963; Sohn, supra. pp. 1047-1052.

3. 인권공동체로의 변신

1) 인권공동체로서의 기능

지역공동체는 대개가 그 설립목적으로서 구성원 간의 공통적인 유산에 근거하여 경제
발전과 사회적 진보를 하려는 것이었다. 다시 말하면 지역 내 국가 간의 전쟁을 회피하고
공정한 협력체를 구성하여 종국적으로는 국가 간의 국가연합을 구성하여 국가를 건전하게
운영하려는 것이었다. 이를 위하여서는 공동작업이 필요하며 궁극적으로는 국가 간의
국가연합을 구성하여 동일 경제체제를 갖추고, 공동시장으로서 관세장벽을 없애고,
단일통화로 경제를 통합하려고 하는 것이었다.

경제적 요인과 함께 정치적 요인도 겹쳐져 지역 간 통합이 행해졌다. 정치적으로는
국가안전보장을 강화하기 위한 목적과 국가연합을 달성하기 위한 목적이 있었다.

1945년 유엔이 창립된 이후 국제인권에 대한 관심이 고조되어 지역연합에서도 인권보
장을 위한 공동노력이 행해졌다.[55]

2) 미주 인권선언과 인권헌장

유엔의 인권선언 기초에 자극되어 미주 국가 연합에서는 유엔의 인권선언에 앞서
1948년 5월 2일 콜롬비아의 보고타에서 「사람의 권리 및 의무에 관한 미주선언」(미주인권
선언)이 발표되었다.[56] 미주 국가 연합에서는 1965년 인권에 관한 미주 헌장(미주인권조
약)을 체결하여 1978년 효력을 발생하였다.

이 선언은 유엔 인권선언과 거의 같은 내용을 가지고 있다.

3) 유럽 인권헌장

유럽에서도 경제통합에 앞서 유럽심의회(Council of Europe)가 성립되어 정치적 권리
의 보장에 대한 여론이 높아졌다. 패전국 독일에서는 1949년에 본(Bonn) 기본법을
제정하였는데, 여기에서 인간의 존엄의 존중을 규정하고 인권국가로서의 탄생을 구가하
였다.

1949년에는 유럽심의회가 구성되었는데, 여기에서는 정치적·법적 통합이 많이 논의
되었다. 유럽심의회는 유엔 인권선언의 취지를 고려하여 유엔 인권선언의 권리의 보편성
을 승인하고, 나아가 실효적인 승인 및 준수를 확보할 것을 목적으로 유럽인권헌장을
제정하고, 보장기관으로서 유럽인권재판소를 규정하고 있다. 이것은 다른 지역과 달리
유엔에 앞서 실효적이고 강제력이 있는 헌장을 체결하고 실시기관을 구성한 데서 중요한

55) Benedek/Heinz (eds.), Regional systems of human rights protection africa, america, europe, 1992.
56) Inter-American Human Rights System. International Justice Resource Center. https://ijtcenter.org/regional/inter-american-system/

의의를 가진다고 하겠다.[57]

4) 아프리카 인권헌장

아프리카는 식민지에서 해방된 뒤 탈식민지 문제로 어려움을 겪고 있었다. 1963년에야 아프리카 수장 회의를 만들어 지역적 협동을 시작하였다.

아프리카에서는 유럽과 마찬가지로 인권선언 없이 인권헌장을 먼저 만들었다. 아프리카 기구의 수장 회의에서 인권헌장을 제정하도록 기초위원회를 구성하였다. 이 위원회는 유럽 인권헌장과 미주 인권헌장을 모방하여 초안을 작성하였고 이것은 만장일치로 통과되었다. 1981년 6월 27일의 이 헌장은 「인간과 인민의 권리에 관한 아프리카헌장」이라고 한다.[58]

전문과 58조로 구성된 이 헌장은 제1부 권리 및 의무, 제2부 보장 조치, 제3부 일반 규정으로 되어 있다. 이 헌장은 권리의 단순한 선언규정이 아니고, 구체적 보장기구로서 아프리카 인권재판소를 두어 구제절차를 규정하고 있다. 이 헌장은 세계인권선언과 유엔 및 아프리카 여러 나라에서 채택된 문서들에서 시사를 받는다고 규정하고 있다.

5) 이슬람 인권선언

이슬람 국가들은 1969년에 57개국이 참가하여 이슬람 회의기구를 만들었다. 이 기구는 이슬람의 특수성을 강조하며 세계인권선언에 반대하는 입장이었다. 그런데 2008년에야 정관을 개정하여 인권과 자유를 보장한다고 하고, 세계인권선언과 국제인권법을 존중한다고 하였다.

그러나 아직도 강제력 있는 헌장을 제정하지 않고 이슬람 세계인권선언만을 채택하고 있다. 1981년 9월 19일에 발표된 「이슬람 세계인권선언」은 이슬람의 특성을 강조하고 이슬람법-신의 법과 법률가의 해석이 우월하다고 규정하고 있다. 1990년 8월 5일 이슬람의 카이로 인권선언도 크게 달라지지는 않았다.[59]

6) 아세안의 인권선언

아세안은 1967년 8월 8일에 결합을 발표하였다. 아세안은 유엔 인권선언이 아시아의 가치를 무시하였다고 하여 반대를 했으며 인권보장에 소극적이었다. 2012년에야 프놈펜에서 아세안 인권선언을 발표하였다.[60]

---

57) Harris, O'Boyle, and Warbrick, Law of the european convention on human rights, 1995 Grabenwarter, C. European Convention on Human Rights, Europäischen Menschen-rechtskonvention, Beck, München, 2003. 5. Aufl. 2011.
58) The African Charter on Human and Peoples' Rights Instruments/ACHPR. http://www.achpr.org/instruments/achpr/
59) Ahmad, R.; Islam Universal Human Rights, and Cairo Declaration. https://www.alislam.org/library/contemporary-issues/islam-universal-human-rights-and-cairo-declaration/

아세안 인권선언은 전문과 ① 일반원칙 ② 시민적·정치적 권리 ③ 경제적·문화적 권리 ④ 발전의 권리 ⑤ 평화의 권리 ⑥ 인권의 증진과 보호에서의 협력으로 구성되어 있다. 그런데 아세안 인권선언은 아시아의 인권 후진국의 선언이기 때문에 한국·일본 등에서는 이러한 아시아의 가치를 부정하고 이에 대하여 비판적이다. 유엔 등에서도 보편화 원칙에 반한다고 하여 비판하고 있다.

아세안에서는 인권헌장이 아직 제정되지 않고 있다.

Ⅱ. 인권헌장의 규범적 발전 경향

1. 인권선언에서 인권헌장으로

1) 인권선언 단계

인권선언 단계에서의 입법과정에 대한 통일된 규칙은 없다. 그리하여 유엔과 지역마다 그 성립 과정이 다를 수 있다.

일반적으로 각 지역이나 세계에서 인권선언의 중요성이 논의되고 개인과 단체가 이에 합의하여 초안을 제출하고 이 초안을 총회나 원수 회의 또는 외상 회의에서 심의하여 의결하는 것이 일반적이다.

물론 유엔이나 미주 선언의 경우와 같이, 기초위원회를 두어 장시간의 토론 끝에 결정하는 것이 바람직하다. 그러나 필수적 요건은 아니다. 일반적으로 인권선언은 조약이 아니기 때문에 구속력이 없는 것으로 인정되어 엄격한 검증 없이 보편적 이상을 담는 것이 보통이다.

2) 미주 인권선언

북미와 남미를 합친 미주 국가는 서로 다른 역사적 경험을 가지고 발전하였기 때문에 동질성이 적었다. 특히 북미의 캐나다와 미국은 영국의 식민지에서 독립하였고, 중미나 남미는 스페인과 포르투갈의 식민지에서 독립하였기에 문화적·지정학적인 차이가 많았다. 그럼에도 불구하고 이 지역에서는 유럽의 영향을 받아 법학이 발달하였다. 특히 국제법학과 국제인권법학이 발달하였다. 그것은 미국 독립선언과 각국의 식민지에서의 해방전쟁에 따른 인권의식이 발전하였기 때문이다. 이때 미국과 유럽 국가들이 자국민의 외지에서의 권리를 주장하면서 국제법이 중요한 이슈가 되었다.

이때 칠레의 유명한 법학자 Alvarez(1868-1960)는 20세기 "라틴 아메리카 국제법연구소"를 구성하고 그 이론적 근거를 제공하였다. 그는 다른 학자들과 함께 미주 국제법연구소(American Institute of International Law)를 창립하였다. 그는 1916년에 새로운 국제법의

---

60) Purnama, H.: ASEAN and Human Rights; ASEAN Human Rights Declaration, 2012.

근거로서「국민의 권리와 의무에 관한 선언」을 발표하였는데, 이에는 개인의 국제인권도 포함되어 있었다. 2차 대전 중에도 개인의 국제인권에 대한 논의는 계속되었다.[61]

1945년 Alvarez는「개인의 국제적 권리와 의무에 관한 선언 초안」을 발표했다. 이 초안을 그는 칠레의 산티아고에서 개최된 전미 법학자 회의에 제출하였다.

그동안 미주 국가들은 연합체를 구성하고 있었다. 그 제9차 수장 회의에서「인간의 권리와 의무에 관한 미주 선언」이 1945년 4월에 통과되었다. 이것은 유엔의 세계인권선언이 채택되기 9개월 전이며, 이것은 국가 간 공식 회의체에서 성립한 최초의 인권선언이었다. 이는 라틴 아메리카 대표가 유엔에서 최대 정파를 이루고 있었기 때문에 국제연합에 앞서 인권선언을 성안할 수 있었던 것이다. 이 미주 선언의 특색은 미주에 거주하는 외국인의 권리를 평등하게 보장함으로써 미국이나 유럽의 간섭을 배제하는 것을 목적으로 하고 있으며, 법적으로 구속적인 것보다는 선언적 성격의 것이었으며, 미주 여러 국가가 발전하면 이를 성실히 수행할 것을 선언한 것이다.[62]

법적 구속력이 있는 인권헌장(American Convention on Human Rights)은 1969년 11월 22일 산호세에서 채택되었으나 OAS 35개국 중 25개국이 비준했으나 두 나라가 탈퇴하고 영어 사용 국가들이 비준하지 않으므로, 미국 등을 구속하기 위하여 인권선언 규정을 적용하고 있다.[63] 그 근거는 1948년의 미주 기구 헌장에 근거하고 있다.

3) 유엔 세계인권선언

유엔 인권선언은 앞서 본 바와 같이, 구속력이 없는 선언으로서 성립된 것이다. 이것은 기초위원장인 Roosevelt 대통령 부인이 명확히 하고 있다. 2년 후「유엔 인권선언은 모든 국가의 모든 사람들에게 보장될 보편적 표준이다」고 하고 있다.

이러한 권고적 성격인 것이었기 때문에 여러 지역의 기초자들이 지역의 특성 가치를 주장하지 않고 일반 원칙에 합의할 수 있었던 것이다. 만약에 이것이 구속적인 것이라고 했다면 쉽게 초안에 합의하지 않았을 것이다.

유엔 인권선언은 법적 구속력이 없고 이를 강행하기 위한 기구가 없다고 하여 비판되기도 하였다. 유엔 인권선언은 정치적·도덕적인 것이었으나, 이를 존중하도록 국제사회가 승인했기 때문에 신생국들은 헌법에서 이 선언을 수용하였고, 헌법에서 이를「일반적으로 승인된 국제법규」로 보아 국내에 적용하게 되었다. 또 헌법을 가진 선진국에서는 이를「국제법의 일반원칙」으로 받아들여 이를 적용하기도 했고, 국제관습법으로 인정하기도 했다.[64]

61) Obregon, Liliana; The Universal Declaration of Human Rights and Latin America, 24 Maryland Int'l L. 94 (2009).
http://digitalcommons.law.umaryland.edu/mjil/vol24/iss1/12
62) Muta, M.; The African human rights system: A critical evaluation. Human Development Report Office (HDRO). United Nations Development Programme (UNDP), 2000.
63) Cerne, Christine M. I.; Reflections on the normative status of the American Declaration of the Rights and Duties of Man.

그리하여 유엔 총회는 1966년에 두 개의 인권헌장(International Covenant)을 채택했던 것이다. 이 헌장은 집행하기 위해서는 비준되어야 했으며 비준 후에도 여러 가지 예외절차가 필요하였다. 이러한 간격을 메워 준 것이 「유엔 인권선언」이었다.

세계인권선언 선포 70년이 지난 현재 유엔 인권선언은 정치적 · 도덕적 규범을 초월한 준사법적 규범의 역할을 하고 있다는 것이 국제법학자의 견해다.

4) 이슬람 세계인권선언

중동을 중심으로 한 이슬람 국가는 1969년에 이슬람 회의기구를 만들었다. 이슬람 회의 원수들은 1981년에 이슬람 인권선언을 선포하기로 하여 9월 15일 이슬람 평의회에서 세계 이슬람 인권선언을 선포하였다.65) 이슬람 세계는 이슬람의 종교, 율법을 중시하고 유엔 인권선언에 반대하여 독자적인 인권선언을 한 것이다. 여기서는 이슬람의 경전인 코란의 신의 계시와 무슬림으로서의 신앙에 따라 행동할 것을 선언하고 있다. 여기서는 이슬람의 종교인으로서의 의무가 강조되고 있으며(14개의 의무), 이와 함께 이슬람에 의해서 명령된 인권을 지지할 것을 서약하도록 하고 있다.

권리로는 1) 생명에 대한 권리 2) 자유에 관한 권리 3) 행동에 관한 권리, 허용되지 아니한 차별의 금지 4) 정의에 관한 권리 5) 공평한 재판에 관한 권리 6) 권한 남용에 대한 보호에 대한 권리 7) 고문에 대한 보호에 관한 권리 8) 명예 및 신용의 보호에 관한 권리 9) 비호에 관한 권리 10) 소수자의 권리 11) 공공의 사무의 운영 및 관리에 참가하는 권리 및 의무 12) 신념, 사상 및 언론에 대한 권리 13) 종교의 자유에 대한 권리 14) 자유로운 결사에 대한 권리 15) 경제질서 및 이에서 이끌어 낼 수 있는 권리 16) 재산의 보호에 관한 권리 17) 노동자의 지위 및 존엄 18) 사회보장의 권리 19) 가족을 형성할 권리 및 그 관련사항 20) 혼인한 여자의 권리 21) 교육에 관한 권리 22) 사생활의 권리 23) 이동 및 거주의 자유에 관한 권리 등을 상세히 규정하고 있다.

그러나 이러한 권리도 의무를 수반하며 샤리아법에 따라 행동할 것이며, 권리도 공동체의 도덕 · 공공의 질서 및 일반적 복지의 정당한 필요에 의하여 법에 의하여 제한될 수 있다고 선언하고 있다.

이 선언은 신정(神政)을 기초로 하고 있는 것이며 법률사에 의한 통치를 보장하는 것이라고 하겠다. 이에 대해서는 세계에서 인권침해라는 비판이 행해져 이슬람 세계기구의 정관을 고쳐 세계인권과 국제법을 지지한다고 하였다.

1990년 8월 5일에는 카이로에서 이슬람에 있어서의 인권에 관한 카이로 선언을 채택하였다.66) 이는 세계 이슬람 선언의 종교성을 약화하고 조문을 정리한 것이다. 아직도

64) Van Alstine, Michael; The Universal Declaration and Development in the Enforcement of International Human Rights in Domestic Law, Maryland Journal of International Law Vol. 24 (2008), pp. 63-74.

65) Wikipedia, Universal Islamic Declaration of Human Rights.

66) Wikipedia, Cairo Declaration of Human Rights in Islam; Wikisource, Cairo Declaration of Human

세계인권선언에까지는 이르지 못하고 있다. 이슬람이 다른 지역과 달리, 두 번이나 인권선언을 한 것은 인권헌장으로 구성국의 법적 의무를 규정하기에는 미흡했기 때문으로 보인다.

2004년 5월에는 아랍 국가 중 일부의 모임인 아랍 연맹에서 아랍 인권헌장을 채택하였다.67) 아랍 인권헌장은 완전한 인권헌장이 아니고 아랍 연맹이 이슬람법 아닌 국제인권헌장의 중요성을 강조하는 의미의 인권선언이라고 볼 수밖에 없다. 이 헌장은 아직까지 아랍 국가의 일부만이 비준하고 있어 전 아랍 국가의 헌장이라고 보기는 어렵다.

5) 아세안 인권선언

아시아에서는 각 국가 간에 문화적 · 역사적 · 법제적 차이가 커서 공동의 인권선언이나 인권헌장이 제정되지 못했다. 일본과 한국 등은 유엔 인권선언을 전폭 지지했기 때문에 문제가 없었으나, 동남아시아에서는 아시아의 가치를 주장하면서 세계 인권선언의 취지에 반대하고 있었다. 식민지에서 독립한 동남아시아 국가들이 1967년 8월에 아세안 (ASEAN) 국가연합을 구성하였다. 방콕 선언이라고 하는 이 선언에서 아세안 5개국은 아세안 연합의 창립을 선언하였으며 회원들이 추가로 가입하여 10개국으로 되었다.

아세안은 아시아에서도 후진 국가였기에 전통을 버리지 못하고 비인도적인 처벌을 하는 등 인권의 침해가 심했다. 1976년에 최초의 수뇌 회담을 열어 동남아 우호협력체를 구성하였다. 이 조직의 참가국이 늘어나 2008년 3월에는 25개국으로 늘어났다. 여기서 아세안 기구의 인권위원회를 구성하여 인권선언의 초안을 만들기로 하였다. 그러나 이 안에 대해서는 수장들이 폐기하고 새 헌장 초안을 제의했으나, 유엔 인권위원회의 고등판무관실의 비판을 받아 2009년까지 아세안 인권선언을 확정하도록 하였다. 그러나 이 초안은 유엔에서 비판을 받았기 때문에 다시 수정하여 2012년 프놈펜 회의에서 아세안 인권선언을 통과시켰다.68)

이 선언의 내용은 전문과 ① 입법원칙 ② 시민적 · 정치적 권리 ③ 경제적 · 문화적 권리 ④ 발전의 권리 ⑤ 평화의 권리 ⑥ 인권의 증진과 보호에서의 협력으로 구성되어 있다.

이 인권선언은 다른 지역 지방의 인권선언에 뒤처진 것이며, 인권헌장을 제정할 시점에서 구속력이 없고, 침해에 대한 구제수단이 없기 때문에 많은 비판을 받고 있다.69)

Rights in Islam; Cairo Declaration of Human Rights in Islam.
67) ACIHL, The League of Arab States and the Arab Charter on Human Rights.
  https://acihl.org/articles.htm&article id=6
68) The ASEAN Human Right Declaration. Question and Answers;
  ASEAN Declaration on Human Rights,
  https://2099-2017.state.gov/r/pa/prs/ps/2012/11/200915.html;
  ASEAN; Leaders Adopt Human Rights Declaration. Global Legal Monitor; ASEAN Human Rights Declaration.
69) Lauren, Paul Gordon; The evolution of international human rights
  http://www.e-bookdownload.net/search/the-evolution-of-international-human-rights

2. 인권헌장 단계(인권헌장과 사회헌장)

1) 인권헌장의 성립

앞에서 본 인권선언은 국가 간의 정치적 선언이어서 정치적 · 도덕적 책임은 있으나 법적인 책임은 없는 것으로 인정되었다. 그래서 이를 집행하기 위한 기구를 두지 않았다.

인권선언에 대해서는 이를 위반하는 국가들이 많았고 그에 대한 책임도 지지 않았기 때문에, 이에 강제력을 부여하기 위한 헌장 제정이 요청되었다. 그리하여 구속력 있는 조약 형태의 기본권 헌장을 처음으로 만든 것이 유럽 인권헌장(유럽인권조약, 인권 및 기본적 자유의 보호를 위한 조약)이라고 하겠다.

유엔은 유엔 인권선언 후에 이에 강제력을 부과하기 위한 두 개의 헌장을 1966년에 체결하였다. 다음에는 1969년에 미주 인권헌장 「인권에 관한 미주 조약」이 체결되었고, 1981년에 아프리카 인권헌장 「사람 및 인민의 권리에 관한 아프리카 헌장」이 채택되었다. 이슬람 국가에서는 의견이 통합되지 않아 2004년에 일부 국가만이 아랍 인권헌장을 체결하였다. 유럽 연합은 2004년 10월 29일 유럽인권장전(Charter of European Human Rights)을 헌법적 효력을 가지는 것으로 서명하였다.

2) 유럽인권헌장

(1) 입법 과정

유럽인권헌장의 성립은 유엔의 인권선언에 큰 영향을 받았다. 이를 유럽인권헌장의 서문에서도 밝히고 있다. 다음에는 유럽통합론자들의 영향도 컸다. 1947년 5월 14일 처칠의 지지 하에 유럽통합 운동본부가 구성되었다. 1948년 5월 9일에서 10일까지 유럽회의(European Congress)가 헤이그에서 열려 700명의 정치가들이 전 유럽에서 모여 유럽통합을 결정하였다.

여기서 유럽심의회(Council of Europe)가 형성되고 유럽인권헌장을 제정하도록 요청하였다. 이에 유럽인권헌장의 기초위원회가 만들어졌다. 이 위원회는 Pierre Henri Teitgen과 David Maxwell-Fyfe 경이 주동이 되어 초안을 만들어 1949년 6월 12일에 유럽심의회의 장관 회의에 제출하였다.

유럽심의회는 오랫동안의 심의를 거쳐 1950년 11월 4일 로마에서 서명되었다. 서명국은 벨기에, 덴마크, 서독, 프랑스, 아일랜드, 아이슬란드, 이탈리아, 룩셈부르크, 네덜란드, 노르웨이, 터키와 영국이었다. 뒤에 1950년 11월 28일 파리에서 그리스와 스웨덴이 이 조약에 서명하였다.[70]

---

70) 입법 과정에 대해서는 Europäische Menschenrechtskonvention - Wikipedia 참조.
http://de.wikipedia.org/wiki/Europ%C3%A4ische_Menschenrechtskonvention

(2) 유럽인권헌장

이 유럽인권헌장은 3절로 구성되어 있다.[71] 제1절에서는 시민의 권리와 자유를 규정하고 있다(제2조-제18조). 제2절은 인권재판소의 설치와 활동 규범을 규정하고 있다. 제3절에서는 여러 가지 종결 규정을 두고 있다. 효력 발생 전에 프로토콜 11에 의하여 제2부 제19조를 개정하여 인권위원회 제도와 인권재판소 제도를 도입하였다. 그러나 인권위원회 제도는 프로토콜 14에 의하여 폐지되었다.

제1조 체약국은 그 관할 내에 있는 모든 자에 대하여 이 조약의 제1절에 정착되어 있는 권리 및 자유를 보장한다.

제1절

제2조(생명에 관한 권리) 모든 사람의 생명에 관한 권리는 법률에 의해서 보호된다. 누구도 고의로 그 생명을 박탈당하지 아니한다. 단 법률에 사형을 정하는 범죄에 대하여 유죄의 판결문에 법원의 형의 선고를 집행하는 경우에는 이에 구애되지 않는다. 생명의 박탈은 그것이 다음의 목적을 위하여 절대적으로 필요한 힘의 행사의 결과일 때에는 이 조에 위반하여 행해진 것이라고 보지 않는다.
  ⓐ 불법적인 폭력에서 사람을 지키기 위하여
  ⓑ 합법적인 체포를 행하여 또는 합법적으로 억류된 자의 도망을 방지하기 위하여
  ⓒ 폭동 또는 반란을 진압하기 위하여 합법적으로 취한 행위 때문에
제3조(고문 또는 비인도적인 취급 또는 강제노동의 금지)
  1. 누구도 노예 상태 또는 예속 상태에 두어지지 않는다.
  2. 누구나 강제노동에 복해질 것을 요구받지 아니한다.
  3. 이 조약의 적용상 「강제노동」에는 다음의 것은 포함되지 않는다.
    ⓐ 이 헌장의 제5조의 규정에 따른 억류의 통상적 과정 또는 그 억류를 조건부로 면제되어 있을 때 요구되는 작업
    ⓑ 군사적 성질의 역무, 또는 양심적 거부자의 경우에는 의무적 군사 역무의 대신에 요구되는 역무
    ⓒ 사회의 존립 또는 복지를 협력하는 긴급사태 또는 재해의 경우에 요구되는 역무
    ⓓ 시민으로서 통상적인 의무로 생각되는 작업 또는 의무
이와 같이 우선 권리를 규정한 뒤 예외조항을 나열하는 형태로 제5조(신체의 자유·체포·억류의 조건) 이하 계속 규정하고 있다.
제6조는 공정한 재판을 받을 권리에 관해서 규정하고 있다. 여기에 공개재판을 받을

---

71) 내용에 대해서는 European Convention on Human Rights - Wikipedia 참조.
  https://en.wikipedia.org/wiki/European_Convention_on_Human_Rights

권리, 형사피고인의 무죄 추정의 권리들이 규정되어 있다.

제7조는 형법의 소급적용의 금지를 규정하고 있다. 그러나 문명 제국이 인정하는 법의 일반원칙에 따른 실행 당시의 작위 또는 부작위범에 대해서 재판하고 처벌할 수 있다고 규정하고 있다.

제8조는 사생활의 비밀과 주거 및 통신의 비밀에 관하여 규정하고 있다. 그러나 사생활이나 가족생활도 법률에 의하여 국가안전, 공공의 안전 또는 국가의 경제적 복지 등을 위하여 제한할 수 있다고 규정하고 있다.

제9조는 사상 및 양심 및 종교의 자유에 관하여 규정하고 있다.

제10조는 표현의 자유에 관해서 규정하고 있다.

제11조는 집회 및 결사의 자유에 관하여 규정하고 있다.

제10조와 제11조에서는 표현의 자유를 권리인 동시에 의무 및 책임을 동반한다고 하고 있다.

그리고 제12조(혼인) 제13조(효과적 구제) 제14조(무차별) 제15조(긴급사태에 있어서의 이탈 등)에 대해서는 간단히 규정하고 있다.

제16조(외국인의 정치 활동의 제한)

제17조(제외사항), 제18조(제한의 적용원칙) 등을 규정하고 있다.

이러한 규정 방식은 영미법적인 기본권 법전의 규정 방법과 비슷한 점이 있으며, 적용시에 의문점을 없애기 위한 것으로 장점이 있다고 하겠다.

제2절

제2절에서는 인권재판소에 관하여 규정하고 있다.[72]

제19조는 유럽인권재판소의 설립을 규정하고 있다.

제20조는 유럽인권재판소의 구성에 관해서 규정하고 있다. 유럽심의회 구성국과 동수의 재판관으로 구성된다.

제22조는 재판관의 선거에 관해서 규정하고 있다.

제23조는 재판관의 임기에 관해서 규정하고 있다.

제24조는 재판소장 및 부소장에 관해서 규정하고 있다.

제26조 이하는 재판부 구성에 관해서 규정하고 있다. 재판소에는 관계 체약 당사국이 당사자 자격을 가진다.

제33조 개인적 제소는 인정되지 않는다(제34조). 재판소의 전원 재판부와 대법정의 판결은 종심이며, 제44조 판결에는 개별의견을 표명할 수 있다(제44조, 제45조)고 하고 있다.

체약국은 자국이 당사자로 되어 있는 어떠한 사건에 있어서도 재판소의 결정에 따를

---

72) European Court of Human Rights - Wikipedia
https://en.wikipedia.org/wiki/European_Court_of_Human_Rights
Merrills, The Development of International Law by the European Court of Human Rights, 2nd ed. 1993.

것을 약속한다(제46조). 재판소의 판결은 각료위원회에 송부되며, 각료위원회는 이 집행을 감시한다(제46조).

유럽인권헌장에서는 구제절차가 중요하나 상세한 것은 다음에 논하기로 한다.

제3절

제3절은 일반규정으로 경과 규정적인 것과, 적용지역(제56조), 유보(제57조), 폐기(제58조) 등이 규정되어 있다.

(3) 유럽사회헌장

(a) 성립

유럽심의회(Council of Europe)는 1950년에는 자유권을 중심으로 한 인권헌장을 제정하였는데, 사회권의 보장도 중요하다는 사회적·세계적인 추세에 따라 1961년 10월 18일에 유럽사회헌장(European Charter of Social Rights)을 제정하였고 1965년 2월 26일에 효력을 발생하였다.73)

이는 유엔의 경제적·사회적·문화적 국제헌장 성립보다 앞선 것으로 그 의의가 크다. 이는 유럽협의회에 가담하려는 사회주의국가의 요구를 반영한 것이라고 하겠다.

(b) 내용

유럽사회헌장은 전문과 38조로 구성되어 있다. 내용은 5부로 나누어져 있으며 따로 부칙이 있다.

제1부

제1부에서는 체약국이 생존권 내지 사회적 권리 보호를 위한 의무를 지고 있음을 명확히 했다.

제2부(제1조-제19조)

여기서는 제1부에서 든 개별적 권리를 보다 상세하게 구체적으로 규정하고 있다.

제1조는 노동의 권리에 관해서 규정하고 있다.

제2조는 공정한 노동조건에 관한 권리를 규정하고 있다.

제3조는 안전하고 건강한 작업조건에 관한 권리를 규정하고 있다.

제4조는 공정한 보수에 관한 권리를 규정하고 있다.

제5조는 단결권에 관하여 규정하고 있다.

제6조는 단체교섭권에 관해서 규정하고 있다.

제7조는 아동 및 연소자의 보호에 관한 권리를 규정하고 있다.

제8조는 고용되어 있는 여자의 보호에 관한 권리를 규정하고 있다.

제9조는 직업지도에 관한 권리를 규정하고 있다.

---

73) European Charter of Social Rights 1961.

제10조는 직업훈련에 대한 권리를 규정하고 있다.

제11조는 건강의 보호에 대한 권리를 규정하고 있다.

제12조도 사회보장에 대한 권리를 규정하고 있다.

제13조는 사회적 및 의료적 부조에 관한 권리를 보장하고 있다.

제14조는 사회복지 서비스에서 급부를 받을 권리를 규정하고 있다.

제15조는 신체적 또는 정신적 장애자의 직업훈련, 리허빌리테이션, 사회복지에 대한 권리확보에 관해서 규정하고 있다.

제16조는 가족의 사회적·법적·경제적 보호에 관한 권리를 규정하고 있다.

제17조는 모친 및 아동의 사회적 및 경제적 보호에 대한 권리를 규정하고 있다.

제18조는 다른 체약국의 영역 내에서도 유상의 직업에 종사할 수 있는 권리를 규정하고 있다.

제19조는 이민노동자 및 그 가족의 보호 및 원조에 대한 권리를 규정하고 있다.

제3부(제20조)

제20조만으로 되어 있다. 그 목적은 체약국에 이행하겠다는 약속을 하게 하고, 그 결과를 유럽심의회 사무총장에게 통고하도록 하였다. 그리고 사무총장은 이를 통고하고 서명정부 및 ILO 사무국장에게도 통고하도록 규정하고 있다.[74]

제4부(제21조-제29조)

제4부는 사무절차에 관한 규정과 보고의 심사, 전문가위원회와의 관여, ILO 노동기관의 참여, 정부간 사회위원회의 소위원회의 구성과 기능 등을 규정하고 있다. 다음에는 협의회 총회나 각료위원회에 관해서 규정하고 있다.

제5부(제30조-제38조)

제5부에서는 이 헌장에서의 이탈, 가입, 서명, 비준, 개정, 폐기 등의 절차를 규정하고 있다. 또 이 헌장의 국제법과의 관계, 적용영역 등에 관해서 상세히 규정하고 있다.

부칙

부칙에서는 보호되는 것에 대한 사회헌장의 범위, 외국에서의 직업 활동에 관한 권리문제를 규정했다.

부칙 제2부에서는 해석준칙, 중재의 효력, 파업권의 행사에 대한 법률상 규제, 청소년의 야간작업 금지, 사회적·의료적 부조에 관한 유럽조약의 체결국이 아닌 정부의 대우, 유동 외국인 노동자의 가족(제19조 6항), 전쟁 기타의 공공의 긴급사태의 경우란 전쟁의 위협을 포함하는 것이라고 규정하고 있다.

3) 유엔의 인권보장 헌장

(1) 성립

---

74) Legal protection and effective enforcement of social rights in the Council of Europe...
http://www.coe.int/en/web/rutin-european-socialcharter/developments-and-prerspecti.

유엔의 인권선언에는 집행기관의 규정이 없는 것을 보았다.[75] 그리하여 유엔은
강제력 있고 침해에 대한 구제수단이 있는 인권헌장을 만들기로 하였다. 유엔 경제사회
이사회는 유엔 인권선언 발표 후에도 계속하여 인권헌장을 제정하도록 노력하였는데,
냉전의 여파로 기초자들이 합의가 어려웠다. 일부에서는 소극적 권리로서의 자유권을
중시하였고, 일부에서는 적극적 권리인 사회권을 중시하여 합의가 되지 않아 두 개의
인권헌장(A규약과 B규약)을 1966년 총회에서 통과시켰다. 이 두 헌장에는 동일한 조항도
있는데 민족자결권 같은 것이 그것이다.

(2) 시민적 · 정치적 권리에 관한 헌장
헌장은 전문과 53개 조로 구성되어 있는데 6부로 나누어져 있다.[76]
제1부는 제1조만인데 인간의 자기결정권을 규정하고 있다. 여기에는 정치적 지위에
　　대한 자기결정권이 규정되어 있다. 나아가 자치권을 가지지 못한 나라와 식민지의
　　민족자결권 행사 의무를 고취하고 있다.
제2부(제2조-5조)에서는 헌장에 인정되어 있는 권리의 실효성을 보장해야 하는 체약국
　　의 의무를 강조하고 있다. 다음에는 차별 없는 평등을 강조하고 있다. 또 여성의
　　동권을 인정하고 있다. 권리의 제한은 국가의 생존을 위협하는 국가긴급 시에만
　　가능하다. 또 고문과 노예제도 금지, 소급입법의 금지, 인간성의 존중, 사상과 양심,
　　종교의 자유를 규정하고 있다.
제3부(제6조-27조)
제6조에서는 생명의 권리에 대한 보장이 규정되어 있고, 아동을 도덕적으로 양육하며
　　생존 가능성의 연장에 노력하도록 하고, 보안경찰에 의한 자의적인 살해를 금지하고
　　있다. 선택의정서는 국내에서의 사형폐지를 규정하고 있다.
제7조에서는 고문을 금지하고, 잔혹하고 비인간적인 처우를 금지하였다. 구금된 피의
　　자의 권리를 보호하고 비인도적인 처우를 금지하였다.
제8조에서는 노예제도를 금지하고 어떤 경우에도 강제적인 봉사활동을 금지하고 있다.
　　또 강제노역을 금지하고 있다.
제9조는 인간의 신체와 인신의 자유를 규정하였다. 자의적인 체포 · 구금을 금지하고
　　자유의 박탈을 법률에 의하도록 하였다. 체포된 경우에는 즉시 그 사유를 고지하고
　　즉각 판사 앞에 인신을 데려가 접견하도록 하였다. 체포 · 구금 시에는 즉시 그
　　이유를 고지하고, 지체 없이 재소자의 처벌이나 공기업체나 사기업체가 따로 노역에
　　종사시키는 일이 없도록 규정하고 있다.

75) Lauterpacht, H.; The Universal Declaration of Human Rights, 25 Brit. Y. Int'l L. pp. 354. 370
　　(1949).
76) Wikipedia, International Covenant on Civil and Political Rights;
　　Owak, Manfred, Commentary on U.N. Covenant on Civil and Political Rights, 2nd revised edition,
　　xxxix, 1278 pages, 2005.

제10조는 자유가 박탈된 사람에게는 존엄과 인간성 보호를 중시해야 하며, 교도소
　재소자뿐만 아니라 이민자 추적이나 심리치료를 위한 사람의 경우에도 인간의 존엄성
　을 지키도록 하였다.

제11조는 계약의 파기에 대한 처벌로 구치소에 구금하는 것을 금지하였다.

여행의 자유, 사상과 종교, 언론 · 출판 · 집회 · 결사의 자유가 규정되었으며, 사생활
의 비밀 등 개인적 권리가 보장되었다(제12조, 13조). 다음에는 법의 적법 절차 원칙과
자의적 체포나 구금의 금지, 공정한 재판 등을 규정하였다(제14조, 15조, 16조).

전쟁 선동의 금지, 차별, 혐오나 폭력에 대한 선전을 금지하고, 인종적 · 종교적 증오의
선동을 금지하였다(제20조). 평화적 집회는 보장되었다(제21조).

투표권을 포함한 정치적 참여권(제25조), 소수자의 보호와 법 앞의 평등과 차별금지를
규정하였다(제26조와 27조).

제4부(제28조-45조)

제4부에서는 인권위원회의 구성과 기능, 소원 처리 정부에 대한 보고 등 절차를 규정하
　고 있다. 여기서는 헌장의 준수를 감시하고 분쟁을 해결하는 인권위원회의 기능을
　강조하고 있다(제41조-42조).

제5부(제46조-47조)

제5부에서는 헌장해석의 원칙을 규정하고 있는데, 모든 인민의 나면서부터의 자연적
　부와 자원의 충분하고 자유로운 이용을 강조하는 유엔의 기능을 방해하지 않도록
　해야 한다고 규정하고 있다.

제6부(제48조-53조)

여기서는 비준과 효력 발생 시기며, 헌장의 개정에 관하여 규정하고 있다.

이 헌장은 유엔 인권선언의 자유권 부분을 보다 상세하게 규정한 것이며, 기본권의
법적 구속력을 인정한 것이 특색이다.

이 중에서 중요한 것은 헌장의 침해에 대한 구제 방법인데, 이에 대한 것은 다음에
논하기로 한다.

(3) 경제적 · 사회적 · 문화적 권리 헌장

경제적 · 사회적 · 문화적 권리 헌장은 전문과 31조로 구성되어 있다. 전부를 5부로
나누어 규정하고 있다.[77]

제1부 인민의 자결권(제1조)

제1조에서는 시민적 · 정치적 인권헌장 제1조와 같이, 인민의 자결권에 관해서 규정하
　고 있다. 모든 인민은 자결의 권리를 가진다. 이 권리에 따라 모든 인민은 그 정치적

---

77) International Covenant on Economic, Social and Cultural Rights - Wikipedia
　　https://en.wikipedia.org/wiki/International_Covenant_on_Economic,_Social_and_Cul...

지위를 자유로이 결정하고, 나아가 그 경제적 · 사회적 및 문화적 발전을 자유롭게 추구한다. 모든 인민은 …… 자기를 위하여 천연의 부와 자원을 자유로이 처분할 수 있다.

제2부 일반규정(제2조-제5조)

제2조는 체약국의 의무를 규정하고 있다. 체약국은 입법 조치 기타의 모든 적당한 방법에 따라 이 헌장에 인정되어 있는 권리의 실현을 점진적으로 달성하기 위하여 자국에 있어서 이용 가능한 모든 수단을 최대한으로 사용함으로써, 개별적으로 또는 국제적인 원조 및 협력, 특히 경제상 및 기술상의 원조 및 협력을 통하여 행동할 것을 약속한다. 또 이 헌장에 규정된 권리는 인종, 피부색, 성, 언어, 종교, 정치적 의견, 국민적 또는 사회적 출신, 재산, 출생 또는 다른 지위에 의한 어떠한 차별도 없이 행사되는 것을 보장한다(제2조). 이들 권리의 보장에 있어서는 남녀에게 동등한 권리를 확보하는 것을 약속한다(제3조).

권리의 제한은 이들 권리의 성질과 양립하는, 또 민주적 사회에 있어서의 일반적 복지를 증진할 것을 목적으로 하는 경우에 한하여 법률이 정한 제한만을 할 수 있음을 인정한다(제4조). 어느 나라에 있어서나 법률, 조약, 또는 현재 인정되는 기본적 인권에 대해서는 이 장전이 이들 권리를 인정하지 않는다든가 또는 그 인정하는 범위를 보다 좁게 할 이유로서 이들 권리를 제한 또는 침해할 수 없다.

제3부 실체규정(제6조-제15조)

이 부는 경제적 · 사회적 · 문화적 권리의 내용을 규정한 것으로 구체적으로 이를 보장하고 있다.

제6조는 노동의 권리를 규정하고 있다. 이에는 직업선택의 자유, 노동에 의해 생계를 지탱할 수 있는 기회를 얻을 권리를 포함한다. 나아가 착실한 경제적 · 사회적 · 문화적 발전을 실현하고, 완전하고 생산적인 고용을 달성하기 위한 기술 및 직업의 지도 및 훈련에 관한 계획, 정책 및 방법을 포함한다.

제7조는 노동조건에 관해 규정하고 있다. 공정한 임금, 동일노동에 대한 동일임금, 노동자 및 그 가족의 헌장에 적법한 생활 보장, 완전하고 건강한 작업조건, 승진을 위한 균등한 기회, 휴식, 여가, 노동시간의 합리적인 제한 및 정기적인 유급휴가 및 공휴일에 대한 보수를 규정했다.

제8조는 노동기본권을 규정하고 있다. 노동조합의 결성권 보장, 노동조합 가입의 자유, 노동의 자유, 동맹파업의 권리, 다만 군대 또는 경찰의 구성원 또는 공무원의 이들 권리의 행사는 각국의 법률에 따라 제한될 수 있다.

제9조는 사회보장에 관하여 규정하고 있다. 모든 사람에게 사회보험 또는 사회보장의 권리를 인정한다.

제10조는 가족에 대한 보호 및 원조를 규정하고 있다. 가족, 부양 아동의 양육책임

등 가정의 보호, 혼인도 양 당사자의 합의에 의하여 성립해야만 한다. 산전 산후의
사회보장, 유급휴가, 아동의 노동 제한.

제11조는 상당한 생활 수준의 권리, 자기 및 가족을 위한 상당한 식량, 의류 및 주거를
내용으로 하는 상당한 생활 수준과 생활조건의 개선, 기근에서 면해질 권리, 천연자원
의 효과적인 개발·이용, 농지 제도의 발전 또는 개혁.

제12조 신체 및 정신의 건강을 향유할 권리를 가진다. 환경위생 및 산업위생의 개선,
전염병, 직업병 등의 질병 예방 의료 및 간호체계의 창출

제13조 교육에 관한 권리, 교육에 관한 모든 사람의 권리를 인정한다. 초등교육의
의무화, 중등교육의 점진적인 무상교육, 고등교육의 점진적인 무상교육화, 모든
사람에 대한 기회균등, 장학금 제도의 설립.

제14조 무상의 초등교육, 무상의 초등교육을 실시하기 위한 상세한 행동계획을 수립할
것.

제15조 문화적인 생활에 참가할 권리, 모든 사람은 문화적인 생활에 참여할 권리와
과학의 진보 및 그 이용에 따른 이익을 향유할 권리를 가지며 저작권을 가진다.

제4부 실시조치(제16조-제25조)

이 부는 제3부의 기본권을 보장하기 위한 제도적 장치를 마련하기 위하여 상세한
규정을 두고 있다.

첫째로는 이 헌장에 있어 인정되는 권리의 실현을 위한 조치 및 이들의 권리 실현에
의하여 얻어진 보고를 유엔 사무총장에게 제출하게 하고 있다(제16조).

보고의 제출절차가 제17조에서 규정되어 있으며, 경제사회이사회는 전문기관과 협정
을 체결할 수 있다(제18조). 다음에는 인권위원회를 두고 인권위원회의 보고를 검토할
수 있다(제23조). UN 헌장 및 전문 기관의 기본 문서는 국제연합 및 전문 기관의 기본
문서의 규정의 적용을 방해해서도 안 된다(제24조).

모든 사람은 천연자원과 부를 충분히 자유롭게 누릴 권리를 가진다.

제5부 최종규정(제26조-31조)

이 최종규정은 서명, 비준, 가입, 기타의 여러 절차에 관해서 규정하고(제26조), 효력
발생 기간을 규정하고(제27조)있다. 적용 범위를 어떠한 제한이나 예외도 없이 모든
연방 국가의 모든 지역에서 적용된다고 하고 있다(제28조). 이 헌장의 개정에 대해서도
제29조에서 규정하고 있다. 또 제30조는 국제연합 사무총장에 대한 통보 절차가 규정되어
있다. 중국어, 영어, 프랑스어, 러시아어 및 스페인어로 된 것을 정본(正本)으로 하고
있다(제30조).

III. 국제인권보장기구의 진화

1. 인권위원회에서 인권이사회로

1) 유엔인권위원회(Commission)

국제연합은 헌장에서 국제인권법의 발전과 인권의 보장을 목표로 하였으며, 경제사회이사회에 인권보장을 위한 기능을 부여하였다(헌장 제62조). 이사회는 모든 사람의 인권 및 기본적 자유의 존중 및 준수를 조장하기 위하여 권고를 할 수 있다(동제2항). 또 인권의 신장을 위한 위원회를 둔다고 하였다(제68조). 이에 따라 1946년 6월 21일 유엔 경제사회이사회의 결의로서 인권특별위원회를 두게 하였다. 이것이 인권특별위원회 (United Nations Commission on Human Rights)이다.

이 인권위원회는 제네바에 설치되었다.[78] 위원회는 각 피해국과 기관의 고충에 대하여 직접 결정할 권한은 없었으나, 특별 소위원회를 설치하여 통보를 할 수 있게 하였다(인권에 대한 통보결의). 특별 소위원회로는 차별방지, 소수자보호 소위원회가 있었다.[79]

또 경제적·사회적·문화적 권리 헌장에 관한 위원회가 구성되어 있어 이를 경제사회이사회 하에 설치하였다. 그 주소도 제네바에 있었다(1989년). 이 위원회(Committee)는 잠정적 규칙절차를 만들어 구성과 권능에 관하여 규정하였다. 체약국은 규약에 따라 이들 권리의 실현을 위하여 취한 조치 및 이들 권리의 실현에 의하여 행해진 진보에 관하여 보고서를 제출하게 하였다. 이 보고는 이 위원회에서 심의하고 이사회에 보고할 권한을 가졌다.[80]

자유권 헌장의 보고 등을 듣기 위하여 자유권 헌장 인권위원회가 구성되었다(1989년 7월 26일). 위원회의 회기는 보통 유엔 본부 또는 제네바의 국제연합사무국에서 개최된다. 체약국은 시민적 자유권 헌장에서 규정된 권리의 실현을 위한 조치 및 이들 권리의 향유에 따른 진보에 관한 보고를 이 위원회에 제출해야 한다. 위원회는 이 보고서를 검토한다(규칙 제72조). 위원회는 이 통보를 심의하고 심사한다(규칙 제94조). 그러나 이 심사 결과는 체약국을 법적으로 구속하는 것이 아니고 평화적 권고와 수락에 그친다.

이러한 각종 위원회의 활동에 대해서는 많은 불만이 제기되어 유엔 총회는 이들 위원회를 해체하고 2006년 3월 15일 인권이사회를 구성하였다.

2) 유엔 인권이사회(Human Rights Council)

---

78) Ramcharan, B., Evolution of Human Rights Norms and Machinery - Markkula Center for Applied Ethics.
   https://www.scu.edu/ethics/focus-areas/more/resources/evolution-of-human-rights-no..
79) Buergenthal, The U.N. Human Rights Committee, Max Planck UNYB 8 (2001).
80) Chapter 2 : Mechanisms established by UN human rights treaties in Steinerter, UN protection of human rights: Section A.

유엔 인권위원회는 인권보장이 나쁜 나라가 다수 대표되어 인권 신장에 지장이 있었으며, 정치적 편향성이 많아 인권보장에 부적합했으며, 절차상에도 많은 비상설위원회가 활동하여 실효성이 적었다고 하여 이를 폐지하고 인권이사회를 구성한 것이다.[81]

조직상으로 지역적 대표성을 위하여 세계를 5개 지역으로 나누어 회원 수를 안배하였다. 아프리카 13명, 아시아 13명, 동유럽 6명, 남미 8명, 서유럽 기타 7명으로 나누었으며, 임기는 3년으로 하고 2번 이상은 계속 연임할 수 없게 하였다. 이로써 언제나 대표될 수 있는 회원국을 없애었다. 그러나 인권 침해 정도의 판정에는 실패한 감이 있다.

인권이사회의 기능은 ① 인권 보호의 증진에 관한 사항 권고 ② 인권침해 예방 및 인권침해 사항에 대한 대응 ③ 회원국의 인권 상황의 개별 심의 ④ 인권 이슈의 토의 ⑤ 인권교육 및 자문 ⑥ 능력배양 증진 ⑦ 국가인권법과 관련해 국제연합 총회에 권고하는 기능 등을 가지고 있다.[82]

이 기관은 상설기관이기 때문에 위원회 제도보다는 신속한 결정을 할 수 있는 장점이 있다. 또 하부에 전문위원회 등 특별 기구를 두어 신속한 자문을 얻고 사건 처리를 공정하게 할 수 있게 되었다.[83]

그러나 이사회도 정치화되었다는 비판을 면하기는 어렵다. 다수결 원칙에 따라 인권 후진국들이 담합하여 중국, 사우디아라비아, 파키스탄 등에 대해서는 규탄 결의를 하지 못하고 있다. 이에 반하여 이스라엘에 대해서는 50번 이상 경고를 하고 있다.

유엔 인권이사회의 새로운 기능으로서는 모든 회원국이 보편적 정기보고(UPR)를 하도록 하여, 이를 이사회에서 심의하게 한 것이다. 이 보고서는 기본권에 관한 의무와 합의의 국가 내에서의 충족 상태를 매년 보고하도록 하고, 이것을 인권이사회에서 심사하고 코멘트하는 것이다. 체약국은 4년마다 자국의 인권 상황에 대한 종합보고서를 제출하고 47개국으로 구성된 이사회에서 보고 설명해야 한다. 이 보고서 제출은 의무적이다. 인권이사회의 평가에는 옵서버나 NGO 인권단체가 참여하기 때문에 압력의 수단도 된다. 그러나 직접 제재를 할 수 없다. 이 결정에 사법적 효력을 부여해야 한다는 주장도 있다. 그러나 사법부에서 하는 것이 아니기 때문에 인권재판소의 설립을 주장하는 사람도 있다.

2. 인권위원회에서 인권재판소 제도로

1950년에 선포된 유럽인권헌장은 인권의 내용을 제1절에서 선언한 다음에 제2절에서

---

81) Kothari, Miloon : From Commission to the Council. Evolution of UN Charter Bodies, in Shelton, The Oxford Handbook of International Human Rights Law, p. 587 ff.

82) FE Stiftung, Menschenrechtssystem der Vereinten Nationen in Genf - Handbuch der Menschenrechte.
http://handbuchmenschenrechte.fes.de/themen/internationale-menschenrechtsarbeit/m...

83) Beschwerdeverfahren bei den Vereinten Nation - Handbuch Menschenrechte
http://handbuchmenschenrechte.fes.de/themen/internationale-mensxhenrechtsarbeit/b..

유럽인권재판소를 규정하고 있다. 유엔이 기본권보장기관으로서 정치적 기관인 위원회(Committee)를 두었는데 개정 헌장에서 이를 폐지하고, 유럽인권헌장은 인권보장기구로 인권재판소만을 두었는데 이것은 획기적인 것이라고 하겠다.[84]

유럽인권재판소는 체약 당사자인 국가들이 이 헌장과 프로토콜에서 수락한 의무를 확실히 보장하기 위하여 유럽인권재판소를 설립하며 이는 상설기관이다(제19조)고 규정하고 있다.

재판관의 수는 체약국가의 수와 같다(제20조). 자격은 법관의 직에 필요한 자격을 가진 사람과 공인된 법학 교수로 도덕적으로 덕망이 있는 사람이어야 한다. 재판관은 개인적 자격으로 재직한다. 그는 정치적·중립적이어야 하며 다른 직업을 가져서는 안 되고 전업으로 종사해야 한다(제21조). 재판관은 각 체약국에서 지명한 3명의 후보자명부 중에서 유럽 의회가 다수결로 한 사람을 선임한다(제22조). 임기는 9년이고 재임은 할 수 없다(제23조).[85]

법정은 단독심과 3 재판관으로 구성되는 위원회와, 7명으로 구성되는 부와, 17명으로 구성되는 대부가 있다.

재판소의 관할은 유럽인권헌장의 해석과 그 적용이다. 체약국은 다른 체약국이 이 헌장을 위배한다고 생각하는 경우, 소원을 제기할 수 있다(국가소원 제33조). 개인은 이 헌장에서 보장된 권리가 국가에 의하여 침해됐다고 하여 소원을 제기할 수 있다(개인소원 제34조).

국내적인 구제수단을 다 거친 뒤가 아니면 재판소에 소를 제기할 수 없다. 국내 소송이 확정된 뒤 6개월 내에만 소를 제기할 수 있다.

각부의 판결은 종국적이다. 부의 판결선고 후 3개월 이내에 당사자는 예외적으로 대부(Grand Chamber)에 항소할 수 있다(제43조). 대부의 판결은 종심이다. 최종판결은 공개된다(제44조). 판결에는 이유를 공시해야 한다. 판결에 이의가 있는 재판관은 소수의견을 발표할 수 있다(제45조).

종국 판결은 모든 당사자인 국가에게 구속적이다. 종국 판결은 각료회의에 이첩되는데 각료회의는 판결의 집행을 감독한다(제46조).

재판소는 이 헌장의 해석에 이의가 있는 경우, 각료회의의 제청으로 의견을 표명할 수 있다(제47조).[86]

84) Konvention zum Schutz der Menschenrechte und Grundfreiheiten 〉 Europäische ...
　　https://www.menschenrechtskonvention.eu/konvention-zum-schutz-der-menschenrec...
　　European Convention on Human Rights - Wikipedia
　　https://en.wikipedia.org/wiki/European_Convention_on_Human_Rights
85) European Court of Human Rights - Wikipedia
　　https://en.wikipedia.org/wiki/European_Court_of_Human_Rights
86) Merrills; The Development of International Law by the European Court of Human Rights, 2nd ed. 1993.

유럽인권헌장은 헌장의 실효성을 확보하기 위하여 인권재판소를 두었는데 이는 큰 진보라고 하겠다. 아프리카 인권헌장도 유럽인권헌장을 모방하여 인권재판소를 두고 활발한 활동을 하고 있다.

3. 인권위원회와 인권재판소 복합형

1) 미주 인권위원회와 미주 인권재판소

(1) 미주 인권위원회

미주에는 인권보장기구로서 미주 인권위원회와 미주 인권재판소의 두 기구가 있다. 이것은 유엔 방식과 유럽 방식의 혼합체라고 할 수 있다. 미주에서는 1948년에 인권선언이 선언되었고, 1959년에 범미인권위원회(Inter-American Commission on Human Rights)가 만들어졌고, 1960년부터 기능을 발휘하였다.[87] 1965년부터 이 위원회는 인권침해의 특별 사건에 대하여 심사할 수 있는 권한을 가지게 되고, 수많은 청원을 수리하고 1만 2000여 건의 개별 사건을 처리하였다.

1969년의 미주 인권헌장(American Convention on Human Rights)[88]에 의하여 기본권 구제를 위하여 중요한 역할을 하게 되었다(헌장 제7장). 인권위원회는 7명으로 구성되며(제34조), 이 위원회는 미주 국가조직(OAS)의 전부를 대표한다(제35조). 위원은 총회에서 개인 자격으로 선출된다(제36조). 임기는 4년이고 한 번만 재선이 허용된다.

이 위원회의 기능은 인권의 존중과 인권의 보호 증진을 주요 내용으로 한다(제41조). 그중에서도 중요한 것은 미주 인권헌장이 규정한 인권침해에 대한 청원을 수리하고 분석하고 조사하는 것이다. 이 청원은 당사자 간의 협력을 얻어서 처리한다. 이러한 사건에 대해서 원만한 처리가 되지 않는 경우에는 미주 인권재판소에 이첩한다. 또 헌장의 해석에 관한 문제에 대하여 미주 인권재판소에 권고적 의견을 요청한다.[89]

다음에는 미주 기구 국가의 인권상황을 조사하고 필요한 경우에는 보고서를 작성한다. 미주 국가에 대해서 인권에 관한 현장 조사도 할 수 있으며, 미주 국가에 대하여 인권침해를 하지 않도록 예방 조치를 권고할 수 있으며, 인권 준수를 권고할 수 있다. 구성국들은 인권에 대한 연차보고서를 제출해야 한다(제42조). 청원은 국가나 NGO나 개인이 국가를 상대로 제기할 수 있다(제44조). 청원은 해당 국내 구제 절차가 끝난 뒤 6개월 이내에 제기해야 한다.

---

87) Inter-American Commission on Human Rights - Wikipedia
    https://en.wikipedia.org/wiki/Inter-American_Commission_on_Human_Rights
88) Multilateral Treaties, Department of International Law, OAS
    http://www.oas.org/dil/treatis_B-32_American_Convention_on_Human_Rights.html
89) The Inter-American Human Rights System - Global Americans
    https://theglobalamericans.rog/reports/the-inter-american-human-rights-system/
    Uddin, Chowlbury, Easin: Inter-American System of Human Rights - A Critical Analysis IOST
    Journal of Humanities and Science, Vol. 19 (Nov. 2014), pp. 17-23.

심리는 소장에 대한 답변서에 따라 하며, 상호 간 우호적 조정을 달성하도록 노력한다. 우호적 조정이 끝나면 이 보고서를 공개한다(제49조). 조정이 되지 않는 경우 위원회는 결론을 내리고 보고서를 작성한다. 이것이 만장일치가 아닌 경우에는 위원은 개별의견을 제시할 수 있다. 이 보고서는 비공개로 한다(제50조). 이 결정에 대한 당사자 협의가 되지 않는 경우에는 위원의 절대 다수로 공개할 수 있다.

(2) 미주 인권재판소

미주 인권위원회가 제소하거나 국가가 제소한 인권침해 사건을 심리하기 위하여 미주 인권재판소(Inter-American Court of Human Rights)[90]를 둔다(제8장 제52조-제69조). 법관의 수는 7명이며, 구성 국가의 총회에서 절대다수로 선출된다(제52조). 임기는 6년이나 1차에 한하여 재선될 수 있다(제54조). 인권위원회는 법정에 참여해야 한다(제57조). 소를 제기하기 전에 인권위원회의 청원이 끝나야 한다(제61조). 재판소는 이 헌장의 인권이 침해된 경우라고 인정한 경우에는 피해 당사자에게 인권의 향유를 인정하도록 결정한다. 또 인권의 침해가 심한 경우, 구제수단으로 정당한 보상을 명할 수 있다(제63조). 위원회의 요청에 따라 응급 시에 인권침해의 중대성이 요구하는 경우에는 가처분을 할 수 있다.

체약국가는 미주 국가의 헌장이나 조약의 해석에 관하여 인권재판소에 상담할 수 있다. 인권재판소는 이 경우 국내법이 미주 인권법에 합치되느냐 여부의 의견을 표명할 수 있다(제64조).[91]

인권재판소의 판결은 종국적이며 항소는 허용되지 않는다(제67조). 이 헌장 당사국은 재판의 당사자인 경우 법정의 판결에 따라야 한다. 판결이 손해배상을 명한 경우에는 당사국의 국내법의 판결집행 절차에 따라 집행한다(제68조).

미주 인권재판소는 그동안 많은 권고적 의견을 내었고 상당한 재판을 했다. 이 중에서 헌장의 해석에 관한 권고적 의견은 모두 구성 국가에 해당되어 효력을 가지며, 재판사건은 주로 인신의 자유와 생명의 침해에 대한 것이 많았다. 그 이유는 남미의 내전이나 혁명 등의 결과 인신의 구속과 생명이 침해되는 것이 대다수였기 때문이다. 그래서 판결이 잘 집행되지 않는 흠이 있었다.

2) 개정 전 유럽인권헌장의 인권위원회와 인권재판소

유럽 인권헌장도 제정 당시에는 인권재판소만 둔 단선형이었으나 수정되어 1998년까지는 미주처럼 인권위원회와 인권재판소를 둘 다 두고 있었다. 그 이유는 인권재판소의 부담을 줄이기 위하여 전심기관을 두어야 할 필요성이 생겼기 때문이다.[92] 그러나 인권위

---

90) Refworld; Inter-American Court of Human Rights (IACrtHR)
    https://www.refworld.org/publisher/IACRTHR.html
91) Shelton, Dinah; "The Jurisprudence of the Inter-American Court of Human Rights."
    American University International Law Revue, 10, no. 1 (1996), pp. 333-372.

원회는 심리 기간이 오래 걸리고, 제소자 수를 줄이는 효과도 별로 없었기 때문에 1998년 11월에 다시 헌장을 개정하여 이를 폐지하였다. 그래서 현재는 인권재판소만 운영하고 있다.

제3절 국제인권헌장의 기본이념과 표준

Ⅰ. 국제인권헌장의 기원

1. 국제인권헌장의 의의와 세계인권선언

1) 국제인권헌장의 의의

국제인권헌장은 국제인권법 중에서 헌법적 효력을 가지는 것을 말한다. 이에는 유엔이 제정한 국제인권헌장과, 국제 지역사회가 제정한 국제인권헌장이 있다. 일반적으로 유엔이 제정한 세계인권선언과 경제적·사회적·문화적 권리에 관한 국제인권헌장과 시민적·정치적 권리에 관한 국제인권헌장 셋을 말하여, 국제인권장전(International Bill of Rights)이라고 한다.[93]

그러나 미주연합이나 유럽연합, 아프리카연맹과 아랍 국가들이 체결한 지역적 국제협약도 체약국 간에는 국내 헌법적 효력을 가지기 때문에 이것도 본 논문에서는 국제인권헌장으로 포섭하기로 한다.

2) 국제연합의 세계인권선언의 의의

유엔이 1945년 유엔헌장을 만들면서 국제연합의 목적의 하나로 인권보장을 촉진하기 위하여 인권선언을 하기로 하여 1948년 세계인권선언(일반인권선언, Universal Declaration of Human Rights, UDHR)을 선포하였다.[94]

---

92) What was the European Commission on Human Rights? - RightsInfo
    https://rightsinfo.org/8355-2/
    상세한 것은 제2장 제1절 유럽인권헌장 참조.
93) Universal Declaration of Human Rights and International Bill of Human Rights
    https://www.scientologyreligion.org/religious-freedom/what-is-freedom-of-religion/p...
    Oxford Public International Law: Universal Declaration of Human Rights (1948)
    http://opil.ouplaw.com/view/10.1093/law:epil/9780199231690/law-9780199231690-e..
94) Roosevelt, Eleanor: Universal Declaration of Human Rights: 9781557094551-Christian Book
    Applwood, 1948, p. 51.
    https://www.christianbook.com/universal-declaration-of-human-rights/eleanor-roosevelt
    Glendtn, A World Made New: Eleanor Roosevelt and the Universal Declaration of Human

이 인권선언은 국제인권헌장의 기본이념을 표현한 것이며, 그 이후의 국제인권헌장의 기준이 된 것이다. 이 세계인권선언을 보다 구체화하고 실현하기 위하여 유엔은 1976년에 시민적 · 정치적 권리에 관한 국제헌장(International Covenant on Civil and Political Rights, ICCPR)과 경제적 · 사회적 · 문화적 권리에 관한 국제헌장(International Covenant on Economic, Social and Cultural Rights, ICESCR)을 제정하였다.

국제적 지역 국가연합에서도 유럽인권헌장, 아프리카 인권헌장 등이 제정되었는데 이들은 세계인권선언의 이념과 기준에 따라 만들어졌기에, 세계인권선언은 국제인권헌장의 기준이 되는 것이며 세계국제인권헌장의 기본이념을 표현한 것이다.

2. 세계인권선언의 성립

1) 유엔총회의 인권선언 기초위원회
(1) 유엔 인권선언 기초위원회의 구성

1945년 유엔의 미국 대표였던 Eleanor Roosevelt는 세계의 영구평화를 달성하기 위하여 세계인권선언을 만들어야 한다고 주장하였다. 유엔에서는 세계인의 권리를 선언하기 위하여 인권선언을 기초할 기초위원회를 만들기로 하였다.

유엔은 세계 각국의 의견을 반영하고 세계문화권을 대표하기 위하여 아시아, 아프리카, 북미, 남미, 중동 각지의 출신을 기초위원으로 선임하였다. 처음에는 Eleanor Roosevelt, Peng Chun Chang(張彭春), Charles Malik가 1947년 기초를 시작하였다(Nuclear Committee). 그 뒤에 William Hodgson, H. Santa Cruz, René Cassin, A. E. Bogomolv, C. Dukes가 추가로 합류하였다.

(2) 세계인권선언 기초과정에서의 논의

이들은 오스트레일리아, 칠레, 프랑스, 소련, 영국의 대표로, 중국과 레바논, 미국의 대표에 추가된 것이다.[95] 이 기초위원회는 사무국 작성의 장전 개요, 영국이 제출한 장전 안, 미국이 제출한 장전 안, 프랑스가 제출한 장전 안을 중심으로 초안을 작성하였다.

유엔 경제사회이사회의 특별 기구이었던 인권위원회는 Roosevelt 대통령 부인이 위원장이 되고,[96] 1968년도 Nobel 평화상을 탄 René Cassin이 부위원장이 되어 초안을

Rights..
https://www.amazon.com/World-Made-New-Roosevelt-Declatation/dp/0375760466/r...
95) Drafting Committee - Drafting of the Universal Declaration of Human Rights -
http://research.un.org/en/undhr/draftingcommittee
Morsink, Johannes; The Universal Declaration of Human Rights: Origins, Drafting, and Intent, Philadelphia: Univ. of Pennsylvania Press, 1999.
https://www.amazon.co/Universal-Declaration-Human-Rights-Drafting/dp/0812217470
96) The Drafters of Universal Declaration of Human Rights, UN,
drafters-universal-declaration- human-rights/index.html

작성하기 시작하였다.

이 위원회에는 유엔 인권위원회의 사무처장이었던 캐나다의 John Humphrey 대표가 사무처의 업무를 보조하고 있었다. 최초의 초안은 Humphrey가 주도하는 사무국이 만들었다. 그러나 이 안의 심의과정에서부터 동서 냉전의 영향에 따라 이견이 속출하였다. 부위원장이었던 중국 대표 Chang은 유교 정신을 강조하면서 종교적인 색채를 불식시키는 데 기여하였다. Malik는 레바논을 대표했으나 경제·사회위원회의 위원장으로서 기독교계의 의견을 통합하는 데 기여하였다. 오스트레일리아의 대표였던 Hodgson은 인권조약의 형식을 주장하였으며, 이 조약을 감독할 수 있는 국제재판소의 설립을 주장하였다.97)

이러한 다양한 주장에 대하여 타협을 할 수 있었던 것은 기초자들이 대개 서구적인 교육을 받았던 것과, 위원장인 Eleanor Roosevelt 여사의 권위 때문이었다고 한다.98)

원래 대표인 Santa Cruz는 Humphrey 사무처가 작성한 원안의 작성에 관여했는데 사회적·경제적 권리의 추가를 강력히 주장하였다. 프랑스 대표였던 René Cassin은 유엔 인권위원회장으로서 기초과정에 참여하고 토론과정에서도 중요한 역할을 하였다. 그는 기초위원회 부위원장으로서 세계인권선언 초안 작성과 유럽 인권재판소 소장으로서의 공로로 1968년에 노벨평화상을 받았다. 영국의 대표자였던 Charles Dukes (Lord Dukeston)은 인권선언의 기초에 노력하였고, 그 뒤 국제인권헌장의 제정에 기여하였다. 캐나다 출신인 Humphrey는 원초안 작성에 결정적 역할을 했으며, 위원 간의 의견을 조정하고 영어 사용 대표와 프랑스어 사용 대표 간의 의사소통을 잘 하였으며, 학자와 실무가, 정치인과 공무원 간의 의견을 조정하는 데 큰 역할을 했다.

그중에서도 인권위원회 위원장이었던 Eleanor Roosevelt가 기초위원장으로서 한 역할은 매우 컸다. 그는 전직 미국 대통령 부인으로서의 권위와 신용도로서 강대국 간의 이견을 조율하고 초안을 완성하는 데 큰 역할을 했다. 그는 사후인 1968년에 유엔 인권상을 수여받았다.

1947년 국제연합 인권위원회는 우선 세계인권선언을 검토하고 이를 경제사회이사회에 제출하였다.

3) 유엔총회에서의 통과

이 초안은 경제사회이사회의 심의를 거쳐서 1948년 9월 24일에 유엔 총회에 회부되었

Drafting Committee - Drafting of the Universal Declaration of Human Rights - R..
http://research.un.org/en/undhr/draftingcommittee
97) 세계인권선언의 초안에 관해서 상세한 것은
Yearbook of the United Nation 1947-1948을 참조할 것. 비교적 간단한 것으로는 Oxford Public International Law: Universal Declaration of Human Rights, 1948 참조.
http://opil.ouplaw.com/view/10.1093/law:epil/9780199231690/law-9780199231690-e...
98) Eleanor Roosevelt's Contributions to Human Rights
https://www.thoughtco.com/eleanor-roosevelt-universal-declaration-of-human-rights-...

다. 총회는 이를 제3위원회에서 심의하기로 의결하였다. 제3위원회는 81회 개회하여 168개에 달하는 의결을 하였다.99)

제3위원회는 다시금 문장과 내용을 검토하기 위한 소위원회를 설치하였다. 소위원회는 토론 끝에 경제사회이사회에 회부했고 이를 총회에 회부하였다.100) 총회는 소련 대표의 수정안을 부결하였고(찬성 6, 반대 45, 기권 3), 영국 수정안은 채택하고(찬성 29, 반대 17, 기권 10), 폴란드 대표의 제안도 처리하였다. 총회 결의 217(Ⅲ)으로 1948년 12월 10일 총회 본회의는 48 대 0, 기권 8로 세계인권선언을 채택하게 되었다.101) 여기서 공산권 국가들은 기권하였고, 남아공화국은 아파르트헤이트(Apartheid) 정책에 반대하여 기권하였다.

3. 세계인권선언에 대한 찬반

이와 같이 유엔에서 대타협으로 인권선언이 통과되었으나, 이에 대해서는 찬성하는 나라와 반대 또는 기권한 나라들이 생겼다. 그 이유는 당시는 민주국가와 공산국가가 대립하였던 것이 주된 원인이었다.

1) 찬성투표 국가

총회 표결에서 찬성한 나라는 다음과 같다.102)

아프가니스탄, 아르헨티나, 호주, 벨기에, 볼리비아, 브라질, 버어마, 캐나다, 칠레, 중국, 콜롬비아, 코스타리카, 쿠바, 덴마크, 도미니카, 에콰도르, 이집트, 엘살바도르, 에티오피아, 프랑스, 그리스, 과테말라, 아이티, 아이슬란드, 인도, 이란, 이라크, 레바논,

---

99) 성립사에 관한 것으로는
The Universal Declaration of Human Rights: A History of its Creation and Implementation 1948-1998, UNESCO Publishing, 1998 (이하 Human Rights로 약칭함). The United Nations Universal Declaration of Human Rights
https //philosophynow.org/issues/118/
The_United_Nations_Universal_Declaration_of_Human_Rights; Universal Declaration of Human Rights(UDHR), 1948.
https://www.britannica.com/topic/Universal-Declaration-of-Human-Rights.
100) 제3위원회의 회의내용에 대해서는
Third Session - 3rd Committee- Drafting of the Universal Declaration of Human Rights, pp. 1-35 참조.
http://research.un.org/en/undhr/ga/thirdcommittee
101) 총회의 회의 내용에 관해서는
Third Session - Plenary - Drafting of the Universal Declaration of Human Rights - R...
http://research.un.org/en/undhr/ga/plenary
102) General Assembly, Resolution of General Assembly of 217(Ⅲ), Universal Declaration of Human Rights.

라이베리아, 룩셈부르크, 멕시코, 네덜란드, 뉴질랜드, 니카라과, 노르웨이, 파키스탄, 파나마, 파라과이, 페루, 필리핀, 태국, 스웨덴, 시리아, 터키, 영국, 미국, 우루과이, 베네수엘라 (48개국)

이들 나라는 대부분이 민주주의 진영 국가였다.

2) 기권 국가

이에 반대하기는 하였으나 세계적 여론을 참작하여 기권한 나라도 있다.

소련, 우크라이나, 벨라루스, 유고슬라비아, 폴란드, 남아 연방공화국, 체코슬로바키아, 사우디아라비아(8개국), 공산주의 국가는 이 인권선언이 너무나 자유주의적이라고 반대한 것이고, 남아공화국은 아파르트헤이트 문제로 기권하고, 사우디아라비아는 전통과 다르다고 하여 기권하였다.

3) 비판적 입장

이슬람 국가들 : 이슬람 국가들은 샤리아법 위반이라고 하여 반대하였다. 사우디아라비아, 파키스탄 등은 아랍인의 인권선언을 지지하였고, 세계인권선언이 서구적이라고 하여 비판하였다.

방콕 선언 국가들 : 1993년 아세안 국가들이 아시아적 가치를 주장하고 아시아적 특수성을 반영하지 않았다고 하여 비판하였다.

4) 이 선언이 통과될 수 있었던 이유

제2차 세계대전을 전후하여 국제 협조와 인권보장, 전쟁 금지 등의 이상이 세계를 팽배한 분위기 속에서 유엔이 형성되고, 그 분위기 속에서 기초자들이 이념과 종교, 문화적 다양성을 주목하면서 보편적 인권선언의 기초에 합의할 수 있었다. 당시 동서 냉전이 시작될 때에 정치적 이데올로기를 초월하여 합의할 수 있었던 것은 당시의 유엔 인권위원회의 기초자들이 현명한 정치인, 학자, 종교인, 실무가였기 때문이기도 하였다.

선언의 내용에 이의가 있었으나 이에 합의한 것은, 이 인권선언이 각국에 대한 권고일 뿐이고, 구속력을 가진 조약은 후일에 체결하기로 합의한 것이 통과된 중요한 원인이라고 하겠다.

유엔에서의 세계인권선언의 제정에 관해서는 많은 책과 논문들이 출판되었다. 그중 중요한 것을 들면 다음과 같은 것이 있다.[103]

---

103) Finegan, Thomas; Conceptual Foundations of the Universal Declaration of Human Rights: Human Rights, Human Dignity and Personhood. Australian Journal of Legal   Philosophy, 37 (2012), pp. 182-218.
Morsink, Johannes; The Universal Declaration of Human Rights: Origins, Drafting, and Intent, University of Pennsylvania Press, 1998.
/library/120086558/the-universal-declaration-of-human-rights-origins)
 Gordon, Lauren Paul; The Evolution of International Human Rights: Vision Seen

세계인권선언은 제2차 세계대전 후의 이데올로기 대립 시대에 극력한 반대 없이 통과된 뒤에도 많은 대립이 있었다. 세계인권선언은 인간의 존엄 존중을 규정함으로써 20세기 인권선언의 원초를 제공한 것으로 그 의의가 크다.

Ⅱ. 세계인권선언의 사상적 근거

1. 세계인권선언의 근거

1) 자연법론과 법실증주의

(1) 입법 과정에서의 논쟁

세계인권선언은 기초 시부터 자연법론자와 법실증주의자 간의 논쟁이 있었다. 서양적 개념에서는 인권은 자연법적 전통에서 나온 것이기 때문에 자연법을 규정해야 한다고 생각하였다. 그중에서도 그 근거를 신에게서 찾아야 한다고 하였다. 이는 미국의 독립선언에 근거한 이론이다. 또 프랑스 인권선언도 초월적 존재에 의한 창조라고 보았다. 기초자들도 자연법에 따르는 자연권을 규정해야 한다고 했다.

이에 대하여 실정권론자들은 권리는 인간존재에 의하여 결정되는 것이라고 보아, 인간의 행동이나 행태에 따라야 한다고 하며 국가에서 기원하는 것이라고 하였다. 이들은 합리주의의 승리라고 보며 국가나 인간은 초인간적인 법에는 구속되지 않으나, 스스로의 의사에 따라서 합리적인 자기계약의 형태에 따라 국민이 자기 충족의 기회를 최대화하는 것이라고 보았다. 그리하여 인권은 국제법과 같이 발전되는 것이며, 따라서 국가가 스스로의 행위에 한계를 두는 것이라고 보았다.

기초 최후 단계에서 전문에 신을 언급할 것이냐의 논쟁이 있었다. 유럽 대표들은 지지하였으나 실정법론자의 반대에 따라 신을 언급하지 않기로 했다.104) 이로써 세속주의(비종교주의)를 채택하게 되었다.

/library/120090744/the-evolution-of-international-human-rights-vision
Ralph Wildel; Carol Devine/ Carol Rae/ Hansen; Hilary Poole/ Human Rights: The Essential Reference, Oryx Press, 1999.
/library/89012249/human-rights-the-essential-reference
Roth, Hans Ingvar, P. C. Chang and the Universal Declaration of Human Rights, University of Pennsylvania Press, 2018.
/library/120097755/p-c-chang-and-the-universal-declaration-of-human
104) 전게, Human Rights, pp. 42-48.
Morsink, J. Human Rights, op. cit.
Universal Declaration of Human Rights - The Nemesis Book NATURAL HUMAN RIGHTS
http://thenemesisbook.com/universal-declaration-of-human-rights/
Sweet, Philosophical Theory and the Universal Declaration of Human Rights, University of Ottawa Press, 2003.
http://muse.jhu.edu/book/6582 .

(2) 해석상 논쟁

그런데 총회에서 통과된 뒤에도 해석론에 따라서 자연권이냐 실정권이냐에 대해서 대립이 되고 있다. 유럽이나 기독교적 자연법론자는 이를 자연권으로 해석하여 세계인권선언에 규정되지 않은 기본권도 해석에 의하여 확장하고 있다.

2) 자유주의 이론과 마르크스주의 이론

(1) 입법 과정에서의 논쟁

제일 문제가 된 것은 서방의 자유주의자[105]와 소련의 마르크스주의자[106]의 이론의 대립이라고 하겠다. 이들은 ① 철학적 ② 역사적 ③ 실천적 측면에서 대립하였다.

자유주의자들은 기본권은 개인의 권리로 보았는데, 공산주의자들은 권리를 집단적인 것으로 보았다. 공산주의자들은 경제적 만족과 복된 생활이 정치적·시민적 기본권 향유의 본질적 전제조건이라며, 사회적 필요 충족과 경제적 권리 없이는 인권은 없다고 하였다. 그들은 국가의 권리가 확보되어야만 개인의 권리가 존재할 수 있다고 하였다.

역사적으로 마르크스주의자들은 자기들 나라를 경제적 자원에 평등한 접근이 가능하기 때문에 권리에 대한 보장이 가능하다고 한다. 그들은 자유주의, 자본주의 사회에서는 사회적·경제적 권리가 확보되지 않았기 때문에 시민적·정치적 권리도 확보될 수 없다고 하였다.

실제적인 측면에서는 공산주의의 우월성을 강조하고, 자유주의, 자본주의의 경제적 불평등을 비판하면서 냉전에서의 주도권을 잡으려 하였다.

(2) 세계인권선언의 해석상의 차이

공산주의자들은 앞서 본 바와 같이, 세계인권선언의 유엔 총회 의결에서 기권표를 행사하였다. 그 이유는 선언이 파시즘이나 나치즘에 대한 공격을 하지 않았다는 것을 내세웠으나, 실은 경제적·사회적 권리가 옳게 보장되지 않았다는 이유와, 제13조에서 자기 나라를 이탈할 자유에 대한 반대라고 하였으나 냉전기에 공산주의자들의 지지를 얻기 위한 것이었다. 자유주의 국가들이 정치적·시민적 권리 헌장을 중시한 데 대하여, 공산 진영에서는 사회적·경제적·문화적 권리 헌장을 강조하면서 서명 비준한 것만을 권리라고 강조하였다.

세계인권선언의 해석에 있어서도 사회적·경제적·문화적 권리가 잘 보장되지 않았다고 하여 비판하고, 공산주의 국가의 우수성을 강조하려고 하였다. 그러나 소연방의 붕괴에 따라 공산국가의 자랑이 허위였음이 잘 알려졌고, 외국인들이 공산주의 이념에서 이탈하

---

105) Morsink, Johannes, Inherent Human Rights: Philosophical Roots of the Universal Declaration, 2009.

　　https://www.amazon.ca/Inherent-Human-Rights-Philosophical-Declaration/dp/08122...

106) E. Poppe, Grundrechte des Bürgers in der sozialistischen Gesellschaft, Berlin, 1980.

고 있었다.

자유주의 국가에서는 사회권이나 생존권의 권리성은 인정하지 않았으나 공산주의 국가의 기본권관에서는 생존권만이 인정되었다. 자본주의 국가에서는 이 생존권을 자유시장 경제에서 국가의 지향목표를 규정한 것이지 권리가 아니라고 보았다. 따라서 국가목표규정을 권리규정과 같이 규정하는 경우, 권리의 직접적 효력을 감쇄시킬 우려가 크다고 보았다. 이것이 서구 여러 나라의 전통적 규정방식이었다. 정치적 이데올로기의 대립을 경제적·사회적·문화적 권리 헌장과 시민적·정치적 권리 헌장의 둘로 따로 체결하기를 합의함으로써 타협을 보았다.

3) 문화적 다양성의 차이

(1) 입법 과정에서의 차이

서양과 비서양은 철학과 전통에 있어서 많은 차이가 있었으나 기초단계에서는 큰 문제가 없었다. 그 이유는 비서양의 기초위원들이 대개 서양 학문을 공부한 사람이었기 때문이다. 그리고 후발 국가들은 이 세계인권선언이 발표된 뒤에 유엔에 가입하였기 때문에, 그들은 자기들의 헌법이나 인권법을 세계인권선언에 따라서 만들었기 때문에 기초 당시에는 큰 문제가 없었다.

(2) 해석과 적용에서의 문제

그러나 국제연합의 가맹 국가가 많아지자 철학과 전통의 차이를 들어 반대하는 경향이 있었다. 서구 철학은 개인주의에 입각하고 있었는데 아시아, 아프리카에서는 집단주의가 지배하고 있었기 때문이다. 그리고 아시아에서는 권리보다는 책임을 더 중시해야 한다는 점에서 책임 조항이 적다는 비판이 있었다. 그래서 1993년 방콕에서 인권에 관한 세계대회가 열렸을 때, 아시아 국가들이 방콕 선언을 하였다. 이들은 유엔헌장과 세계인권선언의 원칙을 지지하면서도 아시아적 가치의 중요성을 강조하였다. 아시아 국가들은 주권의 중요성과 내정불간섭을 주장하면서 경제발전을 시민적·정치적 권리보다 중시하였다. 이것은 인권의 보편성에 대한 아시아의 가치에 의한 비판이론이라고 하겠다.[107]

2. 세계인권선언의 특색

1) 세계인권선언의 보편주의적 성격

세계인권선언은 기초자들의 출신 지역이 다르고, 또 이데올로기가 다른데도 불구하고 이를 극복한 세계인권선언의 기초는 성공적이었다고 하겠다. 여기서는 서양의 자유주의 이론뿐만 아니라 마르크스주의자가 주장한 생존권 규정도 들어갔으며, 종교적 색채를

---

107) Davis, M. C.; Constitutionalism and Political Culture. The Debate over Human Rights and Asian Values, Harvard Human Right Journal (1998), 109-147.

없애고 개종의 자유, 종교의 자유 등을 규정하여 종교적 분열을 회피할 수 있었다.

이슬람교도들은 일부일처의 혼인제도에 대해서 반대하였는데, 그 이유는 수백 년간의 혼인전통에 위반하는 것이라고 하였다.

그럼에도 혼인은 당사자의 자유의사에 의하여 할 수 있게 선언되었다.108) 이것은 미국 인류학회의 건의에 따라 보편주의를 채택한 것이다.109)

2) 개별적 기본권 규정에 대한 논의

(1) 교육권

개별적 기본권 규정에는 교육 조항에서도 문제가 있었다. 가장 문제가 된 것은 의무교육의 내용이었는데 그의 부모의 의사에도 불구하고 공교육의 의무화를 강제하는 경우, 부모의 교육권이 침해될 것이 아닌가 하는 우려였다. 타협으로서 부모의 아동에 대한 교육 선택권이 규정되었다. 특히 교육의 목적에 관해서 상세히 규정한 것이 특색이다.

(2) 재산권

재산권 규정에서도 소련의 반대가 심했다. 그들은 공산주의 이데올로기에 따라 국가적 공유재산, 사기업의 제한 등에 대해서 관심이 많았으며, 재산권에 대한 국가 수용을 쉽게 하려고 하였으나 다수의 뜻에 따라서 간단명료하게 규정되었다.110)

(3) 생존권

당시 서양의 자유주의 사상에서는 인정되지 않았던 생존권 규정을 둔 것은 기본권 개념의 확장을 위해서 잘 된 것이다. 제22조에서 사회보장의 일반원칙을 규정하고, 개인의 경제적·사회적·문화적 권리가 인간의 존엄과 인격의 자유로운 발전을 위하여 불가결임을 강조하고 있다. 다음에는 노동의 권리를 규정하고 실업에서의 보장을 규정하고 있다. 여기에 문제된 것은 노동조합의 결성 문제였다. 다음에는 휴식의 권리가 규정되었다.

제25조에서는 인간의 적절한 생활수준에의 권리를 규정한 것은 획기적인 것이다.111) 의식주와 건강, 후생, 의료보험 등을 규정한 것은 선진적인 것이었다. 이 노동의 권리조항에 대하여 미국은 반대하고 캐나다와 중국(대만)은 기권하였다.

---

108) Tomuschat, C.; Human Rights: Between Idealism and Realism, Oxford Uni. Press, 2003; Roth, Hans I.; P. C. Chang and the Universal Declaration of Human Rights, U. Pennsylvania Press, 2019.

109) American Anthropological Association, Statement on Human Rights (1947), American Anthropologist, pp. 539-543.

110) The Challenge to International Human Rights ; Carnegie Council for Ethics in Int.. 2003 https://www.carnegiecouncil.org/publications/articles_papers_reports/905

111) Implementing Article 25 of the Universal Declaration of Human Rights and a basi...   https://www.sharing.org/information-centre/articles/implementing-article-25-universa...

(4) 남녀평등

세계인권선언문에는 man이라는 용어, Brotherhood라는 용어들이 많아 woman의 권리를 침해한다는 주장이 있었으나, man이 인간의 통칭이라고 보고, 또 sex에 의한 차별금지를 규정함으로써 man이 그대로 유지되게 되었다.[112]

3) 보편성 여부

위에서 본 바와 같이, 세계인권선언에서는 문화적 다양성의 고려보다는 보편주의적 입장에 따라서 제정된 것이 많다. 이에 대해서는 상당한 비판이 후진국에서 나왔다.[113] 그러나 이 선언의 실천의 보편성을 가져오리라고 믿은 것이 이 선언의 특색이라고 하겠다.[114]

III. 세계인권선언의 내용

1. 세계인권선언의 구성

세계인권선언은 전문과 본문 30조로 되어 있다.

1) 전문

전문에서는 세계인권선언의 취지, 배경, 목적 등이 규정되어 있다.

[취지] 세계인권선언의 취지로서는
(1) 인류사회의 모든 구성원의 고유의 존엄과 평등을 불가양의 권리임을 승인하는 것은 세계에 있어서의 자유, 정의 및 평화의 기초이며,[115]
(2) 인권의 무시 및 경멸이 인류의 양심을 짓밟는 야만 행위를 가져왔으며, 언론 및 신앙의 자유가 받아들여지고, 공포 및 결핍이 없는 세계의 도래가 일반인들의

---

112) Charleswork Hirary, Universal Declaration of Human Rights, 1948.
113) Pillay, N.; Are Human Rights Universal? ; UN Chronicle
    https://unchronicle.un.org/article/are-human-rights-universal
    Gieltles, J.; Boundlessly Idealistic, Universal Declaration Of Human Rights Is Still Resisted ; ..
    https://www.wbur.org/npr/675210421/its-human-rights-day-however-its-not-universa...
114) Dilinger, Jacob; The Failure of the Universal Declaration of Human Rights, 47. U. Miami
    Inter-Am. L. Rev. 164 (2016).
    http://repository.law.miami.edu/umialr/vol47/iss2/4
115) Hauman; The Status of the Univeral Declaration of Human Rights in National and International
    Law
    Lohrmann, Julia; Geschichte der Menschenrechte: Die Allgemeine Erklärung der Menschenrec
    hte - ...
    https://www.planet-wissen.de/geschichte/menschenrechte/geschichte_der_menschenr...

최고의 원망임이 선언되었고,

(3) 인간이 전제와 압박에 대한 최후의 수단으로서 반역에 호소하지 않도록 하기 위하여서는, 법의 지배에 의하여 인권을 보호하는 것이 긴요하다고 선언하고 있다.116)

[배경과 목적] 다음에는 인권선언의 배경 및 목적에 관하여 선언하고 있다.

(1) 국제연합의 여러 국민은 국제연합 헌장에 있어서 기본적 인권, 인간의 존엄 및 남녀의 동권에 대한 신념을 재확인하고, 또 더 한층 큰 자유 속에서 사회적 진보와 생활 수준의 향상을 촉진할 것을 결의하고,

(2) 가맹국은 국제연합과 협력하여, 인권 및 기본적 자유의 보편적인 존중 및 준수의 촉진을 달성할 것을 서약하고,

(3) 이들의 권리 및 자유에 대한 공통의 이해는 이 서약을 완전하게 하기 위하여 가장 중요함으로써 사회의 각 개인 및 각 기관이 이들 권리와 자유의 존중을 지도 및 교육에 의하여 촉진하는 것과 아울러, 이들의 보편적이고 효과적인 승인과 준수를 국내적 및 국제적인 점진적 조치에 의하여 확보하도록 노력하기로, 모든 인민과 모든 국가가 달성하여야 할 공통의 기준이 될 것임을 세계인권선언의 목적으로 선언하고 있다.

2. 본문의 일반원칙

본문은 기본원칙(제1조, 제2조), 시민적 · 정치적 권리(제3조에서 제21조), 경제적 · 사회적 및 문화적 권리(제22조-27조), 인권보장 일반에 관한 것(제28조-30조)으로 구성되어 있다.

1) 일반원칙

제1조 및 제2조에서 인권보장의 기본원칙을 선언하고 있다. 「모든 인간은 태어나면서부터 자유이며 또 존엄과 가치에 있어 평등하다」고 하고, 「인종, 피부색, 성, 언어, 종교, 정치상 기타 어떤 사상, 시민적 또는 사회적 출신, 재산, 문벌 기타 이에 준하는 어떤 이유로도 차별받지 않고 권리를 향유한다」고 선언하고 있다.

2) 채택된 기본권

세계인권선언은 권리로서는 전통적인 자유권적 기본권 외에 생존권적 기본권을 규정하고 있는 데에 특색이 있다.117) 세계인권선언은 이를 대별하면 ① 인간의 존엄, ② 평등권,

---

116) Preamble, Universal Declaration of Human Rights.

Chapter Ⅱ. The Original and Development of Human Rights in the Global Scenario, p.31.

117) 국제인권헌장의 기본권의 내용에 관해서는 다음에서 볼 시민적 · 정치적 권리에 관한 인권헌장과 경제

③ 자유권, ④ 생존권, ⑤ 청구권적 기본권, ⑥ 참정권, ⑦ 의무로 나눌 수 있다.[118]

3. 세계인권선언에 채택된 기본권의 내용

1) 인간의 존엄

인간은 자유롭게 태어났으며 존엄과 권리에 있어 평등이다라고 하고 있다. 인간의 존엄이 최고의 가치를 가진다는 것을 확인하고 있다. 그리하여 많은 전후 헌법들이 인간의 존엄을 보장한 것은 자연권의 실정화라고 하겠다.[119]

① 존엄권(제1조),[120] ② 법적 인격권(제6조).

2) 평등권

평등권에서는 어느 누구나 어떤 종류의 차이 없이, 예를 들면 종족, 성별, 언어, 종교, 정치적 의견이나 다른 의견, 국가적 기원, 사회적 기반, 재산, 출생이나 기타 어떠한 신분을 이유로 한 어떤 종류의 구별 없이, 이 선언의 모든 권리와 자유를 향유할 수 있다고 했다.

① 국내적 평등권(제2조 1항), ② 국제적 평등보장(제2조 2항), ③ 법 앞의 평등.

3) 자유권(제3조-제20조)

제3조에서 생명의 권리, 인신의 자유와 안전에 관한 권리를 규정했다. 또 제4조에서

적 · 사회적 · 문화적 권리에 관한 인권헌장에서 상세히 설명하기로 한다.

간단한 설명으로는

Carter Louter, Scripturally Annotated Universal Declaration of Human Rights.

Finegan, Thomas, Conceptual Foundations of the Universal Declaration of Human Rights: Human Rights, Human Dignity and Personhood, 37, Australian Journal of Legal Philosophy, 2012.

118) Baderin, Development of International Human Rights Law Before and After the UDHR, 2010. SOAS School of Law Legal Studies Research Paper Series. no. 2/2011; Lyons, S., The Universal Declaration of Human Rights and the American Convention on Human Rights, Göteborg University; Brown, Gordon, The Universal Declaration of Human Rights in the 21st Century: A Living Document in a Changing World, Open Book Publishers, 2016; Glendon, M., The Rule of Law in the Universal Declaration of Human Rights, Northwestern Journal of International Human Rights, Vol. 2, Issue 1 (2004), pp. 1-18; Morsink, J., The Universal Declaration of Human Rights: Origins, Drafting, and Intent, University of Pennsylvania Press, 1999; Kunz, "The United Nation Declaration of Human Rights", 43 AJIL (1949) 참조. Dahm/Delbrück, Völkerrecht, I, 2002, SS. 427-434.

119) Allgemeine Erklärung der Menschenrechte - fakten-ansichten-kommentare Menschenrechte Teil 2- Die Würde des Menschene/ https://ks-fak-to-go.de/tag///allgemeine-erklaerung-der-menschenrechte/ Securing Dignity and Freedom through Human Rights(Universal Declaration of Hu...

120) Glendon, Mary; The Rule of Law in the Universal Declaration of Human Rights, 2 Nw. J. Int'l Hum. Rts. 1 (2004). http://scholarlycommons.law.northwestern.edu/njihr/vol2/iss1/5

노예제도나 강제노동, 노예매매 등은 모든 형태에 있어서 금지된다고 하였다. 이것은 제1조에서 말하는 인간의 존엄을 구체적으로 열거한 것으로 볼 수 있다.

이 밖에도 죄형법정주의의 대원칙을 규정하고, 법치국가의 국민다운 피고인의 권리, 피의자의 권리를 들어 시민의 사생활의 권리를 향유할 수 있게 하였다.121)

국적자나 국민이 아닌 자를 불문하고 국내 거주이전의 자유를 인정하고, 국적 박탈의 금지를 규정한 것도 잘한 것이다. 개별적인 규정은 다음과 같다.

① 생명 · 자유 · 신체의 안전에 대한 권리(제3조), ② 노예적 고역에서의 자유(제4조), ③ 고문 · 잔혹한 처벌의 금지(제5조), ④ 전단적 체포 · 구금 · 추방을 받지 않을 권리(제9조), ⑤ 변호인의 도움을 받을 권리, 무죄 추정의 권리(제11조 1항), ⑥ 죄형법정주의(제11조 2항), ⑦ 사생활의 자유와 명예 · 신용의 보호(제12조), ⑧ 국내 거주이전의 자유(제13조 1항), ⑨ 국제 거주이전의 자유(제13조 2항), ⑩ 국적 박탈에서의 자유(제15조), ⑪ 재산권의 자유(제17조), ⑫ 사상 및 양심 · 종교의 자유(제18조), ⑬ 표현의 자유와 정보의 수집의 자유(제19조), ⑭ 집회 · 결사의 자유(제20조).

4) 생존권

제2차 대전이 끝난 뒤 경제적으로 고생하고 있는 사람의 삶의 질을 향상하기 위하여 생존권을 규정한 것도 당연한 것이기는 하나, 시기가 도래하지 않았다는 비판도 있었다.

노동의 권리를 인정하는 것은 대부분 찬성이었으나 노동조합의 결성권 등에 대해서는 많은 논쟁이 있었다.

교육을 받을 권리에 관해서는 논쟁이 있었다. 의무교육의 문제와 부모의 교육권 간에 대립이 논해졌다. 그래서 부모의 교육 선택권이 규정되었다. 이 밖에도

① 사회보장을 받을 권리(제22조, 제25조), ② 근로의 권리(제23조 1항), ③ 정당한 노임을 받을 권리(제23조 2항 · 3항), ④ 단결권(제22조 4항), ⑤ 적정한 근로조건과 유급휴가 · 휴식을 얻을 권리(제24조), ⑥ 교육을 받을 권리(제26조), ⑦ 문화적 생활을 할 권리(제27조)가 구체적으로 선언되고 있다.

5) 청구권적 기본권

① 국내 재판에 의한 구제청구권(제8조), ② 공개재판청구권, ③ 망명자비호권(제14조), ④ 정당한 사회질서 향유권(제28조).

6) 참정권

① 참정권(제21조 2항), ② 공무담임권(제21조 2항), ③ 공정한 선거제도보장(제21조 3항).

---

121) 전게, Human Rights, pp. 31-38.

4. 기본의무

의무조항에 있어서는 국가에 대한 의무를 규정해야 한다는 주장이 많았으나 community에 대한 의무로 축소되었다.

① 초등교육의 의무(제26조 1항), ② 사회적 공공복리 증진 의무(제29조 1항), ③ 기본권 행사의 국제연합의 목적과 원칙에 합치할 의무(제29조 3항).

5. 세계인권선언에 채택되지 않았던 기본권

기초위원회와 제3위원회에서 토론되었으나 이 선언에 포함되지 않았던 것은 다음과 같은 것이 있다. ① 청원권 ② 소수자의 권리 ③ 예속적 식민지 ④ 저항권 ⑤ 여성의 권리.

이들 권리는 자명한 것이라는 이유로 제외된 것도 있으며, 여성의 권리와 같이 「여성에 대한 모든 형태의 차별 해소에 관한 인권협정」으로 1979년에 총회를 통과한 것도 있고, 1993년의 빈 선언, 1995년의 베이징 여성대회 등에서 통과되었다.

6. 세계인권선언의 법적 효력

1) 입법자의 의도

세계인권선언은 유엔의 기초위원회에서도 법적 효력을 인정할 것인가가 논의되었다. 그중에는 국제인권법전(International Bill of Rights)으로서 법적 효력을 인정해야 한다는 주장이 있었다. 그러나 이러한 구속력을 가진 것으로는 국제인권헌장을 제정하여 세계인권선언과 경제적 · 사회적 · 문화적 권리에 관한 국제헌장과 정치적 · 시민적 권리에 관한 국제헌장의 3자를 합하여 국제인권법전으로 하기로 하고, 우선은 일반적인 원칙 규범으로서 조속히 발표하여야 한다는 의견이 많아서 세계인권선언만을 발표하게 된 것이다.

이 점에서 보더라도 직접적 효력을 가지는 것은 국제인권헌장이라고 보고, 세계인권선언은 선언적 · 정치적 · 계몽적 성격이 농후한 것으로 보았다.[122]

이것은 기초위원회가 1947년 12월에 효력에 관한 결론을 보고한 것을 보면 명확하다.[123] 그러나 기초위원회와 총회, 특별위원회 등에서는 그 뒤에도 법적인 구속력을

---

122) H. Hannum, "The Status of the Universal Declaration of Human Rights in National and International Law," GA. J. Int'l & Comp. L., Vol. 25 (1995-96), pp. 287 ff.
123) UN Doc E/CN/53, 10. Dec. 1947, "Commission of Human Rights, second session. the question of implementation had much more to do with the Convention than with the Declaration. The latter indeed was in the last analysis to take the form of a recommendation by the General Assembly of the United Nations, and was consequently not legally binding in the strict sense of the term. It therefore appeared to the Working Group a manifest impossibly to contemplate measures for fulfillment of an obligation that was not one."

인정해야 한다는 주장이 있었다.

2) 학설의 대립

(1) 효력부인론

이와 같이 다양한 권리를 포함하고 있는 세계인권선언이 국내법적 효력을 가지는 것인가가 문제되고 있다. 세계인권선언의 제정 과정에서는 그 법적 성격이 많이 논란되었는데, 소련 대표는 법적 성격을 전적으로 부인하였으며, 프랑스 대표는 비록 강제적, 법적 성격을 갖는 것은 아니라고 하더라도, 헌장의 유권적 해석으로서 헌장 규정에 의한 서약에 따라 상당한 효력이 있는 것으로 생각하였다. 어쨌든 세계인권선언은 제정 당초에 있어서는 법적인 강제력을 가지는 것이라고 생각되지 않았다. 그것이 운용면에서 헌장의 추상적이며 개괄적인 인권의 개념과 내용을 구체화한 것으로서, 인권에 관한 헌장규정의 유권적 해석 또는 공식적 해석으로 간주되게 되었을 뿐이라고 한다. 소극설을 취하는 사람은 Dürig, Berber, Kunz, Hudson, Kelsen, 이한기 교수 등이 있다.124)

(2) 효력인정론

그러나 국제연합의 관례상 세계인권선언의 위반은 비위행위로서 지적되고 있으며, 동 선언이 어느 정도의 구속적 의무를 부과하는 것으로서 인정되어지고 있다. 그리하여 Sohn은 「세계인권선언은 국제사회의 기본법의 일부가 되었으며, 또한 그것은 헌장과 더불어 모든 국제문서와 국제법에 우위하는 세계법적 성격을 갖게 되었다」고 한다. 세계인권선언에 세계법적인 성격을 부여하는 것은 국제연합 헌장의 인권 규정의 세계법적 성격을 인정하기 때문이다. 국제연합의 인권 규정의 법적 성격을 인정하는 사람은 Lauterpacht, Wright, McDougal과 Berber 등이 있으며, 우리나라에서도 박재섭 교수가 적극설을 취하고 있다.125)

국제연합 헌장의 인권 규정을 법적 효력이 있다고 보는 견지에서는 세계인권선언의 법적 효력을 부인할 수가 없을 것이다. 국제연합 헌장의 인권 규정은 그 자체가 국제연합의 중요 목적의 하나로서 규정되고 있고, 헌장 제56조가 인권의 보편적 존중과 준수를 달성하기 위하여, 가맹국은 국제연합과 협력하여 공동 및 개별의 행동을 취할 것을 서약하고 있기 때문이라고 한다.126)

---

124) Maunz/Dürig/Herzog, Grundgesetz, 2. A. 1 Ⅱ 27; v. Mangoldt-Klein, Grundgesetz Kommentar, S. 678; Echterhölter, JZ 55. 690 참조. Dahm, Völkerrecht, 1958. S. 429 f.에서 기타 학자들 의견의 출처를 찾아볼 수 있다. Berber, Völkerrecht, I, S. 373. 독일 행정재판소 판결로서는 BVerwGE 8, 175; BVerwGE 5, 160 등이 소극설을 취하고 있다.

125) Kälin, Walter. Jörg Künzli, The Law of International Human Rights Protection, Oxford Univ. Press, 2010; J. von Bernstorff, "The Changing Fortunes of the Universal Declaration of Human Rights: Genesis and Symbolic Dimensions of the Turn to Rights in International Law," European Journal of International Law, Vol. 19, No. 5 (2008), pp. 903-924; Bibliography on the Universal Declaration of Human Rights.

126) Dugard, John; Influence of the UDHR as Law. Maryland Journal of International Law, Vol.

(3) 통설

세계인권선언은 그 전문에서 「국내 및 국제의 점진적 조치에 의하여 이들 권리를 세계적으로 유효한 승인과 준수를 확보하는 노력을 하도록 이 세계인권선언을 모든 인민과 모든 국가가 달성하여야 할 공통의 기준으로서 공포한다」고 하고 있기 때문에 부정설이 통설이다. 만약에 세계인권선언이 그 자체로서 국내법적인 집행력이 있다고 한다면, 이에 따른 인권 헌장의 제정 필요성은 현저히 줄었을 것이며, 각국의 비준 없이도 효력을 발생할 수 있었을 것이다.

세계인권선언이 국내법적으로 효력을 발생하기 위하여서는 특별한 국내법적 수용이 필요하리라고 생각된다. Trieste에서 세계인권선언이 직접적인 적용을 보게 된 것은 special status of Trieste에 의한 것이고, 그러한 특별 수용 규정이 없는 독일 기본법에서는, 이 선언의 국내법적 효력은 제1조 2항과 다른 여러 조항의 규정에도 불구하고 용인되지 않고 있다.

Ⅳ. 세계인권선언 70년과 그 영향

1. 세계인권선언 70년

1) 세계인권선언 70년의 의의

2018년은 세계인권선언이 제2차 세계대전 후에 선포된 지 어느덧 70주년이 되는 해다. 유엔 헌장은 유엔 총회에 기본권 헌장을 만들도록 규정하지도 않았는데, 경제사회이사회의 인권특별위원회에서 2년여의 노력 끝에 세계인권선언을 세계에 내놓았다.

그때는 서양 국가들이 주동이 되었으나 이제는 비서양 회원국이 몇 배로 늘어났으나 비서양인도 이 인권선언의 폐지를 주장하는 사람은 없다. 냉전의 기수로서 자유주의에 반대했던 소련도 해체되어, 새 러시아 헌법에서는 세계인권선언의 내용을 심화시켜 규정하고 있다. 세계인권선언은 당시 세계를 인권으로서 통합한 것이며 문화적 전통, 종교, 철학이 다름에도 일치하여 세계인권선언을 만들었던 것은 기적이라고 하겠다.[127]

70년의 세월이 지나자 냉전은 다른 양상을 띠고 있다. 제1세대의 인권과 제2세대의 인권을 종합한 것이 세계인권선언이라면, 제3세대와 제4세대의 인권 발전에 적합한 새로운 선언이 필요하다는 주장도 있다.

자유 · 평등 · 박애에서 연대와 복지, 환경, 지구보존, 인류보존이라는 새로운 이념이 자라나고 있다. 전쟁을 없애고 평화를 유지하려는 국제연합이 새로운 인류사회의 지속적

24, 2009, 85-93.
127) Ibid.

발전을 기하고 있기에 새로운 기본권인 환경권 선언도 나왔다.

세계인권선언은 자연권이론에 의하여 세계를 통합한 기념비적인 인류사라고 하겠다. 이 운동이 성공하였기에 21세기 평화와 복지, 안전이 보장되었다고 보아야 할 것이다.

2) 세계인권선언 70년에 대한 여론

2018년 12월 10일을 전후하여 세계 각국의 대표적 신문이며 잡지 · 방송은 70주년 인권의 날 기념식에 대하여 대대적으로 보도하였다. 이에는 비판적인 여론도 있었으나 개선해야 한다는 여론도 있었다.

(1) 부정적 의견

세계인권선언에 대한 부정적 의견은 종교를 이유로 한 것이 많았다. 예를 들면 아랍 국가가 대표적인 것이었다. 또 문화적 가치 차이를 주장한 아세안이 아세안의 가치를 주장했다. 또 아프리카 등에서도 경제적 후원을 받을 권리, 발전의 권리들이 규정되지 않았다고 주장하였다. 그리하여, 이슬람 국가와 아프리카 등에서도 지역적 인권선언을 하기에 이르렀다. 이들은 유엔 인권선언은 지나치게 이상적인 것이라고 비판하고 있다.[128]

다음으로는 이 인권선언을 강제할 수단이 없음을 규탄하고, 유엔 인권이사회에 인권침해국이 대표되어 인권 침해 국가의 이익을 대표하여 세계인권선언의 취지를 무색케 한다는 비판이 있다.[129] 유엔의 인권이사회가 유엔 구성원의 다수결에 의하여 회원국이 되기 때문에, 인권침해를 규탄하지도 못하며, 인권 침해국에 대한 제재를 할 수 없다는 구조적 측면도 있다. 또 국제형사재판소도 강제적 관할권이 없어 실효적인 처벌을 하지 못하고 있다는 현상에 대한 비판도 있었다.[130]

민주국가의 후퇴와 독재국가의 등장으로 세계인권선언의 인권이 많이 침해되고 있다. 특히 남미, 중동, 아프리카 등에서 민주국가의 독재화가 행해지고 있어 국내적으로 인권이 침해되고 있다.

(2) 긍정적 의견

세계인권선언은 국가에 대한 구속력이 없는 선언이기는 하다. 이것은 인간의 존엄과 자유, 평등, 생존, 문화 등의 권리를 선언한 인류의 금자탑으로 현재까지도 도덕적 구속력

---

128) Wbur news, Boundlessly Idealistic, Universal Declaration Of Human Rights Is Still Resisted
    https://www.wbur.org/npr/675210421/its-human-rights-day-however-its-not-universa
129) Bild Zeitung, 70. Jahrestag der Allgemeinen Erklärung der Menschenrechte - Warum die UN
    ihr Prinzipien vergessen hat.
    https://www.bild.de/politik/ausland/politik-ausland/70-jahrestag-der-allgemeinen-erk
    l...
130) Neue Zürcher Zeitung, Schöne Wort ohne Wirkung?
    https://www.nzz.ch/meinung/70-jahre-menschenrechtserklaerung-ld.1435921

을 가지는 문서로 찬양하는 것이 일반적인 경향이다.[131]

유엔 인권선언을 마그나 카르타라고 하면서 그동안 평화를 보장하는 데 큰 기여를 했다는 평이 있는가 하면,[132] 이 선언이 식민지를 해방했고 독립시켜 인권을 보장하게 되었음을 축하하기도 했다.[133] 그러나 아직도 이 선언을 침해하는 국가는 많다. (북한과 중국 등)

(3) 개선 방향

유엔 인권선언이 구속력 없는 선언이기에 이에 구속력을 부여하기 위한 두 개의 인권헌장(조약)이 성립되었다. 인권감시센터는 이제 이 선언의 집행 갭을 메꾸어야 할 때라고 강조하고 있다.[134]

2. 세계인권선언의 영향과 미래

1) 세계인권선언의 영향

(1) 세계인권선언의 영향

이 세계인권선언의 발표는 인권사상의 발전에 큰 공헌을 하였고, 세계 각국 헌법의 제정에도 많은 영향을 끼쳤다. 이 선언은 세계에서 가장 많이 번역된 글이라는 정평이 있다.

---

131) Die Würde des Menschen ist unantastbar: 70 Jahren Allgemeine Erklärung der Menschenrechte
https://www.kulturrat.de/pressemitteilung/die-wuerde-des-menschen-ist-unantastbar-..

132) The Right to Peace: The Universal Declaration of Human Rights at 70; United State...
https://www.usip.org/press/2018/12/right-peace-universal-declaration-human-rights-70

133) 70th Anniversary of the Universal Declaration of Human Rights - World; ReliefWeb Report from UN Office of the High Commissioner for Human Rights, Published on 06 Dec 2018 - View Original;
https://www.ohchr.org/EN/NewsEvents/Pages/DisplayNews.aspx?NewsID=23983&LangID=E
Baraka, Ajamu; The Universal Declaration of Human Rights at 70; Time to De-Colonize Human Rights.
https://www.counterpunch.org/2018/12/07/the-universal-declaration-of-human-rights-...

134) 70years of the Universal Declaration of Human Rights: Closing the Implementation...
https://www.hrw.org/news/2018/02/28/70-years-universal-declaration-human-rigths-c...
70 Jahre Allgemeine Erklärung der Menschenrechte / Vereinte Nationen
http://www.bund-rvso.de/allgemeine-erklaerung-der-menschenrechte.html
Kommentar: "Herzlichen Glückwunsch zum Geburtstag, Menschenrechte!"; nex24..
https://nex24.news/2018/12/kommentar-herzlichen-glueckwunsch-zum-geburtstag-m...

(2) 국내 헌법과 입법에 대한 수용

이 국제인권선언은 1948년 이 선언이 발표된 이후에 만들어진 헌법에 많은 영향을 끼쳤다. 예를 들면 서독 기본법에서는 인간의 존엄은 불가침이다(제1조)라고 규정하였고, 캐나다 헌법도 유엔 인권선언에 많은 영향을 입었으며, 남아프리카연방 헌법에도 많은 영향을 미쳤다. 그리고 소비에트 러시아의 붕괴 후 많은 국가들이 헌법을 개정하여 세계인권선언의 내용을 계수하고 있다.[135]

(3) 국제인권법에의 수용

유럽인권헌장에서도 세계인권선언을 언급하고 있다. 또 1993년 유엔 세계인권회의에서도 유엔 세계인권선언의 중요성을 강조하고 있다. 특히 빈(Wien) 선언에서는 망명이나 교육, 고문 금지 등의 근거를 세계인권선언에서 찾고 있다. 또 미주 인권헌장도 이에 근거하고 있다.[136] 뿐만 아니라 유엔 인권헌장의 두 조약도 이를 근거로 하고 있다.

(4) 국내 법정에서의 적용

1957년 독일의 연방행정재판소는 세계인권선언을 프로그램적 중요성을 가진다고 했고, 그 뒤에도 세계인권선언의 중요성을 강조하고 있다.

오스트리아 헌법은 제9조에서 일반적으로 승인된 국제법의 원칙은 국내법의 일부라고 하고 있으며, 세계인권선언도 국내법의 법원이 될 수 있다고 본다. 또 탄자니아 법원도 세계인권선언을 관습법의 하나로 보고 있다. 캐나다의 1982년 캐나다 인권장전도 세계인권선언을 많이 차용하고 있다. 아프리카 등지에서는 국내 법정에서 이를 적용하고 있는 나라들이 많아졌다.

2. 세계인권선언의 미래

학자들의 견해는 많이 갈려있다. 세계인권선언은 선언 당시에 이미 도덕적·계몽적 지위를 가지는 것이라고 생각하여 법적 구속력을 가지지 않는 것으로 인정되었다. 그러나 국제법학자 중에서는 이도 국제법이며 일반적으로 국제법의 국내법적 효력에 따라 법적 효력이 있는 것으로 보고 있다.

세계인권선언은 비록 법적 구속력이 없는 것으로 제정되었으나, 이는 인류가 만든

---

135) Hannum, Hurst; "The Status of the Universal Declaration of Human Rights in National and International Law." GA. J. Int'l & Comp. L. Vol. 25 (1995-96), pp. 287-397 esp. p. 289.
136) Lyons, S. The Universal Declaration of Human Rights and the American Convention on Human Rights: Comparing Origins, Manifestations and Aspirations, Gotheborg university.
Importance and Influence of the Declaration, in Fact Sheet No. 2 (Rev. 2) The International Bill of Rights.
The Long and Influential Life of the Universal Declaration of Human Rights, in Brown. G. The Universal Declaration of Human Rights in the 21st Century, 2016, pp. 29-38

보편적 인권선언의 효시였다. 이에 조약의 형식으로 집행력을 확보하기 위하여 만든 것이 경제적 · 사회적 · 문화적 권리에 관한 헌장과 시민적 · 정치적 권리에 관한 헌장이 있으나, 여기에서도 인권 침해자를 처벌하는 인권재판소가 규정되지 않았다. 그래서 국제형사재판소를 설치했으나 강제적 관할권이 없어 실효를 거둔지 못하고 있다.

새로운 일반 인권선언이 만들어지는 경우, 세계적 보편성을 가진 선언이 되어야 할 것이고, 이를 강제집행할 수 있는 인권재판소를 설치하여 활동케 함으로써 인권보장이 실효적이 되어야 할 것이다.[137]

---

137) 6 Implementation of Human Rights in Brown, G. The Universal Declaration of Human Rights, pp. 81-99.
Van Alstine Michael; The Universal Declaration and Developments in the Enforcement of International Human Rights in Domestic Law, 24 Md. J. Int'l L. 63 (2009).

제2장 지역적 인권헌장

제1절 유럽인권헌장

Ⅰ. 유럽심의회

1. 유럽심의회의 성립

앞서 본 바와 같이, 유럽통합운동은 오래전부터 있어 왔다.[138] 그것이 제2차 세계대전을 계기로 처칠 수상 등이 중심이 되어 유럽통합기구를 만들었다.

유럽심의회(Council of Europe)는 1949년 4월 5일에 London에서 서명했고 1949년 8월 5일부터 효력을 발생하였다. 서명한 나라는 벨기에, 덴마크, 프랑스, 아일랜드, 이탈리아, 룩셈부르크, 네덜란드, 노르웨이, 스웨덴과 영국 등 10개국이었다. 이 기구의 목적은 평화의 추구와 국제 협조로서 경제적·사회적 발전을 이루며, 장래 유럽 통합 국가를 결합하려는 것이었다(전문). 다른 지역은 경제공동체가 먼저 성립하였는데, 유럽에서는 전유럽적인 정치공동체가 먼저 성립하였다.

2. 유럽심의회의 목적

유럽심의회의 헌장 제1(a)조는 그 목적을 구성원 간의 공통적인 유산에 근거하여 경제와 사회적 진보를 하도록 하는 이상과 원칙을 보장하고 실현하기 위하여 회원 국가의 대통합을 실현하는 것이었다. 처칠은 이를 유럽의 공동체로서 United States of Europe을 만드는 것이라고 하고 있었다. 목적 달성을 위하여 법의 지배를 보장하고 인권을 보장하며 공동목적을 달성하기 위하여 협의할 것을 기하였다(제3조).

3. 유럽심의회의 기구

---

138) 간단한 것으로는 The history of the European unity. 참조.

유럽심의회의 기구로는 ① 각료회의 ② 자문회의 ③ 사무처로 구성되며, 주소는 스트라스부르에 두기로 하였다. 각료회의는 외무부 장관으로 구성되며 외무부 장관이 유고시에는 다른 장관이 대리하게 하였다. 각료(외무부 장관)회의는 공동정책을 결정하고 사무총장과 연락을 취하도록 하였다(제15조). 여기서는 각 회원국에 권고적 의견을 개진하는 것을 목적으로 하였다.

자문회의(Consultative Assembly)는 정관이 정한 모든 문제에 관하여 토의하고, 각료(외무장관)회의에 권고할 수 있게 하였다. 정례회의는 연 1회 하도록 하였다.

사무처는 사무총장과 부총장과 필요한 직원으로 구성되었다. 사무총장은 사무를 지휘·감독하며 각료(외무장관)회의에 책임을 지도록 하였다

4. 회원 수의 증가

회원 국가의 수는 독일 등의 가입으로 늘어났으며 동구의 혁명 이후에 동유럽 국가가 가입하였으며, 러시아 공화국까지 가입하여 현재는 47개 국가로 구성되어 있다. 정관 제4조에 의하면 가입은 유럽 국가에 개방되어 있으며, 일정한 정도의 민주주의제도와 기본권을 보장하는 것이 요건이 되어 있다.[139)

II. 유럽심의회 인권헌장

1. 유럽인권헌장의 성립

유럽심의회는 성립과 함께 유럽인권헌장을 제정하도록 하여 기초위원회를 만들었다. 기초위원회는 1949년 6월 12일에 초안을 만들어 유럽심의회의 각료회의에 부의하였다. 유럽심의회는 이 초안을 오랫동안 심의한 다음에 1950년 11월 4일 로마에서 서명하였다.[140)

최초 서명국은 벨기에, 덴마크, 서독, 프랑스, 아일랜드, 네덜란드, 노르웨이, 터키와 영국이었다. 1950년 11월 28일 파리에서 그리스와 스웨덴이 이 조약에 서명하였다. 1953년 9월 30일에 효력을 발생하였다.[141)

---

139) Wikipedia, Council of Europe; Wikipedia, Member states of the Council of Europe.
140) 일반적인 지역연합에서의 인권보장에 관해서는 다음을 참조할 것:
Shelton, D. and Carozza, P. ; Regional Protection of Human Rights (2nd eds., OUP: 2013)
141) 입법과정에 대해서는
Konvention zum Schutz der Menschenrechte und Grundfreiheiten 〉 Europäische Konvention.
https://www.menschenrechtskonvention.eu/konvention-zum-schutz-der-menschen European Convention on Human Rights - Wikipedia

2. 유럽인권헌장의 의의

이 유럽인권헌장은 유엔의 국제인권헌장의 체결에 앞서 세계인권선언의 취지를 조약화한 것으로, 일반적으로 널리 인권의 보호를 정하고 그 실시 보장기구도 규정한 획기적인 것이었다.

유럽 각국은 유럽심의회에 가입하면서 이 인권규정을 적용하고 있었는데, 오스트리아는 중립국으로서 유럽심의회에 가입하지 않았었다. 오스트리아는 1958년 9월 3일에 가입하여 이날부터 효력을 발생하였다. 그 뒤에도 소비에트 러시아가 분리한 뒤 많은 동구 국가들이 가입하여 47개국이 가입한 인권헌장이다.[142]

3. 유럽인권헌장의 개정

유럽인권헌장은 그동안 여러 차례 개정되었다. 특히 의정서(Protocol)에 의하여 여러 차례 변경되었으며 조문의 번호까지 바뀌었으나, 1998년 11월 1일의 의정서 11에 의하여 원헌장으로 복귀하였다. 그리하여 조문의 인용에는 혼돈이 있었다.

현재는 제1절 권리와 자유(제2조-제18조), 제2절 유럽인권재판소(제19조-제51조), 제3절 잡칙(제52조-제59조)으로 되어 있다.

4. 유럽인권헌장이 보장하는 권리

이 유럽인권헌장은 제1부에서는 시민의 권리와 자유를 규정하고 있다(제2조-제18조). 제2부는 인권재판소의 설치와 활동 규범을 규정하고 있다. 제3부에서는 여러 가지 종결규정을 두고 있다. 효력 발생 후에 프로토콜 11에 의하여 제2부 제19조를 개정하여 인권위원회제도와 인권재판소 제도를 도입하였다. 그러나 프로토콜 14에 의하여 인권위원회를 폐지하고 원문으로 복귀하였다.[143]

---

https://en.wikipedia.org/wiki/European_Convention_on_Human_Rights

Harris, D. J. / O. Boyle, M. / Warwick, C.; Law of the European Conventions on Human Rights, Butterworths, 1995.

Meyer-Ladewog, Jensi; EMRK Europäische Menschenrechtskonvention.

142) Wikipedia, Europäische Menschenrechtskonvention; Grabenwarter/Pabel, Europäische Menschenrechtskonvention, Beck, 2012; Council of Europe, Die Europäische Menschenrechtskonvention, https://edoc.coe.int; Hoffmeister, Frank, "Germany; Status of European Convention on Human Rights in domestic law," International Journal of Constitutional Law, Vol. 4, Issue 4 (October 2006), pp. 722-732; Wendt, P., "Zur Frage der innerstaatlichen Geltung und Wirkung der Europäischen Konvention zum Schutze der Menschenrechte," MDR 9 (1955), 658; "Demokratiezentrum Wien, Verfassungsentwicklung in Österreich und der EU." http://www.demokratiezentrum.org/wissen/timelines.

1) 유엔인권선언과의 차이

유럽인권헌장은 국가 간의 조약으로 법적 구속력을 가진 최초의 인권헌장이다. 유럽인권헌장은 전문에서 유엔 인권선언에서 선언된 인권의 세계적 · 효과적인 인지와 그 준수의 확보를 그 목적으로 한다고 하고 있다. 그러나 내용에 있어서는 전통적 자유권의 보장에 중점을 두었고, 그 주된 내용은 세계인권선언의 규정을 거의 그대로 규정한 것도 있다.

그러나 세계인권선언에 규정된 사회적 · 경제적 기본권은 거의 규정하지 않았다. 세계인권선언에 규정되었던 거주이전의 자유(제13조), 국적을 변경할 권리(제15조), 사회보장을 받을 권리(제22조), 노동조건(제24조), 충분한 생활 수준을 향유할 권리(제25조) 등은 규정되지 않았다. 이들 생존권은 경제적 · 사회적 여건이 성숙된 뒤에야 실질적으로 보장될 수 있다는 유럽 학계의 이론에 따른 것이었다.[144]

2) 유럽인권헌장의 내용

제1조, 체약국은 그 영역 내에 있는 모든 자에 대하여 이 헌장의 제1장에 정착되어 있는 권리 및 자유를 보장하여야 한다.

제1장

제2조 (생명에 관한 권리)

모든 사람의 생명에 관한 권리는 법률에 의해서 보호된다. 누구도 고의로 그 생명을 박탈당하지 아니한다. 단 법률에 사형을 정하는 범죄에 대하여 유죄의 판결문에 법원의 형의 선고를 집행하는 경우에는 이에 구애되지 않는다. 생명의 박탈은 그것이 다음의 목적을 위하여 절대적으로 필요한 권력 행사의 결과인 때에는 이 조에 위반하여 행해진 것이라고 보지 않는다.

ⓐ 불법적인 폭력에서 사람을 지키기 위하여

ⓑ 합법적인 체포를 행하여 또는 합법적으로 억류된 자의 도망을 방지하기 위하여

ⓒ 폭동 또는 반란을 진압하기 위하여 합법적으로 취한 행위인 경우

제3조 (고문 또는 비인도적인 취급 또는 강제노동의 금지)

1. 누구도 노예 상태 또는 예속 상태에 두어지지 않는다.

2. 누구나 강제노동에 복해질 것을 요구받지 아니한다.

3. 이 조약의 적용상 「강제노동」에는 다음의 것은 포함되지 않는다.

---

143) Convention for the Protection of Human Rights and Fundamental Freedoms, as amended by Protocols no 11 and 14.

144) Evolution of the European Convention on Human Rights and Fundamental Freedoms http://www.oxfordscholarship.com/view/10.1093/acprof:oso/9780199207992.001.00...

ⓐ 이 조약의 제5조의 규정에 따른 억류를 통상적 과정 또는 그 억류를 조건부로
면제되어 있을 때 요구되는 작업

ⓑ 군사적 성질의 역무, 또는 양심적 거부자의 경우에는 의무적 군사 역무의
대신에 요구되는 역무

ⓒ 사회의 존립 또는 복지를 협박하는 긴급사태 또는 재해의 경우에 요구되는
역무

ⓓ 시민으로서 통상적인 의무로 생각되어지는 작업 또는 역무

제4조 (노예제도의 금지)

이와 같이 우선 권리를 규정한 뒤 예외조항을 나열하는 형태로 노예제도를 금지하고
있다.

제5조(신체의 자유, 체포 · 억류의 조건)

이하 계속 신체의 자유 등 여러 권리를 규정하고 있다.

제6조 (공정한 재판을 받을 권리)

여기에 공개재판을 받을 권리, 형사피고인의 무죄 추정의 권리들이 규정되어 있다.

제7조 (형법의 소급적용의 금지)

그러나 문명제국이 인정하는 법의 일반원칙에 따른 실행 당시의 작위 또는 부작위범
에 대하여 재판하고 처벌할 수 있다고 규정하고 있다.

제8조 (사생활의 비밀과 주거 및 통신의 비밀)

그러나 사생활이나 가족생활도 법률에 의하여 국가안전, 공공의 안전 또는 국가의
경제적 복리 등을 위하여 제한할 수 있다고 규정하고 있다.

제9조 (사상과 양심과 종교의 자유)

누구나 사상, 양심과 종교의 자유를 가지고 있는데, 이에는 종교나 신을 변경할
자유가 포함되며, 혼자나 공동으로 자기의 종교와 신념을 표현하는 자유를 가지며
교육이나 예배나 실천 · 관찰의 자유를 가진다고 하였다.

종교와 신앙의 고백의 자유는 법률에 의해서 민주사회의 필요성과 공공의 안전과
질서를 위하여 건강이나 도덕 유지를 위하여 필요한 경우에만 제한될 수 있다.[145]

제10조(표현의 자유)

---

145) 이하 상세한 내용 설명에 대해서는 다음 책들 참조.
Jean-François Renucci, Introduction to the European Convention on Human Rights. Council
of Europe Publishing, 2005; Convention for the protection of Human Rights and Fundamental
Freedoms, as amended by Protocols No. 11 and 14; What is the European Convention on
Human Rights?, the Guardian; MacDonald/Matscher/Petzold, The European System for the
Protection of Human Rights, Leiden, 1993; Harris/O'Boyle/Warbrick, Law of the European
Convention on Human Rights, Butterworths, 1995; Pascal Ronc, Die Menschenwürde als Prinzip
der EMRK, Berlin 2020; Torben Bührer, Das Menschenwürdekonzept der Europäischen
Menschenrechtskonvention, Berlin 2020.

모든 사람은 표현의 자유의 권리를 가진다. 이 권리에는 의견을 가질 자유와 정보를 받을 자유와 공공이나 다른 어떤 기구의 간섭 없이 누릴 자유를 포함한다. 이 조항은 국가가 방송과 텔레비전과 영화 산업의 허가제를 도입하는 것을 금지하는 것은 아니다.

이러한 자유의 행사는 의무와 책임을 수반하고 있기에 민주사회를 위하여 국가안전 보장의 이익과 영토의 보전, 공공의 안전을 위하고, 혼란이나 범죄를 예방하고 건강과 도덕의 보호를 위하여, 다른 사람의 평판이나 권리를 보호하고, 신뢰 하에서 얻어진 정보의 공개를 예방하고, 사법의 권위와 중립성을 유지하기 위하여 필요한 경우에는 법률에 의해서 형식이나 조건에 복종할 뿐만 아니라 제한이 가능하며 형벌이 부과될 수 있다.

제11조 (집회와 결사의 자유)

모든 사람은 평화적 집회의 자유의 권리와 다른 사람과 자기의 이익을 보호하기 위하여 노동조합을 결성하고 참가할 자유를 포함하여 결사를 할 자유를 가진다. 이러한 권리의 행사의 자유의 제한은 민주적 사회의 유지와 국가안전 보장의 이익, 영토의 보전이나 공공의 안전, 무질서나 범죄의 예방, 건강과 도덕의 보호에 의하여, 다른 사람의 평판이나 권리를 보호하고, 신뢰 하에 얻어진 정보의 공개를 예방하기 위하여, 사법권의 권위와 중립성을 보장하기 위하여 필요한 경우에 법률에 의해서 사전에 정해진 경우에 한하여 제한할 수 있다. 이 조항은 군대의 구성원의 권리나 경찰 또는 국가의 행정의 편의를 위하여 법적인 제한을 행하는 것을 금지하는 것은 아니다.

제12조 (결혼할 권리)

남자와 여자는 결혼 연령이 되면 이 권리의 행사를 규율하는 국가법에 따라 결혼할 권리와 가정을 형성할 권리를 가진다.

제13조 (효과적인 구제)

이 헌장에 규정된 권리와 자유가 국가공무원의 직무상 행위에 의하여 침해되었는지 여부를 불문하고, 국가에 대하여 효과적인 구제를 받을 수 있다.

제14조 (차별의 금지)

이 헌장에서 보장된 권리와 자유는 성별이나, 인종이나, 피부색이나, 언어, 종교, 정치적 의견이나 다른 사상이나 사회적 기원, 민족적 소수자, 재산, 출생, 기타의 지위에 근거한 어떤 차별도 없이 이를 향유할 수 있다.

제15조 (긴급 시에 있어서의 일탈)

민족의 생명을 위협하는 전쟁이나 기타 긴급 시에 있어서는 어떤 체약국가든 사태의 긴급성이 엄격히 요청하는 경우, 이 헌장이 규정한 조치에 일탈을 인정할 수 있다. 다만, 그러한 조치가 국제법의 다른 의무에 위배되지 않는 경우에 한하여, 합법적인 전쟁행위의 결과로 오는 죽음을 제외하고는, 생명의 권리에 일탈을 인정할 수 없으며 고문과 강제노역의 경우에도 전쟁 이외의 경우에는 일탈을 인정할 수 없다. 이 권리의 일탈의 경우에는 당사국은 유럽심의회의 사무총장에게 그 조치를 알려야 하며 그 조치가 끝났을 때 다시 정상화된 것을 통지해야 한다.

제16조 (외국인의 정치 행위에 대한 제한)

제10조, 제11조 및 제14조 중의 어떠한 규정도 체약국이 외국인의 정치활동에 대하여 제한을 인정하는 것으로 이해해서는 안 된다.

제17조 (권리의 남용의 금지)

이 헌장의 어떠한 규정도 국가, 집단 또는 개인이 이 조약에 의해서 인정되는 권리 및 자유를 파괴하거나 또는 이 조약이 정한 제한의 범위를 초월하여 제한하는 일을 목적으로 하는 활동에 종사하거나, 또는 그러한 것을 목적으로 하는 행위를 하는 권리를 갖는 것을 의미한다고 해석할 수 없다.

제18조 (제한의 적용 범위)

이 헌장에 규정된 권리와 자유에 허용되는 제한을 여기서 설명된 이외의 어떠한 목적으로도 적용되어서도 안 된다.

3) 보장되는 권리의 특징

유럽인권헌장에서 보장되고 있는 것은 시민적 · 정치적 권리, 즉 자유권과 사법절차에 대한 권리와 기본적 자유가 대부분이며 생존권에 관한 규정은 적었다.[146)]

이 헌장에서 보장된 경제적 · 사회적 · 문화적 권리[147)]는 ① 혼인에 대한 권리(제12조) ② 무차별 등 ③ 노동조합 결성권밖에 없다.

이에 유럽심의회는 1961년 유럽사회헌장을 만들어 이를 보완하고 있다.

Ⅲ. 기본권 보장기구＝유럽인권재판소

1. 유럽인권재판소의 설립

유럽인권헌장은 1950년 11월 4일에 제정되었으며, 제2절에서 그 보장기관으로서 유럽인권재판소를 규정하고 있었다. 그러나 처음으로 성립한 것은 유럽자문 회의가 초대 인권재판관을 선출한 1959년 1월 21일이었다. 제19조는 유럽심의회 가맹국이

---

146) Council of Europe, The longer-term future of the system of the European Convention on Human Rights 2015, Netherlander Universality and the Growth of Regional Systems, The Oxford Handbook of International Human Rights Law, pp. 670-697.

147) 그 이유는 유엔 인권선언에서도 경제적 · 사회적 · 문화적 권리는 1949년 단계에서는 규정되어 있지 않았으며 1966년에 확정되었고 1978년에 비로소 구속적인 것으로 효력을 발생한 것이기 때문이다. International Covenant on Economic, Social and Cultural Rights, A Handbook, 2015.

유럽인권헌장에서 규정된 인권을 준수하고 있는가를 심의하기 위한 기관으로 둔 것이었다.[148]

그동안 유럽인권헌장은 1966년 1월 20일에 개정되어 선심 기관으로서 유럽인권위원회를 두어 유럽인권재판소의 전심 기관으로서 결정을 할 수 있게 하였다. 그러나 이러한 인권위원회의 존재에도 불구하고, 인권재판소에 대한 업무 적체는 끊이지 않아 유럽인권헌장을 재개정하여 유럽인권위원회를 폐지하고 유럽인권재판소를 상설기관으로 하였다. 이 개정(의정서 제11호) 후 3개월 이내에 모든 가맹국이 비준하였기에 1998년 11월 3일부터 인권재판소는 상설기관으로서 Strassburg에 주소를 두어 활동하게 되었다.[149]

그럼에도 불구하고 유럽인권재판소의 적체 건수는 늘어났기 때문에, 재판소의 업무량을 줄이기 위하여 재판소는 중요한 권리침해만을 다루도록 하는 개정안을 의결하였다(의정서 제14호). 이는 2010년 6월 1일에 효력을 발생하였다.

2. 유럽인권재판소의 구성

유럽인권재판소의 구성에 대해서는 인권헌장 제19조에서 제26조까지 규정하고 있다. 제19조는 유럽인권헌장과 수정조항에 규정된 당사국들의 준수를 확보하기 위하여 유럽인권재판소를 둔다고 하고, 이것은 영구적 지위에서 그 기능을 행사한다고 하고 있다.[150]

1) 재판관의 자격

재판관의 수는 헌장 체약국 수만큼의 판사라고 하고(제20조), 자격은 고위법관직에 임명될 수 있거나 공인된 사법관 변호사의 직에 적합한 자격을 가진 사람으로서 고도의 도덕성을 가진 사람이어야 한다고 제한하였다(제21조 1항). 재판관은 법관으로서는 개인적 자격으로 집무해야 한다고 하고, 임기 내에는 다른 직의 겸직을 금지하고, 인권재판소에서 적용되는 문제의 해결을 위하여 독립적이고 중립적이며 상근직으로 활동해야 한다고 규정하고 있다(제21조 제2항, 제3항).

---

148) European Court of Human Rights. Wikipedia
   https://en.wikipedia.org/wiki/European_Court_of_Human_Rights
   Bates Ed., The Evolution of the European Convention on Human Rights: From Its Inception
   to the Creation of a Permanent Court of Human Rights, Oxford. U. P., 2010.
   http://www.oxfordscholarship.com/view/10.1093/acprof:oso/9780199207992.0
149) EGMR: Das wichtigste in Kürze - humanrights.ch
   https://www.humanrights.ch/de/internationale-menschenrechte/europarats-organnce/eg...
   A Brief History of the European Court of Human Rights - RightsInfo
   https://en.wikipedia.org/wiki/European_Court_of_Human_Rights
   https://rightsinfo.org/brief-history-european-court-human-rights/
150) The European Convention on Human Rights (ECHR) - Introduction
   https://human-rights-law.eu/echr/echr-introduction/

2) 재판관의 선임

재판관은 각 체약 당사국의 의사를 존중하여 각 당사국이 제출한 3명의 후보 중 1명을 의회 평의회에서 다수결로 선출한다(제22조).151) 재판관의 임기는 6년이며 재선이 허용되었다. 정년은 70세이다. 재판관은 후임자가 새로 대체될 때까지 직을 유지한다. 다만, 자기가 이미 다루고 있던 사건은 그 사건이 종결될 때까지 계속 담당한다. 재판관은 그의 직무수행을 함에 있어서 부적격이라고 재판관 3분의 2의 다수에 의한 결정에 의하지 아니하고는 면직되지 아니한다(제24조). 재판소에는 사무처를 두며 1인 재판관 단독심의 경우에는 연구관을 둔다(제25조).152)

3. 심판부의 구성

1) 재판소의 구성

재판소는 소장과 1~2명의 부소장을 3년의 임기로 선출한다. 재임할 수 있다(제26조). 재판소는 심판부를 구성하고 심판부장을 선출한다. 심판부장은 재임할 수 있다. 재판소는 재판소 규칙을 제정한다. 또 사무처장과 한 명이나 다수의 처장 대리를 선임한다. 필요한 경우에는 만장일치로 9명의 심판부 재판관을 일정한 기간 5명으로 감축하는 요구를 할 수 있다(제25조 b,c,d,e,).

2) 단독심과 위원회, 부와 대부의 구성

재판소는 사건의 성격에 따라 단독심, 3인 재판관으로 구성되는 위원회, 7명의 재판관으로 구성되는 합의부(Chamber)와 17명의 재판관으로 구성되는 대부(Grand Chamber)를 구성할 수 있다. 부에는 일정한 기간 위원회를 구성한다(제27조 1항).

단독 재판관은 자기를 선출한 당사국에 관한 청구는 심판할 수 없다. 부와 대부에 당연직으로 구성원이 된 재판관은 자기를 선출한 당사국이 관련한 경우에는 심리할 수 없다. 그러나 해당 재판관이 없거나 참여가 불가능하면, 사건 당사국이 사전에 재판관으로 심리할 사람의 리스트에 따라서 재판소장이 심판정을 구성할 재판관을 선임한다(제27조 2항).

대재판부는 재판소장과 부소장과 부의 부장과 재판소 규칙으로 정한, 선출된 다른 재판관으로 구성된다(제27조 3항).

---

151) Election of Judges to the European Court of Human Rights
https://website-pace.net/web/as-cdh
The European Convention on Human Rights(ECHR) - Introduction
https://human-rights-law.eu/echr/echr-introduction/
152) Council of Europe Office in Tirana, European Court of Human Rights
https://www.coe.int/en/web/tirana/european-court-of-human-rights

4. 심판부의 관할

위원회는 제34조에 따라 제출된 신청에 대해서는 전원일치로 불허가 기각을 결정할 수 있다(제28조 1항). 1항의 이 결정은 종국적이다(2항).

부는 제28조에 의한 결정이 없거나 제28조에 의한 판결이 없는 경우에도 부는 사건을 수리하여 개별적 청원의 가치에 대하여 결정할 수 있다. 부는 제33조에 의하여 제출된 국가 간 신청의 수락 가능성과 가치에 대하여 결정해야 한다. 이 수락에 대한 결정은 재판소가 예외적으로 달리 결정한 경우가 아닌 경우에는 분리해서 결정한다(제29조). 부에 계속된 사건으로서 헌장이나 의정서의 해석에 관한 중대한 의문이 제기되거나 부에 계속된 사건의 판결이 그 이전에 재판소가 선고한 판결에 불일치한 경우에는, 판결을 내리기 전에 사건 당사국이 반대하지 않는 경우에는 대부에 회부하기 위하여 판결의 선고 전에 언제든지 부의 관할권을 포기할 수 있다(제30조).

대부는 제33조나 제34조에 의하여 제기된 신청에 대하여 제30조에 의하여 부가 그 관할을 포기하거나, 제43조에 의하여 사건이 대부에 회부된 경우에 판결한다. 또 제46조 4항에 따라 장관위원회가 재판소에 사건을 위탁한 경우와 제47조에 따라 자문적 의견을 요구한 경우에는 그 요청을 고려한다(제31조).[153]

재판소의 관할권은 헌장과 그 의정서의 해석과 적용에 관한 모든 사건에 대하여 관할권을 가진다. 또 재판소가 관할권이 있느냐 하는 분쟁문제에 대해서는 재판소가 결정한다(제32조).

5. 심판절차

1) 국가제소사건과 개인제소사건

인권재판소에 제소할 수 있는 당사자[154]는 한 국가나 여러 국가가 될 수 있다. 이것은 국가제소 사건이라고 할 수 있다(제33조 사건). 하나는 개인이 국가를 상대로 하여 인권침해의 구제를 청구할 수 있는 개인제소 사건(제34조 사건)이다.[155]

---

153) EPIC - Grand Chamber of Human Rights Court to Review UK Surveillance
  https://epic.org/2019/02/grand-chamber-of-human-rights-.html
154) Leach, Philip, Taking a Case to the European Court of Human Rights - Paperback, 4th ed. 2017.
  https://global.oup.com/academic/product/taking-a-case-to-the-european-court-of-hum...
  The European Court of Human Rights; The Danish Institute for Human Rights
  https://www.humanrights.dk/about-us/menneskerettigheder-eu/the-european-court-of-..
155) Preparing a Case for the European Court of Human Rights - HG.org
  https://www.hg.org/legal-articles/preparing-a-case-for-the-european-court-of-human-r...

2) 국가제소사건

(1) 제소권자

국가제소 사건은 다른 국가가 헌장 또는 의정서에 규정된 규정을 위반했다고 하여 다른 국가를 제소하는 경우를 말한다. 제소권이 성립하기 위하여서는 일반적으로 승인된 국제법에 따라 국내의 구제절차를 다 거친 뒤 6개월 이내에만 제소할 수 있다. 재판소는 이 경우 ⓐ 익명이거나 ⓑ 다른 국제법적 조사절차나 조정절차에 의하여 새로운 정보가 없는 재판소가 이미 검토한 사건과 본질적으로 유사한 사건은 접수하지 않는다(제35조 1항, 2항). 재판소는 이 조항에 따라 신청이 접수할 수 없는 경우에는 언제든지 신청을 각하할 수 있다(제37조).

(2) 제3자 참여

이 소송에서 부나 대재판부의 사건에서 국가는 자기 국민이 당사자인 경우에는 서면으로 의견을 제시하거나 청문에 참여할 수 있다(제36조 1항). 재판소장은 사법행정의 적정한 운영의 이익을 위하여 이 소송에 당사국 국민이 관여하지 않는 경우에도, 체약국에 서면의견서를 제출하고 재판심리에 참여하도록 초청할 수 있다(제36조 2항). 이를 제3자 개입이라고 한다. 이것은 보다 심층적 심리를 위하여 필요한 것이며 이 의견은 amicus curie라고 불린다. 사건이 중요한 의의를 가지는 경우에 제3자의 개입이 행해지는 경우가 많다. 주로 NGO나 학자들이 이 의견서를 제출한다.[156]

(3) 사건의 심리

재판소는 모든 사건을 당사자의 대리인과 함께 심사하고 필요한 경우에 조사할 수 있다(제38조). 재판소는 소송의 어느 단계에서든지 당사자의 동의를 얻어 우호적 처분을 보장하려는 관점에서 사건을 처리할 수 있다(제39조). 이 절차는 비공개로 한다.

청문(hearing)은 예외적인 경우를 제외하고는 공개한다(제40조 1항). 재판소장이 달리 결정하지 않는 경우에는 사무처에 제출된 서류도 공개한다(제40조 2항). 재판소가 체약 당사국의 국제법에 따라 일부 보상을 규정한 경우에는 법정은 헌장과 의정서를 침해한 데 대하여 피해를 입은 당사자에게 정당한 보상을 결정할 수 있다(제41조). 부의 재판은 제44조 2항 규정에 따라 종국적이다(제42조).

(4) 항소

어느 당사자든 예외적으로 부의 판결로 행해진 후 3개월 이내에 대부에 이송해달라고 요청할 수 있다(제43조 1항). 대심판부의 5명의 재판관이 이 사건이 헌장과 의정서의 해석과 적용에 중요한 문제를 야기하고, 일반적인 중요한 문제를 야기한다고 인정하는

---

156) Third Party Intervention before the European Court-ECHR
   http://agent.echr.am/en/functions/representation/third-party-intervention.html

경우에는 이를 대심판부에서 심리하기로 한다(제43조 2항). 대심판부는 판결절차로서 이 사건을 결정한다(제43조 3항).

대심판부의 결정은 종국적이다. 부의 판결도 종국적이 될 수 있다. 그 경우는 ⓐ 이 사건의 당사자가 대배심부에 사건의 이송을 원하지 않는 경우 ⓑ 판결 3개월 후에도 이 사건의 대배심부에 이송을 요구하지 않는 경우 ⓒ 대배심이 이 사건의 이송을 거부한 경우(제44조)이다. 종국 판결은 공개된다(제44조 3항).

(5) 판결 이유

판결과 신청의 접수 결정과 접수 부결 결정은 이유를 표시해야 한다. 판결이 만장일치가 아닌 경우에는 반대 재판관은 반대의견이나 소수의견을 발표할 수 있다(제45조).

3) 개인제소 사건

(1) 신청권자

개인제소를 신청할 수 있는 사람은 유럽인권헌장이나 의정서에 규정된 자유가 어떤 국가에 의하여 침해된 희생자라고 주장하는 개인과 비정부 기관 또는 개인의 단체이다. 이들은 소를 신청할 수 있으며, 재판소는 이 제소를 수락할 수 있다.157) 당사국은 이 권리의 효율적인 행사를 어떤 방법으로도 이를 방해해서는 안 된다(제34조). 그리하여 재판소 규칙은 일정한 서류를 제출하게 하고 있다. 이는 익명의 신청이 금지되고 있기에 필요한 것이다. 재판소는 이 개인적 신청에 대하여 불수리 결정은 할 수 있다(제35조 2항).

(2) 제3자 참가

직접 기본권이 침해당하지 않은 사람도 제3자 개입(제3자 참가)을 규정한 제36조에 따라 서류를 제출하거나 청문에 참여할 수 있다. 현실에서도 Amnesty International이라든가, Human Rights Watch 등 많은 NGO가 참여하고 있다. 이들이 낸 우호적 의견은 판결 결정에 많은 영향을 미치고 있고, 유럽 인권 발전에 많은 기여를 하고 있다.158)

(3) 재판절차

재판절차는 국가신청 사건과 같기 때문에 제37조 이하 제45조까지를 참작하기로 하고, 앞의 기술로 대체하기로 한다. 이 개인적 신청제도는 1994년 제9 의정서의 효력 발생에 따라 인정된 것으로, 유럽인권헌장의 침해를 이유로 하는 구제에서 개인이 소를

---

157) Article 34 ECHR - admissibility of individual applications
   https://echr-online.info/article-34/
   European Court of Human Rights Application, Steel o. U.K.
   http://mcspotlight.org/case.trial/verdict/Echr.html
158) M. Engels, Verbesserter Menschenrechtsschutz durch Individualbeschwerdeverfahren?, 2000.

제기할 수 있게 한 것으로, 이는 다른 인권재판소에서는 인정되지 않는 획기적 제도라고 하겠다.[159]

개인신청제도는 1998년 제11 의정서 발효와 함께 유럽인권헌장이 개정되어 구유럽 인권위원회의 사건부탁권이 폐지되어, 개인은 직접 재판소에 사건을 신청하게 되었다. 이에 따라 개인 신청 등록 수가 획기적으로 증가하여 유럽인권재판소의 기능 마비까지 우려되었다. 그런데 2004년의 Broniowski v. Poland 사건에서,[160] leading case 절차를 인정하였기 때문에 재판소의 부담은 줄일 수 있게 되었다. 이 판결은 다수의 유사 사건이 계류한 경우에 이 유사 사건의 심사를 재판소가 요구하는 조치가 취하여질 때까지 정지할 수 있는 절차를 도입한 것이다.

6. 판결의 구속력과 집행

체약국은 자기들이 당사자로 되어 있는 어떤 사건에서나 재판소의 최종결정은 종국적임을 승인한다(제46조 1항). 재판소의 종국 판결은 그 집행을 감독하기 위하여 각료회의에 이송하여야 한다(제46조 2항).

7. 권고적 의견

재판소는 각료회의의 요청에 따라 헌장 및 의정서의 해석에 관한 법적 문제에 관하여 권고적 의견을 부여할 수 있다(제47조 1항). 각료회의가 종국 재판의 감독이나 집행에 있어서 판결의 해석에 문제가 있어 방해가 되는 경우에는, 해석문제에 대한 판단이유에 대하여 인용 여부를 물을 수 있다. 이 경우에는 각료회의의 구성원의 대표의 3분의 2의 동의를 얻어야 한다(제47조 3항). 재판소의 권고적 의견에 대하여는 이유가 제시되어야 한다(제49조 1항). 의견에 일부를 반대하는 경우 재판관은 개별의견을 제시할 수 있다(제49조 2항).

8. 유럽인권재판소의 평가

1) 유럽인권재판소 창립 60주년

유럽인권재판소가 1959년에 성립한 지 2019년에 제60주기를 맞는다. 여기에 대해서는 여러 가지 평가가 나오고 있다.

1997년부터 2007년까지 유럽인권재판소 소장을 했던 Wildhaber는 2006년의 강연에서 과거를 회고하고 미래를 전망하고 있다.[161] 1950년대에 유럽인권재판소의 창안자들

---

159) Predicting judicial decisions of the European Court of Human Rights.
   https://peerj.com/articles/cs-93/
160) Broniowski v., Poland, 22 June 2004.

은 유럽인권재판소를 인권보장과 민주주의, 법치주의의 보장자로 봤으며, Churchill, Teitgen, Lord Layton 등이 밝은 미래를 예언했었다. 1998년에 와서는 그동안 전심 기관인 인권위원회를 폐지하고 상설기관으로서 인권재판소를 운영하게 되었다고 하고 있으며, 재판소의 관할로 개인적 제소를 인정하게 되었음을 자랑하고 있다. 그는 유럽인 권재판소는 사법기관으로서의 지위에서 선례를 만들고 있다고 했다. 그는 법관에 의한 통치에는 반대하나, 법관이 정부의 중립성을 확보하는 기관이며 재판관은 공정하고 아무도 두려워하지 않는 법의 수호자라고 했다. 이 재판소는 세계에서 가장 큰 국제재판 소이며, 47개국의 47명의 재판관으로 구성되어 유럽 전역의 인권문제를 관장하고 있다고 자랑하였다. 또 소련의 붕괴 후 동유럽의 여러 나라의 민주화에 따른 재산권 보장, 신체의 자유보장, 표현의 자유보장, 종교의 자유 보장에 획기적인 역할을 했다고 했다.

장래에 있어서도 유럽인권재판소는 민주주의와 인권의 보장자로서 관계법을 통하여 유럽 사회를 민주화할 것이라고 전망하고 있다.

Lupu와 Voeten은 유럽인권재판소의 선례들이 국내법의 판례를 지도하는 역할을 할 수 있다고 선례를 통하여 입증하고 있다.[162] 유럽인권재판소의 판례의 창의성에 대해서도 찬성하는 사람이 있다.

정치적 측면에서 볼 때 유럽인권재판소는 후참 국가인 동유럽 여러 나라의 인권을 보장해 준 공로를 크게 인정해 주어야 할 것이다. 유럽인권재판소의 간단한 통계를 보면,[163] 국가 간의 청구 소송에 있어서는 러시아(129), 터키(124), 루마니아(88), 우크라이나(66), 헝가리(41)가 단연 많았다. 영국에 대한 것은 2013년에는 13개의 판결이 선포되었다. 영국에서는 유럽인권헌장에 따라 1988년 인권법이 제정되어 유럽인 권재판소의 제소가 가능해졌다. 이로써 영국의 인권상황이 좋아졌다고 하겠다.

러시아도 인권을 많이 침해하였는데, 유럽인권재판소에서 패소함으로써 유럽 각료회 의와의 관계에서 개선 작업을 한 것으로 보인다.

2011년에는 계류 건수가 151,000건이었는데 2013년에는 99,000건으로 34%가 감소 했다. 이것은 유럽인권재판소의 업무량을 줄이기 위한 노력으로 가능해진 것이다.

---

161) Wildhaber, Luzius; "The European Court of Human Rights: The Past, The Present, The Future." American University International Law Review, 22, no. 4 (2007): 521-538 p. 523.
162) Lupu, Yonatan and Voeten, Erik; "The Role of Precedent at the European Court of Human Rights: A Network Analysis of Case Citations" (2010), 2010. Paper 12.
http://opensiuc.lib.siu.edu/pnconfs_2010/12
Creativity of the European Court of Human Rights; Human Rights Law Review;
https://academic.oup.com/hrlr/article-abstract/5/1/57/606751?redirectedFrom=fulltext
163) List of European Court of Human Rights Judgements; European Encyclopedia of La...
https://lawlegal.eu/list-european-court-human-rights-judgments/
European Court of Human Right Act
https://www.lawteacher.net/free-law-essays/administrative-law-european-court-of-h
u...

여성의 권리에 관한 유럽인권재판소의 사건에 관해서는 코넬대학교 여성권리 옹호회가 한 발표문이 있고, 생명에 관한 판결 등164) 많은 판결문이 주목받고 있다.165)

어쨌든 유럽인권재판소는 인간의 자유와 권리에 대한 유럽표준을 세계표준으로 격상시키고 있는데 큰 의의를 발견할 수 있다고 하겠다. 이 점에 인권에 대한 세계재판소가 구성될 때에도 참고가 될 수 있을 것이다.166)

Ⅳ. 유럽심의회 사회헌장(European Social Charter)

1. 유럽사회헌장의 성립

유럽심의회(Council of Europe)는 1950년에 자유권을 중심으로 한 인권헌장을 제정하였는데, 사회권의 보장도 중요하다는 사회적·세계적인 추세에 따라 1961년 10월 18일에 유럽사회헌장(European Social Charter)을 제정하였고, 1965년 2월 26일에 효력을 발생하였다. 이는 유엔의 경제적·사회적·문화적 권리 헌장 성립보다 앞선 것으로 그 의의가 크다. 이는 유럽심의회에 가담하려는 사회주의 국가의 요구를 반영한 것이라고 하겠다.167)

사회권을 규정한 이 장전은 그 뒤 추가 의정서에 의하여 개정되었다(1988년 5월 5일, 1991년 10월 21일). 1996년 5월 3일에 완전 개정되었다.

2. 구 헌장의 권리의 내용

1961년의 원 유럽사회헌장은 전문과 38조로 구성되어 있었다. 내용은 5부로 나누어져 있으며 따로 부칙이 있다.168)

제1부

제1부에서는 체약국이 ① 내지 ⑲호의 권리 보호를 위한 의무를 지고 있음을 명확히

---

164) European Court for Human Right. Woman and Justice.
     https://www.lawschool.cornell.edu/womenandjustice/Legal-and-Other-Resources/Eur...
165) European Court of Human Rights Sentences Baby to Death; The Political Hat
     http://piliticalhat.com/2017/06/29/european-court-of-human-rights-sentences-baby-to...
166) 상세한 것은 유럽인권재판소 판례집 참조.
167) The Social Charter of the European Community: Evolution and Controversies - Joh...
     https://journals.sagepub.com/doi/abs/10.1177/001979399104400401
168) European Social Charter - Wikipedia
     https://en.wikipedia.org/wiki/European_Social_Charter
     European Social Charter - Department of Foreign Affairs and Trade
     https://www.dfa.ie/our-role-policies/international-priorities/international-law/courts-tr...

했다. ① 모든 사람은 자유로 취업한 직업에서 생계를 얻을 기회를 가진다. ② 모든 노동자는 공정한 노동조건에 관한 권리를 가진다. ③ 모든 노동자는 안전하고 건강한 작업조건에 관한 권리를 가진다. ④ 모든 노동자는 자기 및 가족의 상당한 생활 수준을 영위하기 위하여 충분하고도 공정한 보수를 받을 권리를 가진다. ⑤ 모든 노동자 및 사용자는 결사의 자유에 관한 권리를 가진다. ⑥ 모든 노동자 및 사용자는 단체교섭을 할 권리를 가진다. ⑦ 아동 및 연소자는 신체적 및 정신적 위험에 대한 특별한 보호에 관한 권리를 가진다. ⑧ 여자의 노동은 그 노동에 있어 특별한 보호의 권리를 가진다. ⑨ 직업선택의 권리를 보장하기 위한 직업지도를 받을 권리를 가진다. ⑩ 모든 사람은 직업훈련을 위한 적당한 편의에 대한 권리를 가진다. ⑪ 최고 수준의 건강을 향유할 조치에서 이익을 받을 권리를 가진다. ⑫ 모든 노동자 및 그 피부양자는 사회보장에 관한 권리를 가진다. ⑬ 적당한 자력이 없는 사람은 사회적 및 의료적 부조에 관한 권리를 가진다. ⑭ 모든 사람은 사회복지 서비스에서 급부를 받을 권리를 가진다. ⑮ 장애자는 직업훈련, 재활사업 및 사회복지에 관한 권리를 가진다. ⑯ 가족은 충분한 발전을 확보하기 위하여 적당한 경제적·사회적 보호에 관한 권리를 가진다. ⑰ 어머니와 자녀는 혼인상의 지위 및 가족관계에 구애됨이 없이 적당한 사회적 및 경제적 보호를 받을 권리를 가진다. ⑱ 체약국의 국민은 다른 체약국의 영역에서 생활하는 경우 자국민과 평등한 지위에서 유상의 직업에 종사할 권리를 가진다. ⑲ 이민노동자 및 가족은 다른 체약국의 영역 내에서 보호·원조받을 권리를 가진다.[169]

제2부(제1조-제19조)
여기서는 제1부에서 규정한 개별적 권리를 보다 상세하게 구체적으로 규정하고 있다.
제1조(노동의 권리)
　① 완전고용의 실현을 위한 가능한 한 높고 안전한 고용수준의 달성 및 유지
　② 자유로이 취업한 직업에서 생계를 얻을 수 있는 노동자의 권리
　③ 모든 노동자를 위한 무료의 직업 안전조직을 설치하거나 유지하는 것
　④ 적당한 직업의 지도, 훈련 리허빌리테이션을 제공하고 촉진하는 것
제2조(공정한 노동조건에 관한 권리)
　① 합리적인 1일 또는 1주의 노동 시간을 정하는 일, 1주 노동 시간은 생산성의 향상 기타의 관련 요인이 허락하는 한도에서 점진적으로 단축될 것
　② 유급의 공휴일을 정하는 것
　③ 적어도 2주간의 연차유급휴가를 정할 것
　④ 소정의 위험 또는 건강에 유해한 직업에 종사하는 노동자를 위한 유급휴가의 추가 또는 노동 시간의 단축을 정하는 것

---

169) European Social Charter: the tool to achieve social justice–www.caritas.eu
　　https://www.caritas.eu/european-social-charter-the-tool-to-achieve-social-justice/

⑤ 관계국 또는 관계 지역의 전통 또는 관습에 의하여 휴일로 인정된 날에 가능한 한 일치되는 주휴를 확보하는 것

제3조(안전하고 건강한 작업조건에 관한 권리)

① 안전 및 위생규칙을 제정할 것

② 감독 조치에 의하여 이 규칙을 실시하도록 정하는 것

③ 산업상의 안전 및 위생을 개선하기 위한 조치에 대하여, 적당한 경우에는 사용자 단체 및 노동자 단체와 협의할 것

제4조(공정한 보수에 관한 권리)

① 노동자 및 그 가족에 상응하는 생활 수준을 유지할 보수에 관한 노동자의 권리를 인정하는 것

② 특별한 경우를 제외하고 시간 외 노동에 대한 할증보수율에 관한 노동자의 권리를 인정하는 것

③ 동일한 가치의 노동에 대한 동일임금에 관한 남녀노동자의 권리를 인정하는 것

④ 고용의 종료를 위한 합리적인 예고 기간에 관한 모든 노동자의 권리를 인정할 것

⑤ 국민의 법령, 노동협약 또는 중재재정으로 정한 조건 및 범위에 있어서만, 임금 내에서의 공제를 허용하는 것

이러한 권리의 행사는 자유로이 체결한 노동계약, 소정의 임금결정제도 또는 국내 사정에 적합하는 다른 조치에 의하여 달성되는 것으로 한다.

제5조(단결권)

노동자 및 사용자는 그 경제적 및 사회적 이익의 보호를 목적으로 하는 지역적 전국적 또는 국제적 단체를 결성하고, 이들 단체에 가입할 자유를 확보하여 또는 촉진하기 위하여 국내법이 이 자유를 침해하여서는 안 되며, 또 이를 해하는 것으로 적용되어서는 안 된다. 경찰, 군인 등에 대한 보장의 적용은 국내의 법령에 정한 바에 따른다.

제6조(단체교섭권)

① 노동자와 사용자 간의 공동의 협의를 촉진하는 일

② 필요하고 적당한 경우에는 노동협약에 의하여 고용조건을 규제하는 목적을 가지고 행하는 사용자 또는 사용자 단체와 노동자 단체 간의 자주적 교섭을 위한 절차를 촉진할 것

③ 노동쟁의의 해결을 목적으로 하는 조정 및 임의중재를 위한 적당한 절차의 확립 및 이용을 촉진할 것

④ 파업권을 포함하여 이의쟁의의 경우에 있어서 단체행동에 대한 노동자 및 사용자의 권리, 단 이미 체결된 노동협약에서 생기는 의무에 따른다.

위에서 보는 바와 같이, 근로자의 권리를 보장하기 위한 국가의 의무가 제19조까지 규정되어 있다. 이는 일종의 권리보장을 위한 내용이라고 볼 수도 있으나 실제로는 권리실현을 위한 방침규정을 정한 것이기 때문에 이하에서는 근로자의 권리에 관한 조항만을 보기로 한다.

제7조는 아동 및 연소자의 보호에 관한 권리를 규정하고 있다.

제8조는 고용되어 있는 여자의 보호에 관한 권리를 규정하고 있다.

제9조는 직업지도에 관한 권리를 규정하고 있다.

제10조는 직업훈련에 대한 권리를 규정하고 있다.

제11조는 건강의 보호에 대한 권리가 규정되어 있다.

제12조는 사회보장에 대한 권리를 규정하고 있다.

제13조는 사회적 및 의료적 부조에 관한 권리를 보장하고 있다.

제14조는 사회복지 서비스에서 급부를 받을 권리를 규정하고 있다.

제15조는 신체적 또는 정신적 장애자의 직업훈련, 리허빌리테이션, 사회복지에 대한 권리 확보에 관해서 규정하고 있다.

제16조는 가족의 사회적 · 법적 · 경제적 보호에 대한 권리를 규정하고 있다.

제17조는 모친 및 아동의 사회적 및 경제적 보호에 대한 권리를 규정하고 있다.

제18조는 다른 체약국의 영역 내에서도 유상의 직업에 종사할 수 있는 권리를 규정하고 있다.

제19조는 이민노동자 및 그 가족의 보호 및 원조에 대한 권리를 규정하고 있다.

제3부

20조만으로 되어 있다. 그 목적은 체약국이 이행하겠다는 약속을 하게 하고 그 결과를 유럽 사무국장에게도 통고하도록 규정하고 있다.

제4부(제21조-제29조)

제4부는 사무절차에 관한 규정과 보고의 심사, 전문가위원회와의 관여, ILO 노동기관의 참여, 정부 간 사회위원회의 소위원회의 구성과 기능 등을 규정하고 있다. 다음에는 협의회 총회나 각료위원회에 관해서 규정하고 있다.

제5부(제30조-제38조)

제5부에서는 이 헌장에서의 이탈, 가입, 서명, 비준, 개정, 폐기 등의 절차를 규정하고 있다. 또 이 헌장의 국내법과의 관계, 적용 영역 등에 관해서 상세히 규정하고 있다.

부 칙

부칙에서는 보호되는 것에 대한 사회헌장의 범위, 외국에서의 직업 활동에 관한 권리문제를 규정했다.

제2부에서는 해석준칙, 중재의 효력, 파업권의 행사에 대한 법률상 규제, 청소년의 야간 작업 금지, 사회적·의료적 부조에 관한 유럽조약의 체결국이 아닌 정부의 대우, 외국인의 가족(제19조 6항)에 대한 처우, 전쟁 기타의 공공의 긴급사태의 경우란 전쟁의 위협을 포함하는 것을 말한다.

3. 1988년 유럽심의회 사회헌장의 개정 내용

1988년 5월 5일에는 유럽사회헌장에 대한 추가 의정서가 제정되었다.[170]

여기서는 제1부에서 체약국은 국내 및 국제적 성격을 가지는 모든 적당한 수단을 사용하여 추구하여야 할 정책 목적으로서 다음의 권리 및 원칙이 효과적으로 실현될 수 있는 상태를 달성할 것을 약속한다.

① 모든 노동자는 성에 의한 차별 없이 고용 및 직업에 관하여 평등한 기회 및 평등한 대우를 받을 권리를 가진다.
② 노동자는 기업 내에서 정보를 받고 또 협의할 권리를 가진다.
③ 노동자는 기업 내의 노동조건 및 노동환경의 결정 및 개선에 참가할 권리를 가진다.
④ 모든 고령자는 사회적 보호에 있어서의 권리를 가진다.

제2부(제1조-제4조)
제1조(성에 의한 차별 없이 고용 및 직업에 관하여 평등한 기회 및 평등한 대우를 받을 권리)
제2조(정보 및 협의에 있어서의 권리)
제3조(노동조건 및 노동환경의 결정 및 개선에 참가할 권리)
제4조(고령자의 사회적 보호에 관한 권리)

제3부(제5조)
제5조(약속)

제4부(제6조)
제6조(행해진 약속의 준수의 감시)

제5부(제7조-제13조)
제7조(행해진 약속의 실시)

---

170) European Social Charter and revised European Social Charter
    - humanrights/ch
    https://www.humanrights.ch/en/standards/ce-treaties/esc
    유럽사회헌장 추가의정서(1988. 5. 5).

제13조(부칙)
의정서의 부칙

4. 1999년 사회헌장 개정 내용

1991년 10월 21에는 유럽사회헌장을 개정하는 의정서가 서명되었다. 그러나 이는 체약국이 비준하지 않았다. 이에 1996년에는 5월 3일 Strassburg에서 새 수정안을 만들었고, 1999년 1월 7일에 효력을 발생하였다. 신구 조문에 대한 설명서는 상세하게 그 내용을 설명하고 있다.[171] 이하에서도 개정된 사회헌장의 중요 부분만 보기로 한다.[172]

1) 1999년 사회적 기본권의 추가

제1부의 8과 15, 1호는 새로 개정했고 2호, 3호, 7호, 10호, 11호와 19호는 개정하지 않았다. 20호와 23호는 1988년에 개정된 조문을 추가하였다. 24호에서 31호는 추가되었다.[173]

제24호는 해고에 대해서 보호받을 권리, 제25호는 노동자의 고용주 파산시의 급여에 관한 권리, 제26호는 존엄 있는 노동의 권리, 제27호는 노동자의 가족에 대한 책임에 관하여 기회와 대우의 균등, 제28호는 노동자와 대표자의 기업이나 시설에 관한 보조금의 권리에 관해서, 제29호는 집단해고에 관한 소송에 있어서의 정보와 상담에 관해서, 제30호는 빈곤과 사회적 배제에서 보호될 권리, 제31호는 주거를 얻을 권리를 추가로 규정하고 있다.

제2조는 노동조건의 권리로서 개정되지 않았으나, 제3호와 제4호에 추가로 연중 휴가 일자를 2주에서 4주로 연장하였다.

제2조 4항에서는 공휴일을 추가하고 노동 시간을 단축했으며, 노동자 근무조건의 위험요소를 없애었다. 6항과 7항은 추가하였다.

제3조는 구 제3조 1항을 개정하였다.

그리하여 국가는 직업 안전(安全)정책과 직업상 건강문제, 노동환경문제를 개선하도

---

171) European Social Charter (revised) - Explanatory Report - [1996]COSTER 4(3...
http://www.worldlii.org/int/other/COESTER/1996/4.html

172) European Treaty Series, No. 163 European Social Charter (Revised) Strassburg 3 V. 1996
Becker, U., Oxford Public International Law; European Social Charter
http://opil.ouplaw.com/view/1031093/law:epil/9780199231690/law-9780199231690-e..

173) Harris, D. J. (David John), European Social Charter Ardsley, N.Y.; Transnational Publishers,
ⓒ2001.
https://www.worldcat.org/title/european-social-charter/oclc/45917256
European Social Charter - Short guide - Council of Europe Publishing
https://book.coe.int/eur/en/european-social-charter/1995-european-social-charter-sho
r...

록 규정하고 있다.

제4항은 당사자는 노동자의 건강을 점진적으로 발전시킬 것을 요청하고 있다.

제4조는 수정되지 않았다.

제5조는 수정되지 않았다.

제6조는 수정되지 않았다.

제7조는 제2항, 4항과 7항이 수정되었다. 다른 조항은 변경되지 않았다.

제4항은 18세의 경우, 노동 시간을 전의 16세시보다는 상향 조정할 수 있게 하였다.

제7항은 청소년 노동자의 연중 휴가 일수를 3주에서 4주로 연장하였다.

제12항은 직장에 취업하는 최저 연령을 18세로 수정하였다.

제8조는 고용된 여성의 모성보호로 명칭을 바꾸고, 새로이 제1항과 제2항과 제4항을 수정하였다. 제3항은 수정되지 않았다.

제1항은 모성의 휴가 기간을 12주에서 14주로 연장하였다.

제2항은 임신한 여성의 해고를 여성이 임신 신고를 한 경우, 임신 휴가 이후로 하도록 개정하였다.

제4항은 임신한 여성근로자가 출산하거나 수유하는 동안은 야간 작업을 금지하도록 하였다.

제5항은 여성은 건강을 위하여 심층 채굴 작업을 금지하며 전업을 하도록 하고, 전업이 불가능한 경우에는 건강한 생활을 영위할 수 있도록 봉급을 인상하는 등 보호조치를 할 수 있게 하였다.

제9조는 수정되지 않았다.

제10조는 제4항만 추가하고 다른 항은 수정하지 않았다.

제11조도 제3항만 추가하고 다른 항은 수정하지 않았다.

제12조는 제2항을 수정하였다. 다른 항은 수정하지 않았다.

제13조는 수정하지 않았다.

제14조는 수정하지 않았다.

제15조는 장애를 가진 근로자의 보호를 위해 수정하였다.

제16조는 문언은 개정되지 않았다.

제17조는 개정되었다.

제18조는 수정되지 않았다.

제19조의 1항부터 10항은 수정되지 않았다. 다만, 제11항과 제12항이 추가되었다.

여기서는 계절 이주 노동자의 보호가 추가되었다.

제20조와 제23조의 규정은 1988년의 추가의정서 제1항에서 제4항까지와 같았다.

제24조에서 제31조까지는 새로운 권리를 보장하고 있다.

제24조(고용기간이 종료한 경우의 권리보호)

제25조(고용주의 지급불능시의 근로자의 청구보호의 권리)

제26조(노동에서의 존엄권)

제27조(가족의 양육에 책임을 지는 노동자의 평등기회와 평등취급에 대한 권리)

제28조(노동자의 대표자의 대표권에 대한 업무 공간 등의 배려에 관한 권리)

제29조(정보에의 권리와 집단적 퇴직증여수당에 관한 상담)

제30조(빈곤과 사회적 소외에서 보호받을 권리)

제31조(주거의 권리)

제3부

A조(약속의 보증)

B조(유럽사회헌장에서의 관계)

제4부

C조(헌장에 포함된 약속 이행의 감시)

D조(집단적 고충)

제5부

E조(차별대우의 금지)

F조(전시나 공공위험 시의 예외)

G조(제한)

H조(헌장과 국가법 또는 국제합의와의 관계)

I조(주어진 약속의 집행)

J조(개정)

제6부

부록

(2) 사회권 침해에 대한 구제방법[174]

자유권의 침해 시에는 유럽인권재판소에 제소할 수 있었으나, 사회권의 침해 시에는 유럽인권재판소에는 제소할 수 없으며, 독립된 전문가로 구성된 유럽사회권위원회에서 권고를 할 수 있게 하고 있다.

유럽사회권위원회는 각 국가에 대하여 사회권보장의 현실을 보고하도록 하고 있다. 이 보고서는 중요한 사실은 2년마다 보고서를 제출하게 하고 덜 중요한 것은 4년마다 한 번씩 제출하도록 하고 있다.[175]

---

174) Legal protection and effective enforcement of social rights in the Council of Europe...
http://www.coe.int/en/web/turin-european-social-charter/developments-and-perspecti...
Reform of the European Social Charter, Ministry for Foreign Affairs of Finland, 2011.

유럽사회권위원회는 회원국의 보고서 제출을 독려하며, 이 보고서가 사실에 근거한 것인지, 헌장의 요구에 부족한 것인지 검토하고, 부족한 경우에는 시정 권고를 할 수 있게 했다. 개별적인 개인의 침해에 대한 이의는 제기할 수 없으나, 헌장의 의정서에 의하여 정해진 단체에 의한 집단적 청원(Collective complaint)은 가능하다. 그리하여 Caritas와 같은 NGO가 집단적으로 유럽사회권위원회에 집단청원을 하면 사회권위원회는 이를 심사해야 한다.

유럽사회권위원회는 체약 국가 중 헌장의 권리를 침해한 것을 발견한 경우에는 이의 시정을 요구할 수 있으며, 유럽심의회의 각료회의에 보고한다. 각료회의는 이에 따라 당사국이 이 시정 요구를 준수하고 있는지 감독한다.

일부에서는 이 시행 절차는 정치적ㆍ행정적이기 때문에 사법기관으로 대체해야 한다는 주장이 있다. 현재도 인권헌장에 규정된 사회권에 대해서는 유럽인권재판소에서 재판하고 있다. 전문가들은 사법절차를 밟는 경우에도 사회권재판소와 같은 특수법원을 두는 것을 권고하고 있다. 사회권위원회의 권고사항은 다음 논문을 참고하기 바란다.176)

V. 유럽심의회 인권헌장의 장래

유럽인권헌장은 국제인권의 실효성을 보장한 최초의 헌장으로서 그동안 큰 기여를 해왔다. 10개국에서 창립한 유럽심의회가 이제 47개국이라는 최다 국가를 포섭하는 기구로 되었으며, 그동안 인권보장을 위한 새로운 경향에 따라서 인권의 범위도 넓혀졌다.

그중에서는 헌장이 규정한 인권침해 행위를 구제하기 위하여 인권재판소를 두었는데 과거의 비상설기관에서 상설기관으로 변경하였으며, 재판관만 47명이나 되는 거대기구로 발전하였다. 그동안 업무량이 너무 많아 입법적으로나 재판소 규칙의 개정으로 적체가 많이 줄어들었다. 그러나 국가 간 소송에서는 계쟁 당사국들이 재판소 판결을 잘 집행하지 않아 문제가 되었고, 각료위원회의 집행력도 문제가 있어 왔다. 그중에서 능력 있는 재판관의 보충이 문제 되었으며 판결의 질에 대해서는 논란이 있어 왔다.

가장 중요한 것으로 유럽심의회와 유럽연합(European Union) 간의 법의 중첩 문제가 있었다. 유럽연합에서는 2000년대에 들어와서 보다 정교한 유럽기본권장전(European Charter of Human Rights)을 만들어 이를 시행하고 있기 때문에, 이에 중복 가입한 나라들

---

175) European Committee of Social Rights-humanrights.ch
https://www.humanrights.ch/en/standards/ce-bodies/ecsr---social-rigths/
176) Proposed actions and recommendations related to social rights
- encourage effective follow-up by the member states of the Conclusions of the European Committee of Social Rights, as provided in the 2014 "Turin Process" Action plan.
- encourage further ratifications by member states of the revised European Social Charter, including the acceptance of the collective complaints procedure.

의 귀속 문제가 논의되었으며 유럽인권재판소의 관할권도 문제가 되었다. 그래서 유럽심의회는 먼 장래를 위한 개선 방안을 강구하고 있다.[177)

이 유럽심의회와 유럽연합 간의 관계와 인권헌장과 인권장전의 문제 등에 대해서는 제4장에서 논하기로 한다.

제2절 미주인권헌장

I. 미주 국가조직

1. 범 미주주의(Pan-Americanism)

미주에서는 미국의 독립선언 이후 많은 나라들이 식민지에서의 해방을 위하여 독립운동을 행하였다. 1810년 이후 독립투쟁을 위하여 히스패닉-미주 국가들이 미주 통합을 주장하기도 하였다. 미국 독립 당시에는 Henry Clay와 Thomas Jefferson도 범 미주주의를 주장하였다.[178) 그 뒤 미국은 유럽의 간섭을 피하기 위하여 먼로(Monroe)주의를 선언하였다.

19세기에 들어와서 남미에서는 군사 민족주의가 발달하여 여러 나라로 분립하였다. 그러나 이들은 공동방어의 필요성 때문에 연맹을 원하기도 하였다. 1889년에는 미국 워싱턴에서 제1차 범 미주회의가 개최되었다. 여기서 분쟁에 대한 중재 조약이 체결되었고, 미주 공화국 상업청이 설치되었으며, 그것이 나중에 범 미주연합(Pan-American Union)이 되었다.

20세기에 들어와서 Roosevelt 대통령은 제2차 세계대전 시에 범 미주주의를 포용하고 미주 문제 협력처를 창립하기로 하였다. 이것은 선린주의 정책에 입각한 것으로 평화적 통상과 미주 공화국 간의 문화교류를 기하였다.

2. 미주 조직의 탄생

1933년 12월 Roosevelt 대통령은 이 선린정책을 강력히 추진하였고, 그 뒤 독일이

---

177) Steering Committee Reports, The longer term future of the system of the European Convention on Human Rights, Council of Europe.
178) Pan-Americanism - Wikipedia https://en.wikipedia.org/wiki/ Pan-Americanism Pan American Unity; Download eBook PDF/EPUB http://www.ebooksdownloads.xyz/search/pan-american-unity

미주 대륙에 영향력을 행사하는 것을 저지하였다. Roosevelt 대통령은 1941년 대독일 선전포고를 하였고, 독일인을 남미에서 추방하기도 하였다. 1940년부터 냉전기에 들어가 자 미주 대륙을 공산주의에서 구하기 위한 행동이 취해졌고, 미국이 이에 크게 관여하게 되었다. 1947년에는 Truman Doctrine을 발표하여 남미를 공산주의에서 구하기 위하여 노력하였다.[179] 1889년에 워싱턴에서 범 미주회의가 처음으로 열렸으나 그동안 여러 번 장소를 옮겨 개최되었다.

미주 국가들은 외교적·정치적 협정을 체결하였으며 상호 간 협력을 강화하기로 하였다. 그리하여 많은 국제기구를 만들었고, 국제법규도 만들었다. 그동안 미주 국가의 국제회의는 자주 열렸는데 1948년에는 Bogota에서 미주 국가조직 헌장(Charter of the Organization of American State)을 만들어 미주 국가조직이 결성되었다. 이 미주국 헌장은 1948년 4월 30일에 채택되고, 1951년 12월 13일에 효력을 발생하였다. 이 헌장은 그동안 수차 개정되었다.[180] 전문은 25장으로 되어 있으며, 그 기구로는 총회 (Chapt. XI), 외무장관자문회의(XII), 자문회의(XIII), 조직의 상설위원회(XIV), 경제·사 회위원회의(XV), 교육·과학·문화 문제에 관한 미주상설위원회(XVI), 전미주 법조위 원회(XVII), 전미주 인권위원회(XVIII), 사무처(XIX), 특별회의(XX), 특별조직(XXI) 등 을 규정하고 있다.

II. 인간의 권리 및 의무에 관한 미주 선언

1. 인간의 권리와 의무에 관한 미주 선언의 성립

미주의 여러 국가들이 1948년 4월에 미주 기구를 만들었고,[181] 여기서 헌장을 채택하 였다. 이때 같은 제9차 미주 기구의 국제회의에서 인간의 권리와 의무에 관한 미주 선언(American Declaration of the Rights and Duties of Man)을 채택하였다.[182] 이것은 콜롬비아의 보고타에서 채택된 것이기에 「보고타 선언」이라고도 한다.

이 인권선언은 세계인권선언보다 9개월 먼저 발표된 최초의 국제적인 인권선언이라고 하겠다. 미주 인권선언의 기초자들은 유엔 인권선언에 많은 영향을 주기 위하여 좋은 안을 만들었다.[183]

---

179) Latin America-United States relations - Wikipedia
    https://en.wikipedia.org/wiki/Latin_America%E2%80%93United_States_relations
180) Charter of the Organization of American States, Sohn, International Organization and Integration, p. 977-996.
181) Wikipedia, Organization of American States.
182) Wikipedia, American Declaration of the Rights and Duties of Man.
183) Obregon, Liliana, "The Universal Declaration of the Human Rights and Latin America," Maryland Journal of International Law, Vol. 24 (2009), pp. 94-98.

미주 인권선언은 그 제정문에서 미주의 인민을 인간의 존엄을 인정하고, 미주 여러 나라의 헌법은 인간의 생활을 규율하는 사법 및 정치제도가 인간의 불가결한 여러 권리의 보호와 인간의 정신적·물질적 진보를 실현하고, 나아가 행복을 달성하는 것을 가능하게 하는 환경의 창설을 그 주요한 목적으로 하고 있다고 하고, 미주 여러 나라에 의한 불가결의 인권의 확인을 이들 여러 나라의 국내 제도가 주는 보장과 함께 미주 여러 나라가 현재의 사회적·사법적 조건에 적합하다고 생각하는 최초의 보호제도를 수립하는 것이며, 조건이 보다 유리하게 됨에 따라 이 제도를 국제 분야에서 일층 강화할 것을 미주 여러 나라가 승인을 함으로써 이 선언을 채택한다고 하고 있다.

2. 미주 인권선언의 이념 = 인격존중과 생존권 중시

미주 인권선언은 「사람의 권리 및 의무에 관한 미주 선언」으로, 전문과 38조로 구성되어 있다.

전문에서는 「모든 사람은 존엄 및 권리에 있어서 태어나면서 자유이고 평등하며 자연에 의하여 이성 및 양심을 주어지고 있는 것으로 상호 간 형제로서 행동하지 않으면 안 된다. 한 사람 한 사람의 개인이 의무를 이행하는 것은 모든 사람의 권리의 존재 조건이다. 권리 및 의무는 사람의 모든 사회적 및 정치적 활동에 있어서 상호 간 관련하여 있다. 권리는 개인의 자유를 드높이는 데 대하여 의무는 이 자유의 존엄을 표현한다」고 하였다.

「법률적 성질의 의무는 이들 원칙에 있어서 지지하며 그들의 기초를 이룬다. 도덕적 성질의 의무를 그 전제로 한다고 하여 도덕적 행위는 문화의 가장 숭고한 개화이기 때문에 이를 높이 평가하는 것은 모든 사람의 의무이다」고 하여 권리와 동시에 의무를 강조하고 있다.

제1장 권리는 38조로 구성되어 있다.

제1조에서는 「모든 인간은 생명, 자유 및 신체의 안전에 대한 권리를 가진다」고 하고, 제5조에서는 명예, 신용 및 사생활 및 가정생활에서의 악의 있는 공격에 대하여 법률에 의한 보호를 받을 권리를 규정하고 있다. 또 제17조에서는 모든 사람은 어떠한 장소에 있더라도 권리 및 의무를 갖는 인격으로서 승인되고, 나아가 기본적인 시민적 권리를 향유할 수 있는 권리를 가진다고 하고 있다. 제13조에서는 「모든 사람은 사회의 문화생활에 참가하고 예술을 향유하고, 또 지적 진보 특히 과학적 발견에서 생기는 은혜에 참여할 권리를 가진다」고 하고 있다.

특히 생존권을 규정하고 있다. 제11조는 「모든 사람은 공적 및 사회적 자원이 허용하는

Lyons, Sara; The Universal Declaration of Human Rights and the American Convention on Human Rights; Univ. of Gothenburg.

한 식량, 의복, 주거 및 의료에 관한 위생상 및 사회상의 조치에 의하여 그 건강을 유지할 권리를 가진다」고 규정하고 있다. 제12조는 「교육을 받을 권리를 가진다」고 하고, 교육은 자유, 도덕 및 인간의 연대의 제 원칙에 기초를 두지 않으면 안 된다」고 하고 있다. 또 「모든 사람은 상당한 생활을 실현하고, 생활 수준을 향상시키며 사회의 유일한 구성원이 될 준비로서 교육을 받을 권리를 가진다」고 하고 있다.

다음에는 노동 및 정당한 보수에 관해 규정하고 있다. 제14조에서는 특히 노동하는 모든 사람은 그 능력 및 숙련에 따라서 자기 및 가족에게 적절한 생활 수준을 보장할 보수를 받을 권리를 가진다」고 확약하고 있다. 제15조는 「여가 및 그 이용에 관한 권리를 규정」하고, 제16조는 사회보장을 받을 권리를 보장하고 있다. 「모든 사람은 실업·노령 및 생계를 유지하는 것이 육체적 또는 정신적으로 불가능한 불가항력의 원인에서 생기는 장애의 결과에서 보장하는 사회보장을 받을 권리를 가진다」고 규정하고 있다. 이들 규정은 세계인권선언에도 계승되고 있다.

인간의 권리도 절대적인 것은 아니고 「타인의 권리, 모든 사람의 안전 및 일반적 복지 및 민주주의의 발전의 정당한 요청에 의하여 제한된다」고 했다.

특징으로 되어 있는 의무 규정에서는 제29조에서 「사회에의 의무」를 규정하고 있다. 모든 사람은 그 인격을 완전히 형성하고 또 발전시킬 수 있도록 타인과의 관계에서 행동하는 것은 개인의 의무이다. 제30조는 「미성년자인 자기 아이를 원조하고 양육하며 보호할 의무를 규정하고, 아이들은 자기 양친을 항상 존경하고 필요한 경우에는 그들을 원조하고 지지하고 보호하는 것이 자식의 의무이다」고 하고 있다. 또 교육의 의무를 규정하여 「적어도 초등교육을 받는 것은 모든 사람의 의무이다」고 하고 있다. 또 사회보장 및 복지에 관한 의무를 규정하여 제35조는 「자기의 능력 및 현존의 상황에 따라서 사회보장 및 복지에 관하여 국가 및 사회와 협력하는 것은 모든 사람의 의무이다」고 했다. 또 노동의 의무도 규정하고 있다. 「생활수단을 획득하고 또는 사회를 유익하게 하기 위하여 능력 및 가능성이 허용되는 한, 노동하는 것은 모든 사람의 의무이다」(제37조)라고 규정하고 있다.

공민의 의무로 들고 있는 것은 지역 및 국가에 봉사할 의무로서 군사복무의 의무, 공공재해 예방의 의무, 시민적 복무의 의무, 선임된 공직에 취임할 의무 등을 규정하고(제34조), 투표할 의무(제32조), 납세의 의무(제36조), 법률에 따를 의무(제33조), 외국인은 국가에서는 법률에 따라 시민에게 배타적으로 유보되어 있는 정치활동에 참가하는 것을 조심할 의무(제38조) 등이 규정되어 있다.

세계인권선언에서는 이 중에서 공동체에 대한 의무(제29조), 권리행사에 있어서 타인의 권리를 존중하고 민주사회의 도덕성, 공공질서, 일반복지의 침해금지의무, 초등교육의 의무, 기본권행사의 국제연합헌장 합치 의무를 규정하고 있다(제29조, 제26조).184)

---

184) Cecilia Naddeo, The Inter-American System of Human Rights: A Research Guide, August/

3. 미주 인권선언의 권리 · 의무

1) 권리

특별한 것은 앞서 설명했기에 여기서는 각 조의 제목만 보기로 한다.

제1조 생명의 권리, 자유권, 인신의 안전권

제2조 법 앞의 평등, 인종, 성, 언어, 교의, 기타 요소에 따른 차별 금지

제3조 종교의 자유, 공사 간의 신앙 행위의 자유

제4조 탐구의 자유, 의견의 자유, 표현의 자유

제5조 명예보호의 권리, 개인적 평판, 사생활과 가정생활의 자유권

제6조 가정 창립의 권리와 가정의 보호

제7조 모자의 보호받을 권리

제8조 주거의 자유와 거주이전의 자유

제9조 가택의 불가침에 관한 권리

제10조 통신의 불가침과 교신의 자유

제11조 건강의 유지와 행복한 생활에의 권리

제12조 교육을 받을 권리, 교육의 기회균등, 최소한 초등교육을 받을 권리와 무상교육을
　　　받을 권리

제13조 문화의 이익을 향유할 권리, 발명, 문학, 과학적 · 예술적 저작에 대한 저작권
　　　보장

제14조 노동의 권리, 노동 대가를 받을 권리

제15조 휴식의 권리와 레크리에이션의 권리

제16조 사회보장의 권리, 근로 무능력자의 생활보호를 받을 권리

제17조 권리 의무를 가진 인격자로서 인정되며 시민적 권리를 누리는 권리

제18조 공정한 재판을 받을 권리, 기본권을 침해받지 않고 재판을 받을 권리

제19조 국적을 가질 권리, 국적변경의 자유

제20조 정부에 참여할 권리와 선거권을 행사하여 국정에 간접 참여할 권리, 투표는
　　　비밀, 자유, 정직해야 한다.

제21조 평화집회의 권리, 공적 집회나 사적 집회에 참여할 권리

제22조 결사의 권리, 정치적 · 경제적 · 사회적 · 문화적 · 직업적 결사와 노동조합 등
　　　을 결성할 권리

제23조 사적 소유재산의 권리, 개인과 가정의 존엄을 유지하는 데 도움이 될 권리

제24조 청원권, 곧 회답을 받을 권리

제25조 자의적 체포에서의 자유, 신속하고 인간적인 대우를 받을 권리

September 2010, Hauser Global Law School Program, New York University School of Law.

제26조 적법절차에 관한 권리, 피의자의 무죄 추정권, 잔혹하고 비정상적인 처벌의
  금지
제27조 망명의 권리
제28조 인권의 범위, 인권은 타인의 권리에 의해서 제약받을 수 있다.

2) 의무
제2장 의무
제29조 사회에의 의무
제30조 자식 및 부모에 대한 의무
제32조 투표할 의무
제33조 법에 따를 의무
제34조 지역 및 국가에 봉사할 의무
제35조 사회보장 및 복지에 관한 의무
제36조 납세의 의무
제37조 노동의 의무
제38조 외국에 있어서 정치 활동을 삼갈 의무

4. 미주 인권선언의 특색

이 인권선언은 ① 인권을 실정권이 아닌 개인이 생래의 자연권으로 규정하고, ②
시민적 · 정치적 · 경제적이고 사회적인 권리의 통합체로 본 것과, ③ 규율 범위를 구성
국가에 한정하고 당사자에게는 소권을 인정하지 않았고, ④ 권리와 의무의 연관성을
인식한 점이라 하겠다.
이것은 미주인들의 권리 주장은 강했으나 시민으로서 지켜야 할 의무는 잘 지키지
않았기 때문에 특별히 규정한 것이 아닌가 생각된다.
이 미주 인권선언은 원래는 법적 구속력을 가지지 않는 것으로 선언되었으나, 미주
인권재판소에서 점차 도덕적 의무가 법적 의무가 있는 것으로 인정되어 미주의 인권
옹호에 기여했다고 하겠다.
미주 인권선언은 그 뒤 1969년 11월 22일 미국 인권협정이 체결되면서 그 의의가
많이 축소되었다. 인권선언에는 미국을 비롯한 여러 나라가 가입하고 있다. 그러나 미주
인권헌장(American Convention on Human Rights)은 현재 23개국만이 가입하고 있어
비가입국에 대하여 강제할 수는 없는 것이다. 미국이나 캐나다, 쿠바처럼 미주 인권헌장을
비준하지 않거나 이에 참여하지 않는 나라의 경우, 아직도 미주 인권선언이 약간의
구속력을 가지기 때문에 중요하다고 하겠다.185)

---

185) Wikipedia, American Declaration of the Rights and Duties of Man. p. 1, "::Multilateral Treaties

Ⅲ. 미주 인권헌장의 성립과 내용

1. 미주 인권 헌장 (American Convention on Human Rights)의 성립

미주 인권위원회는 OAS 총회의 요청으로 미주 인권헌장의 초안 작성을 위임받아 두 개의 초안을 제시하였다. OAS 총회는 그중 전미주 법률가 협회의 안을 총회에 회부했다. 이 안은 1969년 11월 22일 산호세, 코스타리카에서 채택되었다. 그러나 효력은 1978년 7월 18일부터 발생하였다. 처음에는 OAS 35개국 중 25개국이 비준하였으나, 1998년 트리니다트토바고가 탈퇴하고, 2012년 베네수엘라가 탈퇴함으로써 23개국이 되었다. 미국과 캐나다, 영어 사용 국가들이 아직 비준을 하지 않고 있다. 미주 인권선언은 개인이 아니라 국가가[186] 당사자가 되어 있어, 시민이 직접 제소하거나 청구하는 데에는 불편이 따랐다. 그리하여 개인에게도 청구권을 인정하기 위하여 새로운 인권헌장을 마련한 것이라고 하겠다.

2. 미주 인권헌장의 내용

1) 편별
미주 인권선언은 전문과 4부로 구성되어 있다.
제1부 서문
제2부 국가의 의무와 보장되는 권리
제3부 Ⅱ, 보장의 의의
제4부 Ⅲ, 총칙과 경과규정

2) 조문의 배열
제1부 국가의 의무와 보호되는 권리[187]

〉 Department of International Law 〉 OAS ::"
(http://www.oas.org/dil/treaties_B-32_Ameriacan_Convention_on_Human_Rights_sign.htm). www.oas.org

186) Wikisource, American Convention on Human Rights; Wikipedia, American Convention on Human Rights; Antkowiak/Gonzs, The American Convention on Human Rights: Essential, Oxford Univ. P., 2017.
Inter-American Human Rights System. International Justice Resource Center, http://www.ijrcenter.org/regional/inter-american-system;
Alvaro Paul, Rights, Feb. 16, 2015; M. Cabra, Rights and Duties established by the American 21-63. Cecilia Menina Quiroga, The American Convention on Human Rights. trans. by P. Kurupa, Cambridge, 2014.

제1장 총칙
제1조 권리존중의 의무
제2조 국내법적 효력

제2부 시민적·정치적 권리
제3조 법 앞에 평등한 인간으로서 존중권
제4조 생명의 권리
  1. 태아의 생명권 인정
  2. 사형제도를 폐지하지 않는 국가의 경우, 사형제도를 확대하지 않는다.
  3. 사형 폐지된 국가에서는 사형을 다시 도입할 수 없다.
  4. 어떤 경우에도 정치적 범죄나 이와 관련된 범죄에서 사형은 부과되지 않는다.
  5. 미성년자와 70세 이상의 사형 금지, 잉태녀의 사형 금지
  6. 사형수의 사면청구권, 사면 결정의 심리가 끝날 때까지 형집행금지
제5조 인도적 처우를 받을 권리
  1. 육체적·정신적·도덕적 완전성을 존중받을 권리
  2. 고문, 비인도적 또는 모욕적인 형벌과 처우 금지, 인간으로서의 생래의 존엄의 존중
  3. 범죄인 이외의 사람에게의 형벌 금지
  4. 피고인과 유죄 선고를 받은 범인과의 구별, 피고인은 무죄 추정 등 권리를 존중받는다.
  5. 미성년자는 형사소송의 주체로서 성년자와 구별하고, 미성년자로서의 지위에 따른 신속한 재판 등 차별 대우
  6. 형벌은 자유의 박탈이어야 하며 재소자의 개선과 사회적 재활 복귀를 본질적 목적으로 해야 한다.
제6조 노예에서의 자유
  1, 2, 3. (생략)
제7조 인신의 자유에 관한 권리
  1. 인신의 자유와 안전에 관한 권리
  2. 사전적으로 헌법이나 법률에 규정된 범죄에서만 형벌로 자유 박탈이 허용된다.
  3. 자의적 체포나 교도소 수감의 금지

187) Neuman, G. Oxford Public International Law: American Convention on Human Rights (1969) 2010,
http://opil.ouplwa.com/view/10.1093/law:epil/9780199231690/law-9780199231690-e...
Cobra. M; Rights and Duties established by the American Convention on Human Rights; The American University Law Review, Vol. 30: 21-63, 1981.
Pixel Howling: American Convention on Human Rights.
https://howlingpixel.com/i-en/American_Convention_on_Human_Rights

4, 5, 6, 7 (생략)

제8조 공정한 재판을 받을 권리

  1. 모든 사람은 능력 있고 독립적이며 비분파적인 법관에 의하여 합리적 시간 내에 심리를 받을 권리를 가진다.

  2, 3, 4, 5. (생략)

제9조 소급입법으로부터의 자유

제10조 형사보상을 받을 권리

제11조 사생활의 비밀권

  1. 명예를 존중받을 권리와 인간의 존엄성의 인정

  2. 사생활, 가정, 주거, 통신에 대한 자의적이나 남용적인 간섭의 대상이 되지 않으며 명예나 평판에 대한 불법적 공격을 받지 않는다.

  3. 불법적 공격에 대해서는 법에 따른 보호권을 가진다.

제12조 양심과 종교의 자유

  1, 2, 3, 4. (생략)

제13조 사상과 표현의 자유

  1. 정보의 추구, 수령, 분포의 권리와 모든 종류의 이상과 그 노선의 관계없이 구두로나 서면, 인쇄, 예술 또는 사상의 표현의 자유를 포함한다.

  2. 이들 표현은 사전 검열이 되지 않으며, 불법적인 것이 아닌 한 책임을 지지 않는다.

  3. 간접적 방법으로서는 제한될 수 없다. 신문이나 라디오 방송 등 정보 확산을 위한 기구를 사용한 것에 대한 정부나 사적 통제의 남용은 제한된다.

  4, 5. (생략)

제14조 반론권[188]

  1. 보도에 대하여 정정 보도를 청구할 수 있는 권리

  2, 3. (생략)

제15조 집회의 권리

평화적 비무장 집회의 권리

제16조 결사의 자유

  1. 이데올로기적, 종교적, 정치적, 경제적, 노동, 사회, 문화 스포츠, 기타 목적을 위한 결사의 자유

  2. 이 권리의 행사는 … 위하여 필요한 경우에는 법률로 제한할 수 있다.

  3. 군인이나 경찰, 선원의 경우에는 결사의 자유의 행사를 박탈하는 것을 포함한 법적 제한을 할 수 있다.

제17조 가정의 권리

---

188) Antkowiakonza: Oxford Public International Law: American Convention on Human Rights (1969) 2017.
    https://opil.ouplaw.com/view/10,1093/law:epil/9780199231690/aw-9780199231690-e

1. 가정은 사회의 자연적이고 기본적인 집단으로 사회와 국가에 의해서 보호받을 자격이 있다.
2. 결혼 연령에 달한 남녀는 가정을 형성할 권리가 인정된다.
3. 당사자의 자유롭고 완전한 동의 없이는 결혼할 수 없다.
4. 부부의 결혼, 결혼 중과 이혼 시에 동권과 적당한 책임의 균형을 위하여 국가는 적당한 수단을 취해야 한다. 이혼 시에는 자녀의 최선의 이익을 위하여 자녀를 보호하는 필요한 규정을 두어야 한다.
5. 법은 혼인 중 자녀와 혼인 외 자녀의 동권을 인정한다.

제18조 성명권

제19조 아동의 권리

제20조 국정의 권리

1, 2, 3. (생략)

제21조 재산권

1. 모든 사람은 자기 재산권을 사용하고 향유할 권리를 가진다. 법률로는 재산권의 행사와 향유에 있어 사회의 이익을 위하여 규제할 수 있다.
2. 재산권은 법률이 정한 형태와 사건에 있어서 공공의 효율과 사회적 이익을 위하여 정당한 보상을 하지 않는 경우에는, 재산권을 박탈할 수 없다.
3. 인간의 인간에 대한 고리 대부나 다른 형태의 착취는 법률에 의해서 금지된다.

제22조 거주이전의 자유

1. 합법적으로 당사국의 영토 내에 거주하는 사람은 체결 당사국 내에서는 법률이 정하는 바에 따라 이전을 할 수 있으며 거주할 권리를 가진다.
2. 누구나 주재국을 자유로 이탈할 수 있으며, 자기 고향 국가의 이탈도 자유롭다.
3. 이러한 권리의 행사는 법률에 따라 …을 위하여 명백히 필요한 경우에는 제한할 수 있다.
4. 거주이전의 권리의 행사는 공공의 이익을 위하여 제한된 구역에서는 법률에 의하여 제한될 수 있다.
5. 누구나 그가 국적을 가지는 국가의 영역에서 추방되지 않으며, 입국의 권리를 박탈당하지 아니한다.
6. 이 협약 체결 당사 국가의 영역에 합법적으로 거주하는 외국인도 법률의 규정에 따라서 공공의 이익을 위하여 필요한 경우에는 추방될 수 있다.
7. 국가의 법과 국제협약에 따라서 정치적 범죄나 일반 범죄와 관련하여 다른 외국 영토에 망명을 요구하고 망명이 허용될 수 있는 권리를 가진다.
8. 어떤 외국인이 그의 종족, 국적, 종교, 사회적 지위, 또는 정치적 의견을 침해했다는 이유로 자기의 생명이나 개인적인 자유가 침해될 위험이 농후한 경우에는, 그곳이 자기의 원래 소속 국가라 하더라도 그 국가로 추방되거나 송환될 수 없다.

9. 외국인의 집단적 추방은 금지된다.

제23조 정부에 참여할 권리

1, 2. (생략)

제24조 평등권

법 앞의 평등, 따라서 아무 차별 없이 법의 평등한 보호를 받을 권리를 가진다.

제25조 사법적 보호청구권

1, 2. (생략)

(4) 제3장 경제적·사회적·문화적 권리

제26조 점진적 발전

체약 당사국은 부에노스아이레스 조약에 의하여 개정된 미주 국가조직 헌장에 따른 경제적·사회적·교육적·과학적이고 문화적인 기준에 합치되는 권리의 완전한 실현을 위하여, 입법이나 기타 적정한 수단을 위하여 내부적으로나 국제협약으로 경제적·기술적 성격의 제도를 채택함에 있어서 점진적으로 추진하기로 한다.

(5) 제4장 보장의 정지, 해석과 적용

제27조 보장의 정지

1. 전쟁, 공공위험 또는 체약 국가의 독립과 안전에 관한 위험이 있을 경우에 당해 국가는 이 헌장이 규정한 책임에서 이탈하는 조치를 할 수 있다.

2, 3. (생략)

제28조 연방 조항

1. 체약 당사국이 연방제도로 구성되어 있는 경우, 체약 국가의 연방정부는 이 헌장의 규정을 입법권이나 사법권을 행사하여 그 규제 사항이 누구에게 귀속되어 있건 간에, 모든 지역에서 이 헌장 규정을 적용해야 한다.

2, 3. (생략)

제29조 해석과 관련된 제한

이 협정의 어느 조항도 다음과 같이 해석되어서는 안 된다.

a) 어떤 체약 국가나 단체 또는 개인도 이 헌장에서 인정된 권리와 자유의 향유나 행사를 억압하거나, 이 헌장이 규정한 것보다도 광범위로 제한하는 것으로 허용하는 것

b), c), d). (생략)

제30조 제한의 영역

제31조 다른 권리의 인정

(6) 제5장 개인적 책임

제32조 의무와 권리 간의 관계
　1. 모든 개인은 그의 가정과 공동체 및 인류에 대한 책임을 진다.
　2. 개개인의 권리는 다른 사람의 권리와 모든 사람의 안전과 민주사회에 있어서의
　　 일반복지를 위하여 제한될 수 있다.

(7) 제2부 보호의 수단[189]
제7장 미주 인권위원회
제8장 미주 인권재판소

3. 미주 기본권 헌장의 특색

　이 미주 기본권 헌장에서는 처음에 국가의 의무가 규정되어 있다. 제1조는 약속은
지켜야 한다는 조약법에 관한 빈(Wien) 헌장 제26조를 언급한 것이다. 즉「체약 국가는
자기 영역에 자유의 자유로운 행사와 완전한 보장을 어떤 이유의 차별 없이, 또 어떤
사회적 조건 없이 존중하고 인정하기로 약속한다」고 하고 있다.
　제2조는 빈 조약 헌장 제27조와 제46조를 적용하여 국제법의 국내법에 대한 우월을
규정하고 있다고 하겠다. 즉「제1조가 규정하는 권리 또는 자유의 어떤 행사가 이미
입법 또는 기타 규정에 의하여 확보되어 있지 않은 경우에도, 체약국은 그 헌법상의
절차 및 이 조약의 제규정에 따라서 이들 권리 또는 자유에 효력을 주기 위한 필요한
입법 또는 기타의 조치를 채택할 것을 약속한다」고 하고 있다.
　제2장의 시민적 및 정치적 자유에 관한 규정을 거의 완벽하게 개별적인 자유와 권리를
보장하고 있다. 예를 들면 제3조에서 법적 인격자로서의 권리를 인정하고 있고, 제4조는
생명의 권리와 함께 태아의 생명권을 규정하고, 사형제도의 제한을 규정하고 있다. 또
제5조는 모든 사람은 그 신체적 · 정신적 및 도덕적 존엄을 존중받을 권리를 가진다고
하여 인간의 존엄을 보장하고 있다. 또 형벌의 부과는 교정과 사회 복귀를 목적으로
하고 있다. 제6조는 노예에서의 자유를 규정하고 있다. 그 밖의 신체의 자유, 공정한
재판을 받을 권리, 프라이버시의 권리, 사생활의 보호 등이 상세히 규정하고 있다.[190]
　사상 · 양심 · 표현의 자유를 보장하고 반론권을 보호하고, 집회 · 결사의 자유, 재산권,
거주이전의 자유 등을 거의 완전히 보장하고 있다.
　가족과 혼인의 권리, 아동의 권리, 평등한 보호를 받을 권리를 보장하고 있다. 또
통치에 참가할 수 있는 권리(제23조), 사법적 보호를 받을 권리(제25조) 등도 상세히
보장하고 있어 별 손색이 없다고 하겠다.

---

189) Ibid.
190) Grossman, Claudio; "The Inter-American System of Human Rights: Challenges for the Future,"
　　 Indiana Law Journal: Vol. 83, Iss. 4, Article 5. 2018:
　　 http://www.repository.law.indiana.edu/ilj/vol83/iss4/5

다만, 제3장의 경제적 · 사회적 · 문화적 권리에 관해서는「미주 기구 헌장이 들고 있는 경제적 · 사회적 · 교육적 · 과학적 · 문화적인 기준이 묵시하는 여러 권리의 완전한 실현을 입법 기타의 적절한 조치에 따라서 점진적으로 달성할 목적으로 국내적 및 국제적 협력을 통하여, 특히 경제적 및 기술적인 성격의 조치를 할 것을 약속한다」고 하고 있다(제26조).191)

원래 초안에서는 많은 권리가 규정되어 있었으나(제21조-제32조), 이 생존권 규정은 새로운 추가 개정을 기다릴 수밖에 없었다.

Ⅳ. 경제적 · 사회적 및 문화적 권리의 추가의정서(1988)

1. 추가의정서 성립

1) 성립

미주 인권헌장(산호세조약)의 체결국은 산호세 조약이 경제적 · 사회적 · 문화적 권리의 보장에 소홀했다고 생각하여, 1988년 11월 14일 산살바도르 추가 의정서에 합의하였다.192)

2) 전문

전문에서는「세계인권선언 및 미주 인권헌장에 따라서 공포 및 결핍에서의 자유를 향유하는 자유로운 인간의 이상은, 모든 사람이 그 경제적 · 사회적 및 문화적 권리 및 시민적 · 정치적 권리를 향유할 수 있는 조건이 만들어진 경우에만 달성할 수 있는 것을 상기하여」, 이 미주 인권헌장 추가의정서에 합의했다고 하고 있다.

2. 조치를 취할 국가 의무

제1조에서는「미주 인권헌장에 대한 이 추가 의정서의 체약국은 이 의정서에서 인정된 권리의 행사가 아직 입법 기타의 규정에 보장되어 있지 않은 경우에는, 체약국은 그 헌법상의 절차 및 이 의정서의 규정에 따라 이들 권리를 실현하기 위하여 필요한 입법 기타 조치를 취할 것을 약속한다」고 하여, 의무를 부과하고 있다.

제2조 국제법을 제정할 의무

제3조 무차별의 의무

---

191) McCain, T.: The American Convention on Human Rights : Toward Uniform Interpretation of Human Rights Law. Fordham International Law Journal, Vol. 6: 610.

192) Additional Protocol to the American Convention on Human Rights in the Area of Economic, Social and Cultural Rights "Protocol of San Salvador", Organization of American States (OAS).

제4조 제한의 불허용
제5조 제약 및 제한의 범위를 규정하고 있다.

3. 추가 의정서의 권리 내용

1) 권리 규정
제6조 노동에 대한 권리
제7조 정당하고 형평한 만족할 노동조건의 보장
제8조 노동조합 결성과 활동의 권리
제9조 사회보장에 대한 권리
제10조 건강에 대한 권리
제11조 건강한 환경에 대한 권리
제12조 식량에 대한 권리
제13조 교육에 대한 권리
제14조 문화의 이익에 대한 권리
제15조 가족의 형성 및 보호에 대한 권리
제16조 아동의 권리
제17조 고령자 노인의 보호
제18조 심신장애자의 보호

2) 보호 수단
제19조 보호 수단, 이 의정서에 규정된 권리를 확보하기 위한 점진적 보고서 작성
제20조 유보
제21조 서명 비준 또는 가입 효력 발생
제22조 다른 권리의 삽입 및 승인된 권리의 확대

4. 추가의정서의 의의

이 경제적 · 사회적 · 문화적 권리의 추가의정서는 헌장 제정 시의 생존권 조항을 재현한 것이라고 하겠다. 미주 인권헌장을 제정할 당시만 해도 미주 일부 지역 ─ 특히 라틴 아메리카에서는 이들 생존권 보장에 여건이 성립되지 않았었다. 그럼에도 국제연합이 UN 경제적 · 사회적 · 문화적 권리헌장을 제정하여 이에 대한 서명과 가입을 권고하고 있어, 남미에서도 사회권 보장을 해야 할 필요성이 생겼다.

그러나 경제상에서는 이를 곧 실현할 수 없어 일종의 방침규정으로 정한 것이었다. 그것은 전문의 끝에서 「미주 인권헌장은 다른 권리 및 자유를 점진적으로 보호제도에

포함시키는 것을 목적으로 하여, 미주 기구의 총회 때 회합하는 체약국의 심의를 위하여 이 헌장에의 추가의정서를 제출할 수 있다고 정한 것을 고려하여 이 추가의정서에 합의했다」고 하고 있다.[193]

제2조는 이 의정서에 정한 권리의 행사가 아직 입법 기타의 규정에 의하여 보장되지 않는 경우에도, 체약국은 이 헌법상의 절차 및 이 의정서의 규정에 따라서 이들 권리를 실현하기 위한 필요한 입법 기타의 조치를 취할 것을 약속한다」고 규정하고 있다.

제4조는 「국내의 입법 또는 국제조약에 의하여 국내에서 인정되거나 또는 효력을 가진다는 권리에 대해서도 이 의정서가 그 권리를 인정하지 않고 있다는 것과, 또는 그 인정하는 범위가 보다 좁다는 것을 이유로 하여 그 권리를 제한하거나 또는 삭감해서는 안 된다」고 국가에 명령하고 있다.

이 경제적 · 사회적 · 문화적 추가의정서에 대한 비준국 수가 12개가 된 1997년 12월 23일에 효력이 발생하였다.

5. 미주 헌법 제정이나 개정에서의 반영

미주 헌법은 미주 인권헌장에 가입한 나라의 경우, 이 헌장과 추가의정서에 따라 거의 일률적으로 헌법을 제정 또는 개정하고 있다. 그 경우 규정을 어떻게 상세하고 구체화하여 규정하는가의 차이는 있으나 그 내용은 거의 같다. 물론 헌정 비준 23개국의 헌법의 개별 조문은 다르나 미주 국가연합의 사무처의 노력 여하에 따라서는 인권에 관한 모범 헌법을 만들 수 있을 것으로 보인다. 또 사회적 · 경제적 · 문화적 기본권의 경우에도 헌법상 입법방침규정으로나마 규정한 것이 많다.

V. 미주 인권헌장의 보장기구

1. 미주 인권헌장의 권리 보호 수단

미주 인권헌장은 제2부에서 보호의 수단을 규정하고 있다. 이것은 미주 인권선언이 권리의 보장수단을 가지지 않았기 때문에 실효성을 발휘할 수 없었던 데에 대한 반성으로 비롯된다.

인권보호 권한이 있는 기관으로서는 ① 인권위원회와 ② 인권재판소를 두고 있다. 이 기관은 이 체약국이 행한 약속의 이행에 관련한 사항에 대하여 관할권을 가진다(제6장 제33조).

---

193) UPDATE: The Inter-American System of Human Rights: A Research Guide - Gl...
　　http://www.nyulawglobal.org/globalex/Inter_American_Human_Right1.html

2. 미주 인권위원회(Commission)

1) 역사

미주 인권위원회는 1948년 4월에 미주 인권선언에서 처음으로 인정된 것이다.[194] 미주 국가조직 헌장은 그 기구로서 미주 인권위원회를 규정하였다(제51조). 미주 인권위원회의 기능은 인권의 증진을 위하여 인권상황을 관찰하고 인권을 개선 보호하기 위한 것이었다(제112조). 미주 인권위원회는 그 구성과 권한, 절차 등을 스스로 규정할 수 있었다. 미주 인권위원회는 1959년에 창설되었고, 그 첫 회의는 1960년에 열렸고 인권상황에 관한 시찰은 1961년 도미니카 공화국의 인권상황을 방문·시찰한 것이 처음이다.

이 미주 인권위원회가 중요 기능을 발휘한 것은 1965년인데, 이때부터 인권침해에 대한 개별 사건을 심사할 권한을 가지게 되었다. 미주 인권 헌장은 제7장에서 미주 인권위원회를 구성하고 인권침해에 대한 개인 청원제도를 규정하였기 때문이다(인권헌장 제41조). 이 인권헌장은 인권위원회의 조직, 임무, 권한, 절차를 자율적으로 하던 것을 헌장에서 명확히 규정하여 상설기관으로 만들었다(제34조-51조). 그동안 인권위원회는 수만 건의 청원을 수리하고 1만 2천여 건 이상을 처리하였다.

2) 조직

미주 인권위원회는 고결한 인격을 가지고, 또 인권 분야에 있어서 능력을 인정받은 7인의 위원으로 구성한다(인권헌장 제34조). 위원은 개인 자격으로서 가맹국 정부가 제안하는 후보자명부 중에서 미주 기구의 총회가 선거한다(제36조). 위원회 위원의 임기는 4년이며 1회에 한하여 재선될 수 있다(제37조). 위원회에는 사무처를 두며 적당한 전문 부국을 둘 수 있다(제40조).

3) 임무

위원회의 중요한 임무는 인권의 존중 및 옹호를 추진하는 것이다. 위원회는 이 위임을 수행하기 위하여 다음의 임무 및 권한을 가진다(제41조).
(a) 미주 인민 간에 인권의식을 발전시키는 일
(b) 유익하다고 생각되는 경우에 가맹국의 정부에 대하여 국내법 및 헌법규정의 틀 안에서 인권을 위한 점진적인 조치를 채용하도록 권고를 행하며, 나아가 인권의 준수를 조장하기 위한 적당한 권고를 하는 일
(c) 이 의무의 이행에 있어서 유익하다고 생각하는 연구 또는 보고를 준비하는 일

194) Inter-American Commission on Human Rights - Wikipedia
https://en.wikipedia.org/wiki/Inter-American_Commission_on_Human_Rights
The Inter-American Commission on Human Rights - Global Americans
https://theglobalamericans.org/reports/inter-american-commission-human-rights/

(d) 가맹국 정부에 대하여 인권에 관하여 채용한 조치에 관한 정보를 제공하도록
요청하는 일
(e) 인권에 관한 사항에 대하여 가맹국이 행하는 질문에 대하여 미주 기구 사무총국을
통하여 회답하는 일
(f) 이 헌장의 제44조 내지 제51조의 여러 규정 하에서 청원 및 기타의 통보에 관하여
위원회의 행동에 따라서 행동을 행하는 일
(g) 미주 기구 총회에 대하여 연보를 제출하는 일

4) 권한
(1) 개인 청원
개인 등이 낸 청원의 심의, …어떠한 개인 또는 개인의 집단도 또는 1 또는 2 이상의
기구의 가맹국에 있어서 법적으로 승인된 어떤 비정부단체라도, 체약국에 의한 이 헌장이
침해의 고발 또는 고충 해결을 위한 청원을 위원회에 제출할 수 있으며, 위원회는 이를
허용 또는 불허용하는 심사권을 가진다(헌장 제44조, 제46조, 제47조).

(2) 청원 수리 절차
이 개인 청원제도는 미주 인권위원회의 가장 중요한 사무의 하나이다. 이 청원은
비밀로 취급되며 공개되지 않는다. 청원은 사전에 국내법적 구제절차를 거친 뒤에야만
제출할 수 있다. 그리고 그 절차가 끝난 뒤 6개월 이내에만 할 수 있다(제46조). 청원은
그 주체가 다른 국제적 절차에 해결을 위한 절차가 계류 중이 아닐 것(이중성의 금지),
개인 청원의 경우 이를 제출한 자 또는 단체의 대표자의 이름과 국적, 직업, 주소 및
서명이 되어 있어야 접수한다.
청원은 적법한 청원이 아닌 경우(제44조 위반), 이 헌장이 보장하는 권리의 침범이
된 사실을 입증하지 않는 경우, 명백히 근거를 상실했거나 또는 명확히 부정규적인
경우, 청원이 위원회 또는 다른 국제기구가 이전에 연구한 것과 실질적으로 같을 경우에는
수리하지 않는다(제47조).

(3) 청원심사절차
청원이 수리된 경우에는 위원회는 침범한 책임이 있다고 지명된 국가에 대하여 정보를
요구할 수 있으며, 그 정부는 위원회에 정보를 제공해야 한다. 위원회는 수리한 정보
또는 심리를 이유로 청원의 불허용 또는 비정규라고 선언할 수 있다(제48조).
중대하고 긴급한 경우에는 위원회는 그 영역 내에 침범이 행하여졌다고 주장되는
국가의 사전동의를 얻어 조사를 행할 수 있다(제48조).
위원회는 이 헌장이 인정하는 인권의 존중을 기초로 하는 우호적인 해결로 달성하기
위한 목적으로 관계당사국과 협의할 수 있다. 이 우호적 해결이 달성된 경우에는 위원회는

보고서를 작성하여 이를 청원자 및 체약국에 송부한다(제49조). 우호적 해결이 달성되지 않는 경우에는, 위원회는 사실을 명확히 하고 그 결론을 낸 보고서를 작성한다. 보고가 그 전부 또는 일부에 대해서 위원회 전원일치의 합의를 표현하지 않는 경우에는 그에 대한 개별의견을 표시할 수 있다. 보고를 송부함에 있어서 위원회는 적당하다고 생각하는 제안 및 권고를 할 수 있다(제50조).

위원회는 보고를 송부한 날로부터 3개월 이내에 문제가 해결되지 않거나 또는 위원회가 재판소에 부탁하지 않거나 재판소가 관할권을 승낙하지 않는 경우에는, 위원회는 위원 절대다수의 찬성에 따라 심리를 위하여 부탁된 문제에 관한 그 의견 및 결론을 공표할 수 있다. 적당한 경우에는 위원회는 적절한 권고를 행한다. 일정한 기간이 경유해도 해결이 되지 않는 경우에는, 위원회는 절대다수의 찬성으로 국가가 충분한 조치를 행하였는가 여부와 그 보고를 공표할 것인가에 대해서 결정한다.195)

(4) 체약국 간의 기본권 침해 통보

각 체약국은 언제든지 다른 체약국이 주장하는 통보를 수리하거나 심리하는 위원회의 권한을 승인하거나 거부할 수 있는 권한을 가진다. 이를 승인하는 체약국에 대해서 제출된 통보에 대해서만 위원회는 심리할 수 있다. 이 수락 선언을 하지 않은 체약국에 대한 어떠한 통보도 허용해서는 안 된다(제45조).

통보의 허용과 불허용의 요건은 개인청원 때와 같다(제46-47조). 심리절차도 개인 청원절차와 같다(제48조, 제51조).

5) 운용에 대한 찬반론

미주 인권위원회는 그동안 많은 진정 사건을 처리하였다. 그동안 공무원에 대한 비판을 금지한 아르헨티나의 법을 위반한 신문기자의 처벌을 무효로 하여 아르헨티나뿐만 아니라 벨리즈, 칠레, 코스타리카, 과테말라, 온두라스, 멕시코, 파나마, 파라과이와 페루의 법률이 무효라는 효과를 이루어 언론 자유를 보장하였다. 이 밖에도 여성의 권리를 강화하는 결정을 하였고, 예방검속제도의 위헌을 인정하여 인신의 자유 보장에 기여하기도 하였다.196)

그러나 남미의 군사 정부나 독재정부가 행한 불법구속이나, 야간에 강제연행하고 행방을 모르게 하는 관습 등의 제재에는 소극적이었고, 민주정치의 회복에도 거의 기여를 할 수 없어 비판을 받았다. 또 당사국이 진정이나 심리에서 탈퇴하거나 이에 가입하지 않으므로 모든 미주 국가의 인권보장에는 미흡하다는 지적도 있었다. 또 본부가 미국의 워싱턴 DC에 위치한다고 하여 남미 국가의 비판을 받기도 하였다.

195) The Inter-American Commission on Human Rights: 50 Years of Advances and the...
    https://www.americasquarterly.org/Inter-Americancommission-Human-Rights
196) The Inter-American Commission on Human Rights: 50 Years of Advances and the ...
    https://www.americasquarterly.org/Inter-American-Commission-Human-Rights

50년의 결과로 보아 강제적 해결의 필요성이 높아졌고, 보다 보편적인 처리가 요구되고 있기도 하다. 뿐만 아니라 사건의 폭증에 대비하여 예산의 증액을 요구하는 여론도 높다.[197]

3. 미주 인권재판소(Court)

1) 역사

미주 인권재판소는 미주 인권헌장이 그 근거를 규정하고 효력을 발휘한 뒤 1년 후인 1979년에 개청하였다. 미주 인권헌장은 제8장에서 미주 인권재판소를 인권보호의 한 수단으로 규정하고 있다. 이 재판소는 1979년 5월 22일에 설립되었다. 재판소는 산타호세 · 코스타리카에 주소를 두고 있다. 이 기구의 중요한 권한은 사법적 기능과 자문적 기능이다.[198] 이 기구는 미주 국가조직(OAS)의 직속 기구가 아니고, 미주 인권헌장의 기관이며 정관과 규칙에 따라 활동을 하고 있다.[199]

2) 조직

(1) 자격

재판소는 미주 기구의 가맹국의 국민인 7명의 재판관으로 구성된다. 재판관은 고결한 인격을 가지고, 인권 분야에서 능력이 인정되어 있는 사람으로 최고의 사법상의 임무를 수행하는데 필요한 자격이 있는 법률가여야 한다.

(2) 선거

재판소의 재판관은 체약국이 제안하는 후보자 명부 중에서 미주 기구 최고회의에서 절대다수를 얻은 사람이 선출된다(제52조). 체약국은 자국민이거나 미주 기구의 다른 가입국 국민 중에서 3명 이하의 후보자를 제안할 수 있다. 3명의 후보자를 추천하는 경우, 한 명은 자국민이 아니어야 한다. 임기는 6년이며 1회에 한하여 재선될 수 있다(제53조, 제54조).

(3) 심판정

---

197) Inter-American Human Rights Network ≫ Challenges and Criticisms
     http://interamericanhumanrights.org/background/challenges-and-criticisms/ Inter-Americ
     an Commission on Human Rights (Organization of American States) REPORT N °98/03*
     (http://www.dcvote.org/pdfs/oas1203w.pdf)
     (https://web.archive.org/web/20111001020855/http://www.dcvote.org/pdfs/oas1203w.
     pdf)
198) Inter-American Court of Human Rights - Wikipedia
     https://en.wikipedia.org/wiki/Inter-American_Court_of_Human_Rights
199) Rules of Procedure of the IA Court H.R.
     https://www.cidh.oas.org/Basics/English/Basic20.Rules%20of%20Procedure%20of...

재판관은 재판에 부탁된 사건의 당사자인 국민인 경우에도 그 사건을 심리할 수 있다. 사건을 심리하는 재판관 중 한 명이 사건의 당사국의 국민인 경우에는, 이 사건의 다른 당사국은 자국이 선택하는 1명을 특임재판관으로서 재판정에 근무할 수 있도록 지명할 수 있다(제53조).

재판의 정족수는 5명의 다수로 한다(제56조).

(4) 심판규칙

재판소에는 사무처를 둔다(제59조). 재판소는 그 규정을 기초하고 이를 미주 기구 최고회의의 승인을 위하여 송부한다. 재판소는 규칙을 채택한다.

3) 재판소의 재판 임무와 관할

(1) 제소권자

제소권자는 체약국과 인권위원회만이다. 따라서 개인이나 단체는 제소권이 없다. 제소함에는 인권위원회의 심리절차가 끝난 뒤에야만 가능하고, 인권위원회의 초심을 거치지 않은 사건에 대해서는 심리하지 아니한다(제1조). 이것은 유럽 인권재판소에 따른 것이며 유럽 인권재판소처럼 개인 제소를 인정하지 않기 때문에 인권 보호의 기능이 많이 축소되고 있다.

(2) 관할권 수락 선언

체약국은 언제든지 이 헌장의 해석 또는 적용에 관한 모든 사항에 대하여 재판관할권을 당연히 또는 특별한 합의 없이 의무적이라고 인정하는 것을 선언할 수 있다. 이러한 선언은 무조건적으로 상호주의를 조건으로 하여, 일정한 기간 내에 또는 특정한 사건에 관하여 행할 수 있다. 따라서 당사국은 언제든지 응소하지 않을 자유를 가진다. 이것이 국가 간 제소사건도 줄이게 되는 역할을 한다(제62조).

재판소의 관할권은 재판소에 부탁된 이 헌장의 여러 조항의 해석 및 적용에 관한 모든 사건에 미친다(제62조 3항).

(3) 판결 및 가처분

재판소는 이 헌장이 보호하는 권리 또는 자유가 침범된 사실이 있다고 판단하는 경우에는, 피해 당사자가 침해된 권리 또는 자유가 보호될 수 있도록 판결한다. 또 적당한 경우에는 이러한 권리 또는 자유의 침해를 구성하는 조치 또는 상황의 결과가 구제되고 또 피해 당사자에게 공정한 보상이 지불되도록 판결한다.200)

---

200) 이 미주 인권협정에 대한 판례는 Lucas Lixinski, "Treaty Interpretation by the Inter-American Court of Human Rights: Expansionism at the Service of the Unity of International Law", European Journal of International Law, Vol. 21, Issue 3 (August 2010); Shelton, D. "The International Law Review, Vol. 10, Issue 1 (1996), pp. 333-372.

극단적으로 중대하고 또 긴급하게 개인에 대한 취소할 수 없는 사건의 구제를 위하여 필요한 경우에는 재판소는 심리 중인 사항에 대하여 적당하다고 생각되는 가처분을 할 수 있다. 이제까지 재판소에 부탁 되어 있지 않은 사건에 관하여서도 재판소는 인권위원회의 요청에 따라 행동할 수 있다(제63조).

(4) 판결 이유서
재판소의 판결에는 이유를 붙여야 한다. 판결의 일부 또는 전부에 대하여 재판관의 의견이 일치하지 않는 경우, 어느 재판관이나 그 반대의견 또는 개별의견을 판결에 붙일 권리를 가진다(제66조).

(5) 판결의 해석
재판소의 판결은 종심으로 하고 상고를 허가하지 않는다. 판결의 의의 또는 범위에 관한 쟁의가 있는 경우에는 재판소는 어느 체약국의 요청에 따라서 이를 해석한다. 단 이 요청은 판결의 통지일로부터 90일 이내에 행해져야 한다.

(6) 판결의 효력
이 헌장의 체약국은 자국이 당사자로 되어 있는 어떠한 사건에 대해서도 판결에 따를 것을 약속한다. 손해배상을 명하는 판결의 처분은 국내절차에 따라서 집행할 수 있다(제68조).

4) 자문역할을 하는 의견서 제출 권한
(1) 요구권자
미주 기구의 가맹국은 이 헌장 또는 미주 여러 나라에 있어서의 인권의 보호에 관한 기타의 조약의 해석에 관해서 자문을 요구할 수 있다. 나아가 미주 기구 헌장의 제X장에 규정된 여러 기관도 그들의 권한의 범위 내에서 마찬가지로 재판소에 자문을 구할 수 있다.

(2) 자문 의견 제출
재판소는 이들 기구의 가맹국의 요청에 따라서 그 국내법의 위에 든 국제 문서와의 양립성에 대하여 의견을 제출할 수 있다(제64조).

5) 연보의 제출의무
재판소는 미주 기구 최고회의의 각 통상회기에 대하여 전년의 활동에 관한 보고서를 최고회의가 검토할 수 있도록 제출한다. 재판소는 특히 어느 나라가 그 판결에 따르지 않은 사건을 명기하고 이를 처리하기 위한 적절한 권고를 한다(제65조).[201]

6) 인권재판소에 대한 평가

(1) 인권재판소의 제소권 제한

미주 인권재판소가 미주 인권위원회에만 제소권을 주고 개인에게 제소권을 주지 않는 것은 문제이다. 이것은 남소를 방지하기 위한 수단이다. 인권위원회가 적절한 판단을 하지 않는 경우에는 인권위원회가 인권재판소에 제소함으로써 2중 절차를 밟게 되어 해결의 시일을 지체하는 결과를 가져온다. 유럽 인권위원회 제도가 폐지되고, 유럽 인권재판소에 개인이 직접 제소할 수 있게 됐는데, 미주 인권소송도 직접 개인제소를 인정하도록 해야 할 것이다.

(2) 재판소 재판관 수의 증가 문제

인권재판소가 7명의 재판관으로 구성되어 있는 것은 사건이 폭주하지 않을 것을 전제로 한 것이나 개인 제소를 허락하는 경우에는 이 인원으로서는 도저히 운영할 수 없을 것이다. 유럽 인권재판소처럼 각 가맹국이 1명씩 재판관을 내도록 한 것을 본받아 체약국 수만큼의 재판관을 선출한다면 특별재판관 제도도 필요 없게 될 것이다.[202] 물론 이를 위해서는 재판소의 재정이 확장되어야 할 것이다.

(3) 재판소 직원, 보조 인력 문제

유럽 인권재판소는 47명의 재판관을 가진 세계 최대의 전문재판소이나 미주 인권재판소는 보조 인원이 부족한 점이 지적된다. 그럼에도 불구하고 미주 인권재판소는 여성의 권리문제 등에 있어서는 신속한 재판을 하고 있고, 미주 국가의 인권보장에도 많은 기여를 하고 있다.

(4) 재판소의 기여

특히 미주의 여러 인권단체가 활발한 활동을 하고 있어 인권의식의 발전에 큰 기여를 하고 있으며, 인권재판소도 열심히 일하고 있어,[203] 인권신장에 기여하는 점이 많았다.

---

201) Rodríguez/Hernández/Lara, The Inter-American Legal Analysis;/ Necessary and Proportionate. https://necessaryandproportionate.org/americas-legal-analysis.

202) Ugrriza, F. Europe and Inter-American System Protection of Human Rights: Similarities and Differences.

203) References to the Interamerican Court of Human Rights and Inter American Instruments in the Case-Law of the European Court of Human Rights.

제3절 아프리카 인권헌장

Ⅰ. 아프리카 연합조직(AU)의 창설

1. 역사

범아프리카주의는 19세기 말에 노예제도의 폐지와 아프리카 독립운동에서 시작되었다. 최초로 결성된 것은 1958년 가나에서 독립 아프리카 국가의 제1차 회의였다. 1963년에는 5월 25일 아프리카 연합조직(OAU)을 결성했다.[204] 서명 국가는 32개국이었다. 점차 새 회원국가의 가입이 행해져 1994년 5월에는 53개국이 회원이 되었다. 1994년 5월에 아프리카 경제공동체(AEC)를 만들었으며 여러 기구를 두게 되었다.

1998년 9월 9일에 OAU를 확대 개편하여 아프리카연합(African Union)을 만들라는 제의가 있어, 2000년 7월 OAU 정상회의에서 OAU가 AEC를 통합하여 AU를 창설하였다. 아프리카의 53개국은 2000년 7월 11일 토고에서 아프리카 연합기구 구성법(Constitutive Act of the African Union)을 통과시켰다.[205]

이 아프리카 연합조직의 목적은 아프리카인과 아프리카 국가 간의 통합, 연대, 결속, 협력을 위한 것이었다. 또 전문에서는 이 밖에도 인간과 인민의 권리보호의 증진과 민주 정치제도의 공고화, 좋은 통치와 법의 지배를 규정하고 있다.[206]

아프리카 연합구성법은 전문에서 대륙 조직의 조상들과 범아프리카주의 주장자들의 귀중한 이념에 따라서 아프리카 인민과 아프리카 국가들의 통합과 연대, 결합과 협력을 증진할 수 있을 것을 강조하고 있다. 나아가 식민지 해방과 경제건설, 생활 향상을 기하고 있다. 이들에게는 범아프리카주의가 아직도 살아 있다.

2. 설립 목적

이 기구는 아프리카 대륙헌장에 따라 아프리카 연합을 만드는 것과 아프리카 경제공동체를 만들 것을 목적으로 하고 있었다. 목적(제3조) 중에는 대륙의 정치적·사회경제적 통합을 들고 있으며, 유엔 헌장과 유엔 인권선언에 따른 국제협력의 가속화를 들고

---

204) The Charter of OAU of 23 May/ 1963 Organization of African Unity (OAU) / African Union (AU).

205) Constitutive Act of the African Union of 11. July 2000;
The Charter of OAU and Constitutive Act of African Union
https://abyssinialwa.com/about-us/item/359-the-charter-of-oau-and-constitutive-act-o...

206) Objectives of the African Union - African Union Youth Division
https://www.africa-Youth.org/about-us/the-african-union/objectives-of-the-african-uni... African Union - Wikipedia   https://en.wikipedia.org/wiki/African_Union.

있다. 또 인간과 인민의 권리에 관한 아프리카 헌장에 따라 아프리카인의 인권을 증진하고 보호할 것을 목적으로 하고 있다. 또 전문에서는 인간과 인민의 권리증진을 위하여 노력하며, 민주적 제도와 문화를 공고히 하고, 좋은 통치와 법의 지배를 확립할 것이라 했다.

OAU는 2016년 아프리카에 있는 54개국 전부가 가입하여 비준하였으며, 54개국의 연합으로 기능하게 되었다(AU).

본문 제2조에서는 이 구성법의 규정에 따라서 아프리카연합을 설립한다고 한다.

3. 활동 원칙

제4조에서는 기구의 원칙을 규정하고 있다. (a) 구성국 간의 주권의 평등과 독립 (b) 국경과 기존 독립성과의 존중 (c) 연합 업무에서의 아프리카인의 참여 (d) 아프리카 대륙의 중동 방위 정책의 수립 (e) 구성국 간의 분쟁의 평화적 해결 (f) 구성국 간의 무력사용이나 그 위협의 금지 (g) 다른 구성국가의 내정간섭금지 (h) 전쟁범죄, 인종학살, 인간성에 대한 범죄 등 중대 사건에서 총회의 결정에 따른 연합의 개입권 (i) 구성국 간의 평화공존과 평화와 안전보장에 대한 자결권 (j) 평화와 안전을 보장하기 위한 연방의 개입을 요구할 수 있는 구성국의 권리 등 (이하 생략) (p) 정부의 반헌법적인 변경의 규탄과 거부 등을 규정하고 있다.

4. 기구

(a) 연합의 수장회의 (b) 집행위원회 (c) 범아프리카의회 (d) 사법부 (e) 위원회 (f) 상설대표위원회 (g) 특별기술위원회 (h) 경제·사회·과학회의 (i) 재정기구를 둔다.

수장회의는 국가원수와 행정부 수반으로 구성된다. 수장회의는 연합의 최고기관이다. 수장회의는 적어도 1년에 한 번은 정기회를 가진다. 수장회의 의장의 직은 국가원수나 정부 수반으로서 1년 기간으로 국가 간의 상의에 따라 선출된다(제6조). 의결은 전원일치로 하는 것을 원칙으로 하고, 합의가 되지 않는 경우 3분의 2 이상의 다수로 결정한다(제7조). 수장회의는 정책을 결정하고, 다른 기관으로부터 결정이나 보고나 권고를 접수한다. 구성국가의 청구를 고려하며, 연방기관을 설립하고 연방의 정책과 결정을 집행하고 예산을 결정한다(제9조).

집행위원회는 외무장관이나 기타 이에 상응하는 장관으로 구성되며 연합의 사무를 집행한다(제10조-제13조).

연합에 사법재판소를 둔다. 상세한 것은 프로토콜이 정한 바에 따른다(제18조). 이것은 아프리카 인권헌장이 규정한 인권재판소는 아니었다.[207] 그러나 헌장이 개정되어 기존의

---

207) Keetharuth, Major African Legal Institutions.

인권헌장 기관이었던 아프리카 인민과 인권재판소와 결합되어 이제는 아프리카 사법 및 인권재판소로 한 최고재판소로 통합되었다.

Ⅱ. 인간과 인민의 권리에 대한 아프리카 헌장

1. 인간과 인민의 권리에 대한 아프리카 헌장의 성립

1) 아프리카 통합기구(OAU)

아프리카 연합(처음에는 OAU 현재는 AU)은 1979년에 국가와 정부의 수장회의에서 아프리카 대륙 전체에 걸치는 인권 기구의 설립을 위한 법안을 기초하기 위한 위원회를 만들었다.[208] 이 위원회는 이미 구성되어 있던 유럽 인권헌장과 미주 인권헌장을 모방하여 초안을 작성하여 OAU에 제출하였고 1981년 만장일치로 통과되었다. 채택일은 1981년 6월 27일이며, 1986년 10월 21일에 효력이 발생하였다.[209]

2) 보장기관의 성립

인권헌장의 감독과 해석을 담당하는 아프리카 인권위원회는 1987년 11월 2일에 에티오피아의 아디스아바바에 설립되었으며, 현재는 감비아 반줄에 있다. 1998년에는 아프리카 인권재판소를 설치하기로 했는데 그 프로토콜은 2004년 1월 25일에 효력을 발생하였다. 2005년 아프리카연합 수장회의는 인권재판소를 설립하기로 하였는데 2005년 7월에 인권재판소가 설립되었다.

2. 아프리카 인권헌장의 권리와 의무 규정

이 아프리카 인권헌장은 전문과 68조로 구성되어 있다. 전문은 「아프리카 통일기구 헌장 제2조에 있어서…아프리카 인민을 위한 보다 좋은 생활을 달성하기 위한 여러

---

208) Murray, R. in Africa From the OAU to the African Union, Cambridge University Press, 2004; Erand/Murray, The African Charter on Human and People's Rights: The System in Practice, Cambridge Uni. Press 2008; Gawanas, The African Union: Concepts and implementation mechanisms relating to human rights. Heyns/Stefiszyn, Human right, peace and justice in Africa: A reader, Pretoria: Pretoria University Law Press, 2006; African Human Rights. African Human Rights International Justice Resource Center. http://www.ijrcenter.org/regional/african: What is the African Union and has it proven to be successful?
http://www.telegraph.co.uk/news/worldnews/africaandindianocean/11766227.

209) Wikipedia, African Charter on Human and Peoples' Rights: Gittleman, Richards, The African Charter on Human and Peoples' Rights: A Legal Analysis, Virginia Journal of International Law, Vol. 22. No. 4 (1982), pp. 668-714; S. Keetharuth, Major African Legal Institutions, Konrad Adenauer Stiftung, 2009, pp. 163-231.

나라의 협력 및 노력을 조정하고, 또 강화하여 국제연합헌장 및 세계인권선언을 충분히 존중하고 국제협력을 촉진하기 위하여 가맹국이 엄숙히 행한 서약을 재확인한다」고 하고 있다.

그 내용을 보면 시민적·정치적 권리와 경제적·사회적·문화적 권리가 망라되어 있다. 제목을 중심으로 요약하면 다음과 같다. 이것은 유럽의 인권헌장과 미주의 인권헌장을 참조하여 만들어진 것이다.

1) 제1부 권리와 의무
제1장 인간과 인민의 권리에 관하여 규정하고 있다.

(1) 자유권
제1조 체약국의 헌장 준수의무를 규정하고 있다.[210]
제2조 평등하게 헌장에서 보장되는 권리와 자유를 향유할 권리
제3조 법 앞의 평등, 평등한 보호를 받을 권리
제4조 인신의 불가침, 생명·신체를 존중받을 권리, 신체의 권리의 박탈 불가
제5조 인간의 존엄성의 보장, 착취되지 않고 법적 지위에 대한 승인을 받을 권리, 노예제도, 노예거래, 고문, 잔혹한 비인도적인 또는 품위를 손상하는 형벌 및 취급의 금지.
    이 조항은 인간의 존엄성 보장이 중요하다는 점에서 상세히 규정하고 있다.
제6조 신체의 자유와 안전에 대한 권리, 자의적 체포·구금에서의 자유.
제7조 주장이 받아들여질 권리, 기본권 침해를 제소할 권리, 유죄 확정시까지 무죄로 추정될 권리, 자기 또는 변호인에 의한 변호를 받을 권리, 불편부당한 법원 등에서 신속하게 재판을 받을 권리, 소급입법에 의한 처벌금지, 연좌제 금지, 공정한 재판을 받을 권리, 죄형법정주의
제8조 양심의 자유, 종교의 고백과 행사의 자유. 이를 제한하는 조치의 금지
제9조 정보수령의 자유, 법의 범위 내에서의 의사표현의 자유, 홍보의 자유
제10조 결사의 자유, 연대의 자유, 결사 가입 강제의 금지
제11조 집회의 자유, 이 권리는 국가안전보장, 국민안전, 건강, 타인의 권리와 자유의 이익을 위하여 특별히 제정된 법률에 의해서만 제한될 수 있다.
제12조 국내 거주이전의 자유, 자기 국가에서의 이주의 자유와 귀국의 자유, 망명의 자유, 합법적으로 입국한 비국민은 법률 규정에 의해서만 추방될 수 있다. 비국민의 대량 추방은 금지된다. 개인은 박해를 받을 때에는 망명자로 비호를 받을 권리를 가진다. 이들 권리는 법률이 정한 제한만 받는다.

---

210) Evans, M. & R./ Murray (eds.), The African Charter on Human and Peoples' Rights: The system in practice 1986-2000, Cambridge: Cambridge University Press.

제14조 재산권은 보장된다. 공공의 복리를 위하여 필요한 경우에만 침해될 수 있다.

(2) 경제적 · 사회적 · 문화적 권리

제13조 모든 시민은 정부에 자유롭게 참여할 권리를 가진다. 모든 시민은 공직에
  평등하게 취임할 권리를 가진다. 모든 개인은 법이 정한 모든 사람의 평등의 원칙에
  따라 공공재산권과 서비스에 접근할 권리를 가진다.

제15조 노동의 권리, 공평한 만족스러운 근로조건의 유지와 동일노동에 대한 동일임금
  의 원칙의 지배

제16조 건강의 권리, 육체적 · 정신적 최적상태의 건강권, 체약국의 건강보호 의무

제17조 교육을 받을 권리, 공동체의 문화생활에 참여할 권리, 도덕 및 전통적 가치의
  신장 국가 의무

제18조 가정의 지위, 가족의 육체적 건강과 도덕의 보호를 받을 권리
  국가는 가족 보호의 의무를 지며 국가는 가족의 육체적 건강과 도덕에 주의한다.
  국가는 도덕 및 전통적 가치의 옹호자인 가족을 원조할 의무를 진다.
  여자에 대한 차별의 철폐, 여자 및 아동의 권리 보호, 노령자, 장애자에 대한 육체적 ·
  정신적 필요에 의한 보호를 받을 권리를 가진다.

제19조 모든 사람은 평등하며 동등한 존엄과 동등한 권리를 가진다. 누구도 인민을
  다른 인민에 의하여 지배되는 것을 정당화해서는 안 된다.

제20조 모든 사람은 생존권을 가진다. 자기 결정에 관한 불가침의 권한을 가진다.
  정치적 지위에 대한 자유결정권과 자기선택에 의한 경제적 · 사회적 발전을 자유로
  추구할 수 있다. 식민지나 억압 받은 인간은 해방되어 자유로운 생활을 할 권리를
  가진다. 모든 사람은 외국의 지배에 대한 해방전쟁에서 정치적 · 경제적 · 문화적
  원조를 받을 권리를 가진다.

(3) 천연자원 이용과 발전의 권리, 환경의 권리

제21조 모든 사람은 자기의 부나 자연자원을 자유로이 처분할 수 있다. 강제로 재산권을
  박탈당한 사람은 법으로 재산회복과 정당한 보상을 받을 권리를 가진다.
  부 및 천연자원의 자유로운 처분을 상호의 존중, 공평한 교환 및 국제법의 원칙에
  따른 국제협력을 촉진할 의무를 손상하지 않도록 행사해야 한다.
  이 헌장의 체약국은 아프리카의 통일 및 연대를 강화하기 위하여 그 부 또는 천연자원
  을 자유로이 처분할 권리를 개별적 또는 집단적으로 행사한다.
  이 헌장의 체약국은 그 국민이 국가 자원에서 얻어지는 이익을 충분히 향유할 수
  있도록 모든 형태, 특히 국제적 독점기업에 의해 행해지는 외국의 경제적 착취를
  배제할 것을 약속한다.

제22조 모든 사람은 경제적 · 사회적 · 문화적 발전에 관한 권리를 가진다. 국가는

개별적 또는 집단적으로 발전의 권리의 행사를 확보할 의무를 진다.

제24조 모든 사람은 그의 발전에 필요한 유리한 일반적 충분한 환경에 관한 권리를 가진다.

(4) 평화와 안전의 권리와 국가 의무

제23조 모든 사람은 국내적·국제적 평화와 안전에 관한 권리를 가진다. 국제연합헌장에 의하여 암묵적으로 확인되고, 또 아프리카 통일기구 헌장에 의하여 재확인된 연대와 우호 국가의 원칙이 국가 간의 관계를 지배한다.

평화·연대 및 우호관계를 강화할 목적으로 이 헌장의 체약국은 다음 사항을 확보한다.

(a) 망명자 비호권을 누리는 사람은 아프리카 국가에 대한 전복 활동을 해서는 안 된다.

(b) 그 영역이 다른 체약국의 국민에 대한 전복 또는 활동의 기지로서 사용되어서는 안 된다.

제25조 당사 국가의 헌장, 인권교육 의무와 의무 존재의 홍보 의무

이 헌장의 체약국은 이 헌장에 포함되는 권리 및 자유의 존중을 신장하고, 또 확보할 의무가 있다. 그리고 자유 및 권리에 대응하는 의무가 있음을 주의시킬 의무를 진다.

제26조 당사국의 사법권독립 보장 의무와 인권보장 기구를 개선할 의무가 있다.

2) 의무

제2장 의무에 관해서 규정하고 있다.

제27조 모든 개인은 가족과 사회, 국가와 법적으로 인정된 공동체와 국제사회에 대한 의무를 진다. 모든 개인의 권리와 자유는 다른 사람의 권리와 집단적인 안전·도덕과 공공의 이익을 고려하여 행사하여만 한다.

제28조 모든 개인은 동료를 존중하고 차별 없이 상호간 존중과 관용으로 상호관계를 증진하고 자위하고 강화할 의무를 진다.

제29조 개인은 다음과 같은 의무를 진다.[211]

① 가정의 조화로운 발전을 유지할 의무, 가족의 존중, 부모의 공경, 필요한 경우 부모 부양, ② 자기의 육체적·지적 능력을 국가공동체를 위하여 봉사할 의무, ③ 그가 거주하고 있는 국가와 국경을 가진 국가의 안전에 대해 손상시키지 않을 의무, ④ 사회적·국가적 연대, 특히 국가적 안전이 위협되는 경우 연대를 보전하고 강화할 의무, ⑤ 국가적 독립과 영토의 보전을 유지하고 강화할 의무와 법률에 따라 국방에 봉사할 의무, ⑥ 그의 능력과 권한을 최선을 다하여 노동할 의무와 사회의 이익을

---

211) The Banjul Charter and Universal Human Rights: A Comparative Analysis, 55175.

위하여 법으로 정한 조세납부의 의무, ⑦ 아프리카의 긍정적인 문화적 가치의 보존과
강화 의무, ⑧ 아프리카 통합의 증진과 진전을 위한 최선의 능력 발휘에 의한 공헌
의무.

3) 권리·의무 규정의 문제점

아프리카 인권헌장은 인권보장을 위한 장전이기는 하나 아직도 미흡한 점이 많다.
아프리카는 오랜 전통을 가진 국가들이 있어 과거의 전통에 따라 생활하고 식민자에
의하여 통치되어 왔기 때문에 권리의식이 박약하였다. 아프리카 인권헌장이 인권에
대한 홍보와 교육을 국가의 의무로 규정한 것은 이를 입증하는 것이다. 그런데 이러한
전통과 문화 때문에 국제적 수준의 인권이 보장되지 않는 경우가 있다.

그중에서의 가족 간의 유대강화 의무가 문제된다. 이 때문에 법문에서는 여성의
차별금지, 평등이 규정되어 있으나, 가족의 의무로서 여성의 가정봉사의 의무가 주로
되어 현실적으로는 아직도 여자와 청소년의 권리가 제한되고 있다.212)

또 국가형성과 공동체 의무를 강조하는 나머지 국가 위주의 정책이 우선하고, 실정법의
지배가 행해지고 있어 국민의 권리침해가 심하다.213) 특히 기본권 제한규정도 불명확하
여 사전 법률에 의한 제한은 무제한적으로 인정되고 있다. Clawback이라고 불리는
이 조항이 위헌심사나 헌장위반의 이유로 무효로 되지 않기 때문에 사실상 실정법에
의한 기본권 침해가 될 가능성이 많다.214) 이 점에서 기본권 제한의 헌법유보가 행해져야
할 것이다. 아프리카의 경우 국민의 인권의식이 약하여 권리보장의 전통이 없고 민주주의
의 경험이 적어 권위주의적 통치가 행해지고 있어 아직도 인권 후진국가를 면하지 못하고
있다. 어떤 학자들은 이 헌장을 아프리카인의 권리장전이 아니라 국가수장에게 인권침해
의 면죄부를 준 것이라 비판하기도 한다.

4) 아프리카 인권헌장의 장점

아프리카 인권헌장의 여러 문제점에도 불구하고, 인간의 존엄에 근거한 인권선언을
한 것은 교육적으로도 성공한 것으로 보인다. 아프리카 학자들은 이 선언을 서구적
권리개념으로 해석하지 않고 아프리카 철학의 권리에서 파악하려고 하고 있다.215) 그들
은 이를 아프리카의 정통성이 보편주의에 통합하는 과정이라고 보고 있다. 그들은 인간은
개인을, 인민은 집단을 의미하며 그 권리는 다르다고 한다. 인민의 권리는 집단적인
권리로 본다.

반줄 인권헌장은 제3세대의 권리로 발전의 권리, 평화의 권리, 자연자원의 이용에

---

212) Mutua, M.: The African Human Rights System. A Critical Evaluation, pp. 8-12.
213) Ogbu, The African Charter on Human and Peoples' Rights as Compatible with Despotism:
     The Nigerian Experience.
214) Mutua, op. cit., pp. 6-8; Keetheruth, op. cit., pp. 169-171.
215) The Banjul Charter and Universal Human Rights: A Comparative Analysis, pp. 1-12.

관한 권리, 건강한 환경에 관한 권리 등을 규정하고 있다. 이들 권리는 명확하지는 않으나 새로운 시대의 권리로서 인정될 수 있을 것이다. 비교법칙으로 보면 세계인권선언보다는 인권후진국인 미주 인권헌장에 가까운 것이 아닌가 생각된다.

그러나 아프리카의 많은 나라에서 교육의 중요성을 인식하고, 법학교육을 국내외에서 잘 받고 있으며, 아프리카 인권재판소가 활발한 활동을 하고 있어 장래는 어둡지만은 않다고 하겠다.

Ⅲ. 아프리카 인권위원회

조문 중에는 체약국이나 국가가 체약 국민이나 국가를 위하여 권리증진을 해야 할 의무가 규정되어 있다. 아프리카 연합은 인권침해를 구제하기 위한 기구 구성을 인권헌장에서 규정하고 있다.

구체적인 보장을 위해서는 제2부에서 상세히 규정하고 있다.

1. 제1장 아프리카위원회의 설치 및 조직

제1장에서는 아프리카 인간과 인민의 권리위원회가 규정되어 있다(제30조). 이 위원회는 11명의 위원으로 구성되어 있고(제31조),[216] 선거에 의하여 선출된다(제36조). 위원회의 조직(제42조)에 대하여 상세히 규정하고 있으며, 제3장에서는 위원회의 심리절차에 관하여 규정하고 있다.

위원회는 위원장 및 부위원장을 2년의 임기로 선출한다. 이들은 재선될 수 있다. 7인의 위원의 찬성을 정족수로 한다. 가부동수의 경우에도 위원장은 결정권을 가진다(제42조).

2. 제2장 아프리카위원회의 권한

이 인권위원회의 임무는 다음과 같다(제45조).[217]

1) 인간과 인권의 증진 특히

---

216) Ankumah, E. A. The African Commission on Human and Peoples' Rights: Practice and Procedures, The Hague: Kluwer Law International, 1996.

217) Keetharuth, Sheila: Major African legal instruments. pp. 163-231; African Commission on Human and Peoples' Rights, 2002. Compilation of Decisions on Communications of the African Commission on Human and Peoples' Rights 1994-2001. Banjul, Institute for Human Rights and Development in Africa.

(a) 문서의 수집, 인권에 관한 아프리카 문제의 연구와 조사의 지시, 세미나의 조직, 심포지엄과 회의의 조직, 정보의 보급, 인간과 인민의 권리에 관련된 국가기구와 지방기구 활동을 장려 · 고무하고, 사건이 발생한 경우 정부에 대해 의견을 제시하거나 권고를 한다.

(b) 아프리카 정부의 입법에 근거한 인간과 인민의 권리 및 기본권에 관한 법적 문제의 해결을 위한 원칙과 규범을 입안하고 제정한다.

(c) 인간과 인민의 권리의 증진과 보호에 관한 다른 아프리카 기구와 국제기구와의 협력.

2. 이 헌장에 규정된 조건 하의 인간과 인민의 권리보장을 확보

3. 국가 당사자나 아랍 연합의 어떤 기구나 아랍 연합에서 승인한 아프리카 조직의 요청에 의한 이 헌장 규정의 해석

4. 아프리카 국가원수 회의나 아프리카 정부에서 부의하게 될 기타 과업의 수행

이 기구는 1년에 2회 정기적으로 집회하여 업무를 처리하고 있다. 이 위원회에는 특별보고관이 있어 개별 분야의 기본권 침해를 조사 · 보고하고 있다.

3. 제3장 위원회의 절차

1) 국가에서의 통보와 위원회 심의

이 헌장의 체약국은 체약국 중 한 나라가 헌장의 규정에 위반한다고 믿는 경우에는 서면에 의한 통고로써 이 사건에 관한 당해국의 주의를 환기할 수 있다(제47조).[218] 통고를 받은 나라는 통고를 수리한 뒤 3개월 이내에 서면으로 당해 사건에 대한 설명 또는 진술을 행한다(제47조).[219]

통고에 대한 회답을 받은 날로부터 3개월 이내에 위원회에 대하여 부탁할 권리를 가진다(제48조).[220] 이 헌장의 체약국은 다른 당사국이 헌장의 규정에 위반했다고 인정하는 경우에는, 위원회는 당해 사건을 직접 위원회에 부탁할 수 있다(제49조). 위원회는 국내적 구제조치가 있는 경우,[221] 이 국내적 구제조치가 끝난 것을 확인한 뒤에야만 부탁된 사안을 취급할 수 있다(제50조).

위원회는 관계국에 대하여 모든 관련 정보를 제공하도록 요청할 수 있다. 관계국도

---

218) Murray, R. The African Commission on Human and Peoples' Rights and International law. Oxford: Hart Publishing, 2000.

219) African Union Human Rights Architecture, Oxford Scholarship. http://www.oxfordscholarship.com/view/10.1093.

220) Wikipedia, African Commission on Human and Peoples' Rights.

221) M. Hansungule, African Charter on Human and Peoples' Rights: A Critical Review, African Yearbook of International Law, 8 (2000), pp. 265-332.
Udombana, N. "The African Commission on Human and Peoples' Rights and the development of fair trial norms in Africa," African Human Rights Law Journal, 6, 2 (2006), 299 f.

위원회가 사안을 검토하고 있는 동안 대표자를 통해 또는 서면 또는 구두에 의하여 의견을 제출할 수 있다(제51조). 위원회는 우호적 해결을 위한 적당한 절차를 시도한 뒤에, 합리적인 기간 내에 사실 및 판단을 기술한 보고를 준비한다. 이 보고는 관계국에 송달되며 이 때 원수회의에 대하여 유용하다고 생각되는 권고를 행할 수 있다(제53조).

2) 기타의 통보

위원회의 사무처장은 이 헌장이 규정한 통보 이외의 통보의 일람표를 만들어 이를 위원회 위원에게 송부한다. 위원회가 단순다수로 결정하면 통보는 위원회에 의하여 검토된다(제55조). 위원회는 결정하기 전에 위원회 위원장은 관계 국가에게 알려야 한다 (제57조). 위원회가 심의한 뒤에 중대하고 대량적인 인권침해의 우려가 있는 사건은 위원회는 원수회의 의장과 정부에게 이 특별한 사건의 심각성을 알려야 한다(제58조). 수장회의와 정부는 위원회에 연구를 요청할 수 있다. 이러한 보고는 원칙으로 비밀로 하나, 원수회의에서 달리 결정한 뒤에는 위원회 위원장이 공표한다(제59조). 위원회는 결정에 있어서는 인권에 관한 국제법과 기타 유엔이 만든 아프리카 등 헌장 규약 등을 다른 문서와 함께 여러 가지 관습법 등을 참작하고 있다(제60조).

3) 일반인에 의한 제소불가능

일반인은 인권이 침해된 경우에는 인권위원회에 신청 또는 제소할 수 없다. 이것이 구유럽 인권위원회와 다른 점이었다.

4. 인권위원회의 문제점

구 유럽인권위원회는 그 실익이 없어 폐지되었다. 아직도 인권위원회가 있는 미주 인권위원회는 큰 역할은 못하고 있다. 아프리카 인권위원회가 기능을 잘 발휘하지 못하고 있는 이유는 국가들이 헌장을 잘 이해하지 않고 있기 때문이다. 특히 군사독재 국가들은 이 인권위원회에 큰 권한을 주기를 원치 않았다. 국가들은 헌장의 해석을 옳게 하지 않고 제소를 하기도 했다.

Libya는 미국이 Zaire와 Chad에 군대를 주둔시키고 있다고 하여 제소하였으나, 미국은 이 헌장의 당사자가 아니었기에 처음부터 제소가 불수리되었다. 인권위원회는 국가 이외의 조직이나 개인이 제소할 수 없는데도 문제를 삼았다. 또 위원회의 결정의 비밀도 문제되었다. 위원회는 연 2회 10일간씩 회의를 했는데 이로써는 위원회의 역할을 다 할 수 없었다. 그리고 위원회는 권고결정의 집행에 대해서 별 관심이 없었다. 위원회의 재정은 빈약하였다. 아프리카 수장들은 승패가 확정되는 재판소를 꺼리고, 우호적 처리를 하는 인권위원회를 원했는데 이것이 잘못이었다.222)

---

222) Umozurike, U. O. "The African Charter on Human and Peoples' Rights: Suggestions for More Effectiveness," Annual Survey of International & Comparative Law, Vol. 13, Iss. 1, Article

Ⅳ. 아프리카 사법 및 인권재판소

1. 설립

1) 아프리카 인권재판소의 설립

그럼에도 불구하고 법원에 의한 판결이 요청되어 아프리카에서는 인간 및 인민의 권리 재판소를 설립하기로 하였다. 이 재판소는 아프리카 인권헌장의 프로토콜에서 설립이 예정된 것으로, 1998년에 들어 Brukina Faso에서 6월에 채택되고 2004년에 비준이 끝나서 AU의 기관으로 구성되었다.223) 2006년에는 11명의 재판관이 선출되었다. 이들은 6년 임기로 재선만 될 수 있으며, 소장을 제외하고는 비상임재판관으로 일하고 있다. 여기서의 결정은 당사자 국가를 구속하고 있다.224)

2) 통합 재판소의 성립

아프리카연합은 재정적 이유로서 아프리카 최고재판소와 아프리카 인권재판소의 통합을 결의했으나 최고재판소는 구성되지 않았었다. 최고재판소와 아프리카 인권재판소가 통합된 최고재판소의 명칭은 아프리카 최고사법 및 인권재판소(African Court of Justice and Human Rights)으로 불리게 되어 있으나, 서명은 되었으나 필요한 수의 비준을 받지 못해서 설립이 지연되었었다. 2004년에 15개국의 비준을 채워 통합재판소가 성립하게 되었다.225) 그리하여 8년 만에 최고재판소와 인권재판소가 통합되어 현재에 이르고 있다.

2. 재판소의 조직

---

8. 2007. pp. 182-183.
http://digitalcommons.law.ggu.edu/annualsurvey/vol13/iss1/8

223) Protocol to the African Charter on Human and Peoples' Rights on the Establishment of African Court on Human and Peoples' Rights (the Protocol) Wikipedia, African Court on Human and Peoples' Rights. Hansungule, M. African Court and African Commission on Human and Peoples' Rights: Mutua, M. African Human Rights Court: A Two-legged stool, Human Rights Quarterly 21 (1999), pp. 342-363.

224) Udombana, N. "An African Human Rights Court and an African Union Court: A needful duality or a needless duplication?", Brooklyn Journal of International Law, 28 : 811. 2003.

225) Protocol on the Statute of the African Court of Justice and Human Rights, 2004.
The African Court of Justice and Human Rights: An Opportunity to Strengthen Hum...https://www.amazon.co.uk/African-Court-Justice-Human-Rights/dp/365670029X
African Court on Justice and Human Rights, Ingange, Desire: African Human Rights System: Challenges and Prospects, 2010, pp. 263-270.

1) 구성 재판관의 선임

아프리카 인간과 인권재판소와 아프리카 사법재판소는 통합하여 한 재판소로 됐다. 재판소는 16명의 재판관으로 구성된다. 한 국가는 한 번에 한 명 이상의 국적재판관을 둘 수 없다(정관 제3조). 재판소는 비당파적이고 독립적인 고도의 도덕성을 가진 선출직 판사로 구성된다. 자격은 자국에서 최고재판소의 구성원으로 선출될 수 있는 자격을 가진 사람으로, 법률자문관으로서 국제법과 인권법에 공인된 권위와 경험을 가져야 한다(제4조). 각 국가는 2명의 후보자를 지명할 수 있으며, 성에 따른 대표성을 고려해야 한다(제5조). 그러나 자국 재판관은 한 명만 선거할 수 있다. 재판관은 수장회의에서 지명된 집행위원회에서 선출한다. 선거에서는 3분의 2 이상의 다수를 얻은 사람이 득표순으로 당선된다(제7조). 임기는 6년이며 한 번만 재선이 가능하다(제8조). 재판관의 신분은 보장된다(제9조).

2) 심판부의 구성

재판소는 두 개의 심판부를 가진다. 8명의 재판관으로 구성되는 일반부와 인권부의 두 재판부를 둔다(제16조). 일반부는 인권 이외의 모든 사건을 담당하며, 인권부는 인권에 관계된 사건을 담당한다(제17조). 한 부에서 다룬 사건의 심리가 필요하다고 인정한 경우에는 전원재판부에 회부할 수 있다(제18조). 일반부와 인권부는 필요한 경우에는 여러 심판부를 둘 수 있다(제19조). 전원재판부의 결정 정족수는 9명이고 일반부와 인권부의 결정 정족수는 5명이다(제21조). 재판소장과 부소장은 전원재판부에서 선출하고 임기는 3년이나, 한 번 더 연임될 수 있다(제22조). 재판소에는 사무처를 둔다(제24조).

3. 재판소의 권한과 관할

1) 재판소의 권한

재판소는 a) 구성법, b) 일반적이거나 특수적 조약으로서 아프리카법의 성립의 정당성 여부, c) 법으로 인정되어 있는 국제관습의 증명력, d) 보편적으로 인정되어 있는 국제원칙, e) 현 정관 제46조 1항의 규정에 따른 사법결정, 여러 국가의 중요한 학술적 저작, 법치행정의 결정을 위한 아프리카 연맹의 규정 결정 등에 관한 자료, f) 사건을 해결하기 위하여 관련되는 다른 법의 해석·적용의 권한을 가진다.

2) 사법절차

(1) 제소권자

제소권자는 국가만이다(제38조). 그래서 개인제소는 인정되지 않는다.[226] 제소권자는 관계 법률과 제소이유를 서면으로 작성하여 사무처에 제출한다(제33조). 기본권 침해의

---

[226] fiah: Admissibility of complaints before the African Court Practical Guide.

경우에도 침해된 기본권에 관한 사유를 쓴 서면으로 사무처에 접수해야 한다(제34조). 재판소는 스스로 또는 당사자 청구에 의하여 가처분을 할 수 있다(제35조). 당사자나 국가는 대리인이나 변호사 등의 도움을 받을 수 있다(제36조 1항 2항). 연합의 기관은 위원회 위원장이나 그 대표자에 의하여 대표된다. 아프리카 위원회, 아프리카 전문가위원회, 아프리카 간 정부조직과 아프리카 간 국가인권위원회 등은 이 목적을 위하여 법정대표를 선임할 수 있다(제34호). 개인이나 비정부조직들도 자기들이 원하는 사람에게 대리를 하게 하거나 도움을 받을 수 있다(제5호 6호).

(2) 법정 심리

법정 절차는 재판소 규칙에 따른다(제38조). 청문은 법정이 반대하지 않는 한 공개한다(제39조). 심리기록은 매 청문마다 작성해야 하며 서기와 주재 법관이 서명해야 한다(제40조). 일방 당사자가 참여하지 않거나 변론을 하지 않는 경우에도, 법정은 심리를 계속하여 판결을 선고할 수 있다(제41조). 한 당사자가 반대하는 경우 90일 이내에 재판을 속개한다(제3항).

판결의 정족수는 심리에 참여한 재판관의 다수로 한다. 표결이 동수인 경우에는 재판부장이 결정권을 가진다(제42조).[227]

(3) 판결절차

소의 심리가 계속된 뒤 90일 이내에 판결해야 한다. 판결에는 이유를 첨부해야 한다. 또 참여한 판사가 서명해야 한다. 판결문은 공개법정에서의 낭독이어야 한다. 사건 당사자에게는 통지되며 원수회의의 집행을 위해서도 고지되어야 한다(제43조). 판결이 전원일치가 아닌 경우에는 반대의견이나 소수의견을 발표할 수 있다(제44조). 당사자의 신청에 의하여 필요한 경우에는 법정은 구제할 필요가 있는 경우 보상결정을 할 수 있다(제45조).

4. 판결의 집행

판결은 당사자를 구속한다(제46조). 법정의 판결은 종심이다. 당사국은 법정이 선고한 결정에 대해서는 집행을 보장해야 한다(제46조 3항). 판결을 집행하는데 실패한 경우 재판소는 이를 원수회의에 판결을 강행할 수 있도록 보고한다. 만약에 이 판결에 어느 당사자가 이의를 제기하는 경우 재판소는 재심을 할 수 있다. 이는 판결 후 새 사실이 발생하였거나 다른 결정적인 사유가 있는 경우 재심을 허가한다. 재심절차는 당사자 간에 공개되어야 하며, 10년 이내에 재심을 청구해야 한다(제48조). 체약국이나 연합의 기관이 이 사건의 결정이 법적 성질의 이익이 있다고 생각하는 경우에는, 재판소에

---

227) The African Court of Justice and Human Rights: An Opportunity to... Publish y...
https://www.grin.com/document/276768.

개입을 허용해 달라고 요청할 수 있으며 재판소는 이 요청을 결정하여야 한다(제49조). 이 밖에도 구성법의 해석이나 조약의 해석에 있어서 체약 국가나 연합의 기관의 개입권이 있다(제50조, 제51조). 최고회의나 의회, 집행위원회, 평화와 인권보장회, 경제사회이사회, 재정기관과 총회에 의해 승인된 기관은 재판소에 대하여 자문적 의견을 요청할 수 있다(제53조).

5. 재판소에 대한 평가

이 통합재판소의 활동에 대해서는 외국에서 우려의 소리가 높다. 그 이유는 형사부를 설치할 것이 아닌가 하는 우려가 있다. 이 형사부는 아프리카에 있어서의 인권침해에 책임이 있는 사람을 소환하여 여기서 재판함으로써 국제형사재판소(ICC)의 역할을 무색케 하려는 것이 아닌가 하는 우려이다. 이것은 이제까지 국제형사재판소에 기소된 사람들 중 아프리카의 대통령이나 수장이 많았기에, 이제 이를 대신하여 수장들을 연합의 재판소에서 심리하여 보호하려고 하는 것으로 이해되었다.[228] 심지어 일부에서는 국민을 위한 사법부가 아니라 대통령이나 정부수반의 인권범죄를 은폐하기 위한 기관으로 폄하되기도 하였다.[229]

아프리카 사법 및 인권재판소는 설립된 지 얼마 되지 않아 그 장단점을 말하기는 어려우나, 인권위원회 제도가 비구속적인데 대하여, 재판소의 판결은 구속적이기 때문에 아프리카 인권보장에 기여할 것으로 기대한다. 그러나 이 정관을 비준한 나라는 많지 않기에 전아프리카적인 인권보장제도의 확립은 어려울 것으로 보인다. 경제·사회적 조건이 좋아지고 민주정치가 발달하는 경우에는 대부분의 아프리카 연합국이 이 헌장을 체결·비준하여 보다 좋은 인권국가가 형성될 것으로 보인다. 아주 인권재판소는 과거 생존권도 구체적 권리로 입법부를 구속한다고 판결한 것도 있어 진보적이다.

---

228) Towards a Criminal Chamber in the African Court of Justice and Human Rights; Jo…
        https://academic.oup.com/iici/article-abstract/9/5/1067/2188970?redirectedFrom=fullt…
        The African Court of Justice and Human Rights: the future of international criminal…
            https://www.tandfonline.com/doi/abs/10.1080/09744053.2014.883755
229) BP359: The African Court for Justice and Human Rights Protecting Africans of Just Africa's
        Leaders? Aug. 2014.

제4절 이슬람 인권선언

Ⅰ. 이슬람 통합 운동

1. 범이슬람주의(Panislamism)

1) 범이슬람주의자들

이슬람주의자들은 이슬람종교를 믿는 국가들이 통일하여 정치적·종교적 세력을 확장하려는 사상을 가지고 있었다. 근대에 와서는 Jamal al-Oin-al-Afghani가 무슬림교도들이 식민지지배에 항쟁하면서 범이슬람주의를 주장하였다. 이 무슬림주의자들은 여러 가지 종파로 나뉘어 있어 이슬람의 통일은 어려웠다.[230]

그러나 제2차 세계 대전 후에 많은 이슬람 국가들이 독립하게 되어 이들 국가들이 모여 협의체를 구성하였다. 이 중에는 종교개혁파도 있고 신정국가를 주장하는 종교국가도 있어 공동행동은 어려우나 이슬람종교의 수호와 국가의 독립을 원하고 있다.

2) 이슬람 협력기구의 성립

(1) 이슬람 협력기구

이슬람회의기구(Organization of Islamic Conference)는 1969년 9월 25일 Rabat(모로코 왕국)에서 이슬람국가들이 모인 수장회의에서 설립이 의결되었다. 이것은 1969년 8월 21일 점령된 예루살렘에 있는 세 번째로 중요한 Al-Aqua 모스크를 유대계 신자가 폭파한데 대한 대책을 모색하기 위하여 정상이 모였던 것이다. 이 회의에서 예루살렘을 해방할 것과 Al-Aqua 사원을 유대인 점령에서 해방시킬 것을 결의하였다. 1970년에는 첫 외무장관회의가 개최되었고 사무총장을 선출하였다. 1972년 2월에 외무장관회의는 제3차 회의를 열어 조직헌장(Charter of Organization)을 체결했다.[231] 여기서는 이슬람 국가의 연대와 협력을 강화하기로 하고, 정치적·경제적·문화적·과학적·사회적 영역에서의 협력을 강화하기로 하였다. 창립 당시의 회원국은 25개국이었는데, 그동안 많이 가입하여 현재는 57개국이 되었다.[232]

(2) 회원국

창립 당시의 국가는 아프가니스탄, 알제리, 차드, 이집트, 기네아, 인도네시아, 이란,

---

230) Anti-Imperialism and the Pan-Islamic Movement-Oxford Scholarship
    https://www.oxfordscholarship.com/view/10.1093/acprof:oso/9780199668311.001.0...
231) Charter of Organization of the Islamic Conference
232) Wikipedia, Member States of Organization of Islamic Cooperation: Charter of Organization
    of Islamic Cooperation.

요르단, 쿠웨이트, 레바논, 리비아, 말레이시아, 말리, 모리타니, 모로코, 나이지리아, 파키스탄, 팔레스타인, 사우디아라비아, 세네갈, 소말리아, 수단, 튀니지, 터키, 예멘의 25개국이 있다. 그 뒤에 가입 국가가 늘어나 현재는 57개국을 가진 큰 기구로 확대하였다. 2011년 6월 28일 현재의 이름인 이슬람협력기구(Organization of Islamic Cooperation)로 개명되었다. 이때까지 추가로 가입된 국가는 바레인, 오만, 카타르, 시리아, 아랍에미리트, 시에라리온, 방글라데시, 가봉, 감비아, 기니비사우, 우간다, 부르키나파소, 카메룬, 코모로, 이라크, 몰디브, 지부티, 베냉, 브루나이, 나이지리아, 아제르바이잔, 알바니아, 키르기스스탄, 타지키스탄, 투르크메니스탄, 모잠비크, 카자흐스탄, 우즈베키스탄, 수리남, 토고, 가이아나, 아이보리코스트(코트디부아르)이다. 이 중 56개는 유엔의 회원국이다. 이 중에는 이슬람 신도를 많이 가진 국가도 모두가 회원국은 아니다. 인도와 에티오피아는 회원국이 아니다. 보스니아와 헤르체고비나, 중앙아프리카공화국, 러시아와 태국은 준회원국이다.

2.이슬람협력기구의 목적과 활동

1) 조직의 목적

이 기구는「무슬림세계의 집체적인 목소리」를 내어「무슬림 세계의 안전과 이익을 보호하며, 국제평화와 조화의 정신을 증진한다」는 것을 목적으로 하고 있다. 이 기구는 유엔과 유럽연합에 상주 대표부를 두고 있다.

이 조직의 목적은[233]

① 구성국가 간의 이슬람적 연대 증진

② 구성국가 간의 경제적·사회적·문화적·과학적 기타 여러 활동 영역에서의 협력 강화

③ 국제조직에서의 구성국가 간의 협의와 그 실천

④ 인종적 분리, 멸시의 해소와 모든 형태에 있어서의 식민지화의 근절

⑤ 정의에 입각한 국제평화와 안전보장에 필요한 지원책을 채택하는 것

⑥ 성지(Holy Place)의 안전과 팔레스타인 인민이 그들의 권리를 되찾고 영토를 해방하기 위한 투쟁의 지원을 위한 협조 노력

⑦ 모든 무슬림 인민의 존엄과 독립과 민족적 자결권 획득의 투쟁을 위한 후원

⑧ 구성국가와 다른 국가 간의 협조와 이해의 증진을 위한 적정한 환경의 창조

2) 조직의 활동원칙과 기구[234]

---

233) Abdulrahim, Dr. Walid. 31. Organization of the Islamic Conference(OIC) -
       https://sites.google.com/site/walidabulrahim/home/my-studies-in-english/31-organiz..
    Organization of the Islamic Conference; Islamic organization; Britannica.com
       https://www.britannica.com/topic/Organization-of-the-Islamic-Conference

(1) 활동원칙
구성국 간의 활동 원칙으로는
① 구성국 간의 완전한 평등
② 구성국의 자결권의 존중과 국내 문제에 대한 불간섭
③ 각 구성국의 주권, 독립과 영토의 불가분성의 존중
④ 분쟁이 발생했을 때 평화적 방법으로 해결, 협상, 중재, 화해, 조정으로 해결
⑤ 각 구성국의 영토적 불가분성, 민족적 통일, 정치적 독립에 대한 무력의 위협이나 사용의 자제[235]

(2) 조직의 기구
① 이슬람 수장회의, 왕과 국가원수와 정부수반의 회합, 조직의 최고기관으로서 3년마다 개최되며 정책을 결정하고, 이슬람 세계에 관한 문제를 논의하며 조직의 의장을 선출한다.
② 외무장관회의, 매년 열리며 이슬람 수장회의에서 의결된 정책의 집행 등 보고 논의, 수장회의의 의제 선택, 사무총장의 선거
③ 사무처, 조직의 제3위 기관이며 조직의 집행기관이다. 1970년에 설립되었으며 수장회의나 외무장관회의의 결정 집행, 조직의 회의의 준비, 산하 기관의 활동지원 권한과 프로그램 조정 활동 감독 등을 한다. 사무총장과 차장 및 직원과 전문가들로 조직한다.
④ 상설위원회, 상설위원회는 거의 모든 영역에 구성되어 있다. 이 중에는 국가원수가 의장이 되는 위원회도 있고 외무장관이 위원장이 되는 위원회도 있다. 그중 중요한 상설위원회로는 ⓐ 정보·문화상임위원회 ⓑ 경제·무역협력 상임위원회 ⓒ 과학기술 상임위원회 ⓓ 이슬람평화위원회 등이 있다.

(3) 기구의 활동
이 기구의 목적은 많으나 주된 활동은 이슬람 종교의 권위를 유지하고 국제사회에서 이슬람 국가의 독립과 내정불간섭을 주장하는 것이다.[236] 내부적으로도 여러 종류의 국가연합에 가입한 나라도 있으므로 행동 통일은 어려우나, 이스라엘에 대한 규탄과 예루살렘 해방을 위한 목적은 동일하다.[237]

234) Cavalli, G., This note analyses the new Charter of the Organization of the Islamic Conference, adopted in 2008. Perspectives on Federalism, Vol. 1, single issue, 2009
235) Islamic movement, Struggles for Power and Governance, Global Journal Political Science and Administration Vol.2, No.1, pp.55-63, March 2014
236) The Organization of the Islamic Conference; Council on Foreign Relations
　　https://www.cfr.org/backgrounder/organization-islamic-conference
237) Persia Digest, Organization of Islamic Cooperation Conference 2018/1/17;

Ⅱ. 이슬람 세계인권선언

이 기구는 기본권에 관해서 처음에는 세계인권선언에 반대하는 입장을 취하여 인권선언을 발표하였으나, 2008년 6월에 정관을 개정하여 인권과 기본자유를 보장한다고 하고, 세계인권선언과 국제법을 지지하기로 하였다.238)

1. 이슬람 세계인권선언

1) 이슬람 세계인권의 성립

이슬람 회의기구는 1981년 9월 19일 파리에서 이슬람기구의 사무총장이 이슬람 세계인권선언(Universal Islamic Declaration of Human Rights)을 발표하였다.239)

이 이슬람의 세계인권선언은 코란(Quran)에 근거하고 있다고 선언하였다.

이 인권선언은 성립 근거에 대해서 도입문(서문)에서 「이슬람은 14세기 이전에 인류에게 이상적인 인권법전을 주었다」고 하고 있다. 이슬람의 인권법은 하느님에의 신앙에 견고하게 근거하고 있다고 한다. 그리고 인권선언문에 코란을 인용하고 있다.

2) 구성과 내용

아랍 인권선언은 서문과 긴 전문과 23조로 구성되어 있다.240)

(1) 이슬람 세계인권선언의 서문

서문(Foreword)에 보면, 「이슬람은 14세기 전에 인류에게 이상적인 인권법전을 주었다. 이 권리는 인간에게 명예와 존엄을 주는 것이며, 착취를 없애고 억압과 부정을 없애는 것을 목적으로 하고 있다」고 하면서, 「이슬람에 있어서의 인권은 하느님에 대한 신앙에 근거하고 있고 신만이 인권의 근거가 되고 있다. 신은 법의 창조자이며 인권의 원천이다. 인권은 신에 기원을 두고 있으며, 정부나 의회나 권력기구는 신이 준 인권을 제한하거나

---

https://persiadigest.com/Organization-of-Islamic-Cooperation-Conference

238) Univeral Islamic Declaration of Human Rights.
     http://www.alhewar.com/ISLAMDECL.html

239) Organization of Islamic Cooperation,
     https://berkleycenter.georgetown.edu/organizations/organisation-of-islamic-cooperation;
     Organization of Islamic Cooperation, NGO Law Monitor, Research Center,
     http://www.icnl.org/research/monitor/oic.html.

240) Universal Islamic declaration of human rights: Adopted by the Islamic Council in P..
     https://www.tandfonline.com/doi/abs/10.1080/13642989808406750
     Azzam, Salem, Universal Islamic Declaration of Human Rights, The International Journal of Human Right Vol. 2, issue 3 Autumn, 1998, p. 102-112.

침해할 수 없으며 이를 항복하게 할 수 없다. 인권은 이슬람에 있어서 이슬람 법질서의 불가분리의 부분이며 모든 이슬람 정부와 기관은 이를 사회에서 준수·실천할 의무를 지고 있다. 이슬람법은 샤리아(Sharia)이며 일반적인 의회의 제정법이 아니라고 선언하였다.

(2) 이슬람 인권선언의 전문

이슬람 인권선언은 장문의 전문(Preamble)을 규정하고 있는데,241) 이것은 무슬림으로서의 신앙을 선포한다고 하고 있다.

(a) 신은 창조주이며 주권자이며 인류의 유일한 교도자이고 모든 법의 원천이다.

(b) 인간은 지상에 신의 의지를 실현하기 위한 피창조자인 인간의 사자(khilafah)이다.

(c) 신의 계시는 예언자 Muhamad에 의해 전해진다.

(d) 이슬람의 교리가 신의 최종적인 가르침이다.

(e) 모든 인류를 이슬람의 계시로 이끌어 갈 것이다.

(f) 하느님의 계시에 따라 우리들에 의무가 생기며, 이슬람인은 본질적인 의무를 지고 있다.

(g) 이슬람의 질서를 확립할 의무

① 인간의 평등 ② 인간의 자유 ③ 노예제도와 강제노동의 증오 ④ 가족의 유지 ⑤ 통치자와 피통치자의 법의 준수의무, 법 앞의 평등 ⑥ 복종은 신성한 명령에 대해서만 할 의무 ⑦ 현세의 권력은 법이 정하는 범위 내에서만 행사되어야 한다. ⑧ 모든 경제 자원은 신의 은총으로서 주어진 것으로 쿠란에 규정한 규칙에 따라서 행사되어야 한다. ⑨ 공공의 사무 및 이를 집행하는 권한은 성스러운 법과 공공인에 적합하게 행사될 의무 ⑩ 모든 사람은 그 능력에 따라서 의무를 다해야 하며 그에 상응하는 보상을 해야 한다. ⑪ 모든 사람은 그 권리가 침해된 경우에는 법에 따라서 적당한 구제조치를 보장하지 않으면 안 된다. ⑫ 법에 의해서 보장되는 권리를 침해해서는 안 된다. ⑬ 모든 개인은 범죄를 행한 경우에 소송을 제기하는 권한을 가진다. ⑭ 다음 목적을 위하여 모든 노력이 행해져야 한다.

ⓐ 인류는 모든 종류의 착취, 부정의 또는 억압에서의 해방을 확보할 일

ⓑ 모든 사람은 법이 정하는 조건에서 안전, 존엄 및 자유를 확보할 것

(3) 보장되어 있는 권리

이 선언의 제목만 보면 다음과 같다.

Ⅰ. 생명에 대한 권리

---

241) Universal Islamic Declaration of Human Rights
　　　http://www.alhewar.com/ISLAMDECL.html
　　Islamic Council, Universal Islamic Declaration of Human Rights.
　　　http://www. burrypearson co. uk/articles/gods/islam-universal htm.

Ⅱ. 자유에 관한 권리

Ⅲ. 평등에 관한 권리 및 허용되지 않는 차별의 금지

Ⅳ. 정의에 관한 권리

Ⅴ. 공정한 재판에 관한 권리

Ⅵ. 권력남용에 대한 보호에 관한 권리

Ⅶ. 고문에 대한 보호에 관한 권리

Ⅷ. 명예 및 신용의 보호에 관한 권리

Ⅸ. 망명자 비호에 관한 권리

Ⅹ. 소수자의 권리

ⅩⅠ. 공공사무의 운영 및 관리에 참가할 권리 및 의무

ⅩⅡ. 신앙, 사상 및 언론의 자유에 대한 권리

ⅩⅢ. 종교의 자유에 대한 권리

ⅩⅣ. 결사에 대한 권리

ⅩⅤ. 경제질서 및 여기에서 이끌어 내는 권리

ⅩⅥ. 재산의 보호에 대한 권리

ⅩⅦ. 노동자의 지위 및 존엄의 권리

ⅩⅧ. 사회보장에 관한 권리

ⅩⅨ. 가족을 형성할 권리 및 관련 사항

ⅩⅩ. 혼인한 여자의 권리

ⅩⅩⅠ. 교육에 관한 권리

ⅩⅩⅡ. 사생활의 비밀에 관한 권리

ⅩⅩⅢ. 이동 및 거주의 자유에 관한 권리

이러한 권리는 신에 의해서 부여되는 것으로 성스러운 법의 권위에 의하지 아니하고는 제한되지 않는다고 규정하고 있다.

3) 이슬람 인권선언의 특색

성스러운 법에 의해서는 모든 권리를 제한될 수 있는 것으로 하고 있다. 또 권리와 의무가 함께 규정되어 있다. 예를 들면 인간의 생명도 법에 의하면 침해 또는 사형도 처할 수 있게 했고, 인간의 신체는 사후에도 신성불가침이며 타당한 존엄을 가지고 취급하는 것은 신자의 의무라고 하는 것과 같은 것이다. 정의에 관한 권리에 있어서도 타자 및 공동체 일반의 권리를 방어하는 것은 모든 사람의 권리이며 의무라고 하고 있다.

여기서 사회권에 관한 규정을 둔 것은 따로 사회권 선언을 규정하지 않았기 때문이다. 경제질서 및 경제에 관한 권리는 국가질서 규정이라고도 할 수 있으며, 노동자의 권리, 사회보장에 관한 권리, 가족을 형성하고 남편의 가족부양 의무 등을 규정하고 있다.

또 이 선언에 규정된 각종의 인권은 의무를 수반한다고 하고 있다. 이는 인간의 권리, 의무 규정이기 보다는 이슬람 신자의 권리 의무를 규정한 것이며, 인간법이 아닌 신법에 의한 생활규범이란 점에서 많은 비판을 받았다. 이러한 특수성을 강조한 결과 세계적인 비판을 받아 새로이 카이로선언을 하게 되었다.[242]

2. 이슬람의 카이로 인권선언

1) 이슬람의 카이로 인권선언의 성립

이슬람 협력기구의 외무장관들은 이러한 비판을 희석하기 위하여 1990년 8월 5일 이집트 카이로에서 이슬람의 카이로 인권선언(Cairo Declaration of Human Rights in Islam)을 발표하였다.[243] 이 선언은 유엔의 세계인권선언에 대립하는 개념으로 만들어진 것이며, Sharia법에 근거한 Muslim교도의 인권선언이라고 하겠다.

여기에는 세계인권선언과 다른 규정이 많았기 때문에 양립이 어려웠으나, 아프리카 국가들이 이미 세계인권선언에 서명하였는데 이에 반하는 조항이 많이 들어있는데도 그 조항을 비준하여 많은 비판을 받았다.[244]

2) 카이로 선언의 전문

카이로 인권선언은 이슬람 세계인권선언과는 달리 전문을 간략히 규정하고 있다. 이슬람 회의조직의 구성국은

현세와 내세 간에 조화가 확립되고 지식 및 지혜가 성실과 결합되도록 보편적이고 균형 있는 문명을 인류에게 준 제일 좋은 국가로서 신이 창조한 이슬람 공동체의 문화적 및 역사적인 역할과 함께 서로 경쟁하는 물질적 운명의 만성적인 문제를 해결하기 위하여 이 공동체가 해야 할 역할을 재확인 하며,

인간을 착취와 압박으로부터 보호하기 위하여 이슬람 샤리아에 따른 인간존엄성에 근거한 생활의 자유와 권리를 유지하기 위하여, 인류의 노력에 공헌하는 것을 희망하며

물질적 과학에 있어서는 고도의 발전단계에 있는 인류가 그 문명을 지탱하기 위한 성실 및 권리 옹호를 위한 힘이 필요하다는 것을 인식하면서,

이슬람에 있어서의 기본적 권리 및 보편적 자유는 이슬람 신앙의 불가분의 일부이며

---

242) Syed Abul A'la Naudidi, Human Rights in Islam.

243) Refworld; Cairo Declaration on Human Rights in Islam
    https://www.refworld.org/docid/3ae6b3822c.html
    Littman David, "Universal Human Rights and Human Rights in Islam," Journal Midstream, February/March 1999;

244) Universal Declaration of Human Rights - Wiki Islam
    https://wikiislam.net/wiki/Universal_Declaration_of_Human_Rights
    Human Rights: The Universal Declaration vs The Cairo Declaration - Quilliam
    https://www.quilliaminternational.com/human-rights-the-universal-declaration-vs-the...

기본적 권리 및 보편적 자유가 신의 계시서에 포함되어 있으며, 이의 준수를 신앙의 행위로 보고 이를 해태하거나 또는 침해하는 것을 죄로 판정한 신의 이전의 말씀을 보완하기 위하여, 신이 최후의 예언자를 통하여 보낸 구속력 있는 신의 계율이며 따라서, 모든 사람은 이의 옹호에 개인적인 책임을 지고 — 나아가 공동체가 집단적으로 책임을 진다는 것에 있어서는 누구나 원칙으로서 이들 전부 또는 일부를 정지하거나 또는 이를 침해하거나 또는 무시하는 권리를 가지지 않는 것을 믿으며, 이상에 말한 여러 원칙에 유래하여 다음과 같이 선언한다.[245]

3) 이슬람의 카이로 인권선언의 내용
제1조 인간의 존엄과 평등
제2조 생명에 대한 권리
제3조 무력분쟁과 인도적 처우
제4조 명예
제5조 가족
제6조 남녀의 평등
제7조 아동의 권리
제8조 법적 능력
제9조 교육에 관한 권리
제10조 이슬람교
제11조 신체의 자유
제12조 이동 거주이전의 자유
제13조 노동에 대한 권리
제14조 수익에 대한 권리
제15조 재산권
제16조 무체재산권
제17조 존엄한 생활에 관한 권리
제18조 개인의 생활, 가족생활의 불가침
제19조 재판 및 형사상의 보상
제20조 신체의 자유
제21조 인질행위의 금지
제22조 표현의 자유
제23조 정치적 권리
제24조 샤리아(Sharia 법)에 의한 제한

---

245) Mubarak, A., Sharia and Human Rights, The Challenges Ahead, Kom 2013. Vol. 11, pp. 7-43.
   Download[PDF], Islamic Law And Human Rights Free Online; New Books in Politics.
   https://newbooksinpolitics.com/political/islamic-law-and-human-rights/

제25조 해석

4) 이슬람 카이로 선언의 특색

이 카이로 인권선언은 보편적인 것이 아니고 이슬람국에게만 적용되는 국지법이다. 카이로 인권선언은 제1조의 인간의 존엄 규정부터 하느님과 아담의 후예임을 강조하고 있다. 예를 들어 제25조에는 「해석원리로서 이슬람의 샤리아는 이 선언의 어떤 조문을 해석하고, 또는 명확하게 하기 위한 유일한 원천이다」고 하여, 24조까지의 권리규정이 모두 샤리아법에 의한 제한 내지 해석을 받는다고 하였다.246)

제10조는 「이슬람은 가치가 손상될 수 없는 성질의 종교이다. 사람은 어떠한 형태의 강요를 행할 수도 없으며 사람을 다른 종교 또는 무신론으로 개종하기 위하여 사람의 빈곤이나 무지를 이용할 수 없다」고 규정하고 있다. 여기서 신앙개종의 자유는 금지되고 있으며, 비무슬림이나 여자들에 대한 불평등이 인정되고 있다. 가족관계에 있어서는 남편이나 가장의 권리가 절대적이어서 여성이나 처 또는 아동의 차별대우가 행해지고 있다(제5조, 제6조, 제7조). 죄형법정주의의 경우에도 「샤리아에 정하여진 것이 아니면 죄와 형벌은 존재하지 않는다」(제15조)고 규정하고 있다. 표현의 자유도 샤리아의 제원칙에 위반하지 않는 방법으로 자유로이 표현할 권리를 가진다(제22조)고 했다.

이 선언은 유엔의 세계인권선언에 대항하기 위하여 만들어진 것으로 이에 반하는 규정들이 많아 비판을 받고 있으며, 내부에서도 개정의 필요성이 언급되고 있다.247) 특히 유럽에 이주한 무슬림들의 인권이 유럽 인권재판소에서 논란되는 경우가 많다.

[이슬람 인권선언과 세계인권선언 대조표]

제목	카이로 인권선언	세계인권선언
1. 인간의 존엄원칙	제1a조	제1조
2. 생명권, 낙태금지	제2a조	제3조, 7조, 8조
3. 평등권 차별금지법, 앞의 평등	제2조	제2조
4. 인간의 신체의 보장	제4조	제7조
5. 사자에 대한 존중	제2a조	제10조

---

246) Download [PDF]. Sharia Muslim And International Human Rights Treaty...
   http://usakochan.net/download/sharia-muslim-states-and-international-human-rights-...
247) Confrontation of Islamic Sharia and Human Rights at the Council of Europe
   https://eclj.org/religious-freedom/coe/confrontation-de-la-charia-islamique-et-des-dro...
   Assembly PACE-Resolution 2253(2019) - Sharia, the Cairo Declaration and the European C.
   http://assembly.coe.int/nw/xml/XRef/Xref-XML2HTML-en.asp?fileid=25353
   The European Court of Human Rights Submits to Islam
   https://www.gatestoneinstitute.org/13301/european-court-human-rights-islam

6. 상병자에 대한 치료 등	제2d조	-
7. 인간의 농지 등에 관한 권리	제3조	-
8. 인간의 평판과 존엄	제3b조	-
9. 가족형성, 혼인의 권리	제2d조	제22조
10. 부부의 평등	제5a조	제16조
11. 가정에의 권리	제6조	제16조
12. 아동(자녀)의 권리	제6조	-
13. 배아의 권리	제7a조	제25b조
14. 부모의 자녀 교육 선택권	제7조	제25b조
15. 발전을 위한 교육권	제7b조	제26d조
16. 국적에의 권리	제9a조	제29조
17. 종교와 교육에 관한 권리	-	제15a조
18. 종교행사의 자유	제9b조	제29조
19. 자유권	제10조	-
20. 제국주의에서의 자유와 독립권	제11a조	-
21. 거주이전의 자유와 망명	제11a조	-
22. 노동의 권리와 직업선택권	제12조	제13조, 제14조
23. 합법적인 이익에 관한 권리	제13조	제23조, 24조, 25조
24. 소유권의 자유, 착취 금지	제14조	-
25. 과학적 발전의 이익을 얻을 권리	제13조	제17조
26. 깨끗한 도덕적 환경권	제16조	제22조
27. 건강권과 사회적 치료권	제17a조	제29조
28. 생활을 향유할 권리	제17b조	제25조
29. 인신의 안전, 종교의 자유 등	제17c조	제25조
30. 거주, 가족, 부와 통신의 자유	제18a조	제3조, 12조, 22조
31. 주거의 비밀불가침권	제18b조	제12조
32. 법 앞의 평등, 개인책임주의	제18c조	제12조
33. 유죄확정 때까지의 무죄추정권	제19c조	제11조
34. 일반적 행동 자유권	제19a조	제11조
35. 고문 금지, 멸시 금지	제20조	-
36. 언론의 자유	제21조	제3조, 9조, 11조, 14조
37. 선은 행하고 악은 피할 권리	제22조	제19조
38. 모욕에 대항할 권리	제22b조	-
39. 행정과 정치적 결정행위	제22조	-

40. 신앙에 기한 안전의 권리	제23조	제21 a,b,c조
41. 신앙에 관계없는 표현의 자유	제10조	제18조, 제28조
42. 평화적 집회와 결사의 권리	제10조	제19조
43. 노동조합과 조직을 결성할 권리	제23조	제20조
44. 휴식권과 공휴일권	일반적 제23조	제23d조
	제11조	제24조

위 도표는 이슬람교도가 만든 것으로 선전용이다. 이슬람 인권선언에는 세계인권선언에 있는 것 중 규정이 없는 것도 많고, 세계인권선언이 보편적·범세계적인 것인데 대하여 종교국가를 고집하고 있는데 문제가 있다.[248]

그 결과 이슬람교도가 많은 국가의 인권 레벨은 세계에서도 하위권이다. 그래서 내부에서도 개정의 소리가 나오고 있다.[249]

Ⅲ. 구 아랍 인권헌장

1. 아랍 리그

1) 아랍 연맹의 성립(League of Arab States)

아랍 리그(Arab League)는 아랍 지역 국가의 완전한 연합체라고는 보기 힘들다. 아랍 리그는 2차 대전 중에 이집트와 시리아, 이라크 등이 모여 독립된 아랍 국가들이 협의하여 아랍 연맹이나 협력체를 형성하기로 하였다. 1944년에 첫 회의를 열어 Alexandria 선언을 했다. 1945년에는 아랍 리그 헌장을 채택하였다.[250] 이 헌장 가맹국은 새로이 독립한 이집트와 이라크, 트란스 요르단(1996년에 Jordan으로 개명), 레바논, 사우디아라비아, 시리아와 북예멘(남예멘과 통일 후 예멘)이었다. 오늘날에는 22개 국가로 구성되어

---

248) 세계인권선언과 카이로선언의 대조표로는
   Comparison between the Rights in the Islamic and the Universal Declarations | Hum...
      https://www.al-islam.org/human-rights-ayatullah-muhammad-ali-tashkiri/comparison...
   WMD - Universal Human Rights vs Islamic Human Rights - The WMD Library 참조
      https://www.rferl.org/a/Islams_Challenges_To_Universal_Human_Rights/1357912.ht...
249) It's Time to Revise The Cairo Declaration of Human Rights in Islam 2012
      https://www.brookings.edu/opinions/its-time-to-revise-the-cairo-declaration-of-huma..
   Our Declaration; MUSLIM REFORM MOVEMENT
      https://muslimreformmovement.org/first-page-posts/declaration/
   (PDF)Islamic Human Rights Law: A Critical Evaluation of UIDHR & CDHRI In..
      https://www.researchgate.net/publication/281120061_Islamic_Human_Rights_Law_..
250) Arab League - Wikipedia
      https://en.wikipedia.org/wiki/Arab_League

있다. 본부는 Cairo에 있다. 각료회의 등은 각 국가에서 열리고 있다.

아랍 리그 헌장은 리그 가입 국가를 한정하지 않고 있으며, 아랍의 독립국가만 가입할 수 있게 되어 있다. 그러나 지역적으로는 아랍 반도에 속하더라도 터키와 이스라엘은 이에 가입하지 않고 있다.

2) 아랍 리그의 가맹국

아랍 리그의 가맹국은 1945년의 이집트, 이라크, 레바논, 예멘, 사우디아라비아, 시리아, 요르단의 7개국에서 1953년에 리비아, 1956년에 수단, 1958년에 모로코, 튀니지, 1961년에 쿠웨이트, 1962년에 알제리, 1971년에 오만, 카타르, 아랍에미리트 연합, 바레인, 1973년에 모리타니, 1974년에 소말리아, 1976년에 코모로가 가입하였다.

여기에 옵서버 국가로는 브라질, 에티오피아, 베네수엘라, 아르메니아가 있다.

3) 아랍 리그의 기관

(1) 아랍 리그의 심의회(Council)

구성국가의 대표로 구성되며 각 국가마다 한 표를 가진다. 오랫동안 정례회의를 가지지 않았는데, 2000년부터 연례회의를 가지게 되었다. 하부에는 여러 위원회가 설립되어 보좌 역할을 하고 있다.

(2) 아랍 리그 정상회의(Summit)

국가원수들이 정상회의를 구성하고 있다. 아랍 리그의 최정상 정책결정기관이다. 1964년 이후 개최되고 있다. 2000년 이후에는 매년 3월에 정례회의를 열고, 구성국가의 요구나 사무총장의 요구에 따라서 특별회의도 소집한다. 정상회의의 개최 전에 상임대표들과 외무장관들이 모여 의제를 결정한다. 여기서는 최고정책을 논의하며 보고와 권고를 행하고 리그 정관을 개정한다. 사무총장을 지명하며 회원의 가입과 탈퇴를 결정한다.

(3) 외무장관회의

외무장관회의는 두 번째로 높은 정책 결정기관이다. 그 기능은 정상회의의 의제를 준비하며 일반 정책을 집행하며, 두 개 이상의 국가 간의 분쟁을 수리하고 합의를 도출한다. 정상회의의 결정을 집행하며, 기술위원회나 자문위원회를 구성한다. 예산을 편성하고, 국가 간 기여금을 결정한다. 여러 심의회의 절차규칙을 정한다.

(4) 각료회의

13개의 각료회의가 있다. ① 주택·건설장관회의 ② 정보장관회의 ③ 내무장관회의 ④ 법무장관회의 ⑤ 통신장관회의 ⑥ 전기장관회의 ⑦ 환경장관회의 ⑧ 보건장관회의

⑨ 사회장관회의 ⑩ 관광장관회의 ⑪ 청소년·체육장관회의 ⑫ 교통장관회의 ⑬ 물장관회의
이들은 아랍 리그의 여러 정책을 조정하는 역할을 한다. 예를 들면 법무장관회의는
아랍 리그의 모범 법률을 제정한다. 각 국가는 이러한 법에는 구속되지 않으나 국제법에는
구속된다.

(5) 상설기술위원회
외무장관회의 아래 공통이익을 위한 기술적 제안을 작성하는 상설위원회이다.

(6) 아랍 상설인권위원회
아랍 상설인권위원회는 아랍 리그의 상설인권위원회로 1968년에 설치되었다. 이것은
아랍 인권위원회(이는 정관위원회라고도 한다)와는 다르다. 상설위원회는 각 국가에서
한 명씩 대표되며 독립된 전문가위원회가 아니고 정치적 기관이다. 따라서 위원은 인권전
문가가 아니라도 된다. 구성국가는 모두 동일한 투표권을 가진다. 그 기능은 인권문제에
관한 구성국 간의 내부 규율을 제정한다. 인권에 관한 토론을 하고 조약 초안을 작성하며
인권조약과 인권권고를 집행하는 역할을 한다. 그리고 인권교육에 협력한다. 이 기구는
인권조약체결에 있어서도 외무장관회의에 권고하는 권한을 가질 뿐 결정권이 없다.
그리하여 이 상설인권위원회의 기능이 약하다는 비판이 있다.

(7) 인권부
상설인권위원회에 기술적 지원을 하기 위하여 인권부를 둔다. 이 부는 위원회의 의제를
준비하고 내용을 토론한다. 이 기구는 유엔의 인권고등판무관과 밀접한 접촉을 한다.

(8) 아랍 경제사회이사회

(9) 아랍 인권위원회
아랍 인권위원회는 아랍 인권헌장이 규정하고 있는 기구이다. 제45조는 「이 헌장에
따라 아랍 인권위원회를 창설한다」고 규정하고 있다. 이 인권헌장은 2004년에 체결되고
2008년 3월에 효력을 발생하였기에, 제4장 21세기의 인권헌장에서 논의하기로 하고
여기서는 생략한다.

(10) 아랍 의회(The Arab Parliament)
각국에서 4명씩 대표되는 아랍 리그의 의회이다. 이 의원은 각 가맹국의 의회에서
선출된다. 의회의 주 기능은 아랍 통일을 달성하기 위한 발전을 위한 협력기구이다.
의회는 외무장관회의가 제출한 의안만을 비준할 권리를 가진다.

2. 구 아랍인권헌장 1994

1) 아랍인권선언 1994년의 성립[251]

아랍 리그는 1968년에 아랍 리그의 인권위원회를 설립하였다. 그 기능은 인권을 증진하고 인권에 관한 정보를 제공하기 위한 것이었다. 이 기구는 아랍 리그의 여러 인권제도를 연구하고 발전시키는 것이 목적이었다. 그러나 이 아랍 기구는 범미인권위원회를 모방한 것이나, 그처럼 강한 집행권을 가지지 못하였으므로 명목적 기관이 될 수밖에 없었다.

다른 여러 지역 연합에서는 인권헌장을 가지고 있었기에 아랍 리그도 1994년 9월 15일에 아랍 인권헌장을 제정하는데 합의하였다. 이에 서명한 국가는 22개국이었다.[252]

이 헌장은 체약국들이 비준을 하지 않아 효력을 발생하지 못하였기 때문에, 상세한 설명은 생략하고 조문의 제목만 들어 보기로 한다.

2) 아랍 인권헌장(1994)의 내용

이 인권헌장은 전문과 4부 44조로 구성되어 있었다.

(1) 전문

아랍인의 인간의 존엄에 관한 신념과

인간의 존엄과 자유, 정의, 평화에 근거한 생명의 권리를 재확인하면서,

이슬람 샤리아에 근거한 일반원칙과 다른 신성한 종교에 입각한 인간의 평등과 동포애에 근거하여 유엔 헌장과 유엔인권선언이며, 유엔의 시민적 · 정치적 권리헌장과 경제적 · 사회적 · 문화적 권리헌장과 이슬람의 카이로 인권선언의 원칙을 재확인하면서, 다음의 헌장을 제정하는 데 합의하였다

(2) 내용

제1부

제1조 인민의 자결권

인민의 부와 자연자원에 대한 자결권

종족주의 시오니즘의 배격과 파기 노력

제2부 (제2조-제39조)

---

251) ACIHL-The League of Arab States and the Arab Charter on Human Rights
    https://acihl.org/articles.htm?article_id=6
252) Refworld; Arab Charter on Human Rights 1994
    https://www.refworld.org/docid/3ae6b38540.html
    University of Minnesota Human Rights Library, Arab Charter of Human Rights, 1994.
    http://hrlibrary.umn.edu/instree/arabhrcharter.html

제2조 이 헌장이 규정한 모든 권리와 자유를 향유할 권리, 모든 이유에 의한 차별
　　　금지, 평등 남녀 간의 차별금지

제3조 이 헌장의 권리 제한 금지

제4조 이 헌장에 규정된 권리와 자유의 제한 금지, 단 국가안전과 경제안전, 공공질서,
　　　공중위생, 도덕이나 타인의 권리와 자유를 보장하기 위한 법률에 의한 제한은
　　　허용된다.

제5조 생명, 자유, 인신의 안전에 관한 권리는 법에 의해 보장된다.

제6조 죄형법정주의, 소급입법에 의한 처벌금지, 피고인의 법에 의한 권리 보장

제7조 피고인의 무죄추정권

제8조 인신의 자유와 안전에 관한 권리
　　　　체포 · 구속 · 압수 · 수색 등의 법률에 근거하지 않은 행위금지, 법관에 의한 보호

제9조 사법에서의 평등, 누구에게나 어느 영역에서나 사법적 보호 보장

제10조 사형제도의 예외적 집행
　　　　중죄인의 경우 사면이나 형의 집행심사 후에 청구되어야 한다.

제11조 정치범에 대한 사형 금지

제12조 18세 이하, 임신 중인 여성, 수유 중인 모성에 대한 사형집행금지

제13조 육체적 · 심리적 고문 금지, 법률이 정한 범죄행위가 아닌 경우의 잔혹하고
　　　　비인도적이고 저열한 대우의 금지, 사전 동의 없는 인체의 과학적 실험의 금지

제14조 부채나 민사적 책임의 이행 불능 시의 투옥 금지

제15조 자유박탈처벌을 받은 사람은 인간적으로 대우해야 한다.

제16조 이중처벌금지, 처벌을 받은 사람은 그 합법성을 다툴 수 있으며 석방을 요구할
　　　　수 있다. 불법체포나 불법구금으로 피해를 입은 사람은 보상을 받을 권리를 가진다.

제17조 사생활은 신성하며 사생활의 침해는 범죄이다. 가족생활의 비밀, 가정의 신성함
　　　　과 통신의 비밀, 사적 교신의 비밀은 어떤 형식도 보호된다.

제18조 법 앞의 인격의 존중은 모든 사람에게 보장된다.

제19조 인민은 권위의 원천이다. 정치적 참정은 법적 연령에 달한 모든 시민의 권리이다.

제20조 모든 사람은 이동의 자유를 가지며, 법이 정하는 한도 내에서 영토의 어느
　　　　곳이건 거주지의 선택자유권을 가진다.

제21조 시민은 아랍 영토에서 자의적이거나 불법적으로 국외추방을 받지 않는다.
　　　　또 자기 주거지를 특정한 지역에 제한받거나 자기 영토의 특정 지역에서 생활하
　　　　는 것을 강요당하지 아니한다.

제22조 어떤 시민도 자기 나라에서 강제추방되거나 고국에 귀환하는 권리를 박탈당하
　　　　지 아니한다.

제23조 모든 시민은 다른 나라에서 정치적 망명을 할 권리를 가지며, 박해를 피해
　　　　도피할 권리를 가진다. 일반 범죄를 범하여 기소 중인 사람은 이 권리를 가지지

아니한다. 정치적 난민은 인도되지 않는다.

제24조 어떤 시민도 그 원적지 시민권을 박탈당하지 않으며, 법적 근거 없이 다른 국적을 취득할 권리를 부정당하지 않는다.

제25조 모든 시민에게 사적 소유권이 보장된다. 시민은 어떠한 경우에도 그의 재산의 전부나 일부를 자의적으로나 불법적으로 박탈당하지 않는다.

제26조 사상과 양심, 정치적 의견의 자유는 누구에게나 보장된다.

제27조 모든 종교를 가진 사람은 자기 신앙을 행사할 수 있는 권리를 가진다. 그리고 예배나 실행이나 교육을 선택할 수 있는 권리를, 타인의 권리를 침해하지 않는 한 가진다. 사상과 양심과 의견의 자유의 행사는 법이 정한 것 외에는 그 행사가 제한되지 않는다.

제28조 시민은 평화적 방법으로 집회와 시위의 자유를 가진다. 이 자유는 국가안전보장이나 공공의 안전과 타인의 권리와 자유를 보호하기 위하여 필요한 경우가 아닌 한 제한되지 않는다.

제29조 국가는 노동조합을 결성할 권리와 파업할 권리를 법이 정한 범위 내에서 보장한다.

제30조 국가는 모든 시민에게 정상적인 기본적 생활을 하는데 필요한 생계를 보장하기 위하여 노동의 권리를 보장한다. 또 충분한 사회보장의 권리를 확보한다.

제31조 취업장소를 선택하는 자유는 보장된다. 강제노동은 금지된다. 사법결정에 의하여 집행하게 되는 노동은 이 강제노역에 포함되지 않는다.

제32조 국가는 시민들에게 노동에 있어서 기회의 평등을 보장하고 공평한 임금과 노동의 동일가치에 대하여 평등한 보상을 보장해야 한다.

제33조 모든 시민은 자기 나라에서 공직을 수행하는 기관에 참여할 권리를 가진다.

제34조 문맹의 퇴치는 책임이며 의무이다. 교육은 모든 시민의 권리이다. 초등교육은 의무적이며 무상이다. 중등교육과 대학교육은 누구에게나 이용가능해야 한다.

제35조 시민은 지적이고 문화적인 분위기 속에서 아랍 민족주의와 인권을 향유하는 생활을 할 권리를 가진다. 인종적, 종교적 기타 형태의 차별은 거부되며, 국제협조와 세계평화가 보장되는 환경에서 살 권리를 가진다.

제36조 모든 사람은 문화적 생활에 참여하며, 문학과 예술을 향유하며 예술적 창작과 예술적 사상과 창조적 기술의 진보의 기회가 부여되는 생활에 참여할 권리를 가진다.

제37조 소수자의 보호, 소수자는 그의 독자적 문화와 그들의 종교교리를 누리는 권리를 박탈당해서는 안 된다.

제38조 가정은 사회의 기초 단위이며 향유하고 보장되어야 한다. 국가는 가정, 모성, 아동과 노인을 위한 특별한 보호와 보장을 해야 한다.

제39조 청소년은 신체적·정신적 능력의 발전을 위한 중대한 기회를 가질 권리를 가진다.

제3부(제40조, 제41조)

제40조 아랍 리그 평의회는 인권전문가를 인권위원회 위원으로 비밀투표로 선임한다. 인권위원회는 7명으로 구성된다. 사무총장은 위원선거를 구성국가에 요청하여야 한다. 임기는 3년이다.

제41조 국가당사자는 전문인권위원회에 연례보고서를 제출해야 한다. 또 3년마다 주기보고서를 제출해야 한다. 위원회의 요청에 따라 국가는 답변보고서를 제출해야 한다. 위원회는 국가당사자가 낸 보고서를 다른 당사자에게 배부해야 한다. 위원회는 이들 국가보고서를 아랍 리그의 인권위원회에 배포하여야 한다.

제4부(제42조, 제43조)

제42조 아랍 리그의 사무총장은 리그 심의회가 이 헌장을 승인한 경우에는, 국가들에게 서명과 비준을 위하여 제출해야 한다.

제43조 사무총장은 이 헌장이 효력발생 후 2개월 이내에 비준서 등을 사무총장실에 비치해야 한다.

이 헌장은 회원국이 비준하지 않아서 무효로 되었다.

3. 2004 아랍 인권헌장

1) 아랍 인권헌장 2004년의 성립

1994년의 인권헌장은 그동안 상당한 비판을 받은 뒤 이 헌장을 개정하기 위한 여러 회의가 열렸고 개정 기운이 농후하였다. 아랍 리그는 2004년 5월에 아랍인권헌장(수정본)을 의결하였다. 이것이 필요한 비준 국가수가 충족되어 2008년 3월 15일에 효력을 발생하였다.[253]

2) 아랍 인권재판소의 설립

21세기 초에 성립한 이 인권헌장은 인권보장을 위한 재판소제도를 규정하지 않았기 때문에 많은 비판을 받았다. 이에 아랍 리그는 2014년에 아랍 인권재판소 정관을 통과시켰으며 새로이 인권재판소가 성립하게 되었다.[254] 이것은 아랍 리그의 인권헌장의 사법적 보장에 큰 기여를 할 것이기에 여기서는 제4장 21세기의 인권헌장에서 상세히 설명하기로 한다.

---

253) Rishmewi, M.: The Revised Arab Charter on Human Rights: A Step Forward? 5 Human Rights. L. Rev. 361(2005), in Shelton/ Carozza, Regional Protection of Human Rights, opus cit. pp. 100-103.

254) The League of Arab States, Human Rights Standard and Mechanisms, 2015.

제5절 아세안의 인권선언

Ⅰ. 아세안 국가연합

1. 아세안(Association of Southeast Asian Nation)의 성립

동남 아시아의 여러 나라는 제2차 세계대전 전에는 유럽의 식민지가 많았다. 이것이 제2차 세계대전을 계기로 독립운동을 시작하였다. 그중에서도 독립성이 강했던 인도네시아, 말레이시아, 필리핀, 싱가포르와 태국이 동남아시아연합을 만드는 데 주도적 역할을 했다.[255]

1967년 8월 8일 이들 나라의 외무부장관들이 방콕에서 모여 아세안(동남아시아국가연합)을 결성하기로 의결하였다. 여기서 그들은 아세안선언(ASEAN Declaration)을 발표하였다.

2. 아세안 선언의 내용

전문에서는 현존하는 지역 연대와 협력을 앞으로도 강화할 필요가 있어 이 선언을 생각한 것이며, 동남 아시아의 지역적 협력을 증진시키기 위하여 고정적인 조직을 설립할 것을 원하면서 지역 국가 간의 평화적 공존이 필요하며, 평화의 이상과 자유, 사회정의와 경제적 복지를 증진시키기 위하여 동남아 각국의 가장 중요한 책무가 경제적 · 사회적 안정을 기하여 평화적인 국가발전을 위하여 결속한 것이, 지역 국민의 이상과 열망에 따라 연합하는 것이 필요하다고 하여 국가적 독립을 유지하면서 노력하여야 함을 확인하고 있다.

선언문은 5개조로 구성되어 있다.

첫째로 ASEAN이라고 불리는 동남 아시아 지역의 협력조직을 규정하고,

둘째로 이 조항의 목적은

1. 지역의 경제적 성장과 사회적 진보, 문화적 발전을 증진시키며,
2. 정의와 법치주의의 원리 하에서 지역적 평화와 안정을 증진하며,
3. 경제적 · 사회적 · 문화적 · 기술적 · 과학적 · 행정적 영역에서 공동 목적을 인접국의 협력과 상호원조 등으로 협력과 원조를 강화하기로 하였다.

---

255) 성립사에 관해서는 History - ASEAN ; One Vision One Identity One Community. https://asean.org/asean/about-asean/history

4. 교육의 직업적 · 기술적 · 행정적 분야에서 상호협력과 연구의 형태로 상호원조를
증진할 것과,
5. 농업과 공업과 교역의 팽창에 따르는 국제 통상 영역의 문제를 연구하고, 교통,
통신 기구를 개선하여 시민들의 생활수준을 향상하도록 협력하며,
6. 동남아 연구를 추진하며,
7. 역내뿐만 아니라 역외의 공동목적을 가진 기존의 국제적, 지역적 조직과 상호
이익이 되도록 긴밀한 협력관계를 유지한다.

셋째, 이러한 목적을 달성하기 위하여 다음과 같은 견고한 조직을 구성하기로 한다.
여기에서 아세안 조직의 기구를 구성할 것을 나열하고 있다.

넷째, 이 조직은 개방적이며 목적과 원칙을 같이 하는 동남아 지역 국가의 참여를
유도하고,

다섯째, 이 선언은 동남아 여러 나라의 공동노력과 공동희생으로 그들 인민의 총의를
대표하는 조직이라고 하고 있다.

이 조직은 원칙적으로 유엔 헌장을 지지하고 유엔의 세계인권선언을 지지하는 국가들
의 구성이었다.256)

3) 아세안의 기본원칙

아세안은 1976년에 서남아시아의 우호협력조약(Treaty of Amity and Cooperation
in South East Asia(TAC))을 체결하여 아세안 국가연합의 기본원칙을 발표하고 있다.
그 내용은

1. 상호 국가 간, 독립, 주권, 평등, 영토의 통합성과 민족적 동질성의 존중
2. 모든 국가의 다른 국가로부터의 외부적 간섭 없이, 전복이나 강제 없이 국가적으로
자유롭게 활동할 수 있는 권리보장
3. 다른 나라의 내정문제에 대한 불간섭
4. 국가 간의 차이나 분쟁에 대한 평화적 해결
5. 무력사용의 위협금지
6. 국가 상호 간의 효율적 협력유지257)

4) 아세안의 구성국가

256) Overview - ASEAN ; ONE VISION ONE IDENTITY ONE COMMUNITY
https://asean.org/asean/about-aesan/overview/
Tay, Simon S. C. ; The ASEAN charter: Between National Sovereignty and the Regions
Constitutional Movement, in Shelton/Carozza, op. cit., pp. 103-105.
257) Overview - ASEAN ; ONE VISION NONE IDENTITY ONE COMMUNITY
https://asean.org/asean/about-asean/overview/ Regional integration in Central Asia;
From knowing-that to knowing-how - science direct.
https://www.sciencedirect.com/science/article/pii/S1879366517300040

아세안 국가연합의 구성국은 처음의 5개국에서 가입국이 늘어나 현재는 10개국이 되었으며 이에 많은 준회원이 있다.

회원국은 ① 브루나이 ② 캄보디아 ③ 인도네시아 ④ 라오스 ⑤ 말레이시아 ⑥ 미얀마 ⑦ 필리핀 ⑧ 싱가포르 ⑨ 태국 ⑩ 베트남이다.

이들 국가들은 인종도 다르고, 언어도 종교도 다르며, 국가체제도 다르기 때문에 일률적인 행동 통일은 어려웠으나, 경제발전과 분쟁발생을 막기 위하여 협력활동을 하고 있다.[258]

5) 아세안의 기구

아세안의 기구로서는 정상회의(Summit)가 중요하다. 1976년부터 정상회의가 열리고 있으며, 2018년에는 싱가포르에서 제33차 정상회의가 열렸다.

의장국은 순번적으로 되며 1년씩 정상회의를 주재한다. 2019년 의장국은 태국이며, 2018년은 싱가포르이며, 2017년은 필리핀, 2016년은 라오스, 2015년은 말레이시아, 2014년은 미얀마, 2013년은 브루나이, 2012년은 캄보디아였다.

Ⅱ. 아세안 인권선언

1. 아세안 인권선언의 채택

1) 아세안의 인권보장기구 구상

1975년 2월 ASEAN 수뇌가 처음으로 한 자리에 모여 ASEAN 협회 선언이 발표되어 정치협력을 정식으로 채택하였다. 이 정상회의가 3년마다 정식으로 개최하기로 하였으나 1995년부터 매년 열리고 있다. 1976년 최초의 수뇌회담에서 동남아 우호협력조약이 체결되어, 이 조약의 가맹국은 2008년 7월에 25개국으로 늘어났다. 2005년 12월에는 수뇌회담을 개최하여 수뇌선언을 발표하였다. 수뇌회담에서는 아세안헌장을 빨리 제정하고 그 골격을 민주주의의 촉진, 핵무기의 거부, 무력행사·위하의 거부, 국제법의 원칙준수, 내정불간섭이 포함되었다. 2006년 8월 24일에는 말레이시아의 쿠알라룸푸르에서 한국, 일본, 인도, 오스트레일리아, 뉴질랜드, 중국을 포함한 16개국의 경제 담당 각료회의가 열렸다.

2007년 1월 13일에는 아세안 공동체를 2015년까지 설립할 것을 의결하였다. 여기에는 아세안 안전보장 공동체, 아세안 경제공동체, 아세안 사회문화공동체를 포함하기로 했다.[259]

---

258) ASEAN Member States - ASEAN ; ONE VISION ONE IDENTITY ONE COMMUNITY
    https://asean.org/asean/asean-member-states/
259) 현재의 아세안헌장에 대해서는 ASEAN, The Asean Charter(2007. 11. 20 서명) 참조.

2) 1965년의 방콕 인권선언

유엔 인권선언의 기초단계에서는 아시아인 다수가 기초위원회에 참여하여 1948년 세계인권선언 작성에 기여하였다.[260] 그러나 미주와 유럽 등지에서는 1948년 이후에 지역적 인권선언이 발표되고 이를 집행하기 위한 기구들이 만들어졌으나, 아시아 지역에서는 정부가 적극적이지 않아 인권선언이 늦어졌다. 이에 국제법률가위원회(icj)가 중심이 되어 1965년 2월 15일부터 19일까지 태국 방콕에서 법률가대회를 열고 여기서 인권선언을 하게 되었다.

아시아 국가와 태평양 연안 국가 16개국에서 105명의 법률가들이 모여 토론한 끝에 19일에 선언서를 발표하였다.

여기서는 법치주의에 따른 대표적 민주정치의 기본원칙이 강조되었으며 경제적·사회적 발전도 법치주의에 따라야 하며, 개발도상국가에 있어서의 법률가의 역할이 강조되었다. 그리고는 개발도상국가에 있어서의 법률가의 역할과 서남아시아와 태평양 국가에 있어서의 지역적 인권선언이 채택되었다.

이 방콕 회의의 회의록은 영어로 전문이 발표되었고 프랑스어와 스페인어로도 발표되었다. 그러나 이 선언은 민간단체가 만든 것이기 때문에 권고적 의견일 뿐이고 강제력이 없었다.

그리하여 아세안에서도 인권선언을 하여야 한다는 의견이 높아졌고, 우여곡절 끝에 2012년에야 프놈펜에서 인권선언을 발표하였다.

2. 아세안 인권선언의 성립과 내용

1) 아세안 인권선언의 성립

아세안에 있어서의 인권 문제는 국제적 관심사였다. 아세안은 헌장에서 기본적 인권을 존중, 인권의 촉진 및 보호, 사회적 정의의 추진을 선언하고 있다(제1조 1항). 아세안 헌장 제14조에는 아세안 헌장의 목적과 원칙에 따라서 인권과 기본적 자유의 보장을 위하여 아세안 인권보호기구(Asean Human Rights Body)를 구성하도록 의무화하고 있다.[261] 이 기구는 아시아 외상회의에서 결정된 관련 조건에 따라서 활동하도록 되어

Charter of the Association of Southeast Asian Nations - ASEAN ; ONE VISION O...
   https://asean.org/asean/asean-charter/charter-of-the-association-of-southeast-asian
   -nat..
260) Robinie, R., Asia and the Drafting of the Universal Declaration of Human Rights, 2018.
   https://www.boekhandeldouwes.nl/boek//9789811321030-asia-and-the-drafting-of-t
   he...
261) Article 14, The Asean Charter.
   渡辺豊, ASEAN 人權宣言, 『法政理論』 第47卷 1号(2014), pp. 157-189.
   Secretariat, ASEAN Human Rights Declaration, pp. 3-12.
      http://en.wikipedia.org/wiki/ASEAN_Human_Rights_Declaration

있었다. 이 기구는 구성 국가인 브루나이, 캄보디아, 인도네시아, 라오스, 말레이시아, 미얀마, 필리핀, 싱가포르, 태국과 베트남에서 지명된 개인 10명으로 2008년에 구성되었다. 고등 패널에서 이 기구(The ASEAN Intergovernmental Commission on Human Rights(AICHR))의 정관과 활동방향을 2009년에 제정하였다. 이 기구는 인권 문제에 관한 회의를 개최하고 연구 회합을 가지며 대회를 개회하게 되어 있었다.

2010년에 개최된 회의에서는 절차 규칙을 제정하고 앞으로의 5개년 계획을 수립하였는데, 가장 중요한 과제는 ASEAN 인권선언을 준비하고 채택하는 것이었다. 두 개의 초안이 만들어졌는데, 첫째 초안은 국제인권법의 수준에 미달하는 것이라 하여 시민단체에 의하여 비판되어 폐기하고, 제2초안을 만들어 이를 통과시켰다(ASEAN Human Rights Declaration). 이는 지역적 인권 발전의 로드맵이라고 불리었다. 이 선언(IGLHRC)의 채택 후에도 유엔 인권위원회의 고등판무관실에서도 비판을 받았다. 그 같은 의견을 반영하여 초안을 2012년 프놈펜에서 수정하여 발표 작성하였다.

2) 아세안 인권선언의 내용

(1) 아세안 인권선언의 전문

① 아세안의 목적의 하나로서 인권의 증진과 보호, 민주정치 원칙과 법의 지배, 좋은 정부의 원칙 준수

② 유엔의 세계인권선언, 유엔 헌장과 빈 행동강령에 관한 선언을 존중함을 재확인함

③ 여성의 권리와 여성에 대한 폭력금지 등 아세안의 인권선언을 준수할 것을 확인

④ 이 선언이 인권보장제도를 설립하고, 이 지역의 사회공동체 형성에 기여하기 위한 협력 선언

여기서는 그들이 주장해 왔던 아세안의 가치에 관한 규정은 있으나 이슬람의 샤리아법에 관한 규정은 없다.

(2) 아세안 인권선언의 내용

아세안 인권선언은 전문과 ① 일반원칙 ② 시민적 · 정치적 권리 ③ 경제적 · 문화적 권리 ④ 발전의 권리 ⑤ 평화의 권리 ⑥ 인권의 증진과 보호에서의 협력으로 구성되어 있다.

(3) 아세안 인권선언의 기본원칙

1. 모든 사람의 존엄과 권리의 평등
2. 모든 사람은 모든 영역에서 어떠한 이유로도 차별없이 평등하다.
3. 모든 사람은 법 앞의 평등이 인정된다.

UN official welcomes ASEAN commitment to human rights, but concerned over content
https://news.un.org/en/story/2012/11/426012

4. 여성, 아동, 노인, 장애인, 이주 노동자와 소수 민족도 다 같이 불가침의 권리를 가진다.

6. 기본 자유와 권리는 또한 의무를 수반한다.

7. 모든 인권은 보편적이고 불가분이다.

8. 인권의 기본권과 자유의 행사는 법률에 의한 제한에만 복종한다. 법률은 국가안전보장, 공공질서, 국민건강, 공공안전, 공공복지를 위한 목적으로만 제정된다.[262]

(4) 시민적 및 정치적 권리

자유권과 참정권에 관해서 상세하게 규정하고 있다.

10. 아세안 국가는 유엔 세계인권선언의 시민적 · 정치적 권리에 관한 권리를 확인한다.

11. 생명에 대한 권리

12. 신체의 자유 및 인권에 대한 권리

13. 노예 등의 금지

14. 고문 등의 금지

15. 거주이전 및 출국의 자유

16. 박해에서의 비호

17. 재산권 보장

18. 국적의 권리

19. 가족 생활에의 권리

20. 공정한 재판을 받을 권리

21. 사생활의 보호

22. 사상, 양심, 신앙의 자유

23. 표현의 자유

24. 집회의 자유

25. 참정권

(5) 경제적 · 사회적 및 문화적 권리

여기서는 사회적 · 경제적 권리가 비교적으로 상세히 규정되어 있다.

26. 경제적 · 사회적 및 문화적 권리

아세안 국가는 유엔 세계인권선언이 보장하고 있는 모든 경제적 · 사회적 · 문화적 권리를 확인한다. 특히 이하의 권리를 확인한다.

27. 노동의 권리, 노동조합결성권, 아동노동의 금지, 착취의 금지

---

28. 상당한 생활수준에의 권리, 식량 · 의복 · 주택 · 의료보험, 사회부조, 깨끗한 물, 환경의 권리

29. 건강을 보호받을 권리, 육체적 · 정신적 건강, 전염병으로부터의 보호, HIV/AIDS 퇴치

30. 사회보장의 권리, 모자에 관한 보호, 존엄한 생존의 권리, 모성의 권리, 아동의 권리

31. 교육에 대한 권리, 초등교육의 무상, 인간성 교육

32. 문화에 대한 권리, 문화적 생활 보호

33. 권리의 점진적 실현, 단계적인 경제 · 사회 · 문화적 권리의 확보

34. 외국인에 대한 권리보장, 외국인의 국민경제에의 참여 보장

(6) 발전의 권리

이 권리는 제3세계에서 주장된 제3세대의 권리이다. 아세안의 모든 사람은 불가양의 발전의 권리를 가진다. 아세안의 모든 주민은 경제적 · 사회적 · 문화적 · 정치적 발전에 참여할 권리를 가진다. 발전권을 현재와 미래의 인권을 위하여, 발전과 환경의 필요를 위하여 국가가 충실히 보장해야 한다. 이 밖에도 환경에의 권리를 보장하고 있다.

35. 발전의 권리

36. 개발정책의 책정

37. 발전의 권리와 국제협력

(7) 평화에의 권리

아세안 국가는 이 선언에 있는 인민의 권리를 완전히 실현함으로써 안전과 평온, 중립과 자유가 아세안 기구의 범위에서 평화의 권리를 누리게 한다. 이 목적을 위해 아세안 국가는 우애와 협조, 평화와 조화와 안전성을 계속 확보한다.

38. 평화에의 권리

(8) 인권의 촉진 및 보호에 있어서의 협력

아세안 국가는 상호 간 협조하고 아세안 헌장에 따라 서로 협조함으로써 인권과 자유의 공공이익을 나누어 가진다.

39. 인권의 촉진을 위한 협력

40. 권리와 자유를 파괴하는 활동의 불승인

아세안 국가는 당사자로 되어 있는 국제적 인권기구와 활동을 하도록 헌장을 해석하기로 한다.263)

---

263) ASEAN 인권선언에 관한 해설서로서는 American Bar Association, Rule of Law Initiative. The ASEAN Human Rights Declaration; A Legal Analysis, 2014, pp. 1-180; Clarke, G., "The Evolution ASEAN Human Rights System; The ASEAN Human Rights Declaration of 2012." Northwestern

3. 아세안 인권선언의 특색

1) 의의

아세안의 인권선언은 세계 각국과 유엔의 비판을 받아들여 비종교적 선언을 했다. 아시아 전지역에서의 인권선언의 채택이 부진했던 것은 아시아 전체의 동질성이 부족하고, 자유민주주의의 국가와 공산주의 국가 간의 이데올로기 대립이 심하였기에 지역적 통합이 빨리 이루어지지 않았던 탓이 있겠다. 그동안 일본, 한국, 대만 학자들이 동아시아에서의 인권선언이라도 발표하자고 했으나, 아세안 지역과 중국, 북한 지역의 인권상태가 좋지 않았기 때문에 이를 추진하지 못하고 있었다. 그런데 후발국인 ASEAN에서 아세안 인권선언이 발표된 것은 만시지탄이 있다고 하겠다.

아세안 지역도 60년대에는 이데올로기의 대립이 심했고 냉전에서 열전으로 번지고 있었기 때문에 통합이 어려웠으나, 열전이 끝난 뒤 이데올로기 논쟁이 약화되자 아세안이 체제가 다른 동남 아시아의 10개국이 단합하고, 거기에서 아세안 인권선언을 늦게나마 발표하게 된 것은 다행이라고 하겠다.

특기할 만한 것은 67년에 반공동맹으로 출범한 아세안이 라오스 인민공화국, 미얀마 공화국, 1995년에는 공산주의 국가인 베트남이 아세안에 가입하였고, 1999년에는 캄보디아가 가입하여 지역이 통합되었다. 이들 국가들이 경제협력에서 나아가 인권협력으로 나아가게 된 것은 큰 의의가 있다고 하겠다.[264] 동유럽에서는 공산주의 국가가 민주국가로 전향한 후 헌법을 개정하여 유럽심의회의 인권조직에 가입 활동하고 있는데 대하여, 아세안에서는 공산주의 국가가 공산주의 체제를 가지면서 ASEAN에 합류한 것을 계기로 하여 이의 조화를 위하여 인권선언에도 많은 특약이 규정되어 있는 것으로 보인다.

2) 아세안의 특수성 강조로 세계 보편성 침해 여부

아세안 지역에서는 서구적 인권관에 대한 저항이 심했다. 1993년에 개최된 세계인권회

Journal of International Human Rights Vol. 11. Issue 1, Article 1(2012), pp.1-27; Petchara-mesree, S. "The ASEAN Human Rights Architecture Its Development and Challenges." The Equal Rights Review Vol. eleven(2013), pp. 46-60; H. Purnama, ASEAN and Human Rights and Sovereignty in the Asean Path Towards a Human Rights Declaration, Human Rights Review, Vol. 15, Issue 4, (Dec. 2014), pp. 391-411; ASEAN Intergovernmental Commission on Human Rights Documents AICHR,

　http://aichr.org; ICJ. The ASEAN Human Rights Declaration, Question and Answers; ASEAN Declaration on Human Rights,

　https://2009-2017.state.gov/r/pa/prs/ps/2012/11/200915.htm;

ASEAN; Leaders Adopt Human Rights Declaration, Global Legal Monitor; ASEAN Human Rights Declaration.

264) ASEAN's Declaration advances Human rights in Asia, East Asia Forum.

　http://www.eastasiaforum.org/2013/02/08/aseans-declaration-advances-human-rights-in-asia.

의 준비를 위한 정부 간 아시아 지역 협의회에서는 방콕 선언을 했는데, 여기서는 정치적 Conditionality의 부정(제4항), 비선별성의 강조나 이중기준, 정치화의 회피(제7항), 국가 및 지역의 특수성의 강조(제8항) 등이 제기되어 인권의 보편성에 대한 아시아가치의 특수성을 강조하는 등 논란이 있었다. 265)

아세안의 인권정책에 따라 아세안 인권선언의 초안이 작성되었는데 이에 대해서는 비판이 많았다.

첫째로는 초안 작성에 있어서의 비공개성이 논란이 되었다. 이 안 작성은 원래 5년간의 작업을 예정하고 있었는데, 시민사회의 의견을 옳게 반영하지 않기 위하여 비밀리에 작성했다는 비난을 받았다. 그들은 안의 초안을 공개할 것을 요청하였다. 그리하여 일부 공개한 바 4시간의 토론 끝에 시민단체의 비판을 받고도 이를 그대로 수정하지 않으므로 비판을 받았다.266) 태국의 Amnesty International에서는 이 선언의 발표를 연기하도록 요청하기도 하였다.267) 그러나 이러한 시민단체와 유엔 인권위원회의 요구에도 불구하고 2012년 말에 ASEAN 인권선언은 발표되었다.

둘째로는 내용상에서는 1946년의 유엔 세계인권선언의 취지에도 못 미치는 후진적이 라는 주장이다. 예를 들면 ASEAN인은 지역적 내용에서 최대 실현가능한 환경을 창조하여 권리와 자유를 향유한다고 한 조항이다. 그리하여 말레이시아에서는 성별이나 성 간에서의 차별금지문제는 아세안의 핵심가치에 따르면 된다고 하여,268) 유엔 인권위원회의 결정에도 위반했다. 제7조는 「모든 인권은 보편적이며 불가분이고 상호간 의존하고 상호간 관련되어 있다」고 했다. 이 선언 중의 모든 인권 및 기본적 자유는 공정하고 평등한 방법으로 동일한 기초에 근거하여 동등하게 중점을 두어 취급하지 않으면 안 된다. 동시에 인권의 실현은 정치적·경제적·법적·사회적·문화적·역사적 및 종교적 배경을 고려하면서 지역 및 국가의 문맥에 따라서 검토되지 않으면 안 된다」고 하고 있다. 이는 제6조의 권리에 대한 의무 규정과 함께 아시아적 특수성으로 고려될 수

---

265) 渡辺豊, "ASEAN 人權宣言," 전게 논문, p. 170; Petcharamesree, S. "The ASEAN Human Rights Architecture Its Development and Challenges," The Equal Rights Review Vol. eleven(2013), pp. 46-60.

266) Robertson, P. ASEAN's road to nowhere?, Human Rights Watch, in Strategic Review, p. 5; Asia, International Justice Resource Center, http://www.ijrcenter.org/regional/asia

267) Postpone deeply flawed ASEAN Human Rigths Declaration
    https://www.amnesty.org/en/press-releases/2012/11/postpone-deeply-flawed-asean-Humanrights-declaration, ASEAN Human Rights.
    http://theconversation.com/asean-human-rights-declaration-a-step-forward-or-a-slide-backwards.
    Menschenrechte im interkulturellen Diskurs; bpb Bundortag Deutschland.
    http://www.bpb.de/internationales/weltweit/menschenrechte/38723/interkultureller-discurs

268) 아시아의 가치의 모호성에 따라 인권을 제한할 수 있게 한 것은 법률유보의 원칙에 위반하는 것이라는 지적에 따라 제8조가 수정되었으나, ASEAN인의 권리를 「타인의 인권 및 기본적 자유의 적정한 승인을 확보하고 또 국가 간의 안전, 공공의 질서, 공중위생, 공공안전, 공중도덕 및 민주사회에 있어서의 일반적 권리를 충족할 것을 목적으로 한 법률에 의하여 정하여진 제약에만 따른다」고 변경하고 있다.

있다.269)

아시아의 가치문제는 인권회의 때마다 아시아의 특수성을 주장하는 이론으로서 등장해 왔다. 방콕 선언에서는 말레이시아의 마하티르(Mahathir) 수상이, 싱가포르에서는 리콴유 (李光耀) 수상이 주장하였다. 이것은 동양이 서양의 경제·사회 사정에 뒤처져 있기 때문에 ① 발전의 권리를 요청하는 것이며, ② 인권의 지역적·문화적 특수성을 강조하는 것이며, ③ 국가의 경제발전에 따라 인권의 평등 적용이 가능하다는 것을 주장한 것이다. 이에 대하여 NGO는 반격하며 인권의 보편성을 강조했다.270)

3) 보편성의 요구

아세안에서 행해지고 있는 태형 제도라든가 이슬람 국가에서의 일부다처제, 여아의 조기 혼인제도, 부부의 불평등이 인류 보편의 가치에 반한다고 보고 있다. 1993년 6월 25일에 세계인권회의에서 채택된 빈(Wien) 선언 및 행동계획에서는 39절에 달하는 인권문제에 관한 결의와, 100절에 달하는 행동계획을 발표하였다. 여기서 회의는 인권문제에 관한 결의 제5절에서 「인권의 보편성, 불가분성과 상호의존성」을 발표하고 있다. 「모든 인권은 보편적, 불가분, 상호에 의존하고 관련하여 있다. 국제사회는 동일한 입장에 기초하여, 또 등등하게 중점을 두어 공평하고 평등한 방법으로 인권을 전세계적으로 취급하지 않으면 안 된다. 국가, 지역의 특수성 및 여러 가지 역사적, 문화적 및 종교적 배경의 중요성은 고려하지 않으면 안 되나, 모든 인권 및 기본적 자유의 촉진 및 보호는 그 정치적 및 문화적 제도의 여하를 불문하고 국가의 의무이다」고 하여, 인권의 특수성을 부인하고 보편성을 강조하고 있다. 행동강령 제80절에서도 「인권의 보편적인 신념의 강화」를 요구하고 있다.271)

여기서 아시아의 지도자들과 NGO단체는 어느 정도의 합의에 도달하였다. 그러나 여성의 권리 등에 대한 합의는 옳게 이루어지지 않았고, 1995년의 여성인권선언은 아시아의 가치와 적합하지 않다는 주장이 있었다.

---

269) Proceedings of Congress, Asia Pacific Forum; "Asian Values" and Democracy in Asia, https://archive.unu.edu/unpress/asian-values.html;
China And Human Rights, The Rights' Future, http://therightsfuture.com/common-tracks/asian-values;
Human Rights and Asian Values, Carnegie Council for Ethics in International Affairs.

270) Jacobsen/Bruun (eds.), Human Rights and Asian Values, Contesting National Identities and Cultural Representations in Asia, 2000; Gilley, B. China's Democratic Future; How It Will Happen and Where It Will Lead, Columbia University Press, 2004; Sen, A. Human Rights and Asian Values, Carnegie Council on Ethics and International Affairs, 1997; Bell, Di, Beyond Liberal Domocracy, pp. 52-83, 2006.
Asian Values And Human Rights Politics Essay, 23. March 2015, https://www.ukessays.com/essays/politics/asian-values-and-human-rights-politics-essay.php.

271) Wien Declaration and Action Program, 日譯, ウィーン宣言と行動計劃, 1993年 6月 25日 國連世界人權會議 採擇

　아세안 인권선언은 이 빈 선언에도 위반하는 것으로 아세안인의 인권을 1948년의 세계인권선언 이하로 보장하고 있으며, 아세안인을 아프리카인이나 남미인보다도 더 나쁜 인권을 보장하고 있다고 반대하였다. 뿐만 아니라 국가원수들이 세계인권선언을 전부 포함한 것으로 선수를 쳐서 발표하여 시민들이 속았다고 느꼈다. 이 선언은 수많은 시민인권 단체와 상의 없이 시민들의 의견을 반영하지 않고 선언된 것이기에 시민단체의 반대도 심하였다.[272] 시민단체들은 이를 인권침해 선언으로 보고 아시아인의 인권선언임을 거부하기도 하였다. 또 미국무부에서는 이 인권선언이 유엔 인권선언의 취지에 역행하는 일이 없기를 바랐고, 유엔의 인권최고판무관도 그 서명을 연기하기를 원하였다.[273]

　이러한 반대에도 불구하고 아세안 인권선언은 선포되었고 효력을 가지고 있다. 그러나 이에 대해서는 법조단체에서도 비판이 행해지고 있다.[274] 그럼에도 불구하고 ASEAN에서는 이의 개정은 하지 않고 있다. 이에 따라 인권침해가 자행되고 있으며, 최근에는 로힝야(Rohingya)에서의 인권탄압에 대하여 국제적인 지탄을 받고 있다.[275] 가맹국인 미얀마 정부에 의하여 Rohingya 국민은 미얀마에서 축출되는 중이며 비사법적인 형집행, 갱에 의한 강간, 독극물에 의한 상해행위 등이 행해지고 있는데, 방글라데시, 인도, 말레이시아, 네팔과 태국은 이를 방관하다시피 하고 있어 다른 가맹국의 지탄을 받고 있다. 이에 대한 인권 구제가 잘 되지 않고 국제인권재판기구도 없어,[276] 인권침해에 무방비

---

272) Civil Society Denounces Adoption of Flawed ASEAN Human Rights Declaration.
　　　https://www.hrw.org/news/2012/11/19/civil-society-denounces-adoption-flawed-asean-human-rights-declaration.
273) Human Rights Declaration Falls Short. The Diplomat,
　　　https://thediplomat.com/2012/11/human-rights-declaration-falls-short;
　　Betraying human rights, ASEAN style,
　　　http://www.nationmultimedia.com/opinion/Betraying-0human-rights-ASEAN-style-30181860.html;
　　ASEAN Declaration on Human Rights,
　　　https://2009-2017.state.gov/r/pa/prs/ps/2012/11/20915.htm.
274) American Bar Association Rule of Law Institute, The ASEAN Human Rights Declaration; A Legal Analysis; Asean's human rights declaration criticised by US and others,
　　　http://www.scmp.com/news/asia/article/1085659/aseans-human-rights-declaration-criticised-us-and-oters;
　　ASEAN and human rights: Resting Western pressure or emulating the West?,
　　　http://www.tandfonline.com/doi/abs/10.1080/09512740903329731;
　　Does the ASEAN Human Rights Declaration Even Matter?,
　　　https://www.cfr.org/blog/does-asean-human-rights-declaration-even-matter
275) Joint Statement by the Asian Human Rights Commission - End the violence against the Rohingya,
　　　http://www.kractivist.org/joint-satatement-by-the-asian-human-rights-commission-end-the-violence-against-the-rohingya;
　　"Human Rights and Sovereignty in the ASEAN Path Towards a Human Rights Declaration," Human Rights Review(2014), pp. 391-411;
　　The ASEAN Human Rights Declaration: Cause for Celebration?,
　　　http://asiapacific.anu.edu.au/regarding-rights/2013/01/25/the-asean-human-rights-declaration-cause-for-celebration.
276) The Limits and Potentials of Regional Human Regime in Southeast Asia, academic

상태에 빠져있다. 그 이유는 아세안이 주권국가의 독립성을 주장하고 내정간섭을 반대하고 있어 ASEAN 인권선언이 발표되었음에도 불구하고, 타국의 인권문제에 개입하지 않고 있기 때문이다. 그런데 로힝야 인족문제는 주변 ASEAN 국가에 인권문제를 야기했기 때문에, ASEAN 인권선언에 새로운 경종을 울리고 있고, 심지어 ASEAN의 인권보장에도 문제를 야기하고 있다는 주장이 있다.[277]

4. 아세안 인권선언의 장래

아세안 인권선언은 시민단체나 유엔 기구에서 주장한 바와 같이, 아세안인의 핵심 가치를 보장한다는 이유로 유엔 인권선언에 위반되는 특수성을 내포하고 있다. 이는 아세안 국가 중의 몇 나라가 아직도 민주주의가 발전하지 않고 경제적·문화적 발전이 뒤져 있어서 자국의 국가 이익 내지 특수성을 보장하기 위한 것이다. 아세안 창립 후 50주년이 되어 아세안은 경제적으로 괄목할 만한 발전을 하였기에, 인권보장에 있어서도 자국의 특수성을 강조할 것이 아니라 인권의 보편성에 따라 국제적 기준에 맞게 선언을 개정해야 할 것이다.[278]

현재의 아세안 인권선언에서는 집회의 권리나 강제연행 후 소리도 없이 사라지는 폐단이나, 여성이나 아동의 권리가 차별되고[279] 있기 때문에, 이에 대한 보완이 요구되고 있다.

4. 아세안의 인권위원회

1) 성립

아세안 인권선언에 규정된 인권을 보장하기 위한 기관으로 아세안 인권위원회를 두고

277) Myanmar's religious violence a threat to Southeast Asia's security,
   http://www.eastasiaforum.org/2013/07.04/myanmars-religious-violence-a-threat-to-southeast-asias-security;
   Is ASEAN A newfound voice for the Rohingya?, East Asia Forum,
   http://ww.eastaiaforum.org/2017/03/28/rohingya-issue-shows-flaws-aseans-stand-human-rights;
   Asean Way means no respect for human rights of the Rohingya,
   http://www.nationmultimedia.com/detail/opinion/30327964.
278) Overlooking Widespread Human Rights Abuses In ASEAN Could Trigger Destabilization
   https://frontera.net/news/asia/overlooking-widespread-human-rights-abuses-in-asean-could-trigger-destabilization.
279) 11 Worst Asian Countries for Human Rights Violation. Insider Monkey.
   http://www.insidermonkey.com/blog/11-wortst-asian-countries-for-human-rights-violation-413280;
   Asean declaration allows Cambodia to flout human rights warn campaigners,
   https://www.theguardian/.com/global-development/2012/nov/23/asean-declaration-cambodia-flout-human-rights.

있다. 아세안 인권위원회는 2009년에 설립되었다. 역사적으로 보면 1998년의 빈(Wien) 회의에서 국가들 간에 아세안 인권위원회의 설립이 논의되었으나, 이 기구는 이 기구 구성 논의가 시작된 뒤 15년이 지난 2007년까지 설립되지 않았다.

아세안 헌장 제14조는 인권위원회에 관해서 규정하고 있다. 이 기구는 아세안인의 권리와 기본자유를 증진시키고 보호하는 기관으로 설립하게 되었다. 이 기구는 아세안 외무부장관회의의 결정에 따라서 기능하도록 하였다. 2008년에 태국에서 열린 외무장관 회의에서 정관이 정해졌고 아세안의 특별기구로서 창립되었다.

아세안 인권위원회(ASEAN Intergovernmental Commission on Human Rights)는 2010년 10월 23일부터 그 기능을 발휘하였다.[280]

2) 목적과 취지

1. 인권위원회의 목적은 인권과 기본적 자유의 증진과 보호를 위해 설립한다.
2. 아세안 인권선언을 발전시키는 일
3. 교육, 연대와 정보의 확산을 통한 인권의 권리의식 앙양 노력
4. 아세안 인권기구로서의 아세안 가입국가의 효과적인 인권 증진을 위한 제도 건설
5. 아세안 구성국가의 아세안 인권선언의 홍보, 보호
6. 청구에 의해 인권보호를 위한 자문 역할과 기술적 지원
7. 아세안 기구와 아세안에 연결된 조직과 기구들에 대한 상담과 권고에 종사
8. 다른 아세안 기구 국가와의 인권 증진과 보장을 위한 노력
9. 아세안의 이익을 위한 인권 관련 사항의 정보수집과 보호수단의 발전
10. 인권 연구의 테마 준비
11. 기타 아세안의 외무장관회의에서 태스크포스의 집행

3) 인권침해에 대한 구제방법

인권위원회는 인권침해 문제에 대한 해결 기능을 갖지 못했다. 그러다 2014년의 외무장 관회의에서 아세안 국가의 인권 사항에 관한 조사권을 부여하였다.

2012년부터 인권침해 행위에 대한 소원제기가 가능해졌다. 이에 따라 인권위원회는 서류를 접수하고 그에 대한 응답을 하게 되었다. 통신과 진정은 아세안의 사무처에서 수용되었다. 신청은 email과 online website에서도 할 수 있게 되었다. 물론 사무처에 직접 출두해서 접수할 수 있게 되었다. 심사는 AICHR(Intergovernmental Commission on Human Rights)회의에서 하게 되었으며, 진정에 대한 회신은 비공개로 했다. AICHR은 최근까지는 한 건도 침해 결정을 하지 않고 있다.[281]

---

280) Kelsall, Michelle Staggs, The New ASEAN Intergovernmental Commission on Human Rights, Asia Pacific, 2009 September; Numak Gorawat u. a., The Unfinished Business: The ASEAN Intergovernmental Commission on Human Rights, Friedrich Naumann Stiftung, Für die Freiheit Nr. 14 Dezember 2009.

4) 인권위원회의 구성

인권위원회는 참여 국가의 대표자로 구성된다. 대표자는 한 국가당 1명이다. 이들은 개인적 자격으로, 인권에 관한 식견이 있는 사람이 선출된다. 위원회 구성원의 선출에는 성을 고려해야 한다.

위원회위원은 비상임이며 자원에 의해 근무한다. 임기는 3년이며 한 번만 재선될 수 있다. 정부는 언제든지 위원을 이유 소명 없이 대체할 수 있다. 신분의 독립성이 보장 되지 않고 있다. 위원장은 매년 순번으로 취임하며 임기는 1년이다.[282]

5) 결정절차

인권위원회는 적어도 1년에 두 번 이상 회합해야 하며, 필요한 경우에는 추가회의를 할 수 있다. 위원회의 결정은 상의와 합의에 의하여 결정한다. 위원회는 10명의 대표의 전원일치가 아니면 결정할 수 없다.

인권위원회는 연차 보고서와 기타 필요한 보고서를 외무장관회의에 제출할 의무를 진다. 위원회 보고서는 비공개이다. 위원회는 아세안 정치안보 청서와 사회문화 청서를 사무처에 제출해야 한다. 이에는 여성과 아동의 권리보호에 관한 것도 포함되어야 한다.

6) 결정의 효력

결정의 효력은 권고적 성격을 띠며 회원국에 대한 구속력은 없으며, 협의의 성격이 짙다.

7) 서류와 업무의 홍보

위원회는 자기 업무를 정기적으로 홍보할 의무를 진다. 위원회는 기자회견(Press meeting), 언론보도, 정보팸플릿과 웹사이트를 통하여 홍보한다.

위원회는 아세안의 인권 기구를 넘어 아세안의 인권 증진과 보호를 위한 전반적인 책임을 지고 있다. 인권위원회는 인권과 기본 자유를 보장함에 있어서 다른 아세안 기구와 협력하여야 한다.

8) 아세안 인권위원회의 총평

인권선언을 집행하고 감독하는 기관으로서의 인권위원회의 권한은 약하며 사법적

---

281) About: Intergovernmental Commission on Human Rights in ASEAN
   https://humanrightsinasean.info/asean-intergovernmental-comission-human-rights/ab..
   Working Group for an ASEAN Human Rights Mechanism
   http://aseanhrmech.org/
   Shelton/ Carogga, Regional Protection of Human Rights, pp. 287-288.
282) Working Group for an ASEAN Human Rights Mechanism
   http://aseanhrmech.org/

결정을 피하고 있어, 기본권 보장을 위한 효과적인 기관이라고 할 수 없다. 아세안 국가에서는 아직도 인권침해에 대한 사법적 구제의 의식도 약하고, 기구도 없어 인권후진국으로 머물러 있다고 하겠다. 21세기를 위한 개선이 요구된다.

또 아세안 인권위원회도 개별적인 인권침해 행위를 다룰 수 있게 되어야 하며, 다른 지역 연합과 같이 아세안 인권재판소를 설립하여 사법적 권리보장을 하도록 해야 할 것이다. 아시아적 가치가 아시아적 후진성을 강조하는 도구가 되어서는 안 되며, 하루빨리 인권의 개선을 해야 할 것이다.283) 2012년에 제정된 것이기에 원칙 같으면 21세기의 인권선언이라고 보아야 할 것이었으나, 보편성이 부족하고 세계인권선언에 위반한 것이 많기 때문에 제4장이 아닌 이 제2장에서만 논하기로 하였다.284)

---

283) What Did the US-ASEAN Sunnylands Summit Achieve?, The Diplomat.
     https://thediplomat.com/2016/02/what-did-the-us-asean-sunnylands-summit-achieve;
     Tom Lantos, Human Rights Commission Hearing "Advancing Human Rights through ASEAN;
     Vehicle for change?" June 10, 2016 - 10:00am, Location: 2255 Rayburn House Office Building;
     On the 50th Anniversary of ASEAN, civil society demands stronger and more forceful human
     rights mechanisms [FORUM - ASIA Press Release],
       https://humanrightsinasean.info/campaign/50th-anniversary-asean-civil-society-dema
     nds-stronger-and-more-forceful-human-rights.
284) Sou Chaim, Asia's Experience in the Quest for a Regional Human Rights Mechanism, 40 Victoria
     U. Wellington L. Rev. 127(2009), in Shelton/Carozza, Regional Protection, op. cit., pp. 93-99.

제3장 국제연합의 인권장전

제1절 국제연합 인권장전의 제정

I. 국제연합의 성립과 인권 기능

1. 국제연합의 성립

국제연합은 제2차 세계대전의 참상을 겪고 다시는 세계대전이 일어나지 않아야 하겠다는 각국 정상들의 공통된 인식이 기초로 되어 성립한 것이다. Roosevelt 대통령과 영국 수상 Churchill, 소련 수상 Stalin, 중국이 함께 하였다. 그들은 1944년 8월 덤버턴 오크스 회의에서 유엔 설립안에 서명하였다.[285]

유엔 설립안은 세계 각국이 국제적 레벨에서 인권 향상을 확인한 최초의 국제적 합의였다.

국제연합은 1945년 10월 24일에 제2차 세계대전의 종말을 기해서 성립하였다. 창립 시기에 있어서는 51개 회원국을 가지고 있었으나 현재는 193개국이 가입하고 있다. 1945년 미국의 샌프란시스코에서 조약이 체결되었다. 이것은 유엔 헌장(United Nations Charter)과 국제사법재판소의 구성 조약이 동시에 서명되었다.[286] 비준 절차를 거쳐

---

285) Milestones: 1937-1945 - Office of the Historian
   https://hlstory.state.gov/milestones/l937-1945/un
   The United Nations is born - HISTORY
   https://www.history.com/this-day-in-history/the-united-nations-is-born
286) 국제연합에 관해서는 Roberts/Kingsbury (ed.), United Nations, Divided Worlds: The UN's Role in International Relations, Oxford Univ. Press, 1994; History of United Nations 2016; Kennedy, P., The Parliament of Man: The Past, Present and Future of the United Nations, New York, 2007; Annotated Bibliography United Nations; United Nations, Duke Law; Charter of the United Nations and Statute of the International Court of Justice, San Francisco, 1945; Milestones: 1937-1945, Office of the Historian.
   https://history.state.gov/milestones/1937-1945;
   The United Nations' History, Organization, and Functions,
   https://www.thoughtco.com/the-united-nations-p2-1435441;
   Wikipedia, United Nations;

1945년 10월 24일에 효력을 발생하였다. 이날은 뒤에 총회에서 국제연합일로 선포되었
다.

　　헌장은 UN 인권특별위원회를 구성하기로 하고, 국제인권장전(International Bill of
Rights)을 만들기로 하였으며, 기본권의 현실적 집행을 고려하기로 하였다. 이 점에서
국제연합(UN)은 국제연맹의 인권보장의 계승자라고 하겠다.

2. 국제연합 헌장의 제정

　　국제연합 헌장은 전문과 19장 111조로 구성되어 있다.[287]
　　헌장은 다음과 같이 구성되어 있다.
　　전문
　　제1장 목적과 원칙 (1조-2조)
　　제2장 회원 (3조-6조)
　　제3장 기관 (7조-8조)
　　제4장 총회 (9조-22조)
　　제5장 안전보장이사회 (23조-32조)
　　제6장 분쟁의 평화적 해결 (33조-38조)
　　제7장 평화의 존중과 위협행위 (39조-51조)
　　제8장 지역협정 (52조-54조)
　　제9장 국제 경제적 · 사회적 협력 (55조-60조)
　　제10장 경제사회이사회 (61조-72조)
　　제11장 비독립적 영토 (73조-74조)
　　제12장 국제신탁체계 (75조-85조)
　　제13장 신탁이사회 (86조-91조)
　　제14장 국제사법재판소 (92조-96조)
　　제15장 비서실 (97조-101조)
　　제16장 잡칙 (102조-105조)
　　제17장 과도적 안전보장제도 (106조-107조)
　　제18장 개정 (108조-109조)
　　제19장 비준과 서명 (110조-111조)

---

287) Charter of the United Nations, San Francisco 1945.
　　　Simma, B. (ed.), The Charter of the United Nations. A Commentary, Oxford U. Press 2002;
　　　Fomerand., J. The A to Z of United Nations, Maryland, 2009.
　　　Wikipedia, Charter of the United Nations.

3. 국제연합의 목적과 기능

국제연합 헌장은 전문에서 기본적 인권의 보장, 특히 인간의 존엄과 가치, 남녀평등과 강대국과 약소국의 평등을 확인하고, 이를 위하여 보다 큰 자유 속에서 사회적 진보를 촉진하고 생활의 수준을 향상시킬 것을 다짐하고 있다.

국제연합 헌장은 제1조에서 목적을 규정하고 있다.

1. 국제평화와 안전의 유지
2. 국가 간의 우호적 관계의 발전
3. 국제문제를 해결하기 위한 국제협력의 달성
4. 국가 간의 공동목적을 달성하기 위한 국가행위의 조화

국제연합은 현실적으로는 세계인권의 보장기관으로서 기능하고 있다.[288] 국제연합 헌장은 국제연합의 조직원리로서 기본적 인권을 선언하고, 전문·제1조·제13조에서 기본적 인권과 인간의 존엄 및 가치의 평등보장 등을 규정하고 있다. 제1조 3항에서 「모든 사람의 종족, 성별, 언어, 종교의 차별 없이 인권과 기본적 자유의 존중을 증진·고무하면서 국제적 협력을 도모한다」고 규정하고 있다. 제13조는 「총회의 권한으로서 제1조 3항의 인권증진에 관하여 연구하고 건의하는 기능을 하여야 한다」고 규정하고 있다.

4. 국제연합의 기구

유엔에는 많은 기구가 있다. 그중에는 헌장이 규정한 헌장기관(charter body)이 있고, 기본권 규약에 의해서 설치된 조약상의 기관(treaty body)이 있다.

헌장이 규정한 기관으로는 ① 총회 ② 안전보장이사회 ③ 사무국 ④ 국제사법재판소 ⑤ 경제사회이사회 ⑥ 특별기관 등이 있다.

1) 총회

총회는 유엔 가입국 전원으로서 구성되는 의결기관으로서 일반적으로 연 1회 정례회를 개회하며 긴급 시에도 소집된다. 총회는 의장과 21명의 부의장이 지도한다. 의장은 회원국 중에서 선출되며 1개월씩 순번제로 의장직을 맡는다.

총회가 중요한 의결을 할 때에는 재석 3분의 2 이상으로 투표하는 것이 요구된다.

288) Cohen, Human Rights under the United Nations Charter Law and Contemporary Problems. Address before American Law Institute on May 20. 1949.
The United Nations and Human Rights. Texas International Law Journal, 12. pp. 129-140, 1977. http://hrlibrary.umn.edu/edumat/hreduseries/rereau
Marks Stephen P. Thendnow/Part-1/united-nations.htm
United Nations and Human Rights, Chapter 30 in Richard, Pierre/Claude/ Burns H. Weston and Anna Grear (eds.), Human Rights in the World Community: Issues and Action, 4th ed., Philadelphia: University of Pennsylvania, 2015.

예산 문제 이외의 의결은 구속력이 없다. 각국은 한 표를 가지고 있으며, 평등한 의결권을 가진다. 총회는 모든 문제에 대해서 권고권을 가지고 있다. 그러나 평화와 안전문제는 안전보장이사회에서 심의한다. 의결 초안은 8개 위원회에서 총회에 제출된다.

일반위원회: 감독위원회와 같은 역할을 한다. 의장과 부의장과 위원회 의장이 회원이다.

자격위원회: 유엔에 대표되어지는 체약 국가의 자격심사

제1위원회(군축과 국제안전)

제2위원회(경제와 재정)

제3위원회(사회, 인문, 문화)

제4위원회(특별한 정치문제와 탈식민지)

제5위원회(행정과 재무)

제6위원회(법무)

총회는 국제연합의 입법기관이다. 기본권에 관하여도 유엔 총회는 많은 조약을 의결하였다.[289]

2) 안전보장이사회

안전보장이사회는 세계의 평화와 안전을 유지하는 기능을 가지고 있다. 유엔의 다른 기관의 의결은 권고적인데 대하여, 안전보장이사회의 결의는 구속력을 가진다. 안전보장이사회는 모든 회원국이 동의하고 집행해야 하는 특수적 기관(제25조 기관)이다.

안전보장이사회는 상임이사국 5개 국가(중국, 프랑스, 러시아, 영국, 미국)이다. 나머지 10개국의 비상임으로 구성된다. 비상임 이사국은 2년의 임기로 선출된다. 상임이사국은 안전보장회의에서 거부권을 행사할 수 있다. 의장은 알파벳순으로 1개월씩 사회한다. 안전보장이사회의 상임직 때문에 말썽이 있으나, 냉전시대의 대립상을 감안하여 유지되고 있으며, 강대국 간의 만장일치가 국제평화의 유지와 인권침해에 대한 제재를 위해서도 필요하다. 안전보장이사회의 상임이사국의 수에 대해서는 여러 제안이 있었고, 상임이사국의 거부권에 대해서도 많은 논란이 있었으나 비상임이사국의 수를 5개국 추가하는 것으로 그쳤다.

절차적 문제의 결정에는 9개국의 찬성이 있으면 되나, 실질적 문제의 결정에 있어서는 5개의 상임이사국의 찬성과 나머지 4개국 합계 9개국의 찬성이 필요하다(제37조).[290]

---

289) Guradze, Heinz: Are Human Rights Resolution of the United Nations General Assembly Law Making? Revue des droit des l'homme, pp. 453-462, 1971.
McClean, Emma: The Responsibility to Protect, The Role of International Human Rights Law, Journal of Conflict & Security Law, 13, pp. 123-152, 2000.
United Nations General Assembly, Legal Definition of United Nations General Assembly https://legal-dictionary.thefreedictionary.com/United+Nations+General+Assembly

290) United Nations Security Council / History & Members / Britannica.com
https://www.britannica.com/topic/United-Nations-Security-Council
United Nations Organization - Definition of United Nations Organization by The Free Dictionary. https://www.thefreedictionary.com/United+Nations+Organization

3) 경제사회이사회(ECOSOC)

나아가 헌장은 제9장에서 경제적 및 사회적 국제협력의 장을 두어 「인민의 동권 및 자결의 원칙의 존중에 기초를 두는, 제국 간의 평화적이고도 우호적 관계에 필요한 안정 및 복지의 조건을 창조하기 위하여, 국제연합은 다음의 것을 촉진하지 않으면 안 된다」고 하고, 생활수준의 향상, 완전고용, 경제적·사회적 발전, 경제·사회·보건 등에 관한 국제문제의 해결, 문화적·교육적 국제 협력과 병행하여 인종·성·언어 또는 종교에 의한 차별이 없는 모든 사람을 위한 인권 및 기본적 자유의 보편적인 존중 및 준수를 들고 있다(제55조). 그리하여 이 「임무를 다할 책임은 총회 및 총회의 권위 하에 경제사회이사회에 과해지며」(제60조), 경제사회이사회는 「모든 사람을 위한 인권 및 기본적 자유의 존중 및 준수를 조장하기 위하여 권고」를 할 권한이 부여되고 있다(제62조 2항). 그리고 경제사회이사회의 보조 기관으로서 헌장은 「인권의 신장에 관한 위원회」의 설치를 예정하였다(제68조). 국제연합 헌장은 기본권의 존중을 일반적으로 규정하고 있으나, 그 보호하여야 할 인권의 구체적인 내용은 열거치 않고 있다. 이것은 시간의 촉박에 따라 인권위원회(Commission)의 과제로 넘겨진 것이라고 보아야 할 것이다. 이것은 유엔 총회의 노력으로 제정된 유엔의 세계인권선언으로 그 내용이 확정되었다고 할 것이다.

경제사회이사회는 총회를 보좌하며 국제경제와 사회의 협력과 발전을 증진한다. 이 이사회(ECOSOC)는 54명의 회원으로 구성되며, 총회에서 3년의 임기로 선출된다. 의장의 임기는 1년이며 회원 중에서 중·소국가의 회원이 선출된다. 총회는 1년에 한 번 7월에 뉴욕이나 제네바에서 열린다. 이 이사회는 정보수집과 회원국에 대한 권면, 권고적 의견 등을 의결한다.[291]

Main Organs, United Nations;
Daum 백과사전, 국제연합; Naver 지식백과, 한민족대백과, 국제연합.
(구성약도)
General Assembly
International Court of World Justice
Secretariat
Security Council
Trusteeship Council
Economic and Social Council
Commission on Human Rights
International Labor Organization (ILO)
United Nations Children's Fund (UNICEF)
United Nations Development Fund for Woman (UNIFEM)
United Nations Educational, Scientific, and Cultural Organization (UNESCO)
World Health Organization (WHO)
291) United Nations Economic and Social Council
https://www.un.org/ecosoc/en/home,
.UNITED%20NATIONS%20ECOSOC.html:

이 이사회에는 많은 민간 기구들이 협력하고 있다.[292]

(a) 인권특별위원회(Human Rights Commission)

인권특별위원회(United Nations Commission on Human Rights)는 1946년 6월 21일의 제2회 경제사회이사회 결의에 의하여 설치되었으며, 이 위원회는 헌장에 규정된 위원회로서 특별한 권한을 가지고 있었다. ① 국제적 인권장전, ② 시민적 자유, 부인의 지위, 보도의 자유에 관한 선언, 조약, ③ 소수자 보호, ④ 종족·성·언어·종교에 의한 차별대우 방지, ⑤ 기타 인권에 관한 사항에 관하여 이사회에 제안·권고·보고하도록 하고 있었다.[293]

1947년부터 1967년까지에는 불개입정책을 써서 당사국의 주권을 존중하였다. 그러다가 1967년부터 개입정책을 썼는데, 이 시기에는 아프리카·아시아의 탈식민주의 시대라 할 일이 많았다. 그런데 군사나 중재 기능은 별로 하지 않아 인권 적극 국가나 인권 적극주의자들로부터 많은 비판을 받았다.[294] 그리하여 2007년에는 특별위원회는 폐지되고 인권이사회 제도로 전환되었다.

4) 사무처(비서실)

사무처는 사무총장이 수장으로서 세계 각국의 공무원들이 참여하고 있다. 사무총장은 사실상의 대변인이며 유엔의 지도자라고 하겠다. 헌장에 따르면 그는 행정관의 수장으로서 유엔 안전보장이사회를 소집·요구할 수 있다. 유엔 사무총장은 유엔 총회에서 선출하며 임기는 5년이다. 사무총장은 재임할 수 있다. 유엔 사무총장은 안전보장이사회의 상임이사국 사람이 되어서는 안 된다. 사무처에는 인권담당 사무차장을 두었고, 인권센터를 운영하고 있다.

5) 국제연합 인권보장기관

United Nations Economic and Social Council, Wikipedia
https://www.un.org/ecosoc/en/home; .
UnitedNationsEconomicandSocialCouncil. United Nations Economic and Social Council, List of Non-governmental organizations in constitutive status with the Economic and Social Council.

292) Directory of United Nations System Organizations / United Nations System Chief E...
http://www.unsceb.org/directory

293) OHCHR. United Nations Commission on Human Rights.
http://www.ohchr.org/EN/HRBodies/CHR/Pages/CommissionOnHumanRights.aspx;
Wikipedia. United Nations Commission on Human Rights; United Nations Commission on Human Rights.
The New York Times: United Nations Commission on Human Rights, 1999.

294) Wheeter, R.; The United Nations Commission on Human Rights, 1982-1987. A Study of Targeted Resolution, in Shelton, The United Nations System for Protecting Human Rights, Vol. Ⅳ, pp.143-169, 2014. United Nations Commission on Human Rights, Fifty-fifth Session, The Universal Declaration on the Human Rights. United Nations Commission on Human Rights Genome and Follow-up Action.

이 밖에도 신탁통치이사회 등이 있다. 국제연합(UN) 산하 및 관련 기구에 대해서는
주 290을 참조하기 바란다.

(1) 유엔의 인권사법기관

인권보장을 위한 사법기구로는 국제사법재판소가 있다.

국제사법재판소(ICJ)는 유엔의 사법기관이다. 국제사법재판소는 네덜란드의 헤이그에
있으며, 국제연합 헌장에서 상세히 규정하고 있다. 재판관은 15명이고, 임기는 9년이다.
재판소 관할권을 승인하는 회원국들의 분쟁에 대해서는 국제법에 따른 판결을 내릴
수 있으며, 총회 요구에 따라 어떤 분쟁에 대한 권고적 의견을 제시할 수 있었다.

국제사법재판소는 인권보장을 위해서도 중요한 역할을 하고 있다. 인권규범은 헌장이
나 조약의 형식으로 되어 있기 때문에, 이들 조약의 해석으로 인권 발전에 중요한 역할을
하고 있다.295)

(2) 유엔의 인권조사기관

인권문제에 대해서 의결 연구 조사하는 기구로 인권이사회와 인권고등판무관이 있다.

(a) 인권이사회(Human Rights Council)

인권이사회는 유엔 총회가 2006년 3월 15일 결의(A/RES/60/251)로 유엔 인권특별위
원회를 대체하여 탄생하였다. 이 인권이사회는 모든 회원국이 인권 관계에 대한 발언권을
가지고 있었다. 그중에서도 결사의 자유, 집회의 자유, 표현의 자유와 양심과 신앙의
자유, 여성의 권리, 인종적·계급적 소수자에 대하여는 활발한 활동을 하였다.

코피 아난(Kofi Annan) 사무총장과 반기문(潘基文) 사무총장, 유럽연합, 캐나다와 미국
이 인권이사회의 활동이 비협조적이라고 공격을 받았는데, 특히 이스라엘과 팔레스타인
분규에서 한쪽 편을 들었다는 비판을 받았다. 미국은 조지 부시 대통령 시대에는 이
기구를 보이콧하였다. 이에 반하여 오바마 행정부에서는 적극적이 되어 인권이사회에서
지도적인 역할을 하게 되었다. 그러나 트럼프 대통령은 이에서 탈퇴하였다.

(b) 인권고등판무관실(Office of the United Nations High Commissioner for Human Rights (OHCHR))

이 기구는 국제연합의 인권 관련 사무를 돕는 사무 기구이다. 1993년 세계인권회의
의 개막에 앞서 유엔 총회에서 설립한 기관이다. 이 기관은 유엔 인권문제에서 유엔
헌장 제55조에 규정된 업무를 처리한다. 이 기구는 인권센터와 통합되어 1997년

---

295) Interpretation of the Human Rights Treaties by the International Court of Justice: The...
    https://www.tandfonline.com/doi/full/10.1080/13642987.2019.1600509.
    Human Rights in the United Nations - Federal Foreign Office
    https://www.auswaertiges-amt.de/en/aussenpolitik/themen/menschenrechte/mr-in-un-...

9월 15일부터 OHCHR로 단일화되었다. ① 인권의 보편적 증진 ② 국제적 레벨과 국내적 레벨에서의 인권의 중요성을 강조하고 ③ 새로운 인권규범의 제정에 참여하는 등 중요 역할을 하며 ④ 유엔 인권기관을 후원한다.296)

(c) 법제실

국제연합에는 사무총장 휘하에 법제실(Office of Legal Affairs)이 있다. 법제실은 사무총장 산하의 한 기관으로 국제연합의 법제 사무를 처리한다.297)

Ⅲ. 국제연합의 인권장전 서설

1. 국제연합 세계 인권장전

1) 국제연합의 인권장전의 의의

국제연합은 인권에 관한 많은 입법을 하였는데, 일반적으로 인권장전(Bill of Rights)이라고 불리는 것은 ① 세계인권선언 ② 시민적 · 정치적 권리에 관한 인권헌장 ③ 경제적 · 사회적 · 문화적 권리에 관한 인권헌장 셋을 합쳐서 말하고 있다.298)

2) 국제연합의 세계인권선언과 인권헌장

---

296) Wikipedia, Office of the United Nations High Commissioner for Human Rights.
   https://en.wikipedia.org/wiki/Office_of_the_United_Nations_High_Commissioner_fo...
   Office of the High Commissioner for Human Rights - United Nations and the Rule...
   https://www.un.org/ruleoflaw/un-and-the-rule-of-law/office-of-the-high-commissio
   ner.
297) United Nations - Office of Legal Affairs;
   http://legal.un.org/ola/Default.aspx
298) McDougal/Bebr, Human Rights in the United Nations, Yale Law School Legal Scholarship
   Repository, 1-1-1964, H. Guradze, Der Stand der Menschenrechte im Völkerrecht, 1956;
   H. Lauterpacht, International Law and Human Rights, 1950; G. Dahm, Völkerrecht, I, SS. 411-444.
   United Nations Agreements on Human Rights.
   http://www.hrweb.org/legal/undocs.html;
   International Studies in Human Rights, Brill; http://internationalbillofhumanrights.com/
   International Policy on Human Rights.
   http://www.socialworkers.org/pressroom/events/911/humanrights.asp; 1994;
   The Universal Declaration on the Human Genome and Human Rights and Follow up Action.
   국제기구의 인권 보장 입법에 관하여 상세한 것은 Dahm, ibid. SS. 411-427에 게재되어 있는 논문을
   참조. 한국 문헌으로 상세한 것은 정진성, 『유엔과 인권규범의 형성』, 나남, 2019; 김성권, 『기본적
   인권 및 자유의 국제적 해석』, 연경문화사, 2013; 채형복, 『국제인권법』, 높이깊이, 2013; 한희원,
   『국제인권법원론』, 삼영사, 2012; 이석용, 『국제인권법』, 세창, 2005; 박기갑, 『21세기 국제인권법의
   과제와 전망』, 삼우사, 1999; 박찬운, 『국제인권법』, 한울, 1999; 토마스 버겐탈, 양건 · 김재원 공역,
   『국제인권법 개론』, 교육과학사, 1992; 정인섭, 『국제법』, 박영사, 2019. 국제인권법의 논문으로는
   우기택, "국제인권법의 국내이행과제," 『경희법학』 제51권 2호 (2016. 6), 237-274면; 김철수, "국제인
   권보장입법의 한국법에의 반영과 앞으로의 과제," 『인권연보』, 1969.

　국제연합의 인권장전에는 선언적 성격을 가지는 국제연합 세계인권선언이 있고, 조약적 성격을 가진 국제연합 인권헌장이 있다. 인권선언은 앞서 본 바와 같이, 국가 간의 조약으로서의 성격을 가지지 않기 때문에 일반적으로 법적 구속력이 부인되고 있다. 이에 비하여 국제연합의 인권헌장은 국가 간의 조약으로서 구속력을 가진다. 국제연합은 그동안 수많은 인권조약을 체결했기 때문에, 이를 모두 인권헌장이라고 할 수 없으며 국내 헌법적 효력을 가지는 것만을 인권헌장이라고 하기로 한다.

　국제연합의 인권헌장에는 1966년에 제정되고 1978년에 효력이 발생한 ① 시민적 · 정치적 권리헌장과 ② 경제적 · 사회적 · 문화적 권리헌장만을 말하기로 한다. 문언상으로도 Covenant(신과의 서약＝언약)라는 용어를 Treaty와 구분하고 있다. Covenant는 헌장이라고 번역한다. 헌장의 선택의정서(Protocol)는 추가조항이나 수정조항이 많으며, 이들은 상기한 두 헌장의 보완 규정으로 대개는 수정과 추가조항으로 보아 헌장과 동일시된다.

　Convention은 일반적 성격을 가진 것이기 보다는 이들 헌장의 보완규정이라고 하겠다. 기타의 조약은299) Treaty라고 하며 국가 간의 조약이라는 성격이 강하다.

2. 국제연합의 세계인권선언

1) 국제연합의 세계인권선언의 의의

　세계인권선언은 국제연합이 선포한 최초의 선언으로 인권과 기본적 자유를 나열한 선언문이다.300) 이 선언은 앞서 본 바와 같이, 법적 구속력을 가진 국가 간의 조약이 아니고 국가가 준수할 도의적 의무를 선언한 것이라고 할 수 있겠다. 그러나 이 선언은 국제연합의 가맹국에 큰 영향을 미쳤으며 법적 구속력은 없으나 그 영향력은 매우 컸었다.301)

　일부 국가에서는 이 세계인권선언에 따라 국내 헌법을 개정하여 이를 국제법에 수용했었다. 또 학자들도 이를 국제관습법으로 인정하여 그 법적 효력을 주장하기도 하였다. 일부 국내 법원에서는 이 선언을 국제관습법으로 인정하거나 판례법으로 인정하여 적용하기도 하였다.302) 이 점에서 가장 권위 있는 세계적 인권선언이라고 하겠다.

---

299) Fact Sheet No. 2 (Rev.1), The International Bill of Human Rights.
　　Burgera, H. The Road to San Francisco: The Revival of the Human Rights Idea in Twentieth Century, Human Rights Quarterly, Vol. 14, 1992.
300) Adoption of the UDHR - Universal Declaration of Human Rights - Research Guides...
　　http://libraryresources.unog.ch/c.php?g=462664&p=3163053
301) Morsink, J.; World War Two and the Universal Declaration, Human Rights Quarterly, 18, pp. 357-405; Mutur, M.; Standard Setting in Human Rights, Critique and Prognosis. Human Rights Quarterly, Vol. 29, pp. 548-629, 2007; Fact Sheet No. 5, The International Bill of Rights, Australian Human Rights Commission.
302) van Alstine, M. The UDHR and domestic enforcement, Maryland Journal of International Law, Vol. 24 : 63, 2009.

2) 세계인권선언이 규정한 인권

세계인권선언에는 당시의 각국 헌법에서 인정되고 있던 대부분의 권리가 보다 상세히 규정되어 있었다. 이에 대해서는 제1장의 제3절에서 설명한 바 있기에, 여기서는 조문의 제목만 나열하기로 한다. (다음은 선언의 번역이 아니고 요약이다)303)

제1조 생래의 권리, 자유·평등·존엄과 권리를 가지며, 동포애의 정신으로 행동해야만 한다.304)

제2조 권리와 자유의 향유에 관한 무차별적 대우, 국가 또는 지역의 국제법적 차별금지

제3조 생명 자유와 신체의 안전의 권리

제4조 노예제도와 예속제도의 금지, 노예이동과 노예교역의 금지

제5조 고문, 잔악한 비인도적인 품위를 손상하는 처우나 형벌의 금지

제6조 법 앞에 인간으로서 인정될 권리

제7조 법 앞에 평등이며 법에 의한 평등보호와 차별금지, 차별의 선동금지

제8조 헌법과 법률이 보장한 기본권의 침해에 대한 권한 있는 법원에 의한 구제를 받을 권리

제9조 자의적인 체포나 구금, 추방의 금지

제10조 인간의 권리결정이나 의무결정, 범죄의 결정에는 독립적이고, 공정한 공개심판을 받을 평등한 권리보장

제11조 ① 형사 범죄로 기소된 사람의 완전한 방어권을 가진 공개재판에서 무죄확정될 때까지의 무죄추정권과

② (죄형법정주의) 국내법과 국제법이 사전에 형벌로 지정되지 않은 범죄에 대한 처벌금지(소급처벌의 금지), 범죄행위시의 법률이 아닌 사후 입법에 의한 가중처벌금지

제12조 사생활, 가정생활, 주거나 통신에 대한 자의적인 개입의 금지와 그의 명예나 평판에 대한 공격금지, 이러한 불법적 공격에 대한 법에 의한 보호를 받을 권리보장

제13조 ① 자신의 국가영역 내에서의 거주이전의 자유와 권리,

② 자신의 국가를 이탈하거나 귀국할 수 있는 권리

제14조 ① 박해를 피하기 위하여 타국에 망명을 요청할 권리와 망명을 할 권리

② 이 권리는 비정치적 범죄와 국제연합의 목적 또는 원칙에 반하는 행위에 대한 소추의 경우에는 원용할 수 없다.

제15조 ① 모든 사람은 국적의 권리를 가진다.

---

303) Universal Declaration of Human Rights / Freedom and Safety
http://freedomandsafety.com/en/content/blog/universal-declaration-human-rights
A/RES/3/217-International Bill of Human Rights-UN Documents: Gathering a bo...
http://www.un-documents.net/a3r217.htm

304) Spickard/Redlands, The Origins of the Universal Declaration of Human Rights, 1999.
Finegan, T.; Conceptional Foundation of the Universal Declaration of Human Rights, Human Dignity and Personhood, 37 Austrian Journal of Legal Philosophy, 2012, pp. 182-218.

② 국적의 자의적인 박탈은 금지되며, 국적변경의 권리를 부정해서는 안 된다.

제16조 ① 남자와 여자는 성년이면 종족, 국적이나 종교에 의한 제한 없이 결혼하고 가정을 창설할 권리를 가진다.[305] 부부는 혼인에 있어서, 또는 혼인 중이나 이혼 시에 평등한 권리를 가진다.

② 결혼은 원하는 부부의 자유롭고 완전한 동의 하에서만 성립한다.

③ 가정은 사회의 자연적이고 기본적인 단위이며, 사회와 국가에 의해서 보호를 받는다.

제17조 ① 모든 사람은 누구나 단독으로나 합동으로 재산을 소유할 권리를 가진다.

② 자의적인 재산권의 박탈은 금지된다.

제18조 누구나 사상과 양심과 종교의 자유권을 가진다. 이에는 종교나 신앙을 단독이나 타인과 함께, 또는 공적이나 사적으로 변경할 자유와, 그의 종교나 신앙을 교육이나 행사나 의식 또는 준수 등 표현의 자유를 포함한다.

제19조 누구나 의견과 표현의 자유권을 가진다. 이에는 이 같은 어떠한 개입 없이 의견을 가지는 자유와, 국경의 관계없이 미디어를 통하여 정보와 사상을 찾고 입수하고 보급하는 자유권을 포함한다.[306]

제20조 ① 모든 사람은 평화적인 집회와 결사의 자유권을 가진다.

② 누구나 결사에 가입하는 것을 강요받지 아니한다.

제21조 ① 누구나 자기 나라의 정부에 직접으로나 자유롭게 선출된 대표자를 통하여 정치에 참여할 권한을 가진다.

② 누구나 자기 나라의 공무에 평등하게 접근할 권리를 가진다.

③ 인민의 의사는 통치 권력의 기초이다. 이 의사는 보통·평등선거권에 따라 비밀투표 또는 그와 유사한 자유투표 절차로, 주기적이고 일반적인 선거에 의하여 표현된다.

제22조 모든 사람은 사회의 구성원으로서 사회보장에 관한 권리를 가진다. 또 국가내적 노력과 국제 협조를 통하여 및 각국의 조직과 자원에 따라서 인간의 존엄과 인격의 자유로운 발전을 위하여 불가결의 경제적·사회적·문화적 권리의 실현을 구할 권리를 가진다.

제23조 ① 모든 사람은 소통의 권리, 고용의 자유선택권, 정당하고 유리한 노동조건과 실업에 대한 보호를 받을 권리를 가진다.

---

305) de Baets, Anton. The Impact of the Universal Declaration of Human Rights. History and Theory©Wesleyan University 2009 ISSN: 0018-2656 48 (February 2009), pp. 20-43
Lauterpacht, Hersch; An International Bill of the Rights of Man, Oxford University. https://global.oup.com/academic/product/an-international-bill-of-the-rights-of-man-9...

306) Books and Articles - Universal Declaration of Human Rights - Research Guides at L... http://libraryresources.unog.ch/c.php?g=462664&p=3163037
Schabas, William A. (ed.), The Universal Declaration of the Human Rights, 2013, 300 pages.

② 누구나 동일 노동에 대해서는 어떤 차별 없이 동일 임금을 받을 권리를 가진다.

③ 노동하는 모든 사람은, 자기 자신과 가족의 인간존엄의 생존가치에 적합한 정당한 유리한 보조를 받을 권리를 가진다. 만약에 필요한 경우에는 다른 사회보장의 수단으로 보완한다.

④ 누구나 노동조합을 자기들 이익을 위하여 결성하고 가입할 권리를 가진다.

제24조 모든 사람은 노동시간의 합리적인 단축과 노동시간의 합리적 제한과, 유급휴가를 주기적으로 공휴일을 가질 권리를 가진다.

제25조 ① 모든 사람은 자기와 그의 가족의 식량, 의복, 가택과 의료보호와 필요한 경우, 사회보호를 포함한 건강과 복지를 위한 적정한 생활수준에 관한 권리를 가진다. 이 같은 권리의 보장을 위하여 실업의 경우나, 질병, 노동불능장애, 배우자의 사망, 노령 등 그의 통제가 불가능한 경우 등 생활 보장 수단이 없는 경우에는 사회보호를 받을 권리를 가진다.

② 모성과 아동은 특별한 보호 및 원조를 받을 권리를 가진다. 모든 아동은 적출인지 서출인지 구별 없이 동등한 사회보호를 받는다.

제26조 ① 누구나 교육을 받을 권리를 가진다. 교육은 무상이며 적어도 초등교육과 기본적 단계의 교육은 무료이다. 초등교육은 의무적이다. 기술교육과 직업교육은 일반적으로 보급되어야 하며, 고등교육은 능력에 근거하여 모든 사람에게 평등한 접근이 가능해야 한다.

② 교육은 인격의 완성 및 인권과 기본적 자유의 존중의 강화를 지향한다. 교육은 모든 민족 간의 종족, 종교단체 간의 이해, 관용과 우의와 평화의 보장을 위한 국제연합의 활동을 조장하는 것이어야 한다.

③ 부모는 자기 아동에게 주어질 교육 종류의 우선적 선택권을 가진다.

제27조 ① 모든 사람은 공동체의 문화적 생활에 참여하여 예술을 향유하고 과학기술의 발전과 그 이익에 참여할 자유권을 가진다.

② 모든 사람은 과학적·문학적·예술적 생산물이 자기의 저작인 한, 그에서 파생되는 금전적·물질적 이익의 보호에 관한 권리를 가진다.

제28조 모든 사람은 이 선언에 규정한 권리 및 자유가 완전히 실현될 수 있는 사회적 및 국제적 질서를 누릴 권리를 가진다.

제29조 ① 모든 사람은 인격의 자유 발전과 완전한 발전에 가능하도록 하는 공동체를 구성할 의무를 진다.

② 모든 사람은 자기의 권리와 자유의 행사에 있어서 다른 사람의 권리와 자유의 인정과 존중을 보장하고, 도덕의 민주사회의 공공질서와 일반복지의 정당한 인정을 위한 목적을 위하여 사전에 법률에 의해 결정된 제한에만 복종한다.

③ 이 권리와 자유는 어떠한 경우에도 국제연합의 목적과 원칙에 위반되게 행사되어서는 안 된다.

제30조 이 선언의 어떠한 규정도 어떤 국가, 집단 또는 개인에 대하여 이 선언에
규정된 권리 및 자유의 어느 것을 파괴하는 것을 목적으로 하는 활동에 종사하거나
또는 그러한 행위를 할 권리를 인정하는 것으로 해석해서는 안 된다.[307]

3. 세계인권선언의 인권 규정의 문제

1) 자유권 위주의 선언

세계인권선언에 대한 비판자는 세계인권선언의 인권은 유럽 국가에서 발전한 자유권만
규정하고, 인간의 생존에 필요한 생존권=사회권에 관해서는 규정하지 않았다고 한다.
그런데 당시만 해도 생존권은 권리라기보다도 국가의 사회정책·경제정책의 방향을
규정하는 입법방침이며 권리가 아니었다고 보는 견해가 많았기 때문이다. 또 생존권에
관한 규정으로 노동권, 사회복지권, 교육권, 가족형성권, 남녀의 평등권 등은 일단 규정했
으나, 그 이외의 보다 구체적인 규정은 법적 구속력 있는 헌장에서 규정하자는 합의가
되어 1953년에 초안이 되어 있었다. 그리하여 이 초안은 각 가맹국에 회부된 뒤 10여년
가까운 진통 끝에 1966년 성안되고 10년 후에야 비준을 받아 효력을 발생하게 되었던
것이다.

자유권 위주의 기본권 선언이었으나 교육권, 노동권 등에 관해서는 이미 국제연합에서
국제노동기구(ILO)라든가 유네스코(UNESCO) 등이 개별적 활동을 하고 있어 그에 기대
할[308] 수 있었던 것이 아닌가 한다.

세계인권선언에 대한 이슬람국가나 아프리카, 아시아, 남미 등의 반발이 있어서 1968
년에는 테헤란에서 인권회의를 열어 테헤란 선언을 채택했다. 여기서 「세계인권선언은
인간 가족의 모든 구성원의 불가양·불가침의 여러 권리에 관한 세계의 인간의 공통의
이해를 선명한 것이며, 국제사회의 구성원에 의무를 지우는 것이다」고 하였다.

세계인권선언의 채택 이래 국제연합은 인권 및 기본적 자유의 향유 및 보호를 위하여
기준을 설정함에 있어서 중요한 진보를 달성하여 왔다. 이 기간에 많은 중요한 국제문서가
채택되었으며, 이들의 권리 및 자유의 실시를 위하여도 많은 일이 행해지지 않으면
안 된다.

인권에 관한 국제회의는

① 세계인권선언 및 이 분야에 걸치는 여러 분야에 있어서의 기타의 국제적 문서의
   제1원칙으로서 신뢰를 확인하고,

---

307) Humphrey, John P. The International Bill of Rights: Scope and Implementation, 17 Wm. &
     Mary L. Rev. 527 (1976),
     https://scholarship.law.wm.edu/wmlr/vol17/iss3/6.
308) Books and Articles - Universal Declaration of Human Rights - Research Guides at L...
     http://libraryresources.unog.ch/c.php?g=462664&p=3163037
     UN Resources - Universal Declaration of Human Rights - Research Guides at Library.
     http://libraryresources.unog.ch/c.php?g=462664&p=3162967.

② 모든 인민과 모든 정부에 대하여 세계인권선언이 든 여러 원칙 실현에 몸을 바쳐 자유 및 존엄과 조화하고, 물질적·지적·사회적 및 정신적 복지를 가져 올 생활을 모든 인간에 주기 위한 노력을 배가할 것을 강력히 권고하는 바이다.

1993년에 개최된 인권회의에서도 인권선언과 행동계획을 발표하여 인간의 권리와 기본적 자유의 보장을 강조하고 있었다.

2) 세계인권선언에 대한 도전

세계인권선언은 보편주의에 근거한 세계시민의 권리와 기본적 자유를 보장한 것인데 이슬람 국가나 일부 아프리카, 남미, 아시아 국가에서 이는 신의 뜻이나 전통에 위반한다고 하여 세계인권선언에 위반되는 행동을 자행하는 국가도 있었다.[309] 예를 들면 이슬람교 신자가 타종교로 개종하는 경우에 아버지가 자녀에게 자살을 명령하는 관행이 있고, 일부다처주의, 남편의 이혼선언으로 이혼이 성립하는 등 남녀 부부 간[310]의 차별이 행해지고 있다. 또 태형이나 고문이 행해지고 집단학살까지 행해지는 세계인권선언 위반의 사례가 발생하는 데도, 세계인권선언 위반이라고 하여 처벌할 수 없는 것이 현실이다. 이는 세계인권선언에 법적 구속력을 부여하지 않았고, 침해 시 구제절차가 미비하기 때문이라고 하겠다.[311]

그래서 만들어진 것이 시민적·정치적 권리에 관한 인권헌장과 경제적·사회적·문화적 권리에 관한 인권헌장이다. 이 3자가 합쳐져 국제연합 인권장전(International Bill of Rights)을 이룬다. 이 두 개의 인권헌장은 법적 구속력이 있으며 나름대로의 침해 구제수단도 규정되어 있다. 그러나 여기에도 사법적 구제절차가 규정되어 있지 않아 미비한 점이 있다. 국제인권장전의 법적 구속력과 침해구제의 방법이 보다 정비되어야 할 것이다.[312]

---

309) Constantinides, Aristoteles, Questioning the Universal Relevance of the Universal Declaration of Human Rights,
   Cuadernos. Constitucionales de la Cátedra Fadrique Furió Ceriol n° 62/63, pp. 49-63.
310) Human Rights Standards: Learning from Experience © 2006 International Council on Human Rights Policy
   Mashood A. Baderin, Manisuli Ssenyonjo, International Human Rights Law: Six Decades after the UDHR and beyond 2010.
311) The Universal Declaration of Human Rights in 21st Century. A Living Document in a Changing World. A Report by the Global Citizenship Commission © 2016 NYU. Global Institute for Advanced Study.
312) Human Rights Explained: Fact Sheet 5: The International Bill of Rights / Australian...
   https://www.humanrights.gov.au/our-work/education/human-rights-explained-fact-s h...

제2절 시민적 · 정치적 인권에 관한 국제헌장

I. 시민적 · 정치적 인권에 관한 국제헌장의 성립

1. 국제연합의 총회 결의

1948년 12월 8일 유엔 총회는 제3기에 국제인권장전에 관한 결의를 했다.[313] 이 217(Ⅲ)은 A에서 유엔의 세계인권선언을 선포한 것이고, B는 청원권, C는 소수자의 운명, D는 세계인권선언의 홍보, E는 인권헌장 초안과 그 집행수단 초안에 관한 것이 있다. 이 결의에 따라 유엔 총회는 경제 · 사회이사회의 인권위원회에 인권헌장의 초안과 그 실현 초안을 계속 준비할 것을 요청하였다. 이 결의에 따라 인권위원회가 계속 활동하기 시작하였다.

국제연합에 있어서의 국제연합 인권헌장의 작업은 국제연합 인권위원회에 있어서의 초안 작성 단계와 국제연합총회 제3위원회에 있어서의 심의 및 채택의 단계로 대별할 수 있다.

2. 국제연합 인권위원회에서의 초안 작성

국제연합 인권위원회는 1949년(제5회기)에서 1954년(제10회기)까지 6년간에 걸쳐서 초안을 작성하였다. 제5회기(1949년)와 제6회기(1950년)에서는 주로 시민적 및 정치적 권리에 관한 조항과, 그 실시에 관한 자유권 헌장위원회에 관한 제도에 대한 초안이 포함되어 있었다. 이 초안은 이미 1947년 및 1948년의 기초위원회에서 만들어진 텍스트에 관한 심의가 주로 되었다.[314]

---

313) A/RES/3/217 - International Bill of Human Rights - UN Documents: Gathering a bo...
http://www.un-documents.net/a3r217.htm
Resolution, 217   International Bill of Rights General Assembly, 10 Dec. 1948.
Nowak, M.; UN Covenant on Civil and Political Rights. CCPR Commentary 2005 (2nd ed.)
Engel, pp. xxxlx+1277.
The International Bill of Human Rights: A The International Bill of Human Rights: The Internation
al Bill of Human Rights Handbook; Wikipedia, International Bill of Human Rights.
UN Covenant on Civil and Political Rights,
http://www.hrweb.org/legal/cpr.html
A Brief History of the International Covenant on Civil and Political Rights / Journal...
https://sites.psu.edu/jlia/a-brief-history-of-the-international-covenant-on-civil-and-p
ol...
Penn. State Law. Journal of Law and International Affairs.
314) Fact Sheet No. 2 (Rev. 1) The International Bill of Rights.
Wikipedia, International Covenant on Civil and Political Rights

1950년의 제5회 국제연합 총회에서 세계인권선언이 이상으로 가는 자유로운 인간이 되기 위해서는, 시민적 및 정치적 권리가 보장될 뿐만 아니라 경제적 · 사회적 및 문화적 권리의 확보가 중요하다는 관점에서, 헌장 초안에 이들 사회권과 남녀평등 규정을 포함하는 것이 결정되었다.

그 뒤 1951년의 제6회 국제연합 총회에서는 헌장 초안 작성에 있어서 시민적 및 정치적 권리에 관한 헌장을 따로 나누어 두 개의 인권헌장을 작성하도록 결정하였다. 1954년에 국제연합 인권위원회는 이들 초안을 완성하였다.

3. 국제연합총회 제3위원회의 심의와 채택(1954년-1966년)

헌장 초안은 제9회 총회에서 제21회 총회에 걸쳐 제3위원회에서 축조로 심의되었다. 여러 가지 수정을 거친 후 1966년 12월 16일 총회에서 만장일치로 채택되었다(International Covenant on Civil and Political Rights). 이때 자유권 헌장의 실시에 관련하여 동 헌장에 든 권리의 침해에 대하여[315] 체약국의 개인이 행한 통신통보를 규정한 자유권헌장위원회 제도를 규정한[316] 시민적 및 정치적 권리에 관한 국제헌장의 선택의정서(Protocol)가 채택되었다.

4. 제2 선택의정서의 작성 및 채택

자유권헌장 제6조에 규정되었던 사형제도에 관련하여, 사형제도 폐지를 목적으로 하는 선택의정서 초안의 기초에 관한 검토가 1980년의 제35회 국제연합 총회에서 개시되었다. 그 뒤 1987년 의정서 초안의 보고서가 소위원회에 제출되었다. 이 의정서 초안은 소위원회와 인권위원회에서 통과한 뒤 경제사회이사회의 의결을 거쳐 총회에 1989년 송부되었다. 이 초안은 1989년 12월 15일 총회를 통과하였다(ICCPR).

5. 효력의 발생

자유권 헌장과 선택의정서는 1976년 3월 23일에, 제2 선택의정서는 1991년 7월 10일에 효력을 발생하였다. 2017년 2월 현재 시민적 · 정치적 인권헌장은 169개 당사국이 비준하였고, 6개 당사국이 서명을 하였으나 비준하지는 않았다.[317]

---

https://en.wikipedia.org/wiki/International_Covenant_on_Civil_and_Political_Rights

315) Symposium - The Ratification of the International Covenant on Civil and Political Rights Depaul Law Review, Issue 4, Volume 42 Summer 1993:

316) Sarah Joseph, Melissa Castan, International Covenant on Civil and Political Rights: Cases Materials and Commentary, 2013. Oxford University Press, 1042pages; H. Hannum, U. S. Ratification of the International Covenant on Human Rights, N. P., 1993.

317) UN 인권이사회의 제41차 정규회의는 2019년 6월 24일에서 2019년 7월 12일까지 개최되었다.

Ⅱ. 시민적 · 정치적 인권에 관한 국제헌장의 내용

1. 정치적 인권헌장에 규정된 실체적 권리

1) 편별

시민적 · 정치적 권리에 관한 인권헌장은 전문과 6부 53조로 규정되어 있다. 전문, 제1부(제1조) 제2부(제2조-5조) 제3부(제6조-제27조) 제4부(제28조-제45조) 제5부(제46 조-제47조) 제6부(제48조-제53조)로 되어 있다. 실체적 권리는 제3부에서 규정되어 있다.318)

2. 전문의 요지

전문은 이 헌장 작성의 취지 · 목적 · 배경 등을 선언하고 있다. 여기서는 인간의 존엄의 천부 인권성과 인간 가족의 모든 구성원의 평등하고 불가양의 권리가 세계의 자유와 정의, 평화의 기본임을 강조하고 있다. 이것은 근본 권리를 규정한 것이며 해석의 지침이라고 하겠다. 유엔 헌장의 기본원칙으로 선언되어 있으며, 세계인권선언이 시민적 · 정치적 자유, 공포에서의 자유와 결핍에서의 자유를 향유하는 자유 인간의 이상은 시민적 · 정치적 자유와 경제적 · 사회적 · 교육적 권리 위에 창설된 조건에 의해서만 달성된다는 것을 인식하면서,

인권과 자유에 대한 보편적 증진과 준수를 규정한 유엔 헌장에 의한 국가의 의무를 고려하여,

개인은 그가 속하는 공동체의 다른 사람이 헌장에서 인정된 권리의 증진과 준수를 위하여 노력할 책임을 지고 있음을 고려하여,

이 헌장 체결 당사국은 다음 조문에 합의한다고 하고 있다.

3. 제1부(제1조) 민족자결권

제1조(민족자결권)

민족자결권에 관해서는 두 헌장이 다 같이 규정하고 있다. 모든 인민은 자기결정권을

---

318) S. Joseph, J. Schultz and M. Castan, The International Covenant on Civil and Political Rights. Cases, Materials, and Commentary, 2nd edition, Oxford: Oxford University Press, 2005; Henkin, L. (ed.), (1981) The International Bill of Rights: the Covenant on Civil and Political Rights, New York: Columbia University Press, 1981; Nowak, H, UN Covenant on Civil and Political Rights. CCPR Commentary, 2005, p. 1277.

가진다. 이 권리에 따라 인민은 정치적 지위를 자유롭게 결정할 수 있으며, 또 자기의
경제적 · 사회적 · 문화적 발전을 자유로이 추구[319]할 수 있다. 이 조문은 식민지 상태에
있었던 국가들의 집단적 자결권과 개인의 자기결정권을 규정하고 있다. 자연의 부와
자원에 대한 것은 국제협력을 규정한 국제경제법의 의무에 위반하지 않는 한에서, 그들
자신의 목적을 위하며 자유로이 처분할 수 있다. 어떤 경우에도 사람은 그들의 생존수단을
약탈당하지 아니한다. 이것은 국제법에 위반되는 국가 간의 자원수탈을 방지하기 위한
규정이다.

비자치정부나 신탁통치 지역의 관리를 책임지고 있는 이 헌장의 당사국은 유엔 헌장의
규정에 합치되게 자결권과 이 권리의 실현을 증진하여야 하고 이 권리를 존중해야 한다.

이 규정은 과거의 피식민지국가나 비독립국가의 연구에 의한 것으로 세계인권선언에
규정되지 않은 것을 시민적 · 정치적 권리헌장 제1조와 경제적 · 사회적 · 문화적 권리헌
장의 제1조에 다같이 규정한 것[320]이 특색이다. 이 자결권은 이미 총회에서 1962년
12월 14일에 식민지 독립부여 선언으로서 선언된 바 있다. 또 같은 날 천연자원에 대한
영구적 주권이 총회에서 결의되었다.

4. 일반규정

제2부(총칙규정)

여기에서는 체약국의 의무(제2조), 남녀평등(제3조), 권리의 제한(제4조), 권리제한의
범위를 초월하는 제한(제5조)을 규정하고 있다. 이것은 헌장 전반에서 인정되는 일반원칙
규정이라고 하겠다.

제2조(체약국의 의무)

여기서는 헌장 체약국의 헌장 준수 의무와 국내법에 의한 헌장 실시를 위하여 입법조치
를 할 의무, 권한 있는 기구에 있는 침해금지의 집행조치 등이 규정되어 있다.

1) 체약국은 모든 개인에 대하여 이 헌장에서 인정된 권리를 평등하게 확인할 것을
약속한다.

---

319) UNPO: Self-determination,
　　 https://unpo.org/article/4957?id=4957
　　 Sauletor, The International Covenant on Economic, Social and Cultural Rights: Commentary,
　　 2014. Oxford University, Article, 1: The Right of Peoples of Self-determination.
　　 https://search.lib.virginia.edu/catalog/u6427517
320) International Covenant on Civil and Political Rights (ICCPR) / Human Rights On..,
　　 https://hronlineph.com/resources/international/iccpr/
　　 Tomuschat, International Covenant on Civil and Political Rights United Nations Audiovisual
　　 Library of International Law.
　　 International Covenant on Civil and Political Rights (ICCPR)
　　 https://www.gktoday.in/gk/international-covenant-on-civil-and-political-rights-iccpr/

2) 체약국은 이 헌장에 규정되어 있는 권리가 국내법으로 인정되어 있지 않은 경우에는 입법조치로서 필요한 조치를 해야 하며, 자국의 헌법상의 절차 및321) 이 헌장의 규정이 필요한 행동을 할 것을 약속한다.

3) 이 헌장의 체약국은 다음 조치를 취할 것을 약속한다.

(a) 이 헌장에 의하여 인정되는 권리 또는 자유가 침해된 자가 공적 자격을 가지고 행동한 자에 의한 침해가 행해진 경우에도, 효과적인 구제 조치를 받을 수 있도록 확보할 것

(b) 구제조치를 구할 수 있는 사람의 권리가 권한이 있는 사법상, 행정상, 또 입법상의 기관 또는 국가의 법제에 의하여 정해진 다른 기관에 의해서 결정될 것을 확보할 것 및 사법상의 구제조치의 가능성을 발전시킬 것

(c) 구제조치가 주어진 경우에는 권한 있는 기관에 의하여 집행될 것을 확보할 것

제3조(남녀동등의 권리)

이 헌장의 체약국은 이 헌장에 정해진 모든 시민적·정치적 권리의 향유에 있어 남녀가 동등한 권리를 확보할 것을 약속한다.322)

제4조(권리의 제한)

1) 국가긴급 상태 하에서의 제한

국민의 생명이 위태로운 경우가 발생한 긴급 상태와, 그러한 위협이 있어 긴급사태가 공적으로 선언된 경우인 긴급 상태에 있어서는, 이 체약당사자인 국가는 긴급 상태에 있어서 필요한 긴급조치를 할 수 있다. 그러나 이 조치는 이 헌장의 체약국이 사태의 긴급성이 꼭 필요한 경우에 한하고, 당해 체약국의 조치는 국제법에 따른 조치에 위반하는 조치여서는 안 되며, 또 인종, 피부색, 성, 언어, 종교 또는 사회적 출신을 이유로 하는 차별적인 것이어서는 안 된다(제4조).

2) 위의 규정은 제6조, 제7조, 제8조 1 및 2, 제11조, 제15조, 제16조 및 제18조의 규정에 위반하는 것을 허용하는 것은 아니다.

3) 의무에 위반하는 조치를 할 권리의 행사는 이 헌장의 체약국은 위반한 규정 및 위반함에 이른 이유를 국제연합 사무총장을 통하여 이 헌장의 당사국에 대하여 즉시 통지한다. 또 위반이 종료한 날에 국제연합 사무총장을 통하여 그 뜻을 통지한다.

---

321) Sarah Joseph, Castan, M., The International Covenant on Civil and Political Rights, Hardback 3rd ed. 2013.
https://global.oup.com/academic/product/the-international-covenant-on-civil-and-poli...
(7. The Rights of Self-determination, Article 1.)

322) Saulevt al, The International Covenant on Economic, Social and Cultural Rights: Commentary, Article 3, Equal Rights of Man and Woman.
https://search.lib.virginia.edu/catalog/u6427517

제5조(권리제한의 범위를 초과한 제한)

1) 이 헌장의 어떠한 조항도 국가나 집단이나 개인이 이 헌장에 규정되어 있는 권리나 자유를 파괴하거나, 또는 이 헌장에 규정된 조항을 대내적으로 권리를 제한하기 위한 것을 목적으로 하는 것으로 해석해서는 안 된다.

2) 현재의 이 헌장은 어느 국가가 인정하고 있거나 존재하는 기본적 인권의 어느 제한이나 멸시를 규정한 것으로 제한을 인정하여서는 안 된다. 현존하는 법률, 조약, 규칙이나 관습이 이 헌장에 의해서 그러한 권리를 부인하는 것으로 또는 그러한 권리가 보다 협소한 내용을 가진 것으로 인정되어서는 안 된다(제5조).

이 부의 제한 규정은 국가긴급시의 제한과 평상시의 제한 규정의 해석의 원칙을 규정한 것으로 중요한 의의를 가진다. 1항의 긴급권 행사 시에도 제한 금지를 규정한 것은 일종의 절대적 권리를 인정한 것으로 중요한 이의를 가진다. 또 이 인권헌장을 핑계로 기존의 국내법을 마음대로 제한하는 것을 금하고, 현행법의 존중을 규정한 것은 헌장이 국내법을 존중하고 있음을 선언한 것으로 큰 의미를 가진다.

5. 실체적 권리

제3부(실체적 권리)

1) 생명권(제6조)

1항: 실체적 권리의 첫머리에 생명의 권리를 규정하고 있다. 이 권리는 모든 국민의 고유의 권리이며 법률에 의해서 보호된다. 생명은 자의적으로 박탈할 수 없다.

생명의 권리를 박탈하는 사형제도는 원칙적으로 폐지되는 것으로 한다. 이 헌장 제정 후 1989년 12월 15일에 사형의 폐지[323]를 목적으로 하는 「시민적 및 정치적 권리에 관한 국제헌장의 제2 선택의정서」가 체결되었고, 1991년 7월 11일에 효력이 발생하였다.

전문은 「사형의 폐지가 인간의 존엄의 향상 및 인권의 점진적 발달에 기여하는 것을 확신하고, 1948년 12월 10일에 채택된 세계인권선언의 제3조 및 1966년 12월 16일에 채택된 시민적 및 정치적 권리에 관한 국제헌장의 제6조를 상기하고, 이 제6조가 사형폐지가 희망적임을 강력히 시사하는 문언으로 사형의 폐지에 언급하고 있는 것을 유의하여 사형폐지의 모든 조치가 생명에 대한 권리의 향수에 있어 진보라고 봐야 할 것을 확신하여 이에 사형을 폐지하는 국제적 약속을 행하는 것을 희망하여 이를 협정한다」고 하고 있다. 다만, 여기에는 제2조에서 유보조항을 두어 국가의 유보를 인정하고 있다.[324]

---

323) 이하 상세한 것은 8, Civil and Political Rights, in Bantekas / Oette, International Human Rights Law and Practice, 2nd ed. 2016, pp. 339-398. Comment on the Revised Draft of General Comment No. 36, Rights to Life

Sarah, Joseph, The International Covenant on Civil and Political Rights - Hardback.

8: The Right to Life - Article 6.

사형의 폐지는 바람직하나 이를 유보하고 있는 국가에 대해서는 제6조 2항 이하에서 사형집행에 많은 제한을 두고 있다.

2항: 사형을 폐지하지 않는 나라에 있어서는 사형에 대한 법률이 사전에 제정되어 효력을 가지고 있으며, 이 헌장이나 집단살해범죄의 방지 및 처벌에 관한 조약에 저촉되지 않는 법률에 의하여 가장 중대한 범죄에 대해서만 부과할 수 있다. 이 형벌은 권한이 있는 재판소가 선고한 확정판결에 따라서만 집행할 수 있다고 하여 죄형법정주의 원칙을 선언하고 있다.

3항: 생명의 박탈이 집단살해범죄를 구성하는 경우에는 이 헌장의 어떠한 규정도 이 헌장의 체약국이 집단살해의 방지 및 처벌에 관한 조약의 규정에 따라 지는 의무의 방법이 어떠한가를 불문하고, 이를 면하는 것을 허용하는 것이 아님을 양해한다.

4항: 사형을 선고받은 자는 누구든지 특별사면이나 감형을 청구할 수 있는 권리를 가진다. 사형에 대한 일반사면, 특별사면 또는 감형은 모든 경우에 주어질 수 있다.

5항: 사형은 18세 미만의 자가 행한 범죄에 대해서는 선고해서는 안 되며, 또 임신 중의 여자에 대해서는 집행할 수 없다.

6항: 이 조항의 어떤 규정도 이 헌장의 체결 국가에 의한 사형의 집행을 지연시키거나 또는 방해하기 위하여 원용되어서는 안 된다.

2) 인간존엄의 보호

세계인권선언에서와 마찬가지로, 전문에서 인간의 존엄을 인정하고 있다. 구체적 규정으로는 고문과 잔악한 형벌을 금지하고, 비인도적이고 또는 품위를 손상하는 취급과 형벌을 받지 않을 권리[325]를 규정하고 있다(제7조).

다음으로는 노예제도를 금지하고, 노예거래를 금지하고 있다(제8조). 또 강제노동은 금지된다. 그러나 범죄에 대한 형벌로서는 강제노동이 행해지는 징역형을 선고할 수 있다(제8조 3항).

다음의 것은 강제노동이 아니다. ① 범죄에 대한 형벌로서의 강제노역 ② 법원의 합법적인 명령에 의한 노동 부과 ③ 군사적 성질의 노역, 양심적 병역거부자에 대한

---

324) The Rights to Life, Bantekas / Oette, op. cit., pp. 340-352.
Icelandic Human Rights Centre, The Right to Integrity, pp. 1-8.
http://www.humanrights.is/en/human-rights-education-project/human-righs-concepts...
325) Fact Sheet No. 4 Methods of Combating Torture (Rev. 1),
Fact Sheet No. 17 The Committee against Torture
Convention against Torture and other Cruel, Inhuman or Degrading Treatment or Punishment (1984, art. 1, para. 1)
Bantekas / Oette, op. cit. 5, pp. 353-363.

대체적 노역 ④ 사회의 존립 또는 복지를 위협하는 긴급 상태에서의 노무, 재해의 경우에 요구되는 노무 ⑤ 시민으로서의 통상의 의무로서의 부역

자유를 박탈당한 모든 사람은 인도적이고, 또 인간에 고유한 존엄을 존중하여 취급받을 권리를 가진다(제10조).

계약상의 의무를 이행하지 못한다고 하여 구금당하지 아니한다(제11조).

모든 사람은 모든 장소에 있어서 법률 앞의 인간으로 인정될 권리를 가진다(제16조).326)

모든 사람은 사생활, 가족, 주거 또는 통신의 비밀을 가지며, 자의적으로 또는 불법으로 간섭되지 않는다. 또 명예 및 신용을 불법적으로 공격당하지 아니한다(제17조).

3) 평등권의 보호

모든 사람은 법률 앞에 평등이며, 어떠한 차별 없이 법률에 의한 평등한 보호를 받을 권리를 가진다(제26조). 이를 위하여 법률은 모든 차별을 금지하고, 인종, 피부색, 성별, 언어, 종교, 정치적 의견, 기타의 의견이나, 국민적 또는 사회적 출신, 재산, 출생 또는 기타의 지위 등에 따르는 어떠한 이유로서의 차별에 대하여 평등하고 효과적인 보호를 모든 사람에게 보호한다.

종족적, 종교적 또는 언어적 소수민족이 존재하는 나라에 있어서는, 당해 소수민족에 속하는 사람은 그 집단의 다른 구성원과 함께 자기의 문화를 향유하고 자기의 종교를 믿고 이를 실천하고 자기 언어를 사용할 권리를 부정당하지 아니한다(제27조).

남녀의 동권을 인정한다(제3조).

모든 사람은 재판소 앞에 평등이다(제14조). 모든 사람은 그 형사상의 죄의 결정에 있어 충분히 평등한 보장을 받을 권리를 가진다(제14조 3항).

보통·평등선거권에 따르는 선거에서 투표할 권한과 피선될 수 있는 권리를 가진다(제25조).

4) 신체의 자유와 안전의 보호

고문은 금지된다(제7조).327) 고문금지에 관해서는 고문금지 유엔 협약에서도 규정하고 있다. 비인도적인 처벌뿐만 아니라 동의 없는 인체실험의 금지도 포함된다고 해석한다.

인신의 자유는 제9조에서 인정되고 있다. 모든 사람은 신체의 자유와 안전에 대한 권리를 가진다. 자의적인 체포와 구금을 금지하고 자유의 박탈은 법률에 의하도록 하고

---

326) 9: Freedom from Torture and Rights to Humane Treatment - Articles 7 and 10 in Sarah Joseph,... The International Covenant on Civil and Political Rights - Hardback.

327) Bantekas / Oette, op. cit., pp. 367-375.
The Right to Integrity / Icelandic Human Rights Centre
http://www.humanrights.is/en/human-rights-education-project/human-rights-concept s...

있다. 또 구금 중의 자유박탈은 법정의 결정에 의하도록 했다. 이것은 형사상의 절차에 있어서 뿐만 아니라 정신병이나 마약중독 또는 교육목적이나 이민목적에서의 구금에도 적용된다.

체포·구금된 사람은 체포·구금 시에 체포의 이유와 범죄의 내용을 즉시 통지받을 권리를 가진다(제9조 2항). 체포나 구금에 의하여 자유가 박탈된 사람은 누구나 법정에서 지체 없이 구금의 합법성을 다투기 위하여, 법원의 재판을 받을 수 있으며 불법적인 경우 석방을 청구할 수 있다(제4항). 불법적인 체포나 구금의 희생자는 정당한 배상328)을 받는다(제5항).

자유가 박탈된 사람도 인간으로서 인도적이고 존엄을 가진 사람으로 존경되며 대우를 받아야 한다(제10조 1항).

피고인의 경우 다른 공범과 분리·수용되어야 하며, 무죄자의 지위에서 분리취급을 받아야 한다(제2항 1호). 미성년으로 소추된 사람은 성인과 분리되어야 하며, 그의 연령과 법적 지위에 따라 가능한 신속한 재판을 받을 권리를 가진다(제10조 2항의 2호).

형사처벌 재소자의 처우는 그의 개선과 사회적 복귀를 본질적 목적으로 하여야 한다. 소년범죄자는 성인자와 분리하여야 하며, 그의 연령과 법적 지위에 적합하게 처우되어야 한다(제10조 3항).

5) 피고인의 공정한 재판을 받을 권리

제14조는 사법에의 권리를 인정하고 공정한 재판을 받을 권리를 보호하고 있다.329)

1항은 사법절차의 기본원칙을 규정하고 있다. 그에게 형사범죄의 결정에 있어서는, 또는 법에 의한 권리와 책임에 관한 소송에서는, 모든 사람은 법률이 정한 유능하고 독립이고 중립적인 법관에 의한 공정하고 공개적인 재판을 받을 권리를 가진다. 다만, 민주사회의 도덕이나 공공질서나 국가안전보장을 위한 이유가 있는 경우, 또는 사생활의 이익을 위하여 당사자가 요구하는 경우, 또는 특별히 언론에 공개하는 것이 사법의 이익에 예단을 줄 수 있는 경우에는, 재판의 전부 또는 일부는 언론과 대중에게 비공개로 할 수 있다. 그러나 형사사건에서 내려진 판결이나 법적 소송에서 내려진 결정은, 청소년의 이익이 요구하는 경우와 아동의 양육을 위한 혼인 중의 분쟁을 제외하고는, 반드시 공개하여야 한다(제10조 1항).

형사범죄 사건에서 기소된 사람은 법에 따라 유죄가 확정될 때까지는 무죄의 추정을

---

328) 10: Miscellaneous Rights - Articles 8, 11, 16
   11 : Freedom from Arbitrary Detention - Article 9 in Sarah Joseph, The International Covenant on Civil and Political Rights - Hardback
   https://global.oup.com/academic/product/the-international-covenant-on-civil-and-poli...
329) Basteks / Oette, op. cit., pp. 376-381.
   United Nations General Comment No. 32.
   Article 14: Right to Equality before Courts and Tribunals and to a Fair Trial

받는다(제14조 2항).330)

형사사건의 결정에 있어서는 누구나 다음의 최소한의 보장을 받을 권리를 완전 평등하게 가진다(제14조 3항).

① 그에 대한 범죄혐의와 성질과 원인에 대해서 자기가 알 수 있는 언어로 신속하고 상세하게 통지받을 권리

② 그가 선발한 변호인과 방어와 통신을 위한 충분한 시간과 장소의 제공

③ 불필요한 지연 없이 심판받을 것

④ 방어를 위하여 자기 자신이나 자기가 선정한 변호사의 면전에서 재판받을 것 만약 그의 권리로서, 법적 보호를 받을 수 없는 경우에는 사법적 이익이 요구하는 어떤 경우에도 법적 변호인의 도움을 받을 권리를 가진다. 만약 자기가 지불할 능력이 없는 경우에는 국선변호인은 무료로 보장되어야 한다.

⑤ 범죄를 유죄로 선고받은 사람은 누구나 그의 유책 여부 판정과 선고형량에 대하여 법률에 따른 절차에 따라 상급 법원에서 항소심을 받을 권리를 가진다.

⑥ 종심에서 범죄행위에 대하여 유죄판결을 받은 사람이, 그 판결이 뒤에 새로운 사실이나 새로이 발견된 사실에 의하여 오심이었던 것이 결정적으로 입증된 경우, 이를 이유로 하여 그 유죄판결이 무죄로 선고되거나, 유죄의 판결이 폐기되거나 또는 사면이 된 경우, 알지 못했던 사실이 적당한 때에 명확히 되지 않았던 것의 전부 또는 일부가 그 사람의 책임이었다는 것이 입증된 경우에는 적용하지 않는다.

⑦ 어떤 사람도 각기의 나라의 법률 및 형사절차에 따라서 이의 확정적으로 유죄 또는 무죄의 판결을 받은 행위에 대해서 다시 재판을 받거나 또는 이중으로 처벌을 받지 않는다.

제15조(소급입법의 금지)

① 어떤 사람도 행위 시의 국내법 또는 국제법 하에서 범죄를 규정하지 않는 행위 또는 부작위 이유로는 어떤 범죄행위도 유죄로 취급되지 않는다(형벌법규불소급의 원칙). 어떤 사람도 범죄가 행해진 때에 적용되었던 형벌보다도 무거운 형벌이 부과되지 않는다. 범죄가 행해진 뒤에 보다 가벼운 형벌을 부과하는 규정이 법률로서 정해진 경우에는 범죄를 저지른 사람은 그 이익을 얻는다.

② 이 조의 어떠한 규정도 국제사회가 인정하는 법의 일반원칙에 따라 실행 시에 범죄로 되어 있는 작위 또는 부작위를 이유로 재판하거나 처벌하는 것을 방해하는 것은 아니다.

---

330) 14: Right to a Fair Trial - Article 14
   15: Prohibition of Retroactive Criminal Laws - Article 15 in Sarah Joseph,... The International.
   Covenant on Civil and Political Rights - Hardback - 2 Vols.
   https://global.oup.com/academic/product/the-intemational-covenant-on-civil-and-pol
   i...

6) 자유권의 보호
여기서는 전통적 자유권이 다 보장되어 있다.

(1) 거주이전의 자유(제12조)
거주이전의 자유와 주소선택의 자유, 출국의 자유, 귀국의 자유를 모두 규정하고 있다. 거주이전의 자유와 출입국의 자유는 어떠한 제한도 받지 않는다. 다만, 그 제한이 법률에 의해서 정해지고 국가의 안전보장, 공공의 질서유지, 공중의 건강 또는 도덕, 또는 타인의 권리 및 자유를 보호하기 위하여 필요하여, 이 헌장에 있어서 인정되는 다른 권리와 양립할 수 있는 경우에는 그러하지 아니하다.

(2) 외국인의 추방(제13조)
합법적으로 이 헌장의 체약국의 영역 내에 있는 외국인은 법률에 근거한 결정에 의해서만 당해국 지역에서 추방할 수 있다. 국가의 안전을 위하여 불가피한 이유가 있는 경우를 제외하고는, 당해 외국인은 자기의 추방에 반대하는 이유 및 권한 있는 기관 또는 그 기관이 특히 지명한 자에 의하여 자기 사안을 심사받을 수 있는 권리가 인정되며, 이를 위한 그 기관 또는 그 사람에 대한 대리인의 출두도 인정된다.

(3) 사생활의 자유(제17조)
누구나 그의 사생활, 가족, 주거 또는 통신에 대한 자의적이거나, 불법적인 간섭을 받지 않으며 명예 및 신용을 불법적으로 공격당하지 아니한다. 모든 사람은 이 간섭 또는 공격에 대한 법률의 보호를 받을 권리를 가진다. 이것은 통신의 비밀, 가옥의 불가침, 사생활의 보호 등을 합친 것으로 Privacy의 권리로 중요시되고 있다.

(4) 사상, 양심 및 종교의 자유(제18조)
모든 사람은 사상, 양심 및 종교의 자유에 관한 권리를 가진다. 이 권리에는 스스로 선택하는 종교 또는 신념을 받아들이고 또는 가지는 자유 및 단독으로 또는 다른 사람과 공동으로 또는 공적으로나 사적으로 예배, 의식, 행사 및 교조에 따라 그 종교 또는 신념을 표명하는 자유를 포함한다.
　누구나 자기가 선택하는 종교 또는 신념을[331] 받아들일 자유를 가지며, 가진 자유를

---

331) Human Rights Committee 102nd session Geneva, 11-29 July 2011.
　　　General Comment No. 34 Article 19: Freedoms of Opinion and Expression
　　　17: Freedom of Thought, Conscience, and Religion - Article 18
　　　18: Freedom of Expression - Articles 19 and 20 in
　　　Sarah Joseph,... The International Covenant on Civil and Political Rights - Hardback
　　　https://global.oup.com/academic/product/the-international-covenant-on-civil-and

침해당할 우려가 있는 강제를 받지 아니한다.

종교 또는 신념을 표명하는 자유에 대해서는 법률이 정하는 제한이어서 공공의 안전, 공공의 질서, 공중의 건강, 또는 도덕 또는 다른 사람의 기본적인 권리 및 자유를 보호하기 위해 필요한 것만을 부과할 수 있다.

이 헌장의 체약국은 부모 또는 경우에 따라서는 법정보호자가 자기의 신념에 따라서 아동의 종교적 및 도덕적 교육을 확보하는 자유를 가지는 것을 존중할 것을 약속한다.

(5) 표현의 자유(제19조)

모든 사람은 간섭 없이 의견을 가질 권리를 가진다.[332] 모든 사람은 표현의 자유에 관한 권리를 가진다. 이 권리에는 구두, 수서(손으로 쓴 글) 또는 인쇄, 예술의 형태 또는 스스로 선택한 다른 방법에 의한, 국경과의 상관없이 모든 종류의 정보 및 생각을 구하고 받아들이며 전달할 자유를 포함한다.

이 권리의 행사에는 특별한 의무 및 책임이 따른다. 따라서 이 권리의 행사에는 일정한 제한을 부과할 수 있다. 단 그 제한은 법률에 의하여 정해지고 다음 목적을 위하여 필요한 것에 한정된다. (a) 다른 사람의 권리 또는 신용의 존중 (b) 국가의 안전, 공공의 질서 또는 공중의 건강 또는 도덕의 보호

(6) 전쟁선동 및 차별선도의 금지(제20조)

전쟁을 위한 어떠한 선전도 법률로 금지한다. 차별, 적의 또는 폭력의 선동으로 되는 국민적, 인종적 또는 종교적 증오의 선도는 법률로 금지된다.

(7) 평화적 집회의 권리(제21조)

평화적 집회의 권리는 인정된다. 이 권리의 행사에 있어서는 법률이 정하는 제한이 있으며, 국가의 안전보장, 공공의 안전, 질서유지, 공중의 건강 또는 도덕의 보호 또는 타인의 권리 및 자유의 보호를 위하여 민주적 사회에 있어서 필요한 것 이외에는 어떠한 제한도 가할 수 없다.

(8) 결사의 자유(제22조)

모든 사람은 결사의 자유에 대한 권리를 가진다. 이 권리에는 자기의 이익을 보호하기 위하여 노동조합을 결성하고 이에 가입할 권리를 포함한다. 이 권리의 행사에 있어서는 법률이 정하는 제한으로서 국가의 안전보장 또는 공공의 안전, 공공의 질서유지, 공중의

---

332) OHCHR Regional Office General Comment No. 34 on Article 19 of the ICCPR
https://bangkok.ohchr.org/programme/documents/general-comment-34.aspx
Universal Declaration of Human Rights and International Bill of Human Rights
https://www.scientologyreiigion.Org/religious-freedom/what-is-freedom-of-religion
/p...

건강 또는 도덕의 보호 또는 타인의 권리 및 자유의 보호를 위하여 민주적 사회에 있어서 필요한 것 이외의 어떠한 제한도 가할 수 없다. 이 조항의 규정은 결사의 자유의 권리의 행사에 있어 군대 및 경찰의 구성원에 대하여 합법적인 제한을 가하는 것을 방해하는 것[333]은 아니다. 이 조항의 어떠한 규정도 결사의 자유 및 단결권의 보호에 관한 1948년 국제노동기구의 조약의 체약국이 동 조약에 규정한 보장을 저해하는 것 같은 입법조치를 강구하는 것, 또는 동 조약에 규정하는 보장을 저해하는 것 같은 방법에 따라 법률을 적용하는 것을 허용하는 것은 아니다.

7) 혼인, 가족, 아동의 보호

(1) 가족에 대한 보호(제23조 1항)

가족은 사회의 자연적이고 기초적인 단위이며, 사회 및 국가에 의한 보호를 받을 권리를 가진다.[334]

(2) 혼인생활에서의 평등(제23조 4항)

이 헌장의 체약국은 혼인 중 및 혼인의 해소 시에, 혼인에 관계한 배우자의 권리 및 책임의 평등을 확보하기 위하여 적당한 조치를 취한다. 혼인의 해소의 경우에는 아동에 대한 필요한 보호를 위하여 조치가 취하여진다. 동성결혼을 금지하는 것이 아니라는 판결이 나와 있다.

(3) 아동의 권리(제24조)

모든 아동은 인종, 피부색, 성별, 언어, 종교, 국민적 또는 사회적 출신, 재산 또는 출생에 의한 어떠한 차별도 없이 미성년자로서의 지위에 필요로 하는 보호 조치로서 가족, 사회 및 국가에 의한 보호 조치에 대한 권리를 가진다.[335]

모든 아동은 출생 후 즉시 등록되고 또 성명을 가진다. 모든 아동은 국적을 취득할

---

333) 19: Freedoms of Assembly and Association - Articles 21 and 22 in
   Sarah, Joseph, The International Covenant on Civil and Political Rights - Hardback
   https://global.oup.com/academic/product/the-intemational-covenant-on-civil-and-pol
   i...
334) United Nations, Human Rights Council, The Right to Privacy in the Digital Age, 24, March.
   2015.
   Icelandic Human Rights Centre The Right to Privacy and Family Life
   http://www.humanrights.is/en/human-rights-education-project/human-rights-concepts...
   20: Protection of the Family - Article 23
   Sarah, Joseph,... The International Covenant on Civil and Political Rights - Hardback
   https://global.oup.com/academic/product/the-intemational-covenant-on-civil-and-poli...
335) Fact Sheet, No. 10 *The Rights of the Child* (Rev.1)
   21: Protection of Children - Article 24 in
   Sarah, Joseph,... The International Covenant on Civil and Political Rights - Hardback https://glo
   bal.oup.com/academic/product/the-intemational-covenant-on-civil-and-poli...

권리를 가진다.

8) 정치적 권리(제25조)

모든 시민은 제2조에 규정된 어떤 차별도 없이 또 불합리한 제한 없이 다음을 할 권리 및 기회를 가진다.

(a) 직접으로, 또는 자유로이 선택한 대표자를 통하여 정치에 참여하는 일
(b) 보통 및 평등한 선거권에 근거하여 비밀투표에 의하여 행해지고, 선거인의 의사의 자유로운 표명을 보장하는 진정한 정기적 선거에 의하여 투표하고 또 선거될 수 있다.
(c) 일반적인 평등 조건 하에서 자기 나라의 공무를 담당할 수 있다.

6. 제4부 실시조치(제28조 - 제45조)

제4부는 감독 · 집행기관에 관하여 규정한다.

7. 제5부 잡칙(제46조 - 제47조)

제5부는 국제연합 헌장과의 관계 등을 규정한다.

8. 제6부 최종규정(제48조 - 제53조)

제6부는 서명, 비준가입, 효력 발생, 개정, 통신 · 통보 등 시행절차에 관한 규정이므로 이에 대해서는 설명을 생략하기로 한다.[336]

Ⅲ. 시민적 · 정치적 권리 헌장의 구제절차

1. 서설

1) 세계인권선언과의 차이

세계인권선언과 국제인권규약의 최대의 차이점은 전자는 실시 규정이 없는 데 반하여,

---

[336] Human Rights Explained: Fact Sheet 8: Promoting and Protecting Human Rights in t...
https://www.humanrights.gov.au/our-work/education/human-rights-explained-fact-sh...
Human rights mechanisms and international law / Liberty & Humanity
https://libertyandhumanity.com/themes/international-human-rights-law/human-rights-...

후자는 실시 규정을 두고 또 헌장의 집행을 위한 국가의 의무에 관한 상세한 규정을 두고 있는 점이다. 국제인권헌장이 조약으로서 각 국가의 비준을 받아 현실적으로 집행되는 면에서 법적인 강제력을 갖는다는 것이 가장 큰 특색이라고 하겠다.

앞서 본 바와 같이, 이 자유권 헌장 제2조에서 체약국의 헌장준수와 준수의무를 규정하고 있다. 제2조 2항과 3항에서는 체약국이 이 권리를 실현하기 위하여 입법 조치를 할 것을 약속하고 있으며, 이 헌장의 규정에 따라 필요한 국내법적 행동을 할 것을 약속하고 있다.

2. 실시조치 규정과 유엔 인권위원회

제4부에서는 이 헌장이 규정한 조치를 실시하기 위하여 인권위원회(UN Human Right Committee)를 두고 있다. 이것은 유엔 헌장이 규정한 위원회(Charter based Committee)가 아니고, 조약이 규정한 위원회(Treaty based Committee)이다.

1) 인권위원회의 구성

인권위원회는 18명의 위원으로 구성된다.[337]

이 위원회는 특별히 유엔 인권위원회(UN Human Rights Committee)라 불린다(제28조 1항). 위원회는 체약국 국민으로 구성되며, 인권 분야에서 그 능력이 인정되고, 도덕성이 높은 인물로 구성된다(제2항). 위원은 선거되며 개인 자격으로 근무한다(제3항). 각 당사국은 자국민 2명의 후보자를 추천하면 비밀투표로 선출된 사람이 임명된다. 위원은 재선될 수 있다(제28조). 선거는 체약국 대표들의 회의에서 비밀투표로 절대다수를 얻은 사람 중에서 가장 많은 득표를 한 사람이 당선된다(제30조). 위원회는 동일 국가의 국민은 한 명만이 선출된다. 위원당선국은 지역적 분포의 형평성과 문화와 법률체계의 다른 것에 비례적으로 분포되어야 한다(제31조).

위원회에 공석이 생긴 경우에는 후임자를 선출한다. 유엔 사무총장은 공석 통지를 받은 뒤 후보자명부를 다시 만들어 선거한다. 새로 선출된 위원은 전임자의 잔여 임기만 재임한다(제34조). 위원은 취임 시에 그의 직무를 불편부당하게 양심에[338]따라 활동할 것을 서약한다(제38조).

2) 인권위원회의 기능

337) McGoldrick, D., The Human Rights Committee. Its Role in the Development of the International Covenant on Civil and Political Rights, 2nd edition, Oxford: Clarendon Press, 1994. Buergenthal, T., "The U.N. Human Rights Committee", Max Planck Yearbook of United Nations Law, Vol. 5, 2001, pp. 341-398.
338) Sarah, Joseph, The International Covenant on Civil and Political Rights - Hardback - 2013, 1042 pages. https://global.oup.com/academic/product/the-international-covenant-on-civil-and-poli...

시민적·정치적 권리 위원회는 시민적·정치적 권리 헌장의 집행을 도우는 기관이다. 헌장은 모든 체결 국가에게 연례보고서를 작성하여야 하도록 했다(제40조). 이 보고서는 유엔 사무총장에게 제출되며 이는 인권위원회의 집무를 위하여 이용된다. 사무총장은 인권위원회와 상의하여 특별 기구에 이를 통보할 수 있다. 인권위원회로 체약국이 이 헌장의 의무를 다하고 있는가에 대한 통보를 수리한다(제41조). 위원회는 특별조정위원회를 설치하고 이를 운용할 수 있다(제42조).339)

3. 이행보고제도

1) 체약국의 보고서 제출 의무

시민적·정치적 권리에 관한 인권헌장을 담당하는 기관은 유엔 인권위원회이다. 유엔 인권위원회는 각 체약국으로부터 Report를 제출받게 되어 있다.340) 이 보고는 의무적이다(제40조).

이 위원회에 관해서는 제4부에서 규정하고 있다.

각 체약국은 인권 헌장에 의해서 그동안에 행해진 국가 보고서를 제출해야 하며, 이 보고서에 대해서 위원회는 검토하고 체약 국가의 인권상황에 대하여 의견을 개진한다.

위원회는 매년 4주 회의를 3번 개최한다. 봄 회의는 뉴욕에 있는 유엔 본부에서, 여름과 가을에는 제네바에 있는 유엔 사무소에서 개회한다.

여기서는 인권 헌장에 따라 168개 체약국이 낸 5년간의 보고서를 제출하게 되어 있는데 이를 심의한다. 이 위원회는 유엔 인권조약기구의 하나이며, 정치적·시민적 인권헌장의 집행을 감독한다.

2) 체약국가의 의무와 보고서의 의미와 중요성

---

339) OHCHR, Fact Sheet 15, Civil and Political Rights: The Human Rights Committee
Roarey, N., The Role and Impact of Treaty Bodies, in Shelton, The Oxford Handbook of International Human Rights Law, pp. 621-648.
The UN Human Rights Treaty System, in Bardekas and Oette, International Human Rights Law and Practice, pp. 192-234.

340) Buergenthal, T., "The U.N. Human Rights Committee," Max Planck Yearbook of United Nations Law, Vol. 5. 2001, pp. 341-398; Wikipedia, United Nations Human Rights Committee; OHCHR, United Nations Commission on Human Rights; OHCHR. Human Rights Committee; 자유권규약 인권위원회의 절차규칙, 1989. 7. 26.
Human Rights Committee: State Reporting Procedure / A Conscientious Objector's...
http://co-guide.info/mechanism/human-rights-committee-state-reporting-procedure
Human Rights Committee General Comment No. 33.
The Obligations of States Parties under the Optional Protocol to the International Covenant on Civil and Political Rights
Workshop on International Human Rights Instruments and Reporting Obligations; ... 1992
https://www.worldcat.org/title/workshop-on-international-human-rights-instruments-a...

시민적·정치적 인권 헌장 제40조에 따라 가입 후 첫 번째는 1년 내에 보고서를 제출해야 한다. 그 뒤에는 특별한 요청이 없는 경우에는 위원회의 요청에 따라 4년마다 리포트를 내어 그 진척 상황을 보고해야 한다. 인권위원회는 이를 면밀히 검토하여 앞으로의 개선 방향을 제시한다. 그러면 인권위원회는 이를 심사하여 민간단체의 보고서 등을 참작하여 체약 국가에 의견서를 제시한다. 그러면 당사 국가는 회신하거나 그에 대한 답신을 한다. 질의응답이 있는 후에 인권위원회는 권고안을 낸다.[341] (자유권 규약 체약국의 보고서 준비를 위한 개정 가이드라인 1991 참조)

2007년에는 이 보고 제도가 너무 형식에 그친다고 하여 개혁이 이루어졌다. 리포트를 제때 내지 않거나 적당히 제출하는 경우가 있어서 보고서 제출을 지연해 결과 보고서 내용의 충실을 기했다. 빈(Wien)에서의 세계인권회의와 같은 것은 성공적이었다고 보고, 보다 상세하고 정확한 보고서의 제출을 독려하기로 했다. 보고서 제출에 앞서 유엔 인권위원회는 보고서에 앞서 「선 보고의 리스트」를 각 체약국에 보내어 보고서 제출을 쉽게 하였다. 2011년 7월에는 표현의 자유에 관한 34조의 규정에 따른 일반적 코멘트를 52개 조에 걸쳐 보고하도록 하였다.

국가가 통보서를 제출한 경우에, 인권위원회와 당사국은 설명회를 가지며, 그 경과에 대해서 인권위원회는 개선 건의를 하고 입법 조치를 권고하기도 한다. 이 위원회는 공개되며 NGO들이 의견을 제출하고 lobby를 하기도 한다.

4. 개인적 인권침해의 구제

1) 개인적 인권이 침해된 경우의 통신제도

유엔 인권헌장은 국가 간의 쟁의나 문제 제기에도 관여할 수 있게 되어 있으나 아직까지 관할권이 명확하지 않다. 유엔 인권위원회는 시민적·정치적 권리에 관한 헌장에 규정된 개인적 권리침해에 대해서는 관할권을 가진다. 관할권은 제1 의정서에 관한 것과 고문의 금지규약, 모든 형태의 인종차별의 금지에 관한 규약과 장애자의 권리에 관한 규약과 여성에 대한 모든 차별금지에 관한 인권규약에 대한 심사권을 가진다.

개인의 제소권에 관해서는 시민적·정치적 권리헌장의 제1 선택의정서(First Optional Protocol to the International Covenant on Civil and Political Rights)에서 규정하고 있

---

341) Steinerte/Wallace, United Nations Protection of Human Rights, University of London, 2009;
Pillay, N. /Strengthening the United Nations Human Rights Treaty Body System, A report
by the United Nations High Commissioner for Human Rights, June 2012; R. Smith, Textbook
on International Human Rights, Oxford Univ. Press, 2010;
Protect Human Rights, United Nations,
https://www.un.org/en/sections/what-we-do/protect-human-rights;
자유권규약인권위원회 의사규칙 제2부 위원회의 임무에 관한 규칙 참조(Human Rights Committee,
Rules of Procedure of the Human Rights Committee, 11 Jan. 2012).
Lattman (ed.), International Protection of Human Rights, 2014, pp. 23-45.

다.342) 이 의정서의 체약국은 그 관할 하에 있는 개인이 헌장에서 정한 권리가 체약국에 의하여 침해되었다고 주장하는 사람으로부터의 통신(Communication)을 위원회가 수리하고, 또 검토하는 권한을 위원회가 가지고 있다는 것을 인정한다(제1조). 헌장에 열거된 권리의 어느 하나가 침해되었다고 주장하는 개인은, 침해된 권리를 국내법적 수단을 다하더라도 구제받지 못하는 경우에는, 문서에 의한 통신을 하여 검토하도록 위원회에 제출할 수 있다(제2조).

2) 개인적 통신절차

국민이 신고서를 제출하여 인권위원회가 심의함으로써 그 나라의 인권상황에 대해 알 수 있게 된다(제14조). 그러나 인권이 침해된 것에 대한 개인의 제소에 대한 만족을 주지 못한다. 이에 개인이 직접 통신절차를 밟게 하고 있다. 통신절차(communication process)는 일반인 누구에게나 쉽게 접근할 수 있게 한 절차이다. 고소인(complaint)은 타인에 의하여 자기의 권리가 침해되었다는 것을 이유로 들어야 한다. 개인의 통신절차는 모든 것에 대해서 할 수 있는 것이 아니고, 시민적·정치적 인권헌장에서는 제1 선택의정서에 관한 것만 할 수 있다. 또 국가에서 꼭 이를 보장해주어야 하는 것은 아니다. 국가에 의하여 시민적·정치적 인권헌장이 침해되었다고 주장하는 사람은, 그 체약 국가의 체약서에서 그런 소송을 수리할 위원회의 권한을 인정한다는 것을 확인해야 한다. 소를 제기하는데 정식 서류는 없다. 그러나 NGO나 유엔에서는 그에 필요한 서류나 정보를 제공하고 있다. 소는 원칙적으로 체약국 국내의 구제절차가 소진된 경우에만 할 수 있다.

위원회가 통신을 접수한 경우에는 심리를 한다. 위원회가 이 통신이 익명이거나 통보 자체가 권리남용이라고 생각하는 경우에는 수리할 수 없다고 선언한다(제3조). 위원회가 수리한 경우에는 통신에 대하여 의정서의 침해를 주장 받은 체약국에 대하여 주의를 환기한다(제4조).

통신을 제기한 경우에는 체약국에 대해서도 통신을 송부하고, 당사국은 6개월 내에 제기된 고소에 대해서 코멘트를 제출해야 한다. 위원회는 심사 후 결정(decision)을 내린다. 이 결정은 일반적으로 청구인에 의하여 승낙된다. 만약에 위원회가 결정을 내렸는데 이 결정이 이의가 없는 경우에는 그것으로 종결한다. 그러나 위원회가 국가에 의하여 심각한 침해가 행해졌다고 생각하는 경우에는 3개월 내에 권리구제절차를 다시 밟게 된다. 인권위원회는 개인의 통보에 대하여 당사국에 통고할 수 있고, 의정서의 체약국에 주의를 환기할 수 있다. 이에 대하여 당사국은 답변을 해야 한다. 이 인권위원회의 결정은

342) First Optional Protocol to the International Covenant on Civil and Political Rights - ...
https://en.wikipedia.org/wiki/First_Optional_Protocol_to_the_International_Covenant...
Optional Protocol to the International Covenant on Civil and Political Rights
https://africanlii.org/content/optional-protocol-international-covenant-civil-and-polit
i...

법적 구속력을 가진 것은 아니다. 그러나 피소된 당사국은 이것이 판례로 남거나 국가의 위신문제가 있기 때문에 구제를 위하여 노력하도록 해야 하는 정치적 의미는 있다.[343]

5. 국가 간 제소와 기타 구제 제도

1) 국가 간 제소 제도

국가 간의 고소도 개인 간의 제소와 비슷하다. 이는 한 당사 국가 당선자가 다른 국가 당사자가 인권헌장의 의무를 다하지 않았다고 하여 소를 제기하는 것이다. 이 절차는 시민적·정치적 인권헌장이 적용된다(제41조). 그러나 이 경우 당사 국가는 이 헌장 이행에 대한 국가 간 소를 수락하는 특별선언을 해야 한다. 이 국가 간 제소는 이제까지 한 번도 행해진 적이 없다.

2) 긴급개입 제도

국가들이 정보를 잘 제공하지 않는 경우 긴급하게 보고하도록 요청하는 제도이다. 인권위원회는 2004년 3월에 논의하였으나 2013년까지 시행하지 않았다.

6. 기타의 구제 제도

인권위원회는 어떤 특정 국가를 지정하지 않고 일반적 코멘트를 할 수 있다. 이것은 모든 나라들이 참고할 만한 것이다. 또 NGO 등이 방청할 수 있으며 민간인도 제3자 참여를 할 수 있다. [344]

---

343) 개인의 통신절차에 대한 인권위원회의 논의는 인권위원회 124차 회의(2018. 10. 1-10. 3)에서 검토되었다. 2018년 8월 10일 현재 계류 중인 개인통신은 759건이나 된다.
Human Rights Committee 124th session 8 October-2 November 2018, Item 2 of the provisional agenda Adoption of the agenda.

344) Civil and Political Rights: the Human Rights Committee. (도서, 2005) [WorldCat.org]
https://www.worldcat.org/title/civil-and-political-rights-the-human-rights-committee/...
Human Rights Committee / International Justice Resource Center
https://ijrcenter.org/un-treaty-bodies/human-rights-committee/
8) 시민적 및 정치적 권리에 관한 국제헌장의 선택의정서(1966. 12. 16. 국제연합총회 제21회 회기, 효력발생 1976년 3월 23일).
9) 유보: 대한민국 정부는 동 헌장을 심의한 후, 동 규약의 제14조 5항, 제22조 7항, 제22조 및 제23조 4항의 규정이 대한민국 헌법을 포함한 관련 국내법 규정에 일치되도록 적용될 것임과 동 규약 제41조상의 인권이사회의 권한을 인정함을 선언하며, 이에 동 헌장에 가입했다.
유보철회: 상기 유보선언에 대해 대한민국은 동 헌장 제23조 제4항을 1991년 3월 15일 유보 철회하였으며(조약 제1042호), 제14조 제7항에 대해 1993년 1월 21일 유보 철회하였음(조약 제1122호).

Ⅳ. 시민적 · 정치적 권리 헌장의 권리특색

1. 세계인권선언과의 관계

세계인권선언은 국제연합이 처음으로 제정한 인간의 보편적 권리에 관한 선언으로 중요한 의의를 가진다. 전문과 본문 30조로 규정된 이 권리선언은 원래 국제연합의 기본권 장전(International Bill of Human Right)의 도입부로 규정된 것이나, 그 뒤 인권헌장은 시민적 · 정치적 권리 헌장과 경제적 · 사회적 · 문화적 권리 헌장으로 나뉘어 규정하게 됨으로써 약간의 내용상의 차이를 보이게 되었다.

시민적 · 정치적 권리 헌장은 1966년에 초안이 완성되어 통과되었기 때문에 그동안의 내용 변천이 있었다. 시민적 · 정치적 인권 헌장은 세계인권선언의 자유권과 정치권을 규정한 것으로 내용상은 보다 상세히 규정한 것이 특색이다.

세계인권선언에서는 규정되어 있지 않으나 유엔 시민적 · 정치적 권리 헌장에 규정되어 있는 것으로는 민족자결권(제1조)과 전쟁 선전 금지 등(제20조), 아동의 권리(제24조), 소수민족의 권리(제27조)가 있다. 이들 규정은345) 제4부 실시조치 장에서 헌장 자체에 실시 규정을 두어 집행력을 부여하고 있다. 여기에 대해서는 후술하기로 한다(제28조-제45조).

2. 구제제도의 미비

그러나 이 헌장의 위원회 제도는 사법적 결정기관이 아니므로 법적 집행력에 문제가 많다. 국제연합은 유럽평의회보다 많은 회원을 가지고 있으나, 그 결정권 수는 유럽평의회에 미치지 않는다. 그 이유는 사법적 구제 절차가 옳게 기능하지 않기 때문이다. 국제사법재판소 규정에 의하면 전원재판부와 특정재판부를 둘 수 있는데, 국제연합인권헌장에 관한 특별부는 잘 구성되지 않고 있다(재판소 정관 제35조-제36조). 또 재판소의 관할도 국가당사자가 재판소에 부탁하는 모든 사건 및 국제연합 헌장 또는 현행 제조약에 특히 규정하는 모든 사항에 미친다(재판소 정관 제36조 1항).346)

345) 50th Anniversary of the International Covenant on Civil and Political Rights.
https://eldh.eu/2016/08/30/50th-anniversary-of-the-international-covenant-on-civil-an...
Challenging Human Rights Disenchantment 50 Years on from the ICCPR and ICSCR University of Sussex, UK, 2017.
346) Crowford & Keene; Interpretation of the human rights treaties by the International Court of Justice: The ... 2019,
https://www.tandfonline.com/doi/full/l0.1080/13642987.2019.1600509
Scheinin, (ed.) International Protection of Human Rights: A Textbook, European University Institute,
http://www.eui.eu/DepartmentsAndCentres/Law/Publications/Books/Scheinin/Interna. University of Peace (ed.), Comparative Analysis of Selected Case-Law ACHPR, IACHR, ECHR

특히 많은 나라들이 비준 시 유보조항을 두고 있으며 미국에서는 자동집행의 이론을 거부하고 있어 사실상 효력이 없는 실정이다.[347]

3. 세계인권재판소의 문제

그래서 유엔의 인권헌장을 강제 집행할 수 있는 인권재판소의 설립이 논의되고 있다.[348] 이는 현재의 인권위원회 제도를 두면서 인권재판소를 두는 안과 인권위원회를 폐지하고 이에 대체되는 인권재판소의 설립이 논의되었다.[349] 이에 관해서는 제4장 제1절에서 논의되고 있으니 참고해 주기 바란다.

제3절 경제적·사회적·문화적 인권에 관한 국제헌장

Ⅰ. 경제적·사회적·문화적 권리에 관한 국제헌장의 성립

1. 국제연합 총회의 결의

1948년 12월 10일 유엔 총회는 제3기에 국제인권장전에 관한 결의를 하였다. 여기에서 세계인권선언을 선포하고 도덕적·정치적 효력에 그친 국제인권선언을 실효하기 위한 성문법전을 만들기로 결의하였다. 이에 따라 유엔 인권위원회(UN Human Rights Commission)가 이 초안을 만들기로 하였다.

2. 국제연합 인권위원회에서의 초안 작성

1950년의 제5회 국제연합 총회에서 시민적·정치적 권리뿐만 아니라 경제적·사회적·문화적 권리에 관한 초안 작성도 필요하다는 것이 논의되었다. 유엔 인권위원회는 1949년부터 1954년까지[350] 초안을 작성하였다. 1951년 당시는 냉전 중이었으므로

HRC / Icelan...
http://www.humanrights.is/en/human-rights-education-project/comparative-analysis-o...
347) Wikipedia, ICCPR, 2020.
348) Zacharia, Sophie., A World Court of Human Rights: A Solution to the Human Rights issues of the 21st Century.
349) United Nations Human Rights Treaty Monitoring Bodies Reform.
350) Fact Sheet No. 16 (Rev. 1), The Committee on Economic, Social and Cultural Rights, Vienna, 1993.

총회에는 자유주의국가와 공산주의국가가 대립되어 있었다. 자유주의국가에서는 자유권을 강조하였고, 공산주의 진영에서는 사회권을 강조하였기 때문에 헌장을 두 개로 나누어 작성하기로 타협하였다. 1954년 국제연합 인권위원회는 이들 초안을 작성하였다.

3. 국제연합총회 제3위원회의 심의와 채택

헌장 초안은 제9회 총회에서 제21회 총회에 걸쳐 제3위원회에서 축조로 심의하였다. 여러 가지 수정을 거친 뒤 이 안은 1966년 12월 16일 총회에서 만장일치로 채택되었다. 경제적 · 사회적 · 문화적 권리헌장(International Covenant on Econocimic, Social and Cultural Rights)에는 시민적 · 정치적 권리 헌장과 달리 헌장 준수 조치를 규정하지 못했다.
1976년 1월 3일에 비준 기준에 달하여 효력을 발생하였다. 2018년 5월 현재 유엔의 198개 국가 중 168개 국가가 비준하였다.

4. 선택의정서의 채택과 비준

원 경제적 · 사회적 · 문화적 권리 헌장에는 개인통보제도에 합의하지 못하였다. 그래서 이를 도입하는 선택의정서는 2008년 12월 10일에야 총회를 통과하였고, 2013년 2월까지 40개국이 서명하고 22국만이 비준하였다. 그리하여 2013년 5월 5일부터 효력을 발생하였다.

Ⅱ. 경제적 · 사회적 · 문화적 권리에 관한 국제헌장의 내용

1. 사회권 헌장에 규정된 총칙적 권리

1) 편별

International Covenant on Economic, Social and Cultural Rights of 16. December 1966: World Health Organization, International Covenant on Economic, Social and Cultural Rights, Health and Human Rights; UN Covenant on Economic. Social and Cultural Rights, http://www.hrweb.org/legal/escr.html; Human Rights for all, International Covenant on Economic, Social and Cultural Rights, Equality Human Rights Commission, https://www.equalit yhumanrights.com/en/our-human-rights-work/monitoring-and-promoting-un-treaties/i nternational-covenant-economic-social;
UNTC, International Covenant on; Member States, United Nations, The Human Rights Treaty System, Fact sheet No. 30.
Wikipedia, International Covenant on Economic, Social and Cultural Rights https://en.wikipedia.org/wiki/International_Covenant_on_Economic,_Social_and_Cul...

편별은 전문과 5부 31조로 구성되어 있다. 편별은 제Ⅰ부(제1조), 제Ⅱ부(제2조-제5조), 제Ⅲ부(제6조-제15조), 제Ⅳ부(제16조-제25조), 제Ⅴ부(제26조-제31조)이며, 시민적 · 정치적 권리에 관한 국제헌장의 편별과 유사하다. 실체적 권리 규정은 제Ⅲ부에서 규정하고 있다.

2) 전문

「이 헌장의 체약국은,351) 국제연합 헌장에서 선언된 원칙에 따라 인류 사회의 모든 구성원은 천부의 권리와 평등하고 불가양의 권리를 인정하는 것이 자유와 정의와 세계평화의 기초임을 고려하고,

이러한 권리가 인간의 천부의 존엄에서 유래한 것임을 인정하고,

세계인권선언에 의한다면, 자유로운 인간이 공포와 궁핍에서의 자유를 향유하는 이상은, 모든 사람이 그의 경제적 · 사회적 · 문화적 자유와 함께 시민적 · 정치적 권리와 자유를 향유할 수 있는 조건에서만 창출될 수 있다는 것을 인정하면서,

유엔 헌장 하의 모든 국가는 인간의 권리와 자유의 보편적 존중과 준수의 책임이 있음을 고려하면서, 개인은 타인에 대하여 또 그가 속하는 공동체에 대하여 이 헌장에서 인정된 권리의 증진과 준수를 위한 책임 하에 있음을 실천하기 위하여, 다음 조항에 동의한다」.

이 전문의 규정은 시민적 · 정치적 권리의 국제헌장의 내용과 같다. 여기서는 사회권 · 생존권의 규정도 자유권과 같은 천부인권임을 확인한 것이다.

3) 제Ⅰ부 민족자결권(제1조)

제1부 제1조에 민족적 자결권을 규정하고 있다. 이것은 시민적 · 정치적 권리의 국제헌장 제1조와 같다. 이 조항은 현재 민족자결권과 발전권을 규정한 것으로 해석되고 있다. 이 조항은 아프리카 인권헌장 제20조, 제22조에도 규정되고 있다.

민족자결권의 요구는 이들 국가들이 과거 피식민지였거나 늦게 독립된 국가였기에 민족자결권의 쟁취가 중요시되었다. 민족이 정치적 자결권뿐만 아니라 「경제적 · 사회적 · 문화적 발전을 자유로이 추구할 수 있다」는 조문에서 발전의 권리를 이끌어 내고 있다.352) 그중에서도 사회적 · 문화적 발전의 권리가 중요하다고 한다.

---

351) UN Covenant on Economic, Social, and Cultural Rights;
http://www.hrweb.org/legal/escr.html
Saul/Kinley/Mowbray, International Covenant on Economic, Social and Cultural Rights, Commentary, Cases and Materials, Oxford University Press.
352) Art. 1, The Rights of Peoples of Self-determination, in Saul/Kinley/Mowbray, op. cit., pp. 12-62.
Economic, Social and Cultural Rights / International Justice Resource Center, pp. 5-6.
https://ijrcenter.org/thematic-research-guides/economic-social-and-cultural-rights-2/

제1조 2항에서는 「인민이 자연적 부와 자원을 자기들 목적으로 자유로이 처분할 수 있는 권리」를 규정하고 있다.[353] 「인민은 어떠한 경우에도 생존을 위한 수단을 박탈당하지 아니한다」. 이는 경제적 자유에 관한 규정으로 수탈의 금지를 규정한 것이라고 하겠다.

제1조 3항에서는 체약국의 의무를 규정하고 있다. 「이 헌장의 체약국(비자치정부나 신탁통치지역의 행정을 담당하는 지역을 포함한)은, 유엔 헌장의 규정에 적합하게 자결권의 증진과 실현과 이 권리는 존중해야 한다」.

4) 제Ⅱ부 일반규정(제2조-제5조)

제2조(체약국의 의무)

① 이 헌장의 체약 당사국은 개별적으로나 국제원조나 국제 협조를 통하여 이용 가능한 최대의 경제적 · 기술적 자원을 동원하여, 이 헌장이 인정한 권리를 적정한 수단(특히 입법조치의 채택을 포함하여)을 통하여, 완전한 실현을 위하여 점진적으로 달성할 단계 조치를 취하기로 한다.[354]

② 이 헌장의 체약국은 이 헌장이 열거한 권리의 보장을 위하여, 인종, 피부색, 성별, 언어, 종교, 정치적 또는 기타 사상, 국가적 · 사회적 기원, 재산, 출생, 기타 지위의 차별 없이 보장할 것을 약속한다.[355]

③ 개발 도상 국가는 인권과 국민경제의 정도에 따라 외국인에게 이 헌장이 인정하고 있는 경제적 권리의 보장 범위를 결정할 수 있다.[356]

이 조항에서는 개발 도상국 등이 자국의 경제 사정 등을 고려하여 점진적인 (progressive) 추진을 규정한 것이 특색이다.[357] 이것은 사회권의 보장은 국가의 적극적 노력에 의해서 달성되는 것이므로, 자국의 경제 여건에 따라 그 보장 정도가 다를 수 있음을 인정한 것이다.

제3조(남녀평등의 보장)

이 헌장의 국가 당사자는 이 헌장에 규정될 모든 경제적 · 사회적 · 문화적 권리의 향유에 있어서 남녀평등권을 확보하기 위하여 노력한다.

이 규정은 시민적 · 정치적 권리의 국제헌장 제3조의 규정과 동일한 것으로 특별히

---

353) Human Rights Committee, General Comment No.12, Art.1 (2) Freely Dispose of Their Natural Wealth and Resources, Saul/Kinley/Mowbray, op. cit., pp. 62-80.

354) Article 2, (1) Progressive Realization of ICESCR Rights, Saul/Kinley/Mowbray, op. cit., pp. 133-172.

355) Article 2, (2) Non-Discrimination, Saul/Kinley/Mowbray, op. cit., pp. 173-211.

356) Saul/Kinley/Mowbray, op. cit., pp. 173-211, ibid., pp. 214-217.

357) Article 2. principle of progressive realisation in.
Wikipedia, International Covenant on Economic, Social and Cultural Rights
https://en.wikipedia.org/wiki/International_Covenant_on_Economic,_Social_and_Cul...
Office of the United Nations High Commissioner for Human Rights, Fact Scheet No. 33 Frequently Asked Questions on Economic, Social and Cultural Rights, pp. 13-14, pp. 32-34.

규정한 것이다. 이것은 성별에 의한 차별금지를 규정한 것(제2조)과 중복되는 것이기는 하지만, 특별히 남녀평등을 규정한 것이다.358) 그 이유는 여성에 대한 동일노동, 동일임금의 원칙 등이 지켜지지 않았기 때문이다.

제4조(권리제한의 법률주의)

이 헌장의 체약국 당사자는 이 헌장에 합치되는 국가에 의해서 보장되는 권리의 향유에 있어서, 국가는 이 권리의 본성에 합치되는 한에 있어서, 또 민주사회의 공공복지를 증진하기 위한 목적으로서만 법률에 의해서만 이들 권리를 제한할 수 있다.

제5조(권리제한의 한계를 초과한 제한)

① 이 헌장의 어떠한 조항도 국가, 집단 또는 개인이 어떤 행위에 관여하거나 어떤 행동을 충족함에 있어서 이 권리를 파괴할 목적으로 행위하거나 이 헌장이 규정한 제한보다도 더 광범위하게 제한하는 것으로 해석해서는 안 된다.

② 어느 나라에 있어서 법률, 조약, 규칙이나 관습에 의해서 인정되고 존재하는 어떠한 기본적 인권도 이 헌장이 규정한 권리를 제한하거나 부정하는 것으로 인정해서는 안 되며, 이 권리를 보다 협의로 인정하는 것은 허용되지 않는다.

이 4조, 5조는 기본권의 제한이 국내법에 의한 경우 법치주의에 의할 것을 명령하고 기존하는 국내법의 보장이 이 헌장 규정보다 광범위하게 잘 규정하고 있는 경우에는 국내법 규정이 우선함을 규정하고 있다.359) 이 조항들은 헌장 제24조와 함께 인권의 최대한 보장을 규정한 것이라고 하겠다.

2. 제Ⅲ부 실체적 권리(제6조 – 제15조)

1) 노동기본권

(1) 제6조(노동의 권리)

①「이 헌장의 국가 당사자는 이 헌장이 노동의 권리를 인정하고 있음을 인정한다. 이 권리에는 모든 사람이 노동해 생존을 획득할 기회에 관한 권리와 노동 장소를 자유롭게 선택하고 수행할 권리를 포함한다. 국가 당사자는 이 권리를 확보하기 위하여 정당한 단계 절차를 밟을 것을 확인한다」.

②「이 헌장의 권리를 충분히 현실화하기 위하여 국가 당사자는 그 단계 조치로서

---

358) The equal rights of man and woman to the enjoyment of all economic, social, cultural rights. Article 3: Equal Rights of Men and Women, Saul/Kinley/Mowbray, op. cit., pp. 218-238. UN Human Rights/Committee, General Comments, 20. 2009. Eri non-Discrimination in Economic, Social and Cultural Rights, General Comment 16. 2005.
359) Article 4, 5, and 24, Limitation on ICESCR Rights, and No Prejudice Clause, Saul/Kinley/Mowbray; op. cit., pp. 240-270.

기술적·직업적 지도와 훈련계획, 정책과 계속적인 경제적·사회적·문화적 발전을 달성하기 위한 기술과 개인에게 기본적·정치적·경제적 자유가 보장되는 조건하에 완전하고 생산적 고용이 요구된다」.

이 권리는 노동을 자유로이 선택하고 종사할 수 있으며, 생활에 적정한 임금을 보장하는 규정이다. 이것을 자유주의적인 노동의 권리이며 공산주의 국가와 같은 국가 또는 사회가 직장을 강제 배정하는 것을 금지한다.

그러나 이 권리를 완전히 보장하기 위해서는 국가의 기술적·직업적 지도와 훈련계획 등을 확립하여야 한다. 이런 면에서 사회권의 중요한 내용이며 국가의 적극적 관여가 요청되는 적극적 권리라고 하겠다.360)

외국인에게도 노동의 권리가 인정되는 가에 대해서는 일반적으로 차별금지원칙에 따라 인정되어야 한다고 보아야 하나, 일반적으로 국가행정상 외국인에게도 취업허가제도가 인정되고 있다. 이것은 국제적 관례라고 하겠다.361)

(2) 제7조(노동조건)

「이 헌장을 체결하는 국가는 모든 사람에게 정당하고 유리한 노동조건을 보장하는 권리를 인정한다」고 하면서, 특히 보장되어야 할 내용을 열거하고 있다.

① 이에는 최저한 모든 노동자에게 공평한 임금과 어떠한 종류의 차별 없이 동일노동에 대한 동일임금을 보장하며, 특히 남녀 간의 동일노동에 대한 동일임금의 원칙을 규정하고 있다.362)

노동자와 그 가족의 이 헌장 규정에 따른 품위 있는 생활을 보장하고 있다.363) 이는 제11조에도 규정되어 있다.

② 안전하고 건강한 노동조건

③ 선임 여부와 능력 이외의 어떠한 조건도 없이 상위 직위로 승진할 수 있는 평등한 기회의 보장

④ 휴식, 휴가와 노동시간의 합리적 제한 및 정기적인 유급휴가나 공휴일제도의 보장(이러한 노동조건의 보장은 국제노동기구의 노동헌장 등에 규정되어 있다.)

(3) 제8조(근로3권의 보장)

① 이 헌장의 체약당사국은 다음의 권리들을 보장한다.

(a) 노동조합을 결성하고 본인의 선택에 따라 노동조합에 가입하며, 이 조직은 경제

---

360) General Comment No. 18, Article 6 of the International Covenant on Economic, Social and Cultural Rights, 2006.

361) Article 6: The Right to Work in Saul/Kinley/Mowbray, op. cit., pp. 271-391.

362) Article 7: Just and Favorable Condition of Work, Saul/Kinley/Mowbray, op. cit., pp. 392-484.

363) Icelandic Human Rights Center, The Rights to an Adequate Standard of Living, http://www.humanrights.is/en/human-rights-education-project/human-rights-concepts...

적·사회적 이익을 증진하는 목적으로 행사한다. 이 권리의 행사는 국가안전보장
이나 공공질서나 타인의 권리와 자유를 보장하는 민주사회의 필요성에 따라 법률
로 제한하는 이외의 제한은 행해서는 안 된다.
 (b) 노동조합은 국내 연합을 형성할 권리를 가지고 있으며, 국제노동조합조직을
   형성하거나 가입할 권리를 포함한다.
 (c) 노동조합은 국가안전보장이나 공공질서나 타인의 권리와 자유를 보호하는 민주사
   회의 필요에 따라 법률에 규정하는 제한 이외에는 자유로이 행위할 수 있다.
 (d) 파업권은 특정 국가의 법률에 합치되는 경우에만 인정된다.
② 「이 조항은 군인이나 경찰이나 국가의 행정기관 구성원의 권리행사에 대한 법률적인
   제한을 행하는 것을 예방하는 것은 아니다」.
③ 「이 헌장이 규정한 보장에는 이 조의 어떠한 규정도 체결 당사자 국가들이 결사의
   자유와 노동조합의 보호를 규정한 1948년의 국제노동조직협약에 따른 입법조치를
   저해하거나, 그러한 방향으로 법률을 적용하도록 권한을 주는 것은 아니다」.
원래 초안위원회는 노동권만 규정하려고 하였으나, 이에 여러 노동 관련 권리를 추가하
여 통과시킨 것이다. 이들 권리는 이미 ILO 조약 등에 규정되어 있고 국내법으로도
정착되어 있다.

2) 사회보장권(제9조-제12조)
(1) 제9조(사회보장·사회보험청구권)
이 헌장의 체약국은 모든 사람의 사회보장의 권리(사회보험을 포함한다)를 인정한다.

(2) 제10조(가정·모성·아동의 보호)
① 가능한 광범위한 보호 및 원조가 자연적이고 기초적인 단위인 가족에 대하여,[364]
   특히 가족의 형성을 위하여 또 부양 아동의 양육 및 교육을 위하여 책임을 지는
   자에게 주어져야 한다. 혼인은 양 당사자의 합의에 의하여 성립하는 것이 아니면
   안 된다.
② 모성에게는 산전·산후의 합리적인 기간 특별한 보호가 행하여져야 한다. 근로하
   는 모성에게는 적당한 사회보장 이익과 함께 유급 휴가가 주어져야 한다.
③ 아동과 청소년에게는 그 출생 신분이나 다른 조건에 관계없이 차별하지 않고,
   특별한 보호조치와 원조가 취하여져야 한다. 아동과 청소년에게는 경제적·사회적
   착취에서 보호되어야 한다. 도덕적으로나, 건강에 유해하거나, 생명에 유해하거나
   그들의 규범적 발전에 유해할 것 같은 노동에 아동과 청소년을 노동에 고용하는
   것은 법률에 의하여 처벌된다. 국가는 아동의 유료 고용의 최저연령을 정하고,

364) Article 8: Trade Union-Related Rights in Saul/Kinley/Mowbray, op. cit., pp. 485-607.
    Articel 9: The Right to Social Security in Saul/Kinley/Mowbray, op. cit., pp. 608-720.

법률에 의하여 금지하거나 처벌한다.365)

(3) 제11조(상당한 생활수준에 관한 권리)
① 이 헌장의 체약 당사국은 자기와 그의 가족에게 적정한 식사와 의복과 주거를 포함한 상당한 생활수단을 가질 권리를 인정한다. 체약 당사국은 자유로운 합의에 근거한 국제협조의 적정한 단계를 확보할 것이다.
② 이 헌장의 체약 당사국은 모든 사람이 궁핍에서의 자유를 기본권으로 가짐을 인정하면서, 개별적으로나 국제협조하여 다음과 같이 필요한 특별한 프로그램을 포함한 필요한 조치를 취할 것이다.
 (a) 기술적·과학적 지식을 완전히 하여, 또 영양의 원칙에 관한 지식을 보급하는 것에 의하여, 자연 자원의 가장 효율적인 발전과 이용을 통하여 농업의 발전과 혁신발전에 의하여, 식량의 생산과 보전과 분배방법을 개선하는 것을 고려
 (b) 식량 구입국과 식량 수출국 양자의 문제를 고려하여 필요로 하는 국가에의366) 세계 식량공급의 형평성 있는 공급을 확보하는 것
이 사회보장에 관한 권리는 국민에게는 매우 중요한 권리이나, 국가는 경제능력에 차이가 있으므로 그 실현가능성도 다르다. 의식주의 해결문제는 최소한의 요청이고 문화적 생활까지 누릴 수 있는 적정 수준의 생활 수준의 확보가 문제된다. 이 사회보장권은 Roosevelt 대통령의 궁핍에서의 자유를 중시한 경제법전을 모방한 것으로 보고 있다. 이 이상은 그의 부인 Roosevelt 여사에 의하여 채택이 요청된 것으로 알려지고 있다.367) 빈곤 문제는 유엔의 경제적·사회적·문화적 권리의 보장문제와도 밀접한 관계를 가지고 있다. 이를 위해서도 후진국에서 발전의 권리가 강력히 요청되고 있다.

(4) 제12조(건강의 권리)
① 이 헌장의 체약국은 모든 사람에게 도달가능한 최고 수준의 신체 및 정신의 건강을 누릴 권리를 가짐을 인정한다.
② 이 헌장의 체약 당사국은 이 권리의 완전한 실현을 달성하기 위하여는 다음 단계

---

365) Article 9: The Right to Social Security in Saul/Kinley/Mowbray, op. cit, pp. 608-720.
    Article 10: The Rights to Families, Mothers and Children in Saul/Kinley/Mowbray, op. cit., pp. 721-860.
366) Article 11: The Right to on Adequate Standard of Living in Saul/Kinley/Mowbray, op. cit., pp. 862-975.
    Icelandic Human Rights Center, The Right to an Adequate Standard of Living.
    http://www.humanrights.is/en/human-rights-education-project/human-rights-concepts.
367) Auston, FDR's Proposed "Economic" Bill of Rights, Chi_Kent Journal of International Law, Vol. XV.
    Housing Rights Watch, UN Housing Rights /
    http://housingrightswatch.org/page/un-Housing-rights
    General Comment No. 15 (2002), The right to water (Art. 11 and 12 of International Covenant on Economic, Social and Cultural Rights.

조치가 포함될 것이 필요함을 인정한다.
(a) 유아의 사산율 및 소아의 사망과 아동의 건강한 발전을 위한 대책
(b) 모든 환경과 산업 건강 견지에서의 개선
(c) 전염병과 풍토병, 직업병, 기타의 질병의 예방, 치료 및 통제
(d) 질병이 발생했을 때 모든 의료 서비스와 의료 관심을 확보하기 위한 조건의
    창출

여기서는 건강의 권리를 보호하기 위한 조치를 규정하고 있는데, 의료보호 보험제도를
명문으로는 규정하지 않고 있다. 세계보건기구(WHO)를 통한 국제협조 등이 행해지고
있다.368)

3) 교육을 받을 권리(제13조-제14조)

(1) 제13조(교육을 받을 권리)
① 이 헌장의 체약국은 모든 사람의 교육의 권리를 인정한다. 교육은 인격의 완전한
   발전과 존엄의 의식을 발전시키고, 인권과 기본적 자유의 존중을 강화하는데 목적이
   있음을 합의한다. 나아가 교육은 모든 사람을 자유사회에서의 참여를 효율적으로
   가능하게 하고, 모든 민족 간의 우의를 증진하고, 모든 인종적 · 종족적 · 종교적
   집단 간의 이해와 관용과 평화를 유지하기 위한 국제연합의 행위의 증진에 기여할
   것을 동의한다.
② 이 헌장의 체약국은 이 권리의 완전한 실현을 위해서는 다음과 같은 조치가 요구된다
   는 것을 인정한다.
(a) 초등교육은 의무적이며 모든 사람에게 무료로 한다.
(b) 여러 가지 형태의 중등교육은 기술 중학교와 직업 중등교육을 포함하여, 모든
    사람에게 적절한 수단과 특히 무상교육의 점진적인 도입으로 일반적으로 이용
    가능해야 하며 교육기회가 부여되어야 한다.369)
(c) 고등교육은 능력에 기초하여 모든 적절한 수단과 특히 무상교육의 점진적인
    도입을 모든 사람에게 평등하게 이용 가능해야 한다.
(d) 기초교육은 초등교육을 받지 않았거나 전 과정을 이수하지 않은 사람에게 가능한
    한 장려되거나 강화되어야 한다.
(e) 모든 단계에 있어서의 교육체계의 발전은 적정한 장학금 제도의 도입과 교육자에
    대한 물질적 조건의 개선을 통하여 계속적으로 개선되어야 한다.
③ 이 헌장의 체결 국가는 부모와 경우에 따라서 법적 후견인이 아동의 학교 선택의
   자유를 존중해야 한다. 만약에 공교육기관이 설립한 학교 이외의 학교의 경우에는
   국가에 의해서 인증된 최저한도의 교육기준에 적합하여야 하며, 학부모의 종교와

368) Article 12: The Right to Health in Saul/Kinley/Mowbray, op. cit., pp. 977-1083.
369) Article 13: The Right to Education in Saul/Kinley/Mowbray, op. cit., pp. 1084-1161.

합치되는 학교에서 종교적이고, 도덕적 교육을 확보할 자유를 존중한다.

④ 이 조문의 어느 부분도 개인 및 단체가 교육기관을 설치하고, 또 관리하는 자유를 침해하는 것으로 해석될 수 없다. 다만, 이들 교육기관은 이 조문의 제1항에 규정된 원칙을 항상 준수하여야 하고, 그 교육기관이 국가에서 규정한 교육의 요건과 최저한도의 요건도 적합하여야 한다」.

(2) 제14조(무상의 초등의무교육)

이 헌장의 체약국은 헌장 체결 당시 수도 지역이나 그 이외의 지역의 관할 하에서 무상의 초등교육을 실시하기가 불가능한 경우에는 2년 이내의, 합리적인 기간 내에 모든 사람에게 무상으로 의무교육의 원칙을 실현할 계획안을 확정하여, 점진적인 실현을 위한 상세한 행동계획서를 작성하고 이를 채택하여야 한다.[370]

이 교육에 관한 권리는 문화를 향유할 수 있는 전제적 기본권이라고 할 수 있다. 모든 교육기관을 무상으로 하고, 초등교육은 의무적이며 중등교육도 무상이며 능력에 의한 차별에 따라 고등교육까지 균등하게 받게 한 것은 매우 선진적인 제도라고 하겠다. 이러한 교육제도의 확립은 경제적 부와 예산 다과에 달려 있기 때문에 점진적인 제도완성을 지향하고 있다.

(3) 제15조(문화적 생활에 참여할 권리)

① 이 헌장의 체약국은 모든 사람의 다음 권리를 인정한다.[371]

 (a) 문화적 생활에 참여하는 권리

 (b) 과학적 진보와 그 적용의 이익을 향유할 권리

 (c) 저작자의 과학적 · 문학적 · 예술적 창작물의 결과인 도덕적 · 물질적 이익의 보호를 받을 이득(저작권 등)

② 이 헌장의 체약국에 의하여 이 권리의 완전한 실현을 위하여 취할 단계는 과학과 문화의 보존, 발전과 보급에 필요한 조치이다.

③ 이 헌장의 체약국은 과학연구와 창작활동에서 불가결한 자유를 존중한다.

④ 이 헌장의 체결국은 과학적 · 문화적 영역에 있어서의 국제교섭과 국제협력의 고무와 발전에서 오는 이익을 인정한다.

이 조항은 이 헌장의 문화적 권리에 관한 유일한 조항이다. 물론 교육의 권리를 문화적 권리로 볼 수 있겠으나, 일반적으로 문화적 권리는 문화를 향유하고 저작가, 발명가의 권리를 존중하는 권리 등만을 포함하고 있다.[372] 유엔은 교육적 · 과학적 · 문화적 조직체

---

370) Article 14: Implementation of the Right to Free Compulsory Primary Education, in Saul/Kinley/Mowbray, op. cit., pp. 1162-1174.

371) Article 15: Cultural Rights, in Saul/Kinley/Mowbray, op. cit., pp. 1175-1232.

372) Odello, M.: The Right to Take Part to Cultural Life: General Comment No. 21 of the UN Committee on Economic, Social and Cultural Rights, Anuarion de Espanóle de Dereco

로서 UNESCO를 설치하여 그 목적을 UNESCO 헌장 제1조에서 설명하고 있다.

Ⅲ. 경제적·사회적·문화적 권리헌장의 실시 규정

1. 편별

실시 조치 등에 관한 절차적 규정은 제4부와 제5부에서 규정되고 있다. 제4부는 실시 조치(제16조-제25조), 제5부는 최종 규정(제26조-제31조)을 규정하고 있다. 이 밖에도 헌장 아닌 사회·경제이사회 결의(사회권헌장 위원회 설치 결의)와 경제적·사회적·문화적 권리 국제헌장의 선택의정서가 있다.

2. 제Ⅳ부 실시 조치

1) 제16조(보고제출의무)

이 헌장의 체약국은 이 헌장이 인정하고 있는 권리의 실현을 위한 조치 및 이들의 권리의 시련에 관한 진보에 관한 보고서를 제출할 의무를 규정하고 있다. 이 보고는 국제연합 사무총장에게 제출한다.

2) 제17조(보고의 제출 절차)

이 헌장의 체약국은 경제사회이사회가 체약국 및 관계 전문기관과의 협의 후, 이 효력발생 후 1년 이내에 작성한 계획에 따라 보고를 단계적으로 제출한다.

3) 제19조(인권위원회에의 송부)

경제사회이사회는 체약국이 제출한 인권에 관한 보고를 검토하고 일반적 성격을 가진 권고를 위하여 또는 적당한 경우에는 정보용으로 사회권 인권위원회에 송부[373]할 수 있다.[374]

4) 제21조(정보 등의 총회에의 보고)

경제사회이사회는 일반적인 성격을 사전 권고를 담은 보고 및 이 헌장의 권리를 실현하

Internacional, Vol. 27, 2011, pp. 493-521.

373) Fact Sheet, No. 16 (Rev. 1), The Committee on Economic, Social and Cultural Rights, UN Geneva, May 1991.
Humpkrey, International Bill of Rights, William and Mary Law Review, Vol. 17 (1976), 527.

374) Office of the United Nations High Commissioner for Human Rights, Fact Sheet No. 33 Frequently Asked Questions on Economic, Social and Cultural Rights, pp. 27-29.

는데 중요한 정보의 개요를 총회에 수시로 제출할 수 있다.

5) 제23조(권리실현을 위한 국제적 조치)

이 헌장의 체약국은 이 헌장에서 인정되는 권리의 실현을 위한 국제적 조치에는 조약의 체결, 권고의 채택, 기술원조의 공여 및 관계국의 정부와의 연계에 의하여 조직된 협의 및 검토를 위한 지역회의 및 전문가회의의 개최와 같은 조치에 대해서도 보고할 수 있다.

6) 제25조(천연의 부 및 자원의 향수)

이 헌장의 어떠한 규정도 모든 인민이 그 천연의 부와 자원을 충분히 또 자유로이 향수하고, 또 이용하는 권리를 해하는 것으로 해석해서는 안 된다.

3. 제Ⅴ부 최종규정(제26조-제31조)

중요하지 않기 때문에 설명을 생략한다.

4. 경제사회이사회 사회권위원회

1) 구성

경제적 · 사회적 · 문화적 국제헌장은 제19조에서 사회권위원회를 규정하고 있다. 이 경제적 · 사회적 · 문화적 국제헌장의 집행기관은 2008년에야 경제적 · 사회적 · 문화적 권리위원회(이하 사회권위원회로 약칭)로서 탄생하였다(1985. 5. 28. 경제적 · 사회적 · 문화적 권리위원회에 관한 결의, 국제연합 경제사회이사회 결의).[375]

이 위원회는 18명의 전문가로 구성되며 인권법 분야에서의 전문가로 개인 자격으로 독립적으로 활동한다. 임기는 4년이며 재선될 수도 있다(ECOSOC Resolution 1985/17, Review of the Competition). 선거과정에 관한 상세한 규정은 인권고등판무관실에 비치되어 있다.

2) 권한

이 인권위원회는 연 2회 회기를 가진다. 3주간의 본회의와 1주간의 준비활동기간을 가지며 제네바에서 개최된다. 그 권한은 경제적 · 사회적 · 문화적 권리에 관한 국제헌장(경제사회문화헌장) 제21조와 제22조에서 이를 규정하고 있다.

---

375) Fact Sheet No. 16, The Committee on Economic, Social and Cultural Rights, 2001; Committee on Economic, Social and Cultural Rights, 2005; Committee on Economic, Social and Cultural Rights, International Justice Resource Center; The Effectiveness of United Nations Human Rights Protection Machinery, *ASIL*, April 12, 2014.

(1) 국가 보고제도에 따른 보고서의 심사

체약 국가는 가입 2년 후에 사회권 헌장(ICESCR: International Covenant on Economic, Social and Cultural Rights)에 집행보고서를 제출해야 한다. 다음에는 5년마다 정기적 보고서를 제출하도록 하였다.

보고제도는 일반 핵심 보고서로서 보고 국가의 일반적인 정보를 규정한 것이고, 사회권 헌장 제1조에서 제15조까지의 집행에 관한 특별한 보호를 하도록 했다(E/C. 12/2008/2, 24 March 2009).

국가가 보고서를 제출하면 경제·사회·문화적 권리 위원회(ICESCR Committee)는 우선 5명으로서 예심위원회를 만들어 전원위원회에서 심의하기 전 6개월 이내에 예심을 끝낸다. 예심위원회는 제출 국가에 대하여 서면 질문을 하고, 제출 국가는 이에 대하여 회답을 하여야 한다. 각 국가의 대표들은 이 예심위원회와 건설적 토론으로 위원회의 의견을 만들어 이를 공표한다. 전원위원회에서는 결론적 고찰을 내고 만약 당사자 국가에 특별한 이견이 있는 경우에는 보다 상세한 보고나 통계를 포함한 특별한 보고 요청을 하게 된다. 이에 대한 답변은 다음 보고서 제출 기일까지 제출해야 한다. 그러나 이 요청은 예외적이다.

전원위원회는 체약 당사자 국가에서 추천된 1-2명의 위원으로 구성되는 기술보조단 파견을 협의할 수 있다. 만약에 당사국이 이를 수용하지 않으면 경제사회이사회에서 권고를 할 수 있다.376)

(2) 개인의 통신신고 제도

개인은 사회권헌장의 선택의정서에 서명한 국가에 대해서는 개인적 이의신청을 할 수 있다. 위원회는 한 국가 또는 다수 국가가 사회권 헌장에 정한 권리의 한 두 개를 침해했다는 주장의 이의신청(Complaint)을 고려할 수 있다. 이는 경제·사회·문화적 권리국제헌장의 선택적 의정서에 근거한 것이다(2008. 12. 10 채택, 2013. 5. 5. 효력발생). 이 선택의정서에는 2014년까지 14개 국가가 이를 비준하였다. 이 선택의정서 (OP-ICESCR)에 대해서는 반대가 심하여 1995년의 성안 이후 20년이 걸린 다음에 효력을 발생하였다.377)

제소할 수 있는 사람은 권리를 침해당했다는 개인이나 개인의 단체이다. 그러나 이

---

376) R. Pronk, Toward an Optional Protocol to the International Covenant on Economic, Social and Cultural Rights,
    https://www.wcl.american.edu/hrbrief/v2i3/icescr23.htm.
377) OP-ICESCR, ESCR-Net,
    https://www.escr-net.org/op-icescr. 상세한 것은 OHCHR, Optional Protocol to the International Covenant on Economic, Social and Cultural Rights.
    http://www.ohchr.org/EN/ProfessionalInterest/Pages/OPCESCR.aspx 참조.
    이 선택의정서는 인권이사회의 2008년 6월 18일 의결 8/2에 의하여 채택되었다. Wikipedia. Optional Protocol to the International Covenant on Economic, Social and Cultural Rights; Notes, 2008.

선택 의정서를 비준한 국가만을 상대로 할 수 있기 때문에 제한적이다.

사회권 위원회는 이 개인 신청의 이유를 심사하여 수락 여부를 결정한다. 위원회는 중간 절차를 결정할 수 있다(제5조). 이 이의신청이 이유가 있다고 보는 경우에는 당사국에 설명을 위하여 이송한다. 그러면 당사국은 6개월 이내에 반대사유를 명확히 하는 보고서를 제출해야 한다.

사회권(ESCR)위원회는 조사 후 조정 등 우호적 조치가 가능한 경우에는 우호적 조치(중재제도 등)를 취한다. 위원회는 비밀회의에서 이를 심사하고 제소가 이유 있는 경우에는 당사자 국가에 통지한다. 사회권위원회는 당사자 국가를 초청하여 문제해결에 대하여 상의하여 결론을 도출한다.

(3) 국가 간 교신관계

선택의정서 제10조에는 국가 간의 분쟁 제기에 관한 규정이 있다. 이 제도를 이용한 예는 거의 없다. 국가가 다른 국가를 사회권 위반으로 제소하면 사회권위원회는 여기에 수반하는 모든 보고서를 공개하고 조사절차에 들어간다(제11조). 6개월간의 조사 후에 인권위원회는 코멘트와 권고안을 제시한다. 그리하여 인권위원회는 당사자 국가들과 상의한 뒤에 결정을 하며 이를 연보에 실어 보고한다.

당사자 국가들은 이 조사과정에서 모든 자료를 제출하여 위원회의 활동에 협조하여야 한다. 사회권위원회는 이 문제에 관한 일반적인 코멘트를 할 수 있다.[378]

Ⅳ. 경제적 · 사회적 · 문화적 권리헌장의 특색

1. 인권 규정의 중복성

경제적 · 사회적 · 문화적 권리장전은 세계인권선언을 계승하고 있다.

세계인권선언 제22조의 사회보장의 권리, 제23조의 노동의 권리, 제24조의 휴식의 권리, 제25조의 적정한 생활 수준의 권리, 제26조의 교육의 권리, 제27조의 과학과 문화의 이익에 관한 권리들이 중복되게 규정되어 있다. 이는 세계인권선언은 법적 구속력이 없다고 전제되었기 때문에, 법적 구속력을 가지는 헌장을 제정하기 위하여 불가피한 것이었다.[379]

---

378) Committee on Economic, Social and Cultural Rights, Thirty-Fourth Sessions, 2005. Implementation of the International Covenant on Economic, Social and Cultural Rights, etc; Committee on Economic, Social and Cultural Rights, Report on the Twenty-second, Twenty-third, Twenty-fourth Sessions, Supplement No. 2; United Nations, Geneva, 2001;
Complaints Procedures of the International Human Rights Supervisory Bodies,
http://www.humanrights.is/en/human-rights-education-project/complaints-procedures...

379) 상세한 권리내용은 전게, A Handbook, International Covenant on Economic, Social and Cultural

그러나 이를 위하여 두 개의 권리헌장으로 분할해야 하는 데에는 문제가 있다.

경제적·사회적·문화적 인권헌장에는 시민적·정치적 인권헌장과 중복되는 것이 있다. 이것은 기초자들이 서로 좋은 권리규정을 두려고 경쟁했기 때문이다. 이 경우 그것이 소극적 권리냐 적극적 권리냐를 다툴 필요는 없이 꼭 필요하다고 규정한 것이다.

두 인권헌장 중 동일한 조항으로는 제1조 인민의 자결권, 제2조의 평등권, 제3조의 남녀평등권, 제5조 제한규정의 해석 등은 완전히 중복하게 규정하고 있다. 사회권 헌장은 그러나 사회권의 실현을 점진적으로 달성한다고 하고 있어 차이를 명백히 하고 있다. 이에 대해서 자유권은 즉시 실시할 수 있는 것으로 규정하고 있다.380)

사회권 헌장과 자유권 헌장의 차이에 대해서는 그 주장 국가가 공산주의 국가냐 자유주의 국가냐에 따라서 이데올로기적 차이가 있다.381) 자유주의 국가에 있어서는 경제적·사회적·문화적 권리 헌장은 입법방침 규정으로 인정되었고, 공산주의 국가에서는 물질적인 급부권으로 인정되고 있다.

2. 헌장의 점진적 발전 특색

이 권리는 당사국의 경제적 사정에 의하여 완전히 실시하기 어려운 것이 있기 때문에, 그 나라의 일반적 복지를 증진할 것을 목적으로 하고 있으나 법률에 의하여 제한할 수 있음을 인정하고 있다(제4조). 특히 개발 도상 국가의 경우에는 인권 및 자국의 경제의 쌍방에 충분한 고려를 하면서 이 헌장에 의해서 인정되어 있는 경제적 권리를 어느 정도까지 외국인에게 보장할 것인가를 결정할 수 있다고 규정하여 개발 도상 국가의 경제적 사정을 고려하고 있다(제2조 3항).

선진국가에 있어서는 국내법에서 이미 자유권과 생존권은 다 같이 사법부에 의해서 보장될 수 있는 권리로 인정되어 있었다. 그래서 사회권, 생존권의 실현이 잘 되지 않는 경우에는 개인적 구제청구권이 인정되고 있었다. 그런데 개발 도상 국가에서는 아직도 점진적 실현규정으로서 국가의 도의적 의무나 입법방침규정으로 인정되고 있다.

Rights, 2015 참조.
ESC 인권규약의 주석서로는 Committee on Economic, Social and Cultural Rights, Geneva, 2005; Various Activists, Circle of Rights, Economic, Social and Cultural Rights Activism: A Training Resource, 2010;
Leckie/Gallagher, Economic, Social and Cultural Rights: A Legal Resource Guide, University of Pennsylvania Press, 2006.
380) 양 권리의 차이에 관해서는 Office of the United Nations High Commissioner for Human Rights, Fact Sheet No. 33 Frequently Asked Questions on Economic, Social and Cultural Rights, pp. 8-10 참조.
381) 헌장 규정의 사법집행성 여부에 관해서는 Office of the United Nations High Commissioner for Human Rights Fact Sheet No. 33 Frequently Asked Questions on Economic, Social and Cultural Rights, pp. 30-31 참조.

3. 집행절차의 미비

일부에서는 경제적·사회적·문화적 권리가 시민적·정치적 권리보다는 멸시되고 있었으며, 헌장 규정상에도 집행 절차가 차이가 있었다. 개인통신제도-개인적 구제신고제는 시민적·정치적 권리헌장위원회에서는 일찍부터 인정되어 있었으나, 경제적·사회적·문화적 헌장위원회에서는 2013년부터 가능하게 된 것을 예로 들 수 있다.

제4절 국제인권장전의 기여와 개선노력

I. 국제연합 인권장전의 기여와 문제점

1. 세계인권선언의 기여

1) 세계인권선언의 영향

세계인권선언은 국제인권장전(International Bill of Rights)의 총칙 규정이라고도 할 수 있다. 이 세계인권선언은 제2차 세계대전의 참화를 겪었기에 세계인들은 인권의 존중을 뼈저리게 느끼고 있었기에 종교적·이념적 차이를 극복하고 하나의 선언에 합의할 수 있었던 것이다. 공산권 국가들도 세계적 조류에 저항할 수 없어 부표를 던지지 못하고 기권하여 만장일치로 통과되었던 것이다.

이 세계인권선언은 모든 인민과 모든 국가가 누리는 기본적 인권의 기준이 되었던 것이다. 이 선언은 신생 국가의 헌법제정에 많은 기여를 했고 식민지의 독립에도 기여한 바 컸다. 그래서 세계인권선언 70주년은 전 세계적으로 환영[382]받았던 것이다.

2) 국내 헌법에 미친 영향

세계인권선언에 따라 국제연합은 많은 인권조약을 체결하여 인권의 세계화에 크게 공헌하였다.[383] 특히 신생 아프리카 대륙의 여러 나라 헌법에 큰 영향을 미쳤으며,

---

382) Lauterpacht, Hersch, An International Bill of the Rights of Man - Oxford University...,
https://global.oup.com/academic/product/an-international-bill-of-the-rights-of-man-9...
상세한 것은 본문, 제1장 참조.
383) Council on Foreign Relations Global Human Rights Regime -
http://www.cfr.org/human-rights/global-human-rights-regime/p27450
Johnse/Symonides, The Universal Declaration of Human Rights: A History of Its Creation
and Implementation 1948-1998, © UNESCO 1998,
Fact Sheet No. 30, The United Nations Human Rights, Treaty System,

아프리카 인권선언의 성립에도 많은 영향을 주었다. 이 밖에도 여러 나라의 헌법에 큰 영향을 미친 것으로 알려졌다. 예를 들면 1949년의 서독 기본법은 제1조에서 「인간의 존엄은 불가침이다」고 규정하고, 인권의 불가분성, 불가침성을 규정하고 있다. 나아가 국제법의 국내법적 효력을 인정하고 있다(제25조). 1962년의 대한민국헌법도 제8조에서 인간의 존엄과 가치를 규정했고, 국가의 기본권보장의무를 규정하고 있다. 나아가 제5조에서는 일반적으로 승인된 국제법의 규범을 국내법과 같은 효력을 가짐을 선언하고 있다. 1978년 스페인 헌법은 「기본적 인권과 자유는 세계인권선언에 합치되게 해석되어야 한다」(제10조 2항)고 명시하고 있다. 러시아의 1993년의 연방헌법도 세계인권선언의 기본권을 계승하고 있고(제8조), 제15조 4항에서 일반적으로 승인된 국제법의 원칙과 규범은 러시아 법체계의 일부라고 선언하고 있다.

1996년의 남아공화국 헌법은 기본권조항을 세계인권선언과 같은 국제법규범에 따라서 해석하도록 규정하고 있고, 국제법도 국내법의 일부임을 선언하고 있다.384) 아프리카에서는 사회적 기본권 헌장의 영향이 크다. 특히 아프리카 인권헌장은 유엔의 자유권헌장과 사회권 헌장의 영향을 받았으며, 아프리카 지역의 여러 조약도 유엔 인권헌장의 많은 영향을 받고 있다.385)

또 아르헨티나 헌법은 세계인권선언뿐만 아니라 일부 국제조약이 규정한 국제인권도 의회법과 같은 효력을 가지고 있음을 명확히 하고 있다(제75조 22항).386)

2. 국제인권헌장의 직접 적용성

1) 국내 법원에서의 적용가능성

위에서 본 바와 같이, 세계인권선언의 직접적 구속력을 규정하지 않는 나라에서는 법원은 세계인권선언의 직접적 적용에 대해서는 회의적이었다. 특히 미국에서는 세계인권선언의 법적 구속력을 인정하지 않았을 뿐만 아니라 관습국제법으로도 인정하지 않았다. 2008년의 Medellin v. Texas387) 사건에서 미국 대법원은 미국이 체결한 국제조약의 국제법적 의무도 적용하기를 거부하였다.

미국에서 세계인권선언의 직접적 구속력을 인정하지 않는 것은 세계인권선언의 기초자나 유엔 총회의 입법 의사를 존중하기 때문이라고 생각된다. 유엔 총회는 세계인권선언을 선포하면서 인권위원회(Commission)에 인권헌장을 기초하도록 명령하였다. 1952년

Heyns/Kagnongo, The Constitutions of African State, 2006.
384) 인간의 존엄의 국내법적 수용에 대해서는 김철수, 『기본적 인권의 본질과 체계』, 2017 참조.
385) The Influence of the International Covenant on Economic, Social and Cultural Rights on Africa S...Netherland International Law Review, 2017.
　　https://link.spranger.com/article/10.1007%2Fs40802-017-0091-4.
386) Van Alstin, M. The UDHR and Domestic Enforcement, Maryland Journal of International Law, Vol. 24 : 63, 2009a.
387) 128 S.Ct. 1346 (2008).

총회는 냉전기의 분열상을 반영하여 두 개의 법적 구속력을 가진 국제인권헌장(시민적·정치적 권리헌장과 경제적·사회적·문화적 권리헌장)의 두 안을 기초하도록 하였다. 이로써 입법적으로 국제연합의 세계인권선언의 법적 구속력은 부인되었다. 이에 반하여 두 인권헌장은 직접적 구속력을 가진다고 일반적으로 믿어지고 있다.

2) 양 헌장의 법적 구속력

세계인권선언은 처음부터 "Soft Law"로서 도의적인 것이며 법적 구속력이 없는 것으로 제정되었다. 그 대신에 법적 구속력이 있는 것으로 시민적·정치적 인권헌장과 경제적·사회적·문화적 인권헌장을 제정하기로 한 것이다. 이 두 헌장은 조약의 형식으로 총회를 통과했으며 서명되고 비준되었다. 이 두 헌장은 1966년에 서명되었으나 1976년에야 비준에 필요한 국가의 수를 채워서 효력을 발생한 것이다.

이들 조항은 선진국 헌법에는 이미 규정되어 있던 것으로 국내법적 효력이 인정되어 있었으므로 국내 법정에서의 적용에는 큰 문제가 없었다. 그러나 후진 국가에서는 헌법에 이 규정이 없는 경우가 많았으므로 법적으로 직접 적용될 것인가가 문제가 되었다. 이러한 권리는 국내법에 규정이 없는 경우에도 지역 연합의 인권헌장, 예를 들면, 유럽인권헌장, 미주 인권헌장, 아프리카 인권헌장 등에 규정되어 있어 중첩적으로 법적 구속력이 보장되어 있었다고 하겠다.

그러나 양 헌장의 실질적 구속력에는 문제가 많다. 양 헌장이 모두 서명과 비준에 있어서 유보(Reservation)를 하거나 특정 조건을 거부할 수 있게 되어 완전한 실현을 기대하기는 힘들다. 예를 들어 시민적·정치적 권리헌장의 경우, 많은 나라들이 비준을 하지 않거나 유보를 하고 있어 이러한 체약국은 법적 구속력에서 해방된다. 완전히 비준한 나라는 40여 국에 불과하다. 미국은 국내 법률 내용에 동일 규정이 없는 경우에는 적용을 거부하고 있다. 특히 선택의정서의 비준 국가 수는 더욱 적어서 인권 구제의 실효성을 기하기가 어렵다. 또 헌장의 규정도 체약 당사국에 의하여 잘 지켜지지 않고 있다. 특히 기본권보장이 약한 국가는 헌장에 규정된 국가보고서의 정기 제출[388]을 기피하는 경우가 많은데 이에 대한 제재방법이 없어 문제이다.

제1 선택의정서가 규정한 개인통신 제도의 결정도 권고적인 의견이고 이를 집행할 수 있는 수단이 별로 없다. 이 점에서 이러한 수단이 실질적인 법적 구속력이 없다고 하여 비판이 행해지고 있다.[389] 경제적·사회적·문화적 권리헌장의 경우에도 현실적 실현상황은 시민적·정치적 권리헌장과 별반 차이가 없다고 하겠다.[390]

특히 사회 헌장은 점진적 적용을 규정하고 있기 때문에 비준한 국가에서도 직접 적용하

---

388) Fact Sheet No. 2 (Rev. 1), The International Bill of Human Rights, June 8. 1996.
   Wikipedia, International Covenant on Civil and Political Rights
   https://en.wikipedia.org/wiki/International_Covenant_on_Civil_and_Political_Rights
389) Fact Sheet No. 16 (Rev. 1) The Committee on Economic, Social and Cultural Rights.
390) International Covenant on Economic, Social and Cultural Rights, A Handbook, 2015.

지 않고 있다. 특히 개인적 통신제도를 규정한 경제적 · 사회적 · 문화적 권리위원회 설치에 관한 결의는 1985년 5월 28일에 경제사회이사회를 통과하였으나 비준이 늦어 2003년에야 효력을 발생하였다.[391]

두 위원회가 각 18명의 위원으로 구성되어 활동하고 있으나, 활동 기간도 제한되어 있어 신속한 처리가 거의 불가능하다는 비판이 있다.

3. 규범의 중첩성 문제

1) 양 인권헌장의 분리 필요성 여부

앞서 본 바와 같이, 시민적 · 정치적 권리헌장과 경제적 · 사회적 · 문화적 권리헌장의 2분은 냉전 당시의 역사성에 따른 타협의 선물이라고 하겠다. 당시에는 자유 세계에서는 경제적 · 사회적 · 문화적 권리는 그것이 입법방침 규정으로서 사법적 구속력을 가질 수 없다고 하여 세계인권선언에 규정된 것 이상의 사회권=생존권규정의 확대를 반대하였다. 이에 대하여 사회주의 진영에서는 경제적 · 사회적 · 문화적 권리야말로 국가가 보장 의무를 지는 진정한 권리라고 하고, 시민적 · 정치적 권리는 소극적인 권리라 하여 특히 규정할 필요가 없다고 주장하였다.

그 타협의 산물로서 국제연합 총회에서 두 개의 개별 헌장을 규정하기로 했던 것이다. 세계인권선언 제정 70주년이 지난 현재에는 이러한 이념적 대립이 사라졌고, 권리의 본질적 차이에 대한 논의도 해소되었다고 할 수 있기에 중복이 많은 두 헌장의 존재는 부정되는 경향이 있다.

2) 새로운 인권의 내용보완 필요성

1948년 세계인권선언의 창립 후에도 많은 기본권이 추가로 논의되고 있다. 세계인권선언에서 규정되지 않았던 인민자결권, 전쟁선전의 금지 등과, 아동의 권리, 소수민족의 권리 등은 자유권 헌장에 규정되어 있다. 그러나 환경권, 피난할 권리, 손님으로서 차별받지 않고 행복을 추구할 권리, 평화적 생존권, 외국인에 대한 생존권 등의 추가가 논의되고 있다.

그동안 국제연합에서는 양 헌장에 규정되어 있는 권리도 상세하지 않다고 생각하여 ① 인종차별의 모든 형태의 폐제에 관한 규약(ICERO)(1965) ② 여성에 대한 모든 형태의 차별의 폐제에 관한 국제규약(CEOAW)(1979) ③ 고문 및 잔혹하고[392] 굴욕적 취급이나 형벌에 관한 규약(CAT)(1984) ④ 아동의 권리에 관한 규약(CRC)(1989) ⑤ 모든 이주노동

391) Academy in Brief, No. 2, The Optional Protocol to the International Covenant on Economic, Social and Cultural Rights, Geneva Academy.
392) Law Teacher, The Two UN Covenants on Human Rights, https://www.lawteacher.net/free-law-essays/international-law/the-two-un-covenants-o...

자와 그 가족에 관한 국제규약(ICRMW)(1990) ⑥ 강제로 없어진 사람들의 보호에 관한 국제 규약(CED)(2000) ⑦ 장애자의 권리에 관한 규약(CRPD)(2006) 등이 국제연합총회에서 통과되었다.

이러한 규약 규정은 양 인권헌장을 보다 구체화한 것이다. 이들 규약의 실천을 감시하기 위하여 각종 위원회가 설치되어 있다. 그중에는 총회 직속 위원회도 있고(인종차별철폐위원회와 고문금지위원회), 경제사회이사회 소속 위원회(자유권위원회와 사회권위원회)도 있으며, 인권위원회 소속의 소위원회 등이 있다. 이러한 위원회 간에는 직접적 상하 관계가 없어 작업의 능률성이나 간소화에 지장이 되는 경우가 있다.

Ⅱ. 유엔 인권장전의 개선안 검토

1. 국제연합의 인권장전의 통합론

위에서 본 바와 같이, 국제연합은 많은 인권문제에 대하여 개별적인 헌장과 규약을 체결하였고, 이것을 관리할 위원회도 각 헌장과 규약에 따라 개별적으로 설치하고 있었다. 이것은 국제연합의 인권헌장이 1948년~1966년 사이에 제정된 것이기 때문에 그동안의 중요한 인권문제에 대응하기 위한 수단으로 불가피한 면이 있었다.

그러나 헌장과 규약의 중첩성 때문에 각 위원회 간의 권한 중첩이 심했고, 체결 국가에 대한 정례보고서 제출 요구도 중첩되어 국가들이 실무가 중복된다고 하여 자주 제출하지 않는 경우가 많았다. 이에 처음에는 학자 등이 보고 제도의 간소화를 위한 통합보고서 제도의 도입 등을 요구하였다.[393]

Alston은 당시의 완전한 보고서 제도의 폐지를 요구하고, 규약들의 통합도 요구하였다. 이러한 요구는 1989 보고서에도 언급된 적이 있었다. 그런데 현존 조약의 통폐합도 이에 관련된 국제연합 기구들의 동의가 중요하다. 그것이 어려운 경우에는 규약의 개정도 고려되어야 한다. 총회에서는 몇 개 위원회의 통폐합이 논의되었으나 성공하지 못했다. 그 이유는 관련 국가 회의가 소집되지 않았기 때문이다. 총회는 이를 위한 보다 적극적인 노력이 필요할 것이다.

이 규약의 통합 문제에 대해서는 현재까지도 많은 논의가 되고 있으나 성공하지 못하고 있다.[394] 그 이유는 절차가 복잡하고 현재 있는 규약체결 당사자들이 반대하고 있기

---

393) Alston, Philip: Effective Functioning of bodies established pursuant to United Nations human rights instruments, Final report on enhancing human rights treaty system (27. March 1996).

394) Bowman, M. Toward a United Treaty Body for Monitoring with UN Human Rights Conventions? Legal Meaning for Treaty Reform, Human Rights Law Review, 7. No. 1 (2007).
Concept paper on the High Commissioners Proposal for a United Standing Treaty Body, Report by the Secretariat (22 March. 2006).
University of Nottingham, Expert Workshop on Reform of UN Human Rights Treaty Monitoring

때문이다.

2. 전문기구의 전문화와 인권협력

이러한 통합 요청에 반대하는 입장에서는 유엔 인권기구의 전문화, 독립화를 이슈로
하고 있다. 이러한 기구로는 ILO, UNDP, UNICEF, World Bank, IMF, WTO들의 활동을
들고 있으며, 이들 독립기구에 의한 발전이 잘 되고 있다고 보고 있다. 이러한 기관은
유엔의 직접 감독이 없이도 자체적으로 운영되고 있으며, 재정과 직원이 유엔과 연계되어
있어 독립성과 중립성이 유지되고 있다고 본다.

1980년 당시 국제연합의 인권기구를 보면 총회 산하에 고문금지위원회, 인종차별위원회,
이스라엘점령지조사특별위원회, 이주노동자보호조약기초위원회 등이 있고, 경제사회이
사회의 산하로 자유권위원회, 사회권위원회 등이 있고, 인권특별위원회(Commission) 하에
도 차별방지, 소수자보호소위원회가 있고, 그 산하에 연구특별위원회, 작업부회 등이
있어 여러 중복이 있을 수 있다. 이 밖에 사무처에 사무총장, 인권센터가 있으며, 인권센터
에도 인권고등판무관(사무차장급), 사무차장, 사무국 등이 있다. 산하에는 입법, 차별방지
부, 실사부, 참고서비스, 기술원조, 정보부 등이 있다.

이들 기관이 상호 독립해 있어 행정상 많은 애로가 있었다. 특히 이들 위원회들이
각기 체약 국가에 대하여 정례 보고서를 제출하게 하고 있어 업무 중복 때문에 반발이
있었고, 그에 대한 심사도 위원회 사무직원의 부족으로 사실상 잘 되지 않는 경우가
많았다. 이러한 여러 기구의 협력을 위한 여러 방안이 논의되었으나 신속한 개혁은
어려웠다.

그래서 인권 기관의 개혁에 대한 논의가 계속 있었다.[395] 1997년에는 뉴욕대학에서
학술대회가 열렸을 때에도 많은 제안이 있었다.[396]

유엔 산하의 여러 전문기관에게 기본권보장을 위한 일부 기능의 이양 내지는 협조에
관해서 많은 전문 기구들이 참여하였다. 그중에서도 성공적인 기관이 ILO였다. ILO는
노동권과 노동조건에 집중하여 국제인권보장에 관여하였다. Cassin은 1919년의 ILO
헌장이 유엔 인권선언의 선례라고 생각하였다.[397] ILO는 그동안 노동권이나 노동조직권
뿐만 아니라 강제노동의 금지, 노동임금의 차별금지, 사회보장, 건강문제에까지 활동범위

Bodies, Feb. 2006.
395) United Nations, Renewing the United Nations: A Programme for Reform, Report the United Nations Secretary General 1997.
396) Bayefsky, A. (ed.), The UN Human Rights Treaty System in the 21st Century, 2000, p. 116. https://www.thefreelibrary.com/The+UN+Human+Rights+Treaty+System+in+the+21...
397) Oberleitner, A Decade of Maintaining Human Rights in the UN Achievement, Failure, Challenges, Shelton (ed.), UN Vol. 9, 625 f.
Volticos, N.: International Labour Standing and Human Rights Approaching the Year 2000, International Labour Review, Vol. 137, No. 2, 1998, pp. 135-147.

를 넓혔다. 1998년 ILO는 세계인권선언 50주년을 기념하여 그들의 사회권보장의 원칙을
재천명하였다.

유엔 발전프로그램(UNDP)과 유엔 아동기금(UNICEF)도 유엔 사무총장의 요청에 따라
서 인권보장에 노력하기로 하였다. UNDP는 이미 국제인권의 보호와 증진에 노력하고
있다고 선언하였으며, 나아가 시민적·정치적 권리보장에도 노력할 것을 선언하였다.
   UNICEF도 아동의 권리조약의 보장기관으로서 일익을 담당하고 있다. UNICEF는
아동의 권리 옹호뿐만 아니라 여성의 차별 금지 규약 등의 보장에도 협력하고 있다.
유엔 인구자금(UNFPA)도 인권보장을 위한 프로그램을 만들어 활동하고 있다.
   유엔 교육, 과학, 문화기구(UNESCO)도 그 정관에서 교육, 과학, 문화에 관한 인권뿐만
아니라, 유엔 헌장이 규정한 법치주의와 인권과 기본적 자유의 차별 없는 보장에 기여할
것을 선언하고 있다. 유네스코는 세계인권선언의 기초에도 도움을 주었을 뿐만 아니라
교육과 문화적 권리참여, 표현의 자유, 정보의 자유, 문화적 다양성의 보장에 까지 노력하
고 있다.
   이 밖에도 세계보건기구(WHO)와 식량·농업기구(FAO)도 건강과 식량문제에 관계하
고 있다. 다만, 세계은행(World Bank) 등 경제 관련 단체들은 인권보장 문제에 소극적인
것 같다.

Ⅲ. 유엔 인권보장 제도에 대한 개선 방안

1. 유엔 인권보장 제도에 대한 비판과 대책

1) 인권보장제도의 현실

   국제연합의 인권보장에서 문제로 되는 것은 규약의 실시 제도가 잘 정비되어 있지
않다는 것이다. 국제연합 총회는 인권 입법기관이나 보장에서는 인권이사회나 경제사회
이사회의 보고를 받는 정도였다. 인권침해에 대한 제재도 안전보장이사회의 결의에
의하여야 하나 이는 상임이사국의 거부권 행사로 잘 시행되지 않았다. 이러한 제도에
대해서는 비판도 있었다.398)
   유엔 총회는 인권에 대한 여러 입법을 하였다. 유엔 헌장을 경제사회이사회로 하여금
모든 사람의 인권과 기본적 자유를 존중하고 준수하는 목적으로 권고를 할 수 있게

---

398) Scheinin, International Mechanisms and Procedures for Monitoring, in Krause/Scheinin (ed.),
     International Protection of Human Rights: A Textbook, European University Institute Abo
     Academy Institute, 2009.
     http://www.eui.eu/DepartmentsAndCentres/Law/Publications/Books/Scheinin/Interna...

권한을 부여하였고, 인권의 증진을 위한 위원회를 구성할 수 있는 권한도 부여하였다. 이에 따라 경제사회이사회는 1946년에 인권특별위원회(UN Commission on Human Rights)를 구성하였다.[399] 1947년에는 소수자의 권리보호를 위한 소위원회를 구성하여 국제적 차별의 금지를 위한 권고 등을 연구하였다. 1946년에 이미 특별위원회는 「인권에 대한 침해구제에 대해서 어떠한 행동도 취할 권한이 없다」고 명확히 선언하였다. 이 견해는 1959년에도 확인되었다. 1970년에 경제사회이사회는 인권특별위원회에 소위원회격인 작업위원회에 대하여 인권침해에 대한 조사를 하도록 결의하였다. 그러나 인권특별위원회는 구체적 침해사건에 대한 구제는 별로 하지 않았다.

1979년부터 1982년은 전환기였던 것 같다. 특별위원회는 특정 국가의 기본권 침해행위에 대해서는 이를 종결할 때까지는 비공개로 하였다. 그것이 점차로 변경되어 인권침해 국가에 대한 공개 비판을 하게 되었다. 인권특별위원회는 그동안 입법 과정에서는 중요한 역할을 했으나 집행감독, 구제에 있어서는 신망을 잃었던 것이다.

그 이유는 냉전 시대에는 진영 논리가 강하여 위원들의 투표 경향이 편파적이었기 때문이다. 특히, 아시아, 아프리카, 중동 등에 있는 국가들의 인권 침해 행위 등에 대한 징계 결의는 거의 통과되지 않았다. 예를 들면 이스라엘에 대한 규탄 결의는 매년 수없이 나왔는데, 중국이나 중동의 사우디아라비아 등에 대해서는 거의 규탄하지 못한 것이 특별위원회 구성원의 분포가 지리적인 분포에 의존했기 때문이었다. 이 밖에도 인권 감각이 약했던 제3국 세력의 수가 많았고, 유럽이나 미국과 같은 인권 선진국의 지지 국가가 적었기 때문이다. 이 결과 헌장이나 규약의 침해에 대한 제3세계에 대한 규탄이 거의 없었던 것이 사실이다.[400]

2) 인권활동의 강화를 위한 제도 개선

인권특별위원회는 1967년에 획기적인 결의로 유엔 인권고등판무관 회의 사무국(UN High Commissioner's Office of Human Rights)을 구성하였다. 그러나 이 기구는 1993년까지 활동하지 않았다. 1993년 6월 빈(Wien) 인권회의는 대회 결론으로 빈(Wien) 선언 및 행동계획을 발표하였다.[401] 여기서 국제연합에 인권고등판무관을 설치할 것을 건의하였다. 우선 국제연합에 유엔 인권센터를 설치하고 그 장을 사무차장으로 보하기로 했다. 그는 제네바에 있는 유엔의 유럽 사무소에서 사무총장의 직무를 행하는 동시에, 인권센터의 장을 겸하기로 하였다. 유엔 총회는 이 문제에 대하여 긴 난상 토론을 벌여 인권고등판무

---

399) Rheeler, R. The United Nations Commission on Human Rights, 1982-1997; A Targeted Revolutions, in Canadian Journal of Political Science, 32, pp. 75-101.

400) Bantekas/Oette, International Human Rights Law and Practice, pp. 159-163.
Bayefsky (ed.), The UN Human Rights Treaty System in the 21st Century. - Free Online Library, 2000.
https://www.thefreelibrary.com/The+UN+Human+Rights+Treaty+System+in+the+21...

401) Vienna Declaration and Programme of Action (Part 1, pages 5) adopted by the World Conference on Human Rights, Vienna, 25 June. 1993(A/CONF. 15)/24(Part.I Chapt. III)

관을 설치하게 되었다.

인권고등판무관은 인권보장과 증진을 위한 중요한 기능을 가지게 되었다. 그러나 고등판무관은 정치적인 활동을 하지 못하고 유엔 총회와 유엔 인권특별위원회의 휘하에 있게 하였다.402) 고등판무관은 도덕적으로나 인격적으로 고매하여야 하고, 인권 분야에 있어서 능력과 경험을 가져야 하며, 다양한 문화적 지식을 가질 것이 요구되었다. 그는 사무총장의 지휘를 받으며, 총회에서 지역적 로테이션 원칙을 감안하여 인증되어야 했다. 임기는 4년이며 한 번만 재선이 허용된다. 고등판무관은 총회와 경제사회이사회, 인권특별위원회의 지휘를 받으며 이 기구에 연례보고서를 제출해야 한다.

인권고등판무관은 빈 최종보고서에 따라 인권기구를 합리화하고, 채택하고 강화하여 원활화하는 기능을 가지고 있다. 따라서 그는 여러 유엔의 인권 증진기구를 합리화·능력화해야 한다.

그는 관직으로는 사무차장의 한 사람으로 많은 직원을 거느리고 있다. 그는 제네바에 주재하며 뉴욕에 연락관을 두고 있다. 그는 인권센터를 감독할 책임도 지고 있다. 그런데 사무총장과 인권고등판무관과의 관계가 원활하지 않다는 평도 있으며 예산이 너무 적다는 평이 있다.

인권고등판무관은 유엔 총회 결의(48/131. 1938. 12. 20)에 따라 특별히 임명된 권한을 가지고 있다. 그는 유엔 사무총장에 의하여 제청되며 유엔 총회의 인증을 받아야 한다. 그는 유엔에서의 인권과 관련된 기구의 활동과 행동에 대한 유엔 정책에 대하여 사무총장을 정책적으로 보좌한다. 그는 프로젝트나 활동에 관한 인권 프로그램의 기관과 기구에 대한 본질적이고 행정적인 지원을 한다. 인권 기관 단체와 기타 인권 행사에 사무총장을 대표하며, 사무총장에 의하여 결정된 특별한 직책을 수행해야 한다.

재정은 유엔의 정상적 예산과 개별 인사에 의한 기부금과 고등판무관 사무실 산하 조직의 보조를 받는다. 대부분의 직원은 제네바에서 근무한다. 유엔 본부에 인권 지부가 있다.403)

이 지위는 유엔 헌장 제1조, 제13조와 제55조에 규정되어 있으며, 1993년의 빈 선언과 총회 창립 결의에서 나와 있다. 원래 있던 인권고등판무관 사무소와 인권센터를 1997년에 통합하여 설립한 것이다.

설립 목적은

1. 인권의 세계적 향유를 증진시키기 위한 실제적 효과와 유엔이 선포한 세계 공동체의

402) Van Roven, The United Nations High Commissioner for Human Rights: The History of a Contest Project, Leiden Journal of International Law, 20, pp. 767-84

403) United Nations High Commissioner for Human Rights at the Under-Secretary-General
https://www.un.int/news/united-nations-high-commissioner-human-rights-under-secr...
Office of the United Nations High Commissioner for Human Rights / international o...
https://www.britannica.com/topic/Office-of-the-United-Nations-High-Commissioner-...

문제 해결

2. 인권문제에 있어서의 지도적 역할을 다하며, 국제적·국내적 레벨에서의 인권의
   중요성의 강조
3. 인권을 위한 국제협조의 증진[404)
4. 유엔 체제 전반을 통한 인권 행사의 자극과 조율
5. 세계적인 비준을 촉진하고 국제적 기준을 충족
6. 새로운 규범의 발전의 원조
7. 인권 기관과 규약 모니터 기관의 지원
8. 인권의 심각한 침해에 대한 대응
9. 예방적 인권행위의 실천
10. 국내적 인권 인프라 구축의 촉진
11. 인권 영역에서의 행사와 활동의 실천
12. 인권 영역에서의 교육, 정보, 조언 서비스와 기술적 원조

인권고등판무관은 인권침해를 예방하며,[405) 인권이 침해된 경우 이를 구제하는데 노력한다. 유엔 인권규약상 많은 위원회가 있어 독자적인 활동을 하고 있는데, 이 기구들의 활동을 조정하고 권고하는 기능도 가지고 있다.[406)

인권고등판무관실은 세계 분쟁 지역에 국가 사무소를 둘 수 있다. 예를 들면 예멘에는 2012년에 지사무소를 두어 활동하고 있다. 산하 조직으로는 ① 인권고등판무관 ② 인권고등판무관 대리(총장보) ③ 인권총장보(UN 뉴욕 사무소) ④ 인권고등판무관실 직원 ⑤ 행정부 ⑥ 뉴욕 사무실 ⑦ 제목별 관련, 특별 절차부와 발전관리부 ⑧ 인권이사회와 조약 기구 등이 있다.

인권고등판무관실과 인권센터는 유엔 개혁의 방침에 따라 1997년 9월 15일에 통합되어 고등판무관실(OHCHR)만 남게 되었다. 지역 활동과 기술 협조부도 많은 사업을 하고 있다.[407)

인권판무관실은 인권이사회의 보조 기관으로서 인권 연구에도 많은 노력을 하고 있다. 이에 관한 연구소로는 다음과 같은 것이 있다.

1. 발전의 권리에 대한 연구소; 발전의 권리에 대한 연구와 조사를 기능으로 한다.

404) Steinerte/Wallace, United Nations protection of Human Rights, University of London, 2009; Human Rights Council, Human Rights Watch.
   Wikipedia, Office of United Nations High Commissioner for Human Rights; 위키백과, 유엔인권고등판무관 사무소.
405) The United Nations High Commissioner for Human Rights, The OHCHR Plan of Action: Protection and Empowerment, Geneva, May 2005.
406) Office of the High Commissioner for Human Rights (OHCHR)
   http://ye.one.un.org/content/unct/yemen/en/home/about-us/OHCHR.html
407) Wikipedia, Office of the United Nations High Commissioner for Human Rights
   https://en.wikipedia.org/wiki/Office_of_the_United_Nations_High_Commissioner_fo...

2. 조약과 인권이사회 활동국; 인권이사회와 산하 기구의 활동에 대한 계획, 준비,
   서비스

3. 능력형성국; 정부의 요청에 따른 인권에 관한 발전, 집행, 모니터 등의 기술적
   원조를 제공한다.

인권판무관실은 그동안 많은 보고서를 내었으며, 유엔 인권이사회와 유엔 총회에
많은 제안을 했다(후술).408) 또 연구 결과를 총회에 제출하여 보고서로도 발표하였다.
그중에는 인권이사회와 고등판무관실의 활동에 관한 보고서(Official Record Supplement
36)와,409) 여성과 소녀와 장애자에 대한 폭력에 관한 연구,410) 기후변화와 인권411)
등이 발표되었다.

2. 인권보장 제도의 개선 노력

1) UPR보고서 제도의 도입

두 헌장과 많은 유엔 규약들이 연례 보고 제도를 규정하고 있는데, 유엔 헌장에 따른
정기 보고 제도는 1980년 이후에는 사실상 폐지되었다(1980. 12. 17. UNGA resolution
35/209). 그러나 이 제도는 개인의 통신제도보다도 훨씬 더 효과적이었다.

총회는 결의 601251에 의하여 새로이 UPR(Universal Periodic Review) 제도를 도입하
였다. 이 보편적 정기 심사 제도는 인권이사회에 정기적으로 보고서를 제출하게 하는
제도로, 그 심사를 인권이사회에서 하고 있기 때문에 인권 증진에 효과적이다.412)

2005년 4월에 유엔 사무총장이 인권특별위원회에 메시지로 통고한 것이기 때문에,413)
이 제도의 도입은 21세기의 성과라고 할 수 있기 때문에 제4장에서 상세히 설명하기로
한다.

2) 유엔 인권이사회의 창설

인권보장제도가 유엔 헌장에서 규정되고 있었던 것은 앞서 말한 1946년의 인권특별위
원회 제도였다. 이 제도는 18명의 소수로 구성되어 있었고, 사무가 많을 뿐만 아니라
지역적으로, 정치적으로 중립성이 훼손되어 있어 비판이 많았다. 특히 소수자의 차별예방

---

408) 제4장 제1절 국제연합의 인권보장기구의 개선 참조
409) Report of the United Nations High Commissioner for Human Rights, Geneva Assembly
    Supplement No. 36.
410) Thematic Study on the Issue of Violence against Woman, Girls and Disability, Report of the
    office of the United Nations High Commissioner for Human Rights.
411) Report of the Office of the United Nations High Commissioner for Human Rights on the
    Relationship between Climate Change and Human Rights.
412) De Schutter, International Human Rights Law, pp. 870-881.
413) Report of the Secretary General, Addendum. (A/59/2005/Add. 1. 23 May 2005)

과 보호소위원회의 활동은 많은 비판을 받았고, 이에 1999년에는 인권 증진과 보호에
관한 소위원회로 바뀌었다.

2006년에는 경제사회이사회가 이 인권특별위원회를 폐지하고 유엔 인권이사회로
대체하였다. 이 이사회는 위원을 53명으로 늘리고 경제사회이사회 소속에서 유엔 총회
산하로 이관하였다.[414]

이것은 2003년 미국 의회의 비판에 따라 유엔의 조직을 개조하기 위한 사무처의
보고에 영향을 받은 것이다.[415] Annan 사무총장의 보고서가 인권특별위원회를 인권이사
회로 변경할 것을 건의하였기에, 2006년 3월 15일 유엔 총회에서 이 건의를 받아들여
인권이사회를 창립하였다.

이 인권이사회의 창립은 2000년 이후이기에 이에 관한 것은 다음 제4장에서 보기로
한다.

---

414) 문헌목록은 de Schutter, op. cit., p. 855-856 참조.
415) A More Secure World: Our Shared Responsibility, Report of the High-level Panel on Threats,
   Challenger and Change Transmitted to the UN Secretary General (A/59/565, 1 December
   2003, Annex).

제4장 21세기의 인권헌장의 발전

제1절 국제연합의 인권보장기구의 개선

Ⅰ. 유엔 인권보장의 위기 의식의 고양

1. 유엔 인권보장 기구의 비능률성에 대한 비판

(1) 유엔 인권보장 기구의 개선 논의

국제연합의 인권보장기구는 1998년, 국제 인권장전 제정 50주년을 계기로 하여 많은 문제점이 들어나 이에 대한 개선 요구가 나타났다. 내부적으로 UN인권고등판무관이 임명되면서 당시의 인권보장 상황에 대한 연구를 하여 개선 방안을 내기 시작하였다. 1996년에는 「유엔 인권조약 기구에 따라 구성된 제도의 효율적인 기능」에 관한 최종보고서가 발표되었다. 이에 대해서는 인권특별위원회 회원들이 사전에 자기들과 상의 없이 최종안을 발표한 데 대하여 규탄 성명을 내기도 하였다.[416] 여기에서는 저자인 Alston이 인권특별위원회의 위원장 자격으로 쓴 것이 아니며, 인권특별위원회의 견해를 대변한 것이 아님을 명백히 하고 있다.

이 최종보고서에서는

① 헌장의 통폐합 문제에 대해서는 중립적 입장을 취하고 있으며, 이 중요한 문제의 해결을 위해서는 특별 연구부서를 만들어 연구할 것을 제안하고 있다.

② 헌장의 개정에 대해서는 부속 조약 중의 일부의 개정 필요성이 논의되었으며, 총회의 의결이 있었고 비준 절차도 진행하고 있음을 설명하고 있다.

③ 가장 강조하고 있는 것은 체약 국가에 대한 보고서 제출 문제였다.

당시만 하더라도 6개의 인권위원회가 각 규약의 감독 기구로서 존재하여 이 기구들이 전부 보고서의 제출을 요구하고 있어, 국가들의 업무가 과중하며 위원회의 보고 요구

---

416) Effective functioning of bodies established pursuant to United Nations human rights instruments. (UN Doc. E/CN.4/1197/74. 27. March.1996).

members of human rights committee express concern at views...
https://www.un.org/press/en/1998/19980326.HRCT509.html.

내용이 중복되고 있어 이의 시정이 요구된다고 하고,

  ④ 위원회가 대부분 전문 인력이 부족하고 예산도 부족하기 때문에 그 기능을 다하고 있지 못하다고 하여, 각 위원회 간의 협의와 협력 제고가 필요하다고 하고 있다. 그 결과

  ① 국제연합에서 요구한 국가보고서가 옳게 제출되지 않으며,

  ② 이 보고서에 대한 심사는 늦어지고 있어 문제가 많으며,

  ③ 인원과 예산이 부족하며,

  ④ 조약의 집행 절차에 있어서 결정의 법적 구속력이 없는 문제 등으로 인하여, 국제연합의 위기가 논의되고 있다고 했다.[417]

이 책에서는 미주 인권헌장과 유럽 인권헌장 등의 예를 들면서, 이들 헌장의 관리 체계를 모범으로 할 것이라고 주장하고 있다. Alston은 UN 인권헌장과 규약의 장래에 대하여 논하고 있다.[418]

(2) 제도 개선 방안 논의

이 밖에도 1997년 인권헌장 제정 25주년을 기념한 York 대학에서의 회의 결과 논집이 2000년에 발표되었다.[419] 이 책은 약 1140면에 달하는 회의 논문 발표집이다. 편자인 Bayefsky는 그동안 유엔의 인권헌장과 규약이 많은 국가에서 서명되고 비준되었음을 강조하고 그것이 성공적이었다고 보고 있다. 이 책은 6개의 유엔 조약 기구의 임원과 NGO 대표자들, 지역적 인권 기구 관련자들과 학회 대표들이 집필한 것이다.[420] 이 책에서는 인권 단체의 실무자들이 관여하였기에 그 활동의 실무 내용을 알 수 있는 장점이 있다.

여기서는 국제연합 인권기구의 사실 조사 기능의 취약성이 논란되고 있다. 또 인권침해에 대한 국제연합 기구의 구제가 문제되고 있다. 미주나 유럽의 인권헌장과 달리 유엔 인권헌장은 인권 침해에 대한 구제 조치가 불명확하게 규정되어 있으며, 사법적 집행력이 없다는 비판이 많았다. 유럽 인권재판소와 같은 인권보장 제도의 도입이 요구되고 있다. Nowak는 유엔 인권위원회의 결정의 사법적 집행에 대해서 호의적이다.[421] 끝으로

---

417) Crawford, The UN Human Right Treaty System: A System in Crisis? in Philip Alston and James Crawford (ed.), The Future of UN Human Rights Treaty Monitoring, Cambridge University Press, 2000. 9. 1-12.

418) Sodansky, D. The Role of Reporting in International Environmental Treaties: Lessons for Human Rights Supervision, in Alston/Crawford, op. cit., pp. 361-382.

419) Alston, Beyond 'them' and 'us' putting treaty body reform into perspective, in Alston/Crawford, op. cit., pp. 501-526.

420) Bayefsky (ed.), The UN Human Rights Treaty System in the 21st Century, The Hague, Kluwer Law International 2000. 1116 pages.
https://www.thefreelibrary.com/The+UN+Human+Rights+Treaty+System+in+the+21...
Oette, L., The UN Human Rights Treaty Bodies: Impact and Future: in International Human Rights Institutions, Tribunals, and Courts, pp. 1-21.

421) Nowak, Manfred, Need for a World Court of Human Rights, Human Rights Law Review, Oxford

유엔 인권체제의 방향에 대해서 간단한 두 편의 논문이 실려 있다.

그러나 이 방대한 책의 논문 부분은 341면뿐이고, 나머지 776면은 부록이 차지하고 있다. 이 부록에서는 현행의 인권 헌장의 조문과 인권법안, 기타 많은 보고서와 건의서로 구성되어 있어 참고가 된다.

2. 조약 기구의 개선방안 모색

(1) 유엔 인권고등판무관실의 연구

2000년대에 들어가서 국제연합의 인권 기구는 국제연합 인권제도의 개선을 위한 많은 개혁방안을 발표하였다. 그중 사무총장의 보고서는 다음과 같은 것이 있다.

① 보고 제도 가이드라인의 집성

② 인권조약 체제의 개혁에 관한 보고서

③ 인권고등판무관실의 관리 보고

④ 국제연합의 강화 방안,

유엔 인권고등판무관은 1993년에 비로소 임명되었으며, 2000년대에 와서 활발한 활동을 하고 있다.

유엔 인권고등판무관실이 설립되고 난 뒤 이 기구가 유엔 체제에 대한 개선방안을 모색하였다. 그래서 많은 연구 보고서를 발표하였다.

2005년 5월에는 인권고등판무관실의 행동계획을 발표하였다.[422] 이 보고서는 Kofi Annan 사무총장이 주동이 되어 「보다 큰 자유」(In larger freedom) 계획을 발표한 것이다.[423]

여기에서 유엔 인권특별위원회(Commission of Human Rights)의 개선을 요구하고 있다. 사무총장은 유엔 특별위원회를 유엔 인권이사회(Human Rights Council)로 승격을 요구하고 있다. 새로운 기관은 책임 있는 감독기관으로서 보다 효율적인 방법을 제시하기를 원하고 있다. 당시의 인권특별위원회는 이 기능을 다하지 못하고 있다고 가맹국 간에 불평이 많았다. 새로운 인권이사회를 어떻게 구성할 것인가에 관해서는 토론이 많이 필요하며 여기에 대해서 연구하고 있었다.[424]

Ac... https://doi.org/10.1093/hrlr/ngl026
https://academic.oup.com/hrlr/article-abstract/7/1/251/645636?redirectedForm=fulltext

422) The United Nations High Commissioner for Human Rights, The OHCHR Plan of Action: Protection and Empowerment, Geneva, May 2005.

423) Reform of the U.N.'s Human Right's System / Human Rights Watch.
https://www.hrw.org/news/2005/03/29/reform-uns-human-rights-system

424) Context and Background of the Treaty Body Reform Discussion / Treaty Body Refo...
https://treatybodyreform.wordpress.com/2010/07/15/context-and-background-of-the-t...

The University of Nottingham, Expert Workshop on Reform of UN Human Rights Treaty

이 밖에도 조약기구의 업무집행에 대한 진보는 괄목하기도 하나, 75% 이상의 국가가 5~6개의 인권규약 기구에 가입해있기 때문에 혼돈이 있다는 주장이다. 이에 대해서 각 인권헌장과 규약 기구에 대한 보고서는 개별적으로 제출해야 한다는 주장과, 하나로 통합해야 한다는 주장이 있어 왔다. 국가는 이 보고서의 평가에 관심이 많고 조약기구에 대한 권고와 개인통신 제도에 대한 결정 여하에도 관심이 많았다.

(2) 유엔 사무총장의 개혁 방안

2002년에 사무총장은 조화로운 보고서의 제출과 통합보고서의 제출을 건의했는데, 이는 반대에 직면하여 햇빛을 보지 못하였다. 2006년에만도 5개의 보고서가 제출되었다. 그 내용은

① 인권조약 체제의 개혁에 관한 보고서(7)

② 통합 상임기구 구성에 관한 법적 검토

③ 인권고등판무관의 통합 상임기구 구성 제안을 포함한 인권고등판무관보고서

④ 인권고등판무관실의 행동 계획

⑤ 보다 큰 자유에 관한 사무총장 보고서들이 발표되었다.

이 보고서들의 주테마는

① 인권조약체제의 구성 개혁 문제나

② 규약에서의 보고 절차 개선 문제였다.

조약기구의 구성 개혁 문제도 2005년의 개혁안 보고서에서 모든 조약의 집행을 감시하기 위하여 한 개의 통합된 통제기구를 구성할 것을 건의하고 있다. 당시에는 모든 조약 기구가 다른 위원회를 두어 중복이 심했고, 비효율적이었기에 이를 통합하자는 것이었다.425) 이 안은 통합된 단일 기구의 구성을 6개 방안으로 예시하고 있다.426)

① A모델 : 단일 기구로 부를 두지 않는 방안

② B모델 : 단일 기구 하에 동열의 여러 부를 두는 방안

③ C모델 : 단일 기구 하에 기능적인 분할을 하여 여러 부를 두는 방안

④ D모델 : 단일 기구 하에 규약에 따른 부를 여러 개 두는 방안

⑤ E모델 : 단일 기구 하에 권리 종류에 따른 부를 여러 개 두는 방안

⑥ F모델 : 단일 기구 하에 지역에 따라 부를 여러 개 두는 방안

이 안은 합리적인 안이었으나 국제연합에서의 여러 기구의 사전 동의가 없었고, 통합의

Monitoring Bodies, 2006.

425) UNHCR, Concept Paper on the High Commissioner's Proposal for a Unified Standing Treaty Body (June 2006)
UN Doc HRI/MC/2006/2 11 HRI(n1)4.

426) Concept paper on the High Commissioner's proposal for a unified standing treaty bolies.
https://www.worldcat.org/title/concept-paper-on-the-high-commissioners-proposal-fo...
Concept Paper on the High Commissioner's proposal for a unified standing treaty bodies.
https://www.scribd.com/document/217700860/Would-the-creation-of-a-single-body-t...

어려움과 부의 분할에 대한 연구가 부족하다는 이유로 찬반이 심했다. 학문적으로는 2007년쯤에 Human Right Law Review가 찬반논쟁을 실었다. 실무진에서 많은 비판이 있었다. 특히 기존의 조약기구의 위원회들의 반대가 심하였다. 이 반대를 극복하지 못하고 이 제안은 무산되고 말았다.[427]

(3) 종합보고서 제도 도입안

규약에서의 보고 절차에 관해서는[428] 새로운 인권조약의 양산에 따라 모든 규약기준을 실현하기 위한 위원회가 구성되었으며, 각기 보고 절차를 규정하고 있었기 때문에 체약 국가를 위하여 사무의 간소화 문제로 개혁이 요구되었다. 처음에는 국가보고서를 단일화하여 모든 조약 내용을 포함하는 하나의 보고서를 제출했으면 했으나 이것도 어렵다고 하여 거부되었다.

2006년에 와서 유엔의 전문위원회 간 회의가 열려 위원장회의에서 조화적인 보고서 제도를 채택하기로 하였다. 이 절차는 중요 조약 보고서(CCD)와 특별 조약기구의 개별 보고서(TSD) 양자를 제출하는 것이었다. 이 보고서 제도는 어느 정도 반영되어 보편적 주기 보고 제도(UPR)가 도입되었다. 이 밖에도 특별 절차에 대한 개선 방안도 제기되었다. 2004년에만 특별 절차 보고서가 유엔 특별인권위원회에 제출되었고, 4,448개의 개인 사건에 대한 처리를 했어야 했다. 그러나 이러한 보고를 처리하기에는 자원봉사자에 의한 활동으로는 불충분하였다. 이에 대한 대안으로서 이들 기구의 통합 운용이 권고되었다. 그래서 인권위원회 간의 긴밀한 협조와 위원장회의의 정례화가 가능해졌다.

특별 절차에서 문제가 많았던 것은 개인의 권리구제 문제 때문이었다. 개인의 신청이나 통신에 대해서 충분한 검토가 되지 않았고, 결론도 이유 적시가 없었으므로 이에 대한 승복이 어려웠고, 특히 결정의 구속력이 없었기 때문에 이의 개정문제가 논의되었다. 법적인 문제로서는 해석 주체의 자격, 능력문제 등이 강조되었고, 규약의 내용 개정 문제와 절차 문제의 개정 등이 중요 테마로 되었다. 사법제도로의 전환문제에 대해서는 찬반대립이 심하였기에 충분한 논의가 이루어지지 않았다.

(4) 유엔 기구 개편안

2011년에는 유엔 기구의 장래에 대한 책이 출판되었다.[429] 이 책에서도 유엔 인권기구

---

427) Flaherty (ed.), Reform of UN Human Rights Treaty Monitoring Bodies: A Critique of the Concept... 2007.
    https://academic.oup.com/hrlr/article-abstract/7/l/141/645652?redirectedfrom=fulltext
428) The University of Nottingham, The Dublin Statement on the Process of Strengthening of the United Nations Human Rights Treaty Body System, Nov. 2009. Informal Background Paper.
    이 책에는 과거의 민간인의 개혁 논의가 전부 비교되어 있다.
429) Bassiouni/Schabas (ed.), New Challenges for the UN Human Rights Machinery. What Future

와 유엔 인권이사회의 인권보장 절차의 개선 문제가 다루어졌다. 제1부는 10개의 논설이 실렸고 제2부는 주로 인권이사회에 관한 글이 실려 있다. 이 책은 새로운 제도의 도입을 주장하기도 하고 현행 제도의 비판도 하고 있다.

2012년에는 「유엔 인권보장체계」에 관한 책이 출판되었다.[430] 이 책은 국가보고서의 검토(Kälin), 개인적 청원제도(Ulfstein), 인권위원회의 일반 코멘트와 그 정당성 (Keller/Grover), 경제적·사회적 권리보장(Khaliq/Churchill), 유엔 기구에 의한 인권 해석(Schlütter), 유엔 규약기구와 인권이사회(Rodley), 국내법의 인권조약의 결정의 법적 지위(Alebeek/Nollkaemper), 결론(Keller/ Ulfstein)으로 되어 있다.

그동안 유엔 인권고등판무관실에서는 거의 매년 중요한 보고서를 제출했다. 2012년에는 「유엔 인권보장체계의 강화」에 관한 보고서를 제출하였다.[431] 이것은 인권고등판무관실이 2011년 8월부터 2012년 7월까지 진행결과를 보고한 것으로 100면에 달한다. 이것은 유엔 인권규약 체계가 그동안의 활동 결과를 결산하고 새로운 방향을 설정한 데서 큰 의미를 가진다. 제4부는 인권고등판무관실의 제안과 권고(pp. 37-93)로 구성되어 있다. 제4부의 권고의 제안 부분은 2009년 이후의 자문과정을 거친 것으로 가장 중요한 부분이라고 하겠다.

국가 보고 체계에서는 간소한 보고제도(Simplified Reporting Procedure)가 권고되고 있다. 다음에는 개인적 통신제도의 강화를 요청하고 있다. 또 인권규약 체제 기구의 구성원의 독립과 숙련성을 요구하고 있다. 또 규약의 집행능력의 강화를 권고하고 규약기구의 공개성과 접근성의 향상을 요청하고 있다.

이 강화방안과 기타 총회의결 사항 등은 규약기구에 반영되기도 하였다.[432] 그러나 대부분은 재정상 이유나 러시아 등의 반대로 잘되지 않았다.

2014년 유엔총회는 4월 9일에 「인권조약단체의 강화와 명확화」에 관한 결의를 했다. 이 조치는 효율성을 위한 것이었다.[433]

---

for the UN Treaty Body System, 2011. 480 pages
https://www.menschenrechte.org/en/2012/05/25/new-challenges-for-the-un-human-ri...

430) UN Human Rights Treaty Bodies edited by Helen Keller, Cambridge Univ. Press, 2012, 460 pages.
https://www.cambridge.org/core/books/un-human-rights-treaty-bodies/C42C916ECB..

431) Strengthening the United Nations human rights treaty body system, A report by the High Commissioner for Human Rights, Pillay, June 2012

432) The Reform of the United Nations' Human Rights Treaty Bodies / ASIL.
https://www.asil.org/insights/volume/18/issue/16/reform-united-nations%E2%80%99...

433) Ploton, The Implementation of UN Treaty Body Recommendations.
https://sur.conectas.org/en/implementation-un-treaty-body-recommendations.
Quick Guide-Strengthening of Human Rights Treaty Monitoring Body System-R...
https://research.un.org/en/treatybodies.
Reflections on the General Assembly's Recent Resolution on Human Rights Trea...
http://asiapacific.anu.edu.au/regarding-rights/2014/04/18/1321/

Ⅱ. 국제연합의 인권보장 기구의 변천

1. 유엔 인권이사회의 구성과 기능

1) 유엔 인권이사회의 성립

2003년에 미국 의회는 유엔의 조직으로서의 비효율성을 강력히 비판하였다. 이에 Kofi Annan 사무총장은 고위 정책회의를 소집하여 유엔 개혁을 논의하게 하였다. 이 보고서가 유엔 사무총장에게 전달되었는데, 여기서 개혁을 위한 유엔 인권판무관에게 보다 강력한 개혁구상을 작성하도록 주문하였다. 이에 2005년 사무총장은 보고서를 제출하여 유엔의 새 기구로 인권이사회를 구성하기를 건의하였다. 이에 따라 유엔 총회는 3월 15일 인권이사회를 구성하는 결의를 하였다.434)

2007년 6월 18일 UNHRC는 회의를 연 뒤 제도형성 패키지(Institution building package)를 발표하여 인권이사회의 활동 강화를 다짐하였다. 그리하여 모든 회원국이 주기적인 보고서를 제출하도록 하고 자문위원회를 두도록 했다. 또 개인이나 단체들이 이사회의 관심을 끄는 인권침해 행위에 대한 이의신청을 가능하게 했다. 미국은 이에 반대하였다.

미국은 2016년 총회에서 인권이사회원으로 선출되기 위하여 미국이 적극적인 활동을 하기로 다짐하여,435) 이사로 당선되어 영국과 같이 2019년까지 이사국이 되게 되었다. 이로써 이사회의 기능이 강화될 것으로 기대되었으나, 2018년 미국은 인권이사회에서 탈퇴하여 기대를 저버렸다.

2) 유엔 인권이사회의 조직과 기능

유엔 인권특별위원회(Commission)는 국제연합의 경제 · 사회이사회 산하의 기관으로서 18개국에 의하여 구성되었다.436) 이에 대하여 인권이사회(Council)는 총회에 소속되어 있다. 인권이사회와 인권특별위원회 간의 차이는 선거방식에 있다. 인권특별위원회위원은 경제사회이사회에서 선출하였다.

(1) 인권이사회의 구성

---

434) UNHCHR 설립 결정은 General Assembly Resolution 48/41, 1993 참조.
   In Large Freedom, Secretary General, 21 March 2005.
435) Wikipedia, United Nations Human Rights Council; Human Rights, United States. UN Human Rights Council Candidate, 2017-2019.
436) Gatter, J. Special Procedures and the Human Rights Council: Achievement and Challenges Ahead, Human Rights Law Review 7, pp. 93-107.
   Report of the United Nations High Commissioner for Human Right, General Assembly, Official Records Sixty-third session Supplement No. 36.

이사회는 47명으로 구성되는데 이는 총회가 선거한다. 총회는 이사국의 선정에 있어서 그 나라의 인권 증진과 보호를 위하여 열성적인가, 그들이 자의적으로 참여하고 활동하기를 원하는가를 고려하여 선출한다. 각 원의 임기는 3년이며 계속 2기에는 의석을 차지할 수 없다. 의석은 유엔의 회원국의 비율에 따라 배정되고 있다. 아프리카 13, 아시아와 태평양 13, 동유럽 6, 남미와 카리브해 8, 서유럽과 기타 그룹이 7로 한정이 되어 있다.

총회는 3분의 2의 다수로 계속 편협한 판단을 하는 이사회 회원의 권리와 특권을 정지시킬 수 있다. UNHRC 설립 시 결의에서도 이사회 회원으로 선출된 회원은 이사회로 하여금 인권보장과 보호에 있어 최고의 수준을 유지하도록 하여야 한다고 하고 있다. 최근의 이사회 구성을 보면 다음과 같다.[437]

임기	아프리카 (13)	아시아, 태평양(13)	동유럽(6)	남미, 카리브해(8)	서구, 기타(7)
2021-23	코트디부아르 가봉 말라위 세네갈	중국 네팔 파키스탄 우즈베키스탄	러시아연방 우크라이나	볼리비아 쿠바 멕시코	프랑스 영국
2020-22	리비아 모리타니 수단 나미비아	인도네시아 일본 마샬군도 대한민국	아르메니아 폴란드	브라질 베네수엘라	독일 네덜란드
2019-21	부르키나파소 카메룬 에리트레아 소말리아 토고	바레인 방글라데시 피지 인도 필리핀	불가리아 체코	아르헨티나 바하마 우루과이	오스트리아 덴마크 이탈리아
2018-20	앙골라 콩고 나이지리아 세네갈	아프가니스탄 네팔 카타르 파키스탄	슬로바키아 우크라이나	칠레 멕시코 페루	오스트레일리아 스페인
2017-19	이집트 르완다 남아프리카 공화국 튀니지	중국 이라크 일본 사우디아라비아	크로아티아 헝가리	브라질 쿠바	영국 미국(2018 탈퇴) 아이슬란드 (2018.7~ 2019)

---

437) Wikipedia 2020년에서 발췌함.
　　총회결의는 De Schutter, International Human Rights Law, 2010, pp. 859-861. 미국의 태도는 동서 pp. 861-865 참조.

2016-19	이집트 르완다 튀니지 남아프리카	중국 이라크 일본 사우디아라비아	크로아티아 헝가리	브라질 쿠바	미국 영국
2015-18	부룬디 코트디부아르 토고 에티오피아 케냐	대한민국 키르키스탄 몽고 필리핀 아랍에미리트	조지아 슬로베니아	에콰도르 파나마 베네수엘라	벨기에 독일 스위스
2014-17	보스니아 콩고 가나 나이지리아	방글라데시 인도 인도네시아 카타르	알바니아 라트비아	볼리비아 엘살바도르 파라과이	네덜란드 포르투갈

(2) 유엔 인권이사회의 목적과 기능

인권이사회는 인권특별위원회의 사업을 계속하여 총회에 책임을 진다. 인권이사회는 그의 법적 지위에 따라 인권에 관한 사항을 유엔 총회에 보고할 책임을 지고 있다. 다음에는 국제연합의 인권기능의 최대한 증진을 목적으로 했다.

인권이사회는 다음과 같은 임무를 수행한다. 인권 보호의 증진에 관련된 사항의 권고, 인권침해 예방 및 인권침해 사항에 대한 대응, 국가연합 회원국의 인권 상황의 개별 심의, 인권 이슈의 토의, 인권교육 및 자문, 능력배양 증진, 국제인권법과 관련해 국제연합 총회에 권고하는 여러 가지 기능을 가진다. 그러나 초기에는 과거의 인권특별위원회처럼 편파적인 행위만 하여 식자들의 지탄을 받아왔다. 2006년에서 2014년까지 50개의 의결을 이스라엘 규탄으로 썼고, 파키스탄에 관해서는 아무런 결의도 하지 않았다. 이 동안 견책을 받은 나라는 시리아가 다섯 번이고, 이란, 사우디아라비아, 중국과 같은 권리남용, 침해 국가에 대해서는 단 한 번의 의결도 없었다. 이것은 아랍 세계의 이사회 위원들이 단결하여 이스라엘만 죽이려고 한 탓이다.438)

미국은 그동안 이러한 풍조에 반하여 유엔 인권이사회의 활동에 무관심하였으나, 오바마 정부에 들어서 인권이사회의 참여를 결정하였다.439) 그래서 이사국이 되기도 하였다. 그러나 트럼프 대통령이 편파적이라 하여 이사회를 탈퇴하였다. 미국의 탈퇴로 인권이사회의 활동비가 감소하여 미국의 발언권이 감소할 부작용이 우려된다.440)

자문위원회는 18명으로 구성되어 있으며 인권위원회에서 선출된다. 아프리카 대륙에

438) Collichio, L. : The Future of the United Nations Human Rights Council 20. 8. 2018.
　　　https://medium.com/nonviolence/the-future-of-the-united-nations-human-rights-council.
439) Congressional Research Service, The United Nations Human Rights Council: Issues for Congress, by Luisa Blanchfield, April 30. 2013.
440) John Bolton: "Why the U.S. left the UN Human Rights Council," UN Watch. 20 June 2018.
　　　https://www.unwatch.org/john-bolton-u-s-left-un-human-rights-council/
　　　Lee and Lederman, "Trump Administration Withdraws U.S. from U.N. Human Rights Council," Time Magazine, 19. June 2018.

서 5명, 아시아와 태평양에서 5명, 동유럽에서 2명, 남미와 카리브해에서 3명, 서유럽과
기타 국에서 3명이 선출된다. 이 위원회는 인권이사회의 싱크 탱크로 기능한다.

(3) 유엔 인권이사회의 개선

미국이 유엔 인권이사회에서 탈퇴한 이유를, 총회 선거 결과 인권침해국들이 다수를
차지하여 인권침해에 대한 규탄이나 처리가 공평하게 되지 않는 것을 들고 있다. 유럽이나
인권선진국이 소수이기 때문에 이사회 구성의 배분 방식이 개정되어야 그 기능을 다
할 수 있다고 본다.

2. 유엔 인권이사회의 활동

1) 정기 연례보고서의 제출(세계적 정기보고)

이 세계적 정기보고(UPR)제도는 2005년 사무총장 보고에서 주장된 것이다.[441]
모든 유엔 회원국은 보편적 정기보고(UPR)를 하고, 이사회는 그 보고서를 심사하게
되어 있다. 이 보고서는 기본권에 관한 국가 의무와 합의의 각 국가의 충족상태를 심사하고
코멘트 하기 위한 것으로 국가보고서의 제출은 의무적이다. 그러면 이사회에서는 이를
심사하고 47개 회원국 앞에서 보고를 하면서 시간을 준수할 것을 요청하였다. 이 심사보고
서의 제출은 이사회 회원이 이사회 회장에게 한다. 이 UPR 사이클은 4년마다 이며
체약 국가는 4년마다 보고서를 제출하고, 이사회에서는 3번의 두 주간 회의에서 이를
평가한다. 이 과정에서 옵서버라든가 NGO 등의 참여가 가능하다. 보고서와 심사보고서는
인권이사회의 집회에서 토론된다. UPR 제도는 유엔 헌장과 세계인권선언에 대해서
행해지고 있다. 그 이외의 규약에서의 보고의무는 규약에 따라 국가가 보고해야 한다.
규약에 대한 보고의무는 이와 별도로 이행해야 한다. 인권규약에 따라 해야 하고 이
UPR는 유엔 헌장의 책임 이행을 극대화해야 한다. 북한과 같은 나라는 이 연례보고를
성실히 하지 않았기 때문에 정치적 고립에 직면하게 되었고 인권 보장 기록이 불량화되어
있다. 미얀마도 마찬가지이다.

이 국가보고서가 제출되면 3명의 평가자가 내용을 심사하고 보고하게 된다. 이 3명은
인권위원회 회원 중에서 지역적 고려에 따라 선출된다. 심사는 대화식으로 행해지며,
다른 이해 국가와 NGO의 참석도 허용된다. 이렇게 개방적으로 하는 것은 이 3인 소위원회
가 비사법적 기능임을 명시하는 것이다. 심사에 있어서는 옵서버 국가에서 미리 질문을
받아 그 문항에 따라 엄밀한 심사를 하게 된다. 당사국은 이 문항에 대해서 성실한
답변을 해야 하며, 3인 위원회는 결론을 표시해야 한다. 이 결론에는 회의진행 절차와
결론과 건의를 포함해야 한다.[442]

441) 상세한 내용은 Report of Secretary-General, in Large Freedom (A159/2085 pad. 1,23 May
   2005) Human Rights Council, Resolution 5/1 Institution building (18 June 2007)
442) Bantevas/Oette, International Human Rights Law and Practice, Cambridge University Press,

UPR은 협력과 국가 관여와 비쟁송적으로 행해지는, 결론이나 권고는 관계 국가가 비판할 수 없다. 국가는 이 권고를 수락하거나 주의를 받을 수 있다. 인권위원회는 이 문제에 대해서 관계국과 논의할 수 있으며 원조를 할 수 있다.

당사국이 UPR에 대한 3인 위원회의 결정에 불복하는 경우, 특별 절차를 도입할 수 있다. 필요한 경우에 3인 인권위원회는 비협조에 대한 적당한 조치를 표현할 수 있다. 현실에 있어서도 2012년의 UPR를 심사한 결과 21,000건의 권고를 했고, 74%가 이를 승인했다. 재심에서는 48%가 1심대로 권고안이 집행되었다.

범법자의 형사 처벌 문제는 안전보장이사회와 총회, 국제형사재판소와의 관계에서 재검토해야 할 것이다.[443)]

2) 개인의 이의신청(Complaint)

사회권 헌장이나 정치권 헌장에서는 선택의정서에서 개인이 이의신청을 할 수 있게 했다. 이 두 인권헌장을 위해서는 특별한 인권위원회가 구성되어 있는데, 이러한 규정이 없는 규약의 경우에는 인권이사회에도 이의 신청을 할 수 있을 것이나 사실상 규약 기구에서 다하고 있다. 그러기에 인권이사회에서는 개인적 청원제도는 다루지 않는 경향이 있다. ECOSOC 1503 절차는 가능한 한 절차를 간소화하려고 하여 국내의 정부에서의 구제조치를 소진(선행)하도록 하고 있고, 국가의 동의가 있어야만 제출할 수 있게 하였다. 인권특별위원회의 전통에 따라 인권이사회에서는 개인청원 제도는 그 수가 많지 않다. 소원은 심대한 중요 침해가 아니면 접수하지 않고 있다.

심의는 비공개나 인권이사회 총회에는 보고하고 있다. 조사대상인 국가는 조사에 협조하여야 하며, 3개월 이내에 회신하여야 한다. 결과는 5개의 형식으로 나타난다.

① 완전불계속

② 국가의 요청에 따라 계속 심사를 위한 심사연기

③ 국가에 의한 보고자 선정을 위한 연기

④ 비밀절차를 위하거나 상황의 공개 고려를 위한 불계속

⑤ 고등판무관실(OHCHR)의 기술적 지원이나, 능력제고, 또는 자문을 위한 권고[444)]

3) 특별절차

(1) 특별 보고 절차

인권특별위원회 때와 마찬가지로 특별 절차도 유지되고 있다. 특별 절차는 인권침해가 심한 나라에 대해 행해진다. 국별 특별 보고 절차와 테마별 특별 절차가 있다. 국가별로

2016, pp. 153 ff.

443) The Human Rights Council's relationships with the UN General Assembly and UN ...
    https://www.universal-rights.org/urg-policy-reports/human-rights-council-subsidiary-...

444) The Global Human Rights Regime-Council on Foreign Relations
    http://www.cfr.org/human-rights/global-human-right-regime/p27450.

특별 보고관을 파견할 수도 있고, 인권조항에 따른 특별 보고를 위한 지원도 할 수 있다. 특별 절차는

① 인권장전에 명시되어 있는 권리 침해국에 대해서 국가의 기본권 위반 여부를 조사하거나 실현하는 것을 조사한다.

② 일정한 사건에 대한 현재의 권리상태의 영향을 파악한다.

③ 새로이 생기는 인권(국제연대, 초국가적 회사, 노예나 유랑자의 상태 등)을 조사하는 절차이다.

특별 조사에서는 어떤 국가에서나 독립된 인물이 조사한다. 대부분 학자들이 조사하며 경험을 가진 능동적인 사람들이 조사에 가담한다. 이들은 월급을 받지 않고 국가에서 독립한 지원자 중에서 선임한다. 이들 특별 조사관은 정책 작성자로서, 사법적 권위가 없는 인권이사회의 기능을 보완하고 있다.

(2) 통신(Communication)

특별 절차의 대부분은 정부와 NGO, 국가 간 단체와 피해자와 증인들의 통신에 의존한다. 권한 내에 있는 영역에 침해가 있다거나 있을 위험이 있다는 정보가 있으면, 인권이사회는 해당 정부에 개입하는 방향으로 통신을 한다. 두 가지 방법이 있는데 하나는 긴급청원이고, 하나는 침해가 이미 행해진 후의 탄원서 형식이다. 2013년에는 528 통신이 117개 국가에 송부되었는데, 당해 정부는 45% 통신에 응하였다.

(3) 현지 방문(Country Visit)

이것도 특별 절차의 한 방법이다. 인권침해의 응급상황에 있어서 상세하고 정확한 보고서 초안을 작성하기 위한 것이다. 국가는 현지 방문 초청을 하게 되는데 많은 국가가 이에 응하고 있다. 이 지역 방문은 사실 발견 업무를 중심으로 한다. 현지 방문자는 독립적으로 질문할 수 있고, 조사할 수 있으며 정보를 수집할 수 있다. 현지 방문을 받은 나라는 언론에서 많이 보도되고 규탄되어, 국가의 평가를 저하시키기 때문에 국가에 대한 제재로도 기능한다.

4) 인권이사회 보고서 총회 제출 의무

이사회는 매년 보고서를 직접 총회에 제출한다. 처음 5년이 경과하면 이사회는 다시 보고서에 대한 심사 결과를 총회에 제출해야 한다. 현재는 보고서를 이사회에서 총회에 직접 제출한다. 이사회 회원국이 아닌 나라는 투표권을 가지지 않는다. 특정 사건의 보고자는 이사회와 총회 양자에 보고서를 제출할 수 있다. 유엔 총회의 제3 위원회가 인권문제를 담당한다. 유엔은 인권에 관한 여러 기능을 가지고 있는데, 이를 실현하는 기관은 유엔 인권이사회와 유엔 인권고등판무관실이다. 유엔 총회는 이들 기관의 활동 보고와 기타 필요한 정보를 제공받는다.

Ⅲ. 시민적·정치적 권리헌장 감독기구의 활동 변화

1. 유엔 인권위원회(UN Human Rights Committee)의 구성

1) 인권위원회의 지위

유엔 인권위원회는 시민적·정치적 권리헌장을 집행하는데 중요한 기능을 하고 있다. 이 기구는 헌장 기관인 유엔 인권이사회와 혼동해서는 안 되며, 이 기구는 시민적·정치적 권리 헌장에 의한 기관이다. 이 기구는 가장 오래된 헌장상의 인권보장기관이다. 그 기능의 상세한 것은 제1 선택의정서에서 규정하고 있다.

2) 인권위원회의 구성

2020년대의 인권위원회의 구성은 다음과 같다.[445] 1. 파라과이(2017-2020) 2. 튀니지(2019-2022) 3. 라트비아(2017-2020) 4. 가이아나(Guyana, 2019-2022) 5. 이집트(2017-2020) 6. 일본(2019-2022) 7. 남아프리카공화국(2017-2020) 8. 칠레(2019-2022) 9. 모리타니(Mauritania, 2017-2020) 10. 캐나다(2017-2020) 11. 우간다(2019-2022) 12. 그리스(2019-2022) 13. 슬로베니아(2019-2022) 14. 포르투갈(2017-2020) 15. 이스라엘(2013-2020) 16. 프랑스(2019-2022) 17. 알바니아(2019-2022) 18. 독일(2018-2020)

위원은 개인적 자격으로 선출되며, 임기는 4년이나 2년마다 반수인 9명이 개선된다. 이 선거에서도 지역적 분포가 고려되고 있다.

2. 인권위원회의 활동

인권위원회는 매년 4주간 세션에 참여한다. 인권위원회는 파트타임으로 일한다. 세션 중에 결정을 내린다. 1년에 세 번 세션이 열리는데 제네바나 뉴욕에서 열린다.

1) 국가보고 제도

(1) 국가보고 제도의 목적변경

2000년도의 시민적·정치적 권리헌장 하의 국가보고 제도의 목적은

① 개별 국가 당사자로 하여금 그들이 취하고 있는 국내법과 이 당사자로 되어 있는 헌장의 규정에 일치되는가를 철저하게 심사하는 기회를 주는 것이다.[446]

---

445) Wikipedia, United Nations Human Rights Committee. 2020.
　　 Buergenthal, The U.N. Human Rights Committee, Max Planck UNYB 5 (2001).
446) Survey of General Comment / in Concept pages on the High Commissioner proposal for

② 헌장이 규정하고 있는 국가의 권리가 현실적으로 적용되고 있는가를 감독하기 위한 것이며,

③ 국가정책이 헌장 규정에 충실히 집행되어 있는가 실제 상황을 알게 하여 위원회가 지원을 받을 수 있는 여지를 제공하는 역할을 하는 것이다.

2005년에는 보고 절차의 목적이 거의 같은 내용으로 언급되고 있다.

① 국내법과 정책이 관련 국제조약과 조화되고 있는가의 통합적 재심의 척도이며

② 감시제도는 기본적 인권의 증진을 위한 내용의 헌장의 권리 향유의 증진을 가져온다.

③ 헌장의 실천 과정에서의 문제점과 단점의 지적

④ 헌장의 더 효율적인 실천을 위한 장래의 필요한 목표 설정

⑤ 이러한 목표 달성을 위한 적정한 정책의 계획과 발전

(2) 국가 보고 절차[447]

헌장 제40조에 따라 체약 국가는 비준과 함께 인권위원회에 보고서를 제출할 의무를 진다. 국가는 보고서를 작성한 후

① 인권위원회에 보고서를 제출

② 인권위원회는 이 보고서의 문제의 리스트와 질문지 발송

③ 당해 국가는 문제와 질문에 대한 리스트에 대한 서면 답변서 제출

④ 인권위원회와 국가 대표 간의 세션기에서 건설적인 대화로

⑤ 인권위원회는 보고서에 대한 결론적 고찰과 미래에 있어서의 국가에 대한 권고

⑥ 끝으로 인권위원회의 권고에 대한 집행 절차

이 중에서 2009년도에서 2010년도에 걸쳐 간소화 절차를 취한 것이 인권위원회가 취한 질문 리스트 제도이다. 이 제도는 보고서 제도의 간소화 조치라고 하겠다. 인권위원회는 국가가 보고서를 제출하기 전에 쟁점 리스트를 발송하고, 국가는 이에 따라서 그 쟁점 사항만 보고하는 것이다. 위원회는 국가의 정치적·법적 견해에 기본적 변경이 있는 경우에는 완전한 보고서를 제출하게 할 수 있다. 쟁점 리스트를 국가보고서 제출 이전에 할 것인가 이후에 할 것인가는 국가 보고서 태스크포스가 결정한다. 이 태스크포스는 4명에서 6명으로 이뤄지며 리스트 작성에 책임을 진다. 태스크포스의 특정 개인 보고관은 쟁점 리스트의 작성을 감독하며 태스크포스는 특별 질문에 선도적 역할을 한다.

국제연합은 이 밖에도 보고서 개혁에 관하여 노력하고 있다.[448]

---

a unified standing treaty body, UNdoc. HRI/MCI 200612 (2006)

De Schutter, International Human Rights Law, 2010, pp. 794-796.

447) Human Rights Committee, Rules of Procedure of the Human Rights Committee, 11. Jan. 2012.
International Justice Resource Center, Human Rights Committee.
https://iicenter.org/un-treaty-bodies/human-rights-committee/
Human Rights Committee: State Reporting Procedure / A Conscientious Objector's...
http://co-guide.info/mechanism/human-rights-committee-state-reporting-procedure

2) 개인청구 제도

ICCPR의 제1 선택의정서에 비준한(116개국) 국가에서는 국민의 인권침해행위에 대하여 개인청구제도가 인정되고 있다. 개인적 구제 청구 제도는 현재 8개 규약의 비준 국가에서만 인정되고 있다.

절차는 인권위원회가 첫째로 접수 여부를 결정한다. 이 개인적 통신이 접수되기 위하여서는 자기의 권리가 국가에 의해서 침해되었다는 신청서 제출, 이 서류는 무기명이면 접수가 되지 않는다. 그것은 시민권과 정치권에 관한 국제헌장의 권리에 관한 것이어야 하며, 제1 선택의정서가 채택된 이후에 행해진 사안에 관련되어 있어야 하며 충분히 입증되어야 한다. 국내적 구제수단을 다 거쳐야 하며, 다른 국제기구의 조사나 조정절차가 행해지지 않았어야 하며, 국가에 의한 ICCPR에 유보가 없어야 하며, 소청 절차의 내용이 아니어야 한다.

이러한 조건이 충족되어 인권위원회가 접수한 사건에 대해서는 6개월 이내에 국가의 답변서를 요구하게 된다.

국가가 이에 답변하면 이 답변에 대하여 인권위원회가 코멘트하게 된다. 만약에 인권위원회가 ICCPR 헌장의 침해가 있다고 결정하면, 인권위원회는 그 국가에게 180일 이내에 인권위원회의 권고를 이행하도록 요구한다. 국가의 답변은 청구자에게 코멘트하기 위하여 발송된다. 만약에 국가가 적당한 행위를 하지 않으면, 인권위원회는 재심을 하게 되고 사건은 계속된다. 인권위원회는 해당 국가와 대화를 계속하며 만족할 만한 조치가 행해질 때까지 계속 심사하게 된다.

인권위원회는 개인적 인권침해 사건은 비공개회의에서 심문하고, 그 결정(=views)과 재심 절차는 공개한다. 개인 신청 사건은 수가 많아서 신청부터 결정까지는 수년간이나 걸린다. 위원회의 결정은 국제연합과 NGO와 학계에 공개된다. 이슬람 여인의 완전 복면을 금지한 프랑스의 조치는 종교나 신앙의 표현의 자유와 차별금지조항 위반이라고 하여 위법 선언되었다. (2018년 10월)

3) 국가 간 고충청구 제도

어떤 체약국이 다른 국가가 헌장을 위반했다고 신청하는 제도이다. 2019년까지 이 사건은 한 건도 발생하지 않았다. 이런 고충이 제기되면 인권위원회가 수리 여부를 결정할 것이다.

---

448) Human Rights Committee, Guidelines for the Treaty Specific Document to submitted by State Parties under Article 40 of the ICCPR.
United Nations Reform Measures and Proposal, UN Doc. A/66/860, 26 June 2012.
(Other Activities of the Human Rights Treaty Bodies and Participation of Stakeholders in Human Rights Treaty Body Process, UN Document HRI/MC/2013/3, 22 April 2013)

3. 인권위원회의 헌장 해석권

인권위원회는 일종의 헌장 해석의 지침을 발표하고 있다. 이를 General Comment 제도라고 하는데, ICCPR의 적용 등에 대한 일반원리를 발표하여 가맹 국가들에게 편의를 주고 있다. 이 General Comment는 2018년 10월 30일까지 36개의 발표가 있었다. 제36 General Comment는 ICCPR 제6조의 생명권에 관한 것인데, 이는 General Comment 6 (1982)과 General Comment 14 (1984)를 대체하는 것이다.[449] 70개항 중에서 사형제도에 관한 것이 20항이었다. 사형이 전시 또는 긴급 상태에 어떻게 집행될 것인가를 상세히 규정하고 있다.

General Comment 제35호는 ICCPR 제9조에 관한 것으로「자유와 인신의 보장」에 관한 것이다(2014년 12월). 2011년 7월에는 인권위원회는 General Comment 제34호를 발표하였는데 ICCPR 제19조에 관한 52항이 발표였다.[450] 여기서는 언론과 표현의 자유에 관해서 상세히 설명하고 있다. 이것은 General Comment 제6호와 제10호를 대체한 것이다.

General Comment 제32호는 제14조(법정에서의 평등권과 공정한 재판을 받을 권리)에 관하여 상세하게 규정하고 있으며, 양심적 병역거부자에 관해서 규정하고 있다.

General Comment 제29호는 제4조(긴급 상태)에 관해서 규정하고 있는데, 긴급 상태에 있어서도 종교나 신앙의 자유는 제18조 3항의 규정에 따라야 한다고 해설하고 있다.

Ⅳ. 경제적·사회적·문화적 권리헌장 감독 기구의 활동 변화

1. 경제적·사회적·문화적 권리위원회

1) 경제적·사회적·문화적 권리위원회의 지위

시민적·정치적 권리에 관한 위원회는 인권위원회로서 헌장은 제28조에 규정되어 있으나 경제적·사회적·문화적 권리 헌장에는 위원회에 관한 규정이 없었다. 그래서 경제사회이사회는 결의를 채택하여 경제사회문화위원회를 설치하기로 하였다.[451] 사회 헌장은 1976년에 효력을 발생하였으나, 이를 실천하는 위원회는 1985년에 설립되었고 1987년에야 회합이 시작되었다. 이 위원회는 사회권위원회라고 약칭되고 있다.

이 위원회는 인권위원회와 같이 18명의 위원으로 구성되어 있다. 위원회 위원은 4년의 임기로 경제사회이사회가 선출한다. 인권위원회는 정치권 헌장의 체약국 전부에 의해서

---

449) Human Rights Committee, General Comment, No. 36, 30. Oct. 2018.
450) Human Rights Committee, 102nd session, Geneva 11-29 July 2011.
　　　General Comment No. 34 Article 19: Freedom of Opinion and Expression.
451) 사회권헌장위원회 설치결의(ECOSOC. Resolution 1985/17) 1985년 5월 28일.

선출되는데 대하여, 사회권위원회는 경제사회이사회가 선출하는 것이 다르다. 이 위원회
는 제네바의 유엔 센터에 주소를 두고 있다.

2) 경제적·사회적·문화적 권리위원회의 권한 확대

경제사회위원회의 권한은 2008년 유엔 총회에서 경제·사회·문화적 권리헌장의
선택의정서를 통과시킴으로써 확대되었다.[452] 그 내용은 전문과 22조로 구성되어 있다.
그 목적은 그동안 인정되지 않았던 헌장 침해 피해자의 통신(Communication)을 위원회가
수리하고, 이에 대한 심사권을 주는 것이었다. 이 제도는 정치적 권리 헌장에서는 성립
당초부터 규정된 것이었으나, 사회권 헌장에는 이것이 규정되지 않아서 많은 비판이
있었으며 불평이 있었다. 그리하여 정치권 헌장의 절차와 마찬가지로 사회권 침해를
받은 개인이 구제를 요구할 수 있게 규정한 것이다.[453]

1993년의 빈(Wien) 인권회의에서 논의된 것이었으나 유엔의 인권특별위원회는 2004
년과 2005년에야 초안 작성을 시작하였다. 그것이 인권이사회가 성립하면서 초안 작성이
빨라졌고, 2006년 6월에 선택의정서의 초안이 확정되었고 2008년에 심의하여 세계인권
선언 60주년 기념일인 2008년 10월 24일 총회를 통과한 것이다.

2. 사회권 위원회의 활동

1) 사회권 위원회의 역할

Limburg에서 모인 석학들이 경제적·사회적·문화적 인권헌장의 실시를 위한 성명을
내었는데, 그 인권위원회의 역할에 대하여 상세히 설명하고 있다.[454] 그중에서 중요한
제목을 보면 다음과 같다.

① 인권위원회는 경제사회이사회의 보좌 기관으로서 경제사회이사회의 업무를 도와야
   한다.
② 국가에 의한 보고서를 검토하고, 일반적 성격의 제안과 권고를 전달해야 한다.
③ 위원회의 활동을 지원하기 위하여 경제사회이사회는 필요한 인원을 확보해야 한다.
④ 위원회의 활동을 원활히 하기 위하여 특별 직원을 두어 업무를 분담한다.
⑤ 위원회는 헌장 제22조와 23조에 따라 유엔의 다른 기구와 특별 기관 등과 헌장의
   점진적 집행을 위하여 협력해야 한다.
⑥ 위원회는 국가 당사자를 초청하여 대화를 통하여 중요 문제에 대하여 협의해야

452) The Optional Protocol to the International Covenant on Economic, Social and Cultural Rights.
    UNGA A/RES/63/117, on 16 December 2008.
453) Geneva Academy, Academy in-Brief No.2 The Optional Protocol to the International Covenant
    on Economic, Social and Cultural Rights.
454) The Limburg Principles on the Implementation of the International Covenant on Economic,
    Social and Cultural Rights, 2-6 June 1986.

한다.

⑦ 위원회는 특별 기구와 협의하여 인권 증진을 위한 연구를 해야 한다.

⑧ 위원회는 국가보고 등이 만족스럽지 못한 경우에는, 특정 문제에 대한 국가의 보충 정보를 요구하여야 한다.

⑨ 국가보고서 작성 준비에 있어 보고서의 총괄 이외에도 여러 다른 중요 문제도 검토하여야 한다.

이것은 위원회 발족 당시의 주문 사항이었으나, 발족 후에는 국가보고서 제출의 불성실, 심사의 지연, 전문성의 결핍 등 때문에 비판이 행해졌다.

위원회는 fact sheet 16호에서 사회권위원회의 방향을 설정하고 있다.[455]

위원회의 가장 중요한 기능은 체약국에 의해서 헌장에 규정된 권리가 잘 지켜지고 있는가를 감시하는 것이다. 이 밖에도 위원회는 특별한 방침이나 입법, 정책과 제안, 권고 등을 통하여 국가의 인권 준수 사항을 감독하여 국가의 의무를 충족시키는데 협조해야 한다는 것이다.

2) 국가보고서의 접수와 평가

체약 국가는 위원회에 국가보고서를 제출해야 하는데, 가입 후 2년 내에 제출하고 다음에는 5년마다 주기적으로 보고하게 되어 있다.[456] 이 보고서는 헌장상 단순한 의무로 보아서는 안 되며, 국가에 의한 보고서 제출 준비는 다양한 목적을 달성하기 위한 수단이다.

① 첫째 목적은 국내법과 정책이 헌장의 규정과 일치하는가 여부를 검토하게 하며, 입법정책에 반영하게 한다.

② 둘째 목적은 국가 당국이 헌장의 권리가 실제 어떻게 적용되고 있는가를 검토할 수 있는 기회를 부여한다. 이 결과를 기본으로 국가에 대한 원조 여부도 결정할 수 있다.

③ 셋째 목적은 정부로 하여금 현실적인 인권정책이 헌장에 따라서 행해지고 있는가를 평가하게 하고, 헌장이 지정하는 방향으로 정책 방향을 잡도록 집행한다.

④ 넷째 목적은 국가의 보고서를 통하여 국가들이 채택하고 있는 경제·사회제도의 장단점을 비교할 수 있어 헌장에 적합한 최적의 제도를 도입하는 데도 기여해야 할 것이다.

⑤ 국가가 헌장의 의무를 수행함에 있어서 그 이행방향과 진도를 결정하는데 중요한 역할을 한다.

⑥ 국가가 점진적인 의무수행에 있어서 문제와 단점을 알게 하여 장점을 취하고 단점을 버려 헌장의 권리보장을 빨리 효율적으로 할 수 있다.

455) Fact Sheet No. 16 (Rev. 1) The Committee on Economic, Social and Cultural Rights.
456) Committee on Economic, Social and Cultural Rights, General Comment No.1, Reporting by State Parties (1981 CE/1989/22)
De Schutter, International Human Rights Law, pp. 794-796.

이러한 좋은 목적이 있음에도 불구하고, 국가들은 규약 기구의 중복에 따라 불평이 많았으며, 제출 기간도 정하지 못하는 경우가 있어 헌장에서 보장된 인권이사회에서는 UPR(Universal Periodic Review) 제도를 도입하고 있다.457) 규약 기구에서도 중복을 피하고 조화적인 보고제도를 채택할 것이 논의되고 있으며, 보고서의 간소화 방안도 시행되고 있다.

국가보고서를 접수한 뒤에는 심사를 하고 평가한다. 이 부분에 있어서의 변화는 없었다.458)

3) 개인적 통신제도(Communication)

21세기에 들어와서의 큰 변화는 사회권 헌장의 권리침해에 대해서 개인의 구제청구 제도를 도입한 것이다. 정치적 권리헌장에는 개인적 권리구제 제도가 규정되어 있었는데, 사회권 헌장에는 이 규정이 없어 불만이 많았는데 앞서 본 바와 같이, 사회권 헌장에 선택의정서를 채택함으로써 2003년부터 개인신청제도를 도입한 것은 획기적인 일이라고 하겠다.459) 다른 기본권보다도 「경제적 · 사회적 및 문화적 권리에 관한 헌장」상의 기본권에 대한 개인통신 제도가 늦어진 것은 이것이 정치적 권리와 다른 성격을 가지고 있다고 믿었고, 정치적 권리는 소극적 권리이기 때문에 국가의 부작용 행위에 의해서 보장되나, 사회권은 국가의 적극적 · 능동적 행위로써만 보장된다고 생각했기 때문이다. 그러나 이 선택의정서의 채택에 따라 사회권 헌장에 관한 모든 기본권도 자유권과 같은 효력을 가진다고 보고 개인신청 제도를 인정한 것이다.

(1) 신청상대자가 되는 국가

개인 신청의 대상이 되는 국가는 사회권 헌장과 선택의정서를 비준한 국가 만이다(제1조).

(2) 신청자격이 있는 사람

신청할 수 있는 자격에 관해서는 선택의정서 제2조가 규정하고 있다. 사회권 헌장의 선택의정서에 가입한 국가의 관할 하에 있는 개인이나 개인의 단체가 그 국가에 의하여 헌장 상의 권리가 침해된 희생자만이 신청할 수 있다. 타인을 위하여 신청서를 제출하려는 경우에는, 신청 자격자의 동의를 얻어야 한다. 그러나 특별한 경우에는 동의 없이도

---

457) ICJ, ICJ Background Note: Overview of the Periodic Reporting Process of the UN Human Rights Treaty Bodies

458) Committee on Economic, Social and Cultural Rights. Reporter 22, 23, 24th sessions. Economic and Social Council Official Records 2001 Supplement 2 pp. 18-124, 2000.

459) Geneva Academy, Academy in-Brief No. 2 The Optional Protocol to the International Covenant on Economic, Social and Cultural Rights.

대리로서 소청을 제기할 수 있다.

(3) 신청의 수리

위원회가 신청을 받으면 수리할 것인가를 결정한다(admissionability). 신청 수리는 가능한 모든 지역적 구제수단을 다 거쳤어야 한다. 위원회의 수리 거부 사유는 제3조에서 규정하고 있다. 예를 들면 지역적 구제수단이 끝난 뒤 1년이 경과된 경우, 국가가 선택의정서를 비준하기 전에 발생한 침해, 이미 위원회가 심사했던 같은 사건, 신청권의 남용이나, 익명 소청의 경우 등이다.

(4) 우호적 조정절차

위원회는 당사자들에게 헌장에 규정된 의무를 존중한 근거에서 우호적 조정절차를 기능하게 할 수 있다(제7조). 이 조치의 적용에 양 당사자가 반대하는 경우에는 이 절차의 정지를 결정할 수 있다. 위원회는 불가피한 폐해를 회피하기 위하여 중간조치를 할 수 있다(제5조).

(5) 개인 신청의 조사

위원회는 개인 신청을 접수한 뒤에는 이를 심사해야 한다(제8조). 위원회는 비공개로 심사해야 한다. 조사에 있어서는 위원회는 유엔 조약기구, 특별 전문 기관, 지역적 인권기구와 당해 국가에 대한 관할 결과나 코멘트를 참고로 하여야 한다(제8조).

(6) 심사결과 통지와 후속 조치

위원회는 이 신청의 심사 후에 그 결과(견해, view)를 권고와 함께 당사 국가와 신청인에게 통지하여야 한다(제9조). 위원회의 견해와 권고에 대하여 당해 국가는 6개월 이내에, 위원회의 견해와 권고에 대한 정보와 실현에 대한 답변서를 제출해야 한다.

(7) 국가 간 이의신청

국가 당사자는 다른 국가가 사회권 헌장의 의무를 완수하지 않는다고 이의신청을 할 수 있다. 한 국가가 다른 국가가 헌장 의무를 준수하지 않는다고 할 경우에는 위원회는 서면으로써 이를 통고한다. 이 통고를 받은 국가는 3개월 이내에 답변서를 제출해야 한다. 그 밖에 상세한 처리절차는 제10조에 상세히 규정되어 있다.

4) 연차보고서 제출

위원회는 이 선택의정서의 연례보고서를 경제사회이사회에 제출해야 한다(제15조).

3. 사회권위원회의 헌장 해석권

위원회는 헌장 해석의 명확성을 확보하기 위하여 일반평석(General Comment)을 제공하고 있다. 이 서면은 사회권 헌장의 해석과 국가의 의무를 명확히 하는 데 기여하고 있다. 1999년 제1호가 발표된 후 많은 General Comment가 발표되어 왔다.

Ⅴ. 국제연합 인권보장제도의 개혁 노력

1. 유엔 인권고등판무관실의 노력

유엔 인권고등판무관실은 2010년대에 와서도 인권제도 개혁에 노력해왔다. 2012년에는 「유엔 인권보장체제의 강화에 관한 리포트」를 제출하여 인권 체제의 개혁을 주장하였다.[460] 국제연합은 10개의 인권조약을 체결하여 10개의 독립된 위원회를 운영하고 있으며, 그동안 독립적으로 운영되어 왔기 때문에 업무가 중복되는 경우도 있어 체약 국가들의 불평을 사 왔다. 유엔 총회도 이 보고서에 따라 이 제안의 실현을 위한 국가 간 절차의 결의를 하였다.[461] 이 결의는 일부가 받아들여졌다. 유엔 총회는 2012년부터 2014년까지 유엔 인권고등판무관실이 작성한 리포트에 따라 체약 국가 간의 활동을 강화하였다. 이에 관한 정책서는 『유엔총회의 조약 강화 과정의 경과; 긴 여행의 중요한 이정표』[462]를 발표하였다. 여기서는 유엔의 규약 체제에 대한 재원 부족 문제가 논의되었다. 그 결과 상당한 절차가 개선되었으며 그 위험은 크게 회피할 수 있었다.[463]

이 작업은 그 뒤에도 계속되었다.[464] 2015년 5월에는 독립전문가위원회는 2015년 1월에 회의를 개최하였는데, 이 회의에는 조약 체결국의 정부 대표와 유엔 인권판무관실 임직원과 비정부조직의 대표와 학자들의 대표가 모였다. 여기서는 조약 체제의 장기적인 연구와 즉각적인 실천의 두 가지 목표가 논의되었다. 참가자들은 국가나 정부의 대표자가 아니고 독립적인 전문가로 구성될 것을 요구하였다. 이 작업은 장기적인 연구가 되어야 하기 때문에 급격한 개혁은 이루어지지 않았다.

---

460) Pitlltay, N. Strengthening the United Nations Human Rights Treaty Body System, A Report by the United Nations High Commissioner for Human Rights, June 2012.

461) GA resolution; Intergovernmental process of the General Assembly on Strengthening and Enhansing the effective functioning of human right treaty body system.

462) Reflections on the General Assembly's Recent Resolution on Human Rights Treaty, 2014. http://asiapacific.anu.edu.au/regarding-rights/2014/04/18/1321/
The Outcome of the General Assembly's Treaty Body Strengthening Process, An Important milestone on a Longer Journey.

463) New Analysis of the UN's Review of the Human Rights Treaty Bodies: Modest Pro...
https://www.jbi-humanrights.org/jacob-blaustein-institue/2014/06/new-analysis-of-t
h...

464) Report, Strengthening the Human Rights treaty monitoring system; what are the next steps 2015 Wilton Park.

2015년에는 유엔 인권고등판무관실에서 2015년의 행동계획을 발표하고 지속가능한 발전계획을 발표하였다. 2030년의 목표 17가지를 지표로 발표하고, 지속적 노력을 다짐하고 있다.[465]

2. 인권이사회의 구성과 활동에 관한 논란

1) 미국의 개혁 요구

미국은 유엔의 인권문제 취급에 대해서 회의적이었다. 미국은 유엔 창설을 주도했는데 유엔의 인권헌장에 대해서는 선뜻 찬성을 하지 않았고, 비준을 늦춘 적이 많아서 비판을 받기도 하였다. 미국이 유엔 인권체제에 반대한 이유는 세계 여러 나라나 지역들이 자기들 종교나 전통을 핑계로 유엔 인권선언을 잘 지키지 않고 있다고 보고, 미국만이 전통적인 자연법에 근거한 헌법을 가지고 있기 때문에 미국이 유엔 개혁에 선도적이어야 한다고 주장하였다.[466]

2017년에는 유엔 인권문제 개혁을 주장하면서 유엔 인권이사회의 개혁을 주장하였다. 그 중요 이유는 유엔 총회가 인권이사회의 이사국을 선임함에 있어서 인권보장을 잘하는 나라를 제외하고 인권을 침해하는 나라들을 이사국으로 선발하여, 그 나라들의 인권침해를 은폐하고 인권침해가 극심한 나라들을 규탄하지 않는다는 것이었다. 또 이스라엘에 대해서는 일반의사 절차에 따르지 않고, 영구히 의제로 하여 50년 이상 연속적으로 규탄하는데 대한 변경도 요구하였다.

인권이사회의 문제는 전신인 인권특별위원회 때부터 예상되었던 것으로 총회 의결에서도 미국은 반대했었다. 새로운 인권이사회의 경우도 업무량이 너무 많고 회의에서는 계속적인 독백의 경쟁만 있고 인권규탄 결정은 옳게 하지 않았다. 인권침해국에 대한 규탄을 한 경우에도 이에 대한 제재 방법은 별로 없었으며, 중재제의 경우에는 안전보장이사회 상임들의 거부권 행사로 사실상 불가능한 경우도 없지 않았다.[467] 이에 따라 개혁에는 동의하면서도 총회에서는 오히려 개악될 우려조차 있어서 반대하는 사람도 있었다.

이에 유엔 인권고등판무관은[468] 유엔 인권기구의 개선, 특히 유엔 인권이사회의 개혁

465) Sustainable Development Goals, Fact Sheet, 2015 Time for Global Action For People and Planet.

466) America Should Lead International Human Rights Reform — Providence
https://providencemag.com/2017/03/america-lead-mtemational-human-rishts-reform/
Tillerson: UN Human Rights Council must reform or US will leave / The Hill
https://thehill.com/policy/intemational/un-treaties/323926-tillerson-to-un-rights-coun...

467) Reforming the UN Human Rights Council: A call for new leadership / OpenGlobalRi... 2017.
https://www.openglobalrights.org/reforming-the-UN-human-rights-council-a- call-for-...

468) Addressing Human Rights Council, UN rights chief decries some States' lack of cooperation, 2017.

을 요구하였다. 그는 상당수 국가가 유엔의 인권 활동에 비협조적이라고 비난하였다.

2) 인권이사회의 개혁 방향

(1) 선거제도개혁=회원 수의 증가조정

인권이사회의 쟁점인 선거제도는 많은 문제점을 지니고 있다. 이제까지의 선거결과를 보면 권위주의 국가의 당선이 압도적이라고 한다. 가장 자주(여러 번) 당선된 나라로 중국, 쿠바, 사우디아라비아, 핀란드였다. 스웨덴, 노르웨이 등 인권 선진국가의 선출이 드물었다고 한다. 그 이유는 지역적 분포가 인권 선진국에는 불리하고 인권 후진 국가에는 유리하다는 점이다.[469] 아프리카는 13명, 아시아는 13명, 동유럽은 6명, 남미나 중미는 8명, 서유럽과 기타 지역은 7명으로 47명의 이사국 중 26개 이사국이 아프리카, 아시아에 배분되고 있는데, 이는 인권 후진 국가가 인권 선진국을 압도할 수 있는 배분 구조라는 지적이다. 이 분포는 적합하지 않기에 동유럽 지역의 1석을 서유럽 지역에 양보하면 선진국 이사국 수가 한 석 늘 수 있을 것이라는 주장이 있다.[470]

이에 반하여 아프리카, 아시아의 26석은 그대로 두고 6석을 증원하여 나머지 지역에 2석씩을 추가해 주면 아시아, 아프리카 26석, 기타 유럽과 미주국의 27석으로 균형이 된다고 본다.[471]

이 안들은 사안이고 유엔 총회에서 합의하면 가능할 것이다. 지역 대표성을 어떻게 구분할 것인가는 국제정치적 문제로서 유엔 총회 회원국 193개국이 정치적 합종연횡이 예상된다.

(2) 피선자격 제한

인권이사회의 회원이 될 피선자격은 현재 총회 결의 제8조에서 「입후보자는 인권의 증진과 보장에 기여를 고려하고 이를 위한 자의에 의한 서약을 한」 사람으로 제한하고 있다. 그러나 이 규정은 너무 불명확하기 때문에 후보 국가의 인권보장 정도에 따라서

---

https://news.un.org/en/story/2017/06/558892-addressing-human-rights council-un-rig...

469) Two reform proposals for Membership in the UN Human Rights Council
   https://theglobalamericans.org/2017/05/two-reform-proposals-membership-un-human...
   The UN Human Rights Apparatus: Time to reform :: EFSAS
   https://www.efsas.org/publications/study-papers/the-un-human-rights-apparatus-time...
470) Gabriel Salvia and Matthias Peschke, Global American.
471) Ramcharan, Bertrand, Pass Blue, Independant Coverage of the UN
   Four Easy Steps to Reform the UN Human Rights Council – PassBlue
   https://www.passblue.com/2017/10/15/four-easy-steps-to-reform-the-human-rights-co...
   U.N. Human Rights Council: Reform Recommendations for the Trump Administr...
   https://www.heritage.org/global-politics/report/un-human-rights-council-reform-reco...

자격을 제한하자는 것이다. 유엔 인권이사회는 세계 각국의 인권상황을 1에서 7까지로 점수화하고 있으며, 1에서 2.5까지는 자유국가, 3에서 5까지는 부분적으로 자유국가, 5.5에서 7까지는 비자유국가로 분류하고 있다. 국제자유연맹에서도 점수 평가를 하고 있다. 따라서 피선자격을 일정 점수 이상으로 하면 되지 않겠는가 하는 것이다. 이 경우 1에서 3.5까지만 자격을 인정할 것인가, 1에서 5까지로 인정할 것인가는 총회의 결의에 의하면 될 것이다. 그러면 이사회 후보국이 되기 위하여 후보 국가의 기본권 보장 수준도 높아지게 될 것으로 기대하고 있다.

(3) 회원국의 책임 강화

총회 결의 제9조에서도 회원국의 의무를 규정하고 있다. 「인권위원회 회원국은 인권 증진과 보호에 최고의 지위를 지켜야 하며, 인권이사회에 완벽하게 협력하여야 하고 일반 정기 평가에서 심사의 대상이 된다. 또 총회는 회원국이 인권의 체계적인 침해를 하는 경우 3분의 2의 다수결로 인권이사회에서 회원자격을 정지할 수 있게 규정하고 있다.

그런데 이 책임 규정은 모호하여 인권보장과 증진에 적극적이지 않고 최하위의 인권국 가도 계속 지위를 유지하는 경우가 많다. 이에 회원국의 책임을 강화하고 명시할 필요가 있으며, 의무를 위반하는 경우 제명하는 절차를 다수결로 하는 방법이 논의되고 있다. 인권이사회의 이사국 지위가 계속적인 인권침해행위를 은폐하거나 보호하기 위하여 이사국 지위를 유지하는 경우도 많다고 한다. 따라서 자격 평가에서 피선자격 기준에 미달하는 회원국은 단순 다수로 제명할 수 있게 하는 것이 필요하다는 주장이 있다.

회원국의 경우 유엔의 주재원 사무소 설치를 반대하거나 심지어 현장 방문까지 거부하는 경우가 있는데, 모든 회원국에는 10개 유엔 조약의 주재원을 10명 이상 상주하게 하여 인권보장이 신장되었는지, 후퇴하는지 현장 조사를 하게 하고 후퇴한 경우 제명 조치해야 한다는 주장도 있다.

이렇게 하는 경우에는 인권 후진 국가의 회원 후보를 줄이는 효과가 있으며, 회원국이 되면 잘못하면 망신한다는 것을 알려줘 입후보국의 난립을 막을 수 있을 것이라고 한다.[472]

나아가 경제 · 사회 · 문화권들의 보장에 미흡한 나라들(예를 들어 GNP가 하위인 국가)은 경제원조나 사회원조를 하지 않고 비회원국가에만 유엔 기구의 원조를 하게 하는 방안이라든가, 회원국의 책임을 강조하기 위하여 회원국에게는 상당한 유엔 원조 기금을 내도록 하는 방안(GDP의 액수에 따른 고액 부과 의무 등) 등 경제적 인센티브를 주는 방안도 연구되고 있다.

---

472) The Effectiveness of the UN Human Rights System : Reform and the Judicialisation... 2017.
　　 https://www.worldcat.org/title/effectiveness-of-the-un-human-rights-system-reform-a...
　　 The UN Human Rights Treaty Bodies: Impact and Future / SpringerLink
　　 https://link.springer.com/referenceworkentry/l0.1007%2F978-981-10-4516-5_5-1

(4) 사법기구화 방안

인권이사회는 국가 단위로 정치적 성격이 농후하고 그 결정도 중립적이지 않기 때문에 이를 인권재판소로 개편하자는 주장이 있어 왔다. 지역적 인권재판소로는 유럽 인권재판소, 미주 인권재판소, 아프리카 인권재판소 등이 활발한 활동을 하고 있으며, 이는 성공적이라는 평가를 받고 있다.

유엔에도 인권재판소가 필요하다고 하여 국제사법재판소(ICJ)가 인권조약의 해석 등을 하고, 인권침해 시 구제도 해줄 수 있는 방안을 논의하기도 했다. 현재는 국제형사재판소의 역할도 논의되고 있다.

유엔 인권재판소의 설치 등에 관한 논의는 제5장에서 상론하기로 하고 여기서는 상론하지 않기로 한다.

(5) 인권이사회의 개선 전망

인권이사회의 개선 요구는 미국이 선도했다. 미국은 조지 부시 대통령 때 인권이사회를 보이콧했기에 영향력을 많이 상실했다. 2009년 오바마 대통령 때에 인권이사회에 복귀했다. 그런데 트럼프 대통령 때인 2017년부터 인권이사회의 개선을 요구하면서 그 주장이 받아들여지지 않으면 탈퇴하겠다고 하였다.[473]

미국은 이스라엘만 단독 의제(제7의제)로 다루면서, 북한, 시리아, 에리트레아(Eritrea), 이란, 콩고인민공화국 등은 한 묶음으로 다루어오고 있다고 비판한다. 그래서 이스라엘은 매년 의제로 삼아 50년간 계속 규탄 결의만 하지 말고 다른 나라도 같이 다루자고 주장하였다. 미국은 이 밖에도 유엔 인권이사회 위원은 인권 존중도가 높은 나라여야 한다는 자격과, 인권보장의 의무를 다하지 못하고 있다고 하고 인권이사회의 개선 없이는 인권이사회의 이사국의 지위가 무용지물이라고 비판하였다. 통계에 따르면 인권이사회가 성립한 2006년에서 2016년까지 인권이사회는 68건의 이스라엘 규탄 결의를 했고, 기타 국가에 대한 규탄은 총계 67건에 불과하여, 마치 이스라엘 규탄을 위한 인권이사회인

473) Tillerson: UN Human Rights Council must reform or US will leave / TheHill 2017
       https://thehill.com/policy/international/un-treaties/323926-tillerson-to-un-rights-coun...
       US Calls for Reform of the UN Human Rights Council 2017
       https://learningenglish.voanews.eom/a/us-calls-for-reform-of-united-nations-human-ri...
       U.N. Human Rights Council: Reform Recommendations for the Trump Administr...2017
       https://www.heritage.org/global-politics/report/un-human-rights-council-reform-reco...
       How Not to Fix the U.N. Human Rights Council - Foreign Policy December 2017
       https://foreignpolicy.com/2017/12/01/how-not-to-fix-the-un-human-rights-council-tru...
       Reform Eludes the Human Rights Council as Bolton Returns to the Scene - PassBlue
       https://www.passblue.com/2018/04/01/reform-eludes-the-human-rights-council-as-bo...
       Reforming the UN Human Rights Council: A call for new leadership / OpenGlobalRi... I
       https://www.openglobalrights.org/reforming-the-UN-human-rights-council-a-call-for...

것처럼 활동하고 있다고 미국은 비판한다.[474)]

　지역적 배분에 따라 그 지역의 후보자 수를 공석 수만 채워 사실상 교대로 무난히 이사국으로 선출되는 것도 문제라고 본다. 인권이사회의 권한이 약하기에 인권 선진국에서는 관심이 없고, 인권 침해국에서는 인권 침해 행위를 은폐하기 위하여 로비를 하여 당선되고 있는 것이 현실이라고 하고 있다. 이에 인권 침해국가에 대해서는 회원국 자격을 정지할 것이 아니라 제명해야 한다고 하며, 회원국의 권한을 강화하고 회원국의 특권을 주어야 한다고도 하고 있다.

　미국은 2018년 인권이사회 회기가 끝날 때까지 개혁이 이루어지지 않으면 인권이사회에서 탈퇴할 것을 선언해 왔는데, 이 안에 대해서 중국과 러시아가 반대해 왔고 여기에 Human Rights Watch가 반대편에 들어 미국은 개혁에 실패하였다. 미국은 인권침해국들의 반대에 따라 인권이사회 개혁에 실패하자 약속대로 2019년에 유엔 인권이사회에서 탈퇴하여 유엔의 인권기능을 약화시키고 있다.

　미국의 식자들도 이스라엘 문제로 탈퇴하는 것은 장래의 인권 신장에 위험을 초래하는 것이며 인권이사회를 중국 · 러시아 · 중동 등 인권 빈곤 국가의 독무대로 만들어 인권 보호에 적신호를 보내는 것이라고 비판하고 있다. 미국의 탈퇴로 인권이사회의 개혁은 물 건너간 것으로 보인다.

3. 유엔 인권 경영계획 2018-2021

1) 2018-2021 경영계획 수립

　유엔 인권고등판무관실(OHCHR)은 세계의 변화에 맞추어 장래에 대한 활동장기계획을 수립하였다.[475)] 이것이 유엔 인권경영계획이다. A4 용지로 59면에 달하는 이 대계획서는 장래의 인권보장을 다짐한 것으로 그 의의가 크다. 20년 전 인권선언일을 기념하여 인권보장의 장래를 약속한 이 계획은 과거의 성과를 회고하면서 장래의 발전 방향을 표시하고 있다. 유엔 인권선언은 세계인권상황을 변화시켰다고 하면서 수백만 명이 보다 큰 자유와 평등을 획득하였고, 수백만 명이 공정한 재판을 받았고, 국가의 서비스를 받았고, 기회의 평등을 보장했다고 했다. 또 많은 나라에서 착취가 사라지고 빈곤이 퇴치되고 있다고 했다. 많은 소년 소녀가 학교에서 교육받고 세계에서 창궐했던 질병이 퇴치되고 이제 질병은 줄어들었다고 한다. 폭압적인 독재는 인민들에게 봉사하려는 참여 체제로 대체되었다고 한다. 끔찍한 인권침해 범죄자(예를 들면 집단 살해범)는 국제형사재판소에 기소되었다고 자랑하고 있다.

---

474) Human Rights Watch / Haley Nikki / The New York Times
　　https://legalinsurrection.com/2018/06/human-rights-watch-doesnt-like-to-be-criticize...
　　Human Rights Council: reform rather than reject
　　https://www.lowyinstitute.org/the-interpreter/human-rights-council-reform-ralher-reject
475) United National Human Rights Management Plan 2018-2021.

그러나 실패도 없지 않았다. 사회적·경제적 불평등은 다수 국가에서 만연하고 있으며 정치, 경영제도의 장래의 공적 신용은 떨어졌고, 일부 기업과 개인은 큰 재산을 축적하였으나 많은 국가는 아직도 공적 부조의 자원을 획득하기 위한 전쟁에 함몰되고 있다고 한다. 부패는 창궐하고 있고 정부는 이들을 형사처벌하기에 급급하다. 「안전국가」의 경향은 부활하여 세계 각지에서 자유가 후퇴하고 있다고 평가했다. 현재 인권은 많은 분야에서 위험에 놓여있다. 많은 공동체는 환경 변화의 위험 하에 놓여 있다. 불평등과 극심한 분쟁은 수백만의 인민을 모국에서 도망가게 했고, 많은 개인적 희생을 수반하고 있다. 적대적인 민족주의가 등장하고 있으며 종족주의와 외국인 혐오증의 재등장이 인간의 수치심을 후진시키고 있다. 차별에 대응하기 위한 처방과 보다 좋은 사법의 증진은 증오와 이기적 이용을 원하는 자들에 의하여 혹평되고 있다.

불확실성, 분규와 불평등은 수년 동안 잔존할 것으로 인정된다. 그러나 현재도 많은 국가들의 인권 상황이 호전되고 있다. 유엔의 장래 목적이 지속적인 발전에 있으므로 이를 위한 방안을 개발하고 추진할 것이라고 한다.

2) 4개년 계획의 내용

유엔 전체의 세 개의 기둥은 인권, 평화와 안전과 발전이다. 이 중에서 인권을 담당하고 있는 기관이 인권고등판무관실(인권사무소)이다. 이 고등판무관실은 유엔의 2030년의 목적이 '지속 가능한 발전'이므로, 이에 따라 앞으로 4년간의 활동계획을 발표하였는데, 그 중점은 여성, 청소년과 장애인의 권리보장에 중점을 두고 있다. 이것은 누구도 뒤쳐지지 않는 지속 가능한 발전의 중요 과제이기 때문이다.

그러나 전체적인 경영 목표는 다음 여섯 가지라고 하고 있다. ① 국제연합 인권체제의 지원 ② 발전 ③ 평화와 안전보장 ④ 비차별 ⑤ 예측가능성 ⑥ 참여라고 한다.

이를 달성하기 위하여서는

① 국가 인권 기관의 확충과 인권 기구의 권고의 실천

② 2030년 목적을 달성하기 위한 단계로서 발전의 권리의 확충

③ 인권 침해의 예방과 인권의 보다 강화된 보장, 특히 분쟁과 불안전 상황에 있어서의 인권보장 강화

④ 평등의 신장과 차별에 대항하기 위하여 인권 조약에 규정된 차별의 여러 형태의 제거, 평등 보장의 여러 조치 강화

⑤ 법치주의를 강화하고 인권 침해의 퇴치 가능성 제고, 인권 침해 행위의 구제, 법집행 절차와 사법체계의 효율화 등을 기한다.

⑥ 참여의 강화와 사적 영역의 보호를 위하여 인민의 공적 생활에의 참여를 증진하고 시민사회의 보호를 위한 소송을 지원하고, 온라인과 디지털 영역에서의 인권을 신장한다.

3) 2018-2021년 활동의 목표

2021년까지의 달성 목표를 거의 30항목에 걸쳐 발표하고 있다. 이것을 일일이 나열하는 것은 생략한다.[476]

4) 2017년의 인권 활동 보고

인권고등판무관실은 2017년의 인권활동 실적을 보고하고 있다.[477]
① 예측가능성에 증가 성과로 피해자 구조로 45,000명이 80개국에서 구제되었고(178 NGO의 도움으로), 30,000명이 현대적 노예상태에서 해방되어 구제를 받았다(시민사회의 도움으로).
② 감시와 조사 활동으로 567개 재판을 감시했고, 4,020개의 수용시설을 방문했으며 7,511개의 감시단이 세계 각국의 인권 상황을 조사하거나 서류를 감사했다.

5) 2018년의 인권활동 보고[478]

① 체약 국가와의 협력으로 10개국이 사법기구의 전환을 했으며 이에 대한 지원을 했다. 4개 국가가 새로이 유엔 인권헌장에 가입했고, 14개국이 새로이 비준했으며, 9개국이 새로 지위를 승계했다. 7개국의 국가보고서를 심사했으며 고문예방소위원회가 이들 국가를 방문했다. 58개 국가를 방문했고, 80개 이상 국가를 특별절차전문가가 방문했다. 42개 국가가 UPR 권고의 실현에 대해서 심사를 받았다.
② 인민의 권리에 관해서도 88명의 원주민과 아프리카 후손과 소수자지역의 인민이 유엔 인권 펠로프로그램에 참여하였다. 27개 국가에서 10,000명이 노예제도의 현대적 형태에서 탈출하는데 지원을 했다. 78개국의 40,000명이 고문의 직접 피해에서 복권 지원을 받았다.
③ 인권규약 기구에 대한 지원으로는 44개국에 전문 직업에 원조를 했고, 12개국에 특별 절차 이행에 대한 원조를 했다.
④ 유엔에서의 인권 통합 지원으로 유엔 평화단의 12개 부대를 621명의 직원으로 지원하였다. 11개의 유엔 인권자문관을 유엔 지역 지부에 파견하였다. 또 UNSOG에도 18명의 인권자문단을 파견하였다.
⑤ 시민사회와의 연결문제로서 유엔 인권이사회 회기에 590개 NGO의 하부조직이 구성되었으며, 2,715개 NGO가 유엔 인권이사회 회의에서 구두발표를 하였다. 2,700명 이상의 참가자가 제7차 기업과 인권 포럼에 참여하였다.

6) 유엔 인권보장 제도의 대개혁 문제

---

476) OHCHR Management Plan 2018-2021, pp. 56-59.
477) United Nations Human Rights Appeal 2018, pp. 4-5.
478) United Nations Human Rights Appeal 2019, pp. 6-9.

유엔 인권판무관실과 사무총장은 인권보장제도의 전면적 개조를 위하여 많은 안을 제출하였다. 그중에서 인권이사회의 설치와 UPR 제도의 도입 등 중대 개정이 있었으나, 규약의 통합 문제라든가 규약기구의 통합, 인권이사회의 개혁 등 대문제는 해결될 기미를 보이지 않고 있다. 그 이유는 유엔 총회의 구성원 문제 때문이다. 유엔 총회 회원 중 인권 빈곤 국가의 수가 다수이고, 자유주의 국가 수는 적기 때문에 인권 빈민국들이 세계인권문제를 전담 해결하고 있는 모순 때문이다.

이에 실망한 인권 부국에서는 유엔 제도의 완전 개편을 주장하기도 한다. 예를 들면 유엔에 국민들이 직선한 의원들로 유엔 의회를 구성하자는 안과, 유엔 안전보장이사회를 개편하자는 안, 인권이사회를 인권재판소로 개선하자는 안 등이 나오고 있다. 그러나 현재의 주권국가의 모임인 유엔 총회에서 인민 위주와 인권 위주의 개혁안이 통과될 가능성은 거의 없다고 하겠다. 미국조차 인권문제를 소홀히 하고 인권이사회에서 탈퇴하고 있어 개선은 난망이라고 보여진다.

제2절 유럽연합의 유럽기본권장전

I. 유럽연합의 인권보장기구

1. 유럽연합의 성립

유럽연합(EU, European Union)은 유럽 심의회보다도 늦게 구성된 유럽의 경제공동체 이다. 원래는 유럽석탄철강공동체였으나(1952) 그것이 점차 발전하여 로마 조약을 체결 하여 유럽공동체(EEC)를 형성하였다. 이 밖에도 유럽원자력기구(Euratom)가 창설되었 다.

이 기구는 인권공동체로 출발한 유럽심의회와는 달리 경제공동체로 발전하였다. 이들 경제공동체가 방위공동체로 확장되었고, 정치적 통합체로 되려고 하여 유럽연합 또는 유럽공동체로 된 것은 3개의 단체를 통합한 Merger Treaty479) 이후라고 하겠다.

---

479) The Merger Treaty는 1965년 4월 8일 Brussel에서 서명되었다. Sohn, International Organization and Integration, pp. 801-893.
Lasok, D./Bridge, J. W., Law and Institutions of the European Communities, 4th ed. 1987. Chapter 21. The Birth and Growth of the European Community. Wikipedia, European Union. Wikipedia, Member State of the European Union; Wikipedia European Council. Spot The Difference: The European Union or European Convention on Human Rights.
https://rightsinfo.org/wahts-difference-european-union-european-convention-human-r...

1967년 7월 1일에 이 3기구를 통합하여 유럽공동체(European Communities)를 결성하였다. 1990년 동독이 서독에 통합된 후 공산권에서 전향한 나라들도 가입하기 시작하였다. 1993년 11월 1일에는 마스트리히트 조약이 발효하였고, 2002에는 Euro로 통화통일을 하게 되었다. 2004년에는 새로 많은 나라들이 가입하게 되었다. 2007년부터 구 공산주의 국가가 많이 가입하게 되었다. 2021년 현재의 유럽연합의 가맹국은 영국이 탈퇴하여 27개국이다.

2. 유럽연합의 법적 성격

1993년에 유럽공동체(European Community)는 당초 12개국으로 조성되었으나 점차 확대되어 유럽연합(European Union)을 결성하였다. 그 뒤 1995년의 회원국 증가와 2004년, 2007년, 2017년의 신회원 가입으로 이제는 28개국으로 구성되는 통합체를 구성하였다.[480] 2004년 10월 29일에는 로마에서 「유럽 헌법에 관한 조약」을 서명하였다. 효력 발생은 당시 25개의 모든 가맹국이 비준한 뒤에 효력을 발생하도록 하였다. 그러나 이 비준 절차는 한 두 개의 나라가 반대하여 효력을 발생하지 못했다. 그리하여 유럽연합이 단일국가로서의 성격을 가지는 데에는 실패했다. 2007년의 리스본 조약에서는 유럽연합을 유럽공동체로 명칭을 환원하고 있다.

원래는 United States of Europe을 지향하였으나 연방 헌법이 비준되지 않아 조약에 의한 공동체로서 일종의 국가연합(Confederation)의 성격을 가진다고 하겠다.

3. 유럽연합의 기구

유럽연합에는 ① 유럽의회 ② 유럽각료이사회 ③ 유럽위원회 ④ 유럽이사회 ⑤ 유럽재판소 등을 두기로 하였다.

1) 유럽의회는 1987년에 성립하였는데 마스트리히트 조약에 따라 유럽공동체의 공동 결정기구의 역할을 하였다. 그러나 사실상에 있어서는 유럽 각료이사회가 중요한 역할을 하였다. 유럽의회는 2004년 5월 1일자까지는 626 의석이었으나, 그 이후에는 732석으로 늘었다. 의석은 가맹국의 인구에 비례하여 직접 선출된다.

2) 유럽 각료이사회는 집행권을 행사하는 주요 입법 기관이다. 유럽법과 유럽윤곽 조직법은 원칙으로 유럽의회와 유럽 각료이사회에 의하여 공동으로 제정되고 있었다. 각료이사회에 있어서의 결정 방식은 단순 다수결의 원칙에 따르고 있다. 유럽 각료이사회가 단독으로 유럽법이나 유럽 윤곽 조직법을 제정하는 경우에는 전원일치가 요구된다.

---

480) Wikipedia, Future enlargement of the European Union-
https://en.wipedia.org/wiki/Future_enlargement_of_the_European_Union
Mostl, Markus; Verfassung für Europe, 2005. Jarras, Hans D., EU-Grundrechte, 2014.

3) 유럽위원회는 집행기관의 역할을 담당하고 있다. 그 권한은 다양한데 공동체의 1차법과 2차법의 준수를 감시하고 대외관계의 유지, 예산의 집행, 결산의 작성, 연간활동 보고의 작성 등을 담당하고 있다. 유럽위원회는 적어도 법률안제안권과 발의권을 거의 독점하고 있다.

4) 유럽이사회는 유럽 수뇌 이사회라고도 불린다. 유럽이사회의 임무는 유럽의회의 발전에 필요한 자극을 주고 유럽 연합의 발전을 위한 전반적 정치적 목표를 설정하는 것이다. 유럽이사회는 약식절차에 따라 조약을 개정할 수 있다. 유럽이 사회는 내정 문제에 대하여 만장일치로 유럽 결정을 할 수 있다.

5) 유럽연합 사법재판소는 유럽법의 해석과 적용을 담당하는 사법기관이다. 재판관 및 법무관의 수는 규칙에 의하여 정한다. 재판관의 독립은 보장된다. 사법재판소 외에 일반 재판소도 둔다. 전문재판소를 둘 수 있다. 특별재판소로는 유럽연합공무 원재판소가 2005년에 설립되었는데, 이는 유럽연합의 여러 기관과 그 직원과의 사이의 고용 조건이나 직무 규정에 관한 소송을 취급하였는데, 일반 재판소에 통합되었다.

유럽연합재판소는 ① 공동체로서의 활동에 관한 사항 일반 ② 경찰·형사사법협력 분야에 관한 일부 사항 ③ 긴밀한 협력에 관한 사항 ④ 유럽연합의 여러 기관의 행위에 대한 개인의 기본권 보호에 관한 사항 ⑤ 가맹국의 자격정지 절차 규정 제정 ⑥ 기본 조약 개정 절차 규정 제정 ⑦ 유럽연합에의 가맹 절차 등을 관장한다.[481]

심급으로는 제1심재판소가 2003년부터 독자성이 인정되어 개인이나 법인이 제기하는 소송의 다수를 담당한다. 유럽연합재판소는 기본조약 및 제2차 법령(지령, 규칙, 결정)이 어떠한 가맹국 내의 법보다도 우선한다는 판결을 자주하고 있다. 따라서 가맹국 국내법이 유럽연합법에 위반한다고 하여 가맹국 국내법을 무효로 선언할 수 있는 권한을 가지고 있다.

Ⅱ. 유럽연합 인권장전의 성립과 내용

1. 유럽연합 기본권장전의 기초

유럽연합의 목적은 유럽 연방국가의 성립이었다. 이 유럽통합의 꿈을 실현하기 위하여 여러 번 유럽연합 헌법초안이 발표되기도 하였다. 1984년에는 유럽헌법초안이 발표되 었고, 1994년에도 유럽연합 헌법초안이 발표되었었다. 유럽통합의 방법은 장 모네(Jean Monnet)파의 점진적 통합론과, 로베르 슈망(Robert Schuman)의 유럽연방 구성안이

---

481) CURIA-Presentation-Court of Justice of the European Union.

있었다.

1997년에는 암스테르담 조약이 체결되고 1998년 5월 1일에 효력을 발생하였다. 2001년 2월 26일에는 니스 조약이 체결되었고 2003년 2월 1일에 효력을 발생하였다.[482] 이들 조약은 유럽연합의 연방국가성을 강화하기 위한 것이었다. 2004년 11월 1일 이후에는 유럽헌법조약을 체결하기로 한 것이었다. 그러나 이 유럽헌법조약안은 급진적 통합이어서 군소 국가의 반대로 비준이 부결되고 말았다.

2. 유럽연합 기본권 장전의 성립

이 부결된 유럽 헌법 조약안에는 기본권 헌장이 들어있었다. 제Ⅰ부는 유럽연합의 조직 목적 등에 관한 것이었고, 제Ⅱ부는 기본권 장전이며, 제Ⅲ부는 국가기관의 정책 부분이었고, 제Ⅳ부는 가맹이나 탈퇴에 관해서 규정하였고, 끝에는 최종문서로 되어 있었다.

제Ⅱ부의 연합의 기본권 장전 또는 유럽연합의 기본권 헌장은 이미 유럽의회에서 2000년 12월에 채택하기 위하여 준비된 것이었다. 장전의 기초는 전문가위원회에서 하기로 했다. 그 위원은 유럽연합을 구성하는 15개국의 수뇌에 의하여 임명된 자와 유럽의회의 대표자 16명으로 구성되었다. 전문가위원장은 독일의 로만 헤어초크(Roman Herzog) 전임 대통령이었고 헌법학 교수였다.

유럽연합 회원국의 기본권 조항이라 할 유럽연합의 기본권 장전은 2000년 11월 7일에 유럽의회와 유럽위원회, 유럽 각료회의에서 성대하게 선언되었다. 이 장전은 유럽 헌법의 제1장이 될 예정이었으나 유럽 헌법의 채택이 한 두 가맹국의 국민투표에서 부결함으로써 그 효력이 불명확하게 되었다. 그런데 리스본 조약의 발효로 기본권 장전만은 2009년 12월 1일부터 유럽연합에서 효력을 가지게 되었다.[483]

이 유럽기본권장전(European Charter of Fundamental Rights)은 유럽에서 헌법적 효력을 가지며 유럽기관을 구속한다.

3. 유럽심의회의 인권헌장과 유럽연합의 기본권 장전과의 차이

482) http://curia.europa.eu/jems/Jo2-7024/en/
유럽 인권장전의 성립사에 관해서는 Jarass, Hans D., EU-Grundrechte, S. 75 참조.
483) Möstl, Markus, Verfassung für Europa, 2005.
Stern-Sachs, Europäische Grundrechte Charta, Kommenter 2016; Jarass, Hans D., EU-Grundrechte, 2016; Meyer, Jürgen, Charta der europäischen Union, 5. Aufl., 2019.
Wikipedia, Treaty of Lisbon; Mayer, Franz, "Die Rückkehr der Europäischen Verfassung? Ein Leitfaden zum Vertrag von Lissabon," Max-Planck Institut für ausländisches öffentliches Recht und Völkerrecht, ZaöRV 2007, SS. 1141-1217.
What is the Charter of Fundamental Rights of the European Union?; Equality and H
https://www.equalityhumanrights.com/en/what-are-human-rights/how-are-your-rights...

유럽심의회는 이미 1950년 11월 4일에 유럽인권헌장(원제 European Convention of Human Rights and Fundamental Freedoms)을 제정하였다.

유럽 인권헌장은 48개국으로 성립한 유럽심의회에만 적용되는 것으로 유럽인권재판소에서 적용되고 있다. 최초로 12개국에서 구성된 유럽연합에서도 이의 적용을 권고했으나 이들 나라들이 이 헌장의 권리를 구속적인 것으로 보지 않아 선언적인 것으로 밖에 보지 않았다.[484]

유럽기본권장전(Charter of Fundamental Rights)은 원래는 유럽헌법 초안의 제2장이었으나 유럽 헌법이 비준되지 않아 리스본 조약에서 독립하여 구속력이 있는 조약으로 효력을 발생하게 되었다. 이 유럽 기본권장전은 유럽인권재판소가 아닌 유럽사법재판소에서 적용된다. 이 기본권장전은 유럽연합법의 법원이며 유럽연합기구에서 적용되는 것이다.

4. 유럽연합 기본권장전의 편별

1) 유럽 인권장전의 특이점

유럽 인권헌장(Convention)이 영미법적인 규정방식을 도입한데 대하여, 유럽기본권장전은 대륙법계통의 규정방식을 채택해 왔다.[485] 그리하여 기본권의 적용을 쉽게 했으며 기본권의 이해를 쉽게 했다. 권리를 인간의 권리와 시민의 권리로 나누고 있다.

제2조는 시민의 기본권에 관해서 규정하고 있다. 남성이나 여성인 시민은 시민권을 가진다고 하고 있다. 제10조는 시민의 권리를 규정하고 있다. 여성과 남성 시민은 헌법상 부여된 권리와 의무를 가지는데, 인간은 시민의 권리를 가지는데 시민은 권리를 표현하고, 시민은 주소를 가지며 의회 내 대표자를 가진다고 규정하고 있다.

---

484) The Evolution of Human Rights Law in Europe: Comparing the European Court of..
http://www.inquiries journal.com/articles/936/the-evolution-of-human-rights-law-in-e...
Fabbrini, Federico and Larik, Joris, 'The Accession of the EU to the ECHR and its Effects;
Nada v Switzerland, the Clash of Legal Orders and the Constitutionalization of the ECtHR',
in Oxford Yearbook of European Law (2015); available at SSRN. Protection of Fundamental
Rights in the European Union; On the Relationship betw...
https://academic.oup.com/yel/article-abstract/34/1/60/2362973?redirectedFrom-fulltext

485) Peers, Steve/ Tamara Hervey/ Jeff Kenner and Angela Ward (eds.), The EU Charter of Fundamen-
tal Rights, Hart Publishing, 2014; Fabbrini, Federico, Fundamental Rights in Europe. Challenges
and Transformations in Comparative Perspective, Oxford University Press, Oxford, 2014.
Stephen Brittain, On the relationship between the EU Charter of Fundamental Rights.
https://eulaworebro.worldpress.com/2016/05/02/stephen-brittain-on-the-relationship-b...
Meyer, Jürgen (Hrsg.): Charta der Grundrechte der Europäischen Union. Kommentar. Nomos
Verlagsgesellschaft, 4. Auflage, Baden-Baden, 2014.
Bernsdorff, Norbert/Borowsky, Martin: Die Charta der Grundrechte der Europäischen Union.
Handreichungen und Sitzungsprotokolle, Nomos Verlagsgesellschaft, 1. Aufl., Baden-Baden,
2002.

2) 유럽연합 기본권장전의 편별

유럽 기본권장전의 기본권 편별은 다음과 같다.

전문

제1장 존엄(제1~5조)

제2장 자유(제6~19조)

제3장 평등(제20~26조)

제4장 연대(제27~38조)

제5장 시민권(제39~46조)

제6장 재판(제47~50조)

제7장 장전의 해석과 적용에 관한 일반조항(제51~54조)

이 편별은 21세기의 기본권의 내용을 잘 분류한 것으로 유명하다. 20세기의 기본권이 주로 자유권과 생존권에만 관심이 있었는데, 이 유럽 기본권장전은 인간의 존엄을 강조하고, 자유권에서는 혼인의 자유, 문화적 생활의 자유, 노동의 자유와 직업선택의 자유, 기업 활동의 자유, 망명권, 강제추방의 금지 등을 규정하고 있다. 특히 평등권에 관해서 소수민족의 차별금지, 양성의 평등, 아동의 복리, 부모의 교육권 등을 존중하고 있다. 또 장애인의 평등한 보호, 노인의 보호청구권 등을 평등의 입장에서 보장하고 있다.

다음에는 연대에 관하여 새로운 분류를 하고 있다. 노사 간, 가족 간, 인종 간의 연대를 중심으로 인간다운 생활 보장에 관하여 규정하고 있다. 노동자의 기업에 대한 정보요구권 등을 보장하고 있다. 근로자의 복지에 대한 여러 제도를 보장하며 가정생활과 직장생활을 조화할 수 있도록 규정하고 있다. 생존권의 보장에 있어서 모든 국가에게 일률적인 최소한도를 보장한 것이 아니라 그 국가의 경제 현실에 따른 보장을 요구하여 경제 후진 국가의 현실도 가미하고 있다. 환경 보호와 소비자 보호에 관한 규정도 들어있다.[486]

유럽연합 내에서의 거주 이전의 자유뿐만 아니라 선거권의 평등 등을 규정하고, 사법 절차에 있어서의 권리를 재판정에서 완전히 보장하고 있다.

5. 유럽연합 기본권장전의 내용

전문은 「정신적·종교적이고 윤리적인 유산을 인식한 가운데 불가분리하고 보편적인 인간의 존엄과 자유, 평등과 연대에 근거한 연합을 구성한다」고 하면서, 유럽연합의 동질적인 정신적 유산을 강조하고 있다. 그럼에도 구성국인 유럽 민족의 문화의 다양성과 전통을 존중하면서 공통의 가치와 발전을 도모하기 위하여 이 기본권 장전을 만들었음을 강조하고 있다.[487]

---

486) Wikipedia, Charter of Fundamental Rights of European Union.

487) Die Charta der Grundrechte der Europäischen Union, Eine Einführung. Charta der Grund-
   rechte der EU; De Schutter Olivier, Fundamental Rights in the European Union, Oxford

1) 제1장 인간의 존엄

제1장에서 인간의 존엄을 규정하고 있다.

제1조는 독일 기본법에 따라 「인간의 존엄은 불가침이다. 이를 존중하고 보호한다」고 하고 있다.[488] 그 내용으로서

제2조는 생명의 권리를 규정하고 사형을 폐지하고 있다.

제3조는 인신의 불가침의 권리와 신체를 훼손당하지 않을 권리를 규정하고 있다.

　① 누구나 자신의 신체적 · 정신적 온전성을 침해받지 아니할 권리를 가진다.

　② 의학과 생물학의 영역에서는 특히 다음 각호의 사항이 존중되어야 한다.

　1. 법률에 확정된 절차에 따라 사전 설명 후에 이루어진 당사자의 자유로운 동의

　2. 우생학적 처치, 특히 사람의 선별을 위한 우생학적 처치의 금지

　3. 인간의 신체 및 그 부분을 이익을 목적으로 이용하는 행위의 금지

　4. 인간 복제의 금지

제4조는 고문을 금지하고 있다.

　어떤 사람도 고문 또는 비인간적 또는 굴욕적인 대우나 처벌을 받아서는 안 된다.

제5조에서는 노예제도와 강제노역을 금지하고 있다.

　① 어떤 사람도 노예나 하인으로 삼아서는 안 된다

　② 어떤 사람도 강제노역 또는 의무노역을 강요받아서는 안 된다.

　③ 인간 매매는 금지된다.

2) 제2장 자유

제2장은 자유권에 관해서 규정하고 있다.

European Union Law Library; Ferraro Francesca and Carmona Jesus, Fundamental Rights in the European Unin; The role of the Charter after the Lisbon Treaty. Orginal Manuscript, in English, completed in October 2014. Most recently updated in March 2015; Die Charta der Grundrechte der Europäischen Union, bpb. http://www.bpb.de/apuz/25260; Tobler/Beglinger, Essential EC Law in Charts. 2007; Europäische Kommission, Bericht 2010 über die Anwendung der Charta der Grundrechte der Europäischen Union. Deutschland; The EU's charter of fundamental rights - five years on. https://euobserver.com/opinion/126708.

Members' Research Service Fundamental Rights in the European Union Directorate-General for Parliamentary Research Services, European Parliament. Peers Steve, Hervey Tamara, Kenner Jeff and Ward Angela (eds.), The EU Charter of Fundamental Rights, Hart Publishing, 2014.

488) Henkin, Louis, "Human Dignity and Constitutional Rights," in The Constitution of Rights: Human Dignity and American Values, edited by M. J. Meyer and W. A. Parent, Ithaca: Cornell University Press, 1992; Novak, Michael, "Human Dignity, Human Rights." First Things 97, November, 1999.

(1) 기본적 자유권

제6조에서는 자유와 안전에 관한 권리를 규정하고 있다.

제7조에서는 사생활과 가족생활, 의사소통을 침해받지 않을 권리를 규정하고 있다.

제8조에서는 프라이버시의 권리, 개인정보의 보호를 규정하고 있다.

① 모든 사람은 자신과 관련한 신상 정보의 보호권을 가진다.

② 전항의 정보는 확정된 목적을 위해서 관련 당사자의 동의를 얻거나, 기타 법률로 규율된 정당한 기초에 의거하여 신의성실의 원칙에 따라서만 처리될 수 있다. 모든 사람은 자신과 관련하여 조사된 정보를 열람하고 또 그 정보의 정정을 요구할 권리를 가진다.

③ 제1항, 제2항의 규정들의 준수는 독립기관에 의해 통제된다.

제9조에서는 혼인의 권리와 가족 형성에 대한 권리를 규정하고 있다.

제10조에서는 사상·양심 및 종교의 자유에 대한 권리를 규정하고 있다. 양심적 병역거부는 각 국가의 국내법에 따르도록 유연성을 두었다.

① 모든 사람은 사상과 양심 그리고 종교의 자유에 대한 권리를 가진다. 이 권리는 종교나 세계관을 바꿀 자유와 혼자 또는 타인과 공동으로, 그리고 공적으로 또는 사적으로 예배, 교육, 전승과 의식을 통해 고백할 자유를 포함한다.

② 양심적 병역거부는 이 권리의 행사를 규율하는 각국의 국내법에 따라 인정된다.

제11조는 표현의 자유를 규정하고 있다.

① 모든 사람은 표현의 자유를 가진다. 이 권리는 공권력의 간섭을 받지 않고 국경과 무관하게 의견을 보유하고, 정보와 견해를 제공하고 수용할 수 있는 자유를 포함한다.

② 미디어의 자유와 다원성이 존중되어야 한다.

제12조는 집회와 결사의 자유를 규정하고 있다.

① 모든 사람은 평화로운 집회의 자유와 모든 차원의 결사의 자유, 특히 자신의 이익 보호를 위해 노동조합을 형성하고 가입할 수 있는 권리를 포함하는 정치문제, 노동조합, 공적 문제를 위한 결사의 자유를 가진다.

② 유럽연합 차원의 정당들은 유럽연합 시민들의 정치적 의사를 표현하는 데 기여하여야 한다.

제13조는 예술과 학문의 자유를 규정하고 있다.

(2) 경제적·사회적·문화적 자유권

제14조는 생존권인 교육을 받을 권리를 보장하고 있다.

① 모든 사람은 교육받을 권리와 직업교육 및 직업향상교육에 접근할 수 있는 권리를 가진다.

② 전항의 권리는 무상의 의무교육을 받을 기회를 포함한다.

③ 민주주의 원칙을 정당하게 존중하는 교육기관을 설립할 수 있는 자유와, 자신들의 종교적 · 철학적 · 교육적 신념에 따라 자녀를 교육할 수 있는 부모의 권리는 이 자유와 권리의 행사를 규율하는 각국의 법률에 따라 존중되어야 한다.

제15조는 직업선택의 자유와 직업수행의 권리를 보장하고 있다. 노동권은 생존권 절에서 규정하는 것이 타당했을 것이다.

① 모든 사람은 노동할 권리와 자유롭게 선택한 직업을 영위할 권리를 가진다.

② 유럽연합의 모든 시민은 모든 회원국들에서 취업하고 노동할 수 있는 자유와 기업을 설립할 권리를 행사하고, 용역을 제공할 자유를 가진다.

③ 각 회원국 영역에서 취업할 수 있는 허가를 받은 제3국의 국민들은 유럽연합의 노동조건과 동등한 노동조건을 요구할 수 있다.

제16조는 유럽공동체법과 각국의 국내법 및 관습에 따라 기업 활동의 자유가 인정된다고 하고 있다.

제17조는 재산권의 자유에 관해서 규정하고 있다. 여기서 나아가 재산권 · 지적 재산권의 보장도 규정하고 있다.

① 모든 사람은 합법적으로 취득한 자신의 재산권을 보유 · 사용 · 처분 · 상속할 권리를 가진다. 어느 누구도 자산 손실에 대해 적시에 적절한 보상을 보장토록 하는 법률이 정한 경우와, 공익을 위한 경우 이외에는 자신의 재산권을 박탈당하지 않는다.

② 지적 재산권은 보호되어야 한다.

(3) 국외 거주이전의 자유

제18조는 외국인 난민의 망명권을 보장하고 있다.

망명권은 난민의 법적 지위에 관한 1951년 7월 28일의 제네바 협약과 1967년 1월 31일의 의정서의 규준 및 유럽공동체 조약에 따라 보장되어야 한다.

제19조는 국외추방을 금지하고 있다.

① 집단추방은 금지된다.

② 어느 누구도 자신이 사형, 고문 또는 다른 비인간적이거나 굴욕적인 대우나 처벌을 받을 수 있는 심각한 위험이 있는 국가로 강제퇴거, 추방 또는 인도될 수 없다.

3) 평등

(1) 평등일반

제3장에서는 평등권을 규정하고 있다.

제20조는 「모든 사람은 법 앞에 평등하다」고 규정하고, 이하에서 차별금지를 규정하고

있다.

제21조 차별금지

　① 성별, 인종, 피부색, 종족 또는 사회적 신분, 유전적 특징, 언어, 종교 또는 세계관, 정치적 또는 여타의 견해, 소수민족에의 소속, 재산, 출생, 장애, 연령 또는 성적 취향(性的 趣向)에 근거한 어떠한 차별도 금지되어야 한다.

　② 유럽공동체 설립조약과 유럽연합조약의 적용 영역에서는 이 조약들의 특별 규정과는 무관하게 국적에 근거한 어떠한 차별도 금지되어야 한다.

제22조는 문화, 종교 및 언어의 다양성을 존중해야 한다고 규정하고 있다.

(2) 소수자 · 약자의 보호

제23조는 남녀평등을 규정하고 있다.

　「남녀평등은 고용, 노동, 임금을 비롯한 모든 분야에서 보장되어야 한다. 평등원칙은 충분히 대표되지 못한 성(性)을 위하여 특별한 혜택을 부여하는 조치의 유지나 채택을 금지하지 않는다」.

제24조는 아동의 권리를 보호하고 있다.

　① 아동은 보호를 요구할 권리와 그 복리에 필요한 배려를 요구할 권리를 가진다. 아동은 자신의 의견을 자유롭게 표현할 수 있다. 자신과 관련한 사항에 대한 아동의 의견은 그 연령과 성숙도에 상응하는 방식으로 고려되어야 한다.

　② 공적 · 사적 기관의 모든 아동 관련 조치에서 아동의 복리가 우선적으로 고려되어야 한다.

　③ 모든 아동은, 자신의 복리에 반하지 않는 한, 정기적으로 부모와의 인간관계 및 직접적 접촉을 유지할 권리를 가진다.

제25조는 노인의 권리를 보장하고 있다.

　유럽연합은 존엄성 있는 독립적 생활을 영위하고, 사회적 · 문화적 생활에 참여할 수 있는 노인의 권리를 인정하고 존중한다.

제26조는 장애인의 통합을 규정하고 있다.

　유럽연합은 장애인의 독립, 사회적 · 직업적 통합, 공동체 생활의 참여를 보장하기 위한 조치들을 요구할 수 있는 장애인의 권리를 인정하고 존중한다.

4) 연대

제4장은 연대권에 관하여 규정하고 있다.

　연대는 사회적 연대(Social Solidarity)를 강조한 것으로 노사 간, 가족 간, 인종 간의 연대를 중심하여 사회 각층의 생존권을 확보하기 위한 것으로 유럽 기본권장전의 큰 특색이라고 하겠다.

(1) 노동자의 권리보호

제27조 기업에 고용된 노동자의 정보 및 청문요구권을 규정하고 있다.

노동자 또는 그 대표자를 위한 적시의 정보 제공과 청문이 공동체법과 각국의 국내법 및 관행에 의해 정해진 경우와 조건 하에 적절한 시기에 적절한 수준으로 보장되어야 한다.

제28조 단체교섭과 단체행동의 권리를 보장하고 있다.

노동자와 사용자 또는 그 각 조직들은 공동체법과 국내법 및 관행에 따라 적절한 수준에서 교섭하고 단체협약을 체결할 권리와 이익충돌 시에 각자의 이익수호를 위하여 파업 기타 단체행동을 취할 권리를 가진다.

제29조 직업 소개 기관 이용권을 보장하고 있다.

모든 사람은 직업 소개 기관을 무료로 이용할 수 있는 권리를 가진다.

제30조 부당해고에 대한 보호를 규정하고 있다.

모든 노동자는 공동체법과 각국의 국내법 및 관행에 따라 부당한 해고로부터의 보호를 요구할 권리를 가진다.

제31조 공정하고 적합한 노동조건을 규정하고 있다.

① 노동자는 건강하고 안전하며 존엄성에 상응하는 작업 조건을 요구할 권리를 가진다.

② 모든 노동자는 최장 노동시간의 제한, 일당 및 주당 휴식시간, 유급의 연가를 요구할 권리를 가진다.

(2) 아동과 가정의 보호

제32조 아동노동의 금지와 직장에서의 청소년 보호

아동의 노동은 금지된다. 청소년들에게 보다 유리한 규정이 있는 경우나 한정된 예외 이외에는, 최저 노동 연령이 의무교육 이수 만료시의 연령보다 낮아서는 안 된다. 노동이 허용된 청소년도 그 연령에 적합한 노동조건을 제공받아야 하며, 경제적 착취, 안전, 건강, 육체적·정신적·도덕적·사회적 발전을 저해하거나 그에 대한 교육을 위협할 수 있는 모든 노동으로부터 보호되어야 한다.

제33조 가족생활 및 직업생활

① 가족에 대한 법적·경제적·사회적 보호는 보장된다.

② 모든 사람은 가정생활과 직장생활을 조화시킬 수 있도록 모성을 이유로 한 해고로부터 보호받을 권리 및 자녀의 출산이나 입양 후 유급의 출산휴가 또는 양육휴가를 요구할 권리가 있다.

(3) 사회보장과 사회부조의 권리

제34조 사회보장과 사회부조

① 유럽연합은 임신 및 출산, 질병, 산업재해, 간병 필요상태(Pflegebedürftigkeit), 노령, 실직의 경우에 보호를 보장하는 사회보장 혜택과 사회적 서비스에 대한 권리를 공동체법, 각국의 국내법 및 관행에 따라 인정하고 존중한다.

② 유럽연합 내에 합법적인 주소를 갖고 있거나, 그 체류지를 유럽연합으로 합법적으로 변경하는 모든 사람은 공동체법과 각국의 국내법 및 관행에 따라 사회보장 급여와 사회적 혜택을 요구할 수 있다.

③ 유럽연합은 사회적 소외와 빈곤 퇴치를 위하여 공동체법, 각국의 국내법 및 관행에 따라 충분한 생활 수단이 없는 모든 이들에게 인간다운 생활을 할 수 있도록 사회부조를 받을 권리와 주거 지원을 받을 권리를 인정하고 존중한다.

(4) 보건 · 환경 · 소비자 보호

제35조 보건

모든 사람은 각 회원국의 국내법 및 관행에 따라 예방의료 이용권과 치료를 받을 권리를 가진다. 유럽연합이 모든 정책과 조치를 확정하고 집행함에 있어서 높은 수준의 건강보호가 확보되어야 한다.

제36조 시민의 생존에 필요한 경제재의 이용

유럽연합은 유럽연합의 사회적 · 영역적 결속을 증진하기 위하여 시민의 생존에 필요한 경제재를 유럽공동체 창설 조약에 합치하는 각국의 국내법 및 관행에 따라 이용하는 것을 인정하고 존중한다.

제37조 환경 보호

높은 수준의 환경 보호 및 환경의 질적 개선은 유럽연합의 정책에 반영되어야 하고, 지속가능한 발전의 원칙에 따라 보장되어야 한다.

제38조 소비자 보호

유럽연합은 높은 수준의 소비자 보호정책을 보장하여야 한다.

이 권리들에서는 개인의 권리와 유럽국가의 의무를 분리하여 규정한 것이 특색이다.

5) 제5장 시민권

여기서는 유럽 시민의 정치권과 대국가청구권을 규정하고 있다.

(1) 선거권과 피선거권

제39조 유럽의회 선거권 및 피선거권

① 유럽연합의 모든 시민들은 주소지가 있는 회원국에서 해당 국민과 동등한 조건으로 유럽의회 선거에서의 투표권 및 피선거권을 가진다.

② 유럽의회 의원은 보통 · 직접 · 자유 · 비밀선거를 통하여 선출된다.

제40조 각국의 지방자치 선거에서의 선거권과 피선거권

유럽연합의 모든 시민은 주소가 있는 각 회원 국가에서 해당 국가의 국민과 동등한 조건으로 각 회원국의 지방자치 선거에서의 선거권과 피선거권을 가진다.

(2) 양질의 행정을 청구할 권리

제41조 양질의 행정을 요구할 권리

① 모든 사람은 유럽연합의 기관들과 기구들이 공정하고, 정의로우며, 적정한 시간 안에 자신의 사무를 처리해 줄 것을 요구할 권리를 가진다.

② 전항의 권리는 특히 각 호의 권리와 의무를 포함한다.

 1. 자신에게 불리한 개별적 처분이 발해지기 전에, 자신의 견해를 밝힐 수 있는 모든 개인의 권리

 2. 신용 및 직업적·영업적 비밀에 대한 정당한 이익을 존중하는 가운데 자신과 관련된 자료에 접근할 수 있는 모든 개인의 권리

 3. 결정의 이유를 밝혀야 할 행정기관의 의무

③ 모든 사람은 공동체의 기관이나 그 직원의 직무수행으로 인하여 입은 손실에 대하여 회원국들의 법질서에 공통되는 일반적 법원칙에 따라 공동체에 대하여 보상을 요구할 권리

④ 모든 사람은 조약이 선정한 언어들 중 하나로 유럽연합의 기관에 청원할 수 있으며, 청원에서 사용한 언어로 답변을 받을 권리를 가진다.

제42조 문서에 대한 접근권

유럽연합의 모든 시민 및 회원국에 주소지 또는 정관이 정한 소재지를 가지고 있는 모든 자연인 또는 법인은 유럽의회, 평의회 및 위원회의 문서에 대한 접근권을 가진다.

제43조 옴부즈맨

유럽연합의 모든 시민 및 회원국에 주소지 또는 정관이 정한 소재지를 가지고 있는 자연인 또는 법인은 공동체의 기관 또는 기구의 재판권을 행사하는 제1심 법원 및 공동체 법원을 제외한 공동체 기관 또는 기구의 활동이 잘못된 경우에 이를 유럽연합의 옴부즈맨에 신고할 권리를 가진다.

제44조 청원권

유럽연합의 모든 시민 및 회원국에 주소지 또는 정관이 정한 소재지를 가지고 있는 자연인 또는 법인은 유럽의회에 청원할 권리를 가진다.

(3) 국가의 보호를 청구할 권리

제45조 이주 및 거주의 보호

① 유럽연합의 모든 시민은 회원국의 영역 내에서 자유롭게 이주하고 거주할 권리를

가진다.
② 이주와 거주의 자유는 합법적으로 회원국의 영역에 거주하는 제3국 국민에게도
유럽공동체 창설조약에 따라 보장된다.
제46조 외교 · 영사 보호
유럽연합의 모든 시민은 자신이 소속된 회원국의 대표부가 없는 제3국의 영역에서
모든 회원국의 외교기관 또는 영사기관의 보호를 그 회원국의 국민과 동등한 조건으
로 받을 수 있다.

6) 제6장 재판
여기서는 재판청구권과 형사재판의 원칙을 규정하고 있다.
(1) 재판청구권
제47조 실효적 권리구제와 공정한 재판을 받을 권리
유럽연합의 법에 보장된 자신의 권리와 자유를 침해받은 모든 사람은 본조에 규정된
조건에 따라 법원에 실효적 권리구제를 신청할 권리를 가진다. 모든 사람은 사전에
법률에 의하여 설치된 독립적이고 공정한 법원으로 하여금 공정한 절차를 통하여
적정한 기간 내에 공개적으로 자신의 사건에 대한 재판을 받을 권리를 가진다.
모든 사람은 자신의 사건에 대하여 자문을 받고 스스로를 변호할 수 있으며, 타인을
대리인으로 선임할 수 있다. 재력이 충분하지 아니한 사람에게는 재판청구권을
효과적으로 보장하기 위하여 소송비용부조가 필요한 경우, 소송비용부조가 인정되
어야 한다.
제48조 무죄 추정권 및 변호권
① 모든 피고인은 법이 정한 절차에 따라 조사된 증거에 의하여 유죄가 입증될
때까지 무죄로 추정된다.
② 피고인의 변호권에 대한 존중은 보장되어야 한다.

(2) 죄형법정주의와 이중처벌 금지
제49조 죄형법정주의 및 범죄행위와 형벌 사이의 비례원리
① 어느 누구도 행위 시 국내법 또는 국제법에 따라 범죄를 구성하지 않는 어떤
행위나 부작위를 이유로 처벌받지 아니한다. 행위 후에 법률에 의하여 형이 경감된
경우에는 감경된 형이 선고되어야 한다.
② 본조는 행위 시 모든 국가들에 의하여 승인된 일반원칙에 따라 범죄를 구성하는
작위 또는 부작위를 이유로 그 행위자를 유죄로 선고하거나 처벌하는 것을 배제하
지 않는다.
③ 형벌의 양은 범죄와 비례하여야 한다.
제50조 동일한 범죄행위로 거듭 형사소추를 받거나 처벌받지 아니할 권리

어떤 사람도 유럽연합 내에서 유죄의 확정판결을 받거나 무죄판결을 받은 범죄행위를 이유로 형사절차에서 거듭 소추되거나 처벌받아서는 아니 된다.

7) 제7장 일반조항

이 장에서는 장전과 권리의 효력범위 및 보호수준과 권리남용 금지를 규정하고 있다.

제51조 효력 범위

① 이 장전의 규정들은 보충성의 원칙을 존중하는 유럽연합의 기관 및 기구, 그리고 회원국이 유럽연합법을 집행할 경우 그 회원국만을 구속한다. 그러므로 이들은 각각 자신들의 권한에 따라 이 장전의 권리를 존중하고, 원칙을 준수하며, 적용을 증진시켜야 한다.

② 이 장전은 유럽공동체나 유럽연합을 위한 어떤 새로운 권한이나 과제를 신설하거나 조약에 규정된 권한과 과제를 변경하지 않는다.

제52조 보장된 권리의 효력범위

① 이 장전에서 인정된 권리와 자유의 행사에 대한 제한은 법률로 규정되어야 하고, 권리와 자유의 본질적 내용을 존중해야 한다. 이 권리와 자유는, 비례의 원칙에 따라 유럽연합이 인정하는 공익을 위한 목적과 타인의 권리 및 자유를 보호하기 위하여 필요한 것이고, 적합한 것인 경우에만 제한될 수 있다.

② 공동체 조약 또는 유럽연합 조약에 기초한 이 장전에서 인정된 권리는 그러한 조약들에서 정해진 조건과 한계 내에서 행사될 수 있다.

③ 이 장전이 인권 및 기본적 자유의 보호협약에 의하여 보장되는 권리에 상당하는 권리를 포함하고 있는 경우, 그 권리의 의미나 효력 범위는 이 협약에 규정된 것과 동등해야 한다. 이 규정은 유럽연합의 법이 더욱 광범위한 보호를 제공하는 것을 금하지 않는다.

제53조 보호 수준

이 장전은 어떤 규정도 유럽연합법, 국제법, 인권 및 기본권 보호를 위한 유럽헌장을 비롯한 유럽연합, 유럽공동체 또는 각 회원국이 당사자가 되어 체결한 국제협정, 회원국의 헌법에 의하여 인정된 인권과 기본적 자유를 많이 제약하거나 그에 대하여 불리한 영향을 미치도록 해석되어서는 아니 된다.

제54조 권리 남용의 금지

이 장전의 어떤 규정도 이 장전에서 인정된 권리와 자유를 제거하거나 이 장전에서 규정하고 있는 것보다 강력하게 제한하는 것을 목표로 하는 활동을 하거나, 그러한 행위를 시도할 수 있는 권리를 설정하고 있는 것처럼 해석되어서는 아니 된다.

이 장은 유럽 기본권장전이 최강의 효력을 가지는 것으로 규정하면서, 보호수준도 최상으로 할 것을 요구하고 있다. 최소보장의 금지, 권리남용의 금지를 규정한 것이 특색이다.

6. 유럽 기본권헌장전의 의의와 적용

1) 유럽 기본권 장전의 의의

이 기본권 헌장의 기초는 독일 연방헌법재판소의 전임 소장이며 전 독일 연방대통령이었던 로만 헤어초크(Roman Herzog)를 위원장으로 하는 기초위원회에서 다수의 전문가들이 심혈을 다하여 만든 인권장전이다. 이는 각 구성국가의 사정을 고려하여 이상적인 최선의 기본권 규정을 둔 것이 아니고, 구성국들이 받아들일 수 있도록 구성 국가의 의견을 반영한 것이었다. 그러나 일부 국가에서는 이것이 지나치게 인권을 옹호한 것이고 개별 구성 국가의 이익을 무시한 것이란 비판이 있었다. 그 결과 한 두 개 국가는 이의 수용을 반대하기도 하였다.489)

물론 독일 등의 인권 선진 국가에서는 기준이 낮다고 하여 비판되기도 했으며, 특히 사회권적 기본권에 관한 규정이 미흡하다고 하여 비판되기도 하였다.490)

---

489) Die Charta der Grundrechte der Europäischen Union. bpb. 2002;
   European Commission, EU Charter of Fundamental Rights.
   http://ec.europa.eu/justice/fundamental-rights/charter/index_en.htm;
   Bojarski/Schindhauer/Wladasch, The Charter of Fundamental Rights as a Living Instrument.
   CFREU, Vienna, 2014; European Parliament, Fundamental Rights in the European Union. EPRS,
   2015; Moxham/Stefanelli, Safeguarding the Rule of Law, Democracy and Fundamental Rights;
   A Monitoring Model for the European Union. 15 November 2013. British Institute of International
   and Comparative Law; Garcia, R. The Genenral Provisions of the Charter of Fundamental
   Rights of the European Union, NYU School of Law, 2002; United Nations Human Rights Europe
   Regional Office, The European Union and International Human Rights two year later, Perspec-
   tives on Federalism, Vol. 3. issue 3 (2011);
   Westermark, H. The Balance between Fundamental Freedoms and Fundamental Rights in
   the European Community, Faculty of Law University of Lund, 2008; Human Rights Explained,
   Irish Human Rights and Equality Commission, 2015;
   Jacobi, F., European Convention on Human Rights, The EU Charter of Fundamental Rights
   and the European Court of Justice; What's the difference between the European Convention
   on Human Rights, the European Court of Human Rights and the European Court of Justice?,
   http://ukandeu.ac.uk/fact-figures/whats-the-difference-betwwen-the-european-conven
   tion-on-human-rights-the-european-court-of-human-rights-and-the-european-co
   urt-of-justice;
   Does the EU Charter of Fundamental Rights Threaten the Supremacy of Community Law?,
   http://www.jeanmonnetprogram.org/archive/papers/01/010401.html;
   What is the Charter of Fundamental Rights of the European Union?
   https://www.equalityhumanrights.com/en/whar-are-human-rights/how-are-your-rights-
   protected/what-charter-fundamental-rights-european-union;
   EU citizens' rights and freedoms,
   http://europedia.moussis.eu/book/Book_2/4/09/02/?all=1.
490) Jarras, EU Grundrechte, Vorwort.
   Wikipedia, Charta der Grundrechte der Europäischen Union
   https://de.wikipedia.org/wiki/Charta_der_Grundrechte_der_Europäischen_U...

이 기본권 헌장은 원래 유럽연합헌법의 채택이 무산되어 시행이 보류되어 오다가 리스본 조약에 따라 효력을 발생하게 되었다.491)

이 장전의 조항들은 구성 국가의 반대를 약화하기 위하여 구성 국가의 인권 규정과 기존의 유럽법의 규정이 훼손되지 않도록 배려를 하고 있다. 이 점에서 앞으로 아프리카 연합이나 미주 연합의 지역적 인권헌장의 개정에도 상당한 영향을 미칠 것으로 보인다.

이상적으로는 후진국에서 요구하는 발전의 권리, 난민의 권리들이 더 잘 보장되었으면 좋았을 것이나, 전세계적인 기준에서 보았을 때는 이 정도라도 규정되었으면 좋을 것이다.

2) 유럽 기본권장전의 적용

유럽 기본권장전은 대륙법적인 규정 방법을 통하여 간략하게 알기 쉽게 편별을 나누어 규정하였기에 명확한 점이 특색이다. 따라서 이의 해석에는 큰 문제가 없을 것으로 보인다.

이 장전은 이제까지 자유권 헌장과 사회권 헌장의 두 가지로 나누던 유럽심의회나 유엔의 전례를 탈퇴하여, 이 두 헌장을 단일화한 점에 장점이 있다. 그리하여 사회권은 직접적 구속력을 가진 것으로 판례를 변경시키는데 역할을 하고 있다.

유럽에 두 개의 인권헌장이 존재함으로써 이들 간의 갈등이 문제되나, 이 두 헌장을 통합적으로 적용되어야 할 것이고 협동적인 적용이 필요할 것이다. 리스본 조약도 유럽연합이 유럽 인권과 기본적 자유헌장에 가입할 것을 규정하고 있는데, 이는 유럽인권재판소를 통한 판례의 통일을 기하기 위한 것으로 보인다.492)

Ⅲ. 유럽사법재판소에 의한 기본권 보장

1. 유럽사법재판소의 구성과 기능

1) 유럽사법재판소의 성립

유럽사법재판소(The Court of Justice of the European Union)은 1952년에 유럽공동체의 한 기관으로 성립하였다. 이 기구는 그동안 유럽통합조약에 의하여 구성이 바뀌었는데,

---

491) Verfassung der Europäischen Union, bpb. http://www.bpb.de/shop/buecher/schriftenreihe/35799/verfassung-der-Europäischen-Union.
Timmermann, U. H. (Hrsg.), Eine Verfassung für die Europäischen Union. VS Verlag für Sozialwissenschaften, Wiesbaden; Möstl, Markus, Verfassung für Europa, 2005.
Grimm, Dieter, Europa ja aber welches? Zur Verfassung der europäischen Demokratie, C. H. Beck, 2016. Wikipedia, Vertrag über eine Verfassung für Europa;
492) Spot The Difference: The European Union or European Convention on Human...
https://rightsinfo.org/whats-difference-european-union-european-convention-human-r...

현재는 유럽사법재판소와 일반 재판소(General Court)로만 구성되어 있다. 2004년에는 유럽연합의 공무원법원이 설치되었으나, 2016년 9월 1일에 해체되고 그 관할은 일반 재판소로 이관되었다.

EU창설조약(TFEU) 제257조에 의하면 유럽의회와 유럽이사회는 통상 입법절차에 따라 일반 재판소에 속하는 특별재판소를 설치할 수 있다.

2) 유럽사법재판소의 조직

유럽사법재판소는 1심으로 일반재판소[493]를 두고 있다. 그리고 항소심으로서 유럽사법재판소(Court of Justice)를 두고 있다. 이 두 재판소는 상호 독립되어 있다. 사법재판소는 27명의 재판관으로 구성되어 있다. 재판관은 한 나라에서 1명씩 선출된다. 일반 재판소(General Court)는 2016년부터 44명의 재판관으로 구성되어 있었는데, 2019년부터 49명으로 구성된다. 수석 변호인단은 11명으로 구성된다.

3) 유럽사법재판소의 관할

일반 재판소는 국내 법원이나 직접 소송으로 제기된 유럽법의 적용이나 해석에 있어 통일성을 기하는 1심 기관이다. EU 입법에 관한 문제와 기타 광범위한 영역의 주제, 예를 들면, 인민의 자유 이동, 물자와 서비스, 자본, 경쟁, 국가원조, 상표소송과 망명, 이민 정책 등 많은 분야의 다툼을 다루고 있다. 또 공무원의 EU에 대한 소송도 담당하고 있다.

사법재판소는 일반 재판소에서 다룬 사건[494]의 항소 사건을 담당하고 있다. 뿐만 아니라 유럽연합의 기본권 장전의 해석과 적용에 관해서도 많은 판결을 하고 있다.

4) 재판관의 자격, 임기, 책임

재판관은 자기 나라에서 최고 법관직에 취임할 수 있는 자격 조건을 가져야 하며, 누구나 인정하는 유능한 변호사의 자격을 가져야 한다. 재판관은 의심의 여지없이 독립적이어야 한다. 이들은 자기가 소속한 국가에서 추천돼야 하며, 임기는 6년이며 재선될 수 있다. 초선 시 연령을 65세를 상한으로 하였다. 정년 연령도 정하지 않고 임기 내에는

---

493) The Court of Justice of the European Union: Multidisciplinary Perspectives (Swedis) 2018
   https://www.bloomsbury.com/au/the-court-of-justice-of:the-european-union-978150
   9...
   Amazon.com: The European Court and Civil Society: Litigation, Mobilization and ...   https://ww
   w.amazon.com/European-Court-Civil-Society-Mobilization/dp/0521671817
   ORG Wiki Court of Justice of the European Union
   https://wiki.openrightsgroup.org/wiki/Court_of_Justice_of_the_European_Union.
494) Bartleby, The Court of Justice of The European Union - 1471 Words 2015
   https://www.bartleby.com/essay/The-Court-Of-Justice-Of-The-European-F38B9D9N...
   CJEU - Court of Justice of the European Union
   https://aiic.net/page/6248/cjeu-court-of-justice-of-the-european-union/lang/1

근무할 수 있다.

재판관 중에서 소장과 부소장을 호선한다. 임기는 3년이고 재선될 수 있다. 수석변호인 (Advocate General)은 재판소를 지원한다. 이들은 불편부당하고 독립적으로 배정된 사건 의 "의견(opinion)"을 제출할 의무를 진다.495)

5) 심판재판부

재판부는 전원재판부와 15명으로 구성되는 대재판부와 3명 내지 5명으로 구성되는 심판부가 있다. 재판소 구성법에 규정된 특수한 사건은 전원재판부에서 심판한다. 이에는 유럽 옴부즈맨의 해임이나 유럽위원회 위원의 책임 수행을 하지 못할 때의 면직 사건도 포함된다. 또 재판소가 특별한 중요성을 가진다고 생각하는 사건을 심판한다.

대재판부는 구성 국가나 유럽 기관이 당사자이거나 요청하는 경우에, 또 특별히 복잡하 거나 중요한 사건을 심판한다. 3인이나 5인으로 구성되는 부에서는 기타의 사건을 심판한 다. 5인 재판부의 부장은 3년 임기로 선출되며, 3인 재판부의 부장은 1년 임기로 선출된다.

항소심은 일반 재판소와 판결이나 명령에 대한 법적 문제에 대해서만 사법재판소에서 담당한다. 항소가 수리되어 근거496)가 있는 경우에 일반 재판소의 판결을 파기할 수 있다.

6) 재판절차

(1) 일반 절차

소송은 우선 국내재판소의 판결을 사법재판소에 제출해야 한다. 국내재판소의 판결은 당사자와 모든 구성 국가에 통지한다. 이에 대해 당사자, 구성 국가와 유럽 기관은 서면 의견을 두 달 안에 제출한다. 소를 직접 제출하거나 항소의 경우에도 재판소는 당사자에게 이를 통지하고 2개월 이내에 서면답변서를 제출해야 한다.

예심은 당사자들의 서면 의견과 수석변호인단의 의견을 들어 구두변론 절차에 들어갈 지를 결정한다.

구두변론이 필요하다고 결정한 경우에는 공개재판을 한다. 재판관과 수석변호인들은 당사자에게 구두 심문을 할 수 있으며, 수 주 내에 수석변호인은 의견을 재판장에게 제출한다.497)

---

495) CURIA, - Presentation - Court of Justice of the European Union
    https://curia.europa.eu/jcms/jcms/Jo27024/en/
    The Court of Justice of the European Union / Fact Sheets on the European Union / E...
    http://www.europarl.europa.eu/factsheets/en/sheet/26/the-court-of-justice-of-the-eur
    o...
496) Rosas, A. Die Europäische Gerichthof im Kontext? Formen und Modelle Richterlichen Dialogs.
497) European Union Changes Rules for Appeals Before the EU Court of Justice / Legal...
    https://www.law.com/legal-week/2019/04/09/european-union-changes-rules-for-appe...
    BBC News Reality Check: What is the European Court of Justice?
    https://www.bbc.com/news/world-europe-40630322

판결은 별문제가 없는 경우에는 이유 설명 없이 판결을 할 수 있다. 일반적으로는 담당재판관이 판결문 초안을 작성하고 이를 재판관들이 검토한 뒤 표결에 의하여 판결문을 결정한다. 이 판결문에는 소수의견을 첨부할 수 있다. 판결은 당사자에게 통지되고 공개된다.

(2) 특별절차

제기된 소송의 내용이 이미 재판소에서 결정이 나온 문제에 대해서는 특별한 문제가 없으면 법원은 수석변호인의 의견을 듣고 이유를 표시한 기각 결정을 할 수 있다. 이를 간이 절차라고 한다.

다음에는 긴급한 필요가 있는 경우에는 재판소는 특급절차를 채택할 수 있다. 이 특별히 시급한 사건에 대해서는 당사자의 요청이 있는 경우에 결정할 수 있다.

중간 절차를 요청한 경우에는 재판 연기 등 중간 결정을 할 수 있다.

(3) 일반 재판소의 특례

일반 재판소는 3명의 부와 5명의 합의부에서 심판한다. 일반 재판소는 80% 이상이 3명의 부에서 심판한다. 1명 재판관의 단독심에서는 간단한 사건을 심판한다. 앞으로 상표부 등 특별부도 구성할 것으로 논의되고 있다. 일반 재판소에는 상임 수석변호인 제도를 두지는 않는다.

2. 유럽사법재판소에 의한 기본권 장전의 적용

1) 유럽사법재판소의 인권 보장 기능

유럽 기본권 장전의 권리침해에 대한 사법적 구제를 전담하는 인권재판소는 없으며 유럽사법재판소가 일부를 담당하고 있다. 그러나 독일의 헌법소원이나 유럽심의회의 유럽인권재판소에 대한 집단소송의 수단은 인정되지 않고 있다. 그리하여 유럽연합에서는 가맹국이 유럽심의회의 유럽 인권헌장에의 가입을 권고하고 있다.

사법적으로는 유럽인권재판소가 유럽연합 인권장전의 효력을 인정하는 판결을 하고 있으나,498) 유럽사법재판소는 이를 순순히 인정하지 않아 문제가 있다. 유럽사법재판소

---

498) Happold, Matthew; Protection européenne et internationale des droits de l'homme, Larcier, 2014, 336 pp. European Union Agency for Fundamental Rights, Fundamental rights: challenges and achievements in 2013 - Annual report 2013, June 2014, 270 pp. Poiares Maduro, Miguel, 'Interpreting European Law: Judicial Adjudication in a Context of Constitutional Pluralism', European Journal of Legal Studies 1, 2 (2007); De Burca, Grainne, 'After the EU Charter of fundamental rights: the Court of Justice as a human rights adjudicator?', Maastricht Journal of European and Comparative Law, Vol. 20, 2013; Muir, Elise, 'The Court of Justice in the Novel System for the Protection of Fundamental Rights in the EU', Maastricht Faculty of Law Working Paper, 2012-5.

는 권리와 원칙을 구별하여 원칙(principle)은 권리가 아니라고 하며 기본권의 범위를 좁게 해석한 바 있으나, 이제는 일반적 기본원칙만은 권리로 보고 있다. 권리와 자유라고 할 때 자유는 직접 소를 제기할 수 있는 권리가 아니라고 보는 프랑스 이론을 따르고 있다. 그러나 권리와 자유는 똑같이 소구할 수 있는 권리로 봐야 한다.

평등 보호의 경우에도 권리적 성격이 인정되고 있다. 급부청구권(Leistungsrecht)의 경우도 유럽인권재판소는 권리성을 인정하고 있다. 그러나 원리와 권리가 분리되어 규정된 경우에는 원리는 권리로 인정하지 않는 경우가 있다.

유럽연합의 기관에 의한 기본권 침해행위는 불법이다. 기본권 합치적 해석이 가능한 경우에는 일반적으로 기본권 침해를 인정하지 아니한다.499)

2) 인권에 관한 중요 결정

(1) 남녀평등에 관한 권리

유럽사법재판소는 리스본 조약에 따라 유럽 기본권장전을 유럽연합의 조약과 같은 효력을 가지게 되어 이를 적용하고 있다. 남녀평등과 관련하여 남성 경찰관의 경우에는 무기를 휴대하는데 여성에게는 무기 휴대를 어렵게 하는 것은 평등 원칙 위반이라고 하였다(Johnston, 1986).500)

(2) 시민권에 관한 권리

유럽시민권은 유럽연합 전역에서 인정된다. 유럽에 거주하고 있는 시민이 질병보험에 가입하는 경우, 이에 필요한 금원의 여유가 있는지 조사하게 되어 있는 경우, 아동의 어머니가 제3국 국적자인 경우에도 아동에게는 국적의 권리가 인정된다고 한다(Zhu and Chen, 2004). 이 판결에서 제3국 국적을 가진 사람이 유럽 국적자와 거주하여 국적취득을 원하는 경우 이를 제한할 수 있다고 하고 있다.

(3) 거주이전의 자유

한 유럽국가에서 얻은 학사 후 학위자격을 다른 국가에서 사용하려는 경우, 그 국가는

---

499) The Evolution of Human Rights Law in Europe; Comparing the European Court of…
http://www.inquiriesjournal.com/articles/936/the-evolution-of-human-rights-law-in-e…
Nowadays the European Union Has Such a Strong Court of Justice
https://www.lawteacher.net/free-law-essays/european-law/nowadays-the-european-un…
Cour de justice de l'Union européenne;
https://www.facebook.com/pages/Cour-de-justice-de-l Union-europ%C3%A9enne/l1…
500) CURIA, Presentation - Court of Justice of the European Union
https://curia.europa.eu/jcms/jcms/Jo2_7024/en/
Court of Justice of the European Union Articles - Breitbart
https://www.breitbart.com/tag/court-of-justice-of-the-european-union/
Court of Justice of the European Union (CJEU) / Inside Privacy
https://www.insideprivacy.com/tag/court-of-justice-of-the-european-union-cjeu/

발급 과정의 정당성을 심사하는 이외에는 그 자격을 인정해야 한다고 하였다(Kraus, 1993). 또 직업 선수 단체의 소속으로 외국인이 가입해 있는 경우에는 소속팀과 함께 거주이전을 할 자유를 인정하고 있다(Deutscher Handballbund, 2003)(Simutenkou, 2005).

(4) 의료서비스를 받을 권리

다른 유럽 국가의 시민이 타국에서 질병에 걸려 치료한 경우에 치료비를 받을 수 없게 규정한 법률은 의료서비스를 받을 권리를 부당하게 제한하는 것으로 불법이라고 판시하였다(Kohic, 1998). 그리고 외국에서 안경을 산 비용을 보상받을 수 없게 한 법률은 물품의 이동의 자유를 침해한 것으로 무효라고 하였다(Decker, 1998).

(5) 종신형 죄수의 대우에 관한 판결

유럽사법재판소 대법정은 영국의 종신형 규정이 감형이나 사면이 불가능하며, 교도소에서 죽게 되는 것은 일정한 시기에 재심의 기회도 없이 평생을 수감하는 것은 유럽연합의 기본권장전 제3조 위반이라고 16 대 1로 판결하였다. 이에 대하여 영국의 Cameron 수상은 반대하고 있다. 왜냐하면 영국에서는 아직도 중범죄자에게도 사형을 선고할 수 있기 때문이라고 했다. 영국에서는 아직도 많은 사람이 중범죄에 대한 사형집행을 권하고 있다고 반박하였다.[501]

(6) 사회권의 평등 적용

노동자의 건강과 안전을 위하여 연차 휴가를 받게 되어 있는데, 단기 채용 계약자에게는 연차 휴가를 주지 않아도 된다는 법률은 연차 휴가의 권리를 제한하는 것으로 사회권의 직접적 효력에 따라 무효라고 판결하였다(BECTU, 2001).[502]

3. 유럽사법재판소의 문제점

유럽사법재판소는 유럽 인권의 보장기관으로서 기본권 침해에 대한 구제를 해 주어야 한다. 그러나 입법의 미비로 독일과 같은 헌법소원제도가 행해지지 않는다. 유럽심의회의 인권재판소와 같은 독립기구가 없어 재판이 적체되고 있다. 또 유럽입법에 대해서도 기본권 침해를 이유로 한 입법무효 결정은 거의 할 수 없다. 그리하여 새로운 입법으로나 개정으로 이에 대처할 수밖에 없다.

---

501) Case Watch: European Court Ruling on Life Sentences Sets New Standard, 2013.
   https://www.opensocietyfoundations.org/voices/case-watch-european-court-ruling-lif...
502) EuGH: EU-Staaten müssen Arbeitgeber zur Arbeitszeiterfassung verpflichten - Die ...
   https://eufarbeitsrecht.net/eugn-eu-staaten-muessen-arbeitgeber-zur-arbeitszeiterfassun..
   The Court of Justice of the European Union reiterates broad application of the EU
   https://www.insideprivacy.com/uncategorized/the-court-of-justice-of-the-european-un...

유럽연합 국가들의 법원은 유럽 기본권장전 침해에 대해서 심사권을 가진다. 즉 유럽재판소에 제소하기 전에 국내 구제 절차를 거쳐야 하기 때문에 국내 법원도 전심으로서 심사할 수 있으나, 유럽입법이 우선하기 때문에 실제적으로 구제되기는 쉽지 않다.[503]

이러한 단점을 보완하기 위하여 리스본 조약(2007. 12. 13)은 EU를 유럽심의회의 인권헌장에 가입하도록 규정하였으나, 유럽재판소는 유럽연합은 국가가 아니라는 이유로서 유럽심의회의 인권헌장에 가입할 수 없다는 의견서를 제출하였다(2014.12.18.).[504] 이로써 당분간은 유럽연합은 유럽심의회의 인권헌장에 가입할 수 없게 되었다. 이 의견에 대해서는 유럽연합의 사법재판소가 스트라스부르에 있는 유럽인권재판소에 자기들 권한을 양보하려 하지 않는다는 비판도 있다.

이 문제의 해결도 양 인권헌장을 통합하여 한 헌장을 만들거나, 유럽사법재판소와 유럽인권재판소를 통합하는 것도 고려될 수 있을 것이다.[505] 그러나 구성 국가의 수가 다르기 때문에 국가 주권의 문제로 어려울 것으로 보인다.

제3절 유럽심의회의 인권헌장의 발전

I. 유럽심의회의 인권헌장의 개선 노력

---

503) JURIST - The Roles and Relationship between the Two European Courts in Post-Li...
   http://www.jurist.org/dateline/2013/09/elena0-butti-lisbon-treaty.php
   Carrera, Sergio et al., The Triangular Relationship between Fundamental Rights, Democracy and Rule of Law in the EU: Towards an EU Copenhagen Mechanism, Policy Department C Study, European Parliament, 2013.
   판결례로는 CURIA- Documents 참조.
   Mapping 50,000 citations between European Court of Justice rulings
   https://blog.vizlegal.com/mapping-the-citations-of-the-european-court-of-justice-813...
   Lenaerts - Die EU-Grundrechtecharta: Anwendbarkeit und Auslegung, EuR, Heft 1, 2012
   Anwendung der EU-Grundrechtecharta im Jahr 2017 / EU-Kommission
   https://ec.europa.eu/commission/news/charter-fundamental-rights-eu-2017-2018-jun-...
504) EuGH verbietet EU Beitritt zur EMRK
   https://www.lto.de/recht/nachrichten/n/eugh-kritisiert-entwurf-beitritt-eu-emrk/
   Jean-Monnet-Saar, EuGH Gutachten (2/13) zum EMRK Beitritt
   http://jean-monnet-saar.eu/?p=690
   EuGH bremst EU-Beitritt zur Menschenrechtskonvention - EURACTIV.de
   https://www.euractiv.de/section/eu-innenpolitik/news/eugh-bremst-eu-beitritt-zur-me..
   EuGH verbietet EU Beitritt zur Menschenrechtskonvention ≫DiePresse.com
   https://diepresse.com/home/recht/rechtallgemein/4622259/EuGH-verbietet-EU-Beitrit..
505) Der Beitritt der Europäischen Union zur Europäischen Menschenrechtskonvention...
   https://verlagdrkovac.de/978-3-8300-3875-7.htm

1. 유럽심의회의 인권헌장의 역사

유럽심의회의 인권헌장(European Convention of Human Rights and Fundamental Freedoms)은 1950년 11월 4일 로마에서 서명되었으며, 1953년 9월 3일 비준이 끝나 효력을 발생하였다. 이 헌장은 현재 유럽의 거의 모든 나라가 가맹했으며, 가장 중요한 지역 연합의 인권헌장으로 인정되고 있다. 세계에서 가장 강대한 인권재판소를 두어 인권발전을 주도하고 있다고 하겠다.

이 헌장은 서유럽 각국에 의해 창설된 것이나 그 뒤 동유럽의 여러 나라도 가입하여 현재는 벨라루스와 바티칸국을 제외한 유럽의 모든 나라들이 가입하고 있다.

유럽인권헌장은 그동안 여러 차례 추가프로토콜(Zusatzprotokoll)에 의하여 수정되어 왔다.506) 최초에 서명한 나라는 벨기에, 덴마크, 서독일, 프랑스, 아일랜드, 이탈리아, 룩셈부르크, 네덜란드, 노르웨이, 터키와 영국이었다. 최초로 비준한 나라는 영국, 노르웨이, 스웨덴, 서독일(1952. 12. 5)이었고, 이어 자를란트, 그리스, 덴마크, 아이슬란드, 룩셈부르크 등이 비준하였다.

(1) 비준되기 전에 제1차 추가의정서가 통과되었다. 이에는 새로이 재산권, 양친의 교육권한, 정치적 시민권(자유, 비밀선거권)이 추가되었다. 이것은 1952년 3월 20일에 성립되고, 1954년 5월 18일에 효력을 발생하였다. 그 뒤에도 이 인권헌장은 계속 추가 조항에 의하여 발전되었다.507)

(2) 그동안 통과된 추가조항은 제1차 추가조항에서 제16차 추가조항까지가 발표되었다. 제2차, 제3차, 제5차, 제9차, 제10차 추가조항은 제11차 추가조항에 따라 효력이 변경되었거나 목적이 달성되었다. 이 과정에 따라 여러 기구가 유럽인권재판소의 권한으로 전환되었다.

2. 추가의정서의 제정으로 인한 수정

1) 제7차 추가의정서

제7차 추가의정서는 1984년 11월 22일에 서명되고, 1998년 11월 1일부터 효력을 발생하였다.508) 그 내용은 형사사법의 절차에 관한 것이 많았다. 내용을 보면 다음과

---

506) Wikipedia, Europäische Menschenrechtskonvention
　　https://de.wikipedia.org/wiki/Europäische_Menschenrechtskonvention
　　Entstehung und Entwicklung der Europäische Menschenrechtskonvention /
　　Europä...https://www.menschenrechtskonvention.eu/entstehung-und-entwicklung-der
　　-europaei...
507) Zusatzprotokoll / Europäische Menschenrechtskonvention.
　　https://www.menschenrechtskonvention.eu/zusatzprotokoll-emrk-9251/
　　(PDF) Wie hielt es die Europäische Union mit den Menschenrechten im letzten Jahr...
　　https://www.academia.edu/28631506/Wie_hielt_es_die_Europäische_Union...
508) ETS 117 - Human Rights (Protocol No. 7), 22. XI. 1984

같다.

제1조 외국인 추방에 관한 보호절차
① 한 국가의 영역에서 합법적으로 거주하는 외국인은 법률이 정한 결정을 집행하기
위하여서만 추방될 수 있다.
② 외국인은 추방이 공공질서유지 이익이나, 국가안전보장의 이유에서 필요한 경우
에는 추방절차를 거치기 전에라도 추방할 수 있다.
제2조 형사사건에서의 항소권
① 형사사건에서 법원에서 유죄선고를 받은 사람은 유죄판결에 대하여 항소할 권리를
가진다.
② 이 권리는 경범죄나 기타의 경우에는 예외를 인정할 수 있다.
제3조 오판에 대한 보상
종심 판결에서 형사사건에서 유죄판결을 받은 사람이 새로운 사실의 발견에 따라
유죄로 인정되거나 사면을 받은 경우에는 형사보상을 받을 수 있다.
제4조 이중처벌을 받지 않을 권리
한 국가에서는 동일 범죄에 대해서 이중처벌을 받지 않는다. 새로운 증거나 사실이
발견된 경우에는 그러하지 아니하다.
제5조 부부 간의 동권
부부는 사법상의 권리나 책임에 있어서 평등하다. 아동에 대한 권리와 혼인 중이거나
이혼 후에도 평등하다. 아동의 이익권리를 위해서는 국가는 필요한 조치를 취할
수 있다.
제6조 지역적 적용범위 - 생략
제7조 유럽기본권헌장과의 관계 - 생략
제8조 서명과 비준
제9조 효력발생
제10조 문서의 보관509)

2) 제11차 추가의정서

1994년 5월 11일에 체결되었고 1998년 11월 1일에 효력을 발생하였다. 이 추가개정은
이제까지 집행기관으로 있었던 유럽인권위원회, 유럽인권재판소, 각료위원회 등 일부를
통합하여 상설 유럽인권재판소로 통합하였다. 그러나 각료위원회는 국가에 대한 감시

Dirk/Baeker/Ulrich, European Fundamental Rights and Freedoms, De Gruyter, 2011, 618 pages,
https://www.degruyter.com/view/product/62556
509) Entwicklung der Europäischen Menschenrechtskonvention / Europäische Menschen...
https://www.menschenrechtskonvention.eu/entwicklung-der-curopaeischen-mensche
n...

기관으로 기능이 변화하게 되었다. 이에 따라 헌장 조문이 개정되었다(상세한 것은 인권헌장 원문을 보기 바란다. 여기서는 제목만 나열한다).

제19조 인권재판소의 창설
  유럽인권재판소를 설립한다. 인권재판소는 상설기관으로 운영된다.
제20조 재판관의 수는 체약 국가의 수와 같다.
제21조 재판관의 자격
  ① 재판관은 고도의 윤리성을 가져야 하고, 자국의 고위직 법관의 지명이 변호사의
    직에 종사하는 유능한 법관으로 인정되는 사람이어야 한다.[510]
  ② 재판관은 개인적 자격으로 법정에서 재판한다.
  ③ 재판관은 임기 중에는 재판관의 독립과 합치되지 않는 업무에 종사할 수 없으며,
    법정에서 이 조항의 적용을 위한 여러 문제에 답하기 위하여 전임으로 활동해야
    한다.
제22조 재판관의 선출
  ① 재판관은 각 체약국이 지명한 3명의 재판관 리스트 중에서 다수결에 의하여
    유럽의회에서 선출되어야 한다.
  ② 재판관이 충원될 때까지, 또 공석이 생긴 경우에는 개별 체약 국가의 추천에
    따라 재판관을 선출한다.
제23조 직원의 임기
  ① 재판관의 임기는 6년이며 재선될 수 있다.
  ② 재판관 중 소장과 부소장 등의 임기는 3년이고, 추첨에 의하여 선출된다.
  ③ 가능한 한 재판관은 3년마다 재판관 중 과반수가 선출되도록 한다. 한, 두 명의
    재판관은 반수의 3년마다 교체를 위하여 의회에서 선출되기 전에 임기 6년
    이외에 임기 9년과 3년 이상의 임기인 재판관 수를 의회에서 조정한 뒤에 선출한
    다.
  ④ 1기 이상의 재판관이 전임된 경우에는 추첨에 의하여 임기를 정할 수 있다.
  ⑤ 재판관이 임기 도중에 교체되는 재판관은 그 전임자의 잔임 임기까지 재임한다.
  ⑥ 재판관의 정년은 70세이다.
  ⑦ 재판관은 후임자에 의하여 대체될 때까지 직무를 유지한다. 그러나 현재 재판이
    진행 중인 경우에는 그 사건이 종결될 때까지 재임한다.
제24조 재판관의 해임
  재판관은 다른 재판관의 3분의 2가 그 외 직무 조건을 충족시키기를 종결시키려는
  경우가 아니면 해임되지 않는다.

---

510) ETS 155 - Human Rights (Protocol No. 11), 11. V. 1994.
    Council of Europe, ETS 155 - Human Rights (Protocol No. 11), 11. V. 1994.

제25조 사무처와 비서실

　재판소에는 재판소규칙에 따라 사무처를 둔다. 재판소는 법률비서의 조력을 받는다.

제26조 전원재판부의 권한

　　a) 전원재판부는 재판소장과 1~2명의 부소장을 3년 임기로 선출한다. 재판소장과 부소장은 재선될 수 있다.

　　b) 재판부를 구성한다.

　　c) 또 재판부의 부장을 선출한다. 부장은 재선될 수 있다.

　　d) 재판소규칙을 채택한다.

　　e) 사무처장과 1명 내지 다수의 부처장을 선거한다.

제27조 위원회, 재판부, 대재판부

　　① 재판소는 3명의 재판관위원회, 7명의 재판관으로 구성되는 대부를 둔다. 부는 기간을 정하여 위원회를 설치할 수 있다.

　　② 생략

　　③ 대(재판)부는 소장과 부소장, 부장과 재판소규칙으로 정하는 재판관으로 구성한다. 부에서 사건을 대부로 이송하는 경우에는 당해 부에 있었던 재판관은 대부의 재판관이 될 수 없다. 재판소장과 당해 국가의 국민인 재판관은 참여할 수 있다.

제28조 위원회에 의한 불수리 선언

　위원회는 전원일치로 제34조의 개인 소원 사건에 대하여 불수리를 선언할 수 있고, 검토 없이 각하할 수 있다. 이는 종국적이다.

제29조 부의 수리와 본안 중요성의 결정

　　① 위원회에서 결정하지 않은 사건은 부에서 개인 소원의 수리 여부와 본안에 대하여 결정한다.

　　② 부는 국가 간 소송에 있어서 수리 여부와 본안에 대하여 결정한다.

　　③ 재판소가 예외적으로 달리 결정한 사건 이외에는 수리 결정은 별개로 한다.

제30조 대부에서의 관할권의 이관

　부에 계속 중인 사건이 헌장이나 부속의정서의 해석에 중대한 문제가 있거나, 이미 다른 부에서 판결한 것과 달리 판결할 경우에는, 당사자가 반대하지 않으면 대부로 관할을 이관할 수 있다.

제31조 대부의 권한

　　(a) 만약에 제33조의 국가 간 소송이나 제34조의 개인 소원의 재판관할권을 이관하지 않는 경우에는 적용을 결정한다.

　　(b) 헌장 제47조에 규정된 권고적 의견의 요구에 대하여 회신할 수 있다.

제32조 재판소의 관할권

　　① 재판소의 관할권은 헌장과 추가의정서에 관련한 제33조, 34조, 47조에 규정되어 있는 사건의 해석과 적용에 관한 모든 문제를 관할한다.

② 재판소에 관할권이 있는가의 분쟁에 대해서는 재판소가 결정한다.

제33조 국가 간 사건

체약 국가는 다른 국가가 헌장과 추가의정서의 규정을 침해했다는 것을 이유로 재판소에 제소할 수 있다.

제34조 개인적 청구

재판소는 개인이나 NGO나 개인 단체가 자기 나라 국가가 헌장이나 추가의정서 규정을 침해했다고 항의하는 경우에는 재판권을 가진다. 국가는 이들의 효과적인 권리행사를 방해해서는 안 된다.

제35조 수리기준

① 재판소는 일반적으로 승인된 국제법의 원칙에 따라 모든 국내법적 구제 결정이 끝난 뒤 6개월 이내에 제기된 모든 사건을 심사한다.

② 재판소는 헌장 제34조의 개인적 소원청구는 다음 경우에는 수리하지 않는다.

　(a) 익명이거나

　(b) 이미 재판소에 의하여 심사가 끝난 것과 동일한 사건과 본질적으로 비슷한 사건은 수리하지 않는다.

③ 재판소는 개인적 소원이 이 헌장의 규정에 불합치하다고 생각하는 경우나, 그것이 이유가 없거나 소원청구권의 남용인 경우에는 불수리결정을 한다.

제36조 제3자 개입

① 부나 대부에 계류 중인 사건이 체결국의 국민의 권리 적용에 관해 남용하는 경우에는 서면의견을 제출하고 공판에 참가할 권리를 가진다.

② 재판소장은 사법행정의 이익을 위하여 소송의 당사자가 아닌 국가나 그 국민이 소송당사자가 아닌 국가에게도 서면의견을 제출할 수 있게 하고 재판에 참여하게 할 수 있다.

제37조 청구의 각하 - 생략

제38조 사건의 심사와 우호적 소송절차 - 생략

제39조 우호적 소송의 결과 - 생략

제40조 공개청문과 문서에의 접근 - 생략

제41조 정당한 만족 조치 - 생략

제42조 부의 판결

부의 판결은 제44조 2항의 규정에 따라 종국적이다.

제43조 대부에의 이관

① 부의 판결이 선고된 날로부터 3개월 내에 사건 당사자는 예외적으로 이를 대부에 이관할 것을 요청할 수 있다.

② 5명의 재판관으로 구성되는 대부의 패널은 사건이 헌장이나 추가의정서의 해석에 중요한 의문이 있거나, 일반적으로 중요한 문제점이 있는 경우에는 이를 수리할

수 있다.

③ 대부의 5인 패널이 이 요청을 수리한 경우에는, 대부는 이 사건을 판결의 형식으로 결정한다.

제44조 종심판결

① 대부의 판결은 종국적이다.

② 부의 판결은 다음 경우에는 종국적이다.

　(a) 당사자들이 사건의 대부 이관을 요구하지 않는다고 선언한 경우

　(b) 판결 선고 후 3개월 이후에도 사건의 대부에의 이관을 요청하지 않는 경우

　(c) 대부의 5인 패널이 제43조에 의한 이관 요청을 거부한 경우

제45조 판결과 결정의 이유

① 판결이나 수리 불수리의 결정에는 이유를 설시해야 한다.

② 판결의 전부나 일부에 대해서 이의가 있는 재판관은 개별 의견을 발표할 수 있다.

③ 종국판결은 공개된다.

제46조 판결의 구속력과 집행

① 자기들이 당사자로 되어 있는 국가는 재판소의 종국 결정에 승복하여야 한다.

② 재판소의 종국 결정은 각료 회의에 이관되어야 하며, 각료 회의는 그 집행을 감시한다.

제47조 권고적 의견

① 재판소는 각료 회의의 요청에 따라 헌장과 부속의정서의 해석에 관한 문제에 대하여 권고적 의견을 제공할 수 있다.

② 권고적 의견은 재판소나 각료 회의가 소송절차의 결과를 먼저 알 수 있게 하는 문제에 관한 헌장이나 부속의정서의 권리의 내용과 영역에 관한 것이어서는 안 된다.

③ 각료 회의가 재판에 대하여 권고적 의견을 요청하기 위하여는 각료회의의 과반수가 찬성하여야 한다.

제48조 재판소의 권고적 관할권

재판소는 각료회의가 요청한 권고적 의견이 제47조가 정한 관할에 속하는지 결정한다.

제49조 권고적 의견의 내용

① 재판소의 권고적 의견에는 이유를 제시해야 한다.

② 권고적 의견에 이의가 있는 재판관은 별개 의견을 낼 수 있다.

③ 생략

제50조 재판소의 비용 - 생략

3) 제12차 추가의정서

차별금지를 규정하고 있다. 이는 2000년 11월 4일에 서명되었다.

제1조는 일반적 차별금지를 규정하고 있다.
　① 모든 사람은 차별 없이 법률상 보장된 권리를 누릴 수 있는 권리가 보장된다.[511]
　　성별이나 종족이나 피부색이나 언어나 종교, 정치적 견해나 기타의 사상, 국가
　　적·사회적 출생이나 국민적 소수자나 재산, 출생이나 기타의 지위에 의한 차별
　　은 금지된다.
　② 누구도 관리에 의하여 제1항에 규정된 이유로 차별받지 아니한다.
제2조 공간적 효력범위
　① 모든 국가는 이 헌장의 서명이나 비준이나 수락 문서나 허가 문서에 있어서
　　이 의정서가 적용되는 개별적이거나 다수의 영역에서 적용되어야 한다.
　② 모든 국가는 언제나 유럽심의회 임원회의 사무총장에게 이 의정서가 모든 국가영
　　역에 적용된다는 성명을 제출해야 한다.
　③ 생략
　④ 생략
　⑤ 생략
제3조 헌장과의 관계
　체약 국가는 이 의정서를 헌장의 추가조항으로 간주하여 헌장 규정에 따라 적용하여
　야 한다.
제4조 서명과 비준 – 생략
제5조 효력 발생
　① 이 의정서는 유럽심의회의 10개국이 제4조의 규정에 따라 이 헌장에 구속된다는
　　명백한 동의서를 제출한 뒤 3개월 뒤의 달의 첫날에 효력을 발생한다.
　② 생략
제6조 사무총장의 과업 – 생략

4) 제14차 추가의정서

　제14차 추가의정서는 2004년 5월 13일에 채택되고, 2010년 6월 1일에 효력을 발생하
였다. 이것은 러시아 의회가 비준을 늦추었기 때문이다.[512]

---

511) Longer-term future of the ECHR System
　　https://www.coe.int/en/web/human-rights-intergovernmental-cooperation/echr-syste
　　m...
512) Burkov, Antony, Russia and the European Court of Human Rights, CEPS Commentary 10.
　　May, 2010.
　　Egli, Patricia; Protocol No. 14 Toward more effective Control Mechanism?
　　J. of Transnational Law & Policy, Vol. 17:1 Fall, 2007.

이 추가개정은 유럽인권재판소에 관한 것이다. 유럽인권재판소의 재판관의 임기를 9년으로 연장하되 재임을 금지하였다. 다음에는 사건 적체를 막기 위하여 재판소의 심판부를 개편하여 단독 판사로 하여금 소원에 대한 일차적 심사권을 주어 소원의 불수리를 결정하게 되었다. 소원의 요건이나 기타를 고려하여 불수리(no-admissibility)를 결정할 수 있게 하였다(제26조).

위원회, 대심판부, 3인 심판부는 그대로 두어 단독심 재판관이 수리한 사건만 심리하게 하였다. 이로써 개인 소원의 처리는 쉽게 하고, 중요한 사건 심리에는 충분한 시간을 가지도록 하였다.

불수리 이유로는 새로이 소원의 청구인이 「중대한 불이익」을 받지 않는 경우를 추가하였다(제35조 3(b)항). 이 조항에 대해서는 NGO와 개별 국가 당사자들의 반대가 심하였다. 그 이유는 이것이 잘못하면 개인 소원 제도를 완전히 무력화할 가능성이 있다고 생각했기 때문이다. 또 소원은 국가재판소의 규정에 대한 심사를 태만히 했거나 근거를 잘못한 경우513)로 한정하였다.

3인 재판부의 권한은 약화되고 위원회(Committee)의 권한은 강화되었다. 위원회는 반복적인 소원에 대한 허용 권한을 가졌으며, 중요 결정을 하는 권한도 가졌다(제28조 1(a)항).

각료회의도 재판소에 대한 관여가능성이 커졌다. 법정의 판결의 집행이 구속적이라고 규정하면서 국가가 이를 어기는 경우에는 대부는 각료위원회에 새로운 결정을 요구할 수 있게 했다(제46조 4항, 5항).

유럽심의회의 인권특별위원회는 대부의 청문에 참관하여 서면의견서를 대부나 재판부에 제출할 수 있게 되었다(제29조 1항).

5) 제15차 추가의정서

제15차 추가의정서는 2012년 4월 Brighton에서 통과되었다. 재판관 선거에 관해서 규정하고 있다.514)

① 전문에서 보충성 원칙과 체약 국가의 판단 영역을 확대하고 있다.

② 인권재판소 재판관은 장래 선거에서는 65세 이하여야 한다. 현재의 피선 연령 70세는 폐지한다. 임기는 9년으로 하며 정년 연령은 74세이다.

③ 당사자가 결정에 반대하여 항소할 수 있는 조항(인권헌장 제30조)을 삭제하였다.

④ 소원의 제출기간(헌장 제35조 1항)을 6월에서 4월로 단축하였다.

⑤ 헌장 제35조 3항 b에 따라 소원이 당사자에게 중대한 불이익이 생긴 경우에는

---

513) Information Platform, Reform of the European Court for Human Rights - humanrights.ch Protocol No. 14,
https://www.humanrights.ch/en/standards/ce-bodies/ecthr/reform/

514) Briefing Paper Q&A: Reform of the European Court of Human Rights, April, 2012, Open Society.

이를 전제로 소원을 국내에서 심사할 수 있게 하였다. 그러나 신법에서는 만약에 그 전제가 충족되지 않는 경우에는 그 소원의 취급을 포기할 수 있게 하였다. 이것을 분류하면 우선사건, 비우선사건, 반복적 사건, 불수용 사건 등으로 분류할 수 있다. 재판소는 어느 정도 자유롭게 이를 분류하여 우선 사건을 먼저 처리하는 방법을 사용하였다.

이러한 유럽인권재판소에 관한 변경은 유럽인권재판소의 업무량을 줄이기 위한 것이나 크게 기여하지는 못할 것이라고 보는 의견이 있다.[515]

6) 제16차 추가의정서

제16차 추가의정서는 유럽인권재판소와 각 국가의 최고재판소 간의 관계를 규정하고 있다. 체약 국가의 최고재판소는 유럽인권재판소에 조약의 해석과 적용문제에 대해서 자유롭게 질의할 수 있도록 했으며, 인권재판소는 비구속적인 의견으로 답변할 수 있게 하였다. 이것은 소원을 국내 절차로서 끝낼 수 있게 하기 위한 것이다.[516]

II. 유럽법에 의한 증보

1. 영장 발부에서의 국선변호제도

① 이 유럽의회와 각료회의에서 만든 법률(Directives)은 2016년 10월 26일에 공포되었다. 이것은 유럽인권헌장의 개정이 아니고, 유럽연합의 기능에 관한 조약 제82조 2항(b)를 수정하는 것이다. 이는 이미 공포된 법률(Directives 2013/48/EU)이 규정한 변호인의 조력을 받을 권리를 보다 효율적으로 보장하기 위한 목적을 가진 것이다.

② 이는 체약 국가들이 가지고 있는 형사사법 제도와 형사사건의 상호 승인을 쉽게 하기 위한 목적을 가진 것으로, 피의자, 피고인에게 제공될 국선변호의 최저한의

---

515) Fact sheet: Die Europäische Konvention für Menschenrechte und Grundfreiheiten (EMRK) Protokoll Nr. 15 über die Änderung der Konvention zum Schutze der Menschenrechte und Grundfreiheiten (deutsche Übersetzung)
European Council, Explanatory Report, Protocol No. 15 amending the Convention for the Protection of Human Rights and Fundamental Freedoms (Englisch)
Erläuternder Bericht des Bundesrates vom 13. August 2014 zur Genehmigung des Protokolls Nr. 15 zur Änderung der Konvention zum Schutze der Menschenrechte und Grundfreiheiten (EMRK)
Sturm, Zusatzprotokoll Nr. 15 zur EMRK.
Open Society ECAR Reform, Margin of Appreciation, April 2012.
516) EMRK/GG : Konkordanzkommentar zum europäischen und deutschen Grundrechts... 2 Bände 2013, 2466 pages, https://searchworks.stanford.edu/view/10285810

규칙을 정하는 것이다.

③ 유럽 기본권장전의 제47조 3항과 유럽심의회의 인권헌장 제6조 3항(c)와 시민적 · 정치적 권리에 관한 국제헌장 제14조 3항(d)가 모두 이러한 조건 하의 상황에서 법률이 정한 형사절차에서의 법률구조 제도를 도입하고 있다. 그러나 경험해 본 결과 이것들이 체약 국가의 형사절차에 있어서 충분한 정도의 신뢰를 주지 못하고 있었다.

④ 2009년 11월 30일에 유럽심의회의 집행회의는 형사절차에 있어서 피의자와 피고인의 절차적 권리를 강화하기 위한 로드맵을 위한 결정을 채택하였다. 이것은 단계적으로 권리를 강화하기 위한 것이었다.(A, B, C, E, D 생략)

⑤ 2009년 12월 11일 유럽이사회는 이 로드맵을 환영하면서 스톡홀름 프로그램의 하나로 만들었다.(이하 생략)

⑥ 생략

⑦ 이 법률은 로드맵 C에 규정된 제2부의 법률구조에 관한 것이다.

⑧ 법률구조액은 피의자, 피고인과 연관된 사람들을 돕기 위하여 변호인에게 비용의 완전한 보상을 규정하고 있다. 체약 국가 당국은 재정 형편에 따라 피의자나 피고인이나 기타 이를 요청한 사람이 일부의 비용을 부담하게 할 수 있다.

⑨ 법률(EU)2016/800에 따라 피의자나 피고인이나 기타 이를 요구한 사람이 제6조에 따라 이 권리를 포기한 경우에는 이를 적용하지 않는다.(이하생략)

⑩ 생략

⑪ 생략

⑫-㉝ 생략

2. 유럽 기본권장전과의 관계

일부 유럽 시민의 권리는 유럽인권헌장, 유럽기본권장전과 국내 헌법에 의하여 3중으로 보장되고 있다. 유럽연합은 리스본 조약에서 유럽연합의 시민들이 동시에 유럽인권헌장에 가입하기를 권장하고 있기 때문에 언젠가는 이 3자에 의하여 인권이 협동적으로 기능하고 적용될 것으로 보인다.[517]

그때 문제되는 것은 유럽인권헌장과 유럽기본권장전과의 차이점이다. 유럽기본권장전에 규정되어 있으나 유럽인권헌장에 규정되지 않은 기본권이 여러 개가 있다는 점이다.

1) 인간의 존엄권

예를 들면 유럽기본권장전에는 제1장 제1조에서 인간의 존엄에 관해서 상세히 규정하

---

517) 상세한 것은 앞에서 논의된 것을 보라.

　　Moltgen, Julia; Das Verhältnis der EU - Grundrechte zur EMRK, Dissertation, SS. 50-54.

고 있으나, 유럽인권헌장에는 명문으로 규정되어 있지 않다. 또 유럽 기본권장전 제3조에 규정되어 있는 인신의 불가훼손권도 명확하게 규정하지 않았다. 유럽 기본권장전 제3조의 육체적·정신적 불가훼손성도 명문으로 규정하지는 않았다. 그러나 유럽인권헌장 제8조의 사생활의 보장에서 추론할 수 있다. 유럽 기본권장전 제3조 2항의 의학·생물학에 관한 규정은 완전히 새로운 규정이다.

유럽 기본권장전 제5조 3항은 인간매매를 금지하고 있는데 유럽인권헌장에는 규정되어 있지 않다. 이에 유사한 것으로 유럽인권헌장은 노예제도와 강제 노동 금지 등이 대응한다고 하겠다.[518]

2) 자유권

유럽 기본권장전 제2장에서는 자유권을 규정하고 있다. 유럽 기본권장전 제8조의 인간에 관련된 데이터의 보호(제8조)에 대해서 유럽인권헌장은 이를 규정하지 않고 있다. 유럽 기본권장전 제13조의 예술의 자유도 유럽인권헌장에는 규정이 없으나, 유럽 인권헌장은 제10조의 표현의 자유에서 그 근거를 찾을 수도 있을 것이다. 유럽기본권장전의 기업의 자유권(제16조)과 망명권(제18조)은 유럽 인권헌장 규정을 확대한 것이다.

3) 평등권

유럽기본권장전은 제3장에서 평등권을 규정하고 있는데, 유럽 인권헌장은 제14조에서 차별금지를 규정하고 있다. 그런데 유럽 기본권장전은 아동의 권리(제24조), 노인의 권리(제25조), 장애자의 사회통합의 권리(제26조)를 규정하고 있다.

유럽 기본권장전의 아동의 권리(제24조 2항), 아동복지에 관한 권리(제24조 3항)는 유럽인권헌장 제8조에 포섭시킬 수 있을 것이다.[519]

4) 연대권

유럽기본권장전은 연대권을 규정하고 있는데 이는 사회권, 생존권을 규정한 것이라 할 수 있다. 이것은 유럽 사회헌장에 규정된 것과 유사하다. 유럽 기본권장전 제28조의 집단행동의 권리는 유럽 인권헌장 제11조의 노동자의 결사권에서 이끌어 낼 수 있다. 유럽 기본권장전 제37조의 환경보호와 제38조의 소비자보호의 권리는 유럽 인권헌장의 보완으로 인정할 수 있을 것이다.

518) Gragl, Paul, Das Verhältnis der Charta zur EMRK und zu nationalen Menschenrechten, Queen Mary College, Univ. London
Die Menschenwürde in der EMRK 978-3-16-154863-5 - Mohr Siebeck Verlag
https://www.mohrsiebeck.com/en/book/die-menschenwuerde-in-der-emrk-978316154...
519) Grundrechte (EU) - Wikipedia, https://de.wikipedia.org/wiki/Grundrechte_(EU)
Die Überprüfung des Unionsrechts am Maßstab der EMRK 978-3-16-152625-1 - M...
https://www.mohrsiebeck.com/en/book/die-ueberpruefung-des-unionsrechts-am-mas s...

5) 시민권

유럽기본권장전의 수많은 시민권 규정(제39조-제46조)은 유럽인권헌장의 개별적 규정 보다는 포괄적이다. 특기할 것은 유럽 기본권장전이 좋은 행정에의 권리(제41조)와 공문 서에의 접근의 권리(제42조)는 새로운 권리로서 주목할 만하다.

6) 사법적 권리

유럽기본권장전의 사법적 권리는 거의 유럽인권헌장과 같다. 다만, 소송비 보조를[520) 받을 권리는 명문으로 규정되어 있지 않으나 유럽인권헌장의 판례법상 인정되고 있다.

7) 총괄

유럽기본권장전은 유럽인권헌장보다 50년 후에 만들어진 것이기 때문에 그동안 국제 인권보장의 발전을 감안할 수 있었으며, 그동안의 학설과 판례를 참고할 수 있었다. 또 기초위원들이 석학인 동시에 전직 대통령, 전직 헌법재판관도 있어 실무에도 밝았다. 그래서 당시의 최고의 인권장전을 만들었었다. 또 영미식 인권규정에서 독일식 규정으로 간단명료하게 규정하여 해석의 이의를 없앴다. 또 자유권 헌장과 사회권 헌장으로 분리되 었던 것을 하나의 법전으로 통합하였다. 이 점에서 인권보장에서 이중 보고 등 낭비를 줄일 수 있었다. 다만, 인권재판소를 두지 않았기 때문에 유럽연합이 유럽 인권헌장에 가입하여 재판 기관의 통일을 기하려고 하였다.[521)

Ⅲ. 유럽인권재판소의 발전

1. 유럽인권재판소의 활동 강화

1) 유럽인권재판소의 창설

유럽인권재판소는 유럽인권헌장이 발표한(1953.9.3.) 뒤에도 5년 후에야 발족하였다 (1958.9.3.). 1980년대까지는 활동이 저조하였으나 제11차 추가의정서(1998.11.1)가 발효된 뒤 인권위원회를 폐지한 후에 활발한 활동을 시작하였다. 이때부터 수많은 개인

---

520) Die Bedeutung der EMRK für den deutschen und den unionalen Grundrechtsschutz,...
   https://www.deepdyve.com/lp/de-gruyter/die-bedeutung-der-emrk-für-den-deutschen-...
   Spot The Difference: The European Union Or European Convention On Human ...
   https://rightsinfo.org/whats-difference-european-union-european-convention-human-r.
   ..
521) Schumacher, Beitritt der EU zur EMRK
   StudZR Wissenschaft Online 1/2017 - www.WissOn.studzr.de

소원을 맡게 되어 판결도 많아졌다.522) 이 개인 소원 제도는 다른 인권재판소에서는 행해지지 않았던 제도인데 이에 따라 업무량이 폭주하게 되었다. 이 업무량을 소화하기 위하여 모든 재판관이 전임으로 재판하였으나 소송 건수가 많아 10년간 10만 건 이상이 적체되었다. 이에 따라 유럽인권재판소의 개선 논의가 여러 번 행하여졌다.523)

2) 유럽인권재판소의 개선 입법

2004년에는 이 문제를 해결하기 위하여 제14차 추가의정서를 유럽 각료회의에서 통과시켰다.524)

이 규정은, 소원은 근거 있는 중요한 인권 침해에 근거한 것만 수리하게 하였다. 이로써 체약 국가의 국내적 영역에서 업무량의 감소를 가져오게 되었다.525) 이로써도 업무량은 크게 줄지 않아 2007년에는 재판소 직원 수를 배가하게 되었다.

2013년 6월 24일에는 제15차 추가의정서가 통과되었다. 여기서도 재판소 법정의 업무량을 줄이기 위하여 소원의 제소기간을 국내 절차의 종결 후 6개월에서 4개월로 단축하였고, 대배심에의 항소를 제한하고, 선임 재판관의 연령을 65세 이하로 연소화함으로써 능률를 올리려고 하였다.526)

2013년 10월 2일에는 제16차 추가의정서를 통과시켰는데, 2018년 8월 1일에 효력을 발생하였다.527) 이는 인권헌장의 적용과 해석에 관한 참고의견(opinion)을 국내 최고법원이 요청할 수 있게 했다. 이것도 체약 국가의 최고법원에서 이를 참고하여 사건을 종결하게 하여 인권재판소의 업무량을 줄이기 위한 것이다.

3) 각종 연구단체에서의 개선 연구

그동안 유럽의회나 유럽심의회 등 각종 회의에서도 인권재판소 개선에 관한 많은 권고가 채택되었다. 그중 중요한 것을 보면 다음과 같다.528)

우선 공식적인 것으로는 각료 회의가 요청한 고위 법관들이 2010년부터 계속 회의를 열어 인권재판소의 개선 방안을 논의하고, 그 결과의 의견서를 발표하고 있다. 2010년에는 인터라켄(스위스)에서, 2011년에는 Izmir(터키)에서, 2012년에는 브라이톤(영국)에

---

522) Allgemeine Lehren im Grundrechtsverständnis nach der EMRK und der Grundrecht... Nomos, 269 S. 2006.
   http://bookspode.club/de/read.php?id=3789083402&src=fbs
523) Europäischer Gerichtshof für Menschenrechte - HWB-EuP 2009
   http://hwb-eup2009.mpipriv.de/index.php/Europäischer_Gerichtshof_f%C3...
524) Full list
   https://www.coe.int/en/web/conventions/full-list/-/conventions/webContent/7435985
525) Reform of the European Court for Human Rights - humanrights.ch
   https://www.humanrights.ch/en/standards/ce-bodies/ecthr/reform/
526) Treaty No. 213, Protocol 15 amending EKHR
527) Treaty No. 214, Protocol 16 amending EKHR
528) Reform of the ECHR - Conferences, reports, notes, opinions
   https://www.echr.coe.int/Pages/home.aspx?p=basictexts/reform&c=

서, 2013년에는 오슬로에서, 2015년에는 브뤼셀에서, 2018년에는 코펜하겐에서 회의가 열렸다. 이 회의는 정부와 인권재판소 재판관과 국내 최고 법관들이 참여한 것으로 여기서 발표된 의견서는 입법에 많은 영향을 끼쳤다. 2018년 4월 12일에서 13일에 열린 이 회의에서는 코펜하겐 선언이 채택되었다.529) 이 선언은 사법권의 독립을 강조하고 법치주의를 강조했으며, 그동안 8년에 걸친 사법개혁이 성공했다고 하면서 인권재판소의 인력 증강과 재정 증가를 요청했다. 그리고 보충성의 원칙을 강조하면서 국내적 인권보장의 중요성에 대한 경종을 울렸다. 그리고 유럽인권재판소와 국내 재판소와의 대화와 협력의 필요성을 강조하고 있다.

이미 행해지고 있는 단독심의 강화와 약식 재판의 역할이 인권재판소의 업무량의 적체 해소에 기여함을 인정하고 있다. 판결의 명확성과 연속성도 요구되고 있다. 권고적 의견 제도도 업무량의 감소에 기여하고 있다고 한다. 재판관의 선출에 있어서는 박식하고 유능한 재판관이 필요하기 때문에 선거제도의 개선이 요구되기도 하였다. 판결의 집행 문제도 논의되었고 절차의 개선도 논의되었다.

각료 회의는 2019년 말까지 앞으로의 변화에 대한 개혁시간표를 만들 것이 요청되었다.530)

이 밖에도 현자(Wise Persons) 단체 회의의 개혁안도 발표되었다.531) 여기에는 각료 회의의 위촉에 따른 개선 방안이 제시되고 있다. 그중 몇 가지만 들어보면 다음과 같다.

인권재판소에 독립한 사법위원회를 두어 모든 소원의 수리 적격 여부(admissibility)를 결정하자는 안이다. 이것은 추가의정서 14호에 규정된 단독부와 3인 합의부를 대체하는 것으로, 본 재판에 회부할 것인지 여부를 결정하며 불필요한 업무량을 줄이려는 것이다. 이 사법위원회는 유능한 자격자로 구성하고, 독립성과 책임성을 부여하자는 것이다. 다음에는 인권재판소의 판례법을 널리 공포하여 체약 국가들이 이 결정에 따르도록 하는 것이 요청되었다. 또 국가 내에서의 인권 침해의 구제 수단의 강화가 논의되었다. 그리하여 인권재판소의 결정에 따라 충분한 보상이 국가 내에서 행해지도록 건의하였다. 그리고 판결에서도 조정과 중재를 하도록 판결의 대체 수단을 강구하도록 하였다. 또 유럽평의회의 인권특별위원회의 역할을 강화할 것을 요청하였다. 이 위원회는 각국의 인권위원회와 연결하여 인권이 침해되지 않도록 국내 인권법의 개선에 노력할 것이 요구되었다.

529) Copenhagen Declaration; Opinion on the Draft. Copenhagen Declaration
    Goldstone, J.: Open Society Foundations Some Rights Reserved opensocietyfoundations.org
530) Deutscher Bundestag, Der Europäische Gerichtshof für Menschenrechte, 2006.
    Wissenschaft Dienste des Deutschen Bundestages
531) Egli, P.: Another Step in the Reform of the ECHR: Report of the Group of Wise Persons;
    ZaöRV 68 (2008), pp. 155-173. http://www.zaoerv.de/© 2008,
    Max-Planck-Institut für ausländisches öffentliches Recht und Völkerrecht
    Wildhaber, L. The European Court of Human Rights: The Past, The Present, The Future;
    Am. U. Int'l L. Rev. 22 : 521, 2007.

2. 유럽인권재판소의 현황과 문제점

1) 사건량의 증가와 재판의 지체

유럽심의회의 인권특별위원회는 오랫동안의 연구 끝에 2015년 12월 11일에 장문의 보고서를 제출하였다. 이하에서는 이를 요약해 보기로 한다.[532]

2011년 9월 1일의 사건 정체 건은 160,200건에 달했다. 이것이 추가의정서 14호와 인권재판소의 규칙 개정으로 점차 줄기 시작하여 2015년 1월 1일에는 34,400건으로 감소되었다. 이것은 2014년 동기와 비교하면 33%로 감소한 것이었다. 이것은 중요 사건을 신중히 검토하기 위한 것으로 그동안 단독 재판의 활성화와 판례법의 강제력으로 많이 감소되었으나, 목표인 1제소 1결정은 아직도 요원하다고 하겠다.

현행 제도 하에서 인권재판소는 많은 노력을 하여 적체를 줄이는 데 성공하고 있다. 그 방법에는 등기 공무원의 능력과 국내 변호사의 질을 높여 제소를 줄이는 방안이 논의되기도 한다. 등기 직원 증원을 위하여 8년간 매년 375만 유로를 써서 고급 변호사를 다수 고용하는 방법도 논의되고 있다.

2) 판례법의 권위에 관한 문제

인권재판소의 권위는 인권 체계 전체의 사활에 관한 문제이다. 이에는 재판관의 자질과 등기 사무처 직원의 자질이 문제된다. 재판관의 자격 문제는 계속적으로 논란되었다. 그중에서도 재판관의 선출 절차가 많이 논란되고 있다. 이를 위하여 선출 자문기구와 유럽심의회 총회의 재판관 선거위원회에서 여러 가지로 논의되고 있다. 재판관의 최초 피선거 연령은 만 65세 이하로 하향 조정되었고 임기는 9년으로 되었다. 첫째 관문은 체약국이 재판관 후보자를[533] 선출하는 것이 문제가 되었다. 후보자를 선출할 때 국가는 그가 국내법과 국제법에 정통한 지식을 가지고 있는가, 경험이 있는가를 검토하고, 국내의 최고 법원의 재판관 자격이 있는가를 엄격히 심사한 뒤에 추천하여야 한다. 이것은 이미 2012의 가이드라인에서 규정되어 있었으나 잘 지켜지지 않았다. 국가 내의 선출 과정이 불투명하고 선발 절차의 기간이 단기인 경우가 많은 것이 문제였다. 특히 재판관의 경우에는 고용 조건이 문제가 되고, 은퇴 후의 대우가 문제가 되어 재판관의 직이 매력적일 것이 요망되었다.

판례의 질 향상도 문제가 되고 있다. 특히 대법정의 판결문이 리드해야 하며 소부의 판결도 간단한 이유를 붙이도록 하는 것이 소망스럽다고 한다. 개별적 판결도 중요하며

---

532) CDDH, Longer-term future of the ECHR System 2016, pp. 1-123.
https://www.coe.int/eii/web/human-rights-intergovernmental-cooperation/echr-system...

533) PACE - Doc. 14884 (2019) - Election of Judges to the European Court of Human Rights.
http://assembly.coe.int/nw/xml/XRef/Xref-XML2HTML-en.asp?fileid=27590&lang=...

일반적 해석 원칙도 확립해야 한다. 유럽 인권재판소와 국내 법원과의 대화534)가 요구되며 이로써 인권헌장의 의의를 알 수 있게 할 필요가 있다고 하였다.

3) 판결의 집행과 감독

유럽 인권재판소의 판결의 집행 문제는 상당한 난관에 부딪쳐왔다. 2010년대에 들어와서 상당한 발전이 있었다. 그러나 긴 장래의 행동의 요구에는 미치지 못하고 있다. 많은 판결은 별문제 없이 집행되고 있으나 정치적 사건의 상당수 판결은 집행에 문제가 있다. 집행이 잘되지 않으면 비슷한 침해 사건의 해결에 문제가 발생한다. 무엇보다도 국내 과정에서의 집행 문제가 중요하다. 이를 위해서는 인권재판소의 판결 후에 국내 재판소의 재심이 필요할 수도 있다. 특히 침해에 대한 완전한 보상은 집행되어야 한다. 국내 집행 문제에 대해서도 각료 회의의 개입도 요구된다. 중대 사건의 판결의 집행에 대해서도 정치적 해결과 화해·조정 절차의 이용이 검토되어야 한다.

유럽심의회의 판결 집행 부처의 기능이 활성화되어야 한다. 이 집행 부처는 보다 나은 활동 방법을 강구해야 한다. 각료 회의 규칙 제7조에 따른 내용을 지원해야 하며, 화해·조정과 국제 기구의 서면 통신도 하여야 한다고 권고하고 있다.

4) 유럽과 국제법질서에서의 유럽인권헌장의 지위

국제 인권법계에서는 수많은 헌장과 조약이 있어 인권조약 규범의 해석에 분열을 가져올 위험이 존재한다. 유럽심의회 내에서도 인권헌장과 다른 여러 인권조약이 혼존하고 있어 해석과 적용에 혼동을 가져오고 있다. 특히 유럽연합 기본권장전과의 관계가 문제가 된다.

유럽 인권재판소는 유엔의 인권위원회와 회합을 하기로 하였으나 적용 헌장이 다르기 때문에 큰 성과는 없었다. 이에 반하여 유럽연합의 유럽인권헌장에의 가입은 찬성하고 있으며,535) 각료회의가 정치적으로 조속히 처리해 주기를 바라고536) 있다.

Brighton 회의에서 영국은 재판소의 판결이 국가에 있어서 잘 집행되지 않으면 각료 회의에서 이에 대한 국가의 집행을 위한 조치를 취하도록 권고하고 있다. 그러나 이는 유럽심의회 헌장이 특별한 경우에만 개입할 수 있게 한 조항을 개정해야 하는 문제가 있다.

---

534) Comment from the Court on the report of the CDDH on Longer-term future of the ECHR System
CDDH, The longer-term future of the system of the European Convention on Human Rights, 2016, pp. 123.
https://book.coe.int/en/european-court-of-human-rights/7178-pdf-the-longer-term
-future-of-the-...

535) Dritter Gipfel des Europarates,
https://www.coe.int/t/dcr/summit/Memorandum-GH-de.asp

536) The Future of the European Convention on Human Rights after the Brighton Conference IAI Working Papers 1223, 2012, p. 6-8.

유럽연합의 기본권 장전이 유럽심의회에서 적용되는 경우, 조약상의 중복 문제라든가 유럽사법재판소와 유럽인권재판소와의 관계 및 유럽인권재판소에 유럽기본권장전의 해석과 적용에 관한 권한을 집중시키는 경우에는 유럽인권재판소의 업무량이 늘어날 가능성 등이 있어 문제가 있다. 이 점에서 유럽사법재판소와 유럽인권재판소 간의 협력이 필요하다.

앞서 본 바와 같이, 유럽사법재판소는 리스본조약에 따라 유럽연합의 유럽 인권헌장 가입을 권고한 데 대하여 유럽연합은 국가가 아니기 때문에 특별한 유럽헌장의 개정 없이는 불가능하다고 하여 통합에의 연기를 불가피하게 하고 있다.

혁명적인 방법으로는 재판소의 소원 접수를 미국식으로 대법원의 자유재량으로 하는 방법537)과, 유럽사법재판소와 유럽인권재판소의 통합을 생각할 수 있다.

5) 인권 판례에 대한 평가

유럽인권재판소의 판결에 대해서는 정치계에서 많은 비판이 있었다. 정치인들은 정치가 법률에 선행해야 한다고 주장하였다. 유럽에서 문제가 된 판결은 이민문제, 범죄인의 추방 등이다. 이민문제는 전쟁이나 혁명, 쿠데타가 일어난 지역인들이 지상 낙원으로 생각된 유럽에 밀입국해서는 난민으로 인정해달라고 하면, 인권재판소가 관대하게 확대 해석을 하여 난민들의 권리를 인정하였기 때문에 이슬람교도 등 타 종교인이 많이 피난권을 인정받았기 때문에 국민들의 비판이 컸다. 덴마크에서는 중범죄인의 본국으로의 추방이 인권침해라고 판결한 데 대하여 여론이 들끓었고, 대통령이나 총리까지 나서서 인권재판소를 비판하였다.538) 영국에서는 이슬람 승려의 본국 추방에 대하여 인권 침해라고 한 판결에 당시의 Cameron 수상이 인권재판소를 공격하고 개혁을 요구하기도 하였다.539)

Ⅳ. 유럽심의회의 인권헌장의 문제점

1. 유럽 심의회의 인권헌장의 문제

1) 유럽인권헌장의 평가

---

537) Europäischer Gerichtshof für Menschenrechte - HWB-EuP 2009
http://hwb-eup2009.mpipriv.de/index.php/Europäischer_Gerichtshof f%C3..
Die Überprüfung des Unionsrechts am Maßstab der EMRK 978-3-16-152625-1 - M...
https://www.mohrsiebeck.com/en/book/die-ueberpruefung-des-unionsrechts-am-mass...
538) EJIL: Talk! - A Danish Crusade for the Reform of the European Court of Human Ri..
https://www.ejiltalk.org/a-danish-crusade-for-the-reform-of-the-european-court-of-hu...
539) David Cameron calls for reform of European court of human rights, Law, The Guardian
https://www.theguardian.com/law/2012/jan/25/david-cameron-reform-european-court

　유럽 인권헌장은 세계 인권보장에 있어서 가장 중요한 역할을 해 왔으며, 국가 간의 합의에 의한 구속력 있는 헌장으로서는 세계 최초의 인권헌장이라고 하겠다.

　70년에 가까운 적용에 있어서 큰 업적을 세운 것은 유럽인권재판소이며, 이는 세계에서 가장 큰 인권재판소로서 모범적인 인권헌장의 해석과 적용의 선도적 역할을 해 왔다.540)

　그러나 앞에서 본 바와 같이, 국제인권법의 발전에 비추어서 새로운 인권보장에 소홀한 점이 있으며, 인권헌장을 유엔 인권장전에 앞서 시민적 · 정치적 자유권헌장과 사회헌장으로 나누어 규정함으로써 사회권의 발전에 낙후성이 인정되기도 하였다. 자유권에 대하여 사회권은 직접적 효력을 가진 것이 아니라 방침규정으로 인정되는 경향이었다. 해석에 의하여 그 갭을 메우려는 노력이 있었으나, 조문의 편별과 조문이 달랐기 때문에 문제가 있었다. 유럽 인권헌장에서 노동권과 사회권의 통합이 논의되고 있다.541) 이것은 유럽인권헌장 제2조, 제4조, 제6조, 제8조, 제9조, 제10조, 제11조, 제14조 등을 해석함에 있어서 유럽 사회헌장과 유엔 경제적 · 사회적 · 문화적 권리헌장 등을 통합해서 해석하려는 편법이다.

2) 유럽연합의 유럽기본권장전의 제정

　70년간의 학설과 판례의 경향을 담은 단일 인권헌장이 요청되었는데 이것을 통합한 것이 유럽기본권장전이다. 앞서 본 바와 같이, 유럽기본권장전에는 유럽인권헌장에 규정되지 않았던 기본권조항도 있으며, 유럽인권헌장의 문장을 보다 알기 쉽고 체계적으로 규정한 것이 있어 유럽 기본권장전의 유럽 전역에의 적용이 논의되고 있다. 그리하여 유럽연합이 이 유럽인권헌장에 가입하기로 했으나 이것은 유럽사법재판소의 판결로 거부되고 새로운 법절차가 마련되어야 하게 되었다.

2. 유럽연합의 유럽 인권헌장에의 가입 문제

1) 리스본조약의 체결

　리스본 조약은 당시 27개국의 유럽연합의 체약국이 체결한 조약으로, 2007년 12월 13일 리스본에서 체결하고 2009년에 효력이 발생하였다. 이 조약은 유럽연합 조약을 개정한 것인 동시에 유럽심의회의 활동 방법에 관한 조약을 개정한 것이다. 이 조약은 전문, 제1조 유럽연합 조약의 개정, 제2조 유럽 공동체 조약의 개정, 제3조 종결 규정, 제4조 조약의정서(Protocol), 제5조 부칙으로 구성되어 있다.

540) Bultrini, D. The Future of the European Convention on Human Rights after the Brighton Conference IAI Working Paters 1223, 2012.
　　Wikipedia, Europäische Menschenrechtskonvention -
　　https://de.wikipedia.org/wiki/Europäische_Menschenrechtskonvention
541) Fellmann, N. Die Integration von Arbeits- und Sozialrechten in die EMRK durch Auslegung, Baselniv, 2017.
　　https://www.researchgate.net/publication/328198452_Die_Integration_von_Arbeits-

이 조약으로 유럽연합은 많은 조약을 개정하게 되었다. 다만, 유럽연합 조약과 유럽공동체 구성 조약은 유럽연합의 활동 방법에 관한 조약으로 명칭이 바뀌었다. 이로써 유럽공동체의 기구는 그 존재를 상실하고 그 기능을 유럽연합의 기구로 통합되었다.[542]

2) 유럽기본권 장전의 유럽 인권재판소 가입 문제

그러나 유럽연합의 기본권 장전에 관해서는 특별 규정이 없었기 때문에 공존하는 것으로 인정되었다.[543]

그런데 2010년 6월 유럽 인권재판소는 의정서 제10조에 따라서 유럽연합이 유럽인권헌장에 가입하는 것을 허용하였다. 그래서 2010년에 유럽 인권헌장측은 유럽연합 인권헌장과 유럽 기본권장전과의 통합 문제를 논의하게 되었다.

2013년 4월에 스트라스부르(ECHR) 측과 브뤼셀(ECJ) 측이 모여 회담하기 시작하였다. 그러나 유럽연합의 브뤼셀 측은 유럽기본권장전의 유럽인권헌장 가입에 법적 근거가 부족하다고 하여 거부하는 의견서를 발표하였다. 유럽의회는 3분의 2의 다수로 이 융합을 승인하였다. 그러나 2014년 12월 18일의 의견서에서 유럽사법재판소는 유럽연합이 유럽 인권헌장에 가입하는 것이 잘못이라고 발표하였다. 이로써 유럽기본권장전의 유럽인권헌장에의 가입은 정지상태에 들어갔다.[544]

3. 유럽인권헌장과 유럽기본권장전의 조화

1) 유럽연합의 유럽인권헌장에의 가입문제

유럽연합이 유럽 인권헌장에 가입하도록 한 리스본 조약이 통과된 지도 10여 년이 지났으나, 이의 해석에 있어서는 유럽사법재판소의 판결에 따라서 언제가 될지 모르는 현실이다. 유럽연합의 회원국은 전부가 유럽 인권헌장에도 가입하고 있기 때문에 이에는 가입은 별 문제가 없을 것 같았으나, 유럽연합이 새로운 유럽 기본권장전과 유럽 인권헌장의 적용상 충돌문제가 논의될 수 있다. 유럽 인권헌장은 앞에서 본 바와 같이, 많은 추가조항을 두었기에 이 추가조항에 대해서 비준을 한 나라도 있고 비준을 하지 않는

---

542) Wikipedia, Vertrag von Lissabon -
   https://de.m.wikipedia.org/wiki/Vertrag_von_Lissabon.
   Vertrag von Lissabon: Wichtigste Änderungen - EU-Info.de
   http://www.eu-info.de/europa/eu-vertraege/Vertrag-Lissabon/aenderungen/
543) EuGH verbietet EU Beitritt zur EMRK.
   https://www.lto.de/recht/nachrichten/n/eugh-kritisiert-entwurf-beitritt-eu-emrk/
544) Der Beitritt der Europäischen Union zur Europäischen Menschenrechtskonvention a... 2010.
   Obwexer, W.: Der Beitritt der EU zur EMRK, EuR, Heft 2, 2012
   Relationship between the European Court of Justice and European Court of Human Rights
   https://en.wikipedia.org/wiki/Relationship_between_the_European_Court_of_Justice..
   EuGH bremst EU-Beitritt zur Menschenrechtskonvention - Euractiv.de
   https://www.euractiv.de/section/eu-innenpolitik/news/eugh-bremst-eu-beitritt-zur-me..
   .

나라가 있기 때문에, 유럽연합이 유럽 인권헌장에 가입하는 경우, 이 추가의정서에 대한 비준이 개별적으로 이루어지느냐 유럽연합 가맹국 전체가 일괄적으로 비준한 것으로 간주545)할 것이냐 하는 것도 문제가 된다.

일반적으로 보면 유럽 기본권장전이 나중에 나왔기 때문에 선진적으로 보이나 유럽 인권헌장도 수많은 추가의정서를 통하여 개정·증보를 했기 때문에 유럽 인권헌장이 유럽 기본권장전보다 앞선 것도 있기 때문에 이들 간의 충돌 문제도 있을 수 있다. 또 유럽 기본권장전은 기본권의 집행, 강제규정이 없기 때문에 집행기관으로서 유럽 인권재판소를 이용할 것인가 여부도 문제가 있다. 유럽 사법재판소는 모든 사건을 다 담당하고 있는데 유럽 인권재판소는 국제인권에 관한 것만을 다루는 특별 재판소라고 할 수 있다. 두 기관이 병존하고 있기에 헌장을 개정하여 단일 재판소를 둘 것이냐 아니냐 하는 것도 큰 문제가 된다.

2) 유럽기본권장전의 적용 문제

유럽 기본권장전은 유럽연합의 사법재판소에서 주로 적용되고 있다. 유럽 기본권장전의 성립 전에는 기본권에 관하여 국제법의 일반 원칙546)으로 인정하여 판결을 하고 있었으나, 현재에 와서는 유럽 기본권장전의 성문법이 있기 때문에 이를 적용하고 있다.

유럽 인권재판소는 유럽 기본권장전을 적용하는 경우도 있다. 이 경우 유럽 기본권장전의 해석에 관하여 충돌이 생길 가능성이 있다. 과거에는 유럽 인권헌장 규정이 세계인권보장 기준에 미달했으나, 그동안의 추가의정서에 따라 유럽기본권장전보다도 선진적인 것도 있다. 이때 어느 헌장에 따를 것인가가 문제가 된다.

국내 재판소에 있어서도 유럽 기본권장전은 적용되고 있다. 이때 국내 법정에서는 국내 헌법의 인권규정과 유럽 기본권장전 규정과의 관계가 문제되고 있다.547) 물론 국내 재판소도 유럽 인권헌장을 적용하는 경우도 있고, 학계에서도 합동 주석서까지 출판되고 있다.

아이슬란드에서는 각 법정이 다른 헌장을 적용하고 있다. 노동재판소에서는 유럽

545) Engel, D. Der Beitritt der Europäischen Union zur EMRK 978-3-16-154241-1 - Mohr
https://www.mohrsiebeck.com/buch/der-beitritt-der-europaeischen-union-zur-emrk-9...
Deutscher Bundetag, Zur Diskussion über einen Beitritt der EG/EU zur Europäischen Menschenrechtskonvention (EMRK)
Schumacher, Beitritt der EU zur EMRK. StudZR Wissenschaft Online 1/2017 - www.WissOn.studzr.de
546) Obwexer, Der Beitritt der EU zur EMRK, EuR, Heft 2, 2012.
Schumacher, Beitritt der EU zur EMRK StudZR Wissenschaft Online 1/2017 - www.WissOn.studzr.de
Jasper Mührel: Der Beitritt der Europäischen Union zur Europäischen Menschenrec...
https://www.world-of-digitals.com/en/jasper-muhrel-der-beitritt-der-europaischen-uni...
547) Gragl, Paul, Das Verhältnis der Charta zur EMRK und zu nationalen Menschenrechtsvorschriften, Univ. of London.

인권헌장과 유럽 기본권장전을 적용하는 것이 비슷하다. 최고재판소에서는 최근 유럽 인권헌장과 유럽 기본권장전의 적용이 늘어나고 있다.

이러한 기본권 규범 간의 관계는 ① 경합적 관계 ② 융합적 관계 등으로 나눌 수 있다. 현재는 경합적 관계에 있어 논란이 있기 때문에 이를 융합적 관계로 하기 위하여 유럽연합과 유럽심의회가 노력하고 있다.[548] 유럽연합은 리스본 조약에서 유럽연합의 유럽 인권헌장 가입을 권고했고, 유럽심의회는 유럽 인권헌장 제14차 추가의정서에서 유럽연합의 유럽 인권헌장에의 가입을 인정하였다. 여기서 문제가 되는 것은 유럽연합은 유럽연합법의 우선을 인정하고 있는 것이다. 물론 유럽 인권헌장과 유럽 기본권장전은 동격이며 유럽 기본권장전의 유럽 인권헌장과의 수렴을 생각하고 있다.

3) 유럽연합과 유럽심의회의 인권헌장

이러한 수렴은 유럽심의회와 유럽연합의 70여 년간의 분할 때문에 쉽지 않을 것이 예견된다. 유럽연합은 27개 국가의 연합[549]인 데 대하여, 유럽심의회는 47개국이 가입하고 있다. 각자 독립적인 기관들을 가지고 있으며 이 기관들이 비슷한 성격을 가지고 구성되어 있으며 활동하고 있기 때문에, 상호간 경합의 문제가 있으며 유럽연합은 유럽연합법이 제정되어 그 우선 적용을 주장하고 있다.

원래 유럽심의회도 창설 당시에는 서구 민주국가만이 가입했으나 1990년대 소련의 붕괴로 소련 측에 가담했던 동구 국가들이 모두 유럽심의회에 가입하게 되었다. 그 결과로 인권보장과 민주주의, 법치주의의 실현에 차이가 많다. 특히 20세기에 들어와서는 과거 동구권의 패자였던 러시아가 인권문제에도 몽니를 부리고 있어 그 계속성이 유지될지도 걱정이다. 유럽공동체는 서유럽의 자유민주주의국가의 모임이었으나 21세기에 와서 동구권 국가 중에서도 민주주의 지지 국가들의 가입이 인정되어 국가 간의 빈부의 격차가 커졌다.[550]

이에 따라 인권보장에서도 차이가 나고 있어 분열이 우려되고 있다. 영국은 Brexit로 유럽 인권장전에서는 탈퇴하였으나 2020년 말까지도 유럽심의회의 인권헌장에서는 탈퇴하지 않고 있다. 장래에도 쉽게 탈퇴하지는 않을 것으로 보인다.[550a]

---

548) Relationships of legal systems in terms of protection of human rights.
549) Place: Kokkedal, Europe. International conference of experts on the European human rights system in the future Europe, 22-24 November 2017.
  Council of Europe, Europe in a time of unrest and upheaval - strong values and a future-proof.
550) Jörg Polakiewicz: The EU's Accession to the European Convention on Human Rights - A Matter of Coherence and Consistency' in Sonia Morano-Foadi and Lucy Vickers (eds.), Fundamental Rights in Europe: A Matter for Two Courts, Oxford, Hart Publishing, 2015. Jörg Polakiewicz: EU law and the ECHR: Will the European Union's accession square the circle? The draft accession agreement of April 5, 2013, European Human Rights Law Review, 2013, pp. 592-605.
550a) Sheikh, S. Brexit's Impact on Human Rights and Equality, Nov. 12. 2020

4. 유럽 인권재판소와 유럽 사법재판소의 견해

1) 유럽 인권재판소의 입장

유럽 인권재판소는 세계에서 모범적인 인권재판소로 인정되고 있다. 그동안 유럽인권헌장의 추가의정서에 따라 그 기능이 강화되었으며, 국가 간 분쟁뿐만 아니라 개인적 소원까지 받아들여 지역적 인권보장 기구로 가장 좋은 평가를 받고 있다. 그동안 사건의 지체로 많은 비판을 받았으나 추가의정서 11과 14 등으로 완전히 환골탈태하고 있다. 세계 최대의 47명의 재판관을 가진 인권재판소이다.

앞에서 본 바와 같이, 제14차 추가의정서는 2010년 6월 1일에 효력을 발생하였다. 그 이전에는 유럽 기본권장전의 적용은 하지 못했다. 그것이 유럽 사법재판소의 의견에 따라 리스본 조약의 효력이 문제가 되어 아직도 유럽연합의 유럽 인권헌장551)에의 가입은 성공하지 못하고 지연되고 있다.

2) 유럽 사법재판소의 입장

유럽 사법재판소는 유럽연합의 사법기관이다. 여기에서는 유럽의회가 제정한 유럽법과 유럽조약 등을 적용한다. 그래서 유럽법 해석의 최고기관이다. 유럽 사법재판소는 원래는 유럽 인권헌장을 적용하지 않았으며 인권존중 의무는 일반 국제법 원칙에서 이를 찾았다. 그리하여 유럽 인권재판소의 판례법에 구속을 받지 않았다.

유럽연합은 연합창설 조약 제6조 2항에서 기본적 인권보장의 의무를 지게 되었다. 또 유럽헌법 제정과 관련하여 유럽헌법안을 제안하였으나 체약 국가의 일부에서 부결시킴으로써 효력을 발생하지 못하였다. 그러나 리스본 조약에서 유럽 헌법의 일부였던 인권조항을 독립시켜 유럽 기본권장전으로 효력을 인정하게 되었다. 유럽 사법재판소는 그 뒤 활발한 인권보장 판결을 하고 있다.552)

유럽 사법재판소는 유럽 기본권장전뿐만 아니라 이미 있는 유럽 인권헌장도 준수할 의무를 가지게 되었다. 유럽 사법재판소는 그의 판결이론에서 유럽 인권재판소의 판례를 참조하게 되었다. 예를 들면 Baumbast 사건에서 아동이 체약 국가에서 유럽법에 따라서 거주할 권리를 가지는데, 부모에 관해서는 상세한 규정이 없어 유럽 인권헌장 제8조에서

---

https//lawsimplified. com.uk

551) Pixel, Relationship between the European Court of Justice and European Court of Human Rights
https://howlmgpixel.com/i-en/Relationship between the European Court of Justice
Callewaert, Johan.: Der Beitritt der EU zur EMRK: Eine Schicksalsfrage für den Europäischen Grundrechtsschutz, in: Strafverteidiger 8/2014, S. 504 f.
Das EU-Recht in der Krise - ein schwieriges Verhältnis / Verfassungsblog
https://verfassungsblog.de/das-eu-recht-in-der-krise-ein-schwieriges-verhaeltnis/

552) Grimmel, A., The European Court of Justice's growing role in the domain of fundamental rights is not a sign of judicial activism, but political insufficiencies, ARENA, Univ. of Oslo.

규정된 가정생활의 존중에 관한 규정을 적용하여 아동의 부모의 거주권을 인정하고 있다.553)

그러나 유럽 인권헌장에의 유럽연합의 가입에 대해서는 부정적인 견해를 밝혀 통합을 무기 연기케 하였다.554) 여기에는 여러 가지 이유가 있으나 본심은 유럽 사법재판소가 유럽연합법의 독자성이 침해될 것을 우려한 것과, 유럽인권재판소의 관할이 유럽법의 해석에까지 미쳐 유럽 사법재판소와의 갈등을 예방하기 위한 것이었다.

Ⅴ. 유럽 인권보장제도의 장래

1. 유럽 인권보장 주체의 미래

1) 유럽연합의 장래

유럽 통합 기구는 현재 유럽연합과 유럽심의회의 두 조직 기구가 있어 완전한 통합555) 이 이루어지지 않고 있다. 이 두 조직이 대립하여 유럽통합이 좌절하느냐, 현상을 유지하느냐 또는 통합이 가능한가에 따라서 유럽 인권보장의 미래는 달라질 수 있다.

지금 유럽연합(European Union)은 분열이냐, 확대냐, 현상 유지냐의 갈림길에 있다. 그리스 등의 경제위기, 이탈리아의 경제위기, 난민 유입, 2020년 12월 영국의 탈퇴 (Brexit) 등 여러 가지 악재가 겹쳐 있으며, 독일 등의 경제 침체도 우려되고 있다. 특히 그동안의 난민수용 문제와 다국적 가정과 다종교 사회 때문에 극우 포퓰리즘이 유행하고 있다. 이에 따라 인권보장 제도에 대한 불평도 고조되고 있다. 특히 터키 등에서 유입한 외국인, 이슬람교도의 유입, 테러의 횡행에 따라 유럽은 분열이 오지 않을까 걱정이다. 이에 대하여 유럽을 더욱 확장하자는 주장도 있다.556)

---

553) Relationship between the European Court of Justice and European Court of Human Rights
   https://howlnggpixel.com/i-en/Relationship_between_the_European_Court_of_Justice...
554) Jean-Monnet-Saar, EuGH Gutachten (2/13) zum EMRK Beitritt -
   http://jean-monnet-saar.eu/?p=690
555) Future of the European Court of Human Rights-Subsidiarity, Process-Based Re...
   https://academic.oup.eom/hrlr/article/18/3/473/4999870
   Debating the Future of the European Court of Human Rights after the Interlaken...
   https://academic.oup.com/ejil/article/21/4/1025/418149
   Future of the European Convention on Human Rights - Justice
   https://justice.org.uk/future-european-convention/
556) Europe's future: fragmented implosion, or greater integration? United Nations University.
   https://unu.edu/news/news/europes-future-fragmented-implosion-or-greater-integrati
   o..
   Four Predictions on the Future of Europe - Carnegie Europe - Carnegie Endowment...
   https://carnegieeurope.eu/strategiceurope/62445
   The Future of European Integration
   https://www.transform-network.net/focus/overview/article/strategic-nerspectives-of-t...

2019년 5월 22일의 유럽의회 선거에서 751석의 의석 중 25%의 의석을 인기영합주의
자가 차지하게 되었다. 이는 지난번 선거 때보다도 20%나 많은 의석수이다. 인기영합주의
자와 국수주의자들이 다수를 점거할 경우, 유럽의 분할이 우려된다.[557] 물론 투표율이
높아져 유럽연합파도 증가한 것으로 보인다. 유럽은 극우파가 의회를 좌우할 것을 두려워
하여 극렬한 선거운동의 결과, 기존 정당과 녹색당과 자유당을 선택하여 통합파가 다수가
된 것이다. 이는 국내 정치에도 많은 영향을 줄 것으로 보인다. 프랑스에서는 기존 정당인
마크롱(Macron) 대통령에 대하여 극우파의 르팽(Marine Le Pen) 당수가 승리하였다.
이는 유럽유지파의 패배라고 하겠다. 독일에서도 독일 대체당이 11%나 얻었고, 기독교민
주당의 득표율이 낮아졌으며, 사회민주당이 참패하고 녹색당이 선전하였다.

유럽의회 전체를 보면 유럽 주류파가 3분의 2의 다수를 차지하고 있어 유럽연합은 계속
집권할 것이다. 유럽 국방장관으로는 독일의 사회민주당 당원이 선출되었다. 그러나 개별
국가에서는 프랑스, 독일, 이탈리아, 폴란드, 그리스 등에서 내정의 변화가 예상된다.[558]

유럽연합은 미국 다음의 세계 제2의 경제대국이다.[559] 유럽연합은 2013년에 유럽의
민주정치와 인권보장, 평화와 화해를 증진했다는 이유로 노벨상을 수상하기도 하였다.
다만, 동구권의 약소 국가와 남구권의 인권 취약국 때문에 강대국들이 피해를 입고
있다는 비판이 있으며, 이들 지역에서의 인구유입, 무상 대학교육, 사회보장 등 때문에
납세자의 불만이 많아 강대국들에서 국수주의 극우가 등장하고 있다. 이러한 문제에도
불구하고 유럽연합은 당분간 지속될 것이나, 터키 등의 가입에는 난색을 표할 것으로
보인다.[560]

Advantages and Disadvantages of the European Union / FutureofWorking.com
https://futureofworking.com/11-advantages-and-disadvanteges-of-the-european-union/
The Future of the European Union?
https://www.gatestoneinstitute.org/9999/european-union-future
557) The New York Times: European Election Results Show Growing Split Over Union's Future
https://www.nytimes.com/2019/05/26/world/europe/european-elections-results.html
The Future of The European Union
https://planetearthandhumanity.blogsopt.com/2019/05/the-future-of-europen-union.h...
Wikipedia Future enlargement of the European Union
https://en.wikipedia.org/wiki/Future_enlargement_of_the_European_Union
What is the future of the European Union?, OUP blog
https://blog.oup.com/2018/03/future-european-union-euroscepticism/
The Future of European Integration - 4 Liberty.eu
https://4liberty.eu/the-future-of-european-integration/
The Limits of European Integration Theories: Cyber Development and the Future of the
European...
https://link.springer.com/referenceworkentry/10.1007/978-3-319-06091-0_62-1
558) Wikipedia European Union
https://en.wikipedia.org/wiki/European_Union
559) European Union GDP / 2019 / Data / Chart / Calendar / Forecast / News
https://tradingeconomics.com/european-union/gdp
560) European Commission, White paper on the future of Europe. 2017.
https://ec.europa.cu/commission/sites/beta-political/files/white_paper_on_the_future_

2) 유럽심의회의 장래

유럽심의회(Council of Europe, Europarat)는 제2차 대전 후 유럽통합의 기운에 따라 1949년에 스트라스부르(Strasbourg)에서 창설되었다. 이 기구는 주로 인권 보장 기구로서 기능하고 있다. 유럽 인권헌장과 유럽 사회헌장을 제정하였고, 유럽 인권재판소를 설립하였다. 또 고문 예방과 부패방지, 도핑반대 보호위원회를 두고 있다. 1954년의 문화협정에 의하여 대학의 학위제도를 상호 인정하고 소수 언어의 보호를 기하고 있다.

베를린 장벽의 붕괴 이후 과거의 공산국가도 가입할 수 있게 되어 이제는 전 유럽 국가들이 가입하고 있다고 하겠다. 카자흐스탄과 백러시아는 아직 민주국가가 아니라고 하여 가입이 거부되고 있다.[561]

유럽심의회는 아제르바이잔과 러시아 등의 인권침해, 부패, 영토 침범 등으로 위기에 빠지기도 하였다. 러시아는 우크라이나 영토의 일부를 점령하였기에 2018년도에 의결권이 박탈되었으나, 러시아가 탈퇴를 위협하여 2019년 5월에 의결권이 부활되었다. 인권주의자들이 찬성한 것은 러시아 공화국민이 유럽 인권헌장의 보호를 받아 유럽 인권재판소에 구제를 요청할 수 있는 기회를 제공하기 위한 것이다.[562]

영법국가에서는 유럽 인권헌장을 직접 적용하지 않고 국내법으로 이를 적용하기 위한 법률을 만들었다. 예를 들면 영국에서는 Human Rights Act 1998을 제정했고, Ireland에서는 European Convention of Human Rights Act 2003을 제정하였다. 이들 내용은 유럽 인권헌장과 비슷하였다. 이들 법률은 국내에서 적용되고 있었다. 그러나 영국은 유럽심의회의 인권헌장의 탈퇴는 고려하지 않고 있으며, 2020년까지 영국화하여 그대로 적용하고 있다.

영국이나 스코틀랜드에서는 이것이 자국의 주권을 침해한다는 주장도 있고, 또 유럽 인권재판소의 판결이 개인의 권리보장에 치중하고 집단적인 인권의 보장에는 미흡하다는 비판이 있었다. 이에 대해서 스코틀랜드 인권위원회는 정치적 이유로 유럽 인권헌장을

of_europa_en.pdf
Bieling, H.-J., & Lerch, M. Theorien der europäischen Integration, Wiesbaden: Springer, 2012.
Cross Ref (https://doi.org/10.1007/978-3-531-19715-9)
Le Gales, Patrick; King, Desmond. Reconfiguring European States in Crisis, 2017.
Corby: Oxford University Press.
561) Wikipedia, Council of Europe - https://en.wikipedia.org/wiki/Council_of_Europe
Urwin, Derek W. The community of Europe: A history of European integration since 1945, Routledge, 2014.
Wikipedia European integration - https://en.wikipedia.org/wiki/European_integration
Euroscepticism and the Future of European Integration - Catherine E. De Vries - Ox...
https://global.oup.com/academic/product/euroscepticism-and-the-future-of-european-i...
What Is the Future of the European Integration Model?
https://www.fairobserver.com/region/europe/xenophobia-radicalism-minority-rights-i...
562) Russia, the Council of Europe and the Future of European Politics - Vision and Glo...
https://www.vision-gt.eu/news/russia-and-the-council-of-europe/

비판해서는 안 된다고 경고하기도 하였다.563) 영국에서는 Brexit로 유럽연합에서는 떠났지만 유럽심의회에는 그대로 가입상태를 유지하고 있다.563a)

이와 같이 유럽심의회는 인권옹호의 기관이나 정치적·경제적 결속은 별로 없었다. 따라서 유럽심의회를 탈퇴하더라도 별 손해는 없을 것이었다. 인권신장을 위한 인권재판소의 판결은 종종 가맹국에게 불리할 수 있었으며 유럽심의회에서 추방될 수 있었다. 특히 러시아 연방이 국가성이 없다는 이유로 유럽연합이 유럽인권 보장기구에서 탈퇴하려는 경향이 있다. 미가입국가나 아랍연맹 국가로 봐서는 유럽심의회 탈퇴도 신속히 결정할 수 있게 된 것이다.564)

2. 유럽기본권장전의 장래

유럽기본권장전은 그 내용이 선진적이고 표현도 간결하여 앞으로의 인권헌장 제정의 모범이 될 것이다. 그러나 이 장전은 기본권 보장 기구에 관한 규정이 없는 것이 큰 결점이다. 유럽에는 국내 헌법에서도 기본권을 보장하기 위한 헌법재판소 제도가 있어 헌법소원을 제기할 수 있으며, 국가의 기본권 침해행위에 대한 배상 판결도 요구할 수 있는데, 유럽연합의 경우에는 이러한 규정이 없어 유럽연합 구성 조약에 따라 사법기관으로는 유럽 사법재판소만이 남아 있다.565) 과거에는 공무원의 권리를 보장하기 위하여 일종의 행정재판소인 공무원소송재판소가 있었으나 이도 폐지하였다. 다만, 인권소송의 적체를 막기 위하여 유럽 사법재판소의 재판관 수를 늘리고 새로이 단독심과 소부를 구성하게 하고 있으나, 이로써 인권소송을 원활하게 처리할 수 있을지는 의문이다.

그래서 연구해 낸 것이 유럽연합의 유럽 인권헌장 가입이었다. 그러나 이도 유럽 사법재판소의 반대로 당장에는 어려워지게 되었다. 이것이 불가능한 경우에는 유럽 사법재판소를 분할하여 인권재판소를 설립하거나, 인권재판부를 두는 방법이 있을 것이다. 이 경우에는

---

563) "Stop playing party politics with human rights" - Commission warns on threats to E...
http://www.scottishhumanrights.com/news/stop-playing-party-politics-with-human-r
i... The future of the Council of Europe in the light of 60 years experience
https://www.robert-schuman.eu/en/news/2081-the-future-of-the-council-of-europe-i
n-...
Future of the Council of Europe; https://en.168.am/2019/05/15/32690.html

563a) Faareen, ali. A Look into Brexit Laws and where we're at right now
Law simplified September 29. 2020
http//lawsimplified.co.uk

564) Future of the Council of Europe - restoring confidence in democratic institutions from...
https://www.coe.int/en/web/portal/-/future-of-the-council-of-europe-restonng-confi
de...

565) Nowadays the European Union Has Such a Strong Court of Justice
https://www.lawteacher.net/free-law-essays/european-law/nowadays-the-europea-un...
European Union Changes Rules for Appeals Before the EU Court of Justice / Legal···
https://www.law.com/legal-week/2019/04/09/european-union-changes-rules-for-appe...

유럽 기본권장전을 유럽의회에서 추가 개정하면 될 것이다. 그러나 이것은 유럽에 두 개의 인권재판소가 있게 되어 유럽연합 주민에게 혼돈을 줄 위험이 있다.

3. 유럽인권헌장의 장래

유럽인권헌장은 70년 전에 제정되어 현재까지 효력을 가지고 있는 가장 오래된 인권헌장이다. 그동안 많은 추가의정서를 제정하여 내용을 개정했고 새로운 권리도 보완하였다. 그중에서도566) 기본권 보장 기구로서 상설적인 인권재판소를 두었고, 국가 간 분쟁뿐만 아니라 개인의 인권소원까지 심사할 수 있게 하여 모범적인 인권헌장이 되었다고 하였다. 그러나 유럽에 두 개의 재판소가 각기 다른 규정을 해석하여 충돌하는 문제가 있어 계속 유일한 인권재판소로 남는 것에도 문제가 있을 것이다.

유럽인권헌장에는 사회권·생존권 규정이 없어서 따로 유럽 사회헌장을 제정하였으며 여러 번 개정하였다. 두 권리 헌장이 독립되어 있어 혼동이 있을 수 있고, 사회헌장의 규정은 국가목적 규정 내지 방침규정으로 되어 있어 직접 인권소원이 제기되기 어려운 것이 사실이다.

유럽인권헌장은 수억의 국민들의 권리와 자유를 보장해 주는 가장 오래된 인권헌장으로 중요성이 있다. 그동안 인권사상의 발전과 현실에 적용하기 위하여 많은 의정서로서 그 내용을 보완해 왔다.567) 생존권·사회권의 규정이 없다고 하여 유럽 사회헌장을 제정하였고 유럽 사회헌장도 수차례 개정하였다. 그러나 이러한 여러 헌장을 통합하여 새로운 인권헌장을 제정하는 것도 필요할 것이다.

그런데 새로운 인권헌장은 유럽 기본권장전이 있기 때문에 이것으로 대체하는 것도 한 방법일 것이다. 유럽연합의 이 기본권 장전은 가장 간단 명확하게 체계적으로 기본권을 규정하고 있기 때문에 이로써 대체해도 좋을 것이다.

다만, 이 유럽기본권장전에는 기본권 침해에 대한 구제 기구가 명확히 규정되어 있지 않기 때문에 이제까지의 유럽 인권재판소 규정을 차용하면 좋을 것이다.568)

---

566) Lenaerts, Die EU-Grundrechtecharta: Anwendbarkeit und Auslegung, EuR, Heft 1-2012.
Conference on the long-term future of the European Court of Human Rights, Oslo, 7-8 April 2...
https://edoc.coe.int/en/conferences-on-the-future-of-the-european-court-of-human-rights/7307-c...
European Human Rights and Fundamental Freedoms Convention Law European Es...
https://www.uniassignment.com/essay-samples/law/european-human-rights-and-fund...
567) Ehlers (ed.), European Fundamental Rights and Freedoms, De Gruyter, 2011, 618 pages.
https://www.degruyter.com/view/product/62556
European Convention on Human Rights 1950
https://www.lawteacher.net/international-conventions/ECHR-1950.php
568) The protection of fundamental rights in the EU / Fact Sheets on the European Union..
http://www.europarl.europa.eu/factsheets/en/sheet/146/the-protection-of-fundmental...
Anwendung der EU-Grundrechtecharta im Jahr 2017 / EU-Kommission

그런데 유럽 인권재판소에는 유럽심의회의 구성 국가의 국민이 재판관으로 되어 있기 때문에 유럽 기본권장전의 가입국들을 구속하기 어려울 것이다. 그러면 유럽연합 시민을 위해서는 유럽 사법재판소에 인권재판소를 병설하여 심판하고, 유럽심의회의 시민에게는 유럽 인권재판소에서 재판하는 것도 대안이 될 수 있을 것이다. 이것은 유럽심의회와 유럽연합의 정관 개정으로 가능할 것이다. 물론 그 입법과정에는 심각한 난점이 존재할 것이다.569) 유럽의 완전한 통합이 이루어지지 않고 양 체제가 병립하는 경우에는 이를 위한 노력을 할 수 있을 것이다.

그래서 이 두 헌장을 통합하여 새로운 헌장을 제정하는 것이 좋을 것이다.

제4절 아랍연맹의 2004 인권헌장

Ⅰ. 아랍연맹의 성립과 활동

1. 아랍연맹의 성립과 조직

아랍연맹(아랍 리그)의 성립과 조직, 활동 등에 대해서는 이미 제2장에서 설명하였기 때문에 여기서는 21세기에 행해진 아랍 리그의 변화만 보기로 한다.

2. 아랍연맹의 발전

아랍 리그는 이슬람 국가 전부가 참여한 것이 아니고 중동과 북아프리카의 여러 나라로만 구성되어 있다. 원래는 7개국에서 시작하였으나 그동안 22개국으로 회원이 늘어났다. 그러나 2011년 11월 16일부터 시리아의 가맹 자격이 정지되어 현재는 21개국으로 운영되고 있다.

아랍연맹은 최초에는 유럽연합과 같은 통일체(Arab Union)을 세우는 것을 목적으로 하였으나,570) 각 국가들의 영토 문제로 분열이 되었다. 2003년의 이라크전쟁에 있어서는

---

https://eu.enropa.eu/commission/news/charter-fundamental-rights-eu-2017-2018-juin-...
569) The Court of Justice of the European Union: Multidisciplinary Perspectives, Hant, 2018.
   https://www.bloomsbury.com/au/the-court-of-justice-of-the-european-union-9781509...
570) Wikipedia, Arab League, https://en.wikipedia.org/wiki/Arab_League
   Rishmawi, M. The League of Arab States, Human Rights Standards and Mechanisms, Feb, 2013, pp. 6-66.
   Atlantic Sentinel, The Arabian Union
      https://atlanticsentinel.com/2009/12/the-arabian-union/

미국과 영국군의 즉시 탈퇴요구에는 쿠웨이트를 제외하고는 지역국 모두가 찬성 의결하고
있다.

2009년 3월 30일과 31일에는 카타르의 수도 도하에서 제21회 아랍연맹수장회의가
개최되었다. 최종선언에서는 중동평화, 이라크, 수단의 국내 정세, 중동 대량파괴 무기
비무장 지대 창설 등이 논의되었다.571) 2011년에는 시리아 내전이 일어나 아랍연맹수장
회의와 외상회의들을 열어 시리아에 대한 제재조치를 승인하였다. 제재조치는 아랍
여러 나라와 시리아 정부 간의 관계 단절, 시리아에의 아랍 각국 정부의 투자금지, 아랍
각국에 있는 시리아 자산의 동결, 시리아 정부 고관의 도항 금지, 시리아 민간 항공의
진입 금지였다.572)

아랍연맹은 이란의 신정일치에 따른 헤게모니 장악 노력, 대량살상 무기제조 등으로
서방 국가와 마찰을 빚고 있으며, 러시아의 지원을 받으며 호르무즈 해협에서 항행의
자유를 방해하고 있다. 이에 대하여 걸프협력기구(Gulf Cooperation Council)는 사우디아
라비아 등을 중심으로 이와 대립하고 있다.573) 여기에 미국과 영국 등이 호르무즈 해협의
항해자유를 위하여 개입하고 있어 신냉전의 현상까지 나타나고 있다. 걸프 협력 기구는
카타르와 외교관계를 단절하기로 했다. 이러한 경향은 아랍리그가 민족주의 의식을
상실하고 국가 간의 분쟁만 일삼아왔기에 아랍연맹은 민속적 연맹이 되고 있다. 이는
아랍의 봄의 결과이기도 하다.574)

2011년에서 2012년에 걸쳐 아랍연맹국가에서도 "아랍의 봄"이라고 불릴 만한 사건들
이 일어났다. 그 결과로 자유와 민주주의에 대한 욕망이 나타났고, 인권원칙과 국제법에
대한 존중이 점차적으로 향상되기 시작하였다.575) 아랍인권상임위원회는 이때부터 아랍
개혁의 첫발을 내딛었다고 할 수 있다. 무슬림 국가에 대한 반대 성명도 볼 수 있다.
크게 보면 이슬람세계도 변혁기에 놓여 있다.576)

571) The Difficult Tasks for the Arab League / ACW
  http://arabcenterdc.org/policy_analyses/task-for-las/
572) The Fall of Arab Nationalism and its Folkloric League - Arabian Gazette
  https://arabiangazette.com/fall-of-arab-nationalism-and-its-folkloric-league-201403
  14/
573) Persian Gulf states : country studies / Library of Congress
  https://www.loc.gov/item/93046476/
574) The Fall of Arab Nationalism and its Folkloric League - Arabian Gazette
  https://arabiangazette.com/fall-of-arab-nationalism-and-its-folkloric-league-201403
  14/
575) Rishmawi, The League of Arab States in the ware of the "Arab Spring"
576) Majority and Minorities in the Arab World: The Lack of a Unifying Narrative
  http://jcpa.org/article/majority-and-minorities-in-the-arab-world-the-lack-of-a-unif
  ying
  Our Declaration / Muslim Reform Movement
  https://muslimreformmovement.org/first-page-posts/declaration/

Ⅱ. 2004년 아랍인권헌장의 성립과 내용

1. 아랍인권헌장의 성립

아랍연맹은 1994년에 인권헌장을 제정하였으나 어느 한 나라도 비준을 하지 않아서 파기되고 말았다.577)

아랍연맹에서 인권헌장을 만드는 것은 어려운 과업이었다. 국가들이 분열되어 있었고, 정치적으로나 법치적으로나 일반적 인권헌장에는 저항하는 세력도 많았다. 그리하여 1994년 헌장은 비준한 국가가 없어 폐기되고 말았다. 2003년 3월 24일 아랍연맹심의회 (Council)의 의결로 동의를 얻었다. 심의회는 아랍 인권 상임위원회에 국제법의 원칙에 적합한 방향으로, 새로이 아랍 인권 선언을 작성할 것을 지시하였다. 아랍인권상임위원회 는 2003년 6월과 10월에 회의를 열었는데 1994년 헌장의 복귀에 불과하였다.

이에 아랍인권상임위원회는 유엔의 조약 기구에서 일하고 있는 아랍 전문가들의 도움 을 받기로 하였다. 이 전문가회의에는 Zerrougui 부특별대표가 의장이 되어 새 초안을 만들기로 하였다.578) 아랍연맹의 본부인 카이로에서 2003년 12월 21일에서 26일까지 회의를 개최하였다. 이에는 NGO나 OHCHR(유엔인권고등판무관실)의 도움을 받아 국제 기준에 적합한 안을 작성하였다. 이 안은 40 이상의 아랍 NGO 단체가 찬성하였다. 이 안에 대해서는 비판적인 국가도 있었으나 비준 시의 만장일치를 생각하지 않고 이상적 으로 만들려고 노력하였다. 그리하여 이슬람과 유대교 등 종족적인 고려를 하지 않고 유엔 총회의 결의에579) 따르기로 하였다.

이것이 아랍연맹의 사무총장에 제출되었고 2004년 1월 4일부터 8일까지 아랍인권상 임위원회에서 토론되었다. 이 안에 대해서는 반대하는 국가도 있었으나, 알제리, 바레인, 이라크, 모로코, 팔레스타인과 튀니지가 지지해 주었다. 그리고는 인권상임위원회가 만든 안과 대조한 뒤 전문가안을 채택하여 축조 심의를 하였다. 인권상임위원회는 1월 11일에서 15일까지 축조 심의를 한 뒤 14일에 안을 확정하였다. 이 안은 2004년 5월 튀니스에서 개최된 아랍심의회에서 통과되었다.580)

이 안(Arab Charter on Human Rights)은 7개국의 비준서를 받은 2개월 후인 2008년 3월 15일에 효력을 발생하였다.581) 그리고 감독과 집행기관으로 아랍인권위원회를 두었

---

577) 제2장 제4절 Ⅲ. 아랍인권헌장 참조
   Rishmawi, M. The League of Arab State, Human Rights Standards and Mechanisms, pp. 68-69.
   ACIHL - The League of Arab States and the Arab Charter on Human Rights
      https://acihl.org/articles.htm?article id=6
   Arab Charter on Human Rights and the League of Arab States: An Update / Human ...
      https://academic.oup.com/hrlr/article-abstract/10/l/169/602519?redirectedFrom=fullt...
578) Zerrougui, L. The Arab Charter on Human Rights, Speech at Essex University Rights Center.
579) United Nations General Assembly resolution 3379 and 46/86.
580) Zerrougi, Speech, op. cit.
581) Arab Charter on Human Rights and the League of Arab States: An Update / Human...

다. 2015년 1월에야 아랍연맹의(LAS)의 15개국이 비준을 종료하여 효력이 발생되었다.

2011년과 2012년 아랍의 봄 기간에 이 헌장의 개정 기운이 싹트기 시작하였다. 아랍연맹 사무총장은 인권개혁특별위원회를 만들었고, 이에 개혁안을 연구하도록 하였으나 회의결과는 아직도 공개되지 않았다.[582]

2. 아랍인권헌장의 내용

1) 구성과 편별

(1) 이 아랍인권헌장은 전문과 53조로 구성되어 있다.

(2) 아랍인권헌장의 편별

이 인권헌장은 편별을 하지 않고 있다. 다만, 4가지 집단으로 구분할 수 있다. ① 개인적 권리 ② 사법절차에 관한 권리 ③ 시민적 · 정치적 권리 ④ 경제적 · 사회적 · 문화적 권리. 이 헌장에는 헌장을 집행할 수 있고 감독할 수 있는 기능을 가진 기관 규정은 별로 없다.

2) 아랍인권헌장의 전문

이 아랍인권헌장은 전문에서 인권의 침해가 국제평화와 안전에 대한 위협이 되며 기존 인권법과 국제평화와 안전보장이 국가 간의 긴밀한 유대를 가져오는 것을 인정한다고 하고 있다.

그러나 전문에서 종교와 문명의 발생지로서의 아랍 세계와 샤리아 종교의 특수성을 선언하고 있다. 오랜 역사과정에서 인도주의적 원칙을 가진 것을 자랑하면서 동서문화[583]의 학문 중심지였음을 강조하고 있다. 국제연합헌장과 세계인권선언의 원칙과 시민적 · 정치적 권리에 관한 국제헌장과 경제적 · 사회적 · 문화적 권리에 관한 국제헌장과 이슬람의 카이로 인권선언을 고려하면서 이 헌장을 제정하고 있음을 선언하고 있다.

인종주의와 유대주의를 배격한다. 그것은 인권침해를 가져왔고 국제평화와 안전의 위험이 있으며, 인권과 세계평화의 긴밀한 상호 관계가 있음을 인식하면서, 아랍국가들은 다음의 헌장에 합의하였다.

3) 아랍인권헌장의 본문의 내용

제1조 헌장의 목적[584]

---

https://academic.oup.com/hrlr/article-abstract/10/1/169/602519?redirectedFrom=fullt...
Human Rights Review, Vol 10. issue 1, March 2010, pp. 169-178.

582) Rishmawi, The League of Arab States in the Wake of the Arab Spring.

583) Zerrougui, Leila., The Arab Charter on Human Rights

584) Akram, S. ARAB Charter On Human Rights 2004
Boston University International Law Journal Vol. 24: 2006. p. 147.
Naskou, Perraki., The Arab Charter on Human Rights: A new start for the protection of human

① 인권 문제를 아랍국가의 중요 문제로 각인시키기 위한 것이다.

② 아랍인들에게 인권의 중요성과 아랍인의 인권 신장에 있어서의 중요성을 강조하기 위한 것이다.

③ 아랍국가가 자유롭고 책임 있는 생활을 위하여 평등과 관용과 중용의 가치로 통치해야 한다는 것이다.

④ 모든 인권은 보편적으로 분할할 수 없으며 독립이고 상호 관련되어 있다는 원칙을 확립하기 위한 것이다.

제2조 ① 모든 사람은 자결권을 가져 자연적 부와 자원을 통제하고 정치체제를 자유로이 선택하고 경제적·사회적·문화적 발전을 자유롭게 하는 것이다.

② 모든 사람은 외국의 점령에 저항할 권리를 가진다.

제3조 ① 모든 개인은 권리주체로서 권리와 자유를 평등하게 보유할 수 있다.

② 남성과 여성은 인간존엄과 권리와 책임의 관점에서 평등하나, 이슬람 샤리아 법에서는 여성을 우대하기 위하여 여성에 차별을 해왔던 것이다.

제4조 ① 국가긴급 시에 있어서는 국가는 특별한 조치를 할 수 있는데, 국제법의 원칙에 위반되지 않는 범위에 한정된다.

② 그러나 이 헌장에 규정된 특정 조항은 정지할 수 없다.

제5조 ① 모든 사람은 생래의 생명권을 가진다.

제6조 사형제도는 가장 엄중한 범죄에 대하여 법원의 최종 심판에 따라서 부과할 수 있다.

제7조 ① 18세 이하의 사람에게는 특별한 예외규정이 없는 한 사형선고를 할 수 없다.

② 임신한 여자는 출산 후 2년 내에는 어린이의 이익을 위하여 사형집행을 할 수 없다.

제8조 어느 누구나 육체적·심리적 고문과 잔혹하고 모욕적이며 비인간적인 대우를 받지 아니한다.

제9조 인간은 누구나 의학적·과학적 실험대상이 되지 아니한다. 인간 기관의 이식은 환자의 동의 없이는 할 수 없다. 장기의 매매는 금지된다.

제10조 ① 모든 형태의 노예제도와 인간의 매매는 금지되며 법에 의해서 처벌된다.

② 인간의 착취는 금지되며 아동의 부양 분쟁에서도 착취는 금지된다.

제11조 모든 사람은 법 앞에서 평등하며 차별 없이 보호받을 권리를 가진다.

제12조 모든 사람은 법정 앞에서도 평등하다. 사법권의 독립이 보장되어야 하며, 모든 사람에게 모든 법정에서 법적 구제를 받을 권리를 보장해야 한다.

제13조 ① 모든 사람은 권한 있는 법정에서 독립하고 공평한 재판을 받을 권리를

---

rights i...

http://www.naskouperraki.gr/the-arab-charter-on-human-rights-a-new-start-for-the-pr.

가진다.

　② 심판은 공개되어야 하며 예외는 사법의 이익을 감안하여 인간의 자유와 권리를 존중하기 위한 경우에 한다.

제14조 ① 모든 사람은 인신의 자유와 인신에 관한 권리를 가진다.

　②, ③, ④, ⑤, ⑥, ⑦에서는 사법상의 권리가 망라되어 규정되어 있다.

제15조 범죄 없이는 형벌 없다. 범죄와 형벌은 사전에 법률로 정해져야 한다. 사후 입법에서 피고인에게 유리한 경우에는 개정법을 적용한다.

제16조 모든 사람은 법이 정한 최종심에서 유죄판결이 확정될 때까지는 무죄로 추정된다. 피의자와 피고인은 최저한 다음의 권리를 가진다. ①, ②, ③, ④, ⑤, ⑥, ⑦, ⑧ 피의자와 피고인의 권리가 망라되어 규정되어 있다.

제17조 아동의 경우에는 미성년자를 위한 특별법원에서 아동의 존엄을 보호하기 위한 여러 형사절차가 마련되어야 한다.

제18조 채무불이행 때문에 법정에 선 사람은 구금해서는 안 된다.

제19조 ① 동일범죄에 대하여 이중처벌을 할 수 없다.

　② 최종심에서 무죄선고를 받은 사람은 그동안의 손해에 대하여 보상을 청구할 수 있다.

제20조 ① 자유가 박탈된 모든 사람은 인간의 생래적인 존엄을 가진 사람으로 존중되어야 하며 인간적인 처우를 받아야 한다.

　② 미결구금자는 유죄판결을 받은 범인과 다른 처우를 해야 한다.

　③ 처벌제도의 목적은 수감자의 개선으로 사회복귀를 가능하게 하기 위한 것이다.

제21조 ① 누구나 그의 사생활 가족이나 가정이나 통신의 비밀에 대하여 자의적이고 불법적인 침해를 해서는 안 되며, 그의 명예나 평판에 대해서 불법적인 공격을 받지 않는다.

　② 생략

제22조 모든 사람은 법 앞에서 인격자로 인정될 권리를 가진다.

제23조 국가는 국민의 자유가 침해된 경우에 보상을 위한 제도를 마련해야 한다.

제24조 모든 시민은 다음의 권리를 가진다.

　① 정치활동의 추구의 자유,

　② 직선이나 간선으로 선출된 대의원의 공적 행위에 참여할 권리,

　③ 공평하고 직접적이고 평등한 자유선거에서 대의원을 선출하는 권리,

　④ 기회의 평등원칙 하에서 대의원으로 선출되기 위한 접근권,

　⑤ 결사 형성의 자유,

　⑥ 결사의 자유와 평화적 집회의 자유,

　⑦ 이들 권리의 제한은 특별한 국가안전과 공공안녕, 공중건강, 도덕 또는

타인의 권리와 제한을 보장하는 민주주의 확보를 위하여 사전에 만들어진 법률에 의하지 아니하고는 이들 권리행사는 제한될 수 없는 권리

제25조 소수자는 자기 문화향유, 자기 언어사용, 자기 종교를 행위하기 위한 권리를 부정당하지 아니한다. 이 권리의 행사는 법률이 정하는 바에 의한다.

제26조 ① 국가의 영토에 합법적으로 입국한 사람은 거주이전의 자유를 가지며, 주거선택의 자유를 가진다.

② 집단적 추방은 금지된다.

제27조 주거를 외국으로 옮기는 자유는 침해되지 않는다.

제28조 정치적 망명을 신청할 수 있는 권리를 가진다. 정치적 망명자는 추방되지 않는다.

제29조 모든 사람은 국적에의 권리를 가진다. 자의적으로나 불법적인 국적의 박탈은 금지된다.

제30조 모든 사람은 사상의 자유, 양심과 신앙의 자유권을 가진다. 사전에 법률이 정한 경우를 제외하고는 이 권리의 행사의 제한은 금지된다.

제31조 모든 사람은 사적 소유권이 보장된다. 어떤 경우에도 재산의 모든 부분이나 일부분을 불법적으로 침해하는 것은 인정되지 아니한다.

제32조 현행 헌장은 정보의 자유권과 의견의 자유권을 보장한다. 또 정보를 추구할 권리, 정보를 수락하고 미디어 통신 교신의 자유는 보장된다.

제33조 ① 가정은 사회의 자연적이고 기본적인 결합이다. 그것은 남과 여의 결혼에 근거하고 있다. 혼인은 양 당사자의 완전하고 자유로운 동의에 근거해서 행해져야 한다.

② 국가와 사회는 가정의 유대를 강화하고 구성원을 보호함으로 가정을 보호해야 한다.

제34조 ① 노동의 권리는 모든 시민의 자연적 권리이다. 직업선택의 자유와 가능한 최대한의 고용이 실현되도록 국가는 노력해야 한다. 노동의 기회균등이 보장되어야 한다.

② 남녀에 대해서는 동일노동에 대해서는 동일임금이 보장되어야 한다.

제35조 ① 개인은 누구나 자유로이 노동조합을 결성할 권리를 가지며, 가입할 수 있고 그들의 이익을 보호하기 위한 노동조합의 활동을 자유로이 추구할 수 있다.

② 국가는 본 헌장이 법률이 적용되는 한계 내에서 파업의 권리를 보장하고 있음을 인식해야 한다.

제36조 국가는 모든 시민이 사회보장 ― 사회보험을 포함한 ― 의 권리를 확보해야 한다.

제37조 발전의 권리를 보장하기 위하여 국가는 이 권리를 보장하기 위한 발전정책과

필요한 보장정책을 실시해야 한다.

제38조 모든 사람은 자기 자신과 가족의 적정한 수준의 생활을 하는데 적합한 생활수단을 받을 권리를 가진다. 이에는 그들의 복지와 식량, 의복, 가택 등 서비스와 건강한 환경에 대한 권리가 포함된다. 국가는 이들 권리의 보장을 위한 필요한 협의 수단을 강구해야 한다.

제39조 ① 국가는 사회의 모든 구성원이 최고의 육체적·정신적 건강의 수준을 유지하고 시민이 기본적 건강보험사업에 무료로 가입할 수 있는 권리와, 어떠한 종류의 차별 없이 의료시설을 이용할 수 있는 권리를 인정해야 한다.

② 국가가 취하여야 할 방도는 다음의 것을 포함해야 한다.

(a) 기본적인 건강보험 서비스의 발전과 그 기구가 무료는 쉽게 접근할 수 있는 곳으로 지역적 장소와 경제적 신분의 관계없이 이를 발전시켜야 한다.

(b) 질병을 예방하고 시술하여 사망률을 낮추기 위한 질병의 통제노력,

(c) 건강 관심과 건강 교육의 증진.

(d) 개인 건강에 해로운 전통적 의약 행위의 억제,

(e) 모든 사람을 위한 기본 양식과 안전한 모든 사람에 대한 음료수 제공,

(f) 환경오염과 정당한 보건체제 확립,

(g) 유해의약품, 심리적 수준 진단, 건강을 해치는 흡연과 다른 물질의 추방

제40조 ① 국가는 정신적으로나 육체적인 장애자에게 그의 존엄을 보장하고 자기 신뢰를 증진하고 사회의 능동적인 참여를 가능하게 하는 시설을 해주어야 한다.

② 국가는 무료로 장애를 가진 모든 사람에게 사회사업을 제공해야 한다. 이러한 장애인에게 필요한 물품을 제공하고 그의 가정과 가정 의료팀을 제공하여 이들을 시설에 수용하는 것을 피하기 위한 방법을 제공해야 한다.

제41조 ① 문맹 퇴치는 국가에 대한 구속적인 책임이고 모든 사람은 교육의 권리를 가진다.

② 국가는 시민에게 적어도 초등학교와 기초교육 수준의 무료교육을 보장할 의무가 있다. 초등교육의 형태와 중등 단계의 교육은 의무교육이어야 하며 어떠한 종류의 차별 없이 접근되어야 한다. …생략.

제42조 모든 사람은 문화생활에 참가할 권리를 가지며 과학적인 진보와 그 적용의 이익을 향유한다.

제43조 이 헌장의 규정은 국가의 국내법에 의해서 보장되는 권리와 자유 및 국가가 당사자로 되어 체결했거나 비준한 국제인권법과 지역 인권법 규정을 제한하는 것으로 해석해서는 안 된다.

제44조 국가가 헌법적 절차와 이 헌장의 규정에 따라서 채택한 것은 그것이 입법이거나 비입법적인 조치라 하더라도 필요한 경우에는 권리로서의 효력을 가진다.

제45조 ① 이 헌장에 따라서 「아랍인권위원회」는 앞으로 「위원회」라는 명칭으로 설립
되어야 한다. 위원회는 7명의 위원으로 구성되며, 이 헌장의 당사국이 비밀선
거로 선출하여야 한다.

② 생략

제46조 ① 사무총장은 위원이 사망이나 사임을 하는 경우 위원회 의장의 통고로 공석을
선언할 수 있다. 위원회 한 위원이 적합한 이유 없이 기능을 완수할 것을
그칠 경우나 임시적인 결석이 아닌 이유로 직무를 보지 않을 경우, 위원회의
위원 전원일치의 결정이 있는 경우 퇴임시킬 수 있다.

제47조 위원회 위원은 필요한 경우에는 위원회에서 면책특권을 행사할 수 있다.

제48조 ① 당사자 국가는 아랍국가연맹 사무총장에게 자기들이 취한 권리와 자유의
효력을 가진 조치와 그에 따른 진보에 관한 성과를 보고해야 한다. 이 보고서는
위원회에서 심사하기 위하여 위원회에 회부되어야 한다.

② 생략

제49조 ① 아랍국가연맹의 사무총장은 이 헌장을 아랍국가연맹 회원국에게 서명과
비준과 가입을 위하여 제출되어야 한다.

② 이 헌장은 7개 국가가 서명한 날로부터 2개월 내에 완결성을 발생한다.

제50조 체약 당사국은 이 헌장의 수정을 위한 문서를 사무총장을 통하여 제안할 수
있다.

제51조 당사국들이 당사국의 3분의 2에 의하여 비준되고, 이것이 비준되었음을 공표한
날부터 효력을 가진다.

제52조 어떤 체약 당사국이라도 이 헌장의 서명에 있어 이 헌장의 추가의정서를 제출하
는 경우, 이 헌장의 개정절차에 따라 채택된 경우에는 효력이 발생한다.

제53조 어떤 체약국도 이 헌장의 서명을 위하여 제시된 경우 이 헌장의 특정 조항에
대하여 유보를 선언할 수 있으며, 그 유보는 이 헌장의 목적이나 기본목적과 충돌하지
않는다.

3. 아랍인권헌장의 특색과 장단점

1) 장점

(1) 종교적 색채의 퇴색

이 아랍인권헌장은 코란과 샤리아법에 대하여 본문에서는 명문으로 규정하지 아니하였
다. 이 헌장은 세계인권선언에 더 접근한 것으로 보이며, 그 뒤에 세계인권선언을 비판하는
경향은 줄어들었다. 이 점에서 아랍의 여러 나라에서도 헌법이 개정되어 신정적 요소가
적어도 기본권장에서는 많이 줄어들었다.585) 아랍세계에서도 이집트 헌법 등은 자연권에

---

585) Grote/Röder, Constitutionalism, Human Rights, and Islam after the Arab Spring, Oxford Univ.

입각하고 있다.

이슬람 종교와 샤리아법, 전통문화 등에 대해서는 전문에 규정하고 있기 때문에 사실상 별 차이가 없다는 견해도 있을 수 있다.586) 그러나 헌장에서는 구 헌장과 같은 샤리아법에 따른 혼인 제도라든가 여성의 차별, 아동에 대한 친권자의 횡포 등에 관한 규정이 삭제되었고, 세계인권선언의 정신에 따라 가정에 있어서의 여성과 아동에 대한 폭력을 불법화하는 등(제33조 2항) 구체적 통념인 보편주의를 채택하려는 노력이 보이고 있다.587) 아랍국가는 국제인권규약을 많이 비준하고 있다. 물론 여기에 많은 유보를 두고 있기는 하다. 그리하여 아랍인권헌장에는 이 두 유엔 인권헌장과 아동의 권리헌장에 위반되는 조항도 있다.

(2) 국제인권기구와의 협력

2004 아랍인권헌장은 앞서 본 바와 같이, 유엔인권고등판무관실의 지원을 얻어서 만들어진 것이다. 전문에서도 동서 간의 학문의 중심이었으며 국제교류에 협력할 것을 다짐하고 있다. 제1조 4항에서도 인권은 보편적이며 불가분이며 상호 연관되어 있으며 해소할 수 없는 것이라고 하고 있다.

그동안 아랍연맹은 유엔의 인권고등판무관실과 밀접한 관계를 유지하고 있다. 2019년의 7월 28일과 29일 이집트에서 인권센터의 제3차 지역회의에 유엔 인권고등판무관사무실이 참여하고 있다.588) 2004 아랍인권헌장이 기초 과정에서도 참여했던 것이다.

Press, 2016; Wikipedia, Human Rights in Islamic countries; The League of Arab States, Human Rights Standard and Mechanisms, Cairo Institute for Human Rights Studies; al- Hibri, "Legal Reform; Reviewing Human Rights in the Muslim World," 20 Harvard International Review 50 (Summer, 1998); Kayaoğlu, T., A Rights Agenda for the Muslim World?, Brookings Doha Center Anaysis Paper Nr 6. January 8, 2013; Center for Inquiry, Islam and Human Rights, Defending Universality at the United Nations. 2008

586) Islam's Challenges To 'Universal Human Rights'
   https://www.rferl.org/a/Islams_Challenges_To_Universal_Human_Rights/1357912.ht...
   Revised Arab Charter on Human Rights: A Step Forward? / Human Rights Law Rev...
   https://academic.oup.com/hrlr/article-abstract/5/2/361/789502?redirectedFrom=fullte
   xt

587) Islam and Human Rights,
   http://www.centerforinquiry.net/unitednations/articlesandbooks/islam_and_human_righ
   ts
   Badein, International Covenant on Civil and Political Rights (Iccpr) in the Light of Islamic...
   2010
   https://www.oxfordscholarship.com/view/l0.l093/acprof:oso/9780199285402.001.0...
   Riskmawi, Revised Arab Charter on Human Rights: A Step Forward? / Human Rights Law
   Review, Volume 5, Issue 2, 2005, pp.361-376, https://doi.org/10.1093/hrlr/ngi021
   https://academic.oup.com/hrlr/article-abstract/5/2/361/789502?redirectedFrom=fulltext

588) The Arab charter on human rights : the naissance of new regional human rights system
   https://repository.mruni.eu/handle/007/l 1748
   PCHR Participates in the 3rd Arab Regional Conference Held by the General Secretary
   https://pchrgaza.org/en/?p=12744

2) 비판적 견해

(1) 국제수준에 미흡

국제법률가협회(ICJ)는 이 헌장의 기초 단계에서부터 아랍헌장이 국제 기준에 합치되도록 요망하였다. 특히 시민권과 정치권 국제헌장에 적합하도록 요구하였다. 그 이유는 아랍국가들이 이미 이들 헌장을 비준했기 때문이라고 했다. 특히 전문에서 이슬람의 카이로 선언에 언급한 것은 인권의 국제기준에 위반하는 것이라고 하고, 비무슬림 신자를 차별하여 이등 국민으로 취급하고 있다고 비판하였다. 정치적 권리보장과 종교 변경의 자유, 표현의 자유보장에 미흡하다고 지적하고 있다.[589] 뿐만 아니라 공정한 재판을 받을 권리 등의 보장에 미흡하다고 지적하고 있었다.

이 헌장은 잔혹하고 비인도적인, 인간존엄에 반하는 처벌을 금지하지 않았고, 많은 영역에서 비국민의 기본권을 제한하고 있어 비난을 받고 있다. 또 사상의 자유, 양심의 자유, 종교의 자유의 행사에 있어서는 국제인권법의 수준에 미달하고 있다. 이 헌장은 이러한 종교의 자유에 대하여 국내법에 의한 제한을 인정하고 있다. 또 국내법이 허용한다면 아동에 대해서도 사형에 처할 수 있게 되어 있으며, 남녀 간의 혼인과 이혼에 있어 국내법에 권리 규제와 책임의 소재를 규정하는 것을 국내법에 방임하고 있다.

이와 같이 헌장은 그 수락과 유보를 많은 영역에서 국내법에 위임함으로써 국제인권법의 수준에 미달한다고 비판하고 있다.[590]

(2) 권리침해에 대한 구제제도 미비

Amnesty International은 아랍인권헌장이 인권 침해에 대한 구제 제도가 미비하다고 주장하고 있다.[591] 법률 논문들에서도 구제 조치를 강구하여야 한다고 주장하고 있다. 그들은 이 헌장이 법적 강제력을 가지지 못한다고 하여 비판하고 있다. 특히 헌장의

---

589) Arab Charter on Human Rights must meet international standards / International Co...
    https://www.icj.org/arab-charter-on-human-rights-must-meet-international-standards/
    Arbour, Louise, The Arab Charter on Human Rights is incomparable with internal standard,
    Humanists International, 11. March 2008.
590) Rishmawi, M. The Arab Charter on Human Rights - Carnegie Endowment for International
    Peace;
        https://carnegieendowment.org/sada/23951
    Arab States - Human Rights Law Research Guide - LibGuides at University of Melb...
        https://unimelb.libguides.com/human_rights_law/regional/arab
591) Amnesty International, Calls on Arab League States to Make Human Rights Priority...
        https://www.voanews.com/africa/amnesty-international-calls-arab-league-states-make...
    The Arab Charter on Human Rights : the task still unfinished.
        https://repository.gchumanrights.org/handle/20.500.11825/576
    Almakky / Ghazy : The League Of Arab States And The Protection Of Human Rights: A
    Legal Analysis

권리규정이 침해되었을 때에 개인이나 개별 국가는 구제를 청구할 수 있는 방법이 규정되어 있지 않는 것을 비판하고 있다.

2004년 아랍 인권헌장은 제45조 이하에서 아랍인권위원회를 두기로 하였으나(제45-제48조) 이는 강행력 있는 감시기관은 아니다. 유엔 인권규약 등에 따라 정례 리포트를 받고 이를 심사하여 종결적 권고(결정)를 하게 되어 있으나, 이 제출 규정도 국가들이 잘 지키지 않고 있으며, 종결적 권고도 구속력이 없기에 보다 구속력 있는 인권재판소의 도입이 필요하다는 주장이 많았다.592)

아랍세계에서 아랍인권재판소를 설립하여야 한다는 주장은 여러 번 있었다. 1978년의 「1978 아랍세계에서의 인간과 인민의 권리장전초안」은 이탈리아의 시라큐스 형사법학 고등연구소에서 주장되었다. 또 2004년 예멘 아덴에서 조직된 두 회합에서도 논의되었고, 예멘 사나의 2008년 회의에서도 논의되었으며, 국제인도법과 인권교육아랍센터에서도 논의되었다. 아랍센터의 안은 구체적으로 아랍인권헌장의 추가의정서에서 7명의 재판관으로 구성되는 인권재판소의 구성을 제안하였다. 이를 위하여 아랍인권재판소 설립을 위한 협동기구를 창설하여 헌장의 추가의정서를 통하여 아랍인권재판소의 창설을 추진할 것을 제안하였다.

Ⅲ. 아랍인권헌장의 인권보장기구의 문제

1. 아랍인권보장기구에 대한 논의

앞서 본 바와 같이, 2004 아랍인권헌장에서는 아랍인권위원회만 규정하고 있었다. 이 기구는 국가에서 자유로운 독립기관으로 규정되었으나 실질적인 역할을 할 수 없었다. 이는 유엔 인권규약과 비슷하게 체약 국가에게서 정기 인권 보고서를 제출받아 이를 심리하고 그 결론을 내는 것이 주 임무였다.

그러나 이것만으로는 개인의 인권침해에 대한 구제가 미흡하기 때문에 헌장의 해석과 실현을 위한 인권재판소의 설립이 요청되었다. 2012년에는 바레인이 아랍인권재판소의 창설을 제안하였고, 2012년 3월에는 외무부장관회의에서 이 제안을 환영하였다. 2013년의 도하 정상회의에서 아랍연맹은 이의 창립을 승인하고 법률전문가 고위 위원회의에서 재판소규칙 초안을 작성하도록 하였다.593) 2013년 바레인은 아랍 인권재판소의 설립을

---

592) ACIHL - The Enforcement Mechanisms of the Arab Charter on Human Rights and t...
  https://acihl.org/articles.htm?article_id_22
  Perraki, Naskou., The Arab Charter on Human Rights: A new start for the protection of human rights i...
    http://www.naskouperraki.gr/the-arab-charter-on-human-rights-a-new-start-for-the-pr..
593) Proposed Arab Court of Human Rights: An Empty Vessel Without Substantial Ch...

주장하면서 바레인에 주소를 두도록 요망하였다. 2010년에 외무부장관회의는 이 요청을 승인하고 아랍연맹헌장 제3조에서 아랍인권재판소를 두기로 하였다. 2014년 5월에는 인권재판소규칙을 확정하였다. 2014년에는 이 규칙이 채택되었고, 2014년 11월에 비준 절차에 들어갔다.594)

그러나 이 인권재판소의 조직법에 대해서는 비판이 많다. 인권감시센터에서는 자기들 초안에서는 개인의 제소권이 인정되어 있었는데 최종규칙에는 이것이 빠지고 국가만이 제소권을 가지게 되었기에 반대하고 있다.595) 국제법률가협회에서도 비준 전에 수정작업이 끝나야 한다고 주장하고 있다.596) 그 이유는 이 규칙이 국제 기준에 미치지 못한다고 하고 있다. 인권재판소에 개인 희생자가 직접 구제를 청구할 수 없다는 것은 인권재판소의 원리에 반하는 것으로 보고 있다.

2015년 4월 8일과 9일에는 튀니스에서 아랍법조인들과 NGO 등 학자들이 모여서 아랍인권재판소 문제를 다루었다. 여기서 아랍인권재판소에 관한 튀니스 선언이 채택되었다. 그 내용은 아랍연맹국가들에게 아랍인권재판소 조직법의 비준을 국제 기준에 적합하게 개정하는 날까지 연기해 달라고 호소하였다.597) 아랍인권재판소의 설립은 난관에 처하고 있는데, 일부 아랍연맹국은 아프리카 인권재판소에 구제를 청구할 수 있게 하고 있다. 튀니지는 2017년에 아프리카 인권재판소에 개인이 직접 제소할 수 있는 조치를 취하였다.598) 그래서 나머지 2중 가입을 하고 있는 아랍연맹국 중 5개국(알제리, 리비아, 모리타니, 튀니지, 코모로)은 아프리카 인권재판소 설립 프로토콜에 가입·비준하고 있다.

따라서 이들 나라들이 튀니지의 예에 따를지, 나머지 4개국(이집트, 소말리아, 수단, 지부티)의 향방이 주목되고 있다.

2. 아랍인권위원회

1) 아랍인권위원회의 성립

https://www.hrw.org/news/2014/06/06/proposed-arab-court-human-rights-empty-vess...
ACIHL - English Version of the Statute of the Arab Court of Human Rights
https://acihl.org/texts.htm?article_id=44&lang=ar-SA
594) The League Of Arab States, Human Rights Standards And Mechanisms.
595) New Arab Human Rights Court is Doomed from the Start / Human Rights Watch 2015,
https://www.hrw.org/news/2014/11/26/new-arab-human-rights-court-doomed-start
596) Arab Court of Human Rights: comprehensive amendments required before ratification. 2015,
https://www.icj.org/arab-court-of-human-rights-comprehensive-amendments-required...
597) Arab Court of Human Rights: the Tunis Declaration published / International Comm...
https://www.icj.org/arab-court-of-human-rights-the-tunis-declaration-published/
598) Tunisia's declaration for direct access to the African Court is an important step fo...
https://www.middleeastmonitor.com/20170601-tunisias-declaration-for-direct-access-...

2004년 아랍인권헌장에서는 제45조에서 아랍인권위원회를 규정하고 있다. 이 기구는 아랍인권헌장의 유일한 감시기관이다. 아랍인권재판소는 7명의 위원으로 구성되며, 이 헌장의 체약국의 비밀투표에 의하여 선출된다. 위원회는 이 헌장의 체약국의 국민으로 구성되어야 하며, 위원회 업무에 경험이 있고 유능한 사람이어야 한다. 위원회 위원은 개인적 자격으로 근무해야 하며 완전 독립적이고 불편부당하여야 한다(헌장 제45조). 2015년 1월의 위원 중에는 여성은 한 명도 없었다. 위원의 분포는 지역으로 골고루 나뉘어 있다.

2) 아랍인권위원회의 위원의 선거와 임기

위원의 임기는 4년이며 재선은 한 번만 가능하다. 첫 임기 위원 중 3명의 위원회 임기는 2년 만에 끝난다. 이는 추첨에 의해 결정된다. 위원회 위원은 한 국가에서는 한 명만 선출된다. 위원은 순환 원칙에 따라 배분된다. 국가 당사자는 후보자를 제출해야 하며 최다수 표를 얻은 사람이 당선된다. 만약에 다수를 얻은 사람이 피선될 위원의 수를 초과하는 경우에는 재투표를 한다.

위원회는 호선에 의해서 위원장을 선거한다. 위원장의 임기는 2년이며 한 번만 더 재선될 수 있다. 위원에 공백이 생긴 경우에는 보선을 실시한다. 보선된 위원의 임기는 전임자의 잔여 기간으로 한다(제46조).

3) 위원의 특권

위원회 위원은 위원회 위원으로 한 기능에서 행한 행위에 대해서는 면책특권을 가진다 (제47조).

4) 위원회의 권한

① 위원회는 국가에서 3년마다 제출한 보고서를 이관받아 헌장의 권리가 이행되어 있는가를 심사한다. 위원회는 이에 대해서 평가하고 필요한 권고를 할 수 있다. 위원회는 평가와 권고를 한 연차보고서를 아랍연맹에 제출하여야 한다. 이 보고서는 공적 기록으로 서 유포하여야 한다(제48조).

② 위원회는 2014년 11월에 채용된 절차 규칙에 따라 헌장의 해석권을 가지며 규정의 최대한의 실현을 하여야 한다. 위원회는 아랍연맹기구와 아랍 기관에게 정보를 요구할 수 있다.

5) 위원회의 회의

위원회 규칙에 의하면 행정비서실과 기술비서실을 가질 수 있다. 위원회 비서실은 위원회의 회의를 준비하고 위원회 활동을 보조하기 위하여 연구를 할 책임을 진다. 위원회 회의는 절대 다수로 결정하고 논평하고 권고할 수 있다.

6) 위원회 운영에 대한 평가

인권위원회에 대하여 아랍연맹은 충분한 재정 지원을 하지 않고 있다. 그리하여 위원회는 기부에 많이 의존하게 된다. 그 결과 위원회 활동의 안정성이 저해될 수 있으며 활동의 계속성이나 불편부당성 및 비독립성에 영향을 받을 것이 우려된다.

다음으로는 헌장 침해에 따른 희생자나 시민단체 등의 제소권은 인정되지 않고 있으며, 체약 국가의 자율적인 정례 보고에 대해서만 심사할 수 있게 되어 있다. 그런데 이 정기 보고도 이행하지 않는 나라가 많으나 이에 대한 강제 수단이 없다. 또 위원회의 결정에 대해서도 구속력이 없기 때문에 개인의 인권침해에 대한 구제는 불가능하다. 이것은 유럽이나 미주, 아프리카 제도와 다르기 때문에 비판을 받고 있으며 이의 개선이 요구되고 있다.

3. 아랍인권재판소의 문제

1) 아랍인권재판소의 설립

(1) 아랍연맹헌장에서의 아랍인권재판소 규정

아랍연맹헌장은 새로이 제20조를 신설하여 2015년 1월까지 아랍사법재판소를 설립하기로 하였다. 그러나 이는 아직 실현되지 않았다.

2013년 도하 정상회의에서는 아랍 정상을 이 아랍인권재판소 설치 제안을 환영하고, 헌법재판소의 조직 법안을 만들도록 전문가위원회에 위촉하여 전문가위원회는 비밀리에 아랍인권재판소 설치법의 초안을 작성하였고, 시민단체들은 이에 반대하였으나 2014년 7월에서 8월 사이에 이 조직 법률을 승인하기로 하였다. 이로써 아랍인권재판소는 상위법인[599] 아랍인권헌장과 직접 관련이 없게 되었다. 그래서 많은 논쟁을 거친 후에 아랍인권재판소 설치법을 통과하였다. 그러나 이 설치법의 비준이 쉽지 않을 것으로 보인다. 비준이 되면 이 조직법이 그 근거가 될 것이므로 내용을 보기로 한다.

(2) 아랍인권재판소의 설립 논의

아랍연맹의 국가들은 아랍연맹의 구도 안에서 아랍연맹 당사국이 인권과 자유를 위한 책임을 다하기 위하여서는 독립된 아랍 사법기관의 설치가 필요하다는 욕망에서 아랍인권재판소를 설립하기로 하였다. 이 조직법과 절차 규칙은 조직과 관할과 활동 방법을 규정하기로 하였다(제2조).

---

599) ACIHL - English Version of the Statute of the Arab Court of Human Rights
　　　 https://acihl.org/texts.htm?article_id=44&lang=en-GB

(3) 인권재판소 구성집회(Assembly)

이 집회는 체약 당사국의 집회로서 이 헌장에 적합하게 설립한다. 모든 체약 국가는 이 집회에 한 사람의 대표자를 선발하여 구성된다. 이 대표는 대리인이나 조력자를 동반할 수 있다. 이 집회는 회합의 일시를 결정하는 내부 규율을 만들어야 한다. 그 권한에는 재판관의 선거를 위한 절차를 마련하고, 재판소의 연도 보고서와 판결의 집행을 위한 기구 등을 포함하는 내부 규율을 결정한다. 이 집회는 적어도 1년에 한 번씩은 집회하여야 한다. 이 조직법에 가입하지 않은 국가도 이 집회의 회의에는 투표권이 없는 국가로서 재판소 규칙을 다루는 회의에는 참석할 수 있다(제4조).

2) 아랍인권재판소의 구성과 활동

(1) 재판소의 구성

재판소는 체약국 시민 7명으로 구성된다. 재판소에 의해서 요구되고 집회에서 승인된 경우에는 11명의 재판관까지 확대할 수 있다. 재판소는 주재판관이나 후보재판관을 같은 한 국가에서 1명 이상의 재판관을 포함할 수 없다(제5조).

(2) 재판관의 선거

재판관은 집회에서 후보자 명부에서 비밀투표로 선출한다. 모든 체약국은 후보자로서 국민 2명을 지명할 수 있다. 후보자가 투표의 최대다수를 얻은 경우에는 주재판관으로 선출된다. 만약에 2명 이상의 후보가 동수의 득표를 한 경우에는 재투표를 한다. 매 투표마다 최저 득표를 한 후보자는 제외된다. 집회는 선거에서 다수를 얻어 주재판관으로 당선된 사람이 아닌 후보자 중에서 보충재판관의 명부를 작성한다(제6조). 후보자는 청렴하고 고도의 도덕적 가치를 가져야하며, 사법절차에 능력과 경험이 있어야 한다. 그들은 당해 국가에서 최고의 사법관이나 사법 직업을 영위할 자격자여야 한다(제7조).

(3) 재판관의 임기

재판관의 임기는 4년이며 한 번만 재선될 수 있다. 재판관으로서 직무는 임기 종료 시에 정지된다(제8조). 임기가 종료되는 경우에는 다시금 집회에서 선출해야 한다. 재판관의 임기는 집회의 의장 앞에서 법적인 선서를 한 때부터 시작된다(제10조).

(4) 재판소장과 부소장

재판소는 재판관 중에서 소장과 부소장을 선출한다(제11조). 소장은 전임 재판관으로 임기는 2년이며, 그때마다 재선은 한 번만 할 수 있다. 소장은 재판소 사업을 관리하고 재판을 지휘하며 재판소 규칙이 정한 업무를 수행한다. 소장은 전임으로서 직무를 수행하며 재판소가 위치한 나라에 거주하여야 한다. 부소장은 소장이 부재중일 때 대행한다. 그러나 소장직이 공백이 된 경우에는 새로운 선거로 소장을 선출한다. 소장과 부소장이 함께 부재인 경우에는 선임 재판관이 규칙에 따라 대리한다(제11조).

(5) 재판관의 특권과 면책특권

재판소의 구성원은 퇴임 후에도 아랍연맹의 구성 국가의 대표자에게 주어지는 특권과 면책특권 조약에 따라 특권과 면책특권이 인정된다. 재판소 구성원의 임금과 보너스는 면세된다(제14조).

재판관은 독립하여 불편부당하게 그 의무를 행사해야 한다. 재판관은 직무상 항상 재판소에 머물러야 한다. 재판관은 어떤 경우에도, 어떤 때에는 퇴임 후에도 자기가 내린 임기 중의 의견과 결정에 대하여는 책임을 지지 않는다. 재판관은 동료 재판관의 동의 없이는 퇴직시키거나 임기를 단축시킬 수 없다(제15조).

(6) 재판소의 관할

재판소는 아랍인권헌장의 시행이나 해석에 관련된 분쟁의 모든 소송에 대하여 관할권을 가진다. 또 체약 국가에 관련된 인권의 영역에 관한 아랍의 국제조약의 시행과 해석에 관한 모든 분쟁의 소송을 관할한다(제16조). 재판소는 문제의 국가의 행위가 이 헌장의 효력이 발생한 후에 행해진 사실에 대해서만 관여해야 한다(제17조). 재판소의 관할권은 국내 사법에 보충적인 것이며 이를 보조하는 것이 아니다.

재판소는 아랍인권헌장과 관련된 법적 문제에 대해서 아랍국가 집회나 기타 부속기관이나 기관의 요청에 따라 권고적 의견을 제공할 수 있다(제21조).

다음 경우에는 소를 수리하지 않는다.

① 해당 국가의 국내적 사법 기관에 의한 최종적이고 결정적인 판단이 끝나지 않은 경우

② 같은 주제의 사건이 다른 지역 인권재판소에 계류 중인 경우

③ 사건의 재소자가 최종 결정의 통고를 받은 후 6개월이 지난 후 제기한 사건(제18조)

(7) 재판소에 대한 제소권자

자기 국민이 인권침해의 희생자임을 주장하는 국가는 제소하는 국가와 피고 국가 다함께 이 조직법의 당사자인 경우, 또는 조직법 제20조가 규정한 재판소의 관할권을 수락한 경우에 제소할 수 있다. 당사자 국가는 이 조약법을 비준했거나 동의한 경우 이후에는, 한 NGO나 여러 NGO가 인권분야에서 인권침해의 희생자가 되었다고 주장한 경우에 그 국가는 재판소에 소를 제기할 수 있다(제19조). 이 조항에 따르면 피해자인 개인은 직접 재판소에 제소할 수 없음을 알 수 있다. 이 직접 제소의 금지가 많은 비판을 받고 있다.

(8) 재판의 공개와 당사자대리

재판소는 원칙으로 공개한다. 그러나 여러 당사자들의 이익을 위하거나 정의의 적용을 보장하기 위한 목적을 가진 경우나, 이익당사자들이 요구하는 경우에는 예외로 한다. 재판소의 평의는 비공개로 한다고 하여 완전히 비밀로 한다. 소송절차에 관한 것은 서면으로 하여야 한다. 모든 당사자는 그 대리인을 선임할 수 있으며, 재판소 규칙에 따라 필요한 경우에는 국선대리인을 임명할 수 있다(제23조).

(9) 재판소의 부의 재판

재판소의 관할에 관한 다툼은 단독판사가 결정한다. 재판소가 분쟁의 주요 내용을 다루는 재판부는 적어도 3명 이상의 재판관으로 구성되는 부에서 심리한다. 재판관은 분쟁의 당사자인 국민인 경우에는 사건의 심리에 참여할 수 있다(제24조). 판결은 법정의 절차가 끝난 때로부터 60일 내에 선고되어야 한다.

재판소의 판결은 재판관 투표의 다수에 따른다. 반대의견을 가진 재판관은 기록에 독립한 이견서를 첨부할 수 있다. 판결은 종국적이며 변경할 수 없다. 그러나 예외적인 사건에서는 재심을 할 수 있다. 결정문은 공개 법정에서 낭독하여야 하며, 재판소장은 당사자에게 이 결정문을 송달하여야 한다(제25조). 재판소의 결정은 분쟁 당사 국가에 대하여 집행가능하다. 국가 당사자는 국내 사법기구에서 종국판결이 난 경우에는 즉시 강제할 수 있다(제26조).

(10) 재심절차

재판소는 그 결정을 내린지 6개월 이내에 당사국들이 적법하게 결정하지 않았다는 문제로 재심을 청구한 경우에는, 당사자의 청구에 따라 재심할 수 있다(제27조). 상세한 것은 재판소 규칙이 정한 바에 따른다(제28조).

Ⅳ. 아랍인권헌장 규범의 현실과 미래

1. 아랍인권헌장의 규범과 현실의 괴리

1) 아랍인권헌장의 규범

아랍인권헌장에는 전문에서 「국제연합헌장과 세계인권선언의 원칙과 시민적·정치적 권리에 관한 국제헌장과 경제적·사회적·문화적 권리에 관한 국제헌장을 고려하면서 이 헌장을 제정한다」고 하고 있다. 그리고 아랍국가의 대부분이 이 국제헌장에 가입하고 있다. 2015년 현재 이것을 서명, 비준을 하고 있지 않는 나라는 코모로, 오만, 카타르,

사우디아라비아, 아랍에미리트뿐이다. 서명하고 비준한 국가들은 이 헌장을 준수할 것을 서약하고 있다. 그러기에 이 수준에 미달하는 아랍인권헌장은 다시 제정할 필요성은 없었을 것이다. 나아가 아랍인권헌장 제1조 4항은, 아랍인권헌장은 인권이 보편적이며 불가분적이며 상호 연관되어 있다고 하면서, 이 원칙을 확인한다고 하고 있어 세계보편적인 인권헌장인 것처럼 보인다.

2) 아랍인권헌장의 현실

그러나 이 헌장의 전문에서 이슬람의 카이로 인권선언을 언급하고 있다. 이 이슬람의 카이로 인권선언은 이들 국제헌장에 위반하는 것이 많다. 뿐만 아니라 인권의 보편성 문제에 관한 아랍연맹의 문제에서 이슬람 종교와 샤리아법의 준수를 요구하고 있다. 1998년의 이 아랍인권상임위원회의 「인권의 보편성에 관한 가이드라인」에서 종교적·문화적 특수성과 함께 국가주권을 강조하고 있다.[600] 이 가이드라인은 대부분의 아랍연맹국가가 승인하고 있다.

가이드라인은
① 아랍국가들의 종교적·문화적·사회적 특수성 강조
② 인권은 국내문제에 대한 개입의 근거로 사용되는 것의 금지
③ 이슬람의 원칙에 근거한 인권 이해의 필요성
④ 표현의 자유는 이슬람의 샤리아법에 위반되지 않을 것
⑤ 국제조약에 있어 유보조항을 둘 수 있는 국가의 권리존중 등을 규정하고 있다.
아랍인권헌장은 이에 관해서 명시적으로 규정하고 있지 않으나 이것은 준수되고 있다.

2. 아랍연맹인권헌장의 적용문제

1) 인권과 샤리아법의 대립

아랍인권헌장에 대해서는 아랍연맹의 대부분이 비준하였다. 그럼에도 불구하고 아직도 샤리아법의 준수가 행해지고 있다. 이슬람 국가들은 「여성에 대한 모든 형태의 폭력의 소멸조약」(CEDAW)에 전체 이슬람 국가 가입국 57개 국가 중 46개 국가가 비준하였으나 일부 유보를 하고 있다.[601]

사우디아라비아는 국제인권장전에는 가입하지 않았으나 아랍인권헌장은 비준하고 있다. 사우디아라비아는 2000년 10월 여성 조약에 서명하면서 A."1 이 조약과 이슬람법 규범이 충돌하는 경우에는 왕국은 조약의 반대되는 조항을 준수할 의무를 지지 않는다."

---

600) Adopted under item I by the Arab Permanent Committee on Human Rights, Council of Ministers of Foreign Affairs, 23-24, February 1998.
601) Human Rights vs. Sharia: Violence Against Women
　　　https://www.gatestoneinstitute.org/838/human-rights-vs-sharia-violence-against-woman

A."2 왕국은 이 조약의 제9조 2항과 제29조 1항에는 구속되지 않는다."는 유보조항을 두며 서명하였다. 그런데 이 유보조항은 여성의 권리가 남성의 권리와 동등하다는 규정이며, 또 하나는 중재재판과 국제사법재판소의 제소 문제인데, 이 조약의 해석과 적용의 분쟁의 경우, 이들 중재나 재판을 부정한 것이다. 이로써 사실상 조약은 무효가 되었으며 사우디아라비아가 본 조약에 비준할 필요조차 없던 것이었다. 이들 아랍국가에서는 여성과 아동, 외국인에 대한 차별이 극심하였는데 이러한 유보조항을 통해 적용이 부정된 것이다.

2) 아랍인권헌장의 장래

그동안 아랍연맹은 권위주의 국가에서 깨어나 형식적으로는 민주주의를 지향하고 인권을 존중하고 세계적인 인권조약에 가입해 왔다. 그리고 2004년에 아랍인권헌장을 채택하고 2008년부터 효력을 발생하고 있다.[602] 인권보장을 위한 헌장이 만족스럽게 제정되지도 않았고, 시행되지는 않더라도 대체적으로 보면 인권이 발전하고 있는 것은 사실이다.

그 원인은 국민들이 각성하기 시작하였고 인권보장을 요구하는 NGO의 활동이 강화되었으며, 국제연합을 비롯한 국제조직이 개입한 것도 발전을 가져온 동인이라고 하겠다.[603] 레바논의 말리크(Charles Malik) 대사는 1948년 세계인권선언의 기초자의 한 사람으로서 활약하였다. 그 뒤에도 중동과 아시아인이 유엔 인권장전의 기초와 홍보에 참가하였다. 아랍에서의 독재국가들이 점차로 몰락하고 있다. 현재까지 인권에 관심을 가진 기구는 인권에 관한 NGO로 인권보장의 역할을 하였다.

2011년에 "아랍의 봄"이 왔다. 시민들이 민주화와 인권보장을 위하여 정권 변경까지 요구하였으나 별로 성공하지 못했다. 그러나 시민들의 인권의식이 고양됨에 따라 여성운동까지 등장하여 여성의 권리보장 기운이 높아졌다. 이 시민들, NGO 등의 노력으로 언젠가는 인권보장의 수준이 국제법에 접근될 것으로 기대된다.[604]

---

602) Van Hüllen Vero, Just Leave US Alone : The Arab League and Human Rights, in Börzel, Van Hüllen, Governance Transfer by Regional Organization : Patching Together a Global Script, Palgrave Macmillan, 2015.
603) Human Rights Movements in the Middle East
    https://www.e-ir.info/2019/05/20/human-rights-movements-in-the-middle-east/
604) Rishmawi, The League of Arab States in the Wake of the "Arab Spring"

제5장 세계인권헌장의 미래

제1절 세계인권헌장 제정 논의의 역사

I. 세계인권헌장 논의의 사상

1. 세계인권헌장의 발전

　세계인권법은 권리의 주체를 주권국가의 국민이 아닌 세계시민이 누리는 인권이라고 할 수 있다. 이 세계시민 사상은 이미 Kant에 의하여 주장되었고, 국적이 없는 세계에 살고 있는 시민의 권리라고 하겠다. 유엔의 인권헌장이나 유럽의 인권헌장이나 미주의 인권헌장이 모두 국제인권법이라고 하나, 이것은 주권국가의 국민에게 인정되는 권리였다. 이것이 국내 인권과 다른 것은 그 보장 기관이 국제 기관이고 일반적으로 국제 헌장이나 국제 규약에 의해서 보장되는 점이다.

　제2차 세계대전의 참상을 목격한 국민들은 전쟁의 공포에서 벗어나기 위하여 유엔의 결성에 참여했고, 유엔의 인권선언이 외국인의 권리까지 보장해 주는 것으로 생각하였다. 그 뒤 시민적·정치적 권리헌장과 경제적·사회적·문화적 권리헌장이 제정되고, 이것이 효력을 발생함으로써 이들 헌장의 기본권을 유엔이 담보하고, 주권국가가 그 권리를 침해하는 경우에는 구제를 받을 것으로 생각했으나 제도의 미비로 잘 보장되지 않았다.[605] 이 밖에도 유엔은 10개에 가까운 조약을 국가와 체결하여 주권국가에게는 중첩되는 보고 의무를 부과하는 등 불편이 많았다. 이에 국가들은 연례 보고까지 태만히 하는 경우가 많았다.

　각 대륙에서도 지역적 인권헌장이 제정되어 지역의 조약 기구가 권리침해를 구제하게 되어 있었으나 그 실효성이 적어서 국민들의 실망이 컸다. 이에 지역적 헌장기구에서는 인권재판소를 상설하고 개인 제소를 할 수 있게 하였는데, 인권재판소의 업무가 폭주해서 그 해결에 시간이 많이 걸려 불편이 많았다.

---

605) 유엔의 인권장전(International Bill of Rights)은 세계인권선언과 시민적·정치적 권리에 관한 국제헌장과 경제적·사회적·문화적 권리에 관한 국제헌장으로 구성된다. 이에 관해서는 Donnelly, Jack, Universal Human Rights in Theory and Practice, Cornell Univ. Press, 2002 참조.

전후 50년이 경과한 뒤에는 망명자가 많이 생겨 망명자 비호권의 보호를 요청하였으나 주권국가에서는 이러한 유랑민을 받아들이려 하지 않았다. 그리하여 외국인들이 비자 없이 해외이주를 할 수 있는 권리와, 거주지에서 환대를 받을 권리, 사회보장과 건강보장을 받을 권리를 요구하게 되었다.606) 그러나 현재의 국제법상에는 대부분 국적을 가진 국민과 외국인을 차별하고 있어 외국인의 불만을 샀다.

이러한 환경에 처하자 국경 없는 세계시민의 지위를 요청하게 되었고, 주권국가의 연합이 아닌 전 지구적인 세계정부를 요청하게 되었다. 또 외국인의 교육에 대해서는 차별이 심하여 평등한 교육에 대한 욕구가 일어났다. 이에 여권 없이도 세계를 자유로이 여행할 수 있으며, 거주이전의 자유를 가지고 인간다운 생활을 영위할 수 있게 하기 위하여는 국경을 없애야 한다는 의식이 높다.

2. 세계인권헌장의 사상적 배경

위의 제1장에서 세계인권법에 관해서 약술했으나 세계시민을 처음으로 주장한 사람은 칸트를 들 수 있다. 칸트는『영구평화론』에서 공법 체계를 국가법, 국제법, 세계법으로 나누어 설명하고 있다.607) 그는 국가법에서 국제법, 세계법으로 발전하는 것으로 보았다. 국제법에서 세계법으로의 진화는 오늘날 불가피하게 보인다. 칸트의 세계보편주의 사상은 현대까지도 계승되고 있다. Rawls는 세계보편주의자로서 칸트의 현대적 대변자라고도 할 수 있다. 그는 칸트에 따라 모든 시민사회는 공화정이어야 한다고 하고 있다. 그는 기본적 인권의 존중을 주장했고 인민의 법과 세계보편주의를 주장했다.

Habermas는 칸트의 세계보편주의를 계승하면서 칸트의 계승자로서 기능하고 있다.608) 그는 칸트 사상을 현대적으로 변용했으며,609) 현대 사회에 있어서는 기본권의 보장을 위하여는 주권국가가 필요하다고 보았다. Habermas는 첫째로 유엔이 세계시민 의회를 구성할 것을 이야기하면서, 둘째로 국제사법재판소의 국내재판소와의 유대 강화를 강조하였다. 셋째로는 유엔 안전보장이사회가 다수결 기구로 재편되어야 한다고 하고 있다.610)

606) Emmerich-Fritsche, Angelika; Vom Völkerrecht zum Weltrecht, 2007, S. 561 ff.
　　http://www.buecher.de/shop/allgemein/vom-voelkerrecht-zum-weltrecht/emmerich-fr...
　　Rogowski, Ralf; Aufbruch in das Weltrecht. Thesen zu Recht und Politik in Luhmann.
　　https://themen.Iablis.de/2004/rogowski.htm
607) Kant, I., Zum ewigen Frieden, 1796; Rawls, Theory of Justice, 1971; Rawls, Law of People, 1999.
　　간단한 설명은 김철수,『법과 정의 · 복지』, p. 126 f. 참조.
608) Habermas, Die Erziehung des Anderen, 1996.
609) Völkerrecht und Weltbürgerrecht: Kant und Habermas (German Edition) - Kindle e...
　　https://www.amazon.com/Voelkerrecht-Weltbürgerrecht-Kant-Haber..
610) Republik und Weltbürgerrecht: Kantische Anregungen zur Theorie politischer Ordnung.
　　http://www.worldcat.org/title/republik-und-weltbürgerrecht-kantische-anregungen-zu...

Berman은 세계법의 개념을 도입하고 있다. 그는 세계법을 국제법(국가 간의 계약)과 여러 나라에서 인정되고 있는 국제관습법, 시민사회에서 자연 형성된 관습 및 실행들을 합쳐서 세계법이라고 한다. 이 세계법의 범주에는 무역, 투자, 거래관습 등과 인권의 촉진, 건강 및 환경의 보호, 스포츠 등 분야에서 세계적인 규모로 세계법이 형성된다고 본다.611)

일본의 Tanaka Kotaro(田中耕太郎)는 상법상 세계적 통일법을 세계법이라고 주장하였다.612) 이것은 Ernst Zitelmann의 이론을 따른 것으로, 사법에 관한 것이고 국제법에 한한 것은 아니었다.

그는 세계법은 자연법(jus naturale)으로 보고, 모든 인류사회에는 자연법이 지배하고 있다고 하였다. 그는 국제법에서 법의 일반원칙이 조약이나 관습에 우선한다고 보고 있다.

이 밖에도 여러 사람이 세계법을 논의하고 있다.613) Luhmann은 현대 사회는 국민국가 부분사회이며, 부분사회의 통합이 세계사회(World Society)이며, 세계법이 효력을 가지고 있다고 본다.

Emmerich=Fritsche는 유럽연합의 헌법이나 유엔의 인권보장 헌장이나, WTO, ILO 조약들이 이미 세계법적 지위를 가지고 있다고 보고, 세계 정부의 세계 입법부 없이도 국제법에서 세계법으로의 진화가 행해지고 있다고 주장한다.614)

Ⅱ. 세계인권헌장 초안의 구상

1. 세계인권헌장 초안의 구상 배경

세계인권법도 세계법의 하나에 속한다. 세계법이라는 개념에는 제정 주체가 누구냐 하는 것이 논쟁된다. 일반적으로 국가 간의 합의에 의하여 제정된 조약은 국제법이라고 하고, 세계법이라고는 하지 않는다. 예를 들면, 유엔의 시민적·정치적 권리에 관한 국제헌장과 경제적·사회적 권리에 관한 국제헌장은 전 세계의 대부분의 국가가 비준했지만 세계법이라고 불리지 않고 국제법이라고 불린다.

---

611) Berman, H. The Role of International Law in the Twenty-first Century, Fordham Int'Cja Vol. 18 (1993), p. 1618.
612) Tanaka Kotaro (judge) - Wikipedia, World Law, 3 Vols. (in Japanese)
613) Luhmann, N.; Die Gesellschaft der Gesellschaft, 2004; Matteis, C.; The System Theory of Niklas Luhmann and the Constitutionalism of the World Society, Goettingen Journal of Interational Law 4 (2012) pp. 625-647; Rogowski, Ralf, Aufruch in das Weltrecht. Thesen zu Recht und Politik in Luhmann.
https://themen.Iablis.de/2004/rogowski.htm
614) Emmerich-Fritsche, Angelika, Vom Völkerrecht zum Weltrecht, Berlin, 2007, 1204 S.

그래서 일반적으로 세계법은 국가가 아닌 인류 사회가 가지는 공통법 정도로 불린다. 세계인권법은 국가 간의 조약이 아니고 인류 사회의 법, 즉 세계법이라고 생각된다. 세계법은 주권국가에 대하여 회의적이며 국가는 국민의 인권을 침해하는 경향이 있으므로 국가가 방임하는 영역의 자유를 중시해 왔다. 평화와 전쟁 금지를 요청하는 사회에 의하여 세계인권법이 성립하기도 한다. 세계시민의 공동의사에 의하여 세계인권법이 성립한다고 본다.

주권국가의 경쟁이 전쟁을 야기하고 시민의 권리를 짓밟기 때문에 세계국가의 이상을 주장하는 사람이 많이 나타났다.[615] 그들은 국가가 제정하지 않은 세계헌법을 주장하기도 했다. 전쟁도 국경이 있기 때문이라고 생각하여 국경 없는 세계시민 운동이 일어났다. 어떤 단체는 이러한 사람들에게 세계시민증까지 발급하기도 하였다. 세계시민은 국제법상 외국인인 경우에는 차별 없이 평등하게 대우를 받아야 하나, 국가마다의 경제·사회환경이 달라서 이것도 잘 지켜지지 않았다. 그래서 일부 유토피안이 세계시민 운동을 벌이고 세계의회를 만들어 세계헌법을 만들어 세계정부를 구성하여 모든 인간이 평등하며 복지를 누릴 수 있게 하자고 주장하였다. 이들이 만든 헌법이 세계헌법 또는 지구헌법이라고 한다.

세계헌법은 세계 통일적인 헌법이며 전 지구상에 효력을 가진다. 이 헌법에는 입헌주의 원칙에 따라 기본권 조항이 규정되어 있으므로 그것이 세계시민의 인권보장규정이라고 하겠다. 이 헌법에는 인권을 보장하기 위하여 인권재판소를 두어 인권을 전 세계적으로 평등하게 보호받게 하자는 것이 세계정부론자들의 주장이다.

세계정부를 주장하고 세계헌법을 주장한 사람은 Kant[616] 이래 많은 사람들이 있다.

여기서는 제2차 대전 후 구체적으로 세계헌법을 구상한 것만 들어보기로 한다. 세계시민 운동 내지 세계정부 운동은 여러 가지로 발전해왔다. 세계헌법과 의회협회(World Constitution and Parliament Association)는 1958년에 Denver에서 Isely 부부가 설립한 것으로, 이미 헌법 초안을 작성하여 비준을 기다리고 있다. 이들 헌법에 규정되어 있는 인권조항이 곧 세계인권법이고 이 의회에서 제정한 법이 통일법인 세계법이라고 하겠다.

세계시민의 세계정부는 Boyle이 대표로 있는 기구로서, 그동안 사법기구의 구성에 노력하고 있다. 이미 세계사법위원회와 세계인권재판소 정관 초안을 발표한 바 있다.[617]

---

615) Alexander Somek - The Cosmopolitan Constitution - Hardback - Oxford University...
   https://global.oup.com/academic/product/the-cosmopolitan-constitution-97801996515...
   Kant, Immanuel, Cosmopolitan Law and Peace, European Journal of International Rel...
   http://journals.sagepub.com/doi/abs/l0.1177/1354066195001004002
616) Kant's Cosmopolitan Law and the Idea of a Cosmopolitan Constitution - Edinburgh...
   http://edinburgh.universitypressscholarship.com/view/10.3366/edinburgh/97807486...
617) World Constitution and Parliament Association - Wikipedia
   https://en.wikipedia.org/wiki/World_Constitution_and_Parliament_Association
   The World Constitution and Parliament Association, page 1
   http://www.abovetopsecret.com/forum/thread549807/pgl
   The World Parliament, http://worldparliament-gov.org/

이 밖에도 Unite for Right 단체는 지구적 인권법(Global Bill of Rights)을 만들어 공개하고 있으며 서명을 기다리고 있다.[618]

아시아 지역에서는 지역 인권 헌장이 채택되지 않아 인권 후진 지역이라는 혹평을 받고 있으나, 일본에서는 시민단체들이 아시아 인권 법안을 만들어 공개하고 있으며,[619] 한국에서도 아시아 법률단체들이 모여 광주 인권 선언을 채택한 적이 있다.[620][621] 그러나 이러한 인권의 보편론을 주장하는 국가들이 있는가 하면, 아시아의 가치를 강조하고 있는 국가도 있어 조속한 범아시아 인권헌장의 성립은 어려울 것으로 보인다.

2. 제정가능성?

이들 법안들이 과연 세계법으로 성립될 수 있을 것인지 문제가 된다. 국가와의 계약을 많이 체결한 유엔에서는 앞서 말한 두 개의 헌장 외에도 8개의 개별 규약을 체결하고 있는데, 이는 국가가 제정에 찬성하고 국가가 비준한 것으로 국제법이라고 하겠다. 이에 반하거나 비국가적이거나 반국가적인 인류 사회가 가질 수 있는 세계인권헌장은 제정 주체와 적용 주체가 잘 만들어지지 않아 그 제정에는 시간도 걸릴 것이다. 시민 사회 단체에서 서명 비준을 받기는 어려울 것으로 보인다.

그러나 낙관론자들은 인권은 자연법에 근거한 것이기에 세계시민의 합의가 입증되면 세계 입법기관의 구성없이도 관습법으로 인정되어 효력을 발생하리라고 한다. 특히 세계형사재판소처럼 주요 국가의 비준 없이도 세계인권재판소가 성립되는 경우에는 그 효력이 인정될 것으로 보고 있다.

제2절 새 세계인권헌장의 제정 논의

I. 비국가사회에서의 제안 내용

World Constitution and Parliament Association / UIA Yearbook Profile / Union of I...
https://uia.org/s/or/en/1100023346
wsaljudc - World Government of World Citizens - Welcome,
http://www.worldservice.org/wsaljudc.html
618) Global Bill of Rights-Home - Unite for Rights. 이헌환, Global Human Rights Project, 2019.
544) Draft Pacific Charter of Human Rights, Tokyo, 1989.
620) 아시아인권헌장, 아시아 인민의 인권선언(광주선언), 1998.
   Asian Human Rights Charter, A Peoples Charter, 1998.
621) Emmerich-Fritsche, a. a. O. S. 479 ff.

1. 미국 시카고대학의 세계 헌법 초안

시카고대학은 1948년에 세계헌법 초안을 작성하여 발표하였다.[622] 이 안은 시카고대학의 Hutchins 총장, 법과대학원의 Katz 원장, Borgese 교수, Adler 교수, Redfield 교수, Tugwell 교수 6명이 다른 학교의 저명한 학자의 도움으로 만든 안이다. 이 안은 세계연방공화국을 구상하고 있었다. 그들은 국민국가가 인민의 권리를 보장하는데 한계가 있다고 보아 이에 반하는 세계연방공화국을 구상하고 있다. 물론 이는 현실과 먼 유토피아를 그린 것이다.

이 안은 전문과 의무와 권리선언, 권력의 부여(연방 제헌회의, 대통령, 입법부), 대법원과 최고법원, 호민관과 세계법, 연방 수도, 연방 언어와 연방 기준, 헌법개정권력으로 구성되어 있다.

의무와 권리선언은 A, B, C로 구성되어 있는데, A에서는 이 헌법은 인간의 권리에 근거하여 제정되어 있다고 한다. 인간의 권리는 인간의 의무를 수반하는데 모든 사람은 세계정부와 세계공동체의 인간으로서 시민으로서 책임과 특권을 누리고 있다고 한다. ① 능력에 따라 생산적 노동을 하고 정신적 · 육체적으로 차세대의 인간의 생활의 진보를 위하여 언어와 행동으로서 봉사해야 한다고 하고 있다. ② 타인에 대해서 타인이 자기에게 하는 것을 바라는 바와 같이 행동을 할 것 ③ 폭력을 삼가고 ④ 법률이 명령하거나 보장한 것 이외의 폭력은 거부해야 한다.

B는 인간은 철학과 종교에서 말하여지는 자연법과 같은 불문법과 세계공화국에 보편적인 성문-실정법에 적합한 사회적 의무와 봉사를 다하는 범주에서 ① 빈곤의 질곡과 노동의 노예 상태와 착취에서 해방되고, 능력과 필요에 따라 안전을 보장하며 ② 어떤 당파나 직능에 관계없이 세계공화국의 다원화 사회의 통합을 위하여 평화적인 집회와 결사의 자유를 가지며 ③ 어떤 폭력적 지배나 종족적 · 국수적 · 교조적 지배에서 저항하고 소수자와 반대자의 자결권을, 개인이나 집단을 보호하며 ④ 그 이외의 자유와 선거권은 인신의 생명, 자유와 존엄은 인간의 생래의 불가침의 청구권이며 세계공화국의 입법자와 재판관은 이를 특별히 선포하여야 한다.

C는 생명의 4개 필수 요소인 토지와 물, 공기와 에너지는 인간 종족의 공유재산이다.

---

622) Preliminary Draft of a World Constitution by Robert Maynard Hutchins
https://www.goodreads.com/book/show/12181718-preliminary-draft-of-a-world-const.. Preliminary draft of a world constitution, (도서, 1948) [WorldCat.org]
https://www.worldcat.org/title/preliminary-draft-of-a-world-constitution/oclc/506416
Culbertson, Ely (1949) "The Preliminary Draft of a World Constitution, by the Committee to Frame a World Constitution," Indiana Law Journal, Vol. 24: Iss. 3, Article 20.
http://www.repository.law.indiana.edu/ili/vol24/iss3/20
Guide to the Committee to Frame a World Constitution Records 1945-1951
https://www.lib.uchicago.edu/e/scrc/findingaids/view.php?eadid=ICU.SPCL.CFWC
Organic Global Constitutionalism, Leiden Journal of International Law, Cambridge...
https://www.cambridge.org/core/journals/leiden-journal-of-international-law/article/d...

이 부분이 특별한 소유자나, 사적이나, 회사 소유거나 국가나 지역의 소유거나, 장기적이나 부정기적 기간이나, 개인적 경제나 집단적 경제에 관계없이 부분적 관리나 사용은 각기, 공공의 이익을 위하여 제약되어야 한다.

이 초안은 유엔 인권선언과 달리 조문별로 많은 권리를 규정하지 않고 근본 원리만 규정한 점이 특색이다.

인간 생명의 4대 요소인 지구, 물, 공기와 에너지는 인류의 공통적 재산이라고 하고 이는 공익을 위해서 제한될 수 있다고 하고 있다. 이것이 공산주의적이란 비판을 받는 계기가 되었다. 이 안은 미국의 원자탄이 세계를 지배할 것을 걱정한 나머지 지나치게 독재적이라는 비판을 받았다. 그는 대통령이 대법원장과 종교자를 겸하여 권력을 행사해야 한다는 점에서 영국의 전통을 이어받은 것으로 보이나 독재에 치우칠 수 있다는 비판을 받았다.[623]

국경 없는 세계(World Beyond Borders)[624] 단체도 시카고대학의 세계헌법의 초기 초안을 지지했다.

2. 세계헌법과 의회협회(WCPA)의 초안

1958년에 창립된 이 협회는 그동안 많은 회합을 가지며 세계헌법의 기초에 관여하였다. 그중에서 지구 연방을 위한 헌법기초 위원회를 만들어 지구헌법안이라 하여 이를 공표하였다.[625]

이 안은 전문과 19조로 되어 있는데, 많은 조문이 A, B, C, D 등 항으로 나누어 있어 총 조문 수는 19조에 46항을 합하면 긴 조문으로 되어 있다.

기본권 조항은 제12조에서 규정하고 있다. 제13조에서는 세계정부의 지도원칙이라 하여 사회·생존권을 규정하고 있다. 이것은 자유권과 사회권을 분리한 유엔 헌장의 규정을 모방한 것으로 보이며, 이 원칙은 권리가 아니고 입법방침으로 보는 발상에서 나온 것이라 하겠다.

자유권으로는(제12조)[626]

① 평등권

② 법 앞의 평등권

---

623) Culberstone, The Preliminary Draft of a World Constitution, India Law Journal, Vol. 24/18
624) Preliminary Draft of a World Constitution - World Beyond Borders
　　http://www.worldbeyondborders.org/chicagodraft.htm
625) The Earth Constitution - Earth Federation Movement
　　http://earth-constitution.org/
　　The Earth Constitution - worldparliament-gov.org
　　http://worldparliament-gov.org/constitution/the-earth-constitution/
626) Article 12 - Bill of Rights for the Citizens of Earth,
　　The Earth Constitution - worldparliament-gov.org
　　http://worldparliament-gov.org/constitution/the-earth-constitution/

③ 언론, 출판, 저작, 통신, 방송의 자유와 사상, 종교의 자유

④ 집회, 결사, 조직, 소원, 평화적 시위의 자유

⑤ 투표와 정치적 조직, 정치적 선전 운동의 자유

⑥ 종교적 신념표현, 종교적 의식의 자유 증진

⑦ 정치적 신념의 고백이나 선전, 무정견의 고백의 자유

⑧ 조사와 연구와 보도의 자유

⑨ 여권이나 비자와 다른 형식의 등록 없이 세계 각국을 여행할 자유

⑩ 노예제도, 노비, 의사에 반하는 노역과 노동의 징용 금지

⑪ 군사 징집의 금지

⑫ 자의적이거나 불합리한 체포, 구금, 추방, 수색과 압수에서의 인신의 자유의 보장, 수색과 체포에서의 영장제도의 필요

⑬ 수사, 체포, 구금, 형집행기간에의 육체적·심리적 압박의 금지

⑭ 인신보호영장의 권리, 형벌법규 소급효 금지, 이중처벌금지, 자백의 강요나 타인의 형벌화의 금지

⑮ 사병제도의 금지, 일반적 평화와 안전을 침해하는 준군사적 조직의 금지

⑯ 자의적인 재산수용의 금지, 합리적 보상 없는 공용수용권의 행사에 대한 보호

⑰ 가정 산아 계획의 목적에서의 가족계획권과 자유로운 공적 원조의 권리

⑱ 인신과 가족과 결사의 사생활의 권리보호와 정치적 통제수단으로서의 감시의 금지

생존권에 관하여는 세계정부의 지도원리(Directive Principle)로서 규정되고 있다(제13조).[627]

① 인간의 존엄을 보장하는 데 충분한 임금과 보수를 받는 모든 사람의 유효한 고용의 기회의 평등

② 작업, 직업, 고용과 직업선택의 자유

③ 정보에의 안전접근권과 인종에 관한 정확한 지식의 접근권

④ 모든 사람에게 자유롭게 적정한 공교육의 제공, 대학입학 전 교육까지 확장, 모든 사람의 초등교육과 고등교육에의 평등한 기회접근권과 모든 사람과 양친의 사립학교 제도의 권리를 실현하는 계속 교육의 평등한 교육 기회 제공

⑤ 자유로운 선택 하의 모든 사람에게 제공될 적정한 건강 서비스와 의료보호의 제공

⑥ 모든 사람에게 휴식의 기회 제공, 모든 사람이 균형 있는 휴가 기회가 보장되는 사회의 노동량의 보다 나은 배분

⑦ 모든 사람에게 과학적·기술적 발견이나 발전의 이익을 즐길 기회의 균등

⑧ 기술 혁신과 발전의 재해와 위험에 대한 모든 사람의 보호

---

627) Article 13 - Directive Principles for the World Government
The Earth Constitution - worldparliament-gov.org
http://worldparliament-gov.org/constitution/the-earth-constitution/

⑨ 생활에 위해를 가져오거나 생활의 질을 저하시킬 수 있는 환경 오염과 파괴에
   대한 인간성의 일상적인 전승을 위한 자연환경의 보호
⑩ 현재와 미래 세대에게 지구 위성의 계속적인 생활을 체현할 수 있는 지구의 자연
   자원의 보존
⑪ 모든 사람에게 적정한 주거와 적합하고 영양 있는 양식을 보장하고, 안전하고
   적정한 물을 공급하고, 산소가 충분한 공기와 오존을 유지하는 등 모든 사람의
   건강을 유지할 수 있는 환경을 보장해야 한다.
⑫ 모든 어린이에게 그의 능력을 완전히 실현할 수 있는 권리의 보장
⑬ 모든 사람에게 실업, 질병, 노령, 가정문제, 장애, 자연재해와 기술적 변화와 노령에서
   도 인간의 존엄을 위한 생활을 할 수 있는 충분한 생활비 등의 사회보장
⑭ 지구상의 생명에 위험을 발생시키는 기술적 재해와 환경파괴의 신속한 배제
⑮ 생명에 위해를 가져오는 재해를 해소함으로써 기술의 실천적 대체방법과 안전한
   대안을 발견하고, 발전하며 구성하는 철저한 계획의 집행
⑯ 문화적 다양성의 고무와 지방분산적 행정의 고무
⑰ 소수자와 피난민과 반대자의 평화적 자결권의 자유
⑱ 수많은 난민과 무국적자, 대량주민이 동시에 임시적 주거를 제공하는 조건으로
   지구의 어디에서나 거주할 수 있는 거주이전의 자유
⑲ 사형제도의 금지

   이 안은 앞에서 말한 바와 같이, 자유권 규정과 생존권 규정을 분리해서 규정하고
있다. 이것은 생존권·사회권을 권리로서 인정하지 않았던 20세기 중반의 규정 방식이다.
이 점에서 참조할 가치는 크지 않다고 하겠다.[628]

3. 권리를 위한 연합에서의 세계인권헌장 초안

   권리를 위한 세계연합(Unite for Rights)에서는 세계인권법안(Draft of Global Bill of
Rights)을 발표하고 있다.[629]
   이 안은 제1부 기본적 인권, 제2부 국제 인권재판소로 되어 있다. 기본적 인권 26조,
국제 인권재판소가 7조로 되어 있다. (요약)
   기본적 인권(제1조 - 제26조)은 다음과 같다.
   제1조 인간의 존엄은 인권의 원천이다.
   제2조 모든 사람은 미래에의 권리를 가진다. 언론의 자유, 표현의 자유, 정보수령의
      자유, 공공재산권과 사유재산권의 자유

---

628) Joe Wills, Contesting World Order? Socioeconomic Rights and Global Justice Mov., 2017,
     https://academic.oup.com/hrlr/article-abstract/18/3/616/5077323?redirectedFrom=full...
629) Unite for Rights - Global Bill of Rights-Home; https://www.uniteforrights.org/

제3조 교육

제4조 집회와 결사의 자유

제5조 건강보호

제6조 생명의 권리

제7조 신체적 보존

제8조 종교의 자유

제9조 평등

제10조 대표와 투표권

제11조 환경권

제12조 주거, 가족의 권리

제13조 물적, 지적 재산권

제14조 노동권

제15조 사생활의 자유와 정보에의 권리

제16조 가정생활의 권리

제17조 아동의 권리

제18조 시민권과 이동의 자유

제19조 문화의 권리

제20조 체포와 공정한 재판의 권리

제21조 수색과 압수

제22조 적법절차의 원칙

제23조 권리침해시의 책임

제24조 권리침해에 대한 재판

제25조 사법권의 독립

제26조 법원의 재정

이 안은 자유권과 사회권을 통합해 규정한 것은 옳으나, 편별이나 내용 설명은 적절하지 않은 것이 많아 참고 가치가 없다고 하겠다.

4. 아시아 · 태평양지역의 인권헌장 초안

아시아 · 태평양지역에는 유럽 인권헌장이나 미주 인권헌장, 아프리카 인권헌장 등의 지역 헌장이 없기 때문에 이에 대응하는 아시아 · 태평양지역의 인권헌장에 대한 초안이 많이 발표되고 있다. 이에는 ① 아시아 · 태평양 NGO 인권회의가 1993년 3월 27일에 채택한 방콕 NGO 인권선언 ② 홍콩에서 설립된 아시아인권위원회와 아시아 법률가 자료 센터가 1994년에서 1995년에 걸쳐 기초한 아시아 인권헌장 초안 ③ APEC 오사카 수뇌회의 전에 채택된 1995년 11월의 제안(Draft) ④ 아시아 지역 인권심의회가 1983년

에 채택한 아세안 기본적 책무선언 ⑤ 1998년 광주에서 개최된 아시아 인권위원회가
발표한 아시아 인민의 인권선언 등이 있다.630) 이 밖에도 일본, 한국학자들이 만든
연구단체안도 있다.631) 이것들을 다 비교 설명할 수는 없기에 이하에서는 약간의 특수성
을 고찰하기로 한다.

정부 측 견해로 1993년 4월 1일에 아시아 지역 정부 연합에서 채택한 방콕 선언이
있다. 아시아에서 특히 문제가 되는 것은 세계보편성을 부정하고 아시아의 가치를 강조하
는 것이다. 이 방콕 선언도 모든 인권의 보편성, 객관성, 비선택성과 인권의 이행에
있어서 이중기준의 적용 및 그 정치화를 회피하는 것의 필요성과, 인권에 대한 어떠한
침해도 정당화될 수 없다고 강조하면서(제7항), 그 성질상 보편적인 일방에서, 인권은
국가적·지역적 특수성 및 여러 가지 역사적·문화적 및 종교적 배경의 중요성에 유의하
여 국제적 규범 설정의 동태적이고 진전하는 과정의 문맥에 있어서 고려하지 않으면
안 된다(제8항)고 하고 있다. 이 정부 간 견해가 일본과 한국에서의 보편주의와 충돌하여,
아시아·태평양의 인권헌장이 성립하지 못하는 근거가 된다고 볼 것이다.

이것에 대한 반대는 민간인들이 만든 아시아 인권 초안에 나타나고 있다. 「인권은
보편적인 것이며 모든 문화적 및 전통을 포함한다. 이 인권의 보편성은 여성, 아동,
소수자, 선주민, 노동자, 농민, 실업자, 난민과 강제이주자, 장애자, 고령자와 같은 과거
역사의 경험에 있어서 일관되게 잘못된 취급을 받고, 또 무시되어 온 집단에 대해서는
특별한 강조점을 두면서, 모든 인간에 대한 보호의 기초를 제공하여야 한다. 인류의
공통의 인간성에 기초되어 보편적으로 수용되어 있는 인권을 부정하고, 손상하는 것은
과거의 역사에 있어서 여러 가지 억압상태에 기초되어 있다. 이들의 문화적 전통의
측면은 끊임없이 이에 대하여 투쟁하여 배제되어야 하는 것이다」고 하고 있다. 후자의
견해가 옳으며 아시아의 후진적 특수성을 강조할 것이 아니라 인류보편성을 강조해야
할 것이다.

5. 환경 등에 관한 헌장 제정 초안

환경권의 중요성에 따라 유엔의 인권규약의 일종으로 환경권 초안을 낸 학회도 있
다.632) 이 중 이탈리아의 안은 유엔의 경제적·사회적·문화적 권리의 국제헌장의

---

630) International Bill of Human Rights, Council of Europe:
   http://www.humanrights.com/what-are-human-rights/international-human-rights-law/
631) 稻正樹, 『アジア太平洋地域の人權憲章構成, 恒久世界平和のために』, 1013-1043면.
   富田麻理, 亞細亞地域人權機構構成の可能性, The Asian Law Review, Vol. 45, No. 3=4, 2013; 이헌환,
   Global Human Rights Project, 공법이론과 판례연구회 발표, 2019. 10. 11.
632) International Centre of Comparative Environmental Law
   Draft of the International Covenant on the Human Right to the Environment
   Irina Moroianu Zlatescu, Towards a Global Pact for the Environment, Law Review, Vol. Ⅲ,
   Special Issue 2017, pp. 123-130.
   Gabriella Citroni, Tullio Scovazzi, A Tentative Draft Treaty on The Human Right to Water

추가조항이기를 바라고 있다. 이는 물과 위생에 관한 권리 헌장이며, 이 안은 각 정부에 송부하여 의견을 청취하였는데 찬반이 엇갈렸다고 한다.633) 이 안은 전문과 32조로 구성되어 있다. 제1부는 정의(제1조), 제2부는 일반원칙과 본질적 조항, 제3부는 국제협조, 제4부는 위원회의 권한, 제5부는 종결규정으로 되어 있다.

비교 환경법 국제센터에서 만들어진 환경권안은 36조로 규정되어 있다. 제1부는 환경에 대한 그 실현을(제2-19조), 제2부는 국제협조(제20-24조), 제3부는 헌장의 집행의 감시(제25-30조), 제4부는 종결규정(제31-36조)을 규정하고 있다. 권리의 내용으로는 건강한 환경의 권리(제1조), 사전예방의 권리(제4조), 환경교육의 권리(제7조), 환경 의견과 표현의 자유(제8조), 환경 정보에 관한 권리(제9조), 환경문제에 대한 결정에의 참여권(제10조), 안전한 음료수와 위생의 권리(제12조), 영양 있는 충분한 식품의 권리(제13조), 현재와 미래의 사람들에 대한 지속적 보호를 받을 권리들을 규정하고 있다.

이 밖에는 환경과 발전에 관한 국제헌장 초안이 있다.634) 이 안은 제1부 목적(제1조), 제2부 기본원칙(제2-17조), 제3부 일반 의무(제13-14조) 등으로 구성되어 있다. 여기에는 환경의 권리와 발전의 권리를 아울러 규정하고 있다. 발전의 권리는 보편적이고 불가침이며 지속적이고 형평성 있는 인간성의 발전을 위한 것이라 한다.

환경 문제는 중요한 권리이기는 하나 중요한 권리마다 따로 헌장을 만드는 경우에는 집행 감시 기구가 늘어나게 되고, 업무량이 늘어나기 때문에 한 인권헌장에 통합적으로 규정하는 것이 좋을 것이다.

II. 국제사회에서의 인권헌장의 개정 문제

1. 유엔의 인권헌장 통합 논의

유엔에서는 너무 많은 인권규약이 체결되어 있고 이 인권규약마다 실현 감시 위원회가 있어, 유엔에서는 사무가 중첩되고 사무가 폭주하여 인원과 예산이 낭비된다고 하여 이의 통합이 요구되었다. 이미 2006년 6월에 위원회 회장단 회의에서 이 통합방안이 논의되었다.635) 이것은 2006년 3월에 인권 고등판무관이 제안한 것에 대한 토론이었다.

and Sanitation.
633) Draft of a Second Optional Protocol to the International Covenant on Economic, Social and Cultural Rights on the Right to Water and Sanitation Text and Commentary
634) Draft International Covenant on Environment and Development
Draft Declaration of Principles on Human Rights and the Environment (1994) in the Philosophy of Human Rights.
635) Fifth Inter-Committee Meeting of the human rights bodies Geneva, 19-21 June 2006, Concept Paper on the High Commissioner's Proposal for a Unified Standing Treaty Body Report by the Secretariat.

인권 고등판무관은 이들 많은 인권위원회를 통합하는 방안을 제안했는데, 이와 함께 인권규약의 통합도 생각할 수 있었으나 이에 대해서는 옳게 언급하지 않았다. 여러 규약의 인권위원회 회장단들은 인권위원회의 통합에 대해서 회의적이었고, 여론도 좋지 않아 이 제안은 통과되지 않았다. 이에 관해서는 이미 설명하였기에 상세한 고찰은 생략한다.636) 이 위원회의 통합 문제는 인권규약의 통합이 전제 조건이 되었어야 할 것이다. 그러나 유엔은 인권규약의 통합은 언급하지 않고, 새로운 인권규약의 체결만을 논하고 있다. 이 밖에도 유엔 인권헌장의 개정은 많이 논의되었다.637)

2018년 5월 국제전문가회의에서는 1993년 빈(Wien) 회의 25주년을 기념하여 「인권을 모든 사람이 현실이라고 믿도록 신뢰 구축을 해야 한다」는 보고서를 제출했다. 여기서 현재는 세계화 때문에 신자유경제 세력이 새로운 세계질서를 만들어 인권침해의 가능성이 높아졌다고 보고 새로운 개혁을 논하고 있다.638) 제1작업부는 인권과 안전보장, 제2작업부는 사회의 평등의 증진을 다루었다. 국가에 대한 권고는 ① 국가의 입법이나 정책결정에 있어서 안전보장의 개념을 넓게 해석하여 사회 안전의 문제와 평등 문제도 고려할 것 ② 안전보장과 인권 간의 관계에 있어서 체계적 방법을 채택하여 인권의 제한은 합법성과 필요성, 비례성과 비차별의 원칙을 따라야 한다.

유엔에 대한 권고도 하고 있는데 ① 유엔 안전보장이사회는 인권에 관한 계속적인 대화를 하며 안전보장과 관련된 결의나, 발표나 행동에 있어서 인권의 과제를 고려해야 한다. ② 인권규약에의 접근을 증진하고 인권 규약 기구 간의 시너지 효과를 촉진한다. ③ 분쟁 예방과 평화와 안전보장을 위하여 발전적 협조에 기반하여 인권을 충분히 적용할 책무를 재확인해야 한다. 등이다. 여기에서도 유엔 규약의 통합 문제에는 언급하지 않고 있다.

유엔은 2015년 9월에 개최된 「유엔의 지속적 발전 정상회의」에서 2030년까지 세계를 변화시킬 계획을 발표하였다.639) 이것은 앞으로의 15년간의 행동계획이다. 여기에는 빈곤을 없애고, 지속적 발전을 위한 세계적 도전과 불가피한 요구를 충족하기 위하여 노력할 것을 다짐하고 있다. 노력의 목적은 빈곤과 기아, 질병과 결핍이 없는 세계를 형성하는 것이라고 한다. 또 공포와 폭력이 없고, 모든 사람이 문자를 해독하고, 모든 사람이 교육의 기회를 충분히 보장받는 육체적·정신적이고, 사회적 복지가 보장되는 건강보호와 사회보장이 확보되는 세계를 만들겠다고 하고 있다. 나아가 인권과 인간의

---

636) 이에 대한 토론에 대해서는 University of Nottingham, Reform of the United Nations Human Rights Treaty Monitoring Bodies: Developments 2006-2009 참조.

637) Evolution of Human Rights Norms and Machinery - Markkula Center for Applied...
https://www.scu.edu/ethics/focus-areas/more/resoruces/evolution-of-human-rights-no...
Lauren, The Evolution of International Human Rights: Visions Seen on JSTOR 2011.
https://www.jstor.org/stable/j.ctt46nqdn

638) International Expert Conference, Vienna 25, Building Trust Making Human Rights A Reality for All!

639) Transforming our world: the 2030 Agenda for Sustainable Development.: 64 pages, 2015.
https://sustainabledevelopment.un.org/post2015/transformingourworld

존엄성의 지배, 정의, 평등, 비차별적인 세계를 그리고 있다고 했다. 그리하여 세부 목표를 17개로 정하고 실현 방법을 설명하고 있다.[640] 그러나 이를 실현하기 위한 인권헌장의 제정이나 개정·증보에 대해서는 함구하고 있다.

유엔 총회는 2021년에서 2026년까지 유엔 인권이사회의 활동 계획을 심사하기로 했다. 이에 따라 유엔 인권이사회는 준비를 하고 있으며 2026년까지의 미래계획을 찾고 있다.[641] 그러나 유엔 인권이사회는 현재의 구성을 볼 때 인권 후진국이 이사회의 다수를 차지하고 있어 진정한 개혁을 하기는 어려운 것이 사실이다. 그동안 인권헌장을 새로이 제정하여 많은 인권 규약을 통합하자는 의견이나, 인권이사회에 사법기관으로 유엔 인권재판소를 두자는 안이 모두 채택되지 않고 있다. 유엔 인권이사회는 정치적 기관이기 때문에 인권규약의 실천, 특히 사법적 강제에 비판적이다.

이러한 현실을 감안할 때 유엔이 이상적인 인권헌장을 제정하거나, 시민적·정치적 권리에 관한 국제헌장이나 경제적·사회적·문화적 권리에 관한 국제헌장을 통합하기도 어려운 실정이다.

2. 유럽심의회 인권헌장과 유럽연합 기본권장전의 통합 문제

유럽에서는 유럽심의회와 유럽연합이[642] 따로 있어 두 개의 인권헌장이 있다. 하나는 유럽심의회의 유럽 인권헌장이고, 다른 하나는 유럽연합의 유럽 기본권 장전이다.[643] 또 각각의 헌장을 해석하기 위한 기관으로 유럽 인권재판소와 유럽 사법재판소가 있다. 리스본 조약은 유럽연합의 유럽 인권헌장에의 가입을 결정했으나, 유럽 사법재판소가 반대하여 이를 지연시켰다. 유럽심의회는 47개국의 국가가 가입해 있는데 이 중에는 러시아, 우크라이나 등 과거의 공산주의 국가도 있어 인권 후진 국가의 통합 반대 이론이 나올 수가 있다. 유럽연합은 27개국의 서유럽과 중유럽국가들이 가입하고 있어 인권 강대국이 다수이다. 이 두 개의 기구가 통합하기는 어려운데 두 개의 인권헌장의 통합이나 두 개의 재판소의 통합도 어려운 실정이다.

유럽 인권헌장과 유럽 기본권장전의 통합이나 유럽 인권재판소나 유럽 사법재판소의 관계는 미묘하다. 유럽 사법재판소는 인권재판소로서의 기능을 빼앗기지 않으려고 하는

---

640) Transforming our world: the 2030 Agenda for Sustainable Development: 2015, pp. 25-49.
https://sustainabledevelopment.un.org/post2015/transformingourworld
641) Towards 2026 - Perspectives on the future of the Human Rights Council (Glion VI)...
https://www.universal-rights.org/urg-policy-reports/towards-2026-perspectives-on-t
h...
642) Vision 2021: What is the General Assembly's 2021-2026 review, and how might th...
https://www.universal-rights.org/urg-policy-reports/vision-2021-whalt-is-the-general...
643) Britain, The Relationship Between the EU Charter of Fundamental Rights and the Europe...
European Constitutional Law Review, Volume 11, Issue 3, December 2015, pp. 482-511.
A Burter, the evolution of international human rights, Download eBook pdf, epub, tuebl, m...
https://www.e-bookdownload.net/search/the-evolurion-of-international-human-rights

것 같다.644)

　유럽연합은 2012년에「인권과 민주주의에 관한 전술적 구조 계획」을 결정하였다. 이에 따라 유럽연합의 인권특별대표(EUSR)를 선임하여 인권정책의 효율성을 증진하도록 하였다. 그리하여 2012년부터 행동계획을 실천하고 있다. 이는 유엔이나 외국과의 협력을 강조하고 있으나, 유럽심의회(Council of Europe)와의 관계는 언급하지 않고 있다.645)

　유럽연합의 인권상태에 관한 2015-2019년 행동계획에는「인권문제를 유럽연합의 심장으로서의 의제」라는 명칭으로 되어 있다.646)

　2015-2019년의 행동계획에도 유럽 인권헌장과 유럽 기본권장전의 충돌문제라든가 유럽 인권재판소와 유럽 사법재판소의 관계에 대해서는 언급하지 않고 있다. 유럽심의회는 2018년에 의회에서 장래 유럽의 인권체계에 관해서 발표하였다.647) 여기서도 유럽심의회의 인권헌장과 인권재판소에 관해서 말하고 있으나, 유럽 연합기구와의 협력 내지 통합에 대해서는 이야기하지 않고 있다. 유럽 인권헌장은 구속력 있는 헌장으로서는 최초의 것이며 장기간의 추가의정서 제정으로 개정되었고, 유럽 인권재판소도 세계에서 최대의 인권재판소이기 때문에 통합은 생각하지 않는 것 같다.

　두 개의 인권헌장의 통합과 두 인권재판소의 권한 조정이나 통합도 기대난이기 때문에 새로운 유럽 통합체로 환골탈태하여 하나의 인권헌장으로 통합하는 것이 바람직하다. 이 경우에는 유럽 자유권헌장과 유럽 사회권헌장이 대립되고 있어 혼란을 가져오는 유럽심의회의 인권 체계보다는 21세기에 새로 만들어진 유럽연합의 유럽 기본권장전을 중심으로 새로운 인권헌장을 제정하는 방법이 좋을 것으로 보인다.

제3절 세계인권재판소의 구상

Ⅰ. 세계인권재판소 구상 논의의 역사

1. 유엔 인권특별위원회에서의 논의

---

644) Follrich Marek, Court of Justice of the European Union as a Human Rights' Court.
　　https://www.cambridge.org/core/journals/european-constitutional-law-review/article/r...
645) Towards 2026 - Perspectives on the future of the Human Rights Council (Glion VI)
　　https://www.universal-rights.org/urg-policy-reports/towards-2026-perspectives-on-...
646) Action Plan on Human Rights and Democracy (2015-2019)
　　"Keeping human rights at the heart of the EU agenda"
647) Declaration on the Draft Copenhagen Declaration on the European Human Rights system in the future Europe.

1946년 유엔 인권특별위원회가 성립한 뒤 위원회는 국제 인권헌장의 기초 시에 이들 조약의 감시 집행 기관에 관하여 논의하면서, 1947년에 보고서를 제출하였는데 감독 집행기관으로서 세계인권재판소에 관해서 논의하였다.[648] 작업부회에서는 개인의 권리 침해에 대한 보장 기관의 설립을 논의하였는데 벨기에가 강력히 주장하여 오스트레일리아와 벨기에, 이란, 인도는 찬성하였고, 우크라이나는 반대하여 끝내 작업부회를 탈퇴하였다. 그리하여 위원회는 오스트레일리아에 초안 작성을 위임하였으며 오스트레일리아는 초안을 제공하였으나,[649] 위원회의 파리 회의에서 부결되었다.

2. 국제법률가협회에서의 논의

국제법률가협회는 1968년 테헤란에서 제1차 국제회의를 개최하면서 세계인권재판소의 설립을 주장하였다.[650] 당시의 사무총장이었던 MacBradl은 유엔의 조약 실현 기관은 정치적인 것이 되어서는 안 되고, 사법적인 기관이 되어야 하며, 재판관들이 결정해야 한다고 주장하였다. 그는 이때 노벨평화상을 수상하였다. 그러나 세계 인권재판소의 설립은 유엔에서 받아들여지지는 않았다.

1968년의 국제법률가협회가 주장한 유엔 인권고등판무관의 설립은 1993년에, 국제형사재판소의 설립은 1998년에 이루어졌었다. 이 국제형사재판소(International Criminal Court)는 인권재판소는 아니나, 제노사이드나 전쟁범죄나 인간성에 반하는 중대범죄를 처벌하기 위한 것이다.[651]

3. 세계시민의 세계정부의 초안

세계시민 단체가 구성하려고 하는 세계정부는 세계시민의 대표자가 참석하는 의회를 두며, 그의 의사에 따른 세계정부를 두기로 했다. 이것은 일종의 유토피아라고 하겠다.

이 세계정부에서는 1974년 6월 12일에 프랑스의 Mulhouse에서 세계인권재판소의 조직법을 발표하였다.[652] 이 조직법은 전문과 23개의 인권 조항과 재판소에 관한 47개 조문을 두고 있다. 이 조문들은 완성된 것이 아니고 여러 의견을 모아 수정할 수 있다고 하고 있다.

648) Commission on Human Rights, 2nd Session 2-17 December 1947, Geneva - Report E/600, at http://www.un.org/ga/search/view_doc.asp?symbol=E/600
649) Draft Resolution for an International Court on Human Rights, submitted by the Representative of Australia (5 February 1947) UN Doc E/CN.4/15.
650) UN Conference on Human Rights, Tehran, April 22 to May 13, 1968, Proclamation of Tehran. 64 Am. J. Int'l L. 674, 1969, Para. 4
651) International Criminal Court / Human Rights Watch https://www.hrw.org/topic/international-justice/international-criminal-court
652) wsalstat - World Government of World Citizens - Welcome http://www.worldservice.org/wsalstat.html

4. 유엔 인권감시기관으로서의 도입 논의

인권 헌장 침해에 대해서 권리보호를 받아야 한다는 소위 Boren(Bassiouni 원칙)은 2005년 12월에 유엔 총회에서 채택되었다. 또 말썽 많았던 인권특별위원회 대신에 인권이사회를 설립했는데, 이 밖에도 사법기관으로서 세계인권재판소를 설립하여야 한다는 주장도 나왔다.653)

5. 유엔 인권선언 60주년 기념 재판소법안

Kozma/Nowak/Scheinin 세 교수가 세계인권재판소 구성의 통합보고서를 발표한 것은 앞에서 보았다.654)

이 보고서는 논문 작성에서의 의문과 회답, 조문, 주석을 싣고 있어 앞으로의 세계인권재판소 구성에서 중요한 참고 자료가 될 것이다.

6. 세계인권재판소 기획 민간위원회의 구성안

세계인권재판소 기획은 민간 기구로서 미국의 Oettinger가 기획차장을 맡고 있다. 이들은 유엔 산하에 세계헌법재판소를 독립적 재판소로 설립할 목적으로 그동안 여러 민간 단체, 학자들과 세계재판소장단과 합동으로 세계인권재판소설립을 연구하고 있다.655) 이 기획위원회는 2013년에 세계 사법 정상회의를 개최하고 그 후에도 계속 회의를 열고 있다.656) 2019년 4월 12일에는 미국변호사협회 국제법분과(ABA/SIL)와 합동으로 워싱턴 D.C.에서 회의를 개최하여 Oettinger 사장이 기조 연설을 하고, 많은 학자들과 변호사들이 참가하여 세계인권재판소의 설립 문제를 논의하였다. 2018년 10월 31일에는 Ottawa에서 회의를 개최하였고 매년 회합을 가지고 있다.

2013년 12월에는 Lucknow, India에서 열린 세계재판소장 연례회의에서 Oettinger가 출석하여 이들 재판소장들과 세계인권재판소 설립 문제를 논의하였다. 재판소장들은 이 계획에 찬성하여 세계재판소법의 초안을 작성하기로 하였다. 판사와 변호사, 학자들로 구성된 기초위원회는 그 초안을 완성하여 이것을 세계재판소장 회의에 제출하였다. 세계재판소장 회의에서 안을 승인하여 여러 나라의 승인을 얻도록 공개하였다.657) 이것

---

653) Nowak, Manfred; The Need for a World Court of Human Rights, HRLR 7(2007), 251-259.
654) Kozma/Nowak/Scheinin, A World Court of Human Rights : Consolidated statute and commentary 2010, https://cadmus.eui.eu/handle/1814/20880
655) The Case for Support - World Court of Human Rights Development Project http://www.worldcourtofhumanrights.net/project-overview
656) World Court of Human Rights Development Project http://www.worldcourtofhumanrights.net/

이 2015년의 세계재판소장 회의에 제안되었다. 이것이 세계인권재판소 구성법(Lucknow Treaty)이다.658) 이 안은 34조로 구성되어 있다.

II. 유엔과 관계있는 세계인권재판소의 구상 내용

1. 유엔의 기구로서의 세계인권재판소 구상

세계인권재판소의 설립은 주로 인권 침해에 대한 세계의 구제 방법이 거의 없기 때문에 이를 보완하기 위한 방법으로 논의된 것이다. 앞에서 본 바와 같이, 2008년의 세계인권선언 선포 60주년을 기념하여 유엔 인권보장 기구의 강화를 위한 것이 목적이었다.659) 그런데 유엔에서의 총회 결의가 어려워서 이제까지 실현을 보지 못하고 있다. 그 이유는 개인적 구제 제도를 도입하는 것에 대해서 많은 나라들이 반대하고 있기 때문이다.

인권 침해에 대한 유엔의 구제 문제는 앞에서 본 바와 같이, 2006년의 인권고등판무관이 Concept Paper에서 유엔 조약기구의 상설 통합체에 관한 제안에서 촉발된 것이기도 하다. 2006년에 유엔 인권고등판무관은 수많은 유엔 인권기구가 있어서 업무가 중첩되고 있어 번잡할 뿐만 아니라 분산되어 있어 비능률적이라고 하여 이들 기구를 통합하여 하나의 상임위원회를 둘 것을 제안하였었다.660)

이 상설기구는661) ① 단일 통합체로서 계속적인 해석을 가능하게 하는 방법 ② 단일 기구에 다수의 부를 두는 방법으로 이 부는 병렬적으로 기능하며, 모든 조약의 해석과 감시기능을 다하도록 하는 방법 ③ 단일 기구에 다수의 부를 두되 부는 그 기능에 따라서 모든 사건을 배분하여 처리하게 하는 방법 ④ 단일 기구에 여러 부를 두되 각 조약별로 그 기능을 배분하는 방법 ⑤ 단일 기구에 다수의 부를 두되 권리의 성질에 따라서 그 역할을 분배하는 방법 ⑥ 단일 기구에 여러 부를 두되 부마다 특정 지역의 인권 문제를 다루는 방법 등을 제안하였다.

그러나 이 방법은 기존의 많은 조약을 개정하여야 하고 이제까지 일해 온 각종 인권위원회 등을 통합하여야 함으로 각종 인권위원회의 반대에 부딪쳐 성공할 수 없었다.

이에 대해서는 학자들도 반대하는 경향이었다. 2007년 봄에는 Human Right Law

---

657) WCHR Statute (Current Draft) - World Court of Human Rights Development Pro...
   http://www.worldcourtofhumanrights.net/wchr-statute-current-draft
658) The Treaty of Lucknow, WCHR Statute (Current Draft)
   http://www.worldcourtofhumanrights.net/wchr-statute-current-draft
659) Kozma/Nowak/Scheinin, A World Court of Human Rights : Consolidated statute and commentary,
   https://cadmus.eui.eu/bitstream/handle/1814/20880/A_WorldCourtOfHR.jpg?sequenc...
660) The Concept Paper on the High Commissioner's Proposal for a United Standing Treaty Body,
   22, March 2006, HRI/MC/2006/2 Report by the Secretariat
661) Informal Background Paper, Reform of the United Nations Human Rights Treaty Monitoring
   Bodies : Development 2006-2009, Nottingham Univ.

Review에서 특집을 하였는데, 이에서는 인권이사회의 문제와 조약 감시 기구의 개혁에 관한 문제가 주요 논제였다. 이 잡지에 Nowak는 「세계인권재판소 필요한가?」란 논문에서 세계인권재판소의 설립을 주장하였다.662) 그는 유엔 인권이사회와 세계인권재판소와의 관계를 설명한 후 유엔의 조약 감시 체제는 냉전의 산물이라고 하고, 이에 영향을 받지 않은 유럽이나 미주에서는 인권재판소가 활발히 활동하고 있다는 것을 설명하고 있다. 그는 유엔 인권이사회의 대응기관으로 인권재판소를 설립하여야 한다고 주장하고 있다.663) 그는 인권재판소의 도입이 헌장이나 조약의 개정 없이도 원만히 가능하다는 것을 장점으로 들고 있다. 뿐만 아니라 현존하는 인권 기구를 그대로 두면서 사법기능을 가진 인권 침해에서 구제할 수 있는 재판소를 두는 것이 합리적이라고 하고 있다.664) 그리고 국가만이 아니라 비국가도 가입하여 비준하도록 하는 장점이 있다고 하였다.665)

기본권 침해의 피해자에게 정당보상의 권리를 충족시킬 수 있는 가장 좋은 방법이 인권재판소의 설립이라고 강조하고 있다. 결론적으로 현재의 유엔 인권조약이나 그 감시 기구를 설치하면서 인권 침해 피해자의 권리를 확보해 줄 수 있는 면에서 가장 합리적인 방법이라고 하고 있다.666)

세계인권재판소 설립을 주장한 사람은 2004년에 Trechsel 교수가 세계인권재판소 필요한가?를 묻고 이에 긍정적으로 답하고 있다.667) 이 논문은 Northwestern 대학교 인권논집에 특집으로 다루어졌다. 같은 잡지에서 Crook 수석변호인은 국제사법재판소와 인권에 관한 논문을 발표하였는데,668) 국제사법재판소가 인권 문제에 대해서는 소극적이며 판례도 적다고 논하고 있다. 국제사법재판소는 관할권에 한계가 있고, 재판관의 질에 있어서는 인권문제를 다루기에는 부적절하다고 하고 있다. 따라서 인권보장을 위한 보다 효율적인 국제재판소가 필요할 것으로 보고 있다.

2. 스위스 정부 주도의 세계인권재판소 초안 작성

Scheinin(유럽대학연구소)은 전문과 63조로 구성된 세계인권재판소 헌장을 발표하고 있다.669) 그는 선두에 22개의 질문과 22개의 회답문을 싣고 있다.670) 문답집에서 ①

---

662) Nowak, Need for a World Court of Human Rights / Human Rights Law Review, Vol. 7, No. 1 / Oxford Ac... 2007, pp. 251-256.
　　 https://academic.oup.com/hrlr/article-abstract/7/1/251/645636?redirectedFrom=fulltext
663) Nowak, M. ibid., pp. 251-252.
664) Nowak, M. ibid., pp. 255-256.
665) Nowak, M. ibid., pp. 256-257.
666) Nowak, M. ibid., pp. 257-259.
667) Trechsel, Stefan, A World Court for Human Rights? 1 Nw. U. J. Int'l Hum. Rts. 3, Volume l Fall 2004.
　　 http://www.law.northwestern.edu/journals/JIHR/vl/3
668) Crook, John R. The International Court of Justice and Human Rights.
669) l Nw. U. J. Int'l Hum. Rts. 2, at Volume 1 Fall 2004.
　　　 http://www.law.northwestern.edu/journals/JIHR/v1/2

왜 세계인권재판소가 필요한가?부터 ㉒ 이 계획을 어떻게 발전시킬 것인가?를 묻고 있다. 이 문답에서 확실한 것은, 유엔의 인권고등판무관실과 세계인권재판소 간의 관계에서 인권고등판무관실을 정치적 기관으로 그대로 두고, 세계인권재판소는 유엔의 사법적 기관으로서의 국가와의 독립성을 강조하고 있다.671) 이 헌장은 새로이 국가에 의해서 비준받아야 한다고 하고 있다. 그리고 유엔은 이 재판소의 관할권을 인정해야 한다고 하고 있다. 이 초안은 최종적이 아니고 앞으로 보완될 것이라고 하였다.

그의 초안은

제1부 재판소의 설립(1조-4조)

제2부 관할, 수리, 적용법(5조-16조)

제3부 재판소의 구성과 행정(17조-36조)

제4부 판결이나 의견 제시 전의 청문(37조-43조)

제5부 판결과 의견(44조-48조)

제6부 국가 당사자의 회의체(49조)

제7부 재정(50조-63조)

으로 되어 있다.672)

재판소의 소재지는 스위스의 제네바로 하고(제3조), 유엔의 국제사법재판소와의 독립을 기도하고 있다.673) 적용 법조는 유엔이 체결한 모든 인권규약이며(제8조), 개인 제소도 인정하고 있다(제13조). 재판관의 선거는 국가 당사자의 회의체에서 행해지며(제19조), 6명씩으로 구성되는 3개의 부를 두고 있다(제23조). 결정은 판결과 의견으로 한다(제5부). 판결은 구속력을 가지며 의견은 재판소의 해석이며 당사자를 구속한다(제45조).674)

그는 이를 보완하여 Nowak, Kozma와 3인 공저로 책을 내기도 하였다.675)

이에 앞서 Nowak와 Kozma는 공저로 스위스 정부의 기념사업에 따라 2009년 6월에 「세계인권재판소」란 인권재판소 구성법의 초안을 발표하였다.676) 이 초안은 총괄, Ⅰ. 서론, Ⅱ. 세계인권재판소의 창립 이유, Ⅲ. 세계인권재판소 정관 초안, Ⅳ. 주석으로 구성되어 있다.677)

이 초안은 스위스 외무부와 노르웨이 외무부, 오스트리아 외무부의 재정적 지원으로 이루어졌다. 그런데 전제 조건은 유엔의 지원 하에 세계인권재판소를 설립하는 것이었다.

Scheinin Martin, Towards a World Court of Human Rights - 30 April 2009

670) Scheinin, ibid., pp. 7-29.

671) Scheinin, ibid., pp. 17-18.

672) Scheinin, ibid., pp. 30-52.

673) Scheinin, ibid., pp. 31.

674) Scheinin, ibid., pp. 46.

675) Kozma/Nowak/Scheinin, A World Court of Human Rights: Consolidated statute and commentary, https://cadmus.eui.eu/handle/1814/20880?show=full

676) Nowak/Kozma, A World Court of Human Rights : Universität Wien, 2009.

677) Nowak/Kozma, ibid.

따라서 기존의 유엔의 여러 인권규약의 집행을 위한 감시 집행 기관으로서의 역할도 할 것이 기대되었다. 초안 편별은 다음과 같다.

제1부는 재판소의 설립(1조-6조)

제2부는 관할, 수리, 적용법(7조-18조)

제3부는 재판소의 조직(19조-28조)

제4부는 국가당사자의 의무(29조-30조)

제5부는 비국가기구의 의무(31조)

제6부는 종결조항(32조-35조)

제1부

제1부 재판소의 설립에서는 유엔의 상설기구로 설치한다는 것을 명시하고(제1조), 이 조약에 가입한 국가당사자 회의체에서의 승인을 받아 소장이 지휘한다(제2조 1항). 재정은 유엔의 정상 재정에 따르게 하였다(제2조 2항). 재판소의 소재지는 네덜란드의 헤이그에 두기로 하였다(제3조). 이는 유엔 산하의 국제사법재판소의 위치와 같게 한 것이다. 재판소의 법적 지위와 권한은 국제법적 법인체로 하고, 이 조직법에 규정된 권한을 행사하도록 하였다(제4조).

재판소는 21명의 재판관으로 구성되며, 당사자 국가의 국민으로서 개인적 자격으로 선출되도록 하였다(제5조).[678] 재판관은 전임으로 독립적이어야 하며 불편부당 없이 재판업무에만 전념해야 한다. 필요한 경우 소장은 재판관의 수를 증가할 수 있다. 그러나 이 결정은 당사자 국가 총회에서 심의해야 한다. 이에는 3분의 2 이상의 회원의 승인이 요구된다.

재판관의 선임은 당사자 국가 회의에서 추천된 후보자 중에서 선거에 의해서 선출된다. 국가는 단 한 사람의 자국 국민만을 추천하여야 한다. 임기는 6년이며 재선도 가능하다(제6조).[679]

제2부

제2부에서는 관할과 수리, 적용 법조에 관해서 규정하고 있는데, 여기서는 개인적 제소를 제일 처음에 규정하고 있다(제7조).[680] 이 제소는 인권이 국가에 의해서 침해된 경우 개인이나 비정부조직이나 개인 단체들이 누구나 재판소에 제소할 수 있다고 하고, 그 적용 규약도 유엔이 체결한 규약뿐만 아니라 그 특별 기구 등도 인권을 침해한 경우 소원 피소자로 될 수 있음을 규정하고 있다(제7조). 이 초안을 비준한 국가에서는 유엔의 다른 기구에 대해서는 개인적 소원을 제기할 수 없게 조치를 취하기로 했다.

인권 피해자뿐만 아니라 제3자도 소원을 제기할 수 있게 했다. 그리하여 국가에 의한

---

678) Nowak/Kozma, ibid., pp. 30-31.
679) Nowak/Kozma, ibid., pp. 31-33.
680) Nowak/Kozma, ibid., pp. 33.

체계적 인권 침해가 행하여진 경우에는 유엔의 여러 기관뿐만 아니라 국가, 비국가적 조직, 영리회사 등도 모두 제소권을 인정하고 있다(제8조 1항). 인권 침해가 국제평화와 안전보장에 위험이 될 수 있다고 생각되는 경우, 안전보장이사회는 이 문제를 세계인권재 판소에 제소할 수 있고, 그러한 사건은 최우선적으로 심리하여 가능한 한 빨리 결정할 것이다(제8조 2항)고 규정했다.681)

유엔의 회원 국가나 유엔의 인권이사회와 유엔 인권고등판무관은 재판소에 조약의 해석에 관한 의견을 교환할 수 있으며, 세계인권재판소는 권고적 의견을 제공한다(제9조). 전원재판부의 결정 심리는 공개한다. 부의 심판은 공개 여부를 자유로이 결정할 수 있다(제16조). 재판소의 결정은 종국이며 국제법 하에서 구속력을 가진다(제18조 1항). 국가는 재판소의 판결을 국내적 집행기관을 통하여 직접 강제로 집행하여야 한다(제18조 3항). 모든 판결은 유엔 인권고등판무관에게 이관되어야 하며, 고등판무관은 그 집행을 감독한다(제18조 4항). 만약에 인권고등판무관이 재판소의 판결을 강제 집행할 수 없을 때에는, 인권이사회나 필요한 경우 안전보장이사회에 판결의 강제집행을 위한 필요한 조치를 요구할 수 있다(제18조 5항).682)

제3부

제3부는 재판소의 조직을 규정하고 있다. 재판소는 전원재판부와 부 또는 위원회로 구성된다(제20조). 전원재판회의는 3년의 임기로 소장과 부소장을 선거한다. 그들은 재선될 수 있다. 부를 셋을 둘 수 있다. 필요한 경우 재판소 규칙과 규정을 채택한다(제21조). 부는 7명의 재판관으로 구성된다. 제1부는 재판소장이, 제2부는 제1 부소장이, 제3부는 제2 부소장이 수석재판관이 되어 주재한다. 각 부는 3명으로 구성되는 두 개의 위원회를 둔다. 소장과 부소장은 위원회의 구성원이 될 수 없다. 위원회는 만장일치로 개인 소원의 불수리를 결정할 수 있다. 부는 제3자소송의 불수리를 결정한다. 전원재판부 는 제3자 제소의 본안에 대하여 결정한다(제22조).683)

전원재판부의 결정은 종국적이다. 부의 판결은 당사자가 전원재판부에 항소를 요구하 지 않거나, 판결 후 3개월 이내에 항소를 요구하지 않거나, 다른 부에서 항소를 거부한 경우에는 최종적이다(제23조).684) 재판관은 동료재판관의 다수에 의하여 사건 심리에서 제외될 수 있다. 재판관은 전원 재판관회의에서 3분의 2 이상의 재판관의 결정으로 직무에서 배제될 수 있다(제27조).

재판관은 재판소의 직무와 관련해서는 대사에 준하는 특권과 면책권을 향유한다. 이 특권은 전원재판관의 절대 다수의 결정으로 박탈할 수 있다(제28조).

이 안은 처음부터 유엔의 기구로서의 세계인권재판소의 설치를 예정하고 있다. 그래서

---

681) Nowak/Kozma, ibid., pp. 34.
682) Nowak/Kozma, ibid., pp. 38.
683) Nowak/Kozma, ibid., pp. 40.
684) Nowak/Kozma, ibid., pp. 40-41.

이 설치 헌장도 유엔 인권위원회에서 기초되고 유엔 총회에서 의결되어야 한다고 보고 있다. 유엔의 현황을 볼 때 강대 국가들이 세계인권재판소의 설치를 꺼리고 있는 것은 개인의 소제기 제도 때문인데, 이들의 반대를 극복할 수 있을 것인가가 문제된다. 초안이 작성된 뒤 많은 논의가 있었으나 10년이 지난 현재에도 세계인권재판소 설치 논의는 성숙되지 않고 있다.

이 안은 앞서 말한 바와 같이, Scheinin과 협동으로 통합정리안이 작성되었으며,685) 이 안에 대해서는 많은 논평이 있었다. 이에 대한 세미나로는 국제법률가협회가 제네바에서 회의를 열어 세계인권재판소 설립에 관한 회의를 개최하고 세계인권재판소의 설립에 찬성했다.686) 이 시기에는 세계인권재판소의 설립이 목전에 와 있다는 주장도 있었다.687) 또 유명인회의(Panel of Eminent Persons)에서도 이 과제에 대해서 토론회를 가졌다.688)

2012년에는 Oslo 대학에서 다종 인권에 관한 연차회의가 열렸는데, Wien 대학과 Boltzmann Institute와 공동으로 학술대회를 개최하였다.689)

이 밖에도 Nowak의 논지에 찬성하는 논설도 많았다.690) 대만에서도 Nowak를 초청하여 세미나를 열어 아시아에서의 관심을 끌게 하였다. 대학에서는 학위논문의 테마가 되기도 하였다.691)

이 밖에도 많은 책이 출판되었다. 예를 들면 Springer 출판사에서 International Human Rights Institutions, Tribunals and Courts가 출판되었다.692)

---

685) Kozma/Nowak/Scheinin, A World Court of Human Rights : Consolidated statute and commentary 2010, https://cadmus.eui.eu/handle/1814/20880?show=full
Kozma/Nowak/Scheinin, FSI / The Europe Center - A World Court of Human Rights : Consolidated statute a...Neue Wissenschaftlicher Verlag, 2010.
https://tec.fsi.stanford.edu/publications/a_world_court_of_human_rights_consolidat..

686) International Commission of Jurists (2011) Towards a world court of human rights: questions and answers, supporting paper to the 2011 report of the panel on human dignity, Geneva.

687) Murphy, R. 'Is it time for a World Court of Human Rights?', 'The Sunday Business Post' (2011, 2 January)

688) Panel of Eminent Persons. Protecting dignity: an agenda for human rights, www.UDHR60.ch (http://www.UDHR60.ch).

689) A World Court of Human Rights? / Lowy Archive
A World Court of Human Rights in Light of the UN Treaty Bodies Reform. Oslo, 2012.
https://archive.lowyinstitute.org/the-interpreter/world-court-human-rights

690) Round Table, On the Creation of World Court of Human Rights, National Taiwan University Law Review, Vol. 7:1. 2012.

691) Omangbai, Discussing, the Draft Statute of the World Court of Human Rights (2010), BA Law, Univ of Exter, 2013.

692) Schiettekatte, Do we need a World Court of Human Rights? Master in Law, Universität Gent 2015-2016; Li, T. The establishment of a world court of human rights and the design of its complementarity jurisdiction. Doctoral Thesis at Vienna University, 2017.
A World Court of Human Rights / SpringerLink
https://link.springer.com/referenceworkentry/10.1007%2F978-981-10-5206-4-10

이 3인의 초안에 대해서 강력히 반발한 사람으로는 Alston이 있다.693) 그는 많은
논문에서 유엔과 결부된 세계인권재판소의 설립을 반대하는 글을 실었다. 그는 Nowak
등의 초안이 보편주의에 입각하고 있다고 비판하고, 문화적 상대주의에 근거하여 인권헌
장이나 인권규약의 획일적인 적용을 부인하였다.

Ⅲ. 유엔과 관계없는 세계인권재판소 구상

1. 세계시민의 세계정부안

유엔과 관계없이 독자적인 세계인권재판소의 설립안을 성안한 것은 「세계시민의 세계
정부」에서 만든 세계인권재판소 헌장안이다. 「세계시민의 세계정부」는 국가나 유엔
등 국제기관과 관계없이 세계정부를 구성하려는 사설 단체에 의한 안이다. 그래서 이는
일종의 유토피아적 제정 안이라고도 하겠다.694)

이 세계인권재판소 헌장안은 1974년 6월 12일 프랑스의 Mulhouse에서 200만 명
이상의 추종자를 가진 세계시민의 세계정부의 대표자들이 만든 것이라고 선언하고 있다.
그들은 인간의 자유와 안전을 보장하고 인간의 전지구적 주권과 모든 인권 보장을 위하여
전지구적 법치주의의 원칙과 자연적 정의의 원칙을 채택하려 세계적 인신보호영장 제도에
의한 결정적 침해 구제를 위하여 세계인권재판소 헌장을 제정한다고 하고 있다.

세계인권재판소의 창설의 목적을 전문의 형식으로 상세히 언급하고 있다. 인류의
인권은 독립적이며 공허한 개념이 아님을 강조하고, 인권의식의 앙양이 보장의 전제임
을 인정하고, 인간이 인간을 죽이고, 죽임을 당하지 않는 세계질서를 창설할 의무를
인식하여, 세계인권재판소의 헌장을 채택한다고 하고 있다.695)

나아가 세계인권재판소의 기능을 설명하고 있는데,696)

(1) 생명의 권리를 보장하고,
(2) 안전과 개인의 자유의 보장이 지역적 주권이나 국민주권성과 기타의 기술적 개념에
서 나오는 관할권의 원칙보다도 더 중요하다고 하면서,
(3) 모든 사람이 자유와 인신의 안전의 권리를 가지며 인간이 평등과 압제와 억압에서

International Tribunals, World Courts and Human Rights / HREA
http://www.hrea.org/learn/elearning/international-tribunals/
693) Alston, P. A world court for human rights is not a good idea (2013)
http://justsecurity.org/2796/world-court-liiunan-rights-good-idea
694) World Government, wsalstat - World Government of World Citizens - Welcome
http://www.worldservice.org/wsalstat
695) World Government, ibid.
696) World Government, ibid., p. 1.

자유로운 지구상에서의 육체적 · 정신적 · 도덕적 통일질서를 구성할 것을 주장하면서,

(4) 군국주의를 배격하고,

(5) 세계인신보호영장에 의한 구제 제도를 창립

(6) 기본적 자유와 인권의 보장을 위한 지역적 · 전 지구적인 지원을 하며,

(7) 개인의 존엄이 기본적 도덕의 필요를 유지하고, 자유로운 표현을 위하여 존엄이 필요하다는 것을 인식하여,

(8) 정부의 자의적인 권력을 제한하고 다음의 권리를 확보하기 위하여 세계인권재판소의 설립을 선언한다고 하고 있다. 이 인권재판소에서 보장될 인권의 목록을 (a)에서 (u)까지 20여 개를 나열하고 있다.

이 초안은 4장으로 구성되어 있다. 제1장은 재판소의 조직과 권한, 재판권 등에 관한 전반적인 규정이고(제1조-22조), 제2장은 인권보장제도를 규정했으며(제23조-27조), 제3장은 재판소장의 특별 권한(제28조), 제4장은 심판절차 등(제29조-47조)을 규정하고 있다.[697]

이 안의 특색은 미국식 제도를 상당히 수용하고 있는 것이다. 우선 국제인권재판소에 지역적 재판소(Regional Tribunal)을 많이 두고, 또 지역순회재판소(Regional Circuit Court)를 두고 있다. 그래서 세계인권재판소의 지역 분산을 하고 있고, 재판관의 수도 각 지역에 따라 배분하고 있다(제4조). 나아가 지역재판소의 재판에 대한 항소를 인정하고, 세계인권재판소 항소재판부에서 항소심을 담당하게 하고 있다(제28조). 그리고 재판소장을 Chief Justice로 명명하고 재판관을 Associate Justice로 명명한 것이 특색이다. 재판소장의 권한을 강화하고, 그에 통솔권을 준 것이 특색이다(제1조, 제3조). 재판소장은 재판관을 지명할 때 법과대학이나 법학전문대학원의 교수들과 상의하여 세계법의 연구에 종사한 사람을 재판관으로 임명한다(제5조). 재판소장은 지역적 분담 관할을 결정하며, 법률가들은 지역에 거주하는 사람들을 임명해야 한다(제4조). 재판관의 임기는 9년이며 순회재판관도 전임으로 근무한다(제5조). 재판소의 구성원은 정치적 · 행정적 기능에서 자유로이 전임이어야 하며 그 독립성이 보장된다(제8조).[698]

구제에 있어서는 인권침해를 입은 사람은 누구나 제소할 수 있게 했으며, 판결 전 사전적 보장으로서 인신보호영장의 발부를 요구할 수 있으며, 재판 결과에 따라 보상을 받을 수 있게 하고 있다(제2장). 여기에서는 모든 재판절차상의 권리가 보장되어야 하며(제25조, World Bill of Rights), 세계인신보호영장이 발부되어야 한다(제26조).

---

697) wsalstat - World Government of World Citizens - Welcome pp. 2-10.
    http://www.worldservice.org/wsalstat.html
698) World Government, ibid., pp. 9-10.

이 초안은 세계시민의 권리보장을 위해서는 전진적인 제도를 도입하였으나, 다른 국제기구와는 완전히 독립된 기관으로서 그 경비를 자체 조달하게 한 면에서 실현가능성이 적었다.

2. Lucknow 조약의 세계인권재판소 구상

지구적 통합론자인 Dais는 제2차 세계대전 후 1948년에 미국의 국적을 포기한 뒤 「국경 없는 세계운동」을 벌였다. 그는 국민국가의 존재가 전쟁을 가능하게 하는 것으로 보고 세계정부 운동을 전개하였다.[699] 그의 후계자라고 할 수 있는 Mark Oettinger는 인도의 Lucknow에서 개최되는 세계재판소장 회의에 참석하였다. 이 2013년 12월에 열린 대회는 연례 대회로 제14차 세계재판소장 회의였다. 여기서 Oettinger는 세계인권 재판소 창설에 관하여 연설을 하였는데, 세계 각지의 재판소장들은 열광적으로 찬성하였다.[700] 이에 Oettinger는 2014년의 수개월 동안 초안 작성을 연구하였다. 그래서 정례적으로 열리는 세계재판소장 회의에 초안을 제출하였고, 이를 체결하기 위한 조약안을 성안하였다. 이것은 Lucknow 조약이라고 한다. 이 안은 Design Team에서 만들어진 것인데 판사, 변호사, 학자, 실무가, 공익운동자들이 합동하여 연구하였다. 이들은 국제사법재판소, 유럽인권재판소, 미주간 인권재판소, 아프리카 인권재판소 등의 예를 참조하여 초안을 완성하였다. 이것이 2014년 12월에 열린 세계재판소장 회의에 상정되고, 그 회의 종결 결의에서도 채택되었다.[701]

이 초안은 34조로 구성되어 있다. 제1조는 조약에의 가입, 제2조 재판소의 행정, 제3조 재판소의 재판관, 제4조 재판관의 선거, 제5조 재판관의 임기, 제6조 재판관의 근무조건, 제7조 재판관의 면직, 제8조 재판소의 책임자와 직원, 제9조 재판소의 주소, 제10조 재판소의 회기와 휴가, 제11조 재판관의 자격, 제12조 전원재판부의 청문, 제13조 재판소의 합의부, 제14조 재판소의 규칙제정권, 제15조 재판관의 국적에 의한 참여권, 제16조 재판관과 재판소 임원의 보수, 제17조 서명자의 재판소 예산 분담, 제18조 재판소의 쟁송적 관할, 제19조 재판소의 권고적 관할, 제20조 재판소가 적용할 주요법, 제21조 사건의 선발, 제22조 집단소송, 제23조 당사자적격, 제24조 구제의 소진, 제25조 제3자 참가 실제, 제28조 옴부즈맨 사무소, 제29조 중재, 제30조 재판소에 의해 가능한 구제, 제31조 재판소 판결과 명령의 집행, 제32조 재판소 절차 규칙, 제33조 재판소 명령의

699) World Court of Human Rights Development Project
   http://www.worldcourtofhumanrights.net/
700) The Case for Support - World Court of Human Rights Development Project
   http://www.worldcourtofhumanrights.net/project-overview
701) World Court of Human Rights Development Project News
   http://www.worldcourtofhumanrights.net/News,
   WCHR Statute (Current Draft) - World Court of Human Rights Development Project.
   http://www.worldcourtofhumanrights.net/wchr-statute-current-draft

보정, 제34조 재판소 조직 헌장의 개정702)

이 초안은 편별을 하지 않고 조문만 나열한 것이 특색이다. 또 유엔과 독립된 인권재판소의 설치이기 때문에 유엔 재정에 의지하지 않고 기부자나 이용 국가가 비용을 부담하도록하고 있다. 또 재판소 소재지를 공백으로 한 것은 설립 기부자 등의 의사에 따르게하기 위한 것으로 보인다. 조문의 내용이나 조문 나열 순서 등은 유럽인권재판소 구성헌장등과 비슷하다.

세계인권재판소의 설립은 체약 국가와 체약 국가의 사법부에 의해서 이 조약의 가입을통하여 설립한다. 그 구성원으로서 국가 행정부뿐만 아니라 사법부까지 독립적으로가입 주체로 한 것이 이채롭다. 이 조약은 제10회 회원이 가입한 경우에 효력을 발생한다(제1조)703)고 했다.

각 회원 단체는 재판소의 행정에 관한 사항에 관하여 투표를 할 수 있는 대표로서한 개인을 지명한다. 이 대표자들은 재판소를 구성하고, 재판소의 행정을 관리한다.대표자는 회의체(Council)를 구성하고 이 회의가 재판소의 행정을 담당한다. 모든 대표자는 재판소의 투표에서 동등한 권리를 가진다.

회의체는 매년 7명으로 구성되는 집행위원회를 구성한다. 위원회는 의장과 부의장,사무처장과 재무관을 선출한다. 사무처장은 재무관을 겸임한다. 재판소의 운영은 서기관이 담당하며 위원회의 지시에 따라 행위한다(제22조).704)

재판관의 수는 15명으로 지역 단체에서 선출된다. 재판관은 국가나 시민의 대리인이아니고 개인 자격으로 활동한다. 한 구성체에서는 두 명이 같은 구성체 시민이어서는안 된다(제3조). 재판관 수는 지역적으로 배분된다. 아시아에서 4명, 아프리카에서 4명,미국과 캐나다, 유럽에서 4명, 남미와 중미, 대양주에서 3명을 선출한다. 재판관의 임기는9년이며 재선될 수 있다(제4조).705) 최초로 선출된 재판관의 임기는 5명은 3년, 5명은6년 이후에 퇴임한다. 이 임기는 추첨에 의해 결정된다(제5조).

재판관은 재판소 이외의 정치적·행정적 기능을 행사해서는 안 된다. 재판소의 구성원은 외교적 특권을 가진다(제6조).

재판소는 영구적으로 기능해야 하며 재판소가 정하는 기간을 휴무할 수 있다. 재판관은연가를 가질 수 있으며, 그 일시와 기간은 재판소 소재지와 자기 고향까지 거리를 고려해야한다(제10조).

전원재판부는 최소한 9명 이상의 재판관이 참여해야 한다(제12조). 특별한 사건은부에서 재판할 수 있다. 이 부에서의 판결에 대해서는 전원재판부에 항소할 수 있다(제13조).706)

702) World court, ibid., pp. 1-3.
703) World court, ibid., pp. 3-5.
704) World court, ibid., pp. 5-6.
705) World court, ibid., pp. 7-8.

재판소는 쟁송적 사건과 권고적 사건 등을 처리한다. 개인과 집단이나 구성 회원은 재판소에 심사를 위한 소청을 할 수 있다. 당사자적격 제한과 국내 구제 절차의 소진 등에 관한 재판소의 결정은 지역적 · 국제적 · 초국가적 인권법에 의한다(제68조). 또 재판소나 사무처는 영장발부권을 가진다. 재판소는 법적 문제만 재판하고 정치적 문제에 대해서는 판결하려고 해서는 안 된다(제18조 14항).707) 재판소는 법적 문제에 대해서 그것이 심사할 가치가 있다고 인정하는 경우에, 당사자적격이 있는 당사자로부터 요청받은 경우, 권고적 의견을 제출할 수 있다. 재판소는 법적 문제에 대한 권고적 의견만을 낼 수 있으며, 정치적 문제에 관한 권고적 의견을 낼 수는 없다(제19조 H항).708)

재판에서 적용될 중요 법문에는

① 인권헌장, 인권선언 중 회원국이 당사자인 사항

② 인권 관습으로 일반적으로 승인된 관행

③ 인권법의 일반 원칙

④ 인권에 관한 사법부 판결

⑤ 유명한 인권전문가의 학설과 논설(제20조)709)

집단소송의 경우 재판소는 이를 허용하거나 부결할 수 있다(제22조). 당사자적격의 문제는 재판소가 결정하되 그들의 인권이 실질적으로 박탈된 경우에 집단소송이 허용된다. 소를 수리할 것인가의 여부는 일반적으로 당사자가 국내에서의 구제 수단을 소진하였는가를 전제로 한다. 국내적이거나, 지역적이거나 유엔에 의한 구제절차가 끝난 뒤에도 그 피해가 보장되지 않는 경우에만 소를 수리한다(제24조). 제3자소송의 당부도 재판소의 판단에 따른다(제25조). 재판소는 필요한 경우에 전문가의 증언을 들을 수 있다(제26조).

이하는 절차적 문제가 많이 규정되어 있기 때문에 이의 언급을 생략하기로 한다(제31조-34조).

이 안은 기초자들도 말하고 있는 것처럼, 국경 없는 세계를 구상하고 있는 유토피안에 의해서 만들어진 것이다. 내용은 유럽 인권재판소 등의 선례를 참조하여 상세히 규정하고 있으나, 기존의 유엔 기구와 달리 새로이 독립적인 인권재판소를 설립하려는 것이 특색이다. 따라서 재정은 유엔이나 주권 국가에 의존하는 것이 아니고 일반인들의 기증에 의하여 호화로운 청사도 짓고 활동을 개시하려고 하고 있다. 특이한 것은, 재판소의 운영 경비는 각 가맹 단체의 국민총생산에 비례하여 국가나 가맹 단체에 부과하려고 하는 것이다. 이 재정 부담을 성실히 이행하지 않을 경우에는 회원 자격 박탈까지 할 수 있게 하고 있다(제2조 D항, 제17조).

주권 국가들은 인권의 사법적 보장에 부정적이며 개인 제소 제도나 집단소송, 판결의

---

706) World court, ibid., pp. 11-12.

707) World court, ibid., pp. 14-15.

708) World court, ibid., pp. 15-16.

709) World court, ibid., pp. 16-17.

강제집행에 반대하고 있기 때문에 자연히 각국의 사법기관에 가입의 중점을 두고 있으나, 사법기관들도 자기들 결정에 항고할 수 있는 국제인권재판소를 설립하여 재정을 할애할 수 있을지는 의문이다.710)

이 안은 재판관을 지역적인 안배로 선출할 것을 규정하고 있는 것은 지역 분권을 강조한 것이고(제4조), 전 세계적인 기구로 한 것으로 보이나, 이는 유엔 인권이사회와 같이 인권 취약 국가의 전횡을 가져 올 가능성 또한 없지 않을 것이다. 이러한 이상에만 그치지 말고 처음에는 국민총생산이 아닌 개인 국민 소득이 많은 인권 강국에서 시작하여 비회원국인 인권 취약 국가의 인권 침해 상황을 개선할 수 있는 방안도 강구할 수 있을 것이고, 인권증진으로 회원들을 확대하는 방안도 검토할 수 있을 것이다. 그러기 위하여 강력한 세계 정부의 구상도 필요할 것이고, 중대한 인권 침해 국가에 대해서는 무력행사도 할 수 있는 인권 유지군의 창설도 생각할 수 있을 것이다.

Ⅳ. 이상적인 세계 인권재판소의 구상

1. 유엔 내부의 세계 인권재판소의 설립 가능성

세계 인권재판소의 필요성에 대해서는 그동안 학자들이 많이 주장하였다. 그중 대표적인 학자로 Nowak과 Scheinin을 들 수 있다.711) 이들은 유엔의 10개가 넘는 조약을 개정하지 않고도 유엔 내에 세계 인권재판소를 설립할 수 있다고 주장하였다. 그들은 침해 시에 그 구제 방법이 규정되지 않은 헌장은 제제 없는 법률과 같이 공허한 것으로 헌장의 기본권을 보장하기 위하여서는 사법기관인 세계 헌법재판소의 창립이 필요하다고 주장하였다.

이에 반하여 유엔의 실무에 종사한 사람들은 세계 인권재판소가 개인적 소송을 수리하는 경우의 결함을 여러 가지로 들면서, 유엔의 현실로 보아 국제 인권재판소의 설립은 비현실적이며 불가능하다고 까지 하고 있다.712)

---

710) Alston, Philip, 'A Truly Bad Idea: A World Court for Human Rights', Open Democracy, 13 June 2014.
⟨www.opendemocracy.net/openglobalrights-blog/philip-alston/truly-bad-idea-world-court-for-human-rights⟩
Gaer, F. The Institutional Future of the Covenants : A World Court for Human Rights? in: Dumel Moeckli/Helen Keller (eds.), The Human Rights Covenantat at 50 : Their Past, Present, and Future, Oxford University Press, 2018.
711) Nowak, Manfred, 'It's Time for a World Court of Human Rights' in M. Cherif Bassiouni and William A. Schabas (eds.), New Challenges for the UN Human Rights Machinery: What Future for the UN Treaty Body System and the Human Rights Council Procedures?, Intersentia 2011.
Scheinin, Martin, 'Towards a World Court of Human Rights' (2009) Swiss Initiative to Commemorate the 60th Anniversary of the UDHR⟨www.enlazandoalternativas.ore/ IMG/pdf/hr Court_scheinin0609.pdf⟩

앞에서 본 바와 같이, 유엔은 인권재판소의 창설에 관한 많은 안이 사무총장이나 고등판무관에 의하여 발표되었다. 2016년에는 당시 인권이사회 의장이 사법기관화를 검토할 것을 건의하였으나 총회를 통과하지 못하였다. 유엔의 인권이사회조차 정치적 기관화하여 개인의 권리 침해에 대한 보상에는 소극적이었다. 또 인권 취약 국가의 다수가 인권이사회 이사로 있기 때문에 실질적으로는 인권보장에 적극적이지 않았다. 이에 따라 인권보장 문제와 관련하여 국제 인권재판소 설치안은 유엔의 인권기관과 유엔 총회를 통과하기는 매우 힘들다.

2. 세계정부에서의 세계 인권재판소의 설립안

유엔에서의 세계 인권재판소의 설립은 가능성이 없기 때문에 민간설치안이 채택될 필요가 있다. 앞서도 본 바와 같이, 민간인이 만든 안은 세계시민의 세계정부안과 Oettinger 등이 만든 Lucknow 조약안의 두 가지가 있다.[713] 이 두 안의 특색은 중앙집권적이 아닌 지역 분산적인 것이다. 세계정부안은 본부 소재지에 있는 전원재판부 외에 지역 순회재판부를 두고 있다. 순회재판부는 순회재판소(Regional Circuit Tribunal)이라고 불리며, 이들도 세계인권재판소의 재판관이 재판하도록 하고 있다. 지역재판소의 판결은 전원재판부에 항소할 수 있다.[714]

Oettinger 등 안은 순회재판소를 두지 않는 대신에 재판관의 선임은 지역 단체에서 선출하도록 하고, 재판관의 수는 지역에 따라 안배하고 있다. 재판소는 주소지 외의 다른 곳에서도 재판할 수 있게 했다.[715]

---

712) The relationship of the World Court of Human Rights with the United Nations huma...
https://repository.gchumanrights.org/handle/20.500.11825/1046
Alston, Philip, 'Against a World Court for Human Rights' (2014) 28 Ethics & Int. Affairs 197
Gear, F.: The Institutional Future of the Covenants : A World Court for Human Rights? in: Daniel Moeckli/Helen Keller (eds.), The Human Rights Covenant at 50: Their Past, Present, and Future, Oxford University Press, 2018.
Nowak, Manfred, 'The Need for a World Court of Human Rights' (2007) 7 Human L. Rev. 251
Kozma, Julia, Nowak, Manfred, and Scheinin, Martin, 'A World Court of Human Rights: Consolidated Draft Statute and Commentary' (2010) Documents/DepartmentsCentres/Law/Professors/Scheinin/ConsolidatedWorldCourtStatute.pdf〉
Kirkpatrick, Jesse, 'A Modest proposal: A Global Court of Human Rights' 13 J. of Human Rights (2014) 230.
Nowak, A World Court of Human Rights in International Human Rights Institutions, Tribunals, and Courts / SpringerLink pp. 271-290, 2018.
https://link.springer.com/referencework/l0.1007/978-981-10-5206-4
713) wsalstat - World Government of World Citizens - Welcome
http://www.worldservice.org/wsalstat.html
Oettinger, WCHR Statute (Current Draft) - World Court of Human Rights Development Project, http://www.worldcourtofhumanrights.net/wchr-statute-current-draft
714) World Government of World Citizens, Statute of the World Court of Human Rights, 1974.
715) Oettinger, World Court of Human Rights Development Project, The Statue of the World

이 두 안은 모두가 개인적 제소를 인정하고 있으며, 남소를 막기 위한 당사자의 사건 수리에 제한을 두고 있으나 사건의 홍수에 시달릴 것이 예상된다.

이들 안에서는 처음부터 완전한 관할권을 가진 완전 재판소의 설립을 기대하고 있다. 그러나 유엔이나 국가들의 재정적 지원이 없는 기구이기 때문에 재원 문제로 당장에는 설립이 어려울 것으로 보인다.

V. 세계 인권재판소의 설립 방안

1. 이상적인 세계인권재판소의 설립

이상적으로 기본권 침해의 구제를 위해서는 즉각적인 세계 인권재판소의 설립이 요청된다. 그러한 세계 인권재판소의 모델로는 세계시민의 세계정부의 안이나 Oettinger 등의 안이 바람직할 것이다. 그중에서도 전원 재판소와 순회재판소를 둔 세계정부안이 많은 업무량을 해소하고 적체를 없애기 위하여 좋을 것으로 보인다.

Oettinger안에서도 지역 회의를 두고 이 지역 회의에서 재판관을 선출하는 것은 나름대로의 의미를 가진다고 하겠다. 그러나 재판관의 수를 인권 약소국인 아시아와 아프리카에서 4명씩을 배분하고 미국, 캐나다, 유럽의 인권 강대국에도 4명만 배정하고, 라틴아메리카, 중미, 대양주에 3명만 배정한 것은 인권재판소도 유엔의 인권이사회처럼 인권 약소국이 지배하는 형태가 되어 미국 등 강대국의 참여를 어렵게 할 가능성이 있다.

Oettinger안의 경우 내용은 풍부하나 조문의 배분은 제1조와 제2조에 잡다하게 길게 규정하고 있는데, 이는 여러 조항으로 분류하는 것이 좋을 것이다. 세계정부안은 미국식으로 인신보호영장제도를 도입하고 순회재판소 제도를 도입한 것은 장점으로 볼 수 있으나 업무량의 과중으로 많은 재판관이 필요할 것이다.

Kozma/Nowak/Scheinin안은 유럽 인권재판소와 세계 각국의 인권재판소의 헌장을 참조하여 내용적으로는 거의 완벽한 것으로 보인다. 그러나 비국가적 기구에 대해서도 기본권 침해의 책임을 물을 수 있게 한 것은 바람직하기는 하나 시기상조라는 비판이 있었다. 어쨌든 이제까지 나온 신설안 중에서는 제일 좋다고 할 수 있다.716)

2. 현재하는 인권재판소의 개편안

Court of Human Rights, 2015.

716) Kozma/Nowak/Scheinin, A World Court of Human Rights : Consolidated statute and commentary /handle/1814/20880?show=full,
http://cadmus.eui.eu/handle/l814/20880
Statute of the European Court of Human Rights, 2019 (as revised)
Human rights reform and the role of the Strasbourg Court - Public Law for Every...

　세계 여러 지역에는 인권재판소가 설립되어 있다. 가장 오래된 것은 유럽심의회의 유럽 인권재판소가 있고, 미주에 미주간 인권재판소가 있으며, 아프리카 지역의 인권재판소가 있다. 세계 인권재판소의 설립도 이러한 지역적 인권재판소와의 연계가 중요시되고 있다. 이 밖에도 국내에서도 인권재판소 내지는 헌법재판소가 설치된 나라들이 많다. 이러한 국내적 인권재판소는 세계 인권재판소의 전심적 역할을 할 수도 있다. 앞서 본 Kozma/Nowak/Scheinin의 세계 인권재판소 설립안에서는 이를 염두에 두어 각 국내에 인권재판소의 설립을 권장하고 있다.717) 국내 인권재판소의 기능은 일반적으로 헌법재판소로서 구성되고 있다.718) 유럽 각국에서는 대개 헌법재판소를 설립하고 있는데, 그 대표적인 것이 독일 연방헌법재판소이다. 그 뒤에 많은 나라들이 헌법재판소 제도를 채택하고 있다.

　독일 연방헌법재판소는 헌법의 해석과 보장기관으로서 중요한 역할을 하고 있는데 1부와 2부로 나뉘어 기본권보장을 위한 인권재판소로서의 기능도 하고 있다. 이 중에서 개인이 헌법상의 기본권이 침해되었다는 이유로 국가를 상대로 하여 권리구제를 청구하는 헌법소원(Verfassungsbeschwerde)제도가 발달되어 있다.719) 이 제도는 많은 헌법재판소 제도가 도입하고 있다. 이 제도는 유럽 인권재판소에도 도입되어 있는데 개인적 청원제도와 같다.720)

　유럽 인권재판소는 인권헌장 제34조에서 개인소원제도를 규정했으나 실제적으로 이것이 활성화된 것은 유럽 인권재판소가 상설화한 이후이다(1998, 제11차 추가의정서). 독일 연방헌법재판소도 헌법소원의 적체로 고심을 하고 있으나, 유럽 인권재판소는 개인소원의 적체에 허덕이고 있다. 그리하여 개인 소원의 적체 해소를 위하여 여러 시도를 하고 있다.

　개인 소원의 적체를 막기 위하여 국내에서의 구제 절차의 종료를 거치도록 하고, 제소 기간을 6개월에서 4개월로 단축하는 등 조치를 취하였다. 그래도 적체가 해소되지 않았기 때문에 1인 재판부를 두어 신청의 수리 여부를 결정하도록 했고 3인 재판부를 두어 경미한 사건의 판결을 쉽게 했다(2010. 6. 1 제14차 추가의정서). 이로써 사건 적체 수는 줄었으나(150,000건에서 2010년에는 56,350건으로 감소), 완전한 적체 해소는 신소 제기 건수가 많아서 급격히 감소되지는 않았다. 그래서 연구된 것이 체약국의 최고재판소와 긴밀한 연락을 하여 제소 전에 사건을 감소하려는 것이다.721)

717) Kozma/Nowak/Scheinin, Draft Statute of the World Court of Human Rights, 2010, p. 29, page 2.
718) Cappeletti/Adams, Judicial Review of Legislation, European Antecedents and Adaptations, 79 Harvard L. Review (1966) p. 12075.
719) Wikipedia, Verfassungsbeschwerde
720) Wikipedia, European Court of Human Rights -
　　https://en.wikipedia.org/wiki/European_Court_of_Human_Rights
721) Monkton chambers, Reform of the European Court of Human Rights, Draft Report,

미주간 인권재판소는 미주간 인권헌장에 의해서 설립된 인권재판소로서 1979년 5월 22일에 창립되었다.[722] 미국은 이 조약에 서명하였으나 비준하지 않았다. 이 미주간 인권재판소는 유럽 인권재판소와는 달리 개인 인권 소원 제도를 도입하지 않고 있다. 그래서 7명의 재판관만으로 국가를 상대로 한 소송을 처리하고 있다. 이 재판소는 정치적 이라는 비판을 받고 있으며, 재판관의 선출 문제도 논란이 되고 있다.[723] 그러나 가장 중요한 문제는 개인 소원 제도가 도입되지 않은 점이다.

유럽연합에는 유럽 기본권헌장을 해석할 재판소로 유럽 사법재판소가 있다. 유럽 사법재판소는 유럽경제공동체법의 해석 기관으로 일찍부터 활동을 하고 있었다. 그것이 유럽 기본권헌장이 제정된 뒤 Lisbon 조약에 따라 효력을 발생한 후 기본권 장전의 해석을 맡게 되었다. 원래 유럽경제공동체의 조약은 기본적 인권에 관한 규정을 두지 않았었다. 그것이 유럽연합의 유럽인권헌장 가입이 좌절되고 난 뒤 유럽 기본권장전 해석기관으로 등장하게 되었다.[724] 유럽 사법재판소는 그동안의 체제를 바꾸어 가맹국마다 2명씩의 재판관을 선출하게 하여 총 56명의 재판관을 두게 되었다. 또 일반 재판소를 두어 신속한 판결을 기하고 있다. 그동안 유럽 인권재판소는 47명의 인권재판관을 두면서도 중요 사건의 판결에 5년 이상 걸렸는데 유럽 사법재판소는 신속한 결정을 내려 2년 이내에 종결하였기 때문에 호평을 받았었다. 그런데 인권 문제를 다루게 됨으로써 문제는 달라지게 되었다. 새 Treaty of European Unity 제6조에서는 「기본권 규정은 유럽연합이 존중해야 할 것」으로 인권재판소로서도 기능할 수 있을 것을 예고하고 있다. 이 재판소가 독일 연방헌법재판소처럼 부를 나누어 인권부를 창설할지, 개인적 소원제도를 도입할지는 확실하지 않다. 유럽 사법재판소에 인권부를 두는 경우, 유럽에 두 개의 인권재판소가 존재하게 되어 권한 관계 등이 미묘하게 겹치게 될 수 있다.

유럽 사법재판소는 오래전부터 유럽 인권헌장을 법의 일반 원칙으로 적용해 왔다. 앞으로 유럽 기본권장전과 유럽 인권헌장이 충돌하는 경우 어느 법을 적용할 것인가도 문제가 된다. 유럽 사법재판소가 유럽 인권재판소의 판례법을 준수해야 할 것인가도 문제된다. 두 인권헌장이 같은 문장인 경우에는 두 헌장을 적용하는 것이 관례이다. 그러나 유럽 사법재판소는 EU법의 우월을 주장할 것이다. 그리하여 유럽 기본권장전을

---

https://www.biicl.org/newsitems/6336/draft-report-reform-of-the-european-court-of-h...

722) UPDATE: The Inter-American System of Human Rights: A Research Guide - Gl..
https://www.nyulawglobal.org/globalex/Inter_American_Human_Rights1.html

723) Shaver, Lea: The Inter-American Human Rights System, 2010.
Rules of Procedure of the IA Court H.R.
https://www.cidh.oas.org/Basicos/English/Basic20.Rules%20of%20Procedure%20of...

724) Follrich, Marek: Court of Justice of the European Union as a Human Rights' Court
Central European University April 06. 2012.
Tamble, Philipp; Der Anwendungsbereich der EU-Grundrechtecharta (GRG) gem. Art.
51 I 1 GRC - Grundlagen und aktuelle Entwicklungen, Beiträge zum Europa- und
Völkerrecht, Heft 9, März 2014, Universität Halle-Wittenberg.

적용할 것이다.

그래서 이 두 재판소를 통합하는 안이 있을 수 있겠으나 이는 조약 문제로 간단히 단정하기 어렵다. 유럽통합 인권재판소 헌장을 새로이 제정하는 경우에는 세계 인권재판소의 창설에도 좋은 선례가 될 수 있을 것이다.

3. 국제사법재판소의 세계인권재판소로의 개편문제

현재 유엔 산하에는 국제사법재판소(International Court of Justice)가 설립되어 있다. 세계재판소라고도 불린다. 이는 국제연맹이 1920년에 설립한 상설국제사법재판소 (Permanent Court of International Justice(PCIJ))의 후계 재판소이다. 제2차 세계대전 후 국제연맹과 PCIJ는 유엔이 승계하여 국제사법재판소는 유엔의 사법기관이 되었다. 정관은 과거의 PCIJ의 정관과 많은 점에서 동일하다. 1945년에 PCIJ는 최후 집회를 하여 헤이그의 평화궁전에 있는 모든 자료를 후계자에게 넘기기로 하였다. 1946년 4월에 유엔 총회와 안전보장이사회에서 새 재판관을 선출하였고, ICJ는 소장을 선출하여 회의를 열었다.[725]

국제사법재판소는 15명의 재판관으로 구성된다. 이들은 국가단이 상설중재재판소의 재판관으로 저명한 사람 중에서 유엔 총회와 안전보장이사회에서 선출한다. 매 3년마다 5명의 재판관을 선출한다. 한 나라에서 1명 이상의 재판관이 선출될 수 없다. 재판관은 보통법국가, 제정법국가, 공산주의 후신 국가를 대표하는 것을 원칙으로 한다. 비공식적으로는 서방 국가에서 5명, 아프리카 국가에서 3명(한 명은 보통 영미법계, 한 명은 프랑스법계, 한 명은 아랍법계), 동유럽에서 2명, 아시아에서 3명, 남미와 캐리비안 국가에서 2명을 선출한다.[726] 이것은 유엔 인권이사회의 구성 비율과 다른 것으로 서양법계 사람이 많이 당선되게 되어 있다. 이들 중 5명은 안전보장이사회 국가에서 1명씩 선출되는 것이 관례이다. 임기는 9년이며 재선될 수 있다. 판결은 다수결로 하며 다수가 성립하지 않을 때는 소장이 결정권을 행사한다. 계쟁 당사국의 재판관이 없을 때에는 그 사건에서만 재판관 후보가 쟁송에 참가한다.

재판소의 관할은 넓다. 보통은 전원재판부에서 판결하나 특별한 경우에는 3명 내지 5명의 부에서 심판할 수 있다. 국제분쟁의 해결을 위해서는 소부에서 빨리 처리하는 것도 바람직하다. 재판소는 ① 쟁송 사건 판결 ② 중간 결정 ③ 자문적 의견에 대한 관할권을 가진다. 첫째로는 국가에 의해서 제출된 국제적 법률분쟁을 해결하는 기능을

---

725) Van der Wolf W. & De Ruiter D., "The International Court of Justice: Facts and Documents about the Work of the Court", International Courts Association, 2011.
   Kolb, Robert, The International Court of Justice, Hart Publishing: Oxford, 2013.
   http://www.hartpub.co.uk/BookDetails.aspx
726) Wikipedia, International Court of Justice –
   https://en.wikipedia.org/wiki/International_Court_of_Justice

가지고 있다. 둘째로는 법적 문제에 대해서 유엔에게 자문적 의견을 제출할 수 있다.

현재 가장 문제가 되는 것은 인권보장을 위한 재판을 할 수 있는가이다. 국제사법재판소에는 그동안 유엔의 인권기구에 참여했거나 국제인권법에 정통한 학자도 있기에 그들의 국제인권법에 관한 판결에 관심이 집중되었다. 그러나 다수는 일반 법조인이었기 때문에 이들은 반대의견을 쓰는 경우가 많았다(Buergenthal, Higgins, Kooijmans, Simma, Slotnikov, Tomka 등).727) 국제사법재판소는 예를 들어 「경제 · 사회 · 문화적 권리에 관한 국제헌장」 해석에서는 입법방침 규정임을 고집하기도 했다.728) 재판관은 국제법에 조예가 깊은 사람도 있었고 실무에 밝은 분도 있었으나, 대부분은 인권전문가가 아니고 일반법 전공자였기에 세계 인권재판소로서 기능하기는 어려울 것으로 보인다.

국제사법재판소에 일반부와 인권부를 두어 일부를 인권재판소로 활용하는 것도 생각할 수 있으나, 이것은 국제사법재판소의 취지에 어긋난다는 비판도 있을 것이며, 강제적 관할권이 없는 국제사법재판소에 개인적 인권소송을 제기할 수 없는 단점이 있다.

물론 국제사법재판소에 세계 인권재판소를 병설할 수도 있고 그 안에 인권재판부를 둘 수도 있을 것이다. 그러나 국제사법재판소는 미국 재벌 등의 독지로 건설된 전통을 버릴 수도 없을 것이다.729)

이에 국제사법재판소의 인권재판소로서의 변신은 역사와 전통에 반하는 것이기에 따로 세계인권재판소를 설립하는 것이 필요할 것이다.

제4절 새로운 세계인권장전 안

I. 세계 인권헌장안은 제정 가능한가

1. 주권국가에서의 기본권법 발전 경향

주권국가에서의 기본권은 헌법에서 보장되고 있다.730) 주권국가의 헌법은 주권자가

---

727) Wilde, R., Human Rights Beyond Borders at the World Court: The Significance of the Internal Court of Justice's Jurisprudence on the Extraterritorial Application of International Human Rights Law Treaties, in: Chinese Journal of International Law, Vol. 12, Issue 4, 2013, pp. 639-677.
https://academic.oup.com/chinesejil/article/12/4/639/354321
728) Chetail, Vincent, The Contribution of the International Court of Justice to International Humanitarian Law RICR Juin IRRC June 2003, Vol. 85, No. 850.
729) Wilde, R., Human Rights Beyond Borders at the World Court: The Significance of the Intern... Chinese Journal of International Law, Vol. 12, Issue 4, 2013, pp. 639-677.
https://academic.oup.com/chinesejil/article/12/4/639/354321

누구냐에 따라 헌법제정권력의 주체가 달라지고, 군주주의헌법, 국민주권주의헌법으로 나눌 수 있다. 군주가 만든 헌법은 군주의 뜻에 따라 단독으로 만든 흠정헌법이 있고, 군주가 국민의 대표기관과 협동으로 제정하는 협약헌법이 있고, 의회만의 의결로 제정되는 의회헌법도 있다. 군주헌법에서의 인권은 군주의 선의에 의한 자혜적인 것이고 자유권은 국가권력의 소극적·제한적 규정이었었다.

국민주권주의 헌법은 국민이 주권자로서 국민이 제정한 민주헌법으로 국민을 위하여 만들어진 적극적 권리라고 할 수 있다. 따라서 인권은 주권을 제한한다.[731]

국민주권주의 헌법은 이를 조화하기 위하여 주권의 상대성을 인정하고, 기본적 인권도 국민의 총의의 표현인 법률에 의해서는 제한할 수 있는 것을 인정하여 헌법에 규정하였다.

이에 반하여 독재국가나 폭력국가에서는 자기들이 탈취한 주권을 절대적이라고 생각하여 국민의 인권을 명령으로 제한하는 것이 일반적이었다. 국민은 이에 저항하여 폭군방벌론을 주장하고 기본권 보장을 위한 투쟁을 벌이기도 하였다.

이와 같이 국가는 기본권의 보장자로서의 지위와 국민의 기본권 침해자로서 기능하였다.[732] 국민주권을 찬탈한 독재국가는 국민의 의사와 관계없이 전쟁을 일으키고, 국민을 수탈했기에 혁명이 일어났고 국체가 변경되었던 것이다.

2. 국제화에 따른 국내 주권의 제한

이러한 비민주국가들의 전쟁행위나 평화파괴를 막기 위하여 국제 간의 조약법이 발전하였다. 국가 간의 조약은 국가 간의 약속에 의하여 주권을 제한하는 목적을 가졌다. 국제 사회는 주권국가의 인권 침해를 국제 사회가 보장하기 위하여 국제인권법을 제정하였다. 처음에는 양자 조약에 따라 인권이 보장되었으나 세계화에 따라 다자 조약에 의하여 국가 주권이 제한되어 국제법으로 인권을 보장하게 되었다. 국가는 이 국제인권법에 따라 인권 침해를 한 국가에 대하여 개입할 수 있게 되었다.

---

730) Schorkopf, F.; Nationale Grundrechte in der Dogmatik der Grundfreiheiten, ZaöRV (2004) http://www.zaoerv.de
Gordon, Brown (ed.), The Universal Declaration of Human Rights in the 21st Century: A Living Document in a Changing World, Cambridge, UK: Open Book Publishers, 2016, http://dx. doi.org/10.11647/OBP.0091

731) Ritberger, Volkeri; The Future of Sovereignty, Rethinking a Key Concept of International Relations in Envisioning, the United Nations in the Twenty first Century, UNU 1995, Tokyo. http://archive.unu.edu/unupress/un21-report.html

732) Ress, Georg, Supranationaler Menschenrechtsschutz und der Wandel der Staatlichkeit, Vortrag in St. Gallen am 18. 3. 2004.
Luhmann, Niklas: Grundrechte als Institution, 1965.
Matteis, Chemens: The System Theory of Niklas Luhmann, supra.
Sorial, S.; Law, Cosmopolitan Law, and the Protection of Human Rights, Journal of International Political Theory, 4, 2 (2008), 241-265.
『철학과 현실』, 국가주의와 민족주의(특집), 제122호, 2019.

특히 유엔의 인권헌장과 인권규약에 따라 대부분의 국가들이 기본권을 보장할 의무를 지게 되었다.733) 이 원칙은 유엔 총회에서도 승인되었다. 2009년에는 UN 사무총장이 이에 관한 보고서를 제출했고, 이에 따라 유엔 안전보장이사회는 리비아(2011), 코트디부아르(2011), 예멘(2011), 말리(2012), 시리아(2014), 남수단(2014), 중앙아프리카공화국(2015) 등의 분쟁을 해결하기 위하여 개입하였다.

그런데 문제는 유엔이 분열되어 필요한 헌장 체결을 하지 않거나, 분쟁 개입을 하지 않는 경우이다. 또 국가들이 유엔에서 탈퇴하는 경우에도 인권 개입을 할 수 없어 문제가 된다.

이에 초국가적인 조약이나 초국가적인 법률에 의하여서 그 개입을 정당화해야 한다는 주장이 나온다.734) 이들은 국가 자체를 부정하고 세계국가를 만들어 세계인권법을 제정하고 집행하고자 한다.

3. 세계 인권헌장의 구속력

주권국가가 없는 세계 사회에서 세계 인권헌장을 제정하는 것은 이상이기는 하나 가능한지가 문제된다. 세계 시민국가의 구성은 Kant 이래의 구상이었지만 실제적으로는 아직 국제연맹과 국제연합만을 구성할 수 있었고, 이상적인 세계시민사회는 만들어지지 않고 있다. 만약에 세계 기본권헌장이 만들어지는 경우에는 구속력을 가질 것인가도 문제이다.735) 법사회학자나 윤리학자들은 비국가적인 규범도 형식적인 법률은 아니나 구속력을 가진다고 한다. 오늘날의 세계법은 국가의 제정법이나 조약법이 아니라도 그것이 이성법에 따라서 의무를 부과할 수 있다고 본다.

특히 「초국가적인 인권보장과 국가의 발전」에서는 현대 국가의 국가성을 변천시키고 있다는 주장도 나오고 있다.736)

유엔 인권선언 이후 인권의 침해는 어디에서 간에 전 세계적인 규탄을 받게 되었다. 국제공동체는 이 위에 형성되어 있으며 이는 현대적 · 지구적 윤리의 한 기둥으로 인정되고 있다. 인간의 존엄과 같은 것은 이미 지구적 윤리로 되어 있기에 세계인은 누구나 이에 근거한 의무를 지고 있다고 본다(Kant). 이는 지구시민(세계시민)의 의무로 도덕적

733) Alston, Philip: Human Rights in Development in Envisioning the United Nations in Twenty-First Century, supra, pp. 61-68.
Evolution of Human Rights Norms and Machinery - Markkula Center for Applied...
https://www.scu.edu/ethics/focus-areas/more/resources/evolution-of-human-rights-no...

734) Stein, Torsten, Demokratische Legitimierung auf Supranationaler und Internationaler Ebene ⓒ 2004, Max-Planck-Institut für ausländisches öffentliches Recht und Völkerrecht, ZaöRV 64 (2004), 563-570.

735) Miodrag Jovanovic, 'Global/Transnational Law' Challenges to Theorizing About Law, Brown, supra, pp. 105-10.

736) Ress, Georg: Supranationaler Menschenrechtsschutz und der Wandel der Staatlichkeit, ⓒ 2004, Max-Planck-Institut für ausländisches öffentliches Recht und Völkerrecht.

보편주의의 근거에서 인정되고 있는 것이다.[737] 또 자연법에서 보호할 책임을 주장하는 사람도 있고, 세계인권선언에서 근거를 찾는 사람도 있다.[738]

4. 세계 인권장전의 필요성

앞에서 본 바와 같이, 새로운 인권장전의 제정은 필수 불가결하다.[739] 유엔이 각종 인권헌장을 제정했고, 미주 인권헌장, 유럽 인권헌장, 아랍 인권헌장, 아프리카 인권헌장이 제정되어 있으나 그 내용이 동일하지 않고 오래된 것도 많다. 유엔의 인권장전은 보편성에 입각하여 제정된 것이나 비준 과정에서 국가가 유보 조항을 둘 수 있게 하여 보편성이 훼손되고 있다. 보편성을 가진 최신의 인권장전으로는 유럽 기본권장전이 있는 바 이를 세계 인권헌장으로 채택하는 것도 한 방법일 것이다.

그러나 이는 유럽에서 채택된 것이기에 다른 지역에 있는 세계시민들은 반감을 가질지도 모르기에 유엔은 새로운 인권법안을 기초하여 국가 간의 서명과 비준을 받는 것도 연구 대상이 될 것이다. 그러나 유엔의 새 인권헌장 제정에의 가능성은 거의 없기에 이에 개인안이라도 작성해 보기로 한다.

II. 세계 인권장전안의 개요

1. 기본적 권리

이 세계 인권장전안은 저자가 유럽 기본권헌장을 참조하고, 유엔 기본권헌장에 빠져 있는 새로운 기본권을 추가한 것이다. 이는 저자가 2015년에 통일헌법안의 제1부로서 발표한 바 있으나,[740] 세계 기본권헌장을 위하여 국가 위주가 아닌 사회 위주로 수정하고, 최근에 논의되는 약간의 새 권리를 증보한 것이다. 새로운 기본권으로는 다음과 같은 것을 포함시켰다.

1) 인간의 존엄(제1절)

인간의 존엄 존중을 규정하고 행복추구권과 자기결정권을 규정하였다(제1조). 생명권을 보장하고 배아와 태아의 권리를 보장하고 사형을 폐지하였다(제2조). 인간의 도덕적 · 신체적 온전성을 보장하고, 고문의 금지, 반인도적인 처우의 금지, 노예제도와 인신매매의

---

http://www.zaoerv.de ZaöRV 64 (2004), 621-639.

737) Brown, supra, pp. 105-107.
738) Pogge, Thomas, Menschenrechte als moralische Ansprüche an globale Institutionen, in Philosophie der Menschenrechte, S. 378-400.
739) 본 논문 제5장 제2절 참조.
740) 김철수, 『한국통일의 정치와 헌법』, 2016.

금지를 규정하였다(제3조).

개인의 정체성에 관한 권리, 자기개발의 권리, 정보수집권, 정보보호권을 신설하고, 인간 복제나 인체 실험을 금지하였다(제4조). 안전의 권리와 재해예방의 권리를 규정하였다(제5조).

2) 평등권(제2절)

여기서는 법 앞의 평등을 규정하고 차별금지, 남녀동권, 남녀동일노동에 대한 동일임금, 장애자의 차별금지, 특권계급의 배제 등을 규정하고 있다(제6조). 이것은 유엔 인권장전에도 규정되어 있다.

3) 자유권(제3절)

자유권에 관해서는 유엔의 정치적·시민적 권리에 관한 것을 대부분 규정하고 있다. 특기할 것은 일반적 행동자유권(제7조), 영장주의(제8조), 사생활의 자유(제9조), 통신검열의 금지(제10조), 주거의 자유(제11조) 거주이전의 자유, 비자 없이 전 세계를 여행할 권리, 환대를 받을 권리(제12조), 국외추방의 금지, 난민의 보호(제13조), 종교와 양심의 자유, 종교단체와 종교교육의 자유, 정교분리(제14조), 학문과 예술의 자유, 저작권 보호(제15조), 정보의 비닉, 정보공개의 금지, 정보접근권의 보호(제16조), 언론·출판·방송의 자유, 검열의 금지, 취재원의 비닉(제17조), 평화적 집회의 권리(제18조), 결사의 자유, 불법결사의 금지(제19조), 경제적 자유, 영업의 자유, 직업선택의 자유, 미성년자의 취업제한, 최저임금의 법정(제20조), 재산권과 상속권의 보장, 공용수용의 제한과 적정보상(제21조). 여기서는 여행의 자유와 환대를 받을 권리를 신설하였다.

4) 인간다운 생활을 할 권리(제4절)

인간다운 생활권, 쾌적한 의·식·주의 권리, 사회보장·사회복지의 증진(제22조), 생활궁핍자의 사회보장, 최저생활비의 보장(제23조), 근로능력 상실자에 대한 사회보장과 실업 수당의 보장(제24조), 모든 생활영역에서의 성평등(제25조), 혼인과 가족생활, 임신·출산·양육을 위한 모성의 보호(제26조), 어린이와 청소년의 권리보호, 부모의 자녀양육의 의무와 양육방식의 선택권 보장(제27조), 노인의 존엄성과 공동생활에 참여할 권리(제28조), 장애인의 존엄과 공동생활에 참여할 권리(제29조), 능력에 따른 균등교육을 받을 권리, 의무교육, 평생교육, 민주 시민 교육의 진흥, 교육제도와 교원의 지위 보장(제30조), 소비자의 권리와 소비자 운동의 보호(제31조), 근로의 권리, 적정임금의 보장, 근로조건의 존엄성 보장(제32조), 노사협력, 단체협약과 단체행동의 보장, 근로자의 후생에 관한 권리(제33조), 근로자조합·사용자조합의 결성의 자유, 노동쟁의의 평화적 해결, 파업 및 직장폐쇄의 제한, 공무원인 근로자의 노동3권 보장(제34조), 건강한 주거조건의 보장, 부적절한 환경에서의 주거 제한(제35조), 건강권, 건강보호 서비스의 보장, 아동·임산부·장애인·노인에 대한 건강 보호(제36조), 쾌적한 환경권, 청정한 공기, 식수와 영양분 있는 식품에의 권리(제37조). 여기서는 의식주의 권리와 환경에 관한 권리 등을 추가하였다.

5) 공공생활에 참여할 권리(제5절)

성년자의 선거권(제38조). 피선거권(제39조), 공무담임권(제40조), 시민발안, 시민투표권(제41조), 공정하고 적절한 행정을 청구할 권리(제42조), 청원권(제43조), 권리침해자의 인권재판소에의 구제청구권(제44조). 여기서는 특히 공정한 행정을 받을 권리를 추가하였다.

6) 사법절차에 관한 권리(제6절)

적법절차의 원칙, 형사상 권리, 영장주의, 변호인의 도움을 받을 권리, 구속적부심청구권, 자백의 증거능력 제한(제45조), 소급입법과 이중처벌의 금지, 연좌제 금지(제46조), 재판을 받을 권리(제47조), 형사보상을 받을 권리(제47조), 법원에 소송을 제기할 권리(제48조), 국가배상청구권(제49조), 공공기관의 정보를 받을 권리(제50조), 범죄에서 안전보장을 받을 권리(제51조). 여기서는 안전보장권을 추가하였다.

7) 권리의 제한 및 그 한계(제7절)

인권 규정의 최고규범성(제52조), 인권침해 법규의 폐지 청원권(제53조 1항), 공무원파면 청원권(제53조 2항), 인권 침해자에 대한 배상청구권과, 기본권 제한 법률의 요건, 최소 침해의 원칙, 소급입법에 의한 처벌금지(제55조) 등을 규정하였다.

2. 기본의무(제8절)

헌장과 법률 수호 의무(제56조), 권리남용금지 의무(제57조), 납세의 의무(제58조), 국방의 의무(제59조), 재산권행사의 공공복리 적합 의무(제60조), 근로의 의무(제61조), 사회공동체에 협력할 의무(제62조), 교육을 시킬 의무(제63조), 환경을 보전할 의무(제64조). 여기서는 사회공동체의 활동에 협력할 의무를 추가하였다.

Ⅲ. 세계 기본권헌장(안)

1. 인간의 존엄

제1조 (1) 모든 사람은 인간으로서의 존엄권을 가진다.
  (2) 모든 사람은 행복을 추구할 권리를 가진다.
  (3) 모든 사람은 자기결정권을 가진다.

제2조 (1) 모든 사람은 생명권을 가진다.

(2) 배아 및 태아의 생명은 임신 초기부터 보호받는다.

(3) 사형은 폐지된다.

제3조 (1) 모든 사람의 도덕적·신체적 온전성은 침해당하지 아니한다.

(2) 누구도 고문이나 잔혹행위를 당하지 아니하며, 모멸적이거나 비인도적인 처우 또는 처벌을 받지 아니한다.

(3) 노예제도나 인신매매는 금지된다.

제4조 (1) 모든 사람은 개인의 정체성에 대한 권리, 각자의 개성을 계발할 권리, 시민권, 명예 및 평판에 대한 권리, 초상권, 발언권, 사생활 및 가정생활의 비밀을 보호받 을 권리를 가진다.

(2) 개인 및 가족에 관한 정보의 제공과 정보 사용의 남용 및 인간의 존엄성에 반하는 정보의 이용을 효과적으로 방지할 수 있는 보장 수단들은 법률로 정한다.

(3) 특히 기술의 창안, 개발, 활용 및 과학적 실험에 있어서 인간의 존엄성과 유전적 정체성은 법률로 보장한다.

(4) 인간복제나 인체실험은 금지된다.

제5조 (1) 모든 사람은 자연적·경제적·사회적 위험으로부터 안전할 권리를 가진다.

(2) 모든 사람은 개인으로서나 집단으로서 안전과 재해를 침해받지 아니할 권리를 가진다.

2. 평등권

제6조 (1) 모든 사람은 법 앞에 평등하게 대우받을 권리를 가진다.

(2) 누구든지 출신, 인종, 성별, 연령, 언어, 사회적 지위, 생활방식, 종교적·철학적· 정치적 신념을 이유로 차별받지 아니한다.

(3) 남성과 여성은 동등한 권리를 가진다. 국가는 특히 가정, 교육 및 근로에 있어서 양성의 법률상·사실상의 평등을 실현한다. 남성과 여성은 동일가치의 근로에 대하여 동일 임금을 받을 권리를 가진다.

(4) 누구든지 정신적·심리적·육체적 장애에 의하여 차별받지 아니한다.

(5) 사회적 특권계급 등 특수 계급 제도는 인정되지 아니하며, 어떠한 형태로도 이를 창설할 수 없다.

3. 자유권

제7조 모든 사람은 일반적 행동자유권과 정신적·사회적 활동을 할 자유권을 가진다.

제8조 (1) 모든 사람은 신체보전의 자유권을 가진다.

(2) 인신의 체포·구속·감금은 법관의 영장에 의해서만 할 수 있다.

제9조 (1) 누구든지 사생활의 자유권을 가진다.

(2) 누구든지 자신에 대한 개인적 정보의 잘못된 사용으로부터 보호받을 권리를 가진다.

제10조 모든 사람은 우편·통신의 비밀을 침해받지 아니할 자유권을 가진다. 검열은 금지된다.

제11조 모든 사람은 주거의 자유권을 침해받지 아니한다.

제12조 (1) 모든 사람은 국내외 어디에서든지 거주할 권리를 가진다.

(2) 모든 사람은 거주이전의 자유권을 가지며, 출국 또는 입국할 권리를 가진다.

(3) 모든 사람은 비자 없이 전 세계를 여행할 권리를 가진다.

(4) 모든 사람은 거주지에서 환대를 받을 권리를 가진다.

제13조 (1) 모든 사람은 자국에서 추방되지 아니할 권리를 가진다. 조약과 법률이 정하는 경우에 한하여 외국의 기관에 인도될 수 있다.

(2) 난민은 사회의 보호를 받을 권리를 가진다.

(3) 난민은 사형당할 수 있는 국가에 강제적으로 송환되거나 인도되지 아니할 권리를 가진다.

(4) 누구든지 고문 기타 잔혹하고 비인도적인 처우 또는 형벌을 받을 우려가 있는 국가에는 송환되지 아니할 권리를 가진다.

제14조 (1) 모든 사람은 종교 및 양심의 자유권을 가진다.

(2) 누구든지 자유롭게 종교나 철학적·정치적 신념을 선택하고, 개인 또는 공동으로 그것을 실현할 권리를 가진다.

(3) 누구든지 종교단체에 가입 또는 소속될 권리 및 종교교육을 받을 수 있는 권리를 가진다.

(4) 누구든지 종교적 행위를 하거나 종교교육을 받을 것을 강요받지 아니할 권리를 가진다.

(5) 국교는 인정되지 아니하며, 종교와 정치는 분리된다.

제15조 (1) 모든 사람은 학문과 예술의 자유권을 가진다.

(2) 저작자·발명가·과학기술자와 예술가의 권리는 조약과 법률로 보호한다.

제16조 (1) 누구든지 법률에서 정한 경우를 제외하고는 자신에 관한 정보를 공개하지 않을 권리를 가진다.

(2) 공공기관은 민주법치국가에서 필요한 것이 아닌 한, 시민에 관한 정보를 획득, 수집하거나 타인이 접근 가능하도록 하여서는 아니 된다.

(3) 모든 사람은 자신에 관한 공적 문서와 수집된 자료에 접근할 권리를 가진다.

(4) 모든 사람은 허위이거나 불완전한 정보 또는 법률에 반하는 방법으로 획득된 정보의 수정 또는 삭제를 요구할 권리를 가진다.

(5) 정보의 수집과 접근의 원칙 및 절차는 법률로 정한다.

제17조 (1) 모든 사람은 의견을 표명하고 정보를 획득하고 전파할 권리를 가진다.

(2) 누구든지 정보를 자유로이 수령하고, 일반적으로 접근할 수 있는 정보원으로부터 정보를 취득하며, 이를 유포할 권리를 가진다.

(3) 출판, 라디오, 텔레비전과 공공통신 수단에 의한 여러 유형의 제작물 및 정보를 유포할 수 있는 권리를 가진다.

(4) 언론 · 출판 · 방송의 검열을 받지 않을 권리를 가진다.

(5) 취재원을 밝히지 않을 권리는 보장한다.

제18조 (1) 모든 사람은 평화적 집회에 참여할 권리를 가진다.

(2) 누구든지 집회를 조직하고, 집회에 참가하거나 참가하지 아니할 권리를 가진다.

제19조 (1) 모든 사람은 결사의 자유권을 가진다.

(2) 누구든지 단체를 조직하고, 단체에 가입 및 소속되거나, 그 활동에 참여할 수 있는 권리를 가진다.

(3) 누구든지 단체에 가입하거나 소속되도록 강요받지 아니할 권리를 가진다.

(4) 목적이나 활동이 헌법이나 조약, 법률에 반하는 결사는 금지된다. 법원은 단체의 등록을 승인하고 단체의 활동을 금지할지 여부에 대한 결정을 한다.

(5) 법원의 등록을 요하는 단체 유형과 절차, 감독에 대해서는 법률로 정한다.

제20조 (1) 모든 사람은 경제적 자유권을 가진다.

(2) 모든 사람은 직업선택의 자유와 영업의 자유와 사적 경제활동의 자유권을 가진다.

(3) 모든 사람은 직업훈련과 직업수행의 자유 및 근로장소를 선택할 자유권을 가진다. 예외규정은 법률로 정한다.

(4) 16세 미만 아동의 상시 고용은 금지된다. 미성년자에 허용되는 고용의 형태와 유형은 법률로 정한다.

(5) 최저 임금의 수준과 방식은 법률로 정한다.

제21조 (1) 모든 사람은 소유권 기타 재산권 및 상속권을 가진다.

(2) 모든 사람은 소유권 기타 재산권 및 상속권에 관한 법적 보호를 받는다.

(3) 소유권은 단지 법률에 의하여만 제한할 수 있으며, 제한하는 경우에도 권리의 본질적인 내용을 침해할 수 없다.

(4) 사유재산에 대한 공용수용은 법률로 정하되 적정한 보상을 해야 한다.

4. 인간다운 생활을 할 권리

제22조 (1) 모든 사람은 인간다운 생활을 할 권리를 가진다.

(2) 모든 사람은 쾌적한 의 · 식 · 주의 권리를 가진다.

(3) 사회는 사회보장 · 사회복지의 증진에 노력하여야 한다.

(4) 모든 사람은 사회보장제도 등에 관한 고지를 받을 권리를 가진다.

제23조 (1) 누구든지 궁핍하고 자활할 수 없는 상태가 된 경우에는 사회의 조력과 보호를 받을 권리를 가진다.

(2) 누구든지 인간으로서 기본적인 생활을 영위하는데 필요한 재정적인 지원을 받을 권리를 가진다.

제24조 (1) 모든 사람은 질병 또는 장애를 이유로 근로능력이 없는 경우나 정년 연령에 이른 경우에 사회보장을 받을 권리를 가진다.

(2) 비자발적으로 실업상태에 놓여 있고, 다른 생계수단이 없는 시민은 실업수당을 받을 권리를 가지며 그 요건과 범위는 법률로 정한다.

제25조 (1) 성평등은 고용, 노동, 임금, 복지 등 모든 영역에서 보장되어야 한다.

(2) 혼인과 가족생활은 개인의 존엄과 성평등을 기초로 성립되고 유지되어야 하며, 사회는 이를 보장한다.

(3) 누구든지 임신·출산·양육을 이유로 차별을 받지 아니하며, 사회는 모성 보호를 위하여 노력하여야 한다.

제26조 (1) 모든 사람은 사회적·경제적 정책수립에 있어서 가족의 존엄성을 보호받는다. 자녀가 많은 가정 또는 편부·편모 가정과 같이 물질적·사회적으로 어려운 조건에 놓여 있는 가정은 공공기관의 특별한 보호를 받을 권리를 가진다.

(2) 출산 전후의 산모는 법률로 정한 범위에서 공공기관의 특별한 보호를 받을 권리를 가진다.

제27조 (1) 어린이와 청소년은 자신의 행복을 위하여 보호와 배려를 받을 권리를 가진다. 이들에 관한 모든 공적·사적 조치는 어린이와 청소년의 이익을 우선적으로 고려하여야 한다.

(2) 어린이와 청소년은 독립된 인격 주체로서 자율성을 존중받고, 자유롭게 의사를 표현하고 존중받을 권리를 가진다.

(3) 부모는 자녀에게 적합한 양육 방식을 선택할 권리를 가진다.

(4) 부모는 자녀를 행복하게 양육할 의무가 있다. 이 의무는 자녀에게 학교교육을 시킬 의무를 포함한다.

제28조 노인은 존엄하고 자립적인 삶을 영위할 권리와 사회적·문화적 생활에 참여할 권리를 가지며, 모든 영역에서 부당한 차별을 받지 아니한다.

제29조 장애인은 존엄하고 자립적인 삶을 영위할 권리와 공동체 생활에 참여할 권리를 가지며, 모든 영역에서 부당한 차별을 받지 아니한다.

제30조 (1) 모든 사람은 능력에 따라 균등하게 교육을 받을 권리를 가진다.

(2) 의무교육은 무상으로 한다.

(3) 사회는 평생교육, 직업교육, 민주시민교육, 사회교육을 진흥하여야 한다.

(4) 교육의 자주성·전문성·정치적 중립성 및 대학의 자율성은 보장된다. 구체적인 내용은 법률로 정한다.

(5) 교육제도와 그 운영, 교육재정 및 교원의 지위 등 기본적인 사항은 법률로 정한다.

제31조 (1) 모든 사람은 소비자의 권리를 가진다.

(2) 사회는 건전한 소비행위를 계도(啓導)하고, 생산품의 품질향상을 촉구하기 위한 소비자운동을 법률로 정하는 바에 따라 보장한다.

제32조 (1) 모든 시민은 근로의 권리를 가진다. 사회는 근로자의 고용증진과 적정임금 보장에 노력하여야 하며, 법률로 정하는 바에 따라 적정임금제를 시행하여야 한다.

(2) 근로조건의 기준은 인간의 존엄성을 보장하도록 법률로 정한다.

제33조 (1) 근로자와 사용자는 자신들의 이익을 보호하기 위하여 결사할 권리를 가진다, 근로자는 조합을 결성할 수 있으며 조합에 가입하거나 가입하지 아니할 권리를 가진다.

(2) 근로자, 사용자 및 그 단체는 법률이 정하는 바에 따라 상호 협상하여 단체협약을 체결할 권리를 가진다. 사용자와 노동자는 근로조건을 방어하기 위하여 단체행동 을 할 수 있다.

(3) 모든 근로자는 보건, 안전 및 존엄을 존중하는 근로조건 하에서 근로할 권리를 가진다.

(4) 모든 근로자는 주간 휴게시간 및 유급연차휴가를 받을 권리를 가진다.

제34조 (1) 근로자와 사용자는 사회경제를 발전시키고 고용의 안전을 위하여 상호 협력하여야 한다.

(2) 노동쟁의는 가능한 한 교섭 또는 조정에 의하여 평화적으로 해결하여야 한다.

(3) 파업 및 직장폐쇄는 그것이 근로관계와 관련이 있고 평화로운 근로관계의 유지 또는 중재 절차의 이행에 저촉되지 않는 범위 내에서 허용된다.

(4) 공무원인 근로자는 법률로 정하는 사람에 한하여 단결권·단체교섭권 및 단체행 동권을 가진다.

(5) 법률로 정하는 필수공익기관에 종사하는 근로자의 단체행동권은 법률로 정하는 바에 따라 이를 제한하거나 인정하지 아니할 수 있다.

제35조 (1) 모든 사람은 건강하고 적절한 주거조건을 보장받을 권리를 가진다.

(2) 사회는 주거가 없는 국민을 위한 거처를 마련하기 위하여 노력함으로써 적절한 주거조건을 만드는데 기여하여야 한다.

(3) 공공정책, 공공안전, 공중보건 및 문화적 가치를 보호하기 위하여, 법률 또는 조례로 공적 공간의 특정한 부분에 한하여 주거로서 사용하는 것을 금지할 수 있다.

제36조 (1) 모든 사람은 건강권을 가진다.

(2) 공적 기금에 의해 재정적 지원을 받는 건강보호 서비스는 시민 개인의 재정상태와 관계없이 모든 시민에게 보장된다. 서비스 제공의 조건과 범위는 법률로 정한다.

(3) 공공기관은 아동·임산부와 장애인 및 노인에게 특별한 건강보호를 보장한다.

(4) 공공기관은 전염병을 방지하고 환경 악화로 인한 건강 저하를 예방하여야 한다.

(5) 공공기관은 아동과 청소년들의 체육을 육성하여야 한다.

제37조 (1) 모든 사람은 쾌적한 환경에서 생활할 권리를 가진다.

(2) 모든 사람은 깨끗한 공기, 청정한 식수와 영양이 있는 식품을 누릴 권리를 가진다.

(3) 환경을 훼손한 자는 법률로 정하는 바에 따라 환경을 복원하거나 개선하여야 한다.

5. 공공생활에 참여할 권리

제38조 (1) 모든 시민은 성년이 된 날부터 선거권을 가진다.

(2) 선거권에 관한 구체적 사항은 법률로 정한다.

제39조 (1) 모든 시민은 피선거권을 가진다.

(2) 피선거권에 대한 구체적인 사항은 법률로 정한다.

제40조 (1) 모든 시민은 공무담임권을 가진다.

(2) 공무원의 자격과 임용절차는 법률로 정한다.

제41조 (1) 모든 시민은 시민투표권을 가진다.

(2) 모든 시민은 시민발안권을 가진다.

(3) 시민투표와 시민발안에 관한 구체적 사항은 법률로 정한다.

제42조 (1) 모든 사람은 공권력을 행사하는 기관에게 공정하고 적절한 행정을 요구할 권리를 가진다.

(2) 이에 대한 구체적 사항은 법률로 정한다.

제43조 (1) 모든 사람은 공권력을 행사하는 기관에게 청원을 할 권리를 가진다.

(2) 공권력을 행사하는 기관은 청원을 수리하고 심사하여 그 결과를 청원인에게 통지하여야 한다.

(3) 이 권리를 행사했다는 이유로 어떠한 불이익도 받지 아니한다.

제44조 (1) 모든 사람은 자기의 자유와 권리가 침해된 경우에는 인권재판소에 구제를 청구할 권리를 가진다.

(2) 사회는 권리침해를 예방하기 위한 제도를 마련해야 한다.

6. 사법절차에 관한 권리

제45조 (1) 모든 사람은 법률과 적법한 절차에 의하지 아니하고는 체포·구속·압수·수색 또는 심문·처벌·보안처분·노역장유치를 받지 아니할 권리를 가진다.

(2) 모든 사람은 형사상 자기에게 불리한 진술을 강요당하지 아니한다.

(3) 체포·구속·압수 또는 수색을 할 때에는 적법한 절차에 따라 법관이 발부한 영장을 제시하여야 한다. 다만, 현행범인인 경우와 장기 3년 이상의 형에 해당하는 죄를 범하고 도피 또는 증거인멸의 염려가 있을 경우에는 사후에 영장을

청구할 수 있다.

(4) 모든 사람은 사법절차에서 변호인의 도움을 받을 수 있는 권리를 가진다. 체포 또는 구속을 당한 경우에는 즉시 변호인의 도움을 받도록 하여야 한다. 국가는 형사피의자 또는 피고인이 스스로 변호인을 구할 수 없을 때에는 법률로 정하는 바에 따라 변호인을 선임하여 변호를 받도록 하여야 한다.

(5) 모든 사람은 체포 또는 구속의 이유를 고지 받을 권리를 가진다.

이를 고지하지 아니하고 체포 또는 구속을 한 경우는 불법으로 즉시 석방되어야 한다. 체포 또는 구속을 당한 사람의 가족 등 법률로 정하는 사람에게는 그 이유와 일시·장소를 지체 없이 통지하여야 한다.

(6) 누구든지 체포 또는 구속을 당한 때에는 적부의 심사를 법원에 청구할 권리를 가진다.

(7) 피고인의 자백이 고문·폭행·협박·구속의 부당한 장기화 또는 속임수 그 밖의 방법에 의하여 자의로 진술된 것이 아니라고 인정될 때, 또는 정식재판에 있어서 피고인의 자백이 그에게 불리한 유일한 증거일 때에는 이를 유죄의 증거로 삼거나 이를 이유로 처벌할 수 없다.

제46조 (1) 모든 사람은 행위시 법률에 따라 범죄를 구성하지 아니하는 행위로 소추되지 아니하며, 동일한 범죄에 대하여 거듭 처벌받지 아니한다.

(2) 모든 사람은 자신의 행위가 아닌 친족의 행위로 인하여 불이익한 처우를 받지 아니한다.

제47조 (1) 모든 사람은 헌법과 법률이 정한 법관에 의해 헌법과 법률에 따른 공정하고 신속한 재판을 받을 권리를 가진다.

(2) 형사피고인은 법률로 정하는 바에 따라 재판에서 변론권을 가진다.

(3) 수사와 재판은 불구속을 원칙으로 하며, 수사와 재판에 관한 부당한 지시나 간섭 등은 금지된다.

(4) 검사는 수사한 결과 중요한 범죄의 혐의가 인정되면 불기소처분을 할 수 없다.

(5) 형사피고인은 상당한 이유가 없는 한 지체없이 공개재판을 받을 권리를 가진다. 법원의 유죄의 판결이 확정될 때까지는 무죄로 추정된다.

(6) 군인 또는 군무원이 아닌 국민은 군사법원의 재판을 받지 아니한다. 다만, 전시 또는 비상계엄이 선포된 때 내란·외환·중대한 군사상 기밀·초병·초소·유독음식물공급·포로·군용물에 관한 죄 중 법률로 정한 경우에는 그러하지 아니하다.

(7) 형사피의자 또는 형사피고인으로 구금되었던 사람이 법률로 정하는 불기소처분을 받거나 무죄판결을 받은 때에는 법률로 정하는 바에 따라 국가에 정당한 보상을 청구할 수 있다.

제48조 (1) 형사피해자는 피해사실에 관하여 법정에서 의견을 진술할 권리를 가진다.

(2) 모든 사람은 자기의 자유나 권리에 다툼이 있는 경우에 법원에 소를 제기하는 권리를 가진다.

제49조 (1) 모든 사람은 공공기관의 불법행위에 의하여 발생한 손해를 배상받을 권리를 가진다.

(2) 국가 또는 공공단체가 정당한 배상을 한 경우에는 불법행위를 한 공무원의 배상책임을 물을 수 있다.

제50조 (1) 모든 사람은 공공기관 및 공적 기능을 수행하는 자들의 활동에 관한 정보를 취득할 권리를 가진다.

(2) 모든 사람은 공공기관이 소유하는 정보를 취득할 권리와 문서를 열람하고, 보통선거에 의해 형성된 대의기관의 회의를 방청하고 녹음 및 녹화를 할 권리를 가진다.

(3) 제1항과 제2항의 정보 제공 범위와 절차는 법률로 정한다.

(4) 제1항과 제2항의 권리는 오직 다른 개인 및 경제주체의 권리와 자유, 공공질서, 국가안전보장 또는 국가의 중요한 경제적 이익을 보호하기 위한 목적으로 법률에 따라 제한할 수 있다.

제51조 (1) 타인의 범죄행위로 인하여 생명·신체·재산 및 정신적 피해를 받은 국민은 법률이 정하는 바에 따라 국가로부터 구조 및 보호를 받을 권리를 가진다.

(2) 사회는 범죄를 예방하고 법률은 피해자의 인권이 보장하도록 규정하여야 한다.

7. 권리의 제한 및 그 한계

제52조 (1) 인간의 존엄과 자유, 권리는 헌법에 열거되지 아니한 이유로 경시되지 아니한다.

(2) 모든 사람의 존엄, 자유와 권리규정은 국정의 최고규범으로서 존중되어야 한다.

제53조 (1) 모든 사람은 법률이나 명령이 자기의 존엄, 권리, 자유를 침해한 경우에는 법률이나 명령의 폐지나 개정을 청구할 권리를 가진다.

(2) 헌법상 자유와 권리가 침해된 자는 누구든지 침해자에 대하여 손해배상을 요구할 수 있으며, 공무원이 가해자인 경우에는 파면을 요구할 수 있다.

제54조 (1) 합법적으로 자유를 박탈당한 사람은 누구나 인도적인 대우를 받아야 한다.

(2) 불법적으로 자유를 박탈당한 사람은 누구나 형사보상을 받을 권리를 가진다.

제55조 (1) 기본권의 제한은 법률의 근거를 필요로 한다.

(2) 기본권의 제한법률은 국가안전보장, 자유민주적 기본질서유지, 공공의 이익 또는 타인의 기본권을 보호하기 위하여 정당화될 수 있는 것이어야 한다.

(3) 기본권의 제한은 그 목적에 적합해야 하고, 그 정도는 비례하는 것이어야 하며 필요 최소한에 그쳐야 한다.

(4) 기본권의 본질적 내용은 침해할 수 없다.

(5) 참정권과 재산권은 소급입법에 의하여 제한하여서는 아니된다.

8. 기본 의무

제56조 모든 사람은 이 헌장을 수호하고 법률을 준수할 의무를 진다.

제57조 모든 사람은 이 헌장이 보장하고 있는 자유와 권리를 남용하지 않을 의무를 진다.

제58조 모든 사람은 법률로 정하는 바에 따라 납세의 의무를 진다.

제59조 (1) 모든 사람은 법률로 정하는 바에 따라 국방의 의무를 진다.

(2) 누구든지 병역의무의 이행으로 인하여 불이익한 처우를 받지 아니한다.

제60조 재산권은 인류의 복리와 사회발전에 적합하도록 행사하여야 한다.

제61조 모든 사람은 근로의 의무를 진다. 사회는 근로의 의무의 내용과 조건을 민주주의 원칙에 따라 법률로 정한다.

제62조 (1) 모든 사람은 능력에 비례하여 공동체의 발전에 기여하여야 한다.

(2) 모든 사람은 사회발전을 위하여 인구정책과 경제발전정책 수행에 참여하여야 한다.

제63조 모든 사람은 그 보호하는 자녀에게 무상의 초등교육과 법률로 정하는 중등교육을 받게 할 의무를 진다.

제64조 (1) 모든 사람은 환경을 보전할 의무를 진다.

(2) 사회는 지속가능한 환경의 보전을 위하여 노력하여야 한다.

제5절 잠정적 세계인권재판소 구성 안

Ⅰ. 세계인권재판소의 필요성

세계인권을 보장하기 위하여 세계인권재판소의 설립이 필요하다는 것에 대해서는 전절의 Ⅲ에서 설명했기에 여기서는 생략하기로 한다.

Ⅱ. 세계인권재판소의 구성안의 개요

이상적인 세계인권재판소의 설립은 현재로서는 유토피아적 발상이다. 원칙 같으면 유엔이 세계인권재판소를 설립하는 것이 바람직하나 유엔은 인권의 보장에는 실패하고 있다고 하겠다. 특히 유엔 인권이사회가 인권 후진 국가에 의해 지배되고 있기에 미국까지

이사회에서 탈퇴하고 있다. 신냉전의 도래로 중국과 러시아, 이란 등이 인권 침해 국가를 지원하고 있는 것이 현실이다. 그래서 유엔 제도의 개혁이 논의되고 있는 것이다. 유엔이 세계인권재판소 설립에 회의적이기 때문에 민간에서의 세계인권재판소의 설립은 필요하다고 하겠다.

당장에라도 세계인권재판소 설립에 찬성하는 단체들이 모여 설립하여 헌장 가입 당사자가 아닌 제소하고 인권을 침해하는 국가와 국제기업, 국제 범죄 단체들을 국가당사자나 인권단체들이 제소하는 것이 좋을 것이다. 개인의 제소는 설립 후 정상 궤도에 오른 경우에 해야 할 것이다. 이는 재판관의 수를 적정한 선에서 유지하는 데도 기여할 것이다. 유럽인권재판소도 처음에는 개인 제소 제도를 인정하지 않았으나 헌장 개정으로 이제는 개인 제소가 허용되어 업무량이 늘어났기 때문에 헌장을 개정하여 업무량을 줄이는 헌장 개정을 하고 있다.

국제인권재판소도 처음에는 국제형사재판소와 같이 관할을 좁게 하고 출발하는 것이 불가피할 것이다.[741] 다음에는 재판관뿐만 아니라 변호사, 검찰관도 두는 것이 좋을 것이다. 변호사제도는 일종의 국선변호와 같은 역할을 하게 해야 할 것이다. 세계인권재판소에 검찰부를 두는 것은 유럽식 제도로 검찰관은 국가나 인권단체 등이 제소하지 않는 중대한 인권 침해 행위를 직접 조사·제소하여 인권 침해의 예방적 효과도 발휘할 수 있을 것이다.

처음 설립 시에는 세계인권재판소가 세계시민의 인권을 보장하기 위하여 일정 정도의 인권 준수국만으로 구성하고, 피소대상은 인권 취약 국가를 주로 하는 것이 좋을 것이다. 그리고 가입 국가도 처음에는 국민소득이 1인당 2만 달러 이상이 되는 나라로 한정하고, 이에 가입하지 못하는 국가에는 세계정부가 지원하여 경제발전을 하게 하여 가입 자격을 갖추도록 해주어야 할 것이다. 이는 발전 도상 국가의 재정 부담을 줄여주는 역할도 할 수 있고, 빨리 인권 취약 국가에서 인권 강국으로 만드는 데도 기여할 것이다. 이것은 주권국가의 평등권을 침해하는 것 같으나 인권 준수 상황과 재판 비용 제공 능력에 따르는 차별이기에 우선은 인용될 수 있을 것이다.

당장에는 세계인권재판소는 개인의 권리보장보다는 국가나 단체가 인권을 준수하도록 재판하는 강제기구로[742] 발전하는 것이 요망된다. 물론 이를 위한 다른 기구도 만들 수 있을 것이나 재정형편을 감안하여 인권준수의 감시기능도 겸비하도록 하는 것이 필요할 것이다. 인권 강대국가들은 세계에서 인권 취약국가를 하루 빨리 없애야 하는

---

741) 형사재판소의 소추권을 유엔 안전보장이사회에 주고 있기 때문에 강대국이 비토권을 발휘하는 경우도 있고(시리아 사건 때 러시아), 소추될 가능성이 있는 국가들이 탈퇴하는 사태도 있었다(아프리카). 그러나 창설 20주년을 맞아 집단살해, 전쟁범죄 등을 막는데 상당한 역할을 하고 있다고 볼 것이다. Roth, K. Ensuring that the ICC Rises to the Challenge / Human Rights Watch https://www.hrw.org/news/2018/07/11/ensuring-icc-rises-challenge

742) Interview: The Future of International Justice Amid Boundless Cruelty / Human... https://www.hrw.org/news/2018/07/11/interview-future-international-justice-amid-bo...

의무를 가지고 있다. 인권 취약국가의 단합으로 인권 침해국가에 대하여 규탄 결정을 하지 못하는 유엔 인권이사회의 전철을 밟지 않아야 할 것이다. 또 제재 결정도 비토권이 없는 회원 다수로 결정해야 할 것이다.

Ⅲ. 세계인권재판소 구성헌장(안)

1) 재판소의 설립

제1조 설립

세계시민의 인권을 확보하기 위하여 세계인권재판소를 둔다. 재판소는 상설기관이다.

제2조 재판관의 수

재판관의 수는 잠정적으로 30명으로 한다. 업무처리상 증원이 필요한 경우에는 증원할 수 있다. 상세한 것은 재판소규칙으로 정한다.

제3조 재판소의 주소

재판소는 인권의 수도인 제네바에 둔다. 순회재판소는 각 대륙의 인권재판소 소재지와 기타 중요 지역에 둔다.

2) 재판관

제4조 재판관의 자격

재판관은 높은 도덕의 소지자로서 세계인권문제의 전문지식이 있는 자로 한다. 후보자는 국내에서 최고재판소의 재판관이 될 수 있는 자격자와 학식과 경험이 탁월한 법률가여야 한다. 재판관은 취임 시 만 65세 이하여야 한다.

제5조 재판관의 선거

재판관은 각 지역의 법조단체와 최고재판소에서 추천한 후보자 중에서 재판관선임회의에서 선거에 의하여 임명된다. 선거절차의 상세한 것은 재판소규칙으로 정한다.

제6조 재판관의 임기

재판관의 임기는 9년으로 하고 재임할 수 없다.

제7조 재판관의 책임

재판관은 전임으로 활동한다. 재판관은 개인으로 어떤 한 국가나 단체를 대표해서는 안 된다. 재판관은 정치적 중립성을 지키고 양심에 따라서만 재판한다.

제8조 재판관의 선서

재판관은 세계인권장전과 국제조약을 성실히 준수할 것을 선서해야 한다.

제9조 재판관의 특권

재판관은 고위 외교관과 같은 외교적 특권의 보장을 받는다. 재판관의 업무상 독립은 보장되고, 업무에 의한 책임은 면제된다. 재판관은 신분에 상응하는 보수와 경비를 받는다.

제10조 재판관의 면직

　재판관은 재판관 전원위원회의 3분의 2 이상의 다수결에 의하여 면직이 의결된 경우를 제외하고는 면직되지 아니한다.

3) 재판소의 조직

제11조 재판소는 다음 기관으로 구성된다.

　1. 전원재판부

　2. 순회재판부

　3. 소장과 부소장

　4. 사무처

　5. 연구처

제12조 전원재판부

　1. 전원재판부는 소장 1인과 부소장 2인을 선거한다. 임기는 3년이며 재선될 수 있다.

　2. 순회재판부를 조직한다.

　3. 순회재판부의 부장을 선출한다.

　4. 재판소규칙을 제정한다.

　5. 사법적 기능을 행사한다.

　6. 재판관의 퇴임을 결정한다.

　7. 사무처장과 부처장을 선임한다.

　8. 연구처장을 선임한다.

　9. 예산안과 결산을 의결한다.

제13조 순회재판부

　1. 재판소에는 순회재판부를 둔다.

　2. 순회재판부는 6대륙마다 두며, 각 5명의 재판관으로 구성된다.

　3. 순회재판부는 1심 사건을 심리한다.

　4. 순회재판부는 각 담당 대륙의 사건뿐만 아니라 전원재판부에 속하지 않는 사건도 심리한다.

제14조 소장과 부소장

　1. 소장과 부소장은 재판관의 절대 다수로 호선한다. 임기는 3년이며 재판관으로서의 임기 내인 경우 재선될 수 있다.

　2. 부소장은 소장이 유고 시 소장을 대리한다.

제15조 사무처

　1. 사무처에 사무처장을 둔다. 사무처장은 재판소의 주행정관이다. 그는 재판소

소장의 지휘 하에 재판소 행정을 한다. 사무부처장은 사무처장이 유고 시 대리한다.

2. 사무처장과 사무부처장의 임기는 5년이며, 전원재판부의 2분의 1 이상의 찬성으로 선출된다.

제16조 연구처

1. 재판소에 연구처를 둔다. 연구처는 세계 각국의 인권 판례를 집대성하고 정리하며 각 지역 인권재판소와 유엔 인권이사회의 결정 등을 모아 정리하여 국가인권재판소와 지역인권재판소 및 세계인권재판소에 제공하여야 한다.

2. 이를 위하여 판례 검색을 위한 기술을 개발하고 데이터베이스를 구축해야 한다.

3. 연구처는 국가인권재판소 및 지역인권재판소와 세계인권재판소 간의 협력을 강화하고 연구 성과를 공유해야 한다.

제17조 국가인권재판소의 설립

체약 국가는 국가인권재판소를 설립해야 한다. 국가인권재판소는 개인의 인권 침해 문제를 최종적으로 결정해야 하며, 그 결정에 불복하는 경우에 한하여 세계인권재판소에 제소할 수 있다.

4) 재판소의 관할

제18조 피고소인

1. 재판소는 국가나 국제회사나 국제단체들이 인권을 침해하는 경우에 심판한다.

2. 위 기구에 대한 제소는 세계인권재판소에 가입하지 않은 국가 단체에도 할 수 있으며 재판소는 강제관할권을 가진다.

제19조 고소인자격

1. 국가나 국제회사나 국제인권단체들은 이들의 인권침해에 대하여 제소할 수 있다.

2. 개인은 국가인권재판소의 최종결정에 불복하는 경우에만 세계인권재판소에 제소할 수 있다.

3. 각 국가의 검찰이나 법률가협회, 인권옹호단체는 제3자의 권리가 침해되었을 때에도 구제를 청구할 수 있다.

제20조 전원재판부의 위기시의 신속결정권

전원재판부는 국가 간 분쟁이 인권과 평화를 침해할 중대한 위험이 있는 경우에는 신속히 판결해야 한다.

제21조 순회재판부의 관할

순회재판부는 국가인권재판소의 결정에 대한 항소사건을 심판한다. 또 제3자 소송에 의한 사건도 심판한다.

제22조 재판의 공개

1. 재판의 심리는 공개한다. 재판부는 필요한 경우 비공개를 결정할 수 있다.

2. 필요한 경우에는 증인이나 전문가, 대리인을 심문할 수 있다.

제23조 재판소의 판결

1. 재판소는 관여한 재판관의 다수의 결정으로 판결한다. 판결에는 이유를 붙여야
   한다.
2. 재판에 관여한 재판관이 판결에 다른 의견이 있는 경우에는 개별의견을 발표할
   수 있다.

제24조 재판절차규칙

재판절차의 상세한 것은 재판소의 재판절차규칙에 따른다.

제25조 판결의 구속력

판결은 종국적이며 국제법에 따른 구속력을 가진다.

제26조 판결의 집행

판결은 국내인권재판소에서 집행한다. 국내인권재판소가 판결을 집행할 수 없을
때에는 국제검찰기구에서 집행한다. 국제검찰기구에 관한 것은 따로 규칙으로 정한
다.

제27조 적용법조문

국제인권재판소는 국제기본권헌장과 유엔이 제정한 시민적 · 정치적 권리에 관한
국제헌장과 경제적 · 사회적 · 문화적 인권에 관한 국제헌장만을 적용한다.

5) 잠정조치

제28조 세계인권재판소의 가맹자격

1. 세계인권재판소의 가맹자격은 세계의 인권 증진을 위하여 인권 강대국으로 국제적
   으로 인정되는 국가나 단체에 한한다. 세계인권재판소는 인권 약소국들이 자국의
   이익을 위하여 담합하여 인권 침해국을 규탄하지 않는 실상을 참작하여 당분간은
   유엔이 인정하는 인권보장을 잘하는 인권 강국만으로 한정한다.
2. 세계인권재판소는 인권 약소국가의 인권 발전을 보장하기 위하여 경제적 · 기술적
   원조를 하기로 한다. 재정을 담당하기 위하여 국내 개인 소득이 연 2만 달러
   이상인 국가나 국제단체만 가입을 허용한다.
3. 이 규정들은 실질적 인권 침해 국가의 인권을 향상하기 위하여 필수적인 것이므로
   당분간 잠정적으로 효력을 가진다. 인권 약소 국가가 인권 강대 국가로 된 경우에
   는 가입자격을 인정한다.

제29조 효력발생

이 구성헌장안은 가맹국가나 국가인권위원회가 10 이상이 되는 경우에 효력을 발생
한다.

제30조 유엔 인권위원회와의 협력

재정이 넉넉해져서 독립 활동을 할 수 있을 때까지는 유엔 인권이사회와 유럽인권재

판소와 긴밀한 협조를 해야 한다.

제31조 구성헌장 개정

이 헌장의 개정은 가맹 국가와 가맹 단체의 발의에 따라 대표자회의의 3분의 2 이상의 찬성으로 한다.

인명색인

Obama 410, 787, 866
Ockham 35, 37
Oettinger 956, 965, 969 f.
Ortega y Gasset 648
O'Mahony 393
Overton 455

[P]

Paine, Th. 95-100, 456 f., 595
Penn 648
Pernthaler 233
Perry 489
Pestalozzi 171
Peters 315, 572
Pico 39
Pieroth 364, 447
Pitt, W. 102
Platon 7-13, 292, 451, 482
Plutarch 112
Podlech 311, 364
Posner 596
Potemkin, G. A. 102
Pound, R. 395
Priestley 101
Prosser, W. 396, 408 f.
Proudhon 595
Pufendorf 56-66, 291, 293, 298, 475 f.

[R]

Rahn, J. 171
Ramm 605
Rawls 167, 170, 226, 301, 538 f., 941
Redfield 945
Reid 400
Ricardo 102
Ridder 555
Rilke 648
Ritchie 193

Robbers 364
Robertson 143
Robespierre 119, 220, 335, 469
Rockingham 90
Rodley 847
Roosevelt, Eleanor 634, 639, 653, 671 f., 822
Roosevelt, F. D. 284, 596, 633, 638, 641, 646, 649, 713, 781, 822
Rossano 499
Rousseau 111-119, 150 f., 168 f., 186, 206, 213, 229, 231, 247, 302, 451, 466 f., 546
Rupp 242, 603
Russel, B. 102

[S]

Sachs 558
Saint Simon 648
Salazar 283
Santa Cruz, H. 671
Schachtschneider 554
Scheinin 956, 958, 962, 968, 970 f.
Schelling 171, 181 f., 183, 189
Scheuner 557, 603
Schlegels 171
Schleiermacher 171
Schlink 311, 364, 447, 553
Schlütter 847
Schmidt, Carlo 342
Schmitt, C. 302, 343, 553, 556, 565, 602 f., 622
Schnur 553
Scholz 553
Schopenhauer 170
Schuman, R. 872
Schwabe 553
Scipio 21
Seneca 22-24
Shaftsbury 77

사항색인

[자]

저자 약력

서울대학교 법과대학 졸업
독일 뮌헨대학교 법과대학에서 법학연구
미국 하버드대학교 법과대학 대학원에서 법학연구
프랑스 스트라스부르대학교 인권연구과정 연수
법학박사(서울대학교 대학원)
일본 히토쯔바시(一橋)대학 강사, 메이지(明治)대학 초빙교수, 베를린 훔볼트대학 방문교수
헌법재판소 자문위원, 민주평화통일 자문위원, 대법원 사법행정제도 개선심의위원, 법무부 자문위원, 정부조직
개편심의위원, 국회 헌법개정자문위원회 위원장, 한국공법학회 회장, 한국교육법학회 회장, 한국법학교수회
회장, 탐라대학교 총장, 국제헌법학회세계학회부회장, 국제 법 및 사회철학회 세계학회 집행위원 역임
현 서울대학교 명예교수
한국헌법연구소 이사장
대한민국 학술원회원

저서

『헌법질서론』(1963)
『헌법총람』(1964)
『헌법학연구』(1969)
『위헌법률심사제도의 연구』(1971)
『헌법학』(상)(하)(1972)
『헌법학개론』(초판)(1973. 1)
『판례교재 헌법』(1975)
『현대헌법론』(1979)
『비교헌법론』(상)(1980)
『신한국헌법요론』(1981)
『법과 사회정의』(1982)
『위헌법률심사제도론』(1983)
『입법자료교재 헌법』(증보판)(1985)
『헌법이 지배하는 사회를 위하여』(1986)
『한국헌법사』(1988)
『한국헌법』(1990)
『판례교재 헌법 Ⅱ』(1992) [공저]
『정치개혁과 사법개혁』(1995)

『법과 정치』(1995)
『韓國憲法の50年』(1998)
『한국입헌주의의 정착을 위하여』(2003)
『독일통일의 정치와 헌법』(2004)
『학설 · 판례 헌법학』(상)(하)(2008)
『기본권의 체계』(2009)
『헌법과 정치』(2012)
『법과 정의 · 복지』(2012)
『헌법정치의 이상과 현실』(2012)
『헌법학신론(제21전정신판)』(2012)
『헌법개설』(제14판)(2014)
『헌법과 법률이 지배하는 사회』(2016)
『헌법개정안』(2016)
『한국통일의 정치와 헌법』(2017)
『기본적 인권의 본질과 체계』(2017)
『한국의 헌법학 연구』(편저, 2019)
『인간의 권리』(2021)

인 간 의 권 리

초판 발행일 2021년 2월 10일

지은이 김철수
펴낸이 강수걸
편집장 권경옥
편 집 강나래 박정은 윤은미 최예빈
디자인 권문경 조은비
펴낸곳 산지니
등 록 2005년 2월 7일 제333-3370000251002005000001호
주 소 48058 부산광역시 해운대구 수영강변대로 140 부산문화콘텐츠콤플렉스 613호
홈페이지 www.sanzinibook.com
전자우편 sanzini@sanzinibook.com
블로그 http://sanzinibook.tistory.com

ISBN 978-89-6545-710-7 93360